最高法院
如何掌控死刑

HOW THE SUPREME COURT
REGULATES DEATH PENALTY

SELECTION OF CLASSIC
DEATH PENALTY CASES
OF U.S. SUPREME COURT

美国联邦最高法院
死刑判例经典选编

林 维 主编

译者名单（以姓氏笔画为序）：

门金玲　王 新　王芳蕾　王 雪
孙 远　林 维　柳建龙　姜文秀
秦一禾　唐潇潇　程 捷

北京大学出版社
PEKING UNIVERSITY PRESS

予,以及这个案件正在审理中,因此我们必须——拒绝申请。

故而,向纽约州最高法院发出纠错令状并引发凯姆勒案的法官布拉奇福德先生建议,申请应该向合议庭提出,于5月19日听审,告知纽约总检察长,随后,合议庭下达了相应的命令。这个动议在5月19日获得通过但没有启动听审,在20日,它被再次提出并且举行了听审。

| 判决全文 |

首席大法官福勒代表最高法院发表判决意见:

这是一个申请对纽约州最高法院判决复审的纠错令申请。根据对人身保护令的听审,卡尤加县法官作出的还押原告于奥本州立监狱典狱长的羁押之下的命令得到确认。最高法院的判决作为维持先例判决被列入了纽约州上诉法院的判例中。申请最初呈递给布拉奇福德先生,并且,根据他的建议,经过组成公开法庭以及庭上充分论证的听审,纠错令得到批准。

如果本院经过听审认为从卷宗记录表面就可以看出令状的签发会导致维持原判,则联邦最高法院向州最高法院发出的这个纠错令是不恰当的,并且这个纠错令不应该被发出。①

人身保护令在1889年6月11日被准许,并根据程序被送还至卡尤加县法官面前。申请被一个哈奇人提交并作出以下陈述:"威廉·凯姆勒,又名约翰·霍特,被羁押在纽约州卡尤加县奥本州立监狱,因此被查尔斯·F. 德斯顿,奥本州立监狱典狱长管控;对他的提交和羁押没有合法的根据——没有美国法院或法官,即那些根据美国法律拥有司法专属管辖权或者因法律程序的展开而拥有司法管辖权的法院或法官,作出的任何判决、裁定、最后命令或者法律程序文件,没有什么民事或刑事司法审裁处作出最后判决或法令,该审裁处除了因惩罚他蔑视法庭之外,也再没有因别的理由而提起任何特别程序并作出最终命令,也没有因其他执行或程序而作出相关判决、裁定或最后命令;对于上述威廉·凯姆勒的关押或者限制自由的原因或借口,根据你的申请人的最佳知识和信仰,就是他起初因为一级谋杀被伊利县大陪审团指控;为此他在伊利县高等刑事法庭接受审判,并且在1889年5月10日通过陪审团裁决被判有罪;其后,在1889年5月14日,上述高等刑事审判庭对他进行提审并量刑,作出最终判决;在违反纽约州宪法和美国联邦宪法,无视他的异议和例外,没有适时地采取适当法律形式的情形下,仅根据徒有其表的判决书和手令的副本,根据附件中的手令和这个申请书

---

① 参见斯皮斯诉伊利诺伊州案, 123 U.S.131。

中的一部分,还有标记为'附件A'的文件以及羁押的根据等,他被判处一个残酷和异常的刑罚。未经正当程序,违反纽约州宪法和美国联邦宪法,附之与他的异议和例外相反,没有适时采取适当法律形式,他被剥夺了自由并遭受被剥夺生命的威胁,关押是违法的,因为它同时违反了上述纽约州与联邦宪法。"

奥本州立监狱典狱长作出如下报告:

"首先,我依法被任命为奥本州立监狱典狱长和代理人,在1889年6月11日,在上述人身保护令送达到我手中之前,威廉·凯姆勒过去以及目前被羁押在纽约州奥本州立监狱,在我的监管和羁押之下,纽约州高等刑事审判庭于1889年5月14日在伊利县开庭审理此案,根据判决,威廉·凯姆勒依法被宣告犯有一级谋杀罪。一个真实记录上述定罪案卷的判决书副本被作为一个附加部分,并且被标注为'附件A'。我作为典狱长和代理人,威廉·凯姆勒被羁押在我的监管之下。同样依据尊敬的联邦最高法院法官亨利·A.蔡尔兹签发的令状,威廉·凯姆勒,如前文所述,在法官面前被依法审理并定罪,因此,上述令状被依法签发。并且,依照刑事诉讼法典的相关条文,上述令状的副本于此作为一个部分被附加,并且被标注为'附件B'。"

"其次,我,即上述的奥本州立监狱代理人查尔斯·F.德斯顿作出进一步报告,我声明如我所知并确信这是真实的,如前文所述,上述威廉·凯姆勒并没有被宣判去遭受一个违反纽约州宪法和美国联邦宪法残酷和异常的刑罚。""并且我进一步申明对于上述威廉·凯姆勒的关押和限制自由,以及剥夺其自由和剥夺其生命的威胁,并未违反正当法律程序以及纽约州和联邦宪法的规定。""我更进一步申述,据我所知,对于上述威廉·凯姆勒,又名约翰·霍特所作出的定罪判决和逮捕令,以及剥夺自由的惩罚和剥夺生命的威胁,根据纽约州立法机关制定的1888年法律第489章的条文规定被充分证明是正当的,并且与纽约州宪法和美国联邦宪法的规定不存在冲突,或者说并未违反纽约州宪法和美国联邦宪法。""我支持根据比其他任何权力更权威的上述依据作出的对威廉·凯姆勒的裁决。"

申请和回呈附加了对凯姆勒,又名霍特谋杀马蒂尔德·齐格勒,又名马蒂尔德·霍特的控诉书副本、法院判决以及典狱长的执行手令。执行裁决的手令如此表述:"现在,因此,您在此接受命令对上述威廉·凯姆勒,又名约翰·霍特,执行上述刑罚。并且您必须在自公元1889年6月24日星期一开始一周内,在奥本州立监狱的高墙内,或者在与之毗邻的庭院或范围之内,对上述威廉·凯姆勒执行上述刑罚。届时,必须有导致威廉·凯姆勒死亡的足够强度的电流穿过其身体,并且这种电流应该是持续的,直到他,上述威廉·凯姆勒死亡。"

在呈送到县法官面前的返还令状上，申请人的律师提出执行手令中所指示的通过电刑致人死亡"从宪法意义上看是残酷和异常的刑罚，并且，因其建立在法院能够超越修正案关于残酷和异常的刑罚所规定的事实之上，故而它不能被合法施加。总检察长当场反对采纳该证言，他主张法院无权采纳有关法律合宪性的证言，但他的反对被驳回，总检察长对此表示异议"。然后，关于作为死亡手段的电流之效果的大量证据被采纳，根据这些证据有人认为电刑的惩罚是残酷和异常的，是联邦宪法和纽约州宪法所禁止的，并且由此该行为是违宪的。

县法官指出，"美国联邦宪法和纽约州宪法在字面上几乎同样规定了反对残酷和非人道的惩罚，但值得注意的是，在通过联邦宪法时我们没有关注到其中所包含的禁止，无法为州法院因对抗国家犯罪而施加处罚时提供参考，宪法仅仅针对政府并制约其权力运行。他认为，合宪性推定没有被推翻，因为他没有提出清晰的证据或者以其他方式达到排除合理怀疑的标准，证明1888年制定法关于死刑处罚的施加是残酷和异常的，因此是违宪的惩罚。他也没有提出证据证明按照科学方法快速而确定地足以杀死一个人的电力是不能生成的。"因此他做出了驳回人身保护令的指令，并将原告还押答辩人监管。基于这个指令，申请人向州最高法院提起上诉，州最高法院维持了县法官判决。

最高法院的意见是①，没有其他制定法可作为根据支持申告者的主张；对于仅仅是与立法有关的事实问题，没有任何更可信的证据证明法院判决优越于立法机关制定法，也没有任何权威主张就立法方式或立法事项的相关问题法院可以重新审查立法机关的决定；立法机关在查明必要事实的基础上规定了死亡方式不是一个残酷的惩罚，这个推定对于法院来说是决定性的。

德怀特大法官，陈述意见：

"我们怀着极大的兴趣阅读了返回到县法官面前的证据，我们同意他的意见，申告者没有完成证明责任。相反，我们认为有证据清楚地证明，在今天电学发展已经很容易能提供一个足够强大的瞬间电流致使一个犯人无痛苦地死亡。"

针对州最高法院的判决，申告者向联邦上诉法院提出上诉，但随后判决被维持。根据奥布莱恩法官的意见："实际上这个上诉涉及的问题是关于以电刑方式执行死刑的规定是否与州宪法之禁止施加残酷和异常的刑罚相矛盾……如果通过对法律语言本身的论证或者法院的司法认知，不能证明法律与宪法相矛盾，那么，这个法令必须维持。仅凭专家证言或其他证言，不足以证明立法机关制定

---

① 参见人民诉德斯顿案，Warden, &c., 55 Hun. 64, 1889。

的法律违背了宪法条款。"

作为更为人性化的死刑执行方式,适用电刑的立法规定最终获得法院裁决的支持。该意见结论如下:

"我们已经仔细研究这个证词,在宪法的意义上,虽然它的确是异常的,但很少能够找到证据证明这个新的执行方式是残酷的。相反,我们同意下级法院的观点,可以达到排除一切合理怀疑的标准证明——根据制定法规定的方式,电流针对人类身体的要害部位,必定能够导致瞬间并且毫无痛苦地——死亡。"

在上诉法院的同一个开庭期,申告人的上诉被听审,并且判决被维持。上诉意见认为,那个强加给他的判决是残酷和异常的刑罚,因而是非法的、不合宪的;但是法院裁决,这个上诉案的立场在这里是站不住脚的,并且强调该法没有因为采用新的执行死刑的方式而违宪。因此,经由法院进行听审并判决支持原判、最高法院和上诉法院维持判决、县法官的人身保护令诉讼、最高法院维持县法官的指令,以及经由上诉法院维持州最高法院的判决,我们裁决,法律具有合宪性。

起初法律的颁布源于纽约州长年度咨文的一部分,在1885年1月6日它被转交立法机关,如下所述:

"当前对死刑犯的执行实行绞刑已经令我们堕落到黑暗时代,并且人们很可能质疑当今的科学能否提供一个不那么野蛮的方式执行死刑。我谨向立法机关推荐审议这项建议。"立法机关于是任命了一个委员会进行调研,做出有关"现代科学能够提供的最人性化和实用的执行死刑的方法"的调查报告。这个委员会在报告中支持电刑,与之相应的法案成为1888年制定法第489章。① 同时,纽约州刑事诉讼法典第505条被修订,内容如下:

"§505,在每一个案例中,死刑执行方式必须使用电刑,并且,通过囚犯身体的电流强度必须是足够强大以引起其死亡,以及这种强度的电流还必须是持续的,直到囚犯死亡。"其他各种修订在这里不必一一列举。法案的第10、11、12条内容如下:

"§10,本法规定的内容不适用于本法生效之前的犯罪。本法生效之前的犯罪依据犯罪时有效的法律规定,犹如本法没有获得通过;关于执行死刑的法律规定,对于这个法案生效之前的所有已经或者可能被判处死刑的囚犯,适用这个法案生效日之前的法律。犯罪是在这个法案生效日之后(包括生效日当天)实施的,则惩罚必须根据新的法案执行,并且没有例外。"

"§11,所有与本法案不相符的法律或具体条文现予以废除。"

---

① Laws of New York, 1888, 778.

"§12，本法案于公元1889年1月的第一天生效，并适用于所有在该日或之后实施可能被判处死刑的囚犯。"

凯姆勒是在1889年3月29日因谋杀罪被宣判死刑的，因此也适用该制定法。对于事后法律(ex post facto laws)的通过，联邦宪法的禁止已不适用。纽约州宪法第1章第5条规定："不得要求过高的保释金，不得要求过高的罚金，不得施加残酷和异常的刑罚，不得无理扣留证人。"联邦宪法第八修正案规定："不得要求过高的保释金，不得要求过高的罚金，不得施加残酷和异常的刑罚。"宪法第十四修正案规定："凡在合众国出生或归化合众国并接受其司法管辖的人，均为合众国和他所居住州的公民。任何州均不得制定或实施限制合众国公民特权或豁免权的任何法律；未经正当法律程序不得剥夺任何公民的生命、自由或财产；对处于其管辖范围内的任何公民，亦不得拒绝给予平等的法律保护。"第十四修正案禁止任何州通过制定法剥夺美国公民的特权和豁免权，第八修正案通过第十四修正案将其禁止实施残酷和异常的刑罚适用于整个联邦，对此不存在争议，也不容争议。并且，这样的刑罚也因为被列入"正当法律程序"的术语而被禁止。

有关残酷和异常的刑罚的条文取自众所周知的1688年议会法案，名为"国民权利与自由和王位继承宣言"，其中，通过处理民众诸多抱怨，尤其"在刑事案件中人们被要求交纳过高的保释金以规避法律所授予国民的自由，人们被强加过高的罚金，以及施加非法和残酷的惩罚"等事项最受关注，它宣称"不应要求过多的保释金，亦不应强课过分之罚金，更不应滥施残酷、异常之刑罚"。① 权利宣言参考了英联邦行政机关和司法机关的法案，但是在特定问题的用语上，如在纽约州宪法中使用的语言一样，宣言尤其意在对国家立法机关产生影响，几乎完全信赖其对犯罪刑罚的控制。这样的话，如果国家法律所规定的刑罚明显是残酷的，诸如绑在桩上被烧死，钉死在十字架上，被车裂等，那么宣判这样的刑罚违反宪法禁令将是法院的责任。并且，我们认为第八修正案适用于国会是同样的事实。

在威尔克森诉犹他州案中，法官克利福德先生，参考布莱克斯通递交法院意见：

"对宪法所禁止的残酷和异常的刑罚做出精确定义具有相当难度；但可以肯定的是，酷刑的惩罚，比如那些被提及的精神折磨，以及其他类似不必要的残

---

① Stat. 1 W. & M., c. 2, 1641年，在"新英格兰马萨诸塞州殖民地的自由身体"中，这个语言被使用其含义是："对于身体的惩罚，我们不允许有人受到残忍的、野蛮的或者残酷的惩罚。"[马萨诸塞州殖民地法律(1898)，第43页。]

酷行为都是被宪法修正案所禁止的。"

当涉及酷刑或者无法避免的死亡时,惩罚被认为是残酷的;但是死亡惩罚不是宪法中使用的"残酷"一词所包含的意思。宪法中所说的"残酷"是指那些非人道和残暴的行为——比仅仅剥夺生命更残暴的行为。

在纽约州法院裁决的这个案例中,其所采用的死刑执行方式或许可以说是异常的,因为它是新的,但是依据一般常识它似乎不能被假定是残酷的;法院同时裁决由立法机关指明应该使用何种方式执行死刑;通过这个法案的目的旨在努力制定一个更为人性化的达成目标的方式。法院必须推定立法机关掌握立法所依据的事实,并且,这种推定不能透过其他制定法来源的证据而被推翻。他们更进一步表示,根据证据,鉴于该法已经通过,证明立法机关做到了这一点。州法院的裁决维持了法案在州宪法之下的效力,这一裁决不需要被复审,也没有违反任何申请人根据联邦宪法所声称的产权、权利、特权、豁免权。将它视为制定法与联邦宪法没有矛盾的裁决,这个结论是如此正确以至于我们不应该证明允许令状是正当的,那样的话错误或许会意外地发生。第十四修正案并未从根本上颠覆联邦政府与各州政府之间关系以及公民同两级政府关系的整个理论。同一个人在同一时间既是合众国公民也是某一个州的公民。生命、自由和财产的保护主要是由各州负责,并且,修正案为防止联邦政府对公民基本权利进行任何侵犯所提供的附加保证就是——建立州政府。合众国公民的特权和豁免权有别于由州政府来保障各州市民的特权与豁免权;那是基于联邦政府的性质和本质特征而产生的特权和豁免权,被美国联邦宪法所认可和保证的权利。① 法官马修指出,对法院来说,"正当法律程序"一词,如在第五修正案中所使用的,不能被认为是多余的,不能支持其包含该章所列举的事项。因为,当同样的短语在十四修正案中被使用,它应该是同样的含义,不能有更广的外延。如在第五修正案中,正当法律程序是指通过联邦宪法赋予国会的立法权而制定的土地法,需要在规定的范围内行使,因此,根据普通法原则解释,在第十四修正案中,同样的话语是指每个州的土地法,即它的权威来自州固有的和保留的权力,它需要在那些基于我们所有公民权利与政治制度之基础的自由与正义的基本原则允许的范围内运行。毋庸置疑,修正案禁止任何权威剥夺生命、自由、财产,以及为所有人在类似情况下享受他们的权利提供平等保护;并且,对刑事司法部门也不例外,罪犯在相同情况下不得被施加不同或者更加严厉的惩罚。但是,修正案不能用来干扰州行使保护市民的生命、自由和财产的权力,不能干扰州促进他们的健康、和

---

① 参见美国诉克鲁克香客案,92 U. S. 542;83 U. S. 534(1875)。

平、道德、教育和良好秩序。① 制定法的颁布，本身就是在州立法权的合法权限内，并遵守了司法系统所规定的那些一般原则；纽约州立法机关确定制定法没有施以残酷和异常的刑罚，法院也支持这一主张。我们认为州没有侵犯申请人的特权或豁免权，也不认为州剥夺了其应享受正当法律程序的权利。

只为撤销纽约州最高法院的判决，我们就要被迫裁决它犯了一个如此严重的错误——它在法律上剥夺了一名刑事被告人享受正当法律程序的权利，以及由美国联邦宪法所保障的一些权利。我们毫不犹豫地说——我们不能这样做，我们不能根据面前这份卷宗中材料作出这样的裁决。因此，我们拒绝纠错令的申请。

---

① 参见巴比尔诉康诺利案，113 U.S. 27. (1885)。

凯姆勒单方诉讼案
In re Kemmler

《美国案例汇编》第 136 期第 436 页(1890)
美国联邦最高法院发至佛罗里达州最高法院的纠错令
庭审日期:1890 年 5 月 20 日
结审日期:1890 年 5 月 23 日

案 件 导 读

联邦最高法院通过该案的判决确立了死刑执行方式中电刑的合宪性。

联邦最高法院经过审理,裁决纽约州最高法院没有侵害申请人作为美国公民的特权和豁免权,并且没有违反正当法律程序剥夺申请人的生命,因此,维持判决。法庭辩论围绕以下问题进行:(1) 对申请人的关押是否违反正当程序;(2) 电刑是否构成联邦宪法第八修正案之残酷和异常的刑罚;(3) 科技是否能够提供执行所需要的足够持续强度的电流以通过罪犯身体,并直到罪犯死亡。

1878 年威尔克森案对枪决合宪性的挑战首开对死刑执行方式合宪性问题讨论之先河,凯姆勒案再一次将死刑执行方式的合宪性作为公民权利救济的突破口。这是一个通过人身保护令申请而寻求的司法救济,申请人凯姆勒在纽约州被判处死刑。根据 1888 年纽约州法律的规定,死刑执行方式为电刑,电流的强度必须是足够导致死亡的,并且这种强度的电流必须是持续的,直到罪犯死亡。由于电刑在当时是一种新的死刑执行方式,因此,申请人律师主张没有证据表明,科学发展可以保证这个电流能保持持续的、足够的强度直到罪犯死亡,故而,对于申请人来说是"残酷和异常的",违反了联邦宪法第八修正案。并且,申请人律师主张,是纽约州最高法院依据与联邦宪法相矛盾的州制定法对申请人作出的判决,违反了联邦宪法第十四修正案之正当程序条款,侵害了申请人作为美国公民所应享受的特权和豁免权。联邦最高法院经过审理认为,修正案不能用来干扰州行使保护市民的生命、自由和财产的权利,纽约州制定法本质上在州立法权的合法范围内,并遵守了司法系统所规定的一般原则,因此,裁决判决没有侵犯申请人的特权或豁免权,也没有剥夺申请人应享受的正当法律程序。对于电刑的合宪性推定,联邦最高法院认为申告者没有完成推翻这个推定的证明责任,相反,有证据清楚地证明电学发展到今天已经很容易能够提供一个足够强大的瞬间电流导致一个罪犯无痛苦地死亡。最终,联邦最高法院拒绝了申请人纠错令申请。

凯姆勒案是继威尔克森案之后美国司法史上第二例对死刑执行方式之合宪性提出挑战的案件,虽然,如同威尔克森案的结果一样,州最高法院的判决被维持,但是,对于死刑执行方式的合宪性讨论并未结束。

│ 判决摘要 │

米尔扎恩单方诉讼案①,维持并适用。

如果本院经过听审认为从卷宗记录表面就可以看出,令状的签发会导致维持原判,则联邦最高法院向州最高院发出的这个纠错令是不恰当的,并且该令状不应该被发出。

1888年纽约州法律第489章规定:"在每一个死刑案例的执行中,通过一个罪犯身体的电流必须具有足够导致其死亡的强度,并且这一强度的电流必须是持续的,直到罪犯死亡。"当这一规定适用于该法案生效之后被宣判的罪犯时,其与美国宪法是不矛盾的。

1890年5月5日,罗杰·舍曼先生代表凯姆勒递交了一个人身保护令的初始令状申请,他陈述道:"这是一个人身保护令初始令状的申请。""申请人是在纽约北部地区被判处处死刑的,根据纽约州制定法的规定,申请人被判适用足以致死的电流通过他身体的方式处死,由州监狱典狱长掌握,导致他死亡的电流应当是持续的并直到杀死他;制定法同样授权典狱长确定他死亡的日期和时间。当然,申请人在这里声称制定法的有些规定违反了联邦宪法第十四修正案,侵害了他作为美国公民的特权和豁免权,并且未经正当程序剥夺他的生命。""法官华莱士已经批准了一个令状,在紧急时刻,为这个申请的提出提供了一个机会。这个案件已经被上诉法院根据州宪法核准通过,这暗示了原始令状是正确的。"

"申请、显示紧急情况的宣誓书、纽约州上诉法院的意见,以及州制定法于此一并提交。"

法院立刻给他安排了一次听审,并且,当他做完最后陈词时,法院作出宣判。由法庭全体同意(PER CURIAM)。这个案例受到在米尔扎恩单方诉讼案中确立的先例规则的约束,并且,鉴于人身保护令已经被联邦最高法院巡回法庭法官准

---

① 119 U.S. 584.

可以依法定条件自行选择执行方式。依据对"法定条件"含义的解释,"法定条件"是指囚犯的选择必须被限制在立法所规定的执行方式中,而如果囚徒自行选择,则法院必须通过判决给出指示。

现行法典中没有执行方式的规定,立法机关没有针对死刑惩罚执行方式制定任何具体规例。相反,法律却明确规定了每个犯有一级谋杀罪的人将"应受死刑",或者,根据陪审团的建议由法院裁量判决在监狱中终身苦役。

毫无疑问,该法规第一条在本案例中被适用,因为依照该法规第二条的详述陪审团没有给出这样的建议,记录显示他们的裁决是无条件和绝对的,从中可以得出结论,囚徒应受死刑的裁决在法律上是正确的。[①]

如果制定法规定了执行的方式,遵循它就是法院必须的职责,除非该惩罚是宪法第八修正案所禁止的残酷和异常的刑罚,当然这里的例外不是指囚徒律师所称的残酷和异常的刑罚。法律规定囚犯应受死刑,但是,却没有具体规定出执行方式,那么这项权力必须下放给作出生效判决的法院,由该法院决定死刑执行的具体方式。

犯有一级谋杀罪的人"应受死刑"是该领地法律所使用的语言,当该项规定连同上述提到的法典第十条之规定一并被解释时,很显然确定具体执行方式的职责,由作出生效判决的法院来承担,并且,法院当然要遵守宪法不得施以残酷和异常的刑罚的禁令。

在普通法上有时会有绞刑之外的其他方式,但是普通法的法律条款并没有要求作出判决的法院指定执行方式或者确定执行时间或场所,如果不是联邦巡回法院经常这么做,也不会有普通法上绞刑之外的其他执行方式。根据普通法,对囚犯执行方式和执行时间、地点均不属于裁决应包含的必要内容。关于前者的指示经常由法官于案件结束时在书记官所做的"死刑案件聆讯记录"中作出;比如,在谋杀案中,指示是"通过悬吊脖子被绞死",聆讯记录由法官和书记官签署,并且该指示在许多案例中构成了关于执行方式的唯一权威。[②]

哈通诉人民案、人民诉哈通案、山姆诉山姆案以及山姆诉山姆案[③],这些案例被参考用来支持囚犯提出的,法院无权指示执行方式的主张;但是,在这个案件中,法院持完全不同的意见,理由如下。

维持判决。

---

① Comp. Laws Utah, 1876, p. 586.
② 4 Bl. Com. 404; Bishop, Cr. Proc. (2d ed.), secs. 1146-1148; Bishop, Cr. L. (6th ed.), sec. 935.
③ Hartung v. The People[22 n. Y. 95(1860)]; The People v. Hartung[23 How. Pr. (N. Y.) 314]; Same v. Same(26, id. 154); Same v. Same(28, id. 400).

因此，虽然巡回法庭指示处罚的方式一律适用绞刑，但是正式成立的领地被授予在与联邦宪法和法律不矛盾的范围内对所有合法事项享有立法权。凭借该权力，领地的立法机关可以在不违反宪法关于残酷和异常的刑罚之禁令的前提下，界定罪行并明令指示对罪犯的惩罚方式。①

尽管国会的规定是国家立法机关曾经通过的第一部犯罪法案的一部分，但有理由相信国会也从不认为上述适用绞刑的死刑惩罚条款应该取代领地的立法权。不同的立法规定在这个领地上存在了近25年，到目前军队对执行死刑的惯例是——在特定情况下可以适用枪决，在其他情况下可以适用绞刑。

在战争的规则和章程中界定了各类罪行，而犯这些罪的人，如果被正式宣判，可能被判处死刑。在某些情况下，这些条款规定被告人如果被宣判，将应受死刑，在另外一些情形下，要施加的刑罚取决于军事法庭的裁决；但是，在所有这些情况中，执行死刑的方式都没有在战争或军事法规中作出规定。第96章规定除国会通过的规则和章程所规定的特定案件，以及一般军事法庭的三分之二成员同时裁决同意死刑之外，任何人不得被判处死刑。

同样的情况在那些规定死刑的章节里重复发生，但只是一味强调了罪犯应受死刑，而没有任何具体执行方式的规定。并且，军队的规章和战争的规章在这方面也都没有规定。既然国会在死刑执行的方式问题上没有作出规定，根据一个博学的作者的观点，在成文法缺位的情况下，战争的惯例已经确定了死刑应该以枪决或绞刑的方式执行；这位作者接着指出，兵变（指没有造成人员死亡的兵变）、逃亡，或者其他军事犯罪，如果是死罪，一般以枪决的方式执行；一个间谍通常是被绞死；但如果是导致人员死亡的兵变，惩罚方式会相同——即一般应被绞死。

另一位博学的作者说，军事法一般并不规定该以何种方式处死罪犯，而是完全由战争的惯例决定。并且，他认为枪决和绞死就是依据这样的惯例所规定的执行方式。如上一位作者一样，这位作者同样也提到间谍一般被绞死，造成人员死亡的兵变也用同样的方式执行；并且他也同意贝尼特的说法，即对逃亡、不服从命令，或者其他死罪的执行方式通常是枪决，此外，所有执行方式——即不管是枪决还是绞死——都可以在判决中声明。

如下专家将提供足够的证据证明相应的规则在其他国家也普遍被接受：西蒙斯、格里菲斯。

上述第一位作者说，死刑的执行可以适用枪决或绞死的方式。对于兵变、逃

---

① Story, Const. (3d ed.), sec. 1903.

亡，或者其他军事犯罪，一般是以枪决方式执行死刑；对于与兵变无关的谋杀、通敌以及涉及伤害和谋杀预谋的海盗，以绞死方式执行死刑，在英格兰，判决必须符合该国有关惩罚犯罪的法律。另一位作者也表达了完全一致的观点，在此不再一一赘述。

残酷和异常的刑罚被宪法禁止，但是刚才提到的权威说法充分显示，对犯有一级谋杀的死刑犯适用枪决方式执行死刑，并没有被包括在第八修正案所禁止的残酷和异常的刑罚范畴内。对于犯有逃亡或者其他军事死罪的士兵，在绝大多数情况下用枪决的方式执行死刑，关于这种场合的仪式在有关军事法庭的文章中已经有详尽的描述。

根据普通法的规则，如果被告人后来在民事法庭被裁决，则判决结果必须由有权审判或最终定罪的法院宣判，当然，通行的规则是，该民事侵权行为必须与法律规定的犯罪行为相关。布莱克斯通说，在这些犯罪行为的刑罚中涉及犯罪人生命的死刑，一般采用绞住脖子直至死亡的方式执行。

这就是该作者的一般性发言，但是他承认在非常残暴的罪行中，有时会额外添加其他恐怖、痛苦，或者侮辱的情节。作者提到的案例中犯有叛国罪的囚犯是被拖到执行现场的。也有犯叛国罪的囚犯是被活活取出肠子，被砍头，或是被锯成四块。报告还提到了公开肢解谋杀犯，以及把一个犯有叛国罪的女性囚犯活活烧死。历史证实了这些暴行是真实存在的，但是评论者指出民族的人道精神默许减轻这些判决中的残酷或折磨人的行为，并且他陈明在实践中这些方式很少被适用。阿奇博尔德在其专著最后一版的注解中给出在母国（英国）早期历史上曾有这样的立法例。①

奇蒂说，许多例证证明在对重大叛逆罪的惩罚中已经免去了许多带有耻辱性或加深痛苦的惩罚，因为当结果被呈送给国王时，虽然他不能改变判决以加重处罚，但是可以减轻或免除部分惩罚。②

界定宪法条文中残酷和异常的刑罚的边界有一定难度；但是，可以肯定地说酷刑的惩罚，像上述研究者们所提到的，皆为宪法修正案所禁止的。③

纵然承认这一切，并不意味着在这个案例中法院的判决属于上述种类，或者并不意味着领地最高法院维持原管辖法院判决是错误的。在法典颁布以前，即对1876年3月4日生效之前的事情，1852年3月6日的领地制定法规定任何人因任何罪被判死刑，将依法院指示适用枪决、绞死或者砍头的方式执行，囚犯也

---

① Arch. Crim. Pr. and Pl.（8th ed.）584.
② 1 Chitt. Cr. L. 787；1 Hale, P. C. 370.
③ Cooley, Const. Lim.（4th ed.）408；Wharton, Cr. L.（7th ed.）, sec. 3405.

的法院判处公开枪决。

本院裁决——这个判罚没有错误。

| 判决全文 |

克利福德大法官代表最高法院发表判决意见：

正式组建的犹他州被授予在与联邦宪法和法律不矛盾的范围内对所有合法事项享有立法权。①

美国国会在1850年9月9日组建了犹他州，并且规定将领地的立法权授予领地首长和立法大会。②

如同在笔录中充分阐述的大陪审团通过正当法律程序，依法指控记录中的囚犯故意恶意预谋杀害威廉·巴克斯特。在对囚犯的传讯中，他辩称没有实施被指控的犯罪。

依据法院的命令，依法挑选并组成了审判陪审团，陪审团经过宣誓程序，经过充分和公正的审判，作出裁决——该囚犯犯有一级谋杀罪。

在接下来的普通程序中，记录同样显示主审法官在公开法庭上对囚犯作出裁决，内容如下："你将从这里被带到本领地的某个地方，你将被安全地关押在那里，直到12月的第14天，星期五；在上面提到的最后一天的午前十点到下午三点，你将被从关押场所带去这个地区的某个地方，在那里你将被以公开执行枪决的方式处死。"

原管辖法院的诉讼程序正要结束之际，囚犯申请了纠错令状，于是该案件被转移到该领地最高法院——在那里下属法院的判决被维持。该领地的最高法院作出最终判决之后，囚犯又申请到一本纠错令状，按照国会法案的规定，对于被告人被判处死刑或者被判重婚或一夫多妻的刑事案件，可以由本法院向领地最高法院发出这样的令状。③

附带听审的是归责于下级法院的错误陈述*，自从这个案例被移送到这个法院，这一点被律师在其提交的意见书中反复提及。错误陈述指出在判刑前历经的任一法院的裁决程序中，毫无例外地皆未采纳上诉意见，下级法院错误地维持原管辖法院的判决并裁决对囚犯执行枪决。

---

① Rev. Stats., sec. 1851.
② 9 Stat. 454.
③ 18 Stat. 254.

* 错误陈述(assignment of error)，指上诉人对其宣称的下级法院的错误所作的陈述，据此要求上级法院推翻、撤销、修改下级法院的判决或命令并重新审判。——译注谋杀,如同领地汇编法①所定义的,是指恶意预谋对一个人的非法杀害,并且该条文规定,这里的恶意可以是明示也可以是暗示的。明示的恶意是指有一个明显的非法夺取他人生命的故意,暗示的恶意是指没有明显的挑衅情节或者没有哪些犯罪情节显示罪犯有一颗放任或恶毒的心灵。

一级谋杀是指有蓄谋地非法施行杀人行为,或者具有任何其他故意、精心策划、恶意以及有预谋地实施,或者是在实施或尝试实施法典所列举的任何一种犯罪过程中犯下的行为,并且这样的行为显示罪犯有一个漠视生命的堕落思想。②

该条文同时规定每一个犯有一级谋杀罪的囚犯应受死刑,或者,根据陪审团的建议,法院可酌定考虑判决囚犯在监狱中终身苦役。每一个犯有二级谋杀罪的囚犯将被判处在监狱中服5至15年苦役。③

一级谋杀罪的判决应由陪审团作出。本案陪审团判定囚犯犯有一级谋杀罪,根据该领域现行法律规定他"应受死刑";根据先于1852年3月6日生效,1876年3月4日废止的法律规定"当一个人因某一罪行被判处死刑时……按照法院的指示他将被枪决,绞死,或者砍头",或者他可以自己选择被处死的方式。④

当修订后的刑法典开始生效,毫无疑问后者被废止,法典第400条规定"与修订后的法典相矛盾的"迄今为止通过的"所有法案和法案条款"在此予以废除。⑤

假定先前法律的第124条被修订后的刑法典废止,那么,现行领地法律之规定就是:被判一级谋杀罪的罪犯将被处死。但是,没有任何其他成文法对执行刑罚的具体方式作出规定,除了下述修订后的《刑法典》第10条规定:"与本法典有关条款相关的某些罪行的惩罚方式授权行使判刑权的法院决定并实施本法典规定的刑罚。"⑥

对上述条款有关死刑处罚方式的解释必须联系犯有一级谋杀罪的罪犯将应受死刑之规定,并且考虑这样一个事实,即该领地的法律对于死刑执行方式没有作任何其他具体规定,本法院的意见是:错误陈述显示推翻下级法院判决没有法律根据。尽管依美国国会法案之规定执行死刑的方式是绞刑,但联邦法院巡回法庭当然不具有通过这样裁决的权力。⑦

---

① Comp. Laws Utah, 1876, 585.
② Id.
③ Id.
④ Pp. Sess. Laws Utah, 1852, 61; Comp. Laws Utah, 1876, 564.
⑤ Comp. Laws Utah, 651.
⑥ Comp. Laws Utah, 1876, 567.
⑦ Rev. Stat., sec. 5325.

威尔克森诉犹他州案[*]
Wilkerson v. Utah

《美国判例汇编》第 99 卷第 130 页（1878）
美国联邦最高法院发至犹他州最高法院的纠错令[**]
庭审日期：1879 年 1 月 8 日
结审日期：1879 年 3 月 17 日

案 件 导 读

联邦最高法院通过该案的判决确立了死刑执行方式中枪决的合宪性。

威尔克森于 1877 年 6 月 11 日在犹他州专属法院因犯有一级谋杀罪被判处公开枪决。威尔克森先是向犹他州最高法院申请了纠错令，判决被维持。随后，威尔克森又申请到联邦最高法院的纠错令，申请人辩称下级法院错误地维持原管辖法院对囚犯执行枪决的判决。联邦最高法院经过开庭审理，作出了维持原判的裁决。

法庭辩论的焦点是枪决的执行方式是否违背了宪法第八修正案对残酷和异常的刑罚（cruel and unusual punishments）的禁令。针对这一焦点，法庭围绕以下问题进行辩论：（1）犹他州有关死刑的立法是否与联邦宪法和法律相矛盾；（2）法院是否被授权指定死刑执行的具体方式；（3）枪决，是否属于宪法所禁止的残酷和异常的刑罚。

虽然当时的巡回法庭指示死刑处罚方式一律适用绞刑，但法院明确指出，巡回法庭的这一指示不应该取代领地的立法权。法院明确肯定了犹他州作为正式成立的领

---

[*] 犹他州（territory）：美国犹他州是在 1896 年 1 月 4 日被正式批准为美国的第 45 个州，1850 年 9 月 9 日美国国会正式组建犹他州，1850 年 9 月 9 日至 1896 年 1 月 4 日之间，犹他为由领地向正式的州建制发展期间，严格地说，此时的犹他尚不是美国的州，而是一个准州。笔者在此处将其译为"犹他州"。——译注

[**] 纠错令（Writ of error），也称复审令，是上诉法院发给低级别法院的，要求后者将案件的记录材料发出以复查所称的法律错误（不包括事实）。审查被限制在出现于记录材料中的表面错误。20 世纪之前，纠错令多出现于联邦最高法院的管辖权中，1916 年和 1928 年的联邦立法将纠错令的功能转移给调卷复审令和上诉程序，此种令状在今天的联邦司法运作实践中已被废除。——译注

地,被授予在与联邦宪法和法律不矛盾的范围内享有所有合法事项的立法权。凭借该权力,领地的立法机关可以在不违反宪法关于残酷和异常的刑罚之禁令的前提下,界定罪行并指定对罪犯的惩罚方式。

当时的法典中都明确规定了任何犯有一级谋杀罪的死刑犯"应受死刑",但是都没有关于死刑执行方式的规定,立法机关也没有针对死刑惩罚执行方式制定任何具体规定。在后来1876年出台的新的刑法典中授权有权判刑的法院,可以适用法律来决定死刑执行的具体方式。判决引用了军队和战争的规章,该规章同样没有就死刑的执行方式作出具体规定,实践中适用战争的惯例确定死刑的执行方式,并且,所有执行方式可以在判决中声明。判决摘要还阐述了,虽然普通法的法律条款没有要求判决的法院指定执行方式,但法官通常在案件结束时会在书记官所做的,由法官和书记官共同签署的"死刑案件聆讯记录"中,作出有关死刑具体执行方式的指示,并且,该指示在许多案例中构成了有关执行方式的唯一权威。因此,联邦最高法院支持法院有权指定死刑执行方式的主张。

枪决的执行方式并没有违背现行立法,并且在当时,法庭认为枪决的执行方式并不属于宪法第八修正案所禁止的残酷和异常的刑罚范畴,因此,枪决的执行方式具有合宪性。

威尔克森案首开了挑战美国死刑执行方式合宪性的先例,此后,从1890年到2004年间,陆续有申请人针对电椅、绞刑、注射刑等执行方式的合宪性提出挑战,认为这些执行方式因可能会为死刑犯人带来不必要及恶意施加的痛苦而构成"残酷和异常的刑罚",虽然联邦最高法院对这些案件的审理结果是认为这些执行方式在当时没有违反联邦宪法第八修正案,但是,这些讨论对于人们认识死刑执行方式的价值和意义已经远远超越了判决结果本身。

| 判决摘要 |

犹他州立法机关于1862年3月6日*通过的制定法规定一个被判死罪的人,按照法院指示,"将通过被枪决,被绞死,或者被砍头的方式执行死刑",或者"他可以自己选择死刑执行的方式"。1876年犹他州的刑法典出台,与之相抵触的法律或条款皆被废除。法典规定任何犯有一级谋杀罪的死刑犯"应受死刑",并且"在规定具体哪些行为'应受死刑'的章节里同时授权有权判刑的法院来决定并适用法律所规定的惩罚"。

1877年6月11日,威尔克森在该领地被判犯有一级谋杀,因此被有管辖权

---

* 在后文中显示该制定法是1852年3月6日通过的,故此处疑为原文的笔误。由于该判决距今时间久远,几经周折未能找到翔实资料考据,特注。——译注

民法院死刑核准权的行使，死刑的争议案件将会越来越多，这也为我们对死刑司法制度的研究创造了条件。从本书中，我们可以看到，美国最高法院关于死刑的判例都是公开的，法官所发表的意见都可以查阅。同时，死刑判决的数字和死刑执行的数字也都是公开的。这就为对美国的死刑制度，尤其是死刑司法制度的研究提供了良好的条件。但在我国，不仅死刑判决数字是保密的，而且死刑判决也缺乏官方的公开渠道。我们只能从律师那里偶然地看到一些死刑判决书。这种现状不利于学者对死刑制度的研究，也是亟待改变的。

收入本书的是美国最高法院关于死刑的重要判例，对资料都进行了一些整理，更加便于读者阅读。例如，在每一个判例之前都有一个案件导读，归纳了本案的主旨。例如，威尔克森诉犹他州案，本案的导读明确指出，联邦最高法院通过本案确定了死刑执行方法中枪决的合宪性。这就为此后的阅读提供了基本线索。本书的主体还是最高法院的判决书，由于美国普通法的特点所决定，最高法院的9名大法官对同一个案件具有相同或者不同意见的，都可以撰写法律意见。这些法律意见说理清晰，论证充分，洋洋洒洒数万言，俨然就是一份法学论文。反观我国的判决书，包括刑事判决书，都存在着讲理不足，论证不够的缺陷，这是值得反思的。

林维教授历来重视对死刑的研究。2012年3月3日在林维教授的组织下，中国青年政治学院法律系和美国律师协会联合主办了"最高法院如何控制死刑"的学术研讨会。来自最高人民法院、司法部、各地方法院、律师事务所的司法实务人员与北大、人大、北师大、社科院法学所等高校、科研机构的专家学者，以及美国律师协会代表，围绕主题进行了历时一天的研讨。我也有幸参加了这次研讨会，并在"最高法院在控制死刑中的作用"这一议题的讨论中发表了意见，我认为对于死刑的司法控制优于立法控制，应当充分发挥最高法院在死刑控制中的作用，并对最高法院控制死刑的途径进行了分析。本书是美国最高法院如何控制死刑的一部著作，对于我们的参考价值是不言而喻的。

特此推荐。

2014年3月15日
谨识于北京海淀锦秋知春寓所

目 录

1 威尔克森诉犹他州案
Wilkerson v. Utah
99 U. S. 130（1878）

9 凯姆勒单方诉讼案
In re Kemmler
136 U. S. 436（1890）

19 美国诉杰克逊案
United States v. Jackson
390 U. S. 570（1968）

33 威瑟斯庞诉伊利诺伊州案
Witherspoon v. Illinois
391 U. S. 510（1968）

51 弗曼诉佐治亚州案
Furman v. Georgia
408 U. S. 238（1972）

163 格雷格诉佐治亚州案
Gregg v. Georgia
428 U. S. 153（1976）

205 科克尔诉佐治亚州案
Coker v. Georgia
433 U. S. 584（1977）

227 恩芒德诉佛罗里达州案
Enmund v. Florida
458 U. S. 782（1982）

257	斯特里克兰诉华盛顿州案 Strickland v. Washington 466 U.S. 668 (1984)
289	福特诉温赖特案 Ford v. Wainwright 477 U.S. 399 (1986)
313	蒂森诉亚利桑那州案 Tison v. Arizona 481 U.S. 137 (1987)
347	彭里诉莱纳福案 Penry v. Lynaugh 492 U.S. 302 (1989)
385	斯坦福诉肯塔基州案 Stanford v. Kentucky 492 U.S. 361 (1989)
411	阿特金斯诉弗吉尼亚州案 Atkins v. Virginia 536 U.S. 304 (2002)
443	威金斯诉史密斯案 Wiggins v. Smith 539 U.S. 510 (2003)
475	罗珀诉西蒙斯案 Roper, Superintendent, Potosi Correctional Center v. Simmons 543 U.S. 551 (2005)
519	贝兹诉里斯案 Baze v. Rees 553 U.S. 35 (2008)
571	肯尼迪诉路易斯安那州案 Kennedy v. Louisiana 554 U.S. 407 (2008)
609	案例索引

适用加以严格限制。因此,从整体上来说,美国死刑的历史就是一部死刑不断被限制的历史。收入本书的弗曼诉佐治亚州案中,布伦南大法官指出:"虽然死刑的适用贯穿于我们的历史。但实际上这一刑罚的历史就是一连串限制的历史。原本是一种通常的刑罚,在持续不断的道德争议背景下,却变得越来越罕见。这一刑罚的进化史证明,它并非美国人感情之中不可避免的一部分。相反,它已经被越来越严重地证明给国民的良知带来困扰。这一运动的结果就是我们现行的刑罚运作体制,在这一体制中,死刑判决越来越罕见,而死刑的执行则更为罕见。"此言甚是。

美国最高法院围绕着死刑而展开的法律活动,包括判决,都涉及宪法问题。尤其是美国宪法禁止残酷的和异常的刑罚(cruel and unusual punishments),在这种情况下,死刑是否属于宪法所禁止的残酷的和异常的刑罚,就成为美国死刑存废争议的中心。在美国联邦制的国体之下,各州关于死刑的法律规定是否违反美国宪法,也是经常争议的问题。在这个意义上说,死刑也是一个州与联邦的权力划分的政治问题。美国最高法院在美国政治生活中享有崇高的权力,在死刑问题上也是如此。当然,美国最高法院在死刑问题上也出现过前后的反复。尽管如此,美国最高法院一直在为减少死刑的恣意性而努力。相比较之下,我国最高人民法院在限制死刑方面的努力也是有目共睹的。在2006年之前,由于死刑复核权的下放,最高人民法院丧失了对死刑的控制权,导致各省在死刑把握上的尺度不一。及至2006年12月28日最高人民法院发布《关于统一行使死刑案件核准权有关问题的决定》,收回了死刑核准权。在最高人民法院收回死刑核准权以后,对于严格掌握死刑适用标准,减少死刑的适用,发挥了重要的作用。当然,最高人民法院在死刑核准上,也出现个别争议较大的案件。其中,夏俊峰故意杀人案就是一例。夏俊峰是一名商贩,被城管带到办公室以后,在办公室中发生了将两名城管队员捅杀刺死的后果,在冲出办公室大门时又将一名城管司机刺成重伤。本案争议的焦点在于:夏俊峰的行为是否属于正当防卫或者防卫过当?这直接关系到对夏俊峰能否适用死刑。但因为发生在办公室内的争执,两名城管队员已经死亡,而夏俊峰辩称在遭受暴力殴打的情况下刺死城管队员的证言未被法院采纳,一审、二审法院均以故意杀人罪判处夏俊峰死刑。最高人民法院亦对本案核准了死刑,最终夏俊峰被执行了死刑。在我看来,夏俊峰案主要还是正当防卫或者防卫过当的辩护能否成立的问题。在目前中国的司法语境下,如果正当防卫或者防卫过当的辩护不能成立,对夏俊峰判处死刑是必然结论。但是,在司法实践中如何认定被告人是否具有正当防卫或者防卫过当的情节,这里涉及举证责任、证据规则等一系列的问题,值得我们研究。随着最高人

序

陈兴良

  林维教授主持翻译的《最高法院如何掌控死刑》一书即将由北京大学出版社出版，译者邀请我为该书作序。在作序之前，我阅读了本书的部分内容，深感这是一本对于理解美国的死刑制度具有重大参考价值的书籍。同时，对于我们思考当今中国的死刑问题也具有重要的启迪意义。

  这本书的书名中所提及的最高法院，是指美国联邦最高法院，那个由9名大法官组成的法律帝国。收入本书的是在美国历史上对于死刑制度的变革具有重大影响的美国最高法院的判决，有些甚至是具有里程碑意义的判决。正是这些最高法院的判决决定了美国死刑制度的走向，塑造了美国死刑制度的历史。本书的标题是一个设问："最高法院如何掌控死刑"？本书的内容对这个设问作了回答：美国最高法院正是通过一份份判决对死刑进行掌控的。因此，本书虽然是一部美国最高法院关于死刑的判例选集，但通过本书我们可以窥见美国最高法院对死刑掌控的具体方式与路径。

  在西方发达国家中，美国是少数至今仍然保留死刑的国家之一。在目前世界上废除死刑已经成为潮流的背景下，美国的死刑政策饱受责难，尤其是来自废除死刑大本营欧洲国家的指责。中国和美国在保留死刑这一点上，存在共同之处，并且引人瞩目。美国学者科恩教授在为其所编著的《当代美国死刑法律之困境与探索》一书中文版所作的前言中指出："在仍然保留死刑的国家当中，中国和美国因其强大的政治实力和明确反对废除死刑的立场占据了尤为显著的位置。当然，中国甚至单纯凭借每年执行死刑的人数就有别于其他仍然保留死刑的司法辖区。中国每年执行死刑的具体人数仍然是一个被严格保守的国家秘密，但是据可靠估计，该数字大约为几千人，至少占全球每年死刑执行人数的80%。美国之所以引人注目，是因为它是最后一个经常性使用死刑的自由民主制国家，33个州和联邦仍然保留了死刑。2011年，美国执行死刑人数为43人。"[①]虽然美国仍然保留死刑，但美国最高法院还是通过自身的努力，对死刑的

---

  ① 〔美〕科恩等：《当代美国死刑法律之困境与探索：问题与案例》，北京大学出版社2013年版，前言，第1页。

尤其是承担了大量翻译以外的繁琐联络工作的唐潇潇老师。另外,在本项目进行过程中,2012年3月,中国青年政治学院法律系举办了"最高法院如何控制死刑"的学术研讨会,数十位来自最高人民法院、最高人民检察院、司法部、各省级高级人民法院、律师事务所的司法实务人员以及全国各高校、科研机构的专家学者们,就这一议题提出了很多真知灼见,会场气氛异常热烈,特别感谢上述人员的热情与会。

最后,并非多余,我仍然要说:译事本艰难,加上我们水平有限,本书必定会有不少遗憾,这是主编必须担负的责任了。

2014年6月23日
于西三环北路25号

会进入一个瓶颈期、停滞期。

　　在很长一段时间里，这一任务也可能更多地要交给最高人民法院及各中、高级人民法院。实际上，截至目前为止，死刑在适用上的大量削减也从来不是主要通过立法完成，本质上仍主要是通过司法的努力加以实现。正是这样的经验促使我们可以也应当要求，即便在立法的死刑条款没有根本性减少的前提下，高级人民法院乃至最高人民法院有义务也有能力去实现这样的目标。最高人民法院在2007年收回死刑核准权，这仅仅是一个开始而非结束。

　　最高人民法院应当通过其司法行为起到司法政策制定、引导的作用，最高人民法院的作用绝不仅仅在于具体案件的审理、判决，而在于通过案件的审理起到制定标准的作用。对于死刑问题，最高人民法院的任务应当是在法律的框架内，确定其正当合理的司法理念，在特定立场支配之下，在全国范围内制定一个普适的死刑裁量标准来限制其适用，逐步地使死刑适用更为理性、谨慎，以期达到控制死刑的目的。

　　死刑问题在中国一开始就不是一个单纯的法律技术问题，而是一个感情问题、舆论问题、政策问题乃至地方政治甚至国家稳定问题，说到最后，它就可能已经不是一个法律技术问题了。而各种社会问题也集中在死刑案件中并且得到放大，媒体监督又使各种情绪辐射裂变，公众情绪变得越来越焦躁、敏感。总之，社会愈对立，死刑愈复杂。一个案件到了法院那里，似乎意味着法官就有能力甚至有义务终局性地解决其中的社会矛盾。每一个法官如今都感受到巨大的压力，不判死刑时有压力，判处死刑时也有压力。尤其是当某个死刑案件并非法律问题而是社会舆论问题时，法官两难的关键在于：如何理性地搜集并决定何为民意，如何科学地听取、判断民意，然后独立冷静地做出判断。或者说，如何把这样一个舆论问题再恢复为一个法律问题。最高法院在实现死刑控制这一目标的过程中，负有无法推卸的责任，某种意义上，这也是一种政治责任。

　　本书的翻译，拖延经年，好在我们未曾放弃。首先应当感谢美国律协的各位同仁，感谢他们对我们的信任和宽容，尤其感谢 Allison Moore（莫慧兰）、Hyeon Ju（卢炫周）、虞平主任和谭琪、尹德永、杨洁女士，以及死刑代理项目主任 Robin M. Maher 女士。其次，应当感谢蒋浩、曾健、何帆先生，尤其是曾健，他提出了很多意见和建议，并且不断地催促，有时真的令我"心烦意乱"，但是正是这样的催促，本书才得以面世，并且是以这样一种令人欣喜的面貌。也正是通过这样的交流，让我认识到一位法律出版人的认真负责、精致创新。感谢陈兴良教授为本书所撰写的序言，老师的认真和不拖延是我必须要学习的。最后，感谢包括中国青年政治学院法学院多位同事在内的所有译者，以及为本书进行初校的王岩同学，意味着我们必须整体、细致地研究考察，差别并不一定意味着不平衡或不公正，但究竟是什么导致了两个案件在死刑适用上的差别？

美国与中国一样，都存在着死刑，并且由于社会的分化，对于死刑案件也同样存在激烈的争议，甚至有的死刑案件进一步加剧了社会的分裂，而且也同样存在着误判的死刑案件。本书所选译的美国联邦最高法院所判决的18个死刑案件，除威尔克森案和凯姆勒案以外，均自20世纪60年代始，直到21世纪初，大体上能够反映美国死刑晚近的发展历程，呈现了美国死刑的基本状况，基本覆盖了围绕美国死刑而展开的主要争议问题，例如死刑本身的合宪性问题，具体死刑执行方式的合宪性问题，死刑适用与陪审团的组成，死刑与杀人罪、强奸罪具体类型的关联，精神失常者、未成年人和智障者的死刑适用问题，死刑适用与无效辩护问题。

国内已经有较多的研究美国死刑的著译，但是遗憾的是，虽然在这些著作中大量引用美国联邦最高法院相关判决的内容（本书所选译的18个判例，恰恰就是经常被援引的判决），但往往只是其中的只言片语、浮光掠影，缺乏对所引用案件的判决全文的全面介绍。欠缺判决全文，使得我们无法考察判决的全貌，也无法全面地了解判决的思路以及其中的论证逻辑，乃至其中的激烈争议。因此，希望通过本书的翻译，能够使我们对美国的死刑问题有一个概略的掌握。尤其是考虑到这些问题在国内同样都引发了激烈的争议，或者未来可能发生争议，例如辩护律师的工作质量等问题，希望读者通过阅读这些判决的原文，能够对这些问题有进一步的了解，对美国处理死刑问题的经验和思考具有更为深刻的认知。

但是，这决不是本书的根本目的，了解美国的死刑制度固然重要，但本身的重点仍然在于通过对美国死刑判决的观察，思考中国的死刑问题。必须要指出的是，美国的死刑发展仍然处于继续状态之中，美国的经验也有其特殊背景乃至特别的政治生态，我们也不可能以此为榜样或标准，但通过了解域外司法如何解决他们的困惑这样一些司法经验，对于我们深入思考自身的问题，具有特别的对照借鉴意义。

阅读这些判决，我们至少能够深切地关注到：在死刑的掌控（这种掌控未必是减少）中，最高法院起到了极为关键的作用。而这也是本书想要表达的一个意思。仍然以死刑适用为核心，我们必须注意到：《中华人民共和国刑法修正案（八）》13个死刑罪名的削减，当然应予以高度评价，但这仅仅是在死刑削减的道路上迈出的一小步，因为它所涉及的几乎都是很少判处甚至从未判处死刑的罪名。如果对此给予过高的甚至里程碑式的赞颂，可能会让人们忽略了以后的每一步都会面临深水暗礁，暗流涌动，甚至举步维艰。死刑的立法削减不可避免地质上的不公正性并且努力消除这种差异以外,我们是否应当合理地承认由于案件的细微差异和法官的立场而导致此种量刑的差异,而不是简单地批判其不公正?并且,当我们评论死刑案件时,必定意味着我们应当对案件的事实有一个至少较为充分的认知,尤其应当对其中产生激烈争议而对于是否判处死刑具有重大影响的事实,具有清醒的认识。事实的认识和判定,是我们讨论死刑判处是否适当的重要前提。如果对事实具有分歧,就应该先确认事实,然后围绕死刑的正当性发表意见。把两个问题混淆在一起或者认为个案之中死刑的正当性探讨可以抽象地讨论,可能会使这一问题越来越复杂,最终导致无法对话沟通。

其次,当我们说限制死刑时,如果两个类似的案件,一个判处死刑,一个未判处死刑,究竟是被判处死刑的案件具有正当性,而未判处死刑的案件量刑过轻,还是未判处死刑的案件量刑适当,而判处死刑的案件属于量刑不当,需要我们认真反思。仅仅因为B案件未判处死刑,是否就可以证明同类型的A案件的死刑就是不正当的呢?死刑制度在其本质上的不人道和具体案件的死刑判处是否不公正是否属于两个问题?

再次,当我们说限制死刑时,必定意味着在司法上允许对立法的规定做出自身的判断,意味着对某些犯罪虽然立法规定了死刑,但是司法上可以尽可能地不适用死刑。如果我们承认这样的前提,我们是否应该承认,在限制死刑的过程中,非暴力犯罪,包括盗窃罪,也包括贪污受贿罪,就应当首先处于严格限制死刑的范围,而暴力案件尤其是杀人或抢劫杀人等案件仍然属于最可能适用死刑的领域?考虑到杀人尤其是抢劫杀人等类似的犯罪,其行为人的社会地位、经济地位往往较贪污罪、受贿罪的行为人为低,甚至差距巨大,那么如果我们认可死刑应当被限制适用,当我们说限制死刑时,我们是否做好了这样的准备:那些容易引起我们同情的社会弱者,那些犯罪的背后更可能具有令人心酸的故事的杀人者,被判处了死刑,而令我们厌恶、痛恨的官员们却逃脱了死刑制裁?我们可以因为某一位官员因受贿罪未判处死刑,而质疑对故意杀人者所判处的死刑的正当性吗?

最后,当我们说限制死刑时,意味着我们仍然需要确保死刑的公平适用,意味着法院应当对死刑的适用与否做出详尽的说明,尤其是同类型的案件为什么甲案适用死刑、乙案未适用死刑,做出尽可能合理的解释。即便一个地方法院不承担解释另一个法院的案件为什么未判处死刑的义务,但是毫无疑问,它仍然有义务专业性地解释为什么当下的这个案件应当判处死刑。而最高法院应当有义务尽快地实现死刑判处在最大程度上的平衡和一致。死刑的限制适用意味着死刑的选择性适用,我们就不得不特别重视死刑适用的不平衡所导致的不公,那就

生命犹如陀螺

——译者前言

林 维

生命犹如陀螺,你知道它什么时候开始,但你可能并不知道它什么时候停止。它旋转过程的长短,其实很大程度上掌控于那个转动的力量。这像极了有关死刑的隐喻。某种意义上,最高法院就是那股旋转的力量。

生或者死,这是个问题。对于从事刑事审判的法官而言,更是一个备受煎熬的问题。但是对于现在的国人而言,死刑的废除或者保留应该还是个问题吗?显然,这样的说法表明,至少对于我们,这个事情过去的确是个问题。

事实上,对于死刑存废的争议,由来已久。自古以来,死刑就一直存在,而且在很长时间内都是个适用极其广泛的刑罚,甚至几乎可以适用于所有犯罪。显然,这也是一种反讽或者悖论:生命刑的泛滥,并不是因为人们多么地看重生命以至于可以拿它作为威慑,恰恰相反,死刑广泛适用的一个很重要的原因就是在那些社会中,人们通常并不拥有太多得到普遍重视因而适于剥夺以示惩罚的利益,除了人人拥有的生命。当生存对于人们是个煎熬,生活毫无幸福可言时,生命既宝贵但又无比廉价。能够让人说出"要命有一条""二十年后又是一条好汉"这样的话的社会,死刑的适用极其广泛,但死刑的威慑力却大可被怀疑。

与此相关,今天,我们所拥有的宝贵事物越来越多,生命总体上变得更有意义,对于死刑厌恶的一个重要原因就是生命的宝贵,那么死刑的威慑力可能因为生命的价值提升而变得更大吗?对于死刑的弃绝究竟应该从实证地探讨死刑的威慑力着手,还是应该从哲学地、伦理地论证生命的神圣角度着手呢?

我们通常认为,目前在我们这样一个国度,死刑应该被限制而不是被废除,虽然它的终极命运是要被废除,但那将是一个漫长的过程。对于死刑我们有着太多热血沸腾的争论,但如果建立在这样一种基本共识的基础上,我们就需要明了:

首先,这样一种共识意味着立法仍然保留死刑,法官具有死刑适用的裁量权。在确实无法建立一个清晰的死刑判处标准的个案中,如果法官确实仅仅出于自由裁量权,而未受到其他因素的不当影响,除了我们不得不感叹死刑在其本

译者简介

门金玲：中国青年政治学院法学院副教授、法学博士

程　捷：中国青年政治学院法学院讲师、法学博士

林　维：中国青年政治学院法学院教授、法学博士

秦一禾：中国青年政治学院法学院副教授、法学博士

孙　远：中国青年政治学院法学院副教授、法学博士

王　雪：北京大成律师事务所律师、法学硕士

唐潇潇：中国青年政治学院法学院讲师、中国政法大学法学博士生

王　新：中国青年政治学院法学院副教授、法学硕士

姜文秀：中国青年政治学院法学院讲师、法学博士

王芳蕾：法国社会科学高等研究院博士生

柳建龙：中国青年政治学院法学院副教授、法学博士

翻译分工

门金玲：威尔克森诉犹他州案、凯姆勒单方诉讼案、罗珀诉西蒙斯案

程　捷：美国诉杰克逊案、威瑟斯庞诉伊利诺伊州案

林　维：弗曼诉佐治亚州案

秦一禾：格雷格诉佐治亚州案、彭里诉莱纳福案、斯坦福诉肯塔基州案

孙　远：科克尔诉佐治亚州案

孙　远、王　雪：斯特里克兰诉华盛顿州案、福特诉温赖特案

唐潇潇：恩芒德诉佛罗里达州案、威金斯诉史密斯案

王　新：蒂森诉亚利桑那州案

姜文秀：阿特金斯诉弗吉尼亚州案

王芳蕾：肯尼迪诉路易斯安那州案

柳建龙：贝兹诉里斯案

"最高法院如何掌控死刑"项目承蒙美国律师协会全球法治项目部中国项目办公室的资助,谨表感谢!

We are very grateful to ABA/ROLI for the financial aid to the project of "How the Supreme Court Regulates Death Penalty"!

美国诉杰克逊案
United States v. Jackson

《美国判例汇编》第 390 卷第 570 页(1968)
美国联邦最高法院发至康涅狄格州地方法院的纠错令
庭审日期:1967 年 12 月 7 日
结审日期:1968 年 4 月 8 日

案 件 导 读

  于 1932 年制定的美国《联邦反绑架法》中规定,任何故意基于索要赎金而非法劫持并跨境绑架运输被害人的案件,一旦被害人在解救前受到伤害,则可判处被告人死刑;当陪审团认定犯罪事实时,则应被判处死刑。在实施 34 年后的 1966 年,《联邦反绑架法》在一起绑架案件中被地方法院认定为违宪而驳回了控方起诉,控方随后上诉到联邦最高法院。本案主要围绕两个问题展开争执:第一,《联邦反绑架法》中的前揭死刑条款究竟是否违宪? 第二,如果死刑部分确实违宪,是否导致整个《联邦反绑架法》都归于无效,控方不能据此起诉任何绑架案件?

  围绕是否违宪的问题,政府方认为系争法案并没有让寻求陪审团审判的被告人被判死刑的风险有任何实质性的提高。首先,即便陪审团被该法案建议判处被告人死刑,要是没有法官的同意,那些被陪审团审判的被告人仍然不会被判处死刑。其次,就算是认罪或者放弃陪审团的被告人,也不会完全没有被判处死刑的风险。因为就算法官接受认罪或者同意放弃陪审团,法官也可能单纯为了建议适用死刑而组建一个特别陪审团。可见,死刑是否适用于被告人仅取决于法官和陪审团在适用死刑问题上是否达成一致,与该案被告是否选择陪审团审判并无关联。所以,《联邦反绑架法》中的死刑条款并没有对选择在陪审团面前争辩的被告人们不利。

  但是,联邦最高法院从规范分析、历史分析的角度,认为法官必须毫无保留地遵照陪审团的死刑建议才是立法的应有含义。而且在起草该法时,国会也的确有让陪审团取代法官成为死刑裁量者的立法目的。立法史上甚至从来没有一个字眼表示过,基于认罪或者未经陪审团审判的定罪案件,会接续一个由专司死刑的陪审团处理的独立量刑程序。所以政府方的申辩理由并不能成立。

最后,联邦最高法院支持了地方法院认为《联邦反绑架法》死刑部分违宪的观点,因为系争条款使美国宪法第六修正案中的陪审团审判权担负了"进行死刑判决的风险",从而为该宪法性权利的"自由行使"附加了一项不被允许之负担。

但最高法院同时认为,由于死刑条款与其他部分存在功能上之独立性,系争死刑条款是可以与该法其他条款进行切割看待的。即死刑条款的缺陷不足以彻底否定国会的基本立法意图——使跨州绑架成为一种联邦犯罪。在主张《联邦反绑架法》之死刑条款不得执行之余,最高法院认为该法案剩余条款并未违宪而无碍有效。即被上诉人仍应依照该法而被起诉,为不依该法而被判死刑。

法国人托克维尔曾把美国的陪审团审判视为培养人民民主观念的学校与反抗专制王权的堡垒。美国《联邦反绑架法》的确着眼于死刑的严苛性,希望将死刑的裁量权交给陪审团而不是法官,即只有在陪审团建议死刑时,才可以对被告人判处刑罚。可是这样的立法设计,的确给绑架案中的被告人带来了负担,一旦法官不愿意在没有陪审团的情况下审判该案,则被告人只有通过答辩有罪去避免被判处死刑的风险。于是,很多被告人不得不两害相权取其轻,放弃陪审团审判而进行有罪答辩。比如在本案判决作出以后的两年,最高法院就接到了另一起围绕认罪答辩是否具有自愿性的著名案件,即布雷迪诉美国案,上诉人自称当时听说有一位共同被告人将会在审判中反对他时就不得已认罪了,并且随后被判了长期监禁刑。在10年之后,美国诉杰克逊案宣布该法死刑部分违宪之后,布雷迪主要不是当年的反绑架法死刑条款,他是不会认罪的,他的有罪答辩的自愿性因为该法而被污染了。尽管布雷迪的回溯性主张没有被联邦最高法院支持。可明显的是,继美国诉杰克逊案判决之后的绑架案中,悬于被告人头顶的达摩克利斯之剑已经被卸除了。

| 判决摘要 |

美国《联邦反绑架法》规定:(1)一旦被绑架者未在无伤害的前提下得到解救,则绑架者将被判处死刑。如果绑架者受到了陪审团裁决,则陪审团应判处他死刑;(2)如果绑架者没被判处死刑,则将被判处无上限的有期监禁,甚至终身监禁。地方法院驳回了控方针对被上诉人触犯该法的指控,理由是该法使得任何人获得陪审团审判的宪法权利因为需要衡量是否有"判处死刑的风险"而难以"无碍行使"。政府于是上诉至联邦最高法院。

判决:该法案有关死刑的条款阻碍了宪法权利的行使,但是该条款仍然可以与该法案的其余部分切割处理,即该死刑条款的违宪性不会导致整个《联邦反绑架法》违宪。

因此撤销原判并发回重审。①

| 判决全文 |

斯图尔特大法官代表最高法院发表判决意见：

《联邦反绑架法》第1201条(a)款规定，任何明知跨州运输往来的人……基于索要赎金目的而非法劫持任何人……（1）一旦绑架被害人且被害人没有得到无害解救，则可被判处死刑，并且当被告人受到陪审团裁决时，陪审团应该建议判处死刑。（2）如果没有判处死刑，也可判处无上限的有期监禁刑，乃至于终身监禁刑。

基于该法案，产生了一项一旦受到陪审团审判即被建议判处死刑的罪名。而对于那些放弃陪审团审判的被告人或请求认罪的被告人，该法案则没有规定可能导致适用死刑的任何程序。

1966年10月10日，康涅狄格州的联邦大陪审团达成了一项指控，该指控说，某人被包括本案被上诉人的三名被告人劫持，从康涅狄格州载往新泽西州，那位被劫持以索要赎金的被害人在被解救时已经受了伤。② 地方法院没有受理该项指控的罪名③，并认为《联邦反绑架法》违宪，因为它使陪审团审判权被加载了"承担死刑判决的风险"，从而侵害了该宪法性权利的"自由行使"。④ 于是政府方直接对联邦最高法院上诉⑤，我们注意到了该案的管辖权问题⑥，并且撤销了该判决。

我们同意地方法院的观点，即《联邦反绑架法》中的死刑条款是对一项宪法权利施加的不被允许之负担，但是我们却认为该死刑条款可以与该法其他条款切割看待。即不能因为它的死刑条款违宪就宣告整个法律无效。因此地方法院对绑架罪名不予受理显属不当。

---

① 390 U.S. 572-591, 262 F. Supp. 716.

② 大约在1966年9月2日，查尔斯·杰克逊，外号"蝙蝠侠"，又名"大汉"，和格兰·沃尔特·亚历山大·拉蒙特，以及约翰·艾尔波许·小沃尔什，以上被告人，从康涅狄格州的米尔福德至新泽西州的阿尔宾之间从事跨州运输。一名叫约翰·约瑟·格兰特三世的人当时被非法拘禁、绑架、运输并被这些被告人所劫持，以谋求赎金且帮助以上被告人逃脱警方缉捕，而约翰·约瑟·格兰特三世则在被解救时受伤，此案违反了Title 18, United States Code, Section 1201(a)。

③ 关于对他们触犯从康涅狄格州运输盗窃所得赃车到纽约的罪行 18 U.S.C. §2312 并没有被提出异议，因此在这里不再呈现。

④ 262 F. Supp. 716, 718.

⑤ 18 U.S.C. §3731.

⑥ 387 U.S. 929.

一

　　从表面上看，系争法案至少有一个显而易见的事实：在一个跨州绑架案件中，一旦被害人没有在不受伤的条件下被解救，该案中被告人如果行使受陪审团审判的权利，就可能搭上性命。因为系争法案仅给陪审团作出死刑判决的权力。

　　政府方对于以上观点没有提出任何质疑，他们所争议的是该法案是否真的能将寻求陪审团审判的被告人之死刑风险提高？因为政府对该法案的解释是，即便陪审团被该法案建议判处被告人死刑，要是没有法官的同意，那些被陪审团审判的被告人仍然不会被判处死刑。而且政府更认为，即便是认罪或者放弃陪审团的被告人，也不会完全没有被判处死刑的风险。因为就算法官接受认罪或者同意放弃陪审团，法官也可能单纯为了建议适用死刑而组建一个特别陪审团。于是政府方坚持这么一种观点，死刑是否适用于被告人取决于也仅取决于法官和陪审团在适用死刑问题上是否达成一致，与该案被告人是否选择陪审团审判并无关联。基于对系争法案的以上理解，政府方认为《联邦反绑架法》中的死刑条款并没有对那些选择在陪审团面前争辩的被告人不利。

　　政府是不能想象立法理由的，因为事实上，立法理由是国会而非政府所创制的。从一开始我们就不同意政府关于《联邦反绑架法》规定陪审团建议适用死刑的前提下法官仍保留适用死刑的自由裁量权的观点。① 后来我们更认识到，在系争法案施行的整个长达34年的历史里，一旦陪审团建议适用死刑，法官从未否定。② 政府方显然希望我们想当然地认为，要么法官一直都同意陪审团的死刑建议，要么法官一直都努力克制系争法案给予他们的不独立之死刑量刑权③，但这个结论显然不合实际。事实上，如此解释会更简单，系争法案毫不含糊地规定，"如果是陪审团认定事实，应当做出此建议。'被告人'应当被判

---

　　① 即便政府方的解释是合理的，但其结论的正当性尤显不足。因为地方法院认为，"即便主审法院有权将量刑问题交付陪审团，但这项权力也是裁量权，其行使与否也不确定"。（262 F. Supp. 716, 717-718.）政府方却相信，在被告人倾向认罪或接受法官审的前提下，那些通过自由裁量权而组建量刑陪审团的法官，往往就愿意接受陪审团的量刑建议。但法官愿意屈从于陪审团并不足以表明法官在被告人有罪答辩或者放弃陪审团审判的前提下愿意去组建一个旨在量刑的陪审团。假使政府的既定立场是正确的，那么通过有罪答辩或者法官直接审判而被定罪的被告人就能规避死刑，除非主审法官专门要去启动一个量刑听证或者为此专门组建一个陪审团。此外，那些被陪审团定罪的被告人也面临一种定罪陪审团往往会建议死刑的风险，而法官往往也会接受陪审团的这种建议。

　　② 某地方法院法官曾表示其并不会在绑架案中受制于陪审团的死刑建议，参见鲁宾逊诉美国案，264 F. Supp. 146, 151-153。但这位法官根本没有遇到此类问题，因为他所涉及的案件中包括定罪后的宽缓处罚请求。因为在一定数量案件中联邦法院的陪审员曾建议过死刑，在法庭辩论中陈述的控方律师都会明白这种量刑建议在任何案件中都不会被束之高阁。

　　③ See H. Kalven & H. Zeisel, *The American Jury* 436-444 (1966).

处……死刑"。这里的法律用词是"应当",而非"可以"。① 因此,法官必须毫无保留地遵照陪审团的死刑建议才是立法的应有含义。

政府方仍强烈劝说我们忽视国会这一极其重要的选择:即无论过去我们如何认识,现在我们都应以这样的向度解释系争法案——废除陪审团在没有主审法官同意的条件下的死刑裁量权。也就是说,他们的解释将与联邦法院主审法官长期把持量刑权的传统相一致。不过,如此解释的困境在于国会立法者在通过《联邦反绑架法》的时候明显已经放弃了这个传统。针对(政府)强烈清晰地反对陪审团量刑毫无根据地违背固有的联邦司法实践②,国会反对《联邦反绑架法》将量刑权留给法院自由裁量的做法③,取而代之地选择了使单一法官的死刑适用权让渡给由 12 人组成的陪审团。④ 如果国会接受政府所谓陪审团仅仅是量刑咨询者的提议,那么量刑的最终权力将回到法官手里,而这个权力正是国会蓄意要赋予陪审团的。

系争条款的要旨曾被起草该法案的司法委员会清晰地表达过:其目的非常简单,"让陪审团去决定对绑架者的死刑"。⑤ 而事实上,国会用"建议"描述陪审团在量刑中的任务,并不能模糊国会的初衷——使陪审团取代法官,成为死刑裁量者。政府与之相反的主张显然不能成立。

---

① 政府方认为,单词"shall"(应当)用在两种可选择性的刑种之前:"犯罪人'应当'被处以:(1)死刑;前提是被绑架人没有被无害解救,并且如果定罪陪审团如此建议,或者(2)监禁刑;……"但是司法裁量权被附着于第二种刑种选择所掣肘:"判处监禁刑……如果没有判处死刑。"尽管联邦罪行的量刑权责名义上系属于法官而非陪审团,这些限定词将是毫无意义的废话,除非他们意思指向为陪审团的量刑建议权:犯罪人"应该被判处(1)死刑……如果定罪陪审团如此建议,或者(2)自由刑……如果定罪陪审团没这么建议的话。"如果认同政府对法条的解读,将导致该条最后一段沦为赘文,但与之不协调的是,国会在修法时曾两度删减该法的赘文。参见《美国法典汇编》第 18 卷第 1201 页下的修法理由。《联邦反绑架法》无论从语言的角度还是历史的角度都无法得出这样的结论。相反,从对死刑条款最初形式的考察中可以发现国会并没有政府方如今所坚持的意思。因为 1934 年该法制定即规定犯罪人"应该,在定罪的基础上,被判处(1)死刑;如果定罪陪审团建议适用死刑,规定如果被劫持人质被无害解救则法院不得作出死刑判决,或者(2)如果死刑不应该适用或者判决于有罪被告人时,则应该在法官的自由裁量权幅度内判处监禁刑……"从这种表述上可以看出,立法语言并不能支持政府关于如果陪审团建议死刑则犯罪人"应该被判处死刑或者被判处监禁刑"的观点。因为立法语言在此不容模糊地表明,在以下情形,才会判处死刑——如果陪审团建议死刑——那么就该判处死刑,除非在法院判决前被害人不受伤地被解救。毫无理由相信这一基本刑罚架构从 1934 年该法案通过以来有任何的嬗变。
② See 75 Cong. Rec. 13288, 13295-13297 (1932).
③ 《联邦反绑架法》在最早起草时规定判处"死刑或者法官在其自由裁量权范围内确定的监禁刑……" [75 Cong. Rec. 13288 (1932)].
④ 相当数量国会议员担心一旦赋予法官死刑量刑权可能迫使一些陪审员不当地抵制定罪。[75 Cong. Rec. 13289, 13294 (1932).] 某种程度上说这种对判决的担心需要将陪审团的量刑建议作为适用死刑的前提,至于陪审团的建议是否约束主审法官则无关紧要。但是正如政府方所承认的那样,多数热衷于由陪审团裁定死刑的国会议员,主要是因为这样可以抑制法官动用死刑的冲动。
⑤ H. R. Rep. No. 1457, 73d Cong., 2d Sess., 2 (1934).

政府方同样站不住脚的观点是,《联邦反绑架法》创设了仅在联邦司法系统内使用的一种特别程序,即无需被告人同意,法官基于是否被告人需要判处死刑也可以自行组建特别陪审团。政府方想告诉我们《联邦反绑架法》创设如此程序是借助了一种暗示,即《联邦反绑架法》规定无论陪审团什么时候建议适用死刑,被告人都可被判处死刑。系争法案并没有说这个建议死刑的陪审团一定要是负责认定是否有罪的陪审团。因此,该法案潜在规定了专为建议适用死刑而被特别组建起来的陪审团。政府方从联邦第七巡回法院对《联邦反绑架法》的解释中得到了支持。①

这种解释认为无论什么时候得到陪审团的死刑建议,即便是"在法院已经接受认罪之后,为了适用死刑而组建起来的陪审团",仍然可以判处死刑。但是系争法案遣词用句上并无"某个陪审团",而是"该陪审团"。至少在被告人是否有罪需要陪审团来认定的情形下,政府承认"认定事实的陪审团"自然意味着:判断有罪还是无罪的裁决权归属于定罪陪审团。那么当这么一个陪审团已经被组建了,立法意图肯定是希望让这个陪审团去负责所有的事项,而不是在定罪以后,再专为量刑的目的另外组建一个陪审团去裁定某些事项。② 然而政府方却主张,当有罪问题已经被法官裁决或者完全被认罪程序所处理以后,"定罪陪审团"的用语含义应该立马被赋予新的含义,即在这样的案件中,"定罪陪审团"应该指专为决定被告人是死是活而被特别组建起来以建议适用死刑的陪审团。

没有任何迹象表明国会曾考虑过政府方所希冀的立法目的,政府方却希望我们接受如此诡异的解读。立法史上甚至从来没有一个字眼表示过,基于认罪或者未经陪审团审判的定罪案件,会接续一个由专司死刑的陪审团处理的独立量刑程序。假使国会颁布《联邦反绑架法》时,联邦司法系统中的确有承认过组建这类陪审团的权力,那么国会此时在此问题上的沉默或许还真能当成是新法案对这种量刑实践的承认。但是这类量刑程序在国会制定该法案时,压根就没有存在过。

但是政府方仍然坚持,国会没有规定在被告人认罪或者放弃陪审团审判时适用死刑程序,这不啻一种可借助于也应当借助于法院去纠正的失误。国会曾

---

① 西德朗德诉美国案,97 F. 2d 742,748;鲁宾逊诉美国案,264 F. Supp. 146,153。

② 如果陪审团的有罪认定并不包含死刑建议,则法官不得运用超过监禁刑的刑罚。他不能组建其他陪审团以建议适用死刑。参见美国诉德雷斯勒案,112 F. 2d 972,980。

至少两次允许对于未经陪审团审判之有罪被告人适用死刑①,但是即便我们承认国会这种立法中的失败是纯属失误,但这也不属于法院应该弥补的领域。

任何此种设想只会陷入更大的困境:如果一个陪审团被召集起来专为决定是否建议死刑,那么他们如何举行听证?控辩双方如何在他们面前去呈现自己的观点?控辩双方又能给他们呈现什么?在这个程序中适用何种证明标准?通常的证据规则在何种程度上予以变通?被告人又享有何种特权?国会不像某些曾授权陪审团在死刑案件负责量刑的州立法机构②,它从未对以上问题表达过任何立场。③

弥补这一微小缺陷的方法是从该法案被无意忽略掉的整体设计作出推断。为了挽救一个法案免予违宪指控,硬从该法案中创设出一个复杂且完全新颖的程序,并将之强行适用于那些并不情愿的被告人,其实完全可以选择另一条路。我们相信联邦绑架案件中的法官有时会选择后一种方案,以试图改革陪审团主导的死刑程序。④ 我们并不知道特定的联邦法官究竟会采纳哪一种规则,以及该规则在多大程度上被变通,以及他们适用的情况如何。但是至少有一点是清楚的:当无法在从一系列程序法和证据法中费力地读懂规则的情况下,被告人只

---

① 在禁止破坏铁路运输的立法中,国会曾规定:"无论是任何人触犯了导致处以死刑的任何罪名……如果陪审团或者在认罪案件中的法院都应照此直接命令……都应该……适用死刑。"[62 Stat. 794(1948), 18 U.S.C. §1992.]而在禁止破坏航空安全的立法中,国会规定其行为触犯该法死刑条款者,如果陪审团或者在被告人放弃适用陪审团的案件中的法院照此命令……都应该……适用死刑[70 Stat. 540(1956), 18 U.S.C. §34]。有关航空安全的立法所运用的语言属于需要特别关注的地方,因为它反映了国会对于政府方以为国会忽视了的领域其实是有认识的:在一封内务委员会主席发出的有关跨州以及跨国贸易的信函中,时任联邦检察次长的 William P. Rogers 代表司法部建议,当时的法案应该增加一句"或者在那些不认罪又放弃陪审团审判的案件中"。信中写道:"如果被告人不认罪但却放弃陪审团审判的权利,并且要求法院审判的情形下,是否法院还有权去适用死刑,在当前法案的措辞中不无疑问。"[U. S. Code Congressional and Administrative News, 84th Cong., 2d Sess., 3149-3150(1956). 国会将这一段建议增修的语言在1956年7月14日制定该法时增加了进去,但却并未规定对于有罪答辩或放弃陪审团审判权利的被告人可以适用死刑。

② Cal. Penal Code §190.1(Supp. 1966); Conn. Gen. Stat. Rev. §53-10(Supp. 1965); Pa. Stat. Ann., Tit. 18, §4701(1963); N. Y. Penal Law §§125.30, 125.35(1967).

③ 独立量刑程序所引发的棘手问题经常被关注。[参见弗拉迪诉美国案,121 U. S. App. D. C. 78, 109-110, 348 F.2d 84, 115-116(伯格大法官部分协同部分不协同意见书);参见加利福尼亚州刑事裁判, 52 Calif. L. Rev. 386(1964);参见死刑案件的二元审判制度, 39 N. Y. U. L. Rev. 50(1964); 也可参见 Richard H. Kuh, A Prosecutor Considers the Model Penal Code, 63 *Col. L. Rev.* 608, 615 (1963)。]当法院面对这些问题时,唯有借助于"广泛的立法权去化解,而非片段的司法活动"。[*State v. Mount*, 30 N. J. 195, 224, 152 A.2d 343, 358 (concurring opinion); *People v. Friend*, 47 Cal. 2d 749, 763, 306 P.2d 463, 471, n.7; *United States v. Curry*, 358 F.2d 904, 914-915.]

④ 政府方告诉我们在因触犯《联邦反绑架法》而被起诉且认罪的被告人中,至少有三位被判处死刑,而这死刑判决是在基于专为量刑而组建的陪审团建议下作出的。

能被迫借助于那些量身定做的程序去捍卫自己的生命。① 政府方诠释道："将最人性化的设计置于死刑立法中，是政策性的趋势。"然而这却让我们在毫无立法强制力以及欠缺立法指引的前提下，将《联邦反绑架法》中的死刑条款导向了另一条未知的方向。我们不能这么做。

二

而且根据《联邦反绑架法》，那些放弃在陪审团面前辩称无罪的被告人们就应该确保不被处以极刑；而那些老实巴交地希望陪审团无罪开释的被告人则被提前告知，一旦陪审团认定他有罪且不愿饶他一命的话，他就得去死。我们的问题是：是否宪法能允许这样的死刑，仅仅因为被告人主张在陪审团面前争辩无罪就要对他们适用死刑？当然，任何此类条款的必然效应是对第五修正案不自证己罪特权②，以及第六修正案获得陪审员审判权利的压制。如果系争条款除了为了严惩犯罪而无任何其他目的与效果，就冻结这些宪法权，那么它显然与宪法有违。但是，正如政府方所言，对于那些陪审团建议适用死刑的案件限制死刑已然有了另一目的：它避免了在每一起案件中更极端地选择死刑的做法。从这个意义上而言，《联邦反绑架法》所创设的选择性死刑适用程序或许能被看做国会所希望采取的对极端苛刑的缓冲。③

政府方认为，基于该法案的实施"缓解了刑罚的严苛性"，因此认为该法案可能存在"迫使被告人无法在完整权利保障下争辩"的副作用的观点是不当的。④ 我们对此无法苟同，无论国会所声称的目的是什么，都不能在无端冻结基本宪法权利的代价下去追求。⑤ 问题的关键不是这种冻结效应是"副作用"还是"主作用"，而在于这种效应是否必要以及过分。在本案中，以上问题的回答是显而易见的。国会当然能缓解死刑的严苛性，限制那些陪审团建议死刑的案件中的死刑适用是完全合法的目标。但是这个目标不需要借助于对那些不认罪且

---

① 即便在那些已经在量刑问题上设置陪审团制度的州，辩护律师也很少愿意运用这些量刑审判程序去维护其当事人的利益。[See Executive Clemency in Capital Cases, 39 N. Y. U. L. Rev. 136, 167 (1964).] 在那些量刑程序已经被立法所固定下来的州，尽管这种程序非常新颖但却对有效辩护不利，似乎政府方希望我们接受的这种乱七八糟的制度会给辩护律师带来更大的麻烦。毫无疑问，第二巡回法院并不希望将这样的程序强制运用于那些不情愿的被告人。(参见美国诉科里案,358 F. 2d 904, 914。)

② 正当程序禁止对于强制认罪的被告人定罪。(参见赫尔曼诉克劳迪案,350 U. S. 116。)

③ 参见美国诉科里案(358 F. 2d 904, 913-914 and n. 8); 也可参见安德斯诉美国案(333 U. S. 740, 333 U. S. 753-754) 之法兰克福特大法官协同意见书部分。

④ 参见麦克道威尔诉美国案,274 F. Supp. 426, 431; 也可参见拉伯伊诉新泽西州案,266 F. Supp. 581, 585。

⑤ 参见美国诉罗贝尔案,389 U. S. 258; 谢尔顿诉塔克案,364 U. S. 479, 364 U. S. 488-489。

要求陪审团审判的被告人予以重刑化才可能实现。比如在一些州,每一个案件中,究竟适用无期徒刑还是死刑被交由陪审团决定,无论是否被告人已经被认定构成犯罪。① 假使这种制度或者其他类似制度得以存在,显然《联邦反绑架法》中的选择性死刑条款就无法被其表面化的立法目的所正当化。不管国会是否有权对触犯《联邦反绑架法》的行为施加死刑,但无论如何也不能对宪法权利主张者以如此的方式去施以刑罚负担。②

政府方极力主张联邦法官或许不会接受被告人勉强的认罪或者非自愿地放弃陪审团审判,这同样不能成立。因为系争法案的问题不在于它必然强制了认罪与放弃陪审团,而仅仅是它无端鼓励了认罪与放弃陪审团。一种程序未必非要具有强制性,才能强加宪法权利不被允许的负担。因此《联邦反绑架法》试图鼓励被告人们放弃对无罪的坚持,放弃对获得陪审团审判权的主张,这个事实似乎不意味系争法案下每个对指控认罪的被告人都是不自愿的。③ 法官拒绝强迫认罪以及非自愿放弃陪审团的权利或许能减轻却无法彻底消除《联邦反绑架法》死刑条款的合宪性问题。

政府方的另一看法是,法院在行使其监督权时,只不过是指导绑架案中的联邦法官们如何去拒绝对陪审团的放弃以及对认罪的努力,但是在明确告权下的自愿放弃以及认罪应该被允许。如此一来,我们应该担保在联邦法院中被起诉加重绑架罪的每一名被告都将可能面对死刑,并且担保没有任何因违反系争法案的被告人被迫放弃宪法权利。但是,这样解释的结果必然是强迫所有被告人去接受审判,并且澄清他们的罪行以及强化他们坦白,以使得他们和他们的家庭免受旷日持久的法庭程序折磨。实际的结果是,没有宪法权利的被告人将要求由法官审判而放弃陪审团④,并且这也是事实,即"刑事被告拥有让法院接受自己认罪的绝对权利"。⑤ 但是某些时候法官不接受被告人对陪审团的放弃以及认罪,并不当然地意味着所有的被告人都要接受正式陪审团审判。这种要求对那些并不希望辩解无罪的被告人是无情的,即便政府也承认对于所有的认罪都

---

① Wash. Rev. Code §§ 9.48.030, 10.01.060, 10.49.010 (1956). Cf. Cal. Penal Code § 190.1 (Supp. 1966).

② 参见格里菲斯诉肯塔基州案,380 U.S. 609。依照泽诺夫大法官的观点,最近,内华达州最高法院对强奸致人重伤案"如果他们的陪审团在定罪时建议死刑"则应适用死刑的制度是违宪的。[See Nev. Rev. Stat. § 200.360(1)(1963).]

③ 参见拉伯伊诉新泽西州案。同样可参见格里芬诉加利福尼亚州案(380 U.S. 609),法院认为,评价被告人作证不力无异于给被告人在审判中的沉默权施加了不应有的惩罚。然而这明显不符合一旦被告人的证词是强制的,检察机关即应该自动解救他的理论。

④ 参见辛格诉美国案,380 U.S. 24。

⑤ 参见林奇诉欧文霍尔瑟案,369 U.S. 705, 369 U.S. 719。

自动地予以否定将使"刑事诉讼程序失去灵活性"。正如某联邦法院已经观察的那样①:"法院接受认罪的权力是符合传统的基本性权力。它的存在对于实践……以及刑法的实施是必要的。相应的,在某些特定案件中,这项权力尚需要国会予以肯定以及毫无含糊的重申。"

如果任何这种制度都应该在联邦刑事法律实施中正名,那我们认为这必须要依赖于国会,而非法院去推动。《联邦反绑架法》的死刑条款不能借助于司法续造去加以保留。

三

现在的问题是,是否仅仅因为其死刑条款具有违宪瑕疵而导致整部法律失效呢?地方法院明显赞同此观点,因为其直接驳回了对绑架罪的指控。我们则对此不能苟同。正如我们在钱普林射频增益公司诉俄克拉荷马州公司委员会案中所说的那样:

"一部法律的部分违宪并不必然否定……其他条款的有效性。与那些已经超越立法权限而制定出来的条款无关,除非能明显地发现这些条款也超越了立法机关的制定权限,否则作为一部法律其剩余部分仍然完全有效。"②

爱本此旨,绑架法案中授权死刑的条款是可以与其他条款相互切割看待的,并且此类条款的违宪性也并不需要否定整部法律。③

在整部《联邦反绑架法》中,系争条款与其他部分存在功能上之独立性。对系争条款之摒弃并不足以改变整部法律的实质效力射程范围,剩余部分之保留也不会改变整部法律之运作。因此,决定在结果加重型绑架犯罪中授权死刑的国会在被告知《联邦反绑架法》不能包含眼前死刑条款的前提下,仍有意让整部法律玉石俱焚,这显然是不可想象的。④

---

① 参见美国诉威利斯案,75 F. Supp. 628, 630。
② 被上诉人正确地表明在钱普林案中国会包含有切割性看待无效规定的明白条款,事实上法院一直信赖着一种推定,即"去除无效的部分规定之后,剩余的规定依旧是符合立法者意思的"。(286 U.S. 210, 286 U.S. 235.)但是无论这一推定与切割性看待的条款是多么相近,最终法院不管是有没有这样的条款,还是会非常娴熟地切割性地对待本案审查,参见电力公司诉证券交易所案。(303 U.S. 419, 303 U.S. 434.)比如钱普林案中的法院在引用以上基本法条之后,无论是否存在切割性对待条款,他们立马就参照那些切割看待无效条款的案例:波洛克诉法默尔贷款与信托公司案,158 U.S. 601, 158 U.S. 635;里根诉法默尔贷款与信托公司案,154 U.S. 362, 154 U.S. 395-396;菲尔德诉克拉克案,143 U.S. 649, 143 U.S. 695-696。
③ 参见麦克道威尔诉美国案,274 F. Supp. 426, 429。
④ 正如里根诉法默尔贷款与信托公司案中的法院所说的,"不能认为立法机关制定法律仅仅就是为了用刑,用刑只不过是有助于主要立法目之实现。他们或许即便占据立法之大部分条文却最终并未适用,但他们是立法机关备而不用的"。

碰巧的是,与这个案子中相似的历史曾证实:起草于1932年的法律并未包含死刑条款。① 众议院里的大部分人曾经非常青睐死刑,但是作为权宜之计不得不屈服于参议院的反对声浪。② 仅有一名国会议员曾表达过没有死刑的法律不值得起草之观点③,大多数国会议员显然对此看法不以为然。④ 当1934年该法增修死刑条款时,该法其他方面并无实质改变。⑤ 促使1932年制定该法之基

---

① 最早的《联邦反绑架法》规定(47 Stat. 326):任何人无论是在州际或国外贸易中故意装运、既成装运、还是协助装运、教唆装运,无论是非法抓捕、拘禁、诱骗、引诱、绑架、劫持或被运走的人质,无论是为得到赎金还是酬劳,都将被法院在其自由裁量权范围内判处任何期间的监禁刑。

② 参议员司法委员会一度反对死刑,他们报到到《联邦反绑架法》没有授权法官任何除了"监禁刑"以外其他刑罚的自由裁量权。[Rep. No. 765, 72d Cong., 1st Sess., 2(1932);75 Cong. Rec. 11878(1932).]在后来的辩论中,一些众议院成员原则上也反对死刑[75 Cong. Rec. 13285, 13289-90, 13294(1932)];还有一些人则认为死刑条款无异于鼓励绑架者杀人灭口,以防人质证供未来对他们的定罪和量刑不利。(Id., at 13285, 13304.)而那些青睐死刑的人则担心,说服参议院去接受死刑条款是遥遥无期甚至最终是"竹篮打水一场空"的事。[Id., at 13288, 13299, 13303.]多数人还是在此问题上予以妥协并且接受参议院的观点。[Id., at 13304. See Bomar, The Lindbergh Law, 1 Law, & Contemp. Prob. 435, 440(1934).]

③ 来自密苏里州的议员戴尔认为,没有死刑,联邦立法将一文不值,因为现在每个州都有反绑架法,只是很少有州规定了死刑。

④ 来自密苏里州的国会议员科克兰介绍了带有死刑条款的最早法案蓝本,强调说他的目的是促进《联邦反绑架法》的尽快制定;为了此目标,他愿意删除死刑条例以便继续推进法案制定。[75 Cong. Rec. 13296(1932);id., at 13284, 13299, 13304.]纽约州国会议员拉瓜迪亚直截了当地说道:"如果国会希望赢取报纸头条那就保留死刑,如果希望通过一部真正的反绑架法案,那么就接受参议院的法案。"[同 Id., at 13299.]很快,参议院的法案得以在众议院通过。[Id., at 13304.]

⑤ 到了1934年,参议院对待死刑的态度已经大为转变。在那一年国会通过法案,对于银行劫案中杀死或者绑架人质的行为处以"不少于10年的监禁刑直至死刑"。[78 Cong. Rec. 5738(1934).]白宫司法委员会将参议院的法案予以修改到当前的形式[18 U. S. C. §2113(e)],即将死刑限制到那些"定罪陪审团也如此直接建议"的案件之中。[H. R. Rep. No. 1461, 73d Cong., 2d Sess., 1(1934).]众议院司法委员会并未忘记他们在1932年《联邦反绑架法》中植入相似语言的愿望。[H. R. Rep. No. 1493, 72d Cong., 1st Sess., 1(1932).]那种愿望曾一度因为"要在两院休会之前尽快制定和起草符合两院共识的《联邦反绑架法》法案"而被放弃。这次银行抢劫法案提供了一次契机,众议院司法委员会发现这是一个重提他们1932年针对参议院法案(S. 2252)立场的好机会,作为对1932年《联邦反绑架法》的技术性修正。[78 Cong. Rec. 5737(1934).]当年参议院保留了"法院在其自由裁量权范围内判决任何期限的监禁刑"的基本刑罚条款。[Id., 29.]但是众议院司法委员会增加了"如果定罪陪审团建议死刑则可适用死刑,规定人质在得到无害解救的前提下,法官不得作出死刑判决……"[H. R. Rep. No. 1457, 73d Cong., 2d Sess., 1(1934);78 Cong. Rec. 8127-8128(1934).]这次参议院起初的异议[Id., at 8263-64]仅经过一次会议[id, at 8322],参议院就在没有辩论的情况下接受了众议院司法委员的修正意见。[78 Cong. Rec. 8767, 8775, 8778, 8855-8857(1934).]最终的法案48 Stat. 781(1934)实际上就和今天我们在8 U. S. C. §1201(a)中看到的立法语言是一样的了。1934年《联邦反绑架法》修改后规定:任何人无论是在州际或国外贸易中故意装运、既成装运、还是协助装运、教唆装运,无论是非法抓捕、拘禁、诱骗、引诱、绑架、劫持或被运走的人质,无论是为得到赎金还是酬劳,都将被法院在其自由裁量权范围内判处任何期间的监禁刑。除非在极少案件中的父母除外,一旦定罪,都应被判处(1)如果定罪陪审团建议死刑,可判处死刑。但人质在得到无害解救的前提下,法官不得作出死刑判决。或者(2)如果死刑不能适用,则定罪后被法官在其自由裁量权范围内判处监禁刑。

本问题——依赖州或当地政府侦查或起诉跨州绑架案①的困境在其间的两年内并未消失。而且即便死刑条款打一开始就已排除，国会明显将跨州绑架视作一项联邦罪行。实难想象有更严重的案子与之相切割。

为努力反驳对立观点，被上诉方坚称1934年修正案"并非单纯为绑架案增设死刑，它还改变了整部法律之意旨"。他们认为国会有意对那些被害人未被无害解救案件中的绑架者限制了死刑。被上诉方主张，借助于这样一种差别量刑条款，有助于打消绑架者伤害他们所劫持人质的动机。② 被上诉方进而主张，如果没有死刑条款，《联邦反绑架法》就无法在伤害或者杀死被害人的绑架者与一般绑架者之间做出区别对待。他们因此得出结论"要说国会制定该法案于此方面毫无旨趣盖难成立"，以强调国会对于人质安全的特别关注。从历史的角度来看，该观点难称允当，因为国会制定该法时实际"并未有此方面"考量③，而

---

① 1931年以后，美国公众开始严重关切不断上升的职业绑架案发生率，以及各州和当地政府在打击跨州绑架案中的无能。[Fisher & McGuire, Kidnapping and the So-Called Lindbergh Law, 12 N. Y. U. L. Q. Rev. 646, 652-53(1935).]因为其地理位置的缘故，圣路易斯城"曾多次发生因为州界因素而阻挠警方侦破的绑架案"。[Bomar, The Lindbergh Law, 1 Law & Contemp. Prob. 435(1934).]有鉴于此，两位来自密苏里州的参议院帕特森和众议院科克兰分别在参众两院提出了内容相同的法案(S. 1525, H. R. 5657)，禁止用于"任何非法目的的对于被绑架者的跨境运送，以及为了赎金或报酬对被绑架者的扣留"。在一个姓林德伯格的婴儿于1932年3月被绑架发生之后的几个月，国会在稍微修订帕特森和科克兰所提法案的基础上制定了第一部《联邦反绑架法》。

② (See Bomar, The Lindbergh Law, 1 Law & Contemp. Prob. 435, 440 and n. 36.)人们可能有理由对于死刑条例完成既定目标的能力持怀疑态度。在这方面，人们已经注意到，绑匪杀害受害者所得到的好处是显而易见的，因为也许整个案件中最好的目击证人得以消失。但用终身监禁取代死刑也不会让绑匪放过受害者。所以，这个用无期徒刑取代死刑的做法也不是永远正确的。[A Rationale of the Law of Kidnapping, 53 Col. L. Rev. 540, 550(1953).]而且，正如法院已对案例的解释，只要被绑架者在被绑匪释放时受到伤害，即该对绑匪施加死刑。(鲁宾逊诉美国案，324 U. S. 282, 324 U. S. 285.)一旦伤害发生，该法不可避免地诱导绑匪要么在受害者痊愈之前继续拘禁他，要么就干脆干掉他，以便使他曾受伤或被绑架的证据被泯灭。

③ 国会通过最初的绑架法案时一定清楚，如果放受害者一条生路并不能使绑匪得到任何好处时，受害者一定会被害死。[75 Cong. Rec. 13285(1932).]在1932年之所以删除死刑条款时，可能受到这种顾虑的影响。参见(鲁宾逊诉美国案，324 U. S. 282, 324 U. S. 289)第4页的拉特里奇大法官之不协同意见书。但是，没有任何一位国会议员希望为了受害者的安全着想，而彻底放弃整部《联邦反绑架法》。假使立法基本宗旨在于打击跨境绑架仍然处于首位，任何这种顾虑就不足为道了。

怀特大法官和布莱克大法官联合提出反对意见。最高法院取消了《联邦反绑架法》中仅仅授权陪审团决定死刑的条款。对于死刑本身和陪审团参与的正当性都没有任何问题。但是将死刑裁决权限定给陪审团，则会让公民享有陪审团审判的权利受到不应有的负担。因为这要么强迫被告人认罪，要么鼓励被告人选择法官审判而放弃陪审团审判。在我看来，如果该规定的瑕疵是干预了被告人选择陪审团以决定有罪无罪的权利，那么最高法院就没有必要将国会立法的主要部分宣布无效。最高法院认为不是每件认罪案件或者放弃陪审团审判的案件都是受制于陪审团享有死刑适用权。如果真是这样，那我就并不主张该规定违宪了，但是我会撤销这个判决，以说明认罪案件或放弃陪审团的案件必须在法院接受以前仔细地审查，以确认他们没有因为陪审团享有死刑适用权而被强迫或者被诱导。或许对该法如此合理的解释就能规避掉是否违宪的问题。我不太愿意仅仅因为某个法律在表面上给陪审团审判权力施加了障碍就否定该法的效力，哪怕是朝这种方向上迈出一步。

从事实角度来看,该观点也不无错漏,因为绑架者对于人质的处置方式完全可以反映在依该法而裁量的监禁刑长久之中。而且从逻辑上而言,该观点亦属错误,如果被上诉方希望彻底否定《联邦反绑架法》之所有刑罚规范之有效性,那么没有什么方法较之更能抹杀在伤害或杀死人质的绑架者与一般绑架者之间的差别。

因此,死刑条款的缺陷不足以彻底否定国会的基本立法意图——使跨州绑架成为一种联邦犯罪。在主张《联邦反绑架法》之死刑条款不得执行之余,我们认为该法案剩余条款并未违宪而无碍有效。即被上诉人仍应依照该法而被起诉,唯不依该法而被判死刑。

撤销原判并要求依照以上观点发回重审。

判决如上。

马歇尔大法官没有参加本案的讨论与裁定。

威瑟斯庞诉伊利诺伊州案
Witherspoon v. Illinois

《美国判例汇编》第 391 卷,第 510 页(1968)
美国联邦最高法院发至伊利诺伊州最高法院的调卷复审令 *
庭审日期:1968 年 4 月 24 日
结审日期:1968 年 6 月 3 日

案 件 导 读

  伊利诺伊州立法规定,"在谋杀罪审判中,如果陪审员在庭前询问中表明他对死刑有良心顾虑,可以基于法定理由排除该陪审员"。于是在上诉人威瑟斯庞的谋杀案审判中,检方基于本规定而排除了所有对死刑持疑虑态度的陪审员,如此一来陪审员候选名单中近半数的人选都被排除了。本案的被告人上诉到联邦最高法院,他主张州不能把定罪权赋予通过这样的方式遴选出来的陪审团。因为这样的陪审团与一个从社区中随意挑选的陪审团不同之处在于,他们一定是倾向于认定有罪的。他主张这样一个置人于死地却泰然自若的陪审团,一定是很乐意忽视无罪推定并容易相信控方指控而作出有罪判决的陪审团。因此这样的陪审团是一个怀有偏见的陪审团。
  联邦最高法院首先并不承认上诉人关于本案中不排斥死刑的陪审团作出有罪判决的概率更高,并且反对以存有偏见去认定判决违宪。但是最高法院还是认为陪审团被委以认定上诉人是否有罪以外的另一项任务,即应适用监禁刑还是死刑的自由裁量权。即便这样的陪审团在定罪上不会怀有偏见,但这样组建起来的陪审团处在刑罚裁断者地位上肯定容易形成偏见。因为在生与死的重要问题上,美国民众是存在激烈争议的,如果该州只是排除掉那些在审判之前就说明不会去考虑死刑判决的候选陪审员,那么或许还说得过去。而本案中排除掉了所有对死刑有顾虑的人,无论其是否绝对不会选择死刑,这样的陪审团显然无法代表整个社会,并且州其实组成了

---

  * 调卷复审令(Certiorari):上级法院签发给下级法院要求其将某一案件的诉讼记录移交给上级法院审查的一种特别令状。联邦最高法院将调卷复审令用作选择复审案件的工具。——译注

一个非常愿意判处被告人死刑的陪审团。因此系争判决因有违宪法正当程序而被撤销。

道格拉斯大法官则提出了部分协同部分不协同意见书,因为他对联邦最高法院的结论赞成但理由并不赞成,他认为,即便是审判之前明确说明不会去考虑死刑判决的候选陪审员也不应被刻意排除,因为陪审团是一个民主机构,各个适格阶层的代表都有资格进入陪审团,宪法里也没有排除那些反对死刑或对任何被告人都不会适用死刑的人担任陪审员的任何依据。就像陪审团中没有女性一样,没有那些反对死刑的人会使陪审团缺少某种特殊的人格品质,这正是要从社会中随机挑选陪审员的制度精髓。

从历史上看,美国陪审员储备库的名单规模是不断被扩大的,陪审团候选人最早被限于房产所有者,那时基本上只有白人充当陪审员。但美国联邦最高法院不断通过判例去提高陪审团公正代表性的判定标准。在19世纪末的斯特劳德诉西弗吉尼亚案中,一直是以平等保护条款以否定歧视特定社会阶层担任陪审团的角度去处理此类问题,可是证明歧视是否存在的举证责任在于申诉方,这就导致很多排除特定人群的陪审团组建规则没法被宣布违宪。直到20世纪中叶,联邦最高法院才从包括本案在内的一系列判例中确立了从被告人公正陪审员审判权利角度寻找审查此类陪审团的规范基础。到了本判例形成的1968年,美国最终制定了《陪审团遴选和服务法》,彻底确立了随机选择符合基本资格标准的群体担任陪审员。但是正如本案中道格拉斯大法官的单独意见书所引发的问题,陪审团要反映社会民意的多元化组成究竟是陪审团候选名单的特征性要求,还是每一个案件陪审团都应具备的特征性要求,至今也是争执不休并从未得到联邦最高法院最终明确的态度。译者个人认为,透过预先审查程序与无因回避的层层筛选后的陪审团,究竟还有多少社会多元性,令人不无怀疑。

| 判决摘要 |

上诉人被判决谋杀罪成立,陪审团认定应适用死刑。伊利诺伊州立法规定了在谋杀案审判中筛除部分陪审员的法定理由:"借助于询问陪审员,任何表明自己在良心上无法容忍死刑的陪审员(都应被排除)。"在对上诉人的审判中,检方基于该立法,排除了所有对死刑持疑虑态度的陪审员,这样几乎排除了陪审员名单中半数的人选。于是在无法证明这些人的顾虑是否绝对导致他们永远排除死刑选项之前,大多数的陪审员就被基于"法定原因"排除了。伊利诺伊州最高法院驳回了被告人对判决的不服申诉。

联邦最高法院的简要理由:

1. 无论是从本案案卷记录还是从对系争规范解释的角度,都难以表明排除掉反对死刑的陪审员之后,会导致本案陪审团在有罪认定或者实体定罪上不具有代表性。

2. 尽管没有迹象表明本案陪审团在定罪问题上存有偏见,但是陪审团作为定罪裁判者的角色定位要求他们务必秉持公正性,这也是宪法第六修正案和第十四修正案赋予被告人的权利,可悲的是,本案陪审团于此尤有不足。

3. 反对死刑的人在选择量刑的自由裁量权以及遵守誓言的问题上毫不逊色于支持死刑的人。在一个越来越多的人反对死刑的国度,这么多反对死刑的人都被排除在陪审团之外,似乎陪审团制度已无法完成其制度功能——即在生与死的终极问题上反映民间认知。

4. 正如一个国家不能把决定一个人是否有罪的权力交给一个专为判决有罪而组建的法庭一样,国家也不能把生杀予夺的权力交给一个将专为判决死刑而组建起来的法庭。如果通过预先审查,仅仅因为陪审员大体上对死刑持反对意见或对死刑表现出良心或信仰上的顾虑就被排除在外,那么如此组成的陪审团所作的死刑判决,无论何时也不能执行之。

据此,撤销原判。

| 判决全文 |

斯图尔特大法官代表最高法院发表判决意见:

上诉人被起诉谋杀罪,于1960年在伊利诺伊州库克镇被审判。陪审团认定其有罪,适用死刑。当时,伊利诺伊州的立法规定:"在谋杀罪审判中,如果陪审员在庭前询问中表明他对死刑有良心顾虑,可以基于法定理由排除该陪审员。"①通过这一规定,伊利诺伊州赋予了控方极大的有因回避权以排除那些——用州最高法庭的话来说,"可能不愿给出死刑判决"——的陪审员。② 对上诉人的审判中,基于该法定理由,控方通过对死刑有疑虑的人之有因回避权,排除了候选陪审员名单中将近一半的人。

最终被留下来的陪审员最后认定上诉人有罪,并判处其死刑。伊利诺伊州

---

① 《伊利诺伊州修订版法规》,第38章,第743节(1959年版)。该节在1961年被修订,在1963年的该部分规定在《伊利诺伊州修订版法规》,第3章,第115节第4款(d)项(1967年版),但在1963年的《联邦刑事诉讼法典》中没有重复规定,现在只规定"双方都可基于法定原因否决陪审员",但是伊利诺伊州最高法院认为第115节第4款已在伊利诺伊州诉霍布斯案(35 Ill.2d 263, 274, 220 N.E.2d 469, 475)中予以了体现。

② 在可能处以死刑的审判中,对死刑有信仰或良心顾虑的陪审员,或许对施加这样惩罚的判决犹豫不决,在现在的程序中,有这样顾虑的陪审团可能同样会犹豫判决认定被告人是理性人,因为这种认定实际上等于确认了死刑判决。(参见伊利诺伊州诉卡彭特案, 13 Ill.2d 470, 476, 150 N.E.2d 100, 103。)

最高法院驳回了判决后不服的申诉①,我们颁布了提审令来对是否允许州通过如此组成的陪审团去对一个人施加死刑进行违宪审查。②

一

我们需要解决的问题范围实际并不宽泛。既不涉及控方的有因回避权,以排除那些对死刑持保留态度的陪审员③;也不涉及州法案排除对死刑持绝对反对态度陪审员之规范目的。

但是伊利诺伊州的案子并未止步于此,而是赋予了控方去排除反对死刑或对死刑存良心顾虑的陪审员的权力。在该案中,审判法官在口头审查程序中说"我们排除掉那些出于良心的反对者吧,别再在他们身上浪费时间了"时已定下了基调。很快,47名陪审员基于他们对死刑的态度被成功的回避掉。然而,在这47名陪审员中只有5人明确地表示他们在任何情况下都不会赞成适用死刑。6个人表示,他们不推崇死刑。然而,法庭未经任何努力去考量他们是否会心口不一,且有无最终仍作出死刑判决之可能,就把他们排除掉了。39名陪审员承认他们对死刑有良心或信仰顾虑或在"适当的案件"中反对适用死刑,这其中包括前面6名中主张不推崇死刑的4名。同样,法庭未曾努力查明他们的顾虑是否在任何情况下都会让他们反对投死刑票④,就把他们回避掉了。⑤

只有一名承认自己在某案件中对死刑存有良心或信仰顾虑的陪审员被询问了较长时间。"你不信任死刑?""是的。我只是不想为其负责。"法官警告他不

---

① 36 Ill. 2d 471, 224 N. E. 2d 259.

② 389 U. S. 1035.

③ 不同于本案中的法律规定,法例和规则对死刑有顾虑的人不适合当陪审员的规定经常被表述为:当刑罚可能会是死刑时对其定罪持保留态度。比如参见《加利福尼亚州刑法典》,第1074条,第8款。然而,即使没有什么证据表明他们的顾虑会影响其根据证据和法律作出决定,其他州的法院有时也允许借助于立法,排除反对死刑的候选陪审员。比如参见亚利桑那州诉托马斯案,78 Ariz. 52, 58, 275 P. 2d 408, 412;加利福尼亚州诉尼克劳斯案,65 Cal. 2d 866, 882, 423 P. 2d;皮科特诉州案,116 So. 2d 626, 628(Fla.);马萨诸塞州诉拉德托案,349 Mass. 237, 246, 207 N. E. 2d 536, 542;内华达州诉威廉姆斯案,50 Nev. 271, 278, 257 p. 619, 621;史密斯诉俄克拉荷马州案,5 Okla. Cr. 282, 284, 114 p. 350, 351;俄勒冈州诉杰文案,209 Ore. 239, 281, 296 P. 2d 618, 635;华盛顿州诉勒什案,198 Wash. 331, 333-337, 88 P. 2d 440, 441-442。

④ 州强调这样的事实,主持本案的法官在口头审查陪审员程序中,几次指示,只有那些因为对死刑的顾虑而永远不会同意死刑判决的陪审员,才应视自己为不适格。然而笔录表明,州的这些话没有在每个最终被否决的陪审员的询问中说明。相反,3名陪审员被传唤进入法庭,当这个法官做出这个强调时,至少47名被排除掉的陪审员中的30名都不在场。

⑤ 然而,即使一个认为死刑永远不应被适用或一个建议废除死刑的陪审员,也可以让个人观点服从于他作为陪审员遵守誓言以及州法的义务,这当然是完全有可能的。参见马萨诸塞州诉韦伯斯特案,59 Mass. 295, 298;也可参见阿特金斯诉阿肯色州案,16 Ark. 568, 580;威廉姆斯诉密苏里州案,32 Miss. 389, 395-396;雷亚诉内布拉斯加州案,63 Neb. 461, 472-473, 88 N. W. 789, 792。

要忘了自己作为公民的义务,再一次问他是否对死刑有良心或信仰顾虑。这次,他没回答。然而,过了一会,他又重复道,他不愿为"决定某人的生死负责"。①在伊利诺伊州立法规定下,该候选陪审员的观点细节表明他显然不适格,于是法官让他"靠边站"。②

二

上诉人认为,州不能把定罪权赋予通过这样的方式遴选出来的陪审团。他认为,这样的陪审团与一个从社区中随意挑选的陪审团不同之处在于,他们一定是倾向于认定有罪的。他主张这样一个置人于死地却泰然自若的陪审团,一定是很乐意忽视无罪推定并容易相信控方指控而作出有罪判决的陪审团。他提出一个他自称是"充分科学的证据"来支持自己的观点:满足死刑审判要求的陪审员在罪与非罪的问题上怀有偏见。③

然而,上诉人举证的数据短暂而零碎,并不足以证明那些不反对死刑的陪审

---

① 比较史密斯诉密苏里州案(55 Miss. 410, 413-414),我们可以发现:在本案中,宣布那些被否决的陪审员就好像是说他们不想要任何一个人悬而未决。没有人这样。每一个思想健全的人都觉得把自己的同伴判处死刑是痛苦的。基于不适当地否决了特殊陪审员的错误,本案一定要被推翻。

② 正如对陪审员预先审查询问所示,不能认为在某些案件中一个对死刑适用有良心或信仰顾虑的陪审员(参见加利福尼亚州诉班德霍尔案,66 Cal. 2d 524, 531, 426 P. 2d 900, 905),就永远不会投票赞成死刑适用或不会在其他案件中考虑这样做。另可参见雷亚诉内布拉斯加州案,63 Neb. 461, 466-468, 88 N. W. 789, 790;内华达诉威廉姆斯案,50 Nev. 271, 278, 257 p. 619, 621 等案件中预先审查陪审团名单程序。显然,即使他们对死刑有这样的顾虑,但是他们可能给出死刑判决,使其顾虑服从于作为陪审员的义务。参见斯特拉顿诉科罗拉多州案,5 Colo. 276, 277;宾夕法尼亚州诉亨德森案,242 Pa. 372, 377, 89 A. 567, 569。然而,这样的陪审员却经常被认为不适合在死刑案件中担任陪审员。比如参见雷伊案,88 N. W. at 791-792, 470-471;参见 Oberer, Does Disqualification of Jurors for Scruples Against Capital Punishment Constitute Denial of Fair Trial on Issue of Guilt?, 39 Tex. L. Rev. 545, 547-548(1961); Comment, 1968 Duke L. J. 283, 295-299。关键的问题当然不是法庭和评论家如何就挑选本区域陪审团所采用的措辞,重要的是,对这些措辞候选陪审员如何理解或误解它们。如果他们某种程度上不喜欢死刑判决,那么"任何门外汉都可能会说,他们对死刑有顾虑。持保留态度(或顾虑)的问题远不同于区分永远不会赞成极刑的人和同意对最暴力的案件才适用的人的问题"。除非一个候选陪审员非常清晰地表示,无论审判中发现什么,他都会自动的投票反对死刑的适用,否则,我们就不能简单地假设这是他的立场。

③ 上诉人引用了两个调查来支持他的观点,一个是对 187 名大学生的调查, W. C. Wilson, *Belief in Capital Punishment and Jury Performance*,另一个是针对 200 名大学生的调查, F. J. Goldberg 著, *Attitude Toward Capital Punishment and Jury Performance*(未出版,Morehouse 学院,未注明日期)。在其要求移审时,上诉人引用了一个在纽约和芝加哥对 1248 名陪审员受访者的调查。该调查初步的未公开的结果摘要说明"一个仅有对死刑没有顾虑的陪审员组成的陪审团比有死刑反对者融入其中的陪审团更偏向检方的指控",并说明"如果死刑反对者被排除在陪审团之外,被告人获得无罪宣判的可能性某种程度上被降低了"。[H. Zeisel, *Some Insights Into the operation of Criminal Juries* 42(第一稿未公开,芝加哥大学,1957 年 11 月)]

员倾向于作出有罪判决。① 无论是基于我们眼下的庭审记录还是司法认知,我们都无法简单地得出结论,排除反对死刑的陪审员就导致了在定罪问题上不具代表性或实质上增加了有罪判决的风险。根据现有信息,我们不打算宣布此类陪审团所给出的每一个有罪判决都与宪法规定有违而必须撤销。

三

但是,这也不意味着上诉人无权获得救济。因为在本案中,陪审团被委以两项重任:第一,查明上诉人是否有罪;第二,如果有罪,应适用监禁刑还是死刑。② 尽管没有事实表明陪审团对上诉人的定罪怀有偏见,但是,陪审团同时作为刑罚的裁断者的地位必然导致该陪审团对上诉人享有的宪法第六修正案和宪法第十四修正案规定的权利已存有偏见。(参见 315 U.S.60,315 U.S.84-86;欧文诉多德案,366 U.S.717,366 U.S.722-723;特纳诉路易斯安那州案,379 U.S.466,379 U.S.471-473。)

该州为本案陪审团遴选方法提供的唯一理由是,即便经过本州法律和审判法官的指示,死刑在适当情况下可以被适用,仍难以信赖对死刑持保留态度的人会投票决定死刑。因为就像在其他一些州一样③,伊利诺伊州的陪审团享有广泛的裁量权以决定死刑是否适合于已被定罪案件,因此陪审员对死刑的总体观点在此类案件中就显得至关重要。

我们认为,反对死刑的人在肩负起州法赋予的裁量权以及恪守誓言方面并不比支持死刑的人逊色,但是一个反对死刑的人全部被排除的陪审团却不然。陪审团既不是凭借规则,也不是凭借什么标准的指引,而是凭借内心确信去取舍,在监禁刑和死刑之间做出选择④,但不论陪审团能做什么,在生与死的重要

---

① 被复核的判后程序中,上诉人的律师辩称,"满足判处死刑要求"的陪审团的偏向控方的特点纯粹是一个法律问题,除了在审查陪审员的询问中的对话所揭示的事实,不再需要任何证据来解决。辩护人试图寻找机会提交证据,支持几个与上述问题不相关的论点。然而在这个问题上,没有提出类似的要求,上诉人赖以为证的调查没有被提及。所以我们只能推测那些调查中的术语的准确含义,所采用方法的准确性和一般化的合法性。在这种情况下,全国有色人种共进会法律辩护和教育基金会(NAACP Legal Defense and Educational Fund)所设立的法庭之友原则发现:有必要注意,关于偏向有罪指控的问题,本案的记录几乎完全缺少协助法庭的事实性信息。这并不让人惊讶。

② 在审判上诉人案件时,陪审团的死刑决议约束着法官。(Ill. Rev. Stat., c.38.)现在伊利诺伊州不再是这种情况,审判法官被赋予权力否决陪审团的死刑建议[ll. Rev. Stat., c. 38, §1-7(c)(1)(1967)],但我们决定的任何事情都不取决于法官是否受陪审团量刑建议的制约。

③ H. Kalven & H. Zeisel, *The American Jury* 435, 444, 448-449(1966).

④ *People v. Bernette*, 30 Ill.2d 359, 370, 197 N.E.2d 436, 443.

问题上必须反映民间的认知。① 然而,在一个不到半数的人支持死刑的国度②,陪审团排除掉了支持死刑的人是无法代表这个社会的。排除掉所有对死刑持怀疑态度的人,排除所有不愿宣判极刑的人,这样的陪审团只能代表正在逝去或不断萎缩的少数群体。③

如果该州只排除掉那些在审判之前就明确表明不会考虑死刑判决的候选陪审员,再能证明剩余陪审员名单对刑罚就是持中立态度或许还说过得去。④ 但若将所有表示对死刑有良心或信仰障碍的人或原则上反对死刑的人都从陪审团中排除,该州肯定违背了审判中立原则。当要求陪审团能够给出死刑判决的时候,该州其实组成了一个非常愿意判处被告人死刑的陪审团。⑤

当然,州不能把决定一个人罪与非罪交给"专为定罪而组建起来"的法庭。距离这个要求不远的另一个要求是,即我们今天所要求的,州不能够把决定一个人的

---

① 在一项反对意见里显示,伊利诺伊州可以对实行了特定犯罪的所有人施加包括死刑在内的特定刑罚,但是伊利诺伊州并未试图这样做,也并未明确列出优先适用死刑的死刑案件。*People v. Bernette*, at 369, 197 N. E. 2d at 442. (Emphasis added).

相反,它特意使死刑成为可选择的刑罚,陪审团仍可以根据所见选择或放弃。(30 Ill. 2d at 370, 197 N. E. 2d at 443.) 陪审员在做出这样的选择时,最重要的作用之一是在现世价值和惩罚体系之中保持联系,如果没有这种联系,刑罚的决定几乎不能反映一个不断成熟的社会的进步。[参见特罗普诉杜勒斯案,356 U. S. 86, 356 U. S. 101(首席大法官的观点,布莱克大法官、道格拉斯大法官和惠特克大法官协同)。]

② 在1966年,大概42%的美国民众赞成对宣判了的谋杀犯适用死刑,47%的人反对,11%的人尚未决定。《民意,公众观点的国际评论》,Vol. II, No. 3, at 84(1967)。在1960年,相应的数据是51%的人赞成,36%的人反对,13%的人尚未决定(参见前注)。

③ 比较 Arthur Koestler 的观察:这不是富人和穷人、学识渊博的人和教养浅薄的人、基督徒和无神论者之间的区别,而是有无同情心的人之间的区别。对人们人性的考验是一个人是否能够接受这样的事实,不是随口说说,而是激动地重视一种亲情:如果没有上帝的恩惠,我会坠落于此。*See* Koestler, *Reflections on Hanging* 166-167(1956).

④ 即使这样,在以后的案件中被这样的陪审团宣判有罪的被告人仍会试图证明,对于罪行,陪审团是不够中立的。如果被告人的努力成功,就会产生这样一个问题:假想通过双重审判能够容纳两种利益,一个陪审团决定是否有罪,另一个陪审团量刑,州把处罚问题交给能够施加死刑的陪审团的利益,能否以牺牲被告人完全公正的罪与非罪的判决的利益为代价,而获得辩解。然而,现在这个问题却还不存在,我们也还没有明确的解决方式。

⑤ 美国友人服务委员会和其他人在本案中提出的"法庭之友"摘要表明:美国被判处死刑的人从1963年底的300人增加到1966年底的406人,实际执行的人数从1963年的21人减少到1964年的15人,1965年的7人,1966年的1人。这份摘要表明,这种现象大部分源于社会极其不愿适用死刑,也源于我们所遴选的陪审员和社会大众之间不断扩大的差异。

生死交给一个专为作出死刑判决而组建起来的法庭。① 具体而言,我们认为,如果作出判决的陪审团是排除掉了那些仅仅因为他们对死刑总体持反对意见或表明自己有良心或信仰顾虑,而反对其适用的陪审员而组成的,那么这个判决就不应被执行。② 从宪法上而言,任何一个被告人都不能被这样选出的法庭判处死刑。③ 无论是针对死刑还是什么其他的问题,有一点至少是清楚的:这样的诉诸死刑而后快的陪审团决定适用死刑,是不合宪的。伊利诺伊州事先就针对上诉人有偏见,对其执行死刑等于未经正当法律程序而剥夺其生命。

判决撤销原判。

---

① 我们需要明白的是,这里不仅仅是一个量刑决定的问题。伊利诺伊州赋予本案陪审团对被告人是否应当活着决定"是"或"否"的权利。这样一种决定不同于发现被告人实施了具体的犯罪行为,这是肯定的。在一项决定对一个人判处死刑的判决内,犯罪情节和行为人的性格、倾向都应被考虑在内(参见宾夕法尼亚州诉阿什案,302 U.S. 51, 302 U.S. 55),比如,比较适当的做法是,惩罚的证据规则应不同于有罪的证据规则,例如威廉姆斯诉纽约州案,337 U.S. 241。但是这不意味着,程序公正的基本要求只因为涉及本案的决定在某些方面不同于被告人是否从事了法律禁止行为的传统评价而被忽略(参见施佩希特诉帕特森案,386 U.S. 605;孟帕诉雷案,389 U.S. 128)。至少,其中的要求之一便是对一个人生死的决定必须在不倾向于死刑的天平上作出。它部分基于这样一个前提:最近第四巡回法院认定北卡罗来纳州的一个谋杀案判决无效,判决指出,认为自己有义务判决每个犯了谋杀罪的人死刑的陪审员是适格的,那些承认自己对死刑有顾虑的人却没有进一步被询问的情况下被排除。法庭作出结论:"这种双重原则不可避免地导致了对正当程序的否认。"[克劳福德诉邦兹案,395 F.2d 297, 303-304(替代意见);斯特劳德诉美国案,251 U.S. 15, 251 U.S. 20-21(法官的附带意见)]

② 正如陪审员不应由于他们持有这样的观点被法定排除,同样,也不能仅仅因为他们表示在某些案件中他们拒绝判处死刑而被法定排除。不应期待一名候选陪审员在审判之前表明自己是否对摆在其面前的案子赞成极刑。在这个问题上我们最多能够要求一名候选陪审员的是,他愿意考虑州法律所规定的所有刑罚,在审判开始之前,他不会无视庭审过程中出现的事实和情节而决绝的投票反对死刑。如果特定案件中的预先审查陪审员程序表明,候选陪审员被不囿于此的理由而被排除,那么,即使管辖权内的可适用的成文法或判例法似乎只支持更狭隘的理由的排除,死刑判决也是不应被执行的。见前注。然而,我们重申,今天所说的都不制约州对被宣判死刑的被告人行刑的权力。事实上作出该死刑判决的陪审团中有的陪审员被剥夺资格,仅因为他们清楚地表明:(1)无论庭审中将出现什么证据,他们都会自动的反对适用死刑或者(2)他们对死刑的态度会妨碍他们对被告人的罪行作出公正的裁断的陪审员。除了一例死刑(指本案——译注),本案的决定不影响任何判决的有效性,最后,无论在本案还是其他案件,今天的主张也不使同这个判决相反的判决无效。

③ 在包括伊利诺伊州在内的27个州的法官之友简报之前,我们考虑过这个建议:在本区域内,只把预期申请给新的宪法性裁决,尤其自该法庭一个1982年的判决的法官附带意见认可了基于法定原因否决那些对死刑适用有良心顾虑的陪审员的做法(参见洛根诉美国案,144 U.S. 263, 144 U.S. 298)。尽管洛根这样认为,但是我们认为,很明显,这样的遴选陪审团标准一定会破坏决定上诉人命运的程序的公正性(林克雷特诉沃克案,381 U.S. 618, 381 U.S. 639),无论是对法律执行机构的倚赖(请比较类似的观点:特汉诉肖特案,382 U.S. 406, 382 U.S. 417;约翰逊诉新泽西州案,384 U.S. 719, 384 U.S. 731),还是司法溯及既往的影响(请比较类似的观点:斯托瓦尔诉德诺案,388 U.S. 293, 388 U.S. 300),都不能保证反对对我们今天宣布的原则的完全追溯性的适用的决定。

道格拉斯大法官部分同意部分反对意见:

我对系争法庭的组成的意见不复杂但是很重要。最高法院允许州排除那些对死刑有良心顾虑的陪审员,但是允许那些对其没有顾虑的人和那些有这样的顾虑但在认定罪行后,愿意适用死刑或者轻一些的刑罚的人担任陪审员。我看不出也不理解这些区分的宪法依据在哪里。

费伊诉纽约州案,也就是"蓝丝带"陪审案件,涉及工会领导敲诈勒索的判决,在该案中,陪审团倾向于认为财产所有人更可能实施特定种类的犯罪。用墨菲大法官对费伊诉纽约州案的不协同意见书中的话来说,宪法问题关键在于陪审团是否必须从社区中随机公正的选出,或者是否系统而又有意的排除一些适格群体。该案的判决结果是5比4,墨菲大法官的意见可以代表布莱克大法官、拉特里奇大法官和我的意见。

宪法的确没有说必须从一群未经教育、不明智的人中挑选陪审团,也没说必须仅能从经济和社会地位较低的人中挑选陪审员。但是,宪法的要求是从社区中随机挑选组成陪审团。这样社区中的随机选择涵盖了各种教育和智力程度、经济和社会地位的人。在我们的宪法下,陪审团不是最聪明、最富有、最成功的人的代表,也不是最愚钝、最穷困或最潦倒的人的代表。它是一个民主机构,各个适格阶层的代表。从社区中公正的随机挑选的理念①当然不意味着挑选那些有倾向施加最严厉的刑罚的人或有倾向施加最轻微的刑罚的人。

在几种类型的州法律下,这个问题有不同的表现形式:包括伊利诺伊州在内的很多州,明确的赋予陪审团对惩罚的裁量权②;而在有些州,有罪判决作出后,

---

① 这是作为大众正义的工具的陪审团是社会的真正代表的传统的一部分。参见史密斯诉得克萨斯州案,311 U. S. 128,311 U. S. 130;巴拉德诉美国案,329 U. S. 187,329 U. S. 191;泰尔诉南太平洋公司案,328 U. S. 217,328 U. S. 220("美国陪审员审判传统考虑到了形式和民事程序的联系,考虑到一个从社区中随机挑选出来的陪审团的公正性");格拉瑟诉美国案,315 U. S. 60,315 U. S. 85-86。

② Ala. Code, Tit. 14, §318(1958); Ariz. Rev. Stat. Ann. §13-453(1956); Colo. Rev. Stat. Ann. §40-2-3(1963); Haw. Rev. Laws §291-5(1955); IdahoCode Ann. §18-4004(1948); Ill. Rev. Stat., c. 38, §1-7(c)(1)(1967); Ind. Ann. Stat. §9-1819(1956); Kan. Stat. Ann. §21-403(1964); Ky. Rev. Stat. §435.010(1962), Ky. Rule Crim. Proc. 9.84(1965); Mo. Rev. Stat. §559.030(1959); Neb. Rev. Stat. §28-401(1964); Nev. Rev. Stat. §200.030(1963); Okla. Stat. Ann., Tit. 21, §707(1958); Tenn. Code Ann. §39-2406(1955); Tex. Pen. Code Ann., Art. 1257(1961), Tex. Code Crim. Proc., Art. 37.07(1967 Supp.); Va. Code Ann. §§18.1-22, 19.1-291(1960)。这些州中的大多数,陪审团的死刑判决对法庭是有约束力的。然而在少数的几个州中,法官可以否决陪审团判决,适用无期徒刑。Ill. Rev. Stat., c. 38, §1-7(c)(1)(1967); *State v. Anderson*, 384 S. W. 2d 591(Mo. 1964); S. D. Code §13.2012(1960 Supp.)。

这种裁量权还要运用到专为量刑而进行的审判中①；在其他的一些州，如果判决为一级谋杀，就会适用死刑，除非陪审团建议缓刑或无期徒刑②；然而在某些州中，如果证据允许，则陪审团可不考虑控方起诉罪名，而是认定为轻级别的谋杀（或者在州法律中没有轻级别的谋杀罪，可认定为一般的杀人罪）。③ 在一些州，死刑对一些特定种类的罪是唯一法定刑。④ 在其他一些州，死刑已经被完全或

---

① Cal. Pen. Code §190.1(1967 Supp.)；N. Y. Pen. Law §§125.30, 125.35(1967)；Pa. Stat., Tit. 18，§4701(1963)。［另参见 S. D. Code §13.2012(1960 Supp.)（审判法庭可能会让陪审团在给出有罪判决后,休庭商讨惩罚）。］

② Ark. Stat. Ann. §§41-2227, 43-2153(1964)；Conn. Gen. Stat. Rev. §53-10(1965 Supp.)；Del. Code Ann., Tit. 11，§§571, 3901(1966 Supp.)；Fla. Stat. §§782.04, 919.23(1965)；Ga. Code Ann. §26-1005(1953)；La. Rev. Stat. §14:30(1950)；Md. Ann. Code, Art. 27，§413(1967)；Mass. Gen. Laws Ann., c. 265，§2(1959)；Miss. Code Ann. §2217(1957)；Mont. Rev. Codes Ann. §94-2505(1949)；N. J. Rev. Stat. §2A:113-4(1953)；N. M. Stat. Ann. §40A-29-2(1953)；N. C. Gen. Stat. §14-17(1953)；Ohio Rev. Code Ann. §2901.01(1954)；S. C. Code Ann. §16-52(1962)；Utah Code Ann. §76-30-4(1953)；Wyo. Stat. Ann. §6-54(1959)。在上述的两个州中,尽管陪审团没建议轻缓量刑,但是法庭有适用终身监禁的裁量权。Ga. Code Ann. §26-1005(1953)（如果定罪仅仅基于间接证据）；Md. Ann. Code，Art. 27，§413(1967)。在特拉华州和犹他州,法庭可以否决陪审团无期徒刑的建议而适用死刑。Del. Code Ann., Tit. 11，§§571, 3901(1966 Supp.)；Utah Code Ann. §76-30-4(1953)；犹他州诉罗麦罗案［42 Utah 46, 128 p. 530(1912)］。

③ 阿肯色州：Ark. Stat. Ann. §43-2152(1964)；康涅狄格州：Conn. Gen. Stat. Rev. §53-9(1965 Supp.)；特拉华州：特拉华州诉普莱斯案［30 Del. 544, 108 A. 385(1919)］；佛罗里达州：布朗诉州案［124 So. 2d 481(1960)］；佐治亚州：（不构成谋杀）,加德纳诉佛罗里达州案［34 Ga. App. 598, 130 S. E. 354(1925)］；路易斯安那州：（不构成谋杀）,189 La. 443, 179 So. 591(1938)；马里兰州：Md. Ann. Code，Art. 27，§412(1967)，并参见奇斯利诉马里兰州案［202 Md. 87, 95 A. 2d 577(1953)］；冈瑟诉马里兰州案,228 Md. 404, 179 A. 2d 880(1962)；马萨诸塞州：马萨诸塞州诉卡瓦劳斯卡斯案［317 Mass. 453, 58 N. E. 2d 819(1945)］，马萨诸塞州诉迪斯特西奥案［298 Mass. 562, 11 N . E. 2d 799(1937)］；密西西比州：（不构成谋杀）,安德森诉密苏里州案［199 Miss. 885, 25 So. 2d 474(1946)］；蒙大拿州：蒙大拿州诉勒达克案［89 Mont. 545, 300 P. 919(1931)］，蒙大拿州诉米勒案［91 Mont. 596, 9 P. 2d 474(1932)］；新泽西州：新泽西州诉沙列文案［43 N. J. 209, 203 A. 2d 177(1964)］，新泽西州诉怀恩案［21 N. J. 264, 121 A. 2d 534(1956)］；新墨西哥州：新墨西哥州诉史密斯案［26 N. M. 482, 194 p. 869(1921)］；北卡罗来纳州：北卡罗来纳州诉卢卡斯案［124 N. C. 825, 32 S. E. 962(1899)］；俄亥俄州：俄亥俄州诉姆斯库斯案［158 Ohio St. 276, 109 N. E. 2d 15(1952)］；南卡罗来纳州：（不构成谋杀）,南卡罗来纳州诉伯德案［72 S. C. 104, 51 S. E. 542(1905)］；犹他州：犹他州诉梅维尼案［43 Utah 135, 134 p. 632(1913)］；怀俄明州：布兰特利诉怀俄明州案［9 Wyo. 102, 61 p. 139(1900)］。

④ Ala. Code, Tit. 14，§319（1958）（在服刑期间犯罪的人）；Ariz. Rev. Stat. Ann. §13-701(1956)（叛国罪）；Mass. Gen. Laws Ann.，c. 265，§2(1959)（强奸谋杀罪）；Miss. Code Ann. §2397(1957)（叛国罪）；Ohio Rev. Code Ann. §§2901.09, 2901.10(1954)（谋杀总统、副总统、州长或副州长）；R. I. Gen. Laws Ann. §11-23-2(1956)（在服无期徒刑期间又犯罪的人）。

部分废除。① 还有少数的几个州的规定特殊,很难划分到上述的类别中去。

从社区中随机抽取组成的陪审团如果认定有罪,几乎一定会适用死刑,或者几乎一定不会适用死刑。社会的良心取决于很多变动的因素,其中之一是对死刑的态度。如果一个群体集体反对死刑,那么就不会有行使适用或不适用死刑的裁量权。代表社会良心的陪审团会旨在调整社会的州法律的几种类型中作出选择:通过建议死缓避免死刑或通过判定轻罪避免死刑。②

在这样的例子中,为什么一个被指控的人不应受益于社会的怜悯呢? 为什么他的命运要排他性地交给一个要么对死刑热衷,要么没有主见单纯跟着感觉走去适用死刑裁量权的陪审团呢?

我看不出排除那些反对死刑或对任何被告人都不会适用死刑的陪审员有任何宪法依据。对他们的排除意味着所选择的陪审员要么是死刑的积极支持者,要么是对其没有确定立场的。这导致了对合格人选的系统排除和对被告人获得社会随机选出的陪审团决定其罪与罚之权利的剥夺。在洛根诉美国案中,法庭认为对死刑适用有良心顾虑的候选陪审员被控方基于"这样的陪审员不能在政府和被告人之间保持中立,不能根据法律和证据做出判断"的法定理由而排除是合法的。那是一个公诉案件,宪法第六修正案所规定的"公正的陪审团"的要求,这是对州有拘束力的一个要求,理由是第十四修正案正当程序条款包含了第六修正案中的陪审团条款。但是,当州把量刑权留给陪审团决定,或规定可因陪审团的建议而可从轻量刑,或赋予陪审团判决较轻程度的罪名的权力,就等于给陪审团留了很大的回旋余地。对死刑顾虑的人能够"根据法律和证据"去审判

---

① Alaska Stat. §11.15.010 (1962); Iowa Code Ann. §690.2 (1967 Supp.); Me. Rev. Stat. Ann., Tit. 17, §2651 (1964); Mich. Stat. Ann. §28.548, Comp. Laws 1948, §750.316 (1954); Minn. Stat. §609.185 (1965); Ore. Rev. Stat. §163.010 (1967); W. Va. Code Ann. §61-2-2 (1966); Wis. Stat. §940.01 (1965). 在北达科他州,死刑已被废除,但在因谋杀被判无期徒刑,在服刑期间又犯谋杀罪的情况中例外,在这种情况下,可根据陪审团的裁量适用死刑。[N.D. Cent. Code §§12-27-13, 12-27-22 (1960).]佛蒙特州也废除了死刑,但在另案中谋杀罪或者杀害治安官、狱警的情况下,可根据陪审团的裁量适用死刑。[Vt. Stat. Ann., Tit. 13, §2303 (1967 Supp.).]在罗德岛州,死刑已被废除,但是在因犯谋杀罪被判处无期徒刑,服刑期间又犯谋杀罪的,强制适用死刑。[R.I. Gen. Laws Ann. §11-23-2 (1956).]在佐治亚州,若行为人实施谋杀行为时不满17岁,则可以不适用死刑。[Ga. Code Ann. §26-1005 (1967 Supp.).]在加利福尼亚州,若行为人实施谋杀行为时不满18岁,则可以不适用死刑。[Cal. Pen. Code §190.1 (1967 Supp.).]在纽约州,死刑已被废除,但在谋杀正在执行公务的治安官或在因犯谋杀罪被判处无期徒刑,服刑期间又犯谋杀罪的,可根据陪审团的裁量适用死刑。[N.Y. Pen. Law §125.30 (1967).]

② 除非陪审团建议适用死刑,新罕布什尔州和华盛顿州规定了无期徒刑。[N.H. Rev. Stat. Ann. 585:4(1955); Wash. Rev. Code §9.48.030(1956).]马里兰允许审判法庭在强奸案和情节严重的绑架案中不需提交给陪审团而在其裁量权范围内独自决定惩罚。[Md. Ann. Code, Art. 27, §§461, 338(1967).]

案件,因为法律没有"以牙还牙,以血还血"的无情要求。相反,"法律"把量刑幅度交给了陪审团决定。就本案而言①,我的观点是,洛根案的规则是不恰当的。因为它导致了排除掉那些最有可能建议刑罚轻缓的社会成员而留下了那些最不可能建议轻缓的人。②

　　有因回避与无因回避并不与被告人由"公正陪审团"审判的宪法权利相冲突。没有人一定会碰见有偏见的陪审团。通常这样的回避是很偶然的,不会导致审判失去整个社会各阶层的参与,也不会失去各种社会意见的参与,也不会降低陪审员之间相互微妙的影响。然而,在现在的案子中,陪审团被赋予确定惩罚的裁量权③,对整个人口中重要部分的一个阶层的整体排除④,导致了一个不具代表性的陪审团。⑤ 尽管最高法院撤销了该刑罚,也连带地撤销了这一陪审团作出的有罪判决。它这样做的理由是:在该案案卷中,排除掉了那些反对死刑的陪审员的陪审团是否就一定不是中立的,上诉人并未予以充分证明,也不能说该案的陪审员在定罪上就绝对不具有社会代表性,但当被告人被剥夺了让一个随机产生的陪审团去审判的权利时,这个陪审团一定是有瑕疵的,即便这个陪审团没有特别的偏见亦是如此。[参见巴拉德诉美国案,329 U.S. 187,329 U.S. 195;韦尔诉美国案,123 U.S. App. D.C. 34, 356 F.2d 787(1965)。]我们不难想象,没有那些反对死刑的人会使陪审团缺少某种特殊的人格品质,就像陪审团中没有女性一样。我们难免推测到,在很多由于陪审员怀有死刑信仰或态度而被

---

① 在洛根诉美国案中,对"公正陪审团"的裁决,对事实和应适用的法律上是错误的。相关法规(得克萨斯州法规)把谋杀等级和惩罚都交给了陪审团(决定)。

② 伴随着民众越来越受现代的犯罪概念和刑罚目的的影响,社会和满足死刑案件的陪审团之间的隔阂越来越深。相应地,死刑判决的社会支持急剧减少。另外,在特定社会中适用死刑的意愿(也就是在死刑案件中宣誓成为陪审员)愈趋淡薄,符合死刑案件的陪审员在罪与非罪问题上的偏见影响会越来越强;而那些支撑死刑陪审团的必然是社会中的极端主义者——那些与现代犯罪动机理念、与文化遗产精华部分不断完善接触最少的人,对人类慈悲心和理解力的贡献最微薄的人。在社会潮流变迁中,正当程序的含义越加清晰,今非昔比。参见 Oberer, Does Disqualification of Jurors for Scruples Against Capital Punishment Constitute Denial of Fair Trial on Issue of Guilt?, 39 Tex. L. Rev. 545, 556-557(1961)。

③ 用伊利诺伊州最高法院的话来说,死刑是一种可选择的惩罚形式,陪审团可自由选择或摒弃它。伊利诺伊州诉贝尼特案[30 Ill.2d 359, 370, 197 N.E.2d 436, 443(1964)]。亦可参见伊利诺伊州诉杜克斯案[12 Ill.2d 334, 146 N.E.2d 14(1957)];伊利诺伊州诉维斯伯格案[396 Ill. 412, 71 N.E.2d 671(1947)];伊利诺伊州诉马特拉洛案[281 Ill. 300, 117 N.E. 1052(1917)]。

④ 正如法庭所指出的那样,相当一部分的陪审员(95名中的47个),本可以被认为是从社会中公正的随机选择的,但是却由于其对死刑的反对被排除了。

⑤ 在鲁道夫诉阿拉巴马州案(375 U.S. 88)中,我赞同戈德堡大法官的意见,不协同最高法院驳回从州法院提审而来的案件的观点。戈德堡表示最高法院应考虑宪法第八修正案是否禁止"对既没有剥夺也没有危害生命的强奸犯适用死刑"。相反,此案涉及一名被宣判死刑的谋杀犯。第六修正案和第十四修正案的陪审团的广泛代表性的要求,当然与死刑是否违反了第八修正案是不同的问题。

整体排除的案件中,不公正的情况哪怕不多但肯定存在,而且很多时候是无法量化的。这并不依赖于任何不公正的外在表现。这种不公是如此潜移默化,以致无法以常规的证据方法去证明。我却相信这正是要从社会中随机挑选陪审员的精髓所在。

布莱克大法官的反对意见,哈伦大法官和怀特大法官加入:

最高法院对谋杀案件的驳回理由:"无论对死刑有何看法,有一点至少是清楚的,由死刑陪审团决定适用死刑是与宪法不符的。伊利诺伊州预先就可能对上诉人课以死刑,这样的死刑等于未经正当法律程序剥夺其生命。"我认为,对伊利诺伊州的指控,在案卷笔录上完全找不到依据。维持该判决的最高法院一致意见是由沃尔特·谢弗大法官所写,众所周知,这位大法官是被告人宪法权利的守护者。在我看来,极为不幸的是,法院认为其义不容辞应指责谢弗和其副手在被告人遭遇了一个悬而未决且未审先定的陪审团的前提下却让这个人去死。在我看来如果最高法院认为死刑违宪,那么它应该直接这样做,而不是使州不可能获得会适用死刑的陪审团。

在九年多以前,也就是1959年4月29日,上诉人为了逃脱逮捕开枪射杀一名警察。当值班巡逻警车停在附近的交通信号灯旁边时,该上诉人正同一名他在酒馆里遇到的女人撕扯。这名女人逃脱了上诉人的控制,跑向巡逻车告诉车内的两名警察该上诉人随身携带了枪支。该上诉人偷听到了对话,逃到附近的一个停车场,藏在停车场内停靠的拖车和拖拉机后面。当其中的一名警察搜查拖车时,上诉人向他开了枪。毫无疑问,是这名上诉人杀死了警察,因为该被射杀的警官临死前在医院指认了上诉人,上诉人后来还指责警察局任用如此年轻没有经验的警官。据我所知的多数人的意见,即使那些认同上诉人对警局的指责的人也不愿怀疑上诉人的罪行。在对该谋杀罪的审判中,法庭为该上诉人指定了三名辩护人,主辩是时任芝加哥律师协会为穷人辩护委员会的主席。值得注意的是,当那些承认自己对死刑适用有良心或信仰忌讳的人被排除在陪审团之外时,辩护律师并没有试图证明他们也是适格的陪审员。事实上,当陪审员被最终接受时,辩护律师一方还有三次绝对回避的申请可以行使。以往这种默认经常意味着被列入陪审员名单的陪审员是公正的。这也当然明确地表明,在此案中上诉人的实力强大,名声显赫的辩护人并不认为该案的陪审团是怀有偏见,加之死刑而后快的陪审团。

上诉人判决过后,另外一名非常著名的律师被指派为该上诉案件的代理人,一项内容广泛、指出15处庭审错误的摘要在伊利诺伊州最高法院立案。然而,又一次地,没有迹象表明有人认为该案的陪审员有任何不公。1963年3月25

日,伊利诺伊州最高法院以冗长的意见维持了对上诉人的判决。上诉人通过寻求人身缉拿令救济和法定判决后救济来攻击对他的判决。又一次,并未提及陪审团不公。伊利诺伊州最高法院于 1964 年 1 月 17 日驳回了上诉人请求的救济,上诉人又通过另外一个法院指定的律师请求联邦人身缉拿令(的救济)。在上诉人之前的上诉中,并未声称自己没有获得公正的陪审团。上诉人在(解除)联邦人身缉拿令上并未成功,我们拒绝移审此案。在 1965 年 2 月,上诉人在州法院上诉,请求伊利诺伊州法律规定的所有形式的救济。在众多其他请求中,凸显出的争论点是,当审判庭将对死刑有顾虑的候选陪审员基于法定原因排除在陪审团之外时,上诉人的宪法性权利是否被侵犯。州审判法官驳回请求,理由是该请求没有阐明足够的事实使上诉人有权获得救济。之后,上诉人上诉到伊利诺伊州最高法院,这是他第三次出现在法庭,也是在这里,在他一审判决 6 年之后,他争辩道,认为那些对死刑有良心或信仰顾虑的陪审员法定不适格,是违宪的。①

法庭不支持上诉人的主张,作出结论认为:我们坚持遵循每一方有权询问陪审员,排除那些不公正的陪审员这一体系。该法院随后颁布移审令,复核伊利诺伊州最高法院的决定。在上诉人审判期间,《伊利诺伊州法》第 38 章第 743 节(§743 of Ill. Rev. Stat., c. 38)规定,"谋杀罪的审判,在陪审员询问中,说明自己对死刑有良心上的顾忌或者反对死刑,理应是排除陪审员的法定理由"。该款的用意、法律的用意显然在于保证:伊利诺伊州的案件审判中有公正的陪审团,使死刑可能被适用。该成文法视人民,或者像他们经常被称呼为"社会"或"州"那样,作为一个整体,同犯罪被告人一样有权获得公正的陪审团。该法院已经明晰地表明:"应当记住,这样的毫无偏见、不偏不倚不仅仅要求来自被指控的偏见的自由,而且来源于对他的起诉的偏见的自由。在他与州之间,天平应该保持平衡。"②

据我看来,这是一种普遍的偏见问题。对死刑有良心或信仰顾虑的人,即使有机会,也几乎不会赞成适用死刑。这就是人性,没有什么语义伪装能够掩盖它。同样,我也不幻想着把一个承认自己对犯了谋杀罪的人不适用死刑会有良心或信仰顾忌的人强加给罪犯(例如,一名陪审员声称自己坚持按照字义理解圣经"以牙还牙"的劝诫)。然而,多数人的观点的逻辑结论就是:这样的人必须被允许,这样在这种"生与死的终极意义的问题"上,"社会的良心"才能被全面

---

① 对审判程序提出异议的过分延长只有为了防止不可忍受的司法不公才可以被原谅。
② 海耶斯诉密苏里州案,120 U.S. 68, 120 U.S. 70;斯温诉阿拉巴马州案,380 U.S. 202, 380 U.S. 219-220。

代表。尽管我一直支持的观点是陪审团应该尽量具有社会的全面代表性,但是我从不认为对法庭中至关重要的问题存有偏见的人应在陪审团之列。我仍然遵从在75年以前在洛根诉美国案中的那句话:"被告人被起诉,因可能获死刑判决的罪行而被审判,那些陪审员预先审查程序中说自己对犯罪适用死刑有良心上的顾忌的陪审员被政府基于法定原因被回避是合法的。"对任何事物怀有顾虑的陪审员,该顾虑都阻碍他在政府和被告人中保持客观中立,阻碍他根据法律和证据审理案件,都是不公正的陪审员。法院因此认为,如果一个人良心上认为多配偶制是合法的,那么在多配偶案件审理中,他可能被基于法定原因排除掉。

斯托里大法官和鲍德温大法官分别在美国诉康奈尔案和美国诉威尔森案中曾把这个原则应用于我们正面临的这个问题,同样,凡是出现该问题的各个州的各个法院和很多州的成文法规中,他们也采取了同样的做法。

多数法官的判决意见试图同化那些对死刑有良心或信仰顾虑的人和那些持相反观点的人,以此来平衡彼此矛盾的观点,进而建立一个真正有代表性的陪审团来行使社会对惩罚的裁量权。但是,基于此目的,我认为那些对死刑有良心或信仰顾虑的人和那些没有什么偏见的人,在任何意义上,都是不具有可比性的。对于死刑的顾虑往往是灵魂探索过后,深刻的信仰确信或深刻的哲学承诺的结果。这些顾虑的持有者一定会对任何其认为可能不道德的预期结果退缩。而从另一方面而言,我不能接受认为对死刑没有良心顾虑的人是偏向控方的主张。[1] 对于这类人,我同意哥伦比亚地区巡回上诉法院作出的陈述:"据我们所知,大体而言,没有证据,我们也想象不出有什么证据能够表明不反对死刑的人对罪犯怀有如此敌意以至于不能够在死刑案件中根据法律和证据作出公正的判决。不反对死刑并不等同于热衷死刑。人们可能确实对严重的犯罪心怀偏见,他们不可能成为中立的裁判者,但是仅仅因为缺少对死刑的反对并不是这种偏激的体现。这两种偏见完全可以共存;反之亦然,任何一方都可以脱离于另一方而存在;并且诚然,一个人也可能这两种偏见都没有。很显然,一个人或一类人可能不反对死刑,与此同时对一个罪犯或对一类罪犯也没有特殊偏见。在我们看来,人们可能在任何一个问题上都完全没有可操控的偏见。"[参见特伯维尔诉美国案,112 U. S. App. D. C. 400, 409-410, 303 F. 2d 411, 420-421(1962)。]

在我看来,今天法庭的决议应被理解为上述观点的对立意见。无论法庭想怎样文过饰非,其决议所暗含的意思一定是:对死刑没有良心上顾虑的人某种程度上对苦难是漠视的,正如法庭引用一些评论家的话那样,他们是偏向控方的。

---

[1] 参见邦普诉北卡罗来纳州案,不协同意见。

这个结论代表了对人类意志的劫掠，我相当怀疑我是否有能力做到，我也必须承认，法庭所引述的两三个所谓的"学科"并不能说服我。最后，我想指出的是，至少对于我而言，该案的真正论点是很模糊的。如果我们从字面意义上来理解该意见，那么我承认，今天的法庭除了玩文字游戏，确实毫无实质意义可言。据我理解，联邦被赋予了新的要求，他们不能再问候选陪审员他们是否对死刑有良心或信仰上的顾虑，而是问他们是否会不考虑在庭审过程中可能出现的任何证据而自动的投票反对适用死刑。我认为，该法庭试图做的区分只是基于语义幻想，法院问陪审员问题的这种新方式，其实际的结果是并不会产生一个与之前本案所挑选的陪审团截然不同的陪审团。我还要说的是，联邦只是平添麻烦。然而，正如我上述所言，还不能确定这是不是法院的全部意见。多数法官的判决意见特意表明，在未来的案件中，被告人可以依照伊利诺伊州成文法所挑选的陪审团在确定是否有罪方面不够中立来建立论点（为自己辩护）。（多数法官的判决意见）在我看来，这只不过是对联邦一种暗含式的警告：他们最好改变遴选陪审员的方式，否则将被法庭认定其谋杀判决违宪。我认为今天最高法院的决议绕了很大圈子，破坏了原为我们熟知的公正的陪审团这个概念。这个概念已经被斯托利法官极其有力地描述过："当一个陪审员承认自己在某种影响之下，无论这种影响是来自于利益、偏见、宗教观点，只要这种影响妨碍他根据法律和证据作出判决，那么，让这样的陪审员留在陪审团中，就会搅乱陪审团审判的目标，玷污司法程序。我们坐在这里，不是为了作出出自有偏见人之手的判决，这种判决应是出自对事物诚实、客观的人之手。这才是司法（的应有之义）。"陪审员的客观公正，在今天和在1820年斯托利大法官阐述时同样必要。我决不通过强迫联邦根据该法院所设下的"宪法性原则"接受注定有偏见的陪审员的方式，来破坏历史悠久的具司法意义和宪法意义的公正陪审团审判的概念。基于上述理由，本法官持反对意见。

怀特大法官反对意见：

法庭认为死刑的适用并未违反宪法第八修正案，也并不禁止州立法将某些罪的刑罚设定为死刑，发现有罪不经法官或陪审团裁量而自动适用死刑。任何一个结论都可提供一个令人满意的推翻判决的理由。没有它们，法庭得出的结论的理论根据就是不牢固的；得出的结论只是因为法庭如是说，而不是因为意见中阐述的理由。法庭只是断定，立法试图对某些犯了谋杀罪而不是所有犯有此罪的人适用死刑，这是不完全合宪的："当然，州不必根据一个'被组织来宣判有罪的法庭'来决定一个人是无辜还是有罪。"正如我们今天所做的，它只需要远离这个原则一步,这要求州可以不根据一个被组织用来作出死刑判决的法庭来决定一个人的生死。

连接两个情况的唯一原因是一种看似粗暴的臆断。宪法禁止了每个被起诉的人应被判处有罪的立法决议,所以要求罪行判决主体的判决相对结果而言是无偏见的①,然而宪法对这些情况的决议的措辞却完全不同,即使是死刑判决。法庭并不否认,立法机构可以对犯有特定罪的所有人施加包括死刑在内的任何一种特殊刑罚。那么,比较将适用死刑的群体和不会适用死刑的群体,为什么它不能把惩罚决定更多地委任给前者呢?所有伊利诺伊州的公民都在宪法上享有参与定罪判决的平等机会,这种机会被宪法所保障,哪怕是反对死刑的公民也概莫能外[参见雷诺兹诉西姆斯案,377 U.S. 533(1964)],以及后续的案件。然而,在这场论战中,那些反对死刑的人并没有获胜。伊利诺伊州的人民代表已经决定,死刑的决定应由对立法规定的处罚措施没有良心顾虑的公民在个案中作出。这种实施多数人意愿的方法大概与传统上坚持陪审团必须对判决持有一致态度的愿望有关。立法机关确信,如果所有公民都可以担任陪审员,并且如果一个有着特殊顾虑的公民可以阻止死刑适用的决定,那么死刑将几乎永远无法适用。② 我们今天不需决定任何可能的判决决定的委任,例如对受害者在世亲属的委托,是否因为它将有悖一个文明公民的良心而将不被宪法允许。[参见罗琴诉加利福尼亚州案,342 U.S. 165,342 U.S. 172(1952)。]

伊利诺伊州的委托,仅仅排除掉了那些对立法机构试图让其选择的处罚之一的政策有怀疑的人,是完全合理而且明智的立法举动。法庭或许很不欣赏这样特殊的判决,希望能够满足凯斯特勒式的慈悲。那些都是值得称赞的动机,但却很难成为推理分析的常态过程的替代品。如果法庭不能为其今天的决议提供更好的宪法性根据,那么它就应该约束自己对死刑的厌恶,让政府部门来决定合适的惩罚,政府部门的组成人员是由民选选出,其权力干涉不到法庭。

---

① 虽然我总体上同意布莱克大法官的观点,但是,我并不完全排除这样一种可能性:由于陪审员对死刑判决的参与而对陪审员资格施加限制,会导致为了判决有罪,造成陪审团的组成违宪。

② 联邦应该意识到他们适应今天决议的容易和轻松。他们仍可以对实行了特定犯罪的任何人适用死刑。用多数法官判决意见代替要求陪审团判决一致性,应该同伊利诺伊州立法机构通过今天破除的程序取得的效果大体相同。

弗曼诉佐治亚州案
Furman v. Georgia

《美国判例汇编》第 408 期第 238 页(1972)
美国联邦最高法院发至佐治亚州最高法院的调卷复审令
庭审日期:1972 年 1 月 17 日
结审日期:1972 年 6 月 29 日

案 件 导 读

  这一判决的裁判要旨是,死刑的判处和执行是否构成残酷和异常的刑罚从而违反宪法第八修正案。

  弗曼案实际上合并了 3 件独立的死刑案件,上述案件的 3 名被告均为黑人,其中在第 69-5003 号案件中,弗曼因射杀一位 5 个孩子的父亲——这位父亲发现弗曼在清早闯进他的家中——而被判谋杀罪。第 69-5030 号案件和第 69-5031 号案件涉及州法院对暴力强奸的判决。杰克逊被认定在入室抢劫过程中强奸。他拿剪刀顶住被害人的喉咙而完成了强奸。布兰奇同样被认定在被害人家中将其强奸。他并没有使用武器,但是使用了肉体的暴力和威胁。3 名被告人向联邦最高法院提出的辩护理由相同:用以判处死刑的方法是武断和反复无常的,因而违反联邦宪法。

  法院在审理后,于 1972 年 6 月 29 日作出美国死刑制度史上划时代的判决,其精神体现在一段简短的法庭意见中:在几起案件中所适用之法律与判处死刑之方式构成残酷与异常之刑罚,违反了宪法第八和第十四修正案,原判死刑部分撤销,发回重审。

  对于此项判决,道格拉斯大法官、布伦南大法官、斯图尔特大法官、怀特大法官、马歇尔大法官分别出具了意见支持这一判决。例如道格拉斯大法官从平等保护的原则着眼,认为"如果因为其种族、宗教、财产、社会地位或者阶层的歧视而对某一被告人适用死刑,或者依据某一容忍此类歧视产生影响的程序而适用死刑,那么死刑就是异常的"。布伦南大法官则指出,"死刑违背了所有四项原则:死刑是一种异常严厉并且贬低人格的刑罚;它存在着被随意适用的极大可能;当代社会对它的否定在其实质上是完全的;没有理由去相信它能比较为轻缓的监禁刑更为有效地实现任何刑罚目的。这些原则的机能就是赋予法院去决定某一刑罚是否同人类尊严保持一致的权力。而死刑,很简单,它根本不是如此"。斯图尔特大法官则断言,"第八修正案和第十四修正案不可能容忍死刑得以依据这样一种法律制度而予以适用,这一法律制度允许这种独特的刑罚能够如此蛮横、如此捉摸不定的适用"。马歇尔大法官通过对死刑和终身监禁进行比较,认为"死刑是一个过度的因而是违反了第八修正案的、不必要的刑罚。统计数据的证据并未超越合理怀疑和令人信服,但它确具说服力"。怀特法官从司法审查层面指出,"立法政策必然不是由立法机关所颁布的内容加以阐明,而是由陪审团和法官行使其经常被赋予的自由裁量权所作出的决定才得以体现。按照我的判断,在这些案件中这一权力的行使违反了第八修正案"。

但是首席大法官伯格、布莱克门大法官、鲍威尔大法官和伦奎斯特大法官则分别提出异议。伯格法官对前述支持此项判决的大法官的意见进行了批驳,从第八修正案关于"异常"的解释、死刑的威慑功能等方面,认为宪法对"残酷和异常的刑罚"的禁止不能被理解为禁止死刑的适用。布莱克门大法官则附加了个人的十点评论,例如他认为,"我们的任务是对已经颁布而被质疑的立法的合宪性问题作出判断。对于法官而言,这是唯一的使命。我们不应允许自己对立法和议会行为的智慧的个人偏好,或者我们对此类行为的厌恶,来指导我们在此类案件中作出司法判断"。鲍威尔大法官指出,"法庭判决不仅推翻了现存法律,而且,还否决了五十个州的议会和立法机构采取与法庭意见不同的新政策的权力"。而且这种观点,对于遵循先例、联邦主义、司法限制以及最重要的分权等根本原则产生了重大影响。伦奎斯特大法官的观点是,"即使是对主要宪法性案件最扩张的解释也不能表明,建国者或者第十四修正案的制定者赋予法庭不断变化的权力,让其多数突然推翻他们认为不适合的那些以政策或道德为基础的法律"。并且认为法庭在这些案件中的推理,忽略了司法自我约束等这些隐含条件。

虽然得出上述法庭意见,但是必须注意到,这是一个5∶4的相对多数判决,它并不属于多数意见,法庭的多数派拒绝宣布死刑在任何情况下都是违宪的。法庭内部存在着巨大分歧,9位法官都写了自己的意见,该案产生了迄今为止最多的不同意见。在5位赞同法庭意见的法官中,只有布伦南和马歇尔反对死刑本身,认为死刑不符合人类的尊严,并非防卫社会所必需而是过度的刑罚,因而违反美国宪法。但其他3位赞同法庭意见的大法官并不反对死刑本身,他们或者认为死刑的适用过于随意武断,或者认为在这几起特定案件中死刑的判决不公平而具有歧视性。这就意味着,如果能够在制度上保证死刑能够得以更加公平和谨慎适用,他们并不反对死刑。他们的这一立场为1976年的格雷格案作了铺垫,在后一案件中,上述3位大法官认为现有法律已经能够保证死刑得以公平和谨慎执行,而原本在弗曼案中持反对意见的4位大法官仍然没有改变立场。这样,对于死刑的立场从1972年弗曼案件中的5∶4

戏剧化地转变成为1976年格雷格案中的2∶7。在弗曼案之后死刑实际被停止执行4年,而到了格雷格案之后又恢复了。格雷格案中的多数意见维持了佐治亚州新的死刑制定法,认为该制定法解决了弗曼案所发现的违宪问题。

通常认为,格雷格案为美国各州规划了一个蓝图,告诉这些州如何来保留死刑。但是不应忽略的是弗曼案在美国死刑变革史中的意义和地位。虽然严格而言,弗曼案的判决只涉及涉案的两个州的死刑制度,但这一案件却导致大约600个死刑判决被撤销,人们普遍认为,这一判决彼时在全美国范围内实际废除了死刑,因为其他州所适用的死刑程序和被最高法院否定的死刑程序没有实质差别。

不过,尽管有的评论者认为,弗曼案之后,多数州将宁愿索性废除死刑,而非迎难而上通过新法律并在日后不可避免的诉讼中捍卫新的法律。但是,死刑在民众中的支持率如此之高,弗曼案并没有像这些人所希望的那样导致死刑的废除。弗曼案使得死刑问题一下子成为焦点问题,引起了社会的广泛争议。由于对暴力犯罪的恐惧等诸多原因的影响,加上恰逢对犯罪态度严厉的尼克松担任总统,其将恢复法律和秩序作为执政核心,并积极采取措施恢复死刑的执行,因此,当时的民意出现了大幅度反弹。在1976年格雷格案之前,共有35个州及联邦先后修订死刑法律以便符合要求而非直接废除死刑。

但是,弗曼案之后,各州和联邦确实不得不重新立法,并努力使有关死刑的立法遵守弗曼案判决的各种要求,以免重蹈覆辙。作为弗曼案的直接后果,死刑案件的审理分为两个独立阶段,即定罪阶段和量刑阶段,这使得被告人能够继续在量刑阶段寻求避免死刑。另外,弗曼案使得死刑罪名基本上局限于包含有谋杀的罪名,并使得死刑实际执行的人数大幅减少,这一趋势维持至今。在这一意义上,弗曼案成为美国死刑发展史上的标志性案件,被认为标志着死刑法律和程序方面新纪元的正式到来。在诸多论述美国死刑发展史中,大量的学者甚至以弗曼案为标志点,将死刑史划分为弗曼案前的死刑制度和弗曼案后的死刑制度。正是弗曼案对死刑的合宪性所提出的挑战,开启了对死刑是否属于残酷和异常的刑罚的广泛争论,推动了死刑立法更加趋向合理,并在诸多方面进一步限制了死刑的适用和执行,使得美国的死刑制度逐步地呈现为当下的局面。

| 判决摘要 |

致佐治亚州最高法院之调取令状:

裁判要旨:在下述案件中,死刑的判处和执行构成残酷和异常的刑罚而违反第八和第十四修正案。

No. 69-5003,225 Ga. 253,167S. D. 2d 628;No. 69-5030,225 Ga. 790,171 S. D. 2. d 501;No. 6905031,447 S. W. 2d 932,撤销原判发回重审。

全体法官一致同意。

第69-5003号案中,根据佐治亚州法典评注26-1005(1971年增订)(1969年6月1日生效),225 Ga. 253,167 S. D. 2d 628(1969)判决申请人在佐治亚州构成谋杀罪,并被判处死刑。No. 69-5030案的申请人在佐治亚州被认定构成强奸罪,并根据佐治亚州法典评注26-1302(1971年增订)(1969年6月1日生效),225 Ga. 253,167 S. D. 2d 628(1969)而被判处死刑。第69-5031号案的申请人在得克萨斯州被认定构成强奸,并根据得克萨斯州刑法第1189条(1961),447 S. W. 2d 932(刑事上诉法院1969)被判处死刑。所颁发的调卷令限于下述问题:在(上述)案件中死刑的判处和执行是否构成残酷和异常的刑罚而违反第八和第十四修正案?

法院认定:在上述案件中,死刑的执行构成残酷和异常的刑罚而违反第八和第十四修正案。因此,每一案件的判决均被撤销,在此程度,所判处的死刑被撤销,上述案件被要求予以进一步审理。

判决如上。

道格拉斯大法官、布伦南大法官、斯图尔特大法官、怀特大法官、马歇尔大法官分别出具了意见支持这一判决,首席大法官、布莱克门大法官、鲍威尔大法官和伦奎斯特大法官分别提出异议。

道格拉斯大法官的一致意见

在上述三起案件中,一起因为谋杀、两起因为强奸而被判处死刑。在每一案件中,决定是判处死刑抑或另一较轻刑罚的权力,由国家付诸于法官或者陪审团的自由裁量。上述三起案件中的每一起均由陪审团加以审判。在此,这些案件申请了签发调卷令,在调卷令中,我们将问题局限于:死刑的判处和执行是否属于第八修正案所指的"残酷和异常的刑罚",这一规定依照第十四修正案而适用于各州①。我相信死刑的执行违反了宪法第八和第十四修正案,因此投票赞同撤销每一判决。

| 判决全文 |

正当程序的要求禁止残酷和异常的刑罚,这一观念已经得到公认。② 同样

---

① 佐治亚州最高法院维持弗曼构成谋杀罪及其死刑判处的观点,报告于225 Ga. 253,167 S. E. 2d 628;其维持杰克逊构成强奸罪及其死刑判处的观点,报告于225 Ga. 790,171 S. E. 2d 501。Branch构成强奸罪及其死刑判决为得克萨斯州刑事上诉法院所维持,并报告于447 S. W. 2d 932。

② *Louisiana ea rel. Francis v. Resweber*,329 U. S. 459,329 U. S. 463以及329 U. S. 473-474(伯顿法官异议);*Robinson v. California*,370 U. S. 667。

得到公认的是,对于残酷和异常的刑罚的禁止,包括禁止司法机构和立法机构对这一刑罚的施加。①

在建议第十四修正案时,宾汉姆议员坚持为第十四修正案所保护的"美国公民的权利或豁免权",包括免受"残酷和异常的刑罚"的保护。"国家名义的不公和压制的很多情形均发生于本联邦的国家立法之中,事涉对赋予给美国公民的权利的公然违反,并且联邦政府没有依法提供或者无法提供任何补偿。与宪法的字面文字相反,在美国,公民已经因联邦法律而被施加'残酷和异常的刑罚',不仅仅因为其所实施的犯罪,也因为那些基于神圣职责所实施的、美国政府未曾予以补偿或者无法予以补偿的行为。"②无论是否根据特权和豁免权这一路径,抑或正当程序路径,结果皆然。

在我们的裁决中,死刑被假定为并非残酷,除非其执行方式被认为是非人性的、残暴的。③ 我们同样认为,对残酷和异常的刑罚的禁止"并非维系于那些陈腐的观念,而是要在公众观念因人性的正义而变得开明的同时,获得其意义"。④ 在特罗普诉杜勒斯(356 U.S.86,356 U.S. 101)案中也有相似的论述,认为第八修正案"必须从不断发展的、标志着成熟社会进步的尊严标准中,汲取其意义"。

施加死刑的那些法律的一般性是另一回事。法律在理论上被认为具有何种效力以及在其适用过程中法律如何实施,两者确实会或者可能会导向完全迥异的结论。

不容置疑的是,如果因为其种族、宗教、财产、社会地位或者阶层的歧视而对某一被告人适用死刑,或者依据某一容忍此类歧视产生影响的程序而适用死刑,那么死刑就是"异常的"。

存在着证据表明,第八修正案的用语来源于1689年英国权利法案的规定,后者首要地关注于酷刑的选择适用或者随意适用问题,其目的在于禁止专断的、歧视性的严厉刑罚⑤:"随着1066年英格兰的诺曼征服,原先确保罪刑相称的刑罚制度突然消亡。虽然当时系统的司法记录得以保存,但刑罚制度几乎丧失殆尽。除了法定刑为死刑或者剥夺法权的特定重罪外,任意的罚金为裁量的罚金所替代。虽然罚金的裁量性质允许考虑个案的具体情形,因此货币惩罚的程度予以相应增减,但是也为过量的或苛刻的罚金提供了机会。过量罚金问题变得

---

① *Weems v. United States*,217 U.S. 378-382.
② *Cong. Globe*,39th *Cong.*,1st Sess.,2542.
③ In re Kemmler,136 U.S.436,136 U.S. 447.
④ *Weems v. United States*,ibid,217 U.S. 378.
⑤ Granucci,"Nor Cruel and Unusual Punishments Inflicted: The Original Meaning", 57 *Calif. L. Rev.* 839,845-846(1969).

如此普遍以至于大宪章也对此付诸规定。梅特兰讲到大宪章第 14 条时说,'很可能,大宪章中没有其他条款比之更有利于大多数人民'。作为一个基本的法律,第 14 条(译注:应为第 20 条)显然激励了对刑罚过度性的禁止:除非按照其犯罪的严重程度,某一自由人不应因琐碎罪行而被处罚金,对于严重犯罪,则应当按照其严重程度处以罚金,并保留其生计;对于一个商人同样如此,应当保留其经营;同样,一佃农假如能为我们宽大处理,就应当在保留其农具情形下处罚金。除非邻近地区具有声望的人能够证明,前述罚金无一不能适用。"

1689 年 12 月 16 日颁行的英国权利法案宣告,"不应要求过度的保释金,也不应施加过量的罚金,更不应适用残酷和异常的刑罚"①。这些语词为我们的第八修正案所选用。在 1776 年的弗吉尼亚宪法②和其他七个州的宪法中均有相同的规定。③ 依照邦联条例而颁布的西北地区法令即包括了对残酷和异常的刑罚的禁止。④ 但是在第一国会讨论权利法案时,对其预设的含义并未给予太多关注。该过程中仅显示如下讨论⑤:

"南卡罗来纳州的史密斯先生反对'不应(适用)残酷和异常的刑罚'这一表述,因为其重要性过于不确定。"

"利乌莫尔先生认为/表示:这一规定似乎要表达充分的人道关怀,对此我自无异议;但是,由于其毫无实义,我认为这一规定是不必要的。过度的保释金这一范畴究竟何意?谁来裁断?过量的罚金应当如何理解?它完全依赖于法院加以裁决。残酷和异常的刑罚不应适用,但是有时有必要绞死一人,而恶棍经常需要被鞭打,甚或割掉他们的耳朵,但是在将来,我们是否会因为其残酷性而禁止适用这些刑罚?假使我们能够建立一个更为宽厚的矫正模式以吓阻他人实施犯罪,那么在立法上接受这一规定是极为明智的;但是在这一目的确保实现之前,我们不应因为宣布这样一种规定而无法制定必要的法律。"

"残酷和异常"这一措辞当然包括了那些野蛮的刑罚。但是,至少从英国人对刑罚的选择性和随意适用的反对这一角度的理解,这一措辞意味着,将死刑——或者其他任何刑罚——选择性地适用于那些为数极少的、被社会所抛弃的、不受欢迎的少数群体,虽然社会并不赞同将同样的刑罚予以整体范围的一般

---

① 1W. & M., Sess. 2. c. 2; 8 English Historical Documents, 166 1714, p. 122 (A. Browning ed. 1953).
② F. Thorpe, Federal & State Constitutions 3813(1909).
③ 特拉华州、马里兰州、新罕布什尔州、北卡罗来纳州、马萨诸塞州、宾夕法尼亚州和南卡罗来纳州。1 Thorpe, *supra* n. 4, at 569; 3 *id*., at 1688, 1892; 4 *id*., at 2457; 5 *id*., at 2788, 3101; 6 *id*., at 3264.
④ 收录于 1 U.S.C. XXXIX-XLI。
⑤ Annals of Cong, 754(1789).

性适用,但是却乐于看到这些人遭受痛苦,这样的做法就是"残酷和异常"的。①确实,图托法官在诺瓦克诉贝托案中(部分赞同部分反对意见)作了极为清楚的阐述,即单独监禁有时就可能属于"残酷和异常"的刑罚。②

在麦克高瑟诉加利福尼亚州案③中,法院指出,我国几乎自始就"反对对所有已决谋杀犯判处绝对死刑的普通法规定"。对这一规定进行补正的首次尝试,是将死刑限制地适用于诸如"预谋"杀人这样的特定犯罪。④ 但是陪审团"将这一法律牢牢掌握于自己手中",并且拒绝在死罪案件中予以定罪。"立法机关并未像以往那样,试图进一步限定可被判处死罪的杀人行为的定义,以便解决陪审团对法律的撤销现象。相反,他们采取了这样一种方式,即直截了当地授予陪审团这一他们事实上早在行使的自由裁量权。"

该法院认定:"从历史的、经验的乃至当前人类智识的局限角度考察,我们认为,在死罪案件中授由陪审团不加拘束地自由裁量以决定生死的权力,绝不可能违反宪法的任何规定。"在讨论应当向行使其自由裁量以决定某人是否判处

---

① "在英格兰,涉及任何等级的犯罪,当获得有罪判决并不困难时,我们总是将法律需要改变这一观念奉为公理。在陪审团中,这样的行为成为人们对过度苛刻的刑罚的一种沉默的反抗。在像指控伪造支票这样一种过去其法定刑为死刑的重罪案件中,这一做法就是一个明显的例子。证明这一指控是徒劳的,陪审团不愿因为一个其刑罚同罪行完全不成比例的犯罪而将被告人送至绞刑架;由于他们无法减轻刑罚,因此索性宣判无罪。其结果是:法律被修改了;不过,当较轻的刑罚替代了死刑时,伪造者就不会比其他罪犯获得更多的脱罪机会。按照 John Russel 法官的话,陪审团掌握的这样一种可以拒绝将法律付诸实施的权力,已经成为对那些法官基于职业的偏执而予以适用的众多恶法加以修正的动因,并且,最重要的是,这样一种做法产生了一个重要且有效的结果,即那些同其所渊源的社会的情感完全抵触的法律,在英格兰无法长期流行。" W. Forsyth, *History of Trial by Jury*, 367-368(2d ed. 1971).

② EX parte Medley,134 U. S. 160;*Brooks v. Florida*,389 U. S. 413.

③ 402 U. S. 183,402 U. S. 198.

④ 这一趋向并未得到普遍的赞同。在 19 世纪早期,英格兰的法律规定,对盗窃 5 先令及其以上金额财物的行为可以判处死刑(3 W. & M. ,c 9 §1.)。当废除这一刑罚的法令(最终于 1827 年颁布,7 & 8 Geo. 4,c. 27)于 1813 年提交至上议院时,艾伦博罗勋爵认为:"假如诸位阁下留心当前正待考察的特定措施,我所顾虑的是,我们是否能够慎重地坚称,这一最具惩戒性的因而最适宜于遏制此类犯罪发生的刑罚,在某些案件中却不应判处。除了现在所要废除的这一法律的实施,那些勤劳贫民的陋舍如何能够得到保护?在贫农及其妻子离家从事日常劳作时,他们究竟还有何种其他保障,以确保其回家时,除了其随身携带的物品以外,其所剩无几的家具或者衣物依旧是安全的?……通过死刑的颁行并且将死刑的判处留给法官,以便根据个案情形的需要而予以裁量判处,我对这一目标能够通过最少可能的花费而得以维持这一问题充满信心,我相信诸位阁下也将对此毫无疑虑。毫无疑问,我承认,这一法律现在是并且过去也一直被称为是血腥的法律。但我们能找到一个较之考察因该法所包含的犯罪种类而被处决的人数这一标准更好的标准吗? 诚如诸位阁下明鉴,这一数字确实极少,也正是这一情形被呼吁成为废除该法的原因;但是在诸位阁下倾向于同意这一废除之前,我恳请各位考虑一下,因为现在要被废除的法律——这一法律是这个商业国度的所有零售行业赖以生存的法律,我作为其中一员亦绝不同意使这一法令身处险境——并不存在而遭受财产劫掠或者为午夜杀手所摧残的那些无辜者的数量。"1813 年 4 月 2 日辩论于上议院,pp. 23-24(Longman, Hurst, Rees. Orme, & Brown, Paternoster-Row, London 1816).

死刑的陪审团提供这一裁量权的行使标准这一问题上,该法院拒绝认定在此存在着任何宪法意义上的重要性。

最近在众议院司法委员会第 3 委员会的听证会(92d Cong.,2d Sess.)中对①作证的证人,来自海牙的欧内斯特指出:"任何刑罚,无论是罚金,还是监禁或者死刑,都可能被不公平地、不公正地予以适用。本案的缺陷并不在于刑罚,而在于其被适用的程序。对于同等罪责的当事人适用不同的刑罚,或者忽视刑罚为何物,而对无辜者予以适用,都是不公平的。"

但是那些推动这一争论的人忽略了麦克高瑟案(前引)。现在,麦克高瑟案的裁定限制了我们。确实,当前案件萌芽于麦克高瑟案。陪审团(或者,有时候也可能是法官)具有实际上不受拘束的自由裁量权而决定被告人的生死。②

在奥尼尔诉佛蒙特州案中,菲尔德大法官提出异议认为:"确实,州政府可以将饮用一滴酒精的行为制定成为一个可判处监禁的犯罪,但是,如果要计算一酒杯中的滴数,并因此将其认定为无数个犯罪,并且将饮用一杯酒的法定刑延长为其刑期几乎为无限期的监禁,这样的立法将是一种前所未闻的残酷。"

立法不应统一地、系统地对所有阶层所制造的、一个法官或者陪审团不应针对某一阶层所制造的,就是因歧视政策而使社会分崩离析。

平等保护的基本要义是"残酷和异常"的刑罚这一表述中所固有的,这一事实日益受到认同。"如果(刑罚)被任意地、歧视性地运用,那么它就应当被视为

---

① H. R. 3243,92d Cong.,1st Sess.,塞勒议员介绍,意图废除所有由美国政府或者任何州政府的死刑执行。H. R. 8414,92d Cong.,1st Sess,塞勒议员介绍,意图规定一个过渡期,而停止美国政府或者任何一州的所有死刑执行案件,这些案件包含了下述建议结论:"议会在此认为,存在着诸多严肃的问题:(a)死刑的适用是否构成残酷和异常的刑罚,而违背了宪法第八和第十四修正案;以及(b)死刑是否歧视性地适用于少数种族成员,而违背宪法第十四修正案。以及,在所有情形中,议会是否应当依据第十四修正案第 5 款行使其权威,以禁止死刑的适用。"还存在这样天真的观点,认为"我们的法院所确认的死刑就是野蛮状态的对照"。参见 Henry Paolucci,*New York Times*,p. 29,col. 1,1972 年 5 月 29 日。但是,我们社会中的利奥波德们和洛布们、哈里·索们、谢波德博士们以及芬奇博士们从未被执行——只有那些居于底层的人,只有那些属于不受欢迎的少数族群的成员或者贫穷、被遗弃鄙视的人,才可能被处决。

② 按照我的观点,麦克高瑟案中重要的观点就是布伦南大法官在该案中所持而为我所附议的异议意见(402 U.S. at 402 U.S. 248)中的正确观点。但是在我们今日之裁决和该观点之间,存在着对立。我必须考虑到,第八和第十四修正案是否像斯图尔特大法官所认为的那样,因为申诉人"属于少数被任意、随机地加以选择而成为事实上被判处死刑的人",而禁止对其适用死刑(见后,408 U.S. 309-310),还是像怀特大法官所认为并为我完全赞同的观点那样,是因为"根本不存在富有意义的、能将适用死刑的少数案件区别于绝大部分未判处死刑的案件的基准"(见后,408 U.S. 313),因此第十四修正案的正当程序条款可能判定死刑裁量程序违宪,因为这一程序"被有意地解释成为允许其最大可能地因案而异,并且没有为这样一种有意识的差异最大化可能沦为纯粹的随意或者武断的选择而提供预防机制"。*McGautha v. California*,402 U.S. 248(布伦南大法官异议)。

是异常的适用。"①他们又补充指出,"具备效力的死刑条款被实际适用的极度罕见性,使人们有力地断定其中的任意性。"②执法和司法行政问题的总统委员会最近认定:"最终,有证据表明,为法院和行政机构所掌握的死刑的判处和豁免权的行使,因循着歧视性的方式。在穷人、黑人以及其他不受欢迎的群体成员中,死刑被显失比例地判处并且执行。"③通过对得克萨斯州从1924年至1968年的死刑案件的研究,得出了这样的结论④:"死刑的适用是不公平的:绝大多数被执行死刑的人都是穷人、年轻人和受教育程度低的人。""460起涉及共同被告人的案件中,有75起依照得克萨斯州法律被分案审理。在许多涉及白人和黑人为共同被告人的案件中,白人被告人被判处终身监禁或者一定期限的监禁,但黑人则被判处死刑。"

新新监狱的沃登·刘易斯·E.劳斯指出⑤:"死刑不仅仅失却其正义性,实际上没有一种刑罚能像死刑那样,带有如此之多的内在弊端。在其适用于富人和穷人的方式意义上,它就是一种不公平的刑罚。富裕的、有地位的被告人从不会走向电椅或者绞刑架。陪审团并非有意地偏袒富人,立法理论上也是不偏不倚的,但是拥有充足资源的被告人能够使其案件所有的有利因素得到呈现,而贫穷的被告人经常只有法庭指定的律师。有时候,这样的指定辩护被认为是政治恩惠的一部分;被指定的律师经常毫无死刑案件的辩护经验。"

前司法部长拉姆齐·克拉克也曾说过:"被处死的都是穷人、病人、低教育程度者、无权无势者和那些被厌恶的人。"⑥有人徒劳地检索了我们的记录,意图寻找任何在这个社会中属于富裕阶层的成员但被执行死刑的人。但利奥波德们

---

① Goldberg & Dershowitz, Declaring the Death Penalty Unconstitutional, 83 *Harv. L. Rev.*, 1773, 1790.

② *Id.*, 1792.

③ The Challenge of Crime in a Free Society 143(1967).

④ Koeninger, Capital Punishment in Texas, 1924-1968, 15 Crime & Delin. 132, 141(1969). 载于 H. Bedau, *The Death Penalty in America* 474(1967年修订版)。它表述道:
"虽然除种族因素以外,还可能存在着大量其他因素影响比例分配,但是在若干年中造成了这一种族差异的原因绝不是随机的。根据这一研究基础,不可能得出这样的结论,即待决死刑案件的司法和其他公开程序对黑人和死刑的高执行率之间的关联应承担责任;同样也不能假定,当黑人进入死刑待决行列之时,就受到了赦免委员会的歧视。有太多未知的和当前无法测定的因素妨碍我们对此中关联作出准确的描述。不过,正因黑人和高处决率之间的关联当前为数据所反映,难免令人产生关于种族歧视的某些怀疑。假设没有呈现这样一种关联,此种怀疑也就早已平息了:现存的这一关联虽然不能证明赦免委员会自1914年以来不同程度的偏见的存在,但是仍然能够强有力地暗示,这样的偏见确实存在着。"后者是由沃尔夫冈、凯利和诺尔迪针对宾夕法尼亚州1914年至1958年的待决死刑犯所作的研究,刊印于:53 J. Crim. L. C. & P. S. 301(1962)。另参见 Hartung, Trends in the Use of Capital Punishment, 284 Annals 8, 14-17(1952)。

⑤ *Life and Death in Sing Sing* 155-160(1928).

⑥ Crime in America 335(1970).

和洛布们只是被判处有期监禁而并未被处死。

杰克逊,黑人,被认定对白人女性实施强奸,21岁。一名法庭任命的精神病学家认为杰克逊接受了通常的教育,具有通常的智力,并非弱智、精神分裂症患者或者精神病患者,其个性是环境影响的产物,他具有接受审判的能力。杰克逊在某户人家的丈夫离家去上班之后进入住宅,手持剪刀放在其妻子的脖子上索要现金。她举目无人,为了争夺剪刀而与之搏斗但最终失败,杰克逊手持剪刀压在她的脖子上而将其强奸。在搏斗中,被害人被擦伤并有淤血,但并未对她造成任何长期性的创伤打击。杰克逊为逃脱犯,先前因被认定盗窃机动车而处三年监禁,因此在该地区劳役队中服刑,但又脱逃。在逃三天内,他又犯有一些其他罪行:夜盗、机动车盗窃以及袭击和殴打。

弗曼,黑人,在夜间意图进入他人住宅时将户主杀死,弗曼在关着的门外射杀了被害人。他26岁,已结束学校六年级的学习。在诉讼中止期间,弗曼被要求在弗吉尼亚州立中心医院就其所提出的智障诉求而接受由法院指定的顾问所安排的精神病测试。相关主管报告指出,匿名的医生诊断会议认定"该患者当前应被诊断认为智力缺陷,轻至中度,伴有因惊厥紊乱而引起的间歇性精神病"。精神病医生同意"目前该患者并非精神病,但他没有能力同其律师合作以为辩护做准备";并且医生相信"该患者需要进一步的入院进行精神病治疗"。随后,主管报告指出,虽然医生诊断为"该患者当前应被诊断为智力缺陷,轻至中度,伴有因惊厥紊乱而引起的间歇性精神病",但他认为,弗曼"目前并非精神病,他能够辨别是非,并且有能力同其律师配合以进行辩护准备"。

布兰奇,黑人,趁一位65岁的寡妇(白人)熟睡之际而闯入其乡村住宅,卡住其脖子而将其强奸。之后他索要财物,寡妇花了半个小时甚至更多的时间,才找到一点。离开时,布兰奇威胁寡妇如果将此事告诉任何人,他就会回来杀死她。没有医学上或者精神病学上的证据记录显示,由于他的袭击而对她造成任何伤害。该人前不久被认定构成盗窃重罪,并被认定临界于智力缺陷,且其智商远低于得克萨斯州囚犯的平均值。他接受过相当于五年半的小学教育,他"智力愚钝",属于其智力等级中最低的四分之一类型。

根据上述记录所披露的事实,我们无法认为,上述被告人就是因为是黑人而被判处死刑。我们的任务并不在于限制他人努力探讨究竟是何种动机驱使这些死刑的判处,我们更是在处理这样一种法律制度和司法制度,它留给法官或者陪审团一种不受控制的自由裁量权,以决定被告人的罪行是否应当判处死刑还是监禁。依据这样的法律,对于刑罚的选择,毫无标准可循。人之生死,无非系于一人或者十二人的一瞬之念。

欧文·布兰特对笼罩查尔斯二世末年和詹姆斯二世初年（时任首席大法官的是乔治·杰弗里斯）的血腥审判这一恐怖统治作了详尽描述："无人清楚，在为惩罚蒙茅斯所发生的毫无效果的、愚蠢的篡夺王权未遂的活动之后而举行的虚伪审判中，究竟有多少成百上千的无辜的或者未被证明有罪的人，被杰弗里斯判处死刑。当这一煎熬结束之时，大量民众被处决，而在三个郡尚有1260人等待被绞死。在暴动过程中没有待在家里也成为证明有罪的证据。单纯的死刑被认为对于那些在突袭中被抓捕的村民或者农夫，显得过于温和。因此下达给高级警长的指令是让他们带上斧头、劈刀、熔炉或者坩埚来煮沸他们的头颅和肢体，随后将每一个叛乱者全身涂满拌了十几升泥土的沥青，并准备充足的长矛和杆子以便沿路固定他们的头颅和肢体。人们可以在他们的引导下穿越英格兰北部的好山好水。""为美国人所熟知的血腥审判这一故事，有助于针对叛国罪而设定一些宪法限制，并产生出禁止残酷和异常的刑罚这一限制规定。但是，在引导出自由的种种保障的辩证法中，与这一审判和处决西德尼所造成的巨大震撼相比，毫无地位可言。杰弗里斯及其法官同事们所执行的数以百计的司法谋杀，在自由的美利坚合众国是完全难以想象的，但是任何一个美国人都可以想象到自己可能处于西德尼的位置——因为在其壁橱中放了一张纸，上面写了其后将表达自己对共和党政府的基本原则而被处决。除非为基本法所禁止，否则，允许这一结果出现的司法判决可以极其容易地获得，以便打击其政治观点挑战执政党派的任何人。"

编写第八修正案的那些作者清醒地认识到，他们的祖先因为一个不是基于平等司法而是以歧视为基础的体制而付出了代价。在过去，其针对目标并非是黑人或者穷人，而是持不同政见者，是那些反对政府专制、为议会政治而奋斗、反对政府反复努力意欲把某一特定宗教强加于人民的人。死刑作为一种惩罚工具，被用来报复性地针对那些反对派或者为这个国家所不受欢迎的人。如果我们没有意识到第八修正案所包含的对"残酷和异常的刑罚"的禁止这一规范中所反映的这种平等的呼声，我们就不能理解这一历史。

在一个承诺致力于法律的平等保护的国度内，不允许存在同执法相联系的"种姓制度"。① 但是，我们意识到，法官和陪审团在判处死刑时的自由裁量，使得这一刑罚得以选择性地适用，对那些可能贫穷或被鄙视的或者缺乏政治影响力的被追诉者，或者作为一个被怀疑的或者不受欢迎的少数群体的一员的被追诉者，施加歧视，而对那些根据社会地位可能处于更受保护的阶层则予以挽救。

---

① Johnson, The Negro and Crime, 217 Annals 93(1941).

在古印度，法律使婆罗门免于死刑①，并且根据这一法律，"一般而言，在法律典籍中，刑罚的严重程度随着其社会地位的降低而加重"。② 我担心的是，我们在实践中已经采取了同样的立场，部分地是因为死刑的自由裁量，部分地是因为富人购买这一国度内最受尊重的、资源最丰富的法律精英的服务的能力。

为第八修正案中"残酷和异常的刑罚"这一条款所提供的高端服务，需要立法机关编撰出公平的、无选择性的、非武断的刑法，也需要法官理解这一理念，即一般法并非罕见地、选择性地、零星地适用于那些不受欢迎的群体。

如果一部法律规定任何收入超过 5 万美元的人均有可能豁免死刑，这样的法律显然是堕落的，恰如某一法律，如果其条款规定那些上学从未超过 5 年级、年收入低于 3000 美元或者不受欢迎的或者生活不稳定的黑人就应当成为唯一的受处决者，同样也是堕落的。整体而言，一部法律，如果其在实践中达到了这一结果③，那也不比明文规定相同内容的法律神圣多少。

因此，这些随意的规定在其操作上违宪。它们蕴含着歧视的风险，而歧视是一种同隐含着禁止"残酷和异常"刑罚的法律的平等保护所不能相容的元素。任何表面上并非歧视的法律，因而可以这样的方式加以适用而违背第十四修正案的平等保护条款。④ 这样一种可以想象的结果可能就是强制死刑的命运，那些上层人士被判处相同或者更轻的刑罚，而对那些少数族裔或者较低层次的成员，则判处更为严厉的刑罚。而强制死刑是否符合宪法，则是我未曾讨论的另一问题。

因此，我赞同法院的裁决。

---

① J Spellman, *Political Theory of Ancient India* 112 (1964).

② C. Drekmeier, *Kingship and Community in Early India* 233 (1962).

③ *Cf.* B. Prettyman, Jr., *Death and The Supreme Court* 296-297 (1961). "死刑案件中的辩护代理的不平等加深了对死刑本身的怀疑，而仅有 9 个州废除了这一刑罚。如果某位詹姆斯·埃弗里(345 U.S. 559)因为其律师及时采用黄白票方式提出对陪审员选定的异议而能够免于电刑；而某位奥布里·威廉姆斯(345 U.S. 349 U.S. 375)却被一个通过完全同的方式选出来的陪审团裁定判处死刑，那么，我们就是在以一种不稳定的方式适用我们的最极端的刑罚。""适当的辩护代理这一问题并非像有人所声称的那样是一个金钱问题，而是律师能力问题；也并不是只有富人才能找到一个好律师。无论贫富，律师都能经常地为其提供良好代理，因为最好的律师被指定而为其辩护，因此穷人更为经常的得到良好代理，而非反之。恰恰是有能力雇请律师但未必是一个好律师的中产被告人，处于不利地位。当然，尽管威廉姆·菲克斯(352 U.S. 352 U.S. 191)发现自己目前正处于一个异常处境，他仍然从法庭指定的律师那里，获得了如果其家庭拼凑起足够金钱而雇请的律师所能够提供的一样有效的、机智的辩护。""这也不仅仅是能力问题。一个律师必须让人感觉到，他准备将其珍贵的精力——这也是他需要付售的基本商品——投入到一个他甚少得到充分补偿甚至完全不能为他带来利益的案件中去。公众对于律师在贫苦被告人的案件中所投入的时间和努力几无概念，并且，在第一等级的案件中，所附加的取决于案件结果而挽回某人生命的责任，需要大量的服务费用。"

④ *Yik Wo v. Hopkins*, 118 U.S. 356.

布伦南大法官的协同意见书：

这些案件所反映出来的问题是，今日，死刑作为处置犯罪的刑罚是否属于"残酷和异常"，并因此，根据第八和第十四修正案的精神，政府无权予以适用。①

将近一个世纪之前，本法院即评论认为：对规定"禁止施加残酷和异常的刑罚"这一宪法规范的范围进行精确定义的努力，必将困难重重。② 不到15年前，其再次重申："'残酷和异常的刑罚'这一宪法用语的精确范围，本法院并未详述。"③这些论断今日仍属正确。残酷和异常的刑罚条款，就像宪法的其他伟大条款一样，并不易于精确定义，虽然我们明了其所内含的价值和理念构成了我们政府架构的基础。同样，我们亦明了这一条款赋予本法院这样的责任，即当这一议题被恰当提交时，法院应当裁决受到质疑的刑罚在宪法上的有效性，而不论其为何种刑罚。在这些案件中，"我们就面临着这一问题，并且，将其予以解决正是我们无法回避的任务"。④

一

对于在权利法案中所列举的、包括异常和残酷刑罚条款在内的那些限制新政府权利的措施，立法者究竟有何意图，我们并没有太多的证据加以证明。就我们目前所知，宪法规范中此类限制措施的缺乏，只有在两个州立法会议的讨论中有所暗示。在马萨诸塞会议中，霍姆斯先生坚称："使得这些含混条款另添恐惧色彩的是：议会必须确定、指明并且决定何种刑罚应适用于被认定有罪的人。今天，他们在任何地方都无权设定最残酷的、闻所未闻的刑罚，也无权将其适用于犯罪行为；虽然对此并无宪法性的标准，但是拉肢刑架和绞刑台也许是其惩罚措施中最为和缓的手段。"⑤霍姆斯关于议会对犯罪设定刑罚可能具有毫无限制的权力这一观点，在弗吉尼亚会议中得到了帕特里克·亨利的共鸣："议会根据其一般的权力，可以涉及所有的人类事务的立法。在刑事领域中，他们可以对罪轻至小额的侵占行为，重至叛国行为予以立法。他们可以确定犯罪的概念，并规定其刑罚。在对犯罪进行定义过程中，我相信他们会得到那些明智的代表所应当接受的原则的指导。但当我们论及刑罚时，就既不应留有自由的裁量空间，也不应依赖于代表的优良品质。

---

① 第八修正案规定："不得要求过量的保释金，不得适用过量的罚金，禁止施加残酷和异常的刑罚。"根据第十四修正案的正当程序条款，残酷和异常的刑罚条款完全适用各州，*Robison v. California*,370 U.S.660(1962); *Gideon v. Wainwright*,372 U.S.342(1963); *Malloy v. Hogan*,378 U.S.6 n.6 (1964); *Powell v. Texas*,392 U.S.514(1968)。

② *Wilkerson v. Utah*,99 U.S.130, 99 U.S.135-136(1879).

③ *Trop v. Dulles*,356 U.S. 86, 356 U.S.99(1958).

④ *Id.* 356 U.S.103.

⑤ 2 J. Elliot's Debates 111(2d ed. 1876).

正如我们(弗吉尼亚州)的权利法案所言,'不应设定过度的保释金,不应判处过度的罚金,不应施加残酷和异常的刑罚',因此,现在难道你不是在呼吁那些组成议会的绅士们,抛弃这一限制来规定刑罚?对此,他们同这一权利法案是否持有同感?你不仅仅是在放宽限制,更是在背离你的国家的天才之举……""事涉立法,各位议员可能会放宽关于过度罚金的判处、过度保释金的设定以及残酷和异常的刑罚的施加等这些限制,这些均为弗吉尼亚州的权利法案所禁止。我们如何与我们的先人相区别?他们都不会接受酷刑或者残酷和异常的刑罚。"①

这两段论述为理解宪法的制定者所指的"残酷和异常的刑罚"而提供了一定的线索。霍姆斯使用了"最残酷的、闻所未闻的刑罚"的表述,亨利使用了"折磨的或者残酷且野蛮的刑罚"的表述。然而,这并不意味着,制定者仅仅是排他性地关注于对酷刑的禁止。霍姆斯和亨利是在反对权利法案的缺席,他们引述这些言论是为了支持他们反对立法权可以不受限制地制定对犯罪的惩罚这一观点。当然,我们可以想象,他们的话激起了人们对立法机关可能设置的最为严厉的刑罚的恐惧阴霾。

另外,很清楚的是,霍姆斯和亨利完全沉浸于对限制立法权的必要性的关注之中。因为他们意识到"议会必须确定、指明并且决定何种刑罚应适用于被认定有罪的人",他们坚称,议会设定惩罚的权力必须得到限制。相应的,他们呼吁"一个宪法性的标准"以确保"当我们论及刑罚时,就既不应留有自由的裁量空间,也不应依赖于代表的优良品质"。②

---

① 3 *J. Elliot's Debates* 111 (2d ed. 1876), at 447. 亨利继续指出:"但是议会可能会选择引进民法法系而非普通法的实践做法。他们可以引进法国、西班牙以及德国关于刑讯逼供的实践。他们会说他们可以从那些国家获得范例,就像从大不列颠获得范例一样,并且他们会告诉你们,强化政府力量是如此必要,以使其同罪犯保持平衡,并且有必要刑讯逼供,以便能够用更严酷的刑罚惩罚犯罪。我们因此感到迷惑而备受困扰。[3 *J. Elliot's Debates*, 447-448(2d ed. 1876).]虽然这些言论可以佐证宪法的制定者仅将酷刑视为"残酷和异常的",但是很显然,Henry 在此只是在讨论为了诱取嫌疑犯口供而使用酷刑的情形。实际上,在紧接下来的讨论中(参见 408 U. S. 3. 以下),乔治·梅森回应道,酷刑的使用为弗吉尼亚州权利法案所规定的禁止自证其罪的权利所禁止。

② 很明显,乔治·尼古拉斯对亨利的回应很简单,就是权利法案对于限制立法机关设定刑罚的权力而言可能是一个无效的工具:"但是恰如这位阁下所言,依据宪法,他们有权制定法律以确定犯罪并设置刑罚,那么相应的,我们就不能免于遭受酷刑……假如除了我们(弗吉尼亚州)的权利宣言以外,我们别无其他禁绝酷刑的保障,我们可能明天就会遭受酷刑,因为这一宣言已经被反复地违反和忽略。"(3 *J. Elliot's Debates*, *supra*, at 451)而乔治·梅森误解了尼古拉斯对亨利的回应:"乔治·梅森先生答复指出,这位尊敬的先生错误地断言(弗吉尼亚州的)权利法案并不禁止酷刑,因为某一条款明确地规定任何人都不能自证其罪,这位令人尊敬的先生应当认识到,在那些使用酷刑的国家内,证据就是从罪犯自身处所获得。权利法案的另一条款规定,不得适用残酷和异常的刑罚,显然,酷刑被包含在此禁止之列。"(*id.* at 452)而尼古拉斯则以重申他的观点结束了这一讨论:"Nicholas 先生了解弗吉尼亚州权利法案包含这一禁止,并认为那位先生有关在使用酷刑的国家里从罪犯处逼取口供的论述是正确的;但是他仍然认为权利法案中并未产生独立于宪法的保障措施,因为这一法案业已被频繁违反却未予以惩罚。"即,立法权应当被限制的观点并未遭到反对;双方争议在于:权利法案是否提供了现实的限制手段。显然,宪法的制定者认为它可以提供。

表明宪法制定者的原意的唯一更深入的证据,出现在通过权利法案的第一届国会上的争论中。① 正如本法院在威姆斯诉美国案②中所指出的那样,对于残酷和异常的刑罚的规定"争论颇少"。在众议院,两位反对这一条款的人所提出的讨论的范围,仅止于:"南卡罗来纳州的史密斯先生,反对'不应(施加)残酷和异常的刑罚'这一措辞,因为其含义过于不确定。""利弗莫尔先生,认为……(第八修正案)似乎是要表达恢宏之人性,对此我并无异议;但是考虑到它似乎并无实际含义,我认为这一规定毫无必要……不应施加残酷和异常的刑罚,但有时吊死一人确有必要,恶棍就应被鞭笞,甚或割掉其耳;但将来我们是否就要被禁止施加这些刑罚,就因为它们是残酷的?假如能够建议一种更为温和的矫正恶行、吓阻他人实施恶行的模式,那么立法机关对这一规定加以采纳将是非常明智的;但除非我们能够确保这一模式能够建立,我们不应通过此种宣示来限制制定必要的法律。""这一问题围绕(第八修正案)而提出,并得到相当多数人的同意。"③④因此,利弗莫尔赞同霍姆斯和亨利的观点,即关于残酷和异常的刑罚的条款对立法设定刑罚的权力确立了限制。

然而,与霍姆斯和亨利支持这一条款的观点截然不同,对此持反对意见的利弗莫尔并未将其观点立足于通常被认为野蛮和残酷的刑罚之上,他反对这一条款是因为这一条款可能会在以后阻碍立法者设置那些通常的——并且按照其观点——"必要"的刑罚,例如死刑、鞭刑和割耳。⑤ 利弗莫尔的论述中唯一值得引述的观点是"相当大量的多数人"宁愿冒此风险。国会中无人应声回应这样的结论,即这一条款仅仅是为了禁止刑讯。

因此,在通过这一条款的历史过程中,出现了几种不同的结论。我们了解,制宪者的关注点特别地针对立法权的行使。在权利法案中,他们规定了对"残酷和异常的刑罚"的禁止,就是因为,如果不如此规定,立法者就可能拥有对犯罪设定刑罚的不受限制的权力。但现在我们无法精确地了解,制宪者是如何理解"残酷和异常的刑罚"的。显然,他们意图禁止残酷的刑罚,但是并没有证据

---

① 迄今为止我们并未援引州立法机关在讨论批准权利法案过程中任何有关残酷和异常的刑罚规定的观点。

② 217 U. S. 349,217 U. S. 368(1910).

③ 1 Annals of Cong. 754(1789).

④ 利弗莫尔的发言中被删除的部分是:"过度的保释金究竟是何意?谁是作出判断的法官?过度的罚金应当如何理解?这些都有赖于法院予以裁决。"因为利弗莫尔并未对残酷和异常的刑罚条款提出相同的夸张的问题,因此尚不清楚他是否把这一条款也纳入到其异议即第八修正案"似乎并无实际含义"这一观点中去。

⑤ 确实,由第一届国会所颁布的联邦第一号刑事法令为侵占行为和接受被盗赃物行为规定了39下鞭笞,并为伪证行为规定了1小时的颈手枷刑,参见1790年4月30日法令,第1号法令第116条第16—18款。

能够进一步支持这样的结论,即只有残酷的刑罚是违法的。正如利弗莫尔的评论所表明的那样,制宪者非常清楚,这一条款的目的并非局限于对那些无法形容的残酷行为的禁止。他们的目的也不只是简单地禁止当时被认为是"残酷和异常的"刑罚。这一条款的"重要性"实际在于"不确定",且基于适当的理由。某一个宪法条文"确实是根源于苦难的经验而被加以规定,但是其通常的语义并不因此必须局限于其之前所遭受的苦难的形式。岁月流变,世事变迁,法律进入现存的新的情势,产生新的目的。因此,一个有生命力的原则必须适用于更为广阔的范围,而不仅仅适用于其所诞生的苦难"。①

直至80年之后,本法院才经常援引这一条款。② 正如本院在威姆斯诉美国案③中所指出的那样,这些早期的判例并未试图为"残酷和异常的刑罚"这一规定提供一个"详尽无遗的定义"。它们中的大多数,基本上都是在回顾那些属于这一条款含义内的典型例子④,简洁地认定某一刑罚属于"残酷和异常的",如果它同那些权利法案通过之时就被认定为"残酷和异常的"刑罚相似。⑤ 例如在威尔克森诉犹他州案⑥中,法院认为其"能够毫无争议地断言,残酷的刑罚及其所有具同样不必要的残酷性的其他措施,均被禁止"。被该法院标识为"残暴的行径"的"残酷的刑罚",都是这样的情形,即罪犯"活着被挖肠、砍头和车裂",以及"公开的解剖和活活烧死"的情形⑦同样,在凯姆勒单方诉讼案中,法院宣布"如果针对某一违反联邦法律的犯罪所规定的刑罚,明显地残酷和异常,就像在火刑柱上活活烧死、钉在十字架上、车裂或者类似手段,法院即有义务裁定这样的刑罚属于宪法禁止之列"。该法院对前述援引于威尔克森诉犹他州案的这段论述进行了评论,并应用了"明显地残酷和异常"这一标准,然后认定"当刑罚包含残酷折磨或者延长的死亡,它就是残酷的;但是死刑并不符合宪法中所用的'残酷'这一词汇的含义。这一词汇暗示着不人道的、野蛮的特点,其内涵远比

---

① *Weems v. United States*, 217 U. S. at 217 U. S. 373.
② 72 U. S. 479-480(1867).
③ *Supra*, 217 U. S. 369.
④ *Id.* at 217 U. S. 377.
⑤ "其中,意识到其受历史的盖然性的局限"[*Weems v. United States*, 217 U. S. 349, 217 U. S. 376(1910)]的许多州法院,明显地采取了相同的立场。某一法院"明确了这样的观点,即这一规定并不适用于'科处罚金或者监禁或者并科的刑罚,而是适用于诸如鞭笞、颈手枷、火刑、车裂等刑罚'"。另一法院"认为,通常这些措辞暗指那些不人道的、野蛮的、残酷的措施及其类似事物……其他一些法院……则选择了特定的一些英国独裁者的暴虐行径以描述这一条款的涵义及其禁止的范围"。(*Id.* at 217 U. S. 368.)
⑥ 99 U. S. at 99 U. S. 136.
⑦ *Id.* at 99 U. S. 135.

生命的单纯终止要更为丰富"。①

假如关于残酷和异常的刑罚条款的这一"历史"解释为人们所普遍接受,这一条款实际上就会被超越于权利法案而得到解读。正如法院在威姆斯诉美国案②中所指出的那样,这一解释使得斯托利法官断定"这一条文'在一个自由政府之中似乎完全没有必要,因为这样一个政府的任一机构几乎不可能授权此类骇人听闻的行为或使其合法化'。"而库利在其《宪法的限制》一书中指出,"显然,在拘泥于古老范例的结论和在这些开明时代对这些范例所持恐惧的不合理性之间,法院挣扎着而不愿意提出明确的观点"。

但是在威姆斯案中,法院断然地否定了对该条款的这一"历史"解释。该法院回归至制宪者的原意,"借助于宪法通过当时的既存条件"。而制宪者认为"依据宪法所构成的民治政府不可能效仿专制君主的行为。权力的滥用确实值得担忧,但是它不会表现为令常人的理智感到震惊的规定或者实践"。因此,这一条款要防止"权力滥用";与威尔森诉犹他州案和凯姆勒单方诉讼案中的暗示相反,该条款的禁止范围并不"局限于……斯图亚特王朝所施加的类似刑罚或者惩罚"。③ 尽管权利法案的反对者"确信自由的精神可被信赖,并且其理想可以由立法所代表而非贬损",但是制宪者并不赞同:"帕特里克·亨利和那些信践合一的人是决不会冒这样的风险的。他们普遍的政治信念就是对权力的不信任,他们坚持宪法对权力滥用的限制。但是毫无疑问,他们并不止步于仅仅只是申明对超越斯图亚特王朝的做法的权力滥用的形式感到恐惧。显然,他们对权力的警惕较此具有更为明智的正当理由。他们是实干者,注重实效且有远见,不耽于空想,他们心中必定已有定见,即法律可能施行残酷,而不仅仅是施加肉体的苦痛或者残疾。如果授于立法机关广泛的——假如并非无限的——权力以判定人们的行为是否成立犯罪,并授予其无限的权力以确定该犯罪应科处的有期监禁,那么,这一权力可能会操控何种潜在的残酷措施?人们相信,权力可能会被残酷性所诱惑。这就是制定这一条款的出发点,假如我们希冀为这一观点的支持者贡献一种智慧之思考,我们就不能认为这一条款只是要禁止类似于斯图亚特王朝式的那些做法,或者只是为了防止历史的精确再演。我们不能认为,通过其他刑罚方式实行强制酷刑的可能性已经得到很好的监管。"④

因此,威姆斯案中,法院重申,"对立法机关的限制"具有"宽泛性、灵活性",

---

① 136 U.S. at 136 U.S. 447.
② 217 U.S. 349 (1910).
③ 217 U.S. at 217 U.S. 372.
④ *Id.* at 217 U.S. 372-373.

而"这对于法治和个人自由的维系具有根本意义"。① 相应的,法院的职责就是确保该条款所规定的禁止范围的实现。② 在述及了那些特别强调了立法机关确定犯罪概念、设定刑罚权力的重要性的案件之后,法院认为:"在其行使的绝大部分场合,我们对这一权力表示服从,并且否认这样一种权利,即坚持对立法机关为法律利益而行使权力的行为持反对态度的判决,或者那样一种权利,即令司法权与立法机关定义犯罪、设定刑罚的权力相对抗,除非该权力在其行使过程中遭遇到宪法的禁止。在此情形,所引发的并非我们的裁量自由而是我们的法定职责,当然这一职责在其倾向上应当被予以严格界定并且是在确有必要的情形下才得以行使。"③

总之,该法院最终接受了制宪者关于该条款的观点,即这是一个宪法性标准,以确保"当我们论及刑罚时,就既不应留有自由的裁量空间,也不应依赖于代表的优良品质"。确实,这是唯一与我们关于政府的宪法结构相一致的观点。如果某一刑罚是"残酷和异常的"这样一种司法结论事实上依赖于对所议之刑罚的一致谴责,那么,"与其他宪法规定不同,(该条款的)唯一功能就是使其他机构所做出的预先安排和已成为世俗智慧的观念合法化"。我们认为,制宪者并未将"人权的这一基本保障想象得如此狭隘"。④ 如同权利法案的其他保障一样,免受残酷和异常的刑罚的权利"并不适用于投票决定,它依赖于非选举性的结论"。"权利法案的恰当目的在于保护特定议题免于政治争论的动荡,而将它们置于大多数人和官员的控制之外,并使它们成为法院得以适用的法律原则。"⑤

因此,这一条款的司法效力不能因为立法机关拥有对犯罪规定刑罚的权力这一显而易见的事实而受到任何侵害。这正是权利法案规定这一条款的原因所在。当然,在法定的刑罚被质疑为"残酷和异常"时,在形成"法院得以适用的法

---

① 217 U. S. at 217 U. S. 376-377.

② 法院早先在凯姆勒单方诉讼案中强调了这一观点[136 U. S. 436(1890)],虽然仅仅是表述了该条款的狭义的、"历史"的解释:"英国的权利宣言述及了英格兰政府的行政和司法部门;但是就像在纽约州宪法中所使用的措辞一样,所争议的用语特别地着眼于州立法机关的控制,因为控制对犯罪设定刑罚的权力完全地交付给了它。因此,假如针对触犯州法的犯罪行为所规定的刑罚确属残酷和异常……法院就有责任调整此类刑罚以便符合宪法的限制。我们认为,这一条款在针对国会的适用过程中,具有异曲同工的效果。"

③ Id. at 217 U. S. 378. 实际上,威姆斯案中的法院甚至拒绝对州法院的某些判决做出评论,因为它们"是建立在众多法院的裁量基础之上,而不是建立在法律的合宪性基础之上"(217 U. S. at 217U. S. 377)。

④ Goldberg & Dershowitz, Declaring the Death Penalty Unconstitutional, 83 *Harv. L. Rev.* 1773, 1782(1970).

⑤ *Board of Education v. Barnette*, 319 U. S. 624, 319 U. S. 638(1943).

律原则"过程中,会产生一定的困难。在那些宪法原则的形成过程中,我们必须避免"有关智慧或者正当性的司法观念"的介入①,不过,我们绝不应以"司法克制"的名义,放弃我们实践权利法案的根本责任。如果我们真的如此行为,那么"宪法的应用就确实松弛,而其功效和强制力就可能存在缺陷。它的一般性原则就几无价值,而被其先例转变为一种无能的、缺乏生命力的公式。为这些规定所宣示的权利就会在现实中丧失殆尽"。② 概而言之,残酷和异常的刑罚这一条款就会成为"仅仅是一个好的摆设而已"。③

二

实际上,在过去,我们所面临的只是一个简单的任务,我们只是被要求去判断某一种争议中的刑罚是否和那些被历史所长期谴责的刑罚不同。然而,从19世纪开始,产生了关于这一条款的局限性的、毫无根据的观念。因而,我们今日之任务更为复杂。我们知道"这一条款的措辞并非精确,其范围也并非静滞不变"。因此,我们更清楚,这一条款"必须从那些恰当的进化标准中获得其意义,正是这些标准标志着一个成熟社会的进步"。④ 当然,这样的认识仅仅是这一追问的开始。

在特罗普诉杜勒斯案⑤中,判决认为"问题在于:某一刑罚是否使人面临为这一条款所确保的文明处罚原则所禁止的命运"。它同样认为,一种受到质疑的刑罚,必须按照这一条款所体现的"对非人道处遇禁止的基本标准"加以检验。⑥ 最后,它认为:"构成(这一条款)基础的基本概念无他,就是人的尊严。虽然国家有惩罚的权力,但是(这一条款)确保该权力必须在文明准则的限制范围内行使。"⑦因此,残酷和异常的刑罚条款最终禁止不文明、不人道的刑罚的设置。即使在其施加刑罚时,国家也必须基于其成员作为人的内在价值而尊重地对待其国民。如果某一种刑罚同人类的尊严不相符合,那么,它就是"残酷和异常的"。

当然,这一阐述本身并不构成对特定刑罚的合宪有效性进行评估的原则。不过,即使"本法院极少对这一条款的精确内容予以阐明",在此仍然存在着一些原则,而为我们的案件所认可或者内在地包含于这一条款之中,从而能够足够

---

① *Weems v. United States*, 217 U.S. at 217 U.S. 379.
② 217 U.S. at 217 U.S. 373.
③ *Trop v. Dulles*, 356 U.S. at 356 U.S. 104.
④ *Id.* at 356 U.S. 100-101. 这一条款"因此可以是发展的,它不受那些落后废弃事物的约束,但是它可以在公众的观念因人道的司法而得到启迪时,而从中获得其含义"。(*Weems v. United States*, 217 U.S. at 217 U.S. 378.)
⑤ *Supra*, at 356 U.S. 99.
⑥ *Id.* at 356 U.S. 100, n.10.
⑦ *Id.* at 356 U.S. 100.

充分地对某一被质疑的刑罚是否符合人类尊严作出司法的决定。

其基本的原则是,刑罚不能过于严厉以至于降减了人类的尊严。当然,痛苦是判断过程中的一个考虑因素。一个极端严厉的刑罚的施加经常会使人遭受肉体的苦痛。① 当然,制宪者也认识到"较之其他可能施加肉体苦痛或者肢体残害的手段,法律更有可能表现出残酷性"。② 即使"并不包含肉体的虐待和原始的折磨"③,特定的刑罚仍然内在地包含严厉的肉体痛苦。④ 实际上,这就是特罗普诉杜勒斯案中构成多数意见之基础的结论,即流放刑违反了该条款。⑤ 内在于有期监禁刑的肉体的和心理的痛苦是法院在威姆斯诉美国案中裁决认定这一刑罚"残酷和异常"的显而易见的理由。⑥

然而,较之痛苦的存在,在判决中所体悟的是:某一刑罚的极端严厉性将贬损人类的尊严。野蛮的刑罚一直为历史所谴责,"施加残酷的刑罚,例如拉肢刑架、拇指夹、铁靴、拉伸四肢等",显然"具有剧烈的疼痛和痛苦"。⑦ 不过,当我们思考为什么这些刑罚为人们所谴责时,我们意识到,包含其中的疼痛并非其唯一的原因。这些刑罚的真正特点在于,它们非人地对待人类成员,将其作为戏耍和贬损的客体。因此,它们违背了这一条款的基本前提:即便是最卑鄙的罪犯,也

---

① *Weems v. United States*,217 U.S. at 217 U.S. 366."即使痛苦的残酷程度也不应忽略。他必须整日整夜带着锁链。他被判处承受类似苦役的痛苦。痛苦的劳役的含义究竟是什么,我们并没有精准的测度。但它必须要远远超过苦役。它可能是压到了痛苦之尖的苦役。"

② *Id.* at 217 U.S. 372.

③ *Trop v. Dulles*,前引,at 356 U.S. 101.

④ *Weems v. United States*,at 217 U.S. 366."在 12 年后,他的囚服和枷锁确已去除,但是他却由此陷入永久的限制自由之中。他永远地笼罩在他的犯罪阴影之下,永远地为刑事法官的说辞和结论所约束,在未即时通知负责其监管的机构并得到其书面同意之前,他不能变动住所。即使生活于其他地点或者其他人之中,他也不会希冀挽回其诚信的缺失。即便他已经被剥夺希望,他仍然受制于那些令人痛苦的规则,虽然它们并不像铁窗和石墙那样触摸可及,但是凭借其持续性而施加着同样的压制,并且剥夺了他至关重要的自由。"

⑤ "这一刑罚违背了宪法所持的基本原则。它使公民个体遭受日积月累的恐惧和不幸的命运。他不清楚对他会产生什么样的歧视,会剥夺什么权利,何时、因为什么原因他在祖国的生存会被终结。他可能会遭受流放这样一种为文明社会所谴责的命运。他丧失国籍,这是一种为民主的国际社会所强烈反对的状况。一个没有国家的人不会承受所有这一命运的灾难性后果,对于这样的言论我们无言以对。因为这种威胁就令此种刑罚面目可憎。"[*Trop v. Dulles*,356U.S. 86,356 U.S. 102(1958),at 356 U.S. 110-111(布伦南大法官协同意见)]"完全可以想象,就其对于申诉人的巨大冲击而言,他对这一重大问题的后果,完全不清楚也不可能清楚。实际上,终其一生,他对此可能只是感到略有不便……尽管如此,不能否认流放对人的冲击是极其严厉的,尤其是其结果是国籍的丧失。在这一方面,流放构成了特别令人沮丧的惩罚。伴随着一个被自己的国度所抛弃的人的不确定性以及心理的伤害,在最终的判断中必须被视为是一个实质性的要素。"

⑥ "这一刑罚同时伴随着监禁并且在监禁后仍然延续,其残酷性存在于其较之监禁刑还要过度。而在其特点上,它又是异常的。无论是就这一刑罚的程度还是类型,均遭到权利法案的谴责。"*Weems v. United States*,217 U.S. at 217 U.S. 377.

⑦ *O'Neil v. Vermont*,144 U.S. 323,144U.S. 339(1892)(Field 大法官异议).

保有人类所拥有的通常的人之尊严。

因此,极度严厉的刑罚的施加,例如在威姆斯诉美国案件中所涉及的刑罚,"其贬损之情状包罗万象"①,它反映了这样一种态度,即被惩罚者不具有被作为人之同类对待的权利。这一态度明显地独立于刑罚本身的严厉性。例如,在路易斯安那州根据弗朗西斯的告发而诉雷斯韦伯案中②,虽然未能成功的电刑执行导致"肉体的极度折磨和心理的痛苦",却是一次"无法预见的事故"的结果。假使这一失败是故意的,这一刑罚就会像酷刑一样,是如此地贬损人格和丧失道德,就相当于拒绝给予罪犯以人的地位。确实,某一刑罚仅仅因为其属于刑罚就会贬损人之尊严。国家不会因为某人患"心理疾病、麻风病或者遭受性病折磨"或毒品成瘾而予以处罚。③ 因为患病而予以处罚,就是将该个体作为一个患病的物而不是一个患病的人加以对待。"简言之",某一刑罚是否严厉与这一问题毫不相关,"有一天,甚至在狱中得一次感冒都会属于残酷和异常的刑罚"。④ 显然,最终某一刑罚可能仅仅因为其臭名昭著而遭废除。最佳的例子就是流放,这是一种"比酷刑更为原始的刑罚"⑤,因为它必须包含社会对个体作为人类社会成员的存在的否定。⑥

内在包含与本条款的第二个原则,会帮助我们判定某一刑罚是否符合人类尊严,即国家不得随意施加一种严厉的刑罚。这一原则根源于这样一种观念,即如果国家毫无理由地对某人施加一种不施加于其他人的严厉刑罚,那么他就是未能对人类尊严予以尊重。实际上,"残酷和异常的刑罚"这一措辞暗示着对严厉刑罚的随意施加的谴责。并且,如我们现在所知,这一条款在英国的发展史⑦,揭示

---

① 217 U. S. at 217 U. S. 366.
② 329 U. S. 459,329 U. S. 464(1947).
③ *Robinson v. California*,370 U. S. 660,370 U. S. 666(1962).
④ *Id.* at 370U. S. 667.
⑤ *Trop v. Dulles*, 356 U. S. at 356 U. S. 101.
⑥ "在此可能并不涉及肉体的虐待,没有原始的肉刑。取而代之的是对个体公民在一个有组织的社会中的地位的彻底破坏。它是一种比酷刑更为原始的惩罚种类,因为它企图毁灭几百年来不断发展的个体的政治存在。这一刑罚剥夺了公民在国内、国际政治社会中的地位。他的生存为他能够找寻自我的国度所容忍。任何一个国家可以赋予其一定的权利,并且能够假定,只要他继续停留在该国,他可以享有一些外国人的限定的权利,但如果因为他是无国籍的,就没有一个国家需要如此做。进一步而言,他所享有的那些作为外国人而言即便是限定的权利,也会因为流放而可能随时终止。简言之,流放剥夺了享有权利的权利。"*Trop v. Dulles*,356 U. S. at 356 U. S. 101-102.
⑦ "我们宪法中的这一词汇直接来源于英国1689年的权利宣言……"*Id.* at 356 U. S. 100.

出人们对建立一种防止任意惩罚的保障制度的特别关注。①

这一原则在我们的判例中得到了认可。② 在威尔克森诉犹他州案（99 U. S. 133-134）中，法院审查了关于军事法的各种论文以证明：按照"战争习惯"，枪决是执行死刑的通常方式。基于这一原因，法院认定："虽然宪法禁止残酷和异常的刑罚，但是援引了军事法论文的当局充分地证明，作为与一级谋杀罪对应的死刑执行方式的枪决，不属于本条含义范围。在大多数案件中，那些逃兵或者触犯其他严重军事犯罪的战士均被判处枪决，此类事件的仪式也充溢于作家们有关军事法庭主题的著作中。"（Id. at 99 U. S. 134-135.）因此，如上所述，法院仅仅基于这是行刑的通常方式这一理由而维持了枪决的死刑。③

正如威尔克森诉犹他州案所指出的那样，一个严厉的刑罚在其所适用的"大多数案件"中的施加，国家几无可能对此进行随意裁处。但是，假如一个严

---

① Granuci, Nor Cruel and Unusual Punishments Inflicted: The Original Meaning, 57 Cali. L. Rev. 839,857-860(1969). 引发这一规定的特定事件是 1685 年的泰特斯·奥茨的伪证案。"施加于奥茨的刑罚没有一样构成酷刑……在奥茨案中的特定语境中，'残酷和异常'似乎意指该种刑罚未经法律授权、不属于裁定的法院的管辖范围。"Granuci, Nor Cruel and Unusual Punishments Inflicted: The Original Meaning, 57 Cali. L. Rev. 839,859(1969). 因此，"对奥茨处理措施中的不一致性和异常，是非常明显的"。Goldberg & Dershowitz, Declaring the Death Penalty Unconstitutional, 83 Harv. L. Rev. 1773, 1789,n.74,(1970). 虽然英国的规定是意图限制司法权和行政权(408 U. S. 8, supra.)，但是，这一原则当然同样可以适用于我们宪法的这一条款，它同样也是对立法权的一种限制。

② 在菲律宾领地的一个案件中，法院认为某一刑罚"在美国的立法中未有此类"。（Weems v. United States,217 U. S. 377.）在对所施加的刑罚同时按照美国法和菲律宾法加以审查后，法院发现这一刑罚同样适用于那些更为严重的犯罪(id. at 217 U. S. 380-381.)，因而宣布"这一反差""说明了在未受限制的权力和依照那些为了验证正义而建立起来的宪法限制的理念而行使的权力之间的差别"(id. at 217 U. S. 381.)。而在 Trop v. Dulles 案[前引]中，国会以流放惩罚战时逃离部队行为的法律被认定违宪，判决强调"这个世界的文明社会在根本上一致同意，褫夺国籍不应用作惩罚犯罪的刑罚"。（Id. at 356 U. S. 102.）如果某一严厉的刑罚不在其他场合适用，或者一个更为严重的犯罪其惩罚却更为轻缓，那就可以有力地推论，国家是在行使一种随意的、"不受限制的权力"。

③ 在 Weems v. United States 案中（supra, at 217 U. S. 369-370.），法院总结了 Wikerson v. Utah 案[99 U. S. 130(1879)]中的结论如下："法院指出，死刑对于谋杀而言是一个通常的刑罚，多年来这在该领土内已为人所周知，死刑以枪决方式执行，按照军事法这一行刑方式亦属通常。因此，法院认为，美国宪法并不将其作为残酷和异常的刑罚而加以禁止。"

厉的刑罚的施加在诸如特罗普诉杜勒斯案中,"有别于其通常的做法"①,那么国家就具有实质上的可能性而违背本条所内含的一致和公平要件,随意地施加刑罚。这一原则于今尤为重要。在像我们这样一个启蒙民主所指导下的政治程序中②,不太可能出现极其严厉的刑罚被广泛适用的现象。因此本条款的重要功能即在于防止其被随意施加的危险。

内涵于这一条款的第三个原则就是某一严厉的刑罚必须为当代社会所认可。毫无疑问,社会的拒绝是一个强烈的迹象,即某一严厉的刑罚与人类尊严并不吻合。当然,在这一原则的适用过程中,我们必须确定,司法的决定应当尽可能客观。③

因此,例如在威姆斯诉美国案④和特罗普诉杜勒斯案中,法院认为一个应当被考虑的因素是该刑罚在不同司法管辖区内的存在而不仅仅是最高法院所面临的那些刑罚。而威尔克森诉犹他案则建议,另一应被考虑的因素是特定刑罚的

---

① 356 U. S. at 356 U. S. 101, n. 32. 在 Trop v. Dulles 案(supra, at 356 U. S. 100-101, n. 32.)中,法院认为:"只有在极少情况下,本法院才不得不虑及本条款的涵义,人们似乎并未在残酷性和异常性之间划出其精确界限……如果'异常'具有任何独立于'残酷'的含义,那么,这一含义必须属于通常的含义,用来揭示那些有别于通常所为的事情。"

在更早一些的案例中,还有一些其他表述说明"异常"这一措辞具有不同含义:"我们并未意识到……这一刑罚的异常之处。"[72 U. S. 480(1867).]"人们的判断将会是这一刑罚不仅异常,而且残酷……"[O'Neil v. Vermont,144 U. S. 340(1892)(菲尔德大法官,异议)。]"就其性质而言,这一刑罚属于异常。"(Weems v. United States, supra, at 217 U. S. 377.)"所施加的刑罚……在性质上显然是异常的。"[United States ex rel. Milwaukee Social Democratic Pub. Co. v. Burleson, 255 U. S. 407, 255 U. S. 430(1921)(布兰代斯大法官,异议)。]"所施加的刑罚在其性质上不仅是异常的,而且,就我们所知,它在美国立法史上也未有先例。"(Id. at 255 U. S. 435.)"这一刑罚无先例可循。假如它并非残酷、异常和违法,那么,它又是怎样的呢?"[Louisiana ex rel. Francis v. Resweber, 329 U. S. 459, 329 U. S. 479(1947)(伯顿大法官,异议)。]"必须明确的是,理论上,90 天的监禁并不属于残酷和异常的刑罚。"(Robinson v. California, at 370 U. S. 667.) 从这些表述中,可以断定"'异常'这一措辞是否在其质上具有别于'残酷'一词的含义,尚不清楚。"(Trop v. Dulles, supra, at 356 U. S. 100, n. 32.) 在任何场合,这一问题并不具有特别的意义;本法院从未试图以对词语进行单纯的语法分析的方式来厘清本条之内涵。

② 356 U. S. at 356 U. S. 100.

③ 如果这一问题被设定为某一刑罚是否"对文明人最基本的本能造成冲击"[Louisiana ex rel. Francis v. Resweber, supra, at 329 U. S. 473(伯顿大法官,异议)],或者任何具有恰当感情和心灵的人是否"能够经受了那种颤抖"[O'Neil v. Vermont, supra, at 144 U. S. 340(菲尔德大法官,异议)],或者是否"可能引发国内每个文明的基督徒社区的恐惧的呼号"(Ibid.),那么显然就产生了主观判断的危险。法兰克福特大法官在 Louisiana ex rel. Francis v. Resweber, supra, 中所作的协同意见具有指导意义。对"那些为大多数人所普遍接受的谴责持个人反对意见而得出的结论",以及"为贯彻个人的观点而非社会的共识这一宪法出于正当程序目的而要求的标准的行为",他提出了警告(Id., at 329 U. S. 471)。其结论如下:"我无法令自己相信,(这一国家的程序)……违背了根源于我们的人民的传统和良知的正义原则。"(Id. at 329 U. S. 470)"……我不能认为,它违背了人类的良知。"(Id., at 329U. S. 471)然而,其意见中没有一个地方能够解释他怎么能够得出那些结论。

④ 217 U. S. at 217 U. S. 380; 356 U. S. at 356 U. S. 102-103.

适用历史。① 而特罗普诉杜勒斯案②通过考察如下事实,即"死刑的适用贯穿我们的历史,并且迄今为止仍被广泛接受,在这样一个时代里,它不能被认为违反了残酷性这一宪法性概念",从而将当前的认可和过去的适用连接起来。

在鲁宾逊诉加利福尼亚州案③这一涉及对毒品成瘾行为施加刑罚问题的案件中,法院又更前进一步而简洁地认定,"按照人类当下的认知,将这样一种疾病规定为犯罪行为的法律,毫无疑问会被普遍地公认为属于残酷和异常的刑罚的施加"。

因此,依据这一原则,这一问题转化为:是否存在着客观标准以便法院能够认定当下的社会认为某一严厉的刑罚不可接受。相应的,司法的任务就是去审查这一被质疑的刑罚的历史,验证社会对其适用的当前实践。当然,立法机构并不去证明其被认可的事实。某一严厉刑罚的可认可性并非根据其可适用性来衡量,而是根据其实际的适用加以衡量,这是因为,该刑罚可能会如此冒犯社会公众以至于其从未被适用过。

内涵于本条款的最后一个原则是,一个严厉的刑罚不应过度。按照这一原则,如果某一刑罚不是必要的,它就是过度的:如果某一严厉的刑罚仅仅是毫无意义的痛苦的施加,那么国家施加如此种刑罚就违背了人类的尊严。如果存在着其他明显轻缓的刑罚足以实现施加这一刑罚所要达到的目的④,那么所施加的这一刑罚就是不必要的,因而就是过度的。

这一原则最初出现我国的判例中,由菲尔德大法官在奥尼尔诉佛蒙特州案中的异议意见所表达。⑤ 在该意见中,他坚持认为:"该条并不仅仅是用来反对具有所述(酷刑)特点的刑罚,它也是为了反对因为其过度的期限和严厉性而对所指控的犯罪明显不均衡的所有刑罚。其所有的禁止内容针对那些过度的刑罚,无论是过度要求的保释金、过度判处的罚金或者过度施加的刑罚。"⑥虽然在

---

① 参见 *Louisiana ex rel. Francis v. Resweber*, supra, at 329 U. S. 463:"当代英美法的传统人性禁止在死刑执行过程中施加不必要的痛苦。"
② *Supra*, at 356 U. S. 99.
③ 370 U. S. at 370 U. S. 666.
④ 参见 *Robinson v. California*, 前引, at 370 U. S. 666;同上, at 370 U. S. 677(道格拉斯大法官,协同意见);*Trop v. Dulles*, 前引, at 356 U. S. 114(布伦南大法官,协同意见)。
⑤ 事实上,这一观点在较早前就已出现。在 *Pervear v. The Commonwealth* 案(5 Wall. at 72 U. S. 480)中,法院指出:"我们认为这一刑罚并不过度、残酷或者异常。该法律的目的是为了保护社会免受酗酒所滋生的各种恶行的侵害,该法所通过的这一模式,即对无照销售酒精类饮料或者为销售而持有酒精类饮料的行为施加刑罚,是许多甚至所有国家都接受的通常模式。这一刑罚的设定完全属于国家立法机关的裁量权。"这一讨论说明:法院认为该刑罚同其施加所欲实现之目的具有合理的相关性。
⑥ 144 U. S. at 144 U. S. 399-340.

判决中决定某一严厉刑罚是否过度,要以其是否同犯罪相均衡为根据①,但是更为重要的基准是:该刑罚没有比一个较为轻缓的刑罚更有效地实现刑罚目的。本法院在威姆斯诉美国案中明确认可了有关该原则的这一观点。在该判例中,本法院审查了对伪造官方记录所施加的某一刑罚,并认定"作为国家职责所在,阻遏某一可能导致成千上万美元损失的犯罪,应当同防止对公共文件的事实内容产生混淆一样重要,但是对这样一种导致成千上万美元损失的犯罪所规定的可能适用的最高刑罚,也并未超过针对伪造公共账目的一个事项所规定的刑罚"。② 本法院表明"这一反差远不止说明了立法判断的差别运用",并认定,根据该刑罚的目的,这一刑罚系属不必要的严厉。③

因此,四项原则指导我们决定某一特定刑罚是否"残酷和异常"。最基本的原则是某一刑罚不应以其严厉性贬损人之尊严,我相信这一原则为其他原则的适用提供了根本性的预测。违背这一原则的范例例如本条款所一直禁止的某一类型的酷刑的施加。虽然"在历史的当下时刻,任何国家均不可能"④通过这样一个施加此类刑罚的法律。确实,本法院从未受理过此类刑罚。对于其他原则,也可以如此结论。本法院不可能会遭遇这样的情形,即某一个严厉的刑罚明显地是以一种完全随意的方式加以判处;没有一个国家会使自己陷入一种盲目的恐怖状态。本法院也不可能会被要求审查一个显然彻底地为全社会所否定的严厉刑罚;没有一个立法机构可能授权此类刑罚的施加。最后,本法院也不可能被要求考察某一严厉的刑罚是否属于明显的不必要;今日,没有一个国家会明知道毫无道理可言但仍然施加一个严厉的刑罚。简言之,我们不太可能遭遇这样的情形,即决定某一刑罚是否不可避免地违背了其中任一原则。

自从权利法案通过以来,本法院仅判决三种刑罚属于本条款的禁止范围。参见威姆斯诉美国案(12 年带着镣铐的艰难痛苦的劳役);特罗普诉杜勒斯案

---

① 菲尔德大法官明显地将其结论建立在这样一种直觉基础之上,即这一刑罚同罪犯的道德过错不相称,虽然他同样注意到"这一刑罚远远超过了任何一个人道的刑法所需要的程度"(*O'Neil v. Vermont*, 144 U. S. at 144 U.S.340;*Trop v. Dulles*, 356 U. S. at 356 U.S. 99),"因为战时逃离部队才处死刑,所以毫无疑问,褫夺国籍对于犯罪的严重程度而言是过度的"。

② 217 U. S. at 217 U. S. 381.

③ "因此,国家没有感到痛楚,也没有失去权力。刑罚的目的也已实现,犯罪为正义的而非痛苦的、严厉的刑罚所遏制,罪犯也得到阻遏,而罪犯得到了矫正的希望。"*Weems v. United States*, 217 U. S. at 217 U. S. 381.

同时参见 *Trop v. Dulles*, 356 U. S. at 356 U.S. 111-112(布伦南大法官,协同意见)。

当然,严厉的刑罚不应过度这一原则并不意味着一个严厉的刑罚仅仅因为它是必要的就是合宪的。例如,现在一个国家不能再施加一个为历史所谴责的刑罚,因为任何这样一种刑罚,无论其如何必要,都是对人类尊严的一种不能容忍的侵犯。这一结论简洁明了,即不必要的痛苦的施加同样违背人类的尊严。

④ *Robinson v. California*, 370 U. S. at 370 U. S. 666.

(流放);鲁宾逊诉加利福尼亚州案(因毒品成瘾而被监禁)。当然,每一刑罚都贬损了人之尊严,但是没有一样能够被结论性地认定它只是不可避免地违背了这一个或那一个原则。相反,这些"残酷和异常的刑罚"确实涉及了上述原则中的一些原则,正是这些原则的联合适用支持了这些判决。实际上,这并不令人惊奇。毕竟,这些原则的功能就是要为法院提供相关含义以决定被质疑的刑罚是否符合人类尊严。因此,他们是内在相关的,并且在绝大多数案件中,正是上述原则的汇集才能为某一刑罚系"残酷和异常"这一结论提供合理论证。与此,这一标准通常是一个累积性的标准:如果某一刑罚异常严厉,如果这一刑罚存在着被随意施加的强烈可能,如果这一刑罚被当代社会根本性予以拒绝,并且没有理由相信这一刑罚能够较之另一更为轻缓的刑罚更为有效地实现任何刑罚目的,那么该刑罚的继续施加就违背了本条款的命令,即国家不应对那些罪犯施加非人道的、不文明的刑罚。

三

在上述案件中受到质疑的刑罚是死刑。当然,死刑是一种"传统"的刑罚①,其适用"贯穿于我们的历史",其宪法背景相应的就成为一个适于追问的主题。

首先,权利法案本身就提出了一个文义的考察。第五修正案宣布,如果某一特定犯罪可以被判死刑,被控此罪的某人就有权获得特定的程序保护。② 因此,我们能够推定,制宪者意识到那些普通刑罚的存在。然而,我们无法进一步推定,他们意图使这一特定刑罚免受残酷和异常的刑罚条款的明文禁止。③ 在这一条款的讨论过程中,并不存在任何表明对于死刑规定了特殊例外的事物。如果存在的话,这一态度就是自相矛盾的,因为利弗莫尔明确提及,按照本条款,死刑将来是作为褫夺公权的备选。④ 辩论最终未能进一步分析并坚持认为,制宪者相信权利法案的通过不可能立即阻止死刑的施加;他们也相信权利法案不会

---

① Trop v. Dulles, 356 U.S. 86, at 356 U.S. 99-100.

② 第五修正案规定:"无论何人,除非根据大陪审团的申告或起诉,不得受判处死罪或其他不名誉罪行之审判……任何人不得因同一罪行而两次遭受生命或身体的危害……未经正当法律程序,不得被剥夺生命、自由或财产……"

③ 当然,如今没有人会同意,第五修正案中所提及的"对身体的危害"是对诸如烙刑、割耳这些在权利法案通过当时见的肉刑,规定了永久性的宪法惩罚。但是参见 408 U.S. 29[同上],正如加利福尼亚最高法院根据加利福尼亚宪法所指出的那样:"宪法明确地规定了残酷和异常的刑罚。认定制宪者意图单单将死刑置于这一规定范围之外,可能仅仅是一种推测或者臆想,因为在那个死刑为公众所接受的年代,他们在宪法的其他规范中为死刑的应用规定了特别的保障。"*People v. Anderson*, 6 Cal. 3d 628, 639, 493 P. 2d 880, 887(1972).

④ *supra*, at 408 U.S. 262.

立即禁止其他肉刑的施加,这些肉刑虽然在当时极为正常①,但是现在则被认为不能允许。②

另一考察则是,本法院已经对三个涉及死刑特定执行方式的合宪性质疑的案件进行了裁决。在威尔克森诉犹他州案和凯姆勒单方诉讼案中,法院在两个案件中均表达了以往被拒绝的关于本条款的"历史性"观点③,核准了以枪决和电刑执行的死刑。在威尔克森案中,法院认定枪决是一种通常的执行方式。④在凯姆勒案中,法院认定本条款并不适用于各州。⑤

在路易斯安那州根据弗朗西斯的告发诉雷斯韦伯案中,法院核准了在第一次执行失败后的第二次电刑。判决认为"第十四修正案通过其正当程序条款禁止一州以残酷的方式执行死刑"⑥,但是该次流产的尝试并未使得"接下来的执行较之于其他执行方式更加具有宪法意义上的残酷性"。⑦ 因此,上述三个判决揭示出,法院在裁定死刑执行的不同方式时,就已经假定在过去死刑是一个为宪法所允许的刑罚。⑧ 然而,过去的这一假定并不足以在今日仍限制我们对这一刑罚进行检测的范围。依据残酷和异常的刑罚条款,死刑合宪性问题本身首次被提交到本法院;我们不可能通过回忆过往那些从未直接对此进行考察的案件来回避这一问题。

因此,这一问题就是:今日,死刑的有意施加,是否同规定国家不应施加同人

---

① 参见 408 U. S. 6。

② 参见 *McGautha v. California*,402 U. S. 183,402 U. S. 226(1971)布莱克大法官的单独意见:"这一条款禁止'残酷和异常的刑罚'。按照我的观点,这一规定不应被理解为是在宣布死刑违法,因为在该条款被通过当时,在这个国家和我们的祖先所来之国度,这一刑罚在被广泛地适用着并且为法律所允许。认为制宪者意图通过该条款终结死刑,对于我而言,是不可思议的。"当然,按照这一观点,在1791年被广泛适用的任何刑罚都将永远不受到该条款的禁止。

③ 参见前引,408 U. S. 264-265。

④ 法院明确指出,死刑合宪性问题本身并未受到质疑(*Wilkerson v. Utah*,99. U. S. at 99 U. S. 136-137)。实际上,这一判决的唯一论点就是,在缺乏法定惩罚情况下,没有任何法律对法院所判处的刑罚规定了执行的方式(*Id.* at 99 U. S. 137)。

⑤ 参见 *McElvaine v. Brush*,142 U. S. 155,142 U. S. 158-159(1891):"我们在凯姆勒案中认定,由于纽约州立法机关决定(电刑)并未施加残酷和异常的刑罚,其法院也贯彻了这一决定,因而我们不能认为,该州因此而限制了申请人的权利或豁免权,或者剥夺了其正当法律程序所赋予的权利。"

⑥ 329 U. S. at 329 U. S. 463。

⑦ *Id.* at 329 U. S. 464。人们同样坚称,宪法禁止"内含于刑罚执行方式之中的残酷性",但并不禁止"在任何用来人道地终结生命的执行方式中所内含的必要的痛苦"(329 U. S. at 329 U. S. 464)。没有任何法律可以被援引以证明这样一种结论,并且在任何情况下,在两者之间所划的界限都似乎毫无意义。

⑧ 在非死刑案件中(*Trop v. Dulles*),判决如此认定,"在死刑仍然被广为接受的时代,我们不能认为它违反了宪法关于残酷性的概念"(356 U. S. 99)。当然,这一表述为将来死刑合宪性问题的讨论留下了余地。

类尊严相违背的刑罚的这一条款相符合。我将按照上述提及的各项原则以及其所指向的累积性标准,对死刑进行分析探讨:由于国家随意地使某人遭受某一异常严厉的刑罚,而且社会已经表明这一刑罚不可接受,并且其没有表明能够比一个明显轻缓的刑罚更为有效地实现刑罚目的,因此死刑违背了人类尊严。根据这些原则并根据这一标准,今日死刑属于"残酷和异常的刑罚"。死刑在美国是一个独特的刑罚。在一个如此强烈地坚持生命之神圣的社会中,通常的观念是死刑是终极的惩罚,这一点丝毫不令人惊奇。因为在我们当中均会流露出这一天然的人类情感。相比于有关刑罚一般问题的争论或者由于监禁所引起的争论,只有有关死刑的争论才称得上属于全国性的争论。没有其他任何一个刑罚被如此持续性地限制①,没有任何一个国家取消了监狱,但是却有一些国家废除了死刑。而那些仍然施加死刑的国家则将其适用于那些最为凶残的犯罪。当然,陪审团总是对死刑案件另眼看待,而州长们经常运用其减刑的权力。刑事被告人持有同样的观点。"正如所有执业律师所知,谁为被控死刑的被告人辩护,其唯一可能的目标经常就是避免死刑。"②一些立法机关要求对死刑案件特别适用某些特定程序,例如两阶段审理和自动上诉。

"在刑事司法行政中,那些被控死刑罪名的人获准予以特别考虑,这是全球性的经验。"③本法院也同样几乎总是把死刑案件单独作为一类加以处理。④ 这一刑罚在司法程序的功能方面的不幸后果是众所周知的;没有其他刑罚具有同样的后果。

对于死刑的独特性的唯一解释就是它的极端严厉性。今日,死刑成为异常

---

① *Id.* at 408 U.S. 296-298.

② *Griffin v. Illinois*,351 U.S. 12, 351 U.S. 28(1956)(伯顿大法官和明顿大法官,异议)。

③ 同上,参见 *Williams v. Florida*, 399 U.S. 78,399 U.S. 103(1970)(在所有州,死刑案件需要12名陪审员)。

④ "当然,生命处于紧急状态这一事实,是形成特定情境的另一个重要因素。死刑罪名和非死刑罪名之间的差异,正是在这一界限具有重要意义时,在法律上对多种处理方式予以区分的基础。"[*Williams v. Georgia*, 349 .U.S. 375, 349 U.S. 391(1955)(法兰克福特大法官)]。"当刑罚为死刑时,我们同州法院的法官一样,倾向于仔细审查证据,甚至在结束辩论的案件中,也要仔细审查法律,以便给予一个心存疑虑的被指控者以另一次机会。"*Stein v. New York*,346 U.S. 156,346 U.S. 196(1953)(杰克逊大法官)]。"在死刑案件中,诸如在此所呈交的疑问,应当按照有利于被告人的原则加以解决。"[*Andres v. United States*, 333 U.S. 740,333 U.S. 752(1948)(里德大法官)]。哈伦大法官也强烈地表达了这一观点:"我不赞同这样一种观点,即某一罪犯在被判处罚金或者监禁的案件中所面对的任何'正当'程序,都足以符合宪法对于死刑案件的要求。生命和死亡之间的差别绝非小说所能形容……它不能被忽略或者流于字面。"[*Reid v. Covert*, 354 U.S.1;354 U.S.77(1957)(对结论持协同意见)]。当然,本法院多年来均出于宪法上的辩护权利保障而区分死刑案件和其他所有案件[*Powell v. Alabama*, 287 U.S.45(1932);*Betts v. Brady*, 316 U.S. 455(1942); *Bute v. Illinois*, 333 U.S. 640(1948)]。

严厉的刑罚,其异常源于其痛苦,源于其终局性,源于其极恶性。没有其他刑罚能在肉体和精神的伤害上同死刑相比拟。虽然我们的信息并非毋庸置疑,但是似乎没有一个方式能够保证死亡是立即的并且毫无痛苦。① 鞭刑由于不再是合宪的、被容许的刑罚因而被废除②,死刑就成为唯一涉及肉体痛苦的有意施加的刑罚。尤其是,我们知道,心理的痛苦是我们通过死刑惩罚罪犯这一做法不可分割的一部分,因为在介于死刑判处和死刑实际执行之间不可避免的长期等待过程中,对于悬而未决的死刑执行的猜测,恰恰成为令人恐惧的丧钟声。③ 正如加利福尼亚州最高法院所指出的那样,"执行死刑判决的过程经常是如此残暴地对待人类精神并对其造成贬损,因而成为心理上的酷刑。"④确实,正如法兰克福特大法官指出的那样,"在等待死刑判决执行过程中精神病发作,并非罕见之事。"⑤在流放中所感受到的"持续增长的恐惧和痛苦的命运"⑥,只有在那些被监禁在监狱中等待死刑的人才能感受到,而且后者的程度更甚。⑦

---

① 参见 *Report of Royal Commission on Capital Punishment* 1949-1953, 700-789, pp. 246-273 (1953);参议院司法委员会刑法和程序法专门委员会关于第1760节的听证会,第90届议会第二次会议,19-21(1968)(Clinton Duffy 的证言);H. Barnes & n. Teeters, *New Horizons in Criminology* 306-309 (第3版,1959);C. Chessman, *Trial by Ordeal* 195-202(1955);M. DiSalle, *The Power of Life and Death* 84-85(1965);C. Duffy & A. Hirschberg, *88 Men and 2 Women* 13-14(1962);B. Eshelman, *Death Row Chaplain* 26-29,101-104,159-164(1962);R. Hammer, *Between Life and Death* 208-212(1969);K. Lamott, *Chronicles of San Quentin* 228-231(1961);L. Lawes, *Life and Death in Sing Sing* 170-171(1928);Rubin, *The Supreme Court, Cruel and Unusual Punishment, and the Death Penalty*, 15 *Crime & Delin.* 121, 128-129(1969);Comment, The Death Penalty Cases, 56 *Calif. L. Rev.* 1268,1333-1341(1968);*Brief amici curiae field* by James V. Bennett, Clinton T. Duffy, Robert G. Sarver, Harry C. Tinsley & Lawrence E. Wilson 12-14.

② *Jackson v. Bishop*, 404 F.2d 571(CA8 1968).

③ 参见 *Ex parte Medley*, 134 U.S. 160, 134 U.S. 172(1890).

④ *People v. Anderson*,6 Cal. 3d 28, 649, 493 P.2d 880,894(1972). 参见 Barnes & Teeters, 前引,at 309-311(第3版,1959年);Camus, *Reflections on the Guillotine, in A. Camus, Resistance, Rebellion, and Death* 131,151-156(1960);C. Duffy & A. Hirschberg, 前引,at 68-70,254(1962);Hammer, 前引,at 222-235,244-250,269-272(1969);S. Rubin, *The Law of Criminal Correction* 340(1963);Bluestone & McGahee, *Reaction to Extreme Stress: Impending Death by Execution*, 119 Amer. J. Psychiatry 393 (1962);Gottlieb, *Capital Punishment*, 15 *Crime & Delin.* 1,8-10(1969);West, Medicine and Capital Punishment, 参议院司法委员会刑法和程序法专门委员会关于第1760节的听证会,第90届议会第二次会议,124(1968);Ziferstein, Crime and Punishment, *The Center Magazine* 84(1968年1月);Comment, The Death Penalty Cases, 56 *Calif. L. Rev.* 1268,1342(1968);Note, Mental Suffering under Sentence of Death: A Cruel and Unusual Punishment, 57 *Iowa L. Rev.* 814(1972).

⑤ *Solesbee v. Balkcom*, 339 U.S. 9,339 U.S. 14(1950)(异议).

⑥ *Trop v. Dulles*, 356 U.S. at 356 U.S. 102.

⑦ 当然,国家并不是为了施加进一步的痛苦而有意地设置了漫长的待决期。就此而言,对于个体的这一冲击并非程度较轻的严厉刑罚。我们不能断言,长时间延误的发生仅仅是因为罪犯自己在充分利用其法律权利。当然,不能以不受非人道处遇的权利为借口来对抗追求法律正当程序的权利,但是撇开此点,令人痛苦的事实是,正是社会在要求,甚至在违背罪犯意愿的情况下,在死刑最终执行之前能够尝试穷尽所有的法律途径。

死刑的异常严厉性通过其终结性和至恶性得到最大程度的昭彰。在这些方面,死刑无可匹敌、自成体系。例如流放是一种"毁灭几百年来不断发展的个体的政治存在"的刑罚,它"剥夺了公民在国内、国际政治社会中的地位",并且使"他的特定存在"陷入危险。因此,流放内在地蕴含着"对个体公民在一个有组织的社会中的地位的彻底破坏"。① "简言之,流放剥夺了享有权利的权利。"②不过,毋庸置疑的是,流放不是"比死刑还要糟糕的命运"。③ 虽然死刑就像流放一样,同样毁灭了个体的"政治存在"及其"在一个有组织的社会中的地位",但同流放不同的是,死刑较其更甚,它毁灭了"他的特定存在"。而且,对于流放而言,总还存在着在将来重获"享有权利的权利"的可能。而死刑连这种可能性都被排除。

死刑确属一种令人敬畏的刑罚。就其本质而言,国家对人类有计划的杀戮意味着对被执行者的尊严的否定。这一境况同被科以监禁的人的处境形成明显反差。在监狱中的人并未丧失"享有权利的权利"。例如,囚犯仍然保有宗教活动的自由的权利、免于残酷和异常的刑罚的权利,以及出于法律正当程序和法律的平等保护目的而将其作为"人"加以对待的权利。囚犯仍然是其家庭生活的成员。更进一步,他保留了其进入法院的权利。他的刑罚并非不可撤销。撇开这一通常的指责,即出于对人类的易犯错性的认识,死刑必然不可避免地会施加于无辜者,我们同样意识到,死刑被追溯性地适用,有大量的人其判决基于稍后本法院的判决结论就属于违宪而获得。这一刑罚本身可能被违宪地施加④,而死刑的终极性阻止了补救措施的形成。一个被执行死刑的人倒是真的"丧失了享有权利的权利"。一位 19 世纪鼓吹通过死刑惩罚罪犯的人宣布,"当某人被吊死时,我们同他的关系就告一段落。其行刑就似乎在说,'你并不适合这个世界,到别处试试运气吧'。"⑤

因此,同今日的所有其他刑罚相比较,国家对人类生命的有意识终结正在更为独特地贬损着人类尊严。我会毫不迟疑地判定,即单凭死刑在今日属于"残酷和异常"的刑罚这一事实,死刑就不会成为长久适用并为这一国家所接受的刑罚。因此,我转而讨论第二个原则:即国家不应随意施加一种异常严厉的刑罚。

当前通过死刑惩罚罪犯的做法其显著的特点就是我们所欲寻求的罕见性。

---

① *Trop v. Dul* 365 U. S. at 365. U. S. 101.

② *Id.* at 102.

③ *Id.* at 125. (法兰克福特大法官,异议意见。)在特罗普案本身的判决中,下述观点得到了认可:流放是不包含死亡的刑罚(356 U. S. at 356 U. S. 99)。然而,死刑由于它当时"仍被广泛接受",而被加以区别。

④ *Witherspoon v. Illinois*, 391 U. S. 510(1968).

⑤ Stephen, Capital Punishment, 69 *Fraser's Magazine* 753, 763(1864).

死刑不再是适用于任何犯罪的通常刑罚,这一证据毋庸置疑。自从20世纪30年代这一精确统计得以使用的最早阶段以来,每隔十年死刑的施加就会有平稳的下降,在20世纪30年代,平均每年处决167人;而在40年代,这一平均数为128人;在50年代,这一数字为72人;而在1960—1962年期间,这一数字为48人。此后共有46人被执行死刑,其中36人在1963—1964年间被处决。① 当然,四十年来,我国人口及所犯的死刑犯罪都迅猛增长。因此,当前死刑施加的比例是长期以来持续降低的最终结果。针对1961—1970年所作的调查更是明白无误地证实了这一比例,这也是有数据可查的最近一个十年。在此期间,每年判处了106例死刑。② 当然并非大多数案件都能得到执行,有很多死刑,因为减刑至终身监禁或者有期监禁③,或者因其精神病患而移送至精神病院④,或者因发回重审和裁定重新判决而被重新判处为终身监禁或者有期监禁,或者驳回起诉和撤销定罪判决,乃至因自杀和其他自然原因而导致的死亡,而得以避免。⑤ 1961年1月1日,死刑候决人数为21人;至1970年12月31日,这一人数为608人;在此期间,共有135人被处决。⑥ 相应的,如果剩余候决犯389人都被处决的话,年均人数就将达到52人。⑦ 概言之,这个国家最多时可能每周处决一个罪犯。当然,实际上被执行的远远没有这个数。即使在暂缓执行于1967年开始实施之前,处决的总数在1961年也仅为42例,在1962年仅为47例,这一平均数低于一周一个;这一数字逐渐减少至1963年的21例,1964年的15例;而在1966年,只

---

① 从1930年到1939年:155,153,140,160,168,199,195,147,190,160。从1940年到1949年:124,123,147,131,120,117,131,153,119,119。从1960年到1967年:56,42,47,21,15,7,1,2。司法部,《第46次全国囚犯统计数据(1930—1970年的死刑)》,第8页(1971年8月)。美国的最近一次死刑执行发生于1967年6月2日。(*Id.* at 4.)

② 1961年:140人;1962年:103人;1963年:93人;1964年:106人;1965年:86人;1966年:118人;1967年:85人;1968年:102人;1969年:97人;1970年:127人。*Id.* at 9.

③ 年均减刑数约为18人。1961年:17人;1962年:27人;1963年:16人;1964年:9人;1965年:19人;1966年:17人;1967年:13人;1968年:16人;1969年:20人;1970年:29人。*Ibid.*

④ 转送到精神病院的年均数约为3人。1961年:3人;1962年:4人;1963年:1人;1964年:3人;1965年:4人;1966年:3人;1967年:3人;1968年:2人;1969年:1人;1970年:5人。*Ibid.*

⑤ 这四种处置方式涉及的年均数约为44人。1961年:31人;1962年:30人;1963年:32人;1964年:58人;1965年:39人;1966年:33人;1967年:53人;1968年:59人;1969年:64人;1970年:42人。1967年始其各项明细数据可查。重新量刑:1967年:7人;1968年:18人;1969年:12人;1970年:14人。发回重审并裁定重新量刑:1967年:31人;1968年:21人;1969年:13人;1970年:9人。驳回起诉和撤销定罪:1967年:12人;1968年:19人;1969年:33人;1970年:17人。因自杀和自然原因而死亡:1967年:2人;1968年:1人;1969年:5人;1970年:2人。第42号全国囚犯统计数据,1930年—1967年的死刑执行,第13页(1968年6月);《第45次全国囚犯统计数据(1930—1968年的死刑)》,第12页(1969年8月);《第46次全国囚犯统计数据》,第14—15页。

⑥ *Id.* at 9.

⑦ 在这10年间,1177人成为候决犯,包括120名后来被发回重审或者接受精神病院治疗的人。共有653人未被处决而分流处理,剩余524人留待执行,其中135人被实际执行。*Ibid.*

有一起处决,在 1967 年,只有两起处决。①。

当一个人口超过 2 亿的国家每年所施加的某一个异常严厉的刑罚不超过 50 次时,我们可以有力地推断,这一刑罚并非是在规律地、平等地适用。消除这一确信,确实需要一个我们并非随意施加的清晰说明。

虽然没有确切的数据可兹引用,但我们清楚,在美国每年发生着成千上万次的谋杀和强奸,这些犯罪都可以依法被适用死刑。然而,死刑施加的比例却被描绘成为"极其古怪的"或者"令人惊奇的"罕见,或者简单讲,就是罕见。否定这样一种结论,即死刑施加的实际数量仅仅是这些案件的片砖碎瓦,恰恰会成为一种最纯粹的谬论。毕竟,死刑施加的比例还能更为罕见到什么地步呢?

当那些依法可以适用死刑的案件中只有极为琐屑的数量才适用了死刑时,就完全不可避免地产生了下述结论:其适用是随意的。确实,它含有同彩票中奖一样的味道。虽然政府声称,这一罕见性恰恰不是随意性的证据,而是一种根据确凿的选择性的证据:如其所称,死刑仅适用于"极端的"案件。

根据确凿的选择性当然不是一个能被贬低的价值理念。不过,假如美国每年仅有 10 例死刑执行或者 5 例,甚至仅有 1 例,政府可能仍然能够做如此精确的宣称。即使每年 50 例之多也未必无法强化这样一种宣称。但是适用率降至如此之低,仍然认为只有极恶的罪犯或者犯有最严重之罪的罪犯才被选择适用这一刑罚,令人完全难以置信。现在,没有人认为能够在那些说法中找到一个合理的基础,以便区分那些极少数被处死的人和那些蹲在监狱中的大多数。犯罪和罪犯完全不会接受存在着这样一种界限,能够被清晰地划分,并以此为理由来解释为什么在大量都适宜判处死刑的罪犯中仅仅那些数量如此微少的罪犯被执行死刑。显然,规定了死刑的那些法律并未尝试着想去明确这一界限;法律所适用的所有案例都必须是"极恶的"案件。事实上,这样一种界限也并不可信。例如,假设弗曼或其犯罪被描述为"极恶",那么几乎所有的谋杀犯和他们的谋杀行为都属于"极恶"。② 进

---

① Id. at 8.

② 弗曼在夜间盗窃被害人住宅时被被害人撞见,在逃跑过程中弗曼在门外开枪,子弹穿透关着的厨房门将被害人杀死。审理过程中,弗曼对杀人行为作了自己的供述:"他们指控我谋杀我承认,我承认我到这些人的家里,他们确实在那里抓住了我,我从后面出来,往后退,地板上有一条电线。我从后面出来摔倒在地,我并不想杀死任何人。我不知道他们就在门后面。枪走火了,直到他们逮捕我,我对任何谋杀都一无所知,枪走火的时候,我已经倒在地板上,我爬起来后就跑了。当时就是这个情形。"

佐治亚州最高法院接受了如下的版本:"被告人在公开庭审过程中的供述……即在被告人在死者家中实施犯罪行为过程中,在他意外地被电线绊倒之前,他的手枪走火,加上有关被害人因为暴力手段而死亡的其他事实和情节,足以支持判决有关谋杀的结论……" Furman v. State, 225 Ga. 253, 254,167 S. E. 2d 628,629(1969)。对于弗曼本人,陪审团只知道他是黑人,并根据他在庭审中的陈述,他 26 岁并在"高级家具城"工作。陪审团花了 1 小时 35 分钟即得出有罪结论并判处死刑。

而言之,我们关于死刑案件的程序与其说是在"极恶的"案件中选择适于死刑的案件,不如说是在认可一种随意的选择。本法院过往已经认定,陪审团可以完全无视对这一决定进行指导的标准,而对是否判处死刑作出决定,实践中他们也确实是如此做的。① 换言之,我们的程序没有为防止完全任意地挑选罪犯以判处死刑的做法建构一个安全保障。

虽然很难想象还需要何种进一步的事实以证明,就像我的同事斯图尔特所比喻的那样,死刑的适用是"放纵……并且反常的",但我也不需要论定:随意的适用这一事实显而易见。我并非是在用某一个原则的孤立光芒来考察这一刑罚。这种任意性的可能在其根本上是如此充分,因而可以依据该原则同其他原则的结合,就这一刑罚的合宪性问题得出结论。

假使某一个异常严厉和卑鄙的刑罚存在着被随意适用的强烈可能,我们就可以合理地期待社会将对这种施加不予认同。因此,我转而讨论第三个原则。通过对历史和当前的应用死刑惩罚罪犯的美国实践运作所进行的考察,揭示出,这一刑罚已经为当代社会所完全拒绝。我已无法对我的同事马歇尔针对这一刑罚在英国、美国的历史演变所作的全面考察再增赘言。不过我只想强调从这一历史之中浮现的一个重要结论。从我们建国之初,死刑就引起了激烈的公共争议。虽然有关支持和反对这一刑罚的富有实效的观点都已经被频繁提出,但是,这一长期的、激烈的争议,不能被单纯地解释为是因为对特定政府政策的实践性看法的差异而产生的结果。说到底,这一论战是基于特定的道德基础而进行。这个国家已经在讨论,一个将个体尊严视为最高价值的社会是否在根本上能够做到不自相矛盾却仍然继续这样一种做法,即有意地将其中一些成员置于死地。在美国,就像在其他西方世界的其他国家一样,有关这一刑罚的对抗属于这样一种形式,一方面是古代和深深扎根于人们思想的报复、赎罪或者复仇的理念;而另一方面,则是诞生于 18 世纪民主运动的、对个人价值和普通人的尊严的信仰,以及作为 19 世纪、20 世纪行为科学发展结果的、对人类行为动机力量的理解的科学探索。②

正是这种根本性的道德冲突,形成了我们将死刑适用作为惩罚犯罪方式的制度的历史演变和今日运作的背景。

我们通过死刑惩罚罪犯的实践在多年来已经有了很大改变。一个明显的改变就是我们施加死刑的方式。虽然美国并没有接受为英国所适用的更为暴戾、

---

① *McGautha v. California*, 402 U.S. 183, 402 U.S. 196-208(1971).

② T. Sellin, *The Death Penalty*, *A Report for the Model Penal Code Project of the American Law Institution* 15(1959).

令人厌恶的方式,但我们长期以来确实几乎完全地依赖于绞刑架和行刑队。虽然因为迟至 19 世纪的电刑和 20 世纪的致命毒气这些可以想象的更为人道的方式的发展,绞刑和枪决实质上被废除。① 此外,我们对体面和人类尊严的关注,也促使了关于行刑环境本身的变化。我们的社会不再赞同对公开处决的旁观。今天,我们禁止公开的处决,因为这一做法贬低我们所有人的人格并且粗暴地对待我们自己。

  同样明显的是,真正适用死刑的犯罪数量在急剧下降。虽然在纸面上仍然保留着那些隐秘的可被判处死刑的犯罪,但是自 1930 年起,谋杀和强奸占据了全部死刑执行的 99%,其中谋杀单独占据了约 87%。② 另外,可被判处死刑的谋杀罪本身应受到了限制。正如法院在麦克高瑟诉加利福尼亚州案中所指出的那样,在这个国家,"对于所有谋杀犯判处绝对死刑这一普通法规则存在着背离"。最初,这一背离根源于区分谋杀罪等级而仅对第一级谋杀罪保留绝对死刑这样一种立法概念。不过,"这一新的、用来恰当地遴选适于判处死刑的犯罪的立法标准,很快就被证明和普通法用来意指独立于杀人罪以外的谋杀罪的'恶意预谋'这一概念一样,都归于失败"。不仅仅是谋杀罪等级之间的界限在实务上令人困扰,不易确定,更重要的是,即使在那些清晰的一级谋杀的案件中,陪审团仍然继续将法律决定的权力掌控于自己手中:如果他们认为死刑并非合适的刑罚,"他们就直率地拒绝判决其可处死刑的犯罪"。陪审团对法律的不认可现象因此持续地对绝对死刑的苛刻性予以消解。屈服于现实,"立法机关不再像以往那样,进一步地去明确可判死刑的杀人罪的概念,而是采取了这样的做法,即直截了当地允许陪审团拥有他们过去事实上行使着的自由裁量权"。结果是,今日所有的死刑判决在实质上都是经过自由裁量而判处的。最终,意义重大的是,9 个州在任何情况下都不再适用死刑③,5 个州将死刑限制适用于极其罕见的

---

  ① 8 个州至今仍然使用绞刑作为执行方式,1 个州即犹他州同时使用枪决方式。1930 年以来,这 9 个州的处决人数不到美国全国处决总数的 3%。《第 46 次全国囚犯统计数据》,第 10—11 页。
  ② 《第 46 次全国囚犯统计数据》(1971 年),第 8 页。
  ③ 阿拉斯加州、夏威夷州、爱荷华州、缅因州、密歇根州、明尼苏达州、俄勒冈州、西弗吉尼亚州和威斯康星州已经废除了死刑(*id.* at 50.)。另外,加利福尼亚州最高法院认定,这一刑罚违反该州宪法关于残酷和异常的刑罚的规定,因而违宪[*People v. Anderson*,6 Cal. 3d 628,493 P. 2d 880 (1972)]。

犯罪。①

因此,虽然"死刑的适用贯穿于我们的历史"②,但实际上,这一刑罚的历史就是一连串限制的历史。原本是一种通常的刑罚,在持续不断的道德争议背景下,却变得越来越罕见。这一刑罚的进化史证明,它并非美国人感情之中不可避免的一部分,相反,它已经被越来越严重地证明给国民的良知带来困扰。这一运动的结果就是我们现行的刑罚运作体制,在这一体制中,死刑判决越来越罕见,而死刑的执行则更为罕见。当然,这一刑罚判处和执行的罕见性应当归因于"我们人民"。陪审团"表达了社会在生命和死亡这一终极问题上的良知"③,并且能够自主决定,在每年所受审的可被判处死刑的成千上万的案件中,仅仅赞成100起左右的案件适用死刑。为我们选举产生并且代表我们行政的州长,经常将那些死刑判决中的大部分予以减刑。也正是我们的社会,坚持法律的正当程序,以达到这样的结果,即任何人都不应被不公正地判处死刑,因而确保了更多判决死刑的案件不会被执行。一言以蔽之,今天,我们已经将死刑变成为一种罕见的刑罚。

死刑适用的不断下降和当前死刑的罕见性,说明我们的社会正在严肃地质疑这一刑罚在今日的适当性。国家指出,许多立法机构都以立法规定死刑作为针对特定犯罪的惩罚,而舆论调查和公民投票则反映出,公众的主体仍然继续支持死刑。通过制定法规范——舆论调查和公民投票也朴素地赞同这些规范——加以确立的这一刑罚的可适用性,恰恰强化了我们这个社会事实上已经否定这一刑罚的程度。当一个异常严厉的刑罚被授权予以广泛地适用,但却因为社会的拒绝认可而仅仅适用于极少数的案件时,我们就可以令人信服地断定:不愿适用这一刑罚的心态扎根于人们的内心。确实,这一刑罚之所以为人所容忍,恰恰很有可能就因为它不为人所用。社会如何运用某一个异常严厉的刑罚,客观地反映了这个社会对它的判断,而今日之社会即仅仅将死刑适用于那些可以判处

---

① 新墨西哥州、纽约州、北达科他州、罗德岛和佛蒙特州几乎已经完全废除了死刑作为对犯罪的惩罚。全国囚犯统计数据,*supra*, at 50。事实上,可以恰当地认为上述 5 个州属于事实上废除死刑的州。北达科他州和罗德岛曾经分别在 1915 年和 1852 年限制死刑的适用,并自 1930 年起从未执行过一起死刑,*Id.* at 10;纽约州、佛蒙特州和新墨西哥州分别在 1965 年、1965 年、1969 年限制死刑以来,就没有再执行过任何死刑,*Id.* at 10-11;而在 1971 年 1 月 1 日,上述 5 个州中,没有一个囚犯被判死刑。*Id.* at 18-19.

另外,有 6 个州虽然在法典中以一般适用的方式保留死刑,但是从未真正使用过这一刑罚。自 1930 年起,爱达荷州、蒙大拿州、尼布拉斯加州、新罕布什尔州、南达科他州和怀俄明州总共执行死刑总数为 22 起(*Id.* at 10-11)。在 1971 年 1 月 1 日,上述 6 个州共有 3 名囚犯被判处死刑(*id.* at 18-19)。因此,42 年间共执行了 25 起,每一个州每 10 年仅约执行 1 起。

② *Trop v. Dulles*, 356 U.S. at 356 U.S. 99.

③ *Witherspoon v. Illinois*, 391 U.S. at 391 U.S. 519.

死刑中的极少数示范性案件。如果这种拒绝的态度不能加以绝对,那么它也就很难更加彻底了。至少,我必须断言,当代社会对这一刑罚怀有根本性的疑虑。

最后一个应予考虑的原则是,某一异常严厉而又持续减少的刑罚,按照其适用目的,不应该是过度的。这一原则同其他原则仍然是相关联的。当政府极有可能随意适用某一个社会对其具有高度疑虑的异常严厉的刑罚时,这一刑罚不可能比一个略微轻缓的刑罚更好地服务于任何刑罚目的。

政府最基本的主张是:死刑是必要的刑罚,因为它能比任何更为轻缓的刑罚更有效地阻止死罪的实施。这一主张的第一部分是死刑的适用对于遏制被处决的个体进一步实施犯罪是必要的。对此,如下回答已经足矣:假如一个被判可处死刑的犯罪的罪犯对社会表露了他的危险性,一个有效的国家赦免和假释的法律体制就能够延迟或者拒绝其从监狱释放,而隔离的技术能够使得其在监禁期间的危险性得以消除或者最小化。更为有力的观点是,死刑的威慑力阻止了可处死刑的犯罪的发生,因为它遏制了那些无法用监禁的威慑力加以遏制的潜在罪犯。这一观点并非建立在这一事实基础之上,即死刑的威慑力是一种超级的威慑力。实际上,如我的同事马歇尔所证明的那样,既有的证据一致地揭示出,虽然未经毋庸置疑地证明,但是死刑的威慑力并不比监禁的威慑力更强大。然而,国家辩称,他们有权依赖人们通常的经验,而这一经验,按照他们的说法,支持死刑比任何更为轻缓的刑罚具有更为有效的威慑力这一结论。因为人们极度恐惧死亡,这一观点主张,死刑的威慑力是最高的威慑力。

重要的是要对支持这一观点的前提予以关注。人们并不否认,许多甚至可能绝大部分科处死刑的犯罪都无法用刑罚加以威慑。因此,这一观点只能适用于那些理智地去预谋死罪实行的人。这一观点尤其是在下述情形则更是正确,即依照这一观点,潜在的罪犯必须不仅仅要考虑被惩罚的风险,而且还要在两种可能的刑罚之间进行区别。因此,这一观点关注于潜在罪犯中的特定类型,即那些理性人,当他明知某一犯罪的刑罚就是正好相当于其剩余生命长度的长期监禁时,他会去实施一个科处死刑的犯罪,而当他明知其刑罚是死刑时,他就不会去实施这一犯罪。仅就表面判断,关于存在这样一类人的假设是无法令人信服的。

无论如何,这一观点都不可能在理论上予以评估。我们并没有触及这一理论性的问题,即在任何能够想象的情境中,对于科处私刑的犯罪的实施而言,同监禁的威慑力相比,死刑的威慑力可能更为强大。我们则关注于通过死刑惩罚罪犯的实践,因为它存在于今日的美国。这一观点的支持者不得不承认,死刑的有效性依赖于这样一种制度的存在,在这一制度中,死刑总是能够始终不变地、迅速地施加。可是,我们的制度显然并不符合上述任何一个条件。一个盘算实施谋杀或者强奸的理性人,他需要面对的不是一个确定的迅速死亡,而是那个极微小的他在较长的将来中被处决的可能。死亡的风险遥远而茫然;相反,长期监禁的风险倒是逼近而明显。简言之,无论这一假设,即死刑的威慑力是超级的威慑力,在理论上如何有效,我们完全没有理由去相信死刑对于可处死刑的犯罪的实施的威慑是必要的,就像我们现行体制所运作的那样。假设所有或者几乎所有的适格罪犯都被迅速地执行死刑,不论出现何种结果,无法确证的可能性,始终不足以成为今日死刑的威慑力具有比监禁更强大的威慑力这一主张的基础。①

然而,对于这一观点的另一面,即死刑对于保护社会而言是必要的,仍需讨论。国家极力主张,施加死刑是用来表明公众对于犯罪实施的愤怒。他们认为,正是公众对于道德的坚定表达,灌输了人们对法律的尊重,并有助于确保一个更为和平的社会。他们更进一步地告诉我们,死刑不仅对社会价值观发挥着广泛的道德教化影响,它同样实现了人们对可憎的犯罪进行愤怒谴责的需求,并因此而阻止了骚乱、私刑以及个体公民想要自己执法的尝试。

然而,问题不在于死刑是否实现了这些假设的惩罚目的,而在于它是否比监禁更为有效地实现了这些目的。没有任何证据证明,比起死刑,监禁的适用激起了私人之间的血仇和其他骚动。显然,如果存在着此类危险,每年极少量人的处决不可能遏制这一危险。死刑自身对于可处死刑的犯罪而言就是一个足够有力的谴责,这样一种断言有着同样的缺陷。如果可处死刑的犯罪需要死刑的判处才能为社会的价值观基础提供道德的强化,那么,在死刑是如此罕见地适用于那些犯了死罪的罪犯的情况下,那些价值观只能是被侵蚀掉。进一步而言,由国家施加死刑事实上巩固了社会的道德法典这样的结论,也大可被怀疑;如果对人类生命的有意消灭能够产生任何意义的话,它更有可能是降低了我们对生命的尊重,践踏了我们的价值观。毕竟,这就是我们为什么不再执行公共处决的原因所在。在任何情况下,这一主张意味着,刑罚的目的之一就是要揭示社会对犯罪的否定。为了实现这一目的,我们的法律按照犯罪的严重程度来配置刑罚,并且对

---

① 仍然存在着更局限的观点认为在罪犯已经在执行或被判处终身监禁时,死刑仍是一个必要的刑罚。这一观点认为,如果唯一可以适用的刑罚就是继续监禁,那么那些罪犯如果实施新罪,就更加肆无忌惮,相应的,死刑的威慑就成为唯一的威慑。但是今天"终身"监禁纯属用词不当。某一犯罪被规定了不予假释的绝对终身监禁的情形,如果有的话,也是极为罕见。假释的可能性确保罪犯不会想到将来的犯罪无须承担后果。进一步,如果这一观点仅仅是断言,死刑的威慑较之通过拒绝假释的方式提高刑期的威慑力更为有效,那么,正如前所述,坦率地讲,这一结论也没有证据予以支持。

于社会视为越严重的犯罪,刑罚就越加严厉。这一目的根本不能为作为刑罚严厉性上限的任何特定刑罚提供正当理由。

因此,没有任何实质性的理由促使我们相信现今所运作的死刑对于保护社会是必要的。国家所主张的其他唯一的、独立于保护社会的目的就是复仇。简而言之,在这一语境中复仇意味着:罪犯被置于死地是因为他们罪有应得。

虽然很难相信今日任何一个国家愿意宣称他们坚守"赤裸裸的复仇"①,但是这些国家出于对其立法规范的信任,声称死刑是唯一同严重犯罪相适应的刑罚,并且这一报应的目的为其施加提供了正当理由。在过去,根据其制定法规范,对于伪造罪,死刑被认为是唯一相适应的刑罚,因为第一个联邦刑事法为这一犯罪规定了绝对死刑(1790年4月30日第1法令第115号第14条)。显然,正义的观念在改变;没有一个永恒的道德命令要求谋杀犯和强奸犯必须被判处死刑。死刑是一个公正的刑罚这样一种主张,必然要指望特定公共信念的存在。对于可判处死刑的犯罪而言,这一主张只能是:死刑本身就同社会有关适当的刑罚的观念相吻合。然而就像今日死刑的运作情况那样,它不能被正当化为针对罪犯的严厉复仇的必要手段。在具压倒性数量的犯有可处死刑犯罪的罪犯都进了监狱的情况下,我们再也不能断言,死刑比监禁刑更能有效地实现报应的目的。所谓的谋杀犯和强奸犯该处死的公众信念,恰恰和死刑极为偶然的执行情况相矛盾。正如死刑在这个国家的演变史所说明的那样,我们的社会希望遏制犯罪;我们并没有仅仅为了报复罪犯而要将其处死的渴求。

总而言之,死刑违背了所有四项原则:死刑是一种异常严厉并且贬低人格的刑罚;它存在着被随意适用的极大可能;当代社会对它的否定在其实质上是完全的;没有理由去相信它能比较为轻缓的监禁刑更为有效地实现任何刑罚目的。这些原则的机能就是赋予法院去决定某一刑罚是否同人类尊严保持一致的权力。而死刑,很简单,它根本不是如此。

四

当美国建国之初,对斯图亚特王朝的恐怖记忆仍然历历在目,许多肉刑仍属司空见惯。因此,死刑在当时并非一个很特别的刑罚。运用死刑惩罚罪犯甚至是一个广泛应用并且为社会大众所接受的实践做法。确实,没有发达的监狱体制,国家经常就没有切实可行的替代方案。但自从那时起,在持续的道德争议背景下所施加的一连串限制措施,彻底地限制了这一刑罚的应用。今天,死刑成了

---

① *Trop v. Dulles*,356 U. S. at 356 U. S. 112(布伦南大法官,协同意见).

独特的、异常严厉的刑罚。当它受到按照残酷和异常的刑罚条款而适用的原则检验时,死刑处于被谴责的状态,因为它命中注定地违背了人类的尊严。因此,死刑是"残酷和异常的",国家不应再继续将其作为针对犯罪而适用的刑罚。国家应当将罪犯监禁在监狱之中,而不应该每年随意地处死几个。

"藉此,国家没有感到痛楚,也没有失去任何权力。刑罚的目的也已实现,犯罪为正义的而非痛苦的、严厉的刑罚所遏制,再犯也得到阻遏,而罪犯得到了矫正的希望。"①

我赞同本法院的判决。

斯图尔特大法官的协同意见书:

死刑之所以区别于其他所有刑罚种类,不在于其程度,而在于其类型。其独特性就在于它彻底的无法挽回这一性质。其独特性在于它对作为刑事司法基本目的的矫正罪犯完全的拒绝。最后,它的独特性在于它对那些内在于我们的人道概念之中的事物的完全抛弃。

基于这些及其他原因,我的同事中至少已有两位认定,根据第八和第十四修正案,死刑的施加在任何情况下都为宪法所不允许。其理由是强有力的。但是我认为没有必要去深究他们要决定的这一根本性问题。②

今天,其他法官的意见已经开始采用极其出色的、缜密的细节,来探讨第八修正案反对残酷和异常的刑罚的施加这一规定的起源和司法发展③,以及死刑的起源和司法发展。④ 因此,在此我就没有必要去检视这些历史资料,也因此,我想要一吐为快的内容可以被简略地表述出来。立法者,无论是州的还是联邦的,已经多次明确,死刑应当成为每一个被判参与特定犯罪行为的罪犯的绝对刑罚。例如,国会规定了任何一个在战时为敌方从事间谍行为的人都应被判处死刑。⑤ 罗德岛的立法机关规定,对终身监禁犯犯有谋杀的应判处死刑。⑥ 马萨诸

---

① *Weems v. United States*, 217 U.S. at 217 U.S. 381.
② *Ashwander v. Tennessee Valley Authority*, 297 U.S. 288, 297 U.S. 347.(布兰代斯大法官,异议意见。)
③ 后见 408 U.S.376-379;道格拉斯大法官协同意见,前见 408 U.S.242-244;布伦南大法官协同意见,前见 258-269;马歇尔大法官协同意见,后见 408 U.S.316-328;布莱克门大法官,后见 408 U.S.407-409;鲍威尔大法官异议意见,后见 408 U.S.421-427。
④ 参见首席大法官异议意见,后见 408 U.S.380;布伦南大法官协同意见,前见 408 U.S.282-285;马歇尔大法官协同意见,后见 408 U.S.333-341;鲍威尔大法官异议意见,后见 408 U.S.421-424。
⑤ 10 U.S.C. 906.
⑥ R.I. Gen, Laws Ann.11-23-2.

塞州通过法律对任何在实施暴力强奸过程中犯有谋杀行为的罪犯判处死刑。①而俄亥俄州的法律针对暗杀美国总统和州长的行为规定了绝对死刑。②

如果我们审视依据这些或者其他相似法律而判处的死刑,我们就会面临这样的要求,即决定死刑是否对于所有犯罪以及所有情节而言均属违宪。我们需要决定立法机关,无论是州的还是联邦的,是否能够合乎宪法地决定特定的犯罪行为是如此残暴,以至于社会的威慑和复仇考虑完全地压倒了有关对于罪犯的恢复和矫正的任何考虑,并决定,无论那些尚不确定的经验性证据如何认为③,当然适用的死刑将会实现最大限度的威慑力。

对于这一理由,我只想说,我不赞同报复在刑罚的适用中是一个为宪法所允许的要件。复仇的本能是人类本性的一部分,在刑事司法运作中对这一本能进行分化疏通,对于促进法治社会稳定这一重要目的具有重要作用。当人们开始相信,一个有组织的社会不愿或者不能对罪犯施加其"应得的"刑罚时,关于私力救济、自助的治安维持以及私刑法律的无政府主义的种子就开始播种生芽。

然而,在这些案件中,我们并未面临死刑在理论上的合宪性问题。因为佐治亚州和得克萨斯州的立法机关并未规定死刑必须适用于所有那些被认定构成强奸罪的罪犯。④ 佐治亚州立法机关也并未命令死刑对于谋杀是当然的刑罚。⑤ 换言之,没有一个州颁布了一个立法的决定要求强奸和谋杀只能以对所有实施那些犯罪的人适用死刑的方式加以威慑。正如怀特大法官卓有成效地指出的那样,"假如死刑从未被适用,立法的意志也未有任何沮丧"。⑥

取而代之的是,摆在我们面前的死刑,是某一法律制度的产物,我相信,正是

---

① Mass. Gen Laws Ann., c. 265, 2.
② Ohio Rev. Code Ann., Tit. 29, 2901.09 及 2901.10.
③ 众多统计数据研究比较了有死刑和没有死刑的司法管辖区以及死刑废除前后的司法管辖区的犯罪率,进而揭示出,如果说其间有那么丁点的话,也仅仅是存在着极微小的可测算的威慑效果差异。参见 H. Bedau, *The Death Penalty in America* 258-332(1967 修订版)。当然,这一结论并非确定,因为确定并保持所有其他相关变量不变是一件困难的事情。参见 Comment, The Death Penalty Cases, 56 *Calif. L. Rev.* 1268,1275-1292。另见首席大法官的异议意见,后见 408 U.S. 395;马歇尔大法官协同意见,后见 408 U.S. 346-354。
④ 在 No.69-5030 案件中的该申诉人被定罪量刑的当时,佐治亚州的法律规定由陪审团决定选择判处死刑还是终身监禁或者"1 年以上 20 年以下的狱中劳役"。Ga. Code Ann.26-1302(1971 年增订)(有效期至 1969 年 7 月 1 日)。现行的佐治亚州法律对强奸所规定的刑罚仍然保留了同样宽泛的裁量空间。Ga. Crim. Code 26-2001(1971 年修订)(1969 年 7 月 1 日生效)。No.69-5031 案件中的申诉人其量刑所依据的得克萨斯州法律规定,"被判强奸的罪犯应处死刑或者终身监禁,或者 5 年以下监禁"。Texas Penal Code, 第 1189 条。
⑤ No.69-5030 案件中的该申诉人其量刑所依据之佐治亚州法律将死刑和终身监禁的选择权交由陪审团行使。Ga. Code Ann.26-1005(1971 年增订)(有效期至 1969 年 7 月 1 日)。现行的佐治亚州法律规定了同样的量刑空间。Ga. Crim. Code 26-1101(1971 年修订)(1969 年 7 月 1 日生效)。
⑥ 公布于 408 U.S. 311。

这一制度使其处于保障免受残酷和异常的刑罚的第八修正案的核心,而通过第十四修正案这一保障亦适用于免受国家的侵害。① 首先,这些量刑并非在刑罚的程度上而是在类型上远远超过了州立法机关决定认为必要的刑罚,在此意义上,它们显然是"残酷的"。② 其次,同样清楚的是,死刑并非经常地适用于谋杀,而其对强奸罪的适用也极为罕见,在此意义上,这些量刑也是"异常的"。③ 但是,我并不想把我的结论孤立地建立在上述两个论点之上。

这些死刑判决均属残酷和异常,就如同被强烈的光芒所惊吓的那种残酷和异常一样。因为,在1967年和1968年因犯强奸和谋杀的罪犯④,其中许多人应受谴责的程度和这些案件的被告人一模一样,因此申诉人仅仅是任意地、随机地被选择实际被判处死刑的一部分人。⑤ 我的发表赞同意见的同事们已经证明,假如我们能够分辨出这么一些少数人之所以被判死刑的任何基础标准,这个基础只能是宪法所不允许的种族因素。⑥ 但是种族歧视并未被证实⑦,因此我将其搁置一边。我只是简洁地断言,第八修正案和第十四修正案不可能容忍死刑需依据这样一种法律制度而予以适用,这一法律制度允许这种独特的刑罚能够如此蛮横、如此捉摸不定的适用。

基于这些理由,我赞同本法院的判决。

马歇尔大法官的协同意见书:

上述三个案件提出了这一问题,即死刑是否系美国宪法第八修正案所禁止

---

① 参见鲁宾逊诉加利福尼亚州案,370 U. S. 660。
② 参见威姆斯诉美国案,217 U. S. 349。
③ 参见首席大法官的异议意见,后见408 U. S. 386-397,注释11;布伦南大法官的协同意见,前见408 U. S. 291-293。
④ 申诉人布兰奇于1967年6月26日在得克萨斯州法院被判死刑。申诉人弗曼于1968年9月20日在佐治亚州法院被判死刑。申诉人杰克逊于1968年12月10日在佐治亚州法院被判死刑。
⑤ 前美国总检察长在国会听证时证明,只有"少数并且是被任意选择的罪犯才被判处死刑。绝大多数犯有同样罪行的人都被判处监禁"。检察总长克拉克(Clark)在参议院司法委员会刑法和程序法专门委员会关于第1760节的听证会(第90届议会第二次会议,93)上的陈述。
在McGautha v. California(402 U. S. 183)案中,法院处理的是基于第十四修正案的正当法律程序和平等保护条款所提出的权利主张。在该案中,我们明确地拒绝了对基于宪法关于防止残酷和异常的刑罚这一规定而提出的权利主张予以考虑。参见398 U. S. 936(有限的允准案卷移送令)。
⑥ *McLaughlin v. Florida*,379 U. S. 184。参见道格拉斯大法官的协同意见,前见408 U. S. 249-251;马歇尔大法官的协同意见,后见408 U. S. 366注释155。
⑦ Note, A Study of the California Penalty Jury in First-Degree-murder Cases, 21 *Stan. L. Rev.* 1297(1969);首席大法官,反对意见,后见408 U. S. 389-390,注释12。

的残酷和异常的刑罚。①

在第 69-5003 号弗曼诉佐治亚州案中,弗曼因射杀一名五个孩子的父亲——这位父亲发现弗曼在清早闯进他的家中——而被判谋杀罪。第 69-5030 号杰克逊诉佐治亚州案和第 69-5031 号布兰奇诉得克萨斯州案涉及州法院对暴力强奸的判决。杰克逊被认定在入室抢劫过程中强奸。他拿剪刀顶住被害人的喉咙而完成了强奸。布兰奇同样被认定在被害人家中将其强奸。他并没有使用武器,但是使用了肉体的暴力和威胁。

我们所面对的犯罪行为都是丑陋、凶残而应受惩罚的行为。这种极度的残忍不能也不应被丝毫地低估。但我们的职责并不是去宽恕这些已经得到惩罚的行为,而仅仅是要对施加于每个申诉人身上的刑罚进行检验,并且决定这一刑罚是否违反第八修正案。因此,问题并不在于我们是否要宽恕强奸或者谋杀,这显然非我们所愿;问题在于死刑是否属于"已经不再符合我们自身的自我尊重的刑罚"②,并因此违反了第八修正案。

置于我们思考范围的这一宪法规定的灵活性,显示出过度的自我克制或者缺少自我克制的危险。③ 因此,我们必须谨慎地去尝试回答所提出的这一问题。④ 通过对第八修正案的历史起源以及本法院过往对这一规定的解释所进行的初步考察,并通过对这个国家中的死刑的历史和特性的探寻,我们能够客观地、在恰当的自我克制的态度下,回答所提出的这一问题。

公正对于这样一个问题至关重要。所有相关资料均须予以整理、归类并且予以坦率地审查。我们必须不只是精确地对待我们所适用的判决标准,而更要在按照那些标准对相关资料进行审查时,务求精心细致。

公正这一要求令我不得不承认,我对于这一问题确实事关生死并不在意。这一问题不但涉及这三位申诉人的生命,而且还涉及当前全国范围内近 600 位正在等候处决的其他被判处死刑的男男女女。虽然这一事实不能影响我们的最

---

① 在第四个案件中,法院同样批准了诉讼文件移送令,艾肯斯诉加利福尼亚州案(No. 68-5027),但是这一令状在加州最高法院认定死刑违反州宪法之后即被撤销(406 U. S. 813)。参见人民诉安德森案(6 Cal. 3d 628,493 p.2d 880),调卷令被拒绝 [406 U. S. 958(1972)]。加利福尼亚州的裁决减刑人数不多,不过超过 100 名当时正等待执行死刑的人被减刑。

② 268 Parl. Deb., H. L. (5th ser.)703(1965)(Lord Chancellor Gardiner).

③ 路易斯安那州根据弗朗西斯的告发诉雷斯韦伯案 [*Louisiana ex rel. Francis v. Resweber*, 329 U. S. 459, 329 U. S. 470(1947). (法兰克福特大法官协同意见)],和法兰克福特, *Law and Men* 81 (1956). 参见安德森案 [*In Re Anderson*,69 Cal. 2d 613,634-635,447 p.2d 117,131-132(1968). (莫斯克大法官协同意见)];麦克高瑟诉加利福尼亚州案 [*McGautha v. California*,402 U. S. 183,402 U. S. 226(1971). (布莱克大法官,独立意见)];威瑟斯庞诉伊利诺伊州案 [*Witherspoon v. Illinois*,391 U. S. 510,391 U. S. 542(1968). (怀特大法官反对意见)].

④ Frankel, Book Review, 85 *Hard. L. Rev.* 354,362(1971).

终决定,但是它要求我们的决定必须避免任何错误的可能。

一

第八修正案对残酷和异常的刑罚的禁止,来源于英国法。1583 年,坎特伯雷大主教约翰·惠特吉夫特将宗教事务委员会改造成为一个常设性的基督教法庭,而该法庭开始对被怀疑犯有各种罪行的人使用酷刑以逼取口供。① 罗伯特·比尔爵士反对这一做法,认为残酷而野蛮的刑罚违反了大宪章,但是他的抗议毫无作用。②

酷刑并不局限于对那些被控犯罪的人适用,臭名昭著的是,它被更为热衷地适用于那些已被定罪的囚犯。布莱克斯通以令人恐惧的细节描绘了不计其数的非人的刑罚形式,这些刑罚被施加于那些被认定构成众多犯罪中任何一个罪行的人。③ 当然,死亡是其司空见惯的结果。④

继由蒙默思郡公爵所领导的一次流产的叛乱之后进行的 1685 年叛国审判即"血腥审判",标志着对于恐惧的展示达到了顶峰,绝大多数历史学家都相信,正是这一事件最终促使了英国权利法案的通过,这一法案包含了我们的宪法中对于残酷和异常的刑罚禁止的萌芽。⑤ 在那些审判中,首席大法官杰弗里斯的行为被描述为对"由国王(詹姆斯二世)命令所刺激下"的残酷"具有疯狂的迷恋"。⑥ 这些巡回审判广受那些清教徒式的政治读物的作者们的关注,毫无疑问,这对关于残酷和异常的刑罚条文的颁布具有一定的影响。但是 1689 年英国权利法案的立法史表明,这些审判对于该条款的通过并不像人们所普遍认为的

---

① Granucci,"Nor Cruel and Unusual Punishment Inflicted": The Original Meaning, 57 *Calif. L. Rev.* 839,848(1969).

② *Ibid.* 比尔的观点从英国流传到了美国,并由值得尊敬的纳撒尼尔·沃德第一次写入美国法之中,就是他为马萨诸塞湾殖民地起草了人身自由法。该法第 46 条规定:"禁止适用非人道的、野蛮的或者残酷的身体刑。"B. Schwartz, *The Bill of Rights*: *A Documentary History* 71,77(1971).

③ W. Blackstone, *Commentaries*,376-377; J. Chitty, *The Criminal Law*,785-786(5th ed., 1847); Sherman,"…Nor Cruel and Unusual Punishment Inflicted", 14 *Crime & Delin.*73,74(1968).

④ 英国人对于将死刑作为犯罪报应的手段并不感到满足,又规定了褫夺公民权("法律上的死亡"),作为死刑即刻的、不可分的附加内容。褫夺公民权的后果在于没收不动产和私人财产以及血统污损。被褫夺公民权的人不能继承土地或者其他世袭财产,也不能保留其所拥有的财产,更不能将财产留给任何继承人。其子孙在任何时候也都不能继承被褫夺公民权者的头衔。W. Blackstone, *Commentaries*,380-381.

译注:所谓血统污损是指因犯叛国罪或其他重罪而被剥夺民事权利和民事行为能力所导致的直接后果之一。血统污损的人被认为玷污了其祖上及后代的血统,因此他既不能继承土地或者其他财产,也不能将财产留给其继承人,后世地产权利的合法性不能追溯至该污损血统者。其土地、财产由其领主收回,但国王的没收权优先于领主的没收权。该制度于 1834 年废除。

⑤ J. Story, *On the Constitution*, §1903, p.650(5th ed., 1891).

⑥ G. Trevelyan, *History of England* 467(1952 reissue).

那么至关重要。在奥林奇派的威廉和玛丽穿越海峡进犯英格兰后,詹姆斯二世流亡。国会被召集开会,其任命了一委员会来起草一个一般性声明,该声明中包含这样的表述,"为了更好地确保我们的宗教、法律和自由,诸如此类的事物绝对有深思的必要"。① 权利法案的最初草案禁止"非法的"刑罚,但稍后一点的另一草案提及了詹姆斯二世所施加的"非法并且残酷的"刑罚,并宣布"残酷和异常的刑罚"应被禁止。② 在最后草案中"异常"一词的使用似乎是偶然的。

这一立法史至少使得一位法律史学家断定,"1689 年权利法案的残酷和异常的刑罚条款,首先是对未经法律授权以及超越量刑法院的管辖领域的刑罚适用的抗议,其次,它是对英国反对不均衡的刑罚这一政策的重审"③,并不仅仅是对宗教事务委员会的酷刑、严苛的量刑或者巡回审判的简单反应。

无论英国权利法案对残酷和异常的刑罚的禁止能否被恰当地理解为是对过度的或者非法的刑罚的反应,或者是对野蛮的、令人厌恶的刑罚模式的一种反应,或者两者均是,我们可以确定的是,我们的国父们在借用这一用语并将其包括在第八修正案之中,其意图在于全面禁止酷刑和其他残酷的刑罚。④

第八修正案所使用的这一精确用语首次在美洲出现是在 1776 年 6 月 12 日的弗吉尼亚州的权利宣言第 9 条,该条规定:"不应要求过度的保释金,也不应施加过度的罚金,并不得适用残酷和异常的刑罚。"⑤ 这一用语一字不差地来自于 1689 年的英国权利法案。其他州也采用了同样的规定⑥,在不同州的各个制宪

---

① Granucci, *supra*, n. 5, at 854.

② *Id.* at 855.

③ *Id.* at 857-859,860. 为得出这一结论,Granucci 教授基本上依据泰特斯·奥茨案的审判,并认为其是该条款之所以被采纳背后的动力。奥茨是英国教会的一位牧师,他宣称存在着一项意图暗杀国王查理二世的阴谋。他被控犯有伪证罪,被认定有罪后处以罚金 2000 马克(译注:旧时欧洲大陆的金银重量单位)、终身监禁、笞刑、每年接受四次公众谴责,并被开除神职。奥茨同时向下议院和上议院提出申诉,要求免除处罚。上议院驳回其申诉,但是一小部分议员认为,王座法庭对于强制开除神职没有司法管辖权,并且其他刑罚也过于野蛮、不人道并且不合基督教义,亦未经法律授权。下议院同意那些持有异议的上议员的意见。

该作者同样依赖于辞典中对"残酷"的定义以支持其论点,该词在 17 世纪意指"严厉的"或者"艰苦的"。

④ 多数历史学家通过对残酷和异常的刑罚条款的解读而得出了这一结论,认为这一条款表明它是对非人道的刑罚的反应。Granucci 教授发现美国宪法起草者对英国历史的误读以及对布莱克斯通的理解的错误依赖这一事实,并因此得出了同样的结论。Granucci, *supra*, at 862-865. 然而,很显然的是,在该修正案被采纳之前,已经存在着这样的心态,即禁止残酷刑的保障是必要的,而且这一心态为过去的实践所支持。*supra*, 及其附带文本。

⑤ Granucci, *supra*, at 840; Schwartz, *supra*, at 276,278.

⑥ 参见,例如特拉华州权利宣言(1776 年)、马里兰州权利宣言(1776 年)、马萨诸塞州权利宣言(1780 年)以及新罕布什尔州权利法案(1783 年)。Schwartz, *supra*, at 276,278;279,281;337,343;374,379.

会议中所发生的辩论亦清楚说明,出于对宪法中缺乏禁止酷刑和其他残酷刑罚的规定的顾虑,人们要求制宪会议对宪法进行修订。①

弗吉尼亚制宪会议为我们了解国父们当时对于禁止残酷和异常的刑罚的思考提供了一些线索。有关这一问题,乔治·梅森鼓吹应当接受权利法案,帕特里克·亨利表示支持,认为:"根据这一宪法,一些保护人权最为可靠的屏障被丢弃了。在此不存在着接受权利法案的额外理由吗?……议会根据其一般的权力,可以涉及所有的人类事务的立法。在刑事领域,他们可以对轻至小额的侵占行为,重至叛国行为予以立法。他们可以规定犯罪、确定刑罚。在对犯罪进行定义过程中,我相信他们会得到那些明智的代表所应当接受的原则的指导。但当我们论及刑罚时,就既不应留有自由的裁量空间,也不应依赖于代表的优良品质。正如我们的权利法案所言,'不应设定过度的保释金,不应判处过度的罚金,不应施加残酷和异常的刑罚',因此,现在难道你不是在呼吁那些组成议会的绅士们,抛弃这一限制来指导审讯、确定刑罚?对此,他们同这一权利法案是否持有同感?你不仅仅是在放宽限制,更是在背离你的国家的天才之举……""事涉立法,各位议员可能会放宽关于过度罚金的判处、过度保释金的设定以及残酷和异常的刑罚的施加等这些限制,这些均为你们的权利法案所禁止。我们如何与我们的先人相区别?他们都不会接受酷刑或者残酷和异常的刑罚。但国会可以引入民事法的实践,尤其是倾向于普通法的做法;他们也可以引入法国、西班牙或者德国以酷刑逼取刑事口供的做法。他们可能会说,他们可以像从英国获取范例那样,从那些国家中获得这些范例,他们可能告诉你,加强政府的力量是多么必要,他们必须拥有同犯罪之间的平衡,可以通过酷刑逼取口供,以便以更为无情的严厉性予以惩罚。如此一来,我们就会迷失方向,甚至前功尽弃。"②

亨利的陈述表明,他希望确保宪法能够禁止"更为无情的严厉性"。第一届国会的成员们所提出的关于第八修正案的其他一些言论,表明他们赞同亨利的关于残酷和异常的刑罚条款的必要性及其目的的观点。③

---

① 2 J. Elliot's Debates 111 (2d ed. 1876); 3 *id.* at 47-481; 2 Schwartz, *supra*, n.6, at 629, 674, 762, 852, 968.

② 3 Elliot,*supra*, n.17, at 446-448. 乔治·梅森所做的评论对针对他本人和帕特里克·亨利的批评进行了错误地解释,这一评论成为证明如下意图的进一步证据,即通过对残酷和异常的刑罚的禁止达到对酷刑及其类似事物的禁止。*Id.* at 452.

③ 国会记录,第782-783页(1789年)。相关记录有多处对如下事实表示认可,即对残酷和异常的刑罚的禁止是一个灵活的禁止性规定,其含义可能随着社会习惯的变化而变化,并且最终可以对那些宪法通过当时未被禁止的特定刑罚加以禁止。同上(新罕布什尔州利乌莫尔先生的评论)。同样有证据证明,第八修正案通过当时,一般性的观点认为这一法案禁止所有"明显不必要"的刑罚。W. Bradford, *An Enquiry How Far the Punishment of Death is Necessary in Pennsylvania* (1793), reprinted in 12 *Am. J. Legal Hist.* 133, 127(1968).

因此,这一条款的历史清晰地说明,它的意图就是要禁止残酷的刑罚。现在,我们必须转而考察判例法,以探求法院确定"残酷"一词含义的方式。

二

在威尔克森诉犹他州案①之前,本法院尚未直接面临解释残酷和异常的刑罚这一用语的任务,虽然在此前的一些案件中,这一用语已经被予以粗略地审查。② 在威尔克森案中,法院一致同意维持对被判谋杀的罪犯通过枪决进行公开处决的判决。克利福德大法官在其所提交的法院判决中写道:"对规定了不应施加残酷和异常的刑罚的宪法条文,要精确地确定其范围,这样的尝试一定困难重重;但是人们有理由断定,酷刑……乃至所有其他同样具有不必要的残酷性的刑罚,均为宪法的这一修正案所禁止。"③因此,法院认定,不必要的残酷性的刑罚和酷刑一样不为宪法所允许。为了确定被挑战的刑罚是否属于不必要的残酷,法院审查了犹他领地的历史和由彼至今有关死刑的著作,并对比了本国的做法和其他国家的做法。显然,法院感到,仅仅援引传统的做法不能成功地处理这一问题;取而代之的是,它认为应当同时对正在发展中的思想予以紧密考察。

12年之后,本法院再次面临根据第八修正案向特定的刑罚提出挑战这一问题。在凯姆勒案中④,首席大法官富勒撰写了法院的一致意见,该判决维持认定电刑是一种被允许的刑罚模式。由于法院表面上认定第八修正案不适用于各州,因此很显然,该案所涉及的刑罚本质问题是根据第十四修正案的正当程序条款加以审查的。法院认定,该刑罚并未致人反感。今天,凯姆勒案主要用以支持这样一种判断,即某一刑罚并不仅仅因为其是异常的就必定是违宪的,只要立法者在谨慎选择这一刑罚时,怀揣人道的目的。⑤

两年后,在奥尼尔诉佛蒙特州案⑥中,法院再次确认,第八修正案不适用于各州。奥尼尔被认定共构成307项违反佛蒙特州法销售酒类的行为。其被判处6140美元的罚金(每项罪状20美元),并承担公诉的费用(497.96美元)。在奥尼尔缴清罚金和诉讼费之前,他一直被关押于狱中,法院同时规定,如其在指定日期前未缴清上述款项,奥尼尔将被羁押于感化院19914天(接近54年)从事劳

---

① 99 U. S. 130(1879).

② 参见,例如 72U. S. Commonwealth, 5 Wall. 475(1867)。

③ 99 U. S. 135-136.

④ 136 U. S. 436.

⑤ 纽约州上诉法院确认这一处决方式的异常本质,但是将其归因于立法的需求即使被执行死刑的人的痛苦最小化。

⑥ O'Neil v. Vwemont,144 U. S. 323(1892).

役。三位大法官——菲尔德、哈伦和布鲁尔——表示异议。他们不仅坚持残酷和异常的刑罚这一条款适用于各州,而且认为,在奥尼尔案中,这一规定已经被违反。菲尔德大法官写道:"确实,残酷和异常这一名称经常用于施加残酷的刑罚,诸如拉肢刑架、拇指夹、铁靴、拉伸四肢等,这些酷刑均意图产生剧烈的肉体疼痛和精神痛苦……对酷刑的控制不仅仅禁止具有上述特点的刑罚,同时也禁止所有其过度的刑期和严厉程度与罪犯被指控的犯罪极不均衡的刑罚。其控制的整体是要禁止那些过度的刑罚……"

在霍华德诉弗莱明案①中,法院在其本质上遵循了奥尼尔案的异议者所坚持的标准。按照布鲁尔的观点,法院考察了该犯罪的性质、法律的目的以及所判处的刑期,否决了对共谋诈骗判处 10 年监禁属于残酷和异常的主张。

7 年后,在威姆斯诉美国案这一里程碑式的判例中,法院又使用了同样的标准。威姆斯是菲律宾群岛的海岸警卫和交通部的工作人员,被认定构成伪造"公文和官方文件"。他被判处 15 年的劳役监禁,并且要戴脚镣,同时被判其民事权利的异常的损失,并且要被持续性地监视。法院被申请要求裁决这是否属于残酷和异常的刑罚,而法院认定这就是适例。② 法院强调,宪法并非"流行一时的"规范,或者只是一个"为迎合昙花一现的事件而制订"的规范。③ 法院意识到,"时间流逝,万事变迁,并呈现出崭新现状和目的"④,据此法院评述认为,"在宪法适用过程中……我们的思考不能仅仅局限于它过去如何,而应该考虑到它现在可能如何"。⑤

在撤销对威姆斯所施加的刑罚过程中,法院审查了与该罪相关的刑罚,并将该刑罚同那些施加于其他犯罪的刑罚以及其他司法管辖区内所施加的那些刑罚,进行了对比,最终断定这一刑罚是过度的⑥。怀特大法官和霍姆斯大法官持异议,并争辩认为,残酷和异常的刑罚的禁止意指仅仅禁止宪法通过当时那些令人反感的刑罚⑦。

威姆斯案是一个里程碑式的案件,因为它代表着法院第一次宣布立法机关针对特定犯罪而规定的某一刑罚无效。法院对其进行了明确的阐释,超越了任

---

① *Howard v. Fleming*, 191 U. S. 126(1903).
② 同威姆斯案直接相关的对残酷和异常的刑罚的禁止条款,均可以在菲律宾的权利法案中寻找到。当然,这一条款借用了美国宪法的第八修正案,并具有同样的含义。217 U. S. 367.
③ *Id.* at 217 U. S. 373.
④ *Ibid.*
⑤ *Ibid.*
⑥ *Id.* at 217 U. S. 381.
⑦ *Id.* at 217 U. S. 389-413. 布莱克大法官在麦克高瑟诉加利福尼亚州案[402 U. S. at 226(1971)]的独立意见中,表达了相同的观点。

何合理怀疑地认定,过度的刑罚和那些本性残酷的刑罚一样,均属于令人反感的刑罚。因此,奥尼尔案中异议者的立场显然成为了法院在威姆斯案中的判决结论。

威姆斯案的结论为后来的两个判例巴德斯诉美国案①和美国根据密尔沃基社会民主出版公司之告发诉伯利森案②所遵循③,但后者并未为我们对于残酷和异常这一用语的范围的理解增添更多内容。之后又出现了另一个里程碑式的判例,即路易斯安那州根据弗朗西斯之告发诉雷斯韦伯案。

弗朗西斯被认定构成谋杀罪并被判电刑。第一次执行时,电流通过他的身体但遇到了机械故障,他因此未死。接着,弗朗西斯希望阻止第二次电刑,其理由是这将是一个残酷和异常的刑罚。本法院中八位大法官认定,第八修正案对州具有适用效力。④ 法院实质上一致地赞同,"现代英美法的传统人道主义禁止不必要的痛苦的施加"⑤,但是对于弗朗西斯在这一情形下是否还要被迫承受任何过度的痛苦这一问题上,法官们分裂为5:4。本法院的五位大法官将该案比照凯姆勒案处理,认定立法者出于人道的目的而采纳电刑,其意志的实现不应被阻挠,因为在绝大多数案件中其减少肉体疼痛和精神痛苦意图的实现过程中,在某个特定案件里可能并非有意地存在着痛苦的增加。⑥ 而四位异议者认为,该案应当发回重审以进一步查清事实。

正如在威姆斯案中,本法院关注于过度的刑罚问题。雷斯韦伯案大概是最受瞩目的案件了,因为首先奥尼尔案中的异议者所主张的那番对残酷和异常的刑罚问题的分析,最终深深地扎根在了所有大法官的心中。

---

① *Badders v. United States*, 240 U. S. 391(1916).

② *United States ex rel. Milwaukee Social Democratic Publishing Co. v. Burleson*, 255 U. S. 407(1921).

③ 巴德斯被认定构成七项罪状,即利用邮件作为其诈骗计划一部分。他同时被判5年监禁,每个罪状同时又并科1000美元罚金。法院概略地否决了其主张这一判决系属残酷和异常的刑罚的申诉。在美国根据密尔沃基社会民主出版公司之告发诉伯利森案[255 U. S. 407(1921)]中,法院维持了对某一报纸适用二类邮件的特权的否决意见,该报纸被控以制造不忠诚的意图,印行了传播有关第一次世界大战期间美国行为的错误报道。布兰代斯大法官持有异议,并表明了其信念,即按照威姆斯诉美国案[217 U. S. 349(1910)],这一"刑罚"是异常的并且可能过度。在这些案件中,没有一个显示出其背离了威姆斯案所进行的探索,或者对其有所突破。

④ 法兰克福特大法官是本法院成员中唯一一个不愿意作此假定的人。不过,就像首席大法官富勒在凯姆勒案[136 U. S. 436(1890)]所为一样,他依据第十四修正案的正当程序条款审查了刑罚的适当性(329 U. S. 471)。就像鲍威尔大法官所阐明的那样,法兰克福特大法官的分析与其同僚的分析只是在形式上有所不同;实际上,他的标准和本法院其他法官所采用的标准在本质上完全相同。

⑤ *Id.* at 329 U. S. 463.

⑥ 在死刑第一次执行失败后,英国法要求再进行第二次尝试。L. Radzinowicz, *A History of English Criminal Law* 185-186(1948).

特罗普诉杜勒斯案则是本法院另一个有关残酷和异常的刑罚问题的重要案件。特罗普系一位本土出生的美国人,因为被军事法庭认定构成战时脱逃罪而被宣布褫夺公民权。首席大法官沃伦代表其本人和布莱克、道格拉斯和惠特克撰写了意见,其认定,褫夺公民权构成一种违反了第八修正案的残酷和异常的刑罚。①

首席大法官强调了"残酷和异常"这一用语的内在灵活性,他指出,"该修正案必须从不断发展的、标志着成熟社会进步的尊严标准中,汲取其意义"。② 他对这一问题的解决路径就是本法院在威姆斯案中所使用的解决方案:他缜密审查了该刑罚相对于特定犯罪的严厉性,审视了世界上其他文明国家的做法,进而断定:非自愿的国籍剥夺系过度的,因而是违宪的刑罚。法兰克福特大法官对此持有异议,坚持认为流放并不属于刑罚,但即便它确属刑罚,它也并不过度。虽然他批评首席大法官得出的结论,但是他对于涉及第八修正案的问题的解决途径与首席大法官是完全一致的。

与此不同的是,在特罗普案中,法院的大多数并不赞同褫夺公民权属于残酷和异常的刑罚,四年后,大多数法官却在鲁宾逊诉加利福尼亚州案中同意;因为违反加州法律有关毒品滥用成瘾行为的规定被处90天的监禁,系残酷和异常的刑罚。斯图尔特大法官撰写了法庭意见,再次强调了本法院在威姆斯案的结论和沃伦大法官在特罗普案中所撰写的意见,即残酷和异常的刑罚条款并不是一个静滞的概念,而是一个必须"按照当下人类智识"而被不断地重新审视的概念。③ 被质疑的刑罚仅仅是90天的监禁这一事实,说明了法院愿意在一个既定案件中仔细审查某一刑罚可能的过度的意愿,即使所涉及的刑罚为人所熟知甚至被广为接受。④

我们在鲍威尔诉得克萨斯州案⑤中将鲁宾逊案进行了区分,在鲍威尔案中,我们维持了在公共场所醉酒的定罪判决及其20美元的罚金。四位大法官基于鲁宾逊案仍然具有效力而持反对意见。两者的论证相同,只有关于刑罚是否过度这一问题的结论有所区别。鲍威尔案标志着在本案之前,本法院最后一次有机会结识"残酷和异常的刑罚"这一用语的含义。

---

① 布伦南大法官协同,其认定规定公民权褫夺的法律超越了国会的立法权限。356 U. S. at 356 U. S. 114.

② Id. at 356 U. S. 101.

③ 370 U. S. at 370 U. S. 666.

④ 鲁宾逊诉加利福尼亚州案[*Robinson v. California*,370 U. S. 660(1962)]的判决驱散了缠绕在有关第八修正案对残酷和异常的刑罚的禁止规定是否对各州具有约束力这一问题上而挥之不去的疑虑。参见鲍威尔诉得克萨斯州案[*Powell v. Texas*,392 U. S. 514(1968)]。

⑤ 392 U. S. 514(1968).

之前的这些判例已经提炼出一些原则,并在一些迫在眉睫的案件中,成为指路明灯而帮助我们达致一个开明的裁决。

三

在分析"残酷和异常"的刑罚这一问题时,或许最重要的原则就是这一在先前的判例中被一再重申的原则,即:"残酷和异常"这一用语"必须从不断发展的、标志着成熟社会进步的尊严标准中,汲取其意义"。① 因此,在我国历史上的某一时期曾被容忍的刑罚,在今天并不必然就能被容忍。

所以,本法院或者个别大法官在过往可能表明过死刑合宪这一观点的事实,现在对我们并不具有约束力。对威尔克森诉犹他州案[前引]、凯姆勒案[前引]、路易斯安那州根据弗朗西斯之告发诉雷斯韦伯案[前引]的合理解读,必定会揭示出,其将死刑作为宪法所容许的刑罚而加以默默认可的这一态度。一些大法官们同样也已经表明了其个人观点,即死刑合宪。② 当然,上述法官之中也有一些人和其他法官一样,不时地表达其对死刑的关注。③

在此并不存在中肯的、直接的法庭裁决,而第八修正案的核心本质将要求,除非出现最近一个裁定,遵循先例原则也将会接受变动着的价值观,而在历史上的某个给定时刻,死刑的合宪性问题其答案也将保持开放。

---

① 特罗普诉杜勒斯案[356 U. S. 86,356 U. S. 101(1958)]。同时参见威姆斯诉美国案(217 U. S. at 217 U. S. 373);鲁宾逊诉加利福尼亚州案(370 U. S. at 370 U. S. 666)。同时参见 n. 19,*supra*。

② 例如麦克高瑟诉加利福尼亚州案(402 U. S. at 402 U. S. 226)(布莱克大法官独立意见);特罗普诉杜勒斯案,*supra*, at 356 U. S. 99(沃伦首席大法官),125(法兰克福特大法官反对意见)。

③ 参见,例如路易斯安那州根据弗朗西斯之告发诉雷斯韦伯案[329 U. S. 474(伯顿大法官异议意见)];特罗普诉杜勒斯案[at 356 U. S. 99(首席大法官沃伦);鲁道夫诉阿拉巴马州案[*Rudolph v. Alabama*, 375 U. S. 889(1963)](戈德堡大法官,对驳回调卷复审令持异议);F. Frankfurter, *Of Law and Men* 81(1956)。

现在所做的死刑违反第八修正案的裁定并不违反遵循先例原则。最后一个暗示死刑仍被允许的案件是特罗普诉杜勒斯案(at 356 U. S. 99)。这一暗示不仅纯属简意赅的格言,而且它又是在一个灵活的语境中所做出的,这一暗示认可,随着公众舆论的变迁,这一刑罚的有效性也将被重新审视。现在,特罗普诉杜勒斯案的判决已近15年,15年来,在很多问题上我们的观念已经有了极大变化。虽然鲍威尔大法官认为,最近我们在威瑟斯庞诉伊利诺伊州案[391 U. S. 510(1968)]和麦克高瑟诉加利福尼亚州案[402 U. S. 183(1970)]中的裁决,已经暗示死刑为宪法所容忍,原因在于,因为以任何其他进路思考这些裁决,它们只不过是一个学术的推演。而我的观点则是,这一说法曲解了本法院用来决定哪个案件、什么问题应当以及按照何种程序被予以考察的"四票原则"。参见美国诉杰尼斯案[*United States v. Generes*, 405 U. S. 93, 405 U. S. 113(1972)](道格拉斯大法官,异议意见)]。为什么本法院的四位成员应该在考察目前提交至本法院的这一难题之前,首先需要考察在那些案件中所呈现的问题,对此有很多解释理由。在此我不想对这些理由一一尽述,我相信那些裁决在任何意义上都无法完全地用来支持当前这一案件业已不露声色地显明出来的任何结论,我想,指出这一点就已经够了。

面对着这样一个开放式的问题,我们必须构建我们的裁定标准。在之前部分所讨论的裁定暗示着:基于下述四个迥异原因中的任何一个,某一刑罚就可以被视为残酷和异常。

首先,存在着某个特定刑罚,其内在地包含着文明人所无法承受的太多的肉体疼痛和精神痛苦,例如,拉肢刑架、拇指夹或者其他酷刑模式。① 无论在某一特定案件中或者历史上的任何时刻,公众对于上述任一刑罚的适用具有何种情感,宪法终归都加以禁止。这些恰恰就是权利法案通过以来被其禁止的刑罚。

其次,存在着异常的刑罚,这意味着它们之前并不被认为是针对特定犯罪的刑罚。② 如果这些刑罚意图服务于人道的目的,那么它们就可能为宪法所容许。③ 先前的裁定对于"异常"这一措辞在"残酷"这一用语之外增附了何种含义这一问题,留下了一定余地。我之前曾经指出,英国 1689 年的权利法案中,"异常"一词的运用是粗率的,在第八修正案的历史上,也没有任何东西能够用来充实其预想的含义。按照这一确实存在但又贫乏的历史,人们可能认为,假如某一个新发明的刑罚并不比其替代的原先那个刑罚更为残酷,那么该刑罚就可能符合宪法。在此我们并不需要裁决这一问题,然而,有关死刑的问题,确非最近之现象。

再次,因为某一刑罚系过度且无助于有效的立法目的之实现,那么该刑罚就可能是残酷和异常的(威姆斯诉美国案,前引)。之前所讨论的裁决均充溢着这样的断言,即残酷和异常的刑罚条款的基本机能之一是要防止过度或不必要的刑罚,例如威尔克森诉犹他州案;奥尼尔诉佛蒙特州案;威姆斯诉美国案;路易斯安那州根据弗朗西斯之告发诉雷斯韦伯案;这些刑罚均系违宪,即便公众的情感倾向于它们。首席大法官和鲍威尔大法官试图忽略或者贬低本法院先前裁决在这一方面的意义。但是,自从菲尔德大法官首先提出"对残酷和异常的刑罚的禁止的全部内容就是对过度的刑罚的禁止"(奥尼尔诉佛蒙特州案,144 U.S. 340)以来,本法院就坚定不移地信守着这样的观念,即只要某一刑罚系属不必要的严厉或残酷,该刑罚就是违宪的。此即为本国之建国者的意图所在;这也是他们的同胞所相信的第八修正案所规定的内容;这更是我们在鲁宾逊诉加利福

---

① 参见奥尼尔诉佛蒙特州案,144 U.S 339(菲尔德大法官异议意见)。
② 比较美国根据密尔沃基社会民主出版公司之告发诉伯利森案,255 U.S. 435(布兰代斯大法官异议意见)。
③ 参见凯姆勒案(136 U.S. 447)、路易斯安那州根据弗朗西斯之告发诉雷斯韦伯案(329 U.S. 464)。

尼亚州案中裁决的基础①，同样必须指出的是，第八修正案中"残酷和异常"这一用语紧随于禁止过度的保释金和过度的罚金这一措辞之后。简言之，第八修正案的全部目标就是防止"过度的刑罚"。

第四，当某一刑罚并不过度，且服务于一个有效的立法目的时，它仍然可能因为公众情感对其深恶痛绝而无效。例如，如果事实清楚地表明死刑有助于有效的立法目的的实现，但是假如国民认为其在道德上无法接受，那么这一刑罚也仍然可能被认为违宪。在效果上，公众的普遍痛恨将使得某一现代的刑罚在性质上等同于那些自从第八修正案颁布以来即被摒弃的刑罚一样。本法院此前并无基于这一理由而宣布某一刑罚无效的先例，但是价值观之变迁这一核心观念要求我们必须正视这一事实的存在。

故此，这一结论即呼之欲出：由于死刑并非最近出现之现象，因此，假如死刑违反宪法，那么它一定是因为其过度、不必要或者为当下既存的道德价值观所深恶痛绝。

我们必须进一步探讨死刑在美国的历史沿革。

四

自文明伊始，死刑就被社会成员用来惩罚各种行为样态。虽然其准确的起源难于查考，但是仍然有证据表明，其根植于部族或者团体成员甚至部族或者团体本身，针对那些对团体成员实行了敌意行为的人所实施的暴力复仇。② 因此，死亡作为一种刑罚而施加于那些令人厌恶的行为这一事实，表明其根源于私人的复仇。③

由于个体逐步地将其个人权利让渡于主权者，国家接受了惩罚恶行的权力并将其作为统治的"天赋权利"的一部分。个体的复仇让位于国家的复仇，死刑成为一种公共机能。④ 死刑进入各国的法律体系之中⑤，并以种种骇人的、恐怖的方式施加于人。⑥

---

① 首席大法官沃伦在特罗普诉杜勒斯案中所撰写的多数意见；法院在威姆斯诉美国案中的裁决。另见 W. Bradford, An Enquiry How Far the Punishment of Death is Necessary in Pennsylvania(1793), 重印于 12 *Am. J. Legal Hist.* 122,127(1968)。

② Ancel, The Problem of the Death Penalty, in *Capital Punishment* 4-5(T. Sellin ed. 1967); G. Scott, *The History of Capital Punishment* 1(1950).

③ Scott, *supra*, at 1.

④ *Id.* at 2; Ancel, *supra*, n.38, at 4-5.

⑤ 汉谟拉比法典是已知的第一个承认"以眼还眼"概念的法律，因此认可将死刑作为惩罚杀人行为的恰当刑罚。E. Block, *And May God Have Mercy: the case against capital punishment*, 13-14(1962).

⑥ Scott, *supra*, at 19-33.

正是在亨利二世(1154—1189年)统治期间,英国法首先认为犯罪绝不仅仅是被害人和行为人之间的个人事务。①

英格兰死刑的早期历史在麦克高瑟诉加利福尼亚州案②中得到了阐述,在此已毋庸赘言。

至1500年,英国法确认了八种主要的死刑罪名:叛国、轻叛逆罪(妻子杀死丈夫)、谋杀、侵占、抢劫、夜盗、强奸以及纵火。③ 都铎和斯图尔特国王增加了大量新的可以被判处死刑的罪名,至1688年,这一数量接近50个。④ 乔治二世(1727—1760年)又增加了近30个罪名,而乔治三世(1760—1820年)则增加了60个罪名。⑤

1800年后不久,死刑罪名超过了200个,不仅包括那些侵害个人和财产的犯罪,甚至也包括一些扰乱公共安宁的犯罪。虽然回顾来看,英格兰似乎看起来尤其残忍,但是布莱克斯通指出,和欧洲的其他国家相比,英格兰已经是相当文明了。⑥

作为一种刑罚,死刑在美国殖民地并非常见。可以追溯至1636年的新英格兰死罪法为马萨诸塞州海湾殖民地所起草,它是我国所知现存最早明确死罪的书面文件。这些法律规范规定下述犯罪为死罪:偶像崇拜、巫术、亵渎上帝、谋杀、激怒袭击、肛交、鸡奸、通奸、制定法强奸、强奸、绑架、死罪审判中的伪证以及谋反。每项罪名均附有旧约圣经的参考以说明其来源。⑦ 人们无法确切地知道,这些法律是在何时颁布,或者其颁布的内容是否同其起草时的内容相同;以及,如果确实颁布,这些法律在执行中是否被频繁适用?⑧ 而我们清楚地知道,其他殖民地中有各种类型的法律覆盖了程度不同的严厉刑罚的全部范围。⑨

---

① *Id.* at 5. 在此之前,阿尔弗雷德时期(871—901年)的法律规定,在特定情况下,故意杀死他人者,应被处死。但是显然,刑罚主要是交由私人执行。J. Stephen, *History of the Criminal Law of England* 24(1883).

② 402 U. S. 183,402 U. S. 197-200(1971).

③ T. Plucknett, *A Concise History of the Common Law* 424-425(5th ed. 1956).

④ Introduction in H. Bedau, *The Death Penalty in America* 1(1967 rev. ed.).

⑤ *Ibid.*

⑥ W. Blackstone, Commentaries 377. 究竟有多少人因为犯死罪而被执行死刑,尚不可知。Bedau,*supra*, at 3;L. Radzinowicz, *A History of English Criminal Law* 151,153(1948);Sellin, *Two Myths in the History of Capital Punishment*, 50 *J. Crim. L. C. & P. S.* 114(1959). 神职人员的特典一定程度上减轻了法律的危害。这一概念起源于教堂和国家之间的斗争,其最初规定神职人员应当在教会法庭受审。最终,所有初犯均有权享有"神职人员的特典"。Bedau, *supra*, at 4.

⑦ G. Haskins, The Capital lawes of New England, *Harv. L. Sch. Bull.* 111(Feb. 1956).

⑧ 将 E. Powers, Crime and Punishment in Early Massachusetts ,1620-1692(1966)和 Haskins,*supra* 相比较。同时参见 Bedau,*supra*, at 5。

⑨ *Id.* at 6.

至18世纪,罪名的神权色彩渐渐淡薄而变得更加世俗。在一个中等的殖民地中有12个死罪。① 这较之英格兰彼时所有的数量要少了很多,其中部分原因是殖民地存在着劳动力的缺乏。② 但是执行的案件数量仍然很多,因为"县监狱匮乏且缺乏安全,似乎死刑、肉刑和罚金能最有效地控制罪犯数量"。③

即使在17世纪,在有些殖民地中,也存在着反对死刑的声音。在他的1682年"伟大的法案"中,威廉·佩恩规定死刑只适用于预谋杀人和叛国④,虽然其改革很短时间内就夭折了。⑤

1776年,费城扶助贫苦罪犯协会成立,11年后其为费城缓减公共监狱痛苦协会所接替。⑥ 这些团体向政府施加压力呼吁包括死刑犯罪在内的所有刑法改革。本杰明·拉什博士马上起草了美国第一份推理缜密的反对死刑的理由书,题名为"公共惩罚对罪犯和社会的效果探寻"。⑦ 1793年,时任宾夕法尼亚州总检察长、后任美国联邦总检察长的威廉·布拉德福德进行了一项调查,即"关于在宾夕法尼亚州死刑究竟在多大程度上是必要的探寻"。⑧ 他断言,死刑究竟是否必要这一问题仍有疑问,因此,在获得更多信息之前,除了叛国和谋杀,应当立即禁止死刑适用于所有犯罪。⑨

拉什和布拉德福德的"探寻"以及宾夕法尼亚州废除死刑的运动对其他州的实践几乎没有产生什么即刻的冲击。⑩ 但是在19世纪早期,乔治·克林顿、德威特·克林顿和丹尼尔·汤普金斯诸位州长呼吁纽约州的立法机关修订或者终止死刑。在同一时期,时为美国律师、后在安德鲁·杰克逊总统时期担任州务卿和驻法国公使的爱德华·利文斯顿,受路易斯安那州议会任命起草一个新的刑法典。其建议的核心即"死刑的全面废除"。⑪ 他的"为路易斯安那州所草拟

---

① Filler, Movement to Abolish the Death Penalty in the United States, 284 *Annals Am. Acad. Pol. & Soc. Sci.* 124 (1952).

② *Ibid.*

③ *Ibid.*

④ *Ibid.*; Bedau, *supra*, n.45, at 6.

⑤ 不知道为什么,威廉·佩恩在1718年去世后,宾夕法尼亚州就采纳了更为严厉的英格兰刑法典。虽然,没有证据表明在1682年至1718年之间犯罪有所增长(Filler, *supra*, at 124)。1794年,宾夕法尼亚州除"一级谋杀"外废除了死刑,该罪包括"蓄意地、故意地或者预谋地"杀人。死刑对于该罪是绝对的(宾夕法尼亚州法典,1794,第1777章)。弗吉尼亚州在宾夕法尼亚州之后颁布了相同的法律。其他州亦群起效仿。

⑥ Filler, *supra*, at 124.

⑦ *Id.* at 124-125.

⑧ Reprinted in 12 Am. J. Legal Hist. 122 (1968).

⑨ 他的建议在很大程度上都得到了遵循。*Supra*, at 45.

⑩ 曾有一学者指出,美国早期的废除死刑运动缺乏公众人物的领导(Bedau, *spra*, at 8)。

⑪ *Ibid.*; Filler, *supra*, at 126-127.

之刑法制度的导读报告"①,包含了对赞成死刑的所有理由的系统性反驳。该报告起草于1824年,直到1833年才出版。这一工作对于此后半世纪的死刑废除运动而言,是一个强有力的推动。

在19世纪30年代期间,人们对死刑涌现出不断增长的反对情绪。1834年,宾夕法尼亚州废除了公开的死刑处决②,两年后,向缅因州议会提交的死刑报告出版。它导致了一项立法,即禁止州政府在法院判处罪犯死刑后的一年内签署执行令。该法律彻底的强制性使得它和以往几乎所有的实践做法都相矛盾。"缅因法"导致死刑执行数量极少,这一结果并不令人惊奇,因为议会通过该法的意图就是,州长所担负的在审判后一整年乃至更长时间后签署执行令这一责任的积极承担,将会有效地遏制其权力的行使。③ 该法风行于新英格兰并使密歇根州在1846年成为第一个废除死刑的州。④

19世纪40年代,由于这一时期的文化彰显了死刑犯的痛苦并表明了这样一种哲学观念,即忏悔抵偿了最恶劣的罪行,而正当的忏悔并非来源于恐惧,而是肇始于和自然的融合,由此,反对死刑的情绪高涨。⑤

至1850年,致力于废除死刑的团体存在于马萨诸塞、纽约、宾夕法尼亚、田纳西、俄亥俄、阿拉巴马、路易斯安那、印第安纳和爱荷华各州。⑥ 在纽约州、马萨诸塞州、宾夕法尼亚州的议会中,不断有人提出废除死刑议案。1852年,罗德岛仿效密歇根州的做法部分地废除了死刑。⑦ 威斯康星州在次年完全地废除了死刑。⑧ 那些没有废除死刑的州则大幅度地减少了死刑适用范围,"只有南方以外的极少数州除了叛国和谋杀以外,有一个或者两个死刑罪名"⑨。

但是内战中止了死刑废除的热潮。有一位历史学家认为,"内战之后,曾经被处决同类的行为所冒犯的人们精致而微的感情,似乎变得坚硬而迟钝"⑩。

以往关注于死刑废除的部分注意力,转移到了监狱改革之上。当然,死刑废除运动依然存在。缅因州在1876年废除了死刑,但在1883年又加以恢复,

---

① Scott, *supra*, at 114-116.
② Filler, *supra*, at 127.
③ Davis, The Movement to Abolish Capital Punishment in America, 1781-1861, 63 *Am. Hist. Rev.* 23,33(1957).
④ Filler, *supra*, at 128. 除了叛国,所有罪均废除了死刑。该法于1846年颁布,但直到1847年才生效。
⑤ Davis, *supra*, at 29-30.
⑥ Filler, *supra*, at 129.
⑦ *Id.* at 130.
⑧ *Idib.*
⑨ Bedau, *supra*, at 10.
⑩ Davis, *supra*, at 46.

并在1887年又被废除;爱荷华州在1872年至1878年间废除了死刑;科罗拉多州开始了一段不稳定的事实上废除死刑的时期,但在1872年又开始恢复死刑;堪萨斯州同样在1872年事实上废除了死刑,在1907年则在法律上废除了死刑。①

19世纪30年代至20世纪这一期间内死刑废除运动最伟大的成功之处在于它几乎彻底地废除了绝对死刑。在议会正式地赋予陪审团自由裁量权以限制死刑适用之前,"陪审团宣布法律无效"这一现象,即陪审团在其认为死刑并不恰当的案件中拒绝判处死刑,已经出现。② 田纳西州是第一个给予陪审团自由裁量权的州(田纳西州法律,1837—1838年,第29章),不过其他州很快就跟进了。纽约州共和党人柯蒂斯提出了一项联邦法律议案,并最终在1897年成为法律,而将联邦的死刑罪名数量从60个降至3个(叛国、谋杀和强奸),并给予陪审团在谋杀、强奸案中的量刑裁量权。③

至1917年,12个州成为废除死刑的司法管辖区。④ 但是,在第一次世界大战的焦虑压力之下,其中四个州重新恢复了死刑,而在其他州原本大有希望的死刑废除运动亦呈疲乏之势而至停顿。⑤ 第一次世界大战之后的时间里,死刑废除运动再也没有重获当年的势头。

我们不易确定这一运动失去其活力的原因。确实,在经济萧条的危机期间以及第二次世界大战中令人精疲力竭的困顿岁月,人们较少关注刑罚改革问题。同样,曾经是常见的公共景观的处决亦成为偶然的私人事务。执行死刑的方式发生变化,因而这一刑罚的恐惧性一定程度上在一般公众的心目中也得到消减。⑥

晚近若干年,人们对于修正死刑又重新焕发了兴趣。纽约州已经采取步骤

---

① 堪萨斯州在1935年又恢复死刑。参见本意见之附录1,408 U. S. 372以下。
② 参见麦克高瑟诉加利福尼亚州案,402 U. S. at 402 U. S. 199。
③ Filler, supra, at 133; Winston v. United States, 172 U. S. 303(1899). 在美国,自1930年开始被处决的死刑犯中超过90%是那些规定了裁量死刑的犯罪。参见 Bedau, The Court, the Constitution, and Capital Punishment, 1968 Utah L. Rev. 201,204。
④ 408 U. S. 72, supra.
⑤ Filler, supra, at 134.
⑥ Sellin, Execution in the United States, 载于 Capital Punishment 35, T. Sellin 编(1967);联合国经济与社会事务委员会, Capital Punishment, Pt. II,82-85,101-102(1968)。

准备废除死刑①,与此同时,其他几个州也开始行动起来。② 1967 年,参议院讨论了一份议案,要求废除所有联邦罪名的死刑,但胎死于委员会腹中。③

当前,有 41 个州、哥伦比亚特区及其他联邦司法管辖区至少有一个犯罪规定有死刑。在此尝试将各州所采取的死刑规定方式加以归类可能无甚成效。④不过,我们可以有把握地指出,除绑架罪和叛国罪以外,谋杀罪是最经常地被处以死刑的犯罪。⑤ 强奸罪在 16 个州和联邦体系内是死刑罪名。⑥

前述历史展示了这样一个事实:死刑被从欧洲带到了美国,但是它在这里却要温和得多。在我们历史的不同时期,都存在着强劲的废除死刑的运动。但是他们从未完全地成功过,因为在任何时期,废除死刑的州从来就没有超过全国总数的 1/4。当然,他们取得了局部的胜利,特别是在减少死刑罪名的数量、以陪审团的自由裁量取代绝对死刑以及发展了更为人道的死刑执行方式等领域上。

这就是我们历史性的初步尝试所产生的结果。现在,我们必须正视这样一个问题:美国社会是否达成共识,即死刑的废除并不依赖于特定司法管辖区内某一个成功的草根运动,而是第八修正案所要求的结果。欲回答这一问题,我们必须首先审查死刑今日是否属于过度的刑罚。

五

为判断死刑是否是一个过度的或者不必要的刑罚,我们必须考虑立法机关将其选定为一个或者几个犯罪的刑罚的原因,并且审查一个较为轻缓的刑罚是否能够像死刑一样实现正当的立法需求。如果它们能够实现这一目的,那么死刑就确系不必要的残酷,并因此是违宪的。

---

① 纽约州只对谋杀警察规定了死刑,而对谋杀只规定了终身监禁。纽约州刑法典 125.30(1967)。

② Bedau, *supra*. 9 个州对任何情形均不适用死刑:阿拉斯加、夏威夷、爱荷华、缅因、密歇根、明尼苏达、俄勒冈、西弗吉尼亚和威斯康星。波多黎各和维京群岛同样也没有死刑的规定(Bedau, *supra*, n.45, at 39)。那些严格限制死刑适用的州包括:新墨西哥州,新墨西哥州法典年报 40A-29-2.1(1972);纽约州,纽约州刑法典 125.30(1967);北达科他州,北达科他核心法典 12-07-01,12-07-13(1960);罗德岛州,罗德岛通用法律规范 1123-2(1970);佛蒙特州,佛蒙特州法典年报,标题 13,2303(附录,1971)。加利福尼亚州是唯一一个在司法上宣布死刑无效的州。

③ 一般性地参见第 90 届国会第二届会议参议院司法委员会刑法和程序法第 1760 次听证会(1968)。

④ 关于特定州规定了死刑的犯罪的大量汇编资料,可以参见 Bedau,*supra*, at 39-52,以及第 7 上诉法庭第 69-5027 号申诉案件的摘要[*Aikens v. California*,406 U.S. 813(1972)]。Finkel 在"A Survey of Capital Offenses"[载于 *Capital Punishment* 22(T. Sellin 编,1967)]一文中,试图将规定死刑的犯罪分解到各种类型之中。

⑤ Bedau, *supra*, at 43.

⑥ *Ibid.* 同时参见拉尔夫诉沃登案[*Ralph v. Warden*,438 F.2d 786,791-792(CA4 1970)]。

在此我们可以想象到死刑所能实现的六个目的：报应、威慑、再犯行为的预防、鼓励认罪和供述、优生以及经济。如下我将依次予以考察。

(1)报应这一概念是我们所有刑事法理学概念中最遭人误解的概念之一。导致这一困惑的主要原因源于这一事实,即在讨论这一概念时,大部分人都将"人们事实上为什么要施加惩罚"这一问题,同"什么使人们的惩罚具有正当性"这一问题相混淆。① 人们可以因为许多理由而惩罚他人,但是使得惩罚具有道德上的善性或者道德上的正当性的一个理由,就是某一个受惩罚的人破坏了法律规范。因此,破坏法律规范可以被正确地认为是刑罚的必要条件,或者,换言之,我们只能容忍将刑罚适用于某个偏离了刑法所建立的规范的人身上。

国家可以对那些违反了其法律的人予以报应这一事实,并不意味着报应因此成为国家在施加刑罚过程中的唯一目的。我们的法学理论一直都将一般威慑、对再犯的特殊威慑、危险行为人的隔离以及罪犯复归社会,作为刑罚的正当目的[参见特罗普诉杜勒斯案,356 U. S. 111(布伦南大法官协同意见)]。人们不能容忍报复、复仇以及报应成为一个自由社会的政府的目标,并因此而予以强烈谴责。

几百年来,学者们一直谴责将刑罚作为报应的手段。② 制定第八修正案本身就是为了避免刑罚成为复仇的同义语。

在威姆斯诉美国案中,法院在认定对威姆斯的刑罚违反了第八修正案的同时,将其同其他犯罪所规定的刑罚进行了对比,进而判定:"这一反差显示出来的不仅仅是立法判断的差别运用。它远远超出了这一方面。这一反差谴责本案中的刑罚系属残酷和异常。它显示出不受限制的权力和依照宪法限制的理念加以行使的权力之间的区别,而这一限制正是为了确证正义而形成。藉此,国家没有感到痛楚,也没有失去任何权力。刑罚的目的也已实现,犯罪为正义的而非痛苦的、严厉的刑罚所遏制,再犯也得到阻遏,而罪犯得到了矫正的希望。"

显然,威姆斯案中的法院认为,依据第八修正案,出于报应的刑罚并不被允准。假如"残酷和异常"这一措辞能够被给予任何含义的话,这也是该法院所能采取的唯一观点。报应确实构成了对特定实施了犯罪行为的人适用某些刑罚的真正原因。但是某些刑罚可以被适用这一事实并不意味着任何刑罚都是可被允许的。如果报应能够单独地作为任何特定刑罚的正当化理由,那么立法机关所

---

① 参见 Hart, Murder and the Principles of Punishment: England and the United States, 52 *Nw. U. L. Rev.* 433, 448 (1957); 皇家死刑委员会报告, 1949—1953, 政府文件 8932, 52—53, pp. 17-18 (1953)。一般性参见, Reichert, Capital Punishment Reconsidered, 47 Ky. L. J. 397,399(1959)。

② C. Beccaria, On Crime and Punishment(tr. by H. Paolucci 1963); Archibold, *On the Practice, Pleading, and Evidence in Criminal Cases* §§11-17, pp. XV-XIX(T. Waterman 7th ed. 1860)。

选定的所有刑罚,就当然地成为可以接受的手段,即特定社会对某一特定行为予以道德认可的手段。因此,对"残酷和异常"这一措辞的理解就超越了宪法的本意,而帕特里克·亨利和其他一些国父们的恐惧就会成为现实。为了保持第八修正案的完整性,法院一如既往地将报应贬低为刑罚的一个可以被允许的目的。① 毫无疑问,许多生活在一个对被判处构成某一特定犯罪行为的人持反对态度的社区中的人,存在着复仇的需求。不止一次地,人们听到这样的呼喊,即刑罚的正当性要求报应以证明社会对这一行为的痛恨。② 但是第八修正案使得我们能够隔离于那些更为卑鄙的自我。"残酷和异常"这一措辞限定了复仇情绪可被疏导的途径。若非如此,这一措辞就会变得空洞无力,那样刑罚就有可能在特定案件中再度转变成为拉肢刑架刑或其他酷刑。

斯托利大法官写道,第八修正案对于刑罚的限制"对于一个自由政府而言似乎完全没有必要,因为这样一个政府的任何部门几乎没有可能会授权实施这样的残酷行为或者认为此类残酷行为具有正当性"。③

而我对此则持相反结论,即只有在一个自由社会中,人们才会意识到他们内在的软弱,并通过宪法中的救济手段寻求对自身的补救。

第八修正案的历史也只支持这一结论,即单纯的报应是不恰当的。

(2)关于死刑争论最为热烈的问题就是,就犯罪威慑而言,它是否就比终身监禁更好?④

鉴于对立的立场已经得到阐明⑤,我仍然坚定地认为:死刑是一种比终身监禁更为严厉的惩罚。诚然,有些人宁愿被处决也不愿在监狱中衰亡终身。但是,

---

① 参见,例如鲁道夫诉阿拉巴马州案, 375 U.S. 889(1963)(戈德堡大法官,对驳回调卷复审令持有异议);特罗普诉杜勒斯案,356 U.S. 356 U.S. at 97(首席大法官沃伦),356 U.S. 113(布伦南大法官协同意见);莫里瑟特诉美国案,*Morissette v. United States*,342 U.S. 246(1952);威廉斯诉纽约州案 *Williams v. New York*, 337U.S. 241(1949)。在鲍威尔诉得克萨斯州案 *Powell v. Texas*, 392 U.S. 530 中,我们指出:"本法院从未认定,宪法的任何规范要求刑罚的设定纯粹是为了实现治疗或者复归的效果……"当然,这一结论是正确的,因为威慑和隔离也显然毫无疑问地被认为是其恰当的效果。例如特罗普诉杜勒斯案,*supra*, at 356 U.S. 111(布伦南大法官协同意见)。在鲍威尔诉得克萨斯州案中,其措辞、论据乃至其结论,完全没有任何一处在暗示单纯的报应是立法在适用惩罚时的恰当目的。

② Vellenga, Christianity and The Death Penalty, in Bedau, *supra*, n.45, at 123-130;Hook, The Death Sentence, in Bedau, *supra*, at 146-154. Ehrenzweig, A Psychoanalysis of the Insanity Plea—Clues to the Problems of Criminal Responsibility and Insanity in the Death Cell, 73 *Yale L. J.* 425, 433- 439 (1964).

③ J. Story, On the Constitution 1903, p.650(5th ed.,1891).

④ Note, The Death Penalty Cases, 56 *Calif. L. Rev.* 1268,1275(1968);Note, Justice or Revenge? 60 *Dick. L. Rev.* 342,343(1956); Royal Commission, *supra*, n.84,55,at 18.

⑤ Barzun, In Favor of Capital Punishment, in Bedau, *supra*, n.45, at 154,163;Hook, *supra*, n.87,at 152.

他们是否有权选择死亡作为替代这一问题,和眼下所讨论的国家是否有权使用死刑作为惩罚这一问题完全不同。死刑不可挽回,终身监禁并非如此。当然,死刑也使得罪犯复归社会没有可能;而终身监禁亦非如此。根本而言,死刑过去始终被视为终结性的惩罚,而目前,我们仍然将其如此对待似乎仍具完美之合理性。①

那么,我们必须牢记的是,需要考虑的问题并非简单的是死刑是否是一种威慑手段,而是它是否是一种比终身监禁更好的威慑手段。②

没有比判定死刑的威慑效果这一问题更为复杂的问题了。"当谋杀实施时,死刑显然没有起到威慑作用。我们能够数得出来它失败了多少次。但是我们没法计算它成功的次数。从来没有人能够了解有多少人因为对被吊死怀有恐惧,而不去实施谋杀。"③

这就是这一问题的症结所在。而因为有用数据的缺乏,这一困难又进一步加剧。不过,较之其他国家,美国的幸运之处在于,它拥有通常被认为是全世界最可信赖的数据。④

两个最有力的支持死刑作为威慑手段的理由都是逻辑上的假设而缺乏证据支持,但仍然具有一定说服力。詹姆斯·斯蒂芬爵士在1864年就对其中第一个论点进行了最佳阐释:"没有其他刑罚能像死刑那样对实施犯罪起到如此有效的威慑作用。这一观点就属于这样的观点——它很难被予以证明,仅仅因为其本身的性质就是一个显而易见的事实而远远超过了需要任何证据加以证明的程

---

① *Commonweath v. Elliote*, 371 pa. 70,78,89 A. 2d. 782,786(1952)(穆斯曼诺大法官异议意见);F. Frankfurter, Of Law and Men 101(1956). 所以,终身监禁可能一定程度上要比死刑更为残酷这一主张,经常被认为毫无意义而被拒绝。因此,当我发现,这一主张按照今天的观点被以多种方式加以传播时,确实有点惊讶。假如这一主张具有任何优点,即使是对适用死刑的报应动机,它也一定会对其大加贬斥。无论如何,对于此类主张,前宾夕法尼亚州最高法院大法官穆斯曼诺在州诉埃里奥特案(*supra*, at 79-80,89 A. 2d at 787)中的异议意见所作的反应是最妙的,他认为:"下级法院的一位法官在法院表示,终身监禁的量刑判决不应被视为是比死刑更为轻缓的刑罚。对于这一观点我断然反对。可以这样认为,无论从何种意义上讲,这都是一个公认的真理,即无论何种情况,没人乐见死亡。有些人在即刻的精神和肉体痛苦下表明其死亡的决心,以暂时驱除那难以忍受的痛苦,但是这一决心绝非深思熟虑,因为总是存在着领悟,而意识到生命的丝线极为柔韧,决不会因为单纯的愿望而断裂。在现实生活中从人生的悬崖上一跃而下的极端例子中,没有人不曾绝望地面临人生的抉择时刻,在彼时哪怕只是瞬间,他亦挣扎于那寂静深渊的永恒凄惨。即使伴随着'可憎厄运的矢石',生命总亦甜美,而死亡总是残酷。"同样应该注意到詹姆斯·斯蒂芬爵士的假设,文中引用,见下文408 U.S. 347-348。

② Bedau, Deterrence and the Death Penalty: A Reconsideration, 61 *J. Crim. L. C. & p. S.* 539, 542(1970).

③ Royal Commission, *supra*, n.84,59, at 20.

④ United Nations, *supra*, n.77,1134, at 117. 我国所拥有的绝妙优势在于,我们能够对具有地理、经济和文化的相同性的废除死刑的各州和保留死刑的各州进行比较。

度。将反对这一观点的理由中所蕴含的精妙之处加以展示当然是可能的,不过也就仅此而已。人们的所有经验知识都与此迥异。在产生一定的结果是极其必要的场合,即刻死亡的威胁是人们经常采取的措施之一……若无强迫,没人会赶赴这么一种不可避免的死亡。让我们换一种思路考察这一问题。是否可能存在着这样一个罪犯,他既已被判死刑并被拉出来准备赴死,却会拒绝这样一种提议,即将他的判决减轻为次等严厉的刑罚?当然不会。原因为何?只能是因为'人必会倾其所有而换其生命'。任何一种次等的刑罚,无论其多么恐怖,总留有希望;而死刑就是死刑;其恐怖之状无以复加。"①

这一假定涉及死刑作为对任何犯罪的威慑手段的运用。而第二个观点则认为,"如果终身监禁对于诸如谋杀这样的犯罪而言就是最严厉的刑罚,那么我们就无法威慑正被执行终身监禁的罪犯而不去实施对同监囚犯或者监狱管理人员的谋杀"。② 这一假设主张,死刑对于特定情境具有有限的威慑效果。

怀特大法官的协同意见:

要求对第一级谋杀、更为狭窄定义的谋杀类型或者强奸施加死刑的这样的立法,其表面的合宪性,依据第八修正案将会提出一些议题,与现在提交给我们的这些案件所提出的问题相比,非常不同。因此,在对本法院判决表示同意的同时,我绝非暗示死刑本质上违宪,或者包含死刑的制度就不符合第八修正案。针对这一问题,我的一些同事已经巧妙地论证过了,而这些案件并没有提出这一问题,因而也无需裁定。

我致力于讨论的是更为局限的问题——关于下述死刑条款的合宪性,依据这些条款:(1)立法机关允许死刑适用于谋杀或者强奸;(2)立法机关本身并未对任何案件的特定等级或者类型强制规定适用死刑(这就意味着,立法的意志并不会因为死刑从未适用而受挫),而是将决定这些案件是否适用死刑的权力委派给法官或者陪审团;以及(3)针对犯谋杀和强奸罪的罪犯,法官和陪审团判处死刑的时候非常罕见,以致对这类罪犯判处和执行死刑很大可能会遭到反对。就是在这种背景下,我们必须考虑对这些申诉人判处死刑是否违反第八修正案。

我从一个也许是近乎自明之理开始,即:死刑的适用是如此稀罕,以至于它不会再作为一种可信的威慑措施,也不再为刑事司法体制中任何其他刑罚的目的作出显而易见的贡献。如下观点可能是正确的,即无论那些被判处强奸或者谋杀的罪犯被执行死刑的情形如何罕见,其所适用的这一刑罚并非与其所犯罪

---

① Reprinted in Royal Commision, *supra*, n.84,57, at 19.
② United Nations, *supra*, n.77,139, at 118.

行不相均衡,那些被处决的罪犯恰恰就是罪有应得。同样显而易见的是,被处决的被告人最终彻底地丧失了再次实施强奸、谋杀或者任何其他犯罪的能力。但当这一刑罚适用的罕见性达到了一定程度时,我们大可怀疑,任何现存的关于报应的一般性需求是否能够得到清晰实现。同时,我们对于下述说法也毫无把握,即社会对于特殊预防的需求为如此少量的死刑提供了正当理由,因为在类似的大量情形,终身监禁或者更短的监禁期限被认为已经足够;同样,我们更无法有把握地断定,社会的价值观通过授权某一鲜有适用的刑罚的运用得到了显见的强化。

最为重要的是,通过惩罚罪犯以威慑他人作为刑法的一个主要目标,将无法实质性地得到实现,因为这一刑罚的适用是如此罕见,以至于它不再是一个对影响他人行为具有重要意义的切实威慑。就目前的目的而言,我认可通过惩罚某人的方式来影响他人这一做法的道德性和功利性。我同样一般性地认可刑罚的有效性,并且也不否认死刑比那些较为轻缓的刑罚更具有有效的威慑力。但是常识和经验告诉我们,鲜见执行的法律对于控制人类行为而言已经成为无效的手段,而死刑除非是足够频繁地使用,否则对于威慑那些它想要遏制的犯罪而言亦难收功效。死刑的适用和执行就其字面意思而言,显属残酷。但是因为人们认为这一刑罚被其所意图实现的社会目的而正当化,因此它过去并不被视为残酷和异常的刑罚。然而,当它一旦不再现实地促进这些目的,在这样的情境中其适用是否违反第八修正案这一问题就浮出水面了。我的观点是这一刑罚可能违反该修正案,因为其适用是对生命毫无意义的、毫无必要的终结,而且对于任何可辨别的社会或公共目的而言仅仅具有微不足道的作用。某一种对于国家而言仅仅具有那么微不足道的回报的刑罚,显然既是过度的也是残酷和异常的刑罚,有违第八修正案。

同样,我认为,就死刑而言——这一刑罚当前正由这些案件所涉及的法律规定予以实施——这一结论已得到证明。毫无疑问,人们很难证明这一一般性的见解,即:死刑无论如何被运用,它都比监禁更有效地实现刑法的目的。但是,即使它可能如此,我也仍然不能拒绝这一结论,即:虽然我们所面对的法律规定现在正被执行,但死刑的适用如此罕见,以至于其处决的威慑力过于薄弱而无法为刑事司法提供实质性的帮助。

我无须重述那些包含在我的同事们所提出的观点之中的事实和数据。我也无法根据这些数据来"证明"我的结论。但是,像我的同事们一样,我必须对这一问题告一段落;我所能做的仅仅是陈述一个结论,这一结论的根据是10年来我接触成千上万件联邦和州的刑事案件所积累的经验,这些案件恰恰涉及死刑被规定为其法定刑的那些犯罪。正如同我早说过的那样,这一结论是:即使是对那些最为残暴的犯罪,死刑的适用也具有极大的罕见性;因此把那些适用死刑的案件和大量未适用死刑的案件加以区分不存在任何有意义的基准。简言之,这一结论意味着:将量刑的权力基本上赋予陪审团这一政策,虽然是为了缓和法律的严厉程度以及和在量刑阶段引入社会判断来甄别有罪、无罪而激发了此政策,但是它确实是非常有效地实现了它的目的,以至于实际上,死刑在当前法律规定的限制下,已经正按照常规发展着。

就司法审查概念而言,经常包含着司法机关和立法机关之间就宪法为何意或者何为宪法所需这些问题在判断上的冲突。就此而言,事关第八修正案的案件的提出亦同此理。人们似乎都同意这样的判断,即这一修正案对司法机关强加了一些义务,要求其对刑罚的合宪性进行判断;以及,修正案意图予以禁止的刑罚,无论立法机关批准与否,仍旧存在。因此不可避免的是,确实会出现对于刑罚的有效性问题,我们的意见和国会或者州立法机关的想法存在分歧。同样可能出现的情况是,我们法官之间也会出现激烈的争执。不幸的是,本案恰是其例。不过,就我所知,虽然本案可能造成更为广泛的冲击,并激发更为激烈的争议,但其类型同其他案件并无不同。

在这一问题上,我想要强调的是,如果考虑到将量刑的权力授权给陪审团这一长期实践以及下述事实,即陪审团在不违背对它的信任以及任何制定法的政策要求下,根据其自由裁量就可以拒绝使用死刑,而无视相关犯罪的情节如何严重,那么过去乃至当前关于死刑的立法规定的效力实际上已经大打折扣了。由此,立法"政策"必然不是由立法机关所颁布的内容加以阐明,而是由陪审团和法官行使其经常被赋予的自由裁量权所作出的决定才得以体现。按照我的判断,在这些案件中这一权力的行使违反了第八修正案。

我赞同本法院的判决。

首席大法官伯格的反对意见:

首席大法官伯格表示异议,布伦南大法官、鲍威尔大法官以及伦奎斯特大法官加入。

首先,指出这一点是极为重要的,即本法院中只有两位成员,即布伦南大法官和马歇尔大法官,认定第八修正案禁止对所有犯罪在任何情况下适用死刑。道格拉斯大法官同样裁定死刑与第八修正案相抵触,虽然我并不将其观点理解为对这一刑罚必须最终予以废除。① 基于本意见第1—4部分所阐明的理由,我

---

① 参见下文 408 U.S 25。

认定,宪法对"残酷和异常的刑罚"的禁止不能被理解为禁止死刑的适用。

斯图尔特大法官和怀特大法官认定,申诉人的死刑判决必须被驳回,因为现行的量刑实践并不符合第八修正案的要求。基于在判例中所阐明的理由,我坚信这一态度在根本上误解了第八修正案之保障措施的本质,并在面对当下时代的控制权力时直接采取了逃避态度。

如果我们拥有立法权,我或者会支持布伦南大法官、马歇尔大法官的意见,或者至少将死刑的适用限制在小范围的那些十恶不赦的犯罪上。当然,我们的宪法性疑问必须同我们个人关于死刑的道德性和功效性问题的情感相分离,并且将其局限于第八修正案含混用语的理解和适用问题上。被要求对一个未能自我明确的宪法规定予以解释,这并无任何新颖之处,但是在我们所有的基础性权利保障规范之中,对"残酷和异常的刑罚"的禁止是其中最难以将其转换为司法上可操作的术语的规范之一。当前舆论所表达出来的有关该修正案宽泛而分歧的观点,揭示了围绕这一宪法性命令而存在的重重雾霭。当然,对于作为法院的我们的角色而言,重要的是,我们不应利用这一权利保障难以捉摸的特点,作为将我们的个人偏好付诸于法律实施的借口。

尽管第八修正案在文义上可以被理解为仅仅禁止那些既"残酷"又"异常"的刑罚,但历史的发展促使了下述结论的形成,即:宪法禁止所有极端的并且极其残忍的残酷刑罚,不论它是否被频繁地适用。关于议会为什么通过1689年英国权利法案这一第八修正案措辞的毫无疑问的渊源,最具说服力的论证认为,对"残酷和异常的刑罚"的禁止在此超越了对那些未经合法授权且超出法院的适用权限的刑罚的厌恶。假设"异常"一词在英国的法案中具有任何重要意义,就此而言,显然这一措辞意图指涉非法的刑罚。①

从任何一个迹象上看,第八修正案的制定者都希望赋予这一措辞远不同于

---

① 参见 Granucci, "Nor Cruel and Unusual Punishments Inflicted: the Original Meaning", 57 *Calif. L. Rev.* 839, 858, 860 (1969)。权利法案的早先草案使用了"残酷及非法的"这一用语。人们认为,从这一措辞到"残酷和异常的"这一用语的转变系粗心所致,并非意欲强调任何语义上的变化。同前。马歇尔大法官的意见阐述了英国权利法案的历史背景,前引408 U.S. 316-318。

道格拉斯大法官的意见也暗示了这一点,前引408 U.S. 242-245,即"异常"这一词汇被包含于英国权利法案,以抗议刑罚对少数族裔的歧视性适用。然而,英格兰的死刑史引人注目地揭示出,无论是在1689年权利法案之前或者之后,对于人人享有公正司法这一观念并未给予好评。从理查德一世直到1826年,死刑在英格兰合法地适用于叛国以及除侵占和伤害以外的所有重罪,并且亦不适用于享有神职人员特权的人,他们被免于刑罚,或者至多为其所犯之重罪而被处极为宽缓的刑罚。神职人员的特权来源于神职人员免受世俗法庭的管辖这一原则。后来这一豁免范围扩展至神职人员的助手,而到了1689年,任何能够阅读的男性均被包括其中。虽然在1689年,大量重罪被视为"不能享受神职人员特权",但是这种在受教育者和未受教育者之间适用刑罚上的不公,直到18世纪早期,仍然存留于绝大部分重罪之中。参见 J. Stephen, *History of the Criminal Law of England*, 458 及以下(1883)。

作为其前身的英国法的内涵。在各州为签署在人权法案之前就已经提交的1789 年宪法草案而召开的多次会议，相关讨论的记录表明，制宪者唯一的关注点就在于对酷刑的任何禁止性规定的缺乏。① 此后将"残酷和异常的刑罚"条款规定于内，就是对这些反对意见的一种回应。当时并没有讨论涉及"残酷"和"异常"这两个范畴之间的内在关联，在讨论过程中也没有任何东西可以支持下述结论，即：假如酷刑或者过度残酷的刑罚具有日常性或者经由法律授权，国父们就会对此予以接受。

依据第八修正案所裁决的案件与在批准过程中讨论的基调相吻合。在威尔克森诉犹他州案中，本法院认定，枪决并不属于被予以禁止的执行死刑的方式。论及残酷和异常的刑罚条款的含义时，本法院指出，"在此我们有把握坚称，酷刑……以及其他所有同样包含不必要之残酷性的刑罚，都为宪法的该修正案所禁止"。本法院并未提及宪法的这一保障条款中"异常"一词的重要性。

在凯姆勒案中，本法院认定，第八修正案并不适用于全国范围，并补充了如下意见："因此，假如对某一违反州法的犯罪所规定的刑罚明显的残酷和异常，例如火柱刑、十字架刑、车裂或者其他类似刑罚，法院的责任就是要根据……《纽约州宪法》的禁止性规定对这样的刑罚作出裁决。并且我们认为，这一结论对于第八修正案在国会中的应用，亦属正确。""当刑罚涉及酷刑或者漫长而痛苦的死亡时，该刑罚就是残酷的；但死刑并不在本宪法所使用的这一词汇的含义之内。这一词汇意含着不人道的、野蛮的特性，意含着那些并非简单地根除生命的方式。这一用语再次揭示出对极度残酷性的独特关注。虽然本法院对纽约州法院的结论，即采取电刑的死刑执行是一种'异常'的刑罚，进行了简短评述，但是我们认为没有必要去讨论第八修正案所使用的这一词汇的重要性。"

此后案件中的法院意见同样言及极度残酷性问题，犹如它是这一宪法禁止规定的概括和主要内容。② 正如首席大法官沃伦在特罗普诉杜勒斯案③中所概括的那样："'异常'一词是否包含区别于'残酷'一词的任何实质含义，这一问题尚不清楚。虽然在个别案件中，本法院不得不对这一措辞予以考察，但残酷和异常之间的精准界限似乎并未得到厘清。④ 这些案件揭示出，本法院均按照对非人性化的惩罚的基本禁止，来简单地审查所涉及的特定刑罚，而不考虑在'异

---

① J. Elliot's Debates,111(2d ed. ,1876);*id.* ,447-448,451-452.
② 参见奥尼尔诉佛蒙特州案 144 U. S. 323,144 U. S. 339-340(1892)（菲尔德大法官异议）,217 U. S. 372-373；路易斯安那州根据弗朗西斯的告发诉雷斯韦伯案（329 U. S. 459, 329 U. S. 464 (1947)。
③ 356 U.S 86,356 U. S. 100 注释32(1958).
④ 参见威姆斯诉美国案，前引；奥尼尔诉佛蒙特州案，前引；威尔克森诉犹他州案，前引。

常'一词中所可能潜含的意义中的任何细微之处。"

我并非认为,在第八修正案中"异常"一词的存在纯属残余,而同任何人们可能设计出来的刑罚的合宪性毫无关联。但是每当我们考察一个闻名历史、显然为立法文件所授权的刑罚时,就像现在我们正在做的那样,这一考察就会无视第八修正案的历史以及所有随之依赖于"异常"一词从而影响这些案件的判决结果的司法评述。与此不同的是,我认为这些案件就指向一个问题,即死刑是否属于宪法意义上的"残酷"。"异常"一词不能被理解为是对禁止"残酷"刑罚添加了限制,也不能认为是在一定程度上扩张了"残酷"一词的含义。基于这一理由,这样一种肤浅的论点,即由于死刑过去在语词的日常含义中总是属于残酷的,并因为减少使用而变得异常,因此它现在就是"残酷和异常"的,对我而言完全没有任何说服力。

二

申诉人的律师勉强承认,死刑在第八修正案通过当时并不属于不被容忍的残酷刑罚,这一态度是正确的。辩论的记录不仅仅表明,国父们对阻止酷刑的思虑是有限的,它也清楚地说明,就宪法本身的用语而言,他们完全没有想到过废除死刑。第五修正案这一开放性的陈述已经保障,死刑"非经大陪审团的起诉或者指控"就不会被适用。第五修正案的双重追诉条款即禁止一人因为同一罪行而"两次陷入生命之危险"。相同的是,正当程序条款要求,未经"法定的正当程序",被告人不能被"剥夺生命、自由或者财产"。因此,宪法的清晰用语肯定地认可了国家适用死刑的法定权力;它并没有明示或者默示地认可国家适用自1791年以来即因残酷而被禁止的任何种类刑罚的法定权力。因为第八修正案和第五修正案是在1791年的同一天被通过,因此彼时它并不需要更多事实证明死刑在合宪性的意义上并不"残酷"。

自第八修正案颁布之始的181年之中,本法院没有一个裁决对围绕死刑合宪性问题而产生的疑虑添加了哪怕最微不足道的阴霾。本法院在否决以第八修正案为根据对死刑执行的特定方式进行攻击时,不止一次地含蓄地否定了这一观点,即死刑在其合宪性的意义上系属不可容允的"残酷"。[①] 而至今仅仅14年前,首席大法官沃伦还代表本法院四位成员绝不含糊地指明:"无论提出什么样的理由来反对死刑,无论是基于道德理由还是根据刑罚目的的实现原则——这些观点当然是有说服力的——死刑的使用贯穿我们的历史,并且,只要它仍然被

[①] 参见威尔克森诉犹他州案,99 U.S 130(1879);路易斯安那州根据弗朗西斯的告发诉雷斯韦伯案,329 U.S.464;凯姆勒案,136 U.S 436(1890)(判决报告书)。

广泛地接受,我们就不能认为死刑违反了有关残酷的宪法概念。"①

而至今仅仅一年之前,布莱克大法官就这一合宪性问题立场鲜明地指出:"第八修正案禁止'残酷和异常的刑罚'。按照我的观点,这些措辞不能被解读为是要宣布死刑非法,因为在该修正案通过当时,在我国以及我们的祖先所来之那些国家,这一刑罚被广泛使用并由法律所授权。于我而言,想象建国者们意图通过这一修正案来终结死刑,简直不可思议。"②在过去的四年中,在两个场合,本法院通过对准予诉讼文件移送令施加限制,拒绝了哪怕只是对基于第八修正案的主张所进行的辩论的听审。③ 在这些案件中,由于本法院将注意力局限于死刑犯罪审判的程序问题上,因而这一行为暗示死刑本身可以符合宪法地予以适用。然而,现在,本法院却被要求认定,在宪法通过之时依据宪法显然是被允许的,并且时至今日亦为本法院的每位成员所接受的某种刑罚,现在却突然变得如此残酷而与第八修正案完全冲突。

在对此类法律上如此迅速的进化予以认可之前,似乎公平的做法应当是,质询何种因素发生了变化,以至于过去并不被认为属于残酷的死刑,现今在其合宪性意义上却要应当被认为是"残酷的"。就这一刑罚本身的性质而言,很明显,并没有发生任何宪法意义上的重要变化。死刑执行的二十世纪模式决不会比第八修正案通过当时所使用的手段包含更大的肉体痛苦。并且,虽然一个等待被执行死刑的人必定不可避免地经受异乎寻常的精神煎熬④,但是没有人会认为这一煎熬同1791年被判处死刑的人所经受的痛苦具有实质的差异,即使拖沓的上诉审查程序确实极大地延长了"死刑候决"的等待时间。固然,在所有痛苦均可被视为残酷的意义上,被处死刑的人所遭受的痛苦折磨更可以被认为是残酷的。但是,假如宪法对每一个制造严重情感压力的刑罚都加以禁止的话,那么死刑在1791年就当然是不被容忍的。

然而,对这一问题的探寻不应止步于此。出于同内在的残酷性的任何变化毫无关联的原因,第八修正案的禁止规定确实不应局限于那些在该修正案通过当时就被认为过度残酷和野蛮的刑罚。就我们在这些案件中所必须加以处理的意义上,某一刑罚系属过度残酷,主要的是由于社会的理解对其定义的结果。极度残酷的标准绝不仅仅是描述性的,而必然包含了道德的判断。该标准本身虽

---

① 特罗普诉杜勒斯案,356 U.S 99.
② 麦克高瑟诉加利福尼亚州案,402 U.S. 183,402 U.S. 226(1971)(独立意见).
③ 参见威瑟斯庞诉伊利诺伊州案,核准调卷令,398 U.S. 936(1970),aff'd 402 U.S. 183(1971).
④ Bluestone & McGahee, Reaction to Extreme Stress: Impending Death by Execution, 119 *Am. J. Psychiatry* 393(1962).

然持续不变,但其适用性必定随着社会基本惯例的变化而变化。这一观念对于第八修正案的裁决而言并不陌生。在威姆斯诉美国案中,法院显而易见地对评述者的观点持赞同态度,他引述道:"宪法的这一条款……因此是进化性的,它并非维系于那些陈腐的观念,而是要在公众观念因人性的正义而变得开明的同时,获得其意义。"首席大法官沃伦在其撰写的特罗普诉杜勒斯案的多数方意见时,指出:"该修正案必须从不断发展的、标志着成熟社会进步的尊严标准中,汲取其意义。"不仅如此,迄今为止,本法院从未真正地认定,某一刑罚因为已被公认的社会价值的重要性发生变化,而变成不可容忍的残酷;本法院也从未建议一个司法上可操作的标准以衡量这样一种道德共识的变化。

　　本法院在这一问题上的克制可以被归因于这一事实,即:在一个民主社会中,是立法机构而非法院才有责任对这一意志并因此是民众的道德价值观予以回应。基于这一原因,早期的评述者认为,"残酷和异常的刑罚"条款是一个并非必要的宪法规定。① 就像申诉人的主要摘要中所承认的那样,"无论是宪法的意图还是在事实上,都是立法机关而非法院对公众舆论作出反应,并立即显示为社会的基本行为标准。② 因此,诸如烙刑和割耳刑这些在宪法通过当时司空见惯的刑罚,未经司法介入即从刑罚场景中消失,就因为他们在根本上变得对人民如此冒犯,而立法者对这种情感做出了反应"。

　　毫无疑问,假如今天我们被要求审查此类刑罚,我们会认定其过度残酷,因为我们可以完全肯定地断定,当代社会普遍地拒绝此类怪异的刑罚。然而,这种关于本法院对这样一种刑罚可能做出的反应的猜测,就其本身而言,并不具有重要意义。关键的事实在于,本法院从未被要求去维持下述结论,即由国内立法所授权的刑罚模式是如此残酷,以至于其和我们有关行为的基本观念在根本上就相互矛盾。司法领域有关不被容忍的残酷的结论,在大多数场合,应局限于那些未经监狱官员而非立法者的明确许可而发明出来的令人痛苦的刑罚。③ 通过司法裁决废除立法所规定的刑罚的不足在于,它需要强有力的证据证明,在这个国家,立法机关事实上对于社会态度和道德价值观的变化一直保持着敏感,虽然有时候存在滞后性。

　　虽然我并不认为合法授权的刑罚的有效性就不会产生导致法院依据第八修

---

① J. Story, *On the Constitution*, 1903 (5th ed., 1891); T. Cooley, *Constitutional Limitations*, 694 (8th ed., 1927). Joseph Story on Capital Punishment (ed. by J. Hogan), 43 *Calif. L. Rev.* 76 (1955).

② 参见艾肯斯诉加利福尼亚州案[(*Aikens v. California*, No. 68-5027)申诉人摘要,第 19 页(调卷令被撤,406 U. S. 813(1972). 见后,408 U. S. 443,注释 38。]显然,这就是布莱克大法官最近就此问题在麦克高瑟诉加利福尼亚州案[402 U. S. 183,402 U. S. 226 (1971)]中所表达之有力观点的基础。

③ 参见,杰克逊诉毕晓普案[*Jackson v. Bishop*, 404 F. 2d 571 (CA8 198)];赖特诉麦克曼案[*Wright v. McMann*, 387 F. 2d 519 (CA2 1967)]。

正案而对其加以审判的争议问题,但是确实,法定性特征的首要性严格地限定了司法质疑的范围。无论是否能够被证明,也无论是否正确,在民主社会中,立法判断被推定为其体现了社会普遍接受的基本行为标准。这一推定只能被以明确无误的、令人信服的证据证明了的立法错误加以否定。

三

没有明显的迹象说明死刑触犯社会良知到了这样一种程度,以至于我们必须抛弃传统上对立法判断的尊重。死刑并不是像诸如火柱刑那样的刑罚,所有人都会难以言喻地认为其同素有文明标准都相抵触。它也不是那样一种被如此严厉地予以谴责的刑罚,以至于只有个别偏离正道的立法者才仍然将其保留在法典之中。40个州、哥伦比亚特区以及联邦法院系统的法典针对特定犯罪的实行规定了死刑。① 过去11年间,国会四次将可处死刑的联邦罪名表予以增加。② 在找寻反映当代社会态度的可靠指标过程中,迄今为止我们无法找到比这更可信赖的指标。

证明立法机关放弃了其实质上类似社会价值的气压计角色这一事实的一个可信赖的来源,可能就是公众舆论调查,在过去十年中这样的调查已经多次针对死刑问题而进行。我们无需对此类调查的可靠性进行评估,也无须暗示司法可以对其予以任何的信赖,我们只需要指出的是,已经公开的调查结果完全没有能够达到得出死刑遭受普遍的谴责这一结论的程度,而正是这一结论可能会误导我们怀疑立法机关已经一般性地失去了同当前社会价值观的联结。③

申诉人的律师则依赖于经验性证据的不同部分。他们争论认为,实际上,与法律规定了死刑的案件数量相比,适用死刑的案件数量反映了人们对这一刑罚的普遍反感,只要这一现象更为广泛而一般地执行,就将导致死刑的废除。不能否认的是,通过陪审团的选择——有时则是法官的选择④——死刑适用的数量

---

① 参见司法部,第46号全国囚犯统计,死刑1930—1970,第50页(1971年8月)。自司法部该份报告出版后,在加利福尼亚州,死刑在司法上即告废止,人民诉安德森案[*People v. Anderson*, 6 Cal. 3d 628, 493 P.2d 880,调卷令被驳回,406 U. S. 958(1972)]。死刑不再合法的州包括:阿拉斯加州、加利福尼亚州、夏威夷州、爱荷华州、缅因州、密歇根州、明尼苏达州、俄勒冈州、西弗吉尼亚州和威斯康星州。
② 参见1971年1月2日法令,公法,91—644,Tit. IV,15,84 Stat. 1891, 18 U. S. C. 351;1970年10月15日法令,公法,91—452,Tit. XI,1102(a),84 Stat. 956,18 U. S. C. 844(f)(i);1965年8月28日法令,79 Stat. 580,18 U. S. C. 1751;1961年9月5日法令,1,75 Stat. 466,49 U. S. C. 1472(i)。同时参见布莱克门大法官意见,见后408 U. S. 412-413。
③ 1966年的一个调查显示,接受调查的人中42%的赞同死刑,与此同时,47%的人反对死刑,而11%的人没有表态。1969年的一个调查发现,51%的人赞同死刑,40%的人反对,9%的人没有表态。参见 Erskine, The Polls: Capital Punishment, 34 *Public Opinion Quarterly* 290(1970)。
④ 在我国,陪审团在死刑案件中的裁量中起到了支配性的作用。人们所能获得的事实显示,较之陪审团决定量刑的场合,在法官决定量刑时,死刑适用显得略微更为频繁,H. Kalven & H. Zeisel, *The American Jury* 436(1966)。

远远少于其得以适用的案件数的一半。① 更进一步地讨论并将死刑的适用率描绘成为申诉人所坚称的"异常罕见",这是一种毫无根据的夸张。如果不顾及对其适用的描述,其适用率并不会导致这样的结论,即死刑现今被视为令人无法忍受的残酷或者野蛮。

有人会质疑认为,在那些陪审团决定予以仁慈的死刑案件中,他们已经对文明的价值观作出了表达,并实际上废除了死刑的法律规定。同时,有人亦质疑,在陪审团作出令人敬畏的将某人判处死刑的裁决的场合,他们是在恣意地行为,对行为的普遍标准缺乏敏感性。对于死刑适用的罕见性的这一解释,并未为已知的事实所支持,并且这一解释原则上同本法院在以往判例中所指出的有关陪审团在死刑案件中的机能相冲突。

在刚刚一年前所决定的麦克高瑟诉加利福尼亚州案中,本法院认定,在第十四修正案的正当程序条款中并不存在那样的要求,即在应当适用死刑的场合,陪审团会得到指示。通过对陪审团传统上在死刑案件中行使的这一自主权的审查,并注意到构想一个可操作性的指示的实际困难,本法院判定,没有必要为确保有关刑罚的明智裁决而寻找一个清晰表达的司法标准。麦克高瑟案中,没有丝毫事实允许死刑案件中的陪审团恣意行为,或者推定在过去若干年间他们就是如此行为的。相反,为麦克高瑟案的裁定提供根本理由的推定就是陪审团"将会对其裁决的后果予以审慎的关注"。

对于在我们的司法体制中决定死刑案件的陪审团的责任,没有比威瑟斯庞诉伊利诺伊州案的判决描述得更为恰如其分了,该判决指出:"必须在终身监禁和死刑之间做出选择的陪审团,其所负之精准职责,就是对于生或死这一终局性问题表达出社会的良知。""在作出这样一种选择之际,任何陪审团所能发挥的最为重要的机能之一,就是在当代社会价值和刑罚制度之间保持一种连接贯通,缺乏这一连接贯通,刑罚的决定就不能反映'不断发展的、标志着成熟社会进步的尊严标准'。"在适用死刑时,陪审团的选择被恰当地认为是对有关死刑的法

---

① 在1961—1970这十年间,美国每年平均有106人被判处死刑,从最低的1967年的85人到最高的1961年的140人不等;1970年,127人被判处死刑。司法部,第46号全国囚犯统计,死刑1930—1970,第9页。同时参见 Bedau, The Death Penalty in America, 35 *Fed. Prob.*, No. 2, p. 32 (1971)。虽然很难获得精确数据,但是一般认为,在死刑合法的各州中,15%~20%的被认定谋杀的罪犯被判处死刑。例如参见 McGee, Capital Punishment as Seen by a Correctional Administrator, 28 *Fed. Prob.*, No. 2, pp. 11, 12 (1964);Bedau, Death Sentences in New Jersey 1907-1960, 19 *Rutgers L. Rev.* 1, 30 (1964);佛罗里达矫正局,第7次双年报告(1968年7月1日至1970年6月30日);H. Kalven & H. Zeisel, *The American Jury* 435-436 (1966)。在特定州内,对强奸以及其他一些可处死刑的犯罪,其适用率较之明显更低。例如参见佛罗里达矫正局,第7次双年报告,前引,83;Partington, The Incidence of the Death Penalty for Rape in Virginia, 22 *Wash. & Lee L. Rev.* 43-44, 71-73 (1965)。

律规定的一种完善而非否定。立法机关规定了一系列的可以适用死刑的犯罪，其行为代表了"社会的良知"。而陪审团被授权在个案中决定这一终极刑罚是否具有正当理由。毫无疑问，陪审团在这一判断过程中要受到无数因素的影响。在这些因素中，实行犯的动机或者动机的缺乏、伤害或者一个乃至多个被害人的痛苦程度、实行犯罪时手段残忍的程度，看来具有突出意义。即使对于那些规定了死刑的犯罪，死刑也不再是其常规性刑罚这一共识形成，那么陪审团在其决定死刑适用过程中逐步增强的严谨性，就丝毫不足为怪了。但是，仅仅根据死刑适用相当罕见这一事实，就假定只有任意各种类型的贫贱者被判处了死刑，这是对我们陪审团制度基本的正直性表示出严重怀疑。

当然，假定陪审团在选择适用死刑的案件时一直是完美地始终如一，这也是不切实际的，因为没有一个人类机构能够做到完美地始终如一。毫无疑问，存在着这样的因犯，假如他们在另一个州或者由另一个陪审团加以审判，他们就不会名列死刑待决犯之中。在这一意义上，偶然因素控制着他们的命运。然而，这一偶然因素既不代表陪审团在死刑案件中所发挥之一般机能的明显征兆，也非个案当中陪审团裁决的正直性的标志。没有任何实证的基础能够断言，陪审团普遍性地未能真诚圆满地履行威瑟斯庞案所描述的它的职责——即根据社会价值观的呼吁在具体案件中作出生死的抉择。①

---

① 申诉人的律师表达了这样一个结论性的陈述，即"被选定赴死的人总是贫穷弱势，面容丑恶，为社会所不容"。申诉人摘要，第68-5027号，第51页。然而，其所引用的资料并不包含任何实证的结果，能够推翻这样一种预设，即陪审团只是在性质极其严重的案件中适用死刑。某项研究表明，在蓝领和白领被告人的死刑适用率之间，存在着数据上的明显差异；此外，该项研究认定，陪审团在死刑的适用上确实遵循着其理性的模式。参见 Note, A Study of the California Penalty Jury in First-Degree-Murder Cases, 21 Stan. L. Rev. 1297(1969)。同时参见 H. Kalven & H. Zeisel, *The American Jury* 434-449(1966)。同样，其所引用的数据亦表明，死刑的裁量具有某种种族歧视的形式，即在多个州，黑人的死刑判处远较之白人更为频繁，尤其在不同种族间的强奸罪中。例如参见 Koeninger, Capital Punishment in Texas, 1924-1968, 15 *Crime & Delin*, 132(1969); Note, Capital Punishment in Virginia, 58 *Va. L. Rev.* 97(1972)。假如某一法律允许对特定犯罪随意裁量适用特定刑罚，而这一法律的适用基本上不利于特定种族的被告人，并且，如果仅仅凭借被告人的种族特征就能够圆满解释这一适用模式，那么第十四修正案的平等保护条款就要禁止这一条款以其现存的方式继续发挥效力。比较 *Yick Wo v. Hopkins*, 118 U. S. 356(1886); *Gomillion v. Lightfoot*, 364 U. S. 339(1960)。仅仅说明这一规定在久远的过去是如何运作的，显然不足以证明制定法对某一特定刑罚的允准与平等保护条款的规定并不相容。我们所援引的统计数据覆盖了那样一个时期，黑人被系统性地排除陪审团的担任，而极端的隔离在许多州曾是官方政策。更为晚近的年代的数据极为重要。参见 *Maxwell v. Bishop*, 398 F. 2d 138, 148(CA8 1968), 被撤销, 398 U. S. 262(1970)。由于无法期望某一数据调查能够提出严格的、不可辩驳的证据，以证明这一刑罚适用的歧视性，因此，我们必须进行强有力的说明，并要考虑所有相关的要素。

必须明确的是，任何平等保护的主张迥异于第八修正案的问题，基此我们的调卷令的核发总是局限于这些案例之中。证明刑罚运作的歧视性模式的证据并非暗示着，任何某一特定刑罚的运用在道德上是如此令人反感，就好像他违背了第八修正案一样。

死刑判决的适用率远不足以为下述结论提供必需的明确证据,即 40 个州的立法机关和国会已经抛弃了当前的乃至进化中的尊严标准,而这一标准意图继续保持死刑的适用性。因为,如果死刑的选择性适用能够证明在那些未适用的案件中对死刑的拒斥,它显然附带地证明了在适用死刑的那些案件中对这一刑罚的确认。假如缺乏一些清晰的迹象能够说明,死刑在一个选择性的基础之上的继续适用违反了文明举止的普遍准则,那么我们就不能认为第八修正案禁止其适用。

在上述的两个案件中,我们被要求对下述更为单一的问题作出裁决,即当死刑适用于强奸犯罪时,死刑是否违反第八修正案。① 确实,较之谋杀,更少的州针对强奸规定了死刑②,但即使在那些对强奸规定了死刑的州中,较之谋杀罪,死刑应用于强奸罪时也更为稀少。③ 但是出于鲍威尔大法官的观点中所恰当地提出的那些理由,我并不认为这些差异能够被提升到一种第八修正案类型的区别的程度。这一含混的宪法指示无法敏锐清晰到能够在立法机关所规定的各种犯罪之间,进行明确的界限分割。

四

死刑同样被攻击认为其违反了第八修正案,其理由是它并非是为实现立法所规定的刑罚目的而必需,因而它系属"不必要的残酷"。作为一个纯政策性的问题,这一观点倒多有可取之处,尽管它试图探讨人们所从未料想到的第八修正案的某一侧面,并倡导本法院此前从未想过的某一思考方法。

正如我之前所述,第八修正案包含于权利法案之中,以确保对残酷和非人道的刑罚的适用的禁止,而不是去禁止那些功效有限的刑罚。较少的人对第八修正案的颁布提出反对观点,但其中一位坚称,适用残酷的刑罚对于吓阻犯罪而言经常是必要的。④ 但是,那些支持该修正案的人并未表明这样的观点,即极端残酷的刑罚能够因此权宜之计而获得正当理由。关于第八修正案的讨论其主旨在于:刑罚的效果不能使那些极度残酷的措施具有正当性,即使那些措施的适用正是为了意图实现这些效果。⑤

---

① *Jackson v. Georgia*, No. 65030; *Branch v. Texas*, No. 69-5031.

② 在 16 个州以及因在美国所辖的特定海域或者领地上所犯而在联邦法院受审时,强奸可处以死刑(18 U. S. C. 2031)。赋予针对强奸罪的死刑合法性的州是:阿拉巴马州、阿肯色州、佛罗里达州、佐治亚州、肯塔基州、路易斯安那州、马里兰州、密西西比州、密苏里州、内华达州、北卡罗来纳州、俄克拉荷马州、南卡罗来纳州、田纳西州、得克萨斯州和弗吉尼亚州。

③ 408 U. S. 11, *id.*

④ 参见国会年鉴第 1 卷,第 754 页(1789)(利乌莫尔代表的评论)。

⑤ *Rochin v. California*, 342 U. S. 165, 342 U. S. 172-173 (1952).

有关"不必要的残酷"这一讨论显而易见的根源在于稍早前所引用的、在前引威尔克森诉犹他州案中所得出的如下结论:"试图确定规定了不应施加残酷和异常的刑罚的宪法规范的精确范围,必定困难重重;不过我们可以确信无疑地坚称,酷刑……以及所有其他同样具有不必要之残酷性的刑罚,均为宪法的这一修正案所禁止。"将上述强调的词句从威尔克森案结论的语境之中抽离,并且在当今时代将其视为一种强制指令,以评估刑罚在刑罚目的实现过程中的价值,这一做法是一种明显歪曲的理解;即使在威尔克森案结论中,也从未有任何段落提及这些目的。对这一段落所作的唯一公平的理解就是:第八修正案禁止具有与酷刑相同的极端残酷性的刑罚。在路易斯安那州根据弗朗西斯之告发诉雷斯韦伯案中,本法院论及了第八修正案对在死刑执行过程中"不必要痛苦"的施加的禁止这一问题。这一内容已经足够清晰地表明,本法院反对肉体痛苦的恣意施加,并再次建议对立法机构所批准的刑罚不应进行实效的分析。①

除上述对"不必要"这一措辞的孤立使用之外,这些判例中没有一丝内容认为,法院应当对刑罚的功效作出判定。前引威姆斯诉美国案亦同此理。在威姆斯案中,本法院认定,对于伪造公共文件罪而言,按照菲律宾法典所判处的15年带镣苦役监禁并附加终身监管、褫夺选举权、担任公共职务的权利以及自由迁移权,违反了第八修正案。人们一般认为,这一案例维持了这一结论,即由于某一刑罚同犯罪的严重性显著地不成比例,因此该刑罚可能符合第八修正案有关过度残酷的含义②;有些人在根本上将本法院的这一判决视为对刑罚模式本身的一种反应。③ 无论对这一结论如何描述,人们都能够一目了然地知道,这一裁决产生于本法院所抱持的对特定犯罪施加特定刑罚这一做法的极大痛恨;这一判决是在做一个根本性的道德判断,而不是对刑罚的必要性做一个中立客观的评估。本法院明确否定了"断言某一判决违反立法机关所制定的法律的权宜之计的权利",因此,除了下述事实,即在威姆斯案中,本法院自身不仅关注所犯之罪,同样也关注于其所施加的刑罚,这一判例并未违背有关极度残酷性这一大体

---

① 申诉人弗朗西斯已经因谋杀而被判处电刑。他曾经被置于电椅中,而行刑者则启动开关。但由于机械故障而未能产生死亡。一张新的死刑执行命令填上了第二次行刑之日就颁发了。本法院认定,拟议的行刑并不构成残酷和异常的刑罚或者双重审判。

② 在上述案件中,没有一个人严肃地提出比例失调的主张。谋杀和暴力性的强奸历来被认为属于最为严重的犯罪。因而不能认为,死刑同这些犯罪的严重性完全失衡。
本法院在鲁宾逊诉加利福尼亚州案[370 U.S. 660(1962)]中的裁决,可以被视为是第八修正案的比例失调原则的扩张。法院认定,规定毒品成瘾行为构成犯罪并处以监禁的法规范违反了第八修正案。进而,本法院有效地认定,毒品成瘾这一状态并非犯罪行为,任何加诸于毒品成瘾的刑罚均逾越了国家了刑罚权。本法院对于将监禁作为控制毒品成瘾的手段的必要性问题,未作分析。

③ Packer, Making the Punishment Fit the Crime, 77 *Harv. L. Rev.* 1071, 1075(1964).

上不可言说的标准。然而,尽管这一标准可能难以阐明,但是它恰是第八修正案的全部内容。这一宪法规定并不探讨社会功效,也并未要求那些卓有见识的刑罚原则应予始终遵守。

通过对必要性这一思考路径的追问,该判决变得更为清晰明了,它所涉及的事项超出了第八修正案的范围。刑罚的众多目的中,有两个目的通常和死刑相关联:报应和威慑。有人提出,报应目的要被大打折扣,因为毕竟这一目的恰恰是第八修正案意图取消的。没有一个权威的观点认为,第八修正案意图消除法律当中的报应要素,而本法院亦持续不断地认定,报应是针对犯罪的刑罚的合法要素。① 更进一步而言,大量信念迥异的明智的法律思想家们对报应问题在社会学和哲学层面进行了绵延数代的争论,而无论哪方都无法说服对方。② 要认定立法机关所规定的刑罚无法合宪性地反映一个报应性的目的,恐怕需要对第八修正案作大量的深入解读。

死刑是否起到了至尊的威慑效果这一问题,倒是稍微不那么深奥但也并不见得未有争议。那些支持废除死刑的人没有发现任何证据能对此予以佐证。③ 而那些支持保留死刑的人则从这一直觉观念出发,即死刑应当具有最有效的威慑效果,并指出迄今并没有令人信服的证据证明它不具有这种效果。④ 通过将证明责任置于国家并断定其未能证明死刑较之终身监禁而言是一个更为有效的威慑手段,人们意图摆脱这一经验主义的僵局。人们提出了无数正当化理由以转移这一举证责任,而这些理由并不缺乏修辞上的吸引力。当然,这些争议观点并非源于那些早已确立的宪法原则,而是肇始于对这一未曾解决的现实问题予以回避这一迫切要求。⑤ 相对的威慑效果并不是适宜于精确计量的根据;将证明责任转移至国家,就好像对这一无比复杂的问题提供了一个貌似真实的解决办法。假如将证明死刑威慑价值的检测委托于国家是恰如其分的话,我们同样

---

① 参见威廉姆斯诉纽约州案,337 U.S 241,337 U.S. 248(1949);美国诉洛维特案,328 U.S. 303,328 U.S. 324(1946)(法兰克福特大法官协同意见)。

② Hart, The Aims of the Criminal Law, 23 *Law & Contemp. Prob.* 401(1958);H. Packer, The Limits of the Criminal Sanction 37-39(1968);M. Cohen, Reason and Law 41-44(1950);Report of Royal Commission on Capital Punishment, 1949-1953, Cmd. 8932, 52, pp.17-18(1953);Hart, Murder and the Principles of Punishment:England and the United States, 52 *NW. U.L. Rev* 433, 446-455(1957);H. L. A. Hart, Law, Liberty and Morality 60-69(1963).

③ T. Sellin, Homicides in Retentionist and Abolitionist States, in Capital Punishment 135 *et seq.* (1967);Schuessler, The Deterrent Influence of the Death Penalty, 284 Annals 54(1952).

④ Hoover, Statements in Favor of the Death Penalty, in H. Bedau, The Death Penalty in America 130(1967 rev. ed.);Allen, Capital Punishment:Your Protection and Mine, in The Death Penalty in America,*supra*, at 135. Hart, 52 NW. U.L. Rev. *supra*, at 457;Bedau, The Death Penalty in America, *supra*, at 265-266.

⑤ Powell v. Texas,392 U.S. 514,392 U.S. 531(1968)(马歇尔大法官,多数意见)。

可以要求其证明终身监禁或者任何其他刑罚的必要性。迄今我并不知晓任何令人信服的证据证明终身监禁具有比 20 年监禁更为有效的威慑效果，甚或 10 美元停车票具有比 5 美元停车票更为有效的威慑效果。事实上，有些人走得如此之远，以至于要去挑战任何刑罚可以威慑犯罪这一观念。① 如果国家未能举出令人信服的证据反驳此类主张，是否随之就能得出这一结论，即所有刑罚均应被质疑为符合宪法之"残酷和异常"的含义？与此相反，我认为，由必要性这一思路所提出的种种疑问，是依据第八修正案而提出的司法探索所无法接受的。

五

今日，本法院并未认定死刑本身违反第八修正案，也未认定这一刑罚被禁止适用于任何特定等级或者所有等级的犯罪。斯图尔特大法官和怀特大法官在其本质上相同的协同意见，对于支持宣布申诉人所处刑罚无效的判决而言是极为必要的，但这些意见突然止步于触及根本性问题时。我所认为的包含于这些协同意见之中的本法院裁决的真实用意，并非完全明晰。但是，有一点似乎是明确的：假如立法机关准备继续为某些犯罪规定死刑，那么陪审团和法官现在将不再被允许以其过去曾经拥有过的同样方式来裁决量刑。② 这一思考路径并未在口头辩论或者辩论摘要中得到强调，但是它错误地理解了宪法关于禁止"残酷和异常的刑罚"这一命令的本质，忽略了具有约束力的判例法，并且要求死刑案件具有刚性，而这纵然具有实现的可能，也无法被视为是一个应予欢迎的变化。实际上，本案的判决恰恰与之相反。

正如我此前所述，第八修正案禁止那些如此残酷和非人道以至于违背了有关文明行为的社会标准的刑罚。这一修正案并不禁止所有刑罚，即使国家无法证明它们对于威慑或者控制犯罪的必要性。该修正案也并不关注程序问题，虽然正是依赖这一程序，国家才得以决定在特定案件中适用特定的刑罚。而且，最为确定的是，该修正案并不责备立法机关授予陪审团自由裁量权，而不是由法律规定所有刑罚。

无论是斯图尔特大法官还是怀特大法官的协同意见，其关键要素集中于这一刑罚适用时的罕见性。这一要素并未被人视为证明社会痛恨死刑的证据——这是申诉人希望本法院要得出的结论——而是被视为是一个已经恶化了的量刑

---

① K. Menninger, *The Crime of Punishment* 206-208(1968).
② 在大法官道格拉斯的协同意见中，很多地方也同样建议，是量刑制度而非刑罚本身，存在着宪法性的缺陷。当然，其观点同样揭示出，本法院在麦克高瑟诉加利福尼亚州案[402 U.S. 183 (1971)]中的裁决所带来的后果就是，量刑程序的有效性问题不再是一个能够被质疑的问题。

制度的标志。申诉人的处刑被认定应予撤销,并非因为这一刑罚系属不被容忍的残酷,而是因为陪审团和法官未能以可接受的方式行使其量刑的自由裁量权。

需要明确的是,在第八修正案的术语中存在着某种叙述思路:申诉人的处刑是"残酷的",因为它们超过了立法机关认为对所有案件具有必要性的程度①;申诉人的处刑是"异常的",因为它们超过了其在绝大多数案件中所适用的程度。②第八修正案措辞的这一应用意味着,如果死刑的适用率出于某种原因而大大增加,那么它就能够符合第八修正案的价值;就此而言,其必然的结论就是,由立法机构所创建、由陪审团和法官加以运行的灵活的量刑制度,已经产生比第八修正案所能够承受的更多的宽容。这一思考路径的可能后果略带讽刺意味。例如,依据第八修正案的这一理解,在威瑟斯庞诉伊利诺伊州案中死刑案件适格陪审团的撤销,只能重见于回忆之中,而被视为"不断发展的、标志着成熟社会进步的尊严标准"的绊脚石。

第八修正案原则的这一新颖陈述——尽管对于满足我们有限授权的调卷复审令条件而言是必要的——并非这些协同意见的核心。这些观点中起决定性的不满论调——不转换为第八修正案的术语的话——是当下在死刑案件中不受控制的量刑制度未能产生公正的司法;问题并不在于过少的人被处以死刑,而在于其选择的程序毫无理性模式可循。③ 这一关于恣意性的主张不仅缺乏经验主义的支持,而且其显然不能证明死刑确系"残酷和异常的"刑罚。第八修正案被包括于权利法案之中,以确保特定类型的刑罚永远不会被予以适用,而不是为了缓解量刑程序。这些协同意见的思考路径在第八修正案的判例中并无先例可循。它根本上是并且仅仅是一个程序性的正当程序争议。

用于裁决的这一理由显然被排除或者忽略了。仅仅在一年前,在麦克高瑟诉加利福尼亚州案中,本法院支持了死刑案件中普遍盛行的量刑制度。法院认定:"根据历史、经验以及当前人类知识的局限,我们完全不可能得出这样的结论,即将在死刑案件中宣布生死的权力授予不受控制的陪审团手中,违反了宪法规范。"在得出这一结论过程中,法院得益于广泛全面的辩护意见摘要、完整的口头答辩以及六个月之久的审慎思索。本法院的辛苦工作汇编成文为美国判例

---

① 参见斯图尔特大法官的协同意见,前引408 U. S. 309-310;怀特大法官的协同意见,前引408 U. S. 312。

② 参见斯图尔特大法官的协同意见,前引408 U. S. 309-310;比较怀特大法官的协同意见,前引408 U. S. 312。

③ 在斯图尔特大法官的协同意见中,这一观点得到了较之怀特大法官更为有力的强调。不过,因为怀特大法官允许法律对"更为狭窄的、确定的罪名范围"规定绝对死刑,这一观点表明,他同样更为关注一个规范化的量刑程序,而不是对所有犯罪所适用的死刑总数。

汇编之中 130 页的法庭意见。今天为这些协同意见所认可的所有的辩论理由以及事实主张，在一年之前均已经由本法院加以考虑并予以驳回。麦克高瑟案是一个极度疑难的案件，而有些理性的人可能会对这一结果抱有相当的反对态度。但是本法院既然通过这一判决，而如果遵循先例原则仍然有效，那么该裁决就应当被视为是对法律具有效力的解释。

虽然本法院在麦克高瑟案中的裁决技术上局限于第十四修正案中，关于正当程序的强制规范，而非通过第十四修正案的正当程序条款而适用于第八修正案，但如果认为今天的判决结论并没有以第八修正案的名义推翻麦克高瑟案的裁决，那就实在有点不够坦率了。在所讨论的议题像死刑那样敏感而且其风险又如此巨大的情况下，人们就自然而然地可能想到应当服从遵循先例的原则，但去年这些外在考虑竟然没有得到任何重视。作出裁决的这样一种模式丝毫无益于促进公众对法律稳定的信赖。

虽然我并不同意对法院裁决的限定范围作一个精确的描述，但显然，如果州立法机关和国会希望维持死刑的适用，那么就应当采取一些显著的制定法改革。由于两个关键的协同意见倾向于这样的假定，即现今死刑判处是以一种随意和不可预测的方式进行，因此立法机构可能会为陪审团和法官制定一些标准以便在死刑案件中量刑时加以遵循，或者通过为那些可能适用死刑的犯罪确定一个更为限缩的规定，以寻求使其法律能够与本法院的裁决保持一致。① 如果能够发明这样一些标准或者这些犯罪能够被更为精细地定义，其结果当然是有百利而无一害。不过，哈伦大法官代表本法院为麦克高瑟案所撰写的意见令人信服地证明了过往在"案发之前识别"那些可能适用死刑的案件的所有努力"均告失败"。一个问题在于，"决定死刑在特定案件中是否合适的因素过于复杂，以至于无法压缩到一个简单的程式范围之内"②，正如本法院在麦克高瑟案中所表明的那样，"广泛无限的案件范围以及每个案件的纷繁多面，将使得所谓的一般标准或者成为毫无意义的'陈腐刻板用语'，或者成为没有一个陪审团需要的毫无新意的陈述"。但是，即便假定我们能够建立合适的指导原则，只要陪审团仍然拥有决定刑罚的权力或者基于一个较轻刑罚的指控而作出有罪判决的权力，我们就无法确保量刑的模式能够发生改变；过去陪审团并没有在这些权力的行使上受到约束。因此，除非本法院在麦克高瑟案中对历史的经验作了误判，我们就没有理由相信，任何形式的量刑标准将能实质上改变当前盛行的死刑案件中量

---

① 本法院在麦克高瑟诉加利福尼亚州案中指出，这两个变素在实质上具有等价性（402 U. S. at 402 U. S. 206, n. 16）。

② 皇家委员会关于死刑的报告，1949—1953，第 8932 号敕令书，498，第 174 页（1953）。

刑制度的自由随意性。这一制度可能并未达到完美的程度,但是这仍然需要表明,一个差别的制度能够带来更令人满意的结果。

假如立法机关规定了绝对死刑,并以这一方式否决陪审团以较轻指控得出判决的余地,这一做法显然可能带来确实的变化;在这样一种制度下,只有在无罪判决时才能避免死刑判处。如果根据今日之裁决,只有这么一种变通方案供立法机关安全选用,那么我宁愿本法院选择全面放弃。

对我而言,颇不寻常的是,虽然我们对非专业的陪审员具有基本的信任,并将其作为我们刑事司法制度的基础,而现在,我们必须指出的是,我们要将所有裁决中那些最敏感、最重要的部分从其手中拿走。或许我能够被更为简单地说服,认为绝对死刑判决由于并不存在因非专业陪审员的干预和改进而产生的冲击,因此变得如此任意和教条,以至于其违反了宪法。陪审团所决定适用的死刑的极端罕见性证明了他们的谨慎以及对那些极端案件区别性保留这一刑罚的态度。我曾经认为,就犹如一年前我们在麦克高瑟案所指明的那样,历史上就没有比美国人对"所有宣判有罪的谋杀犯判处绝对死刑的普通法原则"的痛恨更为清楚的东西了。正如马歇尔大法官在协同意见中所表明的那样,19 世纪摆脱绝对死刑的运动标志着将其灵活性开明地引入了量刑程序之中。这一运动认为,个体的应受谴责性并非始终由其所犯罪行的类型衡量。这一量刑实践上的改变被认为是一个人性化的发展而得到本法院的欢迎。① 我不理解这一历史怎么能够被忽略,又怎么能够被理解为第八修正案要求废除量刑制度中这一最为敏感的部分。

一般认为,在这个国家中,刑罚概念的进化并未取得极大成就,迄今为止也并未实现什么显著成功。如果关于刑事司法的崭新理念的全部领域中,有任一部分需要我们的清醒思考,那么量刑和矫正领域必然位居前列。但是人们普遍认为,针对某些犯罪的绝对死刑并未有助于完美地实现刑事司法制度的目的。现在,在经历了漫长的弃绝对每个判处特定犯罪的人均盲目地判处全部相同的刑罚这一做法的过程之后,我们必须正视这样一种争议,它可能暗示着,只有立法机关可以决定死刑的判处是否恰当,而无需陪审团和法官介入予以评估。这一思路威胁着我们向刑罚制度的进步进行转向,直到现在为止,这一转向进展缓慢,以至于无法吸纳、解决那些明显的阻碍。

---

① 参见 *Winston v. U. S.*, 172 U. S. 303(1899);参照 *Calton v. Utah*, 130 U. S. 83(1899)。另见 *Andres v. U. S.*, 333 U. S. 740, 333 U. S. 753(1948)(法兰克福特大法官,协同意见)。

六

　　由于对上述案件所提出的终极性问题本法院并未形成多数意见,我国死刑的未来因此处于一个不确定的中间状态。多数意见的裁定结论其综合的效果在于要求不同的州立法机关和国会提出一种未决的改革措施,而不是就这一基本的宪法问题提出一个最终的、毫不含糊的回答。虽然我无法赞同产生今日结果的裁决制定程序和这一结果给予立法行为的诸种限制,我对立法机构并未被给予对死刑的整体作一个透彻的重新评估这一机会,实际上这也是一项不可回避的责任,完全不感愤怒。假如今天的观点没有说明其他东西,它们至少明显地表明,这一领域是立法机关的行动能够比法院更富成效的领域。立法机关可以自主决定对特定犯罪废除死刑,或者仅明确极为有限的例外而一般性地废除该刑罚,而无须遵从第八修正案概念性的苛责。立法机关能够也应该对死刑的威慑效果作出评估,无论是一般性的效果还是对特定类型的犯罪实施的效果。假如立法机关对死刑效果产生怀疑,他们就能对其加以废除,无论是完全的废除还是基于选择性的基础之上。如果新的证据使他们相信其过去的行为是不明智的,他们能够推翻其实际的工作,并在其所认为应当批准的范围内恢复这一刑罚。由法官所作出的某一个关于第八修正案的裁决不可能具备这样一种灵活性或者差别对待的精确性。

　　世界范围内的限制死刑适用的倾向,这是迫切需要我们给予重视的现象,并未指明在依据书面宪法行事的我国如何予以司法解决的方向。相反,这一改变基本是基于立法行为而产生,而立法行为经常地以案件审判为基础,并对特定的有限的犯罪类型保留了死刑。① 事实上,即便粗略像第八修正案这一工具,也并未引起些微变化。在我国通过司法决定完全和无条件地废除死刑将会逐渐削弱立法的慎重步骤,并抹杀了对目前在这一领域内尚未解决的许多问题进行探索的尝试。

　　抛开第八修正案的局限之处不论,在这一争议被关注的层级所进行的讨论,

---

① 参见 Patrick, The Status of Capital Punishment: A World Perspective, 56 *J. Crim. L. C. & P. S.* 397(1965)。例如,在英格兰,1957 年的立法将死刑限制适用于谋杀、叛国、暴力性海盗、船厂的纵火以及一些军事犯罪。1965 年的杀人法(死刑的废除)以五年试验期为基础对谋杀罪废除死刑[普通公共法案集第 71 章第 1577 段(1965 年 9 月 8 日)]。这一废除在 1969 年被永久性化。参见第 793 卷议会辩论,下议院,第 5 辑,1294—1298(1969)[793 Parl. Deb., H. C. (5th ser.) 1294-1298(1969)];第 306 卷议会辩论,上议院,第 5 辑,1317-1322(1969)[306 Parl. Deb., H. L. (5th ser.) 1317-1322(1969)]。加拿大同样采取了以 5 年试验期为基础的限制性废除行为。加拿大法令 1967-1968,伊丽莎白二世 16 年和 17 年,第 15 章第 145 段(Stats. of Canada 1967-1968, 16 & 17 Eliz. 2, c. 15, p. 145.)。

法院无法参与其中,也证明了通过立法行为做选择的正当性。反对死刑的案件并不是法律逻辑的产物,在其根本而是基于事实的主张,但其真相却无法根据惯常的司法程序加以测定。支持这些判决的五种观点在许多方面都各不相同,但是他们都不约而同地愿意就死刑在我国的施加方式及其有效性问题得出笼统的事实断言,虽然这一断言并未得到实证数据的支持。立法机关本应有机会凭借那些他们可资运用而我们却并不掌握的、更为通晓有效的工具,对这些主张进行更为深入透彻的研究。

至高无上的司法责任在于体认对司法权的限制,并容允民主程序去处理那些超越那些限制的事务。霍姆斯所提及的、基于具有重要意义的判例所产生的所谓"液压"①,曾经推动本法院超越了这些司法权的限制,同时也幸运地为立法的判断留了一些空间。

布莱克门大法官的反对意见:

布莱克门大法官,反对。

我附议首席大法官、鲍威尔大法官和伦奎斯特大法官的各自观点,同时附加下述某种意义上的个人意见。

1. 上述类型的案件令我倍感精神上的折磨困扰。对于死刑所招致的肉体痛苦和恐惧,以及有限心智的道德考验,从各种方面让我对死刑抱有的厌恶、憎恨乃至痛恨,不输于他人。这种厌恶之情得到了这一信念的支持,即死刑无助于实现任何能够得到证明的有益之目的。对我而言,它违背了孩提时代的教诲和生活之经验,因而无法与我业已形成的坚定哲学信仰相兼容。它与任何"崇敬生命"的意义相对立。如果我是一位立法者,我会基于代表相应申诉人的律师所辩论的、并在那些赞成否决这些判决的大法官所提交的若干意见中得到反映和采纳的政策原因而否决死刑。

2. 经年以来,我生活在一个没有死刑的州②,该州在 1911 年就有效地废除了死刑③,并在 1906 年 2 月 13 日就已经完成其最后一次处决④,因此,死刑从未成为我生活的一部分。在我所生活的州,它就是从未存在过。因此,我能够确信,单纯就统计学上的威慑观点考察,死刑的废除对于该州而言无足挂齿,因为正如那些协同意见所考察的那样,统计数据无法证明任何结果,如果真有什么结

---

① 参见北方证券公司诉美国案,*Northern Securities Co. v. United States*,193 U. S. 197,193 U. S. 401(1904)(异议意见)。
② Minn. Stat. §609.10(1971)。
③ Minn. Laws 1911, c. 387。
④ See W. Trenery, *Murder in Minnesota* 163-167(1962)。

果存在的话。但是该州及其公民接受了这样一个事实,即死刑绝不属于可适用于任何犯罪可能的刑罚范围之内。

3. 在本法院的现有成员中,可能我是唯一一个对此具有司法经历的人。作为美国上诉法院的法官,我在费古尔诉美国案①,调卷令被否决,371 U. S. 872(1962)中首次就有关死刑问题进行了沉默的抗争。在该案中,其被告人可能是最后一批在联邦政府资助下被处决的人之一。在我为波普诉美国案中的全院听审撰写裁决时,再次遭遇这一争议,并再次抑制住评论的冲动,该案被撤销判决[由于副总检察长承认错误,该案被随后的美国诉杰克逊案,390 U. S. 570(1968)所推翻]发回重审。最终,在马克斯韦尔诉毕晓普案②中,本法院基于下文中并未提及的理由而主动撤销判决并将案件发回重审,而我明确表达了我的痛楚和关切③,这是我自己的而非合议庭的感受。而在杰克逊诉毕晓普案④中,我毫不犹豫地撰写了合议庭意见,认定由模范犯人对与其同监的阿肯色州囚犯实施捆绑的做法违反第八修正案。当然,这涉及有监内牢头所实施的狱内惩罚。

4. 多个附议意见承认(他们也必须承认)直至今日,死刑就其本身而言为人们所接受,并且被认为并未构成第八修正案或者第十四修正案意义上的违宪。这也是1879年威尔克森诉犹他州案⑤法院全体一致的裁决中率直或暗隐之结论;它也是1890年凯姆勒案⑥中法院全体一致的裁决中率直或暗隐之结论;也是本法院在1910年威姆斯诉美国案的结论;更是1947年本法院中所有在路易斯安那州根据弗朗西斯的告发诉雷斯韦伯案⑦中作为多数派探讨这一争议的那些法官的意见;也是1958年在特罗普诉杜勒斯案中⑧,首席大法官沃伦先生代表其本人和其他三位大法官(布莱克大法官、道格拉斯大法官、惠特克大法官)所发表的意见;也是1963年本法院在鲁道夫诉阿拉巴马州案否决调卷复审令时

---

① *Feguer v. United States*,302 F. 2d 214(CA8 1962).
② *Maxwell v. Bishop*,398 F. 2d 138 (CA8 1968).
③ 398 F. 2d 153-154. "我们认为,很显然代表麦斯威尔的努力不会因此继续下去,他的案件再次出现在这个法庭并非因为基于他所被定之强奸罪而接受的是死刑而不是终身监禁。这让笔者在做决定的过程中尤其备受折磨,笔者个人不相信死刑的公正并质疑作为有效的威慑的死刑。但是死刑的适当性是一个政策问题——通常有待立法者解决或通过行政宽赦解决,而非通过司法解决。我们注意到,那个公告的价值在于强奸罪判处死刑在联邦法中保持有效。"
这个标明的脚注遵循我的同僚法官们没有参与我的评论。
④ *Jackson v. Bishop*,404 F. 2d 571(CA8 1968).
⑤ 99 U. S. 130,99 U. S. 134-135.
⑥ 136 U. S. 436,136 U. S. 447.
⑦ 329 U. S. 459,329 U. S. 463-464,329 U. S. 471-472.
⑧ "首先,让我们把将死刑作为宪法限制处罚的指标这点放在一边。反对死刑的论证——不管是基于道德原因还是依据实现处罚目的——都是有说服力的,死刑在我们的历史上自始至终适用,而且只要有一天死刑还被广泛接受,就不能说它违反了宪法有关残忍的观念……"

的意见(不过,在该案中,道格拉斯大法官、布伦南大法官和戈德堡大法官本应该听取就对于一个"既未杀害亦未危及他人生命的"、被认定有罪的强奸犯适用极刑这一问题所进行的辩论);这也是布莱克大法官在1971年5月3日最后一个开庭期才裁决的麦克高瑟诉加利福尼亚州案中的观点。①

但是,裁决的流向现在却突然背道而驰,本法院显然接受了这样一种结论,即岁月的流逝某种程度上使我们处于一个更为成熟、更富远见的位置。这一论点,即便其貌似有理并且理由堂皇,但仍不具说服力,因为它距麦克高瑟案才1年,距鲁道夫案才8年半,距特罗普案才14年,距弗朗西斯案才25年,在如许短暂时期内,我们并未觉察到能够表明任何意义的显著进步的事物。本法院也才刚刚决定现在是废除死刑的时候了。当我们裁决任何所援引之案件时,一定会有充分的理由如此行为。但是本法院在任一这样的场合都抑制住了这样的行为。

本法院已经认同,而我也赞同这一观点,即残酷和异常的刑罚条款"得以从为人类正义所启迪的公众观念中获取其意义"。而沃伦大法官作为本法院的相对多数派,亦求助于"不断发展的、标志着成熟社会进步的尊严标准"。杰斐逊先生也表达了同样的思想。②

但是,正如我之前所指出的那样,我的顾虑在于:本法院关于公众态度之进化的观念所发生的突变,因为那些裁决时隔不长新鲜如初。

5. 当然,推翻这些判例中的裁决是一个轻易的选择。打破这一平衡以支持生命、反对死亡就更为容易。沉湎于如下的想法甚或合理性之理由,当然令人慰

---

① 402 U. S. 183,402 U. S. 226."宪法第八修正案禁止'残酷和异常的刑罚'。我的看法是,这句话不能理解为宣告死刑不合法,因为这种处罚在第八修正案被采用时就是共用的,是被这里的和我们祖先所来的国家的法律授权的。我难以相信制宪者试图通过该修正案结束死刑。尽管一些人坚持称法庭应该与时俱进地通过解释来修正宪法,但是我从不认为我们体系中终身制的法官有这样的立法权。"

② "一些人带着虚伪的崇敬看待宪法,认为宪法是约柜,神圣得触摸不到。他们认为之前年代的人具有超乎人类的智慧,并认为他们的作为超越了修正。我很了解那个年代,我属于那个年代,耕耘那个年代。那个年代有功于这个国家。它很像现在,除了没有经历现在。在政府40年的经历相当于读了一个世纪的书,他们会说自己是站在先人的肩膀上成长的,我知道,法律和制度必须与人类思想共同前进。随着人类思想的发展和进步,新的发现和新的真理被揭开,随着环境的改变人的态度和意见改变了,制度也一定跟随时代的脚步提高了。我们何妨让一个男人穿着还是男孩子时穿的外套,就像一个文明的社会依然在野蛮的祖先们的支配下。让我们不要效仿这样的例子,也不要懦弱地认为这一代的人没有能力像另一个时代的人那样照顾自己和整理自己的事物。让我们像其他州做的那样,利用我们的理智和经验去纠正初出茅庐却精明善良的议会所完成的论文初稿。最后,让我们在一定时期内规定宪法的修正。"

Letter to Samuel Kercheval, July 12, 1816, 15 *The Writings of Thomas Jefferson* 40-42 (Memorial ed. 1904).

藉:例如,这一做法是一个成熟社会的怜悯决定;这一做法是道德的,因而就是需要去做的"正确"之事;因这一行动,我们得以深信自身正在朝向人类尊严的道路上行进;我们珍视生命,即使这一生灵毁灭了另一人甚或其他多人,或者严重危及另一人甚或其他多人及其家庭;较之1879年或者1890年,或者1910年,或者1947年,或者1958年,或者1963年,甚至一年前的1971年,即威尔克森案、凯姆勒案、弗朗西斯案、特罗普案、鲁道夫案以及麦克高瑟案被分别判决的时候,我们要文明更多。

对我而言,这一点是一个好的论证理由,具有一定的意义。但是只有在以立法和行政的方式上行事而不是作为司法的权宜之计时,它才是一个好的论证理由并且具有一定意义。正如我之前所述,我愿意尽我之所能去支持并且投票赞同立法废除死刑。如果我是一个独立州的行政首脑,我将会像最近阿肯色州的洛克菲勒州长在其离职前所做的那样,迫切地行使行政赦免之权。就州政府或联邦政府的立法分支以及行政分支而言,他们具有实施此种行动的权力和责任。立法机关不应以第八修正案的这一争议为借口取代这一职权。

然而,在这些案件中,我的角色并不是一名至少在个别的意义上需要对选民意愿予以回应的立法者。

在此,必须一而再、再而三地予以强调的是,我们的任务是对已经颁布而被质疑的立法的合宪性问题作出判断。对于法官而言,这是唯一的使命。我们不应允许自己对立法和议会行为的智慧有个人偏好,或者我们对此类行为的厌恶,来指导我们在此类案件中作出司法判断。逾越政策界限的诱惑如此巨大。事实上,今日判决的驳回,这一诱惑几乎就是不可抵御的。

6. 按照我的观点,某种程度上,本法院的判决结果受到了加利福尼亚州最高法院的中间裁决的推动,这一只有一名法官提出异议的裁决认定,死刑违反了该州的法律。① 据我所知,这是司法决定第一次在整体上宣布死刑无效。② 加利福尼亚州的道德问题是一个意义深远的问题,因为该州等待死刑执行的囚犯远多于任何其他州。当然,加利福尼亚州有权按照其意志解释其宪法。但是,其解释结论几乎不可能成为联邦裁判的先例。

7. 我相信,本法院完全赞同当前其在决定这些案件时所行之方式。不仅仅是39个州和哥伦比亚特区的死刑法律被废除,而是联邦制定法体系中那些所有允准死刑的规定都显然要被撤销。我怀疑,包括其他一些犯罪,死刑对于叛国罪(18 U.S.C. 2381)将不再可能;或者对于谋杀总统、副总统或者那些候选上述职

---

① *People v. Anderson*,6 Cal. 3d 628,493 P.2d 880(1972年2月18日)。
② *Ralph v. Warden*,438 F.2d 786,793(CA4 1970)。调卷令被驳回,见后,第942段。

位的人的行为(18 U.S.C. 1751)将不再可能;或者对国会议员或其候选成员的谋杀(18 U.S.C. 351)将不再可能;或者对于间谍罪(18 U.S.C. 794)将不再可能;或者对于特定领海管辖区内的强奸罪(18 U.S.C. 2031)将不再可能;或者对于导致了死亡的毁坏航空器和机动车行为(18 U.S.C. 34)将不再可能;或者对于导致死亡的爆炸罪[18 U.S.C. 844(d)和(f)]不再可能;或者对于毁损列车的行为(18 U.S.C. 1992)将不再可能;或者对劫持航空器的行为[49 U.S.C. 1472(i)]将不再可能。同样,统一军事司法法典不同条款中的死刑规定①也可能处于危险之中。而今,所有这些规定似乎均将被弃置,而无需作一哪怕是简短理由或者情境的声明,但恰是这些理由或者情境,推动了这些规范的颁布(有些还是新近颁布的规范),并且在面临废除的压力时仍然继续予以保留。

8. 对于与晚近联邦死刑立法相关的表决事实予以说明:

A. 暴力劫持航空器条例[49 U.S.C. §1472(i)]于1965年9月5日颁布。参议院于当年8月10日投票表决结果是:92:0。据宣布,议员查韦斯、富布莱特、纽伯格和辛明顿虽然缺席,但是如果这四位出席投票也会投赞成票。虽然另一派的议员巴特勒因病缺席,而贝奥、卡尔森和莫顿缺席或被拘留中,但是如果这四位出席投票也会投赞成票。这些宣布表明真正的投票结果应该是:100:0 (107 Cong. Rec. 15440)。众议院没有经过投票记录就通过了此法案(107 Cong. Rec. 16849)。

B. 暗杀总统条例(18 U.S.C. §1751)于1965年8月28日没有经过投票记录即被核准(14103,18026,以及20239)。

C. 1970年综合犯罪控制法案于1971年2日被核准。由此第四部分增加了暗杀国会议员条例,如今是18 U.S.C. §351。众议院于1970年10月7日记载的投票结果是:341:26,有63人没有投票,其中62人是成对的(paired)(116 Cong. Rec. 35363-35364)。参议院在10月8日的投票结果为:59:0,41人没有投票,但其中有21人宣布支持此法案。最终投票结果在会议后没有被记录。

我无法相信这么多律师——众议院和参议院的成员——包括,我不妨称为杰出的领导者和高层政府机关的卓越的候选人——他们会对这类法案条例的立法是否违背宪法毫无察觉、麻木不仁或反应迟钝。回答是当然的,在1961年、1965年和1970年,这些人民代表对时代的趋势、社会的成熟和人类尊严的当代需求的意识,比我们这些坐在法庭上与世隔绝的法官要强得多,他们认为死刑在当时与以往一直以来一样并没有违反宪法。我猜,国会的一些成员会对法庭今

---

① 10 U.S.C. 885,890,894,899,901,904,906,913,918 & 920.

天的巨大迈步感到惊讶。

9. 如果我的同僚斯图尔特大法官支持,换言之,只要依法强制判处死刑,死刑就是不违宪的,那么我恐怕会导致州立法者将今天被打压的条例重新制定,根据具体情况而定,不给法官和陪审团自由心证时针对特定的罪规定除死刑以外的任何轻的处罚选择。对我而言,这种方法看似鼓励倒退的、古老的模式,因为它消除了在判处处罚时的怜悯因素。我以为我们的犯罪学在很久以前就超越了这点。

10. 再次,值得感兴趣去注意的是尽管一些一致意见承认申请人所犯之罪的可憎和残暴,但是没有一个意见谈及申请人给被害人及其家人以及犯罪发生的社区带来的痛苦。这些申请人的论证,尤其是口头论证,相似地并奇怪地都不涉及被害者。当然像这样的评论是有风险的,因为会被冠以强调报应之名。[1] 然而,因为犯罪对无辜的被害者而言是作恶,所以有这些案件。这个事实及引起这事实的恐惧,还有今天在我们许多城市的街道上蔓延的害怕,也许应受到部分的关注。让我们希望,随着法庭的裁决,那些曾被恐惧缠身的人会忘记这份恐惧,希望从这份宽容中我们社会将收获期待中的效益。虽然我个人因法院的判决而高兴,但是我觉得很难将其作为历史、法律或者宪法的声明接受或证明其正当性。恐怕法院已经超越界限了。它已找寻并已到达终点。

鲍威尔大法官的反对意见:

鲍威尔大法官发表反对意见,首席大法官、布莱克门大法官、伦奎斯特大法官加入。

法庭在这些案件中颁发移审令,以考虑死刑是否仍为可接受的惩罚形式。五位法官的判决是,如惯例所规定、这个国家今天所实行的那样,死刑违背了宪法对残酷和异常的刑罚的禁止。该判决的理由分成五个独立意见陈述,表达了很多独立的推理。在我看来,这些意见都没有为法庭判决提供宪法上充足的理由。

道格拉斯大法官认为,死刑与"平等保护"概念是不兼容的,而他认为这个概念是第八修正案中所"固有的"。[2] 布伦南大法官作出该判决的主要理论基础是,死刑"与人类尊严不符"。[3] 斯图尔特大法官认为,死刑是以"肆意的"和"异

---

[1] *But see Williams v. New York*, 337 U. S. 241, 337 U. S. 248 (1949).
[2] *Ante* at 408 U. S. 257.
[3] *Ante* at 408 U. S. 270.

想天开的"方式适用的。① 对于怀特大法官而言,死刑的"罕见"适用使其适用不合宪。② 马歇尔大法官认为死刑是不可接受的惩罚形式,因为,它是"道德上不可接受"和"过分的"。③

尽管这些案件中,上诉人陈述的中心都是死刑的适用不合宪,但是,今天的意见中,只有两个明确地表明,这样彻底的决定是由宪法赋权的。布伦南大法官和马歇尔大法官都主张废除所有现存的州和联邦的死刑立法。他们也明确表示,未来也不可能制定出符合第八修正案的死刑法律。尽管另外三个意见的实际结果不那么确定,但是,它们至少并未打算让立法机构以后制订的每个关于适用死刑的法定方案都不可接受。④

截至目前,尽管后部分意见没能,至少没能明确地,像上诉人辩解的那样绝对,他们的保留也可归结于只认可上诉人一部分理论的意愿。基于主审法官在反对意见中中肯陈述的原因和本意见中其他部分陈述的原因,我认定,我同行的"比完全废除缓和"的判决不具说服力。因为这些判决对我而言并非决定性的,我将主要关注这些案件中如此假设上诉人的更广泛原因。我对更广泛理论持异议的理由,同等地适用于每个同意意见。

因此,我不会逐个区分对待。我也不想预测如果存在,那么在未来,是何种死刑法律,在今天多数意见所表达的各式各样的观点下,可能不受谴责。那项艰巨的难题,未被任何一种权威意见所攻克,必须等到提出更受限制需求的其他案件出现时,方可得到解答。无论以后会出现何种不确定性,但是今天的决定几个结果已经确定无疑,非常清晰。显然,该决定意义重大。

法庭的判决移除了全国联邦和州监狱中等待执行的 600 个左右的死刑判决。至少目前,它也禁止了州和联邦政府试图对那些被起诉可能适用死刑并等待审判的被告人们适用死刑。然而,这些数得过来的案件中皆大欢喜的结果,只

---

① *Ante* at 408 U. S. 310.
② *Ante* at 408 U. S. 313.
③ *Ante* at 408 U. S. 360, 408 U. S. 358.
④ 道格拉斯大法官只是认为"第八修正案要求立法机构书写公平、固定和不擅断的刑法,要求法官注意一般法不能罕见地、有选择性地和不平等地适用于少数人。"(*Ante* at 408 U. S. 256.)该原理的重要意义在于,尽管所有现存法律都必将衰落,但是理论上州和国会还是可能修订成文法,抵挡得住歧视适用的控诉。除了在至少四个现存立法(*ante* at 408 U. S. 307)基础上维持判决,斯图尔特大法官还表示,对任何类别的犯罪都强制适用死刑或者规定其他一些方式保障免于"肆意的"和"朝三暮四"的适用(*ante* at 408 U. S. 310)的成文法会导致一个今天没有解决的难题。怀特大法官基于不同的理由认为,惩罚的强制体系可能被证明是可以接受的。(*Ante* p. 408 U. S. 310.)在我以上和本注的意见中所简要并有选择性涉及的其他大法官的意见显然不足以概括其完整意见中所表达出来的见地深刻的观点。我只是努力挑选出那些对我而言是在每一个多数意见中主要侧重点中的各自视角。

是该决议最显而易见的影响。无法估量、但是确定无疑同等重要的是,该观点对于遵循先例、联邦主义、司法限制以及最重要的分权等根本原则的重大影响。

宪法制定者和第十四修正案的修订者认为上述文件并未对死刑设置障碍,而法庭认为这个最清楚不过的证据不是决定性的。法庭也漠视了那些完整连贯地确认死刑迄今为止实质合宪的先例。由于上诉人寻求宪法规则的广泛性,再加上被法庭五位成员不同程度地接受,今天对已存先例的偏离使得众多的州和联邦的法律归于无效。至少 39 个州①和哥伦比亚特区的死刑法律无效。另外,《美国刑法典》和《军事审判统一法典》中的众多条款也无效。

法庭判决不仅推翻了现存法律,而且,还否决了 50 个州的议会和立法机构采取与法庭意见不同的新政策的权力。确实,我的两位同行的观点是,不应赋予每个州的人民修正宪法以有选择性地对那些最严重的犯罪规定死刑的特权。说到法庭的宪法地位,多数意见的影响是最大的,因为该决议侵犯了历史上属于立法机构——既包括州立法机构,也包括联邦立法机构——的特权,即:通过对被禁止的行为制定刑罚来保护其公民。

这种决断正是立法机构有能力做出而司法机构准备不足的。纵观历史,法庭的法官们已经强调过使立法决议无效的决定具有重大影响,警告在其位的九位法官自我约束,尤其是被要求适用扩张的正当程序和残酷以及异常刑罚的时候。我不曾见过在任何案件中,法庭以决定宪法问题之名义,置全国以及地方的民主程序于如此的服从地位。在解决上诉人案件的问题之前——该问题被证明,至少大体上,对法庭是有说服力的——我首先要陈述不同于法庭重大决议的原则。

一

宪法本身就先为上诉人认为死刑不合宪的辩解设置了障碍。主要是第五、第八、第十四修正案的相关规定。第五修正案的部分内容是:"无论何人,除非根据大陪审团的报告或起诉,不得受判处死罪或其他不名誉罪行之审判……任何人不得因同一行为而两次遭受生命或身体的危害;不经正当程序,任何人不得被剥夺生命、自由或者财产……"

因此,联邦政府的权力就被限制了,以保证那些被起诉的犯罪,在起诉中只有一次机会寻求适用死刑,并且不经正当程序和大陪审团起诉不能适用死刑。

---

① 尽管在 40 个州的成文法中都允许对多种犯罪适用死刑,但是几个强制法规的合宪性还未有定论。罗德岛州唯一一个死刑条款——无期徒刑的罪犯实施谋杀——是强制性的,该州的其他法律并未被今天法庭的判决所触犯。(参见斯图尔特大法官和怀特大法官的协同意见。)

《权利法案》颁布77年后的第十四修正案,对州制定死刑的权力施加了第五修正案的正当程序限制。和第五修正案同时出台的第八修正案禁止"残酷和异常的"刑罚。为了澄清其内涵,有很多关于法庭和其他法庭意见的演变过程的著作。①

其历史不需在此重述,因为无论宪法制定者用"残酷和异常的"语言意在禁止何种刑罚,都毫无疑问,他们并非想绝对禁止政府适用死刑的权力。第五修正案中关于死刑的三条引注已经表述的足够清晰了。确实,提议第八修正案的主体,也在第一稿《1790年犯罪条例》中规定了对数种犯罪行为的死刑。

当然,《权利法案》中的具体禁止是对行使权力的限制;他们不是对政府的肯定性授权。因此,我不认为这几项关于死刑的引注,阻止法庭考虑在特定案件中适用死刑是否违背第八和第十四修正案。我也不认为"残酷和异常的刑罚"和"正当法律程序"是一成不变的概念,其含义和范围在其书写之时就被固封。他们注定是要充满活力、适时而变的,其中很多含义是其制定者未曾预想的。

尽管这些宽泛概念适用的灵活性是政府体系的标志之一,但是,法庭并不能自由地把宪法解读成与其用语差异过大的含义。第五和第十四修正案的语言和第八修正案的历史毫无疑问地确认死刑被认为是宪法允许的惩罚。然而,死刑以极端残酷的方式适用或者死刑作为与特定犯罪行为完全不相当的惩罚,质疑这样的死刑适用是符合宪法司法化的历史进程的。在作出这样的判决之前,法庭应当考虑相关的当代标准。

尽管个案中对违反第八修正案标准的刑罚权重是与历史和先例协调一致的,但却不是上诉人在这些案件中所要求的。他们追求的是,通过司法认可,完全废除死刑。

二

上诉人声称,宪法问题是开放的问题,不受法庭之前决定的控制。他们把根据第八修正案判定的案件视为未关注问题本身、而预设了死刑合宪性。我认为,判例法是不能如此轻易地被废除的。无数种情况下,法庭都推定和确认死刑的合宪性。在几个案件中,该假设为决议提供了必要依据,因为争议问题是,是否允许以特别方式执行死刑。每一项决议,都是以允许某些方式执行死刑为前

---

① 残酷和异常的刑罚条款历史的完整综述,见马歇尔法官的意见。*ante* at 408 U. S. 316-328. *Weems v. United States*, 217 U. S. 349, 217 U. S. 389-409 (1910) (White, J., dissenting); *O'Neil v. Vermont*, 144 U. S. 323, 144 U. S. 337 (1892) (Field, J., dissenting); Cranucci, "Nor Cruel and Unusual Punishments Inflicted;" The Original Meaning, 57 *Calif. L. Rev.* 839 (1969).

提的。

　　第八修正案被引用的第一起死刑案件——威尔克森诉犹他州案中的争议是,通过公众枪决的方式执行死刑是否是残酷和异常的刑罚。法庭一致认为:首先关注于惩罚本身,而执行方式与适用模式不同,不是被告人的辩护人认为刑罚残酷和异常的借口。法庭接着说:

　　"残酷和异常的刑罚被宪法所禁止,但是制定者可充分表明,枪杀作为对一级谋杀犯罪执行死刑的模式不在此限……"① 11年后,在凯姆勒单方诉讼案中,法庭再次面临执行死刑方式的问题。复审时,纽约州高等法院拒绝签发人身保护令,法庭被要求决定,最近才被纽约州立法机构采用作为执行方式的电刑是否过分残酷和异常,违反了第十四修正案。②

　　主审大法官富勒代表法庭,作出了赞成州的判决。立法机构经过仔细考察后选择的电刑,是"就现代科学所知,最人道和最切实可行的执行死刑的办法"。③ 法庭在死刑本身和其执行方式之间划了清晰的界限:"当刑罚是酷刑或者缓慢折磨致死时,刑罚是残酷的;但是,在宪法用词含义之内,死刑本身不残酷。它包含了一些不人道、残忍的方面,不仅仅是结束生命。"④

　　50多年后,在路易斯安那州根据弗朗西斯的告发诉雷斯韦伯案中,法庭考虑到在路易斯安那州有一个案子,州最初想要对一个已决谋杀犯处以电刑,但是由于机械故障未能成功。上诉人试图阻止州第二次执行死刑,理由是这样做就是残酷和异常的刑罚。在里德大法官书写的多数意见中否决了救济,主审大法官文森、布莱克大法官和杰克逊大法官协同。又一次地,法庭专注于执行方式,没有质疑死刑本身的适当性。

　　"我们面前的案子只要求检验死刑这种刑罚。现代英美法的传统人道主义禁止死刑执行中的不必要痛苦……""……宪法所要保护一个罪犯免受的残酷

---

① 99 U. S. 130 at 99 U. S. 134-135.
② 法庭指出,第八修正案只适用于联邦政府,而不适用于各州。涉及州行为的法庭权力被限制在保护特权和豁免权,保证正当程序法,这两者都包含在第十四修正案内。这个标准——为了正当程序的目的——就是州是否"在构成我们全部公民和政治制度基础的自由和正义基本原则限制之内实施其权力。"(136 U. S. at 136 U. S. 448)佐治亚州在凯勒姆单方诉讼案(in No. 69-5003 and No. 69-5030)中就已经对这个讨论给予了极大关注,并且要求近期的案子更应该在更为扩展的正当程序标准下判决,而不是之前的残酷和异常的刑罚条款。不管本庭的判决是否被视为"纳入"第八修正案[(*Robinson v. California*, 370 U. S. 660 (1962); *Powell v. Texas*, 392 U. S. 514 (1968)],很明显的是,适用这两个条款的标准基本上是同一的。比较法兰克福特大法官在路易斯安那州根据弗朗西斯的告发诉雷斯韦伯案中的标准[329 U. S. 459, 329 U. S. 470 (1947)(concurring opinion)]和沃伦大法官在特罗普诉杜勒斯案[356 U. S. 86, 356 U. S. 100-101 (1958)]中的标准。
③ 136 U. S. 436 at 136 U. S. 444.
④ *Id.* at 136 U. S. 447.

是刑罚方法内在的残酷性,而不是人道地结束生命方法中的必要痛苦。"①法兰克福特大法官不愿在第八修正案的特别禁止下处理该案,他赞成正当程序条款下二次执行。他说"州虽然不会以意见分歧明显的方式来对待一个有罪之人,但它可能通过以违反大致被广泛接受的道德标准的方式对待他,拒绝让个人享有正当程序"。②

持不同意见的四位大法官,尽管认定二次执行死刑是极端残酷的,但是明确认可死刑的有效:"在决定提议的程序是否合宪时,我们必须拿合法的电刑比对……电刑瞬间发生,是可以由州适用的,与正当法律程序一致……""首要的考虑因素是,死刑执行应该是瞬间的、没有什么痛苦的,以至于该刑罚应该尽量被减至不超出死刑本身。"③

这些案件都涉及对因违反第八修正案、其合法性遭受质疑的死刑的确认。在这三起案件中书写了5个意见,阐述了23位法官的意见。然而,从最狭义来讲,没有一个是对死刑合宪性的正面攻击,每个意见都不是没有联系的假设。州适用死刑的权力得到不断和清晰的确认。

除了死刑合宪性是决定的必要基础的案件,那些使今日的法院完全废除死刑的案件也必然反对其他规定或假设死刑合宪的意见。④

上诉人非常强调的标准——"不断进化的、标志着成熟社会进步的道德标准"⑤——从完全反对其论断的意见中推理而来,是非常奇怪的。主审大法官沃伦断然地陈述:"一开始,让我们把作为对刑罚的宪法限制指标的死刑暂放一边。无论反对死刑的论点是什么,基于道德、达到刑罚目的——这两项极具说服力——死刑在历史上一直沿用,并且,在尚被广泛接受的时代,就不能说它触犯了宪法中残酷这一概念。"布莱克大法官、道格拉斯大法官、惠特克大法官同意。

特罗普案中的争议是,对"翻越过山"不足一天并且自愿投降的战时逃亡者剥夺公民资格是否是残酷和异常的刑罚。在考量剥夺公民资格这一相对新颖的刑罚的后果时⑥,主审大法官沃伦在"传统"的刑罚和"异常"的刑罚之间划了界限:"尽管州有权处罚,第八修正案保证该权力在文明标准的界限内行使。罚金、监禁甚至是死刑执行都可依犯罪的严重程度适用,但是超越这些传统刑罚的

---

① 136 U. S. 436 at 329 U. S. 463-464.
② Id. at 329 U. S. 469-470.
③ Id. at 474.
④ See 408 U. S. *infra*.
⑤ 356 U. S. at 356 U. S. 101.
⑥ 在脚注32(at 356 U. S. 100-101)中的多数意见表明,剥夺国籍"直至1940年从未被政府明确批准过,直到今天从未被对照宪法检验过"。

技术,一定会引起合宪质疑的。"

多数意见不断对攻击死刑本身(言论)的反对,不应仅仅被视为随意的格言,因为那些观点直面回应法兰克福特大法官的不同意见,即:剥夺公民资格对于那些确定无疑(应被判处死刑)的死刑犯未必不合适。① 本法庭最近的判例——威瑟斯庞诉伊利诺伊州案和麦克高瑟诉加利福尼亚州案同样假设在死刑合宪性的高度上。尽管两起案件中复审的范围被限制在遴选陪审团和规范其在死刑案件中恣意性的程序问题上②,但是如果法庭成员当时都意图说明宪法完全禁止死刑,那么这些意见都是"纯粹的学术演练"。③

哈伦大法官在麦克高瑟案中对法庭的意见体现更为明显。在该案中,纵观死刑历史后,他作出结论,认为"很难说赋予陪审团在死刑案件中决断生死的无限权力对宪法没有任何损害"。④ 或许,为了证明横跨几百年的意见中法庭坚定不移的一贯立场,已经说得足够多。在触碰到死刑合宪性问题的意见中,几乎每个场合都确证,或者严肃假设,宪法并不禁止死刑。直到今天,也没有大法官不同意这种解读。

这些案件中的上诉人,不能仅仅通过宣称没有完全切合的先例而合理地避开先例实质主体的影响。遵循先例如果建立在原则之上,当然适用于认可或必须假设特定的宪法解释方式有效的案件。⑤ 尽管经常重复表达对死刑合宪性毋庸置疑的信念不能使我们面前的宪法问题的处理变得合理,但是,这是多年来至

---

① "这看上去是毫无争议的,失去公民资格是被第八修正案所禁止的,因为对于死刑而言是不成比例的,而且从独立伊始就是如此。……宪法辩证是如此的理屈词穷以至于失去公民资格是比死刑更糟糕的命运被严重的质疑吗?" *Id.* at 125.

② 398 U. S. 936 (1970); 402 U. S. at 402 U. S. 306 (BRENNAN, J., dissenting).

尽管死刑的合宪性被认为几乎是不成问题的,但是法庭成员最近表达了从对特定犯罪强制适用的角度考虑其合宪性的愿望。*Rudolph v. Alabama*, 375 U. S. 889 (1963) (dissent from the denial of certiorari). 398 U. S. 936 (1970); 402 U. S. at 402 U. S. 306 (BRENNAN, J., dissenting).

③ Brief for Respondent in *Branch v. Texas*, No. 69-5031, p.6.

④ 在麦克高瑟诉加利福尼亚州案中接受死刑作为一种刑罚方式的假设对于那些坚决要求全部废除死刑的人而言一定是麻烦的,但是对于那些把第八修正案视为程序禁止的法官而言,却摆出了更为严重的问题。道格拉斯大法官在说明法庭现在困囿于麦克高瑟案的同时(*ante* at 408 U. S. 248),作出结论认为死刑是不可接受的,因为适用死刑的程序是不公正、有歧视的。斯图尔特大法官对其实质没有不同见解,在一脚注中处理了麦克高瑟案,表示这是不适用的,因为这个问题是在正当程序条款下引起的问题(*Ante* at 408 U. S. 310 n. 12)。怀特大法官也认为由于其适用程序,死刑是不可忍受的。他没有试图区分麦克高瑟案中的清晰的理由。根据主审大法官表述的理由,麦克高瑟案是不能被区分的。(*Ante* at 408 U. S. 399-403.)事实上,这些见解会推翻新近的判例。

⑤ *Green v. United States*, 356 U. S. 165, 356 U. S. 189-193 (1958) (Frankfurter, J., concurring).

少29位大法官的意见,因此,应获得极大尊重。① 那些想把这些原则弃之不顾的人,压力颇大。

三

上诉人试图通过经不起分析的推理,来避开前述案例和宪法本身予以明确认可的影响。上诉人案件的论点来源于法庭成员承认禁止残酷和异常的刑罚的动态属性的几个观点。这些用语的最终含义并非在1971年就已确定。相反,用主审大法官沃伦代表法庭在特罗普诉杜勒斯案的意见来说:"修正案的用语不准确,范围也不确定。修正案必须从标志着日益成熟的社会不断进化的道德标准中获取含义。"

但这不是新的原则。这是麦肯纳大法官在威姆斯诉美国案中代表法庭陈述的意见中用以明确第八修正案的方法。他为其他四位作为六人法庭多数的大法官写道,该条款必须是"进步"的;它不是"过时的,而是像公众意见因为人道司法变得开明一样,获得新的含义"。法兰克福特大法官在路易斯安那州根据弗朗西斯的告发诉雷斯韦伯案中发表的独立意见中又提出了同样的考量。

尽管他反对第十四修正案使第八修正案完全适用于州的理念,然而他也认为,禁止州"以违反大致被广泛接受的道德标准的方式来对待犯罪",是符合正当程序的。无论人们——像我一样在本案中方便起见——把该问题视为正当程序问题还是残酷和异常的刑罚问题,争议实质上是一样的。② 哪个标准基本前提都是,残酷和异常的刑罚及正当程序的观念都是不断演化的。

无论是议会还是任何州的立法机构,今天都不会再容忍戴颈手枷、打烙印或者是切掉或钉住耳朵——这是我们殖民时代才存在的刑罚。③ 然而,如果规定了这样的刑罚,法庭当然会禁止执行。④同理,有其他选择的情况下,任何法庭也不会允许执行死刑中不必要的残酷。类似地,对特殊案件适用死刑的态度也会有一个不断进化的过程。⑤

但是,没有人要求我们考虑执行死刑的其他方式的可接受性。至少作为这些案件核心意见的一部分,也没有人要求我们去决定,该刑罚对于某些犯罪行为

---

① 这一数字包括了所有参与威尔克森案、凯姆勒案和雷斯韦伯案的法官和那些在特罗普案中同意多数意见和持不同意见的大法官,以及在威姆斯案中持不同意见的大法官。
② See 408 U. S. 4, supra.
③ See, e. g., Ex parte Wilson, 114 U. S. 417, 114 U. S. 427-428 (1885).
④ Jackson v. Bishop, 404 F.2d 571 (CA8 1968).
⑤ McGautha v. California, 402 U. S. at 402 U. S. 242 (DOUGLAS, J., dissenting). See 408 U. S. infra.

是否过重。任何一个质询都会要求区别评估特定方式或特定行为与其刑罚关系。上诉人的主要论点远远超过了逐案纳入和排除的传统程序。相反,该论点要求的是前所未有的、对任何犯罪都完全禁止适用死刑的宪法性规则,而不管其对社会的破坏与影响。

认为这种刑罚形式有违不断进化的道德标准,提议突然并且最终地废除死刑,上诉人想要法院放弃传统的、更完善的、在之前的第八修正案先例中一直被追随的方法。实际上他们所要表达的,是这种进化过程突然到了尽头;关于所有情形下和无论多远的未来,死刑适当性的最终智慧已经被揭示了。

为什么特殊时期法庭上的我们,在假设我们知道未来的答案之前,违背一个世纪以来的判例,而约束自己的行为呢?法庭之前的意见非常清晰地指出了原因。首先,如在此案,被适用条款的用语提供了很大的回旋余地,而人们觉得潜在的社会政策非常重要,在解读宪法时加进个人偏好的可能性理所当然很大。在大体上被广泛接受的道德标准的框架下,加进个人的明智政策的标准,实在太容易了。①

司法自我约束的第二个考虑因素来源于对立法和司法机构独立地位的合理认知。授权惩罚犯罪是州和联邦立法机构的权限所在。② 当可能侵犯立法特权时,我们应极其审慎。在履行执行宪法的义务时,霍姆斯大法官非常适当地把复审立法选择阐述为"要求法庭履行的最重大、最精密的义务"。③

当不再要求我们在个案事实下传承个别惩罚的合宪性,而是被强迫去推翻40个州的立法机构和议会的立法决议时,这个义务又该重大了多少呢。如此做,多数意见就可以像在威姆斯案件中的法庭那样,宣称"极其尊重立法机构享有的根据现存情况调整刑事法律、根据形式和频率来惩罚犯罪之人的广泛权限"吗?④ 我认为并非如此。法兰克福特大法官在特罗普案反对意见中的警告极其有力地陈述了特权上分权的必要。他对于传统观点的阐述,在法庭将要使议会和五分之四州的立法决议无效时,体现了额外的重要性。

"当议会修改立法的权力遭到质疑时,对议会立法进行司法审查的适当方法永远是最基本的。当议会通过立法的权力遭到质疑时,法庭的作用是决定,立法活动是否明显在宪法授权之外。在作出决定时,法庭对平行于政府的分权机

---

① *See Trop v. Dulles*, 356 U.S. at 356 U.S. 103 (Warren, C. J.), 356 U.S. 119-120 (Frankfurter, J. , dissenting); *Louisiana ex rel. Francis v. Resweber*, 329 U.S. at 329 U.S. 470-471 (Frankfurter, J. , concurring); *Weems v. United States*, 217 U.S. at 217 U.S. 378-379 (McKenna, J.).
② *In re Kemmler*, 136 U.S. at 136 U.S. 447; *Trop v. Dulles*, 356 U.S. at 356 U.S. 103.
③ *Blodgett v. Holden*, 275 U.S. 142, 275 U.S. 147-148 (1927)(独立意见).
④ 217 U.S. at 217 U.S. 379.

构的行为作出裁判,同时又把自己行为的权力的最终决定权保留在自己手中——这必然是我们的宪政体系之下才发会发生的……""对权力限制和明智行使权力区别的严格遵守——权威问题和谨慎问题——要求我们在认同容易混淆的、具决定性又有微妙的关系两个概念时,必须非常警觉。这要求坚持区别的坚定意愿。保持孤立,允许明智的需求流行,忽略个人对何者为明智的强烈观点是不容易的。但是,宣布政策不是法庭的职责所在。它必须遵守权力限制的严格要求,这就阻止了法庭对何者为明智或更具策略性施加影响。这种约束实质上是司法誓言的要求,因为宪法并未赋予法官参与宪法和政府机构需要决策的地位。"①

四

尽管决定特定犯罪可适用的刑罚范围是立法职责,但是,《权利法案》内残酷和异常的刑罚条款的出现,在特定案件中,要求法庭决定,议会的特定行为是否违反了修正案。第十四修正案的正当程序条款施加给司法机构类似督查州立法的义务。但是,我们面前的案件中宪法性义务的适当行使必须建立在对之前设定的几项考虑的全面认可之上——宪法中对死刑的肯定性论述,法庭的先例,经过检验的司法自制原则施加给权力行使的限制,避免侵蚀州和联邦立法机构权力的义务。

在这些考虑因素面前,只有最确定的客观证明才可能保证判处死刑的法庭不违宪。克服如此困难的障碍,寻找如此彻底的决定几乎是不可能的。从这个角度看,反对死刑的案件远远落后。

如上文所言,上诉人的辩解建立在第八和第十四修正案包含的概念不断进化这一被接受已久的观点之上。他们以技术和坚持提出了一系列的"客观指标",表明人类道德的普遍标准已经进步到最后阶段,要求法庭认为无论何种案件、无论何时,死刑都是违宪的。

(1)禁止适用死刑在全世界范围内的趋势②;(2)学术界基于道德立场而强烈反对死刑的反响③;(3)过去四十年,尤其是过去十年死刑执行数量的大幅

---

① 356 U.S. at 356 U.S. 119-120. See also Mr. Justice White's dissenting opinion in *Weems v. United States*, 217 U.S. at 382.

② 例如,T. Sellin《死刑——美国法学会模范刑法典项目报告》(1959);联合国经济与社会事务部,《死刑》(1968);国家联邦刑法改革委员会,《工作文件》1351 n. 13 (1970)。

③ 关于道德问题的著作很多。双方观点的代表性摘要在 H. Bedau 的《美国的死刑》(1967 rev. ed.)和皇家死刑专门调查委员会的《证据记录》(1949—1953)中都可以找到。

度减少①;(4)相对于可以判处死刑的案件,实际被判处死刑的案件数量很小②;(5)死刑不再是公众问题反映了人们对死刑的憎恨③。

上述是不完全的概括,但是它涉及了上诉人陈述的主要理由。尽管它们不适合作为客观证据考虑,但是上诉人强烈提出另外两项提议。首先,他们辩称,死刑只是因为其不经常适用、无可否决和有区别对待的性质才逃过公众谴责。第二,再也没有适用死刑的正当理由。这些辩解,后来被证明对构成多数意见的几位法官是有说服力的,理应被单独考虑,也会在随后部分被考虑。在讨论这些论点之前,我首先要解决建立在"客观"因素上的论点。

任何想要通过客观因素辨清现代道德标准的尝试都必须考虑几项重大的因素,这些因素是上诉人选择性不考虑或予以忽视的。在民主社会,公众意见的第一指示器一定是人民选出的代表做出的立法决议。马歇尔法官的意见汇集了显著的统计。40 个州④,哥伦比亚特区和联邦政府仍然授权对一系列犯罪适用死

---

① 司法部,《全国罪犯数据统计》第 46 号 1930—1970 年死刑(Aug. 1971)(在 19 世纪 60 年代执行 191 例,自从 1967 年 6 月 2 日起没有执行);法律实施和司法行政总统委员会,《自由社会中犯罪的挑战》第 143 号(1967)("死刑最突出的特点是,它不常适用")。上诉者承认,近年来不能对执行贫乏提出任何压力。延期执行已经存在五年,然而,挑战死刑执行程序的案例都被法庭重新审核[*McGautha v. California*, 402 U. S. 183 (1971); *Witherspoon v. Illinois*, 391 U. S. 510 (1968).]。在延缓执行全面实施以前,执行贫乏可能部分是由于法庭决议赋予权利法案中的刑事程序保护更加宽阔的外延,尤其是根据第四和第五修正案[E. g., *Miranda v. Arizona*, 384 U. S. 436 (1966); *Mapp v. Ohio*, 367 U. S. 643 (1961).]。

另外,19 世纪 60 年代早期扩大联邦人身保护令救济范围的决议或许对死刑执行的减少有所促进[E. g., *Fay v. Noia*, 372 U. S, 391 (1963); *Townsend v. Sain*, 372 U. S. 293 (1963).]。范围扩展的程序保护或者是延伸的附随救济,其主要影响都是推迟了某些死刑犯的执行日期,使其最终留在暂缓执行监狱。

② 各个管辖区的量刑主体——法官或是陪审团所施加的死刑的精确数字很难确定。但是全国罪犯数据统计(后简称 NPS)表明了在州和联邦的监狱接到的被判处死刑的罪犯数量。然而这个数字不包括那些在上诉期间被判处社区矫正的人。NPS 的统计数字是保守的,最近的数据表明,在 19 世纪 60 年代至少有 1 057 个人被判处死刑(NPS, supra, 408 U. S. 18, at 9)。全国范围内实际判处死刑的案件与成文法规定可适用死刑案件的比例找不到可靠数据。在口头辩论中,No. 69-5003 中上诉人的辩护律师说该比率是 12∶1 或 13∶1(Tr. of Oral Arg. in *Furman v. Georgia*, No. 69-5003, p. 11)。也有人认为比率更高。见 McGee,《矫正官眼中的死刑》[28 Fed. Prob., No. 2, pp. 11, 12 (1964)],在加利福尼亚州,每五个人中有一个,即 20% 被判处谋杀罪的人被判处死刑。]H. Bedau,《1907—1960 年新泽西州死刑》[19 *Rutgers L. Rev.* 1 (1964)],在 1916—1955 年之间,652 名被控谋杀的罪犯中,有 157 名被判处死刑——比率是 20%;在 1956—1960 年之间,61 名被控谋杀的罪犯中,有 13 名被判处死刑——比率也是 20%。H. Kalven & H. Ziesel,《美国陪审团》[435—436 (1966)],在 19 世纪 50 年代中期的三个代表性年份中,111 名谋杀案中的 21 起被判处死刑。又见 Koeninger,《1924—1968,田纳西州的死刑》[15 *Crime & Delin.* 132 (1969)]。

③ 例如,*People v. Anderson*, 6 Cal. 3d 628, 493 P. 2d 880, 上诉驳回;Goldberg & Dershowitz,《死刑违宪之宣布》,83 *Harv. L. Rev.* 1773, 1783 (1970);F. Frankfurter,《法律与公民》97—98 (1956)(死刑问题皇家委员会之前的再版证词)。

④ 九个州未经诉诸法院便废除了死刑(H. Bedau, supra, 408 U. S. 17, at 39)。加利福尼亚州是唯一经过法院废除死刑的州(*People v. Anderson, supra*)。

刑。自从"一战"后,该数字就相对稳定。① 然而,这不意味着,在立法领域,死刑已经是一个被遗忘的争议。

在1971年1月,议会批准了对暗杀国会成员适用死刑(18 U.S.C. § 351)。在1965年,议会增加了对总统和副总统暗杀的死刑(18 U.S.C. § 1751)。另外,1961年通过的劫持航空器立法也包含死刑[49 U.S.C. § 1472(i)]。布莱克门法官的反对意见罗列出每个法律都被轻易批准。② 在相反面,1967年(有人)提出了建议废除所有联邦犯罪死刑的提案,但是尚未能提交到议员们面前。③

在州一级别,纽约州最近重新考虑了死刑。1965年通过的一部法律限制了对谋杀警官犯罪和由服终身监禁的人实施的谋杀犯罪适用死刑。[N.Y. Penal Code § 125.30 (1967).]

我在这里暂停一下,想要说明,我无法理解,强烈要求法庭完全废除死刑作为合宪判决的人,是如何从纽约州的实践经验中获取支持的。

和加拿大④和大不列颠⑤最近的立法活动情形相似,纽约州限制死刑适用范围的决定是完善和区别对待立法决议的成果,反映的不是对于内在残酷的死刑的全面反对,而是把它限制在立法决议认为保留死刑符合公众利益的领域的愿望。而上诉人驱使法庭选择的道路却不允许这样的立法灵活性。⑥ 除了纽约州的经验,很多其他州在近些年也重新考虑了死刑。在四个州,人们通过公投决定死刑——这种方式可能提供了社会标准的客观证据。

在俄勒冈州,1958年试图全面废除死刑的公投失败,但接下来在1964年就通过。⑦ 两年后,科罗拉多州也以多数结果赞成死刑。⑧ 马萨诸塞州在1968年的咨询公投中,投票者建议保留死刑。1970年,伊利诺伊州大约64%的投票者赞成死刑。⑨ 另外,联邦刑事法律改革全国委员会报告说,马萨诸塞州、宾夕法

---

① *Ante* at 408 U.S. 339-341.

② *Ante* at 408 U.S. 412-413.

③ Hearings on S. 1760 before the Subcommittee on Criminal Laws and Procedures of the Senate Committee on the Judiciary, 90th Cong. , 2d Sess. (1968).

④ 加拿大最近进行了为期五年的实验——类似于在英国进行的试验——对大多数犯罪废除死刑(Stats. of Canada 1967-1968, 16 & 17 Eliz. 2, c. 15, p. 145)。然而,对某些犯罪仍保留了死刑,包括谋杀警官和矫正官,叛国和海盗罪。

⑤ 大不列颠在经过数年对死刑问题的争议后,在1965年采取了废除死刑的为期五年的实验。1965年谋杀(废除死刑)法案(2 Pub. Gen. Acts, c. 71, p. 1577),尽管在1969年最终废除了对谋杀罪判处死刑,该刑法却在其他几种犯罪中得以保留,包括叛国罪、海盗罪和船厂纵火罪。

⑥ 408 U.S. 62, infra.

⑦ H. Bedau, *supra*, 408 U.S. 17, at 233.

⑧ *Ibid*. (大概有65%的投票者赞成死刑)。

⑨ H. Bedau, *The Death Penalty in America*, 35 Fed. Prob. , No. 2, pp. 32, 34 (1971).

尼亚州和马里兰州的立法委员会建议废除死刑，然而，新泽西州和佛罗里达州的委员会建议保留死刑。① 其他州的立法观点在雨果教授《美国的死刑》(The Death Penalty in America)一书中收录：

"在仍保留死刑的两个州中，立法代表们的观点或许能从近年来在大多数州的立法机构废除或修改死刑的提案的命运中推断出来。在大概12例中，委员会中形成提案，进而投票。但是除了特拉华州，每一个都未成为法律。在那些提案已被立法者考虑的州，大多数州的公投甚至都未完结。"②

近来关于死刑立法活动的历史充分地驳倒了废除主义者的立场。

第二个甚至是更直接的反映公众对死刑态度的信息来源是陪审团。在威瑟斯庞诉伊利诺伊州案中，斯图尔特大法官概括了在量刑过程中陪审团的作用，布伦南大法官和马歇尔大法官同意："在特定案件中，陪审团被赋予广泛的自由裁量权来决定死刑是否是'适当的刑罚'，陪审员对死刑的总体观点对该决定影响重大。"

"反对死刑的人同赞成死刑的人一样，可以作出州委托给他的裁量判断，可以遵守他作为陪审员的誓言……不受任何规则或标准的指引，必须在终身监禁和死刑之间做出选择的陪审团能做的不多于——而且也不能少于——在生死的终极问题上表达社会良知。""在做出这样的选择时，陪审团能够履行的最重要职责之一是在现代社会价值观与刑罚体系之间保持联系——没有这种联系，惩罚决定几乎不能反映'标志日益成熟的社会进步的不断进化的道德标准'……"③

因此，任何想要辨清普世的道德标准位于何处的努力都必须仔细考虑陪审团对于死刑问题的反应。在19世纪60年代，陪审团给出了超过一千起的死刑判决，概率几乎是每周两个。无论这个概率是否像上诉人估计的那样，少于10%，或者更高④，这些总数不能简单地支持上诉人在口头辩论中的辩解，即"死刑受到现代社会良知的一致批判和谴责"。⑤ 同样值得注意的是，年均死刑在过

---

① National Commission, *supra*, 408 U. S. 16, at 1365.
② Bedau, *supra*, 408 U. S. 17, at 232. See *State v. Davis*, 158 Conn. 341, 356-359, 260 A. 2d 587, 595-596 (1969). 在该案中，康涅狄克州最高法院指出，州立法机关在1961、1963、1965、1967和1969都连续考虑了废除死刑问题，每次对"废除死刑"都热情递减。
③ 391 U. S. at 391 U. S. 519 and n. 15. See also *McGautha v. California*, 402 U. S. at 402 U. S. 201-202; *Williams v. New York*, 337 U. S. 241, 253 (1949) (Murphy, J., dissenting) ("在我们的刑事法庭中，陪审团作为社会的代表出席"); W. Douglas, *We the Judges* 389 (1956); Holmes,《科学中的法律与法律中的科学》, 12 *Harv. L. Rev.* 443, 460 (1899).
④ See 408 U. S. 19, *supra*.
⑤ Tr. of Oral Arg. in *Aikens v. California*, No. 68-5027, p. 21. (尽管本案中上诉请求经口头辩论后被拒绝，该辩护人为本案和弗曼案争辩。在一开始他就说，他的辩护对每个案件都适用。)

去十年相对持续,1970 年的 127 起是自 1961 年以来的最高点。①

确实,当暴力犯罪增多时,死刑率可能上升,而不是持衡。② 应当承认,这些数字的持续表明陪审团在很多案件中,不愿意对可以适用死刑的案件苛刻地适用。但是,这些考虑不能表明陪审团适用死刑如此罕见以至于法庭把这种情况理解为公众反对死刑。③

所以得到的结论是(不同于上诉人的观点):这些指示最有可能反映公众观点——立法机构,州的公民投票和实际负有责任的陪审团——不支持进化的道德标准要求全面废除死刑的观点。④ 确实,证据表明,公众总体上尚未接受废除死刑论者极力鼓吹的道德或社会价值。但是无论怎样看待这股无组织的潮流和在这个问题上公共意见的走向,这种诉求处于宪法性案件中司法进程的边缘,而非核心。评估公众意见实际上是立法职能,而非司法职能。

五

上诉人试图通过辩称死刑的罕见和差别对待的性质容易疏散公共反对意见

---

① National Prisoner Statistics, *supra*, 408 U. S. 18.
② FBI, Uniform Crime Reports - 1970, pp. 7-14 (1971).
③ 尽管没有什么证明相关性,但是公众意见表决实质上证实了从检验立法活动和陪审团量刑中得来的结论——对于死刑的意见是"不分伯仲的"[*Louisiana ex rel. Francis v. Resweber*, 329 U. S. at 329 U. S. 470 (法兰克福特基于不同理由同意判决)]。See *Witherspoon v. Illinois*, 391 U. S. at 391 U. S. 520 n. 16 (1966 的民意调查显示,42% 的人赞成死刑,47% 的人反对死刑); Goldberg & Dershowitz, supra, 408 U. S. 20, at 1781 n. 39 (1969 的民意调查显示 51% 赞成暂缓执行,同 1960 年相同); H. Bedau,《美国的死刑》231—241 (1967 rev. ed.); H. Bedau,《美国的死刑》, 35 Fed. Prob. , No. 2, pp. 32, 34-35 (1971).
④ 如上诉人所言,如果司法机构本身反映了我们社会中人类道德的普遍标准,那么近些年州法庭在死刑可接受性问题上的结论或许值得关注。仅在过去五年,自从死刑执行开始,26 个州的上诉法院已经认可了第八修正案和大多数州宪法的类似条款规定下的死刑合宪性。除了加利福尼亚州最高法院[*People v. Anderson*, 6 Cal. 3d 628, 493 P.2d 880, *cert. denied*, 406 U. S. 958 (1972)]每个法庭都认定该刑罚合宪。州及其在该问题上的最近判例:Alabama (1971); Arizona (1969); Colorado (1967); Connecticut (1969); Delaware (1971); Florida (1969); Georgia (1971); Illinois (1970); Kansas (1968); Kentucky (1971); Louisiana (1971); Maryland (1971); Missouri (1971); Nebraska (1967); Nevada (1970); New Jersey (1971); New Mexico (1969); North Carolina (1972); Ohio, (1971); Oklahoma (1971); South Carolina (1970); Texas (1971); Utah (1969); Virginia (1971); Washington (1971). 尽管大多数州法庭的意见只是对该问题概括说明,但是很多州的考虑已经颇具深度,而且确实,一些州在"进化标准"的概念下考虑该问题,参见以下判例:*State v. Davis*, 158 Conn. 341, 356-359, 260 A. 2d 587, 595-596 (1969); *State v. Crook*, 253 La. 961, 967-970, 221 So. 2d 473, 475-476 (1969); *Bartholomey v. State*, 260 Md. 504, 273 A. 2d 164 (1971); *State v. Alvarez*, 182 Neb. 358, 366-367, 154 N. W. 2d 746, 751752 (1967); *State v. Pace*, 80 N. M. 364, 371-372, 456 P. 2d 197, 204-205(1969). 每个同意该问题的联邦法院都规定,死刑并非不合宪,参见: *Ralph v. Warden*, 438 F. 2d 786, 793 (CA4 1970); *Jackson v. Dickson*, 325 F. 2d 573, 575 (CA9 1963), *cert. denied*, 377 U. S. 957 (1964)。

来挽救他们的观点。他们认为,死刑仅仅适用于没有影响力的少数人——"穷人,无权势之人,丑陋和不被社会接受的人"。① 他们明确提出,这种适用方式保证大部分公众无从得知或者漠不关心也没有理由去比照通常的道德标准衡量刑罚。

上述论点承认,上诉人辩解的不可靠,在客观证据表明社会对死刑的广泛反对后,考量了上述因素。实际上,不是死刑侵犯了公民社会,而是,如果对被控死罪的大部分人不加区分地执行死刑,如果公众因此得知关于死刑的道德争议,才是侵犯了公众。最终,我们被要求在实际或不实际的假设下,预测人民中多数的主观判断,进而作出影响深远的宪法性决议而不仅仅是基于司法公平而记录客观指标。

如此重大的宪法裁判建立在投机的假设基础之上,除了这点,该论点也存在其他缺陷。如上诉人所言,如果州执行和20世纪30年代中期一样多的死刑犯,公众会感到深深的厌恶,但如果我们去细细思索,这并非完全确定。② 公众的回应,更可能是依赖于个案的事实和情节,而不是笼统的反对。

法庭成员从经常出现的上诉和申诉中了解到,禽兽般令人厌恶的谋杀仍以令人不安的频率发生着。确实,在我们的社会中,谋杀非常普遍,只有那些最触人心弦的才会得到重要而持续的公开。不能认为这些被高度公开的谋杀案中——玷污了这个国家近代历史的几起无情的暗杀或太多令人震惊的多重谋杀——公众表示出了对执行死刑的"厌恶"。众所周知,大众的呼声恰恰相反。另外,没有什么理由去怀疑公众对其他曝光较少的谋杀案的反应会有大的不同。

很多这样的谋杀因其无情和残忍唤醒了公众对死刑的要求,而不是对其他替代措施的反对,这个论点当然尚存争议。认为因为杀人者"有权有钱"所以公众的反应会有所减弱的论点也没有合理根据。因为一个富有的杀人犯基本上不是一个让人同情的形象,所以(公众)对死刑的要求甚至更强。尽管有些具体案件中死刑被认为对于社会而言是过分的、令人震惊的,但是不能把特定案件中公众对死刑的不满等同于完全废除死刑的诉求。我认为,这些假设与那些案件的合理处置并不相关。该段插话的目的在于表明,司法决议不能建立在这样的投

---

① Brief for Petitioner in No. 68-5027, p. 51. 尽管艾肯斯案不再迫近(*see* 408 U. S. 33, *supra*),弗曼案和杰克逊案中的上诉人已经在艾肯斯案中,通过参考目录加入了上诉人摘要。*See* Brief for Petitioner in No. 69-5003, pp. 11-12; Brief for Petitioner in No. 69-5030, pp. 11-12.

② 相关数据表明,在1935年,有184名杀人犯被执行死刑。自从有统计数据以来,那是年度最高执行纪录(NPS, *supra*, 408 U. S. 18)。上诉人在陈述其观点时,把1935年挑选出来:"事实上,假设这184名罪犯在本年,即1971年被执行死刑,那么我们必须承认,很明显,这会深刻、完全激怒国家的社会良知,因为其返祖性的恐怖,谋杀犯的死刑会被毫不犹豫的废除。"Brief for Petitioner in No. 68-5027, p. 26 (*see* 408 U. S. 38, *supra*).

机和假设基础之上,无论他们看起来多有吸引力。

但是区别对待的论点不仅仅建立在假设的更多执行死刑对公众意见的影响上,死刑对社会中低收入群体的影响更大,包括占较高比例的少数民族和有种族背景的人,也是不可否认的事实。公众的厌恶被无情镇压,因为该刑罚不影响构成这个国家主体的白人中产阶层,这只是上诉人投机方法的延伸,用来证明大众对死刑并无说服力。

正如马歇尔大法官意见所表明,该论点还有更棘手的地方。他的论点是,如果一位普通公民意识到"穷人、被忽视的人和下层社会的人"承担的死刑是不合适的负担,他会觉得死刑"冲击了他的良心和正义感",不会赞成未来仍适用死刑的。① 这个论点,像冷漠的理性一样,要求对法庭进一步假设。它也表明了我们的决定建立在流沙般不牢靠的基础上。确实,看上去,这两个论点对于公众对死刑的道德态度的假设是对立的。冷漠的论点建立在这样的假设上:死刑针对社会中的弱势群体,公众知道这一点,之所以容忍是因为对谁被执行死刑都毫不关心。

另一方面,马歇尔大法官的意见建立在相反的假设上,公众不知道死刑对谁执行,如果公众知情,那么公众会发现,这是无法忍受的。② 两种假设都不是完全准确的公众态度;对某些人而言,接受死刑可能是了解到罕见和不平等的适用后更坚毅的同情,而对其他人而言,这种接受可能来源于漠视。然而更重要的是,对我而言,两个假设都没有指出更基本的错误是什么。当然,这种制裁对相对贫弱阶层的打击更重。每个社会中的"一无所有"的人比起那些更富裕的公民,他们总是面临更大的压力和较少的自我约束而去犯罪。

确实,这是社会和经济剥夺后悲剧性的附属品,但这不是第八或第十四修正案下宪法性均衡的论据。对那些判处徒刑的人,同样有差别影响的论断也可以以同样的效力和逻辑作出。正当条款未区分剥夺"生命"和剥夺"自由"。如果差别影响使死刑残酷和异常,那么,它同样使得大多数对暴力犯罪的惩罚规定无效。

"少数群体和穷人"的刑事惩罚高发率的根本原因不会因为废除刑罚体系而有所改观。如果因为碰巧大多数犯罪人都是弱势阶层而取消或改进制裁,那么确实没有任何社会有可行的刑事司法体系了。基本的问题不是来源于对犯罪行为施加的刑罚,而是来源于社会和经济因素,这些因素自人类有历史记载以来一直折磨人性,使那些任何国家、任何时期想要创造没有"穷人",没有"少数群

---

① *Ante* at 408 U.S. 365-366, 408 U.S. 369.
② *Ante* at 408 U.S. 369.

体",没有"弱势群体"的努力不断受挫。①

问题的潜在原因是与法庭面临的宪法问题无关的。

最后,废除死刑的另一理论——以不同程度反映在相同判决意见中——建立在差别影响论点上。除了衡量公众在"道德标准"理性下对于死刑的接受和反对,道格拉斯法官认定该刑罚是残酷、异常的,因为它是"擅断的"。他认为,"同等保护的基本主题是隐含"在第八修正案中的,当陪审团的判决是擅断或歧视时,就违反了第八修正案。尽管斯图尔特法官不依赖同等保护这一概念,但是他也主要基于那些他认为是擅断历史的概念。②

无论陪审团审判的事实怎样,该论点要求重新考虑在麦克高瑟诉加利福尼亚州案中法庭对"标准"的决议。尽管这对今天的意见是确定无疑的帮助,但我不认为因此要重新评估哈伦法官已经仔细考虑过的标准问题。就在最近已经重新确认历来一贯把审判功能委托给陪审团"不受拘束的裁量",很难看出现在法庭如何在第八修正案下把整个程序认定为宪法上具有瑕疵。基于上述原因,我认为各式各样的差别论点不具价值,至少这些案件中说明的几点是这样。

尽管任何一个上诉人都未提出,但是建立在平等保护条款上的不同论点或许是有用的。比如,如果一名黑人被告人可以证明跟其他被起诉同样罪名的人相比,他的种族成员被适用更严重的刑罚,那么就说明违背了宪法。这是在马克斯韦尔诉毕晓普案中做出的辩解,基于其他理由被推翻判决发回重审。在该案中,第八巡回法庭被要求签发人身保护令驳回对一个实施了强奸的黑人执行死刑。在那个案件中,引入很多统计数据证明在阿肯色州的部分地区和南部的其他地区,受到死刑判决的黑人,显示出不均衡的比例。该证据未被排除,但是被认定不足以表明在马克斯韦尔案审判中存在歧视。第八巡回法庭上诉法庭的布莱克门法官作出结论:

"上诉人的论点很有趣,我们不能说在特定情形下这没有效力或无足轻重。然而,像审判法庭一样,我们认为在马克斯韦尔的案子中,这个论点是不具效力的,不适用于此案。"

"我们还没准备基于社会和统计学不公正的广泛理论,谴责和抱怨阿肯色

---

① 不是所有的谋杀犯罪,当然,也不是所有的犯罪都由被划归为"享有特权"的人实行的。很多暴力犯罪是由把猎取社会当成简单而又有利可图的生活方式的专业罪犯实行的。另外,"享有特权""穷人"和"没有权力的人"是相关而又不准确的,其意思经常受使用者的观点和目的影响而传达不同的主观意义。

② 类似地,缺少有意义的根据来区分少数死刑得以适用的案件和很多死刑未被适用的案件,怀特法官对此表示忧虑(*Ante* at 408 U. S. 313)。布伦南大法官和马歇尔大法官对擅断问题的处理同上诉人一样——作为完全废除死刑的原因构成要件。

州黑人强奸案的结果……"

"强奸犯罪的死刑可能在过去数十年中在那些法律规定了死刑的州的大部分地区，被有歧视地适用，我们没说没有理由这样怀疑，存在可识别的指标。但是……过去州的不适当行为不能自动使现在的程序无效……"

过去对死刑的差别适用，不可否认，没什么可辩护的，然而这不能成为认为今天作出的死刑判决是无效的正当理由。但是马克斯韦尔案确实指出了一个途径——提出同等保护质疑比今天同意意见所追求的几个理由更符合先例和宪法授权。种族歧视问题的定论看上去是适当的。近些年，审判和量刑中种族偏见的可能性已经降低。

过去几十年导致种族间犯罪惩罚严重的种族隔离，现在在这个国家已不普遍。同样，陪审团不能代表少数群体利益的时代也一去不返。全体公民公平审判比历史上任何一个时期都更有保障。因为刑事司法的标准以对被告人有利的方式"进化"，死刑的差别适用比过去少多了。

六

布兰奇诉得克萨斯州案中的上诉人和今天摆在我们面前的其他案件的上诉人提出，死刑是残酷和异常的刑罚，因为它不再满足合法的立法利益。在考虑死刑的传统目的是否使死刑正当前，我应该澄清我形成如此意见的背景。

首先，在宪法的用语、历史和由它引发争议的案件中，我找不到理由支持这样的观点：法庭可以使一系列的惩罚无效，因为我们认为轻的刑罚足以达到刑罚的目的。尽管这些案件确认了我们禁止残酷、不人道的刑罚①和对特定犯罪而言不合适故而极端残忍的刑罚的权力，但是，法庭的先例没有提供根据，让我们推翻特定形式的刑罚，仅因为有人认为不是那么严厉的方法也有同样的效果。

第二，如果我们能够质疑使用死刑的合法性，重担将会落在那些攻击立法机构决议的人身上，由其证明缺少合理论证。法庭长久以来一直认为，本地区符合立法机构特别资格的立法决议应被推定有效。②

根据上述的保留意见，现在我将考虑常被引用的、主张保留死刑的两点理由。报应概念——几个世纪一直盛行——现在被批判不足为文明人所取。然而法庭已经承认刑事制裁中报应要件的存在，而且迄今为止从未认定它是不被允

---

① e.g., *Wilkerson v. Utah*, 99 U.S. at 99 U.S. 135-136; *In re Kemmler*, 136 U.S. At 136 U.S. 447.

② See, e.g., *Trop v. Dulles*, 356 U.S. at 356 U.S. 103; *Louisiana ex rel. Francis v. Resweber*, 329 U.S. at 329 U.S. 470 (Frankfurter, J., concurring); *Weems v. United States*, 217 U.S. at 217 U.S. 378-379; *In re Kemmler*, 136 U.S. at 136 U.S. 449.

许的。在威廉姆斯诉纽约州案中,布莱克大法官陈述道,"报应不再是刑罚的主要目标。改造和矫正犯罪人已经成为刑事司法的重要目标"。①

然而,显然法庭并未笼统地反对报应。那起案件的记录表明,审判法官适用死刑的原因之一是由于"犯罪中令人震惊的细节"引发的厌恶感。② 尽管他的动机显然是报应,但是法庭支持了审判法官的判决。③ 类似地,马歇尔大法官在鲍威尔诉得克萨斯州案中的多数意见中标注,法庭"从未说过,宪法中的任何条款要求设计刑事制裁仅仅用来达到治疗或矫正的目的"。④

尽管在道德意义上,单单的报应是不够正当的,在刑事司法体系中运用它需要公共支持早已是不争的事实。丹宁勋爵,现在的英国上诉法庭高等法院院长,在大不列颠皇家死刑委员会面前证实了这一问题:"很多人倾向于仅仅通过刑罚的威慑价值来评价其效能,但是这个观点太狭隘了。刑罚是社会表达对错误行为谴责的方式,为了维持法律的尊严,适用于严重犯罪的刑罚应该充分反映多数人感到的厌恶感。把刑罚的目标理解为威慑或者改造或者预防而无其他,是错误的。如果是这样,我们不应该把犯机动车杀人罪的人送进监狱,只要吊销其驾照即可;但是公众意见对此满意吗?事实是,一些犯罪恶劣到社会坚持要予以足够的惩罚,因为做了错事的人罪有应得,无论这是威慑与否。"⑤

丹宁勋爵的观点在皇家委员会报告中被赞许地引用,认可"强烈和广泛的报应需求"。⑥ 当斯图尔特大法官作出结论说,在定罪程序中,人类报复本能的表达"在促进法治社会稳定上发挥重要作用"时,其意见大体相同。另外,尽管有很多相反意见⑦,但该观点在该国司法文化领域也有相当数量的支持。⑧ 并

---

① 337 U.S. 241 at 337 U.S. 248 (1949).

② Id. at 337 U.S. 244.

③ 在 Morissette 诉美国案中,*Morissette v. United States*, 342 U.S. 246 (1952),杰克逊大法官提到了,迟缓而不完整的以威慑和改造替代报应,作为公诉的目的。Id. at 342 U.S. 251. 他也注意到,对于侵害财产权利的刑罚同公众的报应需求结果是一样的。Id. at 342 U.S. 260.

④ *Massiah v. United States*, 377 U.S. 201, 377 U.S. 207 (1964) (WHITE, J., dissenting) (注意到"对于我们究竟应该惩罚、威慑、改造还是治疗的深刻纷争"的存在);*Robinson v. California*, 370 U.S. at 370 U.S. 674 (DOUGLAS, J., concurring);*Louisiana ex rel. Francis v. Resweber*, 329 U.S. at 329 U.S. 470-471 (法兰克福特大法官警告,法庭不能仅因为"反感州坚持自己利益",而有权力进行作为);*United States v. Lovett*, 328 U.S. 303, 328 U.S. 324 (1946) (Frankfurter, J., concurring). (刑罚把违法行为推定为被施加报应的行为,而不必然是被宣布为犯罪的行为。)

⑤ Royal Commission on Capital Punishment, Minutes of Evidence 207 (1949-1953).

⑥ Report of Royal Commission on Capital Punishment, 1949-1953, Cmd. 8932, 53, p.18.

⑦ 权威观点被收录在《死刑案件之评论》,56 *Calif. L. Rev.* 1268, 1297-1301 (1968)。相反论辩之简摘《联邦刑事法律改革委员会工作记录》*supra*, 408 U.S. 16, at 1358-1359. 又见 the persuasive treatment of this issue by Dr. Karl Menninger in The Crime of Punishment 190-218 (1966).

⑧ M. Cohen, *Reason and Law* 50 (1950); H. Packer, *The Limits of the Criminal Sanction* 11-12 (1968); Hart, The Aims of the Criminal Law, 23 Law & Contemp. Prob. 401 (1958).

且,各方都承认的是,很多情况下,发生的案件都如此令人震惊或具有冒犯性,公众要求对越界者适用死刑。

威慑是更吸引人的理由,尽管意见仍分歧颇大。确实,威慑是废除死刑论者和保留死刑论者之间争论的核心。① 对已废除死刑的州的统计数据表明,死刑不是一个更优的威慑手段。② 有人质疑该结论的有效性③,指出,该统计不能表明死刑对任何类别的犯罪没有威慑力。基于现有的资料和统计,我同意皇家委员会穷尽研究之后提出的观点:

"仔细审核所有我们能够获得关于刑法威慑力的证据后,我们将总体结论陈述如下。对于正常人,死刑比其他任何形式的惩罚都有更强的威慑力,也有证据(尽管不是确信的统计证据)表明事实确实如此。但是该影响并非普遍而又一致,对很多罪犯而言,其作用有限而且可能经常不被当回事。因此,重要的是以公正的角度来看待此问题,而不是让谋杀罪的死刑政策依赖于被夸大的死刑威慑作用。"④

最近,法庭才被要求考虑对公共场合醉酒的处罚金刑的威慑观点。⑤ 法庭不愿基于其缺少合理理由而推翻得克萨斯州的法律。马歇尔大法官的言论在本案中有同样的适用性:"很久以来关于刑事制裁威慑理由有效性的激烈争论还不足以达成结论,即这样的制裁,在任何背景下、对任何愿意为其行为承担后果的群体都是无效的。"⑥

正如我在本部分之首就指出的那样,关于特定刑罚效用的立法决议是被推定为合理的,在第八修正案下,不允许法庭因为认为一些替代性制裁更合适而推翻该立法决议。即使这样的判决在司法特权范围之内,上诉人也没能表明不存在正当理由质疑立法修订。⑦ 尽管倘若涉及立法主体,上诉人的证据和观点可能具有一定说服力,但是他们未能在庭前证明传统所要求的立法机构的行为不

---

① See, e. g., H. Bedau, *The Death Penalty in America* 260 (1967 rev. ed.); National Commission, *supra*, 408 U. S. 16, at 1352.

② See Sellin, *supra*, 408 U. S. 16, at 152.

③ 补偿性的考虑,削弱了 Sellin 教授的统计研究,该考虑被收录在 National Commission, *supra*, 408 U. S. 16, at 1354; Bedau, *supra*, 408 U. S. 48, at 265-266; Hart, Murder and the Principles of Punishment: England and the UnitedStates, 52 *Nw. U. L. Rev.* 433, 455-460 (1957).

④ Report of the Royal Commission, *supra*, 408 U. S. 45, 68, at 24.

⑤ Powell v. Texas, 392 U. S. 514 (1968).

⑥ Id. at 392 U. S. 531.

⑦ 值得注意的是,该争论的核心——没有合法理由——已经在 *McGautha v. California* 案中的多数意见和反对意见中被隐含地批判了。*McGautha v. California* 案中的争议点在于如下建议:正当程序要求说明陪审团发挥判决作用的标准。正如布伦南法官的反对意见所言,根据死刑正当化的理由——报应、威慑等,任何标准都可能存在 *id.* at 402 U. S. 284,如果没有这样的标准存在,上条的争议实际上是个伪命题。

合理。①

七

在两个案件中,陪审团对强奸罪适用了死刑。在这些案件中,我们坚持认为,即使某些犯罪是允许死刑的,但是对于本罪适用死刑却是残酷和异常的。

本庭认为宪法第八修正案除了禁止残酷和不人道的刑罚也谴责那些罪刑不适应的刑罚,这些案件中的上诉人都援引了本庭的意见。菲尔德大法官在对奥尼尔诉佛蒙特州案中的不同意见中率先阐述了对于修正案的这种解读,该案中被告人被起诉多次违反了佛蒙特州的酒品管制法,被判处罚金6 600美元,倘若不能缴纳罚金则需监禁54年。

多数意见拒绝考虑该问题,理由是第八修正案不适用于州。在仔细考量过该修正案和第十四修正案的历史后,该不同意见做出结论:该禁止适用于佛蒙特州,并且反对所有通过过长的刑期或过分的严重性而导致的罪刑不适应。②

威姆斯诉美国案中,法庭采取了菲尔德大法官的观点。威姆斯案中的被告人被指控伪造政府文件,被判处服刑15年,手脚都带铁链,永久剥夺选举权和被选举权。法庭在认定该刑罚严重超期、服刑条件过严后,推翻了该判决。"不适合"的定义——特定的刑罚对于特定的罪名而言过于残酷——近来在法庭决议中以被认可的方式援引。③

这些案件,在为衡量强奸罪适用死刑的合宪性提供理由的同时,也表明限制司法作用的必要性。在多种意见认定的标准中,不同表述中限制性词语的使用——非常过分,非常不合适——强调了法庭必须十分谨慎地行使推翻过分判决的权力。

正如我之前所言,在残酷和异常的刑罚条款的历史上,没有什么能够表明,除了极端案件的特例,司法机关推翻由立法机构制定、陪审团适用的刑罚是合理的。法庭并不是量刑审查的居中裁判者,不能在刑罚学的角色上适用自己成员的个人观点。这样会侵占赋予给立法机构的权力,超越了法庭自身的权力和资格。

在诸多限制下,我认为不可能认定对所有强奸罪适用死刑都是严重过分的。强奸被公认为是最严重的暴力犯罪之一,从16个州规定了可适用死刑和其他大

---

① *Jackson v. Georgia*, No. 69-5030; *Branch v. Texas*, No. 69-5031.
② 哈伦大法官和布鲁尔大法官分别表示不同意见,但是在州施加了残酷、异常的刑罚上达成共识。
③ *See Robinson v. California*, 370 U.S. at 370 U.S. 667; *Trop v. Dulles*, 356 U.S. at 356 U.S. 100; *see also Howard v. Fleming*, 191 U.S. 126, 191 U.S. 135-136 (1903).

多数州规定了无期徒刑可见一斑。①

强奸罪在严重罪行中等级较高的原因众所周知:它被广泛认为是对被害人隐私和尊严最残暴的侵犯;几乎都是预谋犯罪;通常受害者身体损伤严重;而心理损伤同身体损伤同样严重;从真正意义上而言,两种类型的伤害总是存在。②

基于这些原因,再加上反对废除死刑的原因一起,再多的推理都无法为在任何强奸案件中都不得适用死刑的论点提供论据。有人认为,较轻的惩罚也能够实现刑罚的合理目的,因此,对强奸犯罪适用死刑缺少合理论证。但这种观点在这里,同考虑本身废除死刑一样,是不适当的。刑罚对该种犯罪威慑价值的认知,尚未定论。③

另外,报应概念的内容与强奸犯罪的严重性相关。某特别犯罪的肮脏可恶的、让人受辱、通常身体和精神双重受创的性质会引起公众谴责。在我国历史上该犯罪高发时期④,法庭权其轻重,重视死刑的威慑和报应价值是非常重要的。

也有人建议对不均衡概念较缓和的适用。最近,第四巡回法庭推翻了拉尔夫诉典狱长案中的死刑判决,原判认为,只有当生命"受到威胁"时,适用死刑才是合适的。主审大法官海恩斯沃斯加入小组意见,在否决马里兰州重新听审的请求中单独书写意见,已明确其同意的理由。他说,对他而言,适当的标准并非生命是否受到威胁,而是,实际上受害者是否遭受了"严重的身体和精神创伤"。⑤

在我看来,这些标准都偏离了已建立的原则,会引起严重的实际问题。怎样区分被害人生命处于威胁的案件和没有对其生命造成危险的案件呢?强奸定义中隐含了严重伤害的威胁;被害人或屈于暴力而被迫服从或被暴力威胁。当然,那个标准对摆在我们面前的强奸案中的被告人也不是很有利。犯罪行为都是在暴力斗争后完成的。上诉人杰克逊拿着剪刀抵住被害人的脖子,上诉人布朗则更容易征服已经65岁的被害人。两名被告人都威胁要杀死被害人。

---

① 除了那些规定强奸是最严重犯罪的州,28个州的立法规定,对于某些强奸行为,可适用无期徒刑。同样能够表明强奸行为严重性的是,在10个废除了死刑的州中,有9个州中,对强奸犯罪最长刑期同一级谋杀是一样的。统计数据表明,强奸犯的平均服刑期比任何除了谋杀的其他犯罪都长。J. MacDonald, Rape — Offenders and Their Victims 298 (1971).

② Id. at 63-64; Packer, Making the Punishment Fit the Crime, 77 Harv. L. Rev. 1071, 1077 (1964).

③ See MacDonald, supra, 408 U. S. 55, at 314; Chambliss, Types of Deviance and the Effectiveness of Legal Sanctions, 1967 Wis. L. Rev. 703.

④ FBI, Uniform Crime Report — 1970, p. 14 (1971) (during the 1960's, the incidence of rape rose 121%).

⑤ 438 F. 2d 786, at 794 (1970). See Rudolph v. Alabama, 375 U. S. 88 (dissent from the denial of certiorari).

把死刑限于被害人身体和心理受到伤害案件的替代性标准,适用起来可能问题更大。尽管大多数的身体影响是可见、可以客观衡量的,但是心理影响却无法在特别关键点上及时测量。在审案之前,心理伤害的范围和持续时间可能都无法得知或确定。

尽管我反对对那些适用死刑可能过为严厉的案件划分类别的做法,但是,我认为,这是对适当适用宪法第八修正案的有益探索。然而,在我看来,不应该用不均衡标准来笼统地推翻对强奸罪的死刑判决或者使法庭成为量刑审查的裁判者,该标准应在特定案件特别情节下,有自己的适用范围。它应该适用在这样的少数案件中:从技术上,该案件符合按立法划分的类别,但是事实上不符合立法在划分该类别时的立法本意。

可以想象,特定的强奸案(还有特定的谋杀案)中,被告人的行为会使最终刑罚看起来过分严厉。尽管对于那些希望法庭承担积极改革刑罚的立法角色的人而言,这种个案方法看起来很缓慢、不充分,但是,这正是我们之前的意见和对司法权力限制的正当确认所蕴含的方法。该方法标志着第八修正案下的适当根据,而不是那些多数意见认为的更深入、较模糊的判断。

八

我现在回到这些案件中最重要的问题:行为符合宪法时,法庭是否可以使其废除死刑的判决正当?关注法庭今天所采取的大步骤很重要。它不仅使数以百计的州和联邦法律归于无效,它也剥夺了那些司法管辖区将来在死刑方面立法的权力,除非采取与不想完全废除死刑的法官一致的观点。没有对美国宪法的修正,就不能推翻法庭判决。同时,所有的灵活性都被排除在外。正常的民主程序和几个州回应通过投票(马萨诸塞州、伊利诺伊州和科罗拉多州)[1]传达的民众意志的机会都被阻塞了。

宪法裁判令人不得不注意的缺点是该判决的广泛性和持久性。立法活动的持久价值是,它对民主程序和修订与改变的回应:错误的判决必须得到改正。在英国[2]和加拿大[3],研究所有不同观点后方做出重大选择,而且在上述国度,人们

---

[1] *See* text accompanying nn. 27 & 28, *supra*.
[2] *See* 408 U.S. 24, *supra*.
[3] *See* 408 U.S. 23, *supra*.

可以基于经验而修订。① 在1967年,作为该国犯罪整体研究的一部分,总统委员会考虑了死刑是否应当被废除。

该委员会的一致建议如下:"死刑是否是合适制裁的问题,应当由各个州作出的政策决定。保留死刑的州,对适用死刑的犯罪应当严格限制,以平等、无歧视的方式执行法律,复核死刑的程序是公平、不拖延的。当州不能以这样的方式适用死刑时,或者死刑被施加但却未生效,那么应该废止死刑。"②

该委员会关于该问题是"州作出的政策决定"的观点受到攻击。没有什么线索表明,该决定可以或者应该由司法机构作出。联邦刑法改革全国委员会也考虑了死刑问题。终版报告的介绍中说道"委员会内部对于死刑问题观点尖锐冲突",尽管多数赞成废除死刑。③

再一次地,该问题又指向了作为立法方式,保留或废除死刑的适当性。没有什么表明,委员会成员之间的意见差别或者全国在该问题上的意见差别,可以或应该以法庭裁判毕其功于一役的方式解决。④

在今日之前,全州范围内的类似活动很明显,一些州的特别立法委员会和另外一些州的公共选举机构进行了重新评估。⑤

带着对持不同意见法官的公谨和尊敬,在我看来,所有这些研究——在该国和其他地方——表明,作为政策与先例,这是把我们经常宣称的对司法限制的忠贞进行实践的经典案例。我不曾听闻在任何法庭可能承担更重要与微妙的义务的案件中,无论何时立法——州的或者是联邦的——被基于宪法理由而质疑时,

---

① 纽约州近期的立法活动致力于强调立法活动优先于宪法司法化。纽约州在1965年废除了谋杀罪的死刑,只有几种罪仍可使用谋杀。(*See* text accompanying 408 U. S. 25, *supra*.)在1972年4月27日,州议会考虑了一项恢复死刑的提案。经过几个小时激烈的争论,该提案以65比59的投票结果被否决。(N. Y. Times, Apr. 28, 1972, p. 1, col. 1.)死刑争议发生七年后,该州的人民代表最终未支持死刑问题。因为1965年的决议就是人民意志的结果,它可能通过同样的民主程序而不被执行。当废除死刑源自宪法司法化时,即使不绝对,也不允许这样的灵活性。

② 法律实施和司法行政总统委员会,《自由社会中犯罪的挑战》,第143页(1967年)[首先由尼古拉斯(Nicholas Katzenbach)掌管,之后由美国司法部长接任]。报告正文说道,在所有问题中,"在美国废除死刑的争论范围很广";不可能确定"死刑是否大幅地减少了残暴罪行的发生";"无论人们对于死刑的威慑作用如何理解,它显然让刑事司法有着令人不快的影响";"委员会的全体人员都同意很多州的死刑执行现状让人无可容忍"。*Ibid.* 作为总统委员会的一员,我今天再一次的提交上述的建议和观点。

③ Final Report of the National Commission on Reform of Federal Criminal Laws 310 (1971).

④ 尽管建议委员会以18比2的投票结果赞成废除死刑,但经过数年研究,美国法学会决定在死刑问题上不采取官方立场。理事会的意见分化更平均,但是所有人都同意,很多州都会毫不迟疑地保留死刑,因此,法学会的努力应该指向为其执行制定标准。ALI, Model Penal Code 65 (Tent. draft No. 9, 1959).

⑤ *See* text accompanying nn. 408 U. S. 26 through 30, supra.

都要求法庭有所作为。①

在我看来,今天所采取的彻底司法行动反映了对民主程序缺少基本的信念和信心。很多人都可能跟我一样遗憾,一些立法机构没能把死刑问题以更加坦诚和有效的方式解决。很多人可能谴责他们的失败,无论是完全废除死刑还是有选择地废除,或者为执行死刑制定标准。但是,对立法者行动缓慢甚至是没有回应的不耐烦,绝不是侵害其历史性权力的正当理由。这几乎是最适合的机会让法庭注意霍姆斯法官的哲学要义了。

正如法兰克福特大法官在特罗普案中所提醒的那样,"霍姆斯大法官在效力于最高法院的30年中,其完整的成果是他不断地提醒我们,无论是根据宪法理论还是治理艺术,使立法归于无效的权力都应当被禁止,就好比该权力是唯一的阻挡不明智或者越权的壁垒"。

伦奎斯特大法官的反对意见:

伦奎斯特大法官的反对意见,首席大法官、布莱克门大法官和鲍威尔大法官加入。

今日,本庭的判决推翻了自建国以来我们的立法者就认为是必要的死刑。我的同行道格拉斯法官、布伦南法官和马歇尔法官一下子使国会和40个州制定的法律归于无效,对各种差异甚大的犯罪,如谋杀、强盗、叛国、抢劫和临阵脱逃等适用同一种刑罚,并且把其送到了违宪的边缘。

斯图尔特大法官和怀特大法官,在更为局限的原则下——在多数死刑案件中,法官和陪审团是勉强适用死刑的——同意了这些案件中的判决。无论其具体的逻辑怎样,今日的理由必然把民主社会中司法审查的角色这一基本问题映照得极为分明。由人民选举出来的代表组成的政府,如何能与其成员从宪法上就独立于大众意志的联邦司法机关,共同来宣布立法分支依法制定的法律无效呢?当然,答案在汉密尔顿的《联邦党人文集》和马歇尔大法官在马布里诉麦迪逊案中的经典论述中。从那时起这个答案就经常被引述,而且在此又一次言简意赅的阐释其要义。主权最终根植于人民,通过在各州制定成文宪法及后续的修正案,它们既赋予了联邦政府特定的权力,也否决了联邦和州政府的其他权力。

法庭在一个案件中衡量某个特定的立法决议是否符合宪法授予立法主体的

---

① *Blodgett v. Holden*, 275 U.S. 142, 275 U.S. 148(1927)(separate opinion of Holmes, J.). *See also Trop v. Dulles*, 356 U.S. at 356 U.S. 128(Frankfurter, J., dissenting):"法庭使立法无效的可怕权力应该被最大限度的限制,因为在实践中,法庭的权力仅受我们谨慎辨别宪法对法庭作用的限制所限。"

权力,衡量它是否触犯宪法对这一主体权力所设的限制时,并未越过宪法第三条所赋予的司法职能。理由在于,人民的观点已经在宪法中表明,因此,它的命令必然高于立法机构的命令,因为立法者只是人民的代理人。因此,建国者明智地使鱼与熊掌兼得:民主自治政府和独立于该政府可能越权之下的个人权利。

在这些案件中,虽然没有修正案,法庭都已经在宪法中最终被赋权(决定)立法机构通过的法律是否符合宪法。但正是因为其他法庭和本庭被赋予此权利,在美国诉巴特勒案中斯通法官的不同意见更应为我们所牢记:

"尽管政府的行政和立法机构的不合宪行使权力的行为能够受到司法限制,然而我们对权力行使的检验却依赖于自我约束的意识。"①

他同样强调密切关注法庭权力的限制,因为法官也和其他人一样,有时会想把自己关于善良、真理和正义的观点强加于人。法官的唯一不同之处在于,如果不是一种"权力",那么他们就是拥有"力量"去执行他们的愿望。毫无疑问,这也是为什么近两个世纪以来,本庭的司法判例主张权力的谦抑使用。

即使是对主要宪法性案件最扩张的解释也不能表明,建国者或者第十四修正案的制定者赋予给法庭不断变化的权力,让其多数突然推翻他们认为不合适的那些以政策或道德为基础的法律。

宪法制定者一定同意英国伟大的政治哲学家米勒的观点,他说:"无论是领导者还是普通百姓,其把自己的观点和偏好作为行为准则强压于人的倾向,被人性中一些与生俱来的最好和最坏的感情所强力支持,除了权力欲望,否则没有什么能够使其受限。"

尊重立法性决议的另外一个原因是人们对于司法和在其面前的宪法性争议错误的结果。人类的错误是注定要存在的,法官也由男女组成,男人和女人也各自为本,不可突破。但是,错误地维持某个特定制定法的合宪性而不当地剥夺了宪法赋予个人权利的错误,只是通过保留民主选举出的立法主体依法制定的法律来实现的。

错误的坚持个人对立法修订案合法性提出宪法性质疑导致的错误更加严重。这样的案件结果不是保留代表大会制定的法律,而是把法庭多数法官的司法意见强加给国家,而这些法官与大众意志又是关联甚寡的。

第三条规定的判定宪法性案件的任务不能因此避免,而必须以对立法性决议的最谦逊和最真诚的遵从来实现。我公谨地承认,今天对于死刑无效的决议是罕有这些品质。基于主审法官、布莱克门法官和鲍威尔法官的意见中已阐述

---

① 297 U.S. 297 U.S. 1, 297 U.S. 78-79 (1936).

过的理由,我认为,认为死刑不合宪的决议不是裁判行为,而是随意行为。它完全忽视了40年前霍姆斯大法官在鲍德温诉密苏里州案中所作出的责难:

"我还没有充分地表达我对第十四修正案前所未有的削减那些我认为是州的宪法性权力的焦虑之外的其他感受。这些决议已然存在,如果他们基于任何不可预料的原因碰巧违背了法庭的多数意见,使这些权力无效(的行为)则不受任何限制。我认为,修正案并非意图赋予我们权力,把我们的经济或者道德信条列在其禁止之列。然而,我也想不出什么理由,使我之前和刚刚所提及的决议看起来正当。当然,'正当程序'这个词如果按字面意思解释,对本案并不适用;尽管否认他们已经被给予太多人为的意义已经太迟,但是,我们仍应该记住,宪法对于限制州权力的谨慎注意,不应急于把第十四修正案的条款解释为,除了法庭的裁量权之外,在没有指引的情况下,赋予法庭判决州通过的法律是否有效的权限。"①

20年以前,杰克逊大法官也对法庭限制州执行其刑事法律得出类似的评论:"正当程序条款的应用使州不能保障社会远离犯罪,和应用它使得他们经不起社会和经济检验一样,是对联邦司法力量的危险而又微妙的应用。"②

如果说宪法中有一个主题在《联邦党人文集》中比在宪法文件本身中阐述的更加全面,那就是制衡的概念。制定者都熟谙当政者和其他人一样都有种本能的欲望,以他人为代价去扩展其权力范围。他们应当为了互相抵消和阻止篡权,通过授予每个政府部门权力的形式,建立足够的制衡,阻止这种企图的实现。

最有能力而又伟大的詹姆斯·麦迪逊在《联邦党人文集》第51卷中很好地描述了制定者的逻辑:"在塑造一个将由一些人统治另一些人的政府时,一个重大的困难是:你必须首先使政府能够管理被统治者;然后,是使其自我管束。"麦迪逊的评论同样适用于司法机关,至少同对立法和行政机关的效力是一样的。立法和行政机关的越权会牺牲宪法致力保护、使其不受国家行为侵犯的个人利益,而司法机关越权会牺牲人民自治这一同等重要的权利。

第十四修正案的正当程序条款和平等保护条款从未"意图破坏州自治的权力",是布莱克大法官在奥尔根诉米切尔案中的意见。③ 正如斯通大法官在巴特勒案中所指出的那样,司法审查的本质使得法庭能够基于善良动机,在其应该超出由制定者划定的范围而行使权限时,最少受到麦迪逊式的审查。正是基于这个原因,如果不是明示,司法自我约束当然是一种暗示的司法审查权限授予的条件。我认为,本庭在这些案件中的推理,都忽略了这些隐含条件。

---

① 281 U.S. 281 U.S. 586, 281 U.S. 595 (1930) (dissenting opinion).
② *Ashcraft v. Tennessee*, 322 U.S. 143, 322 U.S. 174 (1944) (dissenting opinion).
③ Black, J., in *Oregon v. Mitchell*, 400 U.S. 112, 400 U.S. 126 (1970).

格雷格诉佐治亚州案
Gregg v. Georgia

《美国判例汇编》第 428 期第 153 页(1976)
美国联邦最高法院发至发至佐治亚州最高法院的调卷复审令
庭审日期:1976 年 3 月 31 日
结审日期:1976 年 7 月 2 日

案 件 导 读

1973 年 11 月 21 日被告特洛伊·格雷格(Troy Gregg)与他的同案犯弗洛伊德·艾伦(Floyd Allen)在佛罗里达(Florida)州北部搭乘了弗雷德·西蒙斯(Fred Simmons)和鲍勃·穆尔(Bob Moore)的便车,他们的汽车途中抛锚,案犯枪杀了两名被害者,并且抢劫两名被害者携带的现金后,西蒙斯用随身携带的大额现金购买了一辆车。随后继续北上。在佛罗里达与他们一同搭便车的丹尼斯·韦弗在亚特兰大(Atlanta),西蒙斯和穆尔被害之前便被赶下车。丹尼斯·韦弗看到新闻报道后,向当地警察局报告了案犯的行踪。在艾西维尔市(Asheville, N.C.)正在驾驶西蒙斯汽车的被告和艾伦被捕时,从被告的口袋中发现的 25 口径的手枪,之后被证明是谋杀西蒙斯和穆尔的武器。

法官向陪审团提出了对两人分别作为重刑杀人犯和非重刑杀人犯的控告理由。陪审团也确认被告实行的两个抢劫行为和两个杀人行为,并且认为是重刑杀人行为。不过法官指出,陪审团"不应该(强行地)考虑死刑",除非从开始就认为这些严重的行为无可厚非地可以适用死刑。因为陪审团认为本案件的确存在"判处死刑"的严重情节,所以主张对被告判处死刑。

被告以两个理由提出了反对被判处死刑的抗诉。其一是枪杀被害者的行为是出于正当防卫。其二,主张佐治亚州的新刑法典是修正弗曼诉佐治亚州案中出现的根本性缺陷的新刑法典,根据该新刑法典的规定,佐治亚州最高法院不应该判处自己死刑。

阅读本案例建议从正当防卫与犯罪构成要件之间的关系角度来读。如果被告的行为符合正当防卫的要件,他的行为就不构成犯罪。如果他的行为虽然符合正当防卫的要求,但是存在防卫过当的情况下并且应该受到处罚时,他的行为也不应该被判处死刑。

根据旧佐治亚州刑法典,被告的行为构成死刑犯罪的争议较小。但是根据新的佐治亚州刑法典的规定,就存在被告所主张的本案件的犯罪行为是否能构成为了抢劫财物而实行的"骇人听闻的、肆无忌惮的、卑鄙、恐怖并且惨无人道的行为,是失去了他们的理性的行为"的疑惑,从而产生了是否应该被判处死刑的争议。

判决摘要

被告人被控告实施武装抢劫罪和以杀害并抢劫两名男子为依据的谋杀罪。在佐治亚州的两审诉讼中的审理阶段,陪审团发现被告人犯有两宗抢劫罪和两宗谋杀罪。在量刑阶段,法官指示陪审团对每一宗犯罪可以建议判处死刑或者终身监禁刑;如果有一方当事人提出减轻或加重情节,陪审团有权选择考虑这些情节。不过,除非陪审团从开始阶段就存在以下几种合理的怀疑,否则陪审团无权考虑适用死刑。

(1) 实行谋杀罪的同时还实行了其他可能判处死刑的重罪,也就是说在武装抢劫中致人死亡;

(2) 被告人实行抢劫的目的是为了得到被害者的钱财和汽车;

(3) 谋杀是以一种"残暴且肆无忌惮的、恐怖的而且非人性的"邪恶行为,并且"包含了被告精神上的堕落"的方法实行的。

陪审团发现存在第一种和第二种情形的情况下,可以建议判处被告死刑。佐治亚州最高法院确信,在重新审理之后,文字记录、录音、相关证据以及相似案件的量刑、法院维持对谋杀罪的死刑判决,结论不是他们基于偏见或者任何其他的武断因素得出的结果,与类似的案件相比也不是极端的或者不妥当的量刑。但是如果不考虑对武装抢劫行为量刑的背景,除了极其个别的因素之外,死刑在佐治亚州已经很少适用。被告人根据佐治亚州刑法典对"残酷和异常"规定的第八修正案和第十四修正案的修订条款,提出了对死刑量刑的抗辩。该刑法典的规定,作为在弗曼诉佐治亚州案(在该案件中,法庭指出违反这些修正死刑条款的执行而以根据法典留给陪审团自由裁量执行或者撤回死刑判决的方式实行)中的修正条款,对谋杀罪和其他五宗犯罪保留了死刑。在两审审理的第一阶段作出有罪或者无罪决定。如果陪审团作出审理,那么审理阶段的法官必须起诉控告包括违法行为在内的、有任何证据可支持的犯罪,并对有罪裁决或者申诉,举行一个听证会。如果在审理之前得知被告人的情况,听证会上法官或者陪审团可听取其他情有可原的或可减缓刑罚的证据、或者加重处罚的证据。至少有十分之一特别重罪的情形必须在死刑执行之前被发现,必须有毫无疑问的理由以及能以书面证明的理由。在陪审案件中,审理法官会受到由陪审团所推荐使用的刑罚的限制。死刑审查中(它是自动审查),国家最高法院必须考虑刑罚是否受到激情、偏见或者其他武断的因素的影响,证据是否能够支持刑法典所规定的重罪情形,所判处的死刑"在其他相似的案件中,当考虑到犯罪与保护时,是否是极端的或者不妥当的刑罚"。如果法庭确认了死刑,它必须确保其对死刑的核准是在考虑了相关类似案件的判决后作出的。

判决已被确定。①

斯图尔特大法官、鲍威尔大法官以及斯蒂文斯大法官的意见总结如下:

1. 对谋杀犯罪的死刑处罚,在任何的情形下都不能违反第八和第十四修正案。

(1)第八修正案应当用弹性和能动的方式解释以适应逐渐发展的标准,它禁止使用"极端"的处罚,既因为施加了没有必要的和肆无忌惮的痛苦,也因为对重大犯罪是极其不妥当的。

(2)尽管立法不能施行极端的处罚,它至少不要求是否选择判处极其严重的可能性的刑罚,因为它对抗辩的举证是极为严苛的。

(3)宪法的框架已经接受了死刑制度的存在,而且,几乎已有两个世纪,这个法院已经承认对谋杀罪所处的死刑并不是无效的。

(4)立法措施是由人民选举的代表在严肃考虑确实符合现代标准之后而采用的,争论这种标准是否要求第八修正案作为禁止死刑的构成要件,事实上,在之前所述的弗曼案件判决以来的4年中,关于这种标准是否要求第八修正案作为禁止死刑的构成要件的争论已减少,议会以及至少35个州已经制定新的刑法典规定死刑制度。

(5)对潜在死刑犯罪的报应和威慑可能性不是不能渗透地考虑,因为立法上的加重决定是否应该适用死刑,不能认为在一些案件中判决死刑的佐治亚州立法就是明显错误的。

(6)不能总是认为,对谋杀犯罪适用死刑与对那些严重犯罪也判处死刑是极不相称的。

2. 关于在弗曼案件中死刑不能武断地或者反复无常地适用表明已经仔细地核对了刑法典草案,以确保那些有处罚权的机构能够受到充分的资料和指导

---

① Ga. 117, 210 S. E. 2d 659 pp. 428 U. S. 168-207;428 U. S. 220-226;428 U. S. 227;233.

手册的指导,这关涉到两审程序的体制,该程序中处罚的当局被告知相关处刑的资料,并且规定一个标准指导如何使用这些资料。

3. 判处被告人死刑所适用的佐治亚州刑法典是宪章性的。新的程序从它的表面上来看,符合弗曼案件的利害关系,因为判处死刑之前,陪审团发现的犯罪的情节或者被告人的个性一定是特别的,之后,州最高法院认为,对每一个情况相似的被告人判处死刑,可以确保在特别案件中也能妥当地适用死刑。被告人在佐治亚州量刑程序中提出的抗辩已经消除了在弗曼案中发生的具有缺陷的武断或者反复无常所作出的死刑判决的因素。

(1) 根据佐治亚州计划提供对被告人的宽恕机会是——是否通过不受约束的公诉人授权选择那些他所希望控告的死刑犯罪人以及请求抗辩的被告人,陪审团的选择是宣布对包括不法犯罪分子在内的被告人的罪行、州长或者赦免当局可能减轻死刑的事实的存在——不提交佐治亚州刑法典的违宪性。

(2) 被告人所争诉的是,明确规定的法定严重情节极其宽泛或者欠缺价值的不明确性,因为他们不需要极度宽泛的框架或者由犯罪构成做出过窄的解释。佐治亚州最高法院并不允许这种条款具有模糊性。被告人提出,量刑程序允许任意性宽恕也反映出了弗曼案件中的错误解释,忽视了佐治亚州最高法院决定是否每一个死刑判决都与其他相似案件所施行的判决相比的妥当性。被告人还提出,在目前的听证会上所提出的证据以及争论所能被考虑的范畴也很宽泛,但是考虑到陪审团能够有大量的信息来作出他们的决定,这可以不计。

(3) 佐治亚州判决计划中也规定了由佐治亚州最高法院防止因偏见或者武断因素造成的自动判决的审查制度。在每一个案件中,法院都撤回对武装抢劫行为作为极刑犯的死刑判决。

怀特大法官和首席大法官以及伦奎斯特大法官协同,做出以下总结:

1. 佐治亚州新的刑法典修订克服了在弗曼诉佐治亚州案件中发现的根本性缺陷,根据旧的体系,不仅指导陪审团在实行他们的裁量中是否可以对第一级别的谋杀罪判处死刑,而且还给予佐治亚州最高法院决定是否在事实上适用死刑的被告人受到歧视、无标准或者陈腐思想的任何级别的犯罪所影响的权限。如果法院根据佐治亚州刑法典妥当地履行了所授予它的责任,那么因为歧视原因、肆无忌惮或者畸形的原因施加于某一犯罪人的死刑就应该会被禁止。如果佐治亚州最高法院在该案件中不能妥当地履行它的责任,或者在所有案件中不能充分履行它的责任,那么,被告人就不能被认为不构成犯罪。因此,考虑到佐治亚州立法制度与在弗曼案件判决的一致性,死刑很有可能会被执行。

2. 被告人主张在上诉审中的争诉或倾向判处死刑的谋杀罪的诉讼决定没

有标准,所以将可能会作出像在弗曼案中那样,肆无忌惮地或者畸形地判处死刑的情况。在诉讼中不能做出假设,是以其他原因控诉,还是以案情或者陪审团相信判处死刑的可能性控诉,在诉讼中决定是否控诉死刑的标准可能与陪审团决定的犯罪与刑罚的结论是相同的。

3. 被告人所争诉的死刑无论判处什么犯罪都是残酷的,而且,被告人争辩到,无论对何种犯罪判处死刑都是残酷和异常的,像怀特法官先生在罗伯茨诉路易斯安那州案中所声明的那样,这样做的理由也是不健全的。

布莱克门大法官先生在判决中的总结。①

斯图尔特大法官发表法庭意见,鲍威尔大法官和斯蒂文斯大法官同意该意见。怀特大法官发表协同意见,伯格首席大法官和伦奎斯特大法官对怀特大法官发表的意见表示一致赞同。布莱克门大法官发表了同意判决的意见。布伦南大法官和马歇尔大法官分别发表了反对意见。

| 判决全文 |

斯图尔特大法官发表法庭意见,鲍威尔大法官和斯蒂文斯大法官加入:

本案件中的争诉是,根据佐治亚州法律针对谋杀罪的死刑判决是否违反了宪法第八和第十四修正案。

一

被告人特洛伊·格雷格被控告武装抢劫罪和谋杀罪。根据佐治亚州刑事诉讼法,死刑案件的审判分成两个阶段,即定罪阶段和量刑阶段。定罪审判的事实部分是,1973年11月21日被告人和旅行中的同案人弗洛伊德·艾伦在佛罗里达州北部搭乘了弗雷德·西蒙斯和鲍勃·穆尔的便车。他们的汽车途中抛锚,西蒙斯用随身携带的现金购买了一辆车继续上路。在佛罗里达州他们四人又搭载了丹尼斯·韦弗并在亚特兰大晚上11点时将他赶下车。然后四人继续北上。

不久,四个男人在高速公路休息站中止了他们的旅行。第二天西蒙斯和穆尔的尸体在路边水沟中被发现。

11月23日,看到亚特兰大射击事件的新闻之后,韦弗与昆内特郡警察署取得联系,报告了在旅行中发生的相关情况。第二天下午,在北卡罗来纳州阿什维尔,正在驾着西蒙斯汽车的被告人和艾伦被捕。从案件调查到被捕,从被告人的

---

① 参见弗曼诉佐治亚州案, 408 U.S., 408 U.S.,405-414(布莱克门大法官的不同意见)]与408 U.S.,375(伯格大法官的不同意见);408 U.S.,414(鲍威尔大法官的不同意见); 408 U.S.,465(伦奎斯特大法官的不同意见)。

口袋中发现的点25口径的手枪,之后证明是谋杀西蒙斯和穆尔的武器。在收到米兰达诉亚利桑那州案的告诫之后,被告人签署放弃他权利的书面文书,被告人并签署了承认枪击西蒙斯和穆尔之后抢劫他们的声明。他证明正当防卫范围的正当性。第二天,在移交到劳伦斯维尔的时候,警察将被告人和艾伦带到射击现场。到达那里时,艾伦陈述了谋杀事件的经过:当西蒙斯和穆尔下车后,被告人向他们提出打算抢劫他们的想法,被告人拿起他的手枪,趴在车上瞄准目标。当西蒙斯和穆尔爬上堤坝的时候,被告人向他们开了三枪,于是两个男人倒在了沟里。被告人走近他们,然后在他们的脑部又各射进一枪。他抢夺了他们身上的财物,与艾伦一起开走了汽车。

法医证明了西蒙斯死于射进眼部的枪伤,穆尔死于脸颊和背部以及后脑的枪伤。而且法医还证明了两位受害者身上有许多青肿部位。脸上和头上的擦伤可能是由于倒在沟里或者沿着堤坝推搡和拖拉所致。尽管艾伦没有完全坦白,但是一个警察侦查到艾伦所陈述的杀害情况的证据。直接证明了在艾伦做出这些坦白之后,被告人也承认艾伦的陈述属实。被告人在他的辩护中也有证明。他承认了由艾伦陈述,侦查员所描述的情况,但是却否认它们的真实性和准确度。他指出他之所以射击西蒙斯和穆尔,是因为恐惧而自卫,并证明他们已经用铁管和刀袭击了艾伦和他。①

法官向陪审团递交了对重刑杀人和非重刑杀人的控告理由。法官也对正当防卫的问题作出指导,但是他拒绝对一般杀人罪作指导。法官也向陪审团递交了关于抢劫的案件,其中有两项主张,一是持械抢劫,二是包含轻罪的恐吓抢劫。陪审团发现了被告人有两个抢劫行为和两个杀人行为。

在量刑阶段,在同一个陪审团前进行,公诉人和被告人的律师提供附加证据。然而两造在兼顾当前情况与现有有罪证据的证明力下,关于适用死刑的妥当性都作了长时间的争论。法官指示陪审团对每一个行为既可以建议适用死刑也可以建议适用终身监禁刑。

法官进一步指出,陪审团在决定哪个刑罚妥当时,可以自由地考虑事实和环境,如果有的话,可以集体提出加重或减轻处罚。

最后,法官指出,陪审团"将不被授权考虑(适用)死刑",除非从开始就认为案件中排除合理怀疑地存在前文所提的加重情节之一。

"第一……所实行的犯罪行为,是正在实行其他两个死刑重犯行为时,犯下的武装抢劫(西蒙斯和穆尔)。"

---

① 在交叉询问时,控方提供了一封被告人写给艾伦的名为"你的声明"的信,艾伦受到提示而且烧掉了信。声明中的陈述与被告人在狱中的陈述一致。

"第二……是指行为者实行犯罪是为了得到在控诉中所描述的财物或者汽车而实行的谋杀。"

"第三……行为者的行为是骇人听闻的、肆无忌惮的、卑鄙、恐怖并且惨无人道,是失去了他们理性的行为。"

Tr. 476-477. 发现了这些情节的第一个和第二个,陪审团对每一宗犯罪行为都予以了死刑。

佐治亚州最高法院确认对谋杀行为判处死刑的判决。① 在审查审判文字记录和其他形式的记录,包括证据、比较证据以及根据佐治亚州法在相似案件中作出的判决之后,法庭作出以下判决:基于犯罪的性质,死刑判决不是由于偏见或者其他武断的因素所得出的判决,在相似案件中作出的死刑判决也不是极端的或者不妥当的。② 适用于武装抢劫的死刑判决无论如何背离了一个死刑在佐治亚州很少被适用的背景,因为被告人和陪审团都不恰当地把抢劫看成为谋杀的重大情节,而不是将谋杀看成为抢劫的重大情节。③

我们同意被告人请求限制他抗辩适用于死刑的传票,以确认是否同案件中存在的"残酷和异常"的刑罚违反了宪法的第八和第十四修正案。

二

在提出争论之前,有必要研究一下佐治亚州刑法典对死刑适用的方针。④ 佐治亚州刑法典,作为在弗曼诉佐治亚州案判决之后的修正案,对谋杀⑤、以及对勒索人质犯罪或者导致作为人质的受害者受伤的犯罪、持械抢劫罪⑥、强奸

---

① 233 Ga. 177, 210 S. E. 2d 659 (1974).
② 法院进一步指出,审判法庭拒绝给陪审团作出过失杀人的指示并没有做错,因为没有证据支持过失杀人的判断。
③ Id. at 127, 210 S. E. 2d at 667.
④ 在本案随后的审判中,佐治亚州刑法典中的某部分内容被修订,但这些修订没有对法规内容有任何实质性改动。本意见中所有对条款的引用都是基于现在的法规版本。
⑤ 佐治亚州法典[Ann. §26-1101(1972)]规定:
(a) 当他不法地或者用前述的恶意实行犯罪时,个人实施谋杀既表达也包含引起了其他的人类的死亡。表达恶意是指对取消同类生命不法的故意,是通过外在的可证明的情节来证明的。恶意应该包含出现了没有考虑的主张,所有的谋杀情节表现了心灵的十分恶毒。
(b) 也实行了谋杀,当实行严重犯罪时引起他人死亡时,是恶意地。
(c) 证明谋杀的人应该处以死刑或者终身监禁刑。
⑥ Section 26-1902(1972)规定:
・持械抢劫是指以盗窃的故意实施抢劫,从他人那里抢劫财物或者使用攻击性武器获得财物。持械抢劫必定包含攻击性。实施了持械抢劫的人应该被判处死刑或者终身监禁刑,或者至少20年以上的有期徒刑。

罪、叛国罪以及劫持航空器①6 种犯罪仍然保持死刑的适用。② 死刑犯的有罪或者无罪根据传统方式决定,在两审终审审判的第一阶段,或者由法庭的法官作出或者由陪审团作出。

如果审理时由陪审团进行,法庭的法官将被要求尽量少参与其中,包括那些认为有证据证明的犯罪行为在内的案件。③ 在一个裁决之后,发现存在抗辩死刑的情节,在裁决之前将召开一个听证会。量刑程序在法院与陪审团审理一样是必需的。在听证会上:

"法官或者陪审员将会听取从轻、减轻或者加重处罚的证据,包括之前确定的犯罪记录和犯罪抗辩或者喧闹争执的无罪申诉、之前确定或抗辩欠缺的证据。假设只有加重证据,当国家已经知道被告人送去审理之前,就应该受理该犯罪行为的案件。法官或者陪审团也应该听取被告人或其律师,或者检察官关于刑罚的提议……"④

抗辩要与他所提出的证据具有实质性的符合性。⑤ 在定罪阶段所提出的证据在量刑阶段即便没有提出也有可能被考虑。⑥

在对量刑的评估中,法官可能也会被要求裁量,或者将他所指定的陪审团包括在内裁量"任何从轻的情节或者从重的情节,或者是根据法律授予的和任何可能有证据证明的法定从重情节"。⑦

新刑法典没有规定重大情节或者减轻情节的范畴。之前一个被确定的被告人可能判处死刑,然而无论如何,除了叛国罪或者劫持航空器犯罪之外,陪审团或者没有陪审团案件中的法官必须举出在刑法典中规定的 10 种重大情节之一

---

① 在弗曼案中现在的这些死刑犯罪被定义,1973 年佐治亚州刑法典修订条款中,为避免伪证导致的审判不公,进一步狭隘解释了这些死刑犯罪的定义。[Compare §26-2401(Supp. 1975) with §26-2401(1972).]

② Ga. Code Ann. §§ 26-1101, 26-1311, 26-1902, 26-2001, 26-2201, 26-3301 (1972).

③ 西姆斯诉佐治亚州案(Sims v. State), 203 Ga. 668, 47 S. E. 2d 862 (1948);林德诉佐治亚州案(Linder v. State), 132 Ga. App. 624, 625, 208 S. E. 2d 630, 631 (1974).

④ § 27-2503 (Supp. 1975).

⑤ Brown v. State, 235 Ga. 64, 647-650, 220 S. E. 2d 922, 925-926 (1975). 不是很清楚是否1974 年对佐治亚州刑法典的修正条款打算扩大庭前审理上的证据种类。比较§27-2503(a)(Supp. 1975)和§27-2534(1972),删除对"客观法律证据"的限制条款。

⑥ Eberheart v. State, 232 Ga. 247, 253, 206 S. E. 2d 12, 17 (1974). 在有罪答辩中遵循相同的程序。法官根据事实,同时考虑加重和减轻惩罚的证据。[Mitchell v. State, 234 Ga. 160, 214 S. E. 2d 900(1975).]

⑦ § 27-2534. 1(b) (Supp. 1975).

的确切性理由。① 死刑判决只能在陪审团(或者法官)确定存在法定重大情节之一时才能作出。如果裁定作出死刑判决,陪审团或者法官必须找出该特定重大情节的证据。在有陪审团的案件中,法官受到陪审团所推荐的刑罚的限制。

此外在符合社会习俗的名义程序的相关犯罪案件中,条款也规定了在特殊情况下由佐治亚州最高法院特别迅速、直接处理的适用死刑的条件。法庭可直接审查"刑罚以及上诉中所列举的一些错误",并且作出决定:

(1)判处死刑是否受到了激情、偏见、或者其他武断因素的影响,而且;

(2)除了叛国罪或者劫持航空器犯罪的其他案件,陪审团或者法官所提供的证据是否能证明是根据 section 27.2534.1(b)列举的法定情节,而且;

(3)所判处的死刑在相似案件中是否存在过度的或者罪刑不当的死刑的情况。如果法庭确认了死刑判决,包括与此相关的相似案件的决定在内,要求再次严格酌量。②

法庭的文字记录和完整的其他记录,以及审理法官的分歧意见传到法庭以审查刑罚之用。报告是六页半的提问形式,以调查被告人、犯罪意见以及审理环

---

① 佐治亚州法典第 27-2534 条"死刑的减轻和加重情节":
(1)死刑可适用于任何叛国和劫持航空器案件;
(2)在任何被告人可以被判处死刑的案件中,法官应当指示陪审团考虑任何法定减轻或加重情节,以下法定加重情节应有证据证明:
① 犯谋杀罪、强奸罪、持械抢劫罪或绑架罪的被告人有重罪前科,或者该谋杀犯具有严重的伤害罪前科。
② 罪犯实施谋杀、强奸、持械抢劫或绑架行为的过程中又实施了其他重罪或者加重的殴打罪,或者谋杀行为伴随着一级入室盗窃罪和纵火罪。
③ 犯罪人在实施谋杀、持械抢劫或绑架的过程中,因使用了可能危及第三人生命安全的武器或器械,而危害了公共安全。
④ 犯罪人因金钱或其他财物原因而犯谋杀罪。
⑤ 犯罪人因(前)司法官员、(前)地区出庭律师或事务律师的履职行为而将其谋杀。
⑥ 指使他人或雇佣他人谋杀。
⑦ 谋杀、强奸、持械抢劫或绑架行为因涉及折磨、道德极为堕落或对受害人严重身体侵害,因而显得极其残忍和非人性。
⑧ 谋杀正在履职的治安官员、矫正官或消防员。
⑨ 谋杀罪犯为从治安官员的合法拘留或监狱中的脱逃人员。
⑩ 为抗拒本人或他人的拘捕而犯谋杀罪。
(3)为保存证据,审判法官应将法律指示以书面形式交给陪审团斟酌。若陪审团的裁决是建议死刑,则递交由首席代表签署的书面意见,表明加重情节已排除合理怀疑。在非陪审团审理案件中,法官应作出这样的指示。除叛国罪和劫持航空器罪,除非存在上述一种以上法定加重情节,否则不能适用死刑。
佐治亚州最高法院[*Arnold v. State*, 236 Ga. 534, 540, 224 S. E. 2d 386, 391(1976)]最近指出把被告人有"严重的伤害罪前科"作为加重情节不合宪,因为它不是"充分清楚的以及客观的标准"。
② 刑法典要求佐治亚州最高法院获取和保存所有在 1970 年 1 月 1 日之后判处的死刑或者早期法院认为妥当的死刑案件记录。

境。它要求审理法官用几种不同的设计方式调查判刑的武断性和不协调性。报告中还包含相应的对被告人的辩护人提出的详细问题,以查出种族是否影响到了审判,法官是否毫无疑问地确定了被告人的罪行和适当的刑罚。报告的复印件应该分发给被告人的辩护律师。根据这个特殊的审查权威,法庭既可以判处死刑也可以要求执行其他刑罚。即便死刑被确定,但是依然存在从宽执行的可能性。①

三

我们先提出一个基础性的探讨,对谋杀罪判处死刑在所有情节下是否都违反美国宪法第八和第十四修正案所指的"残酷和异常"的刑罚条款。然后再考虑本案根据佐治亚州刑法典对被告人判处死刑的抗辩。

法庭在许多情况下,既要确认死刑又要主张死刑的合宪性。在几个案件中,法庭会被要求提供必要的判决基础,以及决定执行死刑的特殊方式根据第八修正案是否被允许。② 但是直到弗曼诉佐治亚州案为止,法庭从来没有直接了当地进行根本性的抗辩,其主张死刑是残酷和异常的,以致违反了宪法,尽管被告人的暴行是根据正当程序作出的刑罚判决。尽管这种争论在弗曼案中就已经被提出,但是法庭并没有完全解决。四名大法官指出死刑本身不是不合宪的③,两名大法官提出反对意见④,其他的三名大法官,在同意所适用的刑法典无效的同时,提出了死刑是否可以被判处的疑问。⑤ 但是现在我们提出死刑并不总是违反宪法的意见。

---

① See Ga. Const. , Art. 5, §1, _ 12, Ga. Code Ann. §2-3011(1973); Ga. Code Ann. §§77-501, 77-511, 77-513(1973 and Supp. 1975). (赦免和假释是授权减轻死刑的,除了那些政府拒绝暂停刑罚的案件。)
② *Louisiana ex rel. Francis v. Resweber*, 329 U. S. 459, 329 U. S. 464(1947); *In re Kemmler*, 136 U. S. 436, 136 U. S. 447(1890); *Wilkerson v. Utah*, 99 U. S. 130, 99 U. S. 134-135(1879). See also *McGautha v. California*, 402 U. S. 183(1971); *Witherspoon v. Illinois*, 391 U. S. 510(1968); *Trop v. Dulles*, 356 U. S. 86, 356 U. S. 100(1958)(plurality opinion).
③ 408 U. S. at 408 U. S. 375(首席大法官伯格,异议意见); id. at 408 U. S. 405(布莱克门大法官,异议意见); id. at 408 U. S. 414(鲍威尔大法官,异议意见); id. at 408 U. S. 465(伦奎斯特大法官,异议意见)。
④ Id. at 408 U. S. 257(布伦南大法官,赞同意见); id. at 408 U. S. 314(马歇尔大法官,赞同意见)。
⑤ Id. at 408 U. S. 240(道格拉斯大法官,赞同意见); id. at 408 U. S. 306(斯图尔特大法官,赞同意见); id. at 408 U. S. 310(怀特大法官,赞同意见)。
弗曼案中5名大法官以不同理由支持原判决,法院的最终判决可能会被认为过于狭隘。——斯图尔特大法官和怀特大法官(See n 36, *infra*)。

（一）

　　禁止判处"残酷和异常"的刑罚的历史已经很长①，其作为格言第一次出现，是在 1689 年的《英国人权法案》(the English Bill of Rights)中,该法案是由威廉和玛丽就职议会时起草。[参照格拉纳斯(Granucci)所言"不能滥用残酷和异常的刑罚"，原意来自 57 Calif. L. Rev. 839, 852-853 (1969)。]英国的修正案显示已经直接反对判处刑法典没有规定的刑罚以及法庭没有管辖权的刑罚，而且也反对那些罪行不均衡的刑罚。美国的草案引用了英国修正案中的条款，开始关注"酷刑"或者其他"野蛮"方式的刑罚。②

　　在适用第八修正案的早期案件中，法院将焦点集中在实行方式上，决定他们是否太残酷以致影响到构成要件。构成死刑的要件本身不是争议的焦点，而是执行死刑的方式属于"残酷的"或者"其他野蛮的"方式。③ 在凯姆勒案中，主张"惩罚是残酷的，当他们使用酷刑或者延长致死事件的方式……"④(第二次触电身亡没有违反第八修正案，因为最初的实行尝试是"一个不能预测的意外"，而且"这里没有渗透无必要的痛苦，在计划实行中也没有预计卷入任何必要的痛苦"。)

　　但是，法庭并没有限制在 18 世纪时第八修正案所规定的一般被认为的违法性"野蛮"方式上。实际上，修正案被弹性地或者能动地解释。法庭早已认识到那个"致命性的原则一定比它所出世时的主要功能更加广泛地被适用"。⑤ 因此，条款禁止："残酷和异常的刑罚"不能仅仅停留在过去，也许通过人类的审判获得引领性的公共观点。⑥

　　在威姆斯诉美国案中，法庭对伪造公文罪判处连续监禁在菲律宾的刑法体系下是合乎宪法的。惩罚包括至少十二年零一天的监禁，在这个监禁中，有艰苦

---

① 408 U.S. at 408 U.S. 316-328(马歇尔大法官，赞同意见)。

② Id. at 842. 这个结论最初被提出，是在各州为批准联邦宪法所举行的各州的会议报告里。譬如，弗吉尼亚州的代表帕特里克·亨利猛烈地反对缺乏立法规定"残酷和异常的刑罚"。

"什么能够区别于我们的祖先？他们并不欣赏酷刑或者残酷和野蛮的处罚。议会也许会引进大陆法系的实践，但是会偏爱英美法系。他们也许引进法国、西班牙以及德国的刑讯逼供。"[J. Elliot, Debates 447-448(1863).]相同的异议在马萨诸塞州的会议中也有规定："

"没有对残酷的或令人闻所未闻的刑罚的发明或施用的限制，更没有宪法性审查。拷问架和绞刑架也许是所有惩罚中最温和的。"[Elliot, *supra* at 111.]

③ 参见威尔克森诉犹他州案, 99 U.S.130, 99 U.S.136 (1879)(完全地确认对酷刑的……以及其他所有没有必要的一系列的残酷行为惩罚是被修正条款禁止的……)。

④ *Louisiana ex rel. Francis v. Resweber*, 329 U.S.459, 329 U.S.464 (1947).

⑤ *Weems v. United States*, 217 U.S.349, 217 U.S.373 (1910).

⑥ 参见弗曼诉佐治亚州案, 408 U.S. at 408 U.S.429-430 (鲍威尔大法官的不同意见)；特罗普诉杜勒斯案, 356 U.S.86, 356 U.S.100-101 (1958)(多数意见)。

而且痛苦的劳动,很多基本市民权被剥夺以及会受到终身监视。尽管法院认为"痛苦的残酷性"在挑战性的惩罚中可能出现,但是它并不取决于那个事实,因为它违反修正条款只对"非人性的、野蛮的以及残酷和相似的行为"进行处罚的妥当性。法院将重点集中在犯罪和犯罪人之间的妥当性上:"这种对已经形成与他们的州相关的观念,甚至从美国联邦实践中得到的侵犯公民权的犯罪人的处罚,以及对那些惩罚犯罪的公正的戒律的信仰应该是逐步递增,而且对犯罪人有益。"① 最近,在特罗普诉杜勒斯案中,如前所述,法院回顾了惩罚两名将部队围栏转为私营并使之变为沙漠的士兵的构成要件。尽管妥当性的概念不是提起诉讼的基础,在录音中可见有多重状态,监禁以及执行可能是根据罪行的严重性。

基础性的界限是由修正条款赋予的,关于构成犯罪、处以刑罚在鲁宾逊诉加利福尼亚州案中存在争议。法院没有发现该州关于毒品犯罪的构成要件。并且在少有的附加状态下惩罚被认为是"残酷和异常的"。确定的刑罚中的抽象的残酷性是不相关的。"对那些'普通的残酷犯罪',最近在弗曼诉佐治亚州案的三个判决的分歧意见中,认为根据第八修正案适用程序选择判处死刑所对应的犯罪而言,在监狱的每一天都是残酷的而且是异常的刑罚"。

前面提到的程序清楚地指出:第八修正案没有被认为是一个沉闷的概念。像首席大法官沃伦所言,如常言所说,"修正案的起草必然要根据那些成熟社会进程中的倾向性标准"。② 因此,关涉到具有挑战性量刑的现代价值的评估就关涉到第八修正案。像我们进一步如下发展的那样,这种评估并不成为主观的判决,它更多地要求我们所寻找的、对量刑有影响的公共态度的索引。

但是我们的案件已经很清楚公共的感知标准与犯罪量刑之间的一致性并不是决定性的。刑罚有时也必须与第八修正案的基础概念的底线——"人的尊严"相一致。这至少意味着惩罚不是极度过分的。当在考虑抽象的惩罚的形式(在这个案件中,是否死刑可能适用于对谋杀行为的惩罚)而不是在实践中的惩罚形式(作为适用于特别被告人的特殊犯罪适用死刑的妥当性)时,要探讨两个方面的过度。首先是惩罚不能强加没有必要的、肆无忌惮的痛苦③,其次,惩罚

---

① 法院评论道,正在审查中的法律来自于不同形式的政府和我们中的天才们,但是它也指出惩罚"会有不好的特质,即便他们在联邦立法中而不是在外国的资料中被发现"的事实(217 U. S. at 217 U. S. 377)。

② 特罗普诉杜勒斯案, supra at 356 U. S. 101; 杰克逊诉毕晓普案, 404 F. 2d 571, 579 (CA8 1968); 鲁宾逊诉加利福尼亚州案, supra at 370 U. S. 666。

③ 参见弗曼诉佐治亚州案, supra, at 408 U. S. 392-393 (伯格大法官的不同意见); 同时参见威尔克森诉犹他州案, 99 U. S. at 99 U. S. 136; 威姆斯诉美国案, supra, at 217 U. S. 381。

不能与犯罪的严重程度之间出现过度的不适当性。①

（二）

当然，第八修正案的要求一定是有意识地、限制性地被法院适用的。这并不意味着法官不起作用，因为第八修正案是在实践中对立法权的约束。

"司法评论，无论宪法是如何能动地要求的，通过定义常常卷入司法与立法判断之间的冲突。与此相适应，第八修正案，对我们而言，确实对不同的案件有不同的态度。似乎所有的修正条款都承认对司法强加了一些义务去判断犯罪构成，而修正案中的惩罚将决定是否阻止立法性的建议。"②但是当我们有义务确定没有该当构成要件时，我们不能像法官那样行动，而只能像立法者那样行动。

"法院不是一个代表性实体，它们不被认为是良好的民主社会的体现。他们的判决是最好的信息，因此在最狭窄的限度内是最独立的。他们必要的条件是不偏不倚，是独立地建立起来的。因为历史告诉我们，司法的不独立是有损害的，尤其是当法院卷入日常的激情，在确定基本责任时处在竞争性的政治、经济以及社会压力之间选择，这种损害就会更加严重。"③

因此，在评估由民主地选择立法违反构成要件时的刑罚时，我们推测它是无效的。我们不能要求立法者选择不太严重的刑罚可能性，只要求被选择的刑罚不是残害人性的或者罪刑相当。最严重的刑罚取决于那些代表人民的攻击性判决。

一部分是真实的，因为合宪性审查与对现代标准的评估以及对立法判决确定的这些标准的评估是交织在一起的。"在民主社会，立法，而不是法庭，与人民的意志和道德价值是相一致的。"④我们根据联邦体系的国家立法所归结出的

---

① 参见特罗普诉杜勒斯案，supra, at 356 U. S. 100（多数意见）；威姆斯诉美国案，supra, at 217 U. S. 367。

② 弗曼诉佐治亚州案，408 U. S. at 408 U. S. 313-314（怀特大法官的同意意见）；也参见同上，at 408 U. S. 433（鲍威尔大法官的不同意见）。由民众选举出的代表通过立法保证了现代价值观在法律中的体现，这是立法判断不能被第八修正案限制的证据，并且权利法案本就是为保护个体权利免受立法权滥用带来的侵害。威姆斯诉美国案，217 U. S. 349, 217 U. S. 371-373（1910）；弗曼诉佐治亚州案，408 U. S. at 408 U. S. 258-269（布伦南大法官的不同意见）；鲁宾逊诉加利福尼亚州案，370 U. S. 660（1962），说明由州制定的刑法可能违反了宪法第八修正案，因为根据现代社会认知，它们毫无疑问是残酷和异常的刑罚。因在鲁宾逊案时代，9个州除加利福尼亚州外，制定公然违宪的残酷的刑法。（See Brief for Appellant in *Robinson v. California*, O. T. 1961, No. 554, p.15）

③ 丹尼斯诉美国案（*Dennis v. United States*），341 U. S. 494, 341 U. S. 525（1951）（法兰克福特大法官意见一致）。也参见弗曼诉佐治亚州案，supra at 408 U. S. 411（布莱克门大法官，反对意见）：我们应不当允许个人偏好同于立法智慧或国会行为，或用对某种行为的厌恶去指导我们的判决。即便越过这条原则是如此地诱人。

④ 弗曼诉佐治亚州案，supra at 408 U. S. 383（首席大法官伯格，持异议意见）。

决定,对被告人增加了所涉及的特别惩罚,因为"这里存在立法政策性的特别问题"。① 警告是必要的,以免这个法庭变成了"在残酷和异常的刑罚的条款推动下,通过犯罪责任标准的最终裁决……"②作出判决的决定,在根据第八修正案不能彻底改变犯罪构成要件的情况下,是不能渗透人心的,因为人们通过道德的民主程序以及选票表达他们优待条件的权利被关闭了。因而修订在进一步的经验中不能作出。③

(三)

在关于这一点的讨论中,我们已经寻找到确认原则和指引法院根据第八修正案控诉条款情节之间的一致性。现在,我们特别地考虑对谋杀罪的死刑判决是否本身就是违反第八修正案和第十四修正案,以致违反宪法的。我们首先注意到,历史和先行判决非常强烈地支持对这个问题的否定性回答。

对谋杀罪判处死刑,在美国和英国都有很长时间的历史。英美法对谋杀罪基本上判处死刑。死刑直到20世纪都被美国很多的州继续沿用,尽管英美法的分支受到限制,最初的限制是适用于判处死刑的谋杀罪级别,并且法律广泛地采用正在明确授予陪审团评价情感的裁量权的做法。

宪法文本很清楚地表明,死刑本身就是存在于其框架内的。在第八修正案被批准之时,死刑在每一个州都是普通的刑罚制度。事实上,第一届美国国会实行死刑立法是作为对特别犯罪处罚的。第五修正案与第八修正案一样在相同时间被采用,都对继续存在的死刑制度作了特别限定:"没有人为思想犯或者臭名昭著的犯罪提出辩解,除非当时大陪审团对相同的被告主体没有提出控告就将其置于两次生命危险、困境中,或者没有经过法律程序就剥夺了生命、自由、或者财产……"

第十四修正案世纪末被采用,同样慎重思考了死刑存废问题,国家不经过正当程序不应剥夺犯罪人的"生命、自由、财产"。

因为最近两个世纪,这个法院一再重申而且经常表明,其已经认识到死刑本身并不是无效的。在威尔克森诉犹他州案中,法院发现公共射击不构成违反造成死亡的犯罪构成要件,认为:"残酷的或者不正常的刑罚被宪法所禁止,但是

---

① 戈尔诉美国案,357 U.S.386,357 U.S.393(1968);鲁宾逊诉加利福尼亚州案,370 U.S. at 370 U.S.664-665;特罗普诉杜勒斯案,356 U.S. at 356 U.S.103(多数意见);凯姆勒案,136 U.S. at 136 U.S.447。

② 鲍威尔诉得克萨斯州案(Powell v. Texas),392 U.S.514,392 U.S.533(1968)(多数意见)。

③ 参见弗曼诉佐治亚州案,*supra* at 408 U.S.461-4462(鲍威尔大法官,反对意见)。

相关当局没有相当充足地展示作为执行死刑的方式对谋杀罪的被告实行枪杀的争议,在第一阶段并没有被包括在第八修正案所包含的范畴内。"

在否定电椅执行死刑的思想是"残酷或者不正常"的论点中,法院在凯姆勒案中重申:"在宪法所指的意思范畴内,死刑不是残酷的刑罚。它的确包含一些非人性的和野蛮的行为,但也不是破坏生活的其他行为。"

在路易斯安那州根据弗朗西斯的告发雷斯韦伯案中,法院再次指出:"对违反宪法所保护的犯罪人的残酷性不是刑罚方式固有的,不是必须强加于某种人类生活方式的。"

在特罗普诉杜勒斯案中,首席大法官沃伦,联合另外三个大法官发布的联合意见写道:"即便争论反对死刑,他们既不是以道德为背景,也不是为了实现惩罚的目的……死刑一直长期适用,而且,如果它依然被广泛接受,就不能说是违反酷刑概念要件的。"

4年之前,在弗曼诉佐治亚州案中的被告和相关案例中,断言他们对妥当性评估倾向于根本性标准的主张已经产生出死刑不能再被忍受的观点。在这些案件中的被告人认为,实际上评估的程序已经得出结论,无论犯罪行为对社会构成堕落还是冲击,倾向性标准认为第八修正案是最后禁止对任何犯罪适用死刑的条款。这个观点已经被两个法官所接受。① 三个大法官到目前为止仍然不愿意继续向前迈进,而将重点集中在被告人选择死刑的程序不如处罚准确的刑罚上,他们做出共同的结论,法庭适用的刑法中的构成要件是无效的。②

在之前死刑案件中的被告人,法院现在重新回顾"倾向性标准"的争论,但是自弗曼诉佐治亚州案之后4年的发展,已经实质性地消减了对那些案件争论的臆断。尽管仍然存在争论,但是回溯到19世纪以过度的道德性和功利性对待死刑来看,已经证明美国社会现在继续认为对犯罪判处死刑是妥当的和必要的。

对谋杀罪适用死刑的最有暗示性的社会支持声明与弗曼诉佐治亚州案的立

---

① See concurring opinions of Mr. Justice Brennan and Mr. Justice Marshall, 408 U. S. at 408 U. S. 257 and 408 U. S. 314.

② See concurring opinions of Mr. Justice Douglas, Mr. Justice Stewart, and Mr. Justice White, *ibid*, at 408 U. S. 240, 408 U. S. 306, and 408 U. S. 310.

法相对应。至少 35 个州的立法①已经制定了新的刑法典,规定死刑适用于至少是对一些引起其他人死亡的犯罪。1974 年的美国国会规定刑法典中设置的死刑制度可适用于在劫持航空器犯罪中引起死亡的犯罪。② 最近适用于这些刑法典的犯罪已经在弗曼诉佐治亚州案中通过以下根本性的手段尝试引起注意,(1) 被认为是特别严重的因素以及根据判处死刑决定时执行的程序因素;(2) 对特殊的犯罪适用死刑要附加强制性条件。但是所有弗曼诉佐治亚州案之后的刑法典规定更为清楚,死刑本身是不能被选举的人民代表所否定的。

只有在自弗曼诉佐治亚州案以来发生、并引起我们注意的、很宽泛的状况下,加利福尼亚州人民才采用了犯罪构成要件修正案,使其死刑刑罚权威化。在加利福尼亚州最高法院审理的人民诉安德森案之前,最有效的否定性抗辩是死刑制度违反加利福尼亚州宪法。③ 根据现代价值的观点,陪审团也是有意义的,并且是可靠的实体,因为它也直接参与案件。④ 法院还指出:"陪审团最重要的功能之一是(在死刑案件中的终身监禁刑与死刑之间)调和好现代社会价值和

---

① Ala. H. B. 212, §§ 2-4, 6-7 (1975); Ariz. Rev. Stat. Ann. §§ 13-452 to 13-454 (Supp. 1973); Ark. Stat. Ann. § 41-4706 (Supp. 1975); Cal. Penal Code §§ 190.1, 209, 219 (Supp. 1976); Colo. Laws 1974, c. 52, § 4; Conn. Gen. Stat. Rev. §§ 53a-25, 53a-35 (b), 53a-46a, 53a-54b (1975); Del. Code Ann. tit. 11, § 4209 (Supp. 1975); Fla. Stat. Ann. §§ 782.04, 921.141 (Supp. 1975-1976); Ga. Code Ann. §§ 26-3102, 27-2528, 27-2534.1, 27-2537 (Supp. 1975); Idaho Code § 18-4004 (Supp. 1975); Ill. Ann. Stat. c. 38, §§ 9-1, 1005-5-3, 1005-8-1A (Supp. 1976-1977); Ind. Stat. Ann. § 35-13-4-1 (1975); Ky. Rev. Stat. Ann. § 507.020 (1975); La. Rev. Stat. Ann. § 14:30 (Supp. 1976); Md. Ann. Code, art. 27, § 413 (Supp. 1975); Miss. Code Ann. §§ 97-3-19, 97-3-21, 97-25-55, 99-17-20 (Supp. 1975); Mo. Ann. Stat. § 559.009, 559.005 (Supp. 1976); Mont. Rev. Codes Ann. § 94-5-105 (Spec. Crim. Code Supp. 1976); Neb. Rev. Stat. §§ 28-401, 29-2521 to 29-2523 (1975); Nev. Rev. Stat. § 200.030 (1973); N. H. Rev. Stat. Ann. § 630:1 (1974); N. M. Stat. Ann. § 40A-29-2 (Supp. 1975); N. Y. Penal Law § 60.06 (1975); N. C. Gen. Stat. § 14-17 (Supp. 1975); Ohio Rev. Code Ann. §§ 2929.02-2929.04 (1975); Okla. Stat. Ann. tit. 21, § 701.1-701.3 (Supp. 1975-1976); Pa. Laws 1974, Act No. 46; R. I. Gen. Laws Ann. § 11-23-2 (Supp. 1975); S. C. Code Ann. § 16-52 (Supp. 1975); Tenn. Code Ann. §§ 39-2402, 39-2406 (1975); Tex. Penal Code Ann. § 19.03 (a) (1974); Utah Code Ann. §§ 76-3-206, 76-3-207, 76-5-202 (Supp. 1975); Va. Code Ann. §§ 18.2-10, 18.2-31 (1976); Wash. Rev. Code §§ 9A.32.045, 9A.32.046 (Supp. 1975); Wyo. Stat. Ann. § 6-54 (Supp. 1975).

② Anti-hijacking Act of 1974, 49 U.S.C. §§ 1472(i), (n) (1970 ed., Supp. IV).

③ 在 1968 年,马萨诸塞州的人民回答"英联邦应当保留死刑吗?"的问题时,绝大多数的匿名投票回答为肯定。2 348 005 是匿名票,115 935 投肯定,730 649 投否定,458 008 是弃权[See Commonwealth v. O'Neal, ___ Mass. ___ and n. 1, 339 N. E. 2d 676, 708, and n. 1 (1975) (Reardon, J., dissenting)]。1972 年 12 月,盖洛普民意测试指出 57% 的人偏爱死刑,1973 年 6 月时,Harris 考察显示了 59% 的支持率。[Vidmar & Ellsworth, Public Opinion and the Death Penalty, 26 Stan. L. Rev. 1245, 1249 n. 22 (1974).] 1970 年 12 月公民投票,伊利诺伊州的投票者以 1 218 791 票赞成 676 302 票反对废除死刑 [Report of the Governor's Study Commission on Capital Punishment 43 (Pa. 1973)]。

④ 参见弗曼诉佐治亚州案, 408 U. S. at 408 U. S. 439-440 (鲍威尔大法官,反对意见); 鲍威尔, Jury Trial of Crimes, 23 Wash. & Lee L. Rev. 1 (1966)。

死刑制度之间的关系。"威瑟斯庞诉伊利诺伊州案也许是在近十年间影响审判的、更多地依此裁量死刑的真正标准。① 陪审团审判对死刑判决的裁断不常发生,但这并没有暗示其反对死刑本身。在许多案件中不愿意裁决死刑的一些陪审员可能会影响人性的感觉,更多的情况下这些是发生在极少数的极端案件中不可撤回的刑罚。实际上,在许多州的陪审员的认识,自从弗曼诉佐治亚州案之后,与立法判决是协调一致的,并反映在新的刑法典中,因为在适当的案件中死刑继续有效而且必要。接近1974年,至少254名犯罪人在弗曼诉佐治亚州案之后被判处死刑②,而且,到1976年3月为止,460名以上的犯罪人被预定判处死刑。

像我们所看到的那样,无论如何,第八修正案要求现代社会能接受具有挑战性的刑罚。法院也一定在问是否在修正条款的核心思想中体现了人性尊严的基础概念。③ 尽管我们不能"作废刑罚的种类,因为我们相信最低程度的刑罚才符合刑罚学的宗旨"④,但是适用的处罚也不能完全没有刑罚学的调整,否则会导致无端地遭受痛苦。⑤

死刑具有两个社会功能:报应犯罪和威慑潜在的犯罪。⑥ 部分认为死刑是对违反社会道德的特别重大犯罪行为的处罚表现。⑦ 这种作用可能没有全部呈现出来,但是,它是社会要求她的市民依靠法律程序的一种命令,而不是自我救助,是对错误的一种证明。

"报应的本能是人类自然的一部分,通过法令服务于推动社会安定的重要目的与刑事正义的管理之间形成了紧密的联系。当人们开始相信社会组织不愿意或者不能将犯罪人置于罪有应得的情境时,这就播下了无政府主义的种子……自我救济、治安维持以及用私刑绞死的法律。"⑧"威慑已经不再是刑法的

---

① 在1961年到1972年期间被判死刑的囚犯从1961年最多的140人到1972年最低的75人,中间年份有着极大不确定性:1962年是103人,1963年是93人,1964年是106人,1965年是86人,1966年是118人,1967年是85人,1968年是102人,1969年97人,1970年是127人,1971年是104人[Department of Justice, National Prisoner Statistics Bulletin, Capital Punishment 1971-1972, p.20(Dec. 1974)]。在弗曼诉佐治亚州案之前,在已经建立死刑制度的州,低于20%的谋杀犯被判处了死刑[参见伍德森诉北卡罗来纳州案, post at 428 U.S. 295-296, n.31]。
② Department of Justice, National Prisoner Statistics Bulletin, Capital Punishment 1974, pp.1, 26-27(Nov. 1975)。
③ 参见特罗普诉杜勒斯案, 356 U.S. at 356 U.S.100(多数意见)。
④ 弗曼诉佐治亚州案, *supra*, at 408 U.S.451(鲍威尔大法官,反对意见)。
⑤ 参见威尔克森诉犹他州案, 99 U.S. at 99 U.S.135-136;凯姆勒案, 136 U.S. at 136 U.S.447。
⑥ 另外一个是剥夺罪犯的犯罪能力,是对其继续犯罪的预防[参见人民诉安德森案, 6 Cal.3d 628, 651, 493 P.2d 880, 896, cert. denied, 406 U.S. 958(1972); *Commonwealth v. O'Neal*, *supra* at ___, 339 N.E.2d at 685-686]。
⑦ See H. Packer, Limits of the Criminal Sanction 43-44(1968).
⑧ 弗曼诉佐治亚州案, *supra* at 408 U.S.308(斯图尔特大法官,协同意见)。

主要目的"①,但是,它既不是禁止目标,也不是与我们人类尊严相一致的反复无常的制度。② 实际上,死刑判决也许在极端的案件中是妥当的判决,它是确定的犯罪行为自身对人类尊严的严重侮辱,以致,对此的充足的报应只能是死刑,这也是共同体信仰的体现。③ 统计学试图估计死刑作为阻止极其容易发生的潜在性犯罪的方式的价值。④ 但结果并没有那么简单。像死刑反对者所言:"在所有可能的调查之后,包括所有可能调查的方法,我们不知道,而且,由于体系和显而易见的原因,不能知道真正的'威慑'效果可能……是什么……"

"不可避免的缺陷是……社会条件在任何一个州都是随时发生变化的,在任何两个州之间的社会条件都是不相同的。即便一个效果被注意到(或者注意到有效,一个方式或者其他,不是大的),那时根本不可能知道这个效果的出现是因为死刑的报应还是缺乏死刑的报应。'科学'……是所谓的堂而皇之的基础,……结论却是不能轻易得出的,而且这个角度的建议本身没有方法论上的捷径。"

布莱克大法官认为死刑是无法避免的反复无常与错误。

尽管一些研究认为,死刑不能像轻刑那样能对犯罪起到巨大的威慑作用⑤,但是依然没有让人相信的实证证据支持或者拒绝这个观点。我们也许从来不能确保安全,因为存在谋杀,像一些是出于激情杀人,因为死亡的威胁根本没有威慑作用。但是,针对其他一些犯罪,死刑无可非议是一个有意义的威慑手段。存

---

① 威廉姆斯诉纽约州案(*Williams v. New York*), 337 U.S.241, 337 U.S.248 (1949)。

② 参见弗曼诉佐治亚州案, 408 U.S. at 408 U.S.394-395(伯格大法官,反对意见);同上 at 408 U.S.452-454(鲍威尔大法官,反对意见);鲍威尔诉得克萨斯州案, 392 U.S. at 392 U.S.531, 392 U.S.535-536(多数意见)。

③ 丹宁勋爵,在 *Master of the Rolls of the Court of Appeal* 说过死刑的这种效果:

"惩罚是对不法行为谴责的社会表现,提供一个相应的法律,对严重的犯罪的刑罚充分地反映绝大多数市民对他们的谴责。阻止或者改造或者保护甚至免除的方式反对刑罚是一种错误……真相是一些犯罪是如此地野蛮以致社会坚持充分的处罚,因为罪有应得,考虑阻止或者不处罚是不妥当的。"[Royal Commission on Capital Punishment, Minutes of Evidence, Dec. 1, 1949, p.207(1950).]

当代的作者已经指出"反对死刑的人更热衷于学院式的争论,而忽视当社会面临犯罪:一系列重大的、十恶不赦的、冷酷无情的犯罪时,死亡是常见的犯罪后果"。[Raspberry, Death Sentence, The Washington Post, Mar. 12, 1976, p.A27, cols. 5-6]。

④ See, e.g., Peck The Deterrent Effect of Capital Punishment: Ehrlich and His Critics, 85 *Yale L. J.* 359(1976); Baldus & Cole, A Comparison of the Work of Thorsten Sellin and Isaac Ehrlich on the Deterrent Effect of Capital Punishment, 85 *Yale L. J.* 170(1975); Bowers & Pierce, The Illusion of Deterrence in Isaac Ehrlich's Research on Capital Punishment, 85 *Yale L. J.* 187(1975); Ehrlich, The Deterrent Effect of Capital Punishment: A Question of Life and Death, 65 *Am. Econ. Rev.* 397(June 1975); Hook, The Death Sentence, in The Death Penalty in America 146(H. Bedau ed. 1967); T. Sellin, The Death Penalty, A Report for the Model Penal Code Project of the American Law Institute(1959).

⑤ See, e.g., The Death Penalty in America, *supra* at 259-332; Report of the Royal Commission on Capital Punishment, 1949-1953, Cmd. 8932.

在深思熟虑的谋杀,像雇佣杀人,死刑的可能性在实行犯罪行为之前就成为犯罪者考虑的因素。① 而且,还存在其他类型的谋杀,像监狱中的杀人,这种情况下,其他的处罚就会显得不充分。②

死刑作为威慑犯罪的手段,其价值的争论是复杂的,实际上其他财产刑在立法上决定可以根据所在地的现状和不适用于法院的弹性方式评估统计研究的结果。事实上,许多弗曼诉佐治亚州案之后的刑法典反映了限定这些犯罪责任的努力,而且死刑对这些犯罪可能是有效的威慑手段。

总之,我们不能说佐治亚州死刑立法的判决可能在一些案件中是必要的、显而易见的错误。考虑到联邦宪法以及相应的立法能力,根据所在的州做出评估,关于死刑的道德一致性以及作为惩罚的社会功能性也要求我们做出结论,在缺乏确切证据的时候,对谋杀犯判处的死刑不是没有公正性的,也不是违宪残酷的。

最后,我们必须考虑死刑是否与罪行是不相称的。这没有问题,死刑作为处罚手段在严重程度和不可回避性方面是特殊的。③ 当被告人的生命处在摇摆不定的风险中时,法院特别深刻理解意识到并确保每一个对被告人有利的因素都应被观察到。④ 但是,我们只关心对谋杀罪判处的死刑,而且,当生命被犯罪人故意剥夺时⑤,我们不能说,死刑与其罪行是极不相称的。它是一个极端的制裁,并适用于极端的犯罪。

我们认为死刑不是一个永远都不能判处的处罚形式,即便我们不考虑犯罪的情节,犯罪人的性格,以及得出该判决所遵循的程序。

四

我们现在要考虑的是佐治亚州是否对这个案件中的被告人判处死刑。

---

① 其他谋杀的方式显然在不断增长,包括使用爆炸或者不加区别的手段杀人、敲诈勒索人质和绑架被害者致人死亡。

② 我们没有统计展示在犯罪手段上打破了以上所描述的范畴。但全国被定罪的谋杀犯在一定时间段内有所上升。在1964年,谋杀犯的总数估计为9 250。在接下来的十年之间,报告增加了123%,1974年大约总数是20 600。1972年,在弗曼诉佐治亚州案件的那年,据统计,总数是18 520。除了与1975年相比1974年有所减少外,在接下来的三年中谋杀罪以几乎每年10%的数量增长,达到了20 400[See FBI, Uniform Crime Reports, for 1964, 1972, 1974, and 1975, Preliminary Annual Release]。

③ 参见弗曼诉佐治亚州案,408 U.S. at 408 U.S.286-291(布伦南大法官,协同意见);同上,at 408 U.S.306(斯图尔特大法官,协同意见)。

④ 参见鲍威尔诉阿拉巴马州案(*Powell v. Alabama*),287 U.S.45,287 U.S.71(1932);里德诉科福特案(*Reid v. Covert*),354 U.S.1,354 U.S.77(1957)。

⑤ 在被害者没有被剥夺生命的案例中——譬如说,当强奸、绑架或者武装抢劫并没有致人死亡而罪犯被判处死刑时,我们没有解决是否应当判处罪犯死刑的问题。

（一）

当弗曼诉佐治亚州案没有提出判处死刑本身违反宪法中关于残酷和异常的刑罚规定时,的确也已经认识到死刑是一种不同于我们刑事判决制度中任何其他刑罚的处罚方式。因为死刑的特殊性,弗曼诉佐治亚州案提出,它不能在具有实质性风险的刑法程序下判处,那样会造成武断或者反复无常的结果。怀特法官总结道:"死刑的确适用于极其不寻常的或者残暴的犯罪中,而且,……这对一些不同的案件不存在有意义的偏见,因为从没有判处死刑的许多案件中并不能区别出判处了死刑的少数案件。"实际上,在弗曼诉佐治亚州案中的法院作出的死刑判决"与电刑的残酷和异常的行为一样,是残酷而且异常的。因为所有的人相信(死刑犯罪)就是被这样理解的,对在弗曼诉佐治亚州案中的被告人判处,反复无常地选择的、偶然的、难以控制的死刑,事实上已经做出……第八、第十四修正案不能允许死刑处罚在法律体系中被肆无忌惮地而且畸形地适用"。①

弗曼诉佐治亚州案赋予了处罚实体以自由裁量权,这种裁量权与决定是剥夺还是宽恕一个人的生命的权力是同样重要的,裁量应当符合直接性和限制性,以致能够最大限度地避免全部的武断和反复无常的行为。

在处刑范围内以明知的方式自由裁量已经不是新颖的提议了。我们已经长久地认识到:"司法一般要求量刑要……考虑到犯罪人的性格、习性以及犯罪的情节。"②否则,"这个制度不能在一致性和理性方式上起作用"。③

提出的研究假定法庭判决是权威的判决,如果一个有经验的法庭法官,他每天所面临的是困难的判决任务,他在典型的刑事案件中对犯罪人以及对他所实

---

① 这个观点是在协同意见中被提出的[参见 408 U. S. at 408 U. S. 255-257(道格拉斯大法官);同上,at 408 U. S. 291-295(布伦南大法官)]。反对意见就弗曼案的主要判决理由提出反驳:"现行制度下死刑判决的任意性损害了司法的公正;……决定死刑的程度没有合理的模式。"[同上,at 408 U. S. 398-399(伯格大法官,反对意见)]

② 宾夕法尼亚州根据沙利文的报告而诉阿什case(*Pennsylvania ex rel. Sullivan v. Ashe*), 302 U. S. 51, 302 U. S. 55 (1937)。也参见威廉姆斯诉俄克拉荷马州案(*Williams v. Oklahoma*), 358 U. S. 576, 358 U. S. 585 (1959);威廉姆斯诉纽约州案,337 U. S. at 337 U. S. 247。联邦刑事诉讼规则规定,提交至量刑法官的判决前报告,应包含被告人的背景资料[Rule 32(c)]。规则强调了法院获得准确量刑信息的重要性,"应当给予被告人或其辩护人一个机会,(在报告中)提交证据或其他一切与案件相关的信息"[Rule 32(c)(3)(A)]。

③ American Bar Association Project on Standards for Criminal Justice, Sentencing Alternatives and Procedures §4. 1(a), Commentary, p. 201 (App. Draft 1968); President's Commission on Law Enforcement and Administration of Justice, The Challenge of Crime in a Free Society 144 (1967); ALI, Model Penal Code §7. 07, Comment 1, pp. 52-53 (Tent. Draft No. 2, 1954)。事实上,在死刑案件中,审判机关考虑被告人的性格和个体成长环境,是最根本的要求[伍德森诉北卡罗来纳州案,post at 428 U. S. 303-305]。

行的、可能会为此得到理性处罚的犯罪行为需要绝对的准确信息,那些准确的信息是在此之前从来没有作出过判决的陪审团理性决定被告人生死的必不可少的先决条件。

在死刑案件中运用陪审团审判被认为是可取的,这样可以"维持现代社会价值与刑罚制度之间的联系……一个缺乏刑罚量定的体系几乎不能反映'标志成熟社会进步'的基本标准的发展"。①

但是,为此产生了特殊的问题。与相关判处刑罚的很多信息没有关涉到罪行问题,或者很可能是受到了极端偏见从而影响了决定的公正性。② 这个问题,无论如何,是几乎不可克服的,研究这些问题的学者建议采用双重程序……原因之一在于,只有确定了罪行才会考虑量刑问题……这也是最好的解释。现代刑法典的起草者得出结论:"(如果联合程序被采用,)判决必须至少要根据与案件相关的所有证据,譬如说,被告的前科记录或者被认为是与判刑相关的证据,尽管它可能得出与有罪或者无罪不相关的、具有偏见的结论。法庭律师在案件的解决上几乎没有其他办法,他所能做的就是承认证据,并信任陪审团在决定刑罚和忽视犯罪评价时要做出考虑。"

"……明显的结论……是双重程序,严格遵循证据原则直到而且除非确信有罪,但是,一旦罪行被确定,就会打开与处罚相关的进一步信息的记录。这与普通案件的程序具有相似性,当死刑不存在争论时,法院在量刑前会实行不同的调查。"③当人的生命处于被赌注的风险时,并且当陪审团对罪行问题一定存在信息偏见但这又关涉到理性处罚的问题时,双重程序制度就更能保证避免在弗曼诉佐治亚州案中构成要件一致性的不足问题。④

但是根据公平程序原则,在处刑时适当地适用信息,尤其是在陪审团判处刑

---

① *Witherspoon v. Illinois*, 391 U. S. at 391 U. S. 519 n. 15, quoting *Trop v. Dulles*, 356 U. S. at 356 U. S. 101(plurality opinion). See also Report of the Royal Commission on Capital Punishment, 1949-1953, Cmd. 8932, _ 571.

② 在另外的情形下,法院推断陪审团在某个问题上不需要如此确凿的证据,但在其他问题上可能需要[See, e. g., Bruton v. United States, 391 U. S. 123(1968); Jackson v. Denno, 378 U. S. 368(1964)]。

③ ALI, Model Penal Code § 201. 6, Comment 5, pp. 74-75 (Tent. Draft No. 9, 1959);斯宾塞诉得克萨斯州案(*Spencer v. Texas*), 385 U. S. 554, 385 U. S. 567-569 (1967); Report of the Royal Commission on Capital Punishment, 1949-1953, Cmd. 8932, _ 555, 574; Knowlton, Problems of Jury Discretion in Capital Cases, 101 *U. Pa. L. Rev.* 1099, 1135-1136 (1953)。

④ 在美国诉杰克逊案[390 U. S. 570(1968)]中,法院认为根据法条规定,一名被告人如果承认有罪,他面临的最高刑罚可能是终身监禁;但选择受审,面临的最高刑罚却可能是死刑。本法庭认为这种法规在本质上是无效的:"类似条款不可避免地抑制了对第五修正案未经大陪审团审判不得定罪和第六修正案获得陪审团审判的权利的行使。通过这种二选一的方式作出的判决,就是公然违宪。"(同上,at 390 U. S. 581)

罚时,相关信息的条款则不能单独地对此给予充分的保证。自从陪审团的成员已经开始减少以来,如果他们在处刑之前没有经验,那么在处理被给予的信息时则未必是成熟的。① 极端地说,这种问题是陪审团处刑时所固有的,也许不完全是正确的。它似乎很明显,无论如何,如果陪审团在关于犯罪和被告的相关因素上得到指导,那么问题将会缓和,因为州政府和社会组织的代表认为陪审团与处刑决定相关。

在判刑时陪审团应该得到指导的思想也不是什么新颖的主张。陪审员总是被给予仔细的法律指导,以在他们作出法律判决之前指导他们如何适用法律。在法律体系中,适用祖先确立的习惯法和固定的法律规则,则几乎不可能再遵从任何其他的程序。② 当给出错误的指导时,经常要求复审。那是相当简单的法律体系的标志,因为是有意识地、小心地、而且充分地给陪审团以指导的。

尽管有人认为指导陪审团作出死刑裁量的判断标准是不可能明确表达出来的③,但事实上这样的标准已经得以发展。当现代刑法典的起草者面临这个问题时,他们得出一个结论:"在可能的范围内指出主要的加重情节和在他们出席的集体案件中的减轻情节是可能的。"④当这样的标准,由必要的、任何一般的人提出,假设他们提供给量刑当局一个指导时,就会导出一种所量刑的刑罚相当反复无常的或者武断的可能性结论。⑤ 量刑当局要求以特别的因素作出决定,有意义的、最安全的复查适用于确保死刑不是由反复无常或者畸形的方式作出的。

总而言之,在弗曼诉佐治亚州案中表现出的担忧,不是因武断或者反复无常的方式判处死刑,而可能是由于存在详细的刑法典,它能确保量刑当局被给予充分的信息和指导。总的来说,解决这些担忧最好的方法是有一个提供双重程序的制度,在量刑当局评估与量刑相关的信息时,能提供指导适用信息的标准。

---

① American Bar Association Project on Standards for Criminal Justice, Sentencing Alternatives and Procedures, §1.1(b), Commentary, pp. 467 (Approved Draft 1968); President's Commission on Law Enforcement and Administration of Justice: The Challenge of Crime in a Free Society, Task Force Report: The Courts 26 (1967).

② *Gasoline Products Co. v. Champlin Refining Co.*, 283 U. S. 494, 283 U. S. 498 (1931). 参见 Md. Const., Art. XV, §5:"在刑事案件审判中,陪审团应该就事实与法律一并审查……"也参见 Md. Code Ann., art. 27, §593(1971);马里兰州的法官们完全依照法律给陪审团判决指示(Md. Rule 756);威尔逊诉州案,239 Md. 245, 210 A.2d 824(1965)。

③ See *McGautha v. California*, 402 U. S. at 402 U. S. 204-207; Report of the Royal Commission on Capital Punishment, 1949-1953, Cmd. 8932, 595.

④ ALI, Model Penal Code §201.6, Comment 3, p. 71 (Tent. Draft No. 9, 1959) (emphasis in original).

⑤ 正如布伦南大法官在麦克高瑟诉加利福尼亚州案中指出的, *supra* at 402 U. S. 285-286(不同意意见):"即便国家最明智的死刑量刑政策,也难以通过科学的模型进行机械化应用,因此没理由抑制法庭给出量刑指导。"

我们不打算建议允许适用在弗曼诉佐治亚州案中以上所描述的程序,或者适用于弗曼诉佐治亚州案中构成的一般底线的刑罚体系①,因为每一个不同的体系一定会存在个别的偏见。而且加上一般的解释,很清楚地表明它可能构成死刑体系中弗曼诉佐治亚州案中具体的构成要件。

(二)

我们现在已经转向考虑佐治亚州案件死刑程序的构成要件。在弗曼诉佐治亚州案之后,佐治亚州修正了刑法典,但是没有选择关于谋杀条款的狭窄范畴。因此,像弗曼诉佐治亚州案中那样,佐治亚州案件中也出现了"一个人在他不合法地而且恶意地,无论明确还是暗示,实行了前述的犯罪,引起另一个人类死亡的"要件,所有实行谋杀的人"将判处死刑或者终身监禁"。根据刑法典关于严重情节的第 10 款所规定的死刑,佐治亚州无论如何都缩小了判处死刑的谋杀罪的范围。陪审团在作出死刑判决前必须发现其中的加重情节并排除任何合理怀疑。另外,陪审团有权独立地考虑其他妥当的加重情节或者减轻情节。陪审团没有被要求只是为了与审判法庭相关的作出怜悯的判刑而发现某种减轻情节,但是陪审团在作出死刑建议之前必须发现法定的加重情节。

这些程序要求陪审团在作出建议刑罚之前考虑犯罪情节和犯罪性。不期望佐治亚州陪审团再发生在弗曼诉佐治亚州案中陪审团所做的:虽然发现被告人的罪行,然而没有得到指导就直接决定判处死刑。相反,陪审团应注意的是直接指向犯罪的特殊情节,判断是否在另一种死刑犯罪中实行了犯罪?是否是为了金钱的犯罪?是对警官还是对司法警官实行的犯罪?是用特别十恶不赦的方式还是用危及到许多人生命的方式实行的犯罪?另外,陪审团应注意的是集中在实行犯罪人的个人人格上,即他是否有判处死刑的前科记录?是否存在减轻被告人判处死刑的特殊因素(譬如说:他的年幼无知、与警察合作的程度、在犯罪期间的他的情感状态等)?② 如结果所示,当一些陪审团的裁量仍然存在的时候,"裁量的实行是由清楚的客观的标准所操作的,以致导出是否没有犯罪的结论"。③

因为非常重要的附加安全条件是为了防止武断、反复无常,佐治亚州刑法典大纲规定了所有死刑要向州最高法院自动上诉。刑法典要求法院审查每一个死

---

① 由于量刑标准如此模糊,以至于陪审团不能得到合适的量刑指引,由此可能出现弗曼案中那种专断和不确定的判决。
② See *Moore v. State*, 233 Ga. 861, 865, 213 S. E. 2d 829, 832(1975).
③ 科利诉州案(*Coley v. State*),231 Ga. 829, 834, 204 S. E. 2d 612, 615 (1974)。

刑以及检查所判刑罚是否受到激情或者偏见的影响,提供给陪审团的证据是否能够发现法定加重情节的信息,以及刑罚在与相似的其他案件中所处刑罚相比是否存在不适当的情形。

总之,佐治亚州新的刑罚程序要求判处死刑的先决条件,特别是陪审团一定要发现犯罪情节和被告的性格。而且,为了进一步防止弗曼诉佐治亚州案中出现的类似的情况,佐治亚州最高法院比较了相似情况下判处死刑的每一个死刑案件,以确保特别案件中死刑不是不适当的。他们所面临的这些程序似乎与弗曼诉佐治亚州案非常相似。这里不再有"区别于几个(判处死刑的)案件的、强加在一些案件中没有意义的偏见"。①

被告人主张,无论如何,佐治亚州处刑程序是装饰性的,在弗曼诉佐治亚州案中存在的任意性和反复无常性的谴责依然存在于佐治亚州案件中……既存在于传统的实践中,又存在于新的刑罚程序中。

1

首先,被告人聚焦于根据佐治亚州刑法对所有谋杀案件的程序中可斟酌处理的机会上。他指出在这种情况下,州检察官有不受任何约束地选择哪些人可判处死刑并与他们讨价还价的权力。在法庭上,即使证据提供的是死刑决断的信息话,陪审团也可以选择对被告人判处较轻的刑罚。最后,被确定犯罪并判处死刑的被告人也许有被州的官员以及佐治亚州赦免和假释委员会遗漏掉的刑罚。

这些裁量阶段的存在对于我们来说不是决定性的争论。在每一个阶段,根据刑事判决体系做出的行为也许是对被告人不判处死刑的决定。在弗曼诉佐治亚州案中,相比之下,处理了一个对已经判处死刑的特殊个人的死刑决定。在我们的某些案件中,建议对个人被告人怜悯的决定并没有违反宪法。弗曼诉佐治亚州案已经指出,为了减少由于反复无常地选择对犯罪集团判处死刑的危险,决定判处死刑不得不根据标准指导进行,以致处刑当局能够聚焦于犯罪的特别情节和被告人身上。

2

被告人进一步主张,佐治亚州针对弗曼诉佐治亚州案采用的死刑程序没有减少陪审团处刑上的任意性和反复无常的危险,而这违反了第八、第十四修正案

---

① 408 U.S. at 408 U.S.313(怀特大法官,协同意见)。

的规定。他控诉刑法典是这样的宽泛而含糊不清,以致使得陪审团在决定是否适用死刑时采取任意的而且反复无常的态度。他没有控告在这个案件中陪审团依赖含糊不清的或者存在过分宽泛的条款建立的法定加重情节的判断,而且,认为没有能充分地减少武断判处死刑的危险。被告人期望审判程序(像法院在弗曼诉佐治亚州案所做的那样以及我们现在所做那样)是完整的。特别是,格雷格认为法定加重情节太宽泛和模糊不清,处刑程序允许加入了任意同情的怜悯,证据的范畴以及在听证中考虑的争论信息也非常宽泛。

被告人抨击了可以判处死刑的第7条法定加重情节,如果谋杀是指"不同寻常地或者肆无忌惮地实行的卑劣、恐怖或者非人性的行为,并且涉及酷刑、邪恶的思想或者一系列的重大伤害"的话,其内容是如此的宽泛,以致死刑能适用在任何的谋杀案件中。① 当然,这是有争议的,因为任何的谋杀都涉及邪恶的思想或者加重伤害。但是该语言不需要用这种方式构成,没有理由假定佐治亚州最高法院将采用这种开放式的构成。② 只有当法定加重情节建立在第7条时,以及杀人是一种恐怖的酷刑——谋杀时③,只有在一种情况下,才能够推出陪审团判处死刑的决定。

被告人还争诉到两个法定加重情节的模糊性,因此,就引起了对宽泛的不同解释,从而产生了对由佐治亚州陪审团任意作出的死刑判决的实质性危险的怀疑。④ 根据佐治亚州最高法院的决定,我们一定反对这种抗辩。首先,被告人抨击§27-2534.1(b)(1)部分规定陪审团要考虑是否被告人有"严重的暴力性犯罪的实质性记录",对此无论如何佐治亚州最高法院已经说明,提供给陪审团新的指导处刑程序的重要性。指出该条款不能是模糊不清的⑤,因为它不能提供

---

① 在调卷复审令中,我们审查了法定加重情节是否"模糊"和"宽泛"的,以区分量刑制度的无效是因违反了第八和第十四修正案,还是量刑本身是专断和无常的。
② 在解释佛罗里达州新的死刑法典时,佛罗里达州最高法院解释"特别恶劣或者残酷"意为"完全没有必要对被害者残酷折磨却有意为之"。[州诉迪克森案(*State v. Dixon*), 283 So. 2d 1, 9 (1973);普罗菲特诉佛罗里达州案(*Proffitt v. Florida*), post at 428 U. S. 255-256.]
③ 另外两个已报告案例指出陪审团已经发现基于§27-2534.1(b)(7)的加重情节。在两个案件中,有单独的一个加重情节,佐治亚州最高法院作出死刑判决时没有依据第7条法定加重情节的规定。贾雷尔诉州案, 234 Ga. 410, 216 S. E. 2d 25(1975),最高法院列举了被告人实行的两个死刑犯罪——在谋杀过程中绑架和武装抢劫[§27-2534.1(b)(2)],陪审团也发现谋杀是为了获取财物[§27-2534.1(b)(4)],而且旁观者被置于死亡的危险中[§27-2534.1(b)(3)];弗洛伊德诉州案, 233 Ga. 280, 210 S. E. 2d 810(1974),发现已经实行了死刑重犯——武装抢劫——在一宗谋杀案中[§27-2534.1(b)(2)]。
④ 被告人也触犯了§25-2534.1(b)(7)条。因为我们已经回答了关于该章节,他提出的过度宽泛的抗辩,州法院已经给出一个限缩的对该条款的范畴的解读,因此没有理由认为陪审团没有理解他(See n 51, *supra*;普罗菲特诉佛罗里达州案, post at 428 U. S. 255-256)。
⑤ 参见阿诺德诉州案(*Arnold v. State*), 236 Ga. 534, 540, 224 S. E. 2d 386, 391 (1976)。

给陪审团"充分清楚的、客观的标准"。其次,被告人指出§27-2534.1(b)(3)规定的可能造成"使更多的人死亡的极大危险"。这样的短句可能是一种过度宽泛解释的描述,佐治亚州最高法院没有对此做出抨击。只有在一些案件中,法院对一个站在教堂并不加区别地向所有人开枪的人的重大情节定了罪。① 另一方面,法院也明确地推翻了在停车场被绑架的被害人有极大危险的证据。②

被告人下一个争论的是在弗曼诉佐治亚州案中的要求在本案中没有出现,因为陪审团有权倾向判处死刑,即便发现一个或者两个法定非加重情节出现在案件中。这种辩论误解了弗曼诉佐治亚州案[*supra* at 428 U.S. 198-199]。而且,忽略了佐治亚州最高法院审查每一个死刑判决是否是根据相似案件中作出判决的妥当性的作用。因为要求审查的妥当性是打算阻止判处死刑的反复无常,由陪审团怜悯而单独地决定不能违反死刑规定,因为根据任意性和反复无常的危险不能将一个死刑强加于被告人。

最后,被告人反对在听证会上出现宽泛的证据和争论。我们认为佐治亚州最高法院明智地选择了对证据不强加不必要的限制性条件,从而能够提供这样一个听证会,而且主张进行开放的和更深层次的辩论。只要证据被提出,在听证会上的争论就不是不公正的,不限制证据的范畴是可能的。我们认为陪审团在作出处刑决定之前渴望获得这种信息[参见 *supra* at 428 U.S. 189-190]。

3

最后,佐治亚州刑法典有一个附加条款,以确保死刑不适用于任意地组合的犯罪团伙的被告者。新的刑法程序要求最高法院审查每一个死刑判决是否存在受到激情、偏见或者其他任意因素的影响而作出的处刑、证据是否提供了法定加重情节以及"当考虑到犯罪以及被告者时,死刑是否是在相似案件中是过度的或者不妥当的"。在履行中,处刑审查的功能,佐治亚州最高法院已经指出"如果死刑仅仅只是强加于一个行为,或者实质性地用一个刑罚强加于另一个行为的话,作为过度是离题的"。③ 在另一种情况下,法院声明:"我们观察到根据相似标准,我们的职责是确保没有确认死刑,除非在全州相似的案件中死刑已经普

---

① 参见谢诺尔特诉州案(*Chenault v. State*), 234 Ga. 216, 215 S.E. 2d 223 (1975)。
② 参见贾雷尔诉州案, 234 Ga. 410, 424, 216 S.E. 2d 258, 269 (1975)。被告人已经指定了§27-2534.1(b)(3)条最后部分,对最大的风险的定义是指"使用武器或者通常可能引起不确定的多数人的危险的装置"。州法院没有过多讨论这一部分,如果事实上的重大危险已经出现,由致命武器或者引起不确定的多数人的危险的装置引起的推测是合理的。
③ 科利诉州案, 231 Ga. at 834, 204 S.E. 2d at 616。

遍适用……"①

很显然佐治亚州最高法院已经承担起了审查死刑的责任。在科利诉州案中,指出:"先行案例已经指出过去存在相似的事实性情节和相同的加重情节,此时陪审团对强奸犯罪只是判处监禁而不是死刑。"②为此,得出科利诉州案判决是从死刑到监禁的结论。相似地,尽管根据佐治亚州法律,刑法对武装抢劫规定的是死刑,但是佐治亚州法院对这个案件判处死刑却是因为其犯罪是"不同寻常的,尽管他们很少判处(武装抢劫)死刑。因此,根据刑法典对应的条款,他们必须考虑相似案件中的处罚是否是过度的或者不适当的"。③ 因此法院倾向对格雷格判处死刑是因为武装抢劫,而且在每一个其他武装抢劫的死刑案件中都有着以下相似的过程。④

在佐治亚州死刑案件体系中的上诉审查条款规定要对死刑判决予以核对,从而防止偶然性或者任意性的死刑判决。特别是妥当性的审查实质性地减少了因陪审团行为的反复无常而作出死刑判决的可能性。如果当陪审团在确定的谋杀案件中没有判处死刑,上诉审查程序将确保在这种情况下被定罪的被告人能够逃脱死刑判决。

五

弗曼诉佐治亚州案所关注的焦点在于那些被反复无常地、任意地判处死刑的被告人。在那个案件中根据法院的程序,量刑当局没有直接注意到所犯罪行的性质和情节或者被告人的性格和前科记录。如果没有指导,陪审团只能在所谓畸形的情况下才能判处死刑。相比较而言,佐治亚州新的审判程序,使得陪审团的注意力主要集中于犯罪的特殊性质和个别犯罪人特殊的性格上。当陪审团允许考虑任何加重或者减轻情节时,在作出死刑判决之前,至少必须找到而且证明法定加重情节的存在。用这种方式,陪审团的裁量受到规范。陪审团不再是肆无忌惮地、畸形地作出死刑判决,而总是受到立法指导的约束。另外,佐治亚州最高法院的审查功能也提供了附加的保险,弗曼诉佐治亚州案提高了我们做决定的能力,而不用在很大程度上适用佐治亚州程序。

---

① 穆尔诉州案, 233 Ga. 861, 864, 213 S. E. 2d 829, 832 (1975);贾雷尔诉州案, supra at 425, 216 S. E. 2d at 270 (全州的陪审团一般都判处死刑);史密斯诉州案, 236 Ga. 12, 24, 222 S. E. 2d 308, 318 (1976) (发现陪审团行为的模式)。
② 231 Ga. at 835, 204 S. E. 2d at 617.
③ Ga. at 127, 210 S. E. 2d at 667.
④ 参见弗洛伊德诉州案, 233 Ga. 280, 285, 210 S. E. 2d 810, 814 (1974);贾雷尔诉州案, 234 Ga. at 424-425, 216 S. E. 2d at 270;多西诉州案, 236 Ga. 591, 225 S. E. 2d 418 (1976)。

由于存在一些表达这种观点的原因,我们提出,根据格雷格被判处死刑的法定系统不违反宪法。从而,佐治亚州最高法院作出对他的判决。

判决已经发出。

怀特大法官的协同意见,首席大法官和伦奎斯特大法官加入:

在弗曼诉佐治亚州案案件中,该法院指出,作为在佐治亚州的管理,死刑不符合宪法规定。同年,佐治亚州立法委员会制定了新的刑法典草案,规定死刑只能适用于包括谋杀在内的严重犯罪。本案件的争议是根据佐治亚州新的刑法典草案是否可以对被告格雷格适用死刑。我同意那是可以适用的。

一

根据佐治亚州新的刑法典草案,对谋杀罪既可以判处监禁也可以判处死刑。① 根据佐治亚法典(§26-3102),刑罚可能判处监禁,除非陪审团在不同的程序中立即直接地提出全体一致的意见,而且毫无疑问至少存在一个法定"加重情节"。② 加重情节如下所示:

(1)"谋杀、强奸、武装抢劫的犯罪,或者具有判处极刑重罪的前科犯实行的绑架行为,或者具有严重涉及实行谋杀行为的前科犯罪。"

(2)"谋杀、强奸、武装抢劫,或者是与另一个重刑犯或者加重犯共同实行的绑架行为、或者与另一个一级入室盗窃犯或者放火犯共同实行的谋杀行为。"

(3)"由于犯罪者的谋杀、武装抢劫或者绑架行为在公共场所使用武器或其他通常能引起多数人生命危险的装置导致多数人生命危险的行为。"

---

① 第26-1101规定如下:
"谋杀"是指:
(a)非法而且包含明显故意或放任恶意实行谋杀,造成他人死亡的。故意是指带有明显恶意,通过极端手段夺取他人生命。放任是指明知被害人可能死亡,放任死亡的结果发生。
(b)在实施一项犯罪时导致其他人死亡的。
(c)实行了谋杀的应该处以死刑或者终身监禁。
绑架(Ga. Code Ann §26-1311)、持械抢劫(§26-1902;rape,§26-2001)、强奸(§26-2201)、叛国罪、劫持飞机罪(§26-3301)也有可能判处死刑。

② 第26-3102(Supp. 1975)规定:
重罪的陪审团定罪和量刑:
在陪审团审判程序中,被告人犯可处死刑的罪行时,只有裁决中判断案件存在至少一种法定加重情节,且被法官建议适用死刑,陪审团才能适用死刑。当存在一种法定加重情节,且陪审团作出死刑建议,法院应当对被告人处以死刑。当陪审团未作出死刑裁决时,法院应当依法对被告人判处监禁上。除非审判该案的陪审团发现至少存在一种法定加重情节,并在其裁决中作出判处死刑的建议时,法院不应当判处被告人死刑,除非是无需加重情节的叛国罪或劫持航空器罪。本条规定不适用于非陪审团审理的案件和被告人认罪的案件。

(4)"为了获得金钱或者其他财物的目的,对自己或者他者实行谋杀的行为。"

(5)"谋杀在执行公务或者行使公权的法官、前法官、地区律师、诉状律师、前地区律师或者诉状律师的行为。"

(6)"引起或者直接指向另一起谋杀的行为,或者作为代理、雇佣实行谋杀的行为。"

(7)"实行的谋杀、强奸、武装抢劫、以及绑架是不同寻常的、肆无忌惮的卑劣、恐怖或者非人性,以致引起酷刑、邪恶或者一系列重大伤害的行为。"

(8)"谋杀正在执行公务的文职人员、劳教所的雇佣人员或者消防队员的行为。"

(9)"是由从拘留所、关押所逃跑的犯罪人实行的谋杀行为。"

(10)"谋杀是为了自己或者他人逃避、干涉或者防止合法逮捕、拘留、关押的谋杀行为。"

已经发现的加重情节,无论陪审团是否要求适用死刑,仅仅是授权在深思熟虑证据是否是"根据法律或者其他任何法定加重情节或减轻情节"之后所作出的刑罚。除非陪审团全体一致同意决定应该判处死刑,否则,被告人只能被判处监禁刑。在陪审团作出死刑判决的案件中,必须写明毫无疑问存在的加重情节。

佐治亚州新的立法草案的重要方面,无论如何是指上诉审查的条款。通过佐治亚州最高法院,推动对每一个判处死刑案件进行审查。为了帮助决定是否维持死刑判决,佐治亚州最高法院在每一个案件中用来自法院的报告方式提出代表性的问题。这些问题包括由 6 个特别设计的内容,如揭露种族在案件中是否起作用、法院法官是否对存在质疑的被告人的罪行是以"证据中心"展开等。在决定死刑将被维持的某个案件中,法院将作出以下决定:

(1)"死刑是不是根据激情、偏见、或者其他裁量因素判处的";

(2)"在非叛国或者劫持航空器的其他一些案件中,提供给陪审团或者法官的证据是不是符合 section 27-2534.1(b)规定的法定加重情节";

(3)"死刑在相似案件中判处是不是存在过度或者不适当之处,是否考虑到了罪行与被告者的性格……。"

为了确认"相似案件"的信息可能出现在法庭上,建立了最高法院助手邮件。助手必须"收集所有 1970 年 1 月之后被判处死刑重刑犯案件或者在这个法院被证实妥当的死刑案件的记录"。① 法院要求包括相关"被考虑过的那些相似案件"的决定在内。

---

① 第 Section 27-2537(g)部分规定:"法庭有权采用妥当的材料和串通这种数据的这种方式是由主审官决定的、认为是关系到违反审判的妥当的和相关的法定问题……"

二

被告人特洛伊·格雷格和16岁的共犯弗洛伊德·艾伦,1973年11月21日搭车从佛罗里达出发到阿什维尔。他们搭乘的是由弗雷德·西蒙斯和鲍·穆尔开的汽车,他们两人都有点醉。汽车发生了故障,西蒙斯使用了他携带的大额钞票中的一张购买了一辆新车——1960庞蒂克。在佛罗里达搭乘的另一个人到亚特兰大下车后,汽车继续北上,到佐治亚州格威内特郡后停车,因为穆尔和西蒙斯想上卫生间。当他们下车后,西蒙斯被射中一只眼睛,穆尔被射中右脸颊以及后脑部。结果,两者死亡。

1973年11月24日下午3点,根据另一个搭车者提供的基本信息,被告人和艾伦在阿什维尔被捕。那时他们正在西蒙斯购买的车里,被告人手中拿着射死西蒙斯和穆尔的手枪和从他们那里得到的107美元,而且在被告人所居住的汽车旅馆的房间,有新的唱片和汽车唱片播放机。

大约在下午11点,格威内特郡警察到达之后,被告人向他们承认他杀死了穆尔和西蒙斯,但是宣称杀死他们是为了自卫和保护艾伦。他还承认抢劫了400美元和他们的汽车。过了一会儿,被告人被讯问为什么射击穆尔和西蒙斯,回答是:"以上帝的名义,我想让他们去死。"

大约在清晨1点,被告人和艾伦被放出,由格威内特郡警察署拘留,并有两辆警车押送到格威内特。在路上,大约5点,警车停在穆尔和西蒙斯被杀的地方。所有的人都下了车。问艾伦,被告人在当时是如何实行枪杀的。他说:他正躺在1960年庞蒂克席的后座上,陷入半睡。当汽车停下时,他被惊醒。穆尔和西蒙斯下了车,他们出去后不久,被告人转向艾伦,说:"出去,我们抢他们。"艾伦说:他出来,走到车后,看看四周,看到被告人手中拿着一支枪,靠在汽车上瞄准。西蒙斯和穆尔下了坡,解完手,当他们爬上坡时,被告人向他们开了三枪。其中一个倒下了,另一个摇晃。被告人绕道到了他们背后,接近他们,他们两个都躺在了地沟里,从背后,被告人对着其中一个人又补了一枪,关上了扳机。然后,他迅速地走向另一个,向他补了一枪,再次关上扳机。他取出在他们口袋里的钱。他告诉艾伦回到车上,然后他们开走了汽车。

当艾伦讲完了这个故事的时候,另一个警官正在讯问被告人是否以这种方式发生的。被告人抬起头,说"是的"。接着警官问:"你的意思是用这种冷血的方式射死他们只是为了抢劫他们?"被告人回答:"是的。"接着警官又问他为什么,被告人说他不知道。被告人以谋杀和抢劫被起诉。

在法庭上,被告人的抗辩是,他是为了自卫而杀人。他证明他自己所主张的,讲述了一个相似于他告诉格威内特郡警官的另一版本的事件。根据交叉论证,他必须面对写给艾伦的一封信,信中记述了与他刚刚证明的事件相似的版本,指示艾伦记住并且烧毁该信件。被告人承认这封信,但是否认信中指示艾伦记住并烧毁信件的部分。反驳中,州当局请来了字迹专家,证明全部的信件出于一个人之手。

陪审团接受了谋杀和抢劫的构成要件要素的指导。法庭的法官也给出了正当防卫的指导,但是拒绝提供较轻犯罪包括过失杀人行为在内的指导。根据所有的指控作出裁决。

在审判的过程中没有提出新的证据。公诉人和律师对陪审团作出的处罚都提出了争议。公诉人强调这个案件的严重性,反对被告人实施谋杀是为了抢劫后杀人灭口。被告人律师强调已经出现错误的可能性,以及被告人的无罪性。法庭指示陪审团作出处罚的功能,并给他们提供了三个法定加重情节。他指出:"现在,当一到三个罪名中,被告人被控谋杀,且已经判被告人谋杀成立,以下的加重情节是可以考虑到的,如我所言,你必须发现这些证据排除合理怀疑地存在之后才能够判处死刑。"

"之一是……谋杀被告人已经实行了抢劫谋杀(西蒙斯和穆尔),在被告人约定实行其他两个判处死刑的犯罪的同时。"

"之二是……被告人实行了为了抢劫所描述的钱和汽车的谋杀行为。"

"之三是……谋杀是不同寻常地、肆无忌惮地实行的卑鄙、恐怖、非人性的行为,并使得被告人陷入邪恶。"

"现在,武装抢劫的两到四个罪名中,被告人是有罪的,那么就可以探究加重情节。"

"在被告人计划实行两个重刑行为时,实行了武装抢劫,以及谋杀(西蒙斯和穆尔),被告人为了所控告的钱和汽车实行了武装抢劫,而且,武装抢劫是以不同寻常地、肆无忌惮地卑鄙、恐怖、非人性,使得被告人陷入邪恶的手段进行的。"

"现在,如果发现存在一个或者一个以上的排除合理怀疑的加重情节,那么,我将参照每一个情节,然后,考虑是否判处死刑。"

"如果没有发现任何这些排除合理怀疑的加重情节,那么不应该考虑作出死刑判决。在那种情况下,由于一个或者三个的量刑证据,在所列举的谋杀罪中只能判处监禁刑。"陪审团根据所有列举的加重情节回到了死刑判决上,除非没有发现犯罪是"不同寻常的、肆无忌惮的卑鄙"等。

在上诉审中,佐治亚州最高法院根据所列举的关于谋杀和抢劫的加重情节确认了死刑。并得出结论:所判处的死刑不是由于激情、偏见,或者其他武断的因素所得出的,这些证据支持了与谋杀相应的法定加重情节,引用几个对存在证人的抢劫罪的被告人已经判处死刑的重要案件,指出"在考虑犯罪与犯罪人之后,我们可以指出这两个死刑在这里所附加的相似的案件中不是过度的、不妥当的"。但是,它与抢劫的处刑是相适应的:"尽管这里没有表明,这两个刑罚受到激情、偏见、或者任何其他武断因素的影响,但是这里所处的刑罚不是经常的,以致他们很少对这些犯罪处以这种刑罚。因此,根据法律规定的裁量情节,在相类似的案件中判处死刑一定会被认为是过度的、不适当的。"因此,撤回了所列举的抢劫情节。

三

在这个案件中,最初的问题是佐治亚州立法草案是否适用死刑,与弗曼诉佐治亚州案作出的决定是否一致。这个法院已经指出:作为没有接受指导作出的量刑或者没有判处谋杀犯死刑的,刑罚是存在歧视待遇的①、肆无忌惮的、畸形的②,而且是异常的③,任何的死刑都是残酷的而且是异常的。被告人认为,在弗曼诉佐治亚州案中,陪审团是处刑者,由陪审团根据佐治亚州新的法典草案所给出的法定的标准是模糊不清的,而且不能达到自圆其说的功能,在任何情况下,这里都不存在陪审团判处死刑所要求的情节。其结果是,被告人主张:佐治亚州草案在案件中宣布能够适用,在这种情况下,死刑将无情地以歧视的、没有标准的、少有的方式作出。

争论相当激烈。佐治亚州立法委员会尽力确证那些相当必要的以及相关问题的加重因素,从而确定是否判处谋杀罪死刑。作出死刑判决的陪审团是根据证据所支持的法定加重情节而判处死刑,除非陪审团发现这些因素至少有一个是有疑问的。佐治亚州立法委员已经明显地尽力指导陪审团实行自己的裁量,同时允许陪审团独立地根据法典中难以捉摸的偏见因素作出的判决,我并不能接受赤裸的主张,这种努力必然失败。随着判处死刑的谋杀类型可能更加狭窄地被定义,或者限制在特别严重或者判处死刑特别妥当的范围内,同时在佐治亚州合理地要求要有加重情节,因此被给予不判处死刑裁量权的陪审团……即使在大部分案件中判处死刑也是合理的。如果他们这样做了,就不再认为死刑是肆无忌惮地、畸形地或者不寻常地丧失了作为刑罚手段的有用性。因此,可以合理地期望,佐治亚州现在的体系能够避免之前在弗曼诉佐治亚州案中体系无效性的缺陷(in-

---

① 参见弗曼诉佐治亚州案, 408 U.S. at 408 U.S. 240(道格拉斯大法官,协同意见)。
② 同上,at 408 U.S. 306(斯图尔特大法官,协同意见)。
③ 同上,at 408 U.S. 310(怀特大法官,协同意见)。

firmities),无论如何,佐治亚州立法机关都不能满意对实现死刑与严重犯罪之间的合理一致性无法明确的体系。相反,佐治亚州最高法院有权和义务去准确地完成任务,三位法官的意见对弗曼诉佐治亚州案的结果是必须的,名义上的任务是,事实上是否对任何犯罪都以歧视、无标准、或者过时的状态判处死刑。

考虑所给出的死刑上诉案件,佐治亚州最高法院决定是否所处刑罚符合相关刑法规定……也就是说是否有足够的证据证明发现了加重情节。① 无论如何,就是说必须作出更多是否处刑是合法的决定。必须继续决定——在审查了相似案件所处的刑罚之后——并审查针对犯罪与犯罪人的刑罚是否是"过度或者不适当"的。② 新的最高法院的助手也帮助法院收集所有在佐治亚州自1970年1月1日之后判处死刑案件的记录。③ 法院也负责决定刑罚是否是在"受到激情、偏见、或者其他裁量性因素的影响下作出的"。佐治亚州最高法院已经解释了上诉审查的成文法,要求全州陪审团只对少数几个类型的犯罪存在问题时才判处死刑,并要求必须是在全州陪审团一般对存在问题的犯罪判处死刑时才可确认死刑。

因此,在这个案件中,佐治亚州最高法院总结道:死刑只能对少数规定所列举的抢劫的犯罪判处,而且根据现行的立法草案对未来犯罪具有强有力影响的犯罪才可以判处。同样,佐治亚州最高法院也决定陪审团所判处的死刑是否与确定的强奸等级的犯罪相一致。④ 无论如何,得出结论:"一般全州范围"的陪审团对那些谋杀目击武装抢劫的证人的犯罪判处了死刑。⑤ 结果,对这个案件中所列举的谋杀罪判处死刑刑罚。如果佐治亚州最高法院与事实判决是相一致的,那么在这个案件中以及相类似的案件中的死刑判决就与弗曼诉佐治亚州案一致。实际上,佐治亚州最高法院可能履行佐治亚州刑法所制定的任务,对不加区别的原因、肆无忌惮或者畸形的犯罪判处死刑将能成立。被告人完全不能反驳,不能试图反击,佐治亚州最高法院可能不能履行在这个案件中的任务,或者不能完全地履行在所有其他案件中的任务,那么这个法院将不能确定它不能做的一切。

被告人也认为由公诉人作出的决定——不是对一些被告的死刑达成协商一致,而是简单地倾向起诉死刑犯罪——是没有标准的,在弗曼诉佐治亚州案中势

---

① Ga. Code Ann § 27-2537(c)(2)(Supp. 1975).
② § 27-2537(c)(3)(Supp. 1975).
③ 穆尔诉州案,233 Ga. at 863-864,213 S. E. 2d at 832。
④ 参见科利诉州案,231 Ga. 829,204 S. E. 2d 612(1974);科克尔诉州案,234 Ga. 555,216 S. E. 2d 782(1975)。
⑤ 参见贾雷尔诉州案,234 Ga. 410,425,216 S. E. 2d 258,270(1975)。

不可挡地得出肆无忌惮的、畸形的死刑判决。我认为分歧的重点是因为没有死刑犯被控告逃避佐治亚州最高法院的观点,而且也不认为由此决定特别的判刑就是过度的或者不适当的。

被告人争论公诉人没有标准方式决定死刑犯罪的案件的行为不能得到事实上的支持。被告人简单地主张,因为公诉人有权不判处死刑,他没有以标准方式实行这个权力。这是站不住脚的。所提供的事实,相反它不能确定公诉人是由起诉的因素推动的,而不是案件的力量以及陪审团判处死刑的可能性所致的结果。除非公诉人是不称职的,否则决定是否起诉死刑犯的标准将与陪审团决定的犯罪和刑罚是一致的。因此,被告人通过对公诉的控告决定逃避死刑,仅仅是因为被告人的行为不够严重,或者因为证据不够充分强硬。这不会导致制度本身是没有标准的,从而使得陪审团对一个罪行不够严重的被告人判处终身监禁刑,或者决定对一个有罪但是却有合理怀疑的被告人予以释放。因此,公诉人的起诉决定不可能从由佐治亚州最高法院作出的、非常"相似"的案件中驳回。如果案件真的是在相关部分存在"相似"性,那公诉就不能不作为死刑犯起诉,对此我不想进行反论。

被告人主张关于体系中所存在的对应接受监禁而不是死刑判决的嫌疑人的大量的裁量、应判处更轻的刑罚、或者获得免予起诉、似乎在最后的分析中完全是体系判决的指示的争论不能成立。被告人还争论到,无论死刑作为处罚是否有效,政府建立它并使用它时是由人来实行的,因此在运行的过程中就不可避免地会出现问题。这不能被认为是宪法的主旨。适当地判处死刑是司法体系和那些参与者令人敬畏的责任。错误可能会有,歧视也可能会发生,但是难以解释其困难性。无论如何,社会最基本的任务之一是保护她的市民,完成其任务的最基本的方式之一就是通过刑法防止谋杀。我倾向用在佐治亚州已经选择的实行这种法律的干涉手段,它是一种简单地对在司法体系中缺乏信仰者所实行的根本性公平方式。

四

对于在罗伯茨诉路易斯安那州案的分歧意见中提出的理由,我也不能同意被告者对死刑的其他基本观点,无论如何,因为如果是那样,不得不说对任何的犯罪所判处的刑罚都是残酷、异常的处罚。

因此,我同意确认的判决。

首席大法官与伦奎斯特大法官的联合意见:
我们同意判决结果,而且同意怀特大法官的观点,同意构成弗曼诉佐治亚州案案件中对佐治亚州死刑制度的分析。

布莱克门大法官同意判决的意见：
我同意判决结果。①

布伦南大法官的反对意见：
残酷和异常的条款"一定起草于成熟社会演进中的道德标准"。② 斯图尔特大法官、鲍威尔大法官、斯蒂文斯大法官现在所提出的"演进中的道德标准"要求不集中在死刑本身的本质上，而是集中在国家使用什么程序去选择遭受死刑的人。这些观点进一步讲，这个条款使强制实施死刑不合法，但是从斯图尔特、鲍威尔、斯蒂文斯这些大法官的结论来看，可恰当地预防以任意的、反复无常的死刑适用的危险性在如此的量刑程序下遭受死刑，该条款不将其非法化。

在弗曼诉佐治亚州案中，我认为"正统的标准"，作为集中在死刑本身的必要性上的要求，不是根本地、单独地由公诉人作出的强加在特别的接受死刑的被告人身上的要求。在这里我主张：

"从我们国家建立以来，死刑就引起了极度的争论。尽管现实的主张和反对的主张经常提出，这种长时间的、激烈的争论并不能孤立地解释政府的特殊政策不同于其他。归根到底，争论已经在道德的背景下展开。国家产生了疑虑，个人的尊严是否是社会的最高价值，这与国家故意强加于她的成员于死刑的实践并不是不协调的。在美国，作为西方社会中的一个国家"，一方面"存在与古代和根深蒂固的报应、补偿、复仇信仰的刑罚的斗争，另一方面，在18世纪的民主运动中产生的对个人的价值和普通人的尊严的信仰，以及在19世纪和20世纪对科学方法的信仰能够了解人类行为的动机，同时人类行为的科学性也在不断增长"。

"这是必要的道德冲突，从而形成改变过去的背景和我们现在将死刑制度作为惩罚犯罪的运转体系。"③继续我的观点，因为在宪法体制下，禁止残酷和异常的刑罚，所以政府用高度的道德原则限制那些违反市民社会法律的人的刑罚。因此我也可以说：

---

① 参照弗曼诉佐治亚州案,408 U.S. 238, 408 U.S. 405-414 (1972) (布莱克门大法官,反对意见); 同上, at 408 U.S. 375 (伯格大法官,反对意见);同上, at 408 U.S. 414 (鲍威尔大法官,反对意见);同上, at 408 U.S. 465 (伦奎斯特大法官,反对意见)。

② *Trop v. Dulles*, 356 U.S. 86, 356 U.S. 101(1958) (plurality opinion of Warren, C.J.).

③ Quoting T. Sellin, The Death Penalty, A Report for the Model Penal Code Project of the American Law Institute 15(1959).

"就我而言,毫不犹豫主张妥当的方式,法律只有在道德概念的发展中产生、锤炼才有可能前进,或者作为最高法院的声明才能适用'正统的标准'。"①

法院不可避免有其责任,作为我们宪法的最终裁决者,当个人要求根据法律判处死刑时,是否"道德概念"要求我们举出法律已经在哪一点上明确地获得进步,死刑判决像绞刑、枪决、车裂,只要我们文明社会的道德可以容忍就可以存在。② 在弗曼诉佐治亚州案中,我的观点是,我们的文明和我们的法律已经在这一点上获得进步,因此,死刑对任何犯罪和任何犯罪情节的犯罪都是"残酷和异常",都违反宪法第八和第十四修正案。我不能再次探究导致这个结论的原因。我仅仅强调案件体现出来的最重要的"道德"和条款的内涵主要是道德原则,作为一个惩罚主体,国家必须以与人类的固然价值一致的方式对待她的国民,惩罚不应该减损人的尊严。司法判决中的死刑不管是否侵犯人类的尊严都是被允许的,而且还是由条款强制产生的。

我不能理解法院反对三个大法官提出的死刑强制性的处罚构成了刑罚的残酷和异常处罚的见解,"比较其他的刑罚而言,……国家的法律故意终止人的生命是特别贬低人的尊严"。我察觉到这种限制没有原则性的基础。死亡,对任何的犯罪和所有情节下的犯罪,"都是真正令人恐惧的。国家实行的有计划的杀人,本质上是对被执行者尊严的否定……被执行的人实际上已经失去了已有的权利"。死刑不仅是异常的严酷刑罚,异常的痛苦,异常的折磨,而且还是最大的暴行,但它所达到的效果却比不上一个较轻的刑罚,当较轻的处罚就能充分地达到相同处罚目的时,因此条款的内在原则就包含了禁止无意义的过度处罚[同上,at 408 U.S. 279]。

在死刑中,宪法最大的缺点是它对待"人类像对待非人类,是将其作为一个玩耍的、而又随意丢弃的客体。因此这与条款的基本前提是不一致的,条款的基本前提是即便是最令人生厌的犯罪也要维系人类的尊严"。因此,刑罚是"由条款所保障的文明待遇原则所根本地禁止指向个人的"处罚。③ 因此,我认为只有在这种背景下,死刑是由条款所产生的残酷和异常的刑罚。

"显然这种审判比犯罪本身更令人震惊,新的官方杀人,以矫正犯罪者的行为为名保全社会,但这只是取代了第一次的亵渎。"④

---

① *Novak v. Beto*, 453 F.2d 661, 672(CA5 1971)(Tuttle, J., concurring in part and dissenting in part).
② Tao, Beyond Furman v. Georgia: The Need for a Morally Based Decision on Capital Punishment, 51 *Notre Dame Law.* 722, 736(1976).
③ *Trop v. Dulles*, 356 U.S. at 356 U.S. 99(plurality opinion of Warren, C.J.).
④ A. Camus, *Reflections on the Guillotine* 5-6(Fridtjof-Karla Pub. 1960).

我不同意格雷格诉佐治亚州案,普罗菲特诉佛罗里达州案,尤雷克诉得克萨斯州案这些案件的判决,对这些案件中的每一个死刑判决我都持反对意见。我会驳回死刑案件强加在这些案件中,因此其违反第八、第十四修正案一样。①

马歇尔大法官的反对意见:

在弗曼诉佐治亚州案中,我进一步阐述了对这些案件中的基本争论的观点。我的结论是:死刑是残酷和不正常的,是被第八和第十四修正案所禁止的刑罚。以下进一步阐述我的观点。

我没有意图收回"单调冗长之旅",在弗曼诉佐治亚州案中,得出了我的结论。我唯一的目的是考虑在弗曼诉佐治亚州案中所得出结论的建议随着时间的推移而被削弱,我的同事在简短地评估这个基础后表明,残酷和不正常的刑罚条款,终止生命的处罚是被允许的形式。

在弗曼诉佐治亚州案中,我提出死刑无效的两个原因。第一,死刑是过度的。第二,美国人民充分地了解处罚死刑的目的和它的作用,以我的观点,道德不能接受它反而会反对它。

自从弗曼诉佐治亚州案判决之后,35个州的立法委员会制定了新的刑法典,规定对特定的犯罪判处死刑,议会也制定了对劫持航空器犯罪的死刑。直言不讳地说,我不能理解这些发展对美国人民在道德上接受死刑的现实性评估有何意义。但是如果死刑具有合宪性,像我主张的那样,以对此有所了解的市民的观点来看,新的刑法典的死刑立法就不能被看做是结论性的。在弗曼诉佐治亚州案中,我观察到美国人民大多数没有意识到对死刑在道德上的评价的信息,并可得出结论,如果他们能够更好地获取这种信息,他们将认为死刑令人震惊、不公正和不能接受。最近的一个研究,是关于弗曼诉佐治亚州案后刑法典的立法,已经确定美国人民对死刑的了解很少,而且知情的公众与不知情的公众对死刑的结果和效用的看法是有很大不同的。②

无论如何,假设弗曼诉佐治亚州案后的刑法典的立法成为市民交流判决构成要件的不确定基础的观点的话,这些刑法典的立法就不再容忍因为过度而不构成死刑的结论了。根据残酷和不正常的刑罚条款,一个过度的判决,"即便是能够得到公众的同情"也是无效的。这里所要简单地询问的是,死刑是否有必

---

① 这个观点也适用于 No. 75-5706,普罗菲特诉佛罗里达州案, post, p. 428 U.S. 242, and No. 75-5394, 尤雷克诉得克萨斯州案, post, p. 428 U.S. 262。

② Sarat & Vidmar, Public Opinion, The Death Penalty, and the Eighth Amendment: Testing the Marshall Hypothesis, 1976 *Wis. L. Rev.* 171.

要通过处罚完成刑罚的目的,或者最轻的刑罚——监禁——是否也有相同的效果。

法院认为不过度支持死刑的两个目的是威慑和报应。在弗曼诉佐治亚州案中,我提出了相关的关于死刑判决威慑作用的数据。① 关于这一点,这些州,通过国家委员会总结如下:

"在死刑存置和死刑废除之间,一般都认同,无论大家对有关威慑作用的比较研究的有效性持有什么观点,现在已有的数据都表明死刑与低发生率的重型犯罪之间不具有相关性。"②

可利用的证据,像我在弗曼诉佐治亚州案中得出的结论那样,即"死刑作为威慑犯罪的手段在我们社会是没有必要的"。

检察长在那些案件中,用他简短的话说,根据由艾萨柯·埃里希③做出的研究,自弗曼诉佐治亚州案之后几年的报告,认为死刑确实阻止了一些杀人行为。自从艾萨柯·埃里希不再适用于弗曼诉佐治亚州案之后,第一个关于死刑的科学研究也认为也许死刑有威慑作用,但是我想简短地考虑这个重点。

艾萨柯·埃里希的研究重点是作为整体的国家中凶杀率与"执行风险"之间的关系——少数的人相信应该处死杀人者。比较 1933 年到 1969 年之间的凶杀率和执行风险,艾萨柯·埃里希发现执行风险的增加与凶杀率的增加相关。④ 但是当他运用倍数退化的统计技术进行分析的时候,发现其他变量对凶杀率也会产生影响,艾萨柯·埃里希发现了凶杀率与"执行风险"之间变化的消极关系。他的试验性结论是,从 1933 年到 1967 年的这段时期,在美国每一个附加执行都可以挽救 8 条生命。⑤

艾萨柯·埃里希的研究方法和结论已经受到许多严肃的批评。譬如说,有人批评说,该研究是有缺陷的,因为凶杀率与"执行风险"之间的比较不是在全国范围内进行的,而是一个州接一个州的,是相当基础的数据。来自各个州的数据统计——包括那些已经废除死刑的州在内——隐含了凶杀率与"执行风险"之间的关系。根据艾萨柯·埃里希的方法论,一个州的执行风险的降低与另一

---

① See e. g., T. Sellin, The Death Penalty, A Report for the Model Penal Code Project of the American Law Institute(1959).

② United Nations, Department of Economic and Social Affairs, Capital Punishment, pt. II, _ 159, p. 123(1968).

③ I. Ehrlich, The Deterrent Effect of Capital Punishment: A Question of Life and Death(Working Paper No. 18, *National Bureau of Economic Research*, Nov. 1973); Ehrlich, The Deterrent Effect of Capital Punishment: A Question of Life and Death, 65 *Am. Econ. Rev.* 397(June 1975).

④ *Id.* at 409.

⑤ *Id.* at 398, 414.

个州的凶杀率增加之间是有联系的,与所有的事情一样,是不存在相当明显的威慑效果的。实际上,威慑效果可能是存在的,如果一旦所有的事情都是平等的话,一个废除死刑的州在凶杀率上没有变化,而另一个州的凶杀率反而会增加。①

关于艾萨柯·埃里希研究最引人注意的批评是他的研究结论对在进行还原分析时选择的时间段极度敏感。分析艾萨柯·埃里希的数据可揭示出所有的死刑的威慑效果的权威性支持已经消失,从他的研究开始的最近5年,执行风险的降低与其相对应的凶杀率的增加与降低是否与取样周期相关呢?② 这个发现引起了对艾萨柯·埃里希试验性结论的严重的怀疑。③ 实际上,最近的退行性研究是基于艾萨柯·埃里希理论模式,但是却交叉使用了1950年和1960年的州的数据,并没有发现执行威慑作用的证据。④

艾萨柯·埃里希的研究,简而言之,如果说还有点价值的话,就是帮助评估死刑的威慑作用。这与英联邦诉奥尼尔案一致。我在弗曼诉佐治亚州案⑤中审查的证据依然有说服力,根据我的观点,"死刑作为对犯罪的威慑工具在我们社会不是必需的"。对死刑的公正性一定可以在其他地方找到。

死刑的另一个原则性目的是报应。死刑作用的可靠性,根据斯图亚特、鲍威尔以及斯蒂文斯、怀特大法官在罗伯茨诉路易斯安那州案,弗曼诉佐治亚州案(伯格法官的不同意见)的观点,报应的功效能够实现道德的公正性。我认为这个概念是今天不幸的判决中最令人不安的方面。

报应是一个多层面的概念,任何在刑事犯罪中起作用的讨论一定会被提出。在一定的程度上,可以说报应或者缓刑的动机是我们支持那些违法受刑者的基础,在这个意义上,报应是一个非常明显的刑事制裁公正体系的中心。但是我们认识到,惩罚的报应功能具有普遍正义,而报应对于不应受到处罚的人来说也具有重要作用。⑥ 问题是报应对一般的处罚是否提供一个道德上的公正性——尤其是,死刑——对此我们必须考虑。

---

① See Baldus & Cole, *supra* at 175-177.
② Bowers & Pierce, *supra*, 428 U. S. 8, at 197-198. See also Passell & Taylor, *supra*, 428 U. S. 8, at 2-66 - 2-68.
③ See Bowers & Pierce, *supra*, 428 U. S. 8, at 197-198; Baldus & Cole, *supra*, 428 U. S. 8, at 181, 183-185; Peck, *supra*, 428 U. S. 8, at 366-367.
④ Passell, *supra*, 428 U. S. 8.
⑤ See also Bailey, Murder and Capital Punishment: Some Further Evidence, 45 *Am. J. Orthopsychiatry* 669(1975); W. Bowers, Executions in America 121-163(1974).
⑥ See, e.g., H. Hart, Punishment and Responsibility 8-10, 71-83(1968); H. Packer, Limits of the Criminal Sanction 38-39, 66(1968).

斯图尔特大法官，鲍威尔与斯蒂文斯大法官以及怀特大法官对死刑的报应公正性的解释是："报应这种本能是人天性的一部分，在推动社会稳定中起重要作用的刑事管辖里的倾向性评断是由法律统治的。当人们相信社会组织不愿意或者不能强加犯罪人他们'应得'的处罚时，就播下了无政府——自我帮助、警戒社会者、以死刑处死的种子"。① 这表明对死刑正当性的证明完全是不充分的。像布伦南法官在弗曼诉佐治亚州案中所申明的那样，"这里没有证据表明监禁功能就比死刑更加鼓励血亲仇恨和其他的无秩序"。② 很简单，这就是公然违反了死刑可以保护美国人民的信念。

与此相关的是，通过实行死刑来表达道德义愤，还可以进一步强化道德价值的基础——那标志着一些犯罪是作为特别的犯罪，这应当是被避免的。争论还关涉到威慑，但是不同之处在于，它考虑到个体不实行反社会的行为，不是因为他害怕惩罚，而是因为他已经被用更强的可能方式告知他所实行的行为是错误的。这种争论，像之前的一种争论一样，没有提供对死刑的支持。难以相信，如果刑罚只是简单的监禁的话，那些认为自己的行为以社会的观点来看是正确的个体将不能够认识到谋杀是"错误的"。

之后的争论——通过死刑来表达社会的道德义愤，抢先从市民手中夺回，从而进一步强化道德的标准——不是纯粹意义上的报应。它们主要是功利，死刑是有价值的，因为它产生了有益的结果。这些死刑的公正性是不充分的，我认为相当清楚，因为惩罚不能很好地实现这些结果。

还需要考虑的是，从可能是死刑纯粹报应的公正性方面来讲——死刑的妥当性，不是因为它对社会的有益作用，而是因为剥夺谋杀者的生命本身在道德上是好事。③ 斯图尔特大法官，鲍威尔与斯蒂文斯大法官以及怀特大法官观点的语言显然为了死刑的公正性而消极地包容了报应的动机。他们声明："死刑决定可能在极端的案件中是妥当的，对于那些侵犯人类的罪大恶极的罪犯，只有判处死刑才能对此作出充分的回应，这是共同体所确信的痛。"

他们引用了丹宁勋爵关于英国皇家的死刑制度的评价："事实是，一些犯罪是如此的惨无人道，以致社会不得不支持充分地适用刑罚，因为罪犯是罪有应得，而不管这与威慑是否有关。"

当然，也许这些声明没有观察到大众的要求，只是想通过它来保护政权。但

---

① Supra, at 428 U.S.183，引用弗曼诉佐治亚州案，supra at 408 U.S.308（斯图尔特大法官，协同意见）。

② See Commonwealth v. O'Neal, supra at ___, 339 N.E.2d at 687; Bowers, supra, 428 U.S. 13, at 135; Sellin, supra, 428 U.S. 2, at 79.

③ See Hart, supra, 428 U.S. 15, at 72, 74-75, 234-235; Packer, supra, 428 U.S. 15, at 37-39.

是,这些声明的适用在我看来是相当不同的,杀人犯的罪有应得与社会的公正性不是简单地相对应,不是因为这是保存规则的要求,而是因为社会实现公正并且实行下去是妥当的。它是后者的动机,特别是,我认为第八修正案根本上就是古怪的。① 少数社会共同体要求杀人犯的生命应该为他的行为付出代价,这不能成为死刑成立的理由,像法官斯图尔特先生,鲍威尔先生与斯蒂文斯先生提示我们的那样,"第八修正案要求更多地挑战现代社会所能接受的刑罚"。为了维持第八修正案,其核心含义是,死刑必须与人类尊严的基本概念相一致,强加于它的客体必须与其他人的尊严相一致。根据这些标准,剥夺生命是"因为罪犯罪有应得",确实必须作出判决,因为这样的判决有它自己的完全否定侵犯尊严和价值的基础。②

死刑没有必要推进威慑目标或者进一步加强报应的合法性动机,它是一个由第八和第十四修正案所禁止的过度刑罚。我真诚地反对法院在这些案件中对被告人作出的死刑判决。③

---

① 参见弗曼诉佐治亚州案,408 U.S. at 408 U.S. 343-345(马歇尔大法官,协同意见)。
② *Commonwealth v. O'Neal*, supra at ____, 339 N.E. 2d at 687; *People v. Anderson*, 6 Cal. 3d at 651, 493 P. 2d at 896.
③ 这个观点也参见 No. 75-5706,普罗菲特诉佛罗里达州案, post, p. 428 U.S. 242, and No. 75-5394;尤雷克诉得克萨斯州案, post, p. 428 U.S. 262。

科克尔诉佐治亚州案
Coker v. Georgia

《美国判例汇编》第433卷第584页(1977)
美国联邦最高法院发至佐治亚州最高法院的调卷复审令
庭审日期:1977年3月28日
结审日期:1977年6月29日

案 件 导 读

  美国联邦最高法院于1976年通过判例确认,宪法并不禁止将死刑适用于谋杀罪,但是对于那些并未剥夺被害人生命的犯罪究竟能否适用死刑呢?这一点最高法院并未给出明确回答,而1977年的科克尔诉佐治亚州案,则致力于解决这一问题。

  本案上诉人科克尔是一名已被判处终身监禁的越狱犯,在逃亡过程中,他又犯下了包括强奸在内的数项罪行,并因强奸罪被判死刑。科克尔向联邦最高法院提出的上诉理由直指1976年之后的那个悬疑问题,即自己并未剥夺他人生命,因此,死刑判决违反了宪法第八修正案。

  最高法院的九名大法官面对这一棘手问题,提出数种存在明显分歧的意见,这些意见几乎囊括了各种在逻辑上可以成立的结论。怀特大法官联合另外三位大法官所发表的意见强调,强奸并未剥夺人的生命,这是它与谋杀罪最为根本的区别,因此,至少根据当下的社会主流判断标准,对强奸犯判处死刑属于宪法第八修正案所禁止的"残酷和异常"的刑罚。另外一种更为彻底的意见则由布伦南和马歇尔两位大法官提出,即死刑在任何时候都是宪法所禁止的"残酷和异常"刑罚。但是,首席大法官伯格却联合伦奎斯特大法官发表了与此截然相反的意见。他们认为,强奸与谋杀在是否剥夺生命这一点上的区别,对于死刑之合宪性而言,并不一定是最重要的。强奸所造成的损害比谋杀更为持久,因此在一定情况下对强奸犯适用死刑并无不妥。最高法院恰当的做法是在这个问题上保持一种克制的姿态,尊重各州立法机关的自主权,具体到本案处理,则应维持原判。与上述较为极端的看法不同,鲍威尔大法官又提出了另外一种观点,即死刑并非一律不得适用于强奸犯,尽管本案上诉人科克尔的死刑判决属于应当撤销的过重刑罚,但是对于那些使被害人在生理和心理上遭受严重损害以至于无法恢复正常生活的强奸犯而言,判处死刑并不违宪。

尽管各自理由存在重大差别,但就本案判决而言,最终则形成了7:2的格局,多数意见决定撤销对科克尔的死刑判决。

阅读本案,除了了解各位大法官在死刑问题上各不相同的鲜明立场之外,其论证方式和考虑问题的侧重点亦值得关注。比如,死刑对于强奸犯而言是否构成无法容忍的"残酷和异常"刑罚,这显然是一个价值判断,因此必须以社会主流意见作为考量标准。因此,各位大法官对美国各州的立法与司法实践状况作了较为详细的考察,以此作为其重要论据之一。尤为值得注意的是,不同意见持有者面对大致相同的实证材料,却得出了截然相反的结论,而且均言之成理,饶有趣味。

虽然本案最终在各位大法官众说纷纭之中尘埃落定,但是它依然为未来的争议埋下了伏笔。正如反对派伯格和伦奎斯特大法官所指出,由于本案多数意见明确将未造成被害人死亡作为拒绝对强奸犯适用死刑的依据,那么对于那些诸如叛国、劫持航空器、绑架和恐怖活动等对社会造成严重且持续危险的各种犯罪,在无人死亡的情况下能否适用死刑呢?他们认为,在这种情况下,政府对于死刑的妥当性将不得不承担几乎难以完成的证明责任。而这对社会的安定将造成重大威胁。

判决摘要

上诉人原本因谋杀罪、强奸罪、绑架罪和加重的企图伤害罪被判刑,由于在服刑期间从佐治亚州监狱脱逃,脱逃期间犯持械抢劫等罪,并强奸了一名妇女,上诉人又被判强奸罪、持械抢劫和伤害罪,并因强奸罪被判死刑。陪审团认为本案存在两项加重情节足以支持死刑判决:一是犯罪人有其他重罪前科;二是本罪实施过程中又实施其他重罪,即持械抢劫。佐治亚州最高法院维持了原判决的定罪与量刑。

判决:撤销死刑判决、发回重审。

怀特大法官认为因强奸罪被判死刑是罪刑不相当的过重处罚,因此属于宪法第八修正案所禁止的残酷和异常的刑罚,其下述意见获得斯图尔特、布莱克门以及斯蒂文斯三位大法官的认同:

(1)第八修正案不仅禁止残忍的刑罚,也禁止与所犯之罪不相称的过重刑罚,若满足以下情形,处罚应被认为过重且违宪:(1)对刑罚目的之实现没有任何价值,而仅仅是毫无意义的折磨和痛苦;(2)处罚与罪行严重程度不相称。

(2) 按照当前社会主流判断标准衡量,对强奸犯判处死刑是罪刑不相当的处罚,这一点已经被各州立法和量刑陪审团的态度所证明。而且佐治亚州是唯一允许对强奸成年妇女罪犯处以死刑的州,尽管另有两个州允许对强奸犯处以死刑,但前提是受害者为儿童;另外,自1973年以来,佐治亚州90%的强奸犯也没有被陪审团处以死刑。

(3) 尽管强奸罪应受重罚,但死刑是最严重且无可逆转的刑罚,对于强奸犯而言明显过重。因为强奸不同于谋杀,它并没有夺取人的生命。

(4) 尽管陪审团认定了两条加重情节,即重罪前科和强奸过程中伴随着持械抢劫行为,而且死刑亦可适用于持械抢劫罪,但是,本案中的死刑判决仍然是不适当的,因为重罪前科不能改变强奸行为并未剥夺人的生命这一事实,且陪审团也不认为该案中的抢劫行为——尽管有加重情节——本身应判死刑。

(5) 根据佐治亚州的法律,若不存在加重情节,谋杀犯都不能被判死刑,未剥夺受害人生命的强奸犯,无论是否存在加重情节,都不应判处比谋杀犯更重的刑罚。

布伦南大法官认为死刑判决在任何情况下都是第八和第十四修正案所禁止的残酷和异常的刑罚。

马歇尔大法官认为任何死刑判决都是第八和第十四修正案所禁止的残酷和异常的刑罚。

鲍威尔大法官认为,对于像在本案中这样,强奸成年妇女,但并未使用过于残忍的手段,且受害人亦未受到严重或永久性伤害的罪犯,如果判处死刑的话,是不适当的。

怀特大法官发布法院判决和判决理由,斯图尔特大法官、布莱克门大法官和斯蒂文斯大法官加入,布伦南大法官和马歇尔大法官发表了赞同意见,鲍威尔大法官对判决发表了部分赞同部分反对的协同意见,伯格大法官和伦奎斯特大法官持反对意见。

怀特大法官宣布本案判决,斯图尔特大法官、布莱克门大法官以及斯蒂文斯大法官加入。

| 判决全文 |

一

佐治亚州1972年法典汇编第26-2001条规定:"犯强奸罪者应被判处死刑、

无期徒刑或一年以上二十年以下有期徒刑。"①

　　判决应由陪审团在独立的量刑程序中作出，而且至少应当有一项法定加重情节的时候，才可以判处死刑。上诉人科克尔被判强奸罪并因此判处死刑。佐治亚州最高法院维持了本案定罪和量刑。科克尔获得了联邦最高法院的调卷复审令，但审查范围仅限于被佐治亚州最高法院否定的一项上诉理由，即对强奸罪的死刑判决违反宪法第八修正案关于禁止残酷和异常的刑罚的规定，该条款对于联邦和各州政府同样有效。②

　　在因谋杀、强奸、绑架和加重的企图伤害罪服刑期间，上诉人于1974年9月2日从维克洛斯附近的韦尔监狱逃跑。当晚11点左右，上诉人通过厨房未上锁的门侵入艾伦和卡弗家，他以一块木板作威胁，把卡弗先生绑在卫生间，从厨房拿了一把刀，并抢走了卡弗先生的钱和车钥匙。上诉人挥舞着刀威胁卡弗太太说，"如果敢反抗，你知道将发生什么事情"，然后强奸了她。接着，上诉人驾驶卡弗先生的车挟持卡弗太太离开。卡弗先生挣脱了捆绑并报了警，很快上诉人被捕，卡弗太太获救。

　　上诉人被指控脱逃罪、持械抢劫罪、盗窃机动车罪、绑架罪和强奸罪，并被指定了辩护律师。经鉴定，上诉人具备出庭能力，法院对其进行了审判。陪审团拒绝了上诉人精神异常的申辩，作出有罪判决。根据格雷格诉佐治亚州案采用的程序，法院召开了量刑听证会，并依据法定程序维持了谋杀罪的死刑判决。③

---

　　① 该法对强奸罪如此定义："违背妇女意愿强制与之性交，强奸中的性交以男性生殖器侵入女性生殖器为标志。"
　　② 参见鲁宾逊诉加利福尼亚州案，370 U.S.660(1962)。
　　③ 1977年佐治亚州法典第26-3102条规定："重罪的陪审团定罪和量刑"：
　　在陪审团审判程序中，被告人犯可处死刑的罪行时，只有裁决中判断案件存在至少一种法定加重情节，且被法官建议适用死刑，陪审团才能适用死刑。当存在一种法定加重情节，且陪审团作出死刑建议，法院应当对被告人处以死刑。当陪审团未作出死刑裁决时，法院应当依法对被告人判处监禁刑。除非审判该案的陪审团发现至少存在一种法定加重情节，并在其裁决中作出判处死刑的建议时，法院不应当判处被告人死刑，除非是无需加重情节的叛国罪或劫持航空器罪。本条规定不适用于非陪审团审理的案件和被告人认罪的案件。
　　佐治亚州法典第27-2302条"宽恕建议"——"在杀人罪以外的任何重罪案件中，当陪审团裁决有罪并作出宽恕建议时，法官有权且应当作出终身监禁裁决。"
　　佐治亚州法典第27-2537条"死刑复核"：
　　(1) 死刑判决发生法律效力之前，应由佐治亚州最高法院复核。审判法院的司法官应在10天内将全部案件材料交佐治亚州最高法院，并附司法官起草的通知和审判法官准备的报告一份。通知应注明案件名称和卷号、被告人姓名及代理律师的姓名和地址、一份有关犯罪行为、刑罚和判决理由的说明。报告应符合佐治亚州最高法院提供的问卷格式。
　　(2) 佐治亚州最高法院应考虑刑罚和上诉状提出的任何申诉。
　　(3) 法院应对以下事项作出决定：
　　① 死刑判决是否是在情绪、偏见或其他主观因素的影响下作出的；

陪审团被指示：重罪前科，或者在实施强奸过程中同时实施其他重罪，均为法定加重情节，例如本案被告人对卡弗的持械抢劫。同时，法庭指示：如果陪审团认为减轻情节的影响重于加重情节的话，那么即使这一减轻情节并不构成犯罪行为的正当理由或借口，但"从公平和仁慈的角度看，也可以减轻犯罪行为的可谴责性或有责性"，此时并非一定要适用死刑。最终，本案陪审团认定法官指示的两个加重情节均存在，因此对被告人的强奸指控作出了电刑处死的裁决。

二

弗曼诉佐治亚州案以及法院在上一个开庭期审理的格雷格诉佐治亚州案、普罗菲特诉佛罗里达州案、尤雷克诉得克萨斯州案、伍德森诉北卡罗来纳州案和罗伯茨诉路易斯安那州案，使得有关死刑合宪性争议中的某些关键问题无可争议。目前已经达成的共识是，死刑并不总是宪法第八修正案所规定的极端残酷和异常的刑罚；其本质也并非对罪犯实行残酷和异常处罚；也不总是导致罪刑不相称的后果。至少对于谋杀罪而言，佐治亚州依据法定程序作出的死刑判决，不会出现导致最高法院在弗曼诉佐治亚州一案中否定佐治亚州前死刑法典效力的问题。

然而，在维持格雷格案死刑判决时，法院坚定地维护了弗曼诉佐治亚州案、鲁宾逊诉加利福尼亚州案、特罗普诉杜勒斯案、威姆斯诉美国案的裁决和法官附带意见，坚持第八修正案不仅禁止那些残酷的刑罚，而且禁止那些对所犯罪行而言过重的刑罚。格雷格案表明，一项刑罚在以下情况下将被认为是过重且违宪：

（接上页）② 除叛国罪和劫持航空器罪外，是否有证据证明存在第27-2534.1（b）条规定的法定加重情节，正如陪审团或法官的判断；

③ 在全面考虑犯罪行为和犯罪人的情况下，死刑判决与类似案件判决相比较是否过重或罪刑不相称。

（4）被告人和公诉人均有权在法院规定的时间内提供答辩状，或提供口头陈述。

（5）法院在判决中应包含其所参考的类似案件索引。除纠正错误判决外，法院在死刑复核过程中还有权：

① 维持原判；

② 基于辩护律师的记录和申辩，保留判决、发回原审法官重审。法院所参考的类似案件索引和因此所做的摘要应提供给原审法官参考。

（6）佐治亚州最高法院应配备一名由佐治亚州首席大法官任命的、代表法院的律师作为助理。法院应收集1970年1月1日后所有重罪案件，如其认为必要时间也可往前追溯。助理应向法院提供任何他认为必要的摘要信息，包括但不限于犯罪行为和被告人的报告摘要或简介。

（7）法院有权雇佣适当人选，或以相似的方法收集首席大法官认为对本案判决合法性有帮助的合适并且必要的数据。

（8）为行政管理目的，助理的办公室应在佐治亚州最高法院书记官办公室旁边；

（9）复核判决应该可以直接上诉，复核和上诉都应当慎重考虑。法院应对所列举的法律适用错误、裁决的事实问题和刑罚的有效性作出判断。

(1) 对于刑罚目的的实现没有价值,只不过是毫无目的且无必要的痛苦和折磨;(2) 处罚与罪行严重程度不相称。一项刑罚也可能同时违背上述两项原则。而且,是否符合第八修正案不应该是个别法官的主观判断;裁决应最大限度地以客观因素呈现。总之,应诉诸社会公众对特定裁判之历史和先例的态度、立法者意见以及陪审团在裁决中反映出来的观点。格雷格案中,法院在充分考虑上述事项后,认为对谋杀罪处死刑既不是毫无意义的酷刑,也不属于罪刑不相称的处罚。但是法院却没有阐明对其他犯罪适用死刑之合宪性问题的看法。

三

现在我们所面临的便是那个遗留问题,具体而言,即对强奸成年女性的犯罪处以死刑是否合宪。我们认为对强奸犯适用死刑总体而言是罪刑不相称的,因此构成第八修正案所禁止的残酷和异常的刑罚。①

(一)

像最近的几起案件一样,我们从历史以及国内现存判决中查考了对强奸成年妇女处以死刑的可接受性问题。在过去的50多年中,大多数州政府都未授权对强奸犯适用死刑。1925年,18个州、哥伦比亚地区以及联邦政府,授权对强奸一名成年妇女的罪犯处以死刑。② 到1971年,弗曼诉佐治亚州案之前,这个数字下降为16个州和联邦政府。③ 弗曼案使美国各州绝大多数死刑法典归于无效,其中还包括有关强奸的法律,原因主要在于这些法律所规定的死刑的适用和执行方式。

随着死刑法典大部分内容的无效,各州政府面临如下选择:要么修改死刑法典,要么将无期徒刑作为犯罪的最高刑罚。

---

① 因为对强奸处以死刑是不适当的,尽管它可能符合法律的明文规定,但仍然是第八修正案所规定的残酷和异常的刑罚。我们研究几乎绝大部分州政府和世界上绝大多数国家的立法规定后发现,对强奸罪适用死刑很难说是刑事司法体系中必不可少的部分。

② Recent History and Present Status of Capital Punishment in the United States, 17J. Crim. L. C. 234,241-242(1926).

③ Ala. Code, Tit. 14, §395(1958); Ark. Stat. Ann. §41-3403(1964); Fla. Stat. Ann. §794. 01(1965); Ga. Code §26-2001(1977); Ky. Rev. Stat. Ann. §§435.080-435.090(1962); La. Rev. Stat. Ann. §14:42(1950);Md. Ann. Code, Art. 27, §461(1957); Miss. Code Ann. §2358(1957); Mo. Rev. Stat. §559.260(1969); Nev. Rev. Stat. §200.360(1963)(rape with substantial bodily harm); N. C. Gen. Stat. §14-21(1969); Okla. Stat. Ann., Tit. 21, §1115(1958); S. C. Code Ann. §§16-72, 180(1962); Tenn. Code Ann. §39-3702(1955); Tex. Penal Code §1189(1961); Va. Code Ann. §18.1-44(1960); 18 U.S.C. §2031.

35个州立即为极个别必要的犯罪类别重新设置了死刑。① 以大多数州根据弗曼案迅速开展的立法调整为标志,公众对死刑可接受程度的观点极大影响了最高法院,以致其在格雷格诉佐治亚州案②中维持了谋杀罪的死刑判决。

但是如果说"弗曼案之后的立法调整是公众认可死刑适用于谋杀罪的明显证据"③,那么,各州对强奸罪的量刑规定同样也应当是一个比较有说服力的证据,它反映出公众对强奸罪量刑的观点与谋杀截然不同。

根据弗曼案确立的规则而恢复死刑法令时,没有一个之前对强奸罪未适用死刑的州选择将强奸罪列入死罪名单。在16个允许对强奸罪判处死刑的州中,只有3个州在其调整之后的法律中,允许对强奸成年妇女的罪犯适用死刑,它们是佐治亚州、北卡罗来纳州和路易斯安那州。其中,后两个州的法律规定,一旦强奸罪被认定就必须适用死刑,但这些法律已被伍德森案和罗伯茨案宣布无效。作为回应,北卡罗来纳州和路易斯安那州再次修订了死刑法律,规定死刑适用于谋杀罪而不再适用于强奸罪;另外据我们所知,自1976年6月2日以来,另有7个州未曾修订或取消其死刑法典,其中有4个州在1972年以前对强奸罪适用死刑(不包括路易斯安那州和北卡罗来纳州),但已根据弗曼案对法律作出调整的州,将强奸罪列入死罪的行列。④

佐治亚州辩称:1972年,对强奸罪适用死刑的16个州中有11个试图遵循弗曼案制定强制性死刑法典,这很可能是除路易斯安那州和北卡罗来纳州以外,这些州仅仅是选择将强奸罪排除在死罪之外,而不是要求对每一起强奸罪都适用死刑。⑤ 这种观点并非完全没有说服力,然而16个州中有4个没有采取强制立法,也没有将强奸成年妇女继续规定为死罪。而且,11个制定强制性法典的州当中有6个州自伍德森和罗伯茨案后,便修订了其死刑法典,且再未对新的强奸

---

① 参见格雷格诉佐治亚州案,428 U.S. at 428 U.S. 179 n.23。
② supra at 428 U.S. 179-182.
③ supra at 428 U.S. 179-180.
④ 1976 Okla. Sess. Laws, c. 1, p.627; 1976 La. Acts, Nos. 657, 694; 1976 Ky. Acts, c. 15(Ex. Sess.); 1977 Wyo. Sess. Laws, c. 122. Recent legislative action has taken place in North Carolina, Virginia, Maryland, California, and New Jersey. The legislation has been signed into law in North Carolina and Virginia, N. C. Sess. Laws(May 19, 1977); 1977 Va. Acts, c. 492(Mar. 29, 1977), and has been vetoed in Maryland and California, Washington Post, May 27, 1977, p. A1, col. 1; N. Y. Times, May 28, 1977, p.8, col. 6. The Governor of New Jersey apparently has not yet acted on the legislation in that State.
⑤ Ky. Rev. Stat. §507.020(1975); La. Rev. Stat. Ann. §14:30(1974); Md. Code Ann., Art. 27, §413(b)(Supp. 1976); Miss. Code Ann. §§97-3-19, 97-3-21, 97-25-55, 99-17-20(Supp. 1975); Mo. Rev. Stat. §§559.005, 559.009(Supp. 1975); Nev. Rev. Stat. §200.030(1975); N. C. Gen. Stat. §§14-17, 14-21(Supp. 1975); Okla. Stat. Ann., Tit. 21, §§701.1-701.3(Supp. 1975); S. C. Code Ann. §16-52(Supp. 1975); Tenn. Code Ann. §§39-2402, 39-2406, 39-3702(1975); Va. Code Ann. §§18.210, 18.2-31(1975). Brief for Respondent 19 n. 38.

罪适用死刑,更别说另外19个在弗曼案之前实施非强制性法典且未将强奸罪列入死罪的州了。

值得注意的是,佛罗里达州、密西西比州和得克萨斯州在某些强奸案中也适用了死刑,但前提是受害人为儿童且强奸犯为成人。① 而且得克萨斯州死刑法典因此被判无效,因死刑是强制性的。② 可见,佐治亚州是目前美国唯一允许对强奸成年妇女的罪犯适用死刑的司法行政区,另有两个司法行政区允许在受害人为儿童时对强奸犯适用死刑。

现在,各州立法机关对于强奸罪是否适用死刑并未形成完全一致的见解,但拒绝对强奸成年妇女的罪犯适用死刑,却显然是压倒性的多数意见。③

(二)

格雷格案也表明"陪审团是……当代价值观的关键、可靠的客观反映,因为它直接实施着这样的价值观",因此,研究陪审团对死刑之适当性所做的决定是非常重要的。当然,只有当陪审团在是否适用死刑问题上有足够的选择能力时,裁决才有研究意义。现在只有佐治亚州和佛罗里达州允许对强奸犯适用死刑,且在佛州,死刑仅适用于受害人为儿童的案件。

据本院的不完全统计,1973年以来所有强奸案中,有63起案件由佐治亚州最高法院以口头答辩的形式复审,其中6起涉及死刑,除1起案件判决被撤销外,佐治亚州目前共有5名强奸犯被判死刑。这意味着,自1973年以来,佐治亚州陪审团6次判处强奸犯死刑。这显然是一个不容忽视的数据。州政府称,陪审团在司法实践中仅仅是在极端特殊的强奸案中适用了死刑,而且目前的实际情况也并不能证明,陪审团认为,无论情节有多么严重,在任何情况下判处强奸犯死刑都是不适当的。然而,事实却是陪审团对绝大多数——至少90%——案件并未适用死刑。

四

最近这些能够证明州立法机关和量刑陪审团观点的事件并不能完全解决这一问题上的争论。最终我们的判决还是必须正面回答第八修正案是否禁止死刑

---

① Fla. Stat. Ann. §794.011(2)(1976); Miss. Code Ann. §9765(Supp. 1976); Tenn. Code Ann. §39-3702(1974)。

② 参见科林斯诉州案,550 S. W. 2d 643(田纳西州1977)。

③ 在特罗普诉杜勒斯案中,大多数人关注国际上对某一特定处罚的可接受性的看法。1965年对60个世界主要国家调查发现,只有3个国家保留对强奸犯适用死刑。[参见United Nations, Department of Economic and Social Affairs, Capital Punishment 40, 86(1968)。]

的问题。然而,立法机关对强奸犯死刑问题的回应有力地支持了我们的判断,即死刑对于强奸成年妇女的罪犯而言是不适当的处罚。

我们并非忽视强奸罪的严重性。强奸罪应受到极大的谴责,它是不道德行为,是对个人尊严的蔑视,是对受害妇女自主权的践踏,也是对受害妇女性自由权的侵犯。杀人是短暂的,而强奸是对人性的根本性侵害。① 强奸也是暴力犯罪,因为它通常都涉及武力,或者以武力相威胁,以抑制受害者的反抗意识和反抗能力。强奸常常伴随着对妇女身体伤害,也可能造成其心理或生理的双重损害。② 由于强奸危及了社会公众的安全感,因此也对公众造成了损害。毫无疑问,强奸罪应受到严重的处罚,但是就道德上的可谴责性和对人们的损害程度而言,强奸罪并不能与谋杀罪相提并论,毕竟强奸并未不正当地剥夺一个人的生命。③ 尽管强奸可能会伴随着其他罪行,但从其定义来讲,它并不会造成另一人的死亡和重伤。谋杀犯结束人的生命,但如果没有过限,强奸犯通常是不危及人的生命的。谋杀罪的受害者生命结束了,而强奸罪的受害者还活着,只是可能不如以前那么快乐,但是毕竟还活着,通常情况下其损害还可能修复。我们已经作出过有约束力的裁决,即"死刑是最严重且无可逆转的刑罚"④,它对于未剥夺人的生命的强奸犯而言是过重的处罚。

问题到此还没有结束,因为根据佐治亚州法律,并非所有可能判处死刑的犯罪最终都真的会被判死刑,而只有当陪审团或法官认定存在法定加重情节时,才会选择适用死刑。⑤ 在佐治亚州,判处强奸犯死刑需要具备以下加重情节:(1)该强奸犯有其他可判处死刑的重罪前科;(2)强奸犯从事强奸行为的同时又从事其他可能判处死刑的重罪,或者加重伤害罪;(3)该强奸行为使用了骇人听闻的、卑鄙的、恐怖的、非人的折磨手段,严重损害被害人的精神健康,或者对被害人造成严重身体侵害。⑥

陪审团认定本案存在这些加重情节中的前两条。

但是上述任何一项加重情节,甚至二者相加,均不足以使我们改变结论,即

---

① U. S. Dept. of Justice, Law Enforcement Assistance Administration Report, Rape and Its Victims: A Report for Citizens, Health Facilities, and Criminal Justice Agencies 1(1975), quoting Bard & Ellison, Crisis Intervention and Investigation of Forcible Rape, The Police Chief(May 1974), reproduced as Appendix I-B to the Report.
② See Note, The Victim In a Forcible Rape Case; A Feminist View, 11 Am. Crim. L. Rev. 335, 338 (1973); Comment, Rape and Rape Laws: Sexism in Society and Law, 61 Calif. L. Rev. 919, 922-923 (1973).
③ See 433 U. S. 1, supra, for the Georgia definition of rape.
④ 格雷格诉佐治亚州案,428 U. S. at 428 U. S. 187。
⑤ 参见1977年佐治亚州法典,第26-3102条;格雷格诉佐治亚州案,supra at 428 U. S. 165-166。
⑥ 法律还规定了其他加重情节,但它们不适用于强奸案(see 433 U. S. 3, supra)。

对科克尔所犯的强奸罪处以死刑是罪刑不相当的。诚然,科克尔有强奸、谋杀和绑架的重罪前科,但是这些都不能改变一个事实,即科克尔被定罪处罚的强奸行为并没有剥夺人的生命。

没错,科克尔在犯强奸罪的同时又犯了持械抢劫罪,根据佐治亚州法律该罪也可被判处死刑。① 但是科克尔的强奸罪和抢劫罪是分别判刑的,抢劫罪被单独判处终身监禁。尽管抢劫行为本身也伴随着法定加重情节,即科克尔有重罪前科,但是陪审团并不认为抢劫行为应受死刑处罚。②

综上所述,在佐治亚州,当一个人违法地、恶意蓄谋地实施导致他人生命结束的行为时,无论该预谋采取明示或默示方式,便构成谋杀罪。当一个人的重罪行为造成他人生命的结束时,他也构成谋杀罪,无论其是否有意为之。但是即使杀人行为是故意的,如果没有证据证明存在法定加重情节,行为人也不能被判处死刑。因此,很难接受这样的观点,至少我们不接受,即并未剥夺他人生命的强奸犯应受到比谋杀犯更重的刑罚,无论前者是否存在加重情节均无不同。

因此我们撤销佐治亚州最高法院的死刑判决,本案发回重审,重审结果应不违背本判决理由。

布伦南大法官的赞同意见:

我认为死刑在任何情况下都是第八和第十四修正案所禁止的残酷和异常的刑罚[参见格雷格诉佐治亚州案,428 U.S.153,428 U.S.227(1976)(反对意见)],我同意撤销佐治亚州最高法院依据该州刑法作出的死刑判决。

马歇尔大法官的赞同意见:

在格雷格诉佐治亚州案的反对意见中,我说道:"在弗曼诉佐治亚州案的并存意见中,我详细阐述了我对本案基本问题的观点。我一直认为,死刑是第八修正案所禁止的残酷和异常的刑罚。"

鲍威尔大法官的协同意见:

我同意本院对案件事实的认定,也同意多数意见中的下述观点,即对于强奸

---

① 格雷格诉佐治亚州案中,佐治亚州最高法院没有维持对持械抢劫者处以死刑,原因之一是死刑在同类案件中很少被适用,这种处罚过于严厉,该州法律也不支持。然而,在本案中,佐治亚州最高法院明显认为持械抢劫者是符合佐治亚州法律关于加重情节规定的重刑犯。

② 如果伴随的重罪是谋杀,则被告人很可能因谋杀罪被审判,而不是强奸罪;那么对强奸罪是否应适用死刑的讨论就是纯学术性的了。因此,也没有必要考虑伴随杀人行为的强奸罪,该杀人行为是由被告人非法但非蓄谋实施的。对于第三种加重情节,即强奸行为特别残忍、或涉及折磨和重伤,看起来被告人很可能因此被定罪、审判或处罚。

成年妇女的罪犯而言,判处死刑通常是不适当的。尽管强奸始终是应受谴责的犯罪行为,但是没有证据表明本案上诉人的强奸行为是以极端残忍的方式实施的,而且受害人也没有受到严重的或永久性的伤害。然而,多数意见并没有将判决理由限制于本案或类似案件。这使人误认为在任何情况之下,死刑对于强奸罪而言都是不适当的。

佐治亚州法律明确规定了陪审团可以考虑的加重情节,这一点在格雷格诉佐治亚州案中被认可。就强奸犯而言,只有以下三种明确规定的加重情节:(1)该强奸行为为由有重罪前科者所犯;(2)在实施其他重罪或加重伤害罪的过程中实施强奸;(3)该强奸行为使用骇人听闻的、卑鄙的、恐怖的、非人的折磨手段,严重损害被害人的精神健康,或者对被害人造成严重身体侵害。只有第三种情形才被认为是加重的强奸罪,它是一个比强奸罪更严重的独立罪名。① 因为没有相关证据支持,本案陪审团并未被要求审查第三种加重情节。因此,本案多数派意见没有必要如此强势地禁止各州增设严格界定的加重强奸罪并对之处以死刑。②

根据本院上一开庭期的决定,多数派意见认为:"死刑并非总是第八修正案所规定残酷和异常的刑罚,它本质上也并非残忍或无可接受的刑罚方式,也不总是罪刑不相当的处罚。"因此,至少对于谋杀罪而言,死刑可按照格雷格案和伍德森案认可的程序加以实施,而上一个开庭期的所有5件死刑案件均为谋杀案。

今天,对于一个原本不必引起广泛关注的案件,多数派意见在谋杀罪和强奸罪之间划了一个明显的界线——无论强奸行为的残忍程度和对受害人的影响程度如何,均不得适用死刑。我不同意,因为我并不认为这条界线是适当的。正如斯奈德诉佩顿案所说:"强奸犯的罪行程度千变万化。"强奸犯的恶性可能比谋

---

① See, e.g., ALI, Model Penal Code §207.4, Comment, p. 246 (Tent. Draft No. 4, 1955); ALI, Model Penal Code §213.1 (Prop. Off. Draft, 1962); Nev. Rev. Stat. §200.363 (1975).

② 划定强奸罪严重程度的界线并非法院之职责,但是佐治亚州设置了一些行之有效的标准:罪犯的残酷和恶劣程度,犯罪行为实施的环境和手段,受害人所受的影响。[参见拉尔夫诉典狱长案(Ralph v. Warden),438 F. 2d 786 CA4(1970)。]立法机关明确界定强奸重罪之构成要件并非易事,参见弗曼诉佐治亚州案中鲍威尔法官的反对意见,但法院也不能认为这一任务是无法完成的。

首席大法官的反对意见认为审判无法区分强奸行为的实施环境和对受害人的影响,参见我在弗曼案中的摘录。反对派强调证明的困难,但是司法体系设计之初和运行过程中,却成功地精确解决了这些事实问题。例如关于过失的法律要求陪审团决定罪责的严重程度、生理和心理伤害的程度和永久性。

我常因在弗曼案中的反对意见而受到首席大法官的恭维,但这一意见并非主流意见,它在伍德森和格雷格案中也能被阅读到,它设置了一般性原则。但是与首席大法官的反对意见相反,我在弗曼案中的观点强调了对强奸罪罪刑相当的标准应该在个案中个别适用,某些案件适用死刑是过分的。我仍然对多数派意见中"非此即彼"的简单观点持反对态度,同时也反对首席大法官的反对意见。

杀犯更严重。强奸不是过失行为,也很难说是没有预谋,其对被害人的影响也各不相同。多数派意见认为"谋杀剥夺了受害人的生命;但强奸行为的受害人生命没有结束,只是生活不如以前那么愉快,而且这也并不是无法补救的"。但是强奸犯罪的确差别很大,一些受害人身心由此受到了严重损害,以至于生活无法修复。因此,死刑对于严重的强奸犯罪来说或许并不是不适当的。此问题的最终解决有赖于对社会"不断发展的行为标准"的客观指数进行仔细调查,特别要考虑立法机构的做法和陪审团对死刑案件的态度。① 多数意见认为在缺乏严重恶意和严重损害的情况下,死刑适用于强奸案是不适当的,在这一点上它符合社会的一般看法。但是并没有数据显示,社会普遍认为在任何强奸案中都不能判处死刑。本案恰当的处理方法是,做一个比多数派更有说服力的调查,那么或许会发现,陪审团和立法机关均对导致受害人严重、永久性损害的强奸行为保留了死刑。我不对这一点妄加预断,而只是谨慎地提出反对。

伯格首席大法官的反对意见,伦奎斯特大法官加入:

在诸如此类的案件中,我们经常混淆法院在得出判决过程中所应扮演的角色。最高法院法官的任务不是对死刑发表个人看法,而是必须决定宪法允许各州在其权力范围内能够做哪些事情。在否定本案死刑判决时,法院已经逾越了宪法性裁判的正当界线,以自己的政策判断替代了各州法律。我承认第八修正案中的"不适当"这一概念禁止死刑适用于轻微犯罪。但是强奸并不轻微,因此"残酷和异常的刑罚"条款并没有授权最高法院任何成员将他们的公共政策观凌驾于各州审慎的立法者之上。我不认为佐治亚州没有对本案强奸行为处以死刑判决的宪法性权利,因此我不同意本院的裁决。

(一)

1971年12月5日,上诉人埃利希·安东尼·科克尔强奸并刺死了一名年轻女子,不到8个月后,科克尔绑架并强奸了另一名年轻女子。在二次强奸这名16岁少女后,他扒光她的衣服,并用一根棍子用力地击打她,最终将其遗弃至林区等死。科克尔被捕后对上述行为作出有罪答辩,随后他被三级独立法院判处

---

① 参见格雷格诉佐治亚州案,*supra* at 428 U.S.173-182(斯图尔德、鲍威尔和斯蒂文斯的协同意见);伍德森诉北卡罗来纳州案,*supra* at 428 U.S.294-295(多数意见);弗曼诉佐治亚州案,408 U.S.238,408 U.S.436-443(1972)(鲍威尔大法官,反对意见)。这一客观指数具有高度相关性,但是正如多数派意见所言,对第八修正案下死刑的适当性问题的最终决定,必须在遵守本院先例的情况下作出。

3个终身监禁、两个20年有期徒刑和1个8年有期徒刑。① 每一个刑期都是连续计算,而不是同时计算。大约一年半以后,1974年12月2日,上诉人从服刑的州监狱脱逃。他不久便当着受害人丈夫的面强奸了另一名16岁少女,并将该女子绑架,他还威胁被害人要杀死她和对其身体实施严重伤害。本案即是针对此次犯罪行为展开的。

今天法院判决佐治亚州不能对科克尔处以死刑,这样一来,便阻止了州政府对科克尔的新罪行施加任何有效处罚。而且,法院的判决也使佐治亚州政府无法实现其向市民作出的免受该强奸惯犯袭击的承诺。事实上,考虑到科克尔因过去的罪行而被判处的漫长刑期,本院的判决使得上诉人(以及其他的类似罪犯)可以毫无顾忌地在脱逃期间——甚至在监狱里——频繁实施强奸罪行。我们到底为州政府保留了多少必要的自治权,以使其保护无辜百姓免受像科克尔一样堕落罪犯的侵犯呢?

(二)

我首先不同意法院判决超越了必要限度。本案所需解决的问题仅仅是佐治亚州在本案证据所揭示的事实与情境面前,是否有宪法性权力对上诉人的特定强奸行为判处死刑。多数派观点过多地考虑了社会公众对普通强奸罪及其刑罚的习俗和态度,而较少就本案之特殊情况,考虑对科克尔处以死刑是否合理:(1)鉴于其前科,科克尔已经被判了很长的刑期,更长的监禁刑对其起不到更强的处罚效果;(2)就其生活经历而言,科克尔将对妇女的安全、福祉、贞洁造成严重威胁,一有机会他再次犯强奸罪的可能性极大;(3)上诉人仅服刑一年半便开始越狱,因此将来产生越狱企图时他更是无所畏惧了;(4)如果再次脱逃,他很可能以其惯用方式再次侵犯妇女,并很可能逍遥法外,因为更长的监禁刑对其已经毫无震慑力。

与多数派观点不同,我宁愿将本案的探讨局限于以下问题,即宪法第八修正案禁止残酷和异常的刑罚条款是否禁止佐治亚州政府处死这样的人:3年内分别强奸了3个妇女,谋杀了其中一位,并企图谋杀另一位;所服的刑期已超过可能的寿命,并且一有机会就要逃脱。无论一个人对于州政府是否有宪法性权力对强奸罪初犯处以死刑持什么态度,本案显然表明了一个强奸惯犯对社会所可

---

① 1973年3月12日,佐治亚州里士满县(Richmond County, Ga)最高法院以绑架罪判处科克尔20年有期徒刑,以强奸罪判其终身监禁。1973年5月28日,佐治亚州托利弗县(Taliaferro County, Ga)高等法院以加重的伤害罪判处其8年有期徒刑,以强奸罪判其终身监禁。1973年4月6日,佐治亚州克莱顿县(Clayton County, Ga)高等法院以强奸罪判处科克尔20年徒刑,以谋杀罪判其终身监禁。

能带来的危险。

鲍威尔大法官认为本案死刑判决不适当,因为"没有迹象表明上诉人以极度残忍的方式实施了犯罪行为,或者使受害人受到了严重的、永久性的损害"。①且不说强奸本身就是最严重的伤害行为之一,第八修正案也没有提供一种严格限定的标准,以供州立法机关考量特定刑罚是否总体上过重。当然,累犯,特别是重罪累犯,通常可以被认为是一个加重情节,允许实施比独立犯罪更重的刑罚。例如,作为一项联邦政策,国会表示对犯了两项重罪的人,可加重处罚其第三次重罪行为②;国会还宣布第二次袭击邮递员可被处以重于第一次的刑罚。③许多州还规定对累犯行为处以加重刑罚。④ 多数派意见在这一点上确实是正确的,即"科克尔的前科并未改变其当前犯罪仅为强奸而且未剥夺他们生命的行为这一事实"。然而,这些前科的存在使得科克尔的社会危险性明显高于初犯。⑤

---

① *Supra*, at 433 U.S.601. 鲍威尔大法官今天的立场与若干个开庭期之前其在弗曼诉佐治亚州一案中所持反对意见相比构成一种令人不安的转变,在该案中他说:"我并不赞成每一个上诉案件创设一种不能适用死刑的案件类型,我只是把它当做正确适用第八修正案的一种探索。我认为罪刑不适当标准既不能用于整体上否定对强奸案适用死刑,也不能用于将法院作为复核量刑的场所,这种标准只能适用于极个别的案件中。它应仅被用于这样的特殊案件,即死刑处罚符合某罪的法定量刑情节,但是不符合其立法意图。"尽管鲍威尔大法官反对判决的扩大效果,但是我看不出它与多数派意见有何分歧。他指出在两种情形下可对强奸犯处以死刑:"(1)犯罪行为以极度残忍方式实施;(2)受害人受到了严重的或永久性的损害。"第二种情节被鲍威尔大法官在弗曼案中自行抛弃了,原因是"强奸对受害人的精神影响不可能及时估量,心理创伤的深度和持续时间也不可能在审判前就确定"。那么,州法院的任何成员是否有足够的信心来断定一个16岁的少女在分娩3个月时被当着丈夫的面强奸后,是否受到了严重的或永久性的损害?将强奸罪划分为有损害和无损害实在是超越了我的理解范围。鲍威尔大法官的第一个问题是强奸罪本身是严重的犯罪,用鲍威尔先生自己的话来讲,就是"对身体和心灵的伤害总是并存的"。因此,"极度残忍"的要求应该不仅限于违反本人意愿。它应指强奸犯对受害人实施了折磨或者严重身体侵害。[参见前引, at 433 U.S. 601-602,and n.1]。然而,折磨和严重身体侵害是强奸罪以外的犯罪,通常是被单独处罚的。鲍威尔大法官的否定性分析表明了这一点,即强奸罪被单独实施时,也就是未伴随其他犯罪时,死刑永远不应被适用。

② 18 U.S.C. §3575(e)(1).

③ 18 U.S.C. §2114.

④ See, e.g., Wis. Stat. Ann. §939.62 (1958); see also Annot., 58 A.L.R. 20 (1929); 82 A.L.R. 345 (1933); 79 A.L.R. 2d 826 (1961). 本院不断维持此类加重处罚法律的合宪性[参见斯宾塞诉得克萨斯州案(Spencer v. Texas), 385 U.S. 554, 385 U.S. 559-560 (1967)]。"累犯法典……是合宪的。所有州和联邦均实施了这些法典和其他加重处罚法律,及其法律适用程序……本院多次维护了这些法典,否定了这样的观点,即此类法典违反了宪法关于禁止双重危险的规定,如残酷和异常的刑罚条款、正当程序条款、平等保护以及特权和豁免。"[奥伊乐诉博尔斯案(Oyler v. Boles)]

⑤ 本案显示了这一特殊危险。在捆绑受害人丈夫并将其封口后,上诉人强奸了受害人,并企图驾驶受害人的车逃之夭夭。在将受害人的丈夫封口捆在浴室后,科克尔带着受害人出逃,出逃之前,他抄起了厨房的刀威胁受害人的丈夫。"如果他被捕或被警察跟踪,他会杀了我妻子,他说他已经没什么可失去的了,他被判了终身监禁……"参见受害人丈夫的证词。

"人们普遍认为那些引起极端案件的往往不是谋杀犯罪(此类犯罪往往是临时起意),而是那些暴力犯罪累犯。更容易侵害生命权的往往不是个别偶然性杀人行为,这就为对暴力犯罪累犯处以极刑提供了坚实的基础。"①

在我看来,第八修正案并没有禁止一州为防止公民生命权受侵害,而设计防止无辜受害者受进一步侵害的处罚措施。② 一年以前,怀特法官简洁地指出:"死刑最终杜绝了罪犯再犯的可能性,然而终身监禁刑却没有。"③

总之,一旦法院认为"死刑并不必然违宪",那么不允许一州判处一个完全无视并反复践踏他人福利、安全、尊严和人权,且没有更好的办法阻止其再犯的罪犯以死刑④,无疑是对州司法权的不当侵害。因此,我认为本案佐治亚州作出死刑判决并未越权,至于在其他情况下此种处罚是否适当,应当等以后再做决定。一旦法院超越案件事实本身对合宪性问题做决定的话,便会增加联邦以第八修正案为借口侵犯州司法权的危险。在格雷格诉佐治亚州案中,鲍威尔大法官在反对意见中写道:"在宪法条款的语言表述提供了巨大发挥空间的情况下,在潜在社会政策被认为极端重要的情况下,法官解释宪法时掺入个人见解的企图也愈加强烈了。以所谓的普遍性标准为名,而对何为明智的社会政策提出个人见解,对于法官而言实在是太容易了,因此这种做法是不允许的。"由于法院认为在任何时候、任何情况下都不应当对强奸成年妇女的罪犯处以死刑⑤,我非常遗憾地看到了判决所具有的扩大化效应。

(三)

多数派观点⑥承认了强奸罪的本质。强奸犯不仅侵犯了受害人的隐私和个人尊严,而且不可避免引起了严重的心理和生理伤害。受害人的生命和身

---

① 帕克:《罪刑相适》(Packer, Making the Punishment Fit the Crime),77Harv. L. Rev. 1071,1080 (1964)。
② 参见格雷格诉佐治亚州案,428U. S. 153, 428 U. S. 183 n. 28 (1976)。
③ 罗伯茨诉路易斯安那州案,428 U. S. 325, 428 U. S. 354(1976)(反对意见);又见弗曼诉佐治亚州案,408 U. S. at 408 U. S. 311(怀特大法官并存意见)。
④ 帕克教授说:"对于那些我们无法改造和那些仍有较大社会危险性的人,我们能做什么呢?现代刑法理论承认并且也支持有必要在此类案件中判罪犯永久失能。一旦这一需要被认可了,作为使暴力变态狂失能的一种手段,死刑就很难不通过理性审查,如果允许死刑适用于任何情形。那么死刑适用于强奸案件,也和其适用于任何可能危及人类生命安全的案件一样,不过是使罪犯失能的一种手段。"[Making the Punishment Fit the Crime, 77 Harv. L. Rev. 1071, 1081(1964)]
⑤ 我发现多数派意见在这个问题上存在一种令人费解的混淆。也就是佐治亚州是否有权在任何情况下对任何一种强奸行为——轻微的或严重的——处以死刑。然而多数派意见扩大了其讨论范围,明确指向这不是一起"严重"的强奸,也就是说,在被强奸和绑架之后,卡弗女士仍"未受到伤害"。如果法院认为任何强奸罪都不得被处以死刑,那么卡弗女士是否受到伤害又有什么关系呢?
⑥ *Supra*, at 433 U. S. 597-598.

体所受的长期影响很可能是无法修复的,要准确衡量此种犯罪的后果是不可能的。受害人、医生和心理学家已写了很多论著论述强奸行为对受害人的影响。强奸不仅仅是一种身体侵害,也是对个人人格的摧毁。受害人以后的生活将受到严重影响,继而影响到其丈夫和孩子。因此,我完全同意怀特大法官的结论:"杀人的危害是短暂的,而强奸却是对人的根本性侵害。"受害人可能从刀伤、枪伤、拳击伤或鞭伤的身体性伤害中康复,但是此种人格性损害却不是药物或手术可以治疗的。多数派观点轻描淡写地把强奸受害人定位为"未受损害的",或者划分强奸罪的严重程度,正如鲍威尔法官将其分为"严重残忍"和"一般残忍",都忽略了强奸行为给受害人及其所爱的人所带来的伤害。

尽管强烈谴责强奸犯罪,法院仍然得出一个令人费解的结论,即死刑对于这种无耻的犯罪人而言是过重的处罚。① 尽管佐治亚州的法律规定,只有当存在一项以上加重情节时才能对强奸罪适用死刑,法院仍然认为对本案处以死刑是过重的。得出这一结论的过程实在令人惊讶且不安。这表明法院已背离了先例,使得最高法院成为"在残酷和异常的刑罚条款之下,判断全国范围内刑事法的某一领域量刑标准的最终决断人"。② 这严重扭曲了联邦体制,破坏了其花费两个世纪建立起来的灵活性。

对多数派意见的分析可分为两个部分:(1) 一个客观判断,即目前大多数美国司法区都未将强奸规定为一项可判处死刑的罪;(2) 一个主观判断,即死刑对于强奸而言是过重的处罚,因为它本身并未引起受害人的死亡。我将针对这两个观点分别论述。

1

多数派观点将其分析部分建立在这样的事实之上,即"佐治亚州是美国目前唯一一个允许对强奸成年妇女罪犯处以死刑的司法区"。③ 然而,这一数据对于判决而言不能被认为是决定性,甚至连具有较大相关性都谈不上。正如多数

---

① 虽然,只有3个大法官加入了怀特大法官的意见,参见鲍威尔大法官的独立意见,鉴于布伦南大法官和马歇尔大法官在判决里的声明,我将其看做本院的观点。

② 鲍威尔诉得克萨斯州案,392 U.S.514,392 U.S.533(1968)(马歇尔大法官的意见)。仅在上一个开庭期,在格雷格诉佐治亚州案(1796)中,斯图尔特、鲍威尔、斯蒂文斯大法官警告道:"实施第八修正案的时候应当意识到法院的有限角色",并写道:"我们不能像当立法者一样做法官",根据罗伯茨诉路易斯安那州(1976)案,斯图尔特、鲍威尔、斯蒂文斯大法官进一步写道:"在联邦体系下我们与州立法机关的区别更明显,弗曼诉佐治亚州案,即就刑罚种类而言,'这些纯粹是立法政策问题'。"[参见戈尔诉美国政府案(1968)]

③ *Supra*, at 433 U.S.595-596.

派观点承认的那样,两个州(路易斯安那州和北卡罗来纳州)自1972年弗曼诉佐治亚州案以来也制定了成年强奸犯死刑法律。如果本院判决是基于某种"公众意见",这难道不意味着一种新的动向开始了吗?

而且,将抽象的宪法原则之讨论完全建立在过去5年的有限数据上也是缺乏远虑的。本院作出的弗曼案判决已经使这一法律问题处于相当不确定的状态。很多州发现其死刑法典无效了,州立法机关在制定死刑条款时,对于究竟是应当采取明确的法定形式还是赋予司法机关一定的裁量权这一点,表现出非常犹豫不决的态度,因为它们不知道最高法院是否会支持任何一项有关死刑的立法。① 大多数州没有规定对强奸成年妇女的罪犯处以死刑,很可能是各州在弗曼案之后的一种权宜之计,它们在静观其变地期待着其他州作出类似立法,或者是因为它们已经准确的预测到今天的判决。

在任何一起案件中,都应当看到,自本世纪以来几乎三分之一的司法区不断对强奸罪作出死刑判决,而多数派意见却只关注最近几年的司法实践实在是不太真诚。考虑到最近短短5年内最高法院某些大法官立场的迅速变化,将那些立法机关抑制适用死刑作为社会对"残酷和异常"的态度的反映是合理的吗?况且这一抑制在很大程度上是由我们对第八修正案含糊不清的解释引起的。20世纪更有代表性的社会观点应当存在于弗曼案判决之前的司法实践。"问题是……相较于一段时间以前,法院人权观点的突然性进步。"②

即使可以宽容地接受多数派意见所采取的统计数字分析,我仍然无法接受其结论。最值得一提的是佐治亚州是这些年来唯一一个未废除对强奸成年妇女犯处以死刑立法的州,其他两个州在过去5年里也制定了对强奸犯的死刑立法,但是这些立法与强奸罪本身并无关联,却与最高法院上一个开庭期作出的裁决不无关系。③ 即使这些数据可以被解释为其他州均不认为死刑判决是对强奸成年妇女犯的适当刑罚,这也并不当然意味着佐治亚州的死刑判决是违反第八修正案的。

最高法院曾反复指出我们联邦体系的保守性,它允许各州在其权限范围内

---

① 我在弗曼案的警告:"由于最高法院并未就这些案件的核心问题形成多数意见,本国死刑的前途将是非常不确定的。多数派作出的裁决的综合影响将是要求立法机关和国会作出一个不确定的改变,而不是就这一基本宪法问题提供一个最终的、不含糊的答案。"

② 弗曼诉佐治亚州案,*supra* at 408 U. S. 410(布莱克门法官反对意见);鲁道夫诉阿拉巴马州案,375 U. S. 889 (1963)。

③ 参见伍德森诉北卡罗来纳州案,428 U. S. 280 (1976);罗伯茨诉路易斯安那州案,428 U. S. 325 (1976)。

实施刑事和民事法律,以便取得尽可能良好的社会效果。① 宪法诸条款,正如第八修正案和正当程序条款,确实对各州的司法实践制定了实质性的限制。然而,正如多数派承认的那样,强奸罪在严重程度上仅次于谋杀罪,而佐治亚州的这一立法并没有触及这种实质性限制。

一国某一地区的刑事法律规定可能被其他地区的立法机关仔细研究,以致一州的实践可能被推而广之。虽然人类的生命是平衡的,但是也应牢记排斥灵活性也可能损害人类生命——即那些被未能阻止的犯罪行为侵害的被害人的生命。我们在司法过程中对嫌疑人的关心,不应排斥立法机关对潜在受害人付出少量关怀。

过去 5 年中,3 个州的立法机关认为,如果对少数极端案件的强奸犯执行死刑,则强奸罪剥夺人的生命及其可能的毁灭性后果将大大减轻。② 在我看来,这 3 个州目前尽管是少数派,但并不意味着它们的意见不值得重视。我们对生命的关注绝对不应仅限于犯罪人。一州立法机关坚定地保护无辜者的生命及其利益不能被认为是对人类生命的漠视。在这个问题上,立法机关的选择是痛苦和艰难的,理应获得高度尊重。在上一个开庭期,怀特法官指出:"不能将这些立法意见斥为某种形式的野蛮参与或纯粹的报复性举动,因为它们是严肃且有合理依据的,即实施死刑确实能保护无辜者的生命。对于各州为保护生命和其他人类价值而做的真诚努力,司法机关应当尽量不去干预。"③

死刑是否是强奸罪的适当刑罚,这当然是个开放性问题。死刑对于许多潜在的强奸犯是否有威慑力是值得讨论的,甚至死刑这种刑罚本身是否具有威慑作用也是可以讨论的。④ 如果强奸案受害人因了解到社会对强奸罪强烈反感并赞成死刑,而变得更愿意报案并协助追捕强奸犯,那固然是好的;但他们也可能会因为死刑而反倒不愿意协助追诉强奸犯。对少数极恶劣的强奸犯公开处以死刑,很可能使公众在日常生活中获得安全感⑤;但也可能正好相反,因为死刑被

---

① 参见惠伦诉罗伊案, 429 U.S.589, 429 U.S. 597-598, and n.22 (1977);约翰逊诉路易斯安那州案, 406 U.S.356, 406 U.S. 376 (1972) (鲍威尔大法官意见);加利福尼亚州诉格林案, 399 U.S. 149, 399 U.S.184-185 (1970) (哈伦大法官并存意见);费伊诉纽约州案, 332 U.S. 261, 332 U.S.296 (1947)。

② 法规并没有规定所有强奸案适用死刑。相反,陪审团必须发现至少一种加重情节存在[Ga. Code §§23102, 27-2534.1(b)(1),(2), and(7)(1977)]。

③ 罗伯茨诉路易斯安那州案, *supra* at 428 U.S. 355 (反对意见)。

④ 死刑对震慑犯罪的作用是一个复杂的事实问题,其解决取决于立法机关,它可以根据当地的具体情况依据统计研究加以估量,而这一条件是法院所不具备的。参见伯格法官在弗曼诉佐治亚州案的反对意见,以及斯图尔特、鲍威尔、斯蒂文斯在格雷格诉佐治亚州案的并存意见。

⑤ 许多强奸案件的残忍、下流、卑鄙,以及对受害人造成的身心双重伤害,将引发公众的谴责。弗曼诉佐治亚州案中鲍威尔法官的反对意见。

认为是过重的刑罚而使公众承受沉重的心理负担。① 我们不知道哪一种可能性会成为现实,但是今天的判决却阻碍了这一探索,而这种探索正是联邦制建立的目的之一。如果在未来的十年中,佐治亚州强奸案件大幅下降,受害人更愿意协助对强奸犯进行追捕和追诉,公众对法律获得更大的信心,那么很难相信,该州还会长时间作为唯一对强奸罪处以死刑的州而存在。

为了佐治亚州立法的发展,必须给予充分的时间,以便积累数据与那些未实施死刑的州相比较。但是,今天最高法院在我们还不了解死刑是否可以有效遏制强奸这一最严重的犯罪之一的时候,便否决了佐治亚州在这一问题上作出的慎重裁判。而这一切恰恰发生在鲍威尔大法官作出以下精彩论述之后几年时间里:"在我国历史上强奸犯罪如此猖獗的时期,最高法院从州那里剥夺了死刑可能起到的遏制和补偿作用,这确实是一个重大事件。"②最高法院剥夺州的权力是基于这样的认识:"当前在强奸罪适用死刑的问题上……绝大多数意见都反对对强奸成年妇女的罪犯适用死刑",但这一看法太草率了。自弗曼案以来,最高法院部分法官的观点在短期内经历了很大转变。③ 社会在某一重大问题上的转变通常是循序渐进的,如果我们支持佐治亚州立法,则许多州的"主流看法"将在佐治亚州实践的基础上发生变化。④

2

认为死刑不适于强奸罪的主观性判断比上文所讨论的客观性分析问题更大。多数派得出上述结论仅仅是建立在这一事实基础上,即杀人必然导致受害人生命的结束,而强奸则不然。然而,没有一个法官解释这一区别与本案结论有何关联性,更没有解释它的宪法性意义。毕竟,立法机关为了威慑某类犯罪人,而规定比罪行更为严厉的刑罚,这并不一定是非理性的或违宪的。⑤ "我们不能要求立法机关选择最轻的刑罚,只要该刑罚不是极端残酷的或者对犯罪行为而

---

① 我显然不具备特殊能力作这样的判断,但最高法院的其他法官也同样不具备能力作相反的判断。这就是为什么我们的政治体制将这些复杂的政策选择交给州立法机关,这可能并不是明智的选择,但是却更符合社会公众的道德标准,而非我们法官自己的标准。
② 弗曼诉佐治亚州案, 408 U.S. at 408 U.S.459 (反对意见)。
③ 事实上,在弗曼案之前一年,即1971年,最高法院多数大法官并不怀疑死刑的合宪性[参见麦克高瑟诉加利福尼亚州案(1971)]。
④ 鲍威尔大法官的释义:"法院的态度表明进化过程戛然而止了,就任何情况下、对未来任何人而言,死刑是否适用于强奸成年妇女犯的问题,法院已给出了最明智的答案。"[参见弗曼案(反对意见)]
⑤ 例如,如果盗窃犯的处罚仅仅是返还原物,则盗窃行为很难被遏制。

言是极其不相称的。"①多数派意见回避了问题的实质而只是提出:"谋杀案受害人的生命终止了,但对强奸案受害人而言,生命或许不如以前那么快乐,但是却没有结束,也并非不可修复。"

直到现在,第八修正案的真正问题并不是特定受害人被犯罪行为侵害后的状态,而是罪刑是否相当。②作为一条宪法原则,它不能被简单归结为早期原始的"以命抵命、以牙还牙、以眼还眼"。相反,在处理那些不断危及人的生命和健康的犯罪行为时,各州有权采取更为精细的价值衡量。只要是无辜者的生命和身体应受保护,我认为对实施以上犯罪行为的人处以死刑不存在宪法性障碍,而无论是否在某些特殊情况下会有风险。③

仅在一年以前,最高法院裁定只要遵守了正当程序,对谋杀犯处以死刑是合宪的。④今天,多数派意见乐于承认"杀人是短暂的,但是强奸却是对人性的根本性侵害"。此外,正如鲍威尔所述:"强奸罪的严重损害危险是隐含的,受害人因受到身体侵害或身体侵害的威胁而屈服。"强奸罪的影响并不像谋杀罪一样可以在若干年内消除,除了一大堆精神损害外,它还对无辜者的生命和安全造成了严重危害。因此,在第八修正案之下为州政府提供足够的裁量权便是顺理成章的了⑤,如果谋杀犯可被处以死刑,那么强奸犯也应如此,只要这一意见是州立法者深思熟虑的结论。

相反,法院的判决很令人不安。本案判决显然表明死刑判决只能适用于造成受害人死亡的犯罪案件。这就动摇了各州所有规定对情节严重但受害人未当场死亡的犯罪行为处死刑之法律的合宪性,例如叛国罪、劫持航空器罪和绑架罪。如此一来,本判决将造成比它看上去更大的危害。诸如劫持航空器、绑架和恐怖犯罪对社会造成的严重且持续的危险不容忽视,但如果本案判决阻止了州和联邦政府为遏制这些犯罪所采取的各种努力——包括对犯罪者处以死刑——

---

① 格雷格诉佐治亚州案, 428 U.S. at 428 U.S.175;弗曼诉佐治亚州案,supra at 408 U.S.451(鲍威尔大法官,反对意见)。

② 参见格雷格诉佐治亚州案,supra at 428 U.S.173;弗曼诉佐治亚州案,supra, at 408 U.S.458(鲍威尔大法官的反对意见)。

③ See Packer, 77 Harv. L. Rev. at 1077-1079.

④ 比较格雷格诉佐治亚州案, supra;普罗菲特诉佛罗里达州案, 428 U.S.242(1976);尤雷克诉得克萨斯州案, 428 U.S.262(1976)和罗伯茨诉路易斯安那州案, 428 U.S.325(1976);伍德森诉北卡罗来纳州案, 428 U.S.280(1976)。

⑤ 斯图尔特、鲍威尔、斯蒂文斯大法官在格雷格诉佐治亚州案中写道:"在评估一个民主选举产生的立法机关所选择的刑罚措施时,我们假定它是合宪的……反对人民的代表所作出的选择是需要背负很大的负担。"[参见弗曼诉佐治亚州案鲍威尔大法官的反对意见]原因在于:"合宪性判断离不开分析时下人们的生活观念,而立法意见恰恰反映了这些观念。'在一个民主社会里,立法机关,而非法院是民意和民众道德观念的体现'。"[参见弗曼诉佐治亚州案伯格大法官的反对意见]

那将是非常不幸的。

我们有必要重温仅仅是几年以前作出的以下论述:"我们的任务是判断已制定且有争议的法律之合宪性,这一点有必要再三强调,这是大法官的唯一职责。我们不能将个人好恶强加于法律或政府行为之上,并以此影响案件判决。然而超越这条界线的冲动是强烈的,正如本案判决所显示,有时该冲动甚至是无法抗拒的。"①

无论我们个人如何看待死刑,我都不能同意将州立法机关经过审慎考虑,而规定对强奸罪处以死刑的法律判定为违宪。因此,我支持州立法机关在这一法律领域的自主权。

---

① 参见弗曼诉佐治亚州案,408 U.S. at 408 U.S.411(布莱克门大法官,反对意见)。

恩芒德诉佛罗里达州案
Enmund v. Florida

《美国案例汇编》第 458 卷第 782 页(1982)
美国联邦最高法院发至佛罗里达州最高法院的调卷复审令
庭审日期:1982 年 3 月 23 日
结审日期:1982 年 7 月 2 日

案 件 导 读

  本案发生于 1975 年 4 月 1 日,关乎一对不幸的老夫妇。86 岁的托马斯和 74 岁的尤尼斯·柯西,住在位于佛罗里达州中部地区的农舍。4 月 1 日上午大约 7:45,桑普森·阿姆斯特朗和珍妮特·阿姆斯特朗借口为过热的汽车取一些水,走近他们农舍后门。当托马斯·柯西拿着一个水壶,走出房门以帮助阿姆斯特朗他们时,桑普森·阿姆斯特朗抓住他,并用枪对着他,同时让珍妮特·阿姆斯特朗拿走他的钱包。托马斯·柯西大声呼救,尤尼斯·柯西听到丈夫的呼救声,拿着一把枪走到房子的一侧并开枪射击珍妮特·阿姆斯特朗。接着桑普森·阿姆斯特朗,或许还有珍妮特·阿姆斯特朗开枪回击,杀死了柯西夫妇。随后阿姆斯特朗二人将这对夫妇的尸体拖到厨房,拿走他们的钱,然后逃至停靠在距离柯西屋子 200 码的道路边的一辆大型的米黄或黄色的汽车,申诉人埃尔·恩芒德在那里正等着帮助阿姆斯特朗二人逃跑,待他们上车后他立即驱车逃离。

  本案在佛罗里达州法院经陪审团审理,判决恩芒德和共同被告人因对两位老人实施了一级谋杀和抢劫,故处以死刑。恩芒德上诉,佛罗里达州最高法院仍维持判决。在审理中,案件争议申诉人责任的关键问题在于,他的行为是否将使其成为主犯或者仅仅成为抢劫罪的事前从犯。

  申诉人认为他没有亲手杀人或者出现在谋杀现场,不应当被判处死刑。因为在谋杀发生时,申诉人仅仅是坐在停靠路边的车上,等着帮助劫匪逃跑。陪审团可以得出的结论只能是他正等着帮助劫匪逃跑。根据本案事实,甚至无法确定他是否意图使受害者被杀死或是否预期到致命的武器可能被用来抢劫或者逃脱。

但根据佛罗里达州法律,这已足以使申诉人成为推定的共犯,因此成为可判处死刑的一级谋杀罪的主犯,这就与申诉人提出的关于他没有亲手杀人或是谋杀时他不在场的质疑并无关系。

恩芒德不服,并上诉至联邦最高法院。经审理,最高法院以5票赞成4票反对裁决:对申诉人加诸于死刑违反了第八和第十四宪法修正案,故撤销原判并发回重审。怀特大法官发布了法院的判决意见书,包括布伦南大法官、马歇尔大法官、布莱克门大法官和斯蒂文斯大法官。布伦南大法官提交了同意意见。奥康纳大法官提交了反对意见,包括伯格大法官、鲍威尔大法官和伦奎斯特大法官。

联邦法院进行法庭审理时,其核心问题是根据第八和第十四修正案,对既未杀人或杀人未遂,或企图谋杀的人来说,死刑是否是有效的、合乎比例原则的刑罚。对此,联邦最高法院的多数意见认为:

首先,立法机关、陪审团及检察官目前的判断非常倾向于拒绝对本案涉及的罪判处死刑。本案中,在被告人参与抢劫的过程里发生了一起凶杀案,但被告人没有实施,或企图或准备实施谋杀行为,或是意图使用致命的武器。有关的统计数字表明多数陪审员,或许还有检察官均认为对于此类犯人课处死刑乃是不符合比例原则的。

其次,虽然抢劫罪是一种严重的值得严厉处罚的犯罪,但并未对人性侮辱严重到以至于死刑是仅有的充分反应。基于死刑的独特的严重性和不可撤销性,对于抢劫犯这样并不夺取他人生命的罪犯来说,死刑是过度的惩罚。案件的重点应当放在申诉人的罪责方面。他没有杀人或打算杀人,因此他的罪责不同于杀人的抢劫犯,如果对待他们像对待犯下杀人罪行的人,并归咎同于杀人者,这是不被允许的。

第三,无论是基于死刑的威慑目的还是报应目的都不是处以申诉人死刑的充足的理由。毫无疑问,死刑对于此类犯人,如申诉人,既没有杀人也无杀人意图的罪犯,不存在威慑的效果。至于报应惩罚,其是基于罪行的恶性,其惩罚的程度应与罪行相当。故就此而言,死刑不是有效的刑罚。联邦最高法院通过此案确定了在这样一种情况下,死刑不能适用:被告人虽然在实施重罪的过程中致人死亡,但是被告人并未亲自实施杀人行为或者没有试图实施杀人的行为或者不存在杀人故意,且不存在不顾后果,漠视他人生命的行为。

这一判例是联邦最高法院对适用死刑的主体范围上作出的又一类限定,也正是联邦最高法院在死刑适用的"统一性"方面,在限制死刑适用所作出的努力方面迈出的值得鼓励的新的一步。

| 判决摘要 |

在佛罗里达州法院经陪审团审理,申诉人和共同被告人因在两位老人的农舍对两位老人实施了一级谋杀和抢劫,被判处死刑。佛罗里达州最高法院维持

判决。法院判决认为,虽然案卷只是表明这样的推论,即当谋杀发生时,申诉人坐在停在农舍附近路边的一辆小汽车里,等待帮助杀人和抢劫的同伙逃跑(同案被告人和第三人),根据佛罗里达州的法律,这已经足以使申诉人成为推定的共犯,因此是在一级谋杀里能够处以死刑的主犯。故这就与申诉人所异议的死刑判决无关,即使他没有亲手杀人或者出现在谋杀现场,或者不知道他是否意图使受害者被杀死或是否预期到致命的武器可能被用来实现抢劫或者逃脱。

判决:对申诉人加诸于死刑违反了第八和第十四宪法修正案。①

(a) 立法机构,陪审团和检察官目前的判断非常倾向于拒绝对本案涉及的罪判处死刑。在被告人参与抢劫的过程中发生了一起凶杀案,但被告人没有实施,或企图或准备实施谋杀行为,或是意图使用致命的武器的情况下,只有少数州——8个州——允许判处死刑。而压倒性的证据表明美国的陪审团推翻了对申诉人所犯类型的罪判处死刑,统计数字表明陪审团——或许检察官——认为对如申诉人相似情形的人判处死刑是属于不成比例的惩罚。②

(b) 虽然抢劫罪是一种严重的值得严厉处罚的犯罪,但此罪并没有"对人性的侮辱严重到适用死刑是唯一恰当的处罚"。③ 死刑,"基于其独特的严重性和不可撤销性"④对于抢劫犯这样的,并不夺取他人生命的罪犯来说是过度的惩罚。在这里,重点必须放在申诉人的过失,而不是那些犯下抢劫和杀人的罪犯。他没有杀人或打算杀人,因此他的罪责不同于杀人的抢劫犯,如果对待他们像对待犯下杀人罪行的人,并归咎同于杀人者,这是不能允许的。

(c) 无论是基于死刑的威慑目的还是报应目的都不是对申诉人处以死刑的充足理由。死刑对于谋杀罪的震慑力不可能同样威慑到如申诉人般既没有杀人也无杀人意图的人。至于报应惩罚,这取决于申诉人须负的罪责程度,而这必须限于他参与抢劫的部分。判处他死刑来报复他并未犯下或意图犯下或由他引起的两起谋杀,这将不利于确保罪犯得到应有的恰当惩罚。⑤

撤销原判并发回重审。⑥

怀特大法官宣布了法院的判决意见书,包括布伦南大法官、马歇尔大法官、布莱克门大法官和斯蒂文斯大法官。布伦南大法官提交了同意意见;奥康纳大法官提交了反对意见,伯格首席大法官、鲍威尔大法官和伦奎斯特大法官加入。

---

① Pp. 458 U.S. 788-801.
② Pp. 458 U.S. 788-796.
③ 格雷格诉佐治亚州案,428 U.S. 153,428 U.S. 184。
④ 同前,at 428 U.S. 187。
⑤ Pp. 458 U.S. 798-801.
⑥ 399 So.2d 1362.

| 判决全文 |

怀特大法官发表了法院的判决意见：

一

主要根据佛罗里达州最高法院的判决意见，认定的案件事实如下。1975 年 4 月 1 日，大约上午 7 点 45 分，托马斯和尤尼斯·柯西，86 岁和 74 岁，在他们位于佛罗里达州中部地区的农舍遭遇抢劫并死于枪击。证据显示，桑普森，珍妮特·阿姆斯特朗去了柯西屋子的后门，请求为一辆过热的汽车提供用水。当柯西先生走出屋外，桑普森·阿姆斯特朗抓住他，用枪指着他，并让珍妮特·阿姆斯特朗把他的钱拿走。柯西先生大声呼救，他的妻子从家里拿枪出来并射伤了珍妮特·阿姆斯特朗。接着桑普森·阿姆斯特朗，也许还有珍妮特·阿姆斯特朗开枪杀害了柯西夫妇二人，将他们拖拽到厨房，卷款而逃。

两名证人作证：上午 7 时 30 分到上午 7 时 40 分之间开车经过柯西夫妇家，看到一辆大型的米黄或者黄色的车停放在距离他们屋子 200 码的道路边，而一个男人坐在车里。另一证人证实，大约上午 6 时 45 分他看到艾达珍·肖，也就是申诉人的妻子和珍妮特·阿姆斯特朗的母亲，驾驶一辆塑料顶棚的黄色别克，属于她和申诉人埃尔·恩芒德。恩芒德同一个身份不明的女人一起坐在车上。上午约 8 时，同一证人看见该车急速驶回。恩芒德开车，艾达珍·肖坐在前面，其他两人中的一个躺在车后座上。

恩芒德、桑普森·阿姆斯特朗和珍妮特·阿姆斯特朗涉嫌抢劫并杀害柯西夫妇，被指控犯一级谋杀和抢劫。恩芒德和桑普森·阿姆斯特朗一同受审。①公诉人在他的结案陈词中主张"桑普森·阿姆斯特朗杀害了两位老人"。法官指示陪审团说："当在实施或企图实施抢劫时发生的杀人案件仍然是一级谋杀，即使并无蓄意计划或意图谋杀。"

他接着指示他们："为了判定在实施或企图实施抢劫时犯下一级谋杀罪，证据必须排除合理怀疑地确认，被告人是实际在现场，并积极帮助和教唆他人抢劫或试图抢劫，且非法杀人行为发生在抢劫或试图抢劫期间。"

陪审团裁断恩芒德和桑普森·阿姆斯特朗两项一级谋杀罪及一项抢劫罪。根据佛罗里达州的诉讼程序，一个独立的量刑听证会举行，陪审团建议判处两名

---

① 珍妮特·阿姆斯特朗的审判被隔断，她被判犯有两项二级谋杀罪及一项抢劫罪，处以三个连续的无期徒刑［399 So.2d 1362, 1371（Fla.1981）］。

被告人死刑,佛罗里达州的诉讼程序规定由陪审团建议主审法官是否要判处死刑。①

随后主审法官基于两项一级谋杀罪行判处恩芒德死刑。恩芒德上诉,佛罗里达州最高法院依据佛罗里达州刑法典将书面裁决发回重审。承审法官查明四个法定加重情节:当恩芒德实施持械抢劫或作为共犯参与时犯下死刑重罪②;为金钱利益犯死刑重罪③;其行为是令人发指的、残暴的或残忍的④;以及恩芒德曾犯有涉及使用或威胁使用暴力的重罪。⑤ 法院认定"没有任何法定从轻情节适用于"恩芒德,且加重情节抵消了减轻情节。⑥ 因此恩芒德以谋杀罪被判处死刑。

佛罗里达州最高法院维持了恩芒德的定罪和判刑。法院判定"在审判时没有直接的证据表明,当计划抢劫柯西老夫妇并致他们被杀害时,埃尔·恩芒德出现在柯西家后门"。但是,法院驳回了申诉人关于根据佛罗里达州重罪谋杀罪规则至多判处二级谋杀的论证。

法院解释说,"重罪谋杀罪规则和主犯规则"相互作用,结合起来使重罪犯通常为他的同案重罪犯的致命行为承担责任。⑦ 尽管如果认为申诉人为事后从犯,而不是主犯时他可以被定为二级谋杀,但是佛罗里达州最高法院理论道:

"他参与案件程度的唯一证据是他是靠近犯罪现场路边的车上的人,陪审团对此进行可能的推论。陪审团可以得出结论,他在那里,几百英尺远的地方,正等待着帮助劫匪带着柯西的钱逃跑。因此,此证据就足以判定申诉人是二级主犯,为抢劫罪的实施提供实质性的帮助。根据重罪谋杀规则的部分条文,这一结论支持了一级谋杀罪的裁决。"⑧

---

① Fla. Stat. §921.141(2)(1981).
② Fla. Stat. §921.141(5)(d)(1981).
③ §921.141(5)(f).
④ §921.141(5)(h).
⑤ §921.141(5)(b). 399 So. 2d 1362,1371-1372(Fla. 1981).
⑥ 同前, at 1372。
⑦ 同上, at 1369, 亚当斯诉州案(*Adams v. State*), 341 So. 2d 765, 768-769(Fla. 1976), cert. denied,434 U. S. 878(1977)。
⑧ 美国佛罗里达州最高法院对有关恩芒德案件参与程度的证据的理解与初审法院大不相同。在案件量刑裁决中,初审法院推断恩芒德是劫案的主要参与者,因为他事先策划了抢劫和他本人枪杀了柯西夫妇(399 So. 2d at 1370, 1372)。

按照我们的理解,上述两项认定都被佛罗里达州最高法院驳回了,其判定关于恩芒德参与程度的唯一值得支持的推论是他驾驶供劫匪逃跑用的汽车。异议者虽承认初审法院的判决否定了恩芒德是行凶者之一的说法,但认为其裁定恩芒德策划了劫案即是间接的肯定(at 458 U. S. 809)。正如我们说过的,我们不同意此观点。不管怎样,我们面临的问题与宪法无关,因为佛罗里达州最高法院裁定,驾驶逃逸车辆足以支持定罪和判处死刑,不论恩芒德是否有意夺人性命或预期到致命武器将被使用。

该州最高法院驳回了初审法院认定的四个法定加重情节中的两个。法院认为,在抢劫过程中犯下谋杀,和抢劫是为金钱利益,这指的是申诉人罪行的同一方面,必须被视为一个加重处罚情节。

此外,法院认为,书面陈述说谋杀是令人发指的、残酷的、残暴的,这不能被认同。① 但是,因为存在两个加重情节又无减轻情节,所以死刑判决被维持。由此,法院明确驳回恩芒德的意见,即因为没有证据证明他有意杀人,故死刑判决为美国宪法第八修正案所禁止。②

我们授予恩芒德的申诉调卷令③,提出的问题是根据第八和第十四修正案,对既未杀人或杀人未遂,或企图谋杀的人来说,死刑是否是有效的刑罚。④

二

正如上文叙述,佛罗里达州最高法院认为,案卷至多支持这样的推论:在谋杀发生时,恩芒德坐在停靠道路边的车上,等着帮助劫匪逃跑。根据佛罗里达州法律,这已足以使恩芒德成为推定的共犯,因此成为可判处死刑的一级谋杀罪的主犯。这就与恩芒德关于他没有亲手杀人或是谋杀时他不在场的质疑无关;也和如果为抢劫成功或安全逃脱之必要,他是否打算让柯西被杀害或者预期将会或可能会使用致命武器这一观点无关。我们的结论是,在这些情况下判处死刑违反了第八和第十四修正案。

(一)

第八修正案的禁止残酷和异常的刑罚的条款是部分旨在反对由于过于漫长或严厉,致其与所指控的罪行极不成比例的刑罚。⑤ 该法院最近的一次裁定惩罚过度是在科克尔诉佐治亚州一案中所指控的犯罪。在那儿多数人的意见断定:因强奸成年妇女处以死刑"对强奸罪而言是极不相称的和过度的惩罚,并因此构成残酷和异常的刑罚为第八修正案所禁止"。⑥ 在作出这样的结论时,应强

---

① 佛罗里达州最高法院驳回了初审法院对于阿姆斯特朗案的推断,即柯西夫妇被杀害是为了消除他们作证人的可能,并表示,根据事件的唯一直接原因,"这起枪杀事件确实是任意的,是由柯西夫人持枪抵抗所引发的"(399 So. 2d at 963)。
② 399 So. 2d at 1371.
③ 454 U. S. 939 (1981).
④ 申诉人指出另一个问题:恩芒德在杀人案中的参与程度是否按照第八和第十四修正案的要求进行考虑。我们不需要处理这个问题。
⑤ 参见威姆斯诉美国案, 217 U. S. 349, 217 U. S. 371 (1910),援引奥尼尔诉佛蒙特州案(O'Neil v. Vermont), 144 U. S. 323, 144 U. S. 339-340 (1892)(菲尔德大法官,反对意见)。
⑥ 433 U. S. 584, at 433 U. S. 592 (1977).

调的是我们的判断是在"以最大可能程度获知客观因素"的基础上作出的。因此,在对此问题作出自己的判决之前,法院查阅了争议中刑罚的历史发展、立法性判决、国际舆论及陪审团曾作出的量刑裁定。

在此案中我们继续以类似的方式分析争论的刑罚问题。

(二)

在科克尔案中的多数意见认为,在过去的50年间的任何时候,大多数州没有认可死刑作为强奸罪的处罚。① 更重要的是,为满足弗曼诉佐治亚州案确立的标准,在重新制定死刑法规中,只有3个州在其修订的法规中规定了强奸成年女性可判处死刑。因此,多数意见认为"在州立法机关中就强奸罪能否判处死刑目前的判断并不完全一致,但很显然拒绝将死刑作为强奸成年女性的适当刑罚的观点影响重大"。

目前36个州及联邦司法管辖区准予死刑。其中,只有8个司法管辖区为在参与抢劫中合伙劫匪杀人的情形准予死刑。② 其余28个司法管辖区中,有4个辖区重罪谋杀并非是死罪。③ 1个州要求就凶杀案而言,犯案者存在应受谴责的心理状态是准予定罪死刑的前提条件。其中8个州要求明知、故意、有目的或蓄意杀害作为死罪的一个因素。④ 其他3个州要求在缺少犯罪意图时,有证据表

---

① 433 U. S. 584, at 433 U. S. 593.

② Cal. Penal Code Ann. §§189, 190. 2(a)(17)(West Supp. 1982); Fla. Stat. §§782.04(1)(a), 775.082(1), 921.141(5)(d)(1981); Ga. Code §§26-1101(b),(c), 27-2534.1(b)(2)(1978); Miss. Code Ann. §§97-3-19(2)(e), 99-19101(5)(d)(Supp. 1981); Nev. Rev. Stat. §§200.030(1)(b), 200.030(4), 200.033(4)(1981); S. C. Code §§16-3-10, 16-3-20(C)(a)(1)(1976 and Supp. 1981); Tenn. Code Ann. §§39-2402(a), 39-2404(i)(7)(Supp. 1981); Wyo. Stat. §§6-4-101, 6-4-102(h)(iv)(1977).

③ Mo. Rev. Stat. §§565.001, 565.003, 565.008(2)(1978)(死刑只可适用于谋杀罪;重罪谋杀是一级谋杀); N. H. Rev. Stat. Ann. §§630:1, 630:1(III), 630:1-a(1)(b)(2)(1974 and Supp. 1981)(谋杀罪包括仅杀害一名执法人员,绑架杀人和雇凶杀人);18 Pa. Cons. Stat. §§2502(a),(b), 1102(1980)(死刑只可适用于一级谋杀;重罪谋杀是二级谋杀); Wash. Rev. Code §§9A.32.030, 10.95.020(1981)(死刑只可适用于预谋杀人)。

④ Ala. Code §§13A-2-23, 13A-5-40(a)(2), 13A-2(a)(1)(1977 and Supp. 1982)(共犯应当"有意促使或帮助犯罪实施"且谋杀必须是故意的,其才能定罪谋杀); Ill. Rev. Stat., ch. 38, 9-1(a)(3), 9-1(b)(6)(1979)(只有在被告人故意杀害或者明知他的行为"造成巨大身体伤害或死亡的可能性极大"的时候,才是死罪); La. Rev. Stat. Ann. §14:30(1)(West Supp. 1982)("有明确杀人意图"); N. M. Stat. Ann. §§30-2-1(A)(2),31-18-14(A), 31-20A-5(Supp. 1981)(重罪谋杀是死罪,但除非受害者是治安官员,否则没有杀人故意不得判处死刑); Ohio Rev. Code Ann. §§2903.01(B),(C),(D), 2929.02(A), 2929.04(A)(7)(1982)(除非共犯意图杀人,否则不得被判定谋杀); Tex. Penal Code Ann. §§19.02(a), 19.03(a)(2)(1974)("在重罪中故意杀人"); Utah Code Ann. §76202(1)(1978)("故意或明知造成他人死亡"); Va. Code §18.2-31(d)(1982)("在抢劫中,当持有致命武器时,劫匪故意、蓄意或有预谋地杀人")。

明存在应被归责的心理,如轻率或极端漠视生命,方可判处死刑。① 因此,在这11个州,没有其精神状态的证明,重罪谋杀的行为人不适用死刑,但就恩芒德而言,无论根据初审法院的指示还是佛罗里达州最高法院颁布的法律,其精神状态都不要求被证明。另外4个司法管辖区不允许诸如恩芒德一样的被告人被处死。其中,1个州坚决禁止在被告人实际上并未犯谋杀罪的情况下被判处死刑。② 两个司法管辖区在这些情况下排除死刑:如这样的,被告人"在由他人犯下的罪行中是主犯,但他的参与程度是相对轻微的,尽管并未轻微到构成一个针对控诉的辩护理由"。③ 另一州将重罪谋杀的死刑适用范围限制到不涉及此案的狭窄情形。④ 余下的9个州在各自的死刑量刑法规中处理替代的重罪谋杀中死刑的判处问题。

在上述各州中,如果被告人实际上并未造成受害者死亡,仅仅参与发生杀人的重罪,被告人可能不被执行死刑。在这些州对被告人执行死刑,通常是存在法定的加重情节且必须超过减刑因素。可以肯定的是,在这些司法管辖区如果有足够的加重情节存在,一个替代重罪谋杀犯缺乏谋杀意图仍可能被判处死刑。然而,9个州中的6个州将被告人是在他人实施可能判处死刑的犯罪案件的共犯,但其参与程度相对较小的情形规定为法定减轻情节。⑤ 通过使最少参与他人犯下的死罪的情形作为减轻情节,这些量刑法规减少了一个人因替代重罪谋杀被处决的可能性。其余的3个司法管辖区从将支持死刑判决的加重情节目录中排除重罪谋杀。⑥ 在这9个州中,没有超出重罪谋杀本身的加重情节,非重罪

---

① Ark. Stat. Ann. §41-1501(1)(a)(1977)("极为漠视……生命");还参见§41-1501,评注("重罪中的意外杀人将不……支持"……导致死刑的定罪);Del. Code Ann. , Tit. 11, §§636(a)(2),(6)(1979)(重罪中的"轻率犯罪"或"过失犯罪"导致死刑);Ky. Rev. Stat. §507.020(1)(b)(Supp.1980)(被告人必须显示出"极端漠视人的生命"和"肆意行为引发严重的死亡风险……并因此引起死亡……");又见肯塔基州刑事法律注释的以下评注,Penal Code §507.020, p.677(1978)[每个同案犯的"重罪参与"应当构成表明其极端漠视生命的放任(间接故意)]。

② Md. Code Ann. , Art. 27, §§410, 412(b), 413(d)(10), 413(e)(1)(1982)(除雇凶杀人情形外,只有一级谋杀可处死刑)。此外,[in n 7, 上文]已经做出解释的两个司法管辖区也排除死刑适用于未犯谋杀罪的被告人。Ill. Rev. Stat. , ch. 38, 9-1(a)(3), 9-1(b)(6)(1979)(被告人必须实际杀死被害人);Va. Code §§18.2-31(d), 18.2-10(a), 18.2-18(1982)(除雇凶杀人外,只有一级谋杀可受死刑审判)。

③ Colo. Rev. Stat. §16 103(5)(d)(1978);49 U.S.C. §1473(c)(6)(D)(same)。

④ Vt. Stat. Ann. , Tit. 13, §§2303(b),(c)(Supp.1981)(罪犯犯下另一不相关的谋杀案或是谋杀狱警应定为可判死刑的谋杀罪)。

⑤ Ariz. Rev. Stat. Ann. §13-703(G)(3)(Supp.1981-1982)("相对次要"参与);Conn. Gen. Stat. §53a-46a(f)(4)(Supp.1982)(same);Ind. Code §35-50-2-9(c)(4)(Supp.1981)(same);Mont. Code Ann. §46-18-304(6)(1981)(same);Neb. Rev. Stat. §29-2523(2)(e)(1979)(same);N. C. Gen. Stat. §15A-2000(f)(4)(Supp.1981)(same)。

⑥ Idaho Code §19-2515(f)(1979);Okla. Stat. , Tit. 21, §701.12(1981);S. D. Comp. Laws Ann. §23A-27A-1(Supp.1981)。

谋杀的实施者不能因重罪谋杀被判处死刑。

因此,只有少数司法管辖区——8个——允许对仅仅因为在某种程度上参与了抢劫,而在此间发生了谋杀的被告人判处死刑。即使包括这9个州即如有足够的超过减轻情节的加重情节,被告人可因非预期的重罪谋杀被处死——这常包括被告人在谋杀案中最少参与的情形——大约只有三分之一的美国司法管辖区准许过某种程度上参与发生谋杀的抢劫案的被告人被判处死刑。① 此外,自1978年以来其中的8个州已颁布新的死刑法规,没有一个授权在此情况下可处以死刑。虽然就能否对没有杀人、杀人未遂或意图谋杀的被告人处以死刑这一问题目前的立法判决既不是"在州立法机构中完全一致"②,也没有在科克尔案中所深思熟虑的立法判决那样令人信服,然而其在拒绝就此类犯罪判处死刑上影响重大。③

---

① the Ala., Colo., Conn., Md. Ohio, Pa., S.D. and Wash. statutes cited in nn. 5-7 9 10 12 and 13 *supra*.

② 科克尔诉佐治亚州案,433 U.S. at 433 U.S. 596。

③ 异议者所理解、归纳的各州法规特征则有所不同。首先指出,31个州"允许因抢劫发生的杀人案件适用死刑"(Post at 458 U.S. 819)。但是这与本案无关。更确切地说,准许判处没有杀人或者无企图或故意杀人的被告人死刑的州之数目存在争议。异议者将各州法规划分为三个类别。第一类别包含20个州的法规,其中包括8个没有争议的州立法——加利福尼亚州、佛罗里达州、佐治亚州、密西西比州、内华达州、南卡罗来纳州、田纳西州和俄亥俄州。在由异议者所列出的11个州中——亚利桑那州,科罗拉多州,康涅狄格州,爱达荷州,印第安纳州,蒙大拿州,内布拉斯加州,新墨西哥州,北卡罗来纳州,俄克拉荷马州和南达科他州。异议者仅着眼于界定何为可判处死刑的谋杀罪的法律条款。科罗拉多州死刑法律规定被告人在谋杀案中的次要参与是判处死刑的绝对抗辩事由。与异议者声称这一规定无助于申请人相反,如果本案是根据佛罗里达州最高法院的法庭调查进行裁判,那么科罗拉多州法律很有可能已禁止在本案件中判处死刑。同样,亚利桑那州、康涅狄格州、印第安纳州、蒙大拿州、内布拉斯加州和北卡罗来纳州死刑法规不允许仅因替代重罪谋杀判处死刑,并且在即使存在加重情节的案件中,通过规定被告人在谋杀中的次要参与是一种减轻情节来降低判处替代重罪谋杀犯死刑的可能性。其他3个州——爱达荷州、俄克拉荷马州和南达科他州——在这些州,重罪谋杀本身不能作为一种加重情节,只有在存在其他加重情节时,才允许处决没有意图杀人或实际杀人的被告人。新墨西哥州的判处死刑法规要求陪审团认定至少一个法定加重处罚情节,并且除此之外,加重情节必须重于减轻情节,方才可判处死刑[N.M. Stat. Ann. §§31-20A-4(C)(1)and(2)(Supp.1981)]。该法规列出7项法定加重情节,其中6项要求有杀人意图[§§31-20A-5(B)(G)]。唯一不要求犯罪意图因素的加重情节不适用于此案,因为其要求被杀害的受害者必须是一名正在执行公务的治安官[§31-20A-5(A)]。剩下的一个州,蒙大拿州将死刑适用限于未出现在本案的很少情况。对照前文(post at 458 U.S. 821, n. 37),没有异议的是,在判处欠缺犯罪意图的未行凶者死刑前,3个州都要求其存在有罪的精神状态,是本案无法证明恩芒德所具备的一种精神状态。同样,异议者的第二类别包括7个州,规定被告人有杀害被害人的明确意图时才能准予死刑。此类别不同于我们所区分的要求有明确犯罪意图的州类别划分,仅因为我们将新墨西哥州纳入此类别中(Compare n 7, *supra*, with post at 458 U.S. 821-822, n. 38)。最后,没有分歧的类别是3个州将死刑的适用限制于实际杀人的重罪谋杀者(Compare n 9, *supra*, with post at 458 U.S. 822, n. 39)。

（三）

陪审团作出的量刑判决也显示了社会反对对重罪谋杀案中的共犯处以死刑。正如我们先前所评论到的，"陪审团……是一个重要而可靠的当代价值观的客观指标，因为它是如此地与之直接相关联"。① 大量证据表明美国的陪审团拒绝对如申诉人一样所为的犯罪处以死刑。首先，据申诉人所述，通过查阅1954 年以来在被告人因杀人被处决的案件中所有被报道的上诉法院判决，其显示在 362 件死刑中，有 339 件是被处决者本人犯下了杀人罪。② 在两起案件中，被处决者唆使他人为其杀人，而在 16 起案件中，案件事实没有被充分详细报道，以致无法判定是否被执行者犯下杀人罪。③ 调查结果显示 362 起案件中仅仅 6 起是非重罪谋杀的实施者被处决。所有 6 个死刑处决都发生在 1955 年，与此相对的是，在 1955 年至 1977 年科克尔诉佐治亚州案，此法院作出裁决之间，全国有 72 件因强奸引起的死刑处决。④

申诉人关于全国死囚种群的调查也表明陪审团拒绝在此类案件中附加死刑处罚，即如本案，被告人既没有杀人，在发生杀人行为时也没有在场，同时也没有参与密谋或计划杀人。⑤ 截至 1981 年 10 月 1 日，共有 796 名囚犯因杀人被判死刑。其中 739 人有足够的数据可用，仅有 41 人没有参与对受害人的致命攻击。在此 41 人中能够获得 40 人的充分资料，当致命袭击发生时，仅有 16 人没有实际在场。这 16 人中仅 3 人，包括申诉人在内，是在缺乏他们雇佣或请求他人杀死受害者或参与到针对受害者的杀人计划证据的情况下，被判处死刑。佛罗里达州的这些数据是相似的。⑥ 目前 45 名重罪谋杀者是死囚。在 36 起案件中，佛罗里达州最高法院或判定或维持初审法院或者陪审团关于被告人意图杀人的确认。在 8 起案件中，最高法院判定没有关于杀人意图的证据，但每起案件的被告人都是行凶者。只在 1 起案件中——恩芒德案——没有杀人意图和被告人是否

---

① 科克尔诉佐治亚州案，同前，at 433 U. S. 596，援引格雷格诉佐治亚州案，428 U. S. 153, 428 U. S. 181 （1976）。
② 参见呈请摘要附录 D。
③ 没有理由认为 16 个州组成的这个类别比被告人研究的余下类别包含了较大比例的非持枪歹徒。
④ 参见全国有色人种促进会的法律辩护和教育基金会（NAACP Legal Defense and Educational Fund, Inc.），Death Row U. S. A. 1, n. * （Oct. 20, 1981）。
⑤ 参见呈请摘要附录 E；全国有色人种促进会的法律辩护和教育基金会（NAACP Legal Defense and Educational Fund, Inc.），Death Row U. S. A. （Oct. 20, 1981）。
⑥ 参见呈请答辩理由书附录 A-1 至 A-7。

是行凶者的调查结果。①

佛罗里达州并没有质疑对其州案件的这一分析。

异议者抨击这些数据的理由在于法院不会披露被指控重罪谋杀的罪犯比例或是披露请求判处重罪谋杀共犯死刑的案件比例。我们怀疑是否有可能收集这些资料,但不管怎样,如果检察官甚少寻求重罪谋杀共犯死刑,而资料往往显示出代表社会利益追诉犯罪的检察官会考虑判处谋杀重罪共犯死刑是否过重,那么这是有那么点儿关联的。事实是在过去四分之一世纪,我们不知道有任何一个犯下谋杀重罪的人,没有杀人或杀人未遂,或者企图杀人却已经被处死,而目前在此范畴中仅有3个人被判处死刑。若将"欠缺杀人意图的死刑是违反宪法的刑罚"加诸于申诉人身上,且考虑到所观察的统计数字是不完全的,那么这些数字不容小视。申诉人的论证理由是因为他没有杀人或杀人未遂,也没有意图杀人,所以死刑适用于他是过度的,并且他援引的统计数据充分表明陪审团——或许以及检察官——认为将死刑适用于如他一样情况的人是过度惩罚。②

三

虽然立法机关、陪审团和检察官的判断对判决结果影响重大,但我们最终判定根据在于第八修正案是否允许判处如恩芒德一样的人死刑,其作为重罪共犯,在犯罪过程中,同案他人犯下谋杀罪行,但其自身并未杀人或杀人未遂,或企图杀人或者使用致命武器。和大多数立法机构和陪审团一样,我们得出结论,第八修正案没有允许此类死刑适用。

毫无疑问,抢劫是应当得到严厉惩罚的严重犯罪。然而,抢劫犯罪并不是"如此凶残地对人性的公开侮辱,以至于只有死刑才可能是充分的惩罚"。③ 它

---

① 有关被处死的和在死囚牢房的替代重罪谋杀者数量的这些统计数据和一项针对被告人被裁定犯了死罪并因此被处以死刑的111宗案件的研究结论是一致的[卡尔温和泽瑟尔合著,美国陪审团和死刑刑罚, 33 U. Chi. L. Rev. 769(1966)]。研究者发现陪审团反对"将被告人的替代刑事责任定为死刑"(同前, at 776)。就此方面来看,相比其他任何因素,重罪谋杀罪和同谋因素能更多说明为什么当法官决定判处死刑时,陪审团则决定不处以死刑(同前, at 777)。研究者曾预计,"由于重罪谋杀规则的刚性,陪审团的公正感将会产生广泛的分歧"(同前, at 776, n. 10)。然而,他们发现,"因规则产生的意见分歧只出现在死刑层面"(同前)。

② "国际舆论关于某一特定刑罚的可接受性"是一项"并非无关紧要"的额外考虑[科克尔诉佐治亚州案, 433 U. S. 584, 433 U. S. 596, n. 10(1977)]。因此,值得注意的是,重罪谋杀罪规则已在英国和印度被废除,在加拿大和许多其他英联邦国家被严格限制,在欧洲大陆还尚不清楚[ALI, Model Penal Code §210. 2, pp. 390(Off. Draft and Revised Comments 1980)(hereafter Model Penal Code)]。若被告人存在缺乏犯罪预谋且杀人行为涉有限的情况,死刑常被减为有期徒刑,这一点亦是与本案相关的考量情况。参见沃尔夫冈、凯利和诺尔德,被转进死囚牢房的罪犯中被处决的和被减刑的数量对比[53 J. Crim. L. C. & P. S. 301, 310(1962)]。

③ 格雷格诉佐治亚州案, 428 U. S. at 428 U. S.184。

不可与谋杀并论,后者涉及不正当地夺取人们生命。虽然抢劫可能伴随其他犯罪,但按定义而言,其并不包括造成他人死亡或是严重伤害。谋杀者杀人;劫匪,如果仅仅抢劫,也不会是杀人。对谋杀者的受害人而言生命已经完结;对抢劫者的受害者而言,人生并未结束,且通常不会无法修复。① 正如在科克尔案所言强奸罪,我们有持久的信念,即由于其严重性和不可撤销性,死刑是独一无二的刑罚②,对像这样的没有夺人性命的抢劫犯而言,适用死刑是过度的惩罚。本案中,抢劫者没有犯谋杀罪,但是他们遭受死刑惩罚,只是因为他们除抢劫外还犯下杀人罪行。摆在我们面前的问题不是死刑作为谋杀的刑罚是不成比例的,而是对恩芒德自身行为的惩处死刑的正确性。重点应当在于他本人须负的罪责,而不是犯下抢劫和枪杀受害者的那些人的罪责,因为我们坚持"在判处死刑时个体需分别考虑,这是一项宪法规定"③,这意味着我们必须着眼于"犯罪者个人的品性和履历的相关方面"。④ 恩芒德本身没有杀人或企图杀人,且如佛罗里达州最高法院所解释的那样,我们所有的案卷材料证实不了恩芒德有参与或协助谋杀的意图。然而,根据佛罗里达州的法律,因为恩芒德是抢劫中发生谋杀案的抢劫共犯,死刑是一种法定刑罚。"故意致人损害比无意造成同一损害应当受到更加严厉的惩罚"⑤是基本原则。恩芒德没有杀人或企图杀人,因此他的有责性明显不同于杀人的抢劫犯;然而,州法院以同样的方式对待他们,将杀害柯西夫妇的凶手的罪责归咎于恩芒德,根据第八修正案,这是不被容许的。在格雷格诉佐治亚州案中,其判决意见指出"死刑服务于两个主要的社会目的:惩罚罪犯和威慑潜在的罪犯"。当死刑适用于如同恩芒德处境的人,除非其显著地利于实现以上社会目的中的一个或两个,否则它"只不过是强加了无目的和不必要的痛苦与苦难",因此是违宪的刑罚。我们十分怀疑的是,因谋杀被施加死刑的威胁会有效遏止没有杀人也无意图杀人的潜在罪犯。相反,如果一个人并不打算杀人或没有预期到他人将使用致命武器,那么"在决定采取行动之前将不会着手计算因替代重罪谋杀判处死刑的可能几率"。因此看起来"只有当谋杀是预谋和熟思的结果时,死刑才能够成为一种威慑"。⑥

如果在抢劫过程中杀人的可能性是如此巨大,以至于但凡某种程度上参与此重罪的人都应当共同承担杀人的责任,那么这将是截然不同的情况。但观察人士

---

① 参见科克尔诉佐治亚州案,433 U.S. at 433 U.S.598。
② 参见格雷格诉佐治亚州案,同前,at 428 U.S.187。
③ 洛基特诉俄亥俄州案,438 U.S.586, 438 U.S.605 (1978)。
④ 伍德森诉北卡罗来纳州案,428 U.S.280, 428 U.S.304 (1976)。
⑤ H. Hart, Punishment and Responsibility 162 (1968)。
⑥ 费舍尔诉美国案,328 U.S.463, 328 U.S.484 (1946)(法兰克福特大法官,反对意见)。

得出结论,在杀人并非为必要构成因素的重罪中,死亡如此频繁发生以至于死刑应当被视为对此重罪本身的正当威慑的这一观点没有任何的实践根据。① 这个结论是基于以下三项抢劫罪统计数据的比较,每项都表明由抢劫导致的杀人案件只有大约0.5%。②

最新的全国犯罪统计数据有力地支持了这一结论。③ 除了如前所述的在抢劫等重罪发生过程中发生死亡事件的频率这一事实证明在抢劫过程中极少发生杀人外,替代谋杀罪犯也很少被施加死刑,这一事实进一步减弱死刑作为一种有效威慑的可能效用。

就报应作为处决恩芒德的正当理由而论,我们认为这取决于恩芒德的罪责程度——他的意图、期望和行为是什么。美国刑事法长期以来考虑被告人的犯罪意图——因此他的道德罪恶感——对于"他的刑事罪责程度"④是至关重要的,而法院裁定在缺乏故意不法行为时,过度的刑事制裁是违宪的。在鲁宾逊诉加利福尼亚州案中,一项法规将麻醉药成瘾定为犯罪,即使这种麻醉药成瘾"显然是一种疾病,可能是无辜的或非自愿地染上",根据第八修正案此法规被废除。同样的,在威姆斯诉美国案中,法院宣布一项法规无效,该法规规定公共官员在政府档案作出虚假记载是犯罪,但不要求违法者"通过其行为伤害他人或意图伤害他人"。

在戈弗雷诉佐治亚州案⑤中,法院采用了类似的做法,因被告人所犯罪行并没有反映出被告人的意识相比其他谋杀犯实质上更邪恶,撤销了基于存在加重情节的死刑判决。

基于实施死刑的目的,恩芒德的刑事罪责应当限于他参与抢劫的部分,他的惩罚必须针对他个人的责任和道德负疚。处死恩芒德以报复他并没有犯下,也无意犯下或造成的两起谋杀,这无利于确保罪犯得到他应受的惩罚的报应目的。这是大多数立法机关最近对待此类案件的判断,我们没有理由不同意这一对第

---

① Model Penal Code §210.2, Comment, p. 38, and n.96.
② 所依据的美国法律研究所的统计资料可归纳如下:统计的抢劫案件的发生时间段、发生地方、案件数目以及伴有凶杀案的劫案数百分比:1926—1927年伊利诺伊州,库克郡14 392起案件(估计值),伴有凶杀案的劫案数所占百分比为71.49%;1948—1952年宾夕法尼亚州,费城6 432起案件,伴有凶杀案的劫案数所占百分比为38.59%;1975年新泽西州16 273起案件,伴有凶杀案的劫案数所占百分比为66.41%[Model Penal Code §210.2, Comment, p.38, n.96]。
③ 根据美国司法部和美国联邦调查局发布的统一犯罪报告(1981年第17期),在1980年美国发生抢劫案估计共548 809起。在1980年,在与抢劫相关的案件中,美国大约有2 361人被杀害(同前,at 13),因此1980年美国只有约0.43%的抢劫案导致谋杀。另请参阅库克案,在抢劫案和杀人抢劫案中携带可用枪支的效应(in 3 R. Haveman & B. Zellner),政策研究年度评论743,747 (1980)(导致谋杀的劫案占所有抢劫案件的0.48%)。
④ 马拉尼诉威尔伯案,421 U.S.684, 421 U.S.698 (1975)。
⑤ 戈弗雷诉乔治娅案,446 U.S.420, 446 U.S.433 (1980)。

八修正案的符合目的的解释和适用的判断。

四

佛罗里达州最高法院确认并维持此案死刑,但由于缺少证据证明恩芒德杀人或企图杀人,也未考虑恩芒德是否有意或预期杀人,故我们撤销维持死刑的判决,发回进一步审理,且不得与本意见相抵触。

以上为本院裁决。

布伦南大法官的协同意见：

我赞同法院的判决意见。但我坚持我的观点,即在任何情况下死刑都是残酷和异常的刑罚,为第八和第十四修正案所禁止[参见格雷格诉佐治亚州案,428 U.S.153, 428 U.S.227（1976）（反对意见）]。

奥康纳大法官,随同首席大法官、鲍威尔大法官发表反对意见,伦奎斯特大法官加入此意见：

现在法院判决根据第八修正案,禁止一州处决被定罪的重罪谋杀犯。我不赞同这份判决意见不仅是因为我认为它不被我们先例的法理分析所支持,而且因为这份判决根据联邦宪法性法律重铸了犯罪意图,干涉了州确定何为法定罪责的评估标准。

一

庭审证据表明,在1975年4月1日大约7:30,桑普森·阿姆斯特朗和珍妮特·阿姆斯特朗借口为过热的汽车取一些水,走近托马斯·柯西和尤尼斯·柯西的农舍后门。① 当托马斯·柯西拿着一个水壶以帮助阿姆斯特朗他们时,桑普森·阿姆斯特朗抓住他,举起枪对着他,并让珍妮特·阿姆斯特朗拿走他的钱包。尤尼斯·柯西听到丈夫的呼救声,拿着一把枪走到房子的一侧并开枪射击珍妮特·阿姆斯特朗。桑普森·阿姆斯特朗,或许有珍妮特·阿姆斯特朗开枪回击,杀死了柯西夫妇。② 阿姆斯特朗二人将尸体拖到厨房,拿走托马斯·柯西的钱,然后逃至停靠附近的汽车,在那里,申诉人恩芒德正等着帮助阿姆斯特朗

---

① 有关这些罪行的许多证据来自J. B. 尼尔,桑普森·阿姆斯特朗向其就谋杀当天的事件作了大量坦白（参见记录 1344-1365）。

② J. B. 尼尔作证说阿姆斯特朗告诉他涉及两把手枪；珍妮特有一把,桑普森有另一把（同前,at 1354）。

二人逃跑。①

艾达珍·肖②作证说，3 月 31 日申诉人和阿姆斯特朗夫妇住在她的房里。当 4 月 1 日谋杀那天她一觉醒来，申诉人、珍妮特、桑普森，连同肖的 1969 年产黄色别克，都不见了。8 时过一会儿，申诉人或是桑普森·阿姆斯特朗走进屋子并告诉她，珍妮特已被枪击。获悉珍妮特在抢劫中遭到枪击后，肖问申诉人"他为什么这样做"。恩芒德回答说他曾在几个星期以前见过托马斯·柯西的钱，之后他就已决定抢劫他。③ 此时，桑普森·阿姆斯特朗主动提到他确认柯西夫妇已经死亡。

艾达珍·肖还作证说，依照申诉人和桑普森·阿姆斯特朗的指示，她还处理了她通常放在她车上的一把点 22 口径的手枪，还有一把属于阿姆斯特朗的点 38 口径的手枪。这起谋杀案的武器再也不能重新找到。④ 在公诉人的结案陈词中，他并没有主张恩芒德杀死了柯西夫妇。相反，公诉人主张是申诉人发起并策划了持械抢劫，当杀人案发生时，恩芒德在车里。据公诉人所说，"桑普森·阿姆斯特朗杀死了老人"。⑤

经过四个小时审议，陪审团裁定桑普森·阿姆斯特朗和申诉人各人两项一

---

① 验尸报告显示，柯西先生被枪击两次，一次是 0.38 口径的子弹，一次是 0.22 口径的子弹。柯西夫人被枪击 6 次，其中 3 发子弹能够被确认，两发出自一支 0.38 口径的手枪发出，一发来自一支 0.22 口径的手枪。根据一名枪械专家的证词，这些 0.22 口径的子弹是从同一支枪中发出，而 0.38 口径的子弹也是来自同一把枪 [参见 399 So.2d 1362, 1364 (Fla.1981)]。

② 艾达珍·肖是申诉人的合法妻子，珍妮特·阿姆斯特朗的母亲。她后来因作证而免予起诉（记录 1178-1179）。

③ 托马斯·柯西通常在他的钱包里保留大量现金并任意地向他人展示他所能处理的现金。在他被谋杀的几个星期前，柯西向申诉人透露了他钱包里的现金，并吹嘘说他随时能够"筹集 15 000，16 000 美元"[399 So.2d at 1365, 参见记录 1205-1206]。

④ 艾达珍·肖审判中的证词与先前她对警方的陈述相矛盾。当警方最初询问她时，她坚持说当她与珍妮特前往附近的一个小镇时，珍妮特受到不明袭击者枪击。稍后她向调查人员所做的陈述暗示申诉人和桑普森·阿姆斯特朗都涉及谋杀案。随后，她给出两份更多内容的陈述否认暗示过申诉人是谋杀犯。在公诉人的结案陈词中，他承认艾达珍·肖的关于谋杀案发生当天清晨她没有在黄色别克车里的证词与一名证人看见她在谋杀案发生前不久和发生后在黄色别克车里的证词是相矛盾的。公诉人认为这个不一致是不重要的。

⑤ 在量刑审讯中，公诉人的观点是：申诉人不是"扣动扳机的人"，而是"设计好一切的人"。检察人员承认他"不知道申诉人是否踏足房屋里面。但是他开车载他们过去的。他启动并策划了持械抢劫"。还在法庭上承认申诉人"他显然不是他的案件里所涉及的两起谋杀案的开枪行凶人"。

级谋杀罪名①和一项抢劫罪名成立。②

陪审团随后听取了有关两被告人适当刑罚的证据,建议据每项谋杀罪名判处各被告人死刑。③

在判决结果中④,初审法院认定了在申诉人参与谋杀方面的四个法定加重情节:(1)申诉人以前曾因在重罪中涉及使用暴力而被定罪(1957年的一起持械抢劫案);(2)在抢劫过程中犯下谋杀;(3)犯下谋杀是为了金钱利益;(4)为了使柯西夫妇无法作证,他们是以俯卧姿态被杀死的,因此这起谋杀是尤其令人发指的、残暴的或残忍的。⑤

初审法院还查明"没有法定减轻情节适用"于申诉人。最值得注意的是,法院认为这些证据清楚地表明,申诉人是可判处死刑重罪的共犯,由于他"策划了该死罪,并积极参与处理谋杀武器,试图避免被侦查暴露,所以他的参与并不是'相对次要',而是主要的"。⑥

---

① 在柯西夫妇谋杀案发时,据佛罗里达州刑法典[Fla. Stat. §782.04(1)(a)(1973)],一级谋杀罪被界定为诸如"当从有预谋的设计到实施导致预杀的人或任何人死亡,或者当一个人在实施或企图实施任何……抢劫……都是非法杀人"。法官在指示陪审团有关一级谋杀时,他一字不差地宣读了上述规定。他还补充道"当在犯下或企图犯下抢劫罪时,杀死一个人构成一级谋杀,即使没有任何杀人的预谋设计或犯罪意图"。在区分一级谋杀和二级谋杀时,法官指出:"为了维持一个一级谋杀定罪,当犯下或企图犯下抢劫罪时,被告人是实际在场的,积极帮助实施抢劫或企图实施抢劫,并且在犯下或企图犯下抢劫罪时发生非法杀害的证据必须超越合理怀疑。""为了维持一个二级谋杀定罪,当犯下或企图犯下抢劫罪时,关于在实施或企图实施抢劫时犯下非法杀人,且尽管被告人没有在犯罪发生时身处现场,但他实际上仍然引起、策划、指挥或协助他人犯下抢劫罪行的证据必须超越合理怀疑。"

② 因为申诉人和控方的动议,珍妮特·阿姆斯特朗的审判已经与她同案被告人的审判相分离。珍妮特·阿姆斯特朗最先受审,并被判处两项二级谋杀罪名和一项抢劫罪名。主审法官判处其三项连续的无期徒刑(399 So. 2d at 1371)。

③ 根据佛罗里达州法律规定,"法院应当进行单独的量刑程序,以确定被告人是否应当判处死刑或终身监禁"[Fla. Stat. §921.141(1)(1981)]。陪审团仅在减轻和加重情节基础上提出"判刑建议"[§921.141(2)]。在判刑聆讯时,申诉人没有提出任何证据[记录1677],但他的律师辩称死刑是不合适的,因为证据至多表明,申诉人看到了托马斯·柯西的钱,提议了抢劫,并开车载着阿姆斯特朗二人去了柯西夫妇家(同前,at 1683-1684)。他还辩称死刑是过度的惩罚,因为枪战是自发性的,且超出申诉人的控制(同前,at 1684)。

④ 最初,审判法院没能做出书面确认,如[Fla. Stat. §921.141(3)(1981)]所规定的。在第一次向州法院的上诉中,佛罗里达州最高法院因没有书面确认而发回重审。

⑤ 关于申诉人的参与程度,审判法庭推断到,因为两把不同的枪已经被使用于谋杀案中,又因为珍妮斯特朗已经遭受严重枪伤,申诉人想必使用了其中一支开枪。此外,由于柯西夫妇都受到不同类型的子弹击伤,故申诉人想必开枪射击了他们(同前,at 31; 399 So. 2d at 1372)。

⑥ 法院还驳回了其他法定从轻情节。特别是申诉人没有免予刑事定罪的记录[Fla. Stat. §921.141(6)(a)(1981)];没有证据表明他在极端心理或情绪障碍的影响下行为[§921.141(6)(b)];没有证据表明受害者是犯罪参与者或者同意犯罪行为[§921.141(6)(c)];没有任何证据表明他在受到极端胁迫或他人的实质支配下行动[§921.141(6)(e)];没有任何证据表明申诉人是无法意识到其行为的有罪性或者不能够使他的行为符合法律规定[§921.141(6)(f)];而且因为他在犯罪时是42岁,所以他的年龄不是一个减轻因素[§921.141(6)(g)。附录32; 399 So. 2d at 1372-1373]。

考虑到以上这些因素,原审法院认为:"这些可判处死刑的重罪加重情节超过其减轻情节",因此施加每项谋杀罪死刑刑罚。申诉人因抢劫罪被法院判处无期徒刑。①

在上诉中,佛罗里达州最高法院维持并确认了申诉人的定罪和判刑。② 在质疑他的一级谋杀罪名时,申诉人声称,没有证据表明他犯有蓄意杀人,或者说,当柯西夫妇被枪杀时,他已在帮助抢劫实施。他辩称,既然陪审团能恰当地断定,即当犯下谋杀罪时,只有他坐在停于高速公路的车里,那么根据本州的重罪谋杀规则,至多判定他二级谋杀。③

法院驳回了这一论点。佛罗里达州最高法院援引先前的案例裁定道:

"一个人在犯下或企图犯下所列举的重罪之一时亲自杀人就是一级谋杀……此外,重犯的一级谋杀罪责任可扩及至在犯罪现场的同案犯。作为相关重罪的罪犯,他们是凶杀案中的主犯。在佛罗里达州,和在大多数司法管辖区一样,重罪谋杀规则和法律本体结合起来,使一重罪犯通常为他的共同重罪犯的致命行为负责。只有当重罪犯是事前从犯且本人未出现在犯罪现场,那么在本案中的法律责任才根据可适用法规的二级谋杀罪条款所确定。"④

因此,有关责任的关键问题在于申诉人的行为是否将使其成为主犯或者仅仅成为抢劫罪的事前从犯。

根据佛罗里达州法律,在谋杀案发时,"如果被告人在场协助犯下或企图犯下一级谋杀罪规则所列的暴力重罪之一,那么,他与一级谋杀关联重罪的实际罪犯一样亦同等有罪"。

再者,"帮助和教唆的在场所要求的不是实际的在场,而是如果他积极在场提供协作,那么就足以构成在场,根据前面的理解就是,位于足够近的地方,以便能够为实际的犯罪者在为重罪行为时或者在犯罪后逃逸时提供支持、鼓励或帮

---

① 初审法院对桑普森·阿姆斯特朗作出几乎相同的判定。尤其是判定谋杀是发生在抢劫过程中,谋杀是为了金钱利益,且谋杀是特别令人发指的,残酷的或残忍的[参见阿姆斯特朗诉州案,399 So. 2d 953,960-961(Fla. 1981)]。初审法院认为唯一可能的减轻情节是阿姆斯特朗的年龄(23岁),但实际上并没有确认这是减轻情节[Id. at 962("年龄的因素没有给予考虑")]。法院所认定的是加重情节超过了减轻情节,主审法官施加每项谋杀罪行死刑,并施加抢劫罪行终身监禁(Id. at 955,962)。
② 佛罗里达州最高法院也维持并确认桑普森·阿姆斯特朗的定罪和判刑[参见阿姆斯特朗诉州案,同前,at 960]。
③ Fla. Stat. §782.04(3)(1973)阐述了以重罪谋杀为基础的二级谋杀罪:
"当犯下或企图犯下任何……抢劫罪……除了如第(1)款所规定的以外,该罪行应当是二级谋杀……在本州可判处终身监禁或判处可由法庭所确定的有期徒刑。"
④ 399 So. 2d at 1369, *Adams v. State*, 341 So. 2d 765, 768-769 (Fla. 1976), cert. denied, 434 U. S. 878 (1977)。

助"。①

法院指出"在审判中没有直接的证据表明当抢劫这对老夫妇的计划致使他们被杀害时,埃尔·恩芒德出现在柯西家后门"。② 相反,"他参与程度的唯一证据是陪审团的可能推论,即他是在犯罪现场附近路边停靠的一辆汽车上的人"。陪审团可以得出结论是,他在那里,几百英尺远的地方,等待着帮助劫匪带着柯西夫妇的钱逃跑。法院作出结论,根据州法律,这些证据已足以认定申诉人是主犯,"积极在场协助犯下抢劫罪",因此犯有一级谋杀罪。

至于初审法院的书面科刑裁决,州最高法院驳回了四个加重情节中的两个。首先,法院认为初审法院所发现的谋杀既在抢劫中发生又为了金钱利益,都指申诉人犯罪的同一方面。因此这些事实仅支持一个加重情节。其次,法院援引阿姆斯特朗诉佛罗里达州案,认为其所陈述的情况即谋杀是令人发指的、残酷的和残暴的不能被认同。③ 法院确认了初审法院关于概无法定减轻情节适用的判定。因为结论之一是由于恩芒德在策划抢劫所起的作用,他在死罪参与中并不是相对次要,所以州最高法院间接确认了恩芒德策划抢劫的判定。关于申诉人声称在缺乏他意图杀人证据的情况下判处死刑将违反第八修正案禁止残酷和异常的刑罚的规定,法院只是简单地陈述到,申诉人"向我们提供了直接支持这一主张的不具有约束力的法律权威,因此我们驳回其主张"。

二

埃尔·恩芒德在法庭上辩称,由佛罗里达州初审法院判处并被最高法院维持确认的死刑是违反宪法的,与他在抢劫和杀害柯西夫妇案件中所起的作用是不相称的。④ 特别是,他辩称道,因为他没有杀死受害者的实际意图——实际上,他的行为和意图并没有比其他任何抢劫犯有更多的应当责备之处——死刑

---

① *Pope v. State*, 84 Fla. 428, 446, 94 So. 865, 871 (1922).

② 法院还指出,桑普森·阿姆斯特朗向 J. B. 尼尔承认的事实中没有提到申诉人,而申诉人向艾达珍·肖所承认的事实只说明"他的共谋"(399 So. 2d at 1370)。

③ 在阿姆斯特朗的判决中,佛罗里达州最高法院明确否决了初审法院的结论,即杀害柯西夫妇是为了防止他们作证。"根本就不能说有证据表明抢劫者杀人是为了确保不会有针对他们的证人。"(399 So. 2d at 963)相反,"唯一直接证据是从 J. B. 尼尔关于阿姆斯特朗向他所作陈述的证词中所知道的。"在得出这一结论时,州最高法院也否决了初审法院由病理专家证词得来的结论。而病理学家的证词"关于当枪击情形是模棱两可的,开火的方向和受害者的位置",至多表明当枪击时受害者是俯卧的。

④ 在法庭上,申诉人既没有质疑抢劫罪和谋杀重罪的定罪,也没有辩称州对谋杀包括重罪谋杀的阐释逾越宪法的界限。申诉人唯一质疑的是因谋杀所判处的刑罚。

是过于极端的处罚。①

在1976年格雷格诉佐治亚州案中,大多数大法官认为,死刑并不总是违反第八修正案残酷和异常的刑罚条款。② 自从格雷格案以来,在所有案件及其相伴案件中③该法院已从这一立场撤退。④ 然而认识到死刑的合宪性,只是标志着对埃尔·恩芒德是否定罪为谋杀的调查的开始,因为谋杀通常被设想为故意的和有预

---

① 虽然申诉人表面上看所依赖的事实是他不是扣动扳机的人,但他的辩称核心却在于死刑和他的罪行不成比例是因为他没有明确的杀死柯西夫妇的意图。在确定犯罪意图时,扣动扳机只是一个因素,虽然是相当重要的一个因素(Tr. of Oral Arg. 21-23)。(申诉人的律师坚称,只要被告人有杀人意图,他就不需要实际扣动扳机以判处其死刑,即使他扣动了扳机,而缺少特定的杀人意图,也不将受到死刑惩罚。)

② 参见前引,at 428 U. S. 187(斯图尔特大法官、鲍威尔大法官和斯蒂文斯大法官的意见)("当罪犯蓄意夺取他人生命时,我们不能说这一惩罚总是与罪行不相称的。这是一个极端的制裁,适用于最极端的罪行。");同上,at 428U. S. 226 (怀特大法官的意见)(反对这种观点"然而因无论何种罪行加以死刑,是残酷和异常的刑罚");同上, at 428 U. S.227(布莱克门大法官的同意意见)。第八修正案规定:不得规定过高的保释金或过重的罚金,不得施加残酷和异常的刑罚。

③ 参见[罗伯茨诉路易斯安那州案,428 U. S. 325(1976)](判定路易斯安那州的强制性法定死刑法规违反第八和第十四修正案);[伍德森诉北卡罗来纳州案, 428 U. S. 280(1976)](判定该州的强制性死刑法规违反第八和第十四修正案);[尤雷克诉得克萨斯州案, 428 U. S. 262(1976)](维持得克萨斯州死刑法规);[普罗菲特诉佛罗里达州案,428 U. S. 242(1976)](维持佛罗里达州的死刑法规)。

④ 自从格雷格案以来,该法院仅在一个案件中维持了受质疑的死刑判决[参见多波特诉佛罗里达州案(Dobbert v. Florida), 432 U. S. 282(1977)](判定在谋杀案发到判刑期间死刑法规的变化不构成溯及既往的违反)。在5起案件中,法庭取消死刑判决是因为原审没能或没有考虑被告人提出的所有减轻因素[参见罗伯茨诉路易斯安那州案, 431 U. S. 633(1977)(由法庭全体同意);洛克特诉俄亥俄州案, 438 U. S. 586(1978)(多数意见);贝尔诉俄亥俄州案, 438 U. S. 637(1978)(多数意见);格林诉佐治亚州案, 442 U. S. 95(1979)(由法庭全体同意);埃丁斯诉俄克拉荷马州案, 455 U. S. 104(1982)(采用洛基特案件多数赞同的论证作为法庭的判决)]。在两起案件中,法院因为陪审团的挑选违反了威瑟斯庞诉伊利诺伊州案[391 U. S. 510(1968)]的规则而撤销维持死刑判决。[参见亚当斯诉得克萨斯州案, 448 U. S. 38(1980);戴维斯诉佐治亚州案, 429 U. S. 122(1976)(由法庭全体同意)。]在其他5起案件中,法院取消死刑判决是由于无关于罪行不相适应的各种原因[参见加德纳诉佛罗里达州案, 430 U. S. 349(1977)(多数意见)(被告人没有机会去解释或者否认给予量刑法官的信息,就违反正当程序);戈弗雷诉佐治亚州案, 446 U. S. 420(1980)(多数意见)(撤销死刑是因为陪审团所依据的加重情节并非那么适当,以至于可以避免死刑的判处是武断和任意的);贝克诉阿拉巴马州案, 447 U. S. 625(1980)(判决认为当存在证据支持裁决为较轻的罪行包括不判处死刑的罪行时,却阻止陪审团考虑作此裁决的案件,不得判处死刑);布林顿诉密苏里州案, 451 U. S. 430(1981)(判决双重危险条款禁止在一审中陪审团判处终身监禁后,在再审中判处死刑);埃丝特尔诉史密斯案, 451 U. S. 454(1981)(判决认定在死罪审理科刑阶段,纳精神病学家的证词违反了第五修正案被告人有不得自证其罪的权利,因为在精神病检查前他没有被告知在量刑程序中能够使用他所说的话来指控他);科克尔诉佐治亚州案, 433 U. S. 584(1977)]。法院撤销了一名曾犯下强奸成年妇女罪的犯人的死刑判决。然而,法院明确指出死刑本身并不是与所犯罪行不相称的[参见比如,前引,at 433 U. S. 591(怀特大法官的意见)("现在确定的是死刑不总是在第八修正案的意义上谓之的残酷和异常的刑罚……也不总是与所施加的罪行不成比例的。");同上, at 433 U. S. 604(伯格大法官的意见)(接受"第八修正案的罪刑不相适应的概念禁止死刑施加于轻罪",但是反对强奸不及谋杀严重,死刑施加于强奸罪行是不成比例的刑罚的观点)]。

谋的非法杀害。与之相反的是,通过从犯责任原则,在没有明确犯罪意图的情况下,申诉人已经被定犯有两起谋杀。① 因此,有必要审查在此法院的案件中所阐述的比例概念,以决定对埃尔·恩芒德判处的刑罚是否是违反宪法的,与其罪行是不相称的。

（一）

第八修正案的"比例"概念最早在威廉斯诉美国案中得到充分表达。在此案中,被告威廉斯因伪造公共文书被判处 15 年强迫劳役。在做出评论"犯罪的惩处应该划分等级并与其过错成比例,这是一个司法公正戒律",和比较威廉斯的惩罚与其他罪行的惩罚之后,法院得出结论,科刑是残酷和异常的。

直到三分之二个世纪之后,在科克尔诉佐治亚州案中,法院才宣布对另一类似的罪行的惩罚是违宪的不相称的惩罚。为自己和法院的三名其他成员书写意见,怀特法官认为,对强奸成年妇女的犯罪而论,死刑是不相称的刑罚。②

在得出这一结论时,多数法官很谨慎地告知其判断是以最大可能程度的客观因素所作出,即通过注意公众对某一特定判决的态度——历史和先例、立法态度以及反映在陪审团判决裁定中的回答。多数人诉诸客观因素无疑是一种努力,努力从标志着一个成熟社会进步的这一不断发展的正当标准中获取第八修正案中所包含的比例要求的涵义。③

多数意见指出,在过去 50 年,大多数国家从未准许死刑可作为强奸罪的处罚。对多数人而言,更重大的是在弗曼诉佐治亚州案的法庭判决之后,35 个州中仅有 3 个州立即重新再规定死刑(几乎所有州的死刑法规是无效的),将强奸罪规定为可判处死刑的犯罪。④ 多数人还认为"陪审团是在评估死刑对于正在

---

① 严格来说,审判法院不能够明确地详述是否申诉人有特定的杀害柯西夫妇或致使他们被杀的犯罪意图,因为法院没就这些问题进行查明。然而,审判法院确作出了这样的判定,且佛罗里达州最高法院也没有否决,即申诉人的参与不是相对较小的,而是"主要的",因为他"策划了这起可判处死刑的重罪,并为避免受到侦查积极参与处理谋杀凶器"。因此,基于申诉人的唯一犯罪意图是和他的同伙阿姆斯特朗夫妇一起持械抢劫。我继续说明。

② 鲍威尔大法官在判决中的多数推论意见里发表同意意见说到"通常地",死刑相对于这样的罪行而言是不成比例的,但规则本身有不足的话死刑就不再是不相称的刑罚(433 U. S. at 433 U. S. 601)。布伦南大法官和马歇尔大法官在判决中发表同意意见,坚持他们先前发表的观点即死刑在任何情形下都是第八和第十四修正案所禁止的残酷和异常的刑罚(同前, at 433 U. S. 600-601)。

③ 参见特罗普诉杜勒斯案,356 U. S. 86, 356 U. S. 101 (1958)(沃伦大法官的意见)。

④ 事实上,在这些州中,有路易斯安那州和北卡罗来纳州两个州在他们的死刑法规在伍德森诉北卡罗来纳州案和罗伯茨诉路易斯安那州案案件中失效之后,他们重新制定死刑法规时,没有将强奸罪界定为可判处死刑的重罪(433 U. S. at 433 U. S. 594)。因此,在科克尔案判决的那个时候,只有佐治亚州准许因强奸成年妇女而判处死刑。

审理的罪行来说是否是适当的刑罚这一过程中作出量刑裁定的"。① 从现有的数据,多数人得出的结论是,在佐治亚州,自1973年以来,在至少90%的强奸案定罪中陪审团已拒绝判处死刑。

因此,在科克尔案中所得出的结论部分依赖于法院的意见即立法机关和陪审团都坚决反对判处强奸罪死刑[参见伍德森诉北卡罗来纳州案,428 U.S. 280, 428 U.S. 293 (1976)(斯图尔特大法官、鲍威尔大法官和斯蒂文斯大法官的意见)(结论是州的强制性死刑法规违反了宪法第八修正案,因为"关于在我们社会施加刑罚所考量的不断发展的道德标准,其两项关键指标——陪审团裁定和立法性法规——都决定性地指向死刑判决的自动否定")]。

除了确定"当代标准",多数人的意见也考虑了影响死刑是否是不相称的刑罚这一问题的定性因素,因为"宪法预设的是,到最后,我们自己的判断将被带至去影响根据第八修正案死刑刑罚接受程度的问题"。多数意见承认,强奸犯几乎应如谋杀者一样该受责备,把强奸罪说成是"应该受到高度谴责的,无论是从道德意识方面还是其几乎完全蔑视女性受害者的人格操守和自主权方面"。尽管强奸罪极其恶劣,法院仍认为死刑"相对该罪行而言是严重不成比例的",部分是因为强奸所造成的损害"无法与谋杀相比,后者涉及不公正地夺走人们生命"。

因此,科克尔案教导我们,比例原则——至少对于死刑——不仅需要查询到立法者和陪审团成员所表达出的当代标准,而且还涉及这种观念:所施加的处罚幅度必须与受害者遭受的损害的程度以及被告人的过失责任相关。② 此外,由于对每个被告人的案件而言,这些潜在于比例概念后面的因素都是独特的考虑因素,故反映在洛克特诉俄亥俄州案中,法院的结论即是,"在判处死刑时个别化考量是宪法之规定"。(伯格法官的意见)[参见前引,at 438 U.S. 613(布莱克门法官的意见)]("在本案件中,美国俄亥俄州的判决不正确地酌量判处在谋杀案中仅协助及教唆他人的被告人为死刑,不准许量刑机关就谋杀案发生时她的参与程度或者她的犯意程度作任何考量")。

---

① 科克尔诉佐治亚州案,433 U.S. at 433 U.S. 596;格雷格诉佐治亚州案,428 U.S. at 428 U.S. 181(斯图尔特大法官、鲍威尔大法官和斯蒂文斯大法官的意见)("陪审团还是一个当代价值观的重要而可靠的客观指标,因为其是如此的与之直接相关")。

② 法院因处以轻于死刑的刑罚已经进行了一个较小的调查质询[参见拉梅尔诉埃斯特尔案,445 U.S. 263(1980)](反对对第八修正案的质疑,维持根据州的累犯法令所判处的终身监禁);[赫托诉戴维斯案,454 U.S. 370(1981)](由法庭全体同意)(基于拉梅尔案,维持因两起毒品定罪所判处的40年徒刑)。在拉梅尔案中,法院明确指出,因限于第八修正案的解释的目的,那些"对死刑案件适用残酷和异常的刑罚的禁止性规定的判决,在确定合乎宪法的徒刑时是有限的帮助"(445 U.S. at 445 U.S. 272)。

总之，在考虑申诉人的质疑时，法院不仅应判定对申诉人的死刑判决是否违犯了体现在立法机关和陪审团成员的回应中的当代标准，而且应判定就申诉人所造成的损害和他的犯罪参与程度而言判决是否是不成比例的，以及该申诉人判刑所依据的程序是否满足了在洛克特案中所阐明的个别化考量的宪法要求。

（二）

以下是载于科克尔案中的分析，申诉人考察了重罪谋杀规则的历史发展，以及死刑案件中的当代立法规则和陪审团裁决状况，努力去揭示对他判处死刑是违反宪法第八修正案。然而，这一努力失败了，现有数据表明，社会没有决定性地拒绝判处重罪杀人犯死刑。正如申诉人所承认的，当议会宣布在重罪中的任何非故意杀人将被归类为过失杀人时，重罪谋杀原则及其相应的死刑刑罚已起源于数百年前①，并且直到 1957 年都是英国普通法的固定规则。虽然立法改革往往限制将可判处死刑的重罪谋杀归为所列举的暴力重罪，但普通法规则移植到美国的殖民地，其使用在很大程度上继续有增无减进入 20 世纪。②

申诉人辩称陪审员和法官通过判处重罪谋杀案的被告人无罪释放或者判处他们非死罪的非预谋杀人罪以广泛抵制死刑的适用。③ 申诉人观点的效力是投机性的，充其量不过是因为尚不清楚在这个国家因对可判处死刑的重罪谋杀规则不满而导致陪审团的拒绝是哪个部分。当然，其中有很多是对强制性死刑刑罚和对普通法和早期州立法缺乏逐层分类谋杀罪的反应。事实上，到 20 世纪初，大部分司法管辖区的法规允许陪审团行使酌情权以决定是否判处或建议判处死刑，以此取代了强制性死刑法规，这是对陪审团成员的死刑判决态度的一种

---

① 根据一位消息人士的说法，早期普通法，大多数重罪都是可判处死刑的犯罪，但是犯罪未遂被作为轻罪惩罚，意外杀人则不予惩处。重罪谋杀规则力图为未遂犯罪引发的意外杀人确定重罪责任［参见 ALI, Model Penal Code §210.2, Comment, p.31, n.74（Off. Draft and Revised Comments 1980）］。

② Comment, The Constitutionality of Imposing the Death Penalty for Felony Murder, 15 Hous. L. Rev. 356, 364-365（1978）; Alderstein, Felony Murder in the New Criminal Codes, 4 Am. J. Crim. L. 249, 251-252（1976）.

③ 参见 Royal Commission on Capital Punishment 1949-1953, Report 31-33（1953）（报告称重罪谋杀规则被限制适用于那些裁决本就是故意杀人的案件）；纽约州法律修订委员会案，3d Annual Report 665, 668, and n. 444（1937）。值得注意的是，纽约州立法机关否决了委员会关于规定某些犯罪意图构成的建议，而是采纳了一项赋予陪审团成员建议判处终身监禁的自由裁量权的计划（参见 1937 N.Y. Laws, ch. 67）。

回应。① 因此，根本不可能得出结论说这个国家在历史上已经确定性地拒绝判处重罪谋杀罪犯死刑。申诉人和法院的论证转向陪审团的裁决以力图表明，至少依目前的标准，死刑与申诉人所犯的罪行是极不成比例。调查自1954年以来报告的所有涉及死刑的上诉法院的判决意见，申诉人发现，因为杀人处决了362名罪犯，其中339名罪犯是亲手犯下杀人罪行，另外两名罪犯是雇凶杀人。被处决的只有6人是非本身行凶杀人的。从申诉人关于当前死牢监狱犯人的调查中可以看到有类似的趋势。② 在739名提供足够数据的罪犯中，只有40人没有参与行凶伤人，而且这其中仅3人（包括申诉人）在缺乏他们在具体谋杀计划中与杀人者合作杀人的调查结果下被判处死刑〔呈请摘要336。亦可参见呈请答辩理由书〕（调查结果显示目前在佛罗里达州的45名重罪犯中有36名被州最高法院裁定故意杀人；在8起案件中，州法院没有发现犯罪意图，但判刑者是行凶人；在一起案件中，也就是申诉人的案件，被告不是行凶者，也没有发现杀人意图）。这些统计数据乍看之下令人印象深刻，但不能被毫不质疑地接受。如此陈述，这些数据没有揭示被指控为谋杀重罪的杀人案件的数量或比重，或者公诉人要求判处有谋杀重罪的同犯死刑的案件数量或比重。因此，我们不能知道陪审团拒绝判处重罪谋杀共犯死刑的案件比重。此外，正如布莱克门大法官在洛克特诉俄亥俄州案他的赞同意见中所指出的那样，其中许多数据是以被告人是否"亲自犯下行凶袭击"进行分类，并没有显示被证明有杀人意图的死刑被告人的比重。当申诉人依赖于他没有扣动扳机的事实，他的主要论点是，也必须是缺乏犯罪意图判处死刑是违宪的，否则雇佣他人杀人的被告人将逃脱死刑。因此，他提出的数据并不完全相关。即使接受了申诉人所调查的有意义的事实，它们可能仅仅反映了量刑者在判处死刑时尤其谨慎，并且预备判处那些充分参与谋杀的被告人死刑，无论其是否有明确的杀人意图。

最后，正如申诉人所承认的，有关陪审团裁决的统计数据不能被视为脱离州的死刑立法。因此，为了支持社会已经拒绝死刑重罪谋杀的结论，申诉人和法院查看了最近的立法。在目前有死刑的35个州，有31个完全授权量刑者可因在

---

① 参见伍德森诉北卡罗来纳州案，428 U.S. at 428 U.S.291-292（斯图尔特大法官、鲍威尔大法官和斯蒂文斯大法官的意见）。参见呈请摘要附录D。此外，在1955年，最后的一名非实际行凶杀人的罪犯被处决。相比之下，在1955年和科克尔案审理法院1977年的判决之间，72名强奸犯被处决（呈请摘要34-35页）。

② 参见呈请摘要附录E；全国有色人种促进会的法律辩护和教育基金会，Death Row U.S.A. (Oct. 20, 1981)。

抢劫中发生死亡而施加罪犯死刑。① 这些州在划定何种情况下死刑可能施加于重罪谋杀是不统一的，但每个州的法规能够被归类为三种类型之一。第一类，含 20 个州的法规，包括那些规定即使被告人没有杀人的行为，和被告人也没有实际的杀人意图，也许可判处重罪谋杀者死刑的州法规。② 在都要求某些犯罪意图时，有其他 3 个州不要求有杀人意图，而申诉人认为杀人意图是宪法所规定的

---

① 只有密苏里州、新罕布什尔州和宾夕法尼亚州将重罪谋杀界定为不同于可判处死刑的谋杀的一种犯罪。参见 Mo. Rev. Stat. §§ 665.001, 565.003, 565.008（2）（1978）; N. H. Rev. Stat. Ann. §§ 630:1, 630:1-a（1）（b）（2）, 630:1-a（Ⅲ）（1974 and Supp. 1981）; 18 Pa. Cons. Stat. §§ 2502（a）,（b）,（d）, 1102（b）（1980）。一个例外是新罕布什尔州的方案 § 630:1（1）（b），包括在绑架过程中因"明知"而造成死亡的可判处死刑的谋杀。第四个州，华盛顿州，如果预谋杀人尤其是在一项重罪中犯下而被加重罪行，那么允许判处死刑 [Wash. Rev. Code §§ 9A. 32.030（1）（a）, 10.95.020（9）（1981）]。

② Ariz. Rev. Stat. Ann. §§ 13-1105（A）（2）,（C）（Supp. 1981-1982）; Cal. Penal Code Ann. §§ 189, 190（West Supp. 1982）; Colo. Rev. Stat. §§ 18-3-102（1）（b）, 18-1-105（1）（a）（1978 and Supp. 1981）; Conn. Gen. Stat. Ann. §§ 53a-54b, 53a-54c, 53a-35（1）（West Supp. 1982）; Fla. Stat. §§ 782.04（1）（a）, 775.082（1）（1981）; Ga. Code §§ 26-1101（b）,（c）（1978）; Idaho Code §§ 18-4003（d）, 4004（1979）; Ind. Code §§ 35-42-1-1（2）, 35-50-2-3（b）（Supp. 1981）; Miss. Code Ann. §§ 97-3-19（2）（e）, 97-3-21（Supp. 1981）; Mont. Code Ann. §§ 45-5-102（1）（b）,（2）（1981）; Neb. Rev. Stat. §§ 28303（2）, 28-105（1）（1979）; Nev. Rev. Stat. §§ 200.030（1）（b）, 200.030（4）（a）（1981）; N. M. Stat. Ann. §§ 30-2-1（A）（2）, 31-18-14（A）, 31-20A-5（Supp. 1981）; N. C. Gen. Stat. § 14-17（1981）; Okla. Stat., Tit. 21, §§ 701.7（B）, 701.9（A）（1981）; S. C. Code §§ 16-3-10, 16-3-20（C）（a）（1）（1976 andSupp. 1981）; S. D. Codified Laws §§ 22-16-4, 22-16-12, 22-6-1（1）, 22-3-3（1979 and Supp. 1981）; Tenn. Code Ann. §§ 39-2402（a）,（b）（Supp. 1981）; Vt. Stat. Ann., Tit. 13, §§ 2301, 2303（b）,（c）（1974 and Supp. 1981）; and Wyo. Stat. §§ 6-4-101（a）,（b）（1977）。其中，科罗拉多州和康涅狄格州规定如果共犯没有"以任何方式教唆、要求、命令、强求、促使或者帮助犯下"杀人行为；没有持有致命武器，也没有理由认为他的重罪共犯持有致命武器；没有从事或企图从事"很可能导致死亡或严重身体伤害的行为"，也没有理由相信他的重罪共犯将从事这些行为，那么以上情况构成对死罪的积极抗辩 [Colo. Rev. Stat. § 18-3-102（2）（1978）; Conn. Gen. Stat. § 53a-54c（Supp. 1982）]。如果被告人的角色是"相对次要"，那么即使足以确定有罪，科罗拉多州也阻止判处死刑 [Colo. Rev. Stat. § 16-11-103（5）（d）（1978）]。即使根据佛罗里达州法规这些规定可用，它们也无助于申诉人，因为法院认定本案没有减轻情节，这部分原因在于恩芒德在罪行中的角色不是相对次要的 [参见 Fla. Stat. § 921.141（6）（d）（1981）]。州最高法院明确肯定了审判法院关于没有减轻情节的判定，因此也就确认申诉人的角色不是相对次要的判定 [399 So.2d at 1373]。当然，并不是上述列举的所有法规都是一致的。其中一些规定抢劫罪是可判处死刑的重罪，但要求有额外的加重情节的证据才能够被判处死刑，比如，被告人先前因犯暴力重罪被定罪，或者受害者是监守看员等。[参见，例如，Okla. Stat., Tit. 21, § 701.12（1981）; N. M. Stat. Ann. §§ 30-2-1（A）（2）, 31-18-14（A）, 31-20A-5（Supp. 1981）]。其他法规，如佛罗里达州法规，将抢劫罪界定为可判处死刑的犯罪，并将抢劫作为一种加重情节。然而，所有这些法规中的共同思路点在于被告人无需有杀人意图就能够被判处死刑。法院关于这一类法规的进一步细分 [参见同上 at 458 U. S. 791-793, and nn. 10-13]，只是为了掩盖这一点，即 20 个州都准许判处死刑，即使被告人没有实际杀人，也没有杀人意图。

可判处死刑的因素。① 第二类,包含 7 个州的法规,包括那些只有当被告人有明确的(或大致相当的)杀死被害人的意图,才准许可能判处死刑的州法规。② 第三类的法规,仅有 3 个州,将死刑适用限制于那些实际犯下杀人罪行的重罪谋杀者。③

法院计算准许判处重罪谋杀死刑的州,这个奇怪的方法不能遮掩这样一个事实:即使重罪谋杀犯既没有杀人也没有企图杀人,23 个州也准许量刑者判处其死刑。法院承认 8 个州的法规遵循佛罗里达州的死刑方案,同时也承认,其他 15 个州的法律允许死刑施加于并不企图杀害或实际杀死受害者的被告人。④ 并非所有法规列举出相同的加重情节。然而,摆在法院面前的问题既不在于是否死刑法规的这特别一类是违宪的,也不在于是否没有被告人企图杀害或实际杀人的事实准许判处死刑的方案是违宪的。简言之,法院的特殊法定分析经不起严密的细致审查。

---

① [参见 Ark. Stat. Ann. §§41-1501(1)(a),(2),(3)(1977)](如果犯重罪时,在"显示极端漠视人的生命价值"的情况下发生死亡,那么构成可判死刑的重罪);[Del. Code Ann., Tit. 11, §§636(a)(6),636(b),4209(a)(1979)](只有"间接故意"导致死亡时,才是可判处死刑的罪行);[Ky. Rev. Stat. §507.020(1)(b),(2)(Supp. 1980)](被告人必须在"显示出极端漠视人的生命的情况下,并且恣意从事造成他人严重生命威胁的行为时","致使他人死亡")。在阿肯色州,如果"被告人没有犯下杀人行为或以任何方式从事教唆、命令、诱导、促使、建议或者帮助犯下谋杀",那么这是一种对重罪谋杀死刑的积极抗辩理由[Ark. Stat. Ann. §41-1501(2)(1977)]。在口头辩论中,申诉人的律师说"决定因素是有杀人意图,蓄意杀人的目的"[Tr. of Oral Arg. 18]。根据申诉人提出的标准,这些法规都将是违宪的。

② 参见 Ala. Code §§13A-2-23,13A-40(a)(2),(b),(c),(d),13A-2(a)(1)(1977 and Supp. 1982)(除非杀人是蓄意的,且共犯有"促使或协助犯下谋杀的意图",共犯才被定为死罪);Ill. Rev. Stat., ch. 38, 9-1(a)(3), 9-1(b)(6)(1979)(只有当被告人是故意杀人或者明知他的行为"造成了他人遭受死亡或者严重身体伤害的很大可能性"时,他才犯有死罪);La. Rev. Stat. Ann. §14.30(1)(West Supp. 1982)(只有当被告人有"明确的杀人或者施加重大身体伤害的意图"时,他才犯有死罪);Ohio Rev. Code Ann. §§2903.01(B),(C),(D),2929.02(A),2929.04(A)(7)(1982)(除非共犯"有意造成"死亡并且"被明确发现企图造成他人死亡",他才犯有死罪;如果被告人不是"主犯",死刑将被排除,除非他"因先前的预测和谋划而犯下恶性谋杀");Tex. Penal Code Ann. §§12.31,19.03(a)(2),19.02(a)(1)(1974)(只有当被告人在抢劫时是"故意或者明知会"造成死亡,他才犯有死罪);和 Utah Code Ann. §§76202(1)(d),(2),76206(1)(1978)(); and Va. Code §§18.2-31(d),18.2-10(a)(1982)(只有杀人行为是"有意的,经过深思熟虑的和预先计划的",才是可判处死刑的谋杀)。

③ 参见 Ill. Rev. Stat., ch. 38, ?? 9-1(a)(3), 9-1(b)(6)(1979)只有当被告人实际杀死被害人且被告人是故意杀人或明知他的行为"造成了他人死亡或严重身体伤害的很大可能性"时,才是死罪);Md. Ann. Code, Art. 27, §§410,412(b),413(d)(10),(e)(1)(1982)(除了雇凶杀人案件外,只有一级谋杀的主犯才可遭受死刑处罚);Va. Code §§18.2-31(d),18.2-10(a),18.2-18(1982)(除了雇凶杀人案件外,只有直接的杀人者,且不是二级谋杀罪的主犯或者是事前从犯,才可能因死罪受审)。需注意的是伊利诺伊州和弗吉尼亚州也要求杀人意图(参见 458 U.S. 38, supra)。

④ 458 U.S. 782, at 458 U.S.790, n.8(堪萨斯州,特拉华州和肯塔基州);id. at 458 U.S. 793-794, n.15(新墨西哥州);id. at 458 U.S. 791, n.10(科罗拉多州);id. at 458 U.S. 791, n.11(佛蒙特州);id. at 458 U.S. 792, n.12(亚利桑那州、康涅狄格州、印第安纳州、蒙大拿州、内布拉斯加州和北卡罗来纳州);id. at 458 U.S. 792, n.13(爱达荷州、俄克拉荷马州和南达科他州)。

因此,在近一半的州和在准许判处谋杀死刑的三分之二的州,既没有实际杀死被害人,也没有企图杀死被害人的被告人可能因为他参与发生谋杀的抢劫而被处以死刑。这些立法性判决表明,远远没有"在很大程度上考量拒绝将死刑作为重罪谋杀的合适刑罚的意见"①,我们的"不断发展的道德标准"仍接受对此种罪行判处死刑。基于这个原因,我的结论是,申诉人未能满足科克尔案和伍德森案确立的标准,"不断发展的道德标准的两个关键性指标……——陪审团裁定和立法性法规——都确凿地指出重罪谋杀罪死刑的不可否认性"。② 简言之,对重罪谋杀判处死刑并非没有达到我们国家的"正当标准"。

（三）

正如我前面所指出的,第八修正案的比例概念所涉及的不仅仅是对当代正当标准的一种测量。此外它也要求在可判处死刑的案件中所处的刑罚应当与造成的损害和被告人的可归责性成比例。例如,在科克尔案中,对判决至关重要的是"在道德腐化和对人及公共的伤害来说,强奸无法与谋杀相比,后者涉及不公正地夺取他人性命"。③ 尽管法院不坦率地力图将恩芒德描述成仅仅是一名"抢劫犯",但不可争辩的是,随同桑普森和珍妮特·阿姆斯特朗一起,恩芒德对柯西夫妇的被杀负有责任。没有争议的是柯西夫妇的生命是被不合理地夺取,而被告人,作为持械抢劫的帮凶,对他们的死亡在法律上负有责任。④ 与在科克尔案中的被告大不相同的是,申诉人不能声称刑罚是"严重不成比例的",其不可否认地对造成的损害至少负有部分责任。法院的判决今天是尤其令人不安的,它使犯罪意图作为联邦宪法问题,要求法院高度审查习惯上留给州刑事法律的主观定义上的问题,并发展了第八修正案中意图的含义。正如布莱克门大法官在洛克特案他的同意意见中所指出的那样,法院的判决实质上"干涉了州评

---

① 科克尔诉佐治亚州案, 443 U.S. at 443 U.S. 596.
② 428 U.S. 242, at 428 U.S. 293.
③ 433 U.S. at 433 U.S. 598.
④ 法院企图淡化恩芒德在谋杀中的重要作用(同前, at 458 U.S. 786-787, n. 2, . T),这与本案的事实不符合。由于恩芒德策划了抢劫,初审法院明确认定他的参与不是相对次要的,并因此没有法定减轻情节可以适用。佛罗里达州最高法院维持了没有减轻情节的判定,从而确认以事实为基础的断定——恩芒德策划了这起持械抢劫。此外,甚至在量刑审讯中恩芒德的辩护律师承认恩芒德发起了这起持械抢劫并驾驶逃跑用的汽车。
　　法院误读了在建议中的下述意见,即最高法院从量刑审讯中推导出了恩芒德的唯一参与是充当逃跑车辆的司机。事实上,法院在审判阶段就罪行作出了那样的陈述。即正如我上面所提到的,恩芒德的辩护律师在量刑审讯中承认是恩芒德发起了这起持械抢劫(458 U.S. 10, 同前)。

估法律上有罪的特有法定类别"。① 虽然法院的判决意见表明意图可以犹似发生的历史事实一样能够被确定,但实际上,它是一个法律概念,不容易被界定。因此,虽然比例原则要求给予刑罚和被告人的可归责性之间有联结,但是法院没能解释为什么第八修正案的比例概念要求拒绝基于其他层次的意图的可归责性的标准,例如,意图犯下持械抢劫外加明知持械抢劫牵涉到死亡或对他人严重伤害的巨大风险。此外,杀人意图的要求是粗略地设计,没有考虑到被告人明知他的同谋意图,他是否持械,和被告人在犯罪谋划和成功实施犯罪中的作用,以及被告人在犯罪中的实际参与等复杂情形。在这些情形下,可归责程度的确定最好是留待量刑者,其能够探究每个案件独有的事实。因此,虽然在评定合适的刑罚时,被告人的犯罪意图的类型应当被仔细加以考虑,但它在决定归责性上并不是一个非常关键的因素,以至于为判处重罪谋杀者死刑而要求有谋杀意图证据。

总之,申诉人和法院都不能证明陪审团的裁决和立法机关制定的法令所反映的当代标准排除了对重罪谋杀共犯处以死刑。对比例概念基础的定性因素审查并没有表明死刑适用于埃尔·恩芒德是不成比例的。相较于科克尔案中的罪行,申诉人的犯罪涉及的正是此法院所判决的证明死刑刑罚是正当的伤害类型。最后,因为涉及被告人在重罪谋杀中的行为、认知、动机和参与程度等独特而复杂的事实,我认为案件的检察员能最好地判定被告人的可归责性。因此,我认为死刑适用于重罪谋杀并非是不成比例的,即使被告人并没有实际杀人或者企图杀死受害者。②

---

① 438 U. S. at 438 U. S. 616. 438 U. S. 586, at 438 U. S. 635-636 (伦奎斯特大法官的意见)(否定州判处死刑之前必须证明杀人意图的观点)。如申诉人所提出的对杀人意图的要求将不会干涉一个州关于谋杀的实质性分类,事实并非如此。禁止判处重罪谋杀共犯死刑将会在允许判处死刑的谋杀死罪和判处数年徒刑(通常不到无期徒刑)的次一级的谋杀罪中创造一种谋杀种类。

② 申诉人和法院还主张因谋杀重罪判处死刑违反了宪法第八修正案,因为"这对于可接受的刑罚目标来说是毫无可衡量的贡献"(科克尔诉佐治亚州案, 433 U. S. at 433 U. S. 592)。简言之,申诉人和法院推论是:既然申诉人没有杀死柯西夫妇的明确意图,既然持械抢劫中的死亡可能性如此之低(参见 ALI, Model Penal Code, 同前, 458 U. S. 28, §210.2, Comment, p.38, n. 96)(一些研究显示大约仅占全部抢劫案的0.5%发生凶杀案,由此得出结论),且既然死刑是极少施加于非行凶者,那么死刑就不能够遏制被告人或者其他任何人参与持械抢劫。申诉人和法院还否定了这样的看法,即由于他的"道德罪过"太微不足道,所以惩罚的目的可能得到满足。

他们的意思核心是,这些结论是关于死刑作为实现报复性正义和遏制暴力犯罪的工具的效用的立法判断。当然,既不是申诉人也不是法院表明死刑作为遏制本案被告人罪行的威慑是无效的;法院至多能够做的是根据死刑施加于其他重罪谋杀的效果和依赖于观察人士而非立法判断进行预测(supra, at 458 U. S. 799-800)。此外,决定特定的刑罚是否服务于公认的合法的报应目标似乎唯一适合于立法机关的决议。因为一起持械抢劫会带来有人将死于犯罪中的严重风险,也因为此种风险的显而易见,故我们不能认为死刑"对于可接受的惩罚目标来说没有做出任何可衡量的贡献"。

三

尽管我的结论是死刑并非是与重罪谋杀不相称的刑罚,但我认为,鉴于州最高法院驳回了关键事实裁决,我们先前的意见需要发回重审进行新的判决听证会。① 本法院反复地强调死刑的判刑决定必须注重"每个单独凶杀案件和单独被告人的情况"。②

伍德森诉北卡罗来纳州案冲击到强制性死刑刑罚法令,该法院的多数意见是:

"一项诉讼程序如果认为个人犯罪者的品质和履历的相关方面或者特定的犯罪情形是不重要的,那么,就会从确定最终死刑惩罚的考量中排除掉同情心和源于人类各种过失的减轻情节。它将被判一个指定的罪行的所有人,不是看做独特的人类个体,而是作为无个性的无差别的大众一员,而盲目地施以死刑。"

"我们认为,在死刑案件中,为第八修正案基础的对人性的根本尊重,要求作为依照宪法所不可缺少的部分,在施以死刑过程中考虑个人犯罪者品格和履历方面以及特定的犯罪情形。"

在洛基特诉俄亥俄州案中,法院的多数意见是:

"鉴于公权力施加死刑与任何其他刑罚是如此深刻地不同,我们不能回避的结论是在死刑案件中一个基于个案审查的裁决是必不可少的。在可判处死刑的案件中,以个人独特性所应得的尊重程度对待每一位被告人之必要作用是远比在非死刑案件重要的……关于已执行的死刑刑罚的纠正或修改机制的不可建立性凸显了在判处死刑时作为宪法要求的个别化考虑的必要。"

"因此,除了在最稀有的死刑案件中外,作为一类减刑因素,量刑者都可能不得排除考虑被告人所提供的作为一个不足以处以死刑的判决基础的其品质或履历的任何方面和犯罪的具体情形。"[438 U. S. 586, at 438 U. S. 604, 613(布莱克门法官的意见)("结论是俄亥俄州死刑量刑法规是违宪的,因为它规定判处只是谋杀案共犯的被告人死刑,却没有允许由判刑机关在凶杀案中就她的参与程度或者她的犯意程度作任何考量");格林诉佐治亚州案,442 U. S. 95, 442 U. S. 97 (1979)(由法庭全体同意)(判决认为在死刑量刑程序中排除被害人被杀害时申诉人不在场的证据违反正当程序,因为"所排除的证据是与在审判阶

---

① 显然,法院还打算将案件发回重审,当然,进行与其现在的判决相一致的新的死刑判决听证会。

② 普罗菲特诉佛罗里达州案,428 U. S. 242,428 U. S. 258 (1976)(斯图尔特法官、鲍威尔法官和斯蒂文斯法官的意见)。

段的刑事惩罚中的关键问题高度相关的"); 埃丁斯诉俄克拉荷马州案, 455 U. S. 104(1982)(采用在洛基特案中的多数规则)。]

因此,在决定是否判处重罪谋杀者死刑时,量刑者应当考虑由于特定被告人的犯罪意图的相对缺乏和在谋杀案中的较少参与,对其而言死刑是不恰当的任何相关的证据或论据。由于本案的特殊情况,我的结论是审判法院没有充分考虑到申诉人在犯罪中的作用,因此在他的判刑审讯中没有考虑被告人提出的减轻情节。①

在判处申诉人时,审判法庭认定四个法定加重情节:申诉人先前犯有暴力重罪;在抢劫中发生谋杀;谋杀是为了金钱利益;谋杀是尤其令人发指的、残暴残忍的。在其事实查明中,审判法庭指出:"持械抢劫……是由被告人恩芒德提前计划的",且为了避免受害人作证,当他们匍匐在地时他射杀了两个受害人。法院明确判定"没有法定减轻情节适用于"申诉人。在其他事实认定当中,法院驳回了恩芒德的辩称,即他在谋杀案中的参与是"相对次要",而不是"他在谋杀重罪中的参与是主要的。被告人恩芒德策划可判处死刑的重罪,并积极参与处理谋杀凶器以力图避免被侦查到"。

美国佛罗里达州最高法院部分驳回了这些判决认定。法院指出"在审判中没有直接证据表明当抢劫柯西老夫妇的计划导致其被杀害时,埃尔·恩芒德出现在其家后门"(399 So. 2d at 1370)。

相反,"他参与程度的唯一证据是陪审团的可能推论即他是停在犯罪现场附近道路旁的汽车里的人。陪审团能够推断他在那里,几百英尺远的地方,等待着帮助抢劫者带着柯西夫妇的钱逃跑"(同上)。

因此,法院明确驳回了初审法院的结论,即恩芒德个人犯有杀人罪。复审加重情节,最高法院合并了其中的两个加重情节,并驳回了初审法院关于谋杀是"令人发指的,残暴或者残忍的"结论。因为证据表明在由柯西妻子持械反抗所引起的枪战中,阿姆斯特朗二人杀死了柯西夫妇,并不是申诉人试图要消灭证人而杀死他们(399 So. 2d at 963)。

尽管州的法定程序没有阻止主审法官考虑任何减轻情节②,但是后已被州最高法院部分驳回的主审法官对案件事实的看法有效地阻止了此种关于减轻情

---

① 虽然申诉人质疑他的量刑审讯的合宪性,但是他并没有质疑法定的死刑量刑程序的合宪性[*Proffitt v. Florida*, 428 U. S. 242(1976)]。

② *Songer v. State*, 365 So. 2d 696, 700 (Fla. 1978) [判定罗列出减轻情节的 Fla. Stat. §921.141(6)(1981)一案没有限制量刑者考虑在法规中明确列出的减轻情节]; *Shriner v. State*, 386 So. 2d 525, 533(Fla. 1980), cert. denied, 449 U. S. 1103(1981); 399 So. 2d at 1371。如上所述,申诉人在量刑审讯中没有提出减轻罪行的更多证据(参见记录1677)。然而,他的律师辩称,因为申诉人在犯罪中所起的作用是相对次要,所以他不应当受到死刑惩罚(同上, at 1683-1685)。

节的考量。主审法官错误地认为为了防止受害人作证,当两名受害者趴躺在地时申诉人射杀了他们,因此其必然驳回所提供的有关减轻情节的唯一的论据——因为当致命的枪声响起时申诉人在汽车里,所以在死刑重罪中申诉人的参与是相对次要的,不应被判死刑。这种对申诉人在犯罪中作用的根本性曲解阻止了初审法院在量刑时考虑特定犯罪的情形。①

此外,这个错误并非那么不重要,我们不能够肯定其对量刑法官作出裁决的影响是可以忽略的。② 因此,我将在维持并确认死刑判决的范围内使以下判决无效,并发回案件进行新的判刑审讯。

---

① 参见伍德森诉北卡罗来纳州案, 428 U. S. at 428 U. S. 304。
② 佛罗里达州最高法院的判决意见没能纠正这个错误,或通过发回重审或通过重新评估初审法院关于申诉人在杀人案中角色的根本性误解的影响。相反,法院只是简单地反复三次,始终没有关于本案减轻情节的证据的任何讨论。

斯特里克兰诉华盛顿州案
Strickland v. Washington

《美国判例汇编》第 466 卷第 668 页(1984)
美国联邦最高法院发至美国联邦第十一上诉巡回法院的调卷复审令
庭审日期:1984 年 1 月 10 日
结审日期:1984 年 5 月 14 日

案 件 导 读

  本案关注刑事被告人获得有效辩护之权利。所谓有效辩护基本上是一个专属于对抗式诉讼模式的概念。其核心精神即允许在一定情况下,将辩护律师表现不佳作为撤销判决的理由。之所以这一概念为对抗式诉讼所特有,是因为此种诉讼模式的有效运转必须依赖律师作用之充分发挥。而在职权主义诉讼中,对抗式律师所发挥的作用在很大程度上是由法官承担的,因此,诸如关键证据未予调查等情形,在英美法系往往被归咎于律师的无效辩护,而到了大陆法系则往往构成法官职权的不当行使。尽管法律后果均为撤销判决,但二者在制度逻辑上存在本质区别。

  虽然律师的有效辩护对于英美对抗式诉讼模式至关重要,但是令人难以理解的是,在很长时间里,究竟律师的表现满足哪些情形才能构成无效辩护,从而产生撤销原判的后果,这一点一直没有相对明确的判断标准。直到 1984 年,联邦最高法院审判斯特里克兰诉华盛顿州案,才第一次制定出一个明确规范。

  本案被上诉人被指控三项一级谋杀罪,他在面对初审法官时,违背律师建议作出了有罪答辩,律师对此举深感失望,在接下来的量刑程序中,该辩护律师没有收集包括品格证据在内的各项量刑证据,也没有申请法庭制作社会调查报告以及对被告人进行精神鉴定。该律师把很大的希望寄托在初审法官的一项声明上,即该法官声称自己非常看重一个人是否勇于承担责任并改过自新。但最终量刑结果事与愿违,被上诉人被判死刑。随后,被上诉人以律师无效辩护为由提出上诉,案件最终进入联邦最高法院。

  奥康纳大法官代表多数派提出了判断无效辩护成立的两个标准。第一,被告人必须表明辩护律师的表现存在缺陷。第二，被告人还必须证明律师的缺陷导致了对辩方不公正的结果，即律师的错误如此严重，以至于剥夺了被告人获得公平、准确的审判之权利。当被告人完成上述两方面证明责任之后，才可以说对抗式诉讼程序机制出现了故障，因此其结果不值得信赖，应予撤销。应当说，多数意见提出的两个标准对于被告人而言，要求是非常高的，律师行为在通常情况下被推定正确。正是凭借这两个高标准，奥康纳大法官随即对本案被上诉人所主张的无效辩护理由作出了逐条反驳，并最终得出结论认为，本案辩护律师的行为并不构成无效辩护。

但是，多数意见遭到了以马歇尔大法官为代表的少数派的强烈批判。批判意见主要集中在以下几点：第一，多数意见用词不够明确，不具备可操作性；第二，强迫被告人对律师无效辩护承担证明责任，有违公正原则；第三，过分考虑实体结果的正确性，而未能对宪法所要求的程序正当性给予充分尊重；第四，在确定律师责任的问题上，未将死刑量刑程序与普通审判程序作出必要的区分，因为死刑是不同的，因此它所要求的程序保障应当更高。

最终，最高法院根据多数意见作出判决，认定辩护律师的行为不足以导致死刑判决的撤销。但是，本案判决随即在美国学术界招致不少的批评，批评意见指出，本案确定的标准将使贫穷的被告人无法获得实际有效的帮助。但是，斯特里克兰案判决的影响力则是持久的，在本案之后的 12 年中，联邦最高法院始终坚守上述两项判断标准，几乎所有引发争议的律师行为，最终都毫无悬念地被认定为有效。直到 2000 年，最高法院才在威廉姆斯诉泰勒案中，以无效辩护为由作出了推翻死刑量刑的裁判。

| 判决摘要 |

被上诉人在佛罗里达州某法院面对三项一级谋杀罪的指控答辩有罪。在答辩时，被上诉人告诉法官，尽管他实施了一系列入室盗窃行为，但是他没有严重的犯罪前科，并且，在实施犯罪时，他因为无力养家糊口而处于极大的精神压力之下。审判法官告诉被上诉人，他"对愿意改过自新并勇于承担责任的人怀有崇高的敬意"。在准备量刑程序时，辩护律师就被上诉人的背景情况与其进行了交流，但是没有寻找品格证人，也没有提出对被上诉人进行精神鉴定的要求。辩护人决定不提出关于被上诉人品格和情绪状态的证据，这表明，他认为比较明智的做法是仅仅采用答辩过程中获得的证据，这样做可以防止控方对被上诉人进行交叉询问，而且也可以使控方无权就被上诉人的精神状况提供证据。辩护律师也没有要求制作判决前的调查报告，因为，此类调查可能将会发现被上诉人以前的犯罪记录，从而破坏其本人关于无严重犯罪前科的主张。承审法官最终认定了多个加重情节，而没有任何减轻情节，因此，针对每一起谋杀的指控都判

处了被上诉人死刑。佛罗里达州最高法院维持了判决。于是,除了援引另外的几项理由之外,被上诉人又以辩护律师在量刑程序中未能提供有效辩护为由向州法院寻求附属救济,其中包括没有要求提供精神病学报告,没有调查和提供品格证人,以及没有要求制作判决前的调查报告。审判法院否决了上述请求,佛罗里达州最高法院维持原判。接着被上诉人在联邦地区法庭申请人身保护令,并提出数项救济理由,其中包括律师无效辩护的主张。经过证据听证后,联邦地区法院拒绝提供救济,并指出,尽管辩护人在判断是否进一步调查辩护证据时犯了错误,但是这些错误并未导致最终判决有任何不公正。但上诉法院最终推翻了下级法院的判决,认为宪法第六修正案赋予刑事被告人的辩护权是一种要求"考虑所有情况并提供充分有效帮助"的权利。联邦上诉法院针对辩护人在调查非法定减轻情节方面是否尽责,以及辩护人的错误何时导致判决不公而应被撤销的问题划定了判断标准,随后上诉法院将本案发回,要求适用该标准予以重审。

判决:

1. 宪法第六修正案规定的辩护权是获得有效辩护的权利,判断是否成立无效辩护的基准,必须是辩护人的行为是否已经破坏了对抗式审判程序的正常功能,以至于通过此种程序得到的结果不值得信赖。同样的原则也适用于死刑量刑程序——正如佛罗里达州法律所规定的——它在其对抗式风格方面非常类似于审判程序,而且在律师作用的标准问题上,两种程序也非常具有可比性。①

2. 被告人若以无效辩护为由要求撤销定罪与死刑判决,就必须证明以下两点:第一,律师的表现存在瑕疵;第二,律师瑕疵行为所产生的后果已经达到了剥夺被告人公平审判权的程度。②

(a) 评判辩护人行为的适当标准是"考虑所有情节后的充分有效的帮助"。当被判有罪的被告人主张辩护无效时,他必须证明律师的辩护未达到客观的合理性标准。对律师行为的司法审查必须是相当谨慎的,要做出公正评价的话,就应当避免"事后诸葛亮"式的偏见,而应全面考虑律师在作出该行为时的各种情况,并站在律师当时的视角加以考量。法院必须认可这样一项强力推定——律师的行为在绝大多数情况下是符合合理的专业标准的。我们不需要专门为了界定律师的调查职责(这也是本案的争议问题),而去扩大这一标准。③

(b) 至于导致不公的要求,则需要被告合理地证明存在如下可能:如果不是

---

① Pp. 466 U. S. 684-687.
② Pp. 466 U. S. 687-696.
③ Pp. 466 U. S. 687-691.

律师在专业上的错误,程序的结果会有所不同。合理的可能性是一种足以破坏结果可信度的可能性。法庭审查无效辩护主张时,必须全面考量法官或陪审团面临的所有证据。①

3. 在适用上述标准时必须考虑各种具体情况。这些标准并非机械的规则;调查核心最终必须放在系争程序的基本公正性上。在对因被告人主张的无效辩护而导致的不公进行审查之前,法庭无须首先判断律师行为是否无效。如果说以缺乏应有的公正为由处理无效辩护主张更为容易一些的话,这一分析过程就应当被遵循。在联邦附属程序中,有关无效辩护主张的这些原则,与在其直接上诉或者重审动议程序中的适用是一样的。在对州法院的刑事判决申请人身保护令时,即使州法院认定律师提供的辩护是有效的,但该认定在《美国法典》第28卷第2254章(d)款所规定的范围内,对联邦法院没有约束力,因为这并不是一个纯粹的事实问题,而是兼有事实问题和法律问题的双重属性。②

4. 本案事实清楚地表明,辩护律师在被上诉人量刑程序之前和之中的行为,根据上述标准,不能说是不合理的。事实也同样清楚地表明,即使假定辩护人的行为是不合理的,被上诉人因此遭受的不公也并不足以撤销死刑判决。③

撤销原判。

奥康纳大法官发表了法庭意见,伯格首席大法官、怀特大法官、布莱克门大法官、鲍威尔大法官、伦奎斯特大法官和斯蒂文斯大法官加入。布伦南大法官部分同意部分反对(post, p. 466 U.S. 701),马歇尔大法官发表了反对意见(post, p. 466 U.S. 706)。

| 判决全文 |

奥康纳大法官发表了法院的判决意见:

刑事被告人主张,如果辩护律师在审判或者量刑阶段的辩护无效,那么宪法要求推翻已作出的定罪或者死刑判决。该案要求我们考虑判断该主张的适当标准。

---

① Pp. 466 U.S. 691-696.
② Pp. 466 U.S. 696-698.
③ Pp. 466 U.S. 698-700. 693 F.2d 1243.

一

（一）

1976 年 9 月，被上诉人在十天时间里计划并实施了三组犯罪，其中包括：三起残酷的谋杀、虐待、绑架，几次袭击、谋杀未遂、敲诈勒索未遂和盗窃。在两名从犯被捕后，被上诉人向警察自首，自愿供述了第三组事件。佛罗里达州以绑架和谋杀罪名起诉被上诉人，并指派一名有经验的刑事辩护律师代理此案。

辩护律师积极地提出各项审前动议和证据开示。然而，当他后来得知被上诉人违背其建议，对前两起一级谋杀罪也作出自白之后，他不再努力了，对于此案，他感到绝望。到审判那天为止，被上诉人面临的指控变成了三个一级谋杀，多次抢劫，绑架勒索，入室袭击，谋杀未遂和蓄意抢劫。被上诉人又一次违背了辩护律师的建议，对包括三个一级谋杀在内的所有指控作出有罪答辩，放弃陪审团审判的权利。

在答辩时，被上诉人告诉法官，尽管他实施了一系列入室盗窃行为，但是他没有严重的犯罪前科，并且，在实施犯罪时，他因为无力养家糊口而处于极大的精神压力之下。然而，他也说，他愿意为这些罪行承担责任。承审法官告诉被上诉人，他"对愿意改过自新并勇于承担责任的人怀有崇高的敬意"，但法官同时也声明，他这样说并非是在暗示可能的量刑结果。

根据佛州法律，在死刑案件的量刑程序中，被告可以申请咨询陪审团出席，律师建议被上诉人提出该申请，但被上诉人拒绝了这一建议，放弃其权利。相反，他选择了由承审法官单独量刑的程序。在准备量刑听审的过程中，辩护律师和被上诉人谈起了他的背景。律师还和被上诉人的妻子与母亲通了电话，但是他最终未能成功与其会面。他没有为被上诉人寻找品格证人。① 而且，鉴于与被上诉人会谈的过程中没有发现其存在精神障碍，因此律师也没有要求进行精神鉴定。②

辩护律师不准备出示，因此也就没有进一步寻找关于被上诉人品格和精神状态的证据。这表明，在被上诉人承认了那一系列可怕罪行之后，律师对于扭转这一明显不利局面已经彻底失望了；同时也表明，律师认为更明智的做法是依靠被上诉人在认罪答辩时所提供的，有关其生活背景以及精神压力的证据：这些信息已经足够了，而且通过放弃在这些问题上提供新证据，可以阻止控方对被上诉

---

① App. to Pet. for Cert. A265.
② Id. at A266.

人的声明进行交叉询问和出示相反的精神病学证据。①

律师还把他认为可能会产生破坏作用的其他一些证据排除在量刑程序之外。他成功地排除了被上诉人的"犯罪前科记录"。② 考虑到调查报告可能会包含被上诉人的犯罪前科,从而对其没有重大犯罪记录的声明产生影响,在利弊权衡之后,律师没有要求制作该报告。③ 在量刑程序中,辩护律师的策略主要奠基于法官在答辩程序中所发表的言论,而且该名法官一贯的特点就是,在量刑时非常看重已被定罪的被告人是否承认其罪行。律师主张,因被上诉人已经悔罪并且勇于承担责任,因此可以对他免处死刑。④ 他还说,被上诉人没有犯罪前科,而且他是在极大的精神和情绪压力下实施的犯罪行为,这些都属于法定从轻处罚情节。他进一步论证说,被上诉人应免予死刑,因为他自首、坦白并且主动作证反对一名同案被告人,被上诉人本质上是一个好人,只是在极端的压力之下才犯了一个短暂的错误。控方提供了一些主要用来证明犯罪细节的证据和证人。律师没有对控方证明被害人死亡方式的医学专家进行交叉询问。

主审法官认定三起谋杀罪中每一起都存在若干加重情节。他认为三起谋杀都特别残忍,死者均遭到反复的击打。每一起谋杀都至少伴随其他一项危险的暴力犯罪,并且由于都存在抢劫的情节,因此每一起谋杀又都属于谋财害命。三起谋杀都是在实施其他犯罪时为了避免被抓获和逃避法律制裁而实施的。在实施其中一起谋杀的过程中,被上诉人置多人的生命安危而不顾,故意戳刺和射击死者的表妹,使其遭受严重(几乎是致命)的伤害。

对于三起谋杀案中的减轻情节,主审法官作出了同样的认定。第一,尽管没有证据证明被上诉人曾有过定罪记录,但他曾承认参与过盗窃。而且,尽管没有定罪记录,但在其所实施的每一起犯罪中,加重情节都"远远超过"了减轻情节。第二,法官认定,在三起案件中,被告人均不存在严重的精神和情绪障碍,能够认识到自己的行为是在犯罪。第三,受害人均无过错,也均未同意被上诉人的行为。第四,被上诉人在案件中所起的作用既非轻微,亦未受到其他同案犯的胁迫或指使。第五,被上诉人的年龄(26岁)不能成为一个减轻处罚的因素,特别是考虑到他对犯罪行为的谋划,以及在此过程中顺带安排的多起盗窃行为,情况就更是如此。

总之,主审法官认定了非常多的加重情节,却没有认定一个哪怕是不很重要

---

① App. to Pet. for Cert. at A223-A225.
② Id. at A227;App. 311.
③ Id. at A227-A228,A265-A266.
④ Id. at A265-A266.

的减轻情节。关于三个谋杀罪的判决,法官作出如下结论:

"在考虑了所有事项之后,不难得出结论认为相对于加重情节而言,本案中的减轻情节微不足道。"①法官因此对每一起谋杀罪均处以死刑,对其他罪行处以监禁刑。佛罗里达州最高法院在直接上诉中维持了定罪和量刑。

(二)

被上诉人随后在州法院寻求附属救济,其理由当中就包括律师在量刑程序中未能提供有效辩护。具体而言,被上诉人对律师的工作提出六个方面质疑。分别是:未能获得量刑程序的延期举行,从而做好充分准备;没有要求精神病鉴定;没有调查和要求品格证人出庭;没有要求制作调查报告;没有为量刑法官提供有效的论证;没有调查法医报告,也没有对法医进行交叉询问。为了支持上述主张,被上诉人提供了14位朋友、邻居和亲属的书面声明,表示他们愿意随时出庭作证。他还提交了一份精神病学报告和一份心理学报告,证明被上诉人在实施犯罪行为时尽管并未陷入极端的精神和情绪混乱,但的确正"因经济困境而处于长期的失落与沮丧"之中。

法院通过审查卷宗认为被上诉人的无效辩护主张毫无价值,因此在未经听审的情况下便拒绝了该救济请求。在被提到的各项导致审判不公的错误中,其中四项根本不值得讨论。首先,没有理由要求延期,在被上诉人作出有罪答辩之后,未要求延期并不存在任何错误。第二,没有申请进行量刑调查并非严重错误,因为法官享有否决该项申请的裁量权;而且,任何的审判前调查都会导致被上诉人的犯罪记录进入法庭,从而推翻其没有重大犯罪前科的主张。第三,本案中加重情节占压倒性优势,而减轻情节几乎没有,辩护律师在这种情况下依然向法庭提出了一系列辩护意见和备忘录,这其实反倒是"值得赞扬"的。第四,没有对验尸官的报告进行询问或者没有对证明被害人死亡方式的医学证据进行交叉询问是没有问题的,因为被上诉人承认这些受害人死亡方式同这些证据所证明的内容是一致的。

法院对另外两项无效辩护理由作了更深入的考量。法院指出,对被上诉人进行首次传讯之后不久,州政府便立即安排了精神病检查。检查报告显示没有任何迹象表明被上诉人在实施犯罪时存在重大的精神问题。而且,在附带程序中提交的两份报告也都证明,尽管被上诉人在实施犯罪行为时正"因经济困境而处于长期的失落与沮丧"之中,但他并未陷入极端的精神和情绪混乱。总之,

---

① 华盛顿诉州案(*Washington v. State*),362 So. 2d 658, 663-664 (Fla. 1978)(承审法官的认定),拒绝上诉请求,441 U. S. 937 (1979)。

三份报告都直接否定了被上诉人在量刑程序中的主张,即他受到了极端的精神和情绪失常的影响。因此,律师有理由决定不要求精神鉴定;而且,辩护律师仅仅依靠答辩过程中被上诉人的陈述作为支持其精神异常的依据,这一选择也的确防止了控方通过提供自己的专家证言来对这一主张进行反驳。无论如何,本案加重情节如此显著,因此在量刑时未提出那些(在附带程序中提出的)精神医学证据,不足以产生任何实质性的不公。

基于大致同样的理由,法庭也驳回了被上诉人对律师未能收集并提交品格证据的指责。在附属程序中提交的各项书面陈述也无非是表明,有人愿意证明被上诉人基本上是一个好人,并且一直为其家庭经济状况而烦恼。这些事实被上诉人在答辩过程中就已经做出了证实。另外,被上诉人承认曾参与过盗窃,这些已经与那些书面证言中很多关键说法相悖。基于上述原因,再加上审判法官已经声明,即使被上诉人没有严重的犯罪前科,也可以对其适用死刑,那么,未在量刑时提供(在附带程序中提出的)品格证据,这一点并未导致实质性的不公正。

法院适用了佛罗里达州最高法院在奈特诉州案中所创立的无效辩护标准,得出结论认为:被上诉人未能证明本案中律师的辩护有任何实质性的或者严重的瑕疵,在影响判决结果这一点上,该律师并不比任何合格的律师差。法庭还特别指出:"从法律上看,本案各项记录已经确定无疑地表明,即使辩护律师在量刑程序中做了那些被上诉人声称他没有做的事,也不会使最终结果有丝毫改变。因为很显然,本案中加重情节占据了压倒性的优势。"①

佛罗里达州最高法院维持了驳回的裁定。② 州最高法院认为,之所以作出这样的裁决,最本质的原因在于,被上诉人对于"实质性错误与不公的可能"没有提供表面可以成立的证据,其证明未能使我们达到相应的确信程度,因此他无权获得救济。③ 被上诉人的主张是"没有实质意义的,以至于不能满足听证的要求"。④

(三)

被上诉人随后在佛罗里达州南部的联邦地区法院申请人身保护令。他提出了数项救济理由,其中关于律师无效辩护的理由与他在州法院所主张的基本相

---

① App. to Pet. for Cert. A230.
② 参见华盛顿诉州案,397 So. 2d 285 (1981)。
③ Id. at 287.
④ Id. at 286.

同,只是不再主张没有申请量刑延期。地区法院举行了听证,以审查辩护律师是否曾努力调查和提供减轻情节。被上诉人提供了他在州附属程序中提交的书面陈述和报告;他甚至还申请法庭传唤了该律师出庭作证;而佛州方面则针对被上诉人的异议,传唤该案的初审法官出庭作证。

地区法院没有对州法院关于律师辩护的认定提出任何质疑,而是作出与州法院同样的认定,对出庭律师的上述行动和决定的考虑表达了共同的看法。在无效辩护的法律问题上,地区法院认为,尽管律师在没有进一步调查非法定减轻情节这一点上出现判断错误,但是该错误并未导致最终判决的不公。根据主审法官的证言,以及其他一些与州法院同样的理由,联邦地区法院认为,"没有任何迹象表明"律师的错误影响到了最终的量刑结果。地区法院接着否决了被上诉人其他所有请求救济的理由,其中有一项理由在州法院未得到充分考虑,而佛州强烈要求联邦法院对该项理由予以考量。联邦法院最终驳回了被上诉人的人身保护令申请。

上诉后,美国联邦上诉法院第五巡回法庭部分维持原判,部分认定无效,指示原审法院对特定事实根据其法庭意见进行重审。当以前的第五巡回法庭 B 庭——即现在的第十一巡回法庭——决定重审该案时,该决定本身就是无效的。上诉法庭集体形成了其分析无效辩护主张的框架,推翻了地区法院的判决,发回重审,要求在新宣布的标准下,重新认定事实。

法庭注意到,因为被上诉人在地区法院证据听证中提出了一项原审法院未予充分考虑的主张,根据罗斯诉兰迪案确立的规则,人身保护令请求可能变成一项复合请求,从而要求对其全部驳回。然而,法庭认为,与其说穷尽原则是一个管辖权问题,不如说它是一种礼让行为,因此,允许有例外。法庭同意地区法院的说法,认为该案属于复合请求原则的例外。

上诉法院接下来探讨权利的实质依据。它指出,宪法第六修正案赋予被告人的律师帮助权要求律师"总体上能够提供合理有效之法律帮助"。法庭顺便又指出,在本案这种可能判处死刑的案件中,并不应当适用特殊标准:被告人可能被判处的刑罚仅仅是在考虑律师辩护是否合理有效时的因素之一。法庭于是提到了被上诉人的辩解——律师的辩护不是合理有效的,因为他未履行调查非法定减轻情节的责任。

法庭同意,宪法第六修正案要求辩护律师履行调查责任,因为合理有效的帮助必然是建立在专业决定基础上的,而只有在调查各种情况之后才能对法律问题作出明智的选择。法庭说,辩护律师的调查意见必须以决定之时所知信息来评价,而不能是事后诸葛,求全责备,"对审前调查的要求是合理,而不是精确权衡"。然而,法庭没有考虑被告人做有罪答辩的案件,而是试图去对事关审前调查责任范围的案件进行区分。

  法庭认为,在一起案件中,如果只有一个看上去合理的辩护方案,辩护人必须对此进行"合理的实质性调查",因为除此之外再无其他选择。如果还存在其他的辩护方案,但辩护人决定只选择其中一个,那么上述义务也同样成立。无论在哪种情况下,调查都不必穷尽任何可能性。调查必须包括"对事实、情节、诉状和相关法律的独立考量"。① 然而,责任的范围则要看控方案件的说服力,以及寻求特定方案是否可能导致弊大于利。

  法院认为,如果看上去成立的辩护方案不止一种,那么辩护人在不同的策略之间进行选择之前,理论上应当对每一种方案都进行实质性调查,由此作出的选择"即使有也很少"会被认为不充分。因为辩护是一种艺术而非科学,对抗式程序的特点要求接受律师的决定,只要该决定是建立在专业判断基础之上的,就应当得到尊重。但是,如果辩护人没有对各种可行的辩护方案都展开实质调查,辩护也有可能是有效的。除了策略原因之外,律师一般不得排除某一可行的辩护方案。然而,时间和财力上的限制,可能常常使律师不得不在与被告人会面以及审查过控方证据之后,便尽快进行最初的策略选择。在不同方案之间进行的策略选择,以及该选择所依据的专业判断之合理性,都应当得到尊重。因此,"如果根据总体情况判断,律师的各种假设是合理的,而且律师根据这些假设所作出的策略选择也是合理的话,那么该律师便无须对其不准备采用的辩护方案展开调查"。判断某一特定的策略选择是否合理的因素有:律师的经验,最终采纳的辩护方案与其他方案之间的差异,以及采纳其他辩护方案可能带来的不公正。

  列出判断辩护律师是否充分履行调查责任的标准之后,上诉法院又把注意力转向下面的问题,即律师错误对被告人产生哪些不公的时候将会导致推翻判决。法庭指出,只有当案件中存在下列情况时,才不需要特别证明存在不公,即完全拒绝律师辩护:政府主动干预了代理过程,或者案件本质上存在容易导致不公的利益冲突。而在律师表现有瑕疵的案件中,如果政府与该瑕疵并无直接关系,而且被告人比控方更容易取得证明该瑕疵的证据的话,那么,被告人必须证明律师的错误对其辩护过程导致了"实际的和重大的不利"。上诉法院论证道,这个标准同在联邦附属程序中针对程序错误的"原因和不公"标准是兼容的,它规定,被告人仅仅指出律师错误对辩护可能产生的不利影响是不够的,这样一来可以减少被告人随意提出主张的现象,否则这种现象将总是发生。法庭得出结

---

① 693 F. 2d 1243, at 1253.

论认为,除非控方能够依据所有证据排除合理怀疑地证明,律师表现中存在的宪法性瑕疵是无害的,那么只要证明存在特定的不公正,便应推翻判决。

可见,上诉法院放弃了第十一巡回区在针对以无效辩护为由质疑判决时所采用的检验标准。尽管一些法官针对州罪犯提出的人身保护令请求或者原则性地提出了判断无效辩护主张的不同方式①,但全体法官中的多数派认为,根据最新颁布的标准,该案应该发回重审。因此,法院简要地驳回被上诉人其他主张之后,推翻了地区法院针对无效辩护主张的判决并发回重审。重审后,法庭最终宣布,初审法官的证言尽管在证明其个人的事实经历以及专业意见方面是可采的,但是不能用来证明该法官在量刑时的心理过程。②

（四）

上诉人,即佛罗里达州政府官员,申请复核上诉法院的决议。上诉人提出了宪法第六修正案的主张,法院此前从未对该主张展开过一般性考量。法院曾经合并考查过基于事实或推定而否定律师帮助权的第六修正案主张,也考查过因州政府之干预而导致无效辩护的主张。例如,美国诉克罗尼克案。然而,除凯勒诉沙利文案之外(该案的争议问题是因利益冲突而导致无效辩护的主张),法院从未在即将审判的案子中,直接、完全地宣布律师辩护是"实际无效"的。③

在评价辩护律师的表现时,所有的联邦上诉法院和绝大部分的州法院现在都采用"合理的有效帮助"的标准,只是提法有所差别。④

然而,法庭还没有机会正面地决定该标准是否合适。对于被告人必须证明的律师无效表现所导致的不公,下级法院采用的评价方式与标准提法有所不同。⑤ 特别是在本案中,上诉法院明确反对根据莱文萨尔法官在美国诉德科斯特案⑥中的不同意见所归纳出的标准。该标准曾在奈特诉州案中被佛罗里达州

---

① 693 F. 2d 1243, at 1264-1280（托佛莱特法官的意见）; id. at 1280（克拉克法官的意见）; id. at 1285-1288（罗尼法官的意见,费伊法官和希尔法官加入）; id. at 1288-1291（希尔法官的意见）,尽管另外还有些法官认为本案发回重审是不必要的, id. at 1281-1285（约翰逊法官、安德森法官加入）; id. at 1285-1288（罗尼法官的意见,费伊法官和希尔法官加入）; id. at 1288-1291（希尔法官的意见）。

② Id. at 1262-1263;参见费耶韦瑟诉里奇案,195 U. S. 276, 195 U. S. 306-307（1904）。

③ 参见美国诉阿格斯案,427 U. S. 97, 427 U. S. 102, n.5（1976）。

④ 参见特拉普纳尔诉美国案,725 F. 2d 149, 151-152（CA2 1983）;美国诉克罗尼克案,O. T. 1983, No. 82-660, pp. 3a-6a;萨尔诺:《满足刑事被告人的辩护律师代理的州法院的规则和标准的现代地位》,载《美国法律报告》第四期,第 2 卷,第 99-157 页,参阅第 7-10 节（1980 年）。

⑤ 参见美国诉克罗尼克案, supra, at 7a-10a;萨尔诺, supra, at 83-99, §6。

⑥ 199 U. S. App. D. C. 359, 371, 374-375, 624 F. 2d 196, 208, 211-212（en banc）, cert. denied, 444 U. S. 944（1979）。

采用,它要求表明,律师特定的不利辩护行为有可能影响程序结果。

基于上述原因,我们同意发布调卷令,来考量因实际无效辩护而推翻有罪判决的宪法性标准。但我们同意上诉法院的观点,如果严格执行穷尽原则(该原则要求驳回复合性请求),本院其实是没有管辖权的。① 但我们还是要受理这一宪法争议。

二

在包括鲍威尔诉阿拉巴马州案、约翰逊诉泽布斯特案和吉登诉温赖特案在内的一系列案件中,法庭确认,为了保证公平审判的基本权利,宪法第六修正案规定的获得律师帮助的权利是存在的,也是必需的。宪法通过正当程序条款保证了公平审判,但是公平审判的要素却主要是通过第六修正案中规定的几项内容来界定的,这其中就包括律师帮助条款:

"在所有的行使权利案件中,被告人有权在案件发生的州或者在依法确定的案件发生的区域,由公正的陪审团进行迅速及公开审判,并获知指控的性质与原因,与控方证人对质,强制获得于己有利之证人,并获得律师帮助。"

因此,所谓公平审判意味着以对抗式的方式对证据进行检验,并将其呈递给中立的法庭,用以解决程序启动之初已经明确界定的问题。在第六修正案规定的对抗式体制中,律师帮助权扮演着非常关键的角色。因为被告人要想获得"充分的机会去应对指控"的话,律师的技能和经验是必不可少的。②

正是由于律师帮助的极端重要性,法院规定,除某些特定情况之外,被联邦或州指控的被告人如果没有聘请律师的话,有权获得法庭指定的律师。③ 然而,仅仅是有一位律师与被告人一起出席法庭,还并不足以满足宪法的要求。第六修正案确认律师帮助权,意味着它要求律师在对抗式诉讼中为获得公正的判决结果发挥关键作用。被告人获得律师帮助——无论是聘请还是指定——对于保障审判的公平是必须的。

因此,法院指出:"获得律师帮助的权利就是获得律师有效帮助的权利。"④

---

① 参见罗斯诉兰迪案,455 U. S. at 455 U. S. 515-520。
② 参见亚当斯诉美国案(美国根据麦凯恩的告发而诉),317 U. S. 269, 317 U. S. 275, 317 U. S. 276 (1942);鲍威尔诉阿拉巴马州案, supra, at 287 U. S. 68-69。
③ 参见阿尔格辛格诉哈姆林案,407 U. S. 25 (1972);吉登诉温赖特案, supra;约翰逊诉泽布斯特案, supra。
④ 麦克曼诉理查德森案, 397 U. S. 759, 397 U. S. 771, n.14 (1970)。

当政府以某些方式干预辩护律师的独立决定时,就侵犯了其获得有效辩护的权利。① 然而,如果律师不提供"足够的法律帮助",也构成对被告人有效辩护权的剥夺。②

法庭在此后提出"实际无效"主张的案件中,没有继续推敲宪法要求的有效辩护之含义。那么,我们如果要给这一要求下定义的话,就必须以其目的,即保障公正审判,作为指向。判断任何无效主张的基准,必须是辩护人的行为对对抗程序的破坏如此严重,以至于不能信赖该审判会产生公正结果。

同样的原则也适用于佛罗里达州法律规定的死刑量刑程序。我们不需要考虑律师在普通量刑程序中的作用,因为这些程序并不是很严格,裁判者的自由裁量权也没有什么明确的标准,所以在这些程序中,需要用不同的方法去界定有效辩护这项宪法性权利。然而,本案这样的死刑量刑程序则与审判程序一样遵循同样的对抗制模式以及相应的裁决标准。③ 律师在该程序中的作用与审判中律师的作用是一样的,惟其如此方可确保对抗式模式真正发挥了作用,获得了一个公正的判决结果。因此,在界定律师责任的时候,无须将佛罗里达州的死刑量刑程序与普通的审判程序区分开来。

三

已被判决的被告人主张无效辩护,要求推翻定罪或死刑判决有两个构成要件。首先,被告人必须表明辩护律师的表现是有缺陷的。这要求表明,辩护律师犯下了严重的错误,没有像宪法第六修正案所要求的辩护律师那样发挥作用。第二,被告人必须表明瑕疵表现导致对辩方的不公正。这就要求表明,辩护律师的错误如此严重,以至于剥夺了被告人获得公平、准确的审判的权利。除非被告人证明了上述两点,否则就不能说对抗式程序出现故障,从而导致其定罪或量刑结果不可靠。

(一)

正如所有联邦上诉法院认为的那样,判断辩护人表现的恰当标准应该是合

---

① 例如,格德斯诉美国案,425 U.S. 80 (1976)(禁止隔夜休庭中律师和当事人的协商);赫林诉纽约州案,422 U.S. 853 (1975)(禁止法官审判中的总结性陈述);布鲁克斯诉田纳西州案,406 U.S. 605, 406 U.S. 612-613 (1972)(要求被告人首先作为辩方证人);弗格森诉佐治亚州案,365 U.S. 570, 365 U.S. 593-596 (1961)(禁止对被告人直接询问)。

② 参见凯勒诉沙利文案,446 U.S. at 446 U.S. 344. Id. at 446 U.S. 345-350(实际的利益冲突影响了提供有效帮助的律师行为)。

③ 参见 463 U.S. 952-954 (1983),凯勒诉沙利文案, at 451 U.S. 430 (1981)。

理有效的帮助。① 法院在麦克曼诉理查德森案②中以一种间接的方式承认，有罪答辩不能被认为是法律帮助不充分的结果，除非律师"不能合理胜任辩护人角色"，或者其法律意见的质量"未达到刑辩律师的合理标准"。③ 当被判有罪的被告人主张无效辩护时，他必须证明律师的代理没有达到客观的合理标准。

更加具体的规定是不合适的。第六修正案只是提到了"辩护"，而没有对有效帮助作出特别规定。相反，他依赖于法律职业者们对充分标准的坚持，从而使我们有理由推定，律师在对抗式诉讼中所扮演的角色是符合宪法修正案之要求的。④ 对辩护行为的恰当判断标准只是通行的职业准则。为刑事被告人提供代理就必须承担某些特定的职责。律师的作用是帮助被告人，因此他必须对当事人承担忠诚义务，避免出现利益冲突。⑤ 从为被告人提供帮助的功能又引申出主张被告人权利的责任，就重要决定向被告人提供咨询的责任，以及使被告人了解指控的重要进展的责任。另外，律师还有责任利用其专业技能与知识，保障对抗式诉讼程序的可信赖性。⑥

以上这些最基本的职责并未穷尽律师的所有义务，而且司法机关在评价律师表现时，其考量范围也不限于这几个方面。在任何一起主张无效辩护的案件中，都必须根据各项具体情况来判断律师帮助是否合理。美国律师协会规定的一些标准——例如《美国律师协会刑事司法规范》，4-1.1 到 4-8.6，（1980 年，第二版）（"辩护的作用"）——反映了一般的规则，在判断律师行为的合理性时可以用作参考，但也仅仅是参考。考虑到辩护律师所面临的各项具体情况，以及立法者在决定什么是最好的辩护时要考量的各项因素，当我们在评判律师行为时，并没有什么特别明确的规则可供适用。任何详细的规则都会对宪法赋予律师的独立地位构成侵犯，并极大限制律师决策时所必须享有的自由度。⑦ 事实上，代理规范过于详细将会扰乱律师为被告人提供有力辩护这一最重要的宗旨。而且，宪法第六修正案所保障的有效辩护权，其目的并非提高法律服务的质量（尽管这也是整个法律体系的一个重要目标）。它的目的仅仅是保障被告人获得公平的审判。

对辩护律师行为的司法审查必须十分谨慎。被告人在被定罪或者得到不利

---

① 参见特拉普纳尔诉美国案，725 F. 2d 151-152。
② supra, at 397 U. S. 770, 397 U. S. 771.
③ 又见凯勒诉沙利文案，supra, at 446 U. S. 344。
④ 参见马歇尔诉路易斯安那州案，350 U. S. 91, 350 U. S. 100-101 (1955)。
⑤ 参见凯勒诉沙利文案，supra, at 446 U. S. 346。
⑥ 参见鲍威尔诉阿拉巴马州案，287 U. S. at 287 U. S. 68-69。
⑦ 参见美国诉德科斯特案，199 U. S. App. D. C. at 371, 624 F. 2d 208。

的量刑结果之后,非常容易去挑剔律师的工作,法庭在律师辩护失败之后,也很容易下结论认为律师的某个特定行为或者疏忽是不合理的,但是这些做法都是不应当允许的。① 要公正评价律师行为的话,就应当避免"事后诸葛亮"式的偏见,而应全面考虑律师在作出该行为时的各种情况,并站在律师当时的视角加以考量。由于此种评价固有的困难,法院必须接受一种强力推定,即律师的行为是符合合理的专业标准的。换言之,被告人必须克服这样的假设:在特定条件下,被否决的行为可能被认为是合理的庭审策略。② 在任何一起案件中,都有无数种方法提供有效的帮助。即使是最上乘的辩护律师也不会以同样的方式为特定的被告人辩护。③

对律师行为进行不必要的事后审查,或者制定过于详细的评价标准,都会对无效辩护主张的增加起到鼓励作用。这样一来,更多被告人获得不利判决结果的案件将会在律师辩护失败之后进行再次审理。这将对律师的表现,甚至是辩护意愿造成极大的负面影响。如果对辩护审查过于详尽,或者标准过于严格,那么将会降低律师的热情、侵犯其独立性,降低已决案件的认可度,破坏代理人和当事人之间的信任关系。

因此,法庭在处理无效辩护主张时,必须基于辩护人行为时的特定事实,判断争议行为的合理性。已被宣判的被告人提出无效辩护主张,必须指明哪些行为或失误属于不合理的专业判断的结果。那么,法院则必须根据各种情况决定,被指明的行为与失误是否已经超出了有效专业帮助所可能允许的范围之外。在作出决定时,法院需要谨记,如一般职业规范中所阐明的那样,辩护人的作用是在特定案件中使对抗制庭审能够发挥作用。与此同时,法庭还应假定,辩护律师已经提供了充足的帮助,他所做的所有重要决定是符合合理的专业判断标准的。

在对本案中的争议问题,即律师的调查职责进行界定时,标准无须特别详尽。正如上诉法院所言,在针对与各项可能成立的方案相关的事实和法律进行充分调查之后,律师所作出的策略选择实质上是无可置疑的;即使在选择时调查并不充分,但是如果这种不充分符合合理的专业判断标准,那么选择也依然是合理的。一言以蔽之,律师有责任做合理调查,同时也有责任对特定调查是否必要作出合理判断。在任何无效辩护案件中,对于特定的不予调查决定应当综合各项情况来判断其合理性,在此过程中应对律师的决定给予相当程度的尊重。

---

① 参见恩格尔诉艾萨克案,456 U.S.107,456 U.S.133-134(1982)。
② 参见马歇尔诉路易斯安那案,supra, at 350 U.S.101。
③ 参见 Goodpaster:《生命的审判:在死刑案件中的有效辩护帮助》,载《纽约大学法律评论》第58卷第299页,343页(1983年)。

被告人本人的陈述与行为可能会对律师行为的合理性产生决定作用,或者至少产生相当程度的实质影响。律师的行为通常取决于被告人所作的策略选择以及被告人向其提供的信息,而且这样做也是很恰当的。什么样的调查决定是合理的尤其取决于这样的信息。例如,与某一潜在的辩护方案有关的事实,如果律师已经通过被告人获得基本了解,那么进一步的调查也就不再是必要的了。又如,当被告人已经给出理由使律师相信,某项调查毫无意义甚至是有害的,那么如果律师没有进行该项调查的话,不得因此被质疑为不合理。简而言之,调查辩护人同被告人的交流对衡量辩护人的调查决定是至关重要的,对衡量辩护人的其他决定也是同样重要的。①

(二)

即使律师犯下不合理的专业错误,但是只要这个错误没有对判决结果产生影响,就无需撤销该判决。② 第六修正案保障律师帮助权的目的是为了确保程序结果的公正,而获得律师帮助对于这一目的的实现是必不可少的。因此,要构成宪法上的无效辩护,就要求律师表现中的缺陷必须给辩方带来不公正。第六修正案中所讲的不公是推定的。实际或推定的无效辩护依法都可以作为推定不公的依据。州政府对律师的各种干预行为也可以产生此种推定效果。③

在这些情况下,不公正的可能性如此明显,以至于不再需要个案衡量,否则成本太过巨大。④ 而且,在这些情况下,对第六修正案权利的侵害是非常容易确认的,另外,由于控方在其中负有直接责任,因此政府要防止这些情况出现也很容易。有一种实际无效的主张允许与此类似但有限的不公推定。在凯勒诉沙利文案中,法庭认为,当律师存在利益冲突时,应推定存在不公。在此情形下,律师违背了忠诚义务,而这或许是律师所应承担的一项最基本的义务。另外,究竟利益冲突对辩护造成多大的不利影响很难精确测量。考虑到律师避免利益冲突的义务,以及审判法院在可能引发冲突的情况下提早展开调查的能力⑤,要求刑事司法体制对于利益冲突贯彻相当严格的推定不公规则是合理的。即便如此,该规则与上文提到的与第六修正案主张有关的不公也不完全相同。只有被告人证明辩护人"积极地为利益冲突方代理"并且"实际的利益冲突给律师的表现带来

---

① 参见美国诉德科斯特案, *supra*, at 372-373, 624 F.2d 209-210。
② 参见美国诉莫里森案, 449 U.S. 361, 449 U.S. 364-365 (1981)。
③ 参见美国诉克罗尼克案, *ante* at 466 U.S. 659, and n. 25。
④ *Ante* at 466 U.S. 658.
⑤ Fed. Rule Crim. Proc. 44(c).

负面影响时",才能推定不公的存在。①

除利益冲突的情况之外,被告人就律师表现中的瑕疵提出实际无效主张的时候,必须能够从正面证明存在不公。政府对导致定罪或量刑被推翻的辩护错误不负责任,因此也无法阻止。律师的错误各种各样,这些错误在特定案件中可能完全无害,但也可能会导致不公。不能根据导致不公的可能性而对其分类,也不可能通过精确的方式予以界定,从而告知律师哪些做法是应当避免的。律师代理是一种艺术,某些做法在一个案件中可能是不专业的,但在另一个案件中又可能是合理的甚至是明智的。因此,即使被告人表明律师的某一错误是不合理的,他还必须证明这种错误为辩护带来了负面影响。

被告人仅指出这些错误对程序结果有些可能的影响是不够的,实质上辩护律师的任何作为或者不作为都会面临这种考验②,并非每一个可能影响结果的错误都会破坏程序结果的可靠性。

被上诉人建议的标准是律师错误"弱化了辩护"。③ 但是这个标准没有可操作性。因为任何一个错误,只要是错误,都会弱化代理行为,这种标准是不够的,究竟"弱化"到何种程度才可以推翻判决结果,该标准未能提供有效的判断方法。

另外一方面,我们也认为,被告人无须证明律师的瑕疵行为使判决结果发生改变的可能性比不改变的可能性更大。这种以结果论的标准有几个好处。它采用一种类似于法庭的方式进行相关问题的调查,尽管无可避免的是,此种调查也不精确。这种标准也体现了在刑事程序中判决终局性的重要意义。而且,这个标准与决定是否因发现新证据而启动再审时广泛适用的标准是一致的。④ 然而,该标准却不十分合适。

即使是因为律师的错误而忽略了某一特定证据,发现新证据的标准也不能在无效辩护的案件中作为判断不公的标准。发现新证据主张所适用的标准是很高的,它假定准确、公正审判所需的一切关键要素在系争程序中都已经提出了。而无效辩护则是主张判决结果的可靠性缺乏某一重要保障,因此在终局性上的要求相对较弱,判断不公的恰当标准相应的也就更低一些。即使不能以优势证据证明律师的错误影响了判决结果,该结果也可以是不可靠的,从而导致程序本身的不公正。

---

① 参见凯勒诉沙利文案,*supra*, at 446 U. S. 350, 446 U. S. 348。
② 参见美国诉巴伦苏埃拉—博纳尔案, 458 U. S. 858, 458 U. S. 866-867 (1982)。
③ Brief for Respondent 58.
④ See Brief for United States as Amicus Curiae 19-20, and nn. 10, 11.

因此,判断不公的适当标准应当与判断控方未向辩方开示无罪信息之严重性的标准一致。① 同时,还应当同辩方因政府将证人驱逐出境而无法获得该证人证言的严重性标准一致。② 被告人必须表明存在这样的合理的可能,即要不是被告人的不专业的错误,程序的结果会有所不同。合理的可能是一种足以破坏结果可信度的可能性。

要判断特定错误是否导致了所要求的不公,法院应当假设,当不存在证据不足的质疑时,法庭和陪审团的行为是合法的。在判断结果是否可能对被告人更为有利时,不得考虑擅断、任意、无常和"陪审团废止权"以及类似的东西。即使某一非法决定无法通过审查,被告人也不享有从非法决定者那里获得幸运的权利。在判断是否存在不公时应当首先假定决策者是合理地、凭良心地、无偏私地适用相关标准的。它不应该依赖个别决策者的特质,例如过于严厉或者宽容。尽管这些因素可能实际上已经影响到律师的策略选择,在一个非常有限的范围内还可能因此影响对行为的调查,但它们与是否存在不公的调查是无关的。因此,有关决策实际过程的证据,如果不是系争程序记录的一部分,就不应当在对公正与否进行审查的时候予以考虑;另外,诸如有关某一特定法官量刑实践的证据也是如此。

现行标准在评价律师错误所导致的不公过程中,对于确定应当提出哪些问题发挥着重要作用。当被告人质疑定罪决定时,所要解决的问题是是否存在这样一种合理的可能性,即如果不是因为律师的错误,事实裁判者会对指控产生合理怀疑。当被告人像本案中这样对死刑提出质疑时,所要解决的问题则是下述可能性是否合理存在,即如果不存在该错误,量刑裁判者——还包括对证据进行独立复审的上诉法院——在综合考量加重与减轻情节之后,将得出不判处死刑的结论。

在作出此项决定时,法庭对于无效辩护主张必须综合审查法官和陪审团面临的所有证据。某些事实认定可能并未受到错误的影响,而受到错误影响的事实认定所受到的也可能是另外一种不同的影响。某些错误可能会对证据评价产生普遍性影响,改变整个证明框架,而也有的错误可能只产生个别或微弱的影响。另外,相对于有充分详细的记录予以印证的定罪或结论而言,那些记录比较薄弱的更可能受到了错误的影响。法院在针对是否存在不公进行调查时,既要考虑没有受到影响的事实认定,同时又要对受到影响的事实认定予以公正考量,在综合上述两方面因素的基础上判断被告人是否完成了自己的证明责任,即是否能够证明,

---

① 参见美国诉阿格斯案, 427 U.S. at 427 U.S.104, 427 U.S.112-113。
② 参见美国诉巴伦苏埃拉-博纳尔案, *supra*, at 458 U.S.872-874。

如果不存在该错误的话,获得不同的判决结果是有合理的可能性的。

四

在适用上文提出的标准时,一系列实际因素的考虑是很重要的。其中最为重要的是,在对无效辩护主张进行裁判时,法院必须谨记,我们所说的原则并不是刻板的教条。尽管这些原则应对决策过程起指导作用,但最终要关注的核心问题还是系争程序的基本公正性。在任何一起案件中,尽管对结果的可靠性存在强有力的推定,但法院还是应当密切关注是否因对抗式程序出现故障而导致特定程序结果变得不可靠,须知,对抗式程序是我们赖以获得公正结果的重要保障。

鉴于上述原则目前在下级法院正在发挥指导作用,今天所制定的标准并不要求对以其他标准驳回的无效辩护主张进行重新审查。① 尤其是下级法院对行为标准的精确措辞的细小差别是不重要的:不同的措辞只是合理标准的不同表述。对于公正与否的调查,在下级法院提出的各项标准中,只有以结果论的标准比今天制定的标准为被告人赋予了更高的证明责任。然而,此种差别只有在极少数的案件中才会对无效辩护主张产生实质性影响。

尽管我们针对无效辩护主张先讨论了律师行为的要件,而后才讨论不公结果的要件,但是这并不意味着法院在裁决无效辩护主张时也要采取同样的顺序,甚至当被告人对于其中任何一个要件未能提供充分证明之前,法院对两个要件都无须作出处理。法庭在调查被告人因指控的瑕疵行为所遭受之不公正之前,无须决定辩护人的行为是否真的存在瑕疵。无效辩护主张的目的不是为了评价律师的表现。如果说基于公正来处理无效辩护主张更容易一些的话——我们预计通常情况下是如此的——那么就应当遵循这样的过程。法庭应该保证无效辩护主张不至于成为律师难以承受的负担,以避免为整个司法体制带来不利后果。

规范无效辩护主张之原则在联邦附属程序中的适用,应当如同其在直接上诉程序或者重审动议中的适用一样。正如"原因与不公"标准——该标准用于对错误主张的弃权——所表明的那样,在对刑事判决提出附属性攻击时,有关该判决之终局性的推定是最为强有力的。② 然而,无效辩护主张则是对于系争程序的基本公正性的攻击,这一点我们在针对此种主张制定裁判标准时已经阐明了。既然基本公正是人身保护令程序中最为关注的问题,那么对于在该程序中

---

① 参见特拉普纳尔诉美国案,725 F. 2d 153,(在适用"合理胜任"标准的同时适用"闹剧和嘲笑"标准的几年里,法庭"从未认为案件的结果取决于某一特定标准的选择")。

② 参见美国诉弗拉迪案,456 U. S. 152,456 U. S. 162-169(1982);恩格尔诉艾萨克案,456 U. S. 107,456 U. S. 126-129(1982)。

提出的无效辩护主张也就不应当适用特殊的标准。

最后,如果在联邦人身保护令程序中对州法院的刑事判决提出质疑,那么即使州法院认为律师提供的辩护是有效的,这一认定对于联邦法院也不会发生《美国法典》第 28 卷第 2254(d)节所规定的约束力。无效辩护并非一个"基础性的、初级的或者历史性的事实"问题。① 相反,如同在某一案件中多重代理是否导致利益冲突这个问题一样,它是一个兼有事实与法律双重属性的混合性问题。② 尽管州法院在裁判无效辩护主张时对事实的认定应遵循第 2254(d)节中的谨慎原则,尽管地区法院的认定应遵循《联邦民事程序规定》52(a)中的错误标准,行为和不公这两个需要调查的要件都属于这种混合性问题。

五

在提出裁判无效辩护主张的一般标准之后,我们认为把这些标准适用于本案是有益的,这样做可以阐明一般原则的含义。由于存在庭审笔录,因此这样做是可能的。在事实认定上,州和联邦法院没有不同意见,我们所规定的原则与佛罗里达州法院和地区法院适用的原则非常接近,很明显,事实认定没有被错误的法律原则所影响。③

在本案中适用基本原则并不困难。上述事实已经清楚地表明④,被上诉人的辩护律师在量刑程序中和量刑程序之前的行为不能被认为是不合理的。事实同样清楚地表明,即使假定被质疑的行为是不合理的,被上诉人所遭受的不公正也不足以达到推翻其死刑判决的程度。

关于行为要件,记录表明律师选择的策略是将极端的情绪压力作为减轻情节,并尽可能地依赖被上诉人对其罪责的接受。尽管律师对被上诉人的命运感到无望(这是可以理解的)。⑤ 但是——对于地区法院的意见也可以作出同样的理解——并无任何记录显示,律师这种无望的感觉对其专业判断产生不利影响。律师的策略选择所依据的专业判断依然处在合理范围之内,而律师决定除现已掌握的之外,不再搜集更多品格和心理状况的证据,也同样是合理的。

审判法官很看重罪犯是否勇于对其罪行承担责任,对于这一点律师非常了解。加重情节最终占据了压倒性优势。律师根据其与被上诉人的交流可以很合理地作出推测,认为提供品格和心理证据毫无益处。在答辩过程中,被上诉人已

---

① 汤森诉塞恩案,372 U.S.293, 372 U.S.309, n.6 (1963)。
② 参见凯勒诉沙利文案,446 U.S. at 446 U.S.342。
③ 参见普尔曼—斯坦达诉斯温特案,456 U.S.273, 456 U.S.291-292 (1982)。
④ See supra at 466 U.S.671-678.
⑤ See App. 383-384, 400-401.

经有机会提及其所面临的经济与心理危机。对于答辩过程中提及的问题不再提供品格证据,可以确保那些已经被律师成功排除的,相反的品格和心理证据以及被上诉人的犯罪前科不会进入法庭。根据以上所有的事实可以断定,即使不存在律师表现充分的假定,本案中律师所提供的辩护毫无疑问也是合理的,尽管最终辩护未能成功。

关于不公要件,被上诉人的主张就更不成立了。被上诉人所指的律师原本应当提交量刑程序的证据几乎完全不可能改变法官的看法。正如州法院和地区法院所认为的那样,这些证据最多是证明,被上诉人认识的很多人都认为他总体而言是个好人,另外,还有一个精神病学家和一个心理学家认为他处于相当程度的情绪压力之下,但是还不至于达到极端混乱的状态。由于本案加重情节占有压倒性优势,那些未提交的证据不可能改变加重情节超过减轻情节的最终结论,因此也就没有改变判决结果的合理的可能性。事实上,如果采纳被上诉人现在提供的这些证据的话,反倒可能对其更为不利:他的犯罪前科有可能会被采纳为证据,另外,心理学专家的报告又有可能会与被上诉人的主张(他将自己正处于极端的情绪混乱之中作为减轻情节而提出)发生直接矛盾。

我们针对无效辩护中的不公和行为两方面要件所得出的结论,都没有将审判法官在联邦地区法院的证言作为依据。因此,我们也就无需考虑该证言的可采性,尽管如前所述,该证言在是否存在不公的问题上是不相关的。而且,不用考虑提交给联邦地区法院的证据,是否不公的问题也是可以解决的,并由此可以驳回无效辩护的主张。州法院结论恰当地认为,没有经过证据听证,无效主张是没有价值的。

由于既不能证明律师表现存在瑕疵,又不能证明存在足够的不公正,因此,本案无效辩护主张不能成立。该主张在上述两个方面都失败了。总体而言,被上诉人没有能够证明律师行为的瑕疵给对抗式诉讼造成故障,并导致其刑罚的公正性变得不可靠。被上诉人的量刑程序并不是基本不公正的。

因此我们认为,联邦地区法院拒绝签发人身保护令是正确的。因此推翻联邦上诉法院的判决。

布伦南大法官,部分协同部分反对意见:

我同意法庭的意见,但反对判决结果。我坚持认为,在任何情况下死刑都是为第八和第十四修正案禁止的残酷和异常的刑罚①,因此我认为应当撤销原判

---

① 参见格雷格诉佐治亚州案,428 U.S.153,428 U.S.227(1976)(布伦南大法官持反对意见和相反判决结果)

发回重审。①

一

本案同美国诉克罗尼克案第一次向我们提供了机会,让我们可以详细研究无效辩护主张的恰当裁决标准。在克罗尼克案中,法院考虑的是这种情况:"在某些案件中,客观条件使得任何律师都不可能提供有效辩护,因此无须对律师在审判过程中的实际表现展开调查,就可以恰当地推定辩护无效。"相反,本案中提出的无效辩护主张则指明了律师所犯的一系列具体错误,鉴于此种主张的自身性质,法院就必须对律师表现以及该表现对程序之公正性和可靠性的影响这两方面内容加以衡量。相应的,提出此种主张的被告人不仅要证明律师的表现不充分,还必须能够证明自己因此遭受了不公正的对待。②

我同意法庭的意见,因为我认为今天所设定的标准一方面可以对法院裁决实际辩护无效的主张提供指导,另一方面该标准还为法院在这一法律问题上继续向前推进提供了空间。像所有的联邦法院以及大多数州法院一样,③本院的结论认为"评判律师表现的恰当标准是合理的有效辩护"。④ 另外,在是否不公的问题上,本院拒绝了某些法院采用的严格的唯结果论的标准,而是指出,恰当的标准应当是要求被告人"证明如果不是律师的不专业表现,获得另外一种结果的可能性是合理存在的",而且法院将"合理的可能性"定义为"足以动摇对结

---

① 从格雷格诉佐治亚州案开始的一系列案件发展出一套程序保障,越来越多的死刑判决都宣称遵循了这些保障措施,法院在本案中的判决也确立了这一立场。在本次开庭期之初,我重申了我的下述观点,即法官、陪审团以及上诉法院在作出是否判处死刑的决定时,必须消除决定过程中的非理性因素,但是这些程序保障对于该目的的实现已经被证明是不平等的。*Pulley v. Harris*, 465 U.S. 37, 465 U.S. 59 (1984)(布伦南大法官的反对意见)。依据法治原则作出死刑判决过程中所具有的内在困难,参见 *Furman v. Georgia*, 408 U.S. 238, 408 U.S. 274-277 (1972)(布伦南大法官的同意意见); *McGautha v. California*, 402 U.S. 183, 402 U.S. 248-312 (1971)(布伦南大法官的反对意见),已经被最近几个月当中延期执行的数量不断增加,并给我们的审议造成极大压力所证实。*See Wainwright v. Adams*, post at 965 (马歇尔大法官的反对意见)(指出,在作出撤销延期决定时的草率和混乱,对于法官角色来说是一种耻辱); *Autry v. McKaskle*, 465 U.S. 1085 (1984)(马歇尔大法官的反对意见)(批判法院为了给判罚执行清除障碍,将本应审慎进行的程序加速推进); *Stephens v. Kemp*, 464 U.S. 1027, 1032 (1983)(鲍威尔大法官的反对意见)(争辩道,延期申请程序被认为"破坏了公众对法院和法律的信心"); *Sullivan v. Wainwright*, 464 U.S. 109, 464 U.S. 112 (1983)(伯格大法官的同意意见)(批判那些要求对死刑判决予以重新审查的律师,实际上是"把司法活动变成了体育竞赛"); *Autry v. Estelle*, 464 U.S. 1, 464 U.S. 6 (1983)(斯蒂文斯大法官的反对意见)(法院复审死刑案件的做法"造成了复审程序的不确定性、差异性,加重了律师的负担,扭曲了法院的审议过程,并增加了错误的风险")。很难相信,在决定是否判处某人死刑时,陪审员、法官以及上诉法院所感受到的压力,比诉讼中的其他参与者要小。

② 参见克罗尼克案, 466 U.S. 648, 466 U.S. 659(1984), n.26。

③ *Ante* at 466 U.S. 683-684。

④ *Ante* at 466 U.S. 687。

果之信心的可能性"。我认为这些标准足够精确,可以有效区分律师的哪些失职行为剥夺了被告人的宪法权利,而哪些没有。同时,这些标准又具有足够的灵活性,从而可以适应此类主张所可能存在的各种具体情况。

关于判断律师行为的标准,我同意法院的结论,即为此设定详细的规则是不合适的。恰恰是因为今天采用的"合理的有效辩护"标准要求对律师行为根据个案具体情况加以衡量,我不认为我们的决定将会阻碍宪法原则在这一领域的进一步发展①,事实上,法院认为今天的决定与下级法院采取的办法在很大程度上是一致的,这仅仅是表明,法院在普通法传统之下,可以通过一系列的个案逐步发展出有效的法律原则,他们过去也是这样做的。与之相似的是,在是否不公的标准问题上,法院并未对有意义的主张设置难以逾越的障碍,而是仅仅要求法庭认真审查审判记录,以考虑律师错误的性质、严重性以及在案件特定情况下所产生的影响。②

二

由于今天宣布的标准具有灵活性,而且要求考虑特定案件中的具体情况,因此在死刑量刑程序中适用该标准时,可以且应当将一些特殊考量因素纳入对律师表现的审查当中来。与那些导致重新审判的无效辩护案件不同,如果只是在死刑案件的量刑问题上,律师未能提供有效辩护的话,那么只需重新考虑量刑程序,州的负担要小得多。但另一方面,对于在死刑量刑程序中未能获得有效辩护的被告人来讲,结果则当然是糟透了。鉴于此种程序的严重性独一无二,我们已经反复强调:"当我们在生与死这一如此严重的问题上赋予某一量刑主体以自由裁量权时,这种裁量权的行使必须受到规范和限制,从而使专断和恣意的可能性降到最低。"③

正因如此,我们一直要求死刑程序在任何一个阶段都必须密切关注程序公正与事实认定的准确性。正如马歇尔大法官在上一个开庭期所强调的:

"本院一直坚持认为,当生命处于危险境地的时候,对程序保障的需要尤为强烈。法院在所有的重罪案件中确立律师帮助权之前很长一段时间④,就已经

---

① 466 U.S. 648, 466 U.S.709(马歇尔大法官持反对意见和相反的判决结果)。

② 事实上,辩护律师的无能可能如此严重,以至于可以据此推定其辩护权遭到否定,从而不用证明不公就可以构成宪法性错误。[See Cronic, 同上, at 466 U.S. 659-660; Javor v. United States, 724 F.2d 831, 834(CA9 1984)]("在本案中,不公是内在的,因为无意识的或者休眠的辩护等同于完全没有辩护")。

③ 赞特诉史蒂芬斯案, 462 U.S.862, 462 U.S. 874 (1983) [援引格雷格诉佐治亚州案,428 U.S. at 428 U.S.188-189 (斯图尔特大法官、鲍威尔大法官和斯蒂文斯大法官的意见)]。

④ 参见吉登诉温赖特案, 372 U.S.335 (1963)。

承认了死刑案件中的该项权利。"①现在法院又一次地批评了死刑案件的程序,而这种程序在普通案件中可能是完全可以接受的。②

由于死刑与其他刑罚存在根本差别,所以法庭反复重申"在特定案件中对于死刑作为适当刑罚的确信应当相应有所不同"。③

简而言之,法庭一直非常关注的一个问题是,尽可能防止死刑判决成为"心血来潮、激情、偏见和错误的结果"。④

在死刑案件的量刑阶段,"最重要的是保障陪审团获得与即将被决定命运的被告人相关的一些信息"。⑤ 正因如此,我们一直坚持认为"死刑案件的量刑裁判者必须能够考虑所有的减轻情节"。⑥ 事实上,正如奥康纳大法官所言,如果法官没有考虑与被告人性格和背景相关的因素,那么就有可能导致死刑是违宪的,而此种风险如此难以接受,以至于即使该问题没有在下级法院提出,"基于维持公正的需要"也可能赋予法院"将案件发回重新量刑的责任"。⑦

当然,"如果辩护律师没有收集减轻证据或者没有在死刑量刑听证上提出减刑,那么提出减轻证据并让裁判者予以考虑的权利就没有任何意义"。⑧ 因此,律师的一般调查责任,其中对于被告人来讲最重要的就是向负责死刑量刑的法官或陪审团提供减轻证据的责任;针对这一责任的履行而提出的无效辩护主张应当获得相当程度的关注。

当然,本案中法庭拒绝了无效帮助的主张,不应该被认为是对下述原则的不忠:"第八修正案背后所体现的对人性的基本尊重……要求考虑犯罪人的性格和记录以及该起犯罪的具体情形,并在适用死刑的案件中将其作为宪法所要求的程序当中的不可或缺的一部分。"⑨今天所公布的标准将非常有助于联邦下级

---

① 鲍威尔诉阿拉巴马州案,287 U. S. 45,287 U. S. 71-72 (1932)。
② 参见凯勒诉沙利文案,451 U. S. 430 (1981);贝克诉阿拉巴马州案,447 U. S. 625 (1980);格林诉佐治亚州案,442 U. S. 95 (1979);洛克特诉俄亥俄州案,438 U. S. 586 (1978);加德纳诉佛罗里达州案,430 U. S. 349 (1977);伍德森诉北卡罗来纳州案,428 U. S. 280 (1976)。
③ 贝尔富特诉埃丝特尔案,463 U. S. 880,463 U. S. 913-914 (1983)(反对意见)。又见同上,at 463 U. S. 924 (布莱克门大法官,反对意见)。
④ 埃丁斯诉俄克拉荷马州案,455 U. S. 104,455 U. S. 118 (1982)(奥康纳大法官,同意意见)。
⑤ 尤雷克诉得克萨斯州案,428 U. S. 262,428 U. S. 276 (1976)(斯图尔特大法官、鲍威尔大法官和斯蒂文斯大法官的意见)。
⑥ 埃丁斯诉俄克拉荷马州案,455 U. S. at 455 U. S. 112。
⑦ 同上,at 455 U. S. 117, n., and 455 U. S. 119 (奥康纳大法官,同意意见)。
⑧ Comment, 83 Colum. L. Rev. 1544, 1549 (1983);伯格诉赞特案,718 F. 2d 979 (CA11 1983) (被告人行为时17岁,辩护律师没能出示任何减刑证据后,被宣判死刑),暂缓执行,902页后。
⑨ 埃丁斯诉俄克拉荷马州案,supra, at 455 U. S. 112,援引伍德森诉北卡罗来纳州案,428 U. S. 280,428 U. S. 304 (1976)(斯图尔特大法官、鲍威尔大法官和斯蒂文斯大法官的意见)。

法院以及州法院履行自己的宪法性责任,以确保每一位刑事被告人都获得第六修正案所要求的有效辩护,对此我很满意。

马歇尔大法官持反对意见：

宪法第六和第十四修正案保障被指控犯罪的人在准备以及进行辩护过程中,有权获得律师帮助。"获得律师帮助的权利就是获得律师有效帮助的权利",这一点早就已经得到确认。① 州法院和联邦下级法院已经提出了一些用来区分有效帮助和不足帮助的标准。② 今天,最高法院首次试图综合并澄清这些标准。基本上,多数派的努力是没有什么价值的。在我看来,他们提出的两项原则都不可能优化法院对第六修正案主张的裁决。而且,尽管多数法官抱着热情去综合调查这一领域所适用的原则,但他们的总结和建议是我不能接受的。最重要的是,多数法官没能充分考虑到本案事关死刑量刑程序这一事实。因此,我不同意法庭的观点及其判决结果。

一

法庭的意见主要围绕两点。第一,多数意见把宪法对律师辩护的最低要求认定为"合理标准"。第二,多数意见认为,只有当律师的错误足以"破坏判决结果的可信度"的时候,才可以撤销判决。我对上述两点均不赞成。

（一）

我反对法庭对行为采用的判断标准,因为它太过宽松,以至于在实践中它要么不具有可操作性,要么会使不同的法院对第六修正案的解释适用出现极大差异。你如果告诉律师或者下级法院说,被告人辩护律师的行为必须合理,必须像一个"合理胜任的律师"那样,其实等于什么都没说。多数派的意见实际上是告诉法官,在判断无效辩护主张的时候,根据他们自己的直觉去决定什么是"专业的"代理,同时还告诉他们不要再提出更为明确的标准去规范律师的代理行为。在我看来,法院在此不仅放弃了自己解释宪法的责任,也损害了下级法院对该项责任的履行。

由于多数派未能成功指出宪法在代理质量问题上最重要的点,因此,他们所

---

① 参见麦克曼诉理查德森案,397 U. S. 759,397 U. S. 771,n. 14 (1970)。
② 参见评论,《无效辩护的认定与救济：美国诉迪斯特案之后的新视角》,《哈佛法律评论》第93 期(1980 年),第 752,756—758 页;评注,《律师的有效帮助：第六修正案和公平审判保障》,《芝加哥大学法律评论》第 50 期(1983 年),第 1380,1386—1387,1399—1401,1408—1410 页。

作的"客观的合理标准"是非常模糊的。一个很不幸但又无可否认的事实是,富人通过选择自己想要的律师并且付给他足够多的报酬,保证他能充分地准备,而穷人则只能获得指定律师,而穷人的指定律师只有有限的时间和资源用在指定案件中。所以通常富人可以比那些穷人获得更好的代理。所谓"合理胜任的律师"究竟是一个合理胜任的有足够报酬的委托律师,还是一个合理胜任的指定律师呢? 同样,在这个国家不同地区的普通被告人的代理质量明显不同也是一个事实。宪法第六修正案所授予的行为标准应当因地域而有所差异吗?① 多数意见没有对上述问题提供任何线索。

多数派之所以拒绝提供更为详细的标准,主要是基于以下理由,即"考虑到辩护律师所面临的各项具体情况,以及立法者在决定什么是最好的辩护时要考量的各项因素,当我们在评判律师行为时,并没有什么特别明确的规则可供适用"。我同意,辩护律师在作出策略性决定时必须被赋予"足够的自由空间",但是辩护律师工作的很多方面更应经得起司法的检验。在庭前准备阶段有大量的工作内容可以通过统一标准进行很好地规范,比如申请保释,与当事人会见,对法官的重要的、对有争议的错误决定提出及时的反对意见,以及在可能的情况下提出上诉等。

上诉法院的意见体现出了一种试图发展具体标准用来保障所有被告人获得有效辩护的合理努力。② 但最高法院却拒绝承认这些建议的意义,并暗示此类努力都是没有价值的,我想最高法院的这些做法恐怕会阻碍宪法原则在该领域的进一步发展。

(二)

我基于两个原因反对法庭采用的不公标准。第一,通常情况下,很难去判断一个受到无效辩护并被定罪的被告人,在有效辩护的情况下是否会受到更公正的对待。看上去坚不可摧的指控有时候也会被优秀的辩护律师所推翻。

---

① Cf., e.g., Moore v. United States, 432 F.2d 730, 736 (CA3 1970)(把宪法对行为要求的水平定义为"行使在当时和当地惯常、通行的技能和知识")。

② See 693 F.2d 1243, 1251-1258 (CA5 1982)(en banc). 其他总体上的持续努力,see United States v. Decoster, 159 U.S. App. D.C. 326, 333-334, 487 F.2d 1197, 1203-1204 (1973), disapproved on rehearing, 199 U.S. App. D.C. 359, 624 F.2d 196 (en banc), cert. denied, 444 U.S. 944 (1979); Coles v. Peyton, 389 F.2d 224, 226 (CA4), cert. denied, 393 U.S. 849 (1968); People v. Pope, 23 Cal.3d 412, 424-425, 590 P.2d 859, 866 (1979); State v. Harper, 57 Wis.2d 543, 550-557, 205 N.W.2d 1, 6-9 (1973). 其他试图发展关于辩护律师无效帮助的主张的评估指南的决定,参见 Erickson:《刑事案件辩护律师的胜任标准》,载《美国刑事法律评论》第17卷第233,242—248页(1979年)。其中的很多决定非常依赖美国律师协会制定的标准。参见《美国律师协会的刑事司法标准》4-1.1—4-8.6(第2版,1980年)。

在冰冷的记录基础上,复审法院几乎不可能充分地确定控方的证据和论点将如何抵挡由一个精明的、准备充分的律师进行的反驳和交叉询问。由于律师不胜任,对被告人的不利证据可能从记录中遗失的可能性加剧了事后评估不公的困难。① 考虑到对律师无效辩护给判决结果造成的影响进行公正评估所要面临的各项障碍,我认为,让作为无效辩护受害者的被告人承担证明不公的责任是愚蠢的。

第二,也是更基本的是,法庭意见建立在一个假定的基础之上,即宪法保障有效辩护的唯一目的是减少无辜的人被定罪的可能。在我看来,此项保障还有另一项功能,即在于确保必须通过基本公正的程序才能给被告人定罪。② 多数派争辩道,如果一个明显有罪的被告人获得了明显无效的辩护,在这种情况下被判有罪的话并不违反第六修正案。我对此不能同意。任何一名被告人的利益都有权由胜任的律师予以有效、负责的维护。我认为,如果被告人在应对国家权力的时候不能够获得有效法律帮助的话,那么这种程序是不符合正当程序要求的。在钱普曼诉加利福尼亚州案中,我们承认,某些宪法性权利"对于公正审判如此重要,以至于如果缺失的话无论如何都不能被视为无害错误"。在此种权利中,其中一项便是审判中的律师帮助权。③ 在我看来,获得有效辩护的权利是辩护权的应有之义,如果前者被剥夺也就意味着剥夺了后者。④ 因此我认为,如果被

---

① Cf. United States v. Ellison, 557 F. 2d 128, 131(CA7 1977). 在讨论如何评价利益冲突所导致损害的相关问题时,我们认为:弊端在于,辩护人不仅在审判过程中,还可能在审前答辩与量刑程序中,知道自己不得做什么。在一些案件中,可能从记录中识别出律师没能履行特定的审判义务而导致的不公,但是即使有量刑听证的记录,也很难明智地判断律师利益冲突的影响。想要衡量利益冲突对代理人在认罪协商中的意见、策略和决定的影响将是不可能的。因此,无害错误主张的调查,不像大多数案件,要求未经指引的推测[Holloway v. Arkansas, 435 U. S. 475, 436 U. S. 490-491 (1978)]。如果辩护律师没有采取一定的行动,不是因为他被迫如此而是因为他的无能,那么想要确定其疏忽的不公结果是同样困难的。

② See United States v. Decoster, 199 U. S. App. D. C. 369, 464-457, 624 F. 2d 196, 291-294(en banc)(Bazelon, J., dissenting), cert. denied, 444 U. S. 944(1979); Note, 93 Harv. L. Rev. at 767-770.

③ 在政府采取一定方式阻止辩护律师有效发挥作用的案件中,我们不要求被告人为了获得重新审判而证明他确实遭受侵害。例如在 Glasser 诉 United States 案[315 U. S. 60, 315 U. S. 76-76 (1942)]中,我们认为:"对于因法庭指定同一名律师为存在利益冲突的两名被告人辩护而造成的不公正,如果要作出精确评价的话是困难且不必要的。律师帮助权是基本和绝对的权利,对于该权利被否定之后所导致的不公,不能允许法庭进行精确计算。"
正如法庭今天所承认的那样(United State v. Cronic, 同上, at 466 U. S. 662, n. 31),无论政府或辩护人是否应对被告人遭受的不充分法律帮助承担责任,在决定被告人是否必须证明不公时是应该没有差别的。

④ See United States v. Yelardy, 567 F. 2d 863, 865, n. 1(CA6), cert. denied, 439 U. S. 842 (1978); Beasley v. United States, 491 F. 2d 687, 696(CA6 1974); Commonwealth v. Badger, 482 Pa. 240, 243-244, 393 A. 2d 642, 644(1978).

告人律师的行为偏离了宪法规定的标准,那么就应当重新审判,而无须考虑被告人是否因此遭受了显而易见的不公。

二

即使我倾向同意多数意见的两项核心观点,我还是不能赞成其论证方式。我尤其感到遗憾的是,多数意见关于根据律师决定进行合理性"推定"的论述,以及它试图对下级法院根据其他标准而驳回的主张之价值进行预断。

(一)

在界定宪法律师行为标准时,多数派恰当地指出,刑事被告人的律师所面临的许多问题"在合法的范围内"都存在多种处理方法。并且,多数意见还正确地提醒法院在审查律师的策略选择时,要避免"事后诸葛亮"式的倾向。然而,多数意见还进一步建议,负责审查的法院应该容许这样的"强力推定",即辩护人的行为是合宪的,应该"对律师的判断报以极大的尊重"。

我不太确定这些措辞意味着什么,也很怀疑它们对下级法院来讲是否能够不言自明。如果它们的意思仅仅是主张无效辩护的被告人须承担证明责任,那么我是同意的。但是,诸如"强力""极大"这些形容词有可能被理解为让被告人承担过高的证明责任。如果多数意见就是这个意思的话,那么恕我不敢苟同。在我看来,"通行的专业规范"所确定的可接受行为之范围,已经足够宽泛了,完全可以适应律师处理各种特殊问题时所需要的自由度。通过"强力推定"其行为合理的方法来扩大律师的自由度,实际上是以一种隐蔽的方式将无效辩护而获得的定罪和量刑结果合法化了。

多数意见为这种推定提供的唯一正当理由是,对无效帮助主张的不当接受将会导致太多的被告人提起这样的主张,这样会使法庭变得轻率,降低了辩护律师的热情。但是,州法院和联邦法院有能力迅速处理无意义的争论,保障有责任的、创新的律师行业免受损害,对于这一点我比多数法官更有信心。在我看来,要求下级法院推定被告人对律师行为的质疑是不可靠的,这种做法得不偿失。

(二)

多年来,下级法院一直在争论律师"有效"辩护的含义。不同的法院标准各异。在宪法要求的行为标准问题上，一些法院采用了宽松的"闹剧—嘲笑"标准。① 其他一些法院采用各种不同版本的"合理胜任"标准。② 在足以启动再审的不公标准问题上，法院采取了不同立场，有严厉的"结果论"标准③，也有的标准是要求只要证明辩护律师存在不胜任之处，便必须启动再审，而无须考虑被告人是否遭受损害。④ 今天，法院对这一问题上的争议作出了实质性处理。多数意见认为，当被告人辩护律师的代理低于合理胜任的律师应当达到的水平，以致影响到审判，并且可以合理地认为如果不是律师的错误，判决结果将会不同，那么便构成违宪。

但奇怪的是，法院将其判决的意义打了折扣，它暗示，标准的选择其实并不重要，而且如果下级法院一直采用今天所宣布的标准的话，那么即使有也是很少的案件会作出不同的处理决定。州法院和联邦下级法院的法官们如果得知多年来众说纷纭的区分标准原来根本无足轻重，他们一定会非常惊讶。

多数意见在这一点上的评论似乎主要是因为，他们不愿意承认他们今天的决定将会导致许多以前被驳回的无效辩护主张需要予以重新评价。多数派的这种考虑是可以理解的，但是他们用来缓解这一难题的努力是没有用的。对于迄今为止一直采用更为宽容的无效辩护标准的下级法院来说，多数派所提出的任何一点都不可能免除其下述责任，即采用新标准对所有的无效辩护主张——无论新旧——进行审查。

三

多数意见指出，"在确定律师责任问题上"，死刑量刑程序无须"与普通审判程序区分开来"。我不同意这种看法。

最高法院一再重申，宪法要求死刑案件的程序保障要比其他案件更为严格。"死刑与无论多长的监禁刑都存在本质区别。死刑与终身监禁之间的差别比100年监禁与1或2年监禁刑之间的差别还要大，因为死刑意味着生命的终结。正是由于这种本质上的差别，在决定个案中死刑判决的适当性的时候就应当给

---

① See, e.g., State v. Pacheco, 121 Ariz. 88, 91, 588 P. 2d 830, 833(1978); Hoover v. State, 270 Ark. 978, 980, 606 S. W. 2d 749, 761(1980); Line v. State, 272 Ind. 353, 354-355, 397 N. E. 2d 975, 976(1979).

② See, e.g., Trapnell v. United States, 725 F. 2d 149, 155(CA2 1983); Cooper v. Fitzharris, 586 F. 2d 1325, 1328-1330(CA9 1978)(en banc), cert. denied, 440 U. S. 974(1979).

③ See, e.g., United States v. Decoster, 199 U. S. App. D. C. at 370, and n. 74, 624 F. 2d 208, and n. 74(多数意见); Knight v. State, 394 So. 2d 997, 1001(Fla. 1981).

④ See 466 U. S. 7, *supra*.

予特殊考虑。"①

在确保死刑判罚之合理性的各项机制中，律师的表现是一个非常重要的组成部分。只有当量刑者能够充分了解"与被告人有关的所有信息"时，死刑的可靠性才有保障。② 而收集这些信息并将其以有序且令人信服的方式提交给量刑者，则基本上属于辩护律师的职责。律师的重要性③，以及制裁的严重性、不可逆转性要求"有效辩护"标准在死刑量刑程序中必须得到严格控制。④

对死刑案件的无效辩护主张予以严格审查，究竟是修改了第六修正案标准，还是对该标准的严格适用，这一点并不重要。布伦南大法官认为，要对律师在死刑案件中的行为标准进行适当调整的话，只需根据所要适用的刑罚，对"专业通行标准之下的合理性"一词进行解释即可实现。尽管我更倾向于在这种情况下为律师的责任履行设定更为详细的标准⑤，但我认为布伦南的建议还是可以接受的。然而，当我指示下级法院是否存在需要重新量刑的可能性时，我认为法庭最好还是明确地修正法律标准。⑥ 在我看来，坐在死刑判决席上的人，如果他的律师表现未能达到宪法所要求的标准的话，他不应当被要求去证明如果他的律师胜任，那么便有被判终身监禁的"合理可能"；只要被告人能够指出存在一个值得注意的改变判决的机会，他的命运就当然应被重新考虑。⑦

---

① *Woodson v. North Carolina*, 428 U.S. 280, 428 U.S. 305（1976）（多数意见）；*Zant v. Stephens*, 462 U.S. 862, 462 U.S. 884-885(1983)；*Eddings v. Oklahoma*, 455 U.S. 104, 455 U.S. 110-112(1982)；*Lockett v. Ohio*, 438 U.S. 586, 438 U.S. 604(1978)（多数意见）.

② 尤雷克诉得克萨斯州案, 428 U.S. 262, 428 U.S. 276（1976）（斯图尔特大法官、鲍威尔大法官和斯蒂文斯大法官的意见）。

③ 参见古德帕斯特:《为了生命而审判:在死刑案件中律师的有效帮助》, 58 N.Y.U.L. Rev. 299, 303(1983).

④ 如布伦南大法官指出的那样（同上, at 466 U.S. 704），当依据第六修正案提出的主张适用于某一死刑量刑程序时，另外一个需要特别谨慎考察宪法第六修正案主张的原因是，在这种背景下认定危险所造成的损害要小于认定律师不胜任。

⑤ See 466 U.S. *supra*. 明智地努力去制定在死刑量刑程序中辩护律师的行为指南[参见古德帕斯特, 同上书, at 343—345, 360—362].

⑥ 基于本节和以下节的目的, 仅仅为了争论, 我假设, 在一定程度上证明不公对于表明违反宪法第六修正案是必要的（But cf. 466 U.S. Supra）。

⑦ 参见美国诉阿格斯案, 427 U.S. 97, 427 U.S. 121-122（1976）（马歇尔大法官反对意见）。在我看来，法院意见没有排除对法律标准进行这种调整。多数意见把"合理的可能性"定义为"足够破坏结果之可信度的可能性"（同上, at 466 U.S. 694）。考虑到本案判罚的性质，以及要确定当量刑裁判者面临另外一系列事实时将会如何判罚所面临的困难，下述看法是值得商榷的，即相对于普通刑事案件中的正确评估而言，低估死刑量刑程序之结果被律师错误影响的可能性，足以破坏结果的可信度。

四

基于上述观点,我不同意多数派对本案的处理。① 毫无疑问,被上诉人的律师根本就没有就被上诉人的性格、背景等事实,去向其亲属、朋友或者以前的雇主进行调查。如果律师这样做了的话,他可能会发现,在这些人看来,被上诉人是一个负责任、温和、热爱家庭并积极参与教会事务的人。被上诉人辩论道,他的律师原本可以且应当通过这些证言来证明被上诉人并非毫无人性,从而反驳审判中体现出来的那种认为他只是一个冷血杀手的印象。他还说,如果这些证据被采信,他获得无期徒刑的几率会大大增加。

以上述的标准衡量被上诉人的辩解,可以发现其辩解是有实质意义的。死刑协会中有经验的成员很久以来就承认,在量刑程序中通过证据证明被告人的社会和家庭关系是非常重要的。② 控方提出一项看似有道理,但我认为并不具有说服力的观点,即本案中律师在量刑程序中不提供这些证据是合理的,简单的认罪更能迎合法官,因为该法官的特点是非常看重犯罪人是否勇于承担罪责。③ 但是,无论律师对各项减轻证据的证明力进行仔细考量之后作出的选择显得多么合理,律师未做任何努力去向被上诉人的亲属和朋友收集证据,这肯定不能被视为是"合理的"。鉴于律师坦率承认,被上诉人的认罪和在审判中的做法令他感觉挽救被上诉人性命"毫无希望",他不展开调查这一策略选择因此便尤其可疑。

被上诉人犯罪行为中的加重情节是很充分的,但是这并不妨碍其宪法诉求的成立。法官和陪审员们至少在一些非同寻常的案件中已经表现出了一定的仁慈,尤其是当他们有机会了解到被告人的品格和其他方面信息的时候就更是如此。④ 依据佛州法律,律师提供的材料可能不足以构成法定减轻情节,但是这也不能否定被上诉人的辩解。"在有些案件中尽管法定减轻情节比法定加重情节

---

① 由于我坚持认为,死刑在任何情况下都是危险的[格雷格诉佐治亚州案,428 U.S. 153,428 U.S. 231(1976)(马歇尔大法官的反对意见)],我认为应当撤销其死刑判决,即使被上诉人未能提出有效的第六修正案主张。

② 参见古德帕斯特:《生命的审判:死刑案件中的有效辩护帮助》,载《纽约大学法律评论》第58卷第299,300-303,334-335页(1983年判决)。

③ 两项原因削弱了州对辩护人决定的解释。第一,为什么提供被上诉人性格与家庭关系的证据会与其宣称的为其行为承担责任发生冲突呢?这一点并不明朗。第二,佛罗里达州最高法院拥有并经常行使推翻其认为没有事实依据的死刑判决的权力[See State v. Dixon, 283 So. 2d 1, 10(1973)]。律师没有努力让被上诉人在审判法官看来更"有人性"一些,即使这样做是合理的,他没能为州最高法院制作审判记录则应被视为是不合理的。

④ 参见,例如,Farmer 和 Kinard:《死刑阶段的审判》(1976年),转载于《加利福尼亚州公设辩护人》,《加利福尼亚州死刑手册》N-33,N-45(1980年)。

少,但是加上裁定的减轻情节则能够接近无期徒刑的量刑标准的话",佛罗里达州的法官和最高法院有时也会拒绝判处死刑。①

如果律师对减轻证据的价值进行调查,他就可能会在听审时提交一些这方面的材料。而如果他这样做的话,被上诉人就有一定的可能性被判处无期徒刑。在我看来,上述可能性,再加上律师不做调查之决定的不合理性,已经足以认为违反了宪法第六修正案,被上诉人有权获得重新量刑。

我谨慎地表示反对。

---

① 参见巴克利诉佛罗里达州案,463 U.S.939,463 U.S.964(1983),(斯蒂文斯大法官,同意意见)。

福特诉温赖特案
Ford v. Wainwright

《美国判例汇编》第 477 卷第 399 页(1986)
美国联邦最高法院发至美国联邦第十一上诉巡回法院的调卷复审令
庭审日期:1986 年 4 月 22 日
结审日期:1986 年 6 月 26 日

案 件 导 读

  犯罪时、审判时以及刑罚执行时刻,相应的犯罪人、被告人以及罪犯的精神状态与三个重要法律概念密切相关,分别是责任能力、受审能力和服刑能力。但中国现行刑事法制仅对责任能力作出规定,至于其他两点尚无明确法律依据。美国联邦最高法院 1986 年福特诉温赖特案,便是就罪犯服刑能力的问题而展开。本案中,最高法院九名大法官特别针对死刑犯服刑能力之实体含义以及其确定程序等问题进行深入探讨。

  上诉人因谋杀罪被佛罗里达州法院判处死刑,他在犯罪时与审判时精神并无异常,但是在死刑判决作出之后,其精神状况发生明显变化。经辩护律师请求,佛州州长依据本州法律启动了相应程序以确定其精神状态。最终州长认定其具备服刑能力,并随即签发了死刑令。于是上诉人在联邦地区法院申请人身保护令,并一直上诉到联邦最高法院。

  本案中涉及的关键问题有两个。第一,宪法第八修正案是否禁止对精神失常者执行死刑。第二,应当通过何种程序,认定死刑犯的精神状态。对于第一个问题,马歇尔大法官联合其他四名法官给出了肯定性意见,他们主要是从所谓"普通法历史传统"中找到了论证的依据。比如,他们引用布莱克斯通和柯克等人的观点,指出普通法传统认为,对精神失常者执行死刑太过野蛮和残忍,并且起不到任何刑罚的威慑效果等。但是,这一观点在最高法院中仅仅占据微弱优势,有其他四名大法官对其提出明确的反对意见。他们分别是奥康纳大法官、怀特大法官、伦奎斯特大法官和伯格大法官。需要指出的是,反对派并非主张可以对精神失常者执行死刑,而仅仅是认为,这一点无须与宪法第八修正案扯上关系,从而他们试图将本案的争点仅仅局限在后一个问题上,即在确认死刑犯精神状态时,应当通过何种程序为之。

全部九名大法官都认为,此种程序应当与审判程序有所区分,在审判程序中,正当程序条款最为严格,被告人所享有的程序性保障最为充分,而有关服刑能力的认定,则不需要达到如此高的程度。但是上述区分到底有多大,则出现了明显不同的几种意见,马歇尔大法官联合布伦南大法官、布莱克门大法官和斯蒂文斯大法官提出了三项基本要求:其一,被告人应当有权提供证据;其二,被告人应当享有对控方专家证人展开质询的机会;其三,应当由中立的第三方作出最终认定。鲍威尔法官的意见则着重强调裁决者的中立性要求。而奥康纳大法官联合怀特大法官提出的反对意见则要求被告人能够获得提供证据之机会。但是,伦奎斯特大法官和首席大法官伯格的态度与上述几种意见存在本质不同,他们认为对于服刑能力的认定,通过行政程序即可完成;换言之,佛罗里达州法律所规定的,由州长主导的行政程序并未违反正当程序条款。

阅读本案,更为值得关注的问题其实是第二个方面,即决策程序的选择。中国法律传统历来注重实体结果,而获得该结果的程序则往往容易被忽视。但最高法院在本案中的争论则鲜明体现出一种美国传统的思维方式。在很多情况下,实体公正与否往往无从作出确凿判断,因此与其执著于实体,毋宁将程序作为一种解决问题的方案。而在刑事诉讼中,程序尽管表面上体现为一系列的诉讼环节之设置,但隐藏在其背后的本质则是当事人的各项诉讼权利。

| 判决摘要 |

1974年,上诉人被佛罗里达州法院判决谋杀罪并处以死刑。无论是在行为时,还是在审判和量刑时,都没有迹象表明上诉人无行为能力。但随后,他的行为出现明显变化,表现出精神错乱的迹象。在辩护律师的请求下,由两位精神病学家分别对其作进一步的检查,其中一位认为,上诉人没有能力接受刑罚。辩护律师随即援引了佛罗里达州的一部关于死刑犯服刑能力的法律。根据法定程序,州长指定三位精神病学家与上诉人进行了30分钟的交谈,在此过程中,有包括上诉人的辩护律师、州检察官和矫正官在内的另外八个人在场。州长指示,州检察官不得以任何敌对的方式参与此次检查。每一名精神病学家都提交给州长一份报告,三份报告分析方法迥异,但是一致认为上诉人具备服刑能力。依据该州法律由州长行使最终决定权。

此后,上诉人的律师试图向州长提交其他的一些书面材料,其中包括之前曾对上诉人进行鉴定的两位精神病学家的报告,但是州长办公室对于是否考虑上述材料未置可否。随后,州长签发了死刑令,并没有附加任何解释和说明。上诉人的律师试图在州法庭举行听证以重新认定上诉人的服刑能力未果后,他在联邦地区法院申请人身保护令,寻求举行证据听证会,但是法庭在没有举行听证的情况下就拒绝了这一请求,上诉法院维持了这一裁决。

判决:撤销原判,发回重审。

马歇尔大法官在第一部分和第二部分中,发表了法庭意见,认为宪法第八修正案禁止各州对精神失常的人适用死刑。普通法有关不得赦免精神病人死刑的做法——该做法基于一种很成问题的报应观念,不值得遵循,它不具有任何预防作用,却又泯灭人性——目前在逻辑、道德和实践上均无拘束力。无论是为了保护死刑犯免受无法想象的恐惧和痛苦,还是为了维护社会自身的尊严,使其远离疯狂的报应观念,宪法第八修正案都可以为这种限制提供依据。

马歇尔大法官(布伦南、布莱克门和斯蒂文斯三位大法官加入)在第三、第四和第五部分得出结论认为,佛罗里达州决定死刑犯心智状况的法定程序并不足以保障其满足汤森诉塞恩案中要求的精确度,对于争议问题,上诉人被拒绝提供[由《美国法典》第 42 卷第 2254 章(d)款第 2 项所要求的]全面、公平听证的事实认定程序后,有权在地区法院就其是否有能力接受死刑执行的问题获得第二次听证。

(a)州法庭做出的决议,完全不符合《美国法典》第 42 卷第 2254 章(d)款的推定正确的规定,而且,州法庭在驳回上诉人心智失常的主张中,也确实没有发挥任何应有的作用。

(b)佛罗里达州所履行的程序,其第一项瑕疵是没能让犯罪人参与到寻求真相的程序中来。任何排斥犯罪人或者其辩护律师提交有关其心智状况的材料或不让事实认定者考虑这项材料的程序都是有缺陷的。在这些程序中,与其相关的一个瑕疵就是"拒绝给予辩方挑战州任命的精神病专家之意见的机会",由此导致依据那些专家作出的最终决定极有可能是错误的。这些程序中最致命的缺陷或许是,把最终决定权完全交给行政部门。州长委任专家,最终决定州是否能够执行死刑,而恰恰又是他的下属负责每一阶段的追诉工作,因此,州长不具备保障事实认定程序之可靠性所要求的中立地位。

鲍威尔大法官认为,基于宪法第八修正案的目的,犯罪人是否心智健全的标准,是犯罪人是否意识到即将对其执行死刑以及执行死刑的原因。他进一步指出,上诉人的请求符合这一限定,又由于法院对上诉人的请求没有依据正当程序或《美国法典》第 28 卷第 2254 章(d)款的含义作出公正的裁决,上诉人有权要求地区法院撤销原判发回重审。最后,他认为,如果各州能够提供中立的官员或委员会,接受来自辩方的证据和意见(包括精神病专家提供的专家证据),那么就可以满足正当程序的要求。除此之外,各州在程序适当性问题上享有广泛的裁量权。

马歇尔大法官撰写法庭判决,其在第一部分和第二部分中发表的法院意见,得到布伦南、布莱克门、鲍威尔和斯蒂文斯大法官的同意;第三、四、五部分的意见得到布伦南、布莱克门和斯蒂文斯三位大法官同意;鲍威尔大法官同意判决结果,但仅同意其部分论证过程;奥康纳大法官发表部分同意部分反对意见,怀特大法官加入;伦奎斯特大法官发表反对意见,伯格首席大法官加入。

判决全文

马歇尔大法官宣布了法庭的判决,并在第一和第二部分中发表了法庭意见之一,布伦南、布莱克门、鲍威尔和斯蒂文斯大法官加入,在第三、四、五部分中发表了另一法庭意见,布伦南、布莱克门和斯蒂文斯大法官加入。

几个世纪以来,没有任何一个司法管辖区支持对心智不全的人执行死刑,然而,最高法院从未针对宪法是否真正禁止此种行为作出裁决。今天,我们愿意信守普通法的遗产,认为宪法是禁止这种行为的。

一

艾因·伯纳德·福特在 1974 年被判谋杀罪并被判处死刑。无论是在行为时还是在审判、量刑时,都没有迹象表明他无行为能力。

然而在 1982 年初,福特的行为开始出现变化。一开始,还表现为偶尔的奇怪想法或混乱的知觉,但是随着时间推移越加严重。当其通过报纸得知 3K 党在附近的杰克逊维尔举行了集会后,福特对柯兰痴迷起来。

他在给很多人的信中都表达了他对"柯兰事业"的不断思索和不断加深的错觉,他觉得他已经成为包括柯兰和其他一些人参加的一起复杂阴谋的目标,迫使他自杀。他认为,作为同谋之一的狱警一直在杀人,并且把尸体放在用来当床的混凝土中。之后,他开始认为,他的女性亲属正在监狱的某个地方遭受拷打和性侵犯。后来他出现了这样一种妄想:那些在监狱里折磨他的人都已经把福特家的人控制为人质。

人质幻觉在他脑海里根深蒂固并不断扩大,直到福特声称,他有 135 名亲友被押在这个监狱里当人质,只有他才能够解救他们。经过"287 天"的"人质危机",该人质名单已经扩大到包括"多名参议员、肯尼迪参议员和其他领导人"。在一封于 1983 年写给佛罗里达州检察总署的信中,福特将自己想象成为结束这场危机的权威,声称自己已经解雇了多名监狱官员。他开始把自己称为"教皇约翰·保罗三世",并说自己已经任命了九名新的法官到佛罗里达高等法院。福特的辩护律师请来之前曾为福特做过检查的精神病学家吉麦尔·艾岷医生对他进行诊断并推荐合适的疗法。最终通过14个月的艰难评估,并在福特和他律师的录音谈话、福特写的信件、会见福特的熟人和查找各种医疗记录的基础上,吉麦尔·艾岷医生在1983年得出结论认为,福特患有"严重的、不可控的精神疾病,很类似于带有自杀倾向的妄想型精神分裂症"——这一重大的精神疾病非常严重,目前已经实质上影响到福特本人为其生命辩护的能力。

随后,福特拒绝再见吉麦尔·艾岷医生,认为他也参与进了迫害他的阴谋之中。于是,福特的辩护人试图向哈罗德·考夫曼博士寻求帮助,哈罗德·考夫曼博士在1983年11月会见了福特。福特告诉哈罗德·考夫曼博士:"我知道有某种死刑,但是我随时都可以去,因为它是不合法的,而执行者将被执行死刑。"当问他,他是否会被执行死刑时,他回答说:"因为这一里程碑式的案件,别人不能对我执行死刑。我赢了。福特诉佛罗里达州案将会阻止所有的死刑执行。"

这些话出现在一连串看似不相关的想法之间。考夫曼博士认为,福特不明白他为什么要受刑,无法理解他被判处的杀人罪和死刑之间的关系,并且确实相信,他不会被执行死刑,因为他是监狱的拥有者,而且他能够通过脑波控制州长。考夫曼博士认为,福特不存在"装疯卖傻、演戏的可能性……"下个月,在与其律师一次会面中,福特变得近乎完全不可理解,只能断断续续地说一个用"一"为特征的代码,例如,"一号手,一号脸,一号黑手党,一号上帝,一号父亲,一号教皇,一号领导"。

福特的律师随即根据佛罗里达州法律,申请启动审查囚犯服刑能力的程序。州长依法委任了一个由三名精神病学家组成的小组来评估——根据该法第922.07章——福特是否"有能力理解死刑的性质和对其施加死刑的原因"。在一次会见中,三位精神病学家一起会见了福特30分钟。每人都分别向州长提交了一份2或3页的表格,而州长被赋予最终决定权。一名专家认为,福特患有"偏执狂型精神病",但是有"足够的认知能力,能够明白死刑的性质和后果以及对其适用死刑的原因"。另一位专家认为,尽管福特患有"精神病",但是他"完全明白他将遭遇什么"。第三位专家认为,福特患有"严重的适应紊乱",但是"明白他的整体状况,包括被判处死刑和死刑的所有后果"。他认为,福特的紊乱,"尽管很严重,但是看上去像是人为的,是最近才学的"。可见,这次会见产生了三种不同的诊断,但是在州法律所规定的服刑能力问题上却得出了一致结论。

1984年4月30日,州长在未做任何解释和说明的情况下,签署了对福特执行死刑的命令。福特的律师寻求在州法院听证,重新决定福特的服刑能力,但未获成功。之后,辩护律师在联邦地区佛罗里达州南部地区法院请求人身保护令,寻求就福特的心智问题举行举证听证会,提供与州长委托的精神病学专家相反的认定结果和由其他精神病学家对其方法提出的质疑。地区法院未经听证便否决了这一请求。但随后,联邦上诉法庭颁发了合理根据的令状,对福特延期执行①,并驳回州撤销延期执行的请求。② 上诉法院肯定了福特提出主张的权利,但却以微弱多数维持了地区法庭拒绝颁发令状的裁决。③

法庭同意了福特的移审请求,目的是解决宪法第八修正案是否禁止对心智不全的人执行死刑这一重要问题,以及如果是的话,地区法院是否应当对上诉人的主张举行听证。④

二

自从法庭上一次考虑对心智不全的人适用死刑问题以来,我们对于正当程序条款和宪法第八修正案的解释已经发生了实质性变化。在索尔斯比诉鲍克卡姆案中,一名罪犯依据正当程序条款主张对其心智状况进行司法审查,然而法庭并未考虑这一权利是否包含在第八修正案当中,因为当时第八修正案还没有适用于各州。法庭当时考虑的唯一问题就是,佐治亚州在该案中所履行的程序,对于该州有关避免对心智不全之人适用死刑的政策来讲是否充分。⑤

既然现在已经承认第八修正案对死刑的实体和程序方面都有重要的影响,那么对心智不全之人执行死刑的问题就以完全不同的复杂化形式出现了。因此,州所选择的决定心智状况的程序之充分性,就依赖于本法庭从未提及的一个问题:即宪法是否对各州剥夺心智不全罪犯之生命的权力,进行实质性限制。

毋庸置疑,宪法第八修正案对残暴和异常的惩罚的禁止至少包括了在权利法案通过时,那些已被认为是残暴和异常的惩罚模式或行为。⑥

"尽管制定者曾经试图让第八修正案超越其英国母本,但是英国权利法案所采用的语言确实证明他们试图提供的,至少是同样的保护……"⑦

---

① 参见福特诉斯特里克兰案, 734 F. 2d 538 (CA11 1984)。
② 参见温赖特诉福特案,467 U. S. 1220 (1984)。
③ 752 F. 2d 526 (CA11 1985).
④ 474 U. S. 1019 (1985).
⑤ 参见卡里卡迪夫诉加利福尼亚州案, 357 U. S. 549 (1958);美国根据史密斯的告发而诉博尔迪案, 344 U. S. 561 (1953);菲尔达菲案, 334 U. S. 431 (1948);诺布尔斯诉佐治亚州案, 168 U. S. 398 (1897)。
⑥ 参见索勒姆诉赫尔姆案,463 U. S. 277, 463 U. S. 285-286 (1983);同上, at 463 U. S. 312-313 (伯格大法官反对意见,怀特大法官、伦奎斯特大法官和奥康纳大法官加入);弗曼诉佐治亚州案, 408 U. S. 238, 408 U. S. 264 (1972)(布伦南大法官,同意意见);麦克高瑟诉加利福尼亚州案, 402 U. S. 183, 402 U. S. 226 (1971)(布莱克大法官,同意意见)。
⑦ 索勒姆诉赫尔姆案, *supra*, at 463 U. S. 286。

另外,第八修正案所禁止的并不限于在 1789 年被普通法谴责的做法。① 第八修正案未被我们祖先保守的人道主义所限制,它也认可"随着社会日益成熟而不断进化的社会道德标准"。② 除了 18 世纪那些无法无天的野蛮行径之外,在决定一项特殊的惩罚是否与修正案所保护的基本人类尊严相符之前,法庭还要考虑已经得到客观证实的现代价值理念。③

(一)

还是让我们从普通法为起点展开讨论。对于心智失常的罪犯禁止执行死刑包含了深刻的历史依据;这种做法一直被认为是"野蛮的和不人道的"。④ 布莱克斯通解释道:

"如果在实行行为时,傻瓜和疯子处于无行为能力状态,那么他们的行为就是不可追诉的,即使是犯下叛国罪亦无不同。同样,如果一个人在正常状态下杀了人,而在提起控告之前就疯了,那么他不应当被控告——因为他不能够以他应当有的明智和谨慎来进行答辩。如果在其答辩之后变疯,他就不应当被审判——因为此时你要他怎么来辩护呢? 如果他经审判后被认定有罪,但在判决宣告之前失去心智,那么就不应当宣判;如果,在宣判之后他心智失常,就应延期执行——因为,正如英国法的人道主义所要求的那样,假若罪犯是心智健全的,他有可能会申诉导致判决或执行的延期。"

爱德华·库克爵士早期曾就英国普通法表达过同样的观点:"法律规定执行死刑是想树立一个儆戒……但是要对一个疯子执行死刑的话,就是另外一回事了,那将成为一个不幸的场面,这种做法违背了法律,是极其不人道和残酷的,不能成为范例。"⑤

普通法的历史也表明了这一点。⑥

就像所有的普通法原则一样⑦,这一规则有的时候并不是那么确定和统一。一种解释是,对心智不全的人执行死刑,只是违反了人权;另一种解释是,这种做

---

① 参见格雷格诉佐治亚州案,428 U.S. 153, 428 U.S. 171 (1976)(斯图尔特大法官、鲍威尔大法官和斯蒂文斯大法官的意见)。
② 特罗普诉杜勒斯案,356 U.S. 86, 356 U.S. 101 (1958)(多数意见)。
③ 参见科克尔诉佐治亚州案,433 U.S. 584, 433 U.S. 597 (1977)(多数意见)。
④ 参见 4 W. Blackstone, Commentaries *24-*25 (hereinafter Blackstone)。
⑤ 3 E. Coke, Institutes 6 (6th ed. 1680) (hereinafter Coke)。
⑥ 1 M. Hale, Pleas of the Crown 35 (1736) (hereinafter Hale); 1 W. Hawkins, Pleas of the Crown 2 (7th ed. 1795) (hereinafter Hawkins); Hawles, Remarks on the Trial of Mr. Charles Bateman, 11 How. St. Tr. 474, 477 (1685) (hereinafter Hawles)。
⑦ O. Holmes, The Common Law 5 (1881)。

法不能树立儆戒,因此没有起到死刑本应有的威慑作用。同上也有论者为其寻求宗教基础,他们认为,把犯罪者打发到"另一个他没有能力适应的世界"是残酷的。还有人认为,在这些案件中执行死刑是没有意义的,因为心智失常已经是一种惩罚了。① 最近的评论者认为,社会"报应"的需求——通过等量的"道义"惩罚来弥补犯罪行为的需求——在处死丧志心智的人的情况下并未得到满足,因为相对于他所犯之罪来说,死刑的价值更小。②

因此,我们在基本原理上尚未达成一致。"但是无论法律的理由是什么,法律的规定是很清楚的。"我们能够确定的是,在英国普通法之下,不允许对心智不全的人执行死刑。③ 有进一步的证据表明,这种严格禁止也被带到美国,我们早就发现,早期美国的法官"有义务"对心智失常的犯人延期执行死刑。④

(二)

先贤的遗产并未过时。今天,在合众国内没有任何一个州允许对心智失常的人执行死刑。⑤ 很明显,对国家执行权这种古老的人道主义限制,在今天的司

---

① Furiosus solo furore punitur. Blackstone *395.

② Hazard & Louisell, Death, the State, and the Insane: Stay of Execution, 9 UCLA L. Rev. 381, 387(1962).

③ 以前,亨利八世颁布法律规定,如果一个犯了叛国罪的人精神失常了,那么他也应当被执行死刑。亨利八世,《至尊法案》第 20 章。这个法律被一致谴责。参见 Blackstone 第 25 章。Hale 第 35 页;Hawkins 第 2 页。"残暴、没有人道的法律不会持久,只能被废除,因为在这一点上,它也违背了普通法……"Coke 第 6 页。

④ 1 J. Chitty, A Practical Treatise on the Criminal Law *761; see 1 F. Wharton, A Treatise on Criminal Law §59 (8th ed. 1880).

⑤ 在 50 个州中,41 个有死刑或者有成文法规定执行程序。在这 41 个州中,26 个州明确规定,如果犯罪人无服刑能力,则延期执行。See Ala. Code §15-16-23(1982); Ariz. Rev. Stat. Ann. §13-4023(1978); Ark. Stat. Ann. §43-2622(1977); Cal. Penal Code Ann. §3703(West 1982); Colo. Rev. Stat. §16-8-112(2)(Supp. 1985); Conn. Gen. Stat. §54-101(1985); Fla. Stat. §922.07(1986 and Supp. 1986); Ga. Code Ann. §17-10-62(1982); Ill. Rev. Stat., ch. 38, ?1005-2-3(1982); Kan. Stat. Ann. §22-4006(3)(1981); Ky. Rev. Stat §431.240(2)(1985); Md. Ann. Code, Art. 27, §75(c)(Supp. 1985); Miss. Code Ann. §99-19-57(2)(Supp. 1985); Mo. Rev. Stat §552.060(1978); Mont. Code Ann. §46-14-221(1984); Neb. Rev. Stat. §29-2537(1979); Nev. Rev. Stat. §176.445(1985); N. J. Stat. Ann. §30:4-82(West 1981); N. M. Stat. Ann. §31-14-6(1984); N. Y. Correc. Law §656(McKinney Supp. 1986); N. C. Gen. Stat. §1001(1983); Ohio Rev. Code Ann. §2949.29(1982); Okla. Stat., Tit. 22, §1008(1986); S. D. Codified Laws §23A-27A-24(1979); Utah Code Ann. §77-19-13(1982); Wyo. Stat. §7-13-901(Supp. 1986). Others have adopted the common law rule by judicial decision. 其他州通过司法决议采取了普通法原则。See State v. Allen, 204 La. 513, 515, 15 So. 2d 870, 871(1943); Commonwealth v. Moon, 383 Pa. 18, 22-23, 117 A. 2d 96, 99(1965); Jordan v. State, 124 Tenn. 81, 89-90, 135 S. W. 327, 329(1911); State v. Davis, 6 Wash. 2d 696, 717, 108 P. 2d 641, 651(1940). 其他州有更多的可裁量性成文法程序规定,被定罪的犯罪人如果患了精神疾病则延期执行并转移至精神健康康复机构。See Del. Code Ann., Tit. 11, §406(1979); Ind. Code §11-10-4-2(1982); Mass. Gen. Laws, ch. 279, §62(1984); R. I. Gen. Laws §40.1-5.3-7(1985); S. C. Code §44-23-220(1985); Tex. Code Crim. Proc. Ann., Art. 46.01(1979); Va. Code §19.2-177(1983). 其他 4 个有死刑的州对于心智失常没有特别的程序规定,但是都没有违背普通法的原则。

法实践中就如同几个世纪前的英国一样牢固。支持这一限制的各项理由,和当时被首次提出时一样富有逻辑上、道德上和实质上的效力。如果在一个人无法理解为什么要被剥夺生命的情况下,还要对其执行死刑的话,我们仍会像过去一样强烈质疑此种行为的报应性。① 同样,在一个文明社会中,对杀死没有能力掌控自己的良知和灵魂的人这种做法油然而生的厌恶感,今天依然存在。

执行这种死刑违背人权,这种直觉在全国被广泛认可。面对如此多的证据表明国家权力所受的限制,法庭不得不认为,宪法第八修正案禁止国家对心智失常的罪犯执行死刑。无论是为了保护死刑犯免受无法想象的恐惧和痛苦,还是为了维护社会自身的尊严,使其远离疯狂的报应观念,这种限制在第八修正案中都是有依据的。

三

宪法第八修正案禁止国家对心智失常的犯罪人适用死刑。上诉人在其人身保护令请求中有关心智不全的主张,如果成立的话,将会禁止死刑执行。我们面临的问题是,地区法院是否有义务就福特的心智状况举行举证听证会。

在回答这一问题时,我们应牢记,尽管第八修正案所包含的潜在社会价值根源于历史传统,但我们的司法系统保守这些价值的方式则是一个应当在现行法之下考虑的问题。一旦宪法认可一种重大的权利或限制,它的效力范围无论如何不能被局限在以往的标准之下。

(一)

在人身保护令程序中,"联邦举证听证会是必需的,除非州法庭的事实裁判者在完整的听证后已经对相关事实作出了认定"。② 根据汤森案的判决,人身保护令法规定,总体而言,"有管辖权的州法庭在对争议性的事实问题进行听证之后作出的决定,应被推定是正确的",举证听证会就不再是必需的了。③ 在这个案件中,很明显,法庭没有作出过任何可以推定正确的决定;事实上,法庭在驳回上诉人心智不全的主张中没有起到任何应起的作用。因此,很简单,汤森案和第2254章要求地区法庭在这个问题上进行重审。

但是,我们的考量不会就此打住。

---

① Note, The Eighth Amendment and the Execution of the Presently Incompetent, 32 Stan. L. Rev. 765, 777, n.58 (1980).
② 汤森诉塞恩案, 372 U.S.293, 372 U.S.312-313 (1963)。
③ 28 U.S.C. §2254(d).

即使州法院已经作出了判决,当出现下列情形时,联邦法院在人身保护令程序中也有义务举行举证庭审。如果(1)"州法庭所采用的事实认定程序不足以提供完整和公平的听证"①;或者(2)"在州法庭听证中,重大事实没有被充分展开"②;或者(3)"申请者在州法庭程序中没有获得完整的、公平的和充足的听证机会"。③

如果想要避免联邦法院重新认定事实,那么,州法院除了在宪法问题上必须提供判决之外,还必须保证,其事实认定程序是充分的。

(二)

根据汤森案,州法庭程序的充分性很大程度上是由各种具体情形以及待决利益所决定的。大体而言,在死刑程序中,法庭要求事实认定程序应遵循严格的确信标准④,这种特别的关照是必然的,因为我们都知道:死刑是一种无可挽回和无可测度的刑罚;它与其他刑罚是不同的。⑤

尽管已决犯不像未决犯那样享有无罪推定原则的保护,但他依然没有被排除于宪法保护范围之外;如果宪法对罪犯的死刑执行之事实或时限规定了进一步的事实条件,那么这个条件一定要得到确实充分的证实,因为它事关一个人的生死。

因此,作为死刑执行合法性的依据,罪犯心智状况必须得到与死刑案件的任何其他方面同样严格的审查。确实,目前精神科学的发展水平使得决定"无论如何慎重,在很大程度上都仅仅是一种冒险的猜测",⑥这一点使得在这个问题上要求特别的精确性以防止错误之需求是必需的。这种需求仍在增多,因为最终的决定会以一种单一事实认定出现,而不是一系列衡平的考虑。⑦ 鉴于此,上诉案件中采用的程序并不适当。

(三)

佛罗里达州的法律要求,当州长得知死刑犯可能心智失常时,他应当延期执

---

① §2254(d)(2).
② §2254(d)(3).
③ 2254(d)(6).
④ 参见斯帕兹亚诺诉佛罗里达州案,468 U.S.447, 468 U.S.456 (1984)。
⑤ 参见伍德森诉北卡罗来纳州案,428 U.S.280, 428 U.S.305 (1976) (斯图尔特大法官、鲍威尔大法官和斯蒂文斯大法官意见)。
⑥ 索尔斯比诉鲍克卡姆案, 339 U.S. at 339 U.S.23 (法兰克福特大法官的反对意见)。
⑦ 参见伍德森诉北卡罗来纳州案, supra, at 428 U.S.304。

行并指定三位精神病学家组成委员会对罪犯进行检查。① "该项检查应有三位精神病学家共同出席。"接到委员会的报告后,州长必须决定,"罪犯是否有能力理解死刑的性质和对其适用死刑的原因"。如果州长认定罪犯具备上述能力,那么就应当签发死刑执行令状;如果认定没有能力,应将罪犯交给精神健康机构。该程序完全单方面地在行政部门进行,并且由其单独决定鉴定心智状况的方法。②

上诉人获得了该法规定的程序保障。州长挑选了三名心理医生,他们在包括福特的辩护律师、州公诉人和矫正官等八人出席的情况下,一起与上诉人进行了30分钟的交谈。州长还特别交代,公诉人不得以任何敌对方式参与检查。该命令同现任州长关于"在决定被判处死刑的人是否是心智健全的程序中,无须进行任何辩护,这一公开宣布的政策"是一致的。③

三位精神病学家给出了不一样的诊断,但是对其具备服刑能力的最终意见是一致的。在他们提交了各自的报告之后,福特的辩护律师请求向州长提交其他的一些书面材料,包括两位对福特做出更长周期检查的精神病学家的报告,其中一位认为,犯罪人没有能力接受死刑的执行。

州长办公室拒绝告知辩护人他提交的材料是否会被考虑。接着州长签发了死刑执行令状。本案中如此草率的程序审查甚至不可能达到为了保护宪法性利益所要求的最低程度的可靠性,因此,不言自明,不满足汤森案判决所要求的充分性。

四

(一)

佛罗里达州程序的首要瑕疵在于,未能让罪犯参与到真相发现过程中来。尽管本院长期以来一直主张"正当法律程序最基本的要求就是获得听审的权利"④,但是州政府并没有允许面临死刑的罪犯提交任何与最终决定有关的材料。

在所有其他可能导致对被告人执行死刑的程序中,我们说过,事实认定者必须"获取所有可能与被告人命运攸关的信息。"⑤而且,我们已经禁止各州限制死刑被告人提交对其有利的量刑证据。⑥ 如果我们摒弃一直以来所坚持的,要求

---

① Fla. Stat. §922.07 (1985 and Supp.1986).
② 参见福特诉温赖特案, 451 So.2d at 475。
③ 参见古德诉温赖特案, 448 So.2d 999, 1001 (Fla. 1984)。
④ 格拉尼斯诉奥登案,234 U.S. 385, 234 U.S. 394 (1914)。
⑤ 尤雷克诉得克萨斯州案,428 U.S. 262, 428 U.S. 276 (1976)(多数意见)。
⑥ 参见斯基珀诉南卡罗来纳州案,476 U.S. 1, 476 U.S. 8 Page 477 U.S. 414 (1986);洛克特诉俄亥俄州案, 438 U.S. 586, 438 U.S. 604 (1978)(同意意见)。

在死刑执行的最终事实被认定之前,自由提交相关信息的做法,那真的很奇怪。相反,与对公正和准确的高度关注(这也是我们审查剥夺一个人生命的程序时最为关注的要件)相一致,我们认为,任何阻止罪犯或其辩护律师出示与其心智状况有关的材料或禁止事实认定者考虑那些材料的程序,都是不充分的。在决定一个人的生与死时,一定要尽量保障信息的充分性,那么至少要遵守正当程序的要求,也就是说当否决一项主张的时候,必须要先给予其证明该主张的机会。①

最近,我们有机会强调的一点是,事实认定者在解决有关精神状态的争议问题时,要考虑不同的精神病学意见。

在埃克诉俄克拉荷马州案中,我们意识到,"精神病学家对于什么是精神疾病以及对相应的行为和症状的恰当诊断与治疗经常出现大量截然不同的看法",因此,在一起刑事案件中,如果被告人的精神状况出现争议,事实认定者必须在各方提供的证据基础上,在精神病学专业分析范围内处理这些差异。

定罪后也是一样:缺少了来自于罪犯一方的反对意见——尤其是当他提出的精神病学意见比州指定的委员会的意见经过更广泛的评估时——事实认定者便失去了可能有巨大潜在证明价值的信息。这样,就更有可能作出错误的决定。

(二)

佛罗里达州程序的一个相关的错误是未给予罪犯一方质疑或弹劾州指定的精神病学专家之意见的机会。"毫无疑问,交叉询问是发现事实真相的最有效的法律机制。"②

为了在有关精神状况的争议问题上获得真相,对精神病专家进行交叉询问或者类似程序是非常有价值的,它将每一位专家意见的根据以及对该意见产生影响的各项细致因素都公开化了,而且通过此类程序还可以了解专家在其工作过程中出现过的错误与反复、其本人在死刑问题上所持有的偏见、他对本人所持意见的确信程度,以及专家报告中语焉不详之处的确切含义等。如果不能对专家进行质询,事实认定者显然无法评价各种意见的可靠性,尤其是当不同意见之间存在分歧的时候更是如此。③ 佛罗里达州的程序没能提供罪犯的代理人以任何机会去澄清或质疑州专家的意见和方法,这导致了依赖这些专家最终作出的

---

① 参见索尔斯比诉鲍克卡姆案,*supra*, at 339 U. S. 23(法兰克福特大法官,反对意见)。
② 5 J. Wigmore, Evidence §1367(J. Chadbourn rev. 1974)。
③ 参见贝尔富特诉埃丝特尔案,463 U. S. 880, 463 U. S. 899(1988)。

决定极有可能是错误的。①

(三)

或许,如之前所言,佛罗里达法律 922.07 章(1986 年修订)中最致命的瑕疵,是将该问题完全交给行政机关做决定。在这种程序下,选定专家和最终决定是否执行死刑的是州长,而他的下属对该指控的每一个阶段都负有责任,从逮捕开始,贯穿整个审判。州控诉机关的指挥者显然不具备为保障事实认定程序之可靠性所必需的中立地位。

从历史上看,基于心智失常理由的延期执行不是行政赦免或司法裁量问题;相反,它是法律所要求的。② 因此,在逻辑上,对于那些对州的权力构成宪法性限制的事由,不可能将其决定权交给州的首席行政长官。据我们所知,对于宪法性权利问题,在任何情况下都不可能让行政机构去行使不被审核的裁量权。

在分析过佛罗里达州相关制度的各种失误后,我们必须承认,该州决定心智状况的程序是不充分的,因此联邦法院不得不重新考虑相关的宪法性争议问题。在此,我们并不是说,在心智问题上只有通过完整的审判才足以保护联邦利益;在刑罚执行的宪法性限制问题上,我们把设计恰当程序的任务交给各州去完成。③ 为了尽量减少无价值或重复的心智失常主张,为罪犯的主张设置较高门槛很可能是有必要的。④ 另外,在确定程序保障界限的时候,可能还要考虑其他合法性与可行性因素。

然而,程序设计的目标应该是,压倒一切的双重规则——为那些有实质性主张的人提供救济和在事实认定决定过程中鼓励追求准确。这里存在很高的风险,"证据"永远是不准确的,因此更重要的是,对双方出示相关信息的行为尽可能的不做限制。同样关键的是,专家的选择和使用方式应当是客观中立的,而且对于专业地判断罪犯理解刑罚性质的能力有所助益。忠实于这些原则是文明社

---

① 事实认定程序的充分性也因潜在的精神病检查本身的草率性质而遭到质疑。尽管法庭不指望为专家意见的论述设定规则[*Barefoot v. Estelle*, 463 U. S. 880, 463 U. S. 903(1983)],我们可以认为,一个单独的小组会谈不大可能满足可靠性的目标,因为没有针对精神病学专家在进行检查时可能会用到的各种广泛技能作出相应规定。本案中三位专家的结论之不一致和模糊性证明了此种检查的价值是很可疑的。

② 1 n. Walker, Crime and Insanity in England 196 (1968).

③ 有益的类比可能在州决定被告人是否有受审能力的程序中找到[Fla. Stat. §§916.11-916.12(1985 and Supp. 1986)],也可能在佛罗里达州向那些非自愿认罪程序中的被告人保证的全面保障措施中找到[Fla. Stat. §394.467(1986)]。双方的利益在那些背景下当然是不同的;然而,所有这些检查的共同目标是合理的评估被评估者的精神状态。

④ 参见佩特诉鲁宾逊案, 383 U. S. 375, 383 U. S. 387 (1966) (关于受审能力听证的门槛是"充分怀疑")。

会的一项严肃职责。

五

今天，我们更清晰地认识到一个早已存在于我们法律之中的原则。我们同几个世纪以前一样痛恨对不能理解刑罚性质及原因的精神病人执行刑罚。鉴于对任何事实性认定中可靠性的明确需求（这些事实性认定会阻止或允许死刑执行），我们认为，佛罗里达州922.07章（1985年增补）的规定没有提供充足的准确性保障，没有满足汤森诉塞恩案中的要求。

在关键的争议问题上，未能就事实认定向上诉人提供完整、公正的听证程序①，因此上诉人有权在地区法院就服刑能力问题再次举行举证听证会。撤销上诉法院的判决，发回重审，本案重审应按照与本庭一致的意见进行。

以上为本院裁决。

鲍威尔大法官同意本案判决，但对理由存在部分不同意见：

我同意法庭意见中的第一和第二部分。正如马歇尔大法官巧妙地证明，普通法明确禁止对心智失常者执行死刑，是因为这种做法被认为是残酷和异常的。在索勒姆诉赫尔姆案中，我们解释过，尽管制定者"有可能试图让第八修正案能够超越其英国相关规定的适用范围，但是权利法案中所使用的语言令我们确信，他们至少要提供同样的保护"。于是可以得出结论认为，我们的宪法禁止对心智失常者适用死刑。这一结论留给我们两个问题需要解决：(1) 它所指的心智失常是什么含义；(2) 为了避免联邦法院根据《美国法典》2254(d)节规定进行复审，州必须遵循何种程序。法庭意见并未涉及第一个问题，至于第二个问题，我的意见与马歇尔大法官有实质性区别。因此，我单独提出如下意见。

一

法庭认为，第八修正案禁止对很多种有精神问题的被告人执行死刑。而这些种类的界限则必须由联邦宪法决定。因此，我将根据这项实质性权利的来源来探寻这一界限：简而言之，是我们的普通法遗产和体现我们"不断进化的文明标准"的联邦当代实践。②

---

① 28 U.S.C. §2254(d)(2).
② 参见特罗普诉杜勒斯案，356 U.S.86, 356 U.S.101 (1958)（多数意见）；索勒姆诉赫尔姆案, supra, at 463 U.S.284-286；格雷格诉佐治亚州案，428 U.S.153, 428 U.S.175-176 (1976)（斯图尔特大法官、鲍威尔大法官和斯蒂文斯大法官的意见）。

(一)

正如法庭所认可,古老的对心智失常者执行死刑的禁止有不同的理论基础。但是当我们要确定第八修正案要求对何种精神状态之人才可以适用死刑时,这些理论却未能给出统一标准。一方面,一些权威意见认为,禁止对心智失常者执行死刑,是为了保留其为自己辩护的能力。① 然而,其他一些权威意见指出,这种禁止直接来源于人道主义关怀。库克表示,执行死刑是为了给那些活着的人树立一个"儆戒",但是如果对"疯子"执行死刑的话,那么让人看到的则仅仅是"极端的不人道和残暴的痛苦","不具有警示作用"。② 豪斯补充道,"把一个罪犯迅速投入另一个他没有能力适应的世界,违反了基督教的慈爱精神"。③

第一个正当化依据今天还略微有些价值。现代社会对于定罪和量刑提供了远比普通法时期更多的审查机会,不仅包括直接上诉,还包括州和联邦的平行审查。④ 这一过程中,被告人在审判阶段依据宪法有权获得律师帮助,在其他阶段,如果其提出申请的话,也有权聘请律师或者得到指定律师的帮助。

被告人所享有权利不仅仅是获得律师辩护,而更重要的是要在审判和上诉过程中获得律师"有效"的帮助。⑤ 这些对被告人的保障措施要比普通法广泛得多。因此,实际上,当一个人被执行死刑的时候,已经不太可能还有什么会导致其重获自由的审判错误没被发现。

另外,在普通法下审理的案件,判决之后很快就会执行,因此服刑能力是被作为行为能力的一部分在审判过程中加以解决的。

然而,我们的决定既然已经承认,被告人必须有能力接受审判,那么被告人

---

① See 1 M. Hale, Pleas of the Crown 35 (1736)("如果判决后,他变得心智不全,那么其刑罚就应该被赦免";因为,如果他心智健全的话,他可能会主张延期判决或执行);accord, 4 W. Blackstone, Commentaries *388-*389.

② 3 E. Coke, Institutes 6 (1794).

③ Hawles, Remarks on the Trial of Mr. Charles Bateman, 11 How. St. Tr. 474, 477 (1685).

④ 上诉人提供了很好的例子。上诉人于1974年被判处一级谋杀。在直接上诉中,其定罪和量刑都被维持[福特诉州案, 374 So. 2d 496 (Fla. 1979)]。法庭拒绝上诉请求[445 U. S. 972 (1980)]。上诉人和其他122名死刑囚犯一起寻求佛罗里达州高等法院的特别救济,理由是,法庭认定的(依其申述)不适当的死刑案件复核程序。救济请求被驳回,法庭又拒绝上诉请求[454 U. S. 1000(1981)]。上诉人在州法院提交了定罪后救济动议,动议又被驳回[福特诉州案, 407 So. 2d 907 (Fla.1981)]。试图在州法院获得定罪或执行救济失败后,上诉人在联邦法院提起了人身保护令请求。请求又被驳回[福特诉斯特里克兰案, 696 F.2d 804(CA11)(en banc), cert. denied, 464 U. S. 865(1983)]。在这些质疑都得到不利结果之后,上诉人才以心智不全为由对即将到来的死刑执行提出质疑。

⑤ 参见埃维茨诉卢西案, 469 U. S. 387 (1985);斯特里克兰诉华盛顿州案, 466 U. S. 668 (1984);吉梅尔曼诉莫里森案,同上, at 477 U. S. 392-393 (鲍威尔大法官在判决中持同意意见)。

应当能够为自己辩护的观点基本上就已经包含在其中了。①

(二)

普通法更普遍的关注点——对心智失常者执行死刑是残忍的——仍然有其活力。和库克生活的时代一样,今天的人们大多数都认为有必要对自己的死亡做好精神和灵魂上的准备。另外,如普通法一样,今天死刑关键的正当化依据之一在于其报复功能,而这种功能的实现依赖于被告人对刑罚的存在和目的的有所意识。因此,对心智失常者执行死刑纯粹是一种残酷和异常的刑罚,同今天执行死刑的主要目的相违背。也正是由于这些原因,佛罗里达的法律要求州长对那些"没有能力明白死刑的性质和对其适用死刑之原因"的罪犯延期执行死刑。②

也有的州设定更严格的标准③,但是所有的州至少都同意,被执行刑罚之人必须了解执行刑罚的事实和理由。这一标准恰当地界定了第八修正案所指精神障碍的种类。如果被告人能够理解他的罪行和刑罚之间的关系,刑罚的报应目标就得以实现;只有被告人意识到其死亡将近,他才能为其做好准备。因此,我认为,第八修正案只禁止对那些没有意识到自己将要遭受刑罚和为什么遭受刑罚的人执行死刑。上诉人心智失常的主张符合这一标准。根据上诉人提供的精神诊断结论,上诉人并不知道自己将要被执行死刑,相反,他相信死刑判决已经无效。如果这个诊断是正确的,上诉人就不可能理解其罪行与死刑之间的关系。因此,接下来的问题就是,上诉人提供的证据是否足以使其获得联邦地区法院听

---

① 另外,关于被告人协助辩护的能力的标准对州法院判决在终局性利益上的影响甚小,因为它是一项在量刑程序结束之前对定罪提出质疑的宪法性权利。这样的理解是错误的:我们已经说得很清楚,州有通过程序禁止去避免重复的平行审查的合法利益[参见卡尔曼诉威尔逊案,post at 477 U. S. 452-454(多数意见)]。

② Fla. Stat. §922.07 (1985 and Supp. 1986); Ill. Rev. Stat., ch. 38, 1005-2-3(a) (1985) ("如果一个人由于精神状况导致他不能理解刑罚的性质和目的,那么这个人不适合被执行刑罚");参见州诉帕斯泰特案,169 Conn. 13, 28, 363 A.2d 41, 49 (问题是"被告人是否能够明白量刑程序的性质,也就是说,他为何被惩罚以及惩罚的性质"), cert. denied, 423U.S. 937 (1975)。

③ 很多州都信赖 Blackstone 的观点,认为,除非被告人能够协助自己的辩护,否则他就不应当被执行死刑[E. g., Miss. Code Ann. §99-19-57(2)(b)(Supp. 1986); Mo. Rev. Stat. §552.060(1) (1978); Utah Code Ann. §77-15-2(1982)]。大多数州都未在其成文法中提及这个问题。在这个问题上,现代的权威判例很少,而早时期的判例倾向于 Blackstone 的观点,参见 24 C. J. S., Criminal Law §1619(1961)。那些案件把获得辩护律师的权利和联邦和州的平行审查在近代的扩张提前了。另外,其他一些案件表明,通行的标准是,"受谴责的人是否意识到他所犯之罪以及即将到来的命运意味着什么"——同今天佛罗里达州的成文法是实质相同的。[Note, Insanity of the Condemned, 88 Yale L. J. 533, 540(1979); see Hazard & Louisell, Death, the State, and the Insane: Stay of Execution, 9 UCLA L. Rev. 381, 394, and n. 44(1962)(discussing cases).]广义的心智失常概念要求被告人能够协助自己的辩护,在这些情况下,我不认为将这一概念宪法化存在正当基础。显然,在该背景下,各州可以自由决定采取比第八修正案要求的、作为宪法最低要求的心智健全的观点更宽泛的观点。

证的权利。

二

上诉人承认,佛罗里达州州长已经根据本州法律认定上诉人并未心智失常,而该法律所规定的标准同上文所述的标准是一致的。上诉人还承认,确实有专家证据能够支持州长的认定。因此,如果该认定应依据《美国法典》2254(d)节被推定为正确,那么就没有理由就上诉人的联邦人身保护令请求举行听证。

我同意马歇尔大法官的意见,即州长的决定不能依据该条款被推定为正确。理由有两点。第一,2254(d)节要求由具备管辖权的州法院来负责事实认定。"州法院"一词或许有相当大的弹性①,但是决不会把州长也包括进来。"法庭"在本质上必须独立于政府的起诉部门,马歇尔大法官所言极是,州长是"州起诉部门的指挥官"。因此,除非把上述要求从成文法中删掉,否则,我不认为有任何理由去遵循州长的决定。第二,州长有关心智健全的认定不能被推定正确,还因为州并没有对上诉人的主张展开"完整和合理的听证"(《美国法典》第28卷第2254(d)(2)节)。该条规定显然是来自于汤森诉塞恩案中的法庭意见。在该案中,法庭认为,如果州法庭的事实认定程序不足以得到合理正确的结果,或者程序明显不足以确定事实,那么州法庭的认定在联邦人身保护令请求中遭到质疑时是不能被推定正确的。

至少在死刑服刑能力问题上,该标准与程序性正当程序条款所提供的保护并无不同。显然,根据第八修正案,心智失常的罪犯除非(或直到)其恢复心智,否则不得执行死刑,该利益未经"公正听审",不得被剥夺。确实,正当程序条款所提供的程序保障是基本公正的重要指标。② 因此,本案中的问题是,佛罗里达州确定上诉人心智状况的程序是否符合正当程序的要求。我与马歇尔、奥康纳两位大法官均认为不符合。正如奥康纳大法官所言,"如果说正当程序有一个最基本的要求的话,那就是获得听审的机会"。③ 在本案中,上诉人恰恰被剥夺了这个机会。佛罗里达州法律不要求州长考虑犯罪人提交的材料,而且在本案中,州长还公开宣布过把这类证据材料排除在考虑范围之外。④ 因此,上诉人心智状况的判断仅仅依靠州指定的精神病学专家的检查而作出。该程序不允许利害关系人提交相反的医学证据,甚至连指出对方判断不足之处的机会都不给,这

---

① 尽管在本案中我们不需决定这一争议,但是"州法庭"这一词可能包括独立的精神病学专家小组,他们既可检查被告人又可决定其法律上的心智状况。
② 参见拉希特诉德汉姆地区社会服务部门案,452 U.S.18, 452 U.S.24-25 (1981)。
③ Post at 477 U.S.430,援引格拉尼斯诉奥登案,234 U.S.385, 234 U.S.394 (1914)。
④ 参见古德诉温赖特案,448 So.2d 999, 1001 (Fla.1984)。

将导致擅断和错误,因此不符合正当程序的要求。由此得出的结论是,州的程序是不"公正"的,地区法院必须重新考虑上诉人服刑能力的问题。

三

尽管本案中佛罗里达州的程序违反了基本的公正,但是,我并不像马歇尔大法官那样,认为必须进行那种全面的"精神状态审判"。正当程序是一个灵活的概念,应当提供"与特定情况相适应的程序保障"。① 在本案中,有几点可以证明,正当程序的要求并不像马歇尔大法官所认为的那样精确。

首先,有关第八修正案的争议主张只有在犯罪人被正当合法地定罪并宣判死刑之后才能提出。因此在本案中,州在剥夺上诉人生命以惩罚其犯罪行为这一点上,享有实质且合法的利益。上诉人的主张也并未质疑这一利益。相反,唯一的问题不是"是否",而是"何时"对他执行死刑。② 尽管这个问题很重要,但是与上诉人是否应当被执行这一问题却不可同日而语。因此,本院对于审判与量刑程序所设定的较高程序性要求③,在此并不适用。

其次,上诉人有关心智失常的主张并没有针对中立立场提出质疑。相反,要对其定罪量刑的话,就首先必须认定其具备受审能力,或者有足够清楚的事实显示其受审能力毫无疑问。因此,法庭可以恰当地推定在即将执行死刑时④,上诉人依然是心智健全的,而且还可以为听证程序的启动,设置一个实质性的门槛。⑤

最后,此类案件中的心智状况问题不同于在审判和量刑中的基本争议问题。上诉人心智状况不同于针对历史事件的争议,它基本上是一种主观判断。⑥ 而且它也不同于有关死刑在特定案件中是否适当的决定,行为能力的决定主要依赖于一个充满"微妙和细微差别"的行业内的专家分析。⑦ 这些因素结合在一

---

① 马修斯诉艾尔德里奇案,424 U.S.319,424 U.S.334(1976);莫里西诉布鲁尔,408 U.S. 471,408 U.S.481(1972);post at 477 U.S.429(奥康纳大法官部分持协同意见部分反对)。

② 当然,一些被告人会丧失智力并且不会恢复,因此,就会一并避免死刑执行。我的观点只是,如果上诉人被治愈,那么州还是有权对其执行死刑的。

③ 例如,洛克特诉俄亥俄州案,438 U.S.586(1978)(多数意见);特纳诉穆雷案,476 U.S.28 (1986)。

④ Cf. Addington v. Texas, 441 U.S. 418(1979). 在 Addington 案中,法庭认为,州必须用清楚可信的证据证明,方能把个人强制性地委托给精神病医院治疗。在这种情况下,应当是被告人而不是州,负责推翻心智健全的假定;另外,他是在审判和量刑程序后,法庭承认或认定他的心智状况之后才这样做的。

⑤ 参见埃克诉俄克拉荷马州案,470 U.S.68,470 U.S.82-83(1985)。

⑥ 参见阿丁顿诉得克萨斯州案,441 U.S.418,441 U.S.429-430(1979);贝尔富特诉埃丝特尔,463 U.S.880,463 U.S.898-901(1983)。

⑦ 阿丁顿诉得克萨斯州案,*supra*, at 441 U.S.430。

起,决定了在精神状况问题上,常规的对抗程序——包括证人作证、交叉询问或辩护人的口头辩论——并不一定是获得合理、一致判断的最佳方法。①

我们不需要决定在这一领域中正当程序条款的精确限度。但总体而言,我的观点是,宪法所要求的程序远远不需要像审判那么严格。各州应提供一个中立的官员或委员会来接受来自罪犯辩护律师的证据和意见,包括与州自己的精神病学专家的检查结论不同的专家证据。在满足了这些基本要求之后,州应有余地自主决定什么样的程序能最好地平衡处于风险中的各种利益。只要基本的公正得以保障,我就会认定其满足了正当程序的要求,并将2254(d)规定的正确性推定适用在联邦人身保护令请求中。

四

因为上诉人根据第八修正案提出了可行的主张,又因为这个主张未根据正当程序或2254(d)的含义获得公正裁决,上诉人有权就其人身保护令主张在地区法院获得裁判。我因此同意法庭的意见。

奥康纳大法官对判决结果发表部分同意部分反对意见,怀特大法官加入:

我完全同意伦奎斯特大法官的意见,宪法第八修正案并未创设心智不健全者不得被执行死刑的实质性权利。因此,我不同意法庭的说理和观点。

然而,我又不得不得出以下结论:因为佛罗里达州的制定法已经创设了这样一项权利,即心智不全者不得被执行死刑,又因为佛州法律在这一点上没有提供任何最低限度的正当程序保障,所以我决定撤销判决发回联邦上诉法院重审,并指示联邦上诉法院将该案发回佛罗里达州,让其以符合正当程序条款要求的方式举行听证。但是,我认为联邦法院对于死刑犯服刑能力的决定,不应当发挥任何实质性作用。正如我们在休伊特诉赫尔姆斯案中所说明的那样,"第十四修正案所保护的自由权有两个来源——正当程序条款本身和州的法律"。② 我和伦奎斯特法官认为,正当程序条款并未单独创设这样一项受保护的利益,即心智不全时不得执行死刑。③ 然而,佛罗里达州成文法的相关条款却规定,如果犯罪人"没有能力理解死刑的性质及原因"的话,州长"应当"把犯罪人委托给"矫正

---

① 参见帕汉姆诉 J. R. 案(Parham v. J. R.),442 U.S.584, 442 U.S.609 (1979)("普通人的经验和专家意见都倾向于表明,对抗程序所能提供的手段,在被用来决定精神和情绪疾病问题时,更可能导致错误而不是真实。")。
② 又见米沙姆诉法诺案,427 U.S.215, 427 U.S.223-227 (1976)。
③ 又见索尔斯比诉鲍克卡姆案,339 U.S.9 (1960)。

机构的精神健康治疗中心"。①

我们所判过的案件毫无疑问地表明,当成文法以"明白无误的语言"规定,州在没有特定化依据的情况下不得侵害个人权益时,便需要通过正当程序条款来解释该法律。②

这个条件很容易满足。即使州的法律在创设该项权利的时候,没有明确规定剥夺该权利的程序也不要紧。如我们在上一开庭期所强调的,"实体和程序的范畴相距甚远"。③ 因此,不论州对于政府处分行为所应遵循的程序持何种意见,联邦法律均应明确界定州政府在剥夺个人之自由和财产权利时应当提供的程序保障。尽管州所创设的心智失常时不受死刑执行的权利毫无疑问地要受到正当程序条款保障,但在我看来,此种情况下,这些保障是最低限度的。"显而易见,正当程序是具灵活性的,依不同情况需要不同的程序保护。"④

当我们试图将正当程序条款解读为"要求类似审判程序的全套流程"之前,有理由相信,"特定情况"要求提供实质性的保障。犯罪人免遭错误决定的利益当然事关重大。但是我认为,一旦社会依法判决一个人有罪从而获得刑罚权时,正当程序的要求就被相应降低了,这一点是不言而喻的。⑤ 另外,该种情况下,犯罪人提出错误主张和故意拖延的可能性明显增大。⑥ 这一点在因不具备服刑能力而中止执行死刑的问题上,表现得最为显著。从其定义即可看出,对于这种利益永远无法得出最终确定的结论——不管此前对其作出了多少次裁决,直到执行死刑那一刻,犯罪人都可以主张在此前的裁决作出之后的某个时刻,他突然丧失了心智。⑦

由于存在上述困难,而且考虑到这个难题是出现在定罪量刑之后的,那么我认为,正当程序条款在这个问题上未对各州提出太多的要求。

然而,尽管我认为原则上应当把该事项的决定权交给各州,但是佛罗里达州决定死刑犯服刑能力的程序依然存在一个问题,而该问题使得佛州程序在合宪性上出现瑕疵。如果说正当程序有一个"基本要件"的话,那就是,"一个人有权

---

① Fla. Stat. §922.07(3) (1985 and Supp. 1986).
② 参见休伊特诉赫尔姆斯案, supra, at 459 U.S.(如果根据州的法律,某些事实条件满足之后便须作出对个人有利的决定的话,这便构成一项权利)。
③ 克利夫兰教育委员会诉劳德米尔克案,470 U.S. 532, 470 U.S. 541 (1985)。
④ 格林霍兹诉内巴拉斯卡监狱的囚犯案,supra, at 442 U.S. 12, 援引莫里西诉布鲁尔案,408 U.S. 471, 408 U.S. 481 (1972)。
⑤ 参见米沙姆诉法诺案, supra, at 427 U.S. 224。
⑥ 参见诺布尔诉佐治亚州案, 168 U.S. 398, 168 U.S. 405-406 (1897)。
⑦ Hazard & Louisell, Death, the State and the Insane: Stay of Execution, 9 UCLA L. Rev. 381, 399-400 (1962)。

获得听证的机会"。① 从目前情况看,佛罗里达州决定服刑能力的程序违反了这一基础性原则。通过行政命令的方式,州长规定"辩护律师和公诉人在服刑能力听证中可以出席,但是不得以任何对抗的方式参与检查"。② 事实上,被上诉方承认,州长办公室始终拒绝说明是否会对上诉人提交的材料进行审查。尽管我不一定要求展开口头辩论或交叉询问,但是正当程序至少要求决定者要审查犯罪人提交的书面材料。因此,我认为,在佛罗里达州法律之下,这样的一种期望是应当受到保护的——当犯罪人没有能力理解死刑的性质和为什么对其适用死刑时,不得对其执行死刑。③ 由于佛罗里达州的程序甚至连正当程序的最低要求都没达到,我将推翻该判决,指示该案发回佛罗里达州,让其以第十四修正案要求的方式来评估上诉人的服刑能力。我认为,在此类案件中唯一需要联邦解决的问题是,判断州的制定法是否创设了某项自由权益,以及它的程序是否足以保护这项利益免遭恣意剥夺。而一旦州的程序是充分的,联邦法庭就没有权力再去对州的实质性决定作出评判。

伦奎斯特大法官持反对意见,首席大法官加入:

今天法庭认为,第八修正案禁止各州对心智失常的人执行合法判处的死刑。这一观点主要基于两个并不很有力的理由。第一,法庭说"英国普通法事实上不允许对心智失常者执行死刑"。第二,它注意到"今天,合众国内的所有州,没有哪个允许对心智失常者执行死刑"。

根据上述事实,再加上"坚持普通法传统"的主张,法庭推翻了已决判例,并对普通法以及目前对心智失常者不执行死刑的做法做出重大改变。法院这样做实际上是有意对这一事实视而不见,即佛罗里达州被认定违宪的程序,也就是由州长最终认定罪犯心智状况的做法,实际上恰恰是符合法院所谓的"普通法传统"和当代实践的。

法庭不遗余力地强调普通法禁止对心智失常的人执行死刑的"深刻历史凭证"。然而,对于同样重要且确凿无疑的一个事实却只字未提,即在普通法上,犯罪人的心智状况是由行政官员认定的。④ 所以,当法庭今天创设了这样一个由行政机关以外的机构认定心智状况的宪法性权利时,其实并不是在"坚持普通法传统",而是以牺牲普通法传统为代价的。

---

① 格拉尼斯诉奥登案, 234 U.S. 385, 284 U.S. 394 (1914)。
② Exec. Order No. 83-137 (Dec. 9, 1983);又见古德诉温赖特案, 448 So.2d 999, 1001 (Fla. 1984)(关于州长公开宣布的一项政策,即在决定死刑犯服刑能力的程序中,排除任何对抗因素)。
③ Fla. Stat. § 922.07(3) (1985).
④ See 1 n. Walker, Crime and Insanity in England 194-203 (1968).

在索尔斯比诉鲍克卡姆案中,罪犯主张他享有由司法机构认定其心智状况的宪法性权利。与本案中的情况一样,该州也不允许对心智失常的人执行死刑,但同时也规定由州长在专家帮助之下负责认定死刑犯的心智状况。在驳回其主张时,法庭说:

"因心智不全而延期执行原则上与对犯罪的审判无关,而是与刑罚的暂缓执行关系密切。缓刑的权力通常同赦免的权力来源相同。本国赦免的权力来源毫无疑问与英国是一样的。这样的权力传统上在州长或总统手中,尽管权力的一部分有时会被委托给如赦免或缓刑机构这样的组织。这样的权力很少受法庭的审查。"

尽管援引所谓"不断进化的社会道德标准"和"今天的法哲学",但是在各州认定犯罪人心智状况的方法问题上,法庭并未指出在索勒比案之后发生的任何变化。现在的成文法通常规定,对于已决犯心智状况调查的启动和(或)最终决定都由行政官或狱警负责。因此,法庭所说的"对普通法传统的信念"和"不断进化的社会道德标准"最多只是说对了一半。而佛罗里达州的体制——在禁止对心智失常者执行死刑的同时,以行政性程序认定心智失常——则更为忠实于传统和当代实践。规定各州对于被行政官员认定为心智不全的人不得执行死刑的法律,无论历时多久或者多么具有普遍适用性,其本身都不足以创设出一项第八修正案的权利,从而将该法律自身所制定的心智状况认定程序以不充分为由而废除。

上诉人做了另一种辩解(但未被法庭提及):即使第八修正案不禁止对心智失常者执行死刑,但佛罗里达州禁止这种做法,因此便为犯罪者创制了一项权利——以审判类的程序来断定心智状况。这里,索勒比案再一次地起到指示作用:"我们最近已经阐明审判程序和包括量刑程序在内的定罪后程序之间,存在关键的内在差异。① 在该案中,我们强调,某些审判程序保障在量刑程序中是不适用的。这一点,对于那些试图将审判中的程序性保障适用到定罪后决定心智状况的程序之中的想法,就更是如此了。正如我们在诺布尔斯诉佐治亚州案中所指出,如果一旦被定罪的被告人主张心智失常,都要进行司法审查的话,那么判决能否执行就取决于'反复提出心智失常主张的能力了'。② 社会基于防卫目的,必须具备审判、定罪和执行刑罚的能力。我们的法律体系要求政府应当对被追诉者谨慎公平地履行职责。把罪犯的心智状况交给有权选任相关领域内

---

① 参见威廉姆斯诉纽约州案,337 U. S. 241。
② 诺布尔斯诉佐治亚州案,*supra*, at 168 U. S. 405-406;菲尔诉达菲案,334 U. S. 431(1948)。

最顶级专家的州长去认定,我们不能说这种做法违反了正当程序。"即使在索勒比案中唯一的反对者法兰克福特大法官也同意,如果宪法没有赋予心智失常的罪犯以免予执行死刑的实质权利,那么各州便可以把判定心智状况的权力交给州长。

上诉人认为,索勒比案不再具有约束力,因为"索勒比案是在正当程序分析还停留在权利与特权之区分这个问题上的时候作出的"。① 但是,如上诉人所承认,他的正当程序请求开始表明佛罗里达州的相关法律创制了一项对心智失常者免予执行死刑的个人权利。即使稍微看一下该法即可发现,它为罪犯所创制的唯一的权利就是告知州长罪犯可能心智不全。② 它所创制的唯一的合法期待是,"如果州长认定罪犯没有能力明白死刑的性质以及为什么对其适用死刑,他应当把犯罪人委托给矫正机构的精神健康康复中心"。③ 我们最近在这一领域的案件可能各有不同。④ 我认为,州法律并未要求佛罗里达州授予上诉人所要求的程序性保护。

我认为在任何情况下都不应当否定索勒比案的结论,即当初审、上诉甚至附带攻击都已经结束以后,如果当事人再去质疑政府执行合法判决的权力的话,那么,纯粹的行政程序就足以符合正当程序条款的要求。在执行判决之前,无论是通过第八修正案还是正当程序条款,如果一定要在心智状况问题上创设一项获得司法审查的宪法权利的话,那么将毫无必要地使问题复杂化,并严重拖延最终决定的作出。被告人在罪与刑的问题上已经经历过完整的审判;如果还要要求进行第三次裁判的话,那些再没有什么可以失去的罪犯将会胡乱地提出心智失常的主张。心智不全的主张在量刑前任何阶段都可提出,而且一旦被驳回,还可以再次提出;在执行前两天还心智健全的罪犯可能在第二天就会称自己精神失常了,这样一来,就必须对其心智状况展开再一次的司法认定,而执行又将再一次延期。⑤

既然没有一个州赞成对心智不全者执行死刑,那么本案真正的争执点其实在于,应适用何种程序去认定心智状况。法庭考查了普通法,并提出一项各州均不欲违背的宪法权利,然后得出结论认为,普通法程序不足以保护这项以

---

① 上诉人摘要,第8页。
② Fla. Stat. §922.07(1) (1985).
③ §922.07(3) (Supp. 1986).
④ 参见奥利姆诉瓦基尼科纳案,461 U.S. 238 (1983);休伊特诉赫尔姆斯案,459 U.S. 460 (1983);维特克诉琼斯案,445 U.S. 480 (1980);格林霍兹诉内巴拉斯卡监狱的囚犯案,442 U.S. 1 (1979);米沙姆诉法诺案,427 U.S. 215 (1976).
⑤ 参见诺布尔斯诉佐治亚州案,168 U.S. 398,168 U.S. 405-406 (1897).

普通法为根基的新权利。据此,法庭作出了其最终裁判。我认为,既然在心智不全者免予执行死刑这一点上早已形成了一致意见,那么就没有必要将其"宪法化"了,而且"选择性地吸收"普通法经验也是不恰当的。因此,我对本案提出反对意见。①

---

① See Ariz. Rev. Stat. Ann. §13-4021(1978); Ark. Stat. Ann. 43-2622(1977); Cal. Penal Code Ann. §3701(West 1982); Conn. Gen. Stat. §54-101(1985); Ga. Code Ann. §17-10-61(1982); Kan. Stat. Ann. §22-4006(1981); Md. Ann. Code, Art. 27, §75(c)(Supp. 1986); Mass. Gen. Laws §279:62(1984); Miss. Code Ann. §99-19-57(Supp. 1985); Neb. Rev. Stat. §29-2537(1979); Nev. Rev. Stat. §176.425(1985); N. M. Stat. Ann. §31-14-4(1984); N. Y. Correc. Law §655(McKinney Supp. 1986); Ohio Rev. Code Ann. §2949.28(1982); Okla. Stat., Tit. 22, §1005(1986); Utah Code Ann. §77-19-13(1)(1982); Wyo. Stat. §7-13-901(Supp. 1986).

蒂森诉亚利桑那州案
Tison v. Arizona

《美国判例汇编》第 481 卷第 137 页(1987)
美国联邦最高法院发至亚利桑那州最高法院的调卷复审令
庭审日期:1986 年 11 月 3 日
结审日期:1987 年 4 月 21 日

案 件 导 读

  本案所讨论的主要问题是,重罪谋杀犯罪中,在犯罪行为主要参与者既未亲自实施杀人行为,又不曾试图杀害任何人的情况下,法院仍判处其死刑是否合宪。简言之,即同案犯的犯罪行为参与度及其主观罪过形态对适用死刑合宪性的影响。

  该案中的加里·蒂森是一个正在亚利桑那州立监狱服刑的犯人。此人以前就曾有过越狱并杀死看守的犯罪前科,并因此被判处终身监禁。

  本案起因于蒂森家族策划并帮助加里·蒂森再次越狱,具体参与者包括加里·蒂森的妻子和三个孩子——唐纳德·蒂森、里基·蒂森与雷蒙德·蒂森,另外还有加里·蒂森的兄弟约瑟夫。1978 年 7 月 30 日这伙人荷枪实弹地进入亚利桑那州立监狱,并成功地帮助加里·蒂森及其同监舍狱友(也犯有谋杀罪)兰迪·格雷沃尔特逃离监狱。这些人在此次越狱过程中没有杀人,但后来在逃亡过程中实施了杀人行为。

  成功越狱后,加里·蒂森与其三个儿子,再加上兰迪·格雷沃尔特一行五人踏上逃亡之旅。由于在逃亡的路上他们的汽车发生爆胎,这一行人遂决定抢一辆汽车——先是由雷蒙德假装在路边拦车寻求帮助,其他人则持枪埋伏在路边。然后,当受害人约翰·里昂一家停下车来打算为他们提供帮助时,却被这伙人劫持了。受害人一家具体包括:约翰·里昂及其妻子多尼尔达、他们两岁大的儿子克里斯多佛,以及约翰·里昂 15 岁的侄女特瑞萨·泰森。

  接下来发生的,则是约翰·里昂等人的苦苦哀求——希望能放他们回家。对此,加里·蒂森则曾表现过些许犹豫。但悲剧最终还是发生了:约翰·里昂一家惨遭加里·蒂森和兰迪·格雷沃尔特射杀,其中受害人特瑞萨·泰森在严重受伤后曾在血泊中挣扎爬行,并在蒂森一行人离开后死在沙漠里。

在上述犯罪过程中有以下三个重要细节值得注意:

第一,蒂森兄弟三人都没有开枪。

第二,里基和雷蒙德后来都承认加里·蒂森和兰迪·格雷沃尔特曾反复向那四个受害人射击,对此他俩感到"惊愕"。但是当时他俩都没有试图去帮助这四个受害人。

第三,在以下问题上存在证据层面的矛盾——雷蒙德后来回忆说,当他和里基正在受害人的汽车那儿往水壶里灌水的时候"听到枪声"。言下之意就是,当时他们俩离杀人现场有一定距离,是在听到枪声响起后(杀人过程已经发生)才赶到杀人现场那边去的。

而里基则说,他和雷蒙德两人将水壶先拿回来并交给加里·蒂森,然后兰迪·格雷沃尔特跟加里·蒂森简单说了两句话,紧接着惨剧就发生了。这意味着,杀人时这兄弟俩是在场的。

上述惨剧发生过后,蒂森一行人开着受害人的汽车继续他们的逃亡之旅。几天后他们在一个警戒路障处被警方发现,然后警匪双方发生交火。最终的结果是:唐纳德·蒂森被当场击毙,加里·蒂森逃入沙漠后因暴晒而死,雷蒙德、里基和格雷沃尔特三人被抓获。

依据亚利桑那州关于重罪谋杀的规定,共犯亦应对其参与的行为承担相应责任。亚利桑那州同时有一项法案,规定在需要判处死刑的案件中,法院可以不经陪审团而独立判断该行为是否严重到应该判处死刑的程度。由此一审法院判决雷蒙德和里基死刑。在直接上诉中,亚利桑那州最高法院维持原判,还拒绝了蒂森兄弟的复审请求。其主要理由在于:虽然雷蒙德和里基并未蓄意造成里昂一家的死亡,且此二人以前亦未谋划行凶,甚至连杀害被害人的扳机都不是这俩人叩动的,但是,如果没有他们的协助,那四名被害人就不可能被害。在这个问题面前,本案的其他情节相比之下都不具有意义。

雷蒙德和里基对于其死刑判决不服,随后试图在本州的定罪后程序中改变其死刑判决——本案最终被上诉至联邦最高法院,其上诉的一个重要理由是,在埃德蒙诉佛罗里达州一案中确立过这样一个原则:对于重罪谋杀案中的共犯,必须在确定其具有杀人的故意时,才得以判处其死刑。而埃德蒙是一桩入室持枪抢劫案的帮助犯——就在埃德蒙的同伙于受害人公寓内行凶时,埃德蒙在离现场不远的马路对面的车里(离案发现场数百英尺的地方)等待其同伙作完案后助其逃逸。故而埃德蒙虽然具有帮助其持枪抢劫的同伙逃离犯罪现场的故意,也是抢劫罪的共犯,但却缺乏其同伙所具有的那种杀人的故意。

本案中,雷蒙德和里基认为自己的情况与上述案件中埃德蒙的情况相似,他们两人同样缺乏杀害约翰·里昂一家四口的故意,故而不应被判处死刑。

对于本案的争议焦点,联邦最高法院的大法官们在判决中做出如下归纳:如果说这两个上诉人确实都没有明确的杀人故意,也都没有枪杀被害人的实行行为,那么在这种情况下,他们在本案中的所作所为还能否被认定为是造成被害人一家被害的原因?同时该问题也决定了亚利桑那州最高法院所作出的死刑判决是否合宪。

围绕上述核心争议,联邦最高法院的大法官们一如既往地做了极其精细、复杂的长篇论证,现将其内容简要归纳如下:

奥康纳大法官发表的法庭意见,主审大法官伦奎斯特、大法官怀特、鲍威尔和斯卡利亚表示同意,他们的主要观点是:"如果仅将注意力集中在被告是否具有'杀人的故意',最终还不足以准确地确定被告人的主观恶意和危险程度。很多情况下,行为人有主观上的故意,实际上也确实实施了杀人行为,但其行为是不受刑法谴责的——正当防卫或者其他违法责任阻却情形下就是如此……从另一方面来说,一些非故意杀人的情形也有可能会非常危险、残忍和不人道——譬如说行为人虐待他人,不管其死活,或者一个劫匪在抢劫过程中开枪打死被害人,而漠视了这样一个事实:其抢劫的故意伴随着杀害被害人和带走被害人财产的非故意结果。这些野蛮的、对生命的漠视行为,在道德上与"杀人的故意"别无二致……我们将那种野蛮地无视生命的价值,清楚地知道自己在对他人生命有着极大威胁的犯罪行为中处于共犯地位,还继续从事犯罪活动的,认定为具有极大主观恶性的行为,在该行为导致了他人不必要的死亡的情形下,该行为有可能被判处死刑。"

相对于上述多数意见而言,大法官布伦南、马歇尔、布莱克门和斯蒂文斯也提出了很多精彩的反对意见,比如:

布伦南大法官指出,"亚利桑那州最高法院采用的'可预见性'标准是错误的。因为'实施任何暴力重罪都必然存在杀戮的可能性,所以这种可能性通常都是可预见、已被预见的'。以下级法院的这种标准,任何参与有杀戮发生的暴力重罪的行为人,包括埃德蒙,都应被判处死刑"。显然,如此说来,岂不是所有的暴力重罪犯罪人均存在"杀人的故意"?

马歇尔大法官则论述道:"上诉人在案发时身处谋杀现场,他们摇着小旗将被害人的车拦下来,然后劫持被害人一家并将他们押送到案发地,但这并不能说明他们在主观上也有其父和同伙那种杀死被害人一家的故意。每一个上诉人的行为,都十分贴切地符合为了继续逃亡而偷窃汽车这一重罪,同时也构成实施该行为的必备条件。可是却没有任何其他迹象表明他们的行为不符合这一目的。实际上,法庭也意识到了,其他的犯罪和谋杀罪之间是有区别的,尤其是法庭了解到加里·蒂森和格雷沃尔特所作出的杀死被害人一家的决定是无预谋的,并且对于后续逃窜行为也毫无意义。"

尽管意见并不完全一致,但联邦最高法院最终还是以5:4的多数意见作出最终判决,认定雷蒙德和里基在犯罪过程中野蛮地漠视他人生命,其行为远不是埃德蒙诉佛罗里达州案中所存在的"仅仅坐在远离凶案现场汽车里"那种情况,而是实质性地参与了整个重罪谋杀过程,所以雷蒙德和里基应当被判处死刑,这本身没有问题。但是,亚利桑那州最高法院是在援引埃德蒙诉佛罗里达州案的前提下作出本案判决的,故其适用标准错误,应撤销其判决,要求亚利桑那州最高法院根据联邦最高法院的意见重新审理本案。

通过本案,联邦最高法院改变了在埃德蒙诉佛罗里达州一案中所确立的规则,并确立了这样一个新的规则——对于重罪谋杀案件中的主要参与者,法院在以下两种情况下可以判处其死刑：

第一,控方能够证明被告人有杀人的故意；

第二,控方能够证明被告人是犯罪行为的主要参与者,并且表现出不计后果、对他人生命的极大漠视。

联邦最高法院这一判决的重要意义在于：原先的死刑判决仅针对那些亲自实施杀人或者存在杀人故意的重罪谋杀行为,通过本案则将可能获致死刑判决的群体予以扩张,将"不计后果、对他人生命极大漠视的重罪谋杀行为主要参与人"也纳入进来,且这样做并不违宪。

判决摘要

在上诉人蒂森兄弟俩[①]及其他家庭成员的精心策划下,其父加里·蒂森成功越狱。而加里·蒂森此前就有过越狱并杀害看守的行为,本应因此在狱内终身服刑。这两个上诉人带着一整箱枪支进入监狱,并为其父及另外一名谋杀犯提供武器,继而帮助他们抢劫、绑架、拘禁一个四口之家,然后看着他们的父亲及那名谋杀犯用霰弹枪将这家人杀害。尽管他们事后都声称对前述杀人行为感到震惊,但当时他俩都没有帮助被害人,相反他们后来开着被害人的车加入一同逃亡的行列。亚利桑那州法院依照州重罪条例所规定的谋杀及共犯刑事责任维持了对上诉人的死刑判决后,上诉人以恩芒德诉佛罗里达州案是在休庭期决定的,应当推翻判决为理由,在该州的定罪后程序中向其死刑判决发起间接攻击。然而,州高等法院决定应对他们执行死刑,认为恩芒德案要求在具有"杀人意图"的情况下才能作出死刑判决,并将"杀人意图"解释为：为被告人所实行的重罪行为,具有故意、能够预见,或者希望该致死性暴力将要或者可能被使用,或者被害人的生命将要或可能被剥夺。尽管上诉人不具有明确的杀人意图,也不具有

[①] 此处特指里基·蒂森和雷蒙德·蒂森。实际上该案件中共有蒂森兄弟三人,但提出上诉的只有里基和雷蒙德这兄弟两人。另一个名叫唐纳德·蒂森的,虽然也跟着蒂森家族一起逃亡,但后来这一行人遭遇警方堵截并与警方展开交火,唐纳德被当场击毙。

杀人的犯罪预备行为，更没有射杀被害人的实行行为，但法庭认为上诉人积极策划并实施了前述越狱行为并由此在事实上引发后来的屠戮后果，而且他们既未对后来的杀人行为进行干涉，亦未与杀人者分道扬镳，根据所有这些证据，法庭认定上诉人确有杀人意图。尽管只有一名上诉人作证说其当时确曾有过杀人的意图，但法庭还是认定这两名上诉人对使用致死性暴力都具有预见性。

理由：

尽管上诉人均否认其具有杀死受害人的意图，而且致命性损伤也不是由他们造成的，但根据卷宗记载还是支持这样一个结论，那就是上诉人因对他人生命之放任与漠视而具有主观可责性。

对于主观上放任、漠视，并在谋杀案中起主要作用的重罪共犯，宪法第八修正案并不会以"罪刑不相适应"为由禁止对其适用死刑。纵观州重罪谋杀方面的法律规定以及恩芒德案件以后的司法判决，社会舆论显示出这样一种倾向，那就是即使行为人没有明确的"杀人意图"，方方面面的因素也使得死刑的适用正当化了。对他人生命的漠视与放任，也是具有高度主观恶性的表现，由此也支持对那些造成死亡后果的重罪共犯判处死刑。由于亚利桑那州法院认定被告人具有"故意、能够预见，或者希望致死性暴力将要或者可能被使用，或者被害人的生命将要或可能被剥夺"，并对这些死刑判决予以维持，则该案必须被发回重审。[①]

奥康纳大法官发表法庭意见，首席大法官伦奎斯特，以及怀特、鲍威尔和斯卡利亚大法官加入。布伦南大法官发表反对意见，马歇尔大法官加入；布莱克门大法官同意第一、二、三部分意见；斯蒂文斯大法官在第四部分第一节中表示同意。

| 判决全文 |

奥康纳大法官发表了法庭的判决意见：

本案焦点在于，尽管两个上诉人都没有明确的杀人故意，也都没有枪杀被害人的实行行为，那么在这种情况下，他们在本案中的所作所为还能否被认定为是造成"一家四口被杀"这一结果的原因，该问题也就决定了亚利桑那州审判系统所作出的死刑判决是否合宪。我们认为，亚利桑那州最高法院在援引恩芒德诉

---

① 参见《美国判例汇编》第481卷第146—168页(481 U.S.146-168)，《亚利桑那州判例汇编》第142卷第446页(142 Ariz. 446)；《太平洋沿岸地区州法院判例汇编·第2辑》第690卷第147页(690 P.2d 147)，以及《亚利桑那州判例汇编》第142卷第454页(142 Ariz. 454)，《太平洋沿岸地区州法院判例汇编·第2辑》第690卷第766页(690 P.2d 766)，该案判决被撤销并被发回重审。

佛罗里达州案作出判决的过程中，适用标准错误，故而撤销以下判决，要求其根据与本意见一致的程序重新审理。

一

加里·蒂森曾因在越狱过程中杀死看守而被判处终身监禁。在其于狱中服刑数年后，他的妻子、他们的三个孩子唐纳德、里基和雷蒙德，以及加里·蒂森的兄弟约瑟夫，伙同其他亲戚策划帮助其再次越狱。① 为此蒂森家族以一个军械库的火力进行全副武装。该越狱计划曾与加里·蒂森商讨过，且加里·蒂森坚持要与其同监舍狱友杀人犯兰迪·格雷沃尔特一同越狱。此后的大部分犯罪事实都已为上诉人在控辩交易程序中为求得对其不适用死刑而予以供认并得到证实。亚利桑那州法院认为，控辩协议要求上诉人就策划越狱阶段的犯罪事实予以证实。而当他们拒绝就此作证后，控辩协议失效，他们也因此就该阶段事实接受审判、被认定为犯罪并被判处死刑。

1978年7月30日，蒂森兄弟三人带着满满一冰柜的枪支弹药进入位于佛罗伦萨的亚利桑那州立监狱。蒂森三兄弟为格雷沃尔特和他们的父亲提供了武装，然后这群人挥舞着手中的武器，将监狱看守和当时前来探视的人员反锁在一间储物间中。五个人遂乘坐停在监狱空场上的福特牌汽车逃逸。整个越狱过程中没有交火。

逃离监狱后，五个人将福特汽车遗弃，来到一个坐落于监狱附近医院的一座独门独院里，兄弟三人事先在该处停放了一辆白色林肯牌汽车。而那台林肯汽车有一个轮胎瘪掉了，他们在那座房子里找到仅有的一个备用轮胎并装到汽车上。在该房住了两晚后，他们向旗杆方向行驶。而在他们选择从小路和二级公路穿越沙漠时，另一个轮胎又爆胎了。

于是他们决定向路过的驾驶员打拦车旗号并趁机偷车。雷蒙德站在林肯车前面，其他人则持枪埋伏在路边。第一辆车开了过来但并没有停车。但第二辆车，一辆由约翰·里昂驾驶的马自达牌汽车停了下来，车上还有其妻子多尼尔达、他两岁大的儿子克里斯多佛以及他15岁大的侄女特瑞萨·泰森，特瑞萨·泰森下车提供帮助。

就在雷蒙德向约翰·里昂示意林肯车上瘪掉的轮胎时，另两名蒂森兄弟和格雷沃尔特突然闯了出来。随后里昂一家人被塞进林肯车的后排座里。雷蒙德和唐纳德将林肯车从公路上开下来，沿着一条土路行进，然后又沿着一条输气管

---

① 参见美国诉多萝西·蒂森案，Cr. No. 108352, Super. Ct. Maricopa County (1981)。

线便道纵深进入沙漠。加里·蒂森、里基·蒂森和兰迪·格雷沃尔特则在里昂的马自达车里紧随其后。后来两辆汽车后备箱对着停靠在一起,里昂一家人被命令在林肯车前照灯前面站着。蒂森一行人则把他们的随行物品从林肯车上转移到马自达车上。他们又在马自达车上发现了枪和钱并据为己有,然后他们把里昂的剩余财物放到了林肯车上。

加里·蒂森让雷蒙德驾驶林肯牌汽车继续开向沙漠深处,雷蒙德照做。而其他人则看着里昂一家和特瑞萨·泰森,加里用他的枪向汽车水箱射击,其用意大概是要完全弄坏这台车。里昂一家和特瑞萨·泰森继而又被送到林肯车那边,然后他们又再次被命令站在林肯车的前视灯前面。里基·蒂森供述时提到,约翰·里昂曾恳求说"放了我们吧!""天啊!别杀我"。加里·蒂森说他当时正考虑这事儿。约翰·里昂曾请求蒂森家族和格雷沃尔特说"给我们一些水……就放了我们吧,你们也都回家吧"。加里·蒂森继而告诉他的儿子们走回到马自达车那儿拿些水回来。雷蒙德后来解释说他父亲"当时好像很矛盾……"至于为什么矛盾,我想就因为当时那儿还有个(两岁的)小孩子,他有点儿犹豫不决。

尽管两个上诉人所陈述的情况有些不同,但最终他们还是一起返回到马自达汽车那里跟唐纳德会合,而兰迪·格雷沃尔特和加里·蒂森则留在林肯车那儿看着受害人。雷蒙德回忆说当他正在马自达车那儿往水壶里灌水时"听到枪声"。里基则说他们兄弟两人将水壶给加里·蒂森时,兰迪·格雷沃尔特跟加里·蒂森正在一起。然后他们走到林肯车的后面,在那儿简单说了两句话,然后举枪向受害者开枪。但不管怎样,上诉人都一致承认他们看到格雷沃尔特和他们的父亲反复向那四个受害人射击并残暴地杀害了他们。尽管两位上诉人后来都声称对当时开枪的场面感到惊愕,但谁都没有试图去帮助这四个受害人。然后蒂森一行人坐进马自达汽车,开车扬长而去,继续他们的逃亡之旅。证据表明特瑞萨·泰森严重受伤后试图在血泊中挣扎爬行。她是在蒂森一行人离开后死在沙漠之中的。

几天后,蒂森一家人和格雷沃尔特在一个警戒路障处被警方发现,然后双方发生交火。唐纳德·蒂森被当场击毙。加里·蒂森逃入沙漠,后因暴晒致死。雷蒙德·蒂森、里基·蒂森和兰迪·格雷沃尔特则被抓获,并作为越狱和在警戒路障处与警方交火两个犯罪的共犯共同接受审判,分别定罪量刑。

因上诉人涉嫌参与杀害4名被害人,且在犯罪过程中其行为涉嫌绑架、持枪抢劫、盗窃车辆等犯罪,亚利桑那州对数名上诉人以一级谋杀罪分别单独进行审判。检方关于一级谋杀罪的指控,乃依据亚利桑那州关于相关重罪之规定,如果犯罪嫌疑人在抢劫或者绑架中致人死亡,则可构成一级谋杀罪①;同时共同犯罪中的每一共犯亦应对其参与的行为承担相应之责任。②

本案中,每一上诉人因其在之前涉嫌作为共犯参与杀害 4 名被害人而符合重罪谋杀之情形,在之前之审判中均已被定罪。③

亚利桑那州同时有一项法案,规定在需要判处死刑的案件中,法院可以不经陪审团而独立判断该行为是否严重到应该判处死刑的程度。④ 该法案规定了六项从重处罚和四项从轻处罚的情形。⑤ 法官认为本案上诉人之行为符合其中三种从重处罚情形:

(1)蒂森兄弟及其父亲对他人的生命安全造成了极大的威胁(此条并非针对四名被害人)。

(2)杀人犯是为了谋取金钱利益而行凶的。

(3)杀人犯的犯罪情节特别恶劣。

同时法官并未发现本案上诉人之行为具有其他法定从轻情形。尤其重要的是,法官并未发现本案上诉人符合"在犯罪中起次要作用"这一从轻情形。相反,在亚利桑那州法典⑥中,法官发现有充分的理由对每个上诉人之行为均得适用重罪谋杀之相关条款。审判法官尤其注意到,本案中各上诉人完全有理由预见到其行为将会对他人的生命造成巨大风险和威胁。⑦ 同时法官亦发现本案中有三个非法定的从轻情形:

(1)上诉人为青少年:里基 20 岁,雷蒙德 19 岁。

(2)上诉人均无重罪前科。

(3)上诉人皆以重罪谋杀条款被判处为谋杀罪。

纵然如此,法官依然判决两名上诉人死刑。

在直接上诉中,亚利桑那州最高法院维持原判。法庭认定:之前的法庭记录显示,里基和雷蒙德当时确实在杀死 4 名被害人的凶案发生现场,并且参与了整个越狱计划,在越狱成功后试图抗拒抓捕。尽管两名上诉人并未蓄意造成里昂

---

① Ariz. Rev. Stat. Ann. § 13-452 (1956) (repealed 1978).
② Ariz. Rev. Stat. Ann. § 13-139 (1956) (repealed 1978).
③ 亚利桑那州重新修订法典,扩大了重罪谋杀情形的范围,包括在性犯罪、滥用精神类药品、犯罪后逃逸过程中致人死亡的行为。[Ariz. Rev. Stat. Ann. §§13-1105(A)(2),(B)(Supp. 1986).] 亚利桑那州同时也更新和重新编纂了共犯的责任条款。[Ariz. Rev. Stat. Ann. §§13-301,13-303 (A)(3),(B)(2)(1978 and Supp. 1986).]但是以上相关法条的修订都不足以免除蒂森兄弟致人死亡的责任。
④ Ariz. Rev. Stat. Ann. § 13-454(A) (Supp. 1973) (repealed 1978).
⑤ Ariz. Rev. Stat. Ann. §§ 13-454(E), (F) (Supp. 1973) (repealed 1978).
⑥ Ariz. Rev. Stat. Ann. § 13-454(F)(3) (Supp. 1973) (repealed 1978).
⑦ Ariz. Rev. Stat. Ann. § 13-454(F)(4) (Supp. 1973) (repealed 1978).

一家和特瑞萨·泰森的死亡,尽管其二人之前并未谋划行凶,尽管其二人亦未亲自扣动扳机杀害被害人,但是,如果没有他们的协助,那4名被害人不可能被害。在此面前,前述那些情节便不具意义了。亚利桑那州诉蒂森案①中在评估审判法庭认定的从重和从轻情节时,亚利桑那州最高法院发现,第一个从重情形,即蒂森兄弟及其父亲对他人的生命安全造成极大威胁这一事实,是没有证据支持的。因为犯罪行为针对的是4名被害人,对其他人的生命安全并未造成威胁。亚利桑那州最高法院支持其他两条从重情形的认定,以及最终的死刑判决。法庭还拒绝了蒂森兄弟的复审请求。

本案上诉人随后在本州的定罪后程序中试图改变对其不利的死刑判决。宣称在恩芒德诉佛罗里达州案中,类似的情况需要法院推翻判决。州最高法院对此持有不同的看法,认为在之前的恩芒德案中,需要对"杀人的故意"进行认定,并宣称在雷蒙德·蒂森的案子中类似的情况已经被认定,满足恩芒德案中的情形。就此法院作出论述如下:

"杀人的故意需要被告人具有可以预见并期待其行为可能致人死亡的故意。"②

"在本案中,尽管并无证据证明上诉人有谋杀既遂或谋杀未遂的情形,但这些证据完全可以证明上诉人谋杀预备。上诉人在准备汽车和武器帮助其父越狱的犯罪预备过程中起到了积极的作用;同时对于越狱这一行为本身,这两名上诉人起到了决定性的作用,包括用枪挟持狱警。而上诉人明知加里·蒂森是因为在此前的越狱未遂行为中枪杀狱警而被判决终身监禁。因此,上诉人完全应该预见到加里·蒂森在之后的越狱行动中会使用致命武器;实际上,加里·蒂森曾说过,在越狱行动中,他会在情况紧急时开枪;并且他意识到,越狱后存在杀人的可能性。"

"实际上,对于致命性武器的使用,上诉人事前已有策划,一旦有人停车救助,他们就使用武器绑架救助人。上诉人在这起谋杀案中扮演了积极的角色。他在路边挥舞着旗帜,等待有人开车经过时停下,同时其他人则全副武装地潜伏在路边,伺机行凶。同时上诉人亦押送被害人到受害地点。在杀害被害人的地方,上诉人里基·蒂森和格雷沃尔特将被害人的财产转移到其驾驶的马自达轿车内和他们自己已经坏掉的林肯轿车内。在加里·蒂森提出用子弹射击已经抛锚的林肯轿车的发动机以使其彻底报废之后,上诉人押送着被害人到林肯轿车旁边,并目睹了加里·蒂森和格雷沃尔特朝被害人开枪。上诉人对此并未作出任何干涉。同时在凶案发生后,上诉人并未同加里·蒂森和格雷沃尔特分道扬

---

① State v. (Ricky Wayne) Tison, 129 Ariz. 526, 545, 633 P.2d 335, 354 (1981).
② 援引自亚利桑那州诉埃默里案, 141 Ariz. 549, 554, 688 P.2d 175, 180 (1984)。

镖，而是继续同他们一起乘坐着被害人的马自达轿车逃亡了数日。"

"通过以上事实，我们可以断定上诉人是'故意杀人'。直到持枪射向被害人，上诉人所起到的作用并不亚于加里·蒂森和格雷沃尔特……上诉人通过提供武器弹药和协助绑架被害人，在致使4名被害人死亡的整个犯罪行为中扮演了积极的角色。同时被害人被杀害时上诉人在现场，并未采取任何行动干涉，相反在杀害被害人之后，依然伙同加里·蒂森和格雷沃尔特继续逃避警方抓捕。"

"……而恩芒德案中的情形与本案不同，被告人并未积极参与整个致人死亡的犯罪过程（比如，本案中的积极协助绑架被害人等），在凶案发生时也没有出现在犯罪现场。"①

在里基·蒂森的案子里，亚利桑那州最高法院遵循类似的先例认定"杀人故意"。法庭认定，尽管里基·蒂森并未明确说明其会行凶杀人，但他预见到"可能会在越狱中途使用致死性的武器"。② 法院认定里基·蒂森自己全副武装地伙同同伙潜伏在路边，直到雷蒙德挥旗让路过的里昂一家停车。里基声称自己在实际杀人行为中比雷蒙德要收敛得多，然而法院认为，里基和雷蒙德在整个犯罪过程中起到的作用其实是同样的。

我们同意复审以重新考虑亚利桑那州最高法院适用恩芒德判例是否恰当。③

二

在恩芒德诉佛罗里达州案中，法庭驳回了依据佛罗里达州重罪谋杀条款对被告人作出的死刑判决。恩芒德是一桩入室持枪抢劫案中驾驶逃逸车辆的驾驶员。被劫公寓的主人是一对老年夫妇，因对劫匪抢劫进行反抗而遭到恩芒德同伙的杀害。佛罗里达州最高法院认为恩芒德驾驶汽车在马路对面等待同伙作完案后助其逃逸，则其行为该当判处死刑：

"关于恩芒德在杀害被害人过程中参与程度的证据，仅是基于陪审团的推断，

---

① 142 Ariz. 454, 456-457, 690 P. 2d 755, 757-758 (1984).
② 142 Ariz. 446, 448, 690 P. 2d 747, 749 (1984).
③ 上诉人在其叙述中花了大量篇幅强调亚利桑那州并未对判处死刑的从重处罚情节有如此广泛的规定。[参见戈弗雷诉佐治亚州案，446 U. S. 420(1980)］。尽管如此，法院在复审令中就此问题阐述如下：
1984年12月4日，亚利桑那州最高法院关于执行上诉人死刑的决定与恩芒德诉佛罗里达州案［458 U. S. 782(1982)］中所持精神相冲突。在恩芒德案中——用亚利桑那州法院的话来说——上诉人"并未对被害人的死亡结果有着积极的追求……或者，并未亲自扣动手枪扳机将子弹射向被害人身体以造成被害人致命的伤害……"[Pet. for Cert. 2.]。在我们看来，这个问题对亚利桑那州法律规定的从重处罚情节条款并未造成任何效力上的折损，我们也不对此问题发表任何看法[See this Court's Rule 21. 1(a)]。

即在凶案发生时,恩芒德在离现场不远的马路对面的车里。陪审团据此认为,他就在离案发现场数百英尺的地方,等待同伙作案归来并携款逃逸。证据足以认定:上诉人提供帮助、协助实施抢劫行为,是二级罪的主犯。故依据本州关于重罪谋杀之相关规定,恩芒德之行为足以构成一级谋杀罪。"①

本庭考量立法与社会意见,达成高度的一致:本案虽符合抢劫从犯并构成重罪谋杀之情形,但"在此等情况下"判处死刑超过必要限度。② 法庭同时还注意到,尽管全美有32个司法管辖区立法允许对不同情况下的重罪谋杀情形判处死刑,但是佛罗里达州则属于仅有的8个可以因抢劫犯罪中同伙犯有谋杀罪而导致本人被适用死刑的司法管辖区之一。③ 而恩芒德是经由一个对重罪谋杀情形绝对适用死刑的州法院审判定罪的,在整个联邦中这样的州明显为数不多。从另外一个角度来看,这8个州都对重罪谋杀适用死刑规定有相应的构成要件,即必须有证据证明行为人有"杀人的故意"。其中一个州还要求行为人直接参与整个犯罪过程或起直接作用,剩下的州对于重罪谋杀适用死刑则须满足以下两个各自有部分重合的条件:有3个州要求被告人在整个犯罪过程中有"不考虑后果的鲁莽和对被害者生命的蔑视";剩下的9个州,包括亚利桑那州,则要求被告人在犯罪过程中有相应的结果加重情形。亚利桑那州属于少数6个对于不直接参与或有限程度参与整个谋杀行为的被告人适用死刑的州。另外还有两个以上的州规定如适用死刑,则被告人在被判决之日前不得是未成年人。④

在详细查阅了本州关于重罪谋杀定罪量刑的相关规定之后,审理恩芒德案的法庭接下来在评估美国社会对重罪谋杀适用死刑的态度的尝试中,考量了在与恩芒德类似的案件中陪审团的行为。在739个死因中,仅有41人没有对被害人造成致命攻击的行为,其中只有16人在凶案发生时身处案发现场,有3人,包括恩芒德在内,在被判处死刑时没有任何证据证明他们曾参与谋杀行为或者计划谋杀。法庭认定,在739个死因中,仅有3人不存在"杀人的故意",虽在凶案发生时身在案发现场,但未直接对被害人发动攻击并造成致命伤害而被判处死刑,因此陪审团认为对恩芒德以重罪谋杀之相关条款判处死刑超出量刑的必要限度。

相应的,法院有一套自己关于其定罪量刑是否超出必要限度的分析。持枪抢劫是一种重罪,但是把每一个犯有此罪之人处以死刑则明显超出法律所要求

---

① 参见782.04(1)(a).'399 So.2d at1370;恩芒德诉佛罗里达州案,458 U.S. at 458 U.S.786 (1982)。
② Id. at 458 U.S.788.
③ Id. at 458 U.S.789.
④ 佛蒙特州并未有此分类。佛蒙特州对于与前案无关的二次谋杀和类似的谋杀矫正官的案件限制适用死刑。[参见恩芒德诉佛罗里达州案,458 U.S. 782, 458 U.S. 791, n. 11(1982)。]

的必要限度,由此而作出的死刑判决,严重违反了宪法第八和第十四修正案:"较之其惩戒的罪行,刑期过长或刑罚过厉是超过必要限度的。"①对于一名强奸罪犯处以死刑是超出必要限度的。再者,法庭调查发现恩芒德对于杀人的行为之参与非常间接,不足以成为判处其死刑的正当理由;同时对于恩芒德判处死刑既不能体现刑罚的威慑价值,也不能达到死刑之报应目的,法庭对于恩芒德被判处死刑持怀疑态度,"因为它对没有杀人行为和没有杀人故意或目的的行为人没有太大的威慑力和警诫意义"。

法院在对案情推理的过程中,依赖于这样一个事实,即抢劫杀人案占抢劫案的比重较小,

如果没有任何证据证明被告人有杀人的故意,即使抢劫行为中附带有杀人的行为,也很少出现死刑的判决结果。然而法庭承认:

"在一个案件中,即使证据确凿地证明该犯罪团伙在抢劫过程中有杀人的行为,也应该与团伙中每个人犯下的罪行和应承担的责任区别开来。"

这种区别也体现在死刑的第二个作用上,即报应。报应作用的核心,是罪责刑相适应。尽管很多情况下法庭拥有自由裁量权,但是死刑判决"以其严重性和不可挽回性"②,要求各州警方应该对"行为人的人格和犯罪记录"作出详细可信的调查。③ 因此,在恩芒德案中,对于被告人的死刑判决,"案情的焦点应该集中于恩芒德个人的刑罚接受能力上,而非整个抢劫团伙的罪行,以满足在适用死刑时,刑罚个别化的宪法性要求"。④

由于恩芒德本人在整个抢劫杀人的犯罪过程中所起作用属次要作用,同时也没有任何证据表明恩芒德本人对杀人具有主观上的故意⑤,因此,对于恩芒德的死刑判决超过了其所犯罪行应受刑罚之必要限度。

恩芒德案涉及宪法第八修正案,评估对于重罪谋杀的定罪量刑是否超出法律必要限度,涉及两个重要方面。一方面在于恩芒德自身的角色:在整个抢劫杀人案中,其仅仅起到一个不甚重要的作用,案发时并未在杀人现场,同时也没有杀人的故意。仅仅只有少量的州法律规定可以对上述情况适用死刑,即使是这些州,也几乎没有对该罪行执行死刑的先例。故法院对其施以死刑超出了法律的必要限度。

---

① 威姆斯诉美国案, 217 U.S.349, 217 U.S.371 (1910);奥尼尔诉佛蒙特州案,144 U.S.323, 144 U.S.339-340 (1892);科尔诉佐治亚州案, 433 U.S.584 (1977)。
② 参见格雷格诉佐治亚州案, 428 U.S.153, 428 U.S.187 (1976)。
③ 参见伍德森诉北卡罗来纳州案, 428 U.S.280, 428 U.S.304 (1976)。
④ 恩芒德诉佛罗里达州案, *supra*, at 458 U.S.798,1982;援引洛克特诉俄亥俄州案, 438 U.S.586, 438 U.S.605 (1978)。
⑤ 参见恩芒德诉佛罗里达州案, *supra*, at 458 U.S.790-791(1982)。

而另一个方面,恩芒德亦涉及另一个极端,即在重罪谋杀情形下,即使行为人具有杀人的故意,案发时在案发现场,亲手杀了人,仍然有少数州规定,即使证据确凿,也应该限制死刑的适用。但是很明显,蒂森兄弟的情况不属于以上两种类型。

上诉人竭尽全力地以其没有"杀人的故意"为由辩护,而"杀人的故意"这一概念已为普通法体系所承认。法院认为"杀人的故意"这一概念确实已为普通法体系所承认。通常来说,"故意即对于某种结果的追求和明知其行为会引起这种结果而放任此结果的发生"。① 上诉人指出,本案中并未有任何证据证明里基或雷蒙德·蒂森有任何必然导致被害人死亡的行为,或者导致被害人死亡的意图。但是亚利桑那州最高法院并未打算对"杀人的故意"这一概念作传统意义上的解释,而是采用了另一种诠释,即"杀人的故意"是一种预见性。亚利桑那州最高法院据此作出如下论述:

"杀人的故意"包括被告人所预谋的,所预料的,所期望的使用或者可能使用的致死性手段,和可能造成或者必然造成的被害人死亡的结果。②

法庭对于"杀人的故意"所下的定义,范围比恩芒德案中法庭下的定义广。类似于持械抢劫这类的暴力性犯罪中的参与人,通常可以"预见到完成潜在(接下来)重罪过程中对致命性武器的使用"。

恩芒德本人应该对抢劫行为可能造成的后果有所预料。而实际上,致人死亡的可能性存在于任何严重的暴力犯罪中,这样的可能性是为正常人所知晓和预见的,这也是行为人要携带武器的最主要原因。所以亚利桑那州最高法院试图作出努力,重新诠释"杀人的故意",而非简单地重复恩芒德案中的既定规则。所以本案中上诉人被判处死刑的原因与恩芒德因第八修正案相关条款而被判处死刑不同。

然而从另一个角度来看,很明显,本案中上诉人并不属于恩芒德案中那两种因重罪谋杀被判处死刑的超出法律必要限度的情形:其在整个犯罪过程中起了积极主要的作用,同时有证据证明其主观上有对他人生命的漠视,对被害人死亡的后果持放任态度。我们认可亚利桑那州最高法院认定的上述事实。③

雷蒙德·蒂森故意将可致人死亡的枪械带入监狱,分发给两个已决杀人犯,并且明知其中之一曾在之前的越狱中杀死一名狱警。在他的口供中,他自己也承认他在接下来的越狱过程中有可能使用武器杀人。在之后的犯罪行为中,他

---

① W. LaFave & A. Scott, Criminal Law §28, p.196 (1972);洛克特诉俄亥俄州案, supra, at 438 U.S.625-626 (1978);又见珀金斯:《犯罪意图的基本原理》(Perkins, A Rationale of Mens Rea), 52 Harv. L. Rev. 905, 911 (1939)。
② 142 Ariz., at 456, 690 P.2d at 757.
③ 参见卡巴那诉布洛克案, 474 U.S.376 (1986)。

起了决定性作用,他在路边挥旗让驾车路过的无辜被害人一家停车,随后这一家人的命运便被掌控于他持枪同伙之手,而这些枪支正是由雷蒙德·蒂森带给他们的。在被害人停车后,他洗劫了被害人的财物,然后押送被害人到他们随后开枪的地点。他眼睁睁地看着被害人被杀害,不论是在其同伙开枪前、开枪时或者开枪之后,他都未作出任何努力去帮助被害人。相反,他却继续帮助同伙逃避警方追捕,直到在那场枪战后被警方擒获。

里基·蒂森的行径与他的兄弟大同小异。和恩芒德一样,他故意将可以致人死亡的枪械带入监狱,分发给已决杀人犯,他完全可以预见到在之后的越狱行动中有可能使用这些枪支,尤其是他明知其父曾在之前的越狱犯罪中杀人。同时他也完整地参与了整个抢劫和绑架行为,同样,比眼睁睁地看着被害人被杀更严重的是,他还协助同伙杀害被害人。

以上事实不仅证明蒂森兄弟在整个犯罪过程中都起着主要作用,同时还说明了他们对于自身犯罪行为可能对无辜公众生命造成伤害应持有相当的预见性。因此本案的焦点在于,被告人既是整个犯罪行为的主要参与者,又对被害人的死亡持放任态度,该种情形下,第八修正案是否禁止对被告人判处死刑,恩芒德案并未涉及这一点。因此我们现在需要依据第八修正案来确定,在何等情形下禁止对类似情形判处死刑,才是符合罪刑均衡要求的。

正如恩芒德案的法庭那样,本庭发现州立法机构对于判断对重罪谋杀适用死刑是否符合罪刑均衡的决议都与这一宪法性需求有关。① 绝大多数州对于这个标准都涉及在恩芒德案中已经被讨论过的那两个方面的问题。

有4个州要求被告人在主观上可被归责,如漠视被害人生命,放任被害人受到伤害。② 有两个州要求被告人在实质上参与整个犯罪过程③,包括亚利桑那州

---

① 在恩芒德诉佛罗里达州案中所讨论的州的相关法律,到现在为止未发生大的变化。估计受到恩芒德案影响,密西西比州和内华达州重新修订了相关法律,要求在作出死刑判决时,认定被告人有杀人的行为,或者有杀人的预谋,或者使用了致命性的手段。[Miss. Code Ann. §99-19-101(7)(Supp. 1986);Nev. Rev. Stat. §§200.030(1)(b), 200.030(4), 200.033(4)(a)(b)(1985).] 新泽西州规定可以对故意杀人行为判处死刑,但此规定不针对重罪谋杀行为。[N.J. Stat. Ann. §§2C-11-3a(a),(c)(West Supp. 1986).] 俄勒冈州现在规定可以对重罪谋杀情形适用死刑,条件是罪犯有杀人的故意。[Ore. Rev. Stat. §§163.095(d), 163.115(1)(b)(1985).] 佛蒙特州对于死刑的规定更加严格,仅能对杀害矫正官的罪犯适用死刑。[Vt. Stat. Ann., Tit. 13, §§2303(b),(c)(Supp. 1986).]

② Ark. Stat. Ann. §41-1501(1)(a)(1977 and Supp. 1985); Del. Code Ann., Tit. 11, §§636(a)(2),(b)(1979); Ky. Rev. Stat. §507.020(1)(b)(1985); Ill. Rev. Stat., ch. 38, 9-1(a)(3), 9-1(b)(6)(1986).

③ Conn. Gen. Stat. §53a-46a(g)(4)(1985); 49 U.S.C. App. §1473(c)(6)(D)].

在内的至少6个州把"轻微参与"考虑在谋杀罪的从轻情节里面。① 本案中的案情不管是从判例上或者从常识上,都基本符合以上标准,因为被告人在重罪谋杀案件中参与程度越高,其越有可能漠视被害人的生命。从最低层面上来说,所有的州,包括那6个同恩芒德案中佛罗里达州一样可以对重罪谋杀适用死刑的州②,以及另外3个需要一些从重处罚情节才可对重罪谋杀适用死刑的州③,都规定可在重罪谋杀案件中适用死刑,哪怕被告人并无杀害被害人的直接故意,但被告人却是致使被害人死亡的整个犯罪行为的主要参与者,而且被告人对被害人可能发生的生命危险持有相当的预见性。从另一方面来说,恩芒德案后,即使是在被告人既是整个犯罪行为的主要参与者,又在很大程度上漠视被害人的生命的情形下,也只有11个州禁止在任何情况下对重罪谋杀适用死刑。④ 而近期重罪谋杀情形判处死刑的大量判例并未将罪犯的"杀人的故意"作为一个必要的标准,这说明在当下的社会中,人们并不排斥将死刑应用于像重罪谋杀这样非常过分的案件中。⑤

另外,很多州法院在阐述恩芒德案的时候都认为在具有类似从重处罚情节时,是允许适用死刑的。每例个案判决,都是根据其自身特定的事实作出的,因

---

① Ariz. Rev. Stat. Ann. §13-703(G)(3)(1978 and Supp. 1986); Colo. Rev. Stat. §16-11-103(5)(d)(1978 and Supp. 1985); Ind. Code §35-50-2-9(c)(4)(Supp. 1986); Mont. Code Ann. §46-18-304(6)(1985); Neb. Rev. Stat. §29-2523(2)(e)(1985); N. C. Gen. Stat. §15A-2000(f)(4)(1983).

② Cal. Penal Code Ann. §§189, 190.2(a)(17)(West Supp. 1987); Fla. Stat. §§782.04(1)(a), 775.082(1), 921.141(5)(d)(1985); Ga. Code §§16-5-1(a), 17-10-30(b)(2)(1984 and 1982); S. C. Code §§16-3-10, 16-3-20(C)(a)(1)(1985 and Supp. 1986); Tenn. Code Ann. §§39-2-202(a), 39-2-203(i)(7)(1982); Wyo. Stat. §§6-2-101, 6-2-102(h)(iv)(1983).
相反观点不同意我们对于加利福尼亚州在重罪谋杀情形下绝对适用死刑的分类方式。我们之前将加利福尼亚州归于在重罪谋杀情形下绝对适用死刑的州,加利福尼亚州最高法院在卡洛斯诉高等法院案中[35 Cal.3d 131, 672 P.2d 862(1983)],确立这样一项规则,即必须证明被告人有杀人的故意。公布在481 U. S. 175, n. 13,但是加州最高法院的判决是为了与联邦大多数州在恩芒德案中的意见保持一致。[参见卡洛斯诉高等法院案, supra, at 147-152, 672 P.2d at 873-877.]

③ Idaho Code §19-2515(g)(Supp. 1986); Okla. Stat., Tit. 21, §701.12(1981); S. D. Codified Laws §23A-27A-1(Supp. 1986).

④ Ala. Code §§13A-2-23, 13A-6-40(a)(2),(b), 13A-5-51, 13A-6-2(a)(2)(1982 and Supp. 1986); La. Rev. Stat. Ann. §14:30(A)(1)(West Supp. 1986); Miss. Code Ann. §99-19-101(7)(Supp. 1986); Nev. Rev. Stat. §§200.030(1)(b), 200.030(4), 200.033(4)(a)(b)(1986); N. J. Stat. Ann. §§2C:11-3a(a),(c)(West Supp. 1986)(felony murder not capital); N. M. Stat. Ann. §§30-2-1(A)(2), 31-20A-5(1984); Ohio Rev. Code Ann. §§2903.01(B)(D), 2929.02(A), 2929.04(A)(7)(1982); Ore. Rev. Stat. §§163.095(d), 163.115(1)(b)(1985); Tex. Penal Code Ann. §§19.02(a), 19.03(a)(2)(1974 and Supp. 1986); Utah Code Ann. §76-5-202(1)(Supp. 1986); Va. Code §18.2-31(Supp. 1986).

⑤ 参见格雷格诉佐治亚州案, 428 U. S. at 428 U. S. 179-181(斯图尔特大法官、鲍威尔大法官和斯蒂文斯大法官的意见), 1976; 科克尔诉佐治亚州案, 433 U. S. at 433 U. S. 594, 1977。

此我们并不会赞成或者否定那些案件的判决是否符合罪刑均衡原则,但是我们也注意到这样一种一致性,即认为即使没有"杀人的故意",如果行为人确实参与了像重罪谋杀这种严重暴力犯罪,并造成无辜被害人的死亡,那么判处其死刑也是具有正当性的。①

参考以上案例,对于那些严重的重罪谋杀案件,美国大多数判决的态度都非常明确——处以极刑,这就是现在我们所看到的、在适用死刑时的罪刑均衡标准,现在美国各州法院在对于重罪谋杀案件作出死刑判决时,不再像以前那样犹豫不决。②

个人所犯罪行是否应当被判处死刑的一个决定因素,在于被告人在实行整个犯罪行为中的主观因素。在整个司法界有一个根深蒂固的观点,即一个人的犯罪目的越明确,犯罪意志越坚定,则其所犯罪行就越严重,故而其应该被判处更严厉的刑罚。关于预谋,最初的概念源自神职人员的特权,即通过对于受审者自身主观状态的判断,决定哪些人该被判处死刑,哪些人可以因"蒙受神恩"而被豁免死刑。③ 随着时间的推移,预谋的含义逐渐变成了各种情况下的蓄意杀人;相应的,宾夕法尼亚州成为美国第一个对谋杀罪名进行分级的州,对于那些"放任、故意和预谋"的或者重罪谋杀的罪犯,仍然保留死刑。④ 更进一步,就在最近,在洛克特诉俄亥俄州案中,多数意见认为被告人的主观状态在整个案件中

---

① 例如克莱因斯诉阿肯色州案, 280 Ark. 77, 84, 656 S. W. 2d 684, 687 (1983),(夜间持枪入室抢劫,再加上有证据表明其对杀人的行为具有预期);cert. denied, 465 U. S. 1051 (1984);德普迪诉特拉华州案, 500 A. 2d 581,599-600 (Del. 1985),(被告当时在案发现场;抢劫了被害人;有证据证明双方有冲突,被告人杀人);cert. pending, No. 85-6272;拉芬诉佛罗里达州案, 420 So. 2d 591, 594 (Fla. 1982),(被告人在场、协助共同被告绑架并强奸被害人,对于同伙的杀人行为未作任何干涉,此后与同伙一同逃避警方追缉);人民诉戴维斯案, 95 Ill. 2d 1, 52, 447 N. E. 2d 353, 378, (1983),(被告人当时正在案发现场,并且伙同霍尔曼实施过其他犯罪,而在此前的那些类似犯罪过程中,霍尔曼有过杀人行为);cert. denied, 464 U. S. 1001 (1983);塞尔瓦吉诉州案, 680 S. W. 2d 17, 22 (Tex. Cr. App. 1984),(罪犯伙同其同伙在杀死保安后洗劫了珠宝店,没有证据证明被告人杀死了保安,但是被告人确实对追捕的人开了枪);艾伦诉佐治亚州案, 253 Ga. 390, 395, n. 3, 321 S. E. 2d 710, 715, n. 3 (1984),("在恩芒德诉佛罗里达州案中,关键并不在于恩芒德因为重罪谋杀而被定罪。重要的是较之以前的判决,恩芒德对被害人死亡所承担的责任是如何有所减少的");cert. denied, 470 U. S. 1059 (1985)。

② 亚利桑那州最高法院在恩芒德案后声称在维持死刑判决前要求认定"杀人的故意"这一事实,并不能为"它通常认为暴力致死犯罪中的重大参与和对生命的漠视并不足以判处死刑"这一论点提供依据。(Cf. post at 481 U. S. 178-179, and n. 17.) 亚利桑那州最高法院曾正式认定"杀人故意"以符合之前恩芒德的口述。[142 Ariz. 464, 456, 690 P. 2d 755, 758(1984).] 实际上亚利桑那州最高法院对于"故意"所采用的标准并非经典理论标准,而是"罪犯是否有计划,有追求,有故意使用致死性手段"。[州诉埃默里案, 141 Ariz. 549, 554, 688 P. 2d 175, 180(1984).] 正如之前分析(supra at 481 U. S. 150),这样的标准与"对于危害结果的预见"这一要求相差无几。

③ 23 Hen. 8, ch. 1, §§3, 4 (1531); 1 Edw. 6, ch. 12, §10 (1547)。

④ 3 Pa. Laws 1794, ch. 1766, pp. 186-187 (1810)。

起到决定性作用,在法官行使自由裁量权的体制下,依据被告人主观的罪恶程度,结合俄亥俄州相关法律规定,"不允许对于没有证据直接证明被告人对杀死被害人有主观上的故意的情况作出死刑判决",而该案中就没有判处被告人死刑。[1] 在恩芒德诉佛罗里达州案中,法庭也强调了主观状态的重要性,明确地说明死刑仅适用于对重罪谋杀情形下对杀人有主观故意的被告人,而不适用于没有证据证明对杀人有任何主观故意的从犯。

如果仅是将注意力集中在被告人是否具有"杀人的故意",最终还不足以准确地确定被告人的主观恶意和危险程度。很多情况下,行为人有主观上的故意,实际上也确实实施了杀人行为,但其行为是不受刑法谴责的——正当防卫或者其他违法责任阻却情形下就是如此。其他故意杀人的行为,尽管是犯罪,经常会让人觉得不应该被判处死刑——譬如说防卫挑拨。从另一方面来说,一些非故意杀人的情形也有可能会非常危险、残忍和不人道——譬如说行为人虐待他人,不管其死活,或者一个劫匪在抢劫过程中开枪打死被害人,而漠视了这样一个事实:其抢劫的故意伴随着杀害被害人和带走被害人财产的非故意结果。这些野蛮的、对生命的漠视行为,在道德上与"杀人的故意"别无二致。实际上正是基于此等因素,普通法和现代刑法典才将类似于本案中的行为归类为故意杀人罪。[2](在普通法中,故意杀人并不是严重的谋杀行为的唯一形式……例如,模范刑法典规定,对生命价值极端漠视的过失杀人,视之为谋杀。)恩芒德案表明,当"故意杀人"行为在逻辑上必然的、不可能避免的产生后果——剥夺他人生命——第八修正案允许法庭在仔细衡量被告人犯罪行为中的从重处罚和从轻处罚情节后,作出死刑判决。同理,我们将那种野蛮地无视生命的价值,清楚地知道自己在对他人生命有着极大威胁的犯罪行为中处于从犯地位,还继续从事犯罪活动的,认定为具有极大主观恶性的行为,在该行为导致了他人不必要的死亡的情形下,该行为有可能被判处死刑。

上诉人在整个犯罪过程中所起的并非次要作用,相反,就像之前法庭在审判时所认定的那样,是"实质上的作用"。两人的行为远远超出了"仅仅坐在远离凶案现场汽车里"的范畴,作为驾车逃亡进行抢劫的罪犯,每个上诉人都实质地参与了绑架抢劫,同时在杀害里昂一家以及之后的逃逸过程中,都有所参与。蒂森兄弟对于以上犯罪行为的高度参与,进一步说明了其应当被判处死刑。相应的,他以其在整个犯罪过程中参与程度较低为由不断辩称其为二级谋杀罪的意

---

[1] 438 U.S. 586 at 438 U.S. 608 (1978)(伯格大法官的独立意见);又见埃丁斯诉俄克拉荷马州案, 455 U.S. 104 (1982)(采取洛克特案多数意见的立场)。
[2] G. Fletcher, Rethinking Criminal Law, §6.5, pp. 447-448 (1978).

见不成立。

仅有少部分可以对重罪谋杀适用死刑的州禁止对缺乏主观恶意的行为适用死刑,同时我们未发现这种少数立场是宪法所要求的。我们并不试图去精确描绘出作出何种行为,具有何种主观状态可以适用死刑。本案中两名上诉人实质参与了整个重罪谋杀,野蛮地漠视他人的生命,完全符合恩芒德案确定的可判处死刑的要求。① 亚利桑那州法院之前已经作出判决,我们现在撤销以下判决,发回重审,重审之程序须符合本院之前所作出之意见。②

以上为本院裁决。

连同本案,同时送交同一法院重审(参见法院规定第19条第4款)。

布伦南大法官发表反对意见,马歇尔、布莱克门和斯蒂文斯大法官加入:

加里·蒂森和兰迪·格雷沃尔特的杀人罪行让所有人都感到反感,并对其后果表示悲伤。当里昂一家和特瑞萨·泰森被害的消息传来,众多亚利桑那州的民众强烈呼吁,要求严惩罪犯,实现正义。③ 然而造成这些悲剧的主谋是加里·蒂森,是他主使其家人帮助他自己与兰迪·格雷沃尔特越狱,是他和格雷沃尔特决定杀害这一家人,但是在他被警察抓获并移交审判之前,已经在沙漠中暴晒而死。整个案件的焦点是法院应如何对加里·蒂森的两个儿子就他们在这些事件中的作用判处何种符合宪法规定的刑罚。因为本案的判决结果与之前的判例和整个宪法不符,我对此持反对意见。

一

根据重罪谋杀学说,犯了重罪的行为人应对在该重罪实施过程中发生的任何谋杀行为负责,不论其是否亲自实施谋杀行为、谋杀未遂或有谋杀意图。因此这个理论使得重罪犯人对于在重罪过程中其同伙实施的杀人行为承担责任。这个奇特的理论是一个活化石,来源于对处死刑的那个法律时代;在当时的情况下,考究重罪犯人对于谋杀的主观状态是多余的,因为他可以仅仅因为故意实施

---

① 尽管我们将两条标准分开叙述,但是在很多情况下它们经常是重合的。例如,我们并不怀疑在有些重罪谋杀的情形中,人们可以得出其主要参与者持有对他人生命持野蛮地、放纵地漠视的态度这一结论。更进一步说,尽管被告人是整个重罪谋杀案的主要参与者并不足以确定其对他人生命持漠视态度,但是这也足以证明之前法庭调查的结论。

② 参见卡巴那诉布洛克案, 474 U.S. 376 (1986)。

③ [App. 297(quoting Paul Dean in the Arizona Republic, Aug. 16, 1978)]。

了重罪而被执行死刑。①

今天,在绝大多数的美国司法管辖区,以及几乎所有的欧洲和英联邦国家里,重罪犯人不能因为一项他没有实际实施、或明确有意或企图实施的谋杀行为而被执行死刑。但在美国的一些司法管辖区中,存在对类似情形坚持适用死刑的情况。亚利桑那州便是这些州中之一员。

下述的诉讼程序显示,依据重罪谋杀学说,被告人可能因为一项其既未实施又未意图实施的杀人行为而承担责任,被判处死刑。检方向陪审团辩称是加里·蒂森和兰迪·格雷沃尔特实施杀人行为这一事实并不重要,因为根据重罪谋杀规则,无论如何蒂森兄弟都应为这些杀人行为承担法律责任。主审法官的指示和检方的意见是一致的。在给上诉人判刑时,法庭并未认定上诉人实际杀害了任何人、杀人未遂或有杀人意图。尽管如此,对于陪审团根据重罪谋杀学说,认定蒂森兄弟应该对其父和兰迪·格雷沃尔特所犯下的谋杀罪行承担责任的判断,法庭予以支持。此外,法庭还发现了对上诉人不利的从重处罚情节,即加里·蒂森和兰迪·格雷沃尔特的犯罪手法是"可憎的、残酷的、邪恶的"。因此,法庭判处了死刑。②

亚利桑那州最高法院确认了这一判决。法庭在判决中承认:

"蒂森兄弟并未刻意追求里昂和特瑞萨·泰森的死亡,他们事先也没有策划杀人,实际上他们也并没有亲自开枪致使被害人遭受致命的伤害……"③但是法庭认为这些事实的意义并不大,因为"没有参与枪杀被害人并不是最关键的,由于两人参与了抢劫、绑架,并且在杀人行为实施时在现场协助扣留里昂一家和特瑞萨·泰森"。④ 因此,尽管亚利桑那州法院在承认蒂森兄弟既没有实际参与枪杀也没有计划枪杀的发生,还是根据重罪谋杀理论对二人判处死刑。

在亚利桑那州最高法院作出判决以后,本法庭在恩芒德诉佛罗里达州案中

---

① 正如模范刑法典评注所述:

"在普通法里,任何重罪皆应受死刑之罚。"在重罪谋杀的情形下,一个人亲手行凶与其参与的犯罪基本没有区别,因为制裁是一样的。最初重罪谋杀情形在普通法里的适用是针对在犯罪过程中由于犯罪未遂而导致的被害人死亡。因为犯罪未遂是轻罪……因此对于重罪谋杀情形允许法庭以犯罪既遂的标准处罚犯罪人。因此,对于抢劫未遂是轻罪,但是在抢劫未遂中造成被害人死亡则是谋杀,应处以死刑[ALI, Model Penal Code Commentaries §210.2, p.31, n.74(Off. Draft 1980)]。

② 法庭记载中(同上,at 481 U.S. 146, n.2),并没有对亚利桑那州的"将他人谋杀之方式作为上诉人的从重处罚情节的决定"的合宪性作出评论。从表面上来看,这个决定违反了第八修正案有关判处死刑应依据被告人本身个人所犯之罪行和据此应承担的责任而定的核心规定。[洛克特诉俄亥俄州案, 438 U.S. 586, 438 U.S. 605(1978)。]因此,州法院依旧需要考虑对亚利桑那州法律所规定的从重处罚情节之解读是否正确,其所适用之刑罚,是否如他们所认为的那样广泛,以至于存在违宪之可能。[戈弗雷诉佐治亚州案, 446 U.S. 420(1980)。]

③ 州诉蒂森案, 129 Ariz. 526, 545, 633 P.2d 335, 354 (1981)。

④ 州诉蒂森案, 129 Ariz. 546, 556, 633 P.2d 355, 365 (1981)。

回答了这样一个问题,"即依据第八和第十四修正案,对一个没有亲自实施杀人,没有杀人未遂,也没有杀人意图的人判处死刑是否正当合法"。这个问题的提出是因为在恩芒德案中,佛罗里达州最高法院对恩芒德判处死刑,恩芒德是一起持枪抢劫的共犯,他的两位同伙在抢劫过程杀死了他们要抢劫的两个人。恩芒德并未动手杀死任何人,同时也没有任何证据表明恩芒德对于杀人行为的主观状态,但是佛罗里达州最高法院却依照重罪谋杀理论判处恩芒德对杀人承担严格责任。①

本法院推翻了佛罗里达州最高法院的判决,采信了"社会民意拒绝对重罪谋杀中的共犯判处死刑"这一"压倒一切的证据"。② 法院认为,佛罗里达州最高法院在判决恩芒德死刑的时候,没有专注在"恩芒德自己的行为……(以及)他自己的罪责"。③ 法庭于是解释并否定了重罪谋杀理论作为死刑定罪的理论。"恩芒德没有杀人或杀人意图,因此其罪则应明显不同于杀人的抢劫犯;但是州法院将其等同视之,并且将杀死被害人的责任归于恩芒德,这是不符合第八修正案的。"

恩芒德案显然使本案上诉人的死刑判决之合宪性变得可疑。在恩芒德案裁判后,上诉人向亚利桑那州最高法院申请判决后复核。上诉中称,恩芒德案的先例使得联邦不能对上诉人判处死刑,因为他们和恩芒德一样,是重罪的共犯,而重罪中的杀戮是他们没有参与也没有打算要参与的。尽管亚利桑那州最高法院之前裁定上诉人没有杀人也没有杀人的故意,但还是维持了对蒂森兄弟的判决。首先,法院从广义上对"故意"进行了定义,将"杀人的故意"等同于对伤害的预见性。

"故意[原文如此]杀人包括这种情形,即在完成重罪犯罪过程中,被告人打算、深思熟虑或直接实施了剥夺他人生命的致命性暴力行为或其他行为。"④法院之后在一篇详尽引用的文章中,回顾了上诉人在后续逃亡过程中的行为以及随后的枪战。

法院并未试图将上诉人的陈述或行为与杀害里昂一家的决定联系起来,也没有作出上诉人射杀被害人时精神状况的认定。相反,法院认定每个上诉人都"可能预见到在试图逃离监管的过程中产生致命性暴力行为"。⑤

然后,亚利桑那州最高法院以3∶2的投票结果宣判,该认定足以证明上诉人

---

① 参见恩芒德诉佛罗里达州案,399 So. 2d 1362, 1369 (1981)。
② 458 U. S. at 458 U. S. 794.
③ Id. at 458 U. S. 798.
④ 142 Ariz. 454, 456, 690 P. 2d 755, 757 (1984).
⑤ 142 Ariz. 446, 448, 690 P. 2d 747, 749 (1984); 142 Ariz. , at 456, 690 P. 2d at 757.

"故意"（以恩芒德中故意的含义）杀害里昂一家,维持死刑判决。

因此,亚利桑那州最高法院试图通过对上诉人精神状况的认定来使判决符合恩芒德案的先例。然而,该法院采用的"可预见性"标准是错误的。因为"实施任何暴力重罪都必然存在杀戮的可能性,所以这种可能性通常都是可预见、已被预见的"。

以下级法院的这种标准,任何参与有杀戮发生的暴力重罪的行为人,包括恩芒德,都应被判处死刑。下级法院试图维护其之前的把故意等同于可预见的杀害的判断,本庭因此合理地驳回该种错误尝试。在我看来,该驳回使决定本案所必须的分析工作告一段落,并且以此为基础,有关上诉人的判决应该无效,推翻原判。

本院在此选择宣布全新的死刑实体标准:"被告人在所犯重罪中是主要参与者,并且对他人生命有放任与漠视,该两条已经足以满足恩芒德案所需的可责性要求。"本院将本案发回州法院,对上诉人在该新标准下是否具有可责性进行裁定。然而在法官附带意见中,法庭陈述说,"记录支持对放任与漠视他人生命的可责性精神状态的认定"。("这些事实……很好地证明[两个儿子]主观上都承认他们的行为很可能剥夺无辜生命。")

我不赞同其中任何一种意见。首先,案卷并未说明法官附带意见中关于犯意的新分类适用于这些上诉人;其次,即使上诉人可以被如此分类,客观证据及本院对第八修正案的法理阐述都证明对于被告人适用死刑是不适当的;最后,法院作出的全新结论对于将持续困扰死刑的深刻问题起到解释作用。

二

在我看来,法院没有足够的事实支撑"当事人在行为时对他人生命有疏忽和漠视"的结论。① 但是即使这些事实是充分的,法院将目光局限于"亚利桑那

---

① 上诉人在案发时身处谋杀现场,他们摇着小旗将被害人的车拦下来,然后劫持被害人一家并将他们押送到案发地,但这并不能说明他们在主观上也有其父和同伙那种杀死被害人一家的故意。每一个上诉人的行为,都十分贴切地符合为了继续逃亡而偷窃汽车这一重罪,同时也构成实施该行为的必备条件。可是却没有任何其他迹象表明他们的行为不符合这一目的。实际上,法庭也意识到了,其他的犯罪和谋杀罪之间是有区别的,尤其是法庭了解到加里·蒂森和格雷沃尔特所作出的杀死被害人一家的决定是无预谋的,并且对于后续逃窜行为也毫无意义。法庭部分以"无意识地行凶"作出了从重情节的认定,并述论如下:

"因杀死被害人而逃避警方的追捕,这并非被告逃亡的根本原因,被告人完全可以充分限制被害人的人身自由,并在其抢劫、绑架和盗窃行为被发现以前远走高飞。"(App. 283.)

因此,法庭对于被告人主观心理状态调查的结果,都是基于对被告人在犯罪过程中的行为之推定。被告人向监狱里的同伙提供武器,参与帮助其同伙越狱和逃亡的决定,可以支持法院关于其可以预见到在越狱过程中和越狱后可能使用致命性武器的认定,但是被告人的行为并不能支持法庭关于被告人对于杀人有主观故意这一结论。

州最高法院已经给……我们的"事实来作出判决也是不妥当的。① 法院将目光局限于下级法院认定的与可预见性标准相关的事实,却没有注意与现在确定的新标准相关的事实。而这些事实却显示出,有关上诉人在射杀被害人时精神状况的问题是具有开放性的,只有在完整的举证听证会之后才能得出结论。因此,我在此强调,法院的任何意见都没有废除联邦在适用法院确定的新标准之前考虑一切相关证据的义务。②

那些今天在案卷中被忽视的、有关上诉人射杀被害人时精神状态的证据并不是微不足道的。举例来说,尽管法院认定上诉人在射杀之前并没有试图去帮助被害人,但两名上诉人的一致陈述并未遭到否认,他们的陈述是:在开枪前,他们曾试图给受害家庭找一壶水。法院声明上诉人在枪击发生时在场并眼睁睁看着枪击发生,雷蒙德却陈述说他和里基在枪击发生时正刚取完水并急于去改装那辆马自达汽车。里基声称他们正取水回来,但是在开枪时却离林肯车还有一段距离("比这间屋的长度还远"),而且两兄弟转而离开走回马自达车。他们两个都没有声明说自己当时预料到枪击可能发生,也没有声明说当时可以阻止他们或事后可以帮助受害人家庭的事。③ 但是他们两个都表示了对枪击的震惊、无能为力以及懊悔。这里,雷蒙德的陈述可以很好地说明这一点:

"好的,我只是觉得你们该明白这一点,就是当我们涉足这件事的时候,我们和我父亲达成了协议,即在这过程中没有人会受到伤害,因为我们[两兄弟]不想让任何人受到伤害。对于这件事[杀害被绑架的受害人]的发生,我们都始料未及。这件事对我们的震惊不亚于对受害家庭的震惊,因为我们根本没有预料到它会发生。而对于它的发生我感觉很不好受。我希望我们当时做了什么能让它不要发生,但是就在那时它已经发生了,当时去阻止它已经晚了。这件事将

---

① 当亚利桑那州最高法院接到本案上诉时,宣称被告人的主观心理状态对本案的定性影响不大。在重新审理的过程中,亚利桑那州最高法院通过法庭调查确认,被告人对在整个越狱过程及其后的逃亡中可能使用致命性武器有相当程度的预见。在这方面,法庭提到了被告人整个越狱及其越狱后逃亡的过程。法庭的证据并未提到上诉人在开枪杀人时的主观心理状态,也没有相关的证据证明其主观心理状态与作出杀人的决定之间有联系。就法院所声明的这些问题来看,涉及上诉人的主观状态的证据与射杀行为是不相干的。

② 参见卡巴那诉布洛克案,474 U. S. 376,474 U. S. 391(1986)。("对联邦和议会尊重州法院发挥其在保护刑事被告人利益方面的主要作用的考虑"。)

③ 再者,法庭认为雷蒙德在枪声响起后没有帮助被害人,以及里基选择了协助同伙押送被害人至被害地点,眼睁睁地看着被害人被杀害而没有采取任何行动帮助被害人。由此,亚利桑那州最高法院采纳了这一法庭调查结果。可是亚利桑那州最高法院在其法庭调查结果中,并未说明上诉人在枪声响起过后是否做出任何举动帮助被害人,抑或是证明存在上诉人帮助被害人的可能性。下级法院仅仅声称蒂森兄弟"没有与其父和格雷沃尔特在杀害被害人后分道扬镳"。

会在我们心中伴随我们的余生,永远忘不了。"①

鉴于这一证据,亚利桑那州最高法院将其判断立足于狭隘的基础上便不足为奇了,这个基础便是上诉人可能预见在逃亡的过程中使用致命暴力行为,或州缓刑官——他详细地回顾了两兄弟的精神状态——不建议适用死刑。

卷宗中,法院关注的方面和忽略的方面之间矛盾凸显出,只有在法院举行举证听证会的条件下,一个可靠的、个性化的恩芒德式判决才可能被作出来。②

三

尽管法院在本案中适用新标准的论述是无根据的,但如今判断的最基本错误并不在此,而在于法院没有按宪法及先例要求对罪刑均衡问题进行分析。创造一个新的可责性的类别并不足以把本案与恩芒德案区分开。法院必须同时确定死刑是对此种可责性的适当的惩罚。换句话说,法院必须证明,在重罪犯罪中,对他人生命抱放任及漠视态度的主要参与者应当被判和那些蓄意谋杀和实行谋杀的犯人同等的惩罚。法院并未试图对那些过去曾经提出有关罪刑相适应问题的案子,如索勒姆诉赫尔姆案,恩芒德诉佛罗里达州案,科克尔诉佐治亚州案,进行罪刑相适应的复审程序,但是却提供了另外两个原因来支持其观点。

---

① 142 Ariz., at 462, 690 P.2d at 763; see also App. 242. 这些供述与证明其子的主观心理状态、但被下级法庭所忽略的其他证据相一致。其两个儿子皆无重罪前科,与母同住,每周都去探望被他们认为是"模范囚犯"的父亲[Brief for Petitioners 3(citing Tr. of Mar. 14, 1979, hearing)]。他们也没有帮助其父越狱或者逃跑的计划;而是其父在考虑近一年后,在越狱一周前将这个想法告诉了雷蒙德,在越狱行动发生一天以前才和他的儿子讨论了让其参与的可行性。两个儿子以其父所承诺的不要伤害任何一个人为行动的底线,在整个越狱过程中,其父遵守了诺言。审判中法庭发现,尽管这两个儿子之前均参与了盗窃行为,但其父之后的谋杀行为属于一个无意识的、不必要的行为。他们在其父开枪之前还曾经回车里给被害人取水壶。考虑到这一情况,这两人的供词中提到的为其同伙杀人的行为所震惊,同时他们并不希望这样的情形发生,似乎比法庭所推断的"从主观上赞成其同伙导致无辜生命夭折"这一情形更为可信。一个为蒂森两兄弟做过检查的心理医生的报告声称,兄弟俩并不希望其行为会造成如此结果:"这些不幸的孩子成长在一个不正常的家庭,经常和亚利桑那州近代史上最具反社会性的人亲密接触,在我看来,这一特殊事实对这两人的人格塑造起了相当大的作用……"

"我确实相信他们的父亲,加里·蒂森,对他的两个儿子持有一种强烈的、始终如一的、毁灭性的,同时又很微妙的压力,因此我相信这两个年轻人的行为超出了他们所能的理解层次,当他们开始犯罪时,已经太晚了,而且在此也没有任何证据显示他们能以被洗脑、心智缺陷、精神病或者其他不可抗拒的欲望来进行抗辩。在家庭压力的作用下,这些孩子被灌输并认为其父是一个无辜地被关在监狱里的牺牲者,但是这两个人都清楚地知道他们的行为是出于他们自身的意志。从更深层次的心理学角度而言,其自身意志所起到的作用要小于其父亲对他们的影响以及家庭情况所导致的那种强迫观念。"[Brief for Petitioners 11-12, n. 16.]

② 参见卡巴那诉布洛克案,474 U.S. at 474 U.S. 397-407(布莱克门大法官,反对意见);id. at 474 U.S. 407-408(斯蒂文斯大法官,反对意见)。

（一）

　　法院为它的结论——死刑对属于其所划分的新类别的犯罪人是合理惩罚——提供了一个理由：将死刑仅适用于那些故意杀人者"对于最终分辨那些最应该被谴责以及最具危险性的谋杀者是一种不能令人满意的方法"。法院举了一个例子来说明犯罪故意并不是决定性的：

　　"行为人虐待他人，不管其死活，或者一个劫匪在抢劫过程中开枪打死被害人，而漠视了这样一个事实：其抢劫的故意伴随着杀害被害人和带走被害人财产的非故意结果。"一些颇具影响的评论家和一些州已经赞同了对一些人适用死刑，就像法院给出的那些案例中的人——他们杀人时都表现出了对生命的极度冷漠。① 因此，对于蓄意谋杀的犯罪人才应该受到死刑惩罚的规定，应通过与对有共犯且共犯实行了杀人行为的案子作出区分，针对有些切实实行杀人行为的人应该设立一个例外。但是对那些个体实施死刑的合宪性问题，和恩芒德案一样，同本案亦密切相关。因为这个案子如同恩芒德案，也牵涉到没有实施杀人行为的共犯。因此，虽然某些"最应被谴责和最具危险性的杀人犯"可能没有杀人的故意却杀了人，但是将如此严厉的评价适用于那些既没有杀人故意也没有实行杀人行为的人却是相当困难的。②

　　被告人没有实行杀人行为的情况下，他杀人的故意则更是死刑的必备要素。首先需要特别注意的是，被告人并未实行应当被判死刑的行为。如此，他是否应该被判死刑的判断标准，就完全转变成其对待其他共犯之行为的主观心理状态。诸如被告人当时在杀人现场的其他活动，或者被告人列席杀人现场等相关因素，如今都成为判断被告人对杀人行为主观态度的依据。可事实上这些因素都不足以单独构成适用死刑的根据。

　　其次，当对这种被告人的主观心理状态进行评估时，对被告人行为时主观上

---

① 举例来说，法庭引证弗莱彻教授的观点，"模范刑法典将过失致人死亡……等同于故意杀人"模范刑法典主张将谋杀罪的行为限制在故意、有目的性或者极端漠视他人生命而过失致人死亡等情形，以取代重罪谋杀理论。[ALI, Model Penal Code Commentaries §210.2, p.13(Off. Draft 1980).]该法典举了射击人群、射击车辆、或者在玩俄罗斯轮盘赌时射击这几个例子。

② 关于法庭所举例子的第二个问题是，他们把肆意屠杀解释为故意杀人，而不是非故意杀人。这些肆意杀戮所缺乏的要素并非是目的性或者故意，而是没有预谋和考虑，弗莱彻教授解释道："尽管周密的计划和深思熟虑代表了那些令人憎恶的冷血杀手的特点，但是预谋并非是导致故意杀人如此邪恶的唯一原因。"肆意屠杀通常被认为是最为邪恶的，而且其特点主要是在行动之前没有对目标个体进行区分，并没有特定的目标。菲茨詹姆斯·史蒂芬打了个比方说："就像一个人看见一个小男孩坐在桥边，桥下是深不见底的河水，这个人毫无目的地走过去，野蛮地将小男孩推下河去，小男孩被淹死了。"毫无动机的杀人就像不以到达自身目标而杀人的行为一样邪恶。[Fletcher, Rethinking Criminal Law 264(1978).]

有故意的认定,与其对他人生命有冷漠和疏忽的认定,在性质上是两种完全不同的问题。不同点就在于他们所作出的选择在本质是不同的:对他人生命有疏忽大意的过失,与行为人故意选择导致他人死亡的行为方式完全不同。对那些因疏忽大意致人死亡且对该后果态度冷漠的人,法律往往给予严重的惩罚。但是,由于行为人并没有主动选择杀人,他和那些杀了人或蓄意杀人的人,在刑法及道德上的可责程度是不同的。

区分这两种行为的重要性,根植于我们对"人类的意志自由、与其相应的能力和个体分辨善恶的职责"的信念。① 为了坚守这个"在成熟法律系统中通用而持久稳固"的信念,法必须保证个体所受到的刑罚与其所作所为是相适应的。② 所以,如果要想保持住"刑法责任和道德责任的正常关系"这个刑事司法的正义性基础,对疏忽大意的行为和故意的行为惩罚不同在此时就显得非常必要③国家的终极制裁——如果要使用它的话——必须只是对那些罪行极其严重的人使用。"有一点是很基本的,即对故意伤害行为的处罚,应当比那些无意于此但却实际造成了同等伤害的行为要重。"④

尤其在重罪案件中,在评价可责性时区别故意犯罪和疏忽大意的犯罪是非常重要的。怀特法官在洛克特诉俄亥俄州案中强调了这一区分的重要性。

这起案件就是一起重罪谋杀案,被告人的死刑基于其他理由被撤销。

"社会已经作出了一个判断,这个判断深深根植于刑法发展历史中……为了达到实行死刑的目的,在可责性问题上,应该对有意杀人与无意害命的行为进行区分。"

"俄亥俄州以死刑来惩罚的行为,在犯意方面的要求至多不过是依亚利桑那州模范刑法典(1962)定义:有疏忽,即犯罪人在实施行为时,知道有可能引起死亡后果。我认为,如果某一杀人行为虽然表面上符合第八修正案,但没有认定被告有意识地制造死亡后果,则不应对其判处死刑。这样的死刑判决应当被撤销。"

在恩芒德案中,法院详细地解释了为什么认定犯罪故意是适用死刑的先决条件。法院认为,在任何一个已知案例中死刑都必须"适当地服务于"以下两个

---

① 莫里西蒂诉美国案,342 U.S.246,342 U.S.250 (1952)。

② 我们确信,譬如说,退一步讲,我们让一个未成年人在道德上和行为上对其违法行为负责,就像我们对一个作出同样行为的成年人那样。尽管这个未成年人作出了违法行为,并造成了损害结果,该未成年人的行为则被推定为没有足够的能力作出成熟的选择,因此该未成年人的责任会相应减轻。

③ 参见人民诉华盛顿案,62 Cal.2d 777,783,402 P.2d 130,134 (1965)(特雷纳大法官,同意意见)。

④ 美国诉美国石膏公司案,438 U.S.422,438 U.S.444 (1978)。

"社会目的"中的一个或全部,即威慑和报应。法院认为实现这两个社会目的是死刑的正义性之所在。① 如果死刑不能起到这样的作用,那么它"不过是在毫无目的、毫无意义地施加痛苦和折磨,从这个意义上讲,它是一种不合宪的惩罚"。② 恩芒德案缺乏犯罪故意——而不是证明他犯罪时精神状态的证据的缺乏——这才是一个重要因素,它导致法院认为在他的案件中适用死刑不能实现以上社会目的中的任何一个。在考虑威慑性的时候,法院当时"非常怀疑……死刑对凶杀的威慑性,即死刑能够阻止对那些没有杀人、也没有意图或故意剥夺他人生命的行为。相反,死刑只能对那种有预谋且深思熟虑的谋杀起威慑作用"。③

至于从报应方面来说,法院再次判定恩芒德缺乏犯罪故意以及事实上没有实行杀害被害人的行为具有决定性意义。

"美国的刑法长期以来都认为,认定被告人存在犯罪故意——也就是他的主观恶性——对确定'(他的)刑事可责性程度'是非常关键的。"④

法院总结说"将判处恩芒德死刑,作为那两起他无犯意也没有实施杀人事件的报应后果,并不能使罪犯得到与之罪行相称的惩罚"。⑤

因此,在恩芒德案中法院确立,判决一名没有实行杀人行为的共犯死刑的必备要件是认定该共犯有杀人的故意。

法院自此便开始重申,"恩芒德案……设立了一项明确的规则:行为人如果没有实际实行杀人行为、没有企图杀人、没有进行杀戮或者使用致命性暴力行为的意图,他就不应该被判处死刑"。⑥ 法院今天同意对那些主观心理状态不符合上述规定的共犯实行死刑的决定,与恩芒德案以及本院所确定的适用于各种案件的一贯观点不符合。

---

① 恩芒德案,supra,at 458 U.S.798,援引自格雷格诉佐治亚州案,428 U.S.153,428 U.S.183(1976)。

② 恩芒德案,supra,at 458 U.S.798,援引自科克尔诉佐治亚州案,433 U.S.433 U.S.592。

③ 恩芒德案,supra,at 458 U.S.798-799。法庭承认,"如果抢劫行为中杀人的可能性很大,一个人以某种方式参与了抢劫,那么要求其为杀人行为负责,则另当别论"(458 U.S. 458 U.S. 799)。然而法庭并不能找到任何理由否定自己的结论,即死刑并不是一种正当的遏制重罪发生的手段。因为"精明的观察者都能得出这样一个结论,即经验并不表明死刑本身应当被认为是遏制重罪发生的一种合理手段,即使死亡情形经常发生在不涉及杀人的重罪中"。法庭认为杀人行为并非构成重罪的必要条件。(App. 283, quoted infra at 481 U.S. 164, n. 4.)因此,同恩芒德案一样,威慑的目标在本案中并未实现。

④ 458 U.S. at 458 U.S.800。

⑤ Id. at 458 U.S.801。

⑥ 卡巴那诉布洛克案,474 U.S. at 474 U.S.386。

（二）

　　法院突破对犯罪故意的要求来判处死刑的第二个原因，是基于它对州议会批准的对重罪谋杀判处死刑的议会立法，以及州的一小部分案例的调查。① 在此基础上，法院作出如下总结："只有少数对重罪谋杀犯实行死刑的司法管辖区确定了死刑一定是在有杀人故意时才可以使用的"，而我们不认为这个非主流立场是合宪的必备要件。法院于是使得我们相信"在美国的大部分司法管辖区都批准了在该类案件中适用死刑"。但该案的情况并非如此。

　　第一，法院在它的调查中排除了已经废除死刑以及那些在与本案不同的情况中适用死刑的司法管辖区。如果将这些司法管辖区纳入其中，并且一起被考虑那些要求只有在重罪谋杀犯被裁决有杀人故意时才能判处死刑的司法管辖区，人们会发现全美大约五分之三的司法管辖区都不准许对那些没有实际的杀人行为，也没有被认定有杀人故意的犯罪人判处死刑。法院认为他们的观点与"美国大部分司法管辖区"相同，但恰恰相反，法院的观点本身明确无疑地属于

---

① 我们不应该从法庭对州决定的调查中延伸过多，因为很少有其他州会在这样的情况下进行死刑判决(481 U. S. 13, infra)。法庭忽略了其他州在适用自身法律下所作的决定。如克拉克诉路易斯安那州监狱案 *Clark v. Louisiana State Penitentiary*, 694 F. 2d 75(CA5 1982)(依据路易斯安那州的法律，陪审团须判断被告人是否有特定的杀人故意)；人民诉加西亚案(*People v. Garcia*),36 Cal. 3d 539, 684 P. 2d 826(1984)(因重罪谋杀而被判决死刑应该有主观上的故意作为构成要件)[cert. denied, 469 U. S. 1229(1985)]。

更进一步来说，法庭所援引的这些案件与本案都有明显区别。在5个案件里都援引了作为"杀人故意不作为判决死刑先决条件的'明显一致'"的证据，其中4个，法庭并未认定行为或者杀人故意的缺失。再者，在每个法庭所援引的案件中，至少暗示了被告人有杀人的故意、杀人的尝试或实际参与了杀人的行为。*Clines v. State*, 280 Ark. 77, 84, 656 S. W. 2d 684, 687(1983)(不止一个案件所提供的直接证据表明，上诉人曾经阐述在犯罪过程中遇到抵抗时其杀死他人的必要性，同时有证据显示被害人受到上诉人的直接攻击，上诉人持续用铁链打击被害人的头部和面部，并在胸口处形成一处致命伤)。cert. denied, 465 U. S. 1051(1984); *Deputy v. State*, 500 A. 2d 581, 599(Del. 1985), Deputy 并非仅仅参与了整个重罪案件，同时还在谋杀现场出现，参与了整个谋杀过程。cert. pending, No. 85-6272; *Ruffin v. State*, 420 So. 2d 591, 594(Fla. 1982)(大量确凿的证据表明 Ruffin 参与了一起针对 Karol Hurst 的、有详细策划和预谋的谋杀案)。*Selvage v. State*, 680 S. W. 2d 17, 22(Tex. Cr. App. 1984)(与恩芒德不同，上诉人使用致命性武器是为了安全逃逸，而且试图杀死 Ventura 和 Roberts 是因为他们正在珠宝店抓捕上诉人及其同伙)。在第5个案件里[*People v. Davis*, 95 Ill. 2d 1, 52-53, 447 N. E. 2d 353, 378-379(1983)(被告人被判处死刑是因为其在连续作案的一系列盗窃案里，同案的共同被告杀死了房主)]，法庭认为被告人"知道"本案中的共同被告人会杀人，其主观心理状态与蒂森差别很大。

少数派的观点。①

　　第二,检验上述问题的关键,绝不仅仅在于法院在给定条件下授权死刑的司法管辖区,更在于实际强行适用死刑的司法管辖区。而这种鲜有发生的突破先例强行判处死刑的证据就是,不仅法院作出死刑判决时往往是很不情愿的,而且纵使作出这种判决,其给被告人强加的结果也是任意的、武断的,乃至于是违宪的。② 因此,法庭在审判恩芒德案时,参考了重罪谋杀情形下从犯被判决死刑的相关数据统计结果。法庭经调查发现,在 1954 年至 1982 年之间的死刑执行情况中,"在 362 个死囚中,只有 6 个是没有亲自行凶作案而被以重罪谋杀执行死刑的死囚,而且这 6 个人全部是在 1955 年被执行死刑"。很明显,这些证据都不利于法院在本案中对上诉人作出死刑判决,就像在恩芒德案中的抗辩一样有力。③ 审判

---

① 13 个州和哥伦比亚特区都已经废除了死刑。[NAACP Legal Defense and Educational Fund, Death Row U. S. A. 1(Aug. 1986).]根据法庭的相关论述(*id.* at 481 U. S. 154-156, n. 10) ,11 个州对于此类情形不适用死刑。至少另外 4 个被提及但并未被本庭编入名录的州,对于主观上有故意或者实际实施了杀人的罪犯,严格限制适用死刑,同时还有两个州对于大多数重罪谋杀案都不适用死刑判决。(see this note infra, at 481 U. S. 176.)此外,在被多数意见引用为"作出死刑判决时不要求被告人具有主观故意"州中,至少有一个州的最高法院规定了陪审团在作出死刑判决前,必须确定重罪谋杀情形下的被告人有明确的杀人故意。[卡洛斯诉洛杉矶高等法院案(*Carlos v. Superior Court of Los Angeles Co.*), 35 Cal. 3d 131, 672 P. 2d 862(1983).]所以,由此看来全美至少有五分之三的州和哥伦比亚特区的法院不同意法庭今天所持有的立场。

限制对罪犯判处死刑,要求被告人主观上具有故意或者实际实施了杀人行为。[see Mo. Rev. Stat. §§565.001, 565.003, 565.020(1986) ,(但是对于那些明知行为后果却故意谋划杀人的罪犯仍保留死刑) ; 18 Pa. Cons. Stat. §§2502(a) ,(b) ,(d) , 1102(1982) ,(对实行了故意杀人的行为保留死刑) ; Vt. Stat. Ann. , Tit. 13, §§2303(b) ,(c)(Supp. 1986) ,(只有杀害矫正官才能被判处死刑) ; Wash. Rev. Code §§9A. 32. 030, 10. 95. 020(1985) ,(仅对具有从重处罚情节的谋杀行为适用死刑)。]另外两个州禁止以现有的通常标准适用死刑,尽管这两个州成文法的其他方面提到可以根据犯罪事实,视案件情况作出死刑判决。[See Md. Ann. Code, Art. 27, §§410, 412(b) , 413(d)(10) , 413(e)(1) , 413(d)(5)(1957 and Supp. 1986) ,(死刑判决仅适用于实施杀人行为的被告人,但被害人为孩童时可能例外) ; N. H. Rev. Stat. Ann. §§630:1, 630:1(Ⅲ) , 630:1-a(1)(b)(2)(1986) ,(仅保留对以下三种情形适用死刑:杀害司法官员和警察、雇凶杀人和绑架杀人)。]

② 参见弗曼诉佐治亚州案, 408 U. S. 238 (1972)。

③ 尽管法庭忽视了有关实施死刑的实际统计数据,但法庭在之前的意见中确实提及过在恩芒德案中讨论的证据,在 739 名可以统计到的死囚数据中,只有 41 人没有参与对被害人的行凶,只有 16 名没有在案发现场出现[同上, at 481 U. S. 148;参见恩芒德案,458 U. S. at 458 U. S. 795]。同时在恩芒德案中法庭把注意力集中在"案发时行为人是否身在现场"这一类数据上,但是这些数据与本案无关。至于哪些数据与本案有关,在恩芒德案的概述中并未给我们说明的是:在那 41 个没有参与杀人的死囚中,有多少人没有杀人故意。

尽管对于这些"没有在案发时出现在现场"却被认定为重罪谋杀并判决其承担刑事责任的人,庭审过程中并没有出示平均刑罚的具体统计数据,但是这样的统计数据可能揭示出范围各异的判决结果。就这一点而言,人民诉甘特案[People v. Ganter]的判决结果就值得我们注意[人民诉甘特案,56 Ill. App. 3d 316, 371 N. E. 2d 1072(1977)]。甘特和另外一名共同被告人一起抢劫了一个商店,在此期间甘特打死了其中一名店主。

"法庭上的证据表明被告人是实际实施杀人行为的人。当时被害人托马斯(Thomas)孤立无援,也没有激怒被告人,可是被告人还是对托马斯近距离射击。而他的同案犯尽管身处案发现场,亦应对被害人的死亡负责,但其并未亲自动手行凶。"[同上, at 328, 371 N. E. 2d at 1080-1081]甘特被判处 20—30 年有期徒刑,他的同伙则被判处 3—6 年有期徒刑[同上, at 321, 327, 371 N. E. 2d at 1076, 1080]。

恩芒德时法庭调查了整个佛罗里达州对重罪谋杀情形的死刑判决情况,而佛罗里达州正是审判恩芒德的州。在45人的死刑名单里,有36人被认为是有"杀人的故意",剩下的9人里有8人尽管没有故意,但是他们亲自实施了犯罪。因此,只有一个案子,即恩芒德(正如蒂森兄弟一样),既没有主观杀人故意,也没有实施杀人行为,却被判处死刑。最后,法庭还发现,在整个联邦乃至于欧洲,恩芒德都不可能被判处死刑,因为这些地方都不采用重罪谋杀理论。① 法庭如今既未复核也未更新该证据。如果这样做了,我们便会发现,即使是自恩芒德案后的65个死刑执行,"在过去的四分之一个世纪里,没有一个人在没有实施杀人行为、没有试图实施杀人行为、甚至主观上没有杀人故意的情况下,会因为重罪谋杀理论而被定罪"。②

在亚利桑那州64个人的死囚名单里面,所有以恩芒德类似理由在亚利桑那州最高法院就死刑判决上诉并被维持原判的人中,要么是实施犯罪的行为人,要么就有杀人的故意。③ 因此,正如恩芒德案一样,关于蒂森兄弟的判决有违亚利

---

① Id. at 458 U. S. 796-797, n. 22. 在恩芒德案判决过后,荷兰和澳大利亚彻底废除了死刑;塞浦路斯、萨尔瓦多和阿根廷废除了除战时犯罪和军事犯罪以外的死刑[国际特赦组织,美国,死刑(Amnesty International, United States of America, The Death Penalty),228-231(1987)]。

② 关于被执行死刑和待执行死刑的名单,已经被刊登在美国有色人种协进会法律辩护、教育、死囚牢房基金[(Mar.1987)]。回顾自1982年以来的名单,每个被执行死刑的人都曾亲自行凶杀人,或者有杀人的故意。在其中两个案子中还存有疑点,即还不确定被执行死刑的死囚是否确实杀死了被害人;在这两个案子里,至少每个死囚都带有主观上杀人的故意[参见格林诉赞特案(Green v. Zant),738 F. 2d 1529, 1533-1534(CA11),(这个案子给陪审团的印象是蓄意杀人,而不是重罪谋杀情形,理论上和证据上都支持重罪谋杀的理论); cert. denied, 469 U. S. 1098(1984); Skillern v. Estelle,720 F. 2d 839, 844(CA5 1983),(证据支持法庭调查关于Skillern同意并且策划了杀死被害人的结论);cert. denied sub nom. Skillern v. Procunier, 469 U. S. 1067(1984)]。

③ [参见国际特赦组织,supra, at 192(1986年10月州死刑名单)。]在恩芒德案后法院拒绝被告人以恩芒德的方式抗辩判决死刑、维持死刑判决的案例有:州诉雷尔案[State v. Correll, 148 Ariz. 468, 478, 715 P.2d 721, 731(1986)](被告人主观上有杀人故意,并在言辞上怂恿同伙对被害人行凶);州诉马丁内斯—维拉利尔案[State v. Martinez-Villareal, 145 Ariz. 441, 702 P.2d 670](被告人积极参与行凶并怀有主观上的故意); cert. denied, 474 U. S. 975(1985);州诉胡珀案[State v. Hooper, 145 Ariz. 538, 703 P.2d 482(1985)](被告人雇凶杀人); cert. denied, 474 U. S. 1073(1986);州诉毕晓普案[State v. Bishop, 144 Ariz. 521, 698 P.2d 1240(1985)](被告人蓄意谋划杀死被害人——先是攻击被害人,然后将被害人遗弃到矿井的通风井里);州诉波兰案[State v. Poland, 144 Ariz. 388, 698 P.2d 183(1985)](被告人杀死被害人), aff'd, 476 U. S. 147(1986);州诉维拉福尔特案[State v. Villafuerte,142 Ariz. 323, 690 P.2d 42(1984)](被告人杀死被害人), cert. denied, 469 U. S. 1230(1985);州诉费舍尔案[State v. Fisher, 141 Ariz. 227, 686 P.2d 750](被告人杀死被害人);cert. denied, 469 U. S. 1066(1984);州诉詹姆斯案[State v. James, 141 Ariz. 141, 685 P.2d 1293](被告人有杀人故意并且实施了杀人行为); cert. denied, 469 U. S. 990(1984);州诉哈丁案[State v. Harding, 141 Ariz. 492, 687 P.2d 1247(1984)](被告人杀死被害人);州诉里伯顿案[State v. Libberton, 141 Ariz. 132, 685 P.2d 1284(1984)](被告人杀死被害人);州诉乔丹案[State v. Jordan, 137 Ariz. 504, 672 P.2d 169(1983)](被告人有杀人故意并且实施了杀人行为);州诉史密斯案[State v. Smith, 138 Ariz. 79, 673 P.2d 17(1983)](被告人有杀人故意并且实施了杀人行为); cert. denied, 465 U. S. 1074(1984);州诉里士满案[State v. Richmond, 136 Ariz. 312, 666 P.2d 57](被告人有杀人故意并且参与致死的袭击);cert. denied, 464 U. S. 986(1983);州诉麦克丹尼尔案[State v. McDaniel, 136 Ariz. 188, 665 P.2d 70(1983)](被告人杀死被害人);州诉吉列斯案[State v. Gillies, 135 Ariz. 500, 662 P.2d 1007(1983)](被告人在杀人的犯罪行为中起到了积极的谋划作用)。尽管亚利桑那州最高法院意见不同,但是在任何一起案件中都没有像本案一样,把杀人故意的认定依托于杀人是可预见的。

桑那州法院本身的先例，也有违联邦乃至国际惯例。按照法庭的新分类，其大概有20个州的法律对被告人判处死刑的客观证据不能替代对判决是否合乎罪刑均衡所进行的精确分析，故这不是一项有说服力的证据，不能够证明死刑判决在恩芒德案中是违宪的，而到了本案中的蒂森兄弟身上就合宪。

(三)

法庭没有仔细甄别衡量各种类型的相关证据，这是一个相当大的问题，其原因并非仅仅在于法庭甄别出相关证据会揭示什么，而是因为迄今为止，法庭在检验一个死刑判决是否合宪时，都必须建立在对严重犯罪确定刑罚时是否符合罪刑均衡的基础上。恩芒德案仅仅是一系列构建起罪刑均衡调查原则案件中的一个案件而已。① 在最近期的类似案件中②，法庭总结了这种调查的本质：

"总之，第八修正案下的罪刑均衡分析应该以客观标准为引导，包括(1)犯罪的情节和处罚的严重性；(2)同一法庭对其他类型犯罪所判处的刑罚；(3)同样罪行在其他州所被判处的刑罚。"

法庭最多只是强调了第一项内容，而忽视了绝大多数由法庭建立的衡量刑罚是否符合罪刑均衡的指引性规范。

这样的指引性规范，对宪法限制各州刑罚权是具有根本意义的。这样的限制必须是谨慎的，不仅因为这涉及死刑，更是因为防止法院判处死刑，是为了符合报应和遏制犯罪的社会民意，这往往成为法院不进行足够自我限制、合理化的基础。正如帕克(Packer)教授所言，依据遏制犯罪的理论，各州采取相应刑罚措施的理由就像"在温水里煮青蛙"，认为漫长而痛苦的死亡方式，似乎比快捷而较少痛苦的死亡方式，更能遏制犯罪。③

---

① 例见科克尔诉佐治亚州案，433 U.S.584(1977)。
② 参见索勒姆诉赫尔姆案，463 U.S.277，463 U.S.292 (1983)。
③ Packer, Making the Punishment Fit the Crime, 77 *Harv. L. Rev.* 1071, 1076 (1964). 功利主义者基于犯罪遏制的逻辑，往往能为那些不正义的刑罚辩护并使其合理化。(参见 Fletcher, Rethinking Criminal Law, at 415.)(法官在审理交通违法案件中，正是依靠这样一种观念，甘愿冒着风险，即不管嫌疑犯是否确实有违法行为，对其处以惩罚性的罚款，认为这样可以让他以后会更加小心地开车。)
基于一种复杂的、关于遏制犯罪的功利主义理论，人们可能会提出一些限制性原则，譬如"任何对于犯罪的惩罚所造成的苦痛，都不能超过猖獗的犯罪本身所造成的苦痛"。[H. Hart, Punishment and Responsibility 76(1968).]但是就像哈特的观点所指出的那样，这条原则和其他原则没有考虑"在正常情况下，人们不愿意'惩罚'那些既没有触犯法律的人，也没有考虑道德是反对严格责任下对没有犯意的行为人进行处罚的"。
依照哈特的观点，"文明的道德思考"会通过"刑罚不应该惩罚无辜的人"而规制功利主义的刑罚理论，也通过限制刑罚达到"刑罚针对各种不同程度的犯罪，尽管比较粗略，但是也反映各种犯罪在道德层面上受谴责的程度的目的。因此，我们可以最大限度地接近司法正义，做到同罪同罚，异罪异罚"。
值得注意的是，哈特的两个关于限制功利主义理论的观点，对于判断法庭判决是否符合罪刑均衡的要求具有积极作用。如鲁宾逊诉加利福尼亚州案[370 U.S. 660, 370 U.S. 667(1962)](甚至在将来的某个时候，严酷而又异常的刑罚可能会让人们因为患上一般的感冒而入狱)；恩芒德诉佛罗里达州案(458 U.S. at 458 U.S. 801)(对于恩芒德的刑罚应该和其所犯下的罪行与道德上的过错程度相适应)。

报复的核心逻辑是原始的"以眼还眼,以牙还牙",对于这样的逻辑,宪法只能在"个别考虑"被告人的罪行和其所受的刑罚相称时①,以及刑事司法的施行疏导了社会"复仇本能"时,才会为其提供合法依据。② 如果没有这样的疏导,国家便可以通过酷刑来执行判决,以报复罪犯对被害人的虐待。③

因此,不论是以报复犯罪还是遏制犯罪为由,在宪法荫庇下,尽管其结果扰乱了整个民众的情感并且与我们社会中"不断进化的文明标准"也不符,但这样的结果似乎还是合理的,是能站得住脚的。④（正因如此）制宪者们虽然在第八修正案中写下限制性条款,却未被融入有关刑罚的普遍理论。其中一条就是,州不能对罪犯施以与罪犯的罪行和个人所应承担的责任不合比例的刑罚。

因为本案在罪刑均衡的调查中忽略了对其最重要的证据和注意事项,于是出现不适宜的结果便不足为奇了。里基和雷蒙德·蒂森的情况和恩芒德案中每个重要方面都十分近似。正如恩芒德一样,蒂森兄弟既没有动手行凶,也没有试图动手行凶,甚至也没有杀人的故意。正如恩芒德一样,蒂森兄弟因为他人的故意行为而被判处死刑,而他人的行为并不是蒂森兄弟所期望的,(然而这并非构成重罪的必要条件,)情况也不受蒂森兄弟控制。但和恩芒德不一样的是,蒂森兄弟将会成为30年来第一次因为这样的行为而被判处死刑的人。

从中我得出一个结论,关于本案罪刑均衡的分析和结果,不能采用此前审判中的那些分析和结果。仅基于该理由,我持不同判决意见。然而,法庭的死刑理论在分析性质相同的案件后却得出不同结论的现象表明,在死刑判决中,有着比无视先前判例更为深刻的扰乱因素在作祟。

四

在1922年,"因为谋杀被指控一级谋杀罪,并被阿肯色州法院判处死刑的5个黑人",由于地方法院撤销了其依据人身保护法颁布的命令而上诉到阿肯色州法院。⑤ 他们上诉的关键在于,"迫于暴民的压力匆忙对他们进行了审判,同

---

① 参见洛克特诉俄亥俄州案, 438 U.S. at 438 U.S.605。
② 参见弗曼诉佐治亚州案, 408 U.S. at 408 U.S.308。
③ 类似的惩罚依照功利主义理论的观点被认为是合理的,因为其在相当程度上满足了人们对于同态复仇的渴望,因此才得以保持和平。但是这样的观点有可能导致无辜的人在没有证据的情况下会被判决有罪,尤其是受到暴徒威胁进行新的暴乱,为了平息事态的时候。因此,"引导性的复仇"从根本上要求国家比仅仅重复私刑做得更多。做得越少,则治安委员会的政策会越社会化。就像马歇尔法官说的那样:"第八修正案是我们与内心私利绝缘的保证,法案中'残酷和异常'的用语限制了引导被害人复仇的可行性道路。如果不是这样的话,那么语言将会变得空泛,随之而来的,将是在各个案件里所出现的各种虐待和折磨。"
④ 参见特罗普诉杜勒斯案, 356 U.S.86, 356 U.S.101 (1958)。
⑤ 参见穆尔诉邓普西案, 261 U.S.86, 261 U.S.87 (1923)。

时并未给他们任何的权利和根据法律应有的正当程序"。

撤销该命令后,霍姆斯法官陈述法庭意见如下:

"庭审中没有几个法律错误不是通过人身缉拿令措施得以改正的,但是如果整个审判只是一个幌子的话——律师、陪审团和法官因为迫于民众汹涌的情绪而犯下了致命性的错误,而且法庭也没有能够改正这个错误,那么纠错机制的尽善尽美和律师、法官无力避开暴民直接影响的可能,都不能阻止法庭保证上诉人的宪法性权利。"

(一)

在弗曼诉佐治亚州案中,法庭得出了这样的结论,即本州的诉讼程序是不完善的,根据这样的诉讼程序所作出的死刑判决是武断的、违宪的。差不多4年过后,法庭采用了新的佐治亚州机制,同时,在1977年,也恢复了死刑执行。在这个案子里,法庭给上诉人提供了法庭认为得出合宪判决所必备的一切正当程序。但是在这个案子里,就像在穆尔案里一样:"修正并完善州法律机制"并未保证上诉人的宪法性权利。所以很少有国家(更别说除了我们以外的其他西方国家)对一个既没有杀人行为也没有杀人故意的人判处死刑,"这样的死刑判决就犹如被闪电击中一样残酷而罕见"。① 同弗曼一样,该案表明,我们仍需探寻一种机制,"将那些为数不多的应当判处死刑的案件,从很多不应当判处死刑的案件中区分出来。"②

本案的难点在于,给犯罪可责性的概念赋予实质性内容。我们的宪法要求判决结果本身,而不仅仅是诉讼程序,达到刑罚合理目标。但是类似于穆尔案中州法庭的决定,或者其他类似处以死刑的决定,关于对上诉人执行死刑的决定,相较于对更深层次的要求的回应,对原因回应颇少。

当犯罪激起民愤,而真正的罪犯却逍遥法外时,对于使用重罪谋杀理论制裁刑事犯罪共犯的需求无疑是很大的。同时在我们的潜意识里,父债子偿,父亲犯下的罪孽应由儿子或者女儿来赎罪,这似乎是天经地义的事。③ 相较于第八修正案,该刑罚更趋近与报复本能一致,这是我们宪政制度下的一个时代性悲剧。

---

① 参见弗曼诉佐治亚州案, at 408 U. S. 309。
② 408 U. S. at 408 U. S. 313。
③ 先知穆罕默德警告以色列人,"是忌邪的神,必追讨他的罪,自父及子,直到三四代。他们恨[他]"(《圣经》雅各书,出埃及记)。例见 Horace, Odes III, 6:1(C. Bennett trans. 1939)(你祖宗的罪,虽然无罪的罗马人,亦应赎罪), W. Shakespeare, The Merchant of Venice, Act III, scene 5, line 1(是的,就是这样,你看,父亲的罪恶传给了儿子), H. Ibsen, Ghosts(1881)。

（二）

　　这个案件揭示了一个久经考验的真理,正如哈兰大法官所言,"想要鉴别刑事案件的凶手的特征和他们应被判处死刑的罪行的特征,并且用能够被审判机构理解并运用的语言来描述这些特征……是人类目前的能力所不及的"。①

　　在分配刑事责任时允许过度自由裁量权,甚至没有去试图"精确地描述保证死刑适用合理的犯罪行为和主观心理状态的类型(正如今天),对这样的原则和决定的坚持",也说明了法院仍然没有厘清保证死刑判决与宪法第八修正案的实质性原则一致的规则。由此所带来的任意性仍贯穿着整个法律程序和死刑判决过程中,并仍旧会产生那些残酷和异常的死刑判决。

　　基于此,同时又根据格雷格诉佐治亚州案中的解释,我认为根据第八修正案和第十四修正案,死刑判决在任何情况下都是残酷和异常的,应予禁止。因此我对本案判决结果持有异议。

---

① 麦克高瑟诉加利福尼亚州案,402 U. S. 183, 402 U. S. 204 (1971)。

彭里诉莱纳福案
Penry v. Lynaugh

《美国判例汇编》第 492 期第 302 页(1989)
美国联邦最高法院发至美国联邦第五巡回上诉法院的调卷复审令
庭审日期：1989 年 1 月 11 日
结审日期：1989 年 6 月 26 日

案 件 导 读

  本案主题为"智力障碍"可否作为死刑刑罚的减轻证据，如果对"智力障碍"的被告人判处死刑，是否违背了宪法第八修正案禁止"残酷和异常的刑罚"之规定？
  案件发生于 1979 年 10 月 25 日早上，根据被害人帕梅拉·卡彭特临死之前的叙述，22 岁的被告人约翰尼·保罗·彭里粗暴地将她强奸、殴打，被告用剪刀在被害者卡彭特位于得克萨斯州的威林斯顿家中杀害了她。陪审团认定被告人构成谋杀，并判处死刑。案件审理过程中，心理专家检验出彭里脑部幼年曾受伤害，智商一直在四五岁左右，心智年龄只有六岁半，律师据此提出抗辩。但控方专家指出，彭里只是心智能力有限，犯罪时并没有精神疾病，能区分善恶，也有能力遵守法律，其反社会人格应受制裁。联邦最高法院最终以 5∶4 多数意见裁定，对于智力障碍者适用死刑并不构成"残酷和异常的刑罚"，并未违反宪法第八修正案规定。
  联邦最高法院有 4 位大法官认为对于智力障碍犯人判处死刑是违反演进中的伦理标准的，因此判决违反了宪法第八修正案禁止的"残酷和异常的刑罚"条款，从而构成违宪。然而，由于奥康纳大法官在此案中采取了不同于既往的立场，投出了具有决定性的一票。由奥康纳大法官执笔的多数意见认为：第八修正案适用于某类残酷和异常的刑罚，至少适用于在权利法案通过之时就有的那些残酷和异常的刑罚。然而，第八修正案的效力并不仅及于 1789 年时的那些普通法运作，它同样禁止违背"代表成熟社会进步而发展中的伦理标准"的行为。在确定何为"适宜伦理标准"时，我们应当审视我们的社会是如何看待某一具体刑罚的，这是我们所应当遵循的客观证据。而反映当代价值观的最为明显和可靠的证据就是我们国家立法机关所制定的法律。当然，我们也得对陪审团的审判行为作相应的考察。最高法院多数意见认为，美国人民并未就禁止对智力障碍者适用死刑达成全国性共识（National Consensus），因此处决智力障碍者并不构成对第八修正案的违反。本案中彭里被认定能够接受审判，能够理性地理解如何雇佣律师，对控告他的程序也有着合理的理解。另外，陪审团也反对他智力障碍的抗辩，因为彭里知道他的行为是受到法律禁止的。总之，智力障碍是一个能够减轻被告人的罪责从而不对其判处死刑的因素，但并不能在此得出结论，第八修正案对任何像彭里这样的智力障碍者都可排除适用死刑。只要量刑者能够考虑并且给出有效的对智力障碍者处刑的减轻证据，是否判处"死刑"的个别决定在每一个案件中就都是可能的。当某一天全国达成共识反对对智力障碍者判处死刑，这将反映出"成熟社会演进中的伦理标准"，但是在今天还没有充分的证据能够证明已经达成了这样的全国性共识。基于此，联邦最高法院最后认为对智力障碍者适用死刑并不构成对宪法第八修正案的违反。

　　本案展示出犯罪主体行为能力的判断标准，在现代社会面临的新挑战。根据心理学做出的犯罪主体行为能力测试存在如此大的差异，这能够说明判断犯罪主体主观认识和行为能力的现代科学依然有待进一步发展。此外，更值得重视的是，需要明确被告人是否智力障碍的认定机构，联邦与各州都有必要再次检视死刑相关配套程序的设置，因为没有程序支持，再具有里程碑意义的案件，都可能因为缺乏制度根基而被架空。

判决摘要

　　申诉人在得克萨斯州法院被控一级谋杀罪。他有能力接受法庭审判，尽管一位心理学家证明他是从轻微到中度的反应迟钝，而且其心智年龄只有六岁半。在庭审的定罪阶段，申诉人提出智力障碍的抗辩，并出示了精神病学方面的证据，证明大脑有器质性损伤和中度精神发育迟滞的共同影响，导致其控制冲动能力低下并且没有能力如正常人一样学习经验教训。也有证据证明被告人在童年时曾经遭受虐待。但是得克萨斯州提出证据证明申诉人在法律上是健全人，并且存在反社会人格。陪审团反对申诉人智力障碍的抗辩，并认定他犯有一级谋杀罪。在审判量刑阶段，法官指导陪审团在回答以下"特别争议问题"时考虑申诉人提出的所有证据：(1) 被告人的行为是否为故意，是否可以合理预见被害人死亡结果的发生；(2) 被告人是否仍有危害社会的可能；(3) 对于被害者的挑衅，杀人行为是否为不合理反应。法庭驳回了被告人要求向陪审团说明特别争论中的措辞的请求，也驳回了其依据减刑证据从轻处罚的请求。陪审团用"是"回答了每一个特别争论，按照得克萨斯州法律，法院对被告人判处死刑。如果陪审团对特别争论存在至少一个否定回答，那么被告人就可以被判处无期徒刑。

得克萨斯州上诉法庭确定,驳回被告人主张的死刑违反宪法第八修正案的抗辩。被告人的抗辩理由如下:首先,陪审团没有充分地被指导考虑所有的减刑证据,并且对特别争议的定义方式不能使陪审团全面考虑该问题,也不能在利用减刑证据的基础上回答该问题。其次,对有智力障碍的被告人实行死刑是残酷而异常的刑罚。在该法庭驳回直接审查的复审申请之后,联邦地区法庭和上诉法庭在人身保护令程序中支持了对被告人的死刑判决。尽管判决驳回减刑,但是上诉审法庭在申诉人的上诉要求中发现了重要的抗辩理由。申诉人主张,当陪审团回答特别争议时,仅凭法院给予他们的指导,他们不能够充分利用被告人有关智力障碍和童年受虐待的减轻情节证据。

该判决已经部分维持,部分撤销,案件发回重审。

奥康纳大法官对法院相应的部分判决:第一部分、第二部分(一)(二)、第三部分和第四部分(一)(二)发表了法庭判决意见:

1. 本案中,被告人在请求中提到:当智力障碍和童年时被虐待的减刑证据提出时,得克萨斯州陪审团经要求必须获得法院指导,指导内容应允许陪审团在他们决定是否对被告人处以死刑时充分利用减刑证据。根据蒂格诉莱恩案①的判决,在附带审查的案件中一般不会适用或者宣告一个"新规则"。本案中,在被告人请求的基础上允许减轻处罚并不会创设这种"新规则"。

(1) 在存在死刑判决的情况下,可以适用蒂格诉莱恩案中不具有追溯力原则与其两个例外原则。刑事判决包括所判处的刑罚,而在附带审判中对刑罚的改变则会导致案件延期并破坏最终结果,但是对最终结果的关注优先于蒂格诉莱恩案中的不具有追溯力原则。

(2) 根据蒂格诉莱恩案规则,当一个案件开辟了新领域或者给州或联邦政府强加了一个新的义务,或者在对被告最后定罪时没有先例存在的情况下,这个案件就可以宣告一个"新规则"。② 在对被告人的判决最终确定之前,上述两个案件就已经确定。当法庭驳回被告的直接审查的复查请求时,他就有权获得在格里菲斯诉肯塔基州案的判决中有利于他的部分。被告人所寻求的结果不是强加于新的义务于得克萨斯州,因为尤雷克诉得克萨斯州案中提出得克萨斯州死刑刑罚典的基础是保证特别争论可以得到的解释程度要宽泛到足以允许陪审团考虑到被告可能在量刑过程中提供的所有相关的减刑证据。而且,被告在该案件中所寻求的原则是在埃丁斯诉洛基特案中确定的,该原则规定根据宪法第八和第十四修正案,州法院不能禁止量刑主体考虑并利用那些与被告的生活背景、

---

① *Teague v. Lane*, 489 U. S. 288, 489 U. S. 301.
② 参见洛基特诉俄亥俄州案,438 U. S. 586;埃丁斯诉俄克拉荷马州案,455 U. S. 104。

个性特征或者犯罪情节相关的可以减轻死刑处罚的证据。

2. 法院没有指导陪审团应该考虑并利用被告人的智力障碍和受虐经历的减刑证据从而有权拒绝判处死刑，从而使死刑结论应运而生，即法院没有依照在埃丁斯诉洛基特案、埃丁斯诉俄克拉荷马州案其后判例中所适用的第八和第十四条修正案的要求，在陪审团形成其量刑决定的情况下，提供给他们应对这些减刑证据时表达其"合理道德反应"的方法。

这些判决的基础是处罚必须直接关系到被告个人的罪过程度，因个人生活背景、情感或者精神问题而犯罪的人是否犯有与上述原因的罪行，以及罪责轻重。这里，尽管允许申诉人向陪审团提出其可以减刑的证据并就此在法庭上进行辩论，但是法院对陪审团的指导却不允许陪审团在回答那三个关键的特别争议时采用证据。对于第一个争议，法院没有用可以清晰地引导陪审团全面考虑被告减刑证据的方式对"故意"（与被告的道德过错相关）一词做出特别解释，如果一个陪审员相信那些证据使实施死刑不合理而如果同时该陪审员也相信被告的确是"故意"犯罪的话，他就不能作出判处死刑的决定。在第二个争议中，法院也没指导陪审团采用被告的智力障碍和童年受虐经历的减刑证据；相反，被告因为智力迟缓而被证明其没有能力从自己的错误中学得经验，这一证据实际上却暗示他未来的社会危险性较高。尽管这种证据有可能减轻他的有责性，但是它却更肯定了第二个特别争论。此外，如果一个陪审员相信被告的行为不是对被害人挑衅的合理反应，且如果他也同时相信被告的罪过程度不足以判处死刑的话，在回答第三个特别争论时，陪审员仍就无法表达他的观点。州的论点是，指导陪审团在被告减刑证据的基础上有权拒绝处以死刑，这就是允许其行使在弗曼诉佐治亚州案中被禁止的某种肆意的自由裁量权；更确切地说，只要被判处死刑的谋杀犯的范围缩小，允许陪审团依据被告所提出的减刑证据而建议减刑这一做法在程序上就没有根本缺陷。州的这一论点是没有任何法据的。进一步来说，因为判处的刑罚直接与被告的个人过错相关，所以处刑者必须有权考虑并且采用和被告背景、人格以及犯罪相关的减刑证据。对这些减刑证据的全面考虑可提高了陪审团作出处罚决定的可靠性。

3. 宪法第八修正案并没有绝对地禁止对推理能力有智力障碍的一级谋杀被告处以死刑。

（1）尽管在这个问题上允许被告减刑将会在蒂格诉莱恩案的意义之内建立一个"新规则"，但是该规则同样也属于蒂格诉莱恩案中不具有追溯力的一般规则的第一个例外原则。有些新规则规定某种原发性、个人行为在刑事立法者的禁止权限之外，例外原则适用于这类规定。不仅如此，例外原则还适用于规定了禁止对特定被告因其身份或罪行的特殊性而实施特定刑罚的新规则。

（2）宪法第八修正案禁止强加残酷和异常的刑罚，这适用于在人权法案通过时已经被普通法定罪的案例，而且也适用于违反社会合宜标准（这些标准是在不断发展演进的）的刑罚，这些标准可以在立法的施行和陪审团量刑的行为中通过客观证据予以表明。因为英美法禁止对"智力低下"的刑罚——"智力低下"这一词一般用来描述缺乏理性分析力、理解力或者区别是非能力的人，那么对严重智力障碍、完全不能认识行为违法性的人实施的刑罚实际上有可能就是"残酷和异常的刑罚"（这正是被修正案八所禁止的）。然而这类人在如今社会不大可能被判有罪或者面临刑罚，因为现代精神病辩护通常将"智力缺陷"作为精神病的合法解释的一部分，并且自之前的福特诉温赖特案起，就禁止向那些不明白自己的刑罚且不明白自己必须执行刑罚原因的人施行死刑。但是，本案被告并不是上述那种类型的人，陪审团（1）发现他能够出庭受审，因此他是有理性分析力并对诉讼程序有基本的理解；（2）否定了对他的精神障碍的抗辩，因此可以得出结论认为这反映出他明白自己的行为是违法的，并且原本有能力做出合法行为。没有足够的客观证据表明全国反对对智力障碍的一级谋杀者施行死刑已达成共识。申诉人的证据中表示，对明确禁止对智力障碍者判处死刑的就只有一个州的刑法典，而且他也没有提供陪审团在这方面的一般行为的证据。社会调查显示，公众强烈反对这种刑罚施行的观点没有达成全社会共识，其中也没有对这些公众情绪在立法上的反映。

奥康纳大法官在第四部分（三）中得出以下结论：关于目前的记录，不能说对智力障碍者施行死刑时违反了宪法第八修正案中的比例性原则。确切来说，智力障碍在很长一段时间中被认为是一个可能减轻罪责的因素，而且在最严格的意义上甚至有可能完全免责。此外，大多数存在死刑规定的州都列举了减刑情节，他们将智力状况低下作为减轻情节之一。现在法庭指出，在个人决定判处死刑是否妥当时必须允许量刑者考虑智力障碍这一因素。然而，随着个人的迟缓程度、生活经历和教育康复改善的不同，智力障碍者在能力和行为上的欠缺程度有着很大的不同。根据目前的记录，不考虑被告的个人责任而仅仅依据轻度迟缓这一个因素，还不能判断所有像申诉人一样的智力障碍者都不可避免地缺乏达到死刑过错程度的认知能力、意志能力和道德能力从而作出应当判处死刑的行为。（即有的智力障碍者的能力有能达到触犯死刑的恶性程度，可以被判处死刑）而且，如果以"精神年龄"这个概念为依据对宪法第八修正案进行分类解释的话，那么这个依据并不充分。因为它不准确，不足以充分地说明个人的经验和能力的变化，精神年龄在被告达到十五六岁阶段后就停止改变；而且，如果将这一概念适用在其他法律领域内，例如订立合同或者结婚方面，将会剥夺智力障碍者的合法权利。

奥康纳大法官递交了法庭意见，第一部分和第四部分（一）全体一致同意；第二部分（二）和第三部分的观点，布伦南、马歇尔、布莱克门和斯蒂文斯大法官加入；第二部分（一）和第四部分（二）的观点，伦奎斯特首席大法官、怀特、斯卡利亚和肯尼迪大法官加入。布伦南大法官发表部分同意、部分反对的意见，马歇尔大法官加入。斯蒂文斯大法官发表部分同意部分反对意见，布莱克门大法官加入。斯卡利亚大法官发表部分同意部分反对意见，伦奎斯特首席大法官、怀特以及肯尼迪大法官加入。

| 判决全文 |

奥康纳大法官发表了法庭判决意见[不包括第四部分（三）]：

在这个案件中，我们必须决定在判处刑罚时在陪审团没有被指导要考虑和采用其减刑证据的情况下就将被告约翰尼·保罗·彭里判处死刑是否违反了宪法第八修正案。我们也必须决定宪法第八修正案是否因为约翰尼·保罗·彭里是智力障碍者而绝对禁止对他施行死刑。

一

1979年10月25日早上，帕梅拉·卡彭特被粗暴地强奸、殴打、用剪刀在得克萨斯利文斯顿的家中被刺死。她死于急救过程中的几个小时。在死之前，她描述了袭击者。她的描述使得两位县治安副官怀疑约翰尼·保罗·彭里，他最近刚从另一个强奸案件的控告中被假释出来。最后，约翰尼·保罗·彭里作出两个坦白犯罪的声明，被控告一级谋杀。

在开庭前举办的行为能力听证会上，临床心理学家杰尔姆·布朗博士，作证认为彭里是智力障碍。在孩童时代，约翰尼·保罗·彭里被诊断脑器质性损伤，可能是在刚出生时由脑部外伤所引起的。多年以来，彭里的智商被测试在50～63之间，这标志着其为轻度到中度的智力迟缓。① 开庭之前，杰尔姆·布朗博士

---

① 智力障碍的人被描述如下："明显低于一般智力功能，同时缺乏适应行为，并在成长过程中表现出来。"[American Association on Mental Deficiency (now Retardation) (AAMR), Classification in Mental Retardation 1 (H. Grossman ed. 1983).]只有智商在70或者70以下的人才能被归为智力障碍人。[同上，at 11.]根据美国智能障碍协会的分类体系，智商在50～55到70之间的人，为"中度"迟缓。在35～40和50～55之间人为中度迟缓。"严重"的迟缓者的智商在20～25与35～40之间，"完全的"迟缓者得分在20～25以下。[同上，at 13]。大约89%的迟缓者是"轻度"的迟缓者。[Ellis & Luckasson, Mentally Retarded Criminal Defendants, 53 Geo. Wash. L. Rev. 414, 423 (1985).]

自己的测试指出,彭里的智商为54。布朗博士的评估也揭示了,约翰尼·保罗·彭里犯罪时22岁,智商相当于6岁半孩子的智商,也就意味着"他有学习能力,并能够学会6岁半孩子所能学到的知识"。约翰尼·保罗·彭里的社会成熟度或者在这个世界的行为能力,是在9岁或者10岁。布朗博士证明了"任何其他有着跟他一样智商的人通常是无行为能力的,但是,在同一范围内,他的行为能力比他人要强一些"。

陪审团发现彭里有能力出庭接受审判。关于有罪—无罪判定的庭审开始于1980年3月24日。法院认定约翰尼·保罗·彭里的自首是自愿的,而且还将其自首陈述引用为证据。在法庭上,约翰尼·保罗·彭里提出自己精神障碍的抗辩,并提交了心理学家乔斯·加西亚博士的证言。乔斯·加西亚证明约翰尼·保罗·彭里存在脑器质损伤和中度的智力障碍,并由此导致其对冲动的控制能力低下,并且没有能力学习经验教训。

乔斯·加西亚博士指出约翰尼·保罗·彭里大脑的损伤可能在出生时就发生了,但是也许是在幼年由于殴打和多次受伤引起的。在乔斯·加西亚博士的判断中,约翰尼·保罗·彭里在犯罪时忍受脑器质损伤引起的错乱,那时的他不可能判断他的行为的不法性,也不可能作出符合法律规定的行为。

彭里的母亲也出庭作证,彭里在学校无法学习,从来没有能够完成一年级的课程。彭里的姊妹也证明他们的母亲在他幼年的时候经常用皮带殴打他的头部。彭里通常被锁在自己的房间里,很长时间都不能上厕所。少年时代的彭里出入许多州立学校和医院,直到他父亲在彭里12岁的时候将他从州立学校接回与他们住在一起。随后,彭里的婶婶用一年的时间才很费劲地教会他如何拼写自己的名字。

州引用了两位心理学家的证言来反驳乔斯·加西亚的测试。肯尼思·沃格茨伯格博士作证说,尽管彭里只有有限的心智能力,但是他在犯罪时并没有精神疾病或精神缺陷,而且他知道正确与错误之间的区别并且有尊重法律的能力。根据他的观点,彭里具有与反社会人格一致的特点,包括没有能力学习经验教训、易冲动以及破坏社会准则的倾向。

他进一步证明,彭里的低智商得分低估了他的机敏性和理解周围事物的能力。(即即使他的智商得分较低,他也有一定的机敏性并且能够理解周围事物)费利克斯·皮普尔斯博士也作证指出彭里犯罪时在法律上是健全人,并具有"完全的反社会人格"。另外,费利克斯·皮普尔斯博士作证指出,根据他个人的诊断,彭里在1973年曾经是智力障碍,1977年再患,"在他的抚养过程中,他的生活很糟糕"。彭里"被剥夺了社会生活和情感生活,他没有充分的读写能力"。尽管他们不同意辩方心理学家所超出尺度的辩护以及彭里心智低下的原因,但是两个为州做出测试的心理学家承认彭里是心智能力受到极端限制的人,他似乎无法从他的错误中获得教训。

陪审团反对彭里精神障碍的抗辩,从而认定其一级谋杀罪成立。① 第二天,在量刑听证会结束时,陪审团回答了三个"特别争论",并由此决定了给彭里的刑罚。

(1) 被告的行为引起死亡是否是由故意致死所致,并期待被害人的死亡结果或者其他犯罪后果的发生。

(2) 被告是否有进行对社会构成继续威胁的暴力性犯罪行为的可能。

(3) 如果能够提出证据,被告的杀人行为是否为对外部刺激的过激反应,如果存在外部刺激,是否由被害人所引起。

如果陪审团对每一个提出的争论全部做出了肯定回答,法庭必须判处被告死刑。否则,被告就被判处终身监禁。

辩护律师针对检方向陪审团提出的控告提出了许多反对意见。第一个特别的争论中,他反对控告没有定义"故意"的内容。第二个特殊争论中,他反对控告没有对"可能性""暴力性犯罪行为"和"继续威胁社会"这三个词做出定义。辩护律师在对控告的反对中还提出,检方的指控没有在存在减刑可能的情况下授权允许酌情减轻处罚;而也没有作为死刑评估的条件之一,诉讼没有要求国家坚持合理怀疑的原则,但是对任何加重情节的发现都比减轻情节的存在更为重要的这一说法是可疑的。另外,控告没有指导陪审团考虑整个庭审过程中所有提交给法庭的证据,不论是加重还是减轻情节。辩护律师提出,在智力障碍这一问题上应该允许陪审团对死刑进行评价,因为这实际就是第八修正案所禁止的残酷和异常的刑罚。

这些反对意见被法庭驳回。陪审团那时接受指导,称国家承担对特殊争议问题的举证责任,并且在对任何特殊争议问题做出回答之前,所有12个陪审员都必须确信特殊争议的答案应该是肯定的,而这超出了合理质疑原则的规定。陪审团成员被进一步指导,回答这些特殊争论时,他们应该考虑所有在有罪—无罪判定阶段和量刑阶段提出的证据。最后,才向陪审团提出有关被告和死者的三个特殊争议问题。

陪审团对三个特殊争议问题都做出了肯定回答,彭里因此被判处死刑。得克萨斯州刑法上诉委员会在直接的上诉审中确认他的定罪判刑。法庭提出在特

---

① Tex. Penal Code Ann. §19.03 (1974 and Supp. 1989).

别争论中使用的像"故意""可能性"和"继续威胁社会"的概念在陪审团控告中不需要定义,因为陪审团知道他们的一般含义。法院总结到:彭里在判刑听证会上被允许提出所有相关的减刑证据,而且没有要求陪审团发现对加重情节的权衡比减轻情节重、以及存在减刑可能的情况下而没有授权允许酌情减轻处罚的情节,该案在上述两个方面都没有违背宪法上的要求。法庭还指出死刑判决不是仅由彭里的智力障碍就能禁止的。法庭在直接审查中驳回了其复查请求。①然后,彭里填写了联邦人身保护令状,以反对死刑判决。在其他的申请中,彭里争论到对他的刑罚违反了宪法第八修正案,因为法庭没有指导陪审团在回答特殊争论中如何判断减轻情结,没有定义"故意"的概念。彭里还争论到对一个智力障碍的人实行死刑是残酷和异常的。地区法院驳回减刑要求,彭里上诉到上诉法院进行第五轮审判。

上诉审法院确定了地区法院的判决。② 然而法院强调,彭里的请求指出,在回答德州重要争论时法庭没允许陪审团考虑并采纳所有被告个人的减刑情节,他们在这其中发现了重要的法理依据。尽管向陪审团展示了有可能减轻彭里个人犯罪过错的证据,比如他的智力障碍、被捕后的情绪发展和童年受虐背景,但是陪审团却不能采纳这些证据从而将彭里的刑罚减轻为终身监禁刑。"认定他是蓄意谋杀,认定他会继续威胁社会,除此之外陪审团就做不出更多的判断了。"简言之,法院并没有看到,在陪审团获得的指导的情况下,他们是怎样利用减刑证据做出判断的,因为在那些减轻情节的基础上,陪审团找不到方法来否定死刑。是否依据宪法要求,对彭里进行个性化量刑(individualized sentencing),尽管法院对此存在疑问,但是最终认为前几轮审判的结果也可以驳回彭里的诉求。彭里提出对像他这样智力障碍者实行死刑是残酷和异常的刑罚,对于这一抗辩法院也予以驳回。③

我们批准复审以解决两个问题。首先,因为陪审团没有充分地被指导考虑所有减刑的证据而且在得克萨斯州的特殊争论中没有用合理的方式定义那些争议(定义方式应该使陪审团在回答问题时能够考虑并采用减刑证据),因此判处彭里死刑的刑罚是否违反宪法第八修正案? 第二,根据宪法第八修正案,对彭里这样的心智能力的智力障碍者适用死刑是残酷和异常的吗?

---

① 参见彭里诉得克萨斯州案(*Penry v. Texas*),474 U. S. 1073(1986)。
② 832 F.2d 915(1987).
③ 参见布罗格登诉巴特勒案(*Brogdon v. Butler*),824 F.2d 338,341(1987)。

二

(一)

彭里在联邦法院提交他的请求前,申请了一个人身保护令的传票。因为在此之前,彭里参加了附带审查。作为一个基本问题,我们必须决定批准他所寻求的减刑是否会创设一个"新规则"。① 根据蒂格诉莱恩案,新规则不会在附带审查中被适用或者被宣告,除非符合两个例外中的一个。

蒂格诉莱恩案不是死刑案件,多数人观点不同意将蒂格诉莱恩案中的追溯方式适用在死刑案件中。但是多数的观点认为,刑事判决有必要包含判处的刑罚,并且附带审查中对刑罚的反对会造成"判决的延误执行并减少了'在某一点上确切地结束诉讼'的可能性"。② 在我们看来,正如两个例外情形适用于不可追溯的一般规则一样,对最终判决的关注同样也可优先于哈伦法官的追溯方法,从而适用于死刑案件中[参照蒂格诉莱恩案, supra, at 489 U. S. 311-313]。

(二)

像我们在蒂格诉莱恩案中所指出的那样,"一般来讲,当一个案件开辟了领域或者强加一个新的义务给国家或者联邦政府,就会创设一个新的规则"。

或者"换一种说法,一个案件如果在被告最终被定罪时不存在先行案例的指导,就会创设一个新规则"。(原始判决的强调部分)。蒂格诉莱恩案指出"诚然,要认定一个案件是否真的创设了新规则,这通常是公认的困难决定"。哈伦法官认识到如果他要"试图决定"某个决定是否真正宣告了一个新规则还是只是适用一个已存在的宪法原则来审理与之前某个的案例类似的案件,就会面对不可避免的困难。

麦克基诉美国案③的结论,没有创立新的规则,而"仅仅是桑兹茹木诉蒙塔那案[(Sandstrom v. Montana),442 U. S. 510 (1979)]判决原则的适用,这一原则在作出申诉人的审判之前就已经决定了"。

当该法庭在直接审查否定被告对定罪和刑罚提出的上诉时,对彭里的定罪

---

① 参见蒂格诉莱恩案,489 U. S. 288,489 U. S. 301 (1989)。
② 373 U. S. 25 (1963)(哈伦大法官,反对意见);麦克基诉美国案(*Mackey v. United States*),401 U. S. 667, 401 U. S. 690-695 (1971) (哈伦大法官协同意见)。
③ at 401 U. S. 695 (哈伦大法官,部分同意部分反对意见),引用德西斯特诉美国案(*Desist v. United States*), 394 U. S. 244,394 U. S. 263 (1969) (哈伦大法官,反对意见);叶芝诉艾肯案(*Yates v. Aiken*), 484 U. S. 211, 484 U. S. 216-217 (1988);弗朗西斯诉福兰克林案(*Francis v. Franklin*),471 U. S. 307 (1985)。

在 1986 年 1 月 13 日也已经形成最后的结论。在洛基特诉俄亥俄州案和埃丁斯诉俄克拉荷马州案中,法庭的决定在被告的定罪最后确定之前就已经形成。根据在格里菲斯诉肯塔基州案中适用的溯及力原则,彭里有权使用那些判例中对自己有利的部分。引用埃丁斯诉洛基特一案,彭里认为他被判处死刑违反第八修正案,因为根据给出对陪审团的指导,陪审团不能完全考虑和采用彭里智力障碍、被虐待经历的减刑证据,而彭里正是在这些证据的基础上提出了减刑请求,要求刑罚低于死刑。因此,彭里寻求一种规则,即当这样的减刑证据提出时,得克萨斯州的法官必须根据要求给出陪审团指导,使得他们在决定是否应该判处被告死刑时能够使上述减刑证据发挥效用。根据以下原因,我们得出结论,彭里所寻求的规则并不是蒂格诉莱恩案中的"新规则"。

彭里没有反对得克萨斯州刑法典表面上的有效性,但是得克萨斯州法典曾经在尤雷克诉得克萨斯州案中被提出违反了宪法第八修正案。他也没有辩称某种减刑证据可以在陪审团缺乏特殊指导的情况下可以被他们全面地考虑。① 取而代之的是,彭里对这些案件的事实部分进行了抗辩:陪审团在回答三个特殊争论时不能完全考虑并使用他智力障碍和童年受虐经历的减刑证据。我们认为,彭里所提出的减轻处罚要求并不能强加"新的义务"给得克萨斯州。正相反,彭里只是简单地要求得克萨斯州履行在尤雷克诉得克萨斯州案中的基本保证,即特殊争论应该得到宽泛的解释,其解释程度要足以允许量刑者在对被告判处刑罚时考虑到被告所能提出的所有相关的减刑证据。

在尤雷克诉得克萨斯州案中,斯图尔特大法官、鲍威尔大法官和斯蒂文斯大法官的观点共同指出:得克萨斯州的法律缩小了判处死刑的范围,在这个范围中有五种谋杀行为可以被判处死刑。因此,尽管得克萨斯州没有要求陪审团在判处死刑之前必须找到法定加重情节,但是该州"缩小了可判死刑的谋杀罪范畴,这种做法与要求找出法定加重情节的做法,可以起到相同的作用",而且实际上都是"要求量刑机关要集中关注犯罪的特殊性"。然而,要按照宪法第八修正案的要求提供个人化量刑决定,量刑者就必须有权考虑减刑证据。实际上,伍德森诉北卡罗来纳州案清楚地表明"在死刑案件中,对人权的基本尊重优先于宪法第八修正案……要求考虑个别被告人的犯罪记录和特别被告人的个人情况,这是判处死刑判决的程序在宪法上不可或缺的一部分"。因为得克萨斯州死刑法典没有明确地提示减刑情节,而是直接指导陪审团回答三个问题,根据尤雷克诉得克萨斯州案就可以推论出该法典的合宪性就"转向了其所列举的问题是否

---

① 参见福兰克林诉莱纳福案(*Franklin v. Lynaugh*), 487 U. S. 164, 487 U. S. 175 (1988) (多数意见);同上, at 487 U. S. 185-186 (奥康纳法官,协同意见)。

允许考虑个别性的减刑因素"这一问题上来。尽管特殊争议问题中的许多措辞还没有被定义，法官们就共同得出结论：刑罚方案符合宪法第八修正案，因为确保得克萨斯州刑事上诉法庭解释与未来危险性相关的问题，以便允许陪审团考虑被告可以提供的任何减刑情节，包括被告之前的犯罪记录、年龄、精神或者情感上的状态。

继尤雷克诉得克萨斯州案之后，我们的决定结果已经再次确认第八修正条款规定允许对死刑的适当性进行个人评价。在洛基特诉俄亥俄州案中，法庭的多数意见指出，第八和第十四修正条款要求处刑者考虑"减刑因素，包括被告人格的各个方面或者前科记录以及犯罪情况，从而将此作为不判处死刑的依据"。① 因此，法院认为俄亥俄州死刑法典是违宪的，因为它规定除非存在三个法定减刑情节中的其中一个情节，否则只要存在一个加重情节就判处死刑。

在洛基特诉俄亥俄州案中强调尤雷克的认识，即得克萨斯州处罚意见（量刑计划）的合宪性问题"转向其所列举的问题是否允许考虑个别性的减刑因素"。② 在洛基特诉俄亥俄州案中的多数意见指出：大多数观点认为"得州的死刑法典没有违反被告提出的第八和第十四修正案，因为三位法官总结到：得州刑事上诉法庭已经宽泛地解释了第二个问题——尽管这一解释存在表面上的局限性——但是这也允许量刑者考虑到被告可能提出的所有减刑情节"。因此，在洛基特诉俄亥俄州案中的多数意见指出1976年发布的得克萨斯州刑法典和格雷格诉佐治亚州案和普罗菲特诉佛罗里达州案都没有"明显地阻止量刑者将被告人人格和前科记录或者任何犯罪情况作为独立的减刑因素加以考虑"。③

在埃丁斯诉俄克拉荷马州案中，法庭的多数意见重申了以下观点，即如果被告人提出证据并据此请求低于死刑的判决，那么外界不能阻止量刑者考虑，量刑者自己也不能拒绝考虑任何由被告提出的减刑证据。在埃丁斯诉俄克拉荷马州案中，俄克拉荷马州在死刑法典中允许被告提出任何减刑情节的证据，但是量刑法官得出结论：作为一个法律问题，他不能考虑年轻被告的家庭历史问题这一减刑证据，如严酷父亲的殴打，情感上的干扰。适用于洛基特诉俄亥俄州案中，我们提出"国家不能通过刑法典而阻止量刑者考虑减刑因素，同样的，作为一个法律问题，量刑者也不能拒绝考虑任何相关的减刑证据"。

在埃丁斯案中，"似乎是审判法官指导陪审团忽略被告人为其利益而提出

---

① 438 U.S. 586 (1978), at 438 U.S. 604（原始判决中的强调部分）。
② 尤雷克诉得克萨斯州案，428 U.S. at 428 U.S. 272。
③ 参见洛基特诉俄亥俄州案，*supra*, at 438 U.S. 607. Cf.；希区柯克诉达格案，481 U.S. 393 (1987)（一直适用反对佐治亚州的死刑规定）；戈弗雷诉佐治亚州案，446 U.S. 420 (1980)。

的减刑证据"。

因此,在对彭里的定罪已经形成最后结果的阶段,从埃丁斯诉洛基特案中很清楚地看到:根据第八和第十四修正案,国家不能阻止处刑者考虑并采用被告人的背景、人格或者犯罪情况,这些证据可以使被告人从死刑判决中获得减刑。而且,得克萨斯州死刑法典表面上的有效性已经在尤雷克诉得克萨斯州案中提出,通过足够宽泛地解释特别争论,从而能够确保陪审团考虑所有可能存在的与被告人相关的减刑证据。彭里反驳称那些保证在他的个案中并没有得以施行,因为陪审团没有得到合适的指导,在形成量刑决定时,他们不能全面考虑并采纳他的减刑证据,包括他的智力障碍和受虐经历。彭里要求:当他提出减刑证据时德州陪审团必须根据请求得到相关指导,使他们在决定是否施加死刑时可能采纳减刑证据。彭里提出的这一要求并不是蒂格诉莱恩案中的新规则,因为这一规则已经在埃丁斯诉洛基特案中得到指示。而且,根据在尤雷克诉得克萨斯州案中所作的保证,我们得出结论:彭里所寻求的减刑没有对得克萨斯州"强加新的义务"。①

刑罚应该直接关系到被告人的个人可责性,这个原则是洛基特诉埃丁斯案的基础。因为生活背景较差或者情绪、精神上的问题而犯罪要比没有上述情节的犯罪可责性小,这是社会长久以来的共识。基于这一共识,如果量刑者要对死刑的合理性作出个人评价的话,有关被告人的个人背景和个性特征的证据就有相关性。加利福尼亚州诉布朗案(*California v. Brown*)②,埃丁斯诉洛基特案很清楚地表明,仅仅允许被告向陪审团提出减刑证据是不够的。量刑者在量刑时也必须能够考虑并采纳这一证据。③ 只有这样我们能够确保量刑者已经将被告人视为一个"完全独立的个体",并且做了一个可靠的处罚决定,即被处死刑是合适的刑罚。④ "因此,在刑罚判决阶段所判处的刑罚应该对被告的背景、人格和犯罪做出一个合理的道德反应。"⑤

尽管彭里提出了智力障碍和童年受虐经历的减刑证据,并以此为基础要求将死刑减为终身监禁,但是量刑的陪审团仅仅能够通过回答三个问题来表明对他死刑妥当性的观点:彭里谋杀帕梅拉·卡彭特是故意实行的吗?彭里未来是否存在危险的可能性?他在回应被害者的挑衅时是否是不理性的?陪审团从来

---

① 蒂格诉莱恩案, 489 U.S. at 489 U.S. 301。
② 479 U.S. 538, 479 U.S. 545 (1987)(奥康纳大法官,协同意见)。
③ 参见希区科可诉达格案, 481 U.S. 393 (1987)。
④ 参见伍德森诉北卡罗来纳州案, 428 U.S. at 428 U.S. 304, 428 U.S. 305。
⑤ 加利福尼亚诉布朗案, *supra*, at 479 U.S. 545(奥康纳大法官,协同意见)(原始判决的强调部分)。

没有被指导在实施处罚时可以考虑并采用彭里提出的减刑证据。

像在福兰克林诉莱纳福案中的被告人主张的那样,彭里争论到,他要求法院指导陪审团而法院没有做出指导,从而导致陪审团未能在他提出的减刑证据的基础上做出判断,得克萨斯州的这种法律适用方式是违宪的。福兰克林诉莱纳福案被认为是该法院自尤雷克诉得克萨斯州案以来在得克萨斯州特殊争论中提出在控告中要考虑减刑证据的第一个案件。像尤雷克诉得克萨斯州案本身那样,福兰克林诉莱纳福案没有在法庭上产生出主要意见。福兰克林诉莱纳福案的多数意见和两名相关的大法官得出结论:福兰克林案违反宪法第八修正案,没有被判处死刑,因为陪审团自由地采纳了在监狱中表现良好的减刑证据,在关于未来危险性问题上给出了否定回答。① 而且,多数人认为还有"残留的怀疑",因为福兰克林的罪行不存在根本的法定减刑情节。

然而在福兰克林诉莱纳福案中,5名相同意见和不同意见的大法官没有同意大多数人对尤雷克诉得克萨斯州案的直接解读。根据多数观点,尤雷克案明确地并且无条件地支持在特殊争论中考虑减刑证据的方式。②相反,法庭上的5名成员阅读了尤雷克诉得克萨斯州案,认为在个别案件中,陪审团在回答特别争论时不能够完全考虑由被告提出的减刑证据。③ 实际上,同意意见和反对意见双方都认为,尤雷克诉得克萨斯州案是建立在保证特别争论将允许陪审团酌量所有的被告提出的减刑证据这一基础之上的,那些证据关系到被告的背景、人格和犯罪情节。而且,同意和反对的双方都强调除非允许陪审团在量刑时采用他们对减刑证据的考量,否则他们考虑和衡量减刑证据的权利将没有任何意义。

在福兰克林诉莱纳福案中,同意意见得出结论:这里没有违反宪法第八修正案,因为富兰克林在监狱中表现良好的这一证据和他的人格并没有明确关系,只是证明他有能力生活在高度严密的监狱环境中而不危害他人。因此,陪审团在回答第二个特殊问题时,能够将这一点作为减刑证据而予以采纳。然而,同意意见者也指出:"如果,……被告人提出了与那些特别问题不相关的证据如他的个人背景、人格以及犯罪现场,或者在特别争议问题的范围之外与被告的道德可责性是相关的,那么对陪审团的指导将不会给陪审团提供表明'相应的理性道德反应'的方式。如果是这种情况的话,那么我们不得不判断,陪审团没有能力采纳减刑证据就相当于违反宪法第八修正案"。

---

① 487 U.S. at 487 U. S. 177(多数意见);supra, at 487 U. S. 185(奥康纳大法官,协同意见)。
② supra, at 487 U. S.179-180, and n. 10.
③ supra,at 487 U. S. 183(奥康纳大法官,协同意见);supra,at 487 U. S. 199-200(斯蒂文斯,反对意见)。

在特别争论中,彭里认为他智力障碍和儿童受虐经历的减刑证据在特别争议的范畴之外,与他的道德可责性相关,陪审团在决定死刑是否适当时没有能力对这一证据表达他们的"理性道德反应"。对此,我们表示同意。因此,我们反对国家的相反主张,他们认为即使陪审团在减刑证据方面没有受到指导的情况下,在回答特殊争论时仍然能够考量并赋予彭里减刑证据以有效性。

第一个特别争论要求判断被告是否实行了"故意并且对死者的死亡具有合理期待性的谋杀行为"。得克萨斯州的立法和得克萨斯州的刑事上诉法庭都没有定义"故意"的内涵,而陪审团也没有就此定义得到相关的指导,所以我们也就不能明确地知道陪审团是怎么理解故意的。然而,如果我们假设,陪审团对"故意"的理解超出了彭里"故意"实行谋杀中"故意"的含义,那么这些陪审团在回答第一个特殊争论时也许不能赋予彭里的减刑证据以有效性。

与彭里的智力障碍相关的是他是否有能力实行"故意"行为的问题,而这也关系到他"在特别裁决问题之外的道德可责性"。① 个人过错不完全体现在被告能够"故意"地实施行为的能力。一个理性的陪审团成员在作出刑罚阶段能够得出结论:根据彭里的坦白,他故意杀害帕梅拉·卡彭特的目的是逃避侦查。但是,因为彭里的智力障碍,所以他控制冲动和评价自己行为后果的能力要比正常人低下,因为他有童年受虐的经历,陪审团的成员也能得出结论:彭里比"那些没有这种经历的被告"缺少道德可责性,但是,在这个案件中实行"故意"的行为是按照常理理解的。② (关于被告"情感状况的证据……是支撑死刑判决的直接基础")。

三

指导陪审团定义"故意",可以清楚地引导陪审团全面地考虑彭里的减刑证据,因为那些证据支撑着他的个人可责性,但是陪审团并没有得到这种指导。在这种情况下,我们就不能确定陪审团在回答第一个特殊问题时有能力考虑并利用彭里的智力障碍和童年受虐经历这一减刑证据。没有这种特殊的指导,如果陪审团相信彭里实行了"故意"的行为,也相信彭里智力障碍和成长经历能够减轻其道德受可责性而由此作出了毫无根据的死刑处罚,那么他的结论将不能发挥效用。因此,我们不能保证陪审团对第一个特殊争论的回答是对彭里精神减退这一减刑证据的"理性道德回应"。

---

① 福兰克林诉莱纳福案, 487 U.S. at 487 U. S. 185。
② 参见加利福尼亚州诉布朗案, 479 U.S. at 479 U. S. 545 (奥康纳大法官,协同意见);斯基珀诉南卡罗来纳州案,476 U. S. 1, 476 U. S. 13-14 (1986) (鲍威尔大法官,协同意见)。

第二个特殊争论询问"被告是否存在实行继续威胁社会的暴力犯罪行为的可能性"。

关于彭里智力障碍的减刑证据指出迟缓后果之一是他不能从他的错误中学会教训。尽管该证据与第二个争论相关,但是它只是作为一个加重处罚情节而相关,因为它暗示陪审团将会据此认为他具有未来的社会危险性。死刑听证会上,检察官指出:"根据被告的经历、他的前科记录、以及我们在本案中做出的精神病学方面的证言,可知被告具有实行犯罪的性格,未来将会继续实施其犯罪行为。"检察官指出:甚至在监禁阶段,彭里都可能伤害医生、图书管理员或者在监狱工作的老师。

彭里的智力障碍和童年受虐经历是双刃剑:它可能减少他犯罪行为的可责性,也可能指出他在未来存在危险的可能性,作为法官的里夫利为刑事上诉法庭写出以下结论:"如果陪审团因为彭里智力障碍、情感发展有缺陷和不幸的童年经历而不应对他判处死刑的话,他们应该怎么判呢?如果他们采纳了减刑证据,那么这些证据会使陪审团更加可能,而不是更加不可能,对第二个特殊问题做肯定回答。所以这一情况不允许陪审团将彭里的主要证据作为减刑证据而考量。"因此,第二个特殊问题,没有使陪审团将彭里智力障碍和儿童受虐经历作为减刑的有效证据。

第三个特殊争论是"被告在杀人中的行为对于回应被害者的挑衅行为是否是不理性的?如果有挑衅的话,挑衅行为是由死者引起的吗?"

关于这个争论,州政府辩称彭里用剪刀戳杀帕梅拉·卡彭特,不是为了回应被害者的挑衅行为,而是出于"为了逃避追捕"。彭里自己的坦白指出,"受害者在搏斗过程中用剪刀给自己造成皮外伤之后他并没有杀害她,而是在她结束反抗、无助地躺下的时候,才杀害她。即使陪审团成员得出结论,认为彭里智力障碍和被捕后的情绪发展使得与正常人相比,他的可责性得以减轻,但是这并没有减少他回应被害者挑衅行为的不合理性,如果存在被害者挑衅行为的话"。因此,一个相信彭里因缺乏道德上的可责性而不能被判处死刑的陪审员,如果她同时认为彭里回应被害者挑衅的行为是不合理的,那么她在回答第三特别争论时就无法表达她的上述观点。

州争论的是,尽管有三个疑问,但是彭里自由地向陪审团提出了他的减刑情节的意义。事实上,辩护律师的确辩称:如果一个陪审员相信因为彭里所主张的减刑证据而不应当被判死刑,那么即使州已经证明对特别争论的肯定回答,该陪审员也应该对其中一个特别争论做否定回答。因此,彭里的辩护律师强调了彭里的智力障碍和受虐背景的证据,并向陪审团问道,"你能够自豪地将一个受折磨的人推上死刑架吗？"他怂恿陪审团对第一个特别争议回答"不"，因为"那就是正确答案"，而且，"我想那也是妥当的回答"。根据实行心理测试的心理学家的预言，彭里可能会继续带来麻烦，被告方争论到："也许是真的。但是有这种精神状态的、正在经受精神折磨的男孩，即便在智力障碍的问题上你们反对我们的观点，我也不相信你们中没有一个人怀疑这个男孩有问题。而且我认为没有一个陪审团成员不相信这个男孩头脑有损伤……"事实上，被告的律师要求陪审团"考虑每一个特殊争议问题，然后看我们是否在每一个争论中都探讨了被告者的精神状态"。

在对对方当事人所举证据的反驳阶段，控方反驳道：陪审团已经根据法律作出宣誓，所以他们必须根据被给予的指导来回答特殊争论，公诉人认为"你们根据法律做出宣誓，而且你知道法律是什么……根据证据和法律回答这些问题，我所要求你们做的只是去查看那些证据。举证责任从一开始就在于州一方，而且我们接受了这个责任。我真诚地相信我们有比所负担的举证责任更多的证据，那就是为什么你们没有听到纽曼先生（被告人律师）的观点。他没有提出这些问题从而向你们指出州政府在哪个方面没有承担起举证责任。女士们、先生们，他之所以不能指出州在这个案件中的弱点，原因就是，我向你们保证，我们的举证责任已经完成……作为陪审团你们的工作和责任是不能依靠感情而是要依据法官所指导给你们的法律，依据你们在这个法庭上听到的证据来回答那些相关的问题"。根据公诉人的主张，陪审团即使缺乏妥当的指导，一个理性的陪审员也本应该相信他们没有办法表达自己的下述观点：基于彭里的减刑证据，他不应该被判处死刑。

州在该法院的口头辩论中承认如果陪审团得出结论，认为彭里实行了故意犯罪以及可能在未来继续危及社会，而且还得出结论因为是他的智力障碍，他的过错程度不致被判死刑；那么在本案陪审团所得到的法官指导之下，陪审团没有能力使减刑证据发挥作用。但是，州又辩称，如果指导陪审团可以在彭里减刑证据的基础上允许他们自由裁量减刑或者驳回死刑，这将会导致在弗曼诉佐治亚州案中所形成的无限制的裁量。我们不会同意。

确切来说，在弗曼诉佐治亚州案中指出："为了减少反复无常地判处不同被告死刑的风险，决定判处死刑要根据标准，因此量刑机关将会把重点放在犯罪情节的特殊性和被告身上。"①但是，因为我们在格雷格诉佐治亚州案中看得很清楚，只要限制了应当判处死刑的谋杀犯的范围，允许陪审团根据被告提出的减刑证据

---

① 格雷格诉佐治亚州案，428 U. S. 153，428 U. S. 199 (1976)，(斯图尔特大法官、鲍威尔大法官以及斯蒂文斯大法官的联合意见)。

推荐裁量,在程序上就不存在根本的缺陷。①像怀特法官在格雷格诉佐治亚州案中提出的那样,"佐治亚州立法委员会显然已经在指导陪审团行使自由裁量权的案例中做出了努力,如果同时允许陪审团根据那些根本不能写入法律规定的太过难以理解的因素而实行减刑,却还要无力地辩解称立法委员会的努力是注定无效的,我不接受这一说法。因为可以被判处死刑的谋杀罪名的范围已经被定义的更为狭窄,仅仅限定在那些特别严重或者判处死刑特别妥当的范围内,又如佐治亚州要求具有加重情节,所以即使陪审图有权自由裁量不对被告判处死刑,但是如果他们根据绝大多数已经判决的案例而最后作出死刑判决的话,也是合乎常理的。如果他们这样做了,就不能再说成死刑判决的作出是任意的、不合常理的,或者说因为这种判决太过稀少致使其失去了作为刑罚功能的效用"。"那些限制量刑者适用死刑的自由裁量权规则经过了严谨定义,与这些规则相对应,宪法对于州限制量刑者不适用死刑的自由裁量权的限制权限又做出了限制。"②(量刑者可能根据证据拒绝作出死刑判决,但是州有权限制量刑者的这一自由裁量权,而宪法又对州的限制权作出了限制)。实际上,这正是因为惩罚必须直接与被告人的个人可责性相关,陪审团必须被允许考虑并使那些与被告人特征或者前科或者犯罪情节相关的减刑证据发挥作用。如果陪审团要对被告的个人背景、个性特征和犯罪情况给出一个"合理的道德反应",就必须全面考虑那些反对死刑的减刑证据,而不是制造一种不能控制的情绪化反应的风险。③为了确保"在个案中死刑是合理处罚这一决定的可靠性"④,陪审团必须能够考虑并使与被告人的生活背景、个性特征和犯罪情节相关的减刑情节发挥效力。

在该案件中,法院并没有指导陪审团他们能够通过拒绝施加死刑的方式来考虑并采纳彭里的智力障碍和受虐经历的减刑证据,由此,我们可以得出结论,在形成处罚决定时,陪审团没有方式去表达他们针对减刑证据的"合理道德反应"。"不顾存在可能导致判处较低刑罚的因素而判处死刑,这是一种冒险行为。而我们在洛基特诉埃丁斯案中的推论迫使我们提出发回重审的要求,以获得重新量刑,这样我们便可以免于冒上述风险。"⑤

"当量刑的选择关乎生死时,上述冒险行为就是不可接受的,并且也有违宪

---

① Id. at 428 U. S. 197-199, 428 U. S. 203.
② 麦克莱斯基诉肯普案(*McCleskey v. Kemp*), 481 U. S. 279, 481 U. S. 304 (1987) (原始判决的强调部分)。
③ 参见福兰克林诉莱纳福案, 487 U.S. at 487 U. S. 184 (奥康纳大法官,协同意见),引用加利福尼亚州诉布朗案, 479 U.S. at 479 U. S. 545(奥康尼大法官,协同意见)。
④ 伍德森诉北卡罗来纳州案, 428 U.S. at 428 U. S. 305。
⑤ 洛基特诉俄亥俄州案, 438 U.S. at 438 U. S. 605;埃丁斯诉洛基特案, 455 U.S. at 455 U. S. 119 (奥康纳大法官,协同意见)。

法第八和第十四修正案的要求。"①

四

彭里的第二个抗辩是根据宪法第八修正案的规定,对像他这样只有7岁智力的智力障碍者实行死刑是残酷而异常的刑罚。他还争辩到,因为智力障碍、智力障碍的人所具有的道德可责性程度不能够为死刑判决给出合理的理由。他还争论到整个国家正在达成反对对智力障碍者施以死刑的共识,而且现存的程序足够保护像彭里这样的智力障碍者的利益。

(一)

在蒂格诉莱恩案的基础上,我们将溯及力问题作为一个基础问题,因为彭里在我们之前接受了附带审查。如果我们提出宪法第八修正案禁止对像彭里智力障碍者实行刑罚的话,我们将发布"新规则"。在彭里的定罪最后确定之时,该项规则并没有被此前的案例引用。(在此案最后定罪之前,并不存在判例,因此在此案中运用这一规则,就是前文所提到的"创设或者公布一个新规则")而且,这种新规则将会"开辟新的领域",将会强加给国家或者联邦政府新的义务。②

在蒂格诉莱恩案中,我们将得出结论:除非符合两个例外原则中的一个,否则新公布的规则不溯及附带审查中的被告。第一个例外由哈伦法官口头提出,即如果它能将某些主要的、私下的个人行为置于刑事立法机关的禁止权之外,它就具有溯及力。③ 尽管在蒂格诉莱恩案中,这一例外只适用于同行为者主要行为的宪法保护相符的新规则;哈伦大法官却忽视后来程序,仅就符合宪法规定的绝对实质保证发表了意见。法庭接着指出,宪法第八修正案规定因被告的身份[福特诉温赖特案, supra, at 477 U. S. 410 (insanity)]或者因其犯罪的性质[科克尔诉佐治亚州案, 433 U. S. 584(1977)(rape)(多数意见)],禁止对某一类被告施行死刑,这一规定就是根本性的规定。在我们看来,一个新规则使州无法对某一类人判处死刑,之前的那个新规则使州无权处罚某种行为,这两个规则是极为类似的。在两个案件中,宪法本身剥夺了州法院判处某一处罚的权力。优先于大法官哈伦所提出的溯及力观点,对终局和伦理礼仪的关注这一观点几乎没有影响。像大法官哈伦所写到的那样:"允许刑事程序停留在原本绝不该中

---

① 洛基特诉俄亥俄州案, 438 U.S. at 438 U. S. 605。
② 参见福特诉温赖特案[477 U. S. 399 (1986)]提出宪法第八修正案禁止对精神病人处以死刑,引用其作为"宣布新规则"的一个案例。
③ 参见蒂格诉莱恩案, 489 U.S. at 489 U. S. 307 ,引用麦克莱斯基诉肯普案, 401 U.S. at 401 U. S. 692(哈伦大法官,部分同意部分不同意见)。

止的点上,这几乎没有社会性效益。"因此,在蒂格诉莱恩案中建立的第一个例外原则,应该被理解为不仅禁止对某种主要行为进行刑事处罚,而且还禁止因被告的身份和罪行而对同某一类的犯罪者判处确定的刑罚。所以,如果我们认为,作为根本性规定,宪法第八修正案禁止对像彭里这种智力障碍者实行死刑而忽视其后的程序问题,这一规定符合一般无追溯力原则的例外原则,也将会适用于对被告者的附带审查(collateral review)之中。因此,我们提出了彭里的申诉中的法律理据。

(二)

宪法第八修正案绝对地禁止判处残酷和异常的刑罚,至少是在人权法案通过时被认为是残酷和异常的刑罚。① 然而,第八修正案的禁止条款并没有被限制在那些被1789年的普通法所禁止的案例范围内。② 反对残酷并且异常刑罚的禁止条款也承认"不断发展的合宜标准",这一标准标志着成熟社会的发展进程。③ 为了辨别上述"进化中的伦理标准",我们也参照了现今社会对某一刑罚看法的客观证据。④ 关于现代价值观的最清楚的、最可信的客观证据是由各个州的立法委员会做出的立法。我们也参照了陪审团量刑行为的相关数据。⑤

普通法中明确规定,"先天性心智不全之人"与"间歇性心智不全之人"在上述无行为能力的状态下,不受一般刑事犯罪行为的处罚。如布莱克斯通所写的那样:"在欠缺真实意思表示(因行为人的精神状态,认为其行为缺乏真实意思表示)的第二个案件中,因为其理解力本身有缺陷或者后天受到损害——也就是所谓的'先天性心智不全之人'与'间歇性心智不全之人',他们因缺乏真实意思表示,故而可以据此认定不构成犯罪……先天性心智不全之人和间歇性心智不全之人如果是在无行为能力的情况下实施犯罪,那么他们自身的行为就不具有可诉性,即使行为本身具有叛国的性质,也依然不具有可诉性……完全的先天性心智不全之人或者绝对的间歇性心智不全之人不构成犯罪,对其在无意识状

---

① 参见福特诉温赖特案, supra, at 477 U. S. 405;索利姆诉赫尔姆案, 463 U. S. 277, 462 U. S. 285-286 (1983)。
② 参见福特诉温赖特案, supra, at 477 U. S. 406;格雷格诉佐治亚州案, 428 U.S. at 428 U. S. 171。
③ 参见特罗普诉杜勒斯案, 356 U. S. 86, 356 U. S. 101 (1958) (多数意见);福特诉温赖特案, supra, at. 477 U. S. 406。
④ 参照科克尔诉佐治亚州案, 433 U.S. at 433 U. S. 593-597;恩芒德诉佛罗里达州案, 458 U. S. 782, 458 U. S. 788-796 (1982)。
⑤ 参见恩芒德诉佛罗里达州案, supra, at 458 U. S. 794-796;汤普森诉俄克拉荷马州案 (Thompson v. Oklahoma), 487 U. S. 815, 487 U. S. 831(1988) (多数意见)。

态下的任何犯罪行为当然也就可以免受处罚。"①"先天性心智不全之人和间歇性心智不全之人,自然没有辨别善恶的能力,对于对他们提起的任何刑事诉讼都不应该受到处罚。"先天性心智不全之人被认为是"天生欠缺理解能力"的人,与间歇性心智不全之人不同,后者是"智力功能方面的部分损伤,能够间歇性存在知觉(可以不定期地恢复理性判断)"。

普通法中没有对先天性心智不全之人的定义,但是"先天性心智不全之人"一词通常用来描述完全缺少推理和理解能力或者没有能力辨别好和坏的人。黑尔(Hale)写到天生就是聋子或者哑巴的人,"是法律上假定的先天性心智不全之人,……因为他没有可能理解什么是被法律所禁止的以及将会受到何种处罚,但是他根据自己的理解而做出某个犯罪行为的话,他有可能被审判并接受判决、执行处罚"。② "一个完全被剥夺理解和记忆能力的人,不知道自己在做什么,仅仅只是一个婴幼儿、一个未开化的动物,这种人从来就不是刑法所处罚的对象。"③

普通法禁止处罚那些实行犯罪的"先天性心智不全之人"和"间歇性心智不全之人",开启了精神障碍辩护的历史,在精神障碍辩护中,"心理缺陷"和"精神疾病"一般被包含在精神病的法定定义中。④ 如果行为人的行为是由于其精神疾病或者心理缺陷所导致,并且在行为当时根本不具有辨认自己行为违法性或者实施合法行为的能力,那么他对自己的犯罪行为就不负责任。⑤"对于有严重精神疾病或者心理障碍的被告来说,如果在他实行犯罪行为时没有能力理解他行为的目的或者不法性,那么这将是对联邦起诉的积极抗辩"。⑥

旧的普通法对"先天性心智不全之人"的定义与现代对"智力障碍"的定义存在一定的相似性,它们都强调永久性、先天性的心智缺陷。然而,普通法禁止处罚"先天性心智不全之人"的条款,同样适用于那些因严重缺乏推理能力、不能形成犯罪意图也不能区别善恶好坏的人。在19世纪和20世纪初,"先天性心智不全之人"一词被用来描述最为迟钝的人,与今天"深刻"和"严重"的智力障

---

① 4 W. Blackstone, Commentaries ＊24-＊25(原始判决的强调部分),也参照 1 W. Hawkins, Pleas of the Crown 1-2 (7th ed. 1795).
② M. Hale, Pleas of the Crown 34 (1736) (footnote omitted); *Id.* at 29 [citing A. Fitzherbert, 2 Natura Brevium 233 (9th ed. 1794)]; Trial of Edward Arnold, 16 How. St. Tr. 695, 765 (Eng.1724).
③ S. Glueck, Mental Disorder and the Criminal Law 128-144 (1925).
④ American Law Institute, Model Penal Code §4.01, p. 61 (1985).
⑤ 18 U. S. C. §17 (1982 ed., Supp. V).
⑥ 埃利斯诉卢卡松案(*Ellis & Luckasson*), Mentally Retarded Criminal Defendants, 53 *Geo. Wash. L. Rev.* 414, 432-444 (1985).

碍相一致。①

普通法禁止处罚"先天性心智不全之人"的犯罪行为,这一规定表明对那些患有严重智力障碍以及完全没有能力辨认自己行为违法性的人处以死刑,实际上有可能就是"残酷并且异常"的刑罚。因为现代由精神障碍辩护所提供的保护,这种人很有可能不被判刑或者面对惩罚。② 而且,根据福特诉温赖特案,那些"不知道自己将要接受的处罚类型,并且不知道自己的受罚原因的"人是不能被执行刑罚的。③

我们现在面对的并不是上面这种案件,因为彭里被认为能够接受审判。换句话说,他的理性理解力已达到合理程度,他有能力咨询律师,并且对于针对他的诉讼也有着理性上和事实上的理解力。④ 另外,陪审团反对他的精神病的抗辩,这表明陪审团认为彭里知道自己的行为是违法的并且有能力作出符合法律规定的行为。⑤

但是,彭里争论到,有客观证据表明正在形成反对对智力障碍者执行刑罚的全国共识,这反映了"成熟社会演进中的伦理标准"(即这个标准标志着社会的发展,同时这一标准本身也是在不断变化发展的)。⑥ 1988年联邦《反毒品滥用法案》⑦规定禁止对智力障碍的人执行处罚。然而只有一个州,最近禁止对犯了死刑的智力障碍者执行死刑。马里兰州已经制定了一个相似的法律,并将于1989年7月1日生效。⑧

相反,福特诉温赖特案认为宪法第八修正案禁止对智力障碍者实行死刑,更多证据表明这有可能达成一个全国共识。没有一个州允许对精神病人执行死刑,而且有26个州已经明确规定暂停对变成精神病的死刑犯执行死刑。⑨ 其他的州采用了普通法中禁止对精神病患者处以死刑的规定。而且,在汤普森诉俄克拉荷马州案中,审查现代合宜标准的客观证据时,多数意见认为18个州明确地在他们的刑法中规定了死刑的最低年龄,所有的这些刑法典要求被告在犯罪时至少要达到16周岁。我们认为,有两个州的刑法典规定禁止对智力障碍者执

---

① AAMR, Classification in Mental Retardation 179 (H. Grossman ed. 1983); *Id.* at 9 ("idiots" generally had IQ of 25 or below).
② ABA Standards for Criminal Justice 7-9.1, commentary, p. 460 (2d ed. 1980)(多数达到受刑点的智力障碍者是中度的迟缓)。
③ 477 U.S. 399 (1986), at 477 U. S. 422(鲍威尔法官,协同意见)。
④ 参见达斯基诉美国案(*Dusky v. United States*), 362 U. S. 402 (1960); App. 20-24。
⑤ Tex. Penal Code Ann. §8.01(a) (1974 and Supp. 1989)。
⑥ 参见特罗普诉杜勒斯案, 356 U. S. at 356 U. S. 101. Brief for Petitioner 37-39。
⑦ Pub. L. 100-690, §7001(1), 102 Stat. 4390, 21 U.S.C. §848 (1) (1988 ed.)。
⑧ Md. Ann. Code, Art. 27, §412(f)(1) (1989)。
⑨ 参见福特诉温赖特案, 477 U.S. at 477 U. S. 408, n. 2。

行死刑,甚至再算上其他 14 个已经完全废除了死刑的州,这些都不足以表明目前对此问题达成了全国共识。关于陪审团在处罚与智力障碍的被告有关时的一般行为和检察官的决定,彭里并没有提供任何证据。相反,他却提出有几个公共民意调查意见,公共民意调查表明公众强烈反对对智力障碍者执行死刑。譬如说,在得克萨斯州所做的民意测试发现 86% 的民意测试者支持死刑,但是 73% 反对将死刑适用在智力障碍者身上。[1] 佛罗里达州的民意测试表明,71% 的被调查者反对对智力障碍者实行死刑,只有 12% 是赞同的。[2] 佐治亚州的民意测试表明,66% 的被调查者反对对智力障碍者实行死刑,17% 赞成,16% 认为是否实行死刑取决于智力障碍的程度。[3] 另外,美国智能障碍学会是国内专门研究智力障碍的组织中历史最为悠久、规模最大的一个,该组织反对对智力障碍者判处死刑。[4] 在这方面以及其他民意测试中表达的公共情绪和美国智能障碍学会提出的解决方案有可能最终在法律中得以体现,法律是我们所能依赖的能够反映当代社会价值的一个客观工具。但是目前,没有充足的证据表明国内已经达成了反对对那些智力障碍者判处死刑的共识,所以我们就不能得出结论认为宪法第八修正案对此是绝对禁止的。

(三)

根据大量的像立法机关和陪审团判决之类的客观证据,我们也考虑到对特别种类的犯罪和不同等级的罪犯判处死刑是否违反宪法第八修正案,因为这样做并"不有助于实现刑罚的目标,它仅仅只是对被告人施加的无目的性、不必要的痛苦与折磨",或者"存在罪与刑之间的严重不一致性"。[5] 格雷格指出"死刑有两个主要社会目的:惩罚犯罪的报应目的和预防犯罪的威慑目的"。[6] "报应目的的核心是刑事处罚必须直接关系到犯罪者个人可责性(过错)。"[7] 宪法第八

---

[1] Reply Brief for Petitioner 6-7; Austin American Statesman, November 15, 1988, p. B3.
[2] Brief for Petitioner 38; App. 279.
[3] Brief for Petitioner 38; App. 283.
[4] AAMR, Resolution on Mental Retardation and the Death Penalty, January 1988, App. to Brief for American Association on Mental Retardation et al. as Amici Curiae la-2a (hereafter Amici Brief for AAMR et al.).
[5] 科克尔诉佐治亚州案,433 U.S. at 433 U.S. 592(多数意见);汤普森诉俄克拉荷马州案,487 U.S. at 833(多数意见);蒂森诉亚利桑那州案,481 U.S. 137 (1987);恩芒德诉佛罗里达州案,458 U.S. at 458 U.S.798-801。
[6] 格雷格诉佐治亚州案,428 U.S. at 428 U.S. 183(斯图尔特、鲍威尔、斯蒂文斯大法官的联合意见)。
[7] 蒂森诉亚利桑那州案,supra, at 481 U.S. 149;恩芒德诉佛罗里达州案,supra, at 458 U.S. 825(奥康纳大法官,反对意见)。

修正案的"比例原则"要求处罚要与被告的可责性相关联。

彭里主张对像他这样只有大约7岁儿童的推理能力的智力障碍的人实行死刑将是残酷的和异常的,因为这与他的个人过错(可责性)不一致。正如汤普森诉俄克拉荷马州案中,多数观点认为就同一罪名而言,未成年人的可责性要比成年人的小。彭里认为智力障碍的人没有常人所拥有的判断能力、感知能力和自我控制力。最根本的是,彭里认为,因为缺少控制冲动的能力,做长远思考的能力和学习教训的能力,所以他"没有能力做出达到犯罪可责性程度的行为,而只有达到犯罪可责性程度才能证明最终处罚是正当的"。

美国智能障碍学会和其他与智力障碍工作相关的组织同意彭里的观点。他们作为法庭的临时顾问辩称,所有的智力障碍的人,不论他们的迟缓程度轻重,都有着严重的认知和行为能力的缺陷,这降低了他们实行死刑犯罪的可责性程度。Amici Brief for AAMR et al. 5-9, 13-15 他们没有辩称智力障碍的人不能承担责任或者不能承受对他们实行的犯罪行为的惩罚,他们所争论的是,因为智力障碍的人在"认识能力、道德推理、冲动控制的能力以及对基本因果关系的理解能力方面是有缺陷的,"因此,他做出行为的可责性程度并不足以被判处死刑。(他没有能力做出达到应被判处死刑这种过错程度的行为)。因此,在他们看来,对智力障碍者实行死刑不能实现惩罚犯罪的报应目的。

很明显,智力障碍很长时间以来一直被作为可以降低个人罪责的因素。[1]在最严格的形情况下,智力障碍可能导致完全免除刑事责任。此外,几乎所有直接适用死刑法典规定法定减刑因素的州,都将被告辨别自己行为违法性和施行符合法律规定行为的能力受损这一证据列为法定减刑情节。[2]

---

[1] supra, at 492 U. S. 331-333;ABA Standards for Criminal Justice 7-9.3,commentary, at 463;州诉霍尔案(State v. Hall),176 Neb. 295,310,125 N. W. 2d 918,927 (1964);埃利斯诉卢卡松案,53 Geo. Wash. L. Rev. at 414。

[2] Ala. Code §13A-5-51(6) (1982). See also Ariz. Rev. Stat. Ann. §13702(E)(2)(Supp. 1988);Colo. Rev. Stat. §16-11-103(5)(b) (1986 and Supp. 1988);Conn. Gen. Stat. §53a-46a(g)(2) (1989);Fla. Stat. §921.141(6)(f) (1987);Miss. Code Ann. §99-19-101(6)(f) (Supp. 1988);Mo. Rev. Stat. §565.032(3)(6) (1986);Mont. Code Ann. §46-18-304(4) (1987);N. H. Rev. Stat. Ann. §630:5(II)(b)(4) (1986);N. M. Stat. Ann. §31-20A-6(C) (1987);N. C. Gen. Stat. §15A-2000(f)(6) (1988);42 Pa. Cons. Stat. §9711(e)(3) (1982);S. C. Code §16-3-20(C)(b)(6) (1985);Va. Code §19.2-264.4(B)(iv) (1983);Wyo. Stat. §6-2-102(j)(vi) (1988).

许多州都明确地指出:"智力缺陷"与这种减轻情节相关。① 实际上,正如法庭在 492 U. S.案中所认定的那样,量刑主体在特殊情况下就死刑是否妥当作出对个人"决定"时,必须有权考虑将智力障碍作为减轻情节。

然而根据今日开庭前的案例,我并不能得出以下结论认为:排除个人责任,而单凭智力迟缓这一个因素,对于所有像彭里这样智力迟缓的人都不可避免地缺乏与死刑犯罪程度适应的认知能力、意志能力和道德能力。(即不能仅仅根据智力迟缓这一个因素,就判定所有的智力迟缓者都缺乏上述可以达到死刑判决犯罪程度的三种能力)。在智力障碍的人当中,他们的能力和经历都有很大的差别。作为美国智能障碍学会的工作标准——从智力障碍的分类中可以看出:"智力障碍一词,作为当今的通用说法,包容了不同层次的人群,范围从完全无行为能力人到几乎有完全行为能力人。尽管所有被指定为智力障碍的人有着相同的特征,比如智力低下,适应力低下;但是在缺陷的程度以及相关生理缺陷、皮肤红斑和心里紊乱状态的存在与否等方面都有着显著的变化。"

除了智力障碍的不同程度之外,包括适应力低下在内的智力障碍的后果"也许可以通过教育和康复行为得到改善"。尽管智力障碍者一般都有从经验中获得教训的困难(Amici Brief for AAMR et al. 7),但是一些人完全"有能力学习、工作并在社区中生活"。② 鉴于智力障碍者的不同能力和生活经历,我们也不能仅仅通过定义就公开声明:所有的智力障碍者都不能做出达到与死刑相适应的可责性程度的行为。

彭里要求我们注意"精神年龄"这一基础,并要求我们支持对任何一个智力在七岁或者七岁以下的人处以死刑,都是构成残酷并且异常的处罚这一观点。如果智力障碍者的智商测试与无智力障碍的儿童的平均智商测试结果相同,那么这些儿童的生理年龄就被算做智力障碍者的"精神年龄"。③ 这种规则现在不应被采用。首先,陪审团和法官没有发现与彭里"精神年龄"相关的证据。彭里的专家证人之一,布朗博士作证说彭里的精神年龄在6岁半左右。他还估计彭

---

① Ala. Code §13A-5-51(6)(1982). See also Ariz. Rev. Stat. Ann. §13702(E)(2)(Supp. 1988); Colo. Rev. Stat. §16-11-103(5)(b)(1986 and Supp. 1988); Conn. Gen. Stat. §53a-46a(g)(2)(1989); Fla. Stat. §921.141(6)(f)(1987); Miss. Code Ann. §99-19-101(6)(f)(Supp. 1988); Mo. Rev. Stat. §565.032(3)(6)(1986); Mont. Code Ann. §46-18-304(4)(1987); N. H. Rev. Stat. Ann. §630:5(II)(b)(4)(1986); N. M. Stat. Ann. §31-20A-6(C)(1987); N. C. Gen. Stat. §15A-2000(f)(6)(1988); 42 Pa. Cons. Stat. §9711(e)(3)(1982); S. C. Code §16-3-20(C)(b)(6)(1985); Va. Code §19.2-264.4(B)(iv)(1983); Wyo. Stat. §6-2-102(j)(vi)(1988).

② Amici Brief for AAMR et al. 7, at 6. 美国智力缺陷协会,专题6,发展中的生命:大城市中的轻度智力障碍者(成人)(R. Edgerton ed. 1984)。

③ Amici Brief for AAMR et al. 14, n. 6. See D. Wechsler,《成人智商的测量与评估》24-25(4th ed. 1958)。

里的"社会成熟度"是在 9~10 岁之间。更概括来说,不考虑其直观上的感染力(直觉吸引力),"精神年龄"这一概念在许多方面都是有问题的。美国智能障碍学会承认,"在没有智力障碍的儿童和智力障碍成人之间做等价比较当然是不精确的"。①"精神年龄"的概念可能低估了智力障碍成人的生活经历,同时可能过高评估了智力障碍者使用逻辑和预见性解决问题的能力。精神年龄的概念也存在其他限制。生理年龄超过 15、16 周岁时,大多数智力测试的平均分便不再随着年龄而显著增长。所以,"生理上平均 20 周岁的人的平均精神年龄不是 20 岁,而是 15 岁"。②

毫无意外,法庭一直不愿意将"精神年龄"这一概念作为免除被告人刑事责任的基础。③

而且,依赖精神年龄判断迟缓者的能力,如果也适用在法律的其他领域就会使得宪法第八修正案的目的归于无效。在这个假设下,中度的智力障碍者因为他在"精神年龄"上还是一个孩子,所以可能没有机会签订合同或者结婚。因为精神年龄概念本身就存在问题,而且缺乏证据证明反对对智力障碍者施行死刑已经达成全国性共识,所以精神年龄不应该作为宪法第八修正案法律体系的划界原则。

总之,智力障碍是一个能够减轻被告的罪责从而不对其判处死刑的因素。但是我们不能由此得出结论,认为宪法第八修正案对任何像彭里这样触犯了死刑的智力障碍者仅仅因为他们智力障碍这一个原因就排除适用死刑。只要处刑者在量刑时,能够考虑并且利用智力障碍这一减刑证据,他们就能够在个案中就判处死刑是否合理这一问题作出个人判断。或许将来某一天会出现反对对智力障碍者实行死刑的全国共识,同时反映着"标志社会成熟进程、仍在发展着的合宜标准",但是在今天还没有充分的证据能够证明这一共识的存在。

因此,以下的判决部分被确认,部分被撤销;此案被发回,并进入与上述观点一致的进一步的审判程序。判决如下:

布伦南大法官的部分同意部分反对意见,马歇尔大法官加入:

---

① Amici Brief for AAMR et al. 14, n.6.
② Amici Brief for AAMR et al. 14, at 27;也参照拉蒙案(In re Ramon M.), 22 Cal. 3d 419, 429, 584 P. 2d 524, 531(1978)(根据目前的计算标准,平均成年人的精神年龄大约为 16 岁 8 个月)。
③ 参照举例:拉蒙案, supra, at 531;州诉席林案(*State v. Schilling*), 95 N. J. L. 145, 148, 112 A. 400, 402 (1920);人民诉马奎塔案(*People v. Marquis*), 344 Ill. 261, 267, 176 N. E. 314, 316 (1931);克里斯威尔诉州案(*Chriswell v. State*), 171 Ark. 255, 259, 283 S. W. 981, 983 (1926);皮克特诉州案(*Pickett v. State*), 71 So. 2d 102, 107 (Ala. 1954);一般参照埃利斯诉卢卡松案, 53 *Geo. Wash. L. Rev.*, at 435。

我同意以下观点：宪法赋予申诉人以请求陪审团考虑其在死刑处罚确定之前出示的所有减刑证据的权利，但是本案中，陪审团得到的法院指导剥夺了申诉人这一根本权利。然而，我也认为，宪法第八修正案禁止对智力障碍者以及因智力障碍而对自己实行的死刑犯罪行为缺乏完全责任能力的人实行死刑，而完全责任能力是宪法规定的判处死刑的一个必要前提。

一

　　我在蒂格诉莱恩案中也提出反对意见，而且继续相信，多数人在没有前例可循的情况下而缩小了人身保护令的范围，这一做法是毫无依据的。多数意见在缺乏充分理由的情况下，采用全新的阈值测试（以确定分类标准），对各州的犯罪开展联邦审查；而由于例外情况少，这一新型测试阻止联邦法院考虑在附带审查中的许多重要的联邦问题。上述两个问题都阻碍了个人宪法权利的辩护，并使我们社会丧失了对未来犯罪的重要预防。蒂格诉莱恩案提出，如果人身保护的申请人违反了死刑量刑程序合宪性，那么对他的案件的附带审查，通常不能宣告新规则；而在本案中，法院对此意见又做了扩张解释，因而加重了其错误性，法院认为在对于人身保护令的申请人违反了死刑程序的合宪性的案件的附带审查中，通常不会宣告新规则。这种扩张解释意味着，即使被告有充分理由要求禁止对其实施死刑，那么他/她也仍有可能被杀，除非如果法院在被告的判决或者刑罚确定之前宣告了宪法原则。生与死的差别竟然取决于这种时间上的偶然性，这真是不可思议。而且，我不能理解的是，尽管决定死刑的程序违反了宪法规定，法庭上的多数人仍然轻率地允许这个州剥夺一个人的生命。认为法院"轻率地"判决，是我经过了慎重考虑才做出的判断。没有任何辩论摘要或者口头辩论上的法律理据，法院就对蒂格诉莱恩案做了扩张解释。蒂格诉莱恩案实际上仅仅是在我们听了这个案件的辩论之后决定的。是否要等到蒂格诉莱恩案在某个案件中被摘出引用或者被争议时才应该被扩展运用到死刑案件中，这是一个重要的决定，但是法院不仅没有推迟做出决定，反而却轻率地决定蒂格诉莱恩案适用于本案之中。在两个判决中出现了这种情况，只是说不适用蒂格诉莱恩案将会导致执行死刑的延迟并且不能结案。

　　没有事实可以推出法庭曾经考虑过在死刑案件中是否可以适用不同的规则，更不用说有事实表明他们曾经对判断其扩张的适用是否合理做过任何理性分析。不允许律师提出反对意见而仅仅通过法庭决定就解决了蒂格诉莱恩案问题，这种武断的解决方法当然是方便快捷。尽管我相信蒂格诉莱恩案被错误地定夺，法院仓促决定将蒂格诉莱恩案扩展到适用死刑案件中也是一个错误，但是如果这些错误被制定成为法律的话,我同意法院对陪审团在回应得克萨斯州的三个"特别争议"时是否有机会考虑彭里的智力障碍的证据这一问题的决定——不能建立"新规则"。这样,我将会赞同法庭的第二部分-B 的判决意见,以及第一部分和第三部分全部的意见。我也同意在蒂格诉莱恩案中存在一个例外,这样规定着"对某一类别的被告因为其身份和罪行而禁止对其判处某种刑罚"的新规则,在附带审查的案件中就可以被宣告或者被适用。因此我同意法庭判决的 IV-A 部分。

二

在本案和斯坦福诉肯塔基州案①中法庭的多数意见重申了这条已经得到确认的原则,即"如果不能有助于实现惩罚犯罪的报应目的,而仅仅只是对被告人施加了无目的、不必要的痛苦与折磨,或者罪刑极不适当,那么对特别犯罪和特别罪犯适用死刑,就违法了宪法第八修正案。② 两个要求的概要很清楚。通过将"犯罪的严重程度"(不仅包括犯罪所引起的损害后果而且包括被告的"道德可责性")和"刑罚的轻重"进行比较,来判定刑罚是否适当?③ 我们是否要求刑罚可以促进报应目的或者预防目的的进一步实现?④ 我认为,对智力障碍的人判处死刑在对宪法第八修正案的两条解释标准下都是不符合宪法的。

(一)

我同意奥康纳大法官,对智力障碍者实行死刑是否总是违反宪法的提问。在回答这一问题时,我们必须考虑到另外一个问题,即智力障碍者,这一类人,仅仅因为他们智力障碍这一个问题本身,是否就都不可避免地缺乏认知能力、意志能力和道德能力而不能做出与可能达到死刑犯罪恶性程度的行为?""根据智力

---

① *Stanford v. Kentucky*, post at 492 U. S. 382(奥康纳大法官,协同意见); post at 492 U. S. 393(布伦南大法官,反对意见).
② Id. at 492 U. S. 335(奥康纳大法官,协同意见),引用科克尔诉佐治亚州案,433 U. S. 584, 433 U. S. 592(1977).
③ 索利姆诉赫尔姆案,463 U. S. 277, 463 U. S. 292(1983);Id. at 492 U. S. 336;斯坦福诉肯塔基州案,post at 492 U. S. 382(奥康纳大法官,协同意见);post at 492 U. S. 393-394(布伦南大法官,反对意见);汤普森诉俄克拉荷马州案,487 U. S. 815, 487 U. S. 834(1988)(多数意见);同上,at 487 U. S. 853(奥康纳大法官的意见);科克尔诉佐治亚州案, supra, at 433 U. S. 598;恩芒德诉佛罗里达州案,458 U. S. 782, 458 U. S. 798(1982)(法庭意见);同上,at 458 U. S. 815(奥康纳大法官,反对意见).
④ Id. at 492 U. S. 335-336;斯坦福诉肯塔基州案,post at 492 U. S. 403(布伦南大法官,反对意见);汤普森诉俄克拉荷马州案, *supra*, at 487 U. S. 836(多数意见);恩芒德诉佛罗里达州案,*supra*, at 458 U. S. 798;科克尔诉佐治亚州案, supra, at 433 U. S. 592;格雷格诉佐治亚州案,428 U. S. 153, 428 U. S. 183(1976)(斯图尔特、鲍威尔以及斯蒂文斯的不同意见).

障碍者不同的能力和生活经历",奥康纳法官对此做了否定回答。但是,对我而言这一证据将会得出不同的结论。

不论是判断出于合法目的还是出于非法目的,将智力障碍者当做一个同质的群体就是不合适的,这会导致一定的社会风险,包括错误的定式思维和无端的歧视。① 然而,这其中却有一些和"不存在危险的违法化"相关的特点,因为他们是智力障碍临床定义的一部分。"智力障碍"由美国智能障碍学会定义为"智力低于一般水平,同时缺乏适应性行为并在发育期表现出来"。② 要用这个定义判定一个智力障碍者的话,他必须属于在标准化智力测试中智商在 70 以下的那 2% 的人口之一。"要达到与其年龄相当、文化相当的群体应当达到的成熟度、学习能力、个人独立和(或)社会责任能力的标准,他/她的能力受到很大的限制。"(也就是说"智力和适应性行为的相关性不完整,尤其是在智力障碍的智力范围的上限")因此,中度的、激烈的、严重的、根本的智力障碍者,他们的智商都从 70 到低于 20 不等,但是,他们所表现出的行为缺陷却有着显著差异。而且"所有的个人[被认为智力障碍的个人]都具有低智力和适应性行为不足的共同特点"。③

智力障碍的人有"各种能力和生活经验"是不争的事实,这一事实对于本案中我们必须要进行的对第八修正案的比例性分析具有重要意义,根据对智力障碍的临床定义,我不同意上述说法。每一个智力障碍的个人——不考虑她的准确能力和经历——"在认知能力和适应性行为上都有根本的残疾"。④ 这一点对于'轻度迟缓'这一类人中智商最高的人都适用,那么对于那些像彭里这样处于轻度和中度迟缓之间的人也是适用的。在智力障碍中,"个人能力的每一方面都有所降低,包括语言能力、交流能力、记忆力、注意力,控制冲动的能力、道德发展能力,自我认知力,自我理解力、易受暗示性、获取基础信息的能力以及一般动机"。尽管个人,特别是那些轻度迟缓者,或许有能力克服那些限制而"能够维持独立的或者半独立的社会生活",但是,根据定义,智力障碍者"处理日常生活

---

① 参照埃利斯诉卢卡松案,Mentally Retarded Criminal Defendants, 53 *Geo. Wash. L. Rev.* 414, 427(1985)。
② 美国智能障碍学会,《智力障碍 11 种的分类》(H. Grossman ed. 1983) (AAMR Classification)。
③ 当然对那些无能力的发展可以用不同的方式分类。本案复审令中承认的问题——对"7 岁推定能力的个人实行死刑"是否违反宪法第八修正案,这其实关系到根据精神年龄所做的分类。被告将精神年龄和 AAMR 分类的智力障碍合二为一,法庭提出了对第八修正案的底线的两种主张。然而,奥康纳大法官的观点没有排除使用分类法对宪法第八修正案划界的可能性。与 AAM 智力障碍的临床定义相比,分类法包含了更多更为严重的精神残疾的群体,而且缺乏奥康纳大法官提出的精神年龄概念的问题。
④ Brief for the AAMR et al. as Amici Curiae 5.

的能力都有下降"。① 在我看来,智力障碍者的理解能力、控制冲动的能力和道德发展能力都受到了损害,这限制了他/她的可责性程度,不管其他惩罚是否妥当,但最后判处死刑的惩罚却是没有必要的,也是不妥当的,因此它违法了宪法。②

可责性程度是判处死刑是否合理的基础,即使智力障碍本身并不总是与可责性程度的减少相关,但我仍会认为对智力障碍者判处死刑是不符合宪法的。如果在智力障碍者中存在例外的人,他们和没有智力障碍的人一样有行为能力,那么量刑时提供的个性化考虑将不能保证他们是智力障碍者中唯一被挑出来接受死刑判决的人。宪法要求那些因为智力障碍而不能对自己的犯罪行为完全负责的个人不接受死刑处罚,只考虑将智力障碍作为减轻处罚的因素不足以保证实现这一要求。

在死刑审判的最后,陪审员需要就死刑是否妥当这一问题做出充分的个人判断,但是"处刑者可以考虑并利用智力障碍者的减轻证据"这一规定并不能对此提供充分的保证。在处刑过程中,法官或者陪审团通过其他因素考虑被告的可责性,处刑者可能认为这些因素比任何责任的需要更为重要。处刑者可以自由地以智力障碍被告相对较轻的可责性,来对抗犯罪的恶性情节和其他加重因素,然后再决定即便智力障碍最为严重的、最没有责任的罪犯依然应当被判处死刑。实际上,如果采用以下推理,处刑者可能会完全忽视将被告的智力障碍作为一个减轻死刑处罚的因素,"我们认为,如果被告智力障碍,我们将有更多理由判其死刑。凶手通常会再次杀人;智力障碍的凶手比正常的凶手更可怕,他变为一个有用公民的可能性更小。"

维护法律和秩序③在判刑阶段,因智力障碍而导致的可责性的减轻并不是禁止死刑的决定性因素;在处刑过程中,个人决定的目的并不是为了保证在智力障碍的被告的可责性程度没有达到应当判处死刑的程度的情况下,智力障碍者

---

① 克利伯恩诉克利伯恩生活中心案(*Cleburne v. Cleburne Living Center*), Inc., 473 U. S. 432, 473 U. S. 442 (1985)。

② 因为个人的精神年龄仅仅是个人智商和非智力障碍儿童平均智商的一个因素[同上,at 492 U. S. 339],与诊断智力障碍的通用标准相比精神年龄这一标准对个人能力的反应要更模糊、更不可靠,而运用精神年龄这个标准还必须补充说明与非智力障碍儿童相比对个人的"社会成熟程度"所做的评估。譬如说,在本案中,有证据证明被告有6岁半儿童的精神年龄和相当于9或者10岁儿童的社会成熟度。这些证据当然使人了解了得克萨斯州对彭里判处死刑时做出的提议。但是,"没有智力障碍的儿童和智力障碍的成人之间的比对是不精确的"[AAMR Brief 14, n. 6],根据我们掌握的信息,参考关于智力障碍的通用临床分类标准所做的分析似乎比用年龄比对为基础而做的分析要更加合理。

③ Hartsville Messenger, June 24, 1987, p. 5B, col. 1 (南卡罗来纳州法院承认对患有智力障碍的谋杀犯实行死刑)。

不被判处死刑。彭里被发回改判,得克萨斯州的法律也并没有因此而发生变化,没有什么可以阻止陪审团再一次合法地判处他死刑——即便陪审团发现他的智力障碍使他的可责性程度降低。但是,根据宪法第八修正案比例原则的要求,我没有看到判处死刑的合宪性。

(二)

对智力障碍者实行死刑违反宪法第八修正案,我的第二个依据是:杀死一个智力障碍的被告无论是对于刑罚的报应目的还是威慑目的,都没有显著的促进作用。"惩罚犯罪的核心是刑罚处罚必须与罪犯的个人责任直接相关。"[①]既然智力障碍者作为一个群体,都缺乏达到死刑程度的可责性,而这一可责性又是合理判处死刑的先决条件,那么对智力障碍者执行死刑永远都不可能使其"罪有应得"。而且,处罚也没有达到惩罚犯罪的报应目的。[②](一个刑罚如果与罪犯的可责性程度明显不相适应,并且违反宪法第八修正案的比例原则,那么这一刑罚便是不正当的。)

进一步讲,杀死智力障碍的被告者并不能实现刑罚的威慑目的。将智力障碍者从那些应当判处死刑的罪犯中排除出去将会减少死刑的威慑作用,这种情况是极不可能发生的,因为对于精神正常的人来说,在现行的法律下仍然存在着被判处死刑的风险。很多因素表明对智力障碍者实行死刑是不妥当和不公正的,那么只要存在潜在的智力障碍的罪犯,这些因素也会使死刑的效果最为低下。AAMR Brief 6-7 表明,智力障碍者"在逻辑推理、策略性思维以及预见能力上的智力创伤",并且"预见行为后果"的能力不会发展,"在控制冲动能力上的损害",这意味着智力障碍的人不可能在仔细地评估了不同的行为过程之后接受死刑判决。"智力障碍的人在他的脑海中不能独立产生不同的行为模式,然后从中选择适合他所面对的情形的行为"。在这种情况下,对智力障碍者实行死刑,也只不过是对其"无目的又不必要的痛苦与折磨"[③],根据宪法第八修正案也是违宪的。

因为我相信美国宪法的第八修正案是在整个国家的立场上,禁止对智力障碍者判处死刑,而因为他/她的精神障碍而对其犯罪不承担完全责任,所以我完全反对上诉法院的判决。

---

① 蒂森诉亚利桑那州案,481 U. S. 137, 481 U. S. 149 (1987);也参照恩芒德诉佛罗里达州案,458 U.S. at 458 U. S. 800。
② 参照斯坦福诉肯塔基州案,post at 492 U. S.404 (布伦南,反对意见)。
③ 科克尔诉佐治亚州案,433 U. S. at 433 U. S. 592。

斯蒂文斯大法官部分同意、部分反对意见，布莱克门大法官加入：

像我在蒂格诉莱恩案我的独立意见中已经声明的那样，在一个规则被明确有力地表达出来之前，就考虑其追溯适用，这既是不合逻辑的，也是不慎重的。如果溯及力问题没有被提起的话，我也不能确定法院是否应该考虑溯及。① 最后，我还是不支持法院在没有对此争议的讨论与摘要的法律理据情况下作出的武断判决，他们认为蒂格诉莱恩案中的溯及原则可以适合于死刑案件②，但是，假设在辩论过程中那些原则可以适用，那么很明显，法院对减刑证据问题的讨论没有建立一个以追溯为目的"新规则"。因此，我同意第一部分，第二部分（二）和第三部分。

在本案中，法院决定宪法第八修正案所禁止的对智力障碍者实行死刑的规则应该也可以溯及地适用。假设溯及是可适用的，我同意哈伦法官不溯及原则的第一个例外原则"应该理解为它不仅包含了禁止对某些初级行为进行刑事处罚，也包括对某一类型的被告因为其身份或罪行而禁止对其做出某种特别刑罚这两个规则"，而且声明这一原则存在于例外原则中。

第4部分的剩余章节充分而且相当清楚地表明相应的对智力障碍的死刑处罚的激烈争论。然而在我看来，那些解释——特别是美国智力障碍协会的摘要中提出的论点，从中可以得出一个结论：这类死刑判决是违宪的。因此我完全反对上诉法庭的判决。

因为我认为应该等到权利被确定之后再考虑追溯问题③，有观点认为彭里寻求的规则可能被溯及适用，即使是出于讨论的目的，法庭对其诉求的驳回也使我反对上述观点。但是，在本案中，因为法院已经充分地完善了彭里上诉要求的法律理据，这允许我得出相反的结论。

斯卡利亚大法官部分同意部分反对意见，首席大法官、怀特、肯尼迪大法官加入：

一

我同意法庭判决的第一部分，以及对该案件事实以及程序上的认证，第二部分（一），在蒂格诉莱恩案排除了将要建立新规则的取保候审原则，这适应于死

---

① Zant v. Moore, 489 U. S. 836, 489 U. S. 837 (1989)（布莱克门大法官，反对意见）。
② 参见蒂格诉莱恩案, 489 U.S. at 489 U. S. 321 以及 n. 3（斯蒂文斯大法官，协同意见）。
③ 参照蒂格诉莱恩案, 489 U. S. 288, 489 U. S.318-319, 以及 n. 2 (1989)（斯蒂文斯大法官，协同意见）。

刑量刑,第四部分(一),在蒂格诉莱恩案中提出例外原则,因为新的规则"超越了刑事立法者的权限"①,所以适用于被告人的抗辩,认为宪法第八修正案禁止对智力障碍者实行死刑。我也同意第4部分-B,对智力障碍者实行死刑既不违反人权法案通过时的判例,也不触犯"成熟社会演进中的伦理标准"。但对于这一论断,我持反对态度。② 然而,与奥康纳法官不同,我认为我们不需要进一步解决宪法第八修正案的问题,以及在第四部分(三)中的观点继续审查对智力障碍者适用死刑是否"违反了宪法第八修正案,因为这种处罚不能显著促进实现刑罚目的而仅仅只是毫无目的而又不必要的施加痛苦与折磨"或者因为"严重违反了罪刑相当原则"。根据在斯坦福诉肯塔基州案中多数意见的解释,我认为在宪法第八修正案的适用范围内该请求没有商榷的余地。"处罚要么是残酷而异常的(即社会坚决抵制这种刑罚),要么不是"。如果它不是异常处罚,也就是说如果对法律和陪审团决定的客观审查不能证明社会反对这一刑罚,那么即使符合该法庭法官所支持的刑罚理论,这项处罚也不是违宪的。

二

我不同意本案中认为判处的刑罚是不合宪的,因为得克萨斯州陪审团没有权力裁量并使智力障碍、滥用背景的减刑证据发挥作用,没有寻求"新规则"的适用,所以不被在蒂格诉莱恩案中所禁止适用。我反对上述观点。我也不同意对这一要求的实质依据的处理。

(一)

减刑问题的实质依据与人身保护令中提出的申诉人是否寻求在蒂格诉莱恩案中的"新规则"的问题,这二者是相互关联的。我只就后者提几点意见。我们在蒂格诉莱恩案中提出的人身保护令在我们的法律体系中是很有意义的,它具有"威慑"作用,"作为审判的必要附加收益,这一规则迫使上诉法院必须使自己的审判程序符合现存的宪法标准"。③ 法官出于善良信仰、为了最大地照顾被告利益而做出的行为很有可能将我们之前的判例解读为,因为法律并没有明确的规定而不应允许人身保护令申请者的主张。在这种情况下,"预防"和"威胁"都只是些没有意义的概念而已。因此,蒂格诉莱恩案中"新规则"的目的,不仅包

---

① 489 U.S. 288 (1989), at 492 U. S. 311, 引用麦克基诉美国案, 401 U. S. 667, 401 U. S. 692 (1971)(哈伦大法官,独立意见)。

② 参见特罗普诉杜勒斯案, 356 U. S. 86, 356 U. S. 101 (1958)(多数意见)。

③ 489 U. S. at 489 U. S. 306, *Desist v. United States*, 394 U. S. 244, 394 U. S. 262-263 (1969)(哈伦大法官,反对意见).

括能够替换旧规则的新规则,而且包括替换未来那些明显不确定规则的新规则。像在蒂格诉莱恩案一样(在当今法庭给出的"空头支票"中,我们承认"在被告被最终定罪时不存在判例的情况下,一个案件才宣告了新规则")。

从我对被告诉求的实质依据的分析中,人们很难想象到现在的判决有判例的"支撑"。实际上,如果存在任何有效的论点认为我们的判例强制案件达到某一特定结果的话,那也是认为应该考虑被告主张的观点,但是这种情况在尤雷克诉得克萨斯州案中已予以驳回。

然而,即便这种观点被驳回,也不存在什么依据可以产生相反的强制结果。对我而言,一个出于善良信仰和关怀而有作为的法官本应该知道所有现代经过宣告的规则、与得克萨斯州法院所犯的类似错误将来可以通过实现人身保护令的威胁作用而予以预防,这两种说法对我而言都是极为不可能的。

在遵循判例的法律体系中,每一个决定通常都要与已有的判例有内在联系(不论这个判例有多么隐蔽),而且,很少用新的规则置换之前宣告的规则。如果蒂格诉莱恩案没有上述"内在联系性"——和本案一样模糊、有争议,那么它只适用于直接驳回人身保护要求。也就是说,对于在刑事案件中有关新规则追溯力问题的现存规则,它几乎没有补充规定。据此,"宣告新规则的决定几乎就是自然地不具追溯力,因为在宣告时'这一决定就已经明确推翻了之前的判例'"。① 像蒂格诉莱恩案这样重要的法律原则居然在同一条款中既被通过又被排除,这是很少出现的情况。

(二)

下面,我将谈一下被告减刑要求的实质依据问题。在弗曼诉佐治亚州案中,我们使佐治亚州的死刑方案归于无效,依据是如果没有标准确定何时对某一特定犯罪适用死刑的话,将很有可能导致不合理的判处死刑——这是一个极大的风险。然而四年之后,我们却因相反的原因否决了北卡罗来纳州和路易斯安那州的死刑方案——因为他们没有允许对被告和犯罪做个性化考量,因而过度限制了量刑中的自由裁量权。② 然而在同一天,我们支持了佐治亚州、得克萨斯州以及佛罗里达州的死刑方案,因为他们找到了合适的平衡,引导陪审团适用自由

---

① 艾伦诉哈迪案(*Allen v. Hardy*), 478 U. S. 255, 478 U. S. 258 (1986),引用索利姆诉赫尔姆案, 465 U. S. 638, 465 U. S. 646, 465 U. S. 647 (1984)。
② 参照伍德森诉北卡罗来纳州案, 428 U. S. 280 (1976);罗伯茨诉路易斯安那州案, 428 U. S. 325 (1976)。

裁量权又没有加以过分的限制。① 在尤雷克诉得克萨斯州案中得到支持的得克萨斯州体系，与本案中不被法院接受的体系，这二者是完全相同的。它们都在三个特殊问题中构建了陪审团的裁量权，这三个问题就是与被告人的可责性、潜在危险以及回应被害人任何挑衅行为合理性相关的三个"特别争议"。法院认为这个处罚方案限制了陪审团考虑彭里智力障碍和童年受虐经历这一减刑证据的自由裁量权——这是违宪的，而且法院完全忽视了我们关心的两个事实中的一个，转而要求以个人考虑取代引导自由裁量，在审判过程中也完全无视尤雷克诉得克萨斯州案这一判例。

法庭主张它的结论与尤雷克诉得克萨斯州案是不一致的，因为那个案件仅仅对得克萨斯州特别争论框架提出了表面性反对。"在特别案件中，陪审团不能够完全考虑被告提出的回答特别争论时的减刑证据"，法院并不反对这一观点。

我不同意。对一个法典表面性反对的驳回并不能排除该法典在适用中受到的所有质疑，同样这也阻碍人们依赖同一条确定的法律原则。本案就属于这种情况。尤雷克诉得克萨斯州案判决中宣告的共同观点认为"得克萨斯州的程序是否合宪取决于其所列举的特别争议是否允许陪审团考虑特殊的减刑因素"。（这里有必要只提共同观点不提其他，因为其他三位法官都同意怀特法官的意见，即使有更多的反对理由他们也会支持得克萨斯州法典）。合宪性问题取决于争议问题是否允许考虑可以减刑因素，有分析认为这个观点不仅应该被考虑（当然，在回答争议问题时也要发挥作用），而且应该用所有可能的方式发挥作用，甚至包括问题本身所不允许的方式，但是法院所包容和支持的主张如今断然地反对了上述分析意见。法院已经在尤雷克诉得克萨斯州案之前"明确保证特别争议将会允许陪审团完全考虑被告提出的所有减刑证据"，这很明显是不准确的。现在也有观点对此予以确认。

法庭所指的"完全考虑"（这必须要区别于尤雷克诉得克萨斯州案）的意思出于所有目的进行考虑，包括不是设定争议问题的目的。但是这里根本不存在这种保证。相反，在尤雷克诉得克萨斯州案中为了证明这一保证，还引用了得克萨斯州刑事上诉法庭的部分观点，开头如下，"为了决定被告将继续威胁社会的可能性（即，根据得克萨斯州刑法典考虑到第二个问题时……）陪审团可以考虑……"②利用减刑证据的目的，是集中在为了实现回答所列问题上，而不是为了陪审团具有出于一切所有目的都可以利用减刑证据的能力。这一点在共同声明

---

① 参见格雷格诉佐治亚州案，428 U. S. 153 (1976)；尤雷克诉得克萨斯州案, supra；普洛菲特诉佛罗里达州案，428 U. S. 242, 428 U. S. 253 (1976)。

② 428 U.S. at 428 U. S. 272-273 引用 522 S.W.2d 934, 939-940 (1975)。

中也有所体现:"得克萨斯州刑事上诉法庭还没有解释第一个和第三个问题……因此,不能确定陪审团是否应当考虑减刑情节。"

简言之,宪法性原则规定对陪审团的指导必须包括与陪审团裁决相关的一切减刑情节,尤雷克诉得克萨斯州案非常明显地采用了这一原则;但是同样尤雷克诉得克萨斯州案也表明他们关联的精确方式——他们考量的精确效果——却可以通过法律加以引导。共同观点公开表示支持得克萨斯州法典,因为它"聚焦在陪审团对个别犯罪和个别罪犯的特别情节的客观考虑上"。当然,在得州法典的适用过程中,仍然有可能存在反对意见,认为个别减轻情节实际与三个特别争论中的任何一个都无关,因此,这些减轻情节不能够被考虑。但是本案不是这种情况,而且法院也没有据此作出决定。第一个特别争论要求陪审团决定"被告的杀人行为是否为故意而且被告是否可以预见到死亡结果的发生,或者是能够预见到其他结果的发生"。因为在福兰克林诉莱纳福案件中的多数意见观察到"得克萨斯法院一贯主张在判刑阶段——死刑谋杀者的'犯罪故意'就是第一个特别争议问题中提到的'故意'的意思,在陪审团对此作出决定之前——必须发现更多的证据——在定罪阶段所发现的犯罪'意图'之外的其他证据"。[①]彭里智力障碍和童年被虐经历的证据和上述论点相关。法庭允许他提出所有的证据并根据这些证据要求陪审团对特别争议作出否定回答,并且法庭还特别指导陪审团为上述目的而考虑所有的证据。因此,唯一有效的反驳就是这一证据"与道德上的苛责性相关,而超过了特别争议的范畴",这一点也被法院据以作为其决定的依据。在尤雷克诉得克萨斯州案中,这个论点被考虑到但是被驳回,因为该案认为法典对"陪审团客观考虑的关注"是违宪的。

但是,即便被告的申辩没有在尤雷克诉得克萨斯州案中被驳回,法院也显然犯了错,主张我们在后面的判例中"强制"地得出被告主张有效的结论。我们的案件的确支持"死刑法典不能排除对相关的减刑因素的裁量",包括"被告性格特征或者犯罪记录的任何方面,以及任何犯罪情节"[②],但是我们从来没有表明"州在对指导或者调整陪审团对这些减刑因素的考量中没起一点作用"。[③] 像斯蒂文斯法官在巴克利诉佛罗里达州案[④]中所指出的那样,洛基特诉俄亥俄州案和埃丁斯诉洛基特案都"没有对任何个别减刑证据加以重视,也没有建立考虑

---

　　① 487 U.S. 164 (1988), at 487 U. S. 171-175 ,引用得克萨斯州诸案件。
　　② 洛基特诉俄亥俄州案,438 U. S. 586,438 U. S. 604, 438 U. S. 608, (1978);也参照埃丁斯诉俄克拉荷马州案, 455 U. S. 104, 455 U. S. 110-112 (1982)。
　　③ 福兰克林诉莱纳福案, 487 U.S. at 487 U. S. 179。
　　④ *Barclay v. Florida*, 463 U. S. 939 (1983)。

这些证据的方式,他们只是在批判没有重视这些证据的程序而已"。①

我们没有制定强制性的死刑②,也没有确定地禁止量刑者考虑被告所提出的减刑证据。③ 在本案中法院的主要依据是埃丁斯诉洛基特案和洛基特诉俄亥俄州案。但是这两个案件与第二个原则都有所冲突。在埃丁斯诉洛基特案中,因为处刑者认为俄克拉荷马州的法律绝对禁止他考虑某种的减刑证据;在洛基特诉俄亥俄州案中,因为俄亥俄州法将减刑因素限制在三个以内,所以量刑主体根本接触不到最基本的减刑因素比如缺少杀人动机、被告在犯罪中的次要作用和被告年龄这些因素。像我们在洛基特诉俄亥俄州案中提到的那样,法院没有提出质疑,得克萨斯州允许考虑所有的减刑因素,虽然也仅仅是为了回答三个特殊争论的目的(毫无疑问的是被告提出的具体减刑情节中至少与其中一个问题相关)。这是为什么洛基特诉俄亥俄州案中法院发现得克萨斯州刑法典与俄亥俄州量刑计划有着显著的区别。而且这也是为什么我们继续说,在埃丁斯诉洛基特案和洛基特诉俄亥俄州案之后,得克萨斯州的特别争论"允许陪审团考虑减轻情节的各个方面以及罪犯的特别的性格特征,从而提供给陪审团充分的裁量权"。④ 我承认,如果不看案件事实,而只看埃丁斯诉洛基特案和洛基特诉俄亥俄州案中的某些陈述,它们本身可能会被认为建立了现在法院所适用的原则。但是,我们必须根据事实来分析案例,而不是在真空中只看案件陈述。上述两个案件的案件事实和尤雷克诉得克萨斯州案的一再重申,可以得出下列结论,即所有的减刑因素必须能够被量刑主体考虑到,但是并不需要为了所有的目的都考虑减刑因素。最后,在和死刑相关的根本法律体系这一更为宽泛的范围内,认为死刑是反对立即适用判例,我将简单就此发表意见。这也同样违反了规程。像在讨论一开始所提及的那样,我们关于死刑处罚的法律一直在试图打乱完全裁量和完全没有裁量权之间的平衡,完全裁量会产生"完全武断和反复无常的行为",而完全没有自由裁量权,那会阻止陪审团考虑被告人个人的性格特点和罪行。这就是在尤雷克诉得克萨斯州案中我们认为得克萨斯州的特殊争议本身没有问题的原因。正相反,我们认为采用特殊争议是一个合适的方法,"将陪审团

---

① *Id.* at 463 U. S. 961, n. 2(协同意见);也参照赞特诉斯蒂芬斯案, 462 U. S. 862, 462 U. S. 875-876, n. 13(1983)(宪法对于平衡加重和减轻情节特别的标准根本就没有要求)。

② 参照萨姆纳诉舒曼(*Sumner v. Shuman*), 483 U. S. 66(1987);伍德森诉北卡罗来纳州案, 428 U. S. 280(1976);罗伯茨诉路易斯安那州案, 428 U. S. 325(1976)。

③ 参照希区柯克诉达格案, 481 U. S. 393(1987);斯基玻诉南卡罗利娜州案, 476 U. S. 1(1986)。

④ 洛温菲尔德诉费尔普斯案(*Lowenfield v. Phelps*), 484 U. S. 231, 484 U. S. 245(1988);也参照普利诉哈里斯案(*Pulley v. Harris*), 465 U. S. 37, 465 U. S. 48-49(1984);赞特诉斯蒂芬斯案, supra, at 462 U. S. 875-876, n. 13;亚当斯诉得克萨斯州案, 448 U. S. 38, 448 U. S. 46(1980)。

客观考虑的焦点放在特殊情节上",或者像在福兰克林诉莱纳福案中多数意见提出的那样,"引导陪审团的裁量权,使得死刑得以更加理性和公平地实施"。

法院在(1)故意性,(2)未来的危险性,(3)挑衅行为者三个特殊问题的范围内指导陪审团考虑所有的减刑情节,这对我而言,似乎得克萨斯州已经采用了理性的方案来实现宪法第八修正案有关法院审判程序的两个要求。但是,现在法院却要求用以下方法置换上述方案,即把所有的感性因素(包括被告的生活背景、个性和犯罪情节)一股脑丢给陪审团,然后让陪审团在没有进一步指导的情况下决定被告是否"缺乏构成死刑的道德可责性"或者"是否不应被判处死刑"或者"是否罪不至死"。法院还将这一做法美化为"理性的道德反应"过程。但是这种做法与理性无关,法院已经把需要理性的部分排除在外了。这是一个法院所寻求的允许未经指导、情绪化的"道德反应"——是陪审团对被告个人生活和个性背景的个人情感宣泄,是一种无谓的同情。之前宪法不仅从未对此做出要求,而且格雷格诉佐治亚州案之后的案件判决也都在努力消除这种方法所产生的不可预测性。①

通过"限制量刑主体判处死刑的裁量权""而扩大其拒绝判处死刑的裁量权"就可以得到理性和可预测性,而避免处刑的"反复无常",法院不可能真的相信这种说法。② 是否判处死刑的决定是个统一的单位裁量,没有经过指导的不判处死刑的自由裁量和没有经过指导的判处死刑的自由裁量是一样的不理性。因为不论是出于何种目的,陪审团都有权自由评价彭里的智力障碍和悲惨童年经历,对于这一原则,法庭又回到了原地,不仅允许而且要求弗曼所谴责的主张。"Freakishly" and "wantonly"③,已经被重新认定为"理性的道德反应"。我认为宪法并不禁止法院在此作出的判决,但是我确定宪法并没有要求法院作出此判决。

我真诚地做出反对意见。

---

① 参照像戈弗雷诉佐治亚州案,446 U.S. 420,446 U.S. 428(1980)(州"必须通过清楚客观的标准,提供具体详细的指导,来引导死刑量刑主体的自由裁量权");加利福尼亚州诉布朗案,479 U.S. 538,479 U.S. 541(1987)("在决定犯了死罪的被告的命运时,量刑者不能被赋予完全的自由裁量权","宪法要求死刑法典结构化,目的就是为了防止用武断的、不可预测的方法实施死刑。")

② ante, at 492 U.S. 327,引用麦克莱斯基诉肯普案,481 U.S. 279,481 U.S. 304 (1987)(原案件的强调部分)。

③ 弗曼诉佐治亚州案,408 U.S. at 408 U.S. 310(斯图尔特大法官,协同意见)。

斯坦福诉肯塔基州案
Stanford v. Kentucky

《美国判例汇编》第 492 期第 361 页(1989)
美国联邦最高法院发至肯塔基州最高法院的调卷复审令
庭审日期:1989 年 3 月 27 日
结审日期:1989 年 6 月 26 日

案 件 导 读

本案的主题是对于 16 岁以上的青少年能否执行死刑？对犯罪时 16 或 17 岁的青少年科处死刑是否系属于宪法第八修正案中所称的"残酷和异常的刑罚"？

本案是美国刑罚史上关于能否处决未成年人的两个关键案例之一，另一个案件为 2005 年的"罗珀案"。本案件基本情况为 1981 年 1 月 7 日，只有 17 岁 4 个月的被告人凯文·斯坦福与他的同伙不仅抢劫了一家加油站，还将加油站的职员，20 岁的巴布尔·普尔强奸数次，然后，他们将她带到加油站附近的隔离区，斯坦福直接向受害人的面部和脑后各开一枪致其死亡。斯坦福及其同伙共从抢劫中获得大约 300 包香烟、2 加仑燃料、小数量的现金。斯坦福被逮捕后，肯塔基州少年法院举行听证会以决定是否将本案改为依一般诉讼程序审理。在考虑其犯罪之严重程度以及过去犯罪的前科后，因其"犯下多起严重罪行，少年法院认为被告有资格作为成年人受审，这样也可以最大限度地保护被告人和社团的利益"。故法院判定依一般诉讼程序审理对于斯坦福对整个社会较为有利。之后斯坦福被判定一级谋杀罪、一级强奸罪和一级抢劫罪成立，并且被判处没收赃款、死刑、45 年有期徒刑。肯塔基州最高法院维持了死刑判决，拒绝了斯坦福所主张"其基于宪法上的权利所应有之对待"。该院认为相关记录证明"在少年司法体系中，并没有适合上诉人的处置和待遇"，少年法院在斯坦福应适用一般诉讼程序的决定上并没有错误。

在联邦最高法院，多数意见包括首席大法官伦奎斯特、大法官斯卡利亚、肯尼迪、怀特和奥康纳认为对犯罪时 16 或 17 岁之罪犯科处死刑并不构成宪法第八修正案中所称的"残酷和异常的刑罚"。通过根据制定权利法案的原意或者演进中的伦理标准进行判断，并且依据的不是主观标准而是反映美国社会当下观念的客观标准，还结合从比例原则的角度上进行考察某一刑罚是否为残酷且异常的刑罚，经几位大法官阐述分析，均难谓在该案中判处斯坦福死刑违反演进中的伦理标准。因此联邦最高法院以5:4的投票结果宣布肯塔基州最高法院的判决应当维持。

能否判处青少年期间谋杀他人的被告死刑？在审理这起1989年发生在肯塔基州的案件时，联邦最高法院坚持处决少年犯并没有违背"通用的合宜行为标准"和宪法第八修正案中的关于不得施加残酷和异常的刑罚条款。本案的意义即在于引导人们思考确定判处死刑的最低年龄，是否说明刑法理论上存在的一个片断性、断层性的缺陷，以及少年的成熟程度是否因人而异？如果这种成熟程度受到年龄限制的话，在科学不能准确确定"完全成熟"的前提下，对14至18周岁的犯罪人适用死刑就必然受到质疑。到2005年"罗珀案"中，联邦最高法院基于"成熟社会演进中的伦理标准"判断对于犯罪时未满18岁之人科处死刑系属于残酷和异常的刑罚，无疑是对上述本案种种思考和质疑的鼓励和肯定。

判决摘要

当本案申请人凯文·斯坦福在肯塔基州犯下谋杀案时，他约为17岁零4个月。少年法庭在审理后决定将他送至成年人法院受审。根据肯塔基州法律，青少年犯A级重罪或死罪，或16岁以上少年犯重罪，由成年人法庭审理，申请人被判有罪并处以死刑。肯塔基州最高法院维持了死刑判决，驳回了申请人关于他享有纳入未成年人司法体制审判的宪法权利的抗辩。最高法院主张他的年龄和他的被改造可能性是否属于减轻罪行更适合由陪审团来决定。在案件号为87-6026的申请人威金斯在密苏里州犯下谋杀罪时，其年龄为16岁零6个月。根据密苏里州法律，犯下谋杀恶行的年龄为14~17周岁的未成年人可以被适用重罪。因此，他被确认作为成年人受审。他认罪并被判处死刑。密苏里州最高法院确认死刑，驳回了他关于死刑判决违反宪法第八修正案的抗辩。

裁定：维持本案判决。

斯卡利亚大法官在第一、二、三部分和第四部分的第（一）节发表了法庭意见，认为将死刑判决加诸于16或17周岁的未成年犯并不构成第八修正案所禁止的残酷和异常的刑罚。

（1）一个特定的刑罚是否违反第八修正案取决于其是否构成"在权利法案被通过之时，这种刑罚的模式或行为就被认为是残酷和异常的"，或者与"成熟社会演进中的伦理标准"相违背。申请人没有辩称他们的判刑在18世纪被认为是"残酷和异常的刑罚"，且自那时起也不能支持这样一个辩称，因为在那时，普通法针对14周岁的无行为能力人犯重罪（可被判处死刑的重罪）创设了不可反驳的推定。根据这一普通法传统,至少 281 名 18 周岁以下的未成年犯,和 126 名 17 周岁以下的未成年犯,在这个世纪被处决。

(2)在决定一个刑罚是否违反演进中的伦理标准,法庭并不是着眼于主观标准,而是由客观证据反映的美国社会当下观念的客观标准。主要的和最值得信赖的国家舆论证据——联邦和州法律模式——未能满足申请人要证明已存在反对处决 16 周岁和 17 周岁未成年犯的共识需求。允许死刑的 37 个州中,15 个州倾向于适用于 16 周岁的未成年犯,12 个州倾向于适用于 17 周岁的未成年犯。这不能建立起一个法庭先前认为充分的国家共识,即不能建立一个对未成年人判处死刑是残酷和异常的共识。

(3)申请人辩称陪审团在施加罪刑时和公诉人在追诉时有勉强情绪,存在对 16、17 周岁的未成年犯施加死刑刑罚是不合适的社会共识。这一辩称没有可供支持的证据。

调查数据显示,未满 18 周岁的罪犯被判处死刑的数目比超过 18 周岁的被判处死刑的罪犯少得多,这一事实部分反映了在年轻人群中触犯死刑重罪的人数所占比例是极小的。此外,引起申请人认为死刑绝不应当被加诸于未成年犯身上的这一想法,很可能就是造成公诉人和陪审团认为死刑应当极少被适用的原因,所以调查数据并不是一个相反论点的证据。

斯卡利亚大法官在第四部分的第(二)节和第五部分发表的法庭意见,首席大法官,怀特大法官、肯尼迪大法官加入该意见。

(1)申请人所引用的州法律,即从事驾车、饮酒、选举投票等各类行为的法定年龄为 18 周岁以上,与本案没有任何相关性。这些法律是总体施行,但并不要求对每个司机、饮酒者或选举投票者的成熟程度进行检测;因此,在绝大多数案件中,一个恰当的年龄必须被选择确定。然而,在死刑罪行领域,进行个别化的考量是宪法规定之必要。29 个州,包括肯塔基州和密苏里州,已经把此种宪法规定之必要编撰于法典,明确地将年龄指定为一个减轻因素,在死刑判决中应当被允许考量。再者,在诸如肯塔基州和密苏里州等移植法所规定,16 和 17 周岁的未成年犯被作为成年人受审时,甚至在他们被作为成年人受审以前,确保对其进行个别化的考量,考察其成熟度和道德责任。正是这些详尽规定的法律,而不是总体性规定驾车、饮酒和投票的法律展示了在此年龄问题上的社会共识,没有少年罪犯应当承担不相适的责任。

(2)申请人提供的全国共识的证据,不是州和联邦法律,不是公诉人和陪审团的,因此不能建立宪法性标准。公众意见投票、利益团体的意见和专门团体的态度不具有确定性,不能作为宪法性法律的基础。因青少年犯对死刑的恐惧不太清晰,未能确切了解刑罚报应,也因他们不够成熟和缺少责任感,他们较少受到道德上的谴责。这些社会科学或伦理科学证据试图证明死刑未能遏制16和17周岁未成年犯,其实也是不充分的。此论据的拥护者不是法院,而是公众。尽管法院的一些案件使用过比例原则分析被告人的受道德谴责程度与所获刑罚是否存在不成比例的情况以及是否存在一个刑罚对于刑法目标没有任何可衡量到的贡献,但是这些判决在有所谓不成比例情况下从没有单独使用,只有在同时也有州法律的客观证据或是陪审团的裁定建立起社会共识时才会使用,以使判决无效。

尽管奥康纳大法官同意目前没有社会共识禁止死刑适用于16和17周岁的未成年谋杀犯,但她得出结论,认为法庭有进行比例原则分析案件的宪法义务,并且应当考虑以年龄为基础的法定分类,这与比例原则分析是相关联的。

斯卡利亚大法官宣布了法庭判决,第一、二、三部分和第四部分的第(一)节的法庭意见,伦奎斯特首席大法官,怀特大法官、肯尼迪大法官加入。就第四部分的第(二)节和第五部分发表了法庭意见,首席大法官,怀特大法官、肯尼迪大法官加入该意见。奥康纳大法官发表了部分同意意见。布伦南大法官发表了反对意见,马歇尔大法官、布莱克门大法官和斯蒂文斯大法官加入此意见,post, p. 492 U. S. 382。

| 判决全文 |

一

在初审案件中,肯塔基州控告申请人凯文·斯坦福于1981年1月7日犯谋杀罪,在被告人只有17岁4个月时,射死20岁的巴布尔·普尔。斯坦福与他的同伙在他们打工的煤气站的抢夺期间,还实行强奸、鸡奸普尔等犯罪行为。然后,他们将她带到加油站附近的隔离区,斯坦福直接打击她的面部以及后脑部。从抢劫中获得大致300包香烟、2加仑燃料、小数量的现金。检察官证明被告人解释其谋杀的理由:

"他说,我不得不射死她,(她)住在我的隔壁而且她认出了我……我猜想我们应该勒死她或者打死她,……如果她告密,我们就告诉她,我们将会杀了她……他说完之后,开始大笑。"[1]

斯坦福被捕后,肯塔基州未成年人法院召开了听证会,根据肯塔基州刑事诉

---

[1] 734 S. W. 2d 781, 788 (Ky. 1987).

讼法典,决定将他送至成年人法院受审。刑法典规定未成年人法院的司法管辖能够被放弃,被告人作为成年人,他既可以被起诉为严重犯罪或者死刑犯,也可以被起诉为超过16周岁的重刑犯罪。强调被告人的严重性和不成功的少年法院的体制,譬如说,犯下多起严重罪行,少年法院认为被告人有资格作为成年人受审,这样也可以最大限度地保护被告人和社团的利益。

斯坦福被指控谋杀罪、第一等级的鸡奸罪、第一等级的抢夺罪、侵占他人财产罪,可被判处死刑或45年的监禁。肯塔基州最高法院确认为死刑,驳回了斯坦福"有权受到特别待遇"的要求。记录清楚地指出:"在适用少年法院的体制时没有程序或者妥当的特殊待遇",法院指出少年法院在审查被告人是否送至成年人法院受审上没有出错。法院也声明:被告人的"年龄和他恢复正常生活的可能性的确有减退的因素,可留待陪审团裁量"。

今天我们审理的第二个案件,涉及对南希·艾伦的谋杀,26岁的南希·艾伦是两个孩子的母亲,她与丈夫戴维·艾伦在密苏里州埃文代尔开的便利店工作。1985年7月27日被告人希斯·威尔金斯,在其大约16岁还差6个月时实行了谋杀行为。记录反映了威尔金斯的计划是抢夺商店和谋杀"那些藏在柜台后面的人",因为"死人不会告密"。威尔金斯的同谋帕特里克·斯蒂文斯劫持了艾伦,威尔金斯捅了她一刀,导致她倒在地板上。当斯蒂文斯打不开现金密码箱时,艾伦说可以帮助他,这导致威尔金斯在她的胸腔再捅三刀。其中有两刀伤及被害人的心脏。当艾伦开始请求饶命时,威尔金斯在她的脖子上捅了第四刀,捅破了她的动脉。在他们喝酒、抽烟、翻阅报纸,以及抢夺了大约450美元现金和支票之后,威尔金斯和斯蒂文斯离开了已经死亡的艾伦。

因为差6个月年满16周岁①,根据密苏里州法律,威尔金斯不能自动地作为成年人接受刑事诉讼。在能够提出诉讼之前,少年法院被要求决定少年法院管辖还是根据肯塔基州刑事诉讼法典§211.071部分,将威尔金斯作为成年人转送成年人法院管辖。在法院认为他符合条件之后,被告人进入有罪控告的程序。处罚听审会已经召开,州和被告人双方辩论了是否适用死刑处罚。听证会上提出的证据涉及被告人进入少年院的原因,那是因为各种破门盗窃、放火行为,8岁的被告人曾经试图将杀虫剂放到泰诺胶囊中杀死他的母亲未遂,但是导致邻居几只动物的死亡。尽管精神鉴定指出威尔金斯存在"精神障碍",但是证人证明威尔金斯知道他的行为,并能够辨认正确与否。

决定死刑是妥当的,法庭发出以下的命令:

---

① Mo. Rev. Stat. §211.021(1)(1986).

"法院认定毫无疑问存在以下的加重情节:(1)当被告从事严重抢夺罪时,实行了一级谋杀;(2)一级谋杀是主观上的堕落,作为一个成年人,这是不同寻常的或者肆无忌惮的、卑劣、恐怖而且非人性的。"①

对威尔金斯死刑的强制审查,密苏里州最高法院确认驳回刑罚违反第八修正案的抗辩。②

我们通过对以下案件证明,决定第八修正案是否禁止对 16 周岁或者 17 周岁实行犯罪的被告人判处死刑的规定。

二

威尔金斯和斯坦福所争论的捅杀行为在未成年人法院不可能被判处死刑,他们实行犯罪时的情节符合第八修正案禁止的"残酷和异常的刑罚"的规定。威尔金斯还让我们定义什么是 16 周岁的少年犯,而斯坦福应该被划定在 17 周岁内。

被告人主张对他的刑罚不构成"刑罚的模式或行为,在人权法案被采用的时候,这被认为是残酷和异常的刑罚"③,但他们也没有支持这种论点。那时,英美法设置了一个可反驳的假定,不满 14 周岁的人有能力犯重罪,理论上允许对任何 17 周岁以上的被告人判处死刑。④ 根据英美法传统的标准,至少 281 名 18 周岁以下的被告人在这些国家被判处死刑,至少 126 名 17 周岁以下的被告人被判处死刑。⑤

因此,被告人争论对他们的刑罚违反"成熟社会体面的进化标准"。⑥ 他们可能是正确的,宣称法院没有"权力局限于禁止第八修正案具体规定的在 18 世纪一般被认为是野蛮"的方式,但是应该取代将该条款解释为"有弹性的而且可理解的方式"。⑦ 在解释什么是"相关标准"时,无论如何,我们不应该只关注我们自己的概念,而是还要考察整个现代的美国社会。像我们已经谈到的那样,"第八修正案不应该,或者仅仅显示个别性判决的主观标准,判决还应该考虑最

---

① App. in No. 876026, p.77.
② 736 S. W.2d 409 (1987).
③ 福特诉温赖特案, 477 U. S.399, 477 U. S.405 (1986)。
④ 4 W. Blackstone, Commentaries *23-24; 1 M. Hale, Pleas of the Crown 24-29 (1800); In re Gault, 387 U. S.1, 387 U. S.16 (1967); V. Streib, The American Experience with Capital Punishment for Crimes Committed While Under Age Eighteen, 36 Okla. L. Rev. 613, 614-615 (1983); Kean, The History of the Criminal Liability of Children, 53 L. Q. Rev. 364, 369-370 (1937).
⑤ V. Streib, Death Penalty for Juveniles 57 (1987).
⑥ 特罗普诉杜勒斯案, 356 U. S.86, 356 U. S.101 (1958) (多数意见)。
⑦ 格雷格诉佐治亚州案, 428 U. S.153, 428 U. S.171 (1976) (斯图尔特大法官、鲍威尔大法官以及斯蒂文斯大法官,联名意见)。

大可能范围的客观因素"。① 这个主张受到两方面的指引,一是修正条款语言——仅仅描述这些惩罚既是"残酷的又是异常的"——另一个是我们应该"在联邦体制下遵从州立法决定"。

三

在"客观指引反映出公众对惩罚的态度"中,"首先"适用由社会选举的代表通过的法案。② 其中37个允许死刑的州,15个州倾向对16周岁被告人判处死刑,12个州倾向对17周岁的被告人判处死刑。③ 这并没有建立国家审查的等级,该法院建立之前就充分地贴上特别残酷和异常的刑罚的标签。在证明判处强奸一个成年妇女的罪犯的死刑中,我们强调佐治亚州有独一无二的、判处这种刑罚的管辖权。在打击死刑适用于参与抢劫犯罪中,共犯杀死了一个人,我们强调只有8个管辖地区作出了相似的判决。当第八修正案排除对精神病实行死刑,以及因此要求充分认定精神状况争论的听证会之外,我们根据(附加的英美法规则的)事实,"美国没有一个州"允许对少年死刑。在根据累犯的规定打击监禁刑不能用于假释时,我们强调"被告人显然没有像在他所在的州所应该对待的那样对待他"。

因为大多数允许判处死刑的州都授权可以对16周岁以上实行犯罪的被告人判处死刑④,被告人的情况类似于蒂森诉亚利桑那州案,而不是科克尔诉佐治亚州案、恩芒德诉佛罗里达州案、福特诉温赖特案和索利姆诉赫尔姆案等案件。在蒂森诉亚利桑那州案中,提出判处蒂森死刑是因为其实行了不计后果的、漠视

---

① 科克尔诉佐治亚州案, at 433 U. S. 592 (1977) (多数意见); 彭里诉莱纳福案, at 492 U. S. 331; 福特诉温赖特案, at 477 U. S. 406; 恩芒德诉佛罗里达州案, at 458 U. S. 788-789 (1982); 弗曼诉佐治亚州案, at 428 U. S. 277, 279 (1972) (布伦南大法官, 协同意见)。

② 参见麦克克莱斯基诉肯普案, at 481 U. S. 300 (1987), 引用格雷格诉佐治亚州案, at 428 U. S. 173。

③ The following States preclude capital punishment of offenders under 18: California[Cal. Penal Code Ann. §190.5(West 1988)]; Colorado[Colo. Rev. Stat. §1611-103(1)(a)(1986)]; Connecticut[Conn. Gen. Stat. §53a-46a(g)(1)(1989)]; Illinois[Ill. Rev. Stat., ch. 38, 119-1(b)(1987)]; Maryland[Md. Ann. Code, Art. 27, §412(f)(Supp. 1988)]; Nebraska[Neb. Rev. Stat. §28-105.01 (1985)]; New Jersey[N. J. Stat. Ann. §2A:4A-22(a)(West 1987) and 2C:11-3(g)(West Supp. 1988)]; New Hampshire[N. H. Rev. Stat. Ann. §630:5(XIII)(Supp. 1988)]; New Mexico[N. M. Stat. Ann. §§28-6-1(A), 31-18-14(A)(1987)]; Ohio[Ohio Rev. Code Ann. §2929.02(A) (1987)]; Oregon[Ore. Rev. Stat. §§161.620 and 419.476(1)(1987)]; Tennessee[Tenn. Code Ann. §§37-1-102(3), 37-1-102(4), 37-1103, 37-1-134(a)(1)(1984 and Supp. 1988)]. Three more States preclude the death penalty for offenders under 17: Georgia[Ga. Code Ann. §17-9-3(1982)]; North Carolina[N. C. Gen. Stat. §14-17(Supp. 1988)]; Texas[Tex. Penal Code Ann. §8.07(d)(Supp. 1989)].

④ 反对意见导致统计工作难以进行,对未成年人适用死刑的州拒绝提供对16周岁或17周岁的被告人实行死刑的数据,有19个州没有规定适用死刑的最低年龄。我们认为这是合理的回应。

人类生命的、特别重大的罪行,我们指出了 11 个判处死刑的管辖理由,以反对使用这些情节的理由。像我们之前指出的那样,这里的数字是 15 个被告人在 17 周岁以下,12 个被告人在 18 周岁以下被判处死刑。蒂森诉亚利桑那州案相同的结论也可以在本案件中得出。

被告人提出了许多关于最近制定的联邦刑法,规定死刑只适用于与贩毒相关的被告人,而且限制对未满 18 周岁的被告人判处死刑。① 这是完全错误的凭据。从一开始,刑法典中的错误就是没有具体规定由联邦立法委员会作出判断,没有规定只有在谋杀者足够十恶不赦时才能对年轻的被告人实行死刑,而是仅仅对限定在很窄的等级的范围内的被告人适用死刑。国会对广义的判断,如果完全出现的话,法律允许对 16 周岁或 17 周岁(妥当的发现之后)以上的被告人作为成年人被告人处罚,包括那些没有把死刑限定在 18 周岁的州在内。② 当然,即便如此,联邦刑法典也不禁止对 18 周岁以下的被告人实行死刑,那是丝毫没有根据的——事实上许多州的刑法典相反——认为同意这种刑罚的州的刑法是不人性的,在联邦法律没有规定的情况下很难达成国内的共识,也很难估计对社会造成的损害。事实上,在没有对 16 周岁或 17 周岁以上(如果存在的话)的被告人判处死刑的联邦法律规定的情况下,可能证明这里没有一个州同意实行这种处罚。但是,这不是肯塔基州和密苏里州的举证责任,无论如何,达成国内的共识来提倡他们的市民也有投票权,而不能认为那是被告人的"严重负担"。达成国内的共识反对它,像同意所指出的最根本和最信赖的关系那样,对立法的形式——被告人已经不能提出任何反对证据。

---

① The Anti-Drug Abuse Act of 1988, Pub. L. 100-690, 102 Stat. 4390, §7001(1), 21 U.S.C. §848(1) (1988ed.).

② 18 U.S.C. §5032 (1982 ed., Supp. V). See 10 U.S.C. §906a(1982 ed., Supp. V) (peacetime espionage); §918(murder by persons subject to Uniform Code of Military Justice); 18 U.S.C. §§32, 33, and 34(1982 ed. and Supp. V)(destruction of aircraft, motor vehicles, or related facilities resulting in death); §116(b)(3)(1982 ed., Supp. V)(retaliatory murder of member of immediate family of law enforcement officials)[by cross reference to §1111(1982 ed. and Supp. V)]; §351(1982 ed. and Supp. V)(murder of Member of Congress, high-ranking executive official, or Supreme Court Justice)(by cross reference to §1111); §794(1982 ed. and Supp. V)(espionage); §844(f)(1982 ed., Supp. V)(destruction of Government property resulting in death); §1111(first-degree murder within federal jurisdiction); §1716(1982 ed. and Supp. V)(mailing of injurious articles resulting in death); §1751(assassination or kidnaping resulting in death of President or Vice President); §1992(willful wrecking of train resulting in death); §2113(1982 ed. and Supp. V)(bank robbery-related murder or kidnaping); §2381 (treason); 49 U.S.C. App. §§1472 and 1473(1982 ed. and Supp. V)(death resulting from aircraft hijacking).

四

（一）

威尔金斯和斯坦福争论到,无论如何,即便法律本身没有建立一个确定的共识,法律的适用也会进行。现代社会认为对 16 周岁或 17 周岁的被告人判处死刑,作为不妥当性的刑罚可以被证明。他们认为,检察官起诉,通过陪审团犹豫地裁量刑罚,最少 18 周岁以下的被告人在 20 世纪比 18 周岁以上的被告人更少地被判处死刑。从 1982 年到 1988 年,譬如说,2 106 名死刑被告人中只有 15 名是在他们未满 16 周岁犯罪时被判处死刑,只有 30 名在他们 17 周岁犯罪时被判处死刑。[①] 的确在未满 18 周岁实行犯罪的显然在 1642 年至 1986 年间只占全部实行死刑的 2%。像威尔金斯指出的那样,对最后实行死刑的被告人,他在 1959 年实行犯罪时未满 17 周岁。这些统计,无论如何,存在一些意义,可得出一个不争的事实,18 周岁以下的死刑犯比 18 周岁以上的要少很多,待遇差异看起来似乎很小。但是在州的授权上存在本质上的差异,没有设置一个必须的规定,即对于检察官和陪审团来说,对 18 周岁以下的被告人实行死刑是绝对不可接受的。相反,不仅是可能的,而且绝对可能。酌量减刑不过是使得被告人与他的支持者相信从来没有对 18 周岁以下的被告人实行死刑,甚至使得检察官和陪审团也相信很少适用死刑。

最后的观点是为什么被告人与他的支持者所引证的将 18 周岁以上作为从事各种行为的合法年龄的法律是不相关的。从醉酒驾驶到选举行为,从一开始就不合理地认为一个人只有在足够成熟的时候才能够仔细驾驶,有责任地饮酒,或者明智地投票,以致认为只有足够成熟才能理解谋杀另一个人是根本错误的,或者他的行为应当符合所有市民的最低标准。但是,所要求的成熟度也是相对的,与关于年龄的立法问题仍然没有关系。他们并不代表社会判断,并不是所有的在法定年龄以下的人都没有足够的责任驾驶、饮酒或者投票。然而,大多数的判断并不是这样。这些法律不过是为了体系的整体运转而设定了一个适当的年龄,而不是证明个人是否具有驾驶、饮酒或者投票能力的成熟证书。刑事司法体系只不过为个人提供了一个个性化的证明方式而已。在死刑领域中,"个别化的考量是符合宪法要求的"[②],个别的减刑原因之一是处刑者必须被允许考虑被

[①] Streib, Imposition of Death Sentences For Juvenile Offenses, January 1, 1982, Through April 1, 1989, p. 2 (paper for *Cleveland-Marshall College of Law*, April 5, 1989).

[②] 洛克特诉俄亥俄州案, 438 U. S. 586, 438 U. S. 605 (1978) (伯格大法官,协同意见); 赞特诉斯蒂芬斯案, 462 U. S. 862, 462 U. S. 879 (1983)。

告人的年龄的。① 29个州,包括肯塔基州和密苏里州在内,已经符合宪法的要求将被告人的年龄作为死刑案件的减刑因素而编入了法律中②,而且,少年法院也被要求,决定将刑法典中规定的少年转化为作为成年人法院审判的对象,16周岁或17周岁的被告人在他们作为成年人出庭之前也要确保个别地考虑了他们的成熟度和道德责任。这对被告人的特别体系的适用可能不是完全符合宪法的,它仅仅是一个同意协定,大部分17周岁或18周岁的人,甚至是所有的人都具有足够成熟度能够对谋杀承担完全责任,但是17周岁或者18周岁以下的人不能对此负完全的责任。最近所出现的社会观点认为在驾驶、饮酒以及投票的普遍化的体系中设置的年龄不是由被告人和他的支持者们所引用的法律规定的,这个年龄是州在特殊的死刑系统中适用的。

五

根据州和联邦刑法以及检察官和陪审团的行为没有达成反对对16周岁或17周岁的被告人处以死刑的一致同意,被告人寻求证明其他的证据,包括公共民意测试,利益集团的观点,以及由各种专业团体采用的姿态。在那种不确定的基础上,使我们减少了对宪法的依赖。因为改进的国家同意更为广泛、清楚以及持久,从而判断永久禁止所有的民主政府的结合必须在人民已经提倡的可操作的行为(法律和适用的法律)中显现。

我们反对被告人的争论,如果我们在这个背景下使对16周岁或17周岁的被告人判处的死刑归于无效,它就不能实现刑罚的立法目的。根据被告人的观点,因为少年不成熟和缺乏责任,从而很少具有道德上的可责性。但是我们认为不能因为少年比成年人缺少认识的技能,就很少恐惧死亡,从而不能确定报应的

---

① 参见埃丁斯诉俄克拉荷马州案,455 U.S.104,455 U.S.115-116(1982)。
② See Ala. Code §13A-5-51(7)(1982); Ariz. Rev. Stat. Ann. §13703(G)(5)(Supp.1988); Ark. Code Ann. §5-4-605(4)(1987); Cal. Penal Code Ann. §190.3(i)(West 1988); Colo. Rev. Stat. §16-11-103(5)(a)(1986); Conn. Gen. Stat. §53a-46a(g)(1)(1989); Fla. Stat. §921.141(6)(g)(1987); Ind. Code §35-50-2-9(c)(7)(1988); Ky. Rev. Stat. Ann. §532.025(2)(b)(8)(Baldwin 1988); La. Code Crim. Proc. Ann., Art. 905.5(f)(West 1984); Md. Ann. Code, Art. 27, §413(g)(5)(1988); Miss. Code Ann. §99-19-101(6)(g)(Supp.1988); Mo. Rev. Stat. §565.032(3)(7)(1986); Mont. Code Ann. §4618-304(7)(1987); Neb. Rev. Stat. §29-2523(2)(d)(1985); Nev. Rev. Stat. §200.035(6)(1987); N.H. Rev. Stat. Ann. §630:5(II)(b)(5)(1986); N.J. Stat. Ann. §2C:11-3(c)(5)(c)(West Supp.1988); N.M. Stat. Ann. §3120A-6(I)(1987); N.C. Gen. Stat. §15A-2000(f)(7)(1988); Ohio Rev. Code Ann. §2929.04(B)(4)(1987); Ore. Rev. Stat. §163.150(1)(b)(B)(1987); 42 Pa. Cons. Stat. §9711(e)(4)(1982); S.C. Code §16-3-20(C)(b)(9)(Supp.1988); Tenn. Code Ann. §39-2-203(j)(7)(1982); Utah Code Ann. §76-3-207(2)(e)(Supp.1988); Va. Code §19.2-264.4(B)(v)(1983); Wash. Rev. Code §10.95.070(7)(Supp.1989); Wyo. Stat. §6-2-102(j)(vii)(1988)。

目的。支持上诉的人中,被告人和他的支持者安排了一大堆关于 16 周岁或 17 周岁的人的心理上的和情绪上的社会学证明。

这种证据能够总结性地建立了一个完全缺乏的阻却效果和道德上的责任指出,求助残酷和异常的刑罚条款将是没有必要的。违反这些规则,因为缺乏理性基础。① 但是作为一个从属性的"社会学"证据(而且,到目前为止可能与道德责任相关的从属的"伦理学"将会更加适合),16 周岁的人不具有"充分责任能力"或者有意识地阻止行为发生的能力,这不是显而易见的。相反,即便是错误的,也认为是不理性的。战场一定是有打斗的,那么,第八修正案的领域,关于在战斗中的社会学的、伦理学的或者纯粹的社会证据不是可用来支持的证据。处罚既是"残酷和异常的"(譬如说,社会已经建立它的事实来反对它),也是"残酷的以及异常的"。这些争论的观众,换句话说,不是法庭的法官,而是联邦的市民。是他们,而不是我们,必须被说服。因为,就像我们早就指出的那样,我们的工作是证明"理所当然的标准",决定什么是他们,什么不是他们。我们根据第八修正案没有权力向那些社会明显的怀疑主义者提交我们相信的科学证据。简言之,关于允许对 16 周岁或 17 周岁的犯罪人判处死刑的必要性,我们强调反对在这个案件的争论中的被告人的建议,允许我们适用我们"自己的有根据的判决"。②

我们反对对我们观点持异议的论点,因为"定义第八修正案保护政治性的绝大多数的轮廓是巨大的任务",脱离了"由限制宪法的机构的行为所表现出来的宪政主义"。当该法庭在历史体系下放任了对第八修正案的原始适用的一致性的时候,并没有掌舵出海。而是在实践中限定了修正条款实践的外延以反对"标志成熟社会的合理的标准"。③ 从来没有想过这是关于该法庭多数选择的一个简约的表达法。因为作出决定既不是由宪法文本,也不是由我们市民的显而易见的现代标准决定的,异议没有体现出重视"限定宪法的机构,包括法院自己"。进一步说,作为持异议者的观点,"对我们而言最后的判决所关注的是第八修正案是否允许判处死刑",这个异议意味着,也就是说,对我们的判决而言,不是基于我们所观察到的第八修正案原始的禁止,或者不是基于我们所观察到的社会通过她的民主程序实行压倒一切的反对意见,而是基于我们认为的"妥当性"和"显著地能够促成的可接受的处罚目标"——进一步说就是意味着没有用哲学王的实施置换法律判决。

---

① *Dallas v. Stanglin*, 490 U.S. 19 (1989).
② Brief for Petitioner in No. 876026, p. 23.
③ 特罗普诉杜勒斯案,356 U.S. at 356 U.S. 101 (多数意见)。

当异议正确时,我们的几个案件已经受到了所谓的"妥当性"的分析,被检查了在所处的刑罚与被告人的责任性之间是否"存在不妥当性",是否处罚实现了"显著地能够促成可接受的处罚目标",我们从来没有使在这个基础上作出的处罚归于无效。我们所有在分析的模式下作出处罚的案件里边也能找到州法律或者司法判决的客观指引,证明反对判处死刑的社会共识。① 实际上,两个方法论相互混合在一起,因为"妥当性"分析本身只能根据由我们自己社会的标准得出,唯一的选择就是我们个人的偏好。

* * *

我们找不到禁止对在16周岁或17周岁时实行谋杀行为的人判处死刑的历史的或现代的社会共识。因此,我们得出了这种处罚不违反第八修正案所禁止的残酷以及异常刑罚的结论。

因此,我们维持肯塔基州最高法院和密苏里州最高法院作出的死刑判决。

与威尔金斯诉密苏里州案一起移送给密苏里州最高法院。

奥康纳大法官的协同意见:

最近时期,在汤普森诉俄克拉荷马州案中,我表达了我的观点,根据法律规定,应当由少年法院审判的刑事被告人放弃少年法院的管辖权,如果州的刑法典规定了执行死刑的最低年龄,而被告人在犯罪时也达到了这个最低年龄的话,那么就可能会对该少年判处死刑。因为是一个门槛的问题,如果清楚地表明的话,没有禁止对这个年龄的被告人判处死刑的共识,那么我认为就没有必要明确违宪性问题。根据在汤普森诉俄克拉荷马州案中第二部分的标准,我可以得出结论应该放弃:对实行犯罪时只有15周岁的个人实行死刑的俄克拉荷马州的规定。根据现在相同的标准,我可以得出结论:密苏里州和肯塔基州对被告希恩·威尔金斯和斯坦福判处死刑不应该特别地放弃,因为非常清楚国内没有达成共识禁止对16周岁或17周岁的被告人处以死刑。

在汤普森诉俄克拉荷马州案中,我指出:"在这个案件中最突出的统计是美国的每一个立法都规定了可以判处死刑的最低年龄,基本上是在16周岁或者16周岁以上。"汤普森诉俄克拉荷马州案与其他案件不同,最能够说服我的是这里没有国内共识禁止对16周岁的被告人实行死刑。像法庭所指出的那样,"多数的州允许对16周岁的被告人实行死刑"。三个州,包括肯塔基州在内,已经特

---

① 参见索利姆诉赫尔姆案, 463 U. S. at 463 U. S. 299-300; 恩芒德诉佛罗里达州案, *supra*, at 458 U. S. 789-796; 科克尔诉佐治亚州案, 433 U. S. at 433 U. S. 593-597(多数意见)。

别地规定了对被告人执行死刑的最低年龄为 16 周岁①,而且第四个州,佛罗里达州,清楚地规定在少年法中也可以对 16 周岁的犯罪人判处死刑。根据这些情况,不像在汤普森诉俄克拉荷马州案中所说的那种"特别情况",我并不认为有必要要求州立法委员会特别规定对 16 周岁或 17 周岁的被告人可以判处死刑。因为非常清楚的是现在对禁止在这些情节下判处死刑还没有达成国内共识,"不明确的立法决定不是宪法性问题"。这是一个真理,更不必说在肯塔基州这些案件中,已经将 16 周岁作为执行死刑的最低年龄。存在反对对 16 周岁或 17 周岁的人实行死刑的这种一般性立法的那天可能会到来,而且很明确的国内共识也即将达成。因为我不相信那天已经来临,所以,我同意法院判决的第一部分、第二部分、第三部分以及第四部分(一)部分,并且赞同判决理由。

我不能同意的是,无论如何继续保留在汤普森诉俄克拉荷马州案中对我指出的理由的多数意见,建议:不能过高评估美国立法的特别规定,法院在判断"被告人的可谴责性和处罚之间的关系"是否妥当时保留了强加给法院的宪法性义务。在汤普森诉俄克拉荷马州案中,我特别地定义了"关于第八修正案分析"的法定年龄的分类。因此,尽管我不能相信这些特别的案件通过妥当分析就被解决,但是我依然反对使用这些分析来解释第八修正案,这是不妥当的。因此,我反对法庭的第四部分(二)以及第五部分。

布伦南大法官、马歇尔大法官、布莱克门大法官以及斯蒂文斯大法官的联合反对意见:

我相信剥夺实行犯罪的 18 周岁以下的被告人的生命是残酷和异常的,因此第八修正案对此应予以禁止。这个法院主张的刑罚没有违宪,因为残酷和异常的刑罚,是由我们的祖先所规定的,而且法院的四个成员适用的方式几乎没有相似之处。这样,我承担了判断刑罚是否违宪的任务,通过审查立法规定和处刑陪审团相关的刑罚问题,决定是否我们的国家建立了违反我们的"先行判例"的结果的刑罚。② 法院在这个案件中作出了这种分析。但是斯卡利亚法官根据关于这一点的多数意见,认为通过完成这种调查来对待第八修正案。我同意奥康纳大法官的意见,我们的程序法在解释残酷和异常的刑罚条款修正了更多正在寻找的疑问。根据我的观点,这种疑问在这个案件中必须遵守与死刑的法定年龄相关的其他事情的法定分类,也必须围绕斯卡利亚大法官主张的用证据而不是"伦理

---

① Ind. Code §35-50-2-3(b)(1988); Ky. Rev. Stat. Ann. §640.040(1)(Baldwin 1987); Nev. Rev. Stat. §176.025(1987).

② 参见特罗普诉杜勒斯案,356 U.S.86,356 U.S.101(1958)(多数意见)。

上的"证据的错位蔑视。只有当我们是法官时才能发现我们判处的刑罚是否是极其不合宪法的,因为根据被告人的罪责它是不妥当的,也因为它不适合刑法的目的。

一

我们的判决根据第八修正案是符合宪法的,尽管没有最后决定,但是通过现在对处罚审查的态度,立法者和陪审团的行为已经表明了其态度。① 用与这个领域相关的专业化组织和其他政府选择的观点来看,作为指引者,值得我们注意的是,惩罚是否得到文明社会的接受。

(一)

法院对州法律中关于死刑规定的讨论,对由立法规定的、与证据相关的现代证据标准是一种曲解。现在,12个州的刑法典存在允许对18周岁以下的被告人判处死刑的特别修正条款。12个州再加一个州,13个州(包括哥伦比亚特区在内)的死刑根本就没有授权。② 显然,政府从所有州的27个中已经得出结论,18周岁以下的被告人不应该被判处死刑。3个州完全拒绝对17周岁以下的被告人判处死刑,完全不能容忍对被告人希恩·威尔金斯判处死刑。目前,国会的大多数人也排除对18周岁以下的被告人判处死刑。③

有死刑惩罚的19个州,在死刑刑法典中没有规定死刑的最低年龄。④ 我不能确定,无论如何,考虑国家如何解决现存的宪法之下的道德问题,立法从来没有特别考虑对少年犯实行死刑的道德选择的争论。在这个问题上,很多州已经表明了明确而且相反的判决,立法的决定却是不明确的,并且缺乏"我们要求对导致死刑的其他种类决定的特征的仔细裁量"。我不建议,这些州的法律断然

---

① 参见麦克莱斯基诉肯普案,481 U.S.279, 481 U.S.300 (1987);科克尔诉佐治亚州案,433 U.S.584, 433 U.S.592 (1977)(多数意见)。

② 参见汤普森诉俄克拉荷马州案,487 U.S.815, 487 U.S.826, and n.25(1988),15个州已经一起反对实行死刑,第15个州是佛蒙特州。佛蒙特州撤销了对一些杀人犯允许实行死刑的立法 [See Vt. Stat. Ann., Tit. 13, §2303(1974 and Supp. 1988).]。这个州现在规定死刑只适用于敲诈钱财的绑架犯罪。到目前为止,允许判处死刑被做出不合宪的决定[弗曼诉佐治亚州,408 U.S. 238 (1972)],因为佛蒙特州的惩罚机制没有指导陪审团的裁量[see Vt. Stat. Ann., Tit. 13, §§7101-7107(1974)]。佛蒙特州的决定不是仅仅在弗曼案件中修正了死刑的部分,还修正了相关的刑法典对谋杀罪允许判处死刑的部分,还推导出一个结论:国家反对死刑。
另外,南达科他州,尽管立法规定死刑,但是自从弗曼案之后再没有判处任何人死刑,此后有28个州已经放弃了死刑。

③ Pub. L. 100-690, §7001 (1), 102 Stat. 4390, 21 U.S.C. §848(1) (1988 ed.)。

④ 参见汤普森诉俄克拉荷马州案,487 U.S.815, 487 U.S.826-827; n.26 (1988);492 U.S. 867-868; n.3 (斯卡利亚大法官,反对意见)。

反对少年死刑的违宪性——我们所考虑的精确需求的底线是,27个州拒绝授予对斯坦福案中的被告人的判处死刑的权力,30个州不允许对威尔金斯判处死刑,19个州还没有直接地面对这个问题,只有很少的剩余的管辖区域已经完全清楚地规定18周岁以下可判处死刑。

（二）

这些法律的适用是法院同意在相关问题上给出一个指导。陪审团偶尔对不严重犯罪判处死刑的事实表明了对少年犯的死刑不是绝对无条件地被陪审团拒绝的。当然,真的不能根据对第八修正案的分析得出结论,就像我们从来没有坚持全体一致反对由国家处罚一样,在我们可能判断它是残酷和异常的刑罚之前,我们从来没有采用极端的观点。如果它有时是被陪审团传下来的,认为处罚是对第八修正案的挑战①,对成年女子的强奸判处死刑是不合宪的,尽管自1955年以来在这个州有72个人因为强奸而被判处了死刑②,而且尽管佐治亚州的陪审团对强奸犯在1973—1977年之间已经通过6个死刑判决。恩芒德诉佛罗里达州案以及科克尔诉佐治亚州案详细地证明了,"检察官和陪审团绝对不能接受"处罚违法第八修正案的规定是"不必须的"——而且明显地,根据"残酷和异常的刑罚"的条款检验处罚不是必要的,因为这是陪审团绝对不能接受的。

既是绝对的也是相对的一个项目——对青少年判处死刑——是特别不寻常的。少年犯罪仅仅是死刑犯罪的一小部分,在全部2 186名犯罪中的30名,只占1.37%。③

1982年有11名少年犯被判处死刑,1983年是9名,1984年是6名,1985年是5名,1986年是2名。④ 1982年1月1日至1988年6月30日之间有1 813名少年犯,判处死刑的,占死刑犯罪的2.3%。少年犯与成年人被告人相比,少年被告人很少被判处死刑。在相同时期,逮捕了97 086名成年人杀人犯,和1 772名成年人死刑犯,少年犯只占1.8%,8 911名少年杀人犯中41名少年犯被判处

---

① 参见恩芒德诉佛罗里达州案,458 U.S.782,458 U.S.792 (1982)(对特别严重的谋杀犯罪判处死刑是残酷和异常的刑罚,尽管大约三分之一的美国管辖授予这种处罚的合法性,至少6个州允许对杀人犯判处死刑,其他的三个也排在死刑名单上);科克尔诉佐治亚州案,433 U.S.584,433 U.S.596-597 (1977)。

② 参见恩芒德诉佛罗里达州案,supra, at 458 U.S.795。

③ NAACP Legal Defense and Educational Fund, Inc. (LDF), Death Row, U.S.A. (Mar. 1, 1989). 通常被判处死刑的未成年人在马里兰州会被执行,但是已经规定对18周岁的罪犯执行死刑是最低底线。

④ App. N to Brief for the Office of the Capital Collateral Representative for the State of Florida as Amicus Curiae (hereafter OCCR Brief).

死刑,只占 0.5%。①

　　法院预测到对少年犯判处死刑只占一小部分,并指出陪审团在他们决定刑罚的时候已经考虑到被告人的年龄,这虽然是妥当的,但陪审团仍然保留了对一小部分案件判处死刑。佐治亚州作出了与科克尔诉佐治亚州案案件非常相似和相同的判决——"作为一个实践性的事件,陪审团非常简单地对强奸的极端案件判处极端的刑罚,最近的经验没有证明陪审团考虑了对每一个可能的强奸犯判处死刑的不妥当性"。无论如何,这个法院简单地驳回了上诉,并简单地指出,在大多数的案件中,佐治亚州陪审团没有对强奸犯判处死刑。那是很自然的,因为在大多数的案件中,陪审团没有判处少年犯死刑,对我而言,这似乎完全正式地得出结论:判处的刑罚很少是"异常的"。

(三)

　　现代合理标准的进一步解释表明,我们对第八修正案问题的考虑是与某个组织相一致的观点。在相关领域的专业化组织已经仔细地考虑了惩罚的妥当性问题,没有理由认为判决不应当关注现代标准的指示。那些组织认为州对少年犯罪人判处死刑是不公正的。实际上,一些组织,在那些案件中已经建立了法庭之友(amicus curiae),以支持被告人。② 美国律师协会已经采用一个反对对 18 周岁以下③的少年犯实行死刑的决议,青少年和家庭法院的法官国家委员会

---

　　① 对未成年人判处死刑对于当今的陪审团来说仍不寻常,但不同于反对死刑[*Lockhart v. McCree*, 476 U. S. 162(1986)]——由陪审团作出死刑的判决是当代社会进步的手段。
　　② Briefs for American Bar Association; Child Welfare League of America, National Parents and Teachers Association, National Council on Crime and Delinquency, Children's Defense Fund, National Association of Social Workers, National Black Child Development Institute, National Network of Runaway and Youth Services, National Youth Advocate Program, and American Youth Work Center; American Society for Adolescent Psychiatry and American Orthopsychiatric Association; Defense for Children International-USA; National Legal Aid and Defender Association, and National Association of Criminal Defense Lawyers; Office of Capital Collateral Representative for the State of Florida; and International Human Rights Law Group, as Amici Curiae. See also Briefs for American Baptist Churches, American Friends Service Committee, American Jewish Committee, American Jewish Congress, Christian Church(Disciples of Christ), Mennonite Central Committee, General Conference Mennonite Church, National Council of Churches, General Assembly of the Presbyterian Church, Southern Christian Leadership Conference, Union of American Hebrew Congregations, United Church of Christ Commission for Racial Justice, United Methodist Church General Board of Church and Society, and United States Catholic Conference; West Virginia Council of Churches; and Amnesty International as Amici Curiae.
　　③ American Bar Association, Summary of Action of the House of Delegates 17(1983 Annual Meeting).

(National Council of Juvenile and Family Court Judges)也采用了相同的决议。① 美国法律学院的模范法典(American Law Institute's Model Penal Code)相似地也规定了限制适用死刑的最低年龄为18周岁。② 也建议18周岁为最低年龄。③

  我们的案件认识到现代妥当的客观标准,其他州以立法的形式也涉及第八修正案的分析。④ 许多国家,当然在50个以上,包括几乎所有的西方国家——已经正式地废除了死刑,或者对除叛国罪之外的犯罪限制适用死刑。⑤ 其他27个国家在实践中已经不再适用死刑。同上。依然保留死刑的那些国家,多数——65个国家——禁止对少年犯适用死刑。61个国家依然保留死刑,而且没有刑法典规定排除对少年犯适用,尽管这些国家禁止对少年犯适用死刑的国际条约已经生效。自从1979年以来,国际大赦仅仅记录了全世界只有8名18周岁以下的少年犯被判处死刑,而且三个是在美国。其他的5名是在巴基斯坦、孟加拉国、卢旺达和巴巴多斯。⑥ 另外,国内法律,三个在美国生效的关于人权的国际条约明确地禁止对少年犯适用死刑。⑦ 在国际社会中,对少年犯的死刑威慑显然认为是不妥当的。

---

 ① National Council of Juvenile and Family Court Judges, Juvenile and Family Court Newsletter, Vol. 19, No. 1, p.4(Oct. 1988).
 ② American Law Institute, Model Penal Code §210.6(1)(d)(Proposed Official Draft 1962); American Law Institute, Model Penal Code and Commentaries §210.6, Commentary, p.133(1980)("[C]ivilized societies will not tolerate the spectacle of execution of children").
 ③ National Commission on Reform of Federal Criminal Laws, Final Report of the Proposed New Federal Criminal Code §3603(1971).
 ④ 参见汤普森诉俄克拉荷马州案, at 487 U.S.830-831;恩芒德诉佛罗里达州案, 458 U.S. at 458 U.S.796, n.22;科克尔案, 433 U.S. at 433 U.S.596, n.10;特罗普诉杜勒斯案, 356 U.S. at 356 U.S.102, and n.35。
 ⑤ App. to Brief for Amnesty International as Amicus Curiae.
 ⑥ Brief for Amnesty International as Amicus Curiae in *Thompson v. Oklahoma*, O.T. 1987, No. 86-6169, p.6.
 ⑦ Article 6(5) of the International Covenant on Civil and Political Rights, Annex to G.A. Res. 2200, 21 U.N. GAOR Res. Supp. (No. 16)53, U.N. Doc. A/6316(1966)(signed but not ratified by the United States), reprinted in 6 International Legal Material 368, 370(1967); Article 4(5) of the American Convention on Human Rights, O.A.S. Official Records, OEA/Ser. K/XVI/1.1, Doc. 65, Rev. 1, Corr. 2(1970)(same), reprinted in 9 International Legal Material 673, 676(1970); Article 68 of the Geneva Convention Relative to the Protection of Civilian Persons in Time of War, August 12, 1949, 6 U.S.T. 3516, T.I.A.S. No. 3365, (ratified by the United States). See also Resolutions and Decisions of the United Nations Economic and Social Council, Res. 1984/50, U.N. ESCOR Supp. (No. 1), p.33, U.N. Doc. E/1984/84(1984)(adopting"safeguards guar *id.* eing protection of the rights of those facing the death penalty," including the safeguard that"[p]ersons below 18 years of age at the time of the commission of the crime shall not be sentenced to death"), endorsed by the United Nations General Assembly, U.N. GAOR Res. 39/118, U.N. Doc. A/39/51, p.211,__2, 5(1985), and adopted by the Seventh United Nations Congress on the Prevention of Crime and the Treatment of Offenders, p.83, U.N. Doc. A/Conf. 121/22, U.N. Sales No. E.86.IV.1(1986).

(四)

总之,多数的国家反对对少年犯判处死刑,很少的国家对少年犯判处死刑,无论是绝对的还是相对的,相关领域的组织认为这种刑罚是不能接受的。几乎全球都反对,也给我提供了一个强烈的背景,一些国家坚持对少年犯判处死刑是不能被宪法忍受的。无须多言,无论如何,第八修正案完全禁止对少年犯实行死刑的其他观点也意味着是以上所指的现代价值标准的证据,对少年犯实行死刑不能满足两个基本原则和独立于第八修正案那种惩罚不是妥当的,也不能达成刑罚的目的。

二

斯卡利亚大法官在他的多数意见中坦率地指出:第八修正案的分析曾经是一个立法的尽头,陪审团对处罚的裁量关系到现代价值标准。多数大法官反对像最近这种案件的这种修正观点①,所以在这个案件和彭里诉莱纳福案中再次引起争论。作为决定我们是否违反宪法的观点的因素,我们不需要也不应该对待这种狭窄的范畴,因为那是极端的观点。

法院已经清楚地声明:"国家立法的态度和陪审团处刑没有全面考虑",根据第八修正案是有很大争议的 ②,因为"宪法预测到,最后,我们的判决将引起容忍一个接受处罚的问题"。③

斯卡利亚大法官的方式将会使任务大范围地转向定义在第八修正案保护政治上多数人的轮廓上来。但是"人权法案的目的是从政治争议中撤回确定的主体,而将他们置于多数和执法者之外,并且正式地建立由法院适用的立法原则。对生命、自由和财产的权利,自由言论,以及自由出版,宗教和集会的自由,以及其他的基本权利可能没有被呈现到投票中,他们取决于没有选票的后果"。④ 当权利法案的承诺没有被履行时,我们就背离了"通过宪法限定权利的这些机构

---

① 参照汤普森诉俄克拉荷马州案, 487 U.S. at 487 U.S.833-838 (多数意见);*Supra*, at 487 U.S.853-854 (奥康纳大法官,协同意见)。

② 科克尔诉佐治亚州案, 433 U.S. at 433 U.S.597 (多数意见)。

③ *Supra*, at 433 U.S.603-604, n.2 (鲍威尔大法官,协同意见)("最后的决定,作为根据第八修正案而作出的死刑的妥当性,……必须决定于我们根据该法院的诉讼程序作出判决的基础——恩芒德诉佛罗里达州案")("尽管立法机关、陪审团和诉讼人很平衡,对我们而言完全是判断在特殊的案件中是否可适用第八修正案判处死刑")。

④ 东弗吉尼亚州教育广告诉巴特案(*West Virginia Board of Education v. Barnette*), 319 U.S. 624, 319 U.S.638 (1943);比较惠特利诉艾伯特案(*Whitley v. Albers*), 475. S. 312, 475 U.S. 318 (1986)("第八修正案的语言……明确地表明了限制那些被委托履行刑事法律作用的政府的权力的意图")。

的行为的基本原则"①,因为这是根据斯卡利亚大法官的实证主义的观点对公民权利的定义。当它回到多数派,即制宪者不相信权利法案定义精确保护范围的能力,在全面分析之后把它融进了与那个问题相关的自己的判决,此时法院在我们的宪法体系中放弃了它的证明和妥当的作用。尽管斯卡利亚大法官的观点相反,无论如何,"很清楚,我们的案件……妥当标准与刑罚处罚的一致性的公共理解力不是决定性的。刑罚也应该与人类的尊严相一致,人类的尊严是第八修正案的基本概念……这意味着,至少,惩罚不应该是极端的……所有的极端有两个方面。一个是惩罚不应该是没有必要的和肆意带来痛苦的……第二个是惩罚不应该是极端的与犯罪不相适应的"。②

因此,另外询问一下立法或者陪审团反对刑罚是否显示了"禁止反对社会行为"的观点,法院审查是否"处罚是极端的、不合宪的",因为"在刑罚和对被告人值得责难之间"不存在妥当性,或者因为"没有显著的接收惩罚的目的,因此没有比无目的和无必要增加的痛苦和苦难更没有意义的了"③

三

毫无疑问在这一点上我们宪政的历史上表明第八修正案禁止不妥当地处罚没有责任能力的被告人。"一个世纪以来,宪法原则的妥当性已被法院明确地认识到。"通常形成了一个要求,处罚"不妥当的犯罪行为"④时,妥当的原则不仅考虑"伤害个人以及公共秩序"引起的犯罪,而且还考虑对犯罪人的"道德恶性"。被告人对他的犯罪行为的责任能力——"被告人被责难的程度"——是判刑的根本性的核心。实际上,对被告人归责的关注已经通过宪法学与死刑判决具有了相关性。⑤ 排除国家立法要求处刑者应考虑证据而不是被告人的前科记录与被告人的性格以及犯罪情节,也不要求容忍"被告人的个人的责任和道德责任"。⑥

---

① Radin, The Jurisprudence of Death, 126 *U. Pa. L. Rev.* 989, 1036 (1978).
② 格雷格诉佐治亚州案,428 U.S.153,428 U.S.173 (1976)(斯图尔特大法官、鲍威尔大法官、斯蒂文斯大法官,联合协同意见)。
③ 科克尔诉佐治亚州案,*supra*, at 433 U.S.592 (多数意见);彭里诉莱纳福案;*supra*, at 492 U.S.335 (奥康纳大法官的意见);*supra*, at 492 U.S.342-343 (布伦南大法官同意部分判决以及不同意部分判决的意见)。
④ *Supra*, at 463 U.S.284;威姆斯诉美国案,217 U.S.349 (1910);奥尼尔诉佛蒙特州案,144 U.S.323,339-340 (1892)(菲尔德大法官的不同意见)。
⑤ 布恩诉马里兰州案(Booth v. Maryland),482 U.S.496,482 U.S.502 (1987)。
⑥ 加利福尼亚州诉布朗案,479 U.S.538,479 U.S.545 (1987)。(英美法长久以来就要求在判刑中要强调责任能力……洛克特诉埃丁斯案也反映了刑法要直接关涉到个人的责任能力和被告人的罪行)(奥康纳大法官,协同意见)。

妥当性的分析要求我们要比较"犯罪的重大性",在"刑罚的严酷性"中理解不仅包括引起的伤害,而且包括被告人的责任能力。我认为,少年犯一般缺乏对犯罪的责任能力,以致断言不能判处第八修正案禁止的、他们所能够接受的死刑。

(一)

立法决定区分少年犯和成年人犯。基于年龄的分类揭露了我们社会将少年作为一个等级和关于青少年责任能力的社会信赖。[①]

在大量的成年人的犯罪活动中有少年犯的参与,既可以由立法进行完全的禁止,也可以通过立法进行严格的限制。所有的州,除了两个以外,都有一个统一的最低年龄标准,并都已经规定在18周岁以上。没有国家的投票者低于18周岁。没有任何国家允许低于18周岁的人参与陪审团。[②] 只有4个国家允许18周岁的人在没有父母同意的情况下结婚。[③] 73个国家已经有特别的约定要求对滥用药物的人处罚必须达到18周岁。34个国家要求18周岁的人驾驶需要父母的同意。[④] 42个国家的立法禁止18周岁以下的人购买激起性欲的物品。[⑤] 即便是那些赌博合法的地区,18周岁以下的人一般也是不允许参与的,或者只允许参与一些形式性的赌博。[⑥] 在这些或者大量的其他方式中,少年不同于我们法律中的成年人,共同经验反映了简单的道理,少年作为一个等级没有我们对成年人的成熟度和责任能力,也不具有在现代社会中完全享受权利和承担责任的能力。

"这是为什么少年犯没有成年人所拥有的特权和责任的原因,这也解释了为什么他们不负责任的行为不能像成年人那样在道德上受到责难。"少年犯"比成年人更加随意、更加冲动,更加缺乏自我克制",他们没有相同的"能力去控制他们的行为,对一个行为的后果也没有一个长远的思考"。他们大部分是易受影响的,无力对抗压力的,易于"经历冒险和虚张声势"。他们缺乏"经验、远见和判断能力"。[⑦] 而且,我们社会的家长作风以及年轻人对父母的依赖意味着社会要对少年犯的行为负责,而不是对成年人的行为负责,至少从理论上,他们可

---

① 参照汤普森诉俄克拉荷马州案,487 U.S. at 487 U.S. 823-825(多数意见)。
② OCCR Brief, App. B;汤普森诉俄克拉荷马州案, supra, at 840, App.。
③ OCCR Brief, App. D;汤普森诉俄克拉荷马州案, supra, at 487 U.S. 843, App. D。
④ Id. App. F;汤普森诉俄克拉荷马州案, supra, at 487 U.S. 842, App. C。
⑤ OCCR Brief, App. G;汤普森诉俄克拉荷马州案, supra, at 487 U.S. 845, App. E。
⑥ OCCR Brief, App. H;汤普森诉俄克拉荷马州案, supra, at 487 U.S. 847, App. F。
⑦ 贝洛蒂诉贝尔德案(Bellotti v. Baird),443 U.S. 622,443 U.S. 635(1979);汤普森诉俄克拉荷马州案, supra, at 487 U.S. 843-844, n. 43。

以自由地选择。

"年轻人的犯罪……不是绝对的被告人的错误,年轻的被告人代表着家庭、学校以及社会体系的失败,美国对青少年发展都应该承担责任。"

的确,认识和推理能力的发展和移情,以及在这些能力方面经验的获取、合理价值的判断的独立性,对个人行为的完全责任能力的自我控制的成熟过程,是随年龄增长的。[①] 以上所讨论的因素指出 18 周岁是一个人一般进入社会的分界线,合理地假定在这个点上有能力去做,可以对他们的义务承担责任,也具有判断的能力。将 18 周岁作为知道个人的成熟度和责任能力的判断时点对社会选择来说是必要的,但是每个人有着不同的成熟速率,实际上,将 18 周岁作为"青少年期和成年期的分界线也是一个保守的估计。在 20 岁之前还没有确实成熟,青少年在心理和情感上还经历着许多变化"。[②]

(二)

这可能是个例外,一些成熟的个人要比跟他们年龄相同的人更加迅速成长,他们可能被认为在 18 周岁之前就能对自己的行为具有完全的责任能力,尽管这样的判决缺乏依据。[③] 有的观点认为,在少年被转到成年人法院审判时要考虑年轻人的罪责,而对此并据我所知没有充分地提供的一个事实,作出死刑判决的陪审团已经被指引要考虑年幼或者其他的减轻因素。我相信第八修正案要求对其与成年人共同实行的犯罪行为缺乏完全责任能力的人不应该判处死刑。因此,在判断少年被告人的责任能力时仅考虑附随的其他因素在宪法上是不充分的,法院或者陪审团可能认为这比责任的缺乏更重要。

宪法应当规定禁止对不成熟的人判处不妥当的死刑,但是这并不能保证不把少年犯送至成年人法院审判。在决定中更重要的考虑是转送那些罪行严重的少年犯,犯罪之前的程度,应该与在少年法院体系中的待遇一致。心理上的、智力上的以及少年犯的其他的个人性格在转送过程中几乎没有受到关注,而且也没能考虑在那些送至成年人法院与依然停留在少年法院体系之间的不同。[④] 也

---

① G. Manaster, Adolescent Development and the Life Tasks (1977).

② Brief for American Society for Adolescent Psychiatry et al. as Amici Curiae 4,引用社会科学研究。

③ 违法犯罪的未成年人是相当少的。相反,他们多是在那些 18 周岁,社会假定他们有成年人的判断能力的人。See, e. g., Scharf, Law and the Child's Evolving Legal Conscience, in 1 Advances in *Law and Child Development* 1, 16(R. Sprague ed. 1982)(研究讨论的是有违法行为的年龄 15 周岁至 17 周岁的未成年人,其平均道德成熟程度与 10 周岁至 12 周岁的未成年人相当)。

④ Solway, Hays, Schreiner, & Cansler, Clinical Study of Youths Petitioned for Certification as Adults, 46 *Psychological Rep.* 1067(1980).

不是少年犯缺乏完全的责任能力从而使之排除在死刑之外,而这只是作为界定法案不判处死刑的一个因素。陪审团可以自由地评估少年犯的成熟度和责任能力的缺乏以反对十恶不赦犯罪以及其他加重刑罚的因素——找出重大犯罪的因素时,认为即便是对16周岁或17周岁的不成熟的未成年人也可以判处死刑。因为根本无法想象,送至成年人法院并作出孤立判决的那些特别成熟和可以承担责任的少年犯,如何区分于他们的同辈。

因此,不用吃惊,在转换法院以及判处死刑上的个人性的考虑实际上没有保证青少年因缺乏成年人的罪责而不被判处死刑。相反,少年犯在死刑上显示了典型的心理上、感情上和其他正在发生的问题上的对于判决的被责难的能力。最近对4个国家的14个判处死刑的少年犯的分析评估非常具有启发性。[①] 7个判处死刑的少年犯在评估时是精神错乱的,或者在早期幼儿时期有过精神错乱的症状,4个具有严重的情绪性障碍的症状的病史,其他的3个经历了间歇性的偏执障碍,而且发生在他们准确地袭击他人的时候。8个在儿童时期有过严重的脑外伤,9个患有神经官能症。心理测试显示了这些死刑者中只有两个人的智商在90分以上(这是一个道德范畴)——两个患有精神紊乱的疾病——10个被告人显示至少在一些测试中欠缺推理能力。但是这些少年犯中的两个已经有体力上的滥用,5个有性方面的滥用。在这些孩子中间,暴力、酗酒、药物滥用以及精神障碍是非常普遍存在的。

现在正在考虑的案件在转换法院和判刑时的确没有建议考虑个人的特征以确保仅仅排除成熟的少年犯罪,因为对他们犯罪的责难是与成年人一样的,可以被判处死刑。转换从凯文·斯坦福到巡回法院的管辖权,地区法院发现了斯坦福在犯罪时的年龄只有17岁,"他缺乏社会技能,有一个内在的较低的价值和道德标准。他具有习以为常的个性,因为他的混乱不堪的家庭生活和无人照顾,在犯罪行为中已经变成社会化的一种倾向。他在感情上的不成熟,即便对其妥当地进行长时间的心理干预和现实性的社会治疗以及在戒毒机构的戒毒治疗,也不能够使他变得顺从"。

在对斯坦福的量刑阶段,证人证明斯坦福与一些亲属住在一起,自13岁起开始使用毒品,他使用毒品已经引起了他性格和行为上的变化,已经几次被少年管理所收管,证人还证明被雇用的技术项目测试也表明他缺乏其适当的年龄和社会技术之间的一致性,他有滥用毒品的前科记录,期望得到家庭的支持或者管教。

---

① Lewis et al., Neuropsychiatric, Psychoeducational, and Family Characteristics of 14 Juveniles Condemned to Death in the United States, 145 *Am. J. Psychiatry* 584 (1988).

当他打算杀害密苏里州的被害者时,希恩·威尔金斯 16 岁。少年法庭根据命令将他送至成年人法院受审,焦点在于希恩·威尔金斯犯罪的恶性循环,少年法院体系在收容他的 17 个月内无力使他恢复正常生活,需要公共保护,尽管在这一点上希恩·威尔金斯也提到,根据他的观点:"在他的外表和习惯中他是一个成熟的有经验者。"法院发现希恩·威尔金斯有能力在法庭上申辩。① 在 No. 87-6026, p. 42 中有记录。希恩·威尔金斯向顾问挥舞拳头,发誓对控告犯罪并判处死刑,提出抗辩。希恩·威尔金斯没有由律师代理出席。不存在减刑证据,告诉法院他更愿意被判处死刑而不是监禁。"我害怕的是不被判处死刑",之后,来自国家的证据证明法院判处希恩·威尔金斯死刑的妥当性。希恩·威尔金斯没有进一步上诉,争取获得减免的努力。密苏里州最高法院,无论如何,命令评估决定是否给予了希恩·威尔金斯申辩的权利。结论是希恩·威尔金斯没有放弃权利②,但是由国家指派的法医发现希恩·威尔金斯"患有精神障碍疾病",这影响到他的"推理能力和行为的减损"。难以置信,精神障碍的结论和对他过去的总结表明,希恩·威尔金斯的过去是一片空白,密苏里州将他转移到其他法院并判处死刑是在他 16 周岁的成熟度下和超越其年龄的罪责下判处的。

(三)

我认为,一般非常缺乏责难程度的少年,在先例制度下,判处死刑的宪法上的先决条件关涉到第八修正案的妥当原则。在将被告人送至成年人法院和判刑阶段时对被告人年幼和责任能力的个性化考虑,没有确保在最后判决中将 18 周岁以下的比其同辈的责任能力发展快的被告人挑出来。在这种情况下,我认为相同而绝对的假定,即未成年人作为一个等级没有足够成熟到可以让我们相信在其他许多领域其具有完全的责任能力,同时对未成年人判处死刑也是不妥当的。像我们在汤普森诉俄克拉荷马州案中指出的那样,如果我们很容易地假定未成年人作为一个等级,对其进行比例分析时突然发现其行为是不适当的话,那

---

① 两名精神专家作出关于威尔金斯的报告,当发生他是否有能力出庭的争论时,两人都没有建议由于他的年龄排除成熟性。一名专家人为威尔金斯智力上的功能"在平均年龄当中"(App. in No. 87-6026, p.10),"他的高级命令程序",像推理和判断这样的程序,是"在平均道德范畴中"(id. at 11)。其他的结论:"威尔金斯判断控制后果的能力是脆弱的、不一致的,从而导致他的冲动行为以及武断的和肆无忌惮的判断,倾向刨根到底。他不能承受敏感的情绪反应,像焦虑、低沉,或者愤怒,因此这会妨碍他的认知能力,从而产生冲动行为。他容易受到混乱感觉的伤害,从而导致阵发性的破坏性行为。他的狂怒伴随孤独的感觉,因此他既经历自己也经历他人的无力感和空虚感……""他很难产生与其他人感情共鸣……"(id. at 22)。

② 威尔金斯有"行为障碍、反社会类型"的症状,并伴随有精神障碍,从而使得他"在压力下情绪会难以自我掌控和预测,从而在侵害他人和自我伤害之间摆动"(id. at 67-68)。他自 1982 年以来已经"表现出了古怪的行为,奇怪的想法"(id. at 68)。

将是一个讽刺。我不得不举出第八修正案是禁止对18周岁以下的被告人实行死刑的条款。

四

根据第八修正案规定可以调查刑罚是否是过度的,因此不是违宪的,所判处的刑罚是否有利于实现刑罚的可接受的目的。① 死刑的两个社会原则的目的被认为是"对被告人所犯罪行的报应和威慑"。② 除非对18周岁以下的被告人判处死刑有利于实现刑罚的目的,否则第八修正案禁止判处死刑。

"报应作为对被告人的公证的处罚取决于他们的罪责程度"。我已经作出解释。因为对被告人的责难是不妥当的,根据定义,违反第八修正案妥当原则的处罚,就不是罪有应得。

对少年犯实行死刑不是妥当的报应,不能达到威慑目的。除非少年犯能够从个人的能力接受死刑的等价中被排除出来,否则对他们实行死刑,达到对其他潜在的18周岁以上的被告人的威慑价值就只有很小的效果。那些成年的被告人当然也许有被判处死刑的能力,但是对潜在的少年犯罪者的效果是没有意义的。死刑的威慑作用不过停留在"假定我们在实行行为前总是理性的,而且基于我们的行动完成周密的结果"之上而已。③ 像在汤普森诉俄克拉荷马州案中多数意见所指出的那样,"有一种可能性基本上是不存在的,即那些青少年被告人进行成本效益分析并衡量执行死刑的可能性很低"。

首先,少年犯与"成年人相比,很少有能力……有更长远的想法",他们没有仔细的、长远的考虑和确定自己的行为可能实际上引发更严重的后果的能力。④ 另外,少年犯几乎不畏惧死亡,因为他们"极度地相信他们自己的无限权利和不

---

① 参见汤普森诉俄克拉荷马州案, supra, at 833; 恩芒德诉佛罗里达州案, 458 U.S. at 458 U.S.798; 科克尔诉佐治亚州案, 433 U.S. at 433 U.S.592; 格雷格诉佐治亚州案, 428 U.S. at 428 U.S.173。

② 格雷格诉佐治亚州案, supra, at 428 U.S.183; 参照恩芒德诉佛罗里达州案, supra, at 458 U.S.798。

③ Gardiner, The Purposes of Criminal Punishment, 21 Mod. L. Rev. 117, 122 (195)。

④ See, e.g., Kastenbaum, Time and Death in Adolescence, in *The Meaning of Death* 99, 104 (H. Feifel ed. 1959)。在Kastenbaum的研究中得出的结论:"青少年生活在一个敏感的时代,'现在'对他而言是那样的现实,与'过去'和'未来'比较过于平淡了。在生活中重要的和有价值的每一件事情既牵连直接的生活状态,也涉及相当接近的未来。"

朽"。① 因为对 18 周岁以下的实行犯罪的人判处死刑不能符合报应刑或者威慑刑目的,"没有比无目的和无必要强加疼痛和痛苦更没有意义的了",因此是极端的、不合宪的。

五

这里进一步强调对少年犯实行死刑是违反现代妥当性标准的:多数国家倾向允许少年犯被判处死刑,判处未成年人死刑是非常不寻常的,即便是在那些允许判处死刑的国家,这是与作为不能接受少年犯死刑的相关领域的团体的专家的反应,也是国际性的反应。这些已经确定,我认为我的结论是第八修正案禁止对 18 周岁以下的犯罪人实行死刑,因为死刑对这样年轻的被告人是不妥当的,也不能达到死刑的目的。所以我反对法庭判决。

---

① Miller, Adolescent Suicide: Etiology and Treatment, in 9 Adolescent Psychiatry 327, 329 (S. Feinstein, J. Looney, A. Schwartzberg, & A. Sorosky eds. 1981); Gordon, The Tattered Cloak of Immortality, in Adolescence and Death 16, 27 (C. Corr & J. McNeil eds. 1986) (noting prevalence of adolescent risktaking); Brief for American Society for Adolescent Psychiatry et al. as Amici Curiae 5-6 (citing research).

阿特金斯诉弗吉尼亚州案
Atkins v. Virginia

《美国判例汇编》第 536 期第 304 页(2002)
美国联邦最高法院发至佛罗里达州最高法院的调卷复审令
庭审日期:2002 年 2 月 20 日
结审日期:2002 年 6 月 20 日

案件导读

判处智力障碍犯罪人死刑是否构成第八修正案所禁止的"残酷和异常的刑罚"?

上诉人达里尔·勒纳尔·阿特金斯因绑架、持械抢劫、死刑谋杀被判处死刑。1996 年 8 月 16 日午夜时分,阿特金斯和威廉姆·琼斯,携带了一把半自动手枪绑架了艾瑞克·内斯比特,并抢劫了他身上的现金,然后驾驶被害人的皮卡车来到自动取款机处强迫被害人提取现金(摄像头对此段画面有影像记录),最后把被害人带到了一个荒芜之地,并在那里对其射击了 8 枪致其死亡。

上诉人阿特金斯因谋杀及相关罪行被弗吉尼亚州最高法院判处死刑。申明,弗吉尼亚州最高法院依据彭里诉莱纳福案拒绝阿特金斯提出的因为其属智力障碍人士而不能被判处死刑的主张。

联邦最高法院认为判处智力障碍犯罪人死刑属第八修正案所禁止的"残酷和异常的刑罚"。联邦最高法院判决撤销弗吉尼亚州最高法院的判决,根据本判决意见将本案发回重审。

联邦最高法院大法官斯蒂文斯、奥康纳、肯尼迪、苏特、金斯伯格和布雷耶持法庭多数意见,大法官斯蒂文斯执笔法庭多数意见。首席大法官伦奎斯特、大法官斯卡利亚和托马斯持异议,首席大法官伦奎斯特和大法官斯卡利亚分别发表反对意见。

大法官斯蒂文斯执笔的法庭多数意见认为:智力障碍犯罪人如果符合承担罪责的条件,那么就应该接受法律的惩罚。由于他们存在的理解、判断、控制行为能力的缺陷,使他们无法承担最严重的成年人犯罪所应承担的罪责。并且,如果对智力障碍犯罪人判处死刑,他们的缺陷可能损害死刑程序的可靠性和公平性。根据这些原因得出，在彭里诉莱纳福案之后的 13 年里，美国公众、立法者、学者和法官们都在思考这样的问题，是否可以对智力障碍犯罪人判处死刑。这些思考揭示出本案所提出问题的答案，那就是对智力障碍犯罪人判处死刑属于联邦宪法第八修正案所禁止的"残酷和异常的刑罚"。

首席大法官伦奎斯特执笔的反对意见认为：这个案例带给我们的问题是，联邦意见能否剥夺弗吉尼亚州对于谋杀犯比如本案上诉人施以死刑的宪法权力，也就是说，那些完全可以胜任出庭并且能够意识到他们将要接受什么样的惩罚和为什么要接受那样惩罚的被告人，他们所存在的智力障碍并不能成为减轻他们罪责的充分理由。法庭认为对智力障碍犯罪人判处死刑是一种残酷和异常的刑罚，原因在于美国有 18 个州最近通过了限制对特定犯罪人即智力障碍犯罪人适用死刑的法案。但是法庭却没有考虑到除了弗吉尼亚州以外还有其他 19 个州的法律都存在以下相似的规定，犯罪人的刑罚应当由熟悉犯罪人和犯罪行为的该案法官或者陪审团进行个案裁量。国际意见、专业组织意见、宗教组织意见、民意调查共同认为应该禁止对所有智力障碍犯罪人判处死刑，并且这样一个共识愈发得到支持，然而这样的意见却并不可信。我认为这是严重的错误，对于本案判决我持异议。

大法官斯卡利亚执笔的反对意见认为：今天的判决是第八修正案处理死刑这种特殊刑罚的巅峰之作。不仅是这次案件，而是所有类似案例中，都没有从第八修正案的文字表述和历史发展中找到任何理论支撑；甚至在当前社会舆论中也因为提供了一个不合适的死刑判决而找不到任何支持。很少有像这次这样，法庭意见仅仅考虑法官个人意见而不顾其他。这里存在一些有关流行废除死刑的说法；却不存在任何关于法庭逐渐废除死刑的说法。"英格兰法律很可能给这个和其他所有问题提供了最好的审判方式，即通过陪审团的 12 个人给出一致的判断、通过证人证言……通过法官的审查和判断。"对于本案判决我谨持异议。

判决摘要

上诉人阿特金斯因谋杀及相关罪行被弗吉尼亚州最高法院判处死刑。申明，弗吉尼亚州最高法院依据彭里诉莱纳福案拒绝阿特金斯提出的因为其属智力障碍人士而不能被判处死刑的主张。

判决：判处智力障碍犯罪人死刑构成第八修正案所禁止的"残酷和异常的刑罚"。

（1）如果刑罚与罪行不相适应，那么这种刑罚被认为是一种"过度"的刑罚，因此被修正案所禁止，例如威姆斯诉美国案。是否是一个过度的刑罚要由当前占主流地位的通行标准来判断。① 在如此变化不断的标准中决定适当的刑罚应该是在最大限度内考虑客观因素的作用,例如,哈梅林诉密歇根州案,其中最明确和最可靠的是国家立法机关的立法②,除了客观证据,宪法告诉我们,法院会给出自己的判断,并承担提供是否同意公众和立法者所给出的判断的理由,例如,科克尔诉佐治亚州案。

(2)彭里案之后,许多州都有了转变,其中有两个州的法律明确规定禁止这样的刑罚。但是直到已经有14个州完全废除死刑的情况下,也没有哪个州给此规定提供了足够的证据。后来,大量的州开始认为对于智力障碍犯罪人,死刑是一种过度的刑罚,而类似的提案至少被其他州的一个众议院所通过。与它们的众多数量相比,这些州改变方向的一致性倒是显得更重要。尽管预防犯罪的立法远比保护暴力犯罪人的立法更受欢迎,但是大量的州却禁止对智力障碍犯罪人判处死刑(并且没有哪一个州在规定了不能对智力障碍犯罪人判处死刑的立法后,又恢复对其判处死刑的规定),对于此种观点,它们提供了强而有力的证据。它们认为,在当今社会,与普通犯罪人相比,智力障碍犯罪人在任何情况下都应当承担更小的罪责。立法者们压倒性地赞成禁止判处智力障碍犯罪人死刑的做法为此提供了更为强大的证据。甚至,在那些允许判处智力障碍犯罪人死刑的州,实践中真正判处死刑的案例也非常少。

(3)经过对该意见的独立评估之后,法院和立法机构达成了共识。智力障碍的临床学定义包括两个方面,分别是智力低于正常水平和适应性技能存在重大缺陷。智力障碍人士通常情况下能够区分对错,并且能够应对出庭,但是根据智力障碍的临床学定义我们知道,他们理解和处理信息的能力低下、交流能力低下、修正错误和学习经验的能力低下、逻辑推理能力低下、控制冲动的能力低下、对他人反应的理解能力低下。他们的这些缺陷虽然不足以使智力障碍犯罪人免除刑事责任,但是却可以使他们减少承担罪责。有鉴于此,法院提出了采纳立法机构关于禁止判处智力障碍犯罪人死刑意见的两个原因。首先,关键是是否存在有关判处智力障碍犯罪人死刑(同时需要考量对死刑罪犯的惩罚和威慑作用)的法理学基础。关于惩罚作用,恰当惩罚的标准应该严格地根据行为人的罪责来认定。如果一般犯罪人的罪责不足以承担死刑判决③,那么具有较轻罪责的智力障碍犯罪人当然更不应该承担此种刑罚。至于威慑作用,认知能力和行为能力的缺陷降低了智力障碍犯罪人的罪责,也降低了作为刑罚执行可能性

---

① 参见特罗普诉杜勒斯案,356 U.S. 86, 100-101,(1958)。
② 参见彭里诉莱纳福案,492 U.S. 331。
③ 参见戈弗雷诉佐治亚州案,446 U.S. 420 (1980)。

的智力障碍犯罪人对相关信息的处理能力从而导致他们错误的行为。拒绝判处智力障碍犯罪人死刑的规定既没有使智力障碍犯罪人逃避刑罚的惩罚,也没有减弱死刑对于正常犯罪人的威慑力。其次,智力障碍犯罪人总体上会面临风险较大的错判,因为他们很有可能无意识地承认他们所没有犯下的罪行,他们没有能力给自己提供有力的辩护,事实上,他们往往都是可怜的目击者,但是他们的表现却很可能使他们给人留下无可容忍的对自己罪行缺乏自责的印象。① 撤销原判并发回重审。

判决意见:大法官斯蒂文斯、奥康纳、肯尼迪、苏特、金斯伯格和布雷耶持法庭多数意见,大法官斯蒂文斯执笔法庭多数意见。首席大法官伦奎斯特、大法官斯卡利亚和托马斯持异议,首席大法官伦奎斯特执笔反对意见,大法官斯卡利亚执笔反对意见。

判决全文

上诉人的代理人分别是詹姆斯·W. 埃利斯、罗伯特·E. 李、马克·E. 奥利弗、查尔斯·E. 海登,其中后两者由法庭指派。

被上诉人的代理人是弗吉尼亚州总检察长助理帕梅拉·A. 朗姆斯。

根据简报②与之辩论的是总检察长阮道夫·A. 比尔斯。

斯蒂文斯大法官执笔法庭多数意见:

智力障碍犯罪人如果符合承担罪责的条件,那么就应该接受法律的惩罚。由于他们存在的理解、判断、控制行为能力的缺陷,使他们无法承担最严重的成

---

① 260 Va. 375, 534 S. E. 2d 312.
② 阿拉巴马等州存档了法庭之友敦促批准案简报。存档该简报的有阿拉巴马州总检察长比尔普莱尔、J. 克莱顿克伦肖、亨利·M. 约翰逊、詹姆斯·R. 豪斯、A. 弗侬巴奈特四世、迈克尔·B. 比林斯利、总检察长助理大卫·R. 克拉克、密西西比州总检察官迈克尔·C. 穆尔、内华达州总检察官弗兰克尔苏戴尔帕帕、南卡罗来纳州总检察官查尔斯·M. 康登、犹他州总检察官马克·L. 舒特来福和刑事司法法律基金会的肯特·S. 斯奇尔戴格、查尔斯·L. 霍布森。
据报道称:2001 年 12 月 3 日,(534 U. S. 1053)法庭在麦卡佛诉北卡罗来纳州第 00-8727 号,(533 U. S. 975)中批准了法庭之友的简报提案,此简报在该案件中对上诉人请求起到了一定的支持作用。上述简报由美国智力障碍联合会等存档备案,签署人有詹姆斯·W. 埃利斯、爱普尔·L. 克里斯汀·G. 弗里茨、迈克尔·B. 布朗迪、斯丹利·S. 杜伦;由美国律师协会备案,签署人有玛莎·W. 博纳特、大卫·M. 高赛特;由美国公民自由联盟等备案,签署人有拉瑞·W. 雅克、布莱恩·A. 斯蒂文森、斯蒂文·R. 夏皮罗、戴恩·Y. 拉斯特蒂尔尼;由美国心理协会等备案,签署人有保罗·M. 斯密斯、威廉姆·M. 霍汉顿、娜塔莉·F. P. 吉尔福来、詹姆斯·L. 麦克胡戈、理查德·G. 塔兰托;由欧洲联盟备案,签署人有理查德·J. 威尔森;由美国天主教会议等备案,签署人有马克·E. 查伯克、杰弗里·汉特穆尔、迈克尔·R. 摩西;由莫顿·阿布朗莫维兹等备案,签署人有哈罗德·哈尔考夫、斯丹利·S. 杜林。

年人犯罪所应承担的罪责。并且,如果对智力障碍犯罪人判处死刑,他们的缺陷可能损害死刑程序的可靠性和公平性。根据这些原因得出,在彭里诉莱纳福案之后的13年里,美国公众、立法者、学者和法官们都在思考这样的问题,是否可以对智力障碍犯罪人判处死刑。这些思考揭示出本案所提出问题的答案,那就是对智力障碍犯罪人判处死刑是否构成联邦宪法第八修正案所禁止的"残酷和异常的刑罚"。

一

上诉人达里尔·勒纳尔·阿特金斯因绑架、持械抢劫、死刑谋杀被判处死刑。1996年8月16日午夜时分,阿特金斯和威廉姆·琼斯,携带了一把半自动手枪绑架了艾瑞克·内斯比特,并抢劫了他身上的现金,然后驾驶被害人的皮卡车来到自动取款机处强迫被害人提取现金(摄像头对此段画面有影像记录),最后把被害人带到了一个荒芜之地,并在那里对其射杀了八枪致其死亡。

在阿特金斯案庭审中,琼斯和阿特金斯都对彼此的犯罪行为做了陈述。① 他们都对对方的大部分犯罪行为做了供述,最重要的是他们都指证对方是射杀并致死内斯比特的凶手。琼斯的证言由于要比阿特金斯的更连贯、更可信,因此被陪审团采纳并作为对阿特金斯有罪的指证。② 在庭审的定罪阶段,州法院给出了有关受害影响的证据,并提出了两个加重量刑情节,未来的危险性和"卑劣的犯罪行为"。未来的危险性表现在,州法院认为阿特金斯有重罪前科,并且有四个受害人对阿特金斯早前的抢劫和袭击行为作证。第二个加重情节表现在,检察官所提出的庭审记录,其中包括死者尸体的照片和尸检报告。

在定罪阶段,阿特金斯的辩护人指出,证人埃文·尼尔森法医、心理学医生

---

① 最初,琼斯和阿特金斯都被以死刑谋杀罪起诉。后来,由于琼斯愿意指证阿特金斯,检察官同意以一级谋杀罪起诉琼斯。因为上述的诉辩交易,琼斯不能被判处死刑。
② 严重影响阿特金斯证言可信性的原因主要在于他被捕后对警察所做的最初陈述与后来的陈述的不一致性。然而,琼斯却拒绝做出最初陈述。

在庭审前对阿特金斯所做的测试结果显示阿特金斯属"轻度智力障碍"。① 该结论来自于与阿特金斯相识人员的采访整理②,学校、法庭记录的回顾和一个得出阿特金斯的智商只有59的标准智力测试。③

陪审团判处阿特金斯死刑,但是由于陪审团作出判决时使用了一个具有诱导性的判决形式,弗吉尼亚州最高法院组织了第二次量刑听证。④ 在重新量刑过程中,尼尔森医生对此进行了重新测试。检察官出示了一个反证证据,专家斯丹顿·斯姆诺医生认为阿特金斯并不是智力障碍人士,而"至少是一个拥有平均智商水平"的人,并且诊断认为阿特金斯具有反社会人格障碍。⑤ 陪审团再次判处阿特金斯死刑。

弗吉尼亚州最高法院通过了阿特金斯的死刑判决。⑥ 阿特金斯在弗吉尼亚最高法院介入前并没有对关于罪刑不相适应问题提出反驳,但是他提出"因为

---

① 美国智力障碍协会(AAMR)对智力障碍的定义是:"智力障碍是指功能上存在实质性的缺陷。它的特点是显著的低于一般情况的智力水平,同时存在两个或两个以上适应性技能的相关缺陷。这些适应性技能包括交流、自我保护、居家生活、社交技能、社区资源使用、自我指导、健康和安全、技能学习、休闲和工作能力。智力障碍情况在18岁以前开始有所显现。"智力障碍:定义、分类、体系5(1992年第9版)。

美国精神疾病协会对此有相似的定义:"智力障碍的主要特征是显著的低于一般水平的智力状况(标准A),同时伴随有至少两个方面显著的适应性功能的缺陷,这些适应性功能包括交流、自我保护、居家生活、社交/人际关系、社区资源使用、自我指导、技能学习、工作、休闲、健康和安全(标准B)。智力障碍情况需在18岁以前开始显现(标准C)。智力障碍的病因多样,并可以被看成是多种病理过程最终导致影响中枢神经系统的结果。"精神失常诊断与统计手册41(2000年第4版)。"轻微"智力障碍是专门用来指智商在50至55左右,最高不超过大约70的人。同上,第42—43页。

② 尼尔森医生采访了阿特金斯本人、阿特金斯的家庭、阿特金斯之前被监禁18个月的所在监狱代表。尼尔森医生同时还回顾了阿特金斯向警察所做的陈述和与案件相关的侦查报告。

③ 尼尔森医生负责管理的韦氏成人智力量表测试系统(WAIS-III),是一个在美国评估智力水平的标准仪器。WAIS-III评分流程是将不同子测试的得分相加,然后通过一个数学公式将这个原始总数转换成最终的分数。这个测试对智商的评分区间从45到155。智商100意味着此人拥有一般人的平均认知能力水平。据估计,1%至3%的人口智商在70至75之间、甚至更低些。这些人通常被认为智力低下,也就是我们所说的智商功能方面的智力障碍定义所指的人。

在量刑阶段,尼尔森医生的测试结果是:"阿特金斯智商只有59。与大多数人口相比,这意味着低于1%的几率……此种智力障碍是比较罕见的。大约只有1%的人口会存在此种智力障碍。"据尼尔森医生称,阿特金斯的智力水平"将有资格自动获得社会残障保障补助"。尼尔森医生同时指出,在他所测试的超过40个死刑被告人中,阿特金斯仅仅是第二个负荷智力障碍测试标准的被告人。他作证说,在他看来,阿特金斯的智力缺陷在他的生命中已经成为了一个不变的特征,并且他59的智商水平并不是一个"畸变和伪装的结果,而是一个有效的测试"。

④ 257 Va. 160, 510 S. E. 2d 445(1999).

⑤ 斯姆诺医生的证言根据是与阿特金斯的两段谈话、一段他的学校记录和多段与监禁机构工作人员的谈话。斯姆诺医生没有对阿特金斯进行智力测试,但是他问了一些来自1972年版韦氏记忆量表中的问题。斯姆诺医生将阿特金斯的"学校表现和可怕行径归因于他是一个注意力时而集中时而不集中、表现极差并从不想去做他必须要做的事情的人"。

⑥ 260 Va. 375, 385, 534 S. E. 2d 312, 318(2000).

他是智力障碍人士而不应该被判处死刑"。大多数州法院拒绝采信此主张,而是选择采信彭里案的判决。② 法庭"不愿意仅仅因为阿特金斯的智商而将其死刑减为终身监禁"。③

法官哈塞尔和法官孔茨对此持异议。他们拒绝采信斯姆诺医生关于阿特金斯拥有一般智商水平的意见,并认为对一个心理年龄只有9岁到12岁孩子水平的被告人判处死刑是一种过度的刑罚。他们的意见是,"对于相同的犯罪行为,让智力障碍犯罪人承担与智力正常犯罪人一样的罪责的观点是站不住脚的。从定义上看,智力障碍人士具有普通人所没有的实质性缺陷"。如果一个社会的司法系统无法通过一种有意义的方式承认和考虑上述区别,那么将会大大减损这个社会的道德和文明程度。

由于异议者所提出意见的严重性和过去13年中州立法的巨大转变,我们发出了调审令,重新讨论彭里案的相关事宜。

二

第八修正案明确规定禁止"过度的"刑罚。它指出:"不能收取过度的保释金,不能收取过度的罚款,不能施加残酷和异常的刑罚。"在威姆斯诉美国案中,我们认为对于篡改记录的犯罪施以12年的监禁并伴有艰苦的劳动是一种过度的刑罚。我们认为"公正的原则是罪刑均衡"。我们在以后的案例中不断使用这个罪刑均衡原则来解释第八修正案。④ 因此,尽管"90天监禁从总体上说不属于残酷或者异常的刑罚,但是它却不应该成为对吸毒成瘾者的惩罚"⑤,因为这样的刑罚是一种过度的刑罚。正如大法官斯图尔特在鲁宾逊案中所解释的:"对于一次普通感冒'犯罪',即使是一天的监禁也将是残酷和异常的刑罚。"

衡量刑罚是否过度不是根据盛行于1685年杰弗里斯君王所主持的"血腥审判"时期的标准来判断,也不是根据人权法案颁布时期的标准来判断,而是根据当前时期的主流标准来判断。正如首席大法官沃伦在特罗普诉杜勒斯中所说的:"第八修正案的基本概念无外乎是人的尊严问题……该修正案的判断标准必须从一个成熟的和进步的社会中去寻找。"

---

① *Id.* 386, 534 S. E. 2d, 318.
② 260 Va. 387, 534 S. E. 2d, 319.
③ *Id.* 390, 534 S. E. 2d, 321.
④ 参见哈梅林诉密歇根州案,501 U. S. 957, 997-998(1991)(大法官肯尼迪,协同意见);参见同上,1009-1011(大法官怀特,反对意见)。因此,当我们读修正案时会发现,它禁止一切过度的刑罚,同时也禁止那些虽然没有过度但却属于残酷和异常的刑罚。
⑤ 鲁宾逊诉加利福尼亚州案,370 U. S. 660, 666-667(1962)。

根据那些不断变化的标准,适当的司法审查应该"尽最大可能地考虑客观因素"。① 我们已经确定,体现当代价值观的最清晰可信的客观证据是国家立法机关的立法。根据上述立法客观证据,我们认为对于强奸成年女性的犯罪判处死刑是一种不能够被容许的过度的刑罚②,换句话说,对一个没有剥夺他人生命、并且没有试图去剥夺他人生命,也没有想去剥夺他人生命的犯罪人判处死刑是一种不被容许的过度的刑罚。③ 在科克尔案中,我们主要关注的是为了回应10年前弗曼诉佐治亚州案(法官全票同意)判决的最近立法,用以支持"现在的判决",尽管它"并不是完全和谐的",但是它对于"抢劫成年女性犯罪不应判处死刑"却进行了慎重的考量。科克尔案与恩芒德案相关的"当前的立法判决"虽然没有给出像科克尔案一样清晰的表态,但是却也对"待裁决的犯罪行为不能施以死刑给了了慎重考量"。

在科克尔案中,我们也了解到,尽管客观证据是非常重要的,但是并不能"单独解决争议","宪法告诉我们判断最终将根据第八修正案对于死刑的适用限制而作出"例如,在恩芒德案中,我们通过表述自己对此的判断而得出:

"根据判处死刑的要求,恩芒德的罪责必须仅限于他所参与的抢劫犯罪,并且对他的刑罚必须与他所应承担的个人责任和道德责任相吻合。对恩芒德判处死刑仅仅是因为他并没有实施、也没有打算实施同时也不是他所引起的杀人犯罪,是不能准确体现罪责一致的报应效果的。这是大多数立法者近期处理类似情况所作出的判断,我们也没有理由反对这样的对第八修正案进行了很好的诠释和应用的判断。"

因此,当在案件中需要我们给出一个共识时,我们的判断便会接受科克尔案的追问,追问我们有什么理由去拒绝公众和立法者所做出的这个判断。

上述案例的启示是,我们首先应该弄清立法机构关于智力障碍犯罪人应否判处死刑的态度,然后再考虑是否同意立法机构的意见并给出理由。

三

当事人并没有给出1986年以前任何州立法机构对于智力障碍犯罪人能否

---

① 参见哈梅林案,501 U. S. 1000,援引自拉梅尔诉埃斯特尔案,445 U. S. 263, 274-275(1980)。
② 参见科克尔诉佐治亚州案,433 U. S. 584, 593-596(1977)。
③ 参见恩芒德诉佛罗里达州案,458 U. S. 782, 789-793(1982)。

判处死刑的考量。在1986年,佐治亚州①公众对于判处智力障碍犯罪人死刑的看法很显然导致该州成为了第一个禁止判处智力障碍犯罪人死刑的州。② 1988年,当国会通过立法恢复联邦死刑时,曾表示"死刑是不能适用于智力障碍犯罪人的"。③ 1989年,马里兰州制定了类似的禁令。④ 就在我们判决彭里案的那年,这两个州给出了这个禁令,"然而甚至当已经有14个州全面废除死刑之时,也没有足够的证据证明对此项禁令全国达成了共识"。

从那以后,许多事情开始改变。为了回应公众对鲍登被执行死刑的关注和我们在彭里案中的决定,全国各地的州立法机构开始着手解决这一问题。肯塔基州和田纳西州在1990年颁布了与佐治亚州和马里兰州类似的法案,新墨西哥州在1991年颁布了类似的法案,阿肯色州、科罗拉多州、华盛顿州、印第安纳州和堪萨斯州分别在1993年和1994年颁布了类似的法案。⑤ 1995年纽约州恢复死刑之时,效仿联邦政府明确提出对于智力障碍犯罪人的死刑豁免问题。⑥ 1998年内布拉斯加州作出相同的规定。⑦ 在接下来的两年里并没有出现类似的立法,但是在2000年和2001年之间却有6个州出现了类似立法,它们是南达科他州、亚利桑那州、康涅狄格州、佛罗里达州、密苏里州和北卡罗来纳州。⑧ 得克

---

① 1986年6月,14岁的时候被诊断为智力障碍的杰罗姆·鲍登在佐治亚州等待被执行死刑。由于公众对将其执行死刑的抗议,佐治亚州赦免与假释委员会给予了此案一次暂缓执行。一位由佐治亚州挑选的心理学家对鲍登进行了评估,得出他的智商只有65,这符合智力障碍的要求。尽管如此,该委员会依旧撤销了此次暂缓执行,鲍登在第二天被执行了死刑。委员会认为尽管鲍登存在智力缺陷,但是鲍登完全理解他所犯罪行和所受刑罚的性质,因此完全可以对他执行死刑。参见蒙哥马利,《鲍登的执行激起抗议》,《亚特兰大期刊》,1986年10月13日,第A1页。
② 参见佐治亚州法规汇编17-7-131(j)(1988年增刊)。
③ 1988年的禁毒法案,Pub. L. 100-690, 7001(1), 102 Stat. 4390, 21 U.S.C. 848(l)。国会在1994年扩充了联邦死刑法。但是,其中仍明确规定禁止任何智力障碍犯罪人被判处死刑或者执行死刑。1994年的联邦死刑法案,18 U.S.C. 3596(c)。
④ 参见马里兰州法规汇编,Art. 27, 412(f)(1)(1989)。
⑤ 参见肯塔基州法规汇编修订版532.130,532.135,532.140;田纳西州法规汇编39-13-203;新墨西哥州法规汇编31-20A-2.1;阿肯色州法规汇编5-4-618;科罗拉多州法规修订版16-9-401;华盛顿州法规修订版10.95.030;印第安纳州法规35-36-9-2至35-36-9-6;堪萨斯州法规汇编21-4623。
⑥ 参见纽约刑事程序法400.27。尽管如此,纽约法律却依旧规定在以下情况下"智力障碍被告人的死刑并不会被豁免,即如果杀人行为发生在被告人被监禁在州监禁机构或者地方监禁机构中时"。纽约刑事诉讼程序法400.27.12(d)(麦金尼2001—2002暂行手册)。
⑦ 参见内布拉斯加州评论统计§28-105.01。
⑧ 参见南部地区成文法§23A-27A-26.1;亚利桑那州年度评论统计§13-703.02;康狄涅格州一般统计§53a-46a;佛罗里达州统计§921.137;密苏里州评论统计§565.030;2001-346北卡罗来纳州开庭法规,第45页。

萨斯州立法机构全体通过了一项类似的议案①，并且此项议案在弗吉尼亚州和内华达州至少分别通过了一个议院的表决。②

与它们的众多数量相比，这些州改变方向的一致性倒是显得更重要。③ 尽管预防犯罪的立法远比保护暴力犯罪人的立法更受欢迎，但是大量的州却禁止对智力障碍犯罪人判处死刑（并且没有哪一个州在规定了不能对智力障碍犯罪人判处死刑的立法后又恢复对其判处死刑的规定），对于此种观点，它们提供了强而有力的证据。它们认为，在当今社会，与普通犯罪人相比，智力障碍犯罪人在任何情况下都应当承担更轻的罪责。立法者们压倒性的赞成禁止对智力障碍犯罪人判处死刑的做法为此提供了更为强大的证据。④ 甚至，在那些容许对智力障碍犯罪人判处死刑的州，实践中真正判处智力障碍犯罪人死刑的案例也非常少。例如新罕布什尔和新泽西等一些州，虽然一直准许死刑判决，但是几十年来却没有执行一例。因此，我们也没有必要去寻求在那些州制定禁止判处智力障碍犯罪人死刑的立法。甚至，在那些判处死刑较多并且并没有禁止对智力障碍犯罪人判处死刑的州，在彭里案之后也只有5个被执行死刑的犯罪人的智商在70以下。⑤ 可见，实践与以往大不相同了，可以说在禁止判处智力障碍犯罪

---

① 众议院法案第236号于2001年4月24日在得克萨斯州众议院通过，参议院版本S.686于2001年5月16日在得克萨斯州参议院通过。2001年6月17日，佩里州长否决了该法案。在他的否决声明中，得克萨斯州州长没有对将智力障碍人士排除在死刑之外的原则表达不满意见。事实上，他阐述到："如今，我们不会判处智力障碍谋杀犯死刑。"参见H.B.236号否决公告。相反，他否决该法案的原因在于一个程序缺陷："我认为这个法案存在一个严重的程序缺陷。众议院第236号法案将创造一个这样的体系，使得陪审团和法官被要求基于两个不同的事实而作出相同决定……同样需要关注的是事实上这个存在程序缺陷的法案并没有在立法过程中接受公众的听证。"

② 弗吉尼亚州参议院第497号法案（2002年）；众议院第957号法案（2002年）；亦可参见内华达州议会法案353（2001年）。此外，伊利诺伊州的一个死刑委员会最近建议伊利诺伊州采取禁止判处智力障碍犯罪人死刑的立法。州长委员会关于死刑的报告156（2002年4月）。

③ 与斯坦福诉肯塔基州案［492 U.S.361(1989)］相比较，我们不存在禁止判处15岁以上未成年犯罪人死刑的共识。尽管我们是在彭里案的同一天决定斯坦福案的，很显然只有两个州的立法提出了可以判处死刑的犯罪人的年龄门槛问题。蒙大拿州年度法规§45-5-102（1999）；印第安纳州法规§35-50-2-3（1998）。

④ 作为法庭之友的美国智力障碍协会简介等。

⑤ 那些州是阿拉巴马州、得克萨斯州、路易斯安那州、南卡罗来纳州和弗吉尼亚州。

人死刑的问题上,在全国范围内达成了一致。①

在某种程度上说,判处智力障碍犯罪人死刑的争议主要在于如何正确认定犯罪人是否属于智力障碍人士。例如在本案中,弗吉尼亚州公共福利机构认为阿特金斯属于智力障碍人士。并不是所有主张自己是智力障碍人士的犯罪人都会被法院确认为属于智力障碍犯罪人士的范畴。在福特诉温赖特案中,关于智力障碍,"各个州应当承担起执行宪法关于禁止对智力障碍犯罪人判处死刑的规定"。②

四

这个一致性意见无疑带来了关于智力障碍被告人缺乏罪责的广泛判断,也反映出智力障碍和罪责之间的关系。另外,智力障碍的一些特点损害了死刑法律体系所坚定守护的程序保障力度。

正像上面所讨论的,智力障碍的临床学定义要求不仅有低于一般水平的智商,也要有适应性技能方面的严重缺陷,比如交流、照顾自己、自主能力,同时这种情况要在18岁之前开始显现。智力障碍人士通常能够分辨对错,并且可以胜任出庭。但是,由于他们的缺陷,从某种意义上说他们在理解和处理信息、交流、改正错误和学习经验、逻辑推理、控制行为、理解他人反映的能力上有所欠缺。并且,没有证据可以证明智力障碍人士比其他人更容易犯罪,但是却有大量的证据可以证明智力障碍人士的犯罪中更多的是冲动性犯罪而不是预谋性犯罪,而且在有组织犯罪中,智力障碍犯罪人多数都是参加者而不是组织者。智力障碍人士的缺陷并不能成为豁免他们罪责的理由,但是却可以减轻他们的罪责。

根据智力障碍人士的这些缺陷,死刑的司法机构提供了同意立法机构有关智力障碍人士不能判处死刑的意见的原因。关键的问题是是否有任何司法机构将智力障碍人士可以判处死刑作为一个基本的法律原则。格雷格诉佐治亚州案

---

① 补充证据清楚地表明这个立法判断反映了一个更加宽广的社会的和专业的共识。例如,一些具有相关专业知识的组织采取了官方关于反对判处智力障碍犯罪人死刑的立场。参见作为法庭之友的美国心理协会简介等;作为法庭之友的美国智力障碍协会简介等。此外,美国广泛多样的宗教组织代表,比如基督教、犹太教、穆斯林教和佛教,曾发出法庭之友简报用以解释他们对于死刑的不同看法,他们"共同认为判处智力障碍人士死刑从道义上说是不合理的"。作为法庭之友2的美国天主教会议简介等。此外,在国际社会中,判处智力障碍犯罪人死刑会遭到压倒性的否决。作为法庭之友4的欧盟简介。最后,民意调查数据显示出美国公众的,甚至包括那些支持保留死刑的美国公众的,一个广泛的共识,即判处智力障碍人士死刑是错误的做法。尽管这些因素不是决定性的因素,但是他们与立法证据的一致性进一步支持了我们关于存在解决此问题的共识的结论。参见汤普森诉俄克拉荷马州案[487 U.S. 815, 830, 831, n.31(1988)]("通过其他国家分享我们英美的文化遗产和通过西欧社会的领导成员来考虑备受尊敬的专业组织的意见")。

② 智力障碍的法定定义是不同的,但是通常情况下与前述临床定义相符合。

(大法官斯图尔特、鲍威尔和斯蒂文斯的联合意见)中指出,死刑是服务于这样一种社会目的,即"对于有杀人犯罪倾向的被告人进行报应或者威慑"。除非将智力障碍人士执行死刑"可以满足一个或者两个以上的社会目的,否则将智力障碍人士执行死刑'只会成为无目的的和没有必要的伤痛和承受',最终成为一个违宪的刑罚"。

有关报应——意义在于被告人应该得到"应有的"刑罚——适当的刑罚程度应该严格根据被告人的罪责来认定。从格雷格案开始,我们的法律体系一直坚持只对相当有限的最严重的几类犯罪判处死刑。例如,在戈弗雷诉佐治亚州案中,我们撤销死刑判决的理由是上诉人的罪行并没有体现出"比一个其他的谋杀犯罪行为更为严重的实质上的道德腐坏性"。如果一般的谋杀被告人的罪责不足以在州内使用极刑,那么具有更轻罪责的智力障碍被告人当然不能承担这种形式的刑罚。因此,与我们紧缩的形势政策相一致的是,我们应该寻求确保那些最值得判处死刑的犯罪人被处以死刑刑罚,而对于智力障碍犯罪人的死刑豁免则是一个合适的做法。

有关威慑——意义在于阻止有杀人犯罪倾向的人犯罪——"看上去'极刑只能用来威慑预谋型杀人犯罪'",豁免智力障碍犯罪人的死刑刑罚并不会影响对于潜在预谋型犯罪的威慑力。事实上,这种预谋型犯罪行为与智力障碍被告人的犯罪行为截然不同。死刑刑罚的威慑理论在于增大的刑罚力度将阻止严重犯罪行为的出现。认知和行为上的缺陷导致智力障碍被告人的罪责减轻——例如,理解和处理信息的能力减弱、学习经验的能力减弱、逻辑思维能力减弱、控制行为的能力减弱——这使得他们不能正确理解刑罚执行的可能性,并将导致他们无法根据正确的判断作出行为。对智力障碍犯罪人豁免死刑并不会减弱死刑对于其他正常犯罪人的威慑力度。正常犯罪人并不会受此豁免的保护,并将继续面对死刑的威慑。因此,对智力障碍犯罪人执行死刑并不会有益促进威慑这一刑罚目的。

智力障碍犯罪人的限制责任能力带来了一条不变的规则,那就是智力障碍犯罪人不适合被判处死刑。"如果不顾忌智力障碍等这些会使得刑罚变轻的因素"[1]就会加大以下风险,不仅会增大出现错误认罪的可能[2],也会减少智力障碍犯罪人在面对检方有罪指控的时候为自己辩护的能力。智力障碍犯罪人可能不

---

[1] 洛克特诉俄亥俄州案,438 U. S. 586,605 (1978)。
[2] 尽管检察机关在死刑案件中必须肩负沉重负担,我们也不能忽视这样的事实,即近些年来令人不安的大量等待接受死刑判决的在押犯被证明无罪。这些被证明无罪的人中包括至少一名智力障碍人士,他在不知不觉中承认了他所没有犯下的罪行。

会给他们的辩护人提供有意义的帮助,并且他们通常是可怜的目击者,他们的行为可能给人留下缺乏悔罪的印象。正像彭里案所证明的,坚信智力障碍可以作为一个减轻罪责的因素,同时可以增加陪审团发现风险的可能性,因为智力障碍犯罪人整体上面临着更容易被错判的特殊风险。

以上的独立分析揭示出,我们没有理由不同意"立法机构对此的意见",我们得出死刑对于智力障碍犯罪人来说并不是一种合适的刑罚。我们认为对智力障碍犯罪人判处死刑并不会促进死刑作为一种刑罚方式的威慑作用和报应作用。根据"目前最贴切的标准"对第八修正案的理解,我们得出对智力障碍犯罪人判处死刑是一种过度的刑罚,是一种宪法"所禁止的刑罚"。

撤销弗吉尼亚州最高法院的判决,根据以上判决意见将本案发回重审。

首席大法官伦奎斯特、大法官斯卡利亚和托马斯持异议,首席大法官伦奎斯特执笔反对意见:

这个案例带给我们的问题是,联邦意见能否剥夺弗吉尼亚州对于杀人犯罪人比如本案上诉人施以死刑的宪法权利,也就是说,那些完全可以胜任出庭并且能够意识到他们将要接受什么样的刑罚和为什么要接受那样刑罚的被告人,他们所存在的智力障碍并不能成为减轻他们罪责的充分理由。法庭认为对智力障碍犯罪人判处死刑是一种残酷和异常的刑罚,原因在于美国有18个州最近通过了限制对特定犯罪人即智力障碍犯罪人适用死刑的法案。但是法庭却没有考虑到除了弗吉尼亚州以外还有其他19个州的法律都存在以下相似的规定,犯罪人的刑罚应当由熟悉犯罪人和犯罪行为的该案法官或者陪审团进行个案裁量。

我同意大法官斯卡利亚的意见,法庭根据当前立法裁量犯罪人比如本案上诉人的刑罚,更像是大多数人主观理性意见的集合而不是任何使其符合现行标准的客观努力。我单独写出我的意见,是为了使法庭注意以下问题,法庭太过重视外国法律、专业组织、宗教组织、民意调查的意见而达成的结论是存在缺陷的。法庭提出的关乎宪法问题的意见并没有遵循先例,在我看来,它是与联邦制度相悖的,联邦制度要求"对于联邦民主政府中的任何联邦成员的某项权力的长期禁止必须得到(明确)的人民(法律和法律规定)的批准"。① 法庭不加选择地全盘接受了民意调查的数据引起了我们的注意,因为我们缺少足够的信息去证明这个民意调查是在普遍接受的科学原则下或者有效地实证推论下完成的。

根据第八修正案的标准决定一个刑罚是否是"残酷和异常的",我们强调立

---

① 斯坦福诉肯塔基州案,492 U. S. 361,377(1989)(多数意见)。

法是"最清晰的和最可信赖的体现当代价值的客观证据"。① 我们把立法放在第一位的原因在于宪法在州政策中的地位。"一个民主社会的立法机构,而不是法庭,影响并构成了人们的意志和道德价值。"②由于刑罚的规格是"立法政策的独有问题"③,我们的案例应该被告知不能使用"残酷和异常的刑罚条款的庇护"来削减正常的民主程序。④

我们认为陪审团的意见尽管没有立法机构的判断重要,"但也是具有重大意义的和可信赖的当代价值的客观标准"。⑤ 因为陪审团对案件有直接的了解,"并且能够起到连接当代社会价值和刑罚体系的作用"。⑥ 在科克尔案中,例如,我们保存的数据显示,佐治亚州的陪审团成员中"至少有十分之九"的陪审员不赞成对于强奸犯罪判处死刑。在恩芒德诉佛罗里达州案中,现行立法判断的证据并不像科克尔案那么"有力"(但是更多的证据在于此),我们被"以下具有压倒性的证据所说服,那就是美国的陪审团……拒绝对没有剥夺、也没有试图剥夺同时没有打算剥夺他人生命的犯罪人判处死刑"。

在我看来,这两个因素——立法产物和陪审团意见——都应该是法庭为实现第八修正案的目的而确定当代美国正当行为的独有依据。它们是我们的先例所坚定支持的当代价值的唯一的客观象征。然而,更重要的是,它们可以调和民主政府与个案量刑陪审团之间的关系,可以比法庭更适合去评估和实施有关公众接受的刑事处罚的复杂的社会和道德问题。

今天为了达成结论,法庭不是通过关注上诉人和上诉人的行为所得出的数据,分析证明陪审团所确认的死刑对于智力障碍犯罪人比如本案上诉人是否是

---

① 彭里诉莱纳福案,492 U.S. 302, 331 (1989);亦可参见麦克克莱斯基诉坎普案,481 U.S. 279, 300 (1987)。
② 格雷格诉佐治亚州案,428 U.S. 153, 175-176(1976)(大法官斯图尔特、鲍威尔和斯蒂文斯的联合意见),援引自弗曼诉佐治亚州案,408 U.S. 238, 383(1972)。
③ 戈尔诉美国案,357 U.S. 386, 393(1958)。
④ 格雷格案,同上,176,援引自鲍威尔诉得克萨斯州案,392 U.S. 514, 533(1968)(多数意见)。
⑤ 科克尔诉佐治亚州案,433 U.S. 584, 596(1977)(多数意见),援引自格雷格案,同上,181)。
⑥ 格雷格案,同上,181,援引自威瑟斯庞诉伊利诺伊州案,391 U.S. 510, 519, n. 15(1968)。

一个适当的刑罚。① 相反,法庭转向关注其他国家拒绝对智力障碍犯罪人判处死刑的做法。尽管如此,我并没有看到,其他国家对于国民刑罚的看法对法庭最终的判决起到任何的影响。当然,确实我们之前的一些意见参考了"国家意见的形势",加强了关于现行正当标准的结论②,因此,我们明确拒绝将其他国家的量刑实践"作为实施第八修正案的前提条件,我们坚持具体实践才是我们所能接受的方式"。③

斯坦福的推论提供了完美的理解,法庭对此无法提出质疑。如果它是我们所寻找的国家意见的证据,那么其他国家的看法很显然与此并不相关。否则,汤普森、恩芒德、科克尔和特罗普什么意见都没有提供给我们。汤普森、恩芒德、科克尔仅仅根据国际法的援引,通过将特罗普案多数意见作为权威意见去决定其他国家的量刑选择。但是特罗普案多数意见——仅仅代表法庭中的少数意见——对于此种援引并未作解释,也没有理由去重拾反对斯坦福意见的看法。为了进一步巩固评估所体现出的当代社会价值,法庭收集了反对判处智力障碍犯罪人死刑的公众意见,并影响到一些专业组织和宗教机构采纳了反对判处智力障碍犯罪人死刑的官方意见。④ 在我看来,当州的选举代表认为它们并不足以引起立法行为时任何看法都不应该给予和第八修正案同样重要的关注。在彭里案,我们被给予了相似的数据,并拒绝在州法律表述中考虑"公众情绪"的影响。⑤ 今天,法庭采信这些数据仅仅是为了达成他们剥夺司法裁量权的目的——而采纳一家之言的私人组织的意见——并没有通过正常的民主程序达成一致的刑罚意见。

甚至,我需要接受这样的法庭判决,在立法程序和量刑陪审团之外达成所谓

---

① 很显然不存在这样的数据。参见作为法庭之友的美国智力障碍协会简介等(注意到"检察官和陪审员的行为很难精确量化")。上诉人不能进行对自身有利的学习的"沉重负担"成为了削减他罪责的理由[斯坦福诉肯塔基州案 492 U. S. 361, 373(1989)],去建立一个针对刑罚的弗吉尼亚州立法机构和案件陪审团都可接受的国家共识。此外,值得注意的是有关专家估计10%的等待接受死刑刑罚的在押犯是智力障碍人士,有关数据表明案件陪审团并非不愿意判处像科克尔诉佐治亚州案[433 U. S. 584(1977)]和恩芒德诉佛罗里达州案[458 U. S. 782(1982)]中的上诉人一样的智力障碍人士死刑。

② 参见汤普森诉俄克拉荷马州案, 487 U. S. 815, 830 (1988)(多数意见);恩芒德案,同上,796-797, n. 22;特罗普诉杜勒斯案, 356 U. S. 86,102-103(1958)(多数意见)。

③ 斯坦福案, 492 U. S. 369, n. 1,(强调"正当的美国观念……是具有决定性作用的")。

④ Id.,援引自作为法庭之友的美国心理协会简介等;作为法庭之友的美国智力障碍协会简介指出"广泛多样的宗教组织代表,比如基督教、犹太教、穆斯林和佛教传统……'共享一个信念,那就是对智力障碍犯罪人判处死刑在道义上是行不通的'";并阐述说"民意调查在美国人中显示了广泛的一致性……那就是对智力障碍犯罪人判处死刑是错误的"。

⑤ 亦可参见斯坦福案, 492 U. S. 377(多数意见)(拒绝"在宪法中加入这些不确定性因素",如"民意调查、利益组织的意见、各种专业机构的意见")。

的正当性的国家标准,我们面临将民意调查纳入法庭判决考虑范围的问题。据一个广谱社会科学文献机构介绍,方法错误和其他错误等会以如下方式影响到民意调查的可信度和有效性。调查方法的变化,比如目标人群的选择、所使用的抽样方案、提问方式和数据分析方法都会影响调查的结果。

联邦司法中心的《科学证据参考手册》(1994年)和《综合诉讼手册》(第三版,1995年),给法官在法庭上面对事实问题时评估调查取证的说服力和可信度上提供可供参考的意见。来看下面的民意调查(参见本意见附录),鉴于这些因素,我们无能为力地观察到下面的数据无法对于本案的问题提供一个有益的帮助。例如,在民意调查中所问的问题的设计并不能衡量受访者是否能够意识到仅需要在极少数案件中对智力障碍犯罪人判处死刑。大多数问题是非常绝对的,例如"你认为犯有谋杀罪的智力障碍人士应否被判处死刑?",并且这样做无法分辨受访者是否同意所有的智力障碍人士都不能判处死刑而不去考虑他们所犯罪行的情况和他们的智力缺陷程度。其次,27项调查中没有任何一个对受访人数或者调查采样技术做出说明。因此,即使承认该调查对相关问题有充分表述,我们也无法知道该采样是否有足够的代表性或者该调查方法是否能够充分展现美国公众或者某个州公众的看法。最后,这些提供给我们的信息并不能指出为什么要开展这个调查,也不能在一些案例中影响到客观的结果。为了具有可信性,这样的调查应该在庭审中作为证据使用,调查的组织者应当接受相关问题的询问和交叉询问。

在美国立法和实践中,存在强大的原因去限制我们对于基于第八修正案而产生的现行正当标准的调查。在这里,法庭超越了这些当代价值的既定客观指标。国际意见、专业组织意见、宗教组织意见、民意调查共同认为应该禁止对所有智力障碍犯罪人判处死刑,并且这样一个共识愈发得到支持,然而这样的意见却并不可信。我认为这是严重的错误,对于本案判决我持异议。

首席大法官伦奎斯特意见附录

投票和调查结果简要报道,作为法庭之友的美国智力障碍协会等提供,并经法院提交:

州	调查名单	日期	回答	问题
阿肯色州	阿肯色州民众对于死刑的意见,民意研究协会,问题13(1992年7月) 约翰·迪皮帕,费尔柴尔德的死违宪,或者违反道德么?阿肯色州论坛,1993年9月	1992	61%认为不适当 17%认为适当 5%反对在任何情况下使用死刑 17%没有决定	"一些人认为判处智力障碍人士死刑没有什么不妥。另一些人认为智力障碍人士永远也不应该被判处死刑。以上两种观点哪种更接近于你的观点?"
亚利桑那州	行为研究中心,2000年调查,问题3(2000年7月)	2000	71%反对 12%支持 11%认为要根据具体情况判断 6%不确定	"对于犯有谋杀罪的智力障碍犯罪人,你是支持还是反对使用死刑?"
加利福尼亚州	实地调研公司,加州死刑调查,问题22(1989年12月) 弗兰克·希尔,智力障碍人士的死刑判决,《圣地亚哥联合论坛报》,1993年3月28日,G3版	1989	64.8%认为不可以 25.7%认为可以 9.5%没有意见	"一些人认为在特定情况下判处智力障碍人士死刑没有什么不妥。另一些人认为在任何情况下智力障碍人士也不应该被判处死刑。死刑对于智力障碍人士是……?"
加利福尼亚州	实地调研公司,加州死刑调查,问题62D(1997年2月) 保罗·范·斯莱姆布朗克,判决和罪犯的心理状态,《基督教科学箴言报》,1998年4月27日,1版	1997	74%不同意 17%同意 9%没有意见	"犯有死罪的智力障碍犯罪人应当被判处死刑吗?"

（续表）

州	调查名单	日期	回答	问题
康涅狄格州	坤尼派克大学民意调查中心，死刑调查信息，问题35（2001年4月23日）	2001	77%认为不应该 12%认为应该 11%不知道	"你认为犯有谋杀罪的智力障碍犯罪人应不应该被判处死刑？"
佛罗里达州	国际特赦组织 马丁·迪克曼，死刑的高代价，《圣彼得堡时报》，1992年4月19日，3D版	1986	71%反对	［未提供］
佐治亚州	佐治亚州立大学 特雷西·汤普森，反对判处智力障碍人士死刑，《亚特兰大日报》，1987年1月6日，1B版	1987	66%反对 17%支持 16%认为应该根据具体情况判断	［未提供］
路易斯安那州	市场调查研究所，洛约拉死刑调查，问题7（1993年2月）	1993	77.7%不支持 9.2%支持 13.1%不确定	"你支持对智力障碍犯罪人判处死刑么？"
路易斯安那州	路易斯安那州民意调查，民意调查104，问题9（2001年4月）	2001	68%不应该 19%应该 11%没有意见 2%没有回答	"你认为犯有死刑谋杀罪的智力障碍人士应当被判处死刑么？"
马里兰州	调查研究中心，马里兰州立大学（1988年11月）	1988	82%反对 8%支持 10%其他	"你支持还是反对判处犯有谋杀罪的智力障碍人士死刑？"
密苏里州	密苏里州智力障碍与死刑调查，问题5（1993年10月）	1993	61.3%认为不可以 23.7%认为可以 15%不知道	"一些人认为在特定情况下判处智力障碍人士死刑没有什么不妥。另一些人认为在任何情况下智力障碍人士也不应该被判处死刑。你认为可以判处智力障碍人士死刑么？"

（续表）

州	调查名单	日期	回答	问题
南、北卡罗来纳州	夏洛特观察员——WMTV 新闻调查（2000 年 9 月） 戴安·苏塞卡,卡罗来纳州加入有关判处智力障碍人士死刑的情感辩论,夏洛特观察员,2000 年 9 月 13 日	2000	64% 应该 21% 不应该 14% 不确定	"卡罗来纳州应该禁止对智力障碍人士判处死刑么?"
新墨西哥州	民意调查与研究公司,有关使用死刑的公众民意调查,问题 2(1990 年 12 月)	1990	57.1% 反对 10.5% 支持 26.2% 认为应该根据具体情况判断 6.2% 不知道	62% 支持死刑。在支持死刑的人群中,"以下哪种情况下,你支持使用死刑……当犯罪人是智力障碍人士时?"
纽约州	帕特里克·卡德尔公司,纽约州公众民意调查,死刑:执行摘要,问题 27(1989 年 5 月) 罗纳德·塔巴克和 J. 马克·莱恩,不公正的执行:一个关于死刑成本昂贵并缺乏效益的分析,23 洛约拉(LA)法律评论,第 59、93 页(1989)	1989	82% 反对 10% 支持 9% 不知道	"假如你是陪审团中的一员。陪审团排除其他怀疑认为被告人犯有谋杀罪,现在需要决定量刑。你是最后给出意见的陪审员,你的判断将决定被告人是否会被判处死刑。如果犯罪人是智力障碍人士,你会支持还是反对对其判处死刑?"
俄克拉荷马州	俄克拉荷马州的调查 关于死刑的态度:对俄克拉荷马州贫困防御系统进行的调查,问题 C(1999 年 7 月)	1999	83.5% 认为不应该判处死刑 10.8% 认为应该被判处死刑 5.7% 认为应该根据具体情况判断	"一些人认为犯有谋杀罪的智力障碍人士(或者智力年龄在 5 到 10 岁之间)不应该被判处死刑。另一些人认为'智力障碍'人士应当像其他人一样接受死刑判决。哪一种看法更接近你的看法,'智力障碍'人士不应该被判处死刑,或者'智力障碍'人士应该像其他人一样被判处死刑?"

（续表）

州	调查名单	日期	回答	问题
得克萨斯州	《奥斯汀美国政治家报》,1988年11月15日,B3版	1988	73%反对	[未提供]
得克萨斯州	萨姆休斯敦州立大学,刑事司法学院,得克萨斯州犯罪调查(1995年) 多明戈·拉米雷斯,谋杀案的审判可能取决于被告的智商,《沃斯堡星电讯报》,1997年10月6日,1版。	1995	61%更可能反对	"以下各项会影响人们对死刑的态度,如果谋杀犯是严重智力障碍人士,请说明你更可能赞成还是更可能反对使用死刑,或者此种情况不会影响你对死刑的态度?"
得克萨斯州	斯科利普斯—霍华德,得克萨斯州民意调查:死刑(2001年3月) 丹·帕克,大多数得克萨斯人支持死刑,《科珀斯克里斯蒂时报》,2001年3月2日,A1版	2001	66%不应该 17%应该 17%不知道/没有回答	"如果在押犯被确认为智力障碍人士,得克萨斯州是否应该对其使用死刑?"
得克萨斯州	《休斯敦纪事报》(2001年2月) 斯蒂芬·布鲁尔和迈克·托尔森,一个致命的区别:第三部分,智商案例的辩论热潮,约翰尼·保罗,彭里案阐述了一个挥之不去的死刑难题,《休斯敦纪事报》,2001年2月6日,A6版	2001	59.9%不支持 19.3%支持 20.8%不确定/没有回答	"如果被确认有罪的被告人是智力障碍人士,你支持使用死刑么?"

(续表)

州	调查名单	日期	回答	问题
美国	哈里斯民意调查,关于种族的未完成议程,问题32(1988年9月) 桑卓·托里,高等法院听取智力障碍杀手案,《华盛顿邮报》,1989年1月11日,A6版	1988	71%认为不应该判处死刑 21%认为应该判处死刑 4%认为应该根据具体情况判断 4%不确定/拒绝回答	"一些人认为智力年龄在18岁以下(或者'智力障碍')的谋杀犯罪人不应该被判处死刑。另一些人认为'智力障碍'犯罪人应当像其他人一样被判处死刑。哪一种观点与你的观点最为接近,'智力障碍'犯罪人不应该被判处死刑,还是'智力障碍'犯罪人应该像其他人一样被判处死刑?"
美国	扬克洛维奇·克兰西·舒尔曼,时报/CNN民意调查,问题14(1989年7月7日) 塞缪尔·R.格罗斯,再思考:世纪之交美国人对于死刑的态度,死刑和美国的未来(2001年2月)	1989	61%反对 27%支持 12%不确定	"你赞成还是反对判处犯有严重罪行(例如谋杀)的智力障碍人士死刑?"
美国	特朗斯集团,死刑民意调查,问题9(1993年3月) 塞缪尔·R.格罗斯,更新:对于死刑的美国公众意见——变得越来越个人化,83康奈尔法律评论,第1448、1467页(1998年)	1993	56%认为不应当 32%认为应当 12%不确定	"一些人认为在特定情况下判处智力障碍人士死刑没有什么不妥。另一些人认为在任何情况下智力障碍人士也不应该被判处死刑。以上哪一种观点更接近你的观点?"

(续表)

州	调查名单	日期	回答	问题
美国	公共政策研究,美国犯罪,问题72(1995年7月)	1995	67%更可能反对 7%更可能支持 26%不会影响	"以下各种影响人们对死刑态度的情况下,如果谋杀犯是严重智力障碍人士,你更可能赞成还是更可能反对使用死刑,或者此情况不会影响你对死刑的态度?"
美国	普林斯顿研究,新闻周刊民意调查,问题16(1995年11月) 塞缪尔·R.格罗斯,更新:对于死刑的美国公众意见——变得越来越个人化,83康奈尔法律评论,第1448、1468页(1998年)	1995	83%反对 9%支持 8%不知道/拒绝回答	"如果犯罪人是智力障碍人士,你会支持还是反对使用死刑?"
美国	皮特·哈特研究协会,无罪调查,问题12(1999年12月)	1999	58%强烈/某种程度上支持 26%强烈/某种程度上反对 12%混合意见/中立 4%不确定	"在所读到的建议中,请告诉我关于禁止对智力障碍犯罪人判处死刑的建议你的态度是哪一种,强烈支持、某种程度上支持、混合的或者中立的看法、某种程度上反对、强烈反对。"
美国	皮特·哈特研究协会,无罪调查,问题9(1999年12月)	1999	72%强烈/某种程度上反对 19%不会影响 9%不确定 47%强烈反对 25%某种程度上反对	"如果你作为一名陪审员,被告人犯有谋杀罪。现在是决定量刑的时候了。如果你知道被告人是智力障碍人士或者是严重智力缺陷人士,关于在这个特定案例中使用死刑,你更可能会支持,还是反对,或者这种情况并不会影响你对使用死刑的判断?"

(续表)

州	调查名单	日期	回答	问题
美国	《休斯敦纪事报》（2001年2月）斯蒂芬·布鲁尔和迈克·托尔森,一个致命的区别:第三部分,智商案例的辩论热潮,约翰尼·保罗,彭里案阐述了一个挥之不去的死刑难题,《休斯敦纪事报》,2001年2月6日,A6版	2001	63.8%不支持 16.4%支持 19.8%不确定/没有回答	"如果犯罪人是智力缺陷人士,你会支持使用死刑?"

首席大法官伦奎斯特、大法官斯卡利亚和托马斯持异议,大法官斯卡利亚执笔反对意见:

今天的判决是第八修正案处理死刑这种特殊刑罚的巅峰之作。不仅是这次案件,而是所有类似案例中,都没有从第八修正案的文字表述和历史发展中找到任何理论支撑;甚至在当前社会舆论中也因为提供了一个不合适的死刑判决而找不到任何支持。很少有像这次这样,法庭意见仅仅考虑法官个人意见而不顾其他。

一

我首先对法庭节略的案件事实作一简要陈述,它将对我们理解案情起到重要的作用。在一整天喝酒和吸食大麻之后,上诉人达里尔·勒纳尔·阿特金斯和一个犯罪同伙开车前往一个便利店,并打算抢劫一名店里的顾客。被选中的受害人是埃里克·内斯比特,一名兰利空军基地的飞行员。阿特金斯和同伙绑架了内斯比特,并开车前往附近的一个自动提款机,迫使内斯比特取出200美元现金。接下来,他们不顾内斯比特不要伤害自己的祈求,将其开车带到一个荒芜之地。根据陪审团采纳的同案犯证词所言,阿特金斯命令内斯比特走出机动车,在内斯比特走出几步远的时候,阿特金斯向他的胸部、腹部、双臂、双腿射出了8枪。

陪审团指控阿特金斯犯有死刑谋杀罪。在重新量刑的时候(弗吉尼亚州最高法院维持了原判罪名,但是重新进行了量刑,原因在于原法庭使用了一个不恰当的判决形式[257 Va. 160, 179,510 S. E. 2d 445,457(1999)]),陪审团广泛听取了有关上诉人所申明的其存在智力障碍的证据。一位心理学家作证指出上诉人是轻度智力障碍人士,智商是59,属"接受事务较慢"人群,"这在他生活的方方面面都有表现",他在对自己的犯罪行为和应在法律范围内行为的理解能力存在缺陷。上诉人的家庭成员提供了更多的表明他存在智力障碍的证据(例如,上诉人喜欢模仿他人)。检察官对智力障碍的证据进行了抗辩,并提供了另外一位心理学家的证明,他指出没有其他证据比智商数值更能说明问题,上诉人只是极度轻微的智力障碍,因此得出结论上诉人至少拥有平均的智力水平。

陪审团同时听取了关于上诉人的16项所犯重罪前科的陈述,包括抢劫、企图抢劫、绑架、非法使用武器和严重伤害行为。这些犯罪行为的受害人们提供了上诉人存在暴力倾向的详细描述:他用一个啤酒瓶打击受害人的头部,他用枪捆另外一个受害人的脸,并用枪击打她的头致其倒地,然后将其扶起,枪击她的腹部。陪审团判处上诉人死刑。弗吉尼亚州最高法院维持原判。

二

综上所述,上诉人的智力障碍问题是量刑的中心问题。然而陪审团认为上诉人的智力障碍并不能成为免除其因残暴罪行和长期暴力倾向所应承担的死刑刑罚的充足理由。"根据美国宪法,我们可以得出推翻本案判决的如下意见",法庭认为轻度智力障碍人士"对于任何罪行也不应承担死刑的道义责任这一结论,在社会伦理和社会道德方面都是不成立的,从其对美国宪法的诠释角度来看同样也是不成立的"。①

根据第八修正案,一个刑罚被认为是"残酷和异常的"需要符合以下两个方面之一:"在人权法案通过时,这种刑罚的方式或者行为被认为是残酷和异常的"②,刑罚的模式与现代"正当行为标准"不一致,客观事实表明,最重要的是与"国家立法机构的立法"不一致。③

在1791年,法庭认为判处轻度智力障碍人士死刑是以一种"残酷和异常的"刑罚的说法是无根据的。在那时,只有严重的或者极度的智力障碍,也就是我们通常所说的"白痴",才可以拥有特殊的法律地位。与精神病患者一样,他们忍受着"意志缺陷",使他们无法分辨对错。因为他们没有行为能力,白痴"不能成为犯罪主体,或者所犯的任何罪行都会被免除罪责"。相反,他们通常会遭

---

① 汤普森诉俄克拉荷马州案, 487 U. S. 815, 863-864(1988)(大法官斯卡利亚,反对意见)。
② 福特诉温赖特案,477 U. S. 399, 405(1986)。
③ 彭里诉莱纳福案, 492 U. S. 302, 330-331(1989)。

到限制自由和来自于州的监护行为,从而阻止他们"走上街道去伤害国王的臣民"。那些并不属于严重智力缺陷的智力障碍人士——也就是不属于"白痴"的智力障碍人士——需要承担刑事审判和刑罚,包括死刑刑罚。

因此,法庭应该承担辩论判处轻度智力障碍人士死刑与"代表成熟社会进步思想的现行正当行为标准不相符的问题"。在今天之前,我们的看法是不断地强调第八修正案所涉及的社会"标准""应该在最大可能范围内由客观因素来决定",而"不应该是,也不应该仅仅表现为审判人员的主观意见"。① 客观因素中的"首位"因素是"社会中所选举的代表通过的法规",因为"在以往的案件中很少会出现法庭成员比选举的代表拥有更好的意识性"。

法庭口头赞成这些先例,并奇迹般地从中提取出禁止判处智力障碍人士死刑这样一个"国家共识",事实上仅有 18 个州——38 个州的一少半(47%)允许使用死刑(特定情况下)——最近通过了禁止判处智力障碍人士死刑的立法。甚至这 47% 的数字也是一个曲解。如果一个人说,今天的法庭对于有关智力障碍人士的死刑判决都是违背道德和国家"正当行为标准"的,那么这个所谓的"共识"就一定意味着所有死刑判决都是不正义的。并非 18 个州,而是仅有 7 个——18% 的可以判处死刑的辖区——存在相关立法。其中的 11 个州,法庭采纳禁止判处在该立法生效日期后犯罪或者定罪的智力障碍人士死刑②;那些已经被判处死刑,或者在相关法案生效前定罪,甚至(在那些使用犯罪追溯日期的州里)多年前的谋杀罪犯都可以判处或者维持判处死刑。这绝不是一段违背道德的陈述,而是两害相权取其轻的做法而已。其中的两个州在其他的情况下也允许判处智力障碍人士死刑:堪萨斯州很显然允许判处除了最为严重的智力障

---

① 科克尔诉佐治亚州案, 433 U. S. 584, 592(1977)(多数意见);亦可参见斯坦福诉肯塔基州案, 492 U. S. 361, 369(1989);麦克克莱斯基诉坎普案,481 U. S. 279, 300(1987);恩芒德诉佛罗里达州案, 458 U. S. 782, 788(1982)。

② 参见亚利桑那州年度评论统计 §13-703.02(I)(2001 年增刊);阿肯色州年度法规 §5-4-618(d)(1)(1997);瑞姆斯诉州案(*Reams v. State*),322 Ark. 336, 340, 909 S. W. 2d 324, 326-327(1995);佛罗里达州统计 §921.137(8)(2002 年增刊);佐治亚州年度法规 §17-7-131(j)(1997);印第安纳州法规 §35-36-9-6(1998);朗顿诉州案(*Rondon v. State*),711 N. E. 2d 506, 512(1999 年印第安纳州);堪萨斯州年度统计 §§21-4623(d),21-4631(c)(1995);肯塔基州年度评论统计 §532.140(3)(1999);马里兰州年度法规, Art. 27, §412(g)(1996);布思诉州案(*Booth v. State*),327 Md. 142, 166-167, 608 A. 2d 162, 174(1992);密苏里州评论统计 §565.030(7)(2001 年增刊);纽约州刑事程序法 §400.27.12(c)(2002 年麦金尼增刊);1995 年纽约州法规, ch. 1, §38;田纳西州年度法规 §39-13-203(b)(1997);范陈诉州案(*Van Tran v. State*),66 S. W. 3d 790, 798-799(2001 年田纳西州)。

碍人士以外的所有智力障碍人士死刑①;纽约州允许判处在矫正设施中犯有谋杀罪的智力障碍人士死刑。②

但是,就让我们为了下面的论证暂且接受法庭的错误计算。仅仅是18个州这一数字就足以说服任何理性的人们并不存在所谓的"国家共识"。47%的允许死刑存在的司法辖区如何能够成为"国家共识"?我们先前的案例通常都需要更高的一致性才能够决定根据"现行标准"决定一个刑罚是否属于残酷和异常的刑罚。在科克尔案中,我们禁止判处犯有强奸成年妇女罪行的罪犯死刑,原因在于我们发现全美仅有佐治亚一个州允许判处此类案件死刑。在恩芒德案中,尽管同案犯剥夺了一条生命,但是我们也禁止判处仅仅是参加了抢劫犯罪的罪犯死刑,这样的刑罚在允许判处死刑的州中有28个州被禁止(78%)。在福特案中,我们支持普通法禁止判处智力障碍人士死刑,我们注意到"这个传统并没有失效",因此没有任何一个州授权如此刑罚。在索勒姆诉赫尔姆案中,我们根据累犯法规取消判处该案当事人无假释的终身监禁,原因在于相同的犯罪行为"在任何其他州并不会得到如此严重的刑罚"。法庭在本案中提到的所谓"共识"证据(不实的数值47%)更类似于我们所提到的早期案件中所达成的不充分的共识。③ 支持州法律授权判处重罪的主要参与者死刑,而忽视37个允许死刑的州中仅有11个州(30%)禁止此种刑罚的做法。支持州法律允许判处犯有死刑罪行的16岁的罪犯死刑,而忽视36个允许死刑的州中仅有15个州(42%)禁止判处此类罪犯死刑的做法。

更为重要的是,一个主要的因素在于法庭完全忽视了所有这18个州的立法都处在起步阶段。历史最为悠久的法案也仅仅拥有14年的历史④;其中5个是去年才通过的⑤;超过一半是在以往8年内通过的。⑥ 这些州都没有足够的经验去验证这些法律是否在长期范围内切合实际。"将宪法原则建立在这样短暂的

---

① 堪萨斯州法规对"智力障碍"的定义是:"存在有明显的低于一般水平的智力能力……到达这样一种程度,即某人理解自身犯罪行为的或者自身依法行为的实质性能力缺陷。"堪萨斯州年度统计§21-4623(e)(2001)。这个上诉人认可的智力障碍的定义,类似于模范刑法典为了辩解罪责而对"智力疾病或者智力缺陷"所下的定义,参见美国法律协会,模范刑法典§4.01(1985),这里不包括轻微智力障碍。对于上诉人的回复简要3,n.4。

② 纽约州刑事程序法,§400.27.12(d)(麦肯尼2001);纽约州刑法,§125.27(麦肯尼2002)。

③ 参见蒂森诉亚利桑那州案,481 U.S.137,154,158(1987)。

④ 参见佐治亚州年度法规§17-7-131(j)。

⑤ 参见亚利桑那州年度评论统计§13-703.02;康涅狄格州一般统计§53a-46a(h);佛罗里达州统计§921.137;密苏里州评论统计§§565.030(4)-(7);北卡罗来纳州一般统计§15A-2005。

⑥ 除了这些法规中的援引,参见南部地区成文法§23A-27A-26.1(2000年颁布);内布拉斯加州评论统计§§28-105.01(2)-(5)(1998);纽约州刑事程序法§400.27(12)(1995);印第安纳州法规§35-36-9-6(1994);堪萨斯州年度统计§21-4623(1994)。

经验上是缺乏远见的。"①

  法庭试图通过如下方式加固它那处于尴尬状态的单薄的所谓"共识"："重要的并不是这些州的数量,而是这些州改变方向的一致性。"具体来看,我们能够看到任何其他方向的改变吗? 14 年前,所有的死刑法规包括有关智力障碍人士的死刑法规中的所有改变(除了刚刚所谓的突然撤销)都是朝着同一方向,即法庭发现最重要的是取得一个本质的共识。换句话说,正确的表述是法庭"方向改变的一致性"应该写成如下观点："任何一个州也没有完全豁免智力障碍人士的死刑,完全豁免智力障碍人士死刑时间最长的州也只有14年。"然而,在任何情况下,通过依赖"趋势"甚至是比14年更长的时间趋势来作出法庭裁决都将是危险的事情。大法官奥康纳在汤普森案中意味深长地进一步解释道：

  "1864 年,密歇根州成为了第一个废除死刑的州……在随后的几十年中,美国其他州继续着废除死刑的趋势……后来,尤其是在'二战'以后,随之而来了在死刑判决数量上的稳定和急剧的下降……在 20 世纪五六十年代,更多的州废除或者彻底地限制死刑,从 1968 年开始的几年时间里死刑判决活动完全停止……"

  "1972 年,当法庭在听取死刑的合宪性陈述时,如上的数据很可能告诉我们实践已经成为历史,并已经被一个新的社会共识所排斥……现在,我们知道任何涉及拒绝死刑存在的社会共识都是一个错误。但是我们的法庭却认可了这样的社会共识,认为判处死刑不合法,立法机构很可能对此也无法进行恢复。这个决定的前提性错误,已经被冻结成为宪法性法律,这将造成难以对其进行反驳,更难以对其进行拒绝使用。"

  她的话表明,危险性不仅仅在于使用了一个趋势本身,更在于使用了一个根本就不存在的共识。

  法庭为了获取有关"共识"的证据,采信了州立法机构颁布的禁止判处智力障碍人士死刑的边缘性立法。照此推测,为了应用我们第八修正案关于"当前正当行为标准"的司法体系,从今以后我们将不仅需要衡量有多少州表决同意,而且需要知道这些州在多大程度上同意。当然,如果立法者对于法案的投票比例是有重要影响的,那么立法者所代表的民众数量同样具有重要影响：事实上,一个拥有6 000 万人口的州的49%的立法者的投票应该比一个拥有200 万人口的州的90%的立法者的投票更具有说服力。顺便说一下,保留死刑的州中拒绝判处智力障碍人士死刑的州人口仅仅是所有保留死刑的州人口的44%。这是

---

  ① 科克尔案,433 U. S. 614;亦可参见汤普森案,487 U. S. 854-855(奥康纳大法官,协同意见)。

十分荒谬的。我们以前所寻找的"推进"第八修正案的共识是一个与采纳第八修正案的共识相同种类的共识：一个个主权州组成联邦的共识，而不是单纯数出美国民众的赞成或是反对数量的共识。

引人注目的还有法庭的论据，"社会共识"的论据竟然来自于在允许判处智力障碍人士死刑的州里真正判处智力障碍人士死刑案例的罕见性。首先，法庭的真实看法相当值得怀疑。判处智力障碍人士死刑的案例是否属"罕见"情况并不是很清楚。尽管如此，如果判处智力障碍人士死刑是"罕见"的，并且如果它不足以说明智力障碍人士仅仅是社会的一小部分（1%～3%），那么当然的解释则是智力障碍是一个宪法规定的减轻量刑情节。出于此原因，尽管在适当案例中判处智力障碍人士死刑符合国家情感，人们仍然会希望判处智力障碍人士死刑是一种"罕见"的情况。为了适应当前的案例，法庭本身在斯坦福案中指出："这不仅仅是可能，而是非常有可能，这种考虑导致今天大多数人认为死刑不应该施加于智力障碍人士……同时导致检察官和陪审员们认为判处智力障碍人士死刑属于极少数情况。"

但是法庭的最微弱努力奖所编造的"国家共识"必须去呼吁各类专业组织和宗教组织、所谓"国际社会"成员、民意调查的受访者给出意见。我同意首席大法官的意见，专业组织意见、宗教组织意见、民意调查结果与我们的案例不相关。① 同样不相关的还有"国际社会"的实践，值得庆幸的是我们对正义的看法并不总是与其所谓正义的观点相同。"我们决不能忘记我们所遵循的美国宪法……尽管法庭认为其他国家的共识可以指引判决，但是如果不是我们自己的共识，它决不能成为美国宪法从而强制美国人民遵循。"②

三

除了"国家共识"的空谈，法庭对今天判决的真正原因给予了简短一瞥：所谓的权力既不局限于最初植根于第八修正案的道德情感（它最初的涵义），也不局限于当前美国人民的道德情感。法庭指出，"宪法设想最后我们自己的判决将要承担第八修正案关于死刑的可接受性的质问"。③ 这种假定的力量使其他

---

① 一些案例中显示出积极的反驳。法庭援引到，例如，美国天主教会议意见，其成员是活跃的美国天主教主教。亦可参见，316, n. 21（援引自作为法庭之友 2 的美国天主教会议简介等）。该机构关于犯罪与刑罚的态度与代表意见相去甚远，甚至天主教徒的意见，也是当前激烈的国家（而且是普遍的）的批评对象。

② 汤普森案，487 U. S. 868-869, n. 4,（斯卡利亚大法官，反对意见）。

③ 科克尔案，433 U. S. 597。（宪法未表达"观点"的原因大概是无论是 1791 年还是在今天，真正的好律师应该拥有高于普通人群的道德情操。）

人无法表达自己的观点。它解释道,当然这就是为什么法庭可以如此轻视共识的证据。毕竟,这只是一场游戏。"最后,是大多数法官的感觉和直觉带来了——正当的感知,或者刑罚的感知,或者慈悲的感知,……被在法庭上的我们社会的小部分和缺乏代表性部分中的多数所决定。"①

那么,意见的真正有效部分是法庭对于其认同此共识的理由的陈述,即智力障碍人士的"能力缺陷"导致死刑对于他们来说成为了过度的刑罚。法庭的分析依赖于两个基本的推断:(1)第八修正案禁止过度的刑罚,(2)陪审团或者法官不能给予智力障碍人士的"能力缺陷"适当的解释。第一个推断是错误的,正如我在哈梅林诉密歇根州案大法官斯卡利亚的意见。第八修正案所指的是那些无论在什么时间什么地点都属于"残酷"的刑罚,比如肢架刑和拇指夹刑。但是,刑罚本身是允许的,"第八修正案不是一个棘轮,即为了使某个特定犯罪达成从宽处理的临时共识而去在最大范围内调整永久性的宪法,使美国各州无法改变信仰和应对变化的社会情况"。第二个推断——使得法官和陪审团无法给予智力障碍适当的考量——不仅是没有根据的,更是违背了美国和英格兰自古以来的信条,这个信条在处理类似情况时发挥了不可或缺的作用:

"区分正常人与部分精神不正常人士是很难的;但是法官和陪审团必须要根据具体情况对此进行适当衡量和考量,以免出现反应人性缺陷的不人道倾向,也要避免出现对于犯罪行为过于放纵的倾向出现。"②

从这些错误的推断出发,法庭给出了死刑对于所有智力障碍犯罪人都是一种过度刑罚的两个原因。第一,智力障碍人士的"能力缺陷"提出了这样一个"严肃的问题",对其判处死刑是否有助于死刑的"社会目的"的实现,即报应目的与威慑目的。法庭很显然忽视了死刑的第三个"社会目的"——"使危险犯罪人丧失再犯罪能力从而阻止再犯罪"。③ 但是没关系;即使前述两个"社会目的"的讨论也是经不起分析的。这种观点并没有促进报应目的,因为智力障碍人士并不比普通谋杀犯承担更重的罪责,而对于普通谋杀犯,我们已经证明缺乏足够的罪责去承担死刑。是谁这么说的?在智力和能力之间是否存在一个既定的联系用来协调一个人的行为在比如谋杀这样的基本问题上与法律的一致?智力障碍人士是否真的比其他人更倾向于(因此更可能)故意犯下残忍的和严重的罪行?从我的经验来看,反过来的情况才是正确的:智力障碍人士像孩童般通常都

---

① 汤普森案,*id.* 873(斯卡利亚大法官,反对意见)。
② 黑尔,《刑事诉讼及程序》,30。
③ 格雷格诉佐治亚州案,428 U.S.153,183,n.28(1976)(大法官斯图尔特、鲍威尔和斯蒂文斯的联合意见)。

是无辜的而非残忍的。

然而,假如在智力缺陷和无法避免谋杀之间存在一个直接的联系,科学的分析可能给出一个轻度智力障碍人士在抢劫或者家庭纠纷中进行了残酷杀人行为并不比"一般"谋杀犯具有更重的罪责?或者一个犯下 20 起一系列残酷杀人罪行的中度智力障碍人士?当然,最为严重的报应的罪责,不仅仅依赖于(如果存在的话)犯罪人的智力能力(分辨对错能力的标准),同时依赖于所犯罪行的严重程度——这恰恰是为什么这类问题历来被认为是今天法庭强加给所有审判规则所无法回答的,而是需要量刑者在具体案例中通过分析具体情况(包括智力障碍程度和罪行的严重程度)来衡量的。事实上,陪审团继续判处犯有极为严重罪行的智力障碍人士死刑显示出,社会的道德要求有些时候判处智力障碍人士死刑。通过什么样的法律原则、科学原则或者是逻辑原则,法庭能够说出这是错误的?没有。一旦法庭承认智力障碍并没有使得犯罪人在道德上归于无责,就没有基础说对于无论什么样令人发指的罪行,死刑永远都是不适当的报应。如果智力障碍犯罪人可以"分辨对错",只有量刑者才能够衡量出他的智力障碍是否能够在这个特定谋杀案中成为足够减轻他的死刑罪责的原因。

至于法庭讨论的死刑的另外一个社会目的——威慑,法庭告诉我们,并未达成此目的,因为智力障碍人士,不像他的非智力障碍同案犯一样更可能"分析出判处死刑可能性的信息……从而根据此信息控制他们的行为"。当然,这导致了之前所讨论的相同结论——智力障碍人士(因为他们不容易受到威慑)更可能杀人——这是无论是我还是整个社会都不能相信的。在任何情况下,甚至法庭也不会说所有的智力障碍人士都不能"处理可能被判处死刑的信息并……根据此信息来控制自己的行为";而仅仅可以说他们比正常人具有更小的可能性能够这么做。但是,如果它成功威慑到许多目标人群,虽然不是全部,那么,毋庸置疑的是刑罚的威慑作用足以被证明。例如,弗吉尼亚州的死刑并没有失去威慑作用,原因很简单,在于一些犯罪人并没有意识到弗吉尼亚州有死刑存在。换句话说,事实是一些智力障碍犯罪人不能充分理解死刑的理由与威慑无关,但是可以成为以上讨论并反对的否认报应的理由。我不能确定一个谋杀犯如果(尽管他知道自己的行为是错误的)不能充分理解他将为此付出死亡的代价,他是否将会受到更小的谴责;但是即便如此,我们应该像对待无法对死刑作出回应的儿童那样对待智力障碍谋杀犯。我们不认为智力障碍人士天然免除死刑,但是智力障碍可以成为量刑者对其量刑时的一个减轻因素进行考量。①

---

① 埃丁斯诉俄克拉荷马州案, 455 U. S. 104, 113-117(1982)。

法庭抛出原因包中的最后一个因素,证明为什么在所有的案例中判处智力障碍人士死刑都是一种"过度的"刑罚:智力障碍犯罪人"面临一个特别的被错判的风险",因为他们更缺乏能力去"辩解""去给他们的律师以有意义的帮助"以及去成为有效果的证人。"特别的风险"是多么苍白软弱的语言(甚至比"缺乏可能"这样的词语更苍白)——我认为一个类似的"特别风险"也可以存在于普通的蠢人、口齿不清的人、甚至是长相丑陋的人中。如果这个不被支持的说法有任何实质性内容(我怀疑),它可能在所有智力障碍犯罪人的刑事诉讼中成为正当程序;但是很难看出它与第八修正案所阐述的判处智力障碍人士死刑属于残酷和异常的刑罚之间有什么关系。我们以前从没有认为对违反某些宪法规则的行为施以刑罚是一种残酷和异常的刑罚。

* * *

今天的意见更加充实了法庭判处死刑的实质性和程序性要求,并开创了一种不同的死刑判决法律体系。在第八修正案通过之时,不存在任何的法庭判处死刑的实质性和程序性要求,甚至一些法庭判处死刑的实质性和程序性要求还不被当前的道德共识所认可。它们包括禁止判处"普通"谋杀犯死刑(戈弗雷案,446 U.S. 433,强奸成年妇女科克尔案,433 U.S. 592),缺乏充足犯罪心理的重罪谋杀(恩芒德案,458 U.S. 801),禁止判处任何犯罪时在16岁以下的犯罪人死刑①;禁止将死刑作为任何犯罪行为的强制性刑罚②;量刑者不应给予无控制的自由裁量权③;量刑者有权考虑所有减轻量刑情节④;在量刑之前被告人应该被给予有关他所提出的自己存在精神问题的司法鉴定。⑤ 这里存在一些有关流行废除死刑的说法;却不存在任何关于法庭逐渐废除死刑的说法。

此种做法有望成为把死刑庭审程序变成一场游戏的最有效方法。你仅仅需要阅读美国智力障碍协会和美国精神病学协会所采用的智力障碍的定义并意识到这种情况的症状可以被轻易地伪装。而伪装精神障碍的死刑被告人需要承担被送进精神病院直到其被治愈为止的风险(然后进行审判和判决)。⑥ 伪装智力障碍的死刑被告人却无需承担任何风险。当前案例的唯一未决事项带来了等待接受死刑刑罚的在押人员的第一次人身保护令申请,并在多次申请人身保护令

---

① 参见汤普森案,487 U.S. 838(多数意见)。
② 参见伍德森诉北卡罗来纳州案,428 U.S. 280,305(1976)(多数意见);萨姆纳尔诉舒曼案,483 U.S. 66,77-78(1978)。
③ 参见弗曼诉佐治亚州案,408 U.S. 238(1972)(法庭全体同意)
④ 参见洛克特诉俄亥俄州案,438 U.S. 586,04(1978)(多数意见);埃丁斯诉俄克拉荷马州案;id. 110。
⑤ 参见福特案,477 U.S. 410-411(多数意见)。
⑥ 参见琼斯诉美国案,463 U.S. 354,370,n.20(1983)。

后,他们被确认为智力障碍人士。①

或许,少数保留死刑的州没有经历过将智力障碍从一个减轻因素(量刑者所接受的或者拒绝的)转变为一个绝对的免除因素所存在的现实困难。时间会说明一切——州的态度转变存续时间(平均 6.8 年)肯定是不够的。但是如果现实困难并没有出现,如果其他的州认同了法庭关于所有智力障碍人士在犯有任何罪行时都不应被判处死刑的道德共识,那么大多数州都将继续效仿。尽管如此,法庭也没有道理用他们来进行以宪法为借口的实验——进而把这个实验转变成一个长期的实践。什么也不会改变马修·黑尔在超过三个世纪以前所写下的关于考量减轻罪责因素的普通法的传统方法的准确批注:

"确定一个人没有行为能力是非常困难的一件事,一部分是由于对此进行伪装的容易性……一部分是由于这种症状的程度的多样性,关于什么可以足够为死刑犯罪人辩解,什么不足以为其辩解……"

"然而,英格兰法律很可能给这个和其他所有问题提供了最好的审判方式,即通过陪审团的 12 个人给出一致的判断、通过证人证言……通过法官的审查和判断。"②

我谨持异议。

---

① 参见穆尔诉得克萨斯州案, 535 U.S. 1044(2002)(斯卡利亚大法官,反对同意暂缓执行申请)。

② 1 Pleas of the Crown, at 32-33.

威金斯诉史密斯案
Wiggins v. Smith

《美国案例汇编》第 539 卷第 510 页(2003)
美国联邦最高法院发至美国联邦上诉法院第四巡回法庭的调卷复审令
庭审日期:2003 年 3 月 24 日
结审日期:2003 年 6 月 26 日

案 件 导 读

  本案发生于 1988 年 9 月 17 日,地点是在马里兰州伍德朗。77 岁的佛罗伦萨·拉克斯被警方发现淹死在自己被洗劫一空的公寓的浴缸里。1988 年 10 月 20 日公诉机关指控申请人威金斯犯下此罪,并谋求判处申请人死刑。两位巴尔的摩郡的公共辩护人,卡尔·施莱克和马歇尔·内瑟科特,承担了申请人案件的辩护责任。1989 年 8 月 4 日,经过 4 天审理,马里兰州法院认定申请人一级谋杀、抢劫及两项盗窃罪名成立。随后被陪审团判处死刑。马里兰州上诉法院确认了这一判决。新的律师代理后,威金斯寻求认罪后的救济,辩称他的律师没有调查他的背景且没有在死刑量刑程序中提出有关他不幸的人生经历作为减轻证据,这侵犯了他根据宪法第六修正案享有的获取律师帮助的权利。初审法院否认了威金斯的申请,马里兰州上诉法院亦予以维持判决,认为辩护律师曾作出一个合理的选择,以他们所认为的最好的辩护方式进行诉讼。随后,联邦地方法院对他的联邦人身保护令的申请给予救济,判定马里兰州法院驳回他未获得有效帮助的诉求,涉及对联邦法律明确规定的不合理适用。第四巡回法院撤销了判决,认定初审律师战略决策是关注威金斯直接责任的合理性。

  最后,联邦最高法院以 7 票赞成 2 票反对裁决:威金斯的律师在量刑审理阶段的表现侵犯了他的第六修正案的权利,即有权获得律师的有效帮助,认定美国第四巡回法院上诉法庭错误地维持了马里兰州上诉法院对此申诉的驳回。故撤销原判并发回重审。奥康纳大法官宣读了法院判决,其中,终审法院首席大法官伦奎斯特、斯蒂文斯大法官、肯尼迪大法官、苏特大法官、金斯伯格大法官和布雷耶大法官加入这一意见。斯卡利亚大法官提出了反对意见,托马斯大法官加入此意见。

本案争议的关键问题在于申请人所质疑的公共辩护律师没有调查和提出他的不正常经历背景作为减轻证据是否构成无效帮助,还是如辩护律师所称的那样,是一种将调查和辩护的重点放在再审案件事实和异议威金斯为谋杀所承担的直接责任上的战略决策。在美国,无效辩护制度是一项保障刑事被追诉人获得律师有效辩护和公平审判的制度。一般地,一个无效帮助的辩称有两个构成要件:律师的表现有缺陷,且这种缺陷损害了辩护。因此与之相应,本案法庭审理的关键问题应为:第一,律师的辩护行为是否不当,即是否进行了合理的专业判断,支持其决定不提出有关威金斯背景的减轻证据的调查本身是否合理。第二,律师的不当履行是否损害了申请人的抗辩利益,即存在这样一种合理的可能性:若不是律师的错误,诉讼的结果将会不同。

对此,经审理,最高法院的多数意见认为:

(一)律师没有进行合理的调查。他们所做的不扩大他们的调查超越判决前调查报告和巴尔的摩市社会服务部记录的这一决定,使其没能达到1989年美国马里兰州通常的专业标准,也同样低于美国律师协会关于死刑案件辩护的工作标准。此外,根据律师在巴尔的摩市社会服务部所发现的事实,威金斯的酗酒母亲和他的寄养问题,则他们实行停止调查的决定是不合理的。任何有能力的律师都会意识到,采用这样的策略是必要的,即在可能的辩护方式中选择告知法庭威金斯背景的辩护方式,尤其是考虑到因明显缺失其背景情况而致刑罚加重的可能因素。

(二)律师的失误损害了威金斯的庭审抗辩。律师没能发现并提出的减轻证据在本案中是强有力的证据。陪审团审理的仅有的重要的减轻因素是威金斯没有前科。如果他的痛苦的生活经历是可以纳入罪行减轻因素范围内,那么,相当可能的是至少有一名陪审员将会达成不同的量刑因素权衡。因此,从整体上看,现有的减轻证据很可能会影响陪审团对他的道德应受谴责性的评价。

至此,本案的裁决无疑传达出这样的信息,即:虽然判断构成无效辩护的标准是在律师自主辩护与被追诉人权利保护之间寻求平衡,但法院实际上或者努力希望实际上能更为重视死刑案件中的被告人法律保护质量,要求辩护律师提供更好的律师服务,由此对律师的履职行为提出更加严格的要求,对被告权利的保护亦大大加强,更使得死刑的适用具有更大程度上的公正性。

| 判决摘要 |

1989年,申诉人威金斯被一名马里兰州法官定为谋杀死罪,随后被陪审团

判处死刑。他的公共辩护人,施莱克和内瑟科特,提起分别审理*的动议,表明他们打算证明威金斯本人没有杀死受害者,之后如有必要,提出减轻情节。法院驳回了动议。在量刑审理时,内瑟科特在开庭陈述中告诉陪审团,除其他事项外,他们将听到关于威金斯的艰难生活,但这样的证据之前从未提出过。在总结陈词前,陪审团不在场时,施莱克向法院提出为上诉保留分别审理的动议,并详细说明了律师将提出的减轻情节。施莱克从未提及威金斯的生活历史或家庭背景。陪审团判处威金斯死刑,马里兰州上诉法院确认了这一判决。新的律师代理后,威金斯寻求认罪后的救济,辩称由于他的公共辩护律师没有调查和提出他的不正常经历背景可作为减轻证据,所以没有提供有效的帮助。他提供了法医学背景的社工专家所作的专家证词,是关于他曾遭受他母亲的身体虐待和性虐待,且经历一系列寄养父母。施莱克作证说,他忘记在量刑前聘用法医社工以准备个人社会历史资料,但即使有专用于此目的的公共资金,他解释道,他和内瑟科特已决定将调查和辩护重点放在再审案件事实和异议威金斯为谋杀所承担的直接责任上。初审法院否认了申请,州上诉法院亦予以维持判决,认为辩护律师曾作出一个合理的选择,以他们所认为的最好的辩护方式进行诉讼。随后,联邦地方法院对他的联邦人身保护令的申请给予救济,判定马里兰州法院驳回他未获得有效帮助的诉求,涉及对联邦法律明确规定的不合理适用。第四巡回法院在撤销判决时,发现初审律师战略决策是关注威金斯直接责任的合理性。

判决:威金斯的律师在量刑审理阶段的表现侵犯了他的第六修正案的权利,即有权获得律师的有效帮助。

(1)只有当一州法院的判决是对明确确立的法院先例的违反或涉及对其不合理的适用,那么联邦令状能够被授予[28 U.S.C. §2254(d)(1)]。当一州法院识别了正确的可规制该案件的法律原则,但不合理地适用于该申诉人的案件事实中,那么这种"不合理适用"允许令状被授予。① 为满足这一标准,州法院的决定必须是"客观上不合理的",而不仅仅是不正确或错误的。

一个无效帮助**的辩称有两个构成要件:一个申请人必须证明,律师的表现

---

* 分别审理(bifurcate the sentencing)或分开审理(bifurcating trial),是指审理分成两个阶段进行。在刑事案件中对被告人是否有罪与判处刑罚,如本案中辩护律师提出的动议,分开审理决定是否判处刑罚(bifurcate the sentencing),或被告人是否有罪与精神错乱分开审理;在人身伤害案件中对责任与损害赔偿问题分开审理。也称为两阶段审理(two-stage trial)。——译注

① 威廉姆斯诉泰勒案,529 U.S.362,413。

** 无效帮助(an ineffective assistance)即是指律师的帮助无效,帮助无效不仅指被告人败诉,而是指律师帮助的质量很差,以至于他从整体上忽视了履行其责任。依宪法第六修正案,刑事被告人应有律师帮助其进行辩护。"律师的帮助无效"(ineffective assistance of counsel)可成为指责判决的理由。——译注

有缺陷,且这种缺陷损害了辩护。① 如果律师的表现低于一个合理的客观标准,那么其表现有缺陷,其中合理是以通常的专业规范来界定。这里,正如在斯特里克兰案中律师声称的那样,他们将调查限制在申诉人的背景而不是提出减轻证据,是遵行另一种战略,这反映了一个战术上的判断。在衡量申诉人的请求时,法院主要关注的不是律师是否应该提出一个减轻情节,而是调查结果是否支持他们的决定,即不提出可作为减轻证据的威金斯的背景,其本身是否是合理的。因此,法院对他们的表现进行客观的审查时,根据通常的专业规范衡量其合理性,包括对被疑义的行为的一个情境考量,即如在作出行为的当下,以一个律师的角度来看待此问题。

(2) 律师没有进行合理的调查。他们所做的不扩大他们的调查超越判决前调查*报告和巴尔的摩市社会服务部记录的这一决定,使其没能达到1989年美国马里兰州通常的专业标准。在那时马里兰州死刑案件的标准惯例包括编写个人的社会经历报告。虽然有聘用法医社会工作者的专项资金,但律师没有选择委托编写报告。他们的行为同样低于美国律师协会关于死刑案件辩护的工作标准。此外,根据律师在巴尔的摩市社会服务部所发现的事实,威金斯的酗酒母亲和他的寄养问题,则他们实行停止调查的决定是不合理的。任何有能力的律师都会意识到,采用这样的策略是必要的,即在可能的辩护方式中选择告知法庭威金斯背景的辩护方式,尤其是考虑到因明显缺失其背景情况而致刑罚加重的可能因素。事实上,律师没有发现有证据表明一个减轻情形会起反效果或者进一步的调查将一无所获,从而将本案与本法院所判决的对减轻情节进行有限制的调查是合理的这一先例区别开。量刑审理记录表明律师没有进行彻底调查,是由于其精力并不集中,而非是庭审战略判断,这突显了其行为的不合理。在法院否决他们的分别审理动议前,他们曾有充分的理由去挖掘可能的最有力的减轻情节。在量刑审理过程本身,律师也并非完全集中于威金斯因谋杀承担的直接责任,而是不正式地提出过一个减轻情况。马里兰州上诉法院假定律师的调查是适当的,这反映出对斯特里克兰案的一种不合理适用。尽管事实是他们所谓的决定是基于不充分的调查,但是马里兰州上诉法院听从了律师对决定不提出各种可能的减轻辩护的解释,进一步不合理适用了斯特里克兰先例。法院的结论是社会服务记录揭示性虐待的发生,但当发现他们实际上并没有采用记录进行揭示时,法院的此结论反映出"根据在州法庭审理中所提交的证据,对一种不

---

① 参见斯特里克兰诉华盛顿州案,466 U.S. 668,687。

* 判决前调查(presentence investigation),是指在判决作出前,通常由法院的缓刑官对已被定罪的被告人的有关背景情况所作的调查,目的在于为量刑法官的量刑提供指导。——译注

合理的事实的确定"[28 U.S.C. §2254(d)(2)]。这有违州和联邦的观点,即整个记录没有支持律师进行了本庭描述之外的更彻底的调查的结论。最终,法院关于律师的调查是不充分的结论并不意味着斯特里克兰先例要求律师去调查每一个可能的减轻证据的线索,尤其是当这样的努力无论怎样都不大可能会在量刑时帮助到被告人。此结论也不意味着斯特里克兰先例要求律师在每一个案件的量刑阶段都提出减轻证据。相反,这一结论是基于适用范围非常有限的原则,即"不完整调查后作出的战略选择是合理的"仅仅限于"合理的专业判断支持对调查的限制"。①

(3)律师的失误损害了威金斯的庭审抗辩。要成立损害,被告人必须证明存在合理的可能性。即如果不是辩护人犯下专业性的错误,该诉讼的结果会有所不同。② 法院通过重新衡量加重情节证据与在庭审和人身保护令程序中都援引的全部减轻证据来评估损害。③ 律师没能发现并提出的减轻证据在本案中是强有力的证据。当他在酗酒的、未尽职责的母亲监护下时,他经历了严重的困苦和虐待,当他在寄养家庭时,他遭受了身体的折磨,性骚扰和多次强奸。他处于无家可归的状态以及他的心智减弱,这进一步加强了他的减轻情况的重要程度。因此,他已陷入与评估被告人道德应受谴责性有关的人生困境。考虑到虐待的性质和程度,存在这样一种合理的可能性,即一名知晓情况的称职的律师应当会在量刑审理时提出,而陪审团面对此种减轻证据也将会作出不同的量刑。陪审团审理的仅有的重要的减轻因素是威金斯没有前科。如果他的痛苦的生活经历可以纳入罪行减轻因素范围内,那么,相当有可能的是至少有一名陪审员将会达成不同的量刑因素权衡。威金斯没有暴力行为的记录,若有,且州能提出这一记录,那么方可抵消所述的强有力的减轻情况。因此,从整体上看,现有的减轻证据很可能会影响陪审团对他的道德应受谴责性的评价。撤销原判并发回重审。*

奥康纳大法官宣读了法院判决,其中,伦奎斯特首席大法官以及斯蒂文斯、肯尼迪、苏特、金斯伯格和布雷耶大法官加入这一意见。斯卡利亚大法官提出了反对意见,托马斯大法官加入此意见。

唐纳德·B.维里尔主张支持申诉人的诉讼理由。

在答辩书和他同一意见的是伊恩·希思·格申刚和劳拉·M.弗林特。

---

① 参见斯特里克兰案,同前, at 690-691. pp. 523-534。
② 参见斯特里克兰案,同前, at 694。
③ 参见威廉姆斯诉泰勒案,同前, at 397-398。
* 指上诉审法院撤销初审法院所作的判决,并将该案发回初审法院重新审理。——译注

加里·E.贝尔,马里兰州的首席律师代表主张对被申请人有利的诉因。在答辩书中和他同一意见的是首席检察官 J. 约瑟夫·柯伦,首席检察官助理凯瑟琳·格里尔·格雷夫和安妮·N. 博斯。

丹·希梅法博作为法庭之友*,主张支持美国政府的诉因,并敦促法院进一步的确认。在答辩书中和他同一意见的是首席律师奥尔森,首席律师助理切尔托夫,副首席律师德里本和罗伯特·J. 埃里克森。

法庭之友敦促撤销案件的意见由阿尔弗雷德·P. 卡尔顿、劳伦斯·J. 福克斯、戴维·J. 凯斯勒和罗宾米·M. 马希尔提交至美国律师协会;由弗吉尼亚·E. 斯隆和斯蒂芬·F. 汉隆提交至宪法工程(Constitution Project);由大卫·A. 赖泽、埃莉诺·H. 史密斯、丽莎·B. 凯姆勒提交至全国刑事辩护律师协会等;由托马斯·C. 金·斯塔因和艾米·豪提交至全国社会工作者协会等;由罗伯特·S. 利特、凯思林·A. 贝安和约翰·A. 里德曼提交至和珍妮特·F. 里诺等人。

| 判决全文 |

奥康纳大法官宣读了法院的判决。申诉人凯文·威金斯辩称他的律师没有调查他的背景,且没有在死刑量刑程序中提出有关他不幸的人生经历作为减轻证据,这侵犯了他根据宪法第六修正案享有的获取律师帮助的权利。在本案中,我们认为美国第四巡回法院上诉法庭错误地维持了马里兰州上诉法院对此申诉的驳回。

一

(一)

1988 年 9 月 17 日,在马里兰州伍德朗,警方发现 77 岁的佛罗伦萨·拉克斯淹死在她被洗劫一空的公寓的浴缸里。① 公诉机关指控申诉人于 1988 年 10 月 20 日犯下此罪,后又发出意图通知**,谋求判处申诉人死刑。两位巴尔的摩县的公共辩护人,卡尔·施莱克和马歇尔·内瑟科特,承担了威金斯案件的辩护责

---

* 法庭之友(amicus curiae),对案件中的疑难法律问题陈述意见并善意提醒法院注意某些法律问题的临时法律顾问;协助法庭解决问题的人;是当事人代理律师之外的被赋予向法庭提交意见概要的个人或者组织。——译注

① 参见威金斯诉州,352 Md. 580, 585, 724 A. 2d 1, 5 (1999)。

** 意图通知(notice of intention),是根据法律要求向对方当事人或行政机关等发出的通知。意图通知书有意图申请重审的通知(notice of intention to move for a new trial)、意图起诉的通知(notice of intent to sue)等。——译注

任。1989年7月,在巴尔的摩县申诉人被选出在巡回法庭法官面前接受审判。8月4日,经过4天的审判,法院认定申诉人一级谋杀、抢劫及两项盗窃罪名成立。

法庭之友敦促确认的意见由加利福尼亚州首席律师比尔·洛克耶、州首席律师曼纽尔·M.梅代罗斯、首席律师助理罗伯特·R.安德森、高级律师助理帕米拉·C.哈曼纳卡和副首席律师克里斯托弗·乔斯塔德、A.斯科特·海沃德、唐纳德·E.德尼古拉提交给加利福尼亚州等,且由以下首席律师提交给他们所代表的州:阿拉巴马州的威廉斯·H.普莱尔、亚利桑那州的特里·戈达德、科罗拉多州的肯·莎拉查、佐治亚州的瑟伯特·E.贝克、伊利诺伊州的丽萨·马迪甘、印第安纳州的斯蒂文斯·卡特、路易斯安那州的理查德·P.莱欧博、蒙大拿州的迈克·麦格拉斯、内布拉斯加州的乔恩·布伦宁、内华达州的布莱恩·桑多瓦尔、俄亥俄州的吉姆·佩特罗、俄克拉荷马州的德鲁埃·德蒙森、宾夕法尼亚州的D.迈克尔·费希尔、南达科他州的拉里·朗、犹他州的马克·L.舒特莱夫、弗吉尼亚州的杰里·W.基尔戈和华盛顿州的克莉丝汀·O.葛瑞格尔;由肯特·S.沙伊德格尔提交给刑事司法法律基金会。

定罪之后,威金斯被选出由陪审团决议量刑,初审法院计划于1989年10月11日开始量刑程序。9月11日,律师提出动议要求量刑分别审理,希望在两个阶段呈现威金斯的案件情况。律师拟首先证明威金斯没有充当"一级谋杀罪的主犯"——例如,他没有亲手杀死受害者。① 随后律师打算如有必要,提出一项减轻情节。在支持他们动议的备忘录中,律师辩称分别审理将能使他们在最佳时机提出每种情形;分离这两种情况会防止这一情况的出现,即减轻证据的提出会削弱他们关于威金斯不负有谋杀的直接责任的辩称。

10月12日,法庭驳回分别审理的动议,量刑程序随即展开。在内瑟科特的开庭陈述中,她告诉陪审员他们将听审到表明是威金斯之外的其他人实际杀害了拉克斯的证据。律师接着解释说,法官将指示他们考量威金斯的清白历史作为一个反对死刑判决的因素。她总结道:"你们将要听到凯文·威金斯有过一段艰难的岁月。生活对他而言并不轻松。但他一直工作着。他试图成为一个有所贡献的公民,当他27岁时,他没有包括暴力犯罪的任何前科,……我认为这对于你们而言是要考量的重要事实。"然而,在实际的诉讼程序中,律师没有提出威金斯生活经历的证据。

在总结陈词前,陪审团不在场时,施莱克向法庭提出将分别审理的动议作为

---

① 参见 Md. Ann. Code, Art. 27, § 413 (1996)(符合判处死刑的条件是需要证明其负有直接责任)。

上诉的可争论问题予以保留。他详细说明了律师将提出的减轻情节,以期法院准予他们的分别审理的动议。他解释道他们会引入心理学家的报告和专家证词,一方面表明威金斯只有有限的智力能力和孩童般的情绪状态,另一方面表明他的行为,同心理能力以及希望在世上发挥作用的需求中缺乏积极的模式。在任何时候施莱克都没提出过关于申诉人的生活经历或家庭背景的证据。10月18日,法庭引入陪审团承担量刑任务,后来那天下午,陪审团作出死刑判决。马里兰州上诉法院*予以了确认。①

(二)

1993年,威金斯在巴尔的摩郡巡回法院寻求定罪后的救济。有了新律师之后,他质疑在量刑阶段他的原代理人行为的适当性,辩称由于他的原律师没有调查并提出关于他的异常生活背景作为减轻证据,使辩护成为在宪法上的有缺陷的帮助。为了支持他的说法,申诉人提交了由汉斯·塞尔沃格,一位被法庭视作专家的有执照的社工所认证的证据。塞尔沃格作证说他准备的详尽的社会历史报告包含了申诉人在他母亲监护下和在一系列寄养家庭监护下所遭受到的严重的身体伤害和性虐待的证据。依凭国家社会服务记录、医疗和学校记录,还有与申诉人和众多家庭成员的访谈,塞尔沃格记载下申诉人的惨淡的人生经历。根据塞尔沃格的报告,申诉人的母亲是一个慢性酒精中毒者,经常丢下威金斯和他的兄弟姐妹独自在家好几天,迫使他们讨饭为生,吃油漆芯片和垃圾。其母亲的虐待行为包括她经常锁住厨房,为了孩子闯进厨房而殴打他们。她与男人发生性关系时,她的孩子睡在同一张床上。还有一次迫使申诉人把手放到热火炉的火口上——这次事件致使申诉人住院。在威金斯6岁时,他被放在寄养家庭。申诉人的第一任和第二任养母虐待他的身体,并如申诉人向塞尔沃格解释那样,他的第二个寄养家庭的父亲多次骚扰和强奸他。在他16岁的时候,他逃离了寄养家庭,开始流落街头。他断断续续地回到过其他的寄养家庭,这包括有一家的儿子们涉嫌不止一次轮奸他。脱离寄养体制后,威金斯进入了一个工作团队项目,据称在那里遭到他上司的性虐待。

在定罪后的诉讼程序中,施莱克作证说,他不记得聘用法医社会工作者准备被告人的社会历史背景,即使州为此目的提供了公共资金。他解释说,他和内瑟

---

* 在这里,马里兰法院是一个法官意见有分歧的法院(divided Court)。法官意见有分歧的法院指上诉审法院对某一具体案件作出判决时,法官不能形成一致的意见,尤指多数意见比较微弱的情形,如美国最高法院以5∶4作出的判决,称之为division of opinion。——译注

① 参见威金斯诉州案,324 Md. 551, 597 A. 2d 1359 (1991), cert. denied, 503 U. S. 1007 (1992)。

科特早在庭审开始之前,就决定集中精力"重审案件事实",并就威金斯因谋杀所负的直接责任进行论辩。

1994年4月,在诉讼程序行将结束时,裁判席上的法官评述道:他记不住死刑案件的律师没有编写被告人的社会历史报告,并解释说,"不去做社会经历调查,但至少要能够看到你做了什么,否则这对我而言是绝对的错误。如果上诉法院谈及其他事情,我就会目瞪口呆的"。然而,1997年10月,审判法庭驳回了威金斯申请认罪后救济的请求。法院的结论是,"当不进行调查的决定……这是一个战术问题,不构成律师的无效帮助"。

马里兰州上诉法院肯定了对救济的驳回,认为辩护律师已经作出了"有意为之的战术上的决定,即集中精力说服陪审团"被告人不承担谋杀的直接责任。①

法院指出律师知晓威金斯的不幸童年。他们提供给其可用的由缓刑假释司准备的判决前调查报告,这是②所规定的。他们还提供了更详尽的社会服务记录,记录了身体虐待和性虐待的发生,包括一名酗酒的母亲,寄养服务的安排和他接近智力迟钝状态的情况。法院承认这方面的证据既不详细也不如塞尔沃格报告中所阐述的那般生动形象,但是强调"律师确实调查并且认识到了上诉人的背景"。③ 如果说他们反证威金斯对谋杀负直接责任是错误的努力失败了,那么律师将至少知道一个无可争辩的减轻因素——威金斯没有前科——提交到陪审团面前。因而法院得出结论,施莱克和内瑟科特"作出一个合理的选择,以他们认为最佳的辩护方式去进行诉讼"。④

（三）

2001年9月,威金斯向联邦地区法院提交了人身保护令的请愿书。审理法庭支持他的救济请求,判定马里兰州法院否决他的无效帮助的主张"涉及对联邦法院明确规定的不合理适用"。⑤ 法院驳回了州法院关于律师的"重新审理罪责"的"战术"决定的认定,认为一个合理的战略决定应当"根据律师进行合理调查后的信息作出"。法庭认定尽管律师知道威金斯个人背景的某些方面,但是了解并不能免除他们关于是否要提出减轻情节,作出"基于对情况的完全了解

---

① 参见威金斯诉州案,352 Md., at 608,724 A. 2d, at 15。
② Md. Ann. Code, Art. 41, §4-609(d) (1988)。
③ 352 Md., at 608-609, 724 A. 2d, at 15。
④ 同前, at 611-612, 724 A. 2d, at 17。
⑤ 威金斯诉科科伦案(*Wiggins v. Corcoran*), 164 F. Supp. 2d 538, 557 (2001), 援引自威廉姆斯诉泰勒案, 529 U. S. 362 (2000)。

的和深思熟虑基础上的决定"的职责。事实上,法院认为,他们对其背景的了解引出了其应当进一步深究的义务。第四巡回法庭复审了地区法院的判决,即判定律师作出了一个将重点放在申诉人的直接责任上的合理战略决定,并予以撤销。① 法院将施莱克和内瑟科特至少知道一些从判决前调查报告和社会服务机构记录中的威金斯童年的细节的事实,与在威廉斯案中,律师完全没有调查可能的减轻证据进行对照。法院承认,律师很可能知道进一步的调查"将会导致更多肮脏的细节浮出水面",但是同意马里兰州上诉法院的意见,即律师知道提供给他们获取减轻证据的渠道是"足以作出一个有根据的战略选择",去质疑申诉人为谋杀所负的直接责任。法院强调,有关死亡时间的相互抵触的医学证词,不利于威金斯的直接证据的缺乏和在犯罪现场的无法解释的法医鉴证为辩护律师的战略决定提供了依据。

我们授予了调卷令,且现予撤销案件。

二

(一)

申诉人重申他的论点,即他的律师在量刑阶段的表现侵犯了他根据宪法第六修正案享有的获得律师有效帮助的权利。作为《1996 年反恐和有效死刑法案》(AEDPA)的一部分而通过的 28 U.S.C. §2254 的修正案,为我们考虑威金斯的诉求及分析案情划定了范围,因为在州法院作出决定的时候,这项法律规范是由判例所明确确立的。

"(4) 在州法院审理过程中,根据州法院的判决而被羁押的人为其利益提出的人身保护令申请,在有法律依据审理的任何诉求中均不得被授予,除非是关于以下诉求的审理:

① 产生的一项判决是违反由美国联邦最高法院所判定的联邦法院的明确规定或涉及对其的不合理适用;或

② 根据在该州法院诉讼中所提出的证据,其所产生的一份判决是基于对案件事实不合理的确定。"

我们已经清楚地表明如果从州法院的判决来看,这个法院确定了正确的管辖法律原则,但不合理地适用于案件事实,那么上述第 4 条第 1 款[§2254(d)

---

① 参见威金斯诉科科伦案, 288 F.3d 629, 639-640 (2002)。

(1)]的"不合理适用"即允许法院授予联邦人身保护令状。① 换句话说,当法院错误适用了一项"联邦法律原则"与"不同于那些宣告了该原则的案件情况的一组事实"时,联邦法院可给予救济。② 联邦法院若想判定州法院对判例的适用是"不合理的",那么州法院的判决就应当不只是不正确或错误的。

州法院的判决必须是"客观不合理的"。③

我们在斯特里克兰案中建立了规制律师的无效帮助的法律原则。一个无效帮助的主张有两个构成要件:一是申请人必须证明律师的表现有缺陷,且这种缺陷损害了被告方的辩护利益。为证明辩护有缺陷,申诉人必须表明律师的代理行为"低于一个客观的合理标准"。但我们要拒绝对何为适当的律师行为给出明确的指引,而强调"律师表现的合适衡量标准仍只是通行专业规范下的合理"。

在如斯特里克兰案的情况下,申诉人的主张源于律师的决定限制了他们调查可能的减轻证据的范围。本案中,如同斯特里克兰案一样,律师试图证明他们的限制调查是合理的,只是反映出一种战术上的判断,在量刑阶段不提出减轻证据而是寻求另种可替代的辩护方式。根据支持律师作出那些判断的调查情况的充分性,我们驳回了被申请人的主张,确定了对其战略判断的尊重。

"在对有关合情理的有所选择的法律和事实进行彻底的调查之后所作出的战略决定几乎是不容置疑的;确切到合理的专业判断支持调查的有限性这个意义上来讲,未经完整调查作出的战略决策是合理的。换言之,律师有责任要作出合理的调查或是作出合理的决策,这使得特别的调查是不必要的。在任何无效情况下,一项决定不进行调查的特定决策必须在任何情况下能被直接评估其是合理的,这是对律师的判断适用严格的遵从标准。"

我们在威廉斯诉泰勒案中的意见是这些标准恰当适用的说明。在判定威廉斯的无效帮助的诉求是值得称赞时,我们适用斯特里克兰先例并得出结论,在量刑阶段律师未能揭示和提出大量的减轻证据,将重点集中于威廉斯的自愿供认上,这不能够被认为是一种策略上的决定,并由此证明其选择是正当的。因为律师没有"履行他们对被告人背景进行彻底调查的义务"。④ 然而在马里兰州上诉

---

① 参见威廉姆斯诉泰勒案,同前,at 413;亦可参见贝尔诉科恩案(Bell v. Cone), 535 U. S. 685, 694 (2002)。
② 参见洛基尔诉安德拉迪案, 538 U.S. 63, 76 (2003)(援引自威廉姆斯诉泰勒案,同前,at 407)。
③ 参见威廉姆斯诉泰勒案, 529 U. S., at 409。
④ 529 U. S., at 396,援引美国律师协会关于刑事司法的标准 4-4.1,评注, p. 4-55 (2d ed. 1980)。

法院作出争议的判决时,威廉斯还未被宣判,而在人身保护令的审查方面,威廉斯的案件则先于我们。因此,与异议者的论点相反,我们在解决威廉斯的帮助无效的诉求时,没有制定新的法律规则。① 在强调律师的调查义务和在谈及作为指导的刑事司法美国律师协会(ABA)标准时,我们适用相同的"明确建立"的我们在斯特里克兰先例中所适用的规则。②

根据这些标准,我们的主要关注是判定施莱克和内瑟科特是否进行了"合理的专业判断",而不是律师是否应当提出减轻情形。相反,我们重点放在支持律师决定不提出有关威金斯背景的减轻证据的调查,其本身是否合理这方面。③ 在评估律师的调查时,我们必须对他们的表现进行客观审查,"根据通行执业准则的合理标准"进行衡量,包括以"在彼时律师的思考方法"进行情境考量的方法对被质疑行为考察。④

(二)

1

记录表明律师的调查取自于三方面。律师安排了威廉斯·斯泰斯卡尔,一位心理学家,对申诉人进行了一系列测试。斯泰斯卡尔的结论是申诉人的智商只有79,应付要求苛刻的情形有困难,且表现出人格障碍的特征。然而,这些报告没有透露申诉人的任何生活过往。关于威金斯的个人经历,律师从书面的判决前调查报告获取信息,其中包括关于威金斯"个人历史"的一整页记述,指出他"年轻时的痛苦",援引他对自身背景的描述是"恶心",并观察到他的大部分生活是在寄养中度过。律师还"找到"由巴尔的摩市社会服务部门保存的记录,记载有申诉人在州寄养制度下寄宿的各种安排。

在描述律师对申诉人生活历史的调查范围时,无论是第四巡回上诉法院还是马里兰州法院都仅提及两个信息来源。⑤

---

① 参见廉姆斯案,529 U.S.,at 390(指出廉姆斯申诉的案情正受斯特里克兰案中我们作出的判决所管辖);同前,at 395(指出初审法院正确地将斯特里克兰案的构成标准适用于申诉人的请求,也正确适用诉讼程序去讨论了对斯特里克兰案所确定的关于表现规定的违反的一种律师调查不能的情况)。

② 参见斯特里克兰案466 U.S.,at 690-691(确立"彻底的调查"是"几乎不可置疑的",并强调说"律师有进行合理调查的责任");同前,at 688-689("美国律师协会标准等之类的机构所反映的主流的执业规范……是决定何为合理的依据指导")。

③ 参见威廉姆斯诉泰勒案,同前,at 415(奥康纳法官,同意意见)(指出律师的职责是对其当事人的背景进行"必要的,勤奋的"调查)。

④ 参见斯特里克兰案,466 U.S.,at 689("必须每次都努力去消除事后看来的扭曲效应")。

⑤ 参见288 F.3d,at 640-641;威金斯诉州案,352 Md.,at 608609,724 A.2d,at 15。

律师决定不将他们的调查范围扩展至判决前调查报告和社会服务部门记录之外,这使其没能达到在1989年马里兰州通行的专业标准。正如施莱克所承认的那样,在威金斯案审理时,马里兰州死刑案件中确定的实施标准包括一个社会历史报告的编写。尽管公设辩护办公室有可用于聘用一名法医社会工作者的资金,但是律师选择不去委托编写这样一个报告。律师的行为同样低于由美国律师协会(ABA)确立的死刑辩护工作的标准——我们长久以来所提及的"确定何为合理的指南根据"。[①] 美国律协的指导方针规定减轻证据的调查"应当是努力发现所有合理的可利用的减轻证据以及反驳可能由公诉人提出的任何加重证据"。[②] 然而,尽管有这些明确的规范,律师从窄小渠道获得的仅是对申诉人个人历史的初步了解,之后便放弃了对申诉人背景的调查。[③]

根据律师在社会服务部记录的实际发现,他们调查的范围也是不合理的。记录显示了几个事实:申诉人的妈妈是慢性酒精中毒,威金斯从一个寄养家庭不断去到另一个寄养家庭,并显示出一些情绪上的困扰;他频繁而长期地从学校缺席;以及至少有一次,他的母亲丢下他和他的姊弟孤零零地好多天,也没有食物。[④] 正如联邦地区法院所强调的,任何理性的称职的律师都会意识到追寻这些线索是必要的,在了解的基础上从众多可能的辩护策略里作出选择,尤其是考虑到申诉人的背景里明显没有任何加重因素的存在。的确,律师在他们调查中没有揭示出任何证据表明:一个减轻因素其本身将是适得其反的,或者进一步的调查将是徒劳无功的;因此这个案件和对减轻证据的调查限于合理的判例就区别开来。[⑤]

在州定罪后程序进行过程中,如果律师进一步调查,他们很可能发现性虐待的情况已经被揭示出来。实际的量刑程序记录通过表明他们未能彻底调查是由

---

① 斯特里克兰案,同前,at 688;威廉姆斯诉泰勒案,同前,at 396。
② 在死刑案件中关于律师任用和表现的美国律师协会标准(ABA Guidelines for the Appointment and Performance of Counsel in Death Penalty Cases),11.4.1(C),p. 93 (1989)。
③ Id. 11.8.6, p. 133(指出律师应当考虑提交的材料是医疗历史、教育经历、工作和培训经历、家庭和社会背景、未成年人和青少年时期的受管教经验,以及宗教和文化的影响);ABA Standards for Criminal Justice 4-4.1, commentary, p. 4-55 (2d ed. 1982)("在提高减轻因素程度方面,无论起初对公诉人还是量刑法庭而言,律师还履行着实质和重要的任务……调查对实现这些功能而言是必不可少的)。
④ 申请人的申诉 54-95, 126, 131-136, 140, 147, 159-176。
⑤ 参见斯特里克兰案,同上,at 699(得出结论是律师能够"合理猜测……品质和心理方面的证据没有多大的帮助。");伯格诉坎普案,483 U. S. 776, 794 (1987)(结论是律师的有限度的调查是合理的,因为他将注意力用在采访所有的证人上,并发现一些证据,这是有帮助的,而发现太多证据是有害的);达登诉温赖特案,477 U. S. 168, 186 (1986)(结论是律师投入充分的准备和提出减轻情况的决定会导致陪审团听审申诉人已被定罪的暴力罪行和他的人生不少时间是在监狱中度过的证据)。

于漫不经心、不理性的战略判断,突显出律师行为的不合理性。

直到量刑审理开始前一天,律师提出将诉讼程序分离为针对是否有罪的重审和关于减轻情形的审理两个阶段。在判刑前夕,律师向法院主张他们随时准备提供有关减轻情形的证据,且如果法院准予他们分别审理的动议,他们想要提交此类证据。换言之,量刑之前,律师从未真正放弃过他们会提出减刑辩护的可能性。直到法庭驳回他们的动议时,他们完全有理由去深掘可能的最有说服力的减刑证据。

更重要的是,在量刑程序实际进行时,律师没有完全地专注于威金斯为谋杀所负的直接责任这一点。内瑟科特在开庭陈述提出这个问题后,她恳求陪审团不仅考虑威金斯"被认定所做的事情",也考虑"他是谁"。尽管她告诉陪审团会"听审到威金斯有过一段艰难的岁月",但是之后律师并没有照此进一步提出有关威金斯过往经历的细节。同时,律师请犯罪学家作证,在监狱里无期徒刑犯往往能被调整良好并避免发生进一步的暴力行为——证词与申诉人是否亲手犯下谋杀案无关。律师远非完全关注申诉人的直接责任,其后律师不甚认真地提出减刑证据,采取的正是马里兰州上诉法院认为律师起初寻求避免的"猎枪"做法。① 当从这个角度考虑时,州法院和被申请人都援引的以证明律师的有限度地寻求减刑证据是正当的"战略决定",看起来更像是事后对律师行为专门所作的合理化解释,而不是对判刑前他们商议工作的一个准确描述。

在驳回申诉人的无效帮助诉求时,马里兰州上诉法院似乎假定因为律师有一些关于申诉人背景的信息——在判决前调查报告和巴尔的摩市社会服务部记录中的信息——所以他们能作出不提出减刑辩护的策略决定。② 然而在评估一个律师调查的合理性时,法院必须不仅考虑律师已知的证据量,且要考虑已知的证据是否会使一名理性的律师展开进一步调查。即使假定施莱克和内瑟科特为战略原因而限制他们的调查范围,但是斯特里克兰案并没有确定这样的规则,即一个粗略的调查会自动证明有关量刑策略的战术决定是正确的。相反,一个复审法院必须考虑据称支持战略决定的此调查的合理性。马里兰州上诉法院对斯特里克兰案中成为有约束力的法律原则的适用是客观不合理的。尽管州法院承认申诉人关于律师没有准备社会经历报告"是不符合执业的最低标准的"的主张,但是法院没有进行评估是否这个停止所有获取判决前调查报告和巴尔的摩

---

① 参见威金斯诉州案,352 Md., at 609, 724 A. 2d, at 15。
② 同前, at 611-612, 724 A. 2d, at 17。(引用联邦和州判例:在律师没有进行任何形式调查的案件中判定构成无效帮助。)

市社会服务部记录的调查的决定其实有着合理的专业判断。① 州法院仅仅假定调查是适当的。然而,根据判决前调查报告和巴尔的摩市社会服务部记录所实际揭露的,在不合理的时刻律师选择放弃他们的调查是在充分知情基础上所作出的一种量刑策略决定,这是不可能的。上诉法院假定调查是适当的,从而反映出对斯特里克兰先例的不合理适用。② 因此,法院随后认可了律师"不提出任何可能的减刑辩护"的战略决定③,尽管律师是基于事实作出选择,但我们已明确表示这是不合理的调查事实,这种所谓的选择也是客观上不合理的。正如我们在斯特里克兰案中所确立的那样,"至少是全面调查后作出的战略选择才是合理的,也才是准确意义上的合理的专业判断支持有限度的调查的含义"。

此外,法院将其结论部分地建立在一个清晰的事实错误上——"社会服务记录……记载了性虐待的发生"。④ 由于州和联邦现在承认,该记录不包含任何有关性虐待的内容,更不用说在塞尔沃格报告中所记载的详尽的申诉人遭遇的反复骚扰和强奸。⑤ 通过"明确和令人信服的证据",州法院对档案记载了虐待事件的假定已被证明是不正确的⑥,且"根据在州法院诉讼程序中提交的证据",反映出其作出的是"一种不合理的决定"。认定理由部分是依赖于错误的事实,这进一步突显了州法院判决的不合理。

持异议者坚持认为根据§2254(d),通过"州法院的事实查明,威金斯的'初审律师'确实调查和意识到威金斯的个人背景",但此法院权力有限,无能为力。但是正如我们已清楚的,马里兰州上诉法院的结论是律师对申诉人个人背景的调查范围满足斯特里克兰判例确立的法定标准,这反映出对我们先例的客观的不合理适用。此外,法院假定律师了解威金斯个人背景的主要方面,比如从巴尔的摩市社会服务部记录中了解的性虐待遭遇等,但这已清楚是错误的。因此根据§2254(d)的要求,对给予申请人人身保护令救济没有设置障碍。

2

事实上,在州和联邦提交给法院的答辩书中,他们都主张进行比我们刚才描述的更为彻底的调查。他们解释,这一结论遵循了施莱克判例中的定罪后证词

---

① 参见威金斯诉州案,Md.,at 609,724 A. 2d,at 16。
② 28 U.S.C. §2254(d)(1)。
③ 352 Md.,at 610,724 A. 2d,at 16。
④ 352 Md.,at 608-609,724 A. 2d,at 15。
⑤ 受访者的观点要点摘录 22;作为美国法庭之友的观点要点摘录 26;调卷令申请附录,175a-179a,190a。
⑥ 28 U.S.C. §2254(e)(1)。

规则,他知道威金斯遭受的性虐待,也知道手烧伤事件。根据州和它的法庭之友,事实是律师声称知道这方面的证据,但证据并不是在社会服务机构记录中,这与施莱克在其他人的报告中获知陈述的这一情形相耦合,这表明律师的调查范围一定已经超出社会服务机构记录。① 施莱克只不过"没有被要求,也没有透露"有关虐待情况的"他的信息来源"。②

在审议这份州的定罪后记录的阅读笔录时,我们首先注意到的是马里兰州上诉法院明确假定律师的调查开始和结束都是判决前调查报告和巴尔的摩市社会服务部记录,且这一调查在范围上是充分的,能够满足斯特里克兰判例的合理要求。③ 法院还错误地推定,社会服务机构记录列举有性虐待事件。④ 因此被申诉人对施莱克定罪后证词的解释与马里兰州上诉法院的决定是否反映了对规则的客观上不合理的适用并没有关系。

在评价马里兰州上诉法院的意见时,持异议者显然不会争辩说如果律师在本案的调查绝对地由判决前调查报告和巴尔的摩市社会服务部记录构成,那么法院的判决会构成对斯特里克兰判例的一种不合理适用。那么,必然的,持异议者的主要论点是马里兰州上诉法院的确认定威金斯的律师查阅了不限于判决前调查报告和巴尔的摩市社会服务部的记录,因此根据§2254(e)(1),我们必须尊重此裁决。如果法院认定律师的调查范围超越记录,持异议者所依据的§2254(e)要求我们尊重法院裁定的观点当然将是正确的。但是州法院并没有作出如此裁定。

基于马里兰州上诉法院的以下陈述,"律师知道上诉人有一个最不幸的童年"及"律师确实调查并知晓上诉人的个人背景",持异议者得出其结论。⑤ 但是州法院对于律师如何了解申诉人的童年经历没有进一步描述。法院解释道:"律师知道上诉人有最不幸的童年。施莱克先生不仅可以获取审前调查报告……也可以得到更详细的社会服务机构记录。"⑥这种解释反映出州法院的意见,认为调查由法院提及的两个来源组成。事实上,当叙述到律师所作的有关申诉人背景的调查时,法院从未如此暗示道:除了判决前调查报告和社会服务部记录,律师还有其他调查来源。法院关于律师知道"性虐待的发生"的结论并不表

---

① Tr. of Oral Arg. 31-36;作为美国法庭之友的答辩书,26-27,n. 4;作为被申诉人的答辩书,35。
② 作为美国法庭之友的答辩书,27,n. 4。
③ 参见威金斯诉州案,352 Md.,at 608,724 A. 2d, at 15。
④ 同前,at 608-609,724 A. 2d, at 15。
⑤ 参见post,at 540,545,引自威金斯诉州案,同前,at 608,610,724 A. 2d, at 15,16。
⑥ 352 Md.,at 608-609,724 A. 2d, at 15。

明律师还有其他的资料来源,因为法院假定律师从社会服务机构记录中了解了此类事件。① 法院在随后的陈述中说,"正如所指出的那样,律师做了调查,也知道了上诉人的背景",这突显了我们的结论,即马里兰州上诉法院假定律师对威金斯童年的调查由判决前调查报告和社会服务部记录组成。法院使用"正如所指出的那样"的用语,表明异议者忽视了进一步确认律师的调查是否如先前所描述的两种来源组成,比如判决前调查报告和社会服务部记录。因此,正是异议者"是基于一个根本的谬误"——马里兰州联邦上诉法院裁定,施莱克的调查范围不仅限于判决前调查报告和社会服务部记录。

因此,我们必须重新确定,是否律师对申诉人背景调查的材料来源范围超越了判决前调查报告和巴尔的摩市社会服务部记录。作为整体的记录并没有支持律师进行了一项比我们已描述的还更彻底的调查的这样一个结论。持异议者,如州和联邦法院,主要依赖于施莱克的定罪后证词去确定律师的调查来源更为广泛。但是摆在施莱克面前的问题是他的定罪后证词全都参考自他从社会服务机构记录中所获知的事实;毕竟,一连串的问题首先引导他去发现这些文件。他随后提及的直接回应了申诉人精神障碍问题的"其他人的报告",似乎是对我们所知道的律师聘请的心理学家所作报告的承认——报告没有揭示威金斯遭受过性虐待。正如听审这份证词的州初审法官在程序结束时所得出的结论那样,"没有理由去相信律师确实调查了所有这些信息"。

在口头辩论阶段,州主张施莱克对"其他人的报告"的提及说明了律师从其他来源而不是判决前调查报告和社会服务部记录中了解到性虐待经历。② 但是当反复竭力要求证实律师可能参考的来源时,州承认没有关于性虐待的书面文件报告,并推测律师应当已经通过从威金斯自身获得的"口头报告"中了解到这一情况。对于律师提及与他的当事人的谈话时,不仅仅是"其他人的报告"这一用词是不寻常的用法,而且记录中也没有包括律师曾经询问过威金斯一连串问题的证据。就聘用心理学家这一方式本身而言,美国强调律师对心理学家的聘用(作为美国法庭之友的答辩摘要,27*)。但同样的,律师聘请心理学家的决定仍没有很好地阐明他们对申诉人社会背景的调查程度。尽管斯泰斯卡尔将他的结论建立在与威金斯的客观会谈,与威金斯家庭成员的会面及对申诉人的寄宿地情况了解的基础之上,但他的最终报告只讨论了申诉人的精神能力,且并未将

---

① 威金斯诉州案,352 Md.,at 608-609,724 A. 2d,at 15。
② Tr. of Oral Arg. 31, 33, 35.
* 律师向法院提交的表明其对案件的观点的书面辩论文件。通常包括对案件事实的概述、相关法律及关于对案件事实如何适用法律以支持律师主张的争论。——译注

他所了解到的威金斯精神状况归咎于其过往的社会经历。

为了进一步强调在量刑程序前律师不知道性虐待情况和在市社会服务部记录中所没有记载的其他事件,申诉人直接引导我们关注律师提供的1989年10月17日的内容。在总结陈词前陪审团未出席的情况下,施莱克提供给法庭律师将会提出的减刑情形,请求法院准许其分别审理的动议。在施莱克的陈述中,他仅提及心理学家的测试结果,没有提及威金斯的有问题背景的任何内容。考虑到此信息提供的目的是为了能将他们分别审理的诉求作为一个上诉争辩点而得到保留,他们有充分的动力去使他们的减刑诉求尽可能地看起来有强烈的说服力。

因此,律师未能在出示证据时包含反复性虐待这一强有力的证据是可以解释的,只要我们假定律师不知道虐待。

与异议者的诉求相反,我们没有指责施莱克说谎。在定罪后程序中,他知道虐待,也知道手烧伤事件的证词可能只是反映了一个随着时间经过所形成的错误记忆。毕竟,州的定罪后程序是在威金斯被判刑过了四年后才进行的。最终,考虑到在量刑阶段律师很可能忽略掉性虐待的发生,因此我们不能从施莱克的定罪后证词推断出律师进一步调查了申诉人的背景。事实上,记录没有提及任何无可争议的来源。因此我们得出结论,律师对申诉人背景的调查范围限于判决前调查报告和社会服务部记录。

3

在判定施莱克和内瑟科特的调查没有满足斯特里克兰先例确定的表现标准时,我们强调斯特里克兰先例没有要求律师去调查每一个可能的减刑证据,尤其是那些无论如何努力都不可能在量刑阶段帮助到被告人的证据。斯特里克兰规则也没有要求辩护律师在每个案件的量刑程序中去提出减刑诉求。两个结论都妨碍了实现斯特里克兰规则核心部分中的"宪法所保护的律师的独立性"。我们将结论建立在更有限制的原则上,即"至少在全面调查后作出的战略选择才是合理的"仅仅是在"合理的专业判断支持有限度的调查"意义上而言。因此一项不打算进行调查的决定"必须在任何情况下都能被评估是合理的"。

律师对威金斯背景的调查没有反映其理性的专业判断。他们终止调查的决定也是与在1989年他们作出此决定时所通行的执业标准不一致,或者根据律师披露的社会服务机构记录的证据——该证据会促使一个理性的称职的律师去展开进一步调查,也是不合理的。律师寻求分别审理,直到判刑前夕他们不甚认真地提出一个减刑诉求,这表明他们的不完整的调查是注意力不集中的结果而非理性的战略判断的结果。尽管他们的调查不合理,但马里兰州上诉法院遵从了律师不致力于减刑诉求的决定,不合理地适用了斯特里克兰判例规则。而且法院判决的理由部分依赖于一个错误的事实假设。因此,根据 28 U.S.C. §2254(d)所确立的人身保护令救济的要求被满足。

三

申诉人必须证明律师的未履行职责行为损害了他的抗辩利益,才能使律师的不当履行构成对宪法第六修正案的违犯。在斯特里克兰案中,我们明确说明,为了使损害成立,一名"被告人必须证明存在这样一种合理的可能性,即若不是律师的非专业错误,诉讼的结果将会不同。这样一个合理的可能性是指其足以削弱对结果的确信的"。在评估损害时,我们将加重证据与可获取的减轻证据的总和重新相衡量。在本案中,我们审查的是既不是被州法庭界定的有关损害的结论,也不是州法院没有达到的斯特里克兰案确定的分析结论。

在本案中律师所没有发现并提出的减刑情形是强有力的证据。正如塞尔沃格基于他与威金斯及其家人的谈话所做的报告,当威金斯在他的酗酒、不负责任的母亲监护下生活的头六年里,他经历了严重的贫困和虐待。在接下来几年,他在寄养服务里,遭受了身体折磨,性骚扰和反复的强奸。而威金斯处于无家可归的状态和其减弱的智力能力,进一步增强了其减刑诉求。

因此,申诉人有我们所申明的与评估被告人的道德有罪性相关的某种生活困境。[彭里诉莱纳福案,492 U.S.302,319(1989)]("由于这个社会长久认同的信念,被告人的背景和品质的证据是与一个可归责于弱势背景而犯下刑事案件的被告人是相关的……比起没有此理由的被告人,其可能更少应受谴责。");埃丁斯诉俄克拉荷马州案,455 U.S.104,112(1982)(指出对违法者的生活经历的考量"是施行死刑刑罚程序的一部分");洛克特诉俄亥俄州案,438 U.S.586,604(1978)(使不允许对被告人的背景方面进行考量的俄亥俄法律无效)。

鉴于申诉人遭受虐待的性质和程度,我们认定存在这样一种合理的可能性,即知晓这个情况的称职律师,将会以可接受的形式在量刑程序中提出。虽然这很可能是建立在合理而彻底的调查上——该调查把重点放在威金斯对谋杀所负的直接责任——的战略防御措施,这两个量刑策略并不一定是相互排斥的。此外,考虑到可利用证据的强度,一名理性的律师很可能会选择将减刑诉求而非对直接责任的质疑列为优先,尤其是由于威金斯的个人经历没有包括双重危险,这类情形使我们能在其他案件中据此判定有限度的调查是正当的。①

尽管如此,异议者主张威金斯的律师不改变他们的策略,将重点完全地放在威金斯对谋杀所负的直接责任上。但是正如我们已清楚的那样,关于是否把重点放在威金斯的直接责任上,还是他的生活经历的肮脏细节上,或是两者兼之,律师不能够去作出一个合理的战略决策。因为支持他们选择的调查是不合理的。此外,正如我们所指出的,威金斯的律师没有仅仅关注威金斯的直接责任。在量刑程序中,律师告诉陪审团"你们将会听到凯文·威金斯有一段艰难的生活",但此后该说法再没有被继续提及。

我们进一步发现,存在着这样一种合理的可能性,如果陪审团面对相当多的减刑证据时,会作出一个不同的量刑结果。

如持异议者所表明的那样,得出这一结论,我们不需要会在量刑阶段一直争议的州法定证据的调查结果。相反,我们评估证据的总体——"在审理阶段和在人身保护令阶段所援引的证据。"②

无论如何,与异议者的断言相反,看起来好像是根据马里兰州法律,塞尔沃格的报告很可能已经被采纳。③ 马里兰州上诉法院撤销初审法院的判决,该判决基于传闻证据而排除了由塞尔沃格自己证明的证词。法院指示初审法官行使其自由裁量权去承认"任何相关的和可靠的减刑证据,包括在审理有罪还是无罪的阶段中可能不被接受的传闻证据"。

这种"不严格的标准",法庭评论道,"将提供事实调查人机会去考量被告人品质或记录的任何方面……被告人提出的作为达不到死刑的量刑基础的证据"。④ 然而异议者不考虑社会调查的内容,将威金斯称之为"骗子"并称其性虐待的诉求是未经证实的流言,在量刑程序中马里兰州好像考量此种相关证据。⑤ 甚至州争辩说威金斯遭受了在判决前调查报告、社会服务部记录报告以及塞尔沃格的社会历史报告中详细记录的各种不同的虐待和被疏于照顾的情况。

在威金斯的量刑程序中,陪审团只听审了一个重要的减刑因素——威金斯没有前科。如果陪审团能够将申诉人的难以忍受的生活经历放在减刑程度里考量,那么存在着这样一种合理的可能性,即至少有一个陪审员会得出与其他人不

---

① 参见伯格诉坎普案, 483 U. S. 776 (1987);达登诉温赖特案, 477 U. S. 168 (1986)。
② 威廉姆斯诉泰勒案, 529 U. S., at 397-398。
③ 参见惠特尔西诉州案(*Whittlesey v. State*), 340 Md. 30, 665 A. 2d 223 (1995)。
④ 鲍尔诉州案(*Ball v. State*), 347 Md. 156, 172-173, 699 A. 2d 1170, 1177 (1997)(指出初审法官承认塞尔沃格的关于被告人的社会历史报告)。
⑤ 参见惠特尔西案,同前, at 71, 665 A. 2d, at 243("放宽证据规则的理由适用于死刑案件中的特别效力情形")。

同的因素权衡结果。①

此外,对比前述威廉斯诉泰勒案的申诉人,威金斯没有暴力行为的记录,暴力行为的记录是可以被公诉机关提出以抵消此强有力的减刑叙述。② 若联邦地区法院认定,本案中的减刑证据是强有力的证据,而州公诉机关提出的支持判处死刑的证据远远弱于我们在威廉斯案中所认定的由于律师没有调查并提出减刑证据所造成的损害。因此,我们得出结论,减刑证据作为一个整体"很可能影响陪审团(对威金斯道德过错的)评价"。因此,美国第四巡回上诉法院的判决被撤销,案件发回重新进一步审理,并须与该意见保持一致。

判决如上。

斯卡利亚大法官,托马斯大法官加入,表达反对意见:

基于他的初审律师在对可能的减刑证据进行调查时是"不完全尽职",法庭现在撤销凯文·威金斯的死刑判决。然而,威金斯的初审律师宣誓作证说他知道法院声称被他忽略了的威金斯的糟糕童年的基本情况。法庭选择不相信这些证词的原因在于其经不起分析。此外,即使这种不相信能被看似有理地接受,但肯定不会证实[如 28 U.S.C. §2254(d)所规定的]马里兰州上诉法院相信这些证词并因此得出律师是适当地调查了威金斯背景的这样的结论是不合理的。法院也没有符合§2254(e)(1)的规定要求,即联邦人身保护法庭尊重州法院的事实认定,而不会通过"清楚的和令人信服的证据"驳回。

一

威金斯声称,他的死刑判决违反斯特里克兰先例,如果律师进一步地调查他的背景,能了解到并会向陪审团提出如下证据:(1)根据家庭成员所述,威金斯的母亲是个酗酒鬼,忽略她的小孩,没有合适地抚养他们;(2)根据威金斯和他的妹妹因迪亚所述,威金斯的妈妈有意用厨房的炉火烧伤5岁的威金斯的手以作为对其玩耍火柴的惩罚;(3)由于母亲的疏于照顾,威金斯在6岁时就被放置在寄养机构,并不停地进出于各类寄养家庭;(4)根据威金斯本人所言,当他8

---

① 参见博哈特诉州案(*Borchardt v. State*), 367 Md. 91,139-140, 786 A. 2d 631, 660 (2001)(指出只要一个陪审员认为减刑因素大于加重因素,死刑处罚不能被施行);附录,369[指示陪审团:"如果你们一致决定州已经通过优势证据标准(preponderance of the evidence)证明加重证据重于减刑情形,那么之后就考虑死刑是否是合适的量刑。"]。

② 同前, at 418 (伦奎斯特首席法官,反对意见)(指出威廉斯曾野蛮殴打了一位老年妇女,盗窃过两辆汽车,对一个家庭纵火,在一次抢劫中刺伤一名男子,以及供认曾使两名同狱犯人窒息和打破狱友的下颚)。

岁的时候,他的养父母之一曾"一周两到三次,有时候是每天"对他性虐待;(5)根据威金斯叙述,在他16岁的时候,他被其养母的两个十几岁孩子敲击昏迷并强奸;(6)根据威金斯叙述,当他18岁加入工作就业团时,一名工作就业团的管理者"作出性挑逗……他们发生了性关系,"之后,根据威金斯的叙述,工作就业团的主管给他下药,当他醒来时,他"知道他的肛门被进入";和(7)威金斯处于"临界"精神残障。所有这些信息都包含在由汉斯·塞尔沃格社工为在州"定罪后程序"中使用而准备的"社会历史"报告中。

在这些诉讼程序中,卡尔·施莱克(威金斯的两个初审律师之一)作证说,尽管他没有聘用社工去准备一份"社会历史"报告,但他已经详细了解了威金斯的背景:

问:"但是你知道威金斯先生,凯文·威金斯,当他6岁时,由于他生母疏于照看和虐待,已经从其生母处迁离,是吗?"

答:"我认为我们已经追踪了这一切了。"

问:"你得到了社会服务机构的记录?"

答:"那正是我记得的。"

问:"那是在社会服务机构记录中吗?"

答:"是的。"

问:"所以你知道这些情况?"

答:"是的。"

问:"你也知道在那里有他在寄养家庭发生的性虐待事件的报告吗?"

答:"是的。"

问:"好的。你也知道由于他的母亲虐待他,他在小时候曾经被烧伤手?"

答:"是的。"

问:"你也知道他被他曾在的公司团队主管对他作出的同性性侵犯?"

答:"是的。"

问:"那你也知道他是轻度智障?"

答:"是的。"

问:"你知道全部情况?"

答:"至少我知道事实上这些情况是在其他人的报告中,是的。"

问:"但你知道这些情况?"

答:"是的。"

根据这一证词,马里兰州上诉法院裁定"律师确实做了调查并知道威金斯的背景"①,并且明确指出"律师知道威金斯有一个最不幸的童年"。② 这些州法庭,包括本案的这个法庭对事实问题的判定是对联邦人身保护法庭有约束力的,除非该判定被清楚的令人信服的证据所反驳。依托这些事实认定,马里兰州上诉法院驳回威金斯关于其初审律师没有充分调查可能的减刑证据的诉讼请求。据称,威金斯的初审律师"没有表现得像塞尔沃格先生准备的那样详细或生动,但是这不是宪法上的不足"。③

州法院裁决威金斯根据宪法第六修正案所提出的诉求的是非曲直,禁止人身保护令救济,除非州法庭的判决"是违反或者涉及不合理适用由美国联邦最高法院确立的联邦法律的明确规定",或者"根据在州法院诉讼程序中所提出的证据,是对事实的一种不合理判定"[28 U.S.C. §2254(d)]。法院无根据地得出结论,认为马里兰州上诉法院的决定没有符合这些检验标准。我将依次逐一讨论。

(一)

在得出马里兰州上诉法院不合理地适用我们明确确立的先例这一结论时,法院无视§2254(d)(1)的指令,即只有"由美国联邦最高法院所决定的,明确规定的联邦法律"被使用去评价州法院判决的合理性。此外,法院错误描述州法院的意见,而忽略法律④规定的要求,即联邦人身保护法庭尊重州法院的事实认定:

"根据一州法院的判决被羁押的人,因其申请人身保护令而实行一项诉讼程序,在这程序中,州法院作出的事实问题的认定应当被推定为是正确的。申请人须承担通过明确和令人信服的证据反驳这一推定的举证责任。"

1

我们已经确定"由美国联邦最高法院所决定的,明确规定的联邦法律","在作出相关的州法院判决时",涵盖了"这个州法院判决的……法律原则*"。⑤

然而,在讨论关于我们判例"明确规定"的无效帮助诉求是什么时,法院依

---

① 威金斯诉州案,352 Md. 580, 610, 724 A. 2d, 1, 16 (1999)。
② 同前,at 608, 724 A. 2d, at 15。
③ 参见吉列姆诉州案,331 Md. 651, 680-82, 629 A. 2d 685, 700-02 (1993), cert. denied, 510 U.S. 1077 ……(1994);伯格诉坎普案,483 U.S. 776, 788-96 (1987);同前,at 610, 724 A. 2d, at 16。
④ §2254(e)(1)'s 1 Title 28 U.S.C. §2254(e)(1)。
* 法律原则(holdings)是指从法庭判决中引出的法律原则。——译注
⑤ 威廉姆斯诉泰勒案,529 U.S. 362, 412 (2000)。

赖于一个判例——威廉姆斯诉泰勒案——推迟判定关于马里兰州法院驳回威金斯依据第六修正案提出的诉求的申诉。法院承认在马里兰州上诉法院判决时,威廉斯案不是"明确确立的联邦法律",然而认为可能忽略§2254(d)所规定的约束效力,是由于"威廉斯案件是在本案前进行人身保护令审查的,且因此我们没有确立解决他的无效帮助诉求的新规则"。法院的假设和结论都是错误的。

尽管威廉斯案是一个人身保护令案件,但是我们审查申诉人依斯特里克兰先例所主张的人身保护的首要方面,是全面审查律师不胜任表现的问题。威廉斯案超越了§2254(d)禁止提供人身保护救济的规定范围,这是因为我们判定弗吉尼亚州法院关于斯特里克兰先例第二方面的分析——损害方面——都是"违反了"和"不合理地适用了"我们明确确立的规则。那使我们有权去提供人身保护救济,且由于州没有提出蒂格案规则的抗辩,我们继续重新分析不胜任表现的论点,而不是根据"明确规定"的法律。这从我们在关于不胜任表现问题的讨论中,没有援引任何判例这一事实就很清楚。法院错误地断定这一讨论"没有制定新的规则"。在弗吉尼亚州最高法院作出判决时,斯特里克兰案或者任一我们"明确建立的"判例没有任何内容可以支持威廉斯案的主张,即初审律师"有义务去对被告人背景进行一个彻底的调查"。这就是为什么引用支持这一主张的不是我们意见的一种,而是美国律师协会出台的标准。① 就所关注的此法院的这个案件而言②,即使承认初审律师"可以作出比他现有做到的更彻底的调查",但仍然驳回了无效的帮助的诉求。并且斯特里克兰规则回避对律师施加此类"规则",尤其需要说明的是,之后恰是依据美国律师协会标准的威廉斯案"是判定何为合理的指导,但是它们仅仅是指导"。威廉斯案确是制定了新的规则——在马里兰州上诉法院判决时并非是"明确确立的"规则。

但即使法院在威廉斯案中的界定是正确的,仍然不能够证明其忽视国会立法的判决是正当的。无论威廉斯案是否"制定了新的规则",当州法院判决时,威廉斯的判决内容没有被美国联邦最高法院"明确确立"为先例,且不能够被用于判定州法院的意见存在错误。§2254(d)(1)意味着就如前所说那样,法院根本藐视国会对联邦人身保护审查所施加的限制。

2

法院的结论是,斯特里克兰规则被不合理适用和§2254(d)(1)规定从而被满足,因为马里兰州上诉法院的结论是初审律师合理调查了威金斯的背景,这

---

① Citing 1 ABA Standards for Criminal Justice 4-4.1, commentary, p. 4-55 (2d ed. 1980); *ibid.*
② 参见伯格诉坎普案, 483 U.S. 776, 794 (1987)。

是不合理的。这一评估不可能被认可,特别是根据§2254(e)(1),州法院的事实认定对州公诉机关有约束力。州对这一问题的分析依赖于一个根本的错误推论:州法院"明确推定律师的调查范围只限于判决前调查报告和社会服务部记录"。这可说明并非如此。州法院确实注意到威金斯的初审律师"可利用"现有的判决前调查报告和马里兰社会服务部的报告,但是在州法院的意见里绝对没有说这些是律师依赖的唯一资源。而是法院作出如此一种假设——或者说,如此一种简单的推断(断言律师"停止调查"是基于对判决前调查报告和社会服务部门报告信息的接收;提及"律师决定不扩大他们的调查范围,使调查不超出判决前调查报告和社会服务部门记录")。

马里兰州上诉法院也不能"假定"威金斯的初审律师除判决前调查报告和社会服务部门记录外,没有进一步调查,因为州法院记录清楚地表明威金斯的初审律师调查早已超越上述报告范围。公共辩护人的调查人员与威金斯家人面谈,查看州举证请求书①中被告人的补充回答,访谈寄宿的受访者,和威金斯的初审律师所聘用的一名心理学家威廉斯·斯泰斯卡尔博士接触,复查社会服务部门记录,与威金斯等进行客观会谈,并对其进行六种不同的心理测试,还和一名犯罪学家罗伯特·约翰森博士合作(其访谈威金斯,并证实威金斯会充分适应监狱的生活)。施莱克在州定罪后程序中也证实他知道没有包含在社会服务部门记录或判决前调查报告中的威金斯的背景信息——比如指控威金斯的母亲在他是小孩时烧伤了他的手——所以施莱克应该是调查了超出这些报告的信息来源。

正如法院指出,马里兰州上诉法院没有明确说明律师的调查扩展到判决前调查报告和社会服务部门记录之外。因为法院已经认定"律师的确调查和知道申诉人的背景"②,并且因为判决所基于的一份法院的记录清楚表明调查超越判决前调查报告和社会服务部门记录,所以凡是这样的未明确说明的做法是没有理由的。法院没能详述显然是从记录中来的内容,但是这肯定不能提供依据认为其愚蠢"假定"的事实是与显然是从记录中来的内容相反。

一旦有人排除了州法院意见的界定方法——没有也不能"假设"威金斯的律师只知道判决前调查报告和社会服务部门记录里的内容——那么,就没有依据判定关于律师的调查是合适的这一意见是不合理的。如前所述,施莱克在州定罪后程序作证说他知道在后来准备的"社会历史"报告里的基本内容。他知道威金斯曾遭受他母亲的忽视和虐待,有在其中一家寄养家庭遭到性虐待的报

---

① No. 88-CR-5464 (Cir. Ct. Baltimore Cty., Md., Sept. 18, 1989).
② 威金斯案,同前,at 610, 724 A. 2d, at 16。

告,他的母亲曾在他幼年时烧伤他的手,就业工作团的主管曾对他作出同性侵犯,以及威金斯是轻度智障者等情况,施莱克解释道,尽管他知道所有这些可能的减轻证据,但他因为策略原因选择不向陪审团提出证据,因为这与他努力说服陪审团威金斯不是拉克斯女士谋杀案的主要责任者是相冲突的(例如,他没有亲手杀害拉克斯)。

施莱克没有证实的,但包含在"社会历史"报告中的仅有事件是在威金斯待过的寄养家庭中不止一处发生了性虐待。且这一情况仍未被证实不仅仅是因为摆在他面前的问题是他是否知道在其中一个寄养家庭发生虐待的报告。记录没有显示施莱克知道所有这些包含在"社会历史"报告中的详细叙述的事件,但是也没有显示他不知道。总之,考虑到施莱克的证词,认定他不知晓"社会历史"报告中的任何内容是没有根据的。针对这一证词,只有两种可能的回答也许能有助于威金斯的帮助无效的诉求。第一种是会宣称不管施莱克对威金斯背景的预先了解有多少,施莱克都有不可推卸的职责去聘用一名社会工作者编制所谓的"社会历史"报告。申诉人提出了此意见。[参见申诉人的答辩意见书,32,n. 8(声称在威金斯案件审理时,在马里兰州,对于一名死刑辩护律师而言,去取得一份社会历史报告是"一个规范标准",法院开玩笑似地接受了此意见,参见同上,at 524,"在威金斯审判时,马里兰州通行的职业标准",就一个死刑案件的辩护而言,包括"编制一份个人社会经历报告");同上,援引美国律师协会关于在死刑案件中律师的聘任和表现的准则,11.8.6,p. 133(1989)(以下简称ABA准则)(其中说律师应该努力"去发现所有合理的可利用的减刑证据")。]当案件发生时,去考虑获取一份"社会经历"报告的这一要求是"明确的联邦法律"——2254(d)所规定的内容的一部分,这是不合理的。与之相反的是,斯特里克兰规则强调"在任何指定的案件中,有无数的方式可以提供有效的帮助",进一步说明"美国律师协会标准和与之类似的标准,所显示的实践通行准则……是决定何为合理的指导,但是它们仅仅是指导"。不可想象的是,假定施莱克作证关于他对威金斯糟糕童年的详细了解是真实的,他会需要聘用社工以与斯特里克兰案的胜任准则相称。

第二个可能的回应是关于施莱克对威金斯背景的全面了解的证词,断言他撒了谎。在面对认为施莱克作证说他知道关于威金斯在寄养家庭之一的性虐待报告,是他没有说实话的这一意见时,法院佯装沉默("如果律师进一步调查,他们很可能发现在州定罪后程序中稍后披露的性虐待事件"),但最终毫不隐讳地表明他们不相信施莱克。这一结论是基于记录中的一个明显错误描述,和一个不适当的证明责任承担的转移,即要求州去证明施莱克知道威金斯的背景,而不是要求威金斯去证明施莱克忽略了这些情况。但更重要的是,这不足以使州法院去得出这一结论:"不能从施莱克定罪后证词推断出在调查申诉人的背景时,律师进一步查阅了除判决前调查报告和社会服务部记录外的资料",如果认为施莱克说了实话的意见是起码合理的,那么对马里兰州上诉法院认为威金斯的初审律师对其背景进行了充分调查的意见,就不能认为是不合理的。①

法院坚持认为施莱克的证词应当是虚假的,因为社会服务机构记录没有包含性虐待的任何证据,和"摆在施莱克面前的问题是他的定罪后证词都与他从社会服务机构记录中获得的信息相关联"。但这不是事实。施莱克从未被问过"他从社会服务机构记录中知晓了什么",特别是关于所宣称的性虐待。对以下的问题:"你也知道他在一个寄养家庭遭受性虐待的报告?"施莱克回答"是的",但没有如法院所断言的那样,问题不是"针对从社会服务机构报告中所知道的内容";顺便地,也没有针对摆在施莱克面前的有关他对威金斯背景了解的其他任何问题。威金斯定罪后的律师只是从未去询问过施莱克,要求披露他的信息来源。

施莱克声称性虐待的最有可能的信息来源是威金斯自己;甚至汉斯·塞尔沃格的全面的"社会经历"报告都没有发现并披露的与该案诉求相关的且证明属实的证据或者确证的证人。然而,法院根据两个理由,驳回了这种可能性。首先,因为"记录没有包含任何证据表明律师曾追寻过质问威金斯的这一思路"。这一声明呼吁我们暂停以弄清方向:本案证明责任的承担是威金斯去证明律师没有在充分知情情况下作出决定。且当律师宣誓作证他确实知情,举证责任就不在律师了,无需其去证明他如何获得信息的,但是威金斯需要(如果他质疑证词的可信度)证明律师是如何不能获得此信息的。因此,记录中关于施莱克是否试图追问过威金斯厄运的线索证据的缺失不是设防于威金斯的帮助无效的诉求。威金斯没有为汉斯·塞尔沃格"社会经历"报告提供任何施莱克不知道的证据和任何施莱克没有使用的而塞尔沃格依赖的资源。

法院驳回施莱克从威金斯处了解到其所称的性虐待这一可能性的第二个原因是更令人费解的。法院主张"对于律师提到与其当事人的对话,'其他人的报告'一词是不同寻常的方式"。但是施莱克从未使用"其他人的报告"一词描述他从威金斯的寄养家庭了解到的其所称的性虐待事件。施莱克作证只说在"他人的报告"中他了解到威金斯的轻度智障状况:

问:那你也知道他是轻度智障者?

---

① 28 U.S.C. §2254(d)(1).

答:是的。

问:你知道全部?

答:至少我知道那是在其他人的报告中公布了。是的。

问:但是你知道?

答:是的。

很显然,当施莱克说,"至少我知道那是在其他人的报告里","那"是指他提及的威金斯是轻度智障的事实——而不是施莱克先前作证他知道的威金斯背景的其他细节。

法院未相信施莱克宣誓证词的最终原因是,如果初审法院准许他分别审理的动议,他将提出减刑证据。但在出示他将提出的减刑证据时,他没有提及所宣称的性虐待证据。"只有当我们假定律师不知道虐待存在时,律师没有将反复性虐待的强有力证据出示才是可解释的"。但是因为性虐待的唯一证据是由威金斯自己的声称组成①,所以除非施莱克声明是有意让威金斯出庭作证,否则没有任何可以出示的证据。考虑到在量刑程序中律师选择的防止威金斯作证的庭审策略,在证据出示中不提及性虐待的决定与辩护人声称知晓虐待是完全一致的。

当然,在证据出示中法院提供的这些原因——从不可思议到虚弱无力——只用于证明法院的结论,即根据其的独立判断,施莱克是在撒谎。法院甚至没有试图去证实(正如它必须)施莱克的证词是客观不合理的,且§2254(e)(1)要求我们去尊重州法院的事实裁决,即威金斯的庭审律师知道威金斯的背景,根据§2254(d)(1),马里兰州上诉法院的法律裁决——庭审律师"没有像塞尔沃格先生所准备的那样详细或生动的个人经历,但是这不是宪法上的不足"②——是不容置疑的。

3

法庭辩解其拒绝遵守这些州法院的事实裁决是基于"马里兰州上诉法院的结论,判定在律师调查的范围内……符合斯特里克兰法律标准,这表现出对我们先例的一种客观不合理的适用"。这是一个不充分的回答,有以下几个原因。首先,因为恰是在决定律师的调查范围是什么的过程中,法院应当要接受(尽管没有这样做)马里兰州上诉法院的事实认定,即律师知道威金斯的背景包括他

---

① 参见附录464;调卷令申请附录,177a,193a(证据不尽然是法庭所过高描述的"强有力的")。

② 威金斯案,同前,at 610, 724 A. 2d, at 16。

"最不幸的童年"。第二,甚至之后法院作出结论,由于斯特里克兰的不当适用(或者由于所宣称的错误的事实假定"……从社会服务部门记录中律师了解了……性虐待"),申诉人已使§2254(d)的禁止救济的规定无效,但仍然必须遵守§2254(e)(1)在决定人身保护问题上的正确性的假设。①

当"根据在州法院诉讼过程中提交的证据,州法院对诉求的判断导致产生了一个对事实不合理的认定基础上的决定",法院选择判定威金斯满足§2254(d)(2)的条件,允许请求人身保护的申诉人逃脱§2254(d)的禁止救济规定。正是如此,法院方称,因为马里兰州上诉法院错误地声称威金斯的社会服务机构记录"记录了……性虐待的发生"。②

法院作出的断言确实如此。我将承认,通过提供§2254(e)(1)所要求的"明确和令人信服的证据",威金斯已经驳斥了推定正确的假设。从查阅的没有包含任何性虐待证据的社会服务部门记录来看,也是明确和令人信服的。在辩论过程中,我也将推断出,根据在州法院庭审中提交的证据,州法院的错误是"不合理的"。

综上所述,声称符合§2254(d)(2)的案件情况的法院结论仍然有无法弥补的不足,即马里兰州上诉法院没有"基于"这个错误的事实认定。社会服务机构记录是否包含性虐待证据有什么不同? 即使没有包括,根据施莱克的其知道性虐待的宣誓证词,法院的决定仍将会是相同的。施莱克的知情来源——他究竟是从社会服务部门报告还是从威金斯那儿获得——是不重要的。唯一重要的事实是施莱克知道并且宣誓作证他知道足够多的威金斯的背景,以致不需要一名社工的报告就能作出合理的决定。法院的判决意见里甚至不讨论§2254(d)(2)规定的这一要求,即州法院的决定是基于一个不合理的事实认定。

二

法院认为威金斯已经可避免§2254(d)的禁止救济规定的这一站不住脚的判定是不足以使威金斯能够根据宪法第六修正案去请求有权获得人身保护救济的。威金斯仍必须证明由于他的律师的"错误",他"受损了"。具体来说,威金斯必须说明,如果他的庭审律师聘用了一名有执照的社工去编制他们当事人的"社会经历",这存在有这样一个"合理的可能性":(1)他的律师将决定向陪审团提供社会经历证据,且(2)一旦听审证据后,陪审团将饶恕他免予一死。在指向一个看似预定结果的既定进行程序中,法院对这些论据上的分析继续使之漠

---

① 参见米勒-艾尔诉科克雷尔案(*Miller-El v. Cockrell*), 537 U.S.322, 341, 348 (2003)。
② 352 Md., at 608-609, 724 A. 2d, at 15.

视这些记录。

没有一个社会经历的调查将改变威金斯的初审律师选择的策略的"合理的可能性"。正如先前所指出的,施莱克已了解——在没有一份"社会经历"报告的情况下——威金斯有一个糟糕的童年生活和个人背景。同时,即使之后得出结论威金斯符合§2254(d)(1)和§2254(d)(2)的标准,法院仍然应当遵从州法院的关于威金斯的初审律师"知晓威金斯背景"①和"知道威金斯有一个最不幸的童年"②的事实裁定。然而,威金斯的初审律师选择不向陪审团出示威金斯背景的证据,是由于他们"故意的策略上的决定,要集中精力说服陪审团认定申诉人不是谋杀拉克斯案的主犯"。

威金斯没有证明在汉斯·塞尔沃格的社会经历报告中增加的信息将引起律师改变此行动方针。施莱克宣誓作证提出的在塞尔沃格报告中的证据类型会与他所选择的提高陪审团对威金斯是主犯的怀疑的辩护策略是相冲突的,他想要避免对陪审团使用一个"霰弹枪策略"(由于他们所宣称的不充分的调查,在初审律师"没能做出一个合理的策略选择"时,这份证词是完全没有被法院的论证所驳斥的)。施莱克在州定罪后程序中作证说,毫无疑问他知道威金斯背景的细节。这与是否一个假设的"理性的律师"可能提出性虐待的证据是不相关的,威金斯的律师将不会如此行为,因此,威金斯没有被依他们所申诉的不充分的调查所损害。在本案将提出的证据中根本没有任何内容证明(法庭甚至没敢断言)有一个"合理的可能性"存在。因此,举例来说,提出在孩童时期威金斯半周(或者也许是每天)遭受性虐待的证据,能够使陪审团得出结论,即这个可怕的经历使威金斯确实能成为犯下这一古怪罪行的这样类型的人——一名77岁的妇女,被发现溺死在其公寓的浴缸里,穿着衣服但她的内裤却不见了,且被喷洒着黑旗蚂蚁和蟑螂杀手药剂。

此外,在威金斯庭审时几乎所有的塞尔沃格所搜集的社会经历证据都是不可接受的。马里兰州法律规定在死刑量刑程序中的证据必须是"真实可信的"才可被接受③,关于威金斯童年的许多奇闻逸事由最显白的传闻证据构成,既不被法庭所采纳,也不会受到交叉质证,甚至也不会以签署的宣誓陈述书形式被提交。考虑例如,声称威金斯的养父"一周两到三次,有时是每天"对他进行性虐待。这些信息的唯一来源是威金斯自己,在他未经宣誓和未经交叉质证的同汉斯·塞尔沃格进行访谈的记录里。然而,完全没有任何的证明其属实的证据或

---

① 威金斯案, 352 Md., at 610, 724 A. 2d, at 16.
② 同前, at 608, 724 A. 2d, at 15; 参见28 U. S. C. §2254(e)(1)。
③ 参见惠特尔西诉州案, 340 Md. 30, 70, 665 A. 2d 223, 243 (1995)。

能进一步地证实此诉求,并且声称实施性虐待的养父显然是过世了。然而,在假设每周两到三次地或每天发生性虐待那时,威金斯被儿科医生检查过,而儿科医生的报告没有提及有性虐待的迹象。①

在塞尔沃格报告中的很多其他"证据"(包括威金斯主张他被就业集团主管下药并在其无意识时被强奸,和他在第四个寄养家庭被十几岁的儿子强奸)也是没有书面证据的,完全是基于威金斯的说法。法庭将所有这些未被进一步证实的流言飞语当做既定的事实。至少就威金斯在州定罪后程序中宣誓证实他的遭受虐待的童年而论,威金斯的定罪后律师本可能增加这些逸闻趣事的可信度,并坚称法院的决定是不利的。但他们没有那样做——事实上,甚至没有作为"强有力的"证据提及——并假设威金斯的律师本可以将汉斯·塞尔沃格的报告提交给陪审团。这与事实相差甚远。正如州巡回法庭在驳回威金斯基于第六修正案所提出的诉求中进行解释的那样,"塞尔沃格的报告如果作为证据提交到马里兰州法院,那么结果会有很大的不同。他没有在马里兰州得到许可,其报告包含许多传闻证据的事件和许多医疗性质的诊断意见"。

法院争辩道,依赖于惠特尔西诉马里兰州案的论点,塞尔沃格的报告"可能是可采纳的"。然而,依此案仅仅是能撤销初审法院基于传闻证据的理由,认定塞尔沃格编制的社会经历报告本身是不可被采纳的裁定,并发回重审传闻证据是否是"真实可信的"。因此,除非法院准备作出使人难以信服的论点,即根据马里兰州法律,在塞尔沃格报告中有关威金斯的传闻证据是"真实可信的",否则没有根据去支撑马里兰州"在量刑程序中考虑此类相关证据"的结论。在目前情况下,根据推迟宣判惠特尔西案的决定,州巡回法庭当然不是认为塞尔沃格的报告符合可信度标准,也不是认为法院的评价毫无疑问是正确的。塞尔沃格所报告的由威金斯详细叙述的个人背景是一个被定罪的谋杀犯的传闻陈述,也是一个如在本案中庭审证词所表明的那样,是一个惯性说谎者的传闻陈述。

当威金斯告诉杰拉尔丁·阿姆斯特朗,拉克斯的车属于"我的一个伙伴"时,他撒谎了。当他告诉警察在星期五的下午而不是星期四他得到拉克斯女士的车和信用卡,他撒谎了。关于他如何获得拉克斯女士的戒指时,他向阿姆斯特朗撒谎了。并且,在知道他向塞尔沃格提供的信息会被用来抗辩其死刑时,威金斯完全有动机再一次撒谎关于被信以为真的他所遭受的袭击。在塞尔沃格报告中有关性虐待的传闻陈述的可信度是尤其令人怀疑的;除了由被害人的治疗医

---

① 参见调卷令申请附录 1Sla;附录 464。

师提供的证词外,马里兰州法院一直拒绝采纳关于性虐待的传闻证据。①

也许预测正确的是他们能够成功地使法院撤销陪审团关于死刑的裁决,基于从未在法庭中被采纳的"社会经历"报告中的谣言和含沙射影。

考虑到塞尔沃格报告中的奇闻逸事是不可信的,因此是不可采纳的,威金斯初审律师可以提交这些辩称给陪审团的唯一办法将是使威金斯作为证人出席。考虑到在使他们的当事人被交叉询问一系列广泛的问题时,他们所能预见的危险,威金斯没有确立(和法院没有断言)他们将会这样做的"合理的可能性"。(威金斯的初审律师在公开庭审时建议他:"凯文,如果你要作证,那么你必须回答所问你的任何问题。如果被法官判定是可允许提出的问题,那么你将必须回答。")他们对这些不利因素的察觉无疑当被他们所观察到的整个庭审中威金斯的反复无常的和令人不快的行为所加强。(威金斯打断法官的判决而陈述说:"他不能辨别我做了这件事。我将走出去……我没有做这件事。他不能分辨我做了这件事。"威金斯打断公诉人的开庭陈述说:"因为我没有杀那位妇女,所以我将不会被判死刑。我将不会坐在这儿并被判处罪行。")

但是为了论证的缘故,即使允许法院确信塞尔沃格的报告"可以"被采纳,法院有偏见的讨论会使其不经分析就简单推断量刑陪审团会相信报告中详尽记录的威金斯所陈述的传闻证据。然而在庭审定罪阶段,相同的陪审团会了解到威金斯已被证明是一个骗子,且威金斯通过避免作证和聘用一名社工倾销其故事,将不会有助于他在陪审团面前的可信度增加。我十分怀疑威金斯会得到法院对基于这些传闻证据的诉求的不加鉴别的全盘接受。

*　　*　　*

今天的判决是不一般的——甚至是为了我们"死刑是与众不同的"(death-is-different)的法理学。② 当将一名被定罪的谋杀犯的传闻论述当做确认的事实时,就没有使§2254(e)(1)的规定得到有效实行,即要求州法院的事实认定被推定是正确的,且不相信律师成员的宣誓证词。

我反对。

---

① 参见博纳特诉州案, 312 Md. 266, 276, 539 A. 2d 657, 662 (1988) (拒绝采纳社工意见作为证据,其基于一个小孩的"未经证实的陈述"认为小孩曾遭受过性虐待);尼克森诉州案(*Nixon v. State*), 140 Md. ; 附录,170, 178—188, 780 A. 2d 344, 349-354 (2001) (儿童保护机构代理人的证言是弱智少年告诉代理人她曾遭受性虐待,这是不可采纳的传闻证据);洛诉州案(*Low v. State*), 119 Md. ; 附录,413, 424—426, 705 A. 2d 67, 73-74 (1998) (拒绝采纳检查医师关于小孩称其遭受性虐待的证词作为证据)。

② 参见西蒙斯诉南卡罗来纳州案(*Simmons v. South Carolina*), 512 U. S. 154, 185 (1994) (斯卡利亚法官,反对意见)。

罗珀诉西蒙斯案

Roper, Superintendent, Potosi Correctional Center v. Simmons

《美国判例汇编》第 543 期第 551 页(2005)
美国联邦最高法院发至密苏里州最高法院的调卷复审令
庭审日期:2004 年 10 月 13 日
结审日期:2005 年 3 月 1 日

案 件 导 读

2004 年 10 月 13 日辩论,2005 年 3 月 1 日以 5 比 4 的表决结果作出判决,肯尼迪大法官代表法院起草了判决意见,斯蒂文斯大法官、苏特大法官、金斯伯格大法官和布雷耶大法官同意判决,奥康纳大法官、斯卡利亚大法官、伦奎斯特首席大法官和托马斯大法官反对。联邦最高法院裁决维持密苏里州最高法院在西蒙斯案中的判决,确立了宪法第八和第十四修正案禁止对不满 18 岁的青少年罪犯适用死刑。

密苏里州最高法院在判决西蒙斯案中同意了阿特金斯案裁决宪法禁止对有精神障碍的人适用死刑是建立在宪法禁止对犯罪时未满 18 岁青少年适用死刑的基础上,为此,密苏里州最高法院撤销了对西蒙斯的死刑判决,并将其改为永无假释的终身监禁,联邦最高法院维持了这一判决。法庭辩论的核心是对不满 18 岁青少年适用死刑是否构成宪法第八修正案之"残酷和异常的刑罚",针对这一核心焦点的论辩,进一步展开的问题主要有:(1) 反对对青少年适用死刑的国家共识是否已经存在;(2) 不满 18 岁青少年是否可以与智障罪犯等同对待;(3) 是否必须通过立法在 18 岁画一条线,建立绝对禁止适用死刑的规则;(4) 外国法和国际社会的潮流对美国司法的意义。

法庭多数意见认为对不满 18 岁青少年适用死刑构成宪法第八修正案之"残酷和异常的刑罚",理由主要集中在两点:一、宪法的解释需要根据成熟社会不断发展的体面之进化标准来进行,而这个标准的客观标识就是一个反对对不满 18 岁青少年适用死刑的国家共识已经形成;二、在青少年与成年人之间存在三个一般性差别,即青少年不够成熟,对所处环境具有较低控制力和易受消极环境的影响,这些差别减少了青少年犯罪的可责性。基于这两个原因，对不满 18 岁青少年适用死刑是残酷和异常的，永无假释、释放的终身监禁对于青少年犯来说已经是足够残酷的惩罚了。反对意见认为，已经存在国家共识的证据是微弱的，并且，青少年与成年人之间的一般性差别是建立在青少年整体与成年人整体的对比之上的，无法否认，对于青少年个体，在某个极端案例中，在接近 18 岁的年龄，存在某个青少年的心智足够成熟与邪恶，特别是对于本案当事人——西蒙斯，仅差几个月就满 18 岁，表现出与成年人无异的成熟与邪恶而应受死刑处罚。

针对反对对青少年适用死刑的国家共识是否存在的争论，法院多数意见认为，这个国家共识已经形成。理由是绝大多数州拒绝对青少年执行死刑，即使有些州在文本中保留了死刑但在实践中也极少使用。并且，按照宪法解释原则，法院应该用自己的判决来承受对青少年适用死刑惩罚的可接受性质疑。反对者则认为，这个国家共识只是可能存在，但没有确切的证据证明。特别是美国在参加一些国际条约时对禁止对青少年适用死刑条款的保留，恰恰证明了不存在这样一个国家共识。并且，奥康纳认为，是否存在一个反对对青少年执行死刑的国家共识，解决这个道德难题法院应该尊重立法机关的判断，不应该用自己的"不可避免的主观判断"替代经过国家民主程序选举出来的立法机关的判断。

法庭多数意见认为，阿特金斯案禁止对智障罪犯适用死刑的论证，同样适用于禁止对不满 18 岁青少年适用死刑的论证，因为智障罪犯本身所具有缺陷使得其行为具有减少了的可责性，以及削弱了刑罚的功能，青少年所处的青春期的缺陷具有同样的特性。阿特金斯案法庭裁决是建立在禁止对不满 18 岁青少年适用死刑的基础上的，基于反对对青少年适用死刑的国家共识的存在，应该像禁止对智障罪犯适用死刑一样，建立绝对禁止规则，禁止对不满 18 岁青少年适用死刑。反对者则反驳到，不满 18 岁青少年所具有的不成熟、冲动、易感性等特征与智障罪犯所具有的终身固有的不可克服的缺陷是不同的，将不满 18 岁青少年等同智障者是不适当的，将阿特金斯案的论证适用于西蒙斯案是不具说服力的。

法庭多数意见认为应当一律禁止对不满 18 岁青少年适用死刑，以防止将青少年置于死刑的威胁之下。理由是：一、18 岁是一个社会在选举、结婚、充当陪审员等重大事项上的一个年龄界点，同样也应该是适用死刑的最低年龄界点。二、任何一个具体犯罪细节的残忍性都可能削弱陪审团对青春期作为减轻因素的考量。三、心理学家的研究表明，陪审团难以承担评估一个人的青春期的易感性、冲动、不成熟等因素的重任。因此，在反对对青少年适用死刑的国家共识存在的前提下，基于上述理由，需要建立一个绝对禁止的规则禁止对不满 18 岁青少年适用死刑。奥康纳大法官在反对意见中指出采取建立绝对规则的形式禁止对任何不满 18 岁罪犯执行死刑，伤害了美国司法的判例法特性。首先，建立一个绝对禁止的规则，这有悖于美国司法判例的精神，由陪审团对个体进行个性化考量作出判决，这是美国司法与众不同的特

罗珀诉西蒙斯案
Roper, Superintendent, Potosi Correctional Center v. Simmons

质。其次,认为陪审团没有能力对一个青少年个体做与青春期有关的减轻因素的考量是没有根据的,在很多州虽然在文本上保留了对青少年适用死刑,但在实践中却罕有执行,这一点恰恰说明我们的陪审团有能力将青春期作为一个减轻因素作出适当考量。因此,以奥康纳大法官为代表的反对意见认为,法庭关于青少年与成年人在个性特征上存在三个区别,关于青少年犯罪的相称性辩论,这些并不能当然得出需要建立一个绝对规则和界限来全面绝对禁止对任何青少年罪犯适用死刑的结论。

判决意见引用了外国法和外国惯例,认为美国已经是世界上唯一一个没有从立法上全面禁止对青少年适用死刑的国家,国际主流话语的导向虽然不是我们今天判决的基础,但是却是判决应该考量的因素,对于被其他国家公认为基本权利的东西,承认其同样是美国基本权利与自由的核心,丝毫不会影响对美国宪法的忠诚和尊敬。在反对意见中,他们强调不同意美国司法要接受外国法和立法机关的指导。反对者认为美国的判例法体制有着与其他任何国家不同的特质,其他国家,甚至有些是政府的民主性尚有争议的国家,怎能成为我们判决的影响因子? 在反对意见中又有两种不同的声音,奥康纳大法官不同意斯卡利亚大法官关于外国法和国际法讨论毫无意义的论点,她认为美国民族的国家共识既不完全孤立于也先天有别于其他国家的主流价值。

美国最高法院对罗珀诉西蒙斯案的裁决具有划时代的意义,自此美国作为西方国家中的最后一个,废止了对未成年人适用死刑。

判决摘要

被告人西蒙斯在他17岁时计划并实施了谋杀。在他18岁时被判处死刑。他的直接上诉和向州以及联邦在定罪后补救程序中提出的后续申诉都被拒绝。后来,法院在阿特金斯诉弗吉尼亚州案(536 U.S. 304)中支持了通过宪法第十四修正案适用于各州的宪法第八修正案之禁止对有精神障碍的人(Mentally retarded person)*适用死刑……密苏里州最高法院同意并撤销了西蒙斯的死刑判决,将其改为不得假释的终身监禁。法院认定虽然斯坦福诉肯塔基州案否决宪法禁止对不满18岁的未成年犯罪人适用死刑,但是,自从斯坦福案之后,反对对不满18岁的罪犯适用死刑的国家共识已经形成。

判决:第八和第十四修正案禁止对犯罪时不满18岁的罪犯适用死刑。

(1)对宪法第八修正案禁止"残酷和异常的刑罚"的解释,必须依照宪法文本,考量它的历史、传统和先例,适当考虑宪法设计的目的和功能。为了实施这

---

* 有精神障碍的人(Mentally retarded person),指反应迟钝但在法律上不构成精神病的人。——译注

个法律框架,法院确认参考"标志一个成熟社会进步的不断发展变化的体面之进化标准"是适当而又必要的,以此来决定哪种惩罚是不成比例的以致构成宪法所禁止的"残酷和异常"的刑罚。1988 年,在汤普森诉俄克拉荷马州案中,多数意见裁决,关于体面的国家标准不允许对任何犯罪时不满 16 岁的罪犯执行死刑。第二年,在斯坦福案中,虽然一个 5 比 4 的法庭判决提到了关于体面的当代标准,但结论是宪法第八修正案和第十四修正案并不禁止对 15 岁以上 18 岁以下罪犯执行死刑,原因是在 37 个保留死刑的州中有 22 个州允许对 16 岁的罪犯执行死刑,有 25 个州允许对 17 岁的罪犯执行死刑,表明反对对不满 18 岁罪犯执行死刑的国家共识不存在。492 U. S.,第 370—371 页。多数意见也"极力拒绝"法院应该作出自己的判断来影响对青少年适用死刑的可接受性的建议。同前,第 377—378 页。同一天,在彭里诉莱纳福案中,法院裁决第八修正案并没有当然地直接禁止对有精神障碍的罪犯适用死刑,因为只有两个州颁布了禁止对有精神障碍的罪犯执行死刑的制定法。然而,在三个开庭期之前,阿特金斯案的法庭认为社会体面的标准自从彭里案以来已经进化,现在证明对有精神障碍的罪犯执行死刑是残酷和异常的刑罚。阿特金斯案法庭记录记述,如同相关立法机关的制定法和州司法实践所表达的那样,社会标准的客观标志证明这样的执行是如此异常以致可以公平地说——反对对有精神障碍的人执行死刑的国家共识已经形成。法院恢复了先前在斯坦福案中建立起来的规则——宪法预期法院将通过自己的判决来影响死刑的可接受性问题。法院表达了这样的观点:即使罪犯能够辨别是非,但精神障碍削弱了其个人的罪责程度,并且,其智障损害削弱了死刑作为对过去犯罪的报应或未来犯罪的真正威慑的作用,之后法院裁决对任何类型的精神障碍罪犯适用死刑都是一个过分的制裁,并且,宪法第八修正案对政府剥夺这样一个罪犯生命的权力设置了一个实质性限制。正如阿特金斯案法庭重新审议彭里案的裁决结果一样,本法院现在重新审议在斯坦福案中所确立的观点。

(2) 这两种关于共识的客观标志——立法机关通过设计该问题的制定法所表达的,以及法院依据独立判断而自行作出的裁决所表达的——都证明了死刑对于青少年来说是不相称的处罚。

① 正如在阿特金斯案中,这里国家共识的客观标志——绝大多数州拒绝对青少年执行死刑;即使有些州在文本中保留了死刑但在实践中也极少使用;以及废除死刑倾向的一致性——这些国家共识的客观标志提供了充足的证据证明今天社会看待青少年,用阿特金斯案中形容有精神障碍的罪犯所使用的语言——"肯定比一般罪犯具有较少的罪责"。这种共识的证据与阿特金斯案中的证据

是相似的,并且在某些方面可以说是相同的:30个州禁止对青少年执行死刑,其中12个州是全面禁止死刑,18个州虽然保留死刑,但都通过明确规定或者司法解释将青少年排除于死刑处罚之外。此外,即使在20个没有正式禁止死刑的州,对青少年执行死刑的实践也是极为罕见的。虽然,与阿特金斯案相比,减少对青少年适用死刑处罚或采取具体措施废除它的变化速度不是那么显著,但是,二者变化方向是一致的,都是废除死刑。事实上,在这里速度缓慢的原因可以用这个简单的事实来解释——那就是对16至18周岁的青少年执行死刑的不适当性获得国际认可要早于对有精神障碍的罪犯执行死刑的不适当性认同。

② 宪法第八修正案禁止对不满18岁的罪犯强制适用死刑。死刑处罚的适用必须被限制在"一个很窄的并且是最为严重的犯罪种类"之中,也就是那种极端应受惩罚以至"罪应受死"的行为。① 在不满18岁的青少年和成年人之间有三个一般性差异,这些差异证明了将青少年罪犯归类到最坏的罪犯之中是不能令人信服的。青少年更容易做出不成熟和不负责任的行为,这意味着"与成年人不同,他们不负责任的行为较少具有道德上的应受谴责性"。② 他们对自己所处环境的脆弱性和控制能力的相对缺乏意味着与成年人相比,对于青少年未能逃离所处环境的负面影响的行为,更应获得原谅。③ 青少年依然在为界定他们的身份而挣扎的现实说明了很少有人支持这个结论——一个青少年犯下极端可憎罪行是其不可救药的邪恶品格的证据。汤普森案的多数意见认可这些有关不满16岁青少年个性特征的重要性。相同的论证适用于所有不满18岁的青少年犯。一旦认可青少年具有减少了的有罪性,很显然关于死刑正当性的两个刑罚学根据——报应与威慑,比如阿特金斯案——都无法为对青少年适用死刑提供足够的正当理由。虽然法院不能否认或不能忽略太多的青少年所犯下的残忍罪行,但是法院并不同意申请人的观点,法院并不认为坚持在死刑量刑上需要给予个性化考量,则采取一个无条件的规则来绝对禁止对不满18岁的青少年适用死刑就是武断的和不必要的。现实中存在一个令人无法接受的可能性,即任何特殊犯罪之残忍和冷血的本性会削弱基于年轻本身而应该减轻处罚的理由,即使由于青少年犯在客观上的不成熟性、脆弱性和并非真正败坏而应该判处严厉程度轻于死刑之处罚。当一个青少年犯下了一个可憎的罪行,政府可以强行剥夺他某些最基本的自由,但是,政府不能剥夺他的生命,不能剥夺他在未来对自己人性获得一个成熟理解的可能性。虽然在18岁这里画一条线的做法受到反对

---

① 参见阿特金斯案,536 U.S.319。
② 汤普森诉俄克拉荷马州案,487 U.S.815,835。
③ 参见斯坦福案,492 U.S.395。

"一刀切"规则的坚决质疑,但是,18岁,是一个社会为了许多目的而在孩童期与成人期之间划分的分界点,同样亦应是可以适用死刑的年龄临界点。斯坦福案在这个问题上应该被认为不再适用。

(3)虽然反对对青少年适用死刑的压倒性国际舆论并不是这里主要考量的因素,但是却有力地支持了法院的这一裁决,即对不满18岁的罪犯适用死刑是不成比例的惩罚。美国是这个世界上目前唯一一个仍然有官方允许对青少年适用死刑处罚的国家。

承认其他国家和人民明确肯认的某些基本权利是我们自己自由传统权利的核心,这样做并不减少我们对宪法的忠诚或者对宪法起源的自豪。

维持。

肯尼迪大法官发表了法庭意见,斯蒂文斯、苏特、金斯伯格和布雷耶大法官同意判决。斯蒂文斯大法官递交了协同意见,金斯伯格法官加入此意见。奥康纳大法官递交了反对意见。斯卡利亚大法官递交反对意见,伦奎斯特首席大法官和托马斯大法官加入此意见。

| 判决全文 |

肯尼迪大法官发表了法院判决意见:

这个问题需要我们解决,15年内第二次解决,联邦宪法第八修正案和第十四修正案是否禁止对犯死罪时15岁以上18岁以下的青少年罪犯强制适用死刑。在斯坦福诉肯塔基州案中,一个法官意见有分歧的法院*拒绝接受宪法禁止对这个年龄段的青少年罪犯适用死刑的主张。我们重新审议这个问题。

一

17岁,在中学里仍属一个年少者,克里斯多夫·西蒙斯,这里的被申请人,犯谋杀罪。大约再过九个月,当他年满18岁以后,他将接受审判并可能被判处死刑。毫无疑问,西蒙斯是犯罪行为的始作俑者。在犯罪发生之前,西蒙斯对两个朋友,查尔斯·本杰明和约翰·泰斯,分别是15岁和16岁,说他想要杀人。他以无情而又麻木的语言向他们描述了他的计划。西蒙斯提议入室盗窃并谋杀,通过破门而入、绑架受害人并将受害人丢到桥下。西蒙斯说服他的朋友们相

---

* 法官意见有分歧的法院(Divided court),指上诉审法院对某一具体案件作出判决时,法官不能形成一致的意见,尤指多数意见(majority)比较微弱的情形,如美国最高法院以5:4作出的判决(division of opinion)。——译注

信他们能够"逃脱"法律的制裁,因为他们是未成年人。

虽然在谋杀发生的当晚,三个人大约在夜里两点钟见过一次面,但是泰斯在西蒙斯和查尔斯·本杰明两个人出发之前离开了。(虽然泰斯后来被指控犯有共谋,但是作为交换条件,他对西蒙斯的证词使得州政府降低了对他的指控。)西蒙斯和本杰明通过没有上锁的后门和一个开着的窗户进入了受害人雪莉·克鲁克的家。西蒙斯打开了走廊的灯。克鲁克太太被惊醒,大叫:"谁在那里?"西蒙斯应声进入克鲁克太太的卧室,他一眼认出了她是先前他们制造的一场交通事故的当事人。西蒙斯后来承认这让他坚定了谋杀她的决心。

用胶带蒙上她的眼睛,封上她的嘴,并且绑住了她的双手,两个凶手将克鲁克太太放在她的小货车里并将车开到国家公园。他们加固了绑带,用毛巾蒙住她的头,押着她走到横跨梅勒梅克河的铁路高架桥上。在那里他们用电线将她的手脚捆在一起,用胶带裹住她整个脸,把她从桥上扔到水里活活淹死。

到9月9日下午,斯蒂文斯·克鲁克经过一整夜的行程回到家,发现他的卧室一片狼藉,并且被告知妻子失踪。就在同一个下午,钓鱼的人在河里发现了被害人的尸体。此时,西蒙斯正在吹嘘他的谋杀"壮举",他告诉他的朋友们他杀了一个女人,"因为那个臭女人看到了我的脸"。

第二天,在接到有关西蒙斯涉嫌谋杀的相关情报之后,警察在他的中学逮捕了他,并且将他带到了密苏里州芬顿警察局。他们向他宣读了米兰达规则,西蒙斯放弃了律师帮助的权利并同意回答问题。经过不到两个小时的审问,西蒙斯承认了谋杀并同意参与录像进行现场重现。

西蒙斯被指控犯有入室盗窃、绑架、偷窃和一级谋杀罪。西蒙斯在犯罪时是17岁,他不在密苏里州少年法院系统的刑事司法管辖权之内。① 他被当做一个成年人来审判。在审判中,州检察官提交了西蒙斯的坦白和罪行的录像,按照西蒙斯的证词他先是陈述了犯罪行为,接着吹嘘了犯罪行为。辩方认为在定罪阶段没有传唤目击证人。陪审团作出谋杀裁决后,审判遂进入到量刑阶段。

州的立场是希望法院判决西蒙斯死刑。作为加重情节,检察官提出西蒙斯谋杀的目的是为了钱财;是为了逃避、干扰、阻止法律对被告人的逮捕;并且包括有关精神的堕落和罪行的残暴、放纵、恶劣、恐怖以及非人道。州法院传唤了雪莉·克鲁克的丈夫、女儿和两个妹妹,他们出示了生动的证据来展现她的死给他们的生活带来的毁灭性打击。

代理西蒙斯申请减轻处罚的律师首先打电话给密苏里州少年司法系统的一

---

① Mo. Rev. Stat. §§ 211.021 (2000), 211.031 (Supp. 2003).

个官员,这个官员证实西蒙斯没有前科,先前也没有针对他的指控。西蒙斯的母亲、父亲、两个同父异母的弟弟,一个邻居和一个朋友,他们向陪审团陈述了他们与西蒙斯的亲密关系,恳请陪审团宽恕他的行为。尤其是西蒙斯的母亲,证实西蒙斯承担照顾他两个同父异母的弟弟和祖母的责任,并且经常表达出对他们的爱心。

在结案陈词时,尽管审判法官已经就年龄作为一个应该被考虑的减轻情节向陪审团做出了指示,但是检察官和辩方律师都对西蒙斯的年龄做了专门说明。辩方律师提醒陪审团注意西蒙斯的年龄,即他是青少年的事实,他尚不能供职于陪审团,甚至不能看某些禁止青少年观看的电影,因为"立法机关已经明确指出对于某一特定年龄段的个人没有完全责任能力"。辩方律师主张陪审团"在精确地决定适用哪种惩罚时应该充分考虑西蒙斯的年龄"。作为反驳,检察官给出了如下回应:"年龄,他说,考虑年龄,17 岁,不是很吓人吗?没有吓到你吗?减轻?恰恰相反我认为!恰恰相反。"

陪审团接受了检察官出示的三个加重情节,建议判处死刑。接受陪审团的建议,审判法官对西蒙斯适用了死刑。

西蒙斯新的辩护律师提出审判法庭应该驳回定罪和量刑。一个根据就是西蒙斯在审判中获得的是一个无效的法律帮助。为了支持这一论点,新的辩护律师传唤了原西蒙斯的辩护律师、西蒙斯的朋友们和邻居们以及评估他的心理学家作为证人。

提交裁决的内容包括西蒙斯"非常不成熟""非常冲动"和"非常易被操纵和易受影响"。专家证实西蒙斯的背景包括一个艰难的家庭环境、举止行为的巨大变化以及与之相伴的糟糕的学校表现。西蒙斯曾经很长时间没有家庭监护,与其他同龄的孩子或者是年轻的成年人一起酗酒、吸毒消磨时光。西蒙斯在定罪后救济程序中的辩护律师主张应该在量刑程序中考虑这些事实。

审判法院称没有发现律师帮助不力,并且否决了启动定罪后补救*程序的动议。在针对西蒙斯的定罪量刑和否决定罪后补救程序的统一上诉中,密苏里

---

* 定罪后的补救(Post-conviction remedies):由联邦法院判处的罪犯,可以判刑违宪为由向原审法院申请撤销、废除或者变更原判决。此项申请必须在罪犯请求人身保护令(habeas corpus)前提出。各州几乎都规定一项或多项定罪后程序,允许罪犯对违宪案件提出申诉。许多州采用类似联邦法律的规定。其他州规定对违反宪法的案件可依人身保护令予以审理。有的州允许对某些类型的违宪案件适用本法院纠错令状(writ of coram nobis)。此外,有几个州已经采用《统一定罪后程序法》(Uniform Post Conviction Procedure Act)。——译注

最高法院坚持肯定了这一观点。①

西蒙斯案裁决生效之后,阿特金斯案法庭裁决宪法第八修正案和第十四修正案禁止对有精神障碍的人适用死刑处罚。西蒙斯遂提交了一个新的定罪后救济申请,主张阿特金斯案的论证是建立在宪法禁止对犯罪时不满18岁的人适用死刑的基础上的。

密苏里州最高法院同意,国家根据西蒙斯的告发而对罗珀提出之诉。②

法院裁决自从斯坦福案以来"一个反对对青少年犯适用死刑的国家共识已经逐步显示出来,事实证明,现有18个州已经禁止对青少年适用这样的处罚,另外12个州则完全禁止,自从斯坦福案之后,没有一个州将执行死刑的年龄降低为18岁之下,有5个州或者通过判例或者通过制定法已经将18岁作为适用死刑的年龄最低限,经过过去10年的发展,对青少年适用死刑已经真正成为一件不同寻常的事情"。③

基于这个理由,法庭驳回了对西蒙斯的死刑处罚并且重新对他处以"永远不得缓刑、假释、释放的终身监禁,除非州长下令"。

我们允许了调卷令,现在维持原判。

二

宪法第八修正案规定:"不得要求过多的保释金,不得处以过重的罚金,不得施加残酷和异常的刑罚。"通过宪法第十四修正案,这个规定适用于各州。④如同阿特金斯案法庭所解释的,宪法第八修正案确保个人权利避免遭受过分的制裁。权利来自基本的"正义规则,即刑事处罚应该被分等级并且与犯罪行为相称"。⑤ 通过保护那些甚至犯有最可憎罪行的已决犯,宪法第八修正案重申了

---

① 参见州诉西蒙斯案,944 S. W. 2d 165, 169(全院庭审*),调卷令被拒绝[522 U. S. 953 (1997)],联邦法院拒绝了西蒙斯人身保护令的申请。西蒙斯诉鲍尔索克斯案,235 F.3d 1124, 1127 (CA8),调卷令被拒绝[534 U. S. 924 (2001)]。

* 全院庭审(en banc),指由法院全体法官审理和裁决案件的制度,区别于通常由法院部分法官审理案件的制度。美国最高法院和州最高法院无一例外进行全院庭审,而联邦和州上诉法院虽一般只委派三名法官主持案件进行审理或重审,当事人也可以申请上诉法院进行全院庭审,但这种请求很少被批准。不过通常只在案件争议很大或合议庭法官对主要法律问题意见不一时,才进行全院庭审。——译注

② State ex rel. Simmons v. Roper, 112 S. W. 3d 397 (2003) (全院庭审)。
③ 112 S. W. 3d 399。
④ 参见弗曼诉佐治亚州案,408 U.S.238, 239 (1972)(由法庭全体同意);鲁宾逊诉加利福尼亚州案, 370 U.S.660, 666-667 (1962);路易斯安那州根据弗朗西斯的告发诉雷斯韦伯案, 329 U. S. 459, 463 (1947) (多数意见)。
⑤ 536 U.S.311[引自威姆斯诉美国案, 217 U.S. 349, 367(1910)]。

政府尊重所有人尊严的职责。

像宪法里其他易扩张的语言一样,对反对"残酷和异常的刑罚"禁令的解释必须依照它的文本原意,考量历史、传统和先例,尊重宪法设计的目的和功能。为了实现这个框架,我们已经确定提交"标志一个成熟社会进步的体面的进化标准"是适当而又必要的,以此来决定哪种惩罚是不成比例的以致构成宪法所禁止的"残酷和异常的刑罚"。

在汤普森诉俄克拉荷马州案中,法庭相对多数意见裁决我们关于体面的标准不允许对任何犯罪时年龄不满16岁的罪犯执行死刑。法庭多数意见解释说那些实践中已经没有死刑的州对适用死刑的年龄给予了明确考量,设定了低于16岁的年龄限制。多数意见同样观察到"对犯罪时低于16岁的人执行死刑将冒犯体面的文明标准,这一结论与相关职业组织、其他分享盎格鲁—美利坚传统的民族以及西欧共同体成员国所表达的观点具有一致性"。意见更进一步地记录了:陪审团对于16岁以下的罪犯适用死刑是极端罕见的;最近一次对16岁以下罪犯执行死刑是在1948年,那是40年以前的事了。

法院作出自己独立的判决去承受对15岁罪犯适用死刑的可接受性质疑——汤普森案的多数意见强调:"青少年不能享有成年人专属的公民基本权利和职责,他们不被信任的理由同样解释了为什么青少年不负责的行为不像成年人一样在道德上应受谴责。"依照多数意见,对于16岁以下的罪犯,其行为较小的应受谴责性使得死刑成为一种不适当的报应形式,而且,让16岁以下的罪犯对自己的行为作出可能被处以死刑的"某种成本效益的分析"是不太可能的,这种较低的可能性也使得死刑作为一种威慑手段变得无效。由于奥康纳大法官在很窄的范围内同意裁决,该法院撤销了对15岁罪犯的死刑判决。

第二年,在斯坦福诉肯塔基州案中,法院在有四个大法官持不同意见的情形下,提交了一个关于体面在这个国家的当代标准,并且得出结论——宪法第八修正案和第十四修正案没有禁止对15岁至18岁的青少年犯适用死刑。法庭提到,在37个保留死刑的州里有22个州允许对16岁罪犯适用死刑,并且在这37个州里,有25个州允许对17岁未成年人适用死刑。这些数字,在法庭看来,暗示了并不存在一个国家共识"足以标志一个特殊的刑罚是残酷和异常的"。同时,多数意见"极力拒绝"法庭应该作出自己的判决去承受对青少年适用死刑处罚的可接受性质疑。①

---

① 492 U.S. 361, at 377-378(1989)(斯卡利亚大法官代表法院起草判决意见,伦奎斯特首席大法官、怀特大法官、肯尼迪大法官表示完全赞成);supra, at 382(奥康纳大法官,协同意见)(批评多数意见拒绝"判断'惩罚与被告人的应受责备程度之间'是否成比例")。

在法庭裁决斯坦福案的同一天,彭里诉莱纳福案的法庭作出判决意见,认为第八修正案没有无条件地当然禁止对有精神障碍者适用死刑。在得出这个结论的过程中,法庭强调只有2个州颁布了禁止对有精神障碍的已决犯强制适用死刑的法令。按照法院的阐释,"有2个州通过立法禁止对有精神障碍的罪犯适用死刑,甚至当增加到14个州完全废除死刑,也并不足以证明已经形成了国家共识"。

在三个开庭期之前,这一主题在阿特金斯案中被重新审议。我们主张自从彭里案以来体面的标准已经发展,现在我们证明对智障罪犯的死刑执行是残酷和异常的。如同立法机关的制定法和州有关对智障者适用死刑司法实践所表达的,庭审提到了社会标准的客观标记。当裁决阿特金斯案时,仅仅是少数州允许死刑,并且这些州实际执行死刑的数量是稀少的。根据这些标记,法庭判决对智障罪犯执行死刑"已经真正成为异常,并且我们完全可以说已经发展出一个反对对智障罪犯执行死刑的国家共识"。

对于我们这个社会体面的进化标准的质询并没有在阿特金斯案那里停止。阿特金斯案法庭既不重复也不依赖在斯坦福案中所做的声明——拒绝用法院独立的裁决承受第八修正案之下一个特别处罚的可接受性质疑。相反,我们回到斯坦福案之前建立起的规则,"宪法预计最终法院用自己的判决承受在第八修正案之下强制适用死刑处罚的可接受性质疑"。① 精神障碍,法庭说,即使罪犯有辨认是非的能力也可减少个人可责性。智障罪犯在心理上智能迟滞的损害,使他无法防御作为自己过去的犯罪行为的报应而强制适用的死刑,并且,这种损害使他们较少可能感受死刑处罚真正的威慑效果。基于上述考量和反对对智障者适用死刑的国家共识的发现,法庭裁定死刑对整个智障罪犯群体构成了过度制裁,并且"宪法第八修正案对政府行使剥夺智障罪犯生命的权力设置了一个实质性约束"。②

正如阿特金斯案法庭重新审议彭里案的决定一样,我们现在重新审议斯坦福案裁决的议题。如同被立法机关的制定法所详细地表达的,问题的起点是对共识的客观标记的审查。这些数据给了我们重要的指示。进而我们必须裁决,行使我们自己独立的判断,死刑对于青少年是否是不成比例的惩罚。

---

① 536 U.S.312,引自科克尔诉佐治亚州案,433 U.S. 584,597(1977)(多数意见)。
② Id. 321,引自福特诉温赖特案,477 U.S.399,405 (1986)。

三

（一）

　　反对对智障罪犯适用死刑与反对对青少年适用死刑的国家共识的证据是相似的，并且在一些方面是相同的，对于阿特金斯案裁决的证据，足以证明反对对智障罪犯适用死刑的国家共识的存在。当阿特金斯案作出判决时，有30个州禁止对智障罪犯适用死刑。这个数字包含12个已经完全废除死刑的州，另有18个州虽保留死刑，但对智障者除外。我们今天讨论的这个案例中也有一个类似的统计，30个州禁止对青少年适用死刑，其中12个州已经完全废除了死刑，18个州保留死刑，但是，在这18个保留死刑的州里，或者通过特别规定或者司法解释，将青少年排除于适用死刑处罚之外。阿特金斯案强调虽然有20个州没有正式禁止对智障罪犯适用死刑，但死刑执行的实践是很罕见的。自从彭里案以来，只有5个州曾对智商低于70的罪犯执行死刑。同样，在当前的案例中即使有20个州没有正式禁止对青少年执行死刑，但死刑执行的实践很少发生。从斯坦福案以来，有6个州曾对青少年囚犯执行过死刑。在过去的10年里，仅有3个州这样做过：俄克拉荷马州，得克萨斯州和弗吉尼亚州。① 2003年12月，肯塔基的州长决定饶恕凯文·斯坦福的生命，将对他的处罚减轻为永无假释的终身监禁，同时宣称："我们不应该对那些在法律上还是孩子的罪犯执行死刑。"②纵然在斯坦福诉肯塔基州案中，法庭已经坚决支持对其特别被告人的执行，但是通过这个法案，确保了肯塔基州在随后的10年里不会加入对青少年执行死刑之列。

　　的确，关于共识的证据，阿特金斯案与这个案例至少有一个不同。在阿特金斯案中废除智障罪犯死刑的速度给人留下了深刻印象。在审理彭里案时有16个州允许对智障罪犯执行死刑，到了我们审理阿特金斯案时，这16个州已经禁止这种实践。相反，在减少对青少年适用死刑或者废除对青少年适用死刑方面，所采取的具体步骤，变化的速度相对很慢。在斯坦福案时，5个允许对青少年适用死刑的州用了15年时间废除它——其中4个州是通过制定法，一个州是通过司法判决。

　　虽然，与从彭里案到阿特金斯案的变化相比，从斯坦福案到这个案例的变化没有那么"戏剧性"（借用阿特金斯案曾形容这个变化差异的词——"显著

---

① V. Streib, The Juvenile Death Penalty Today: Death Sentences and Executions for Juvenile Crimes, 1973年1月1日—2004年12月31日, No.76, p.4(2005), http://www.law.Onu.edu/faculty/streib/documents/JvDeathDec2004.Pdf.,（访问于2005年2月25日，参见法庭书法官卷宗档案）。

② *Lexington Herald Leader*,2003年12月9日, p. B3,2003 WL65043346.

的"),但是我们仍然认为这个变化是非常有意义的。正如阿特金斯案庭审所记录的,自彭里案之后,重要的不是有关这些废除对智障罪犯适用死刑的"州的数量有多少,而是变化的方向是一致的"。尤其我们发现有意义的是,仿效彭里案,没有一个已经禁止对智障罪犯执行死刑的州通过立法再行恢复。斯坦福案之后,对青少年罪犯废除死刑的州的数字小于彭里案之后对智障罪犯废除死刑的州的数量。然而,我们认为变化方向的一致性已经被证明。斯坦福案之后,先前禁止对青少年适用死刑的州没有一个恢复它。这一与废除青少年死刑倾向相关的事实,根据预防犯罪立法的一般普及和最近这些年出现的在其他方面打击青少年犯罪的严厉措施,带来了特殊的压力。① 关于这个案例与阿特金斯案之间在废除死刑的步伐上的任何不同都被变革方向的一致性所抵消了。

而且,在过去的15年里,对废除青少年死刑的步伐较慢可以有一个简单的解释。当我们审理彭里案时,只有2个保留死刑的州禁止对智障人执行死刑。相反,当我们审理斯坦福案时,12个保留死刑的州已经禁止对任何不满18岁的青少年适用死刑,15个州已经禁止对任何不满17岁的青少年适用死刑。也就是说,这显示了对16岁至18岁之间的青少年执行死刑的不适当性的广泛认同早于对智障罪犯执行死刑的不适当性的认同。用密苏里州最高法院的话说:"既然对智障罪犯执行死刑已经被禁止,对少年适用死刑的不适当性认同早于对智障人适用死刑的不适当性认同,如果这一事实本身成为继续对青少年适用死刑一个理由,这将是颇具嘲讽的。"②

申请人不能证明存在支持对青少年适用死刑的国家共识,但依然反抗存在反对青少年适用死刑处罚舆论的结论。申请人支持这个立场,尤其是,当看到参议院在批准参加《公民政治权利公约》(ICCPR)时③,它受制于总统提出的对条约第6章第5条款之禁止对青少年适用死刑条款的保留。这项保留充其量只能为申请人的主张提供了一个微弱的支持。首先,保留条款在1992年被通过;从那时起,有5个州已经废除了青少年死刑。其次,国会在制定1994年联邦死刑法案时考虑过这个议题,并且决定死刑处罚不应该扩展到青少年。因此,作为证据,保留条款证明目前已经形成一个反对对青少年适用死刑的国家共识,其证明力是微弱的。

与阿特金斯案一样,在这个案例中共识的客观标记——多数州拒绝青少年

---

① H. Snyder & M. Sickmund, National Center for Juvenile Justice, Juvenile Offenders and Victims: 1999 National Report, 89,133 (1999年9月); Scott & Grisso, The Evolution of Adolescence: A Developmental Perspective on Juvenile Justice Reform, 88; *J. Crim. L. & C.* 137, 148 (1997).
② 112 S. W. 3d,408,n. 10.
③ 1966年,12月19日,999 U. n. T. S. 171(于1976年3月23日生效)。

死刑;保留死刑的州在实践中很少使用;实践中存在一个一致的废除死刑的趋势——这足以证明今天我们这个社会将青少年看做——用阿特金斯案形容智障罪犯的话来讲,具有"无条件地少于普通罪犯的可责性"。

(二)

多数州已经拒绝对18岁以下的青少年罪犯适用死刑,现在我们裁决宪法第八修正案禁止对18岁以下青少年适用死刑。

因为死刑是最为严厉的处罚,第八修正案适用于它需要特殊的力量。① 死刑必须被限制在"一个最窄范围内最严重罪行"的罪犯中,必须被限制在那些具有极端可责性并"最应受死刑处罚"的罪犯中。这个法则通过死刑的判决过程被贯彻执行。各州必须给出狭窄而精确的定义来限定适用死刑惩罚的加重情节。② 在任何死罪案例中,被告人都可以在很宽泛的范围内提出减轻情节,包括"他或她的性格、履历以及犯罪时的详情等作为排除适用死刑判决的根据"③ 有许多犯罪就情节而言毫无疑问是严重的,然而,对这些犯罪不可以强加适用死刑。④ 对某些特定种类的罪犯,比如不满16岁的青少年、精神病人、反应迟钝但在法律上不构成精神病的智障者,无论他们犯有多么可憎的罪行,都不能强加适用死刑处罚。⑤ 这些标准维护了一个潜在法则——死刑处罚的适用被保留在一个很窄的犯罪种类和很窄的罪犯群体里。

在不满18岁的青少年和成年人之间有三个一般性区别,这些区别证明青少年罪犯不能被归类在最坏的罪犯种类中。首先,如所有父母都知道的,如科学和社会学的研究所反映的,如他的法庭之友所引证的,"比起成年人来说,经常可以发现少年缺乏成熟和强烈的责任意识,并且在年轻人中间这是更加可以理解

---

① 参见汤普森案,487 U.S.,第856页(奥康纳大法官,协同意见)。
② 参见戈弗雷诉佐治亚州案,446 U.S.420,428-429(1980)(多数意见)。
③ 参见洛克特诉俄亥俄州案,438 U.S.586,604(1978)(多数意见);埃丁斯诉俄克拉荷马州案,455 U.S.104,110-112(1982);同样参见约翰逊诉得克萨斯州案,509 U.S.350,359-362(1993);弗曼诉佐治亚州案之后法院诠释相关法理学(jurisprudence*)的概括,408 U.S.238(1972)(由法庭全体同意),裁判官关于的减轻和加重情节的考量。
　＊　法理学(Jurisprudence),指法律的理论、法律及法律体系的原则及其法学哲学基础的研究。就权利法案的条文作出诠释而言,法庭可向法理学寻求协助,而不是就条文本身作出诠释。——译注
④ 参见科克尔诉佐治亚州案,433 U.S.584(1977)(强奸成年女人);恩芒德诉佛罗里达州案,458 U.S.782(1982)(重罪谋杀未实施、重罪谋杀未遂、重罪谋杀预谋)。
⑤ 参见汤普森诉俄克拉荷马州案,前文;福特诉温赖特案,477 U.S.399(1986);阿特金斯案,前文。

的。这些品质经常导致冲动和不加考虑的行为和后果"。① 人们已经注意到"实质上每一种不计后果行为中都有过多的青少年的代表"。② 青少年缺乏责任和不够成熟,这一共识使得几乎每一个州都禁止不满18岁的青少年参与选举、成为陪审员,或者没有父母亲同意而结婚。

区别的第二点是未成年人更容易受到攻击或者更容易受到消极事物和外界压力的影响,包括来自同辈人的压力。③ 这部分地被主流话语解释为青少年对自己的环境具有较弱的控制力,或者控制环境的经验较少。④

第三个明显的区别是青少年的人格特征并不像成年人那样已经很好地定型。青少年的人格特性更多是短暂的,不固定的。⑤

这些区别令人们对任何将青少年归类为最坏罪犯的结论产生怀疑。青少年对不成熟的行为和不负责任的行为的易感性意味着"他们的不负责任行为不像成年人那样在道义上是应受谴责的"。与成年人相比,青少年难以成功逃离来自他们所处环境的消极影响,他们自身易受攻击的弱点和对自己所处环境控制力的相对缺乏意味着青少年比成年人拥有更大权利去获得宽恕。青少年仍然在为定义他们的身份而斗争,这意味着还尚不足以得出结论,一个青少年实施了一个可憎的罪行就不可补救地被证明其邪恶的人格。从道德立场出发,将成年人和未成年人的过失等同是一个误导,因为一个未成年人的品质瑕疵在将来有很大可能被改善。的确,"青春期作为减轻因素的适当性源自青春期的品质标签具有暂时性的事实;当一个人成熟时,曾在年纪较小的人身上占优势的冲动和鲁莽会减退"。⑥

在汤普森案中,法院多数意见承认有关不满16岁青少年的这些个性特征的重要性,借由此他们支持第八修正案禁止对不满16岁的青少年强制适用死刑。[487 U.S. 833-838]。我们认为同样的论证适用于所有不满18岁的青少年

---

① 约翰逊诉得克萨斯州案,509 U.S.367;同样参见埃丁斯案,115—116("即使正常的16岁年龄通常也缺乏成年人的成熟")。

② Arnett, Reckless Behavior in Adolescence: A Developmental Perspective, 12 *Developmental Review* 339 (1992).

③ 参见埃丁斯案,前文,第115页("就年龄阶层而言,少年时期是一个人最容易受到影响和心理伤害的时期")。

④ Steinberg & Scott, Less Guilty by Reason of Adolescence: Developmental Immaturity, Diminished Responsibility, and the Juvenile Death Penalty, 58 *Am. Psychologist* 1009, 1014 (2003) (下文, Steinberg & Scott) ("作为法律上的未成年人,青少年缺乏成年人使自己从一个易产生犯罪的背景中解脱出来的自由。").

⑤ E. Erikson, Identity: Youth and Crisis (1968).

⑥ 约翰逊案,前文,第368页;同样参见斯坦伯格,1014("对于绝大多数十多岁的孩子,危险和反社会的行为是短暂的;当个体特性开始固定,这些行为会止步于成熟。至于青少年会把对冒险行为或者违法行为的尝试持续到成人期并变成一种不易更改的行为模式,这种比例是较小的")。

罪犯。

青少年犯罪具有减少了的可责性一旦获得公认,很显然,与成年人相比,对青少年适用死刑便缺少了死刑处罚的刑罚学正当性支持。我们主张死刑处罚主要有两个明确的社会目的:"对违法犯罪行为的惩罚和对将要发生的犯罪的威慑"。① 至于惩罚,我们在阿特金斯案中谈到"如果普通杀人犯的应受惩罚性不足以证明国家需要动用最极端的刑罚,那么反应迟钝的智障罪犯较低的应受惩罚性使得死刑这种惩罚形式于其没有价值"。从青少年罪犯较小的应受谴责性中可以得出同样的结论。无论是将惩罚看做是表达社会道德愤怒的途径,还是对被害人保障的手段,对未成年人的报应不像对成年人同样强烈。如果法律上最严厉的惩罚被强加在一个因为青春期和不成熟而实质上具有减少了的应受惩罚性和可责性的人身上,则这个惩罚是不成比例的。

至于威慑,尚不清楚死刑处罚是否对青少年具有意义,或者说具有一个可测量的威慑效果,正如辩护律师代表申请人在口头辩论中所陈述的。一般地,我们委托立法机关对各种不同刑罚方案的功效进行评估。② 然而这里,缺乏证据证明威慑效果出于一个特殊的原因——同样的特性致使青少年小于成年人的应受惩罚性暗示了青少年也将不易受到威慑的影响。尤其,正如汤普森案多数意见,"让一个十几岁的罪犯对是否可能被判处死刑事先做某种成本效益的分析,这种可能性是如此遥不可及以至于实质上是不存在的"。对青少年适用死刑惩罚在某种程度上可能还有残留的威慑效果,这没有什么价值,而永无假释的终身监禁本身就已经是一个足够严厉的惩罚了,尤其对于一个年轻人。

总之,惩罚和威慑两者都没有为青少年罪犯强制适用死刑提供足够的正当性理由,当然,我们不能否认或者忽视青少年实施的太多残忍的犯罪。③ 虽然我们在这一点绝不让步,但是,的确存在这样的争论——在某个罕见的个案中或许会出现一个青少年已经发育到心理足够成熟,同时可以被证明其人格相当堕落,应该被判处死刑。的确,这种情形是申请人和他的法庭之友坚持自己观点的关键。他们坚称,即使我们大体上观察到关于未成年人具有减少的应受惩罚性的假定事实,但是应该允许陪审团根据一个个具体的案例去考量关于青春期减轻处罚的争论,并且在某些案例中如果死刑被证明是正当的,则应该许可陪审团适用死刑。死刑处罚判决的一个核心特征是对于罪犯人格和犯罪环境的详细评

---

① 阿特金斯案, 536 U.S., 319; 引自格雷格诉佐治亚州案, 428 U.S. 153, 183 (1976) (斯图尔特、鲍威尔、斯蒂文斯大法官, 联合意见)。
② 参见哈梅林诉密歇根州案, 501 U.S. 957, 998-999 (1991) (肯尼迪大法官, 协同意见)。
③ Brief for Alabama et al. as Amici Curiae.

估,在每一个案件中制度设计要顾及包括青春期在内的所有加重和减轻的情节。法院坚持自己的个性化考量权,申请人认为采用一个绝对的规则来禁止对任何不满18岁的罪犯适用死刑是武断和不必要的。

我们不同意这一主张。存在于青少年和成年人罪犯之间的不同是如此显著和易于理解以至于我们不能冒险许可一个年轻人为了一个不具有充分可责性的行为而接受死刑。这里的确存在极端个案中青少年犯罪之残酷与堕落本性而应受死刑的可能,但任何一种具体罪行之残酷和冷血的本性都可能压倒依据青春期为由而提出的减轻论点,即便是青少年罪犯在客观上的不成熟性,易受伤性,和缺乏真正的堕落都应该需要一个低于死刑的处罚。在某些案例中,一个被告人的青春期也许恰好被用来反对他。正如在这个案例中,我们在前面提到的;检察官主张西蒙斯的青春期是导致加重而不是减轻的因素。虽然这种矫枉过正的做法可以用一个特殊规则来确保青春期作为减轻情节不被忽略,但是这并不能解决我们更大的关注。

区分哪些是基于暂时的不成熟而不幸导致了青少年犯罪,哪些是因为不能挽回的堕落而导致罕见的青少年犯罪,即使是对于心理学专家也是很困难的。正是因为我们理解到这一点,这个困难成为一个规则的基础,即禁止心理学家对任何不满18岁少年做反社会人格混乱的诊断,包括精神变态或者反社会,还有就是被刻画为冷漠的、玩世不恭的和对感情和权利轻蔑的,以及其他方面的性格瑕疵。① 不论诊断技术如何,如果我们制止受过训练的精神科医师利用临床测试和观察将任何不满18岁以下少年评估为反社会的人格混乱,那么,我们得出结论是州政府也应制止陪审团发出远更严重的谴责——一个青少年罪犯应受死刑处罚。当一个青少年犯了可憎的罪行,政府可以强制剥夺其最基本的自由,但是不能剥夺他的生命,以及不能剥夺他对自己人性获得一个成熟理解的潜在可能。

当然,在18岁这个年龄段画一条线常常遭到反对无条件规则的异议——当一个人刚刚年满18岁的时候,与成年人相区别的青少年的品质不会消失,出于同样的原因,也有一些不满18岁的人已经达到了某些成年人永远也达不到的成熟水平。但是,借由我们前文所论述的理由,必须画一条线。汤普森案多数意见认为这条线应画在16岁。其间,禁止对不满16岁的青少年执行死刑的结论从未被质疑。汤普森案判决的逻辑扩展至那些18岁以下的罪犯,18岁,是社会在很多事项上介于孩子与成年人之间所画的一条线,我们认为它同样应该是能否

---

① American Psychiatric Association, Diagnostic and Statistical Manual of Mental Disorders, 701-706 (4th ed. text rev. 2000); Steinberg & Scott, 1015.

适用死刑的界限。

上述分析意味着斯坦福诉肯塔基州案在这个问题上不再具有约束力。1989年斯坦福案在一定程度上是基于对国家共识的客观标记的复审,可以充分地说这些客观标记已经发生了改变,而且,必须认识到斯坦福案的法庭把那些已经废除死刑的州看做反对青少年死刑的共识一个部分。一个州全面禁止死刑的决定证明死刑处罚对于所有的罪犯都是不适当的,包括青少年。最后,在一定程度上斯坦福案是基于拒绝接受法院必须用自己独立的判决承受对特殊种类犯罪和特殊阶层罪犯适用死刑的相称性的观点,必须看到这个拒绝和先前第八修正案的决定是不一致的。① 它同样和我们新近在阿特金斯案中作出裁决的前提是相矛盾的。

坚持不能对青少年罪犯强加适用死刑的同时,我们也考虑了一些州依据斯坦福案寻求对青少年罪犯适用死刑的情况。然而,这个考量并不影响我们的结论——斯坦福案对其他未决案或者其他一些仍然没有出现的案件不再具有约束力。

四

对不满 18 岁的罪犯适用死刑是不适当的,我们坚定这一决心是基于在赤裸裸的现实中发现美国是目前世界上唯一一个官方批准继续对青少年适用死刑的国家。这一事实不会成为决定性因素,解释第八修正案仍然是我们的职责。在特罗普案法院最终作出裁决的时刻,提交了其他国家的法律和国际权威典籍作为对第八修正案禁止"残酷和异常的刑罚"的有益解释。②

如同被申请人和许多法庭之友所强调的,除美国和索马里以外,世界上其他国家都已经签署批准了联合国《儿童权利公约》,该公约第 37 章有一个明确的

---

① 汤普森案,487 U.S. 833-838 页(多数意见);恩芒德,458 U.S. 797;科克尔,433 U.S. 597(多数意见)。

② 356 U.S. 102-103(相对多数意见)(世界上文明国家都有一个一致做法,即没有哪个国家不对犯罪施以惩罚);阿特金斯案,第 317 页,n.21(公认地,在世界范围内存在压倒性的舆论反对对智障罪犯强加适用死刑);汤普森案,第 830—831 页,n.31(多数意见)(注意到对青少年适用死刑被"其他和我们一样有着盎格鲁—美利坚传统的国家和西方欧洲共同体领导的成员国"废除,并且观察到"我们先前认识到在确定一个刑罚是否是残酷和异常时需考虑国际社会意见");恩芒德案,第 796—797 页,n.22(并指出"重罪谋杀的学说在英国和印度已经被取消,在加拿大和其他英联邦国家被严格限制使用,在欧洲大陆则根本不被知晓");科克尔案,第 596 页,n.10(多数意见)("这里它……并不是不相关的,在 1965 年,对世界上 60 个主要国家所做的调查中发现,只有 3 个国家对强奸罪保留了死刑")。

禁止——禁止对不满18岁的青少年执行死刑。① 尚未批准的国家也做出了保留以禁止处决少年犯。在其他重要的国际公约中同样包含类似的禁止。②

被申请人和他的法庭之友提出,在1990年,除了美国只有7个国家对少年犯罪适用死刑:伊朗、巴基斯坦、沙特阿拉伯、也门、尼日利亚、刚果民主共和国和中国*。申请人对此没有争辩。此后,这些国家也都或者逐渐或者取消了对少年适用死刑,或者在实践中作出拒绝。总之,我们完全可以说在这个反对对青少年适用死刑的世界里,美国很孤立。

虽然国际公约禁止对青少年适用死刑是近几年的事情,但是令人有所启发的是英联邦废除对青少年适用死刑在公约之前。基于我们国家和第八修正案的起源之间历史性纽带关系,英联邦的经验对于我们具有精确的适当性。第八修正案是1689年英国《权利法案》中类似规定的原型,即:"不得要求过多的保释金,不得处以过重的罚金,不得施加残酷和异常的刑罚。"③至于现在,英联邦已经全面废除死刑;但是,在全面废除死刑之前的数十年间,它就认识到对青少年适用死刑是不成比例的,并独自废除了它。1930年一个官方委员会建议将适用死刑的最低年龄升至21岁。④ 后来国会制定《1933年儿童和青少年法案》(Children and Young Person's Act of 1933),禁止对那些判决时18岁的罪犯执行死刑。在1948年,国会制定《刑事审判法》,禁止对任何犯罪时不满18岁的人适用死刑。在过去英联邦废除对青少年适用死刑的56年里,反对青少年死刑的权威势力在国际共同体中已经很好地建立起来了。

很大程度上基于对年轻人的不稳定性和情绪的不平衡性作为一个犯罪因素的理解,承认反对对青少年适用死刑已经是压倒性的国家主流话语,这一观点是

---

① 参见联合国《儿童权利公约》第37章1989年11月20日,1577 U. n. T. S. 3, 28 I. L. M. 1448, 1468-1470(1990年9月2日生效);被申请人的诉讼摘要,48;欧盟等法庭之友的意见概要,第12—13页;詹姆斯·厄尔·卡特总统等法庭之友的意见概要,第9页;前外交官莫顿·阿布拉莫维茨等法庭之友的意见概要,第7页;英格兰及威尔士大律师公会人权事务委员会(Human Rights Committee of the Bar of England and Wales)等法庭之友的意见概要,第13—14页。

② 参见联合国《公民权利与政治权利公约》第6章(5),999 U. n. T. S.,第175页(禁止对任何不满18岁的罪犯适用死刑)(美国签署和批准并对第6章(5)作出保留,前文批注,第13页;《美洲人权公约》:圣何塞协议(Pact of San Jos),哥斯达黎加,第4章(5),1969年11月22日,1144 U. n. T. S. 146(1978年7月19日生效,197)(禁止对任何不满18周岁罪犯适用死刑);《非洲儿童权利与福利宪章》第5章(3),OAU Doc. CAB/LEG/ 24.9/49 (1990)(1999年11月29日生效)(禁止对任何不满18岁罪犯适用死刑)。

* 中国在1997年全面修订刑法时也禁止了对不满18周岁的未成年人适用死刑。——译注

③ 1 W. & M., ch. 2, §10, in 3 Eng. Stat. at Large 441 (1770);同样参见特罗普案,前文,第100页(多数意见)。

④ House of Commons Report from the Select Committee on Capital Punishment(1930), 193.

没有问题的。① 国际社会的意见尽管不是我们裁决的决定性因素,但为我们的结论提供了可尊敬的和有意义的确认。

随着时间的过去,一代接一代,宪法已经赢得了崇高的尊敬。甚至,如麦迪逊所希望的那样,宪法获得了美国人民的尊敬和崇拜。② 该文献阐明并信赖创新原则源自美国经验,例如联邦制度、在政治运行机制中通过权力分立达到平衡、对刑事案件中的被告人给予特殊保障,以及对个人自由和尊严的保护给予宽泛的规定。这些学说和保证是美国经验的中心,是保持我们目前之自我定义和国家身份之本质特征的中心。我们尊重宪法,最主要的原因是我们认为它是我们自己的宪法。因而,有太多理由需要我们尊重宪法,因为我们知道它使我们成为自己。承认被其他国家和人民简单强调的某些基本权利在我们特有的自由传统中的核心地位,并不会减少我们对宪法的忠诚,也不会减少我们对宪法起源的骄傲。

第八修正案和第十四修正案禁止对犯罪时不满18岁的罪犯强加适用死刑。确认维持密苏里州最高法院驳回对克里斯多夫·西蒙斯的死刑判决。

以上为本院裁决。

斯蒂文斯大法官与金斯伯格大法官的协同意见:

或许比我们今天的裁决更为重要的是我们对法院解释宪法第八修正案之基本原则的再肯定。如果将修正案的含义冻结在它当初被起草时,那么今天它可以没有障碍地对7岁小孩强加适用死刑。③ 驱使我们对《权利法案》这个极其重要的组成部分进行解释的体面的进化标准不允许我们如此理解修正案。在普通法的优良传统里,进化的步伐是持续被争论的问题;但是自从约翰·马歇尔注入其文字生命的那天起,我们就对宪法解释确立了与时俱进的标准。如果那个时代的大律师——比如亚历山大·汉密尔顿,今天与我们在一起,我希望他们加入肯尼迪大法官的法庭意见中。在一切情况下,我都会毫不犹豫地这么做。

奥康纳大法官的反对意见:

今天法庭的裁决建立了一个绝对的规则——禁止对任何18岁生日来临之前的罪犯执行死刑,不管其犯下了多么精心策划、多么放肆、多么残酷的罪行。

---

① 参见英格兰及威尔士大律师公会人权事务委员会(Human Rights Committee of the Bar of England and Wales)等法庭之友意见概要,第10—11页。
② 参见《联邦党人文集》,第314页,罗西特(C. Rossiter)主编,1961年版。
③ 参见斯坦福诉肯塔基州案, 492 U.S.361, 368 (1989)(在该修正案通过时普通法的描述)。

既不考虑同时代社会价值的客观证据,也不管法院在道德上的相称性分析,也不论这两点是否足以相继证明这个判决。

虽然法院裁决这个判决的基础源自目前绝大多数州不接受对17岁罪犯执行死刑的实践,但是,他避免声称它的坚持是迫于一个真诚的国家共识。事实上,自我们在斯坦福诉肯塔基州案中支持这个实践的合宪性之后,摆在我们面前的证据并未证明任何这样的共识已经在一个短暂的时期显现。

相反,法院颁布的规则最终有赖于它的独立的道德判断——死亡对任何17岁的罪犯是一个不成比例的严厉处罚。我不赞成这个判断。诚然,与成年人相比,青少年作为一个阶层是欠缺成熟的,并且因此他们的不正当行为也欠缺可责性。但是法院没有证据怀疑这个被许多州立法作出的看似合理的决定:即至少在某些个别的案例里有些17岁的杀人犯是足够成熟并应受死刑处罚的。法院也没有证明死刑判决的陪审团没有能力精确评估一个年轻被告人的成熟程度,或者,没有能力就与青春期相关的减轻情节做出公正的考量。

根据记录——尤其是,自我们新近作出斯坦福案裁决以来,所依据的事实几乎没有变化——我不会否定国家立法机关于对17岁杀人犯适用死刑处罚的道德适当性判断。相反,我需要一个更清楚的说明——在作出第八修正案绝对禁止对18岁以下青少年适用死刑的解释之前,我们这个社会已经反对对青少年适用死刑处罚。

一

(一)

首先我明确表示我同意法院对指导我们第八修正案的法学理论关于一般原则的大部分描述。修正案不但禁止"天性野蛮"的处罚,而且禁止那些"与所犯罪行相比'过分'的处罚"。[1] 因此,如果这个惩罚对于刑罚目的来说是"不可测量的贡献",或者是"严重超出犯罪严重性的比例",则这是一个超越政府权威之上的制裁。"犯罪惩罚应该是……与犯罪行为相称——这个公正的基本规则"[2]对死刑处罚施加了特殊的影响力。在死刑案例中,宪法要求处罚要根据犯罪的本质属性和被告人的"个人责任感和道德内疚"作出。[3]

---

[1] 科克尔诉佐治亚州案,433 U.S.584,592 (1977)(多数意见)。
[2] 威姆斯诉美国案,217 U.S.349,367 (1910)。
[3] 恩芒德诉佛罗里达州案,458 U.S.782,801 (1982);同样参见前文,第825页(奥康纳大法官,反对意见);蒂森诉亚利桑那州案,481 U.S.137,149(1987);埃丁斯诉俄克拉荷马州案,455 U.S.104,at 111-112 (1982)。

不可否认关于第八修正案禁止"残酷和异常的刑罚"不是一个静态的禁令。如果它仅仅是禁止那些文明社会在1791年认可的惩罚——如禁止对7岁以下孩子实行死刑,则这一命令在今天只不过是一纸空文。甚至,因为"第八修正案潜在的基本观念是人类尊严大于一切",因此必须从"一个不断进步的成熟社会体面的进化标准"来引申修正案的含义。① 在辨识那些标准时,我们期待"最大可能程度的客观因素"。

国家立法机构制定的法律提供了"最清楚最可信赖的关于当代价值的客观证据"。并且,反映陪审团裁决的数据,如果有的话,同样能够提供关于社会道德观念的"有意义的和可靠的客观指数"。②

这种客观证据固然很重要,但是它不能终结我们的质询。相反,正如今天法院重申的,"宪法预期最终我们将用自己作出的判决来承受在第八修正案之下死刑处罚的可接受性质疑"。"相称性——至少对于死刑处罚——不但需要对立法者和陪审团所认为的当代标准质询,而且还包括对强加适用的处罚的量级与给被害人造成的伤害程度的相称性考量,也包括对被告人可责性程度的考量。"我们因此有一个"宪法义务",这个义务要求我们自己去判断对一个特殊的罪行或者特殊的罪犯阶层适用死刑是否过分。③

(二)

在过去的20年里,法院曾两次应用这些原则裁决第八修正案是否许可对青少年适用死刑。在汤普森诉俄克拉荷马州案中,4个大法官的多数意见裁决第八修正案禁止对犯罪时不满16岁的罪犯适用死刑处罚。在一个较窄的范围里我同意那个判决。当时,32个州立法机关已经"明确规定不允许让15岁的孩子处于死刑的威胁之下",并且没有一个立法机关认可这样一个实践。虽然人们承认已经"非常可能"存在禁止对15岁罪犯适用死刑的国家共识,但是我拒绝接受那个没有清晰证据支持的宪法性结论。今天在我看来,也不能根据法院先前关于道德相称性的争论对这一问题作出决定。认可这一假设——"对于同样的犯罪,青少年比起成年人具有较少可责性",我主张,"并不一定必须承认所有15岁的孩子都不具有应该强加适用死刑的道德上的可责性"。同样,之前我们没有证据证明"15岁作为一个阶层先天没有能力基于死刑惩罚的威慑而远离重

---

① 特罗普诉杜勒斯案,356 U. S. 86, 100-101 (1958)(多数意见)。
② 科克尔案,前文,596(多数意见),引自格雷格诉佐治亚州案,428 U. S. 153, 181 (1976)(斯图尔特大法官、鲍威尔大法官、斯蒂文斯大法官的联合意见)。
③ 参见斯坦福案,492 U. S. , 382,(奥康纳大法官,协同意见);同样参见恩芒德案,前文,797("这是我们对第八修正案是否允许强加适用死刑的最终判断")。

要犯罪"。仅仅根据虽强有力但并不确定的证据支持的反对对16岁以下罪犯适用死刑的国家共识,就认为第八修正案需要我们制定绝对禁止规则,我不同意这个结论。因为在汤普森案时,死刑法令没有明确适用死刑的最低年龄,故而我认为法令不能被解读为授权对15岁罪犯适用死刑处罚。

第二年,在斯坦福诉肯塔基州案中,法院支持对16岁或者17岁杀人犯适用死刑不违反联邦宪法第八修正案。我再次特别强调,部分意见相同且在裁判中意见相同。在那时,有25个州不允许对18岁以下的罪犯适用死刑,包括13个州完全没有死刑。虽然同时指出"或许有一天会出现这样一个一般性的立法——禁止对16岁或者17岁的杀人犯适用死刑,此时,可以说已经出现了一个明确的国家共识"。我的结论是这一天仍然没有到来。我重申我的观点,在评估立法机关和陪审团行为之上,法院还有一个宪法义务,即根据被告人的应受谴责性判断死刑是否是一个成比例的惩罚。不过,我认为那些今天被法院认可的类似于相称性的辩论不能证明第八修正案绝对禁止对16岁和17岁罪犯适用死刑是正当的。

法院曾两次表达了判处反应迟钝但在法律上不构成精神病的人死刑的合宪性。在与斯坦福案同一年判决的彭里诉莱纳福案中,我们拒绝了第八修正案禁止对智障罪犯适用死刑的观点。在那时,只有2个州在实践中明确禁止死刑,其他14个州完全没有死刑。在三个开庭期之前的阿特金斯诉弗吉尼亚州案中,当我们再一次遭遇这个问题时情况发生了很多改变。在阿特金斯案中,法院直接推翻了彭里案,并且坚持第八修正案禁止对智障罪犯适用死刑。从彭里案到阿特金斯案之间的13年里,出现了制定立法禁止对智障罪犯执行死刑的浪潮。到我们审理阿特金斯案时,有30个州禁止对智障罪犯适用死刑,并且,即使那些在理论上允许死刑的州,在最近的历史上也罕有对智障罪犯适用死刑的实践。根据这个证据,法院裁定完全可以认为已经出现了反对死刑实践的发展了的国家共识。

但是我们在阿特金斯案中的裁决并不仅仅依赖这些假设性的结论,而是法院独立的道德判断起了决定作用。法院指出弱智人士具有重大认知和行为的缺陷,即"低于常人智商机能的平均水平"和"一些适应性技能上的重要局限——诸如交流、自我照顾、自我指导等在18岁之前开始显现的技能"。"因为他们的缺陷,这样的人被定义为……减弱了理解和加工信息、交流、从错误中提炼经验和从经验中学习、进行逻辑推理、控制冲动以及去理解其他人的反应的能力。"我们得出结论:这些缺陷使我们强烈怀疑对弱智者适用死刑是否可以有效地实现死刑预期的首要刑罚目的——报应与威慑。智障罪犯的缺陷使他们个人道德上的应受谴责性减少,导致这样的罪犯在任何时候都不应该受到终极惩罚,即使对于杀人犯。并且,这些缺陷使得智障者不可能因死刑处罚的威慑而不去实施谋杀。因此,可以得出结论,对智障者施以死刑处罚是与第八修正案相矛盾的。法院"留给各州的任务是在他们的死刑判决中探寻恰当的方式强化宪法制约"。①

二

(一)

虽然指导我们第八修正案的法学理论的一般原则提供了一些依据,但我不认可法院在之前的案例中对这些原则的适用。作为一个初步事项,我不同意法院不去责难,或者说甚至承认,密苏里州最高法院满不在乎地拒绝遵守我们在斯坦福案中作出的生效判决。下级法院认为——尽管斯坦福案刚刚生效并具有明确的约束力,但我们决定不受权威束缚,因为它是建立在法院相信一个陈旧的当代价值的评估之上,彻底背离了宪法的价值,这是一个明显的错误。第八修正案"从……社会体面的进化标准"勾勒它的含义,随着时间的推移,社会在道德观念上的重大变化需要我们重新评估先例判决。"推翻一个先例判决仍然是本法院的特权"。② 之所以如此,是后来的裁决或实践发展或许会"大大削弱"我们早期判决的理性。③ 第八修正案没有给这一规则提供例外。相反,这个领域需要更加明确的、可预测的和始终如一的宪法性标准。如果确认维持下级法院漠视先例的判决,会招致对我们第八修正案先例频繁和破坏性的再评估。

(二)

在决定对青少年适用死刑处罚是否与体面的当代标准一致时,我们首先质疑的是"当代价值之最清楚和最可靠的客观证据"——国家立法机关的行为。如法院所强调的,在阿特金斯案被裁决时,普遍不接受18岁以下罪犯适用死刑的数字与禁止对智障罪犯适用死刑的数字是一样的。目前,12个州和哥伦比亚特区没有死刑处罚,而另外18个州和联邦政府允许死刑处罚,但是禁止对18岁

---

① Supra 317,引自福特诉温赖特案,477 U.S.399, at 416-417 (1986)。
② 国家石油公司诉卡恩案(*State Oil Co. v. Khan*),522 U.S.3, 20 (1997)。
③ 参见美国诉哈特案(*United States v. Hatter*),532 U.S.557, 567 (2001);同样参见国家石油公司案,前文,第20页;罗德里格斯·德·奎加斯诉歇尔森/美国邮政公司案(*Rodriguez de Quijas v. Shearson/American Express Inc.*),490 U.S.477, 484(1989)。

以下罪犯适用死刑。① 这里,如阿特金斯案记述,在最近的历史上只有很少数允许对相关阶层人士适用死刑的州实际执行这种处罚:自斯坦福案以来的 16 年间,有 6 个州曾对 18 岁以下罪犯适用死刑,在阿特金斯案之前的 13 年间,有 5 个州对智障罪犯执行死刑。② 事实上,在这个案例中的客观证据与我们在阿特金斯案中依赖的证据是"相似,甚至在某些方面是相同的"。

虽然两个案例存在不可否认的相似性,但是这里国家共识的客观证据是较微弱的。最为重要的是,虽然在阿特金斯案中有明显的证据反对对精神障碍罪犯适用死刑,但几乎没有相反的证据为这种做法提供立法上的支持。③ 有些州许可这样做仅仅因为他们没有制定任何禁止性法律。相反,这里至少 8 个州有通用的法令明确设定了 16 岁或者 17 岁作为触犯死罪后适用死刑的年龄最低限。目前,8 个州中有 5 个州至少有一名或者更多的少年死囚犯(6 个,如果包括被申请人在内),并且,在过去的 15 年里,它们中有 4 个州至少已经对一个 18 岁以下罪犯执行过死刑。总之,当前在 12 个不同的州有超过 70 名青少年罪犯在死囚之列(如果加上被申请者,是 13 个州)。这个证据暗示公众对 17 岁杀人犯适用死刑的支持程度。

而且,阿特金斯案法院明确指出"重要的不是禁止对智障者执行死刑的数量,而是变化方向的一致性"。与阿特金斯案的倾向形成鲜明对比,各州并没有废除青少年死刑的一致倾向。相反,在斯坦福案裁决之后,有 2 个州已经特别重申他们通过制定法支持设置适用死刑的最低年龄为 16 岁。④ 甚至,如法院在阿特金斯案中自己强调的那样,在废除对青少年适用死刑方面,立法行动的步伐已经大大慢于禁止对智障者适用死刑处罚的步伐。从彭里案到阿特金斯案的 13 年里,多达 16 个州禁止对智障罪犯执行死刑。与此相比,自我们在 16 年前作出斯坦福案裁决之后,只有 4 个先前允许对不满 18 岁罪犯实行死刑的州,加上联

---

① 在其他保留死刑的 12 个州里不满 18 岁的罪犯能被处以死刑,作为转移法令的结果(as a result of transfer statutes)他们允许试着将犯有严重罪行的不满 18 岁的罪犯当做成年人对待,参见前文,第 26 页。如同我在汤普森诉俄克拉荷马州[487 U. S. 815,850-852(1988)(并存意见)]案中观察到的:"有许多理由,任何与死刑无关的理由,都可能激发立法机关作为一个一般性事项为未成年人进入成年人刑事司法程序提供渠道。"因此,虽然这 12 个州不能被统计为反对对不满 18 岁罪犯适用死刑的范围,但他们允许通过间接机制对不满 18 岁未成年人适用死刑的事实显示了他们对该死刑立法并不是肯定和毫不含糊的支持。参见前文。

② 参见阿特金斯案,536 U. S. 316; V. Streib, The Juvenile Death Penalty Today: Death Sentences and Executions for Juvenile Crimes, 1973 年 1 月 1 日—2004 年 12 月 31 日, No. 76, pp. 15-23 (2005), http://www.law.onu.edu/faculty/streib/documents/Juv DeathDec2004. pdf., 访问于 2005 年 2 月 25 日,参见书记官法庭卷宗档案(下文 Streib)。

③ 比较汤普森案,487 U. S. 849(奥康纳大法官,协同意见)(这样解释这一事实的意义在于"在这个国家没有哪个立法机关肯定地和毫不含糊地赞同"对 15 岁罪犯适用死刑)。

④ Mo. Rev. Stat. §565.00.2 (2000); Va. Code Ann. §18.2-10(a) (Lexis 2004)。

邦政府,制定了禁止死刑的法律,此外,还有一个州通过高等法院对死刑制定法的解释将不满18岁罪犯排除于适用死刑之外。① 之所以变化的步伐较慢,毫无疑问可以部分地归因于,正如法院说的,当斯坦福案作出裁决时已经有11个州对适用死刑强制设定了一个18岁的年龄最低限。然而,导致我们作出阿特金斯案裁决的非凡的立法浪潮提供了强有力的证据证明这个国家已经真正坚决反对对智障者实行死刑。这里,与此相反,禁止对青少年适用死刑的蹒跚步履解释了暂停的原因。

支持今天裁决的客观证据在一定程度上与阿特金斯案的情形相类似,不过这仅仅突出了这样的事实——这些证据在两个案例中都不是决定性的。毕竟,如法院今天所确认的,宪法要求"最终我们作出自己的判决……去承受"第八修正案是否禁止一个特殊的惩罚。② 这个判决不只是记载立法机关和陪审团行为相符的一个橡皮图章,而是质询宪法第八修正案一个组成部分——并且,其被认为对我们得出最终裁决具有独立影响。

这里,如阿特金斯案,与更多先前法院在第八修正案之下作出的禁止特殊惩罚的先例相比,国家共识的客观证据是较微弱的。③ 在我看来,国家共识的客观证据,孤立地,不足于得出阿特金斯案的裁决。相反,令人注目的是禁止对智障罪犯适用死刑的道德相称性辩论,在说服法院作出死刑实践与第八修正案相矛盾的解释上,起到了决定性的作用。的确是这样,阿特金斯案中道德相称性辩论的影响力强有力地增强了法院的信心,法院相信在那个案例中的客观证据预示了一个真实的国家共识的出现。这里,相反,反对对青少年适用死刑的相称性辩论所具有的瑕疵使其只能给一点点,如果有的话,一点点解释力——这一证明太过乏力,既不能解决在立法上共识的客观证据之含糊不清,也不能证明法院的绝对规则的正当性。

(三)

17岁的杀人犯必须被无条件地免除死刑处罚,法院说,是因为青少年"不能令人信服地被归类为最严重的罪犯"。这个结论是建立在已满18岁(已经达到

---

① 参见华盛顿特区诉弗曼案,122 Wash. 2d 440, 458, 858 P. 2d 1092, 1103 (1993)(全院共审)。
② 阿特金斯案,第312页,引自科克尔案,433 U.S.597(多数意见)。
③ 参见科克尔案,第595—596页(多数意见)(禁止对强奸成年妇女的罪犯适用死刑,只有一个司法管辖区批准这样的处罚);恩芒德案,458 U.S.792(禁止对帮助和教唆重罪谋杀的罪犯适用死刑,只有8个司法管辖权批准这样的处罚);福特诉温赖特案,477 U.S.408(禁止对精神病患者适用死刑,所有的司法管辖区都禁止这一实践)。

18岁生日)的"成年人"与未满18岁的"青少年"之间的三个区别之上:第一,青少年缺乏成熟和责任,并且与成年人相比更加鲁莽,更加不计后果。第二,青少年更容易受到外界影响的攻击,因为他们对自己所处环境具有较低的控制能力。第三,青少年的个性并未像成年人那样已经完全成形。根据这些个性特征,法院裁决17岁的一级杀人犯与犯类似犯罪的成年罪犯不一样,不具有应受谴责性;法院认为对于17岁青少年来讲,与成年人相比,较少可能考虑到死刑的威慑作用;并且即使犯有最可憎罪行,对17岁青少年也很难作出结论是"不可挽回的颓废的和堕落的"。法院提出"或许在某个极端罕见的案例中青少年罪犯有足够的心理上的成熟,并且同时显示足够的堕落,是应受死刑惩罚的"。然而,法院主张一个以年龄为基础的绝对禁令作为一个预防性原则被证明是正当的,因为"抛开缺少足够的可责性不论,在成年罪犯与青少年罪犯之间的不同是如此显著和易于理解以至于不能冒险许可一个年轻人去接受死刑处罚"。

与成年人相比,毫无疑问,青少年作为一个阶层通常不够成熟,缺少责任感,个性不稳定,这些差异要求我们在判断青少年的道德应受谴责性时不能像对待成年人那样严苛。① 但是,即使接受这个假设,法院的相称性辩论也无法支持建立一个绝对规则。

首先,法院没有任何证据支持它的绝对禁止结论,这只是一个"罕见的"案例,如果是的话,17岁的杀人犯足够成熟和行为足够堕落以致应受死刑。与成年人相比,青少年对他们的失范行为具有较少可责性的事实意味着一个17岁的杀人犯不应该受到死刑惩罚。至多,法院的说法表明一般的17岁杀人犯与一般的成年杀人犯的应受谴责的程度是不同的。但是,一个特别堕落的青少年罪犯的可责性仍然可以像成年罪犯一样,足够邪恶以致应受死刑。同样,从死刑处罚的实效性来看,死刑或许极少可能阻止一个青少年犯一级谋杀罪,但这并不意味着这个威胁不能有效阻止某些17岁青少年进行这样的行为。的确,有一个年龄界限,低于这个年龄的,不管什么样的罪犯,不管他(她)犯有什么罪行,其认知和情感上的成熟是适用死刑所必需考量的因素。但是至少在青春期和成人期之间的地带——尤其在17岁,就像被申请人——在"成年人"与"青少年"之间呈现的区别仅仅是程度上的不同而不是性质上的差异。因此,立法机关可以合理得出结论——至少有些17岁青少年足以具有道德上的应受谴责性,并且能够充

---

① 参见约翰逊诉得克萨斯州案,509 U.S.350, 367 (1993)("毫无争议,被告人的青春期是一个相关的减轻情节");同上,第376页(奥康纳大法官,异议意见)("青春期的变化与青少年罪犯的可责性和行为责任的承担直接相关");埃丁斯案,455 U.S.115-116("青少年,特别是更小一点的孩子,与成年人相比一般不够成熟和缺乏责任感,这一点在历史上我们的法律和司法一直就有公认")。

分认知死刑的威慑作用,死刑惩罚在某个极端个案里具有正当性。

　　的确存在这样的个案。克里斯多夫·西蒙斯对雪莉·克鲁克的凶杀是有预谋的、荒唐的和极端残忍的。犯罪之前,西蒙斯炫耀地声称他要杀人。在不同场合,他同两个朋友(年龄分别是15岁和16岁)讨论他的计划——入室盗窃和通过绑缚被害人并将她推下桥谋杀。西蒙斯说他们能"免受惩罚"因为他们是未成年人。根据这个计划,西蒙斯和他15岁的同谋者在午夜闯入了克鲁克太太的家,逼迫她离开她的床,绑住她,并且开车带着她到了一个州立公园。在那里,他们带她步行到了一个横跨河流的铁路高架桥上,用电缆线将其"手脚一起捆绑",用胶带完全粘住她的脸,并且,从高架桥上将她推下去,活活地,沉入水下淹死。很难想象这个女人所遭受的恐怖以及所有导致她死亡的严酷折磨。无论怎么解释通常意义上作为一个17岁青少年具有所谓较少道德可责性,西蒙斯的行为都毫无疑问地表现出"一个人在思想本质上的堕落,比起……一般的凶手"。① 并且西蒙斯预言,他不会为谋杀而受到惩罚,因为他还没有到18岁——虽然这是错误的——但这暗示他在决定是否进行谋杀罪行时考虑到了惩罚的危险。根据这个证据,量刑陪审团当然有合理的根据作出结论而不予考虑西蒙斯的青春期。当他进行这个令人毛骨悚然的谋杀时,他"已经具备充分的心理成熟",并且"同时证明西蒙斯具有足够的堕落,因此,应受死刑处罚"。

　　法院的相称性辩论受到的第二个质疑就是:它无法证明17岁青少年和年轻的"成年人"之间在成熟性问题上的区别,而对于证明在17岁青少年适用死刑问题上是否需要一个明确的界限作为预防性规则,这些区别具有充分的普遍性和重要性。法院的分析是建立在成年人总体与青少年总体之间区别的前提基础上,当相对于一个个体而言时,这些区别不能经常保持真实。虽然有些17岁杀人犯或许缺乏足够的成熟而不应受死刑,但是,有些青少年谋杀犯或许相当成熟。实际年龄不是一个可靠的心理发展的测量标准,并且,普适性的经验显示许多17岁青少年比起年轻的"成年人"更加成熟。总之,今天的裁决所免除的死刑罪犯的阶层太过宽泛和多变以至于不能证明这样一个绝对禁止规则的正当性。甚至,法院画出的年龄基础线也是无可辩驳的武断——它可能保护一些足够成熟应受死刑的罪犯,却刚好将那些并不成熟且易受攻击的人排除于保护之外。

　　相称性辩论的目的在于论证17岁青少年作为一个阶层在本质上不同于智障者。"智障"罪犯阶层,正如我们在阿特金斯案中认为的,其被恰当定义的特性证明死亡对其是一个过分的惩罚。一个有精神障碍的人,被定义"他的认知

---

① 阿特金斯案,536 U.S.319,引自戈弗雷诉佐治亚州案,446 U.S.420, 433 (1980)。

和行为能力被证明低于一个特定的最低值"。① 因此,在阿特金斯案中我们裁决的目的在于说明,与其他人相比,智障者对于他们的失范行为不仅仅只是具有较少应受谴责性,或他们较少可能理解到死刑的威慑,而是,对于一个智障罪犯,其所具有的某种缺陷使得他不应受到死刑惩罚,或者无法意识到死刑的威慑。也就是说,对于他们而言,死刑已经不是一个可防御性的处罚。法院认为对17岁杀人犯适用死刑是过分的惩罚,这一判断应该是针对具体个体作出的,针对以年龄大小划分的罪犯阶层,则不存在一个固有的或者精确的标准去判断适用死刑是否合适。而且,它否决了一般理性,暗示了17岁作为一个阶层在有关应受谴责性以及对刑罚威慑作用的易感性上,不知何故地与智障者相当。17岁,或许一般情况下比成年人少些成熟,但是简单地"欠缺成熟"不能与智障者所遭受的终身残疾等同。

被法院明确提出的相称性问题暗示了宪法第八修正案的关注。但是这些关注不能被一个任意的、绝对的年龄底线规则所解决,而是要通过陪审团,对诸如被告人的不成熟、对外界压力的易感性、对自己行为后果欠缺认知能力等这些减轻情节进行个性化量刑。通过这种方式,宪法可以针对特定问题做出回应,这意味着救济。第八修正案拒绝对那些"不具应受谴责性"的人执行死刑[参见前文,第19页],作为重要的组成部分,要求陪审团量刑时"对被告人的背景、个性和犯罪行为作出合理的道德反应"[加利福尼亚州诉布朗案,479 U.S.538, 545 (1987)(奥康纳大法官,并存意见)]。因此,必须允许死刑案例的裁判者对所有本质上属于减轻因素的证据给予充分考虑。② 一个被告人的青春期或者不成熟是,并且当然是,这种证据的一个典型例证。③

虽然在这个案例中检察官企图使被告人的青春期作为一个加重情节的做法令人不安,但是该问题在下级法院是永远不会被挑战的,并且也不会被直接争论。如同法院自己表明的,这种"矫枉过正",如果有的话,最好通过一个更为特定的救济方式解决。法院主张量刑陪审团不能精确地评价一个年轻罪犯的成熟性,不能适当考量与青春期有关的减轻情节。但是,再一次,法院没有提出真正的证据——并且记录显示没有一个证据——来支持这个主张。或许更为重要的是,与评估任何其他死刑判决的决定性因素相比,法院无法解释为什么这个职责应如此不同,或者说是如此困难。我不会仅凭这一点这么快就作出结论说,尽管

---

① 阿特金斯案, 536 U.S.318;同样参见前文,第308页, n.3(智力发育迟钝特性的讨论);前文,第317页,并 n.22(留给各州政府去决定哪些罪犯阶层属于免除死刑的范畴)。
② 参见坦纳德诉德里特克案(Tennard v. Dretke), 542 U.S.____, ____(2004)(判决书意见单行本 slip op., 第9—10页);洛克特诉俄亥俄州案, 438 U.S.586, 604(1978)(多数意见)。
③ 参见埃丁斯案, 455 U.S.115-116。

我们已经在所有死刑案例中给予宪法保障、量刑陪审团、主审法官如此之多的信任,但这仍然是不够的。

(四)

最后,我转向法院对外国法和国际法的讨论。毫无疑问,近些年来废除对不满 18 岁罪犯适用死刑是一个全球性的趋势。除了美国,目前只有极少数国家,如果有的话,在法律上或者事实上许可这个实践。然而,其他国家在观念和行动上的一致性公认并不能产生规范我们第八修正案的结果,但是法院声称"考虑到压倒性的反对对青少年适用死刑的国际舆论……为法院自己的结论提供了深思熟虑和意义重大的证据"。[前文,第 24 页]。因为我不相信一个真正的对青少年适用死刑的国家共识仍然尚未发展,并且,我也不相信法院的道德相称性辩论可以证明一个无条件的、以年龄为基础的宪法原则具有正当性,我能确定法院所描述的国际舆论不具有这样的证实作用。简言之,国际共识的证据不能改变我的决心——此时,第八修正案没有禁止对所有 17 岁凶手适用死刑。

不过,我不同意斯卡利亚大法官关于外国法和国际法对我们第八修正案的解释毫无意义的论点。近半个世纪以来,法院始终如一地坚持将外国法和国际法作为评估体面之进化标准的相关指标。① 这项调查反映了法院长期坚持直接从文明社会的成熟价值中引申出的第八修正案的特殊品质。显然,美国法律在众多方面是与众不同的,尤其是我们宪法的特殊规定和它所展示的历史。② 但是,这个国家关于人类体面的与时俱进的理解当然既不完全孤立于,也先天区别于其他国家的主流价值。相反,对于国内和国际价值的一致性我们不应该感到惊讶,尤其是,对于国际共同体已经取得清晰认同的事项——被国际法或者个别国家的国内法所明确的——一个特殊的惩罚形式是与基本人权相矛盾。至少,国际共识的存在确保一个协调一致和真实诚恳的美国共识的合理性。然而,本案并没有出现这样的国内共识,而且最近出现的全球共识也不能改变这个基本事实。

*　　*　　*

在决定第八修正案是否允许对一个特殊罪行或者犯罪者阶层适用死刑时,我们必须注意这样的处罚是否与当代体面的标准相一致。在当前这个案例中,我们有责任结合社会价值的客观证据和我们自己的判断来考量死亡是否是一个

---

① 参见阿特金斯案,536 U. S.,at 317,n. 21;汤普森案,487 U. S. 830-831,and n. 31(多数意见);恩芒德案,458 U. S.,796-797,n. 22;科克尔案,433 U. S. 596,n. 10(多数意见);特罗普案,356 U. S. 102-103(多数意见)。

② 比较后文,第 18—19 页(斯卡利亚大法官,异议意见)(有关第四修正案和制定规章的美国法律规则的特别讨论)。

过分的制裁。在本案中,客观证据是非决定性的;它不能孤立地证明我们这个社会已经在所有案例中拒绝对17岁罪犯适用死刑。相反,虽然一个清晰而持久的反对死刑的国家共识可以及时显露,但是国家立法机关的行为证明了那一天仍然尚未到来。在我们作出斯坦福案判决之后不久,法院先声夺人地对可能发展的真实共识进行了民主讨论,同时相当冒险地让一个下级法院重新评价我们第八修正案的先例。

可以肯定,支持今天裁决的客观证据类似于(虽然略微弱于)先前法院在阿特金斯案中的证据。但是,如果阿特金斯案独自建立在这样的证据基础上,则可能无法作出裁决。相反,阿特金斯案对智障罪犯适用死刑的令人注目的相称性辩论对法院裁决第八修正案规则起到了决定性作用。而且,经过这个相称性辩论的调整,在阿特金斯案中所采纳的宪法原则更具适当性:它免除了一个被定义为特殊罪犯群体的死刑惩罚,这个特殊群体因为具有被证明了的损害而不可能在可责性程度上应受死亡惩罚。并且,阿特金斯案将决定哪些罪犯属于这样一个特殊群体的权力交给州政府机构。

相比之下,在本案中,反对对青少年适用死刑的道德相称性辩论没能支持今天法院采用的规则。"毫无疑问一个未成年人的年龄本身就是一个减轻情节的巨大砝码",并且在决定是否适用死刑惩罚问题上,量刑陪审团必须被给予仔细考量一个被告人的年龄和成熟程度的机会。但是与青春期相关的减轻特性并不证明设置一个绝对的年龄界限是正当的。立法机关可以合理地作出结论,如同许多地方已经做的那样,在某些极端罕见的个案中存在17岁杀人犯是足够成熟去承受死刑处罚的。并且在我们之前没有任何记录显示量刑陪审团不能精确评价一个17岁被告人的成熟程度,或者不能对作为减轻情节的青春期给出适当考量,故而,无法证明今天的第八修正案需要强加一个明确的界限。最终,法院有瑕疵的相称性辩论不能承受法院放置于其上的重任——在青少年适用死刑惩罚问题上,第八修正案需要一个绝对的年龄界限。

如果有最低年龄限制,合理的思路是,针对犯有不同应受死刑处罚的重罪设定不同的最低年龄限制。许多司法管辖区已经完全废除死刑,同时,其他很多地方也已经规定,如果犯罪时不满18岁,即使犯有极端可憎的罪行,也不应适用死刑。事实上,如果我的职务是一个立法者,而不是一个法官,我将同样会支持立法设定一个18岁的最低年龄界限。但是,有相当数量的州,包括密苏里州,已经决定对17岁的一级杀人犯可能适用死刑,比如像被申请人。没有证据显示出现了一个真正的国家共识禁止对这样的罪犯执行死刑,在如何最佳解决这个道德难题上,法院不应该用它自己"不可避免的主观判决"替代经过国家民主程序选举出来的立法机关的判断。[参见汤普森案,第854页(奥康纳大法官,协同意见)]。我谨持有异议。

斯卡利亚大法官、伦奎斯特首席大法官与托马斯大法官的反对意见:

终身任期制的法官否定人民代表制定的制定法,在敦促宪法批准这一权力的问题上,亚历山大·汉密尔顿使纽约市民相信这几乎没什么风险,因为"三权分立使得司法机关既没有行政机关的力量(FORCE)也不具有立法机关的意志(WILL)只剩下判断(JUDGMENT)"。① 但是,汉密尔顿笔下是一个传统的司法机关,"他们面对每一个具体的案例都要受到严格规则和先例的束缚"。束缚,的确是这样。今天的判决是对汉密尔顿预言的一个极大嘲讽!该法院的结论宣布——我国宪法的含义在过去15年里已经改变——不,提醒你,法院的这个结论在15年前就是错误的,但是宪法却已发生变化。法院通过声称留意我们国家"社会体面的进化标准",而不是根据宪法第八修正案原始含义,得出这个令人难以置信的结论。然后,你会发现,这个国家共识,仅仅在15年前我们的法律对之毫无察觉,而今天其又固有地存在,这种说法是站不住脚的。更糟的是,在最后的分析中法院明确地指出这一问题与我们人民的法律无关:"是我们自己最终的判决来承受第八修正案之下死刑处罚的可接受性质疑。"法院这样做等于声称它自己是我们国家道德标准独一无二的仲裁者——并且在履行令人敬畏的责任过程中声称得到来自外国法院和立法机关意见的指导。我持反对意见是因为我认为第八修正案的含义与宪法其他规定的含义同样不应该由这个法院五个成员的主观意见和那些"志同道合"的外国人来定义。因此,我持异议。

一

在决定对犯罪时不满18岁罪犯适用死刑处罚符合宪法第八修正案规定的"残酷和异常"的刑罚时,依据我们现代(虽然在我看来是错误的)法学理论,法院首先考虑的是:是否存在这样的"国家共识",即法律允许这样的执行违反了我们现代"体面的标准"②我们认为裁决应建立在"反映公众对一个给定制裁的

---

① 《联邦党人文集》第78篇,第465页(C. Rossiter ed. 1961)。
② 法院最初完全不理睬有关一个特别惩罚是否符合第八修正案的质询:它是否属于"当时权利法案通过时被定义的残酷和异常的刑罚模式或行为之一"[福特诉温赖特案,477 U. S. 399, 405 (1986)]。如同我们在先前案例中指出的,证据是非常清楚的,第八修正案并没有禁止对16岁和17岁罪犯适用死刑处罚[参见斯坦福诉肯塔基州案,492 U. S. 361, 368(1989)]。在第八修正案获得通过时,虽然对不满14岁的孩子有一个无能力犯死罪(或者其他重罪)的可推翻的假定,但理论上它允许对一个7岁罪犯强加适用死刑[参见前文,引自4 W. Blackstone, Commentaries *23-*24; 1 M. Hale, Pleas of the Crown 24-29(1800)]。

态度的客观标记"的基础上——即"由社会选举出来的代表所制定的成文法"。如阿特金斯诉弗吉尼亚州案,法院漫不经心地声称自从斯坦福案裁决以来,一个国家共识已经形成,因为 18 个州——或者说是 47% 曾经允许死刑的州——现在已经通过制定法禁止对不满 18 岁罪犯适用死刑,自斯坦福案之后 4 个州完全采用了这样的立法。

允许死刑的州少于 50%,如果它们的观点能够建立一个国家共识的话,则这些论证毫无意义。① 我们在以前的案例中要求有绝大多数人在一段较长的时间里压倒性反对挑战性实践。在科克尔诉佐治亚州案中,法庭多数意见声称第八修正案禁止对强奸成年妇女的罪犯适用死刑,因为只有一个司法管辖区批准这样的惩罚。法院多数意见同样观察到"在过去 50 年里绝大多数州在任何时候都不批准对强奸罪适用死刑"。在福特诉温赖特案中,我们裁决对精神病人执行死刑是违宪的,追踪普通法对这个禁止的根源,根据记录"在这个联邦没有哪个州许可对精神病人执行死刑"。在恩芒德诉佛罗里达州案中,我们使对参与抢劫的谋杀罪共犯强制适用死刑的规定无效,因为在所有允许死刑的州中有 78% 的州禁止这个处罚。即使我们表达出一些犹豫,因为立法机关的判断"既不是'整个州立法机关完全无异议地'……也不像在科克尔案中被立法机关认为的强制性"。相反,在斯坦福案中,法院当时似乎相信裁决是恰当的,现在在保留死刑的州中,42% 的州不足以显示一个国家共识的出现。法院一方面努力传播它的难以令人置信的关于国家共识的断言,一方面抛出了一个建立在我们第八修正案法学理论之上的命题。应该看到,法院说,"斯坦福案法院应该考虑将那些已经完全废除死刑的州作为反对青少年死刑的国家共识的组成部分……一个州有必要完全禁止死刑,这证明了死刑处罚对包括青少年在内的所有罪犯是不相称的"。法院与"斯坦福案法院"不一致的新的计算方法是一种误导。在涉及所谓适用死刑的宪法限制的案件中,没有一个案件计算过为了支持宪法限制而彻底废除死刑的州的数量[参见福特案,上文,第 408 页,n.2;恩芒德案,前文,第 789 页;科克尔案,前文,第 594 页]。以这些州为范围商议建立对不满 18 岁罪犯适用死刑的例外的必要性,很像对包括坚持传统生活方式的阿米什人(Amishmen)*在内的电动汽车消费偏好的调查,他们当然不会喜欢它。这并不能阐明任何争论。那 12 个支持废除死刑的州谈到了反对死刑的共识问题,但

---

① 参见阿特金斯案,前文,第 342—345 页(斯卡利亚大法官,异议意见)。

* Amishmen:阿米什人,在美国成为独立国家之前移居到北美的英国人,在美国他们主要集中在宾夕法尼亚州、俄亥俄州和印第安纳州,即使在今天他们仍然排斥任何现代物质文明,坚持过着 17 世纪传统的乡村生活。——译注

是没有——绝对没有——关于不满 18 岁的罪犯对死刑应受特殊豁免的共识。今天,在废止死刑的州里,那 12 个州没有考虑法院今天提出的决定性因素——年轻人具有较低的应受谴责性和与生俱来的鲁莽,缺乏深思熟虑的判断能力等,或许可能相关的是这些州中有多少州在非极刑犯罪中将 16 岁和 17 岁罪犯与成年人等同视之。(他们是这样①,的确,有些州甚至允许将被控犯有谋杀罪的 14 岁青少年等同成年人对待。②)法院通过类似统计阿米什人的方法将极少数共识扭转多数共识,彰显了这一法则的困境。

相比我们先前的案例,可以看到关于国家共识的论证是微弱的。阿特金斯案法庭找到了更多的支持——自从彭里案之后,有 16 个州已经禁止对有精神障碍的个人执行死刑。当然,阿特金斯案法庭有别于当时的斯坦福案法庭,"虽然我们在同一天裁决斯坦福案和彭里案,但很显然仅有 2 个州立法机关提出了关于强加适用死刑的年龄界限",现在,法院说 4 个州的立法意义"重大"足以引发宪法禁止。③ 以为依靠这些数字上的微小变化就能结束立法机构在这问题上的争论,这是令人惊异的。

我也怀疑,在那 4 个州里投票改变法律的立法者如果知道自己的决定将(通过法院的宣判)不可逆转,他们是否还会那么做。毕竟,在某种形式上,立法机关对死刑的支持度在我们国家的历史进程中经历了由强到弱的历程。如同奥康纳大法官解释的:

"死刑的历史说明了根据统计学推断稳定的社会共识的做法是危险的,正如这个案例所依赖的统计资料。1846 年,密歇根州成为第一个废除死刑的州……随后的十年中,美国其他州继续倾向于废除……后来,尤其在第二次世界大战之后,在死刑上出现一个稳定的和显著的下降……在 20 世纪 50 年代和 60 年

---

① Alaska Stat. §47.12.030(Lexis 2002); Haw. Rev. Stat. §571-22(1999); Iowa Code §232.45(2003); Me. Rev. Stat. Ann., Tit5, §3101(4)(West 2003); Mass. Gen. Laws Ann., ch. 119, §74(West 2003); Mich. Comp. Laws Ann. §764.27(West 2000); Minn. Stat. §260B.122002); N. D. Cent. Code §27-20-34(Lexis Supp. 2003); R. I. Gen. Laws §14-1-7(Lexis 2002); Vt. Stat. Ann., Tit. 33, §5516(Lexis 2); W. Va. Code §49-5-10(Lexis 2004); Wis. Stat. §938.18(2003-2004); National Center for Juvenile Justice, Trying and Sentencing Juveniles as Adults: An Analysis of State Transfer and Blended Sentencing Laws 1(Oct. 2003). The District of Columbia is the only jurisdiction without a death penalty that specifically exempts under-18 offenders from its harshest sanction—life imprisonment without parole. D. C. Code §22-2104(West 2001).

② See Mass. Gen. Laws Ann., ch. 119, §74(West 2003); N. D. Cent. Code §27-20-34(Lexis Supp. 2003); W. Va. Code §49-5-10(Lex2004)。

③ 如法院指出的,华盛顿州禁止对不满 18 岁罪犯执行死刑的禁令是通过司法裁决而不是立法作出的[州诉弗曼案,122 Wash. 2d 440,459,858 p.2d 1092,1103(1993)]。分析国家的死刑法令,并没有发现任何年龄限制,但却将其仅适用于年满 18 岁的人。该意见主张进行必要的解释以避免陷入宪法困境,并且避免不能表达民意。对于国家共识的改变这是无关紧要的问题。

代,更多的州废除了死刑或者从根本上限制死刑,在1968年以后的几年中,死刑完全被停止……"

"1972年,当法院审理死刑合宪性争论时,这样的统计数字或许暗示了死刑已经成为一个遗迹,它已经含蓄地被新的社会共识所拒绝……我们现在知道任何关于死刑的社会共识的推论都可能是错误的。但是如果法院宣布有这样一个共识的存在,并且宣布死刑为不合法,立法机关可能无法恢复它的效力。裁判的错误前提将被冻结在宪法中,难以将其驳倒,甚至难以否决。"①

顾及自斯坦福案以来一些立法机关和选民已经明确申明支持对16岁和17岁罪犯适用死刑,便仰赖这样一个微弱事实是不恰当的。虽然法院认为没有一个州降低执行死刑的年龄,这一点是正确的,但是密苏里州和弗吉尼亚州立法机关——在斯坦福案时没有最低年龄限制——现在明确规定了16岁的年龄底线。② 亚利桑那州的人民③和佛罗里达州的人民④已经通过投票行使公民立法创议权*做了同样的决定。这样,即使在近些年这些州没有执行一个不满18岁的罪犯,但无疑在某些情形下也存在支持死刑的可能性。

法院相信对不满18岁的凶手执行死刑极少发生,这归功于一个被法院考虑过的和在斯坦福案中被明确拒绝的辩论。准确地说"极少发生"基于两点解释,一个是"不满18岁青少年犯死罪的比例远远小于18岁以上的人犯死罪的比例",这是无可辩驳的事实,另一个就是要求陪审团在量刑时将青春期作为一个减轻情节。故而,"这不但是可能的,而且是极大可能,促使被申请人和他的支持者相信不满18岁青少年犯罪永远不可能被判死刑,也使检察官和陪审团相信死刑

---

① 汤普森诉俄克拉荷马州案,487 U.S.815,854-855(1988)(奥康纳大法官,协同意见)。
② Mo. Rev. Stat. §565.020.2(2000) Va. Code Ann. §18.2-10(a)(Lexis 2004)。
③ 1996年,亚利桑那州交付选民表决的法律草案(Arizona's Ballot Proposition 102)通过自动转出少年法庭的方式将不满18岁的凶手置于死刑惩罚的威胁之下。该草案的实施要求律师"如果该青少年是15岁、16岁或者17岁而被指控犯有一级谋杀,则不能用对待成年人的方式对青少年提起刑事指控"。[Ariz. Rev. Stat. Ann. §13-501(West 2001)]。亚利桑那州最高法院给这个方案加入了宪法制约——对青少年罪犯在犯罪时的成熟程度进行个性化的评估。[参见 State v. Davolt, 207 Ariz. 191, 214-216, 84 p.3d 456, 479-481(2004).]
④ 佛罗里达州的选民赞同国家宪法的修正——将"残酷或异常"的措辞改变为"残酷和异常"[Fla. Const., Art. I, §17(2003). See Commentary to 1998 Amendment, 25B Fla. Stat. Ann., p.180(West 2004); Commentary to 1998 Amendment, 25B Fla. Stat. Ann., p.180(West 2004)]。这是对佛罗里达州最高法院裁决的响应,该法院裁决禁止"残酷或异常"的刑罚的禁令将犯罪时不满17岁被告人排除在适用死刑的范围之外[Brennan v. State, 754 So. 2d 1, 5(Fla. 1999)]。采用联邦宪法的措辞,佛罗里达州选民有效地采用了我们在斯坦福案中的裁定[492 U.S. 361(1989); Weaver, Word May Allow Execution of 16-Year-Olds, Miami Herald, Nov. 7, 2002, p.7B]。

* 公民立法创议权:美国公民所享有的一种独立于立法机关,在政治选举中提出法律议案和宪法修正案、决定法律议案和宪法修正案生效或者不生效的权利。——译注

罕有被强加适用"。

此外,自我们作出斯坦福案判决以来,是否已经减少了对相关年龄群体的死刑执行,这一点是不清楚的。在 1990 年至 2003 年之间,3 599 个死刑判决中有 123 个人,或者说有 3.4%,犯罪时不满 18 岁。① 相反,在 1982 年和 1988 年之间,犯罪时不满 18 岁的死刑犯仅仅占被判处死刑总数的 2.1%。② 至于对不满 18 岁罪犯的实际执行数量,从 1973 年以来占死刑执行总数的 2.4%。在斯坦福案中,我们注意到在 1642 年到 1986 年间,对不满 18 岁罪犯执行死刑的比率只有 2%,我们认为因为比率较低所以无法证明存在反对死刑的国家共识。这样,自斯坦福案以后,对不满 18 岁罪犯强加适用死刑的数字与成年人相比虽然很低,但同样是在持续而稳定地增长。这些统计数字并不能支持法院今天的裁决。

二

当然,促使今天判决的真正力量不是 4 个州的立法机关,而是法院"自己的判断",即不满 18 岁的凶手永远都不具有成年人的道德可责性。法院声称对这个道德仲裁者角色的篡夺只不过是"对早期在斯坦福案判决中建立起来的规则的简单恢复"。那个仅停留在口号上从未实施的假定的规则是没有任何法律和逻辑基础的,因为它旨在用法官们的观点③代替美国人民的共识,故而在斯坦福案中被否决。如果第八修正案提出一个普通的法律规则,那么解释这个法律的确是法院的任务。但是法院已经宣告第八修正案是我们这个社会不断变化的"体面的进化标准"的反映,因此,对于法官来说去规定那些标准是没有意义的,倒不如从我们人民的实践中辨识它们。基于进化标准的假设,法院唯一合法的功能就是去辨别美国人民的道德共识。通过可能的授权假定 9 个律师拥有民族的权威良心。④

---

① V. Streib, The Juvenile Death Penalty Today: Death Sentences and Executions for Juvenile Crimes, 1973 年 1 月 1 日—2004 年 9 月 31 日, No. 75, p. 9(表 3)(最后更新 2004 年 10 月 5 日)网址:http:// www. law. onu. edu/faculty/streib/documentsJuvDeathSept302004. pdf(2005 年 1 月 12 日访问,参见书记官法庭卷宗档案。

② 参见斯坦福案,第 373 页,引自 V. Streib, Imposition of Death Sentences for Juvenile Offenses, 1982 年 1 月 1 日, Through April 1, 1989, p. 2 (paper for Cleveland-Marshall College of Law, April 5, 1989)。

③ 参见恩芒德诉佛罗里达州案, 458 U. S. 782, 801(1982)("我们没有理由不同意州立法机关以解释和适用第八修正案为目的的裁判");科克尔诉佐治亚州案, 433 U. S. 584, 597(1977)(多数意见)("立法机关拒绝对强奸罪适用死刑,这有力地证明了我们的判断")。

④ 奥康纳大法官同意我们的分析——这里不存在一个国家共识,前文,第 8—12 页(异议意见)。虽然如此,如果这个裁判与她对"道德相称性"评估结论相予盾,她准备推翻美国立法机关的裁判。但是这里她持异议仅仅因为它们并不矛盾。今天这个案例的投票结果证明,被选出的律师们在道德情感上的违规对法律而言是不可预测的基础,更不是民主的基础。

立法机关坚持的首要理由是显而易见和基本的:"在一个民主社会里,是立法机关,不是法院,被委任去反映人民的意向,进而反映人民的道德价值。"①基于相类似的理由,我们在决定社会道德标准时咨询陪审团判决的做法说明:陪审团维持着当代社会价值和刑事体制之间的联系,法庭不能自作主张。

今天的意见提供了一个完美的例证,说明法官为什么不能作出法院在这里坚持要做的立法判决。为了支持它的意见,州政府必须禁止对任何不满18岁的谋杀犯适用死刑,法院期待科学和社会学的研究,从中采撷那些能够支持它立场的研究成果。它从不解释为什么那些专门的研究仅仅是方法论意义的声音;未曾有过证据支持或者曾在对抗制诉讼程序中被检验。如同首席法官所解释的:

对来自多种取样技术下的人群的意见和态度进行评估,方法错误与其他错误都能够影响评估的可靠性和有效性。调查方法的每一个变化,比如目标人群的选择、取样设计的选用、问题设计和被用来解释数据的统计学分析,这些都能歪曲结果。② 换句话说,今天法院所做的一切,换个角度看,是在检查群众领袖和挑选它的朋友。③

我们不需要深究就能发现法院结论的矛盾。如申请人指出的,在这个案例中科学证据显示不满18岁的人对他们的决定缺乏承担道德责任的能力,曾持这一主张的美国心理学协会(American Psychological Association——APA)先前曾面对同样的法庭接受了对立的立场。在霍奇森诉明尼苏达州案的诉讼摘要中,美国心理学协会通过对"足够多的身体样本"的研究发现,青少年具有足够的成熟可以在没有父母干涉的情形下决定是否堕胎。④ 美国心理学协会的诉讼要点引用了太多心理学论述和研究以致无法在这里一一罗列,它声称:"处于中间青春期(年龄在14岁至15岁之间)的年轻人在论证道德困境、理解社会规则和法律,以及理解人与人之间的关系以及人际关系难题等方面具有与成年人类似的能力。"考虑到科学方法论的细微差别和相矛盾观点,对于仅能面对记录中有限证据的法院没有足够资源确定哪一种观点是正确的。立法机关"更有能力去衡量和'评估统计学研究结果——根据他们自己当地的条件和法院所不拥有的灵活

---

① 格雷格诉佐治亚州案, 428 U.S.153, 175-176 (1976) (斯图尔特、鲍威尔、斯蒂文斯同意)引自弗曼诉佐治亚州案, 408 U.S.238, 383 (1972),首席大法官伯格持异议。
② 参见阿特金斯案,第326—327页(反对意见),引自 R. Groves,《调查误差和调查成本》(1989)和 C. Turner & E. Martin,《调查的主观现象》(1984)。
③ 比较康罗伊诉阿尼斯科夫案(Conroy v. Aniskoff), 507 U.S.511, 519(1993) (斯卡利亚大法官,协同意见)。
④ 参见美国心理学协会作为法庭之友的诉讼要点(Brief for APA as Amicus Curiae), O. T. 1989, No. 88-805 etc., 第18页。

方法'"。①

即使撇开方法论问题,被法院引证的研究结果也不足以支持无条件禁止对不满18岁凶手适用死刑。至多,这些研究可以得出这样的推论,一般说来,在绝大多数案例中,不满18岁的人不能为他们的行为去承担道德责任。被引证的研究结果中没有一个研究认为所有不满18岁的人都不能理解他们犯罪行为的性质。而且,被引证的研究仅仅描述了青少年热衷于冒险或者反社会行为,如同许多年轻人都曾经有过的行为。然而,谋杀,不只是冒险或者反社会行为。人们一致认为年轻人经常感情用事,缺乏判断,但是,同时相信有些预谋杀人的青少年至少有时如成年人一样是应受谴责性。克里斯多夫·西蒙斯,在他谋杀雪莉·库克时仅差7个月就是他18岁生日,如法院所说的那样,事前他以一种"冷酷无情、麻木"的方式向朋友们描述他所计划实施的谋杀。然后他闯入了一个无辜妇女的家,用胶带和电线绑住她,并且把她活活地从桥上扔到桥下。在他们的法庭之友的诉讼要点中,关于不满18岁的人实施凶残恐怖的谋杀,阿拉巴马、特拉华、俄克拉荷马、得克萨斯、犹他和弗吉尼亚等州提供了更多的例子。在阿拉巴马州,两个17岁、一个16岁和一个19岁的青少年对一个搭便车的女性扔瓶子,并对其拳打脚踢近30分钟,直到她死亡,然后他们猥亵了她的尸体,当做完这一切,他们把她的尸体扔到了悬崖下。后来,他们又回到犯罪现场销毁她的尸体。② 诉讼要点中的其他例子同样耸人听闻。尽管这些案例确实是例外而不是惯例,但是其决不能证明禁止立法机关和陪审团用例外的方式处理极端个案的宪法准则的正当性,即通过裁决一些谋杀不只是十几岁青少年完全偶然的行为,而是应受死刑惩罚的滔天罪行。

"几乎每个州都禁止不满18岁的人参与选举,担任陪审员,或者没有父母同意不能结婚",很显然这些禁止与死刑问题是不相关的——并且更不是法院在斯坦福案中已体面平息的辩论的复苏(这是怎样的法律面前人人平等!基于同样的理由在一个案例中宽恕这个人,在另一个案例中却明确拒绝宽恕另一个人)。正如我们在斯坦福案中所解释的,认为一个人必须足够成熟地小心驾驶、负责任地喝酒或者明智地投票,以成熟到足以理解谋杀另一个人是由衷的错误,并且使自己的行为遵守起码的文明标准,这是荒谬的。"与不要夺取他人生命这样简单的决定相比,服务于陪审团或者步入婚姻,这些同样关涉需要作出决定的事项要更加复杂世故。

---

① 麦克克莱斯基诉坎普案,481 U.S. 279, 319 (1987) (引用格雷格案,第186页)。
② Alabama et al. as Amici Curiae 9-10; *Loggins v. State*, 771 So. 2d 1070, 1074-1075 (Ala. Crim. App. 1999); *Duncan v. State*, 827 So. 2d 838, 840-841 (Ala. Crim. App. 1999).

此外,法院列举的有关年龄的制定法表单"为系统运转设置适当的年龄线,这使得裁决只能在大体上作出,并不进行个性化的成熟测试"。然而,刑事司法体制为每一个被告人提供了个性化考量。在死罪的案例中,这个法院要求裁判者作出个性化的裁决,考量加重情节和减轻情节,比如青春期。在提供个性化考量的其他情形中,我们承认至少有些未成年人具备足够的成熟去做与道德考量有关的困难决定。比如,我们已经修改了法令,允许那些被法院视为成熟的未成年人未经父母同意而堕胎。① 很难明白二者有什么不同。对于一个年轻人来说,与决定是否要冷血地杀死一个无辜的人相比,决定是否堕胎肯定要复杂得多。

然而,法院认为,"陪审团没有能力结合犯罪的其他减轻和加重情节去衡量一名被告人青春期的成熟与否。这个令人吃惊的结论破坏了我们死刑判决系统的真正基础——委托陪审团作出困难和独特的反抗法律成文化的人类判断,在法律体制中注入判断力、平等和弹性"。法院说,当面对一个残忍的犯罪细节时,陪审团没有能力评价一个被告人青春期的意义。这个断言是没有证据基础的;相反,法院自己也承认即使在"没有正式禁止令禁止对青少年适用死刑"的州,也很少发生对不满18岁罪犯的执行死刑。这暗示陪审团认真履行了考量青春期作为一个减轻情节的职责。

法院同样没有为其推定框定适用的边界。如果陪审团在裁决有关不满18岁凶手的案例中不能作出适当的决断,那么在其他种类的案例中法院是否也要推定陪审团具有此缺陷。在阿特金斯案中我们已经裁决,不论何种罪行,陪审团不能考量一个有精神障碍的被告人是否能够接受死刑处罚。那为什么不将其他减轻情节,比如孩童时期的虐待和贫困,也排除出陪审团的考量之外。当然,犯罪行为之"残忍和冷血的本质"以压倒性的态势影响着陪审团,也可能使陪审团无法充分考量这些减轻情节。

法院认为死刑的报应和惩罚功能对不满18岁的凶手是没有作用的,这个观点显然也是错误的。如果法律将最严厉的惩罚强加给一个有罪性或应受谴责性被减少了的人,则报应是不相称的,关于这一争论只不过是早期青春期不具有责性的错误延伸。法院声称"青少年不易受报应的影响",因为"让十几岁罪犯做任何有关死刑惩罚的成本核算分析的可能性微乎其微,这种可能性基本上是不存在的"。毫不奇怪,法院没能找到能够支持这个令人惊骇的主张的依据,来拯

---

① 参见贝洛蒂诉贝尔德案(*Bellotti v. Baird*),443 U.S.622,643-644(1979)(鲍威尔大法官的意见);密苏里州中部地区生育计划部门诉丹福斯案(*Planned Parenthood of Central Mo. v. Danforth*),428 U.S.52,74-75(1976)。

救自己的判例法。也正是西蒙斯案彰显了这个主张的错误性。在犯罪之前,西蒙斯鼓励他的朋友们和他一起干,并向他们保证——他们能够"逃脱法律制裁",因为他们是未成年人。① 或许这个情节影响了陪审团,陪审团决定不考虑西蒙斯的年龄而对其强加适用死刑。因为法院拒绝接受这个无根据的概括性的"可能性"可能是错误的,故而它完全忽略了这方面的证据。

三

尽管我们本国公民的观点与法院今天的裁决本质上无关,但其他国家的观点和所谓的国际共识却取得了核心地位。法院首先指出除美国、索马里之外世界上其他国家都已批准参加联合国《儿童权利公约》②,"该公约第37章,明确做出禁止对不满18岁青少年适用死刑的禁令"。法院同样讨论了联合国《公民权利与政治权利公约》③,但是参议院在批准加入该公约时作出了保留:

"鉴于宪法制约,美国保留对任何人(怀孕妇女除外)强加适用死刑的权力,保留对在现有或将来的法律之下被适时证明有罪的任何人(怀孕妇女除外)强加适用死刑的权力,包括对不满18岁的罪犯。"④

除非法院已经拥有武力可以代表美国批准和加入国际条约,否则我不明白这个证据怎么会是支持而不是反驳它的立场。参议院和总统——我们宪法授权的条约签署者——拒绝加入和认可条约关于禁止对不满18岁罪犯适用死刑的规定,这一点恰恰暗示了我们在这一问题上尚未达成一个国家共识,同样是这一点,也正说明了达成了一个与法院主张相反的共识。1992年对《公民权利与政治权利公约》所做的保留并没有其他方面的含义,这个保留至今仍未放开。同样值得一提的是,除禁止对不满18岁罪犯适用死刑之外,联合国《儿童权利公约》禁止对他们适用永无假释的终身监禁。如果我们要真正做到符合联合国公约的要求,既然"永无假释的终身监禁本身就是一个严厉的制裁",那么,法院确保禁止适用死刑的确不再必要,或几乎没有带来任何安慰。

有趣的是,尽管法院不满于接受我们联邦各州的主张,但是却坚持关注他们在做什么(特别是关注他们是否在实践中执行制定法所许可的对青少年适用死

---

① *State ex rel. Simmons v. Roper*, 112 S. W. 3d 397, 419 (Mo. 2003)(普莱斯法官,反对意见)。
② 1577 U. n. T. S. 3, 28 I. L. M. 1448, 1468-1470, 1990年9月2日生效。
③ (International Covenant on Civil and Political Rights-ICCPR), 1966年12月19日; 999 U. n. T. S. 175,第13,22页。
④ 参议院外交关系委员会(Senate Committee on Foreign Relations),《公民权利与政治权利公约》, S. Exec. Rep. No. 102-23, (1992)。

刑），法院相当乐意去相信其他国家在事实上坚持对不满18岁的罪犯禁止适用死刑的规则——不管这个国家拥有多么残暴的政治结构和仍未独立的或者不合格的法院体制。法院也没有调查有多少国家有死刑惩罚，不顾这个国家所有州在对特定罪行强制适用死刑时本身已经存在因为青春期或者任何其他理由而减轻的可能性，却发誓禁止（至少在纸面上）对不满18岁的罪犯强加适用死刑，对此我深表怀疑。① 在这样一个体制之下禁止对青少年适用死刑或许是一个不错的主意，但是这样的禁令却表达不出我们体制的本质特征，裁判的权威和作为特色的陪审团，我们的审判者，特别是陪审团总是能够（并且几乎总是），经过考量所有的情节之后将不满18岁罪犯排除于死刑之外。死刑在少数极端罕见的案例中发生也被证明是正当的。换言之，之前国外的权威甚至没有谈及这个问题。

然而，更根本的是，法院辩论的基本前提——美国法律应该与世界其他国家法律一致——应该立即被拒绝。事实上法院自己都不相信这一点。我们的法律与其他大多数国家的法律在许多重大的方面存在不同——不但包括一些宪法上的直接规定，像陪审团审判的权力和大陪审团控告的权力，而且还有法院自己作出的许多宪法解释。比如被法院确立的排除规则颇具美国特色。当我们在马普诉俄亥俄州案中采用这一规则时，这就是"独一无二的美国判例法"。② 从那时起，绝对的排除规则被其他国家"普遍拒绝"，包括那些禁止违法搜查和警察不当行为的规则，事实上尽管这些国家并没有找到"一个有效的警察惩戒制度代替绝对的排除规则来阻止警察违法搜查"。③ 比如英国，很少对非法搜查或者非法扣押的证据进行排除，并且只是在最近才开始排除非法获得的自白证据。④ 加拿大很少排除证据，只是在如果使用供述会有损司法部门声誉的时候排除。欧洲人权法院认为使用非法扣押的证据并不违反《欧洲人权公约》第6章第1条之"公正审判"的内容。⑤

当决定如何解释我们的宪法时，法院无视其他国家的观点，主张"国会不得就有关建立宗教的问题做法律上的规定……"其他绝大多数国家——包括那些宗教中立的国家——并不坚持这个法院所要求的政教分离的程度。比如，鉴于

---

① 参见《死刑惩罚的比较分析：法令、政策、频率及世界公众的态度》（R. Simon & D. Blaskovich, A Comparative Analysis of Capital Punishment: Statutes, Policies, Frequencies, and Public Attitudes the World Over）, 25, 26, 29 (2002)。
② 参见比文斯诉六名身份不明的缉毒警察案（Bivens v. Six Unknown Fed. Narcotics Agents）, 403 U. S. 388, 415 (1971)（首席大法官伯格，反对意见）。
③ Bradley, Mapp Goes Abroad, 52 *Case W. Res. L. Rev.* 375, 399-400 (2001)。
④ C. Slobogin, *Criminal Procedure: Regulation of Police Investigation*, 550 (3d ed. 2002)。
⑤ 参见 Slobogin, *supra*, 第551页；Bradley, *supra*, 第377—378页。

"我们认识到允许政府直接出资给宗教机构的专门条款的威胁"①,比如荷兰、德国和澳大利亚,这些国家允许教会学校直接使用政府资金,其理由是"如果不能在诸如教育等如此重要的服务中占优势,并且使人民在公共资金方面行使宗教表达的权利成为可能,则政府就只能在世俗和宗教观点之间保持真正的中立"。② 英格兰允许在政府学校中进行宗教教学。即使是法国,这个"在严格遵守政教分离问题上被认为是美国唯一的对手","由天主教学校提供教育服务的合约在实践中是非常普遍的"。③

我们不能忘记法院的对堕胎判决的法理解释,它使我们成为仅有的6个国家之一,允许在胎儿发育成熟之前一经申请即可允许堕胎。④ 虽然在后来的罗伊诉韦德案中,政府和法庭之友力主法院应遵循国际社会的领导,但这些辩论都是对牛弹琴。⑤

法院对英联邦法律的特别信心或许是它裁决中最无法质疑的部分。的确是这样,我们和英联邦分享一个共同的历史,并且,当被要求阐明以18世纪英国法律及其法律思想为背景而制定的宪法原文的含义时,我们经常参考英国资源。如果我们今天仍然运用这个解释方法,我们的任务将变得非常简单。如我们在哈梅林诉密歇根州案中所作的解释,关于"残酷和异常的刑罚"在英国《权利法案》中原初含义所指的惩罚是"'出自法官'的权力"——即那些惩罚权不是被普通法或者制定法权威授予的,但毫无疑问是被皇室或者皇室法官所掌管的。基于这个理由,对不满18岁罪犯的死刑惩罚亦然。然而,我错了,法院长期拒绝使用这个纯粹的最原初的方法解释我们的第八修正案,并且那当然也不是法院今天使用的方法。相反,法院却勇于承担了一个庄严的任务——去决定我们国家当代体面的标准(并因此作出规定)。基于此,很难理解在光荣革命以来的几百年后,为什么我们应该为期待一个发展变化了的国家,并且在最近英联邦向以大

---

① 罗森伯格诉雷克托和其他大学参观者案(*Rosenberger v. Rector and Visitors of Univ. of Va.*), 515 U. S. 819, 842 (1995)(个案引用)。

② S. Monsma & J. Soper, The Challenge of Pluralism: Church and State in Five Democracies 207 (1997); *supra*, pp. 67、103、176.

③ C. Glenn, *The Ambiguous Embrace: Government and Faith-Based Schools and Social Agencies* 110 (2000).

④ Larsen, Importing Constitutional Norms from a "Wider Civilization": Lawrence and the Rehnquist Court's Use of Foreign and International Law in Domestic Constitutional Interpretation, 65 *Ohio St. L. J.* 1283, 1320 (2004); Center for Reproductive Rights, The World's Abortion Laws (June 2004), http:// www. reproductiverights.org/ pub_fac_abortion_laws. html.

⑤ McCrudder, A Part of the Main & The Physician-Assisted Suicide Cases and Comparative Law Methodology in the United States Supreme Court, in Law at the End of Life: The Supreme Court and Assisted Suicide),125, 129-130 (C. Schneider ed. 2000).

陆法系为主导的欧洲法院屈服后,加速发展。注意大陆法系法学,一个在立法、政治和社会文化上与我们有着极大差异的体系。如果我们认真接受法院的指示,我们同样也应该考虑松动我们的禁止双重危险原则,大不列颠法律委员会(British Law Commission)最近出台了一个报告,这个报告大大扩张了检察官在因法官作出错误法律主导而导致无罪宣判的上诉案中的权力。① 英格兰已经许可除最为严重的罪犯以外,其他罪犯均可不使用陪审团审判而由职业裁判官审判,为此我们是否需要不顾陪审团体制已经深深地根源于我们的普通法,考虑减少陪审团在刑事案件审判中的权力。②

法院要么应该重新审议这些关涉外国人的观点的所有问题,要么应该停止使用外国人的观点作为它判决合理性基础的组成部分。当外国法与一个人自己的思想一致时调用外国法,而当其不一致时就忽略它,这不是理由充分的裁决而是诡辩。③

法院回应"被其他国家和人民明确肯定为某些基本权利的东西同样是我们自由传统中基本权利的核心,公开承认这一点并不减少我们对宪法的忠诚,或者不会减少我们对宪法起源的骄傲"。首先,被"其他国家和人民"赞同会支持我们对美国原则的承诺与(逻辑上应该遵循)被"其他国家和人民"反对会削弱那个承诺相比,我不相信前者会更多。然而,更为重要的是,法院有气无力的错误陈述仍在继续。今天,我们对外国资源的引证不是用来强调我们对宪法的"忠诚"、对其起源的"骄傲"和我们自己的美利坚"传统"。相反,他们被引证。不顾美国人历史悠久的实践——一个在大多数州仍然被使用的实践——让一个12人的陪审团裁决,在具体的案例中,青春期是否应该是排除死刑惩罚的根据。这些外国资源所"肯定"的——而不是否定,是法官自己关于这个世界应该是怎样

---

① LAW COM No. 267, Cm 5048, p. 6, 1.19 (Mar. 2001); J. Spencer, The English System in European Criminal Procedures, 142, 204, and n.239 (M. Delmas-Marty & J. Spencer eds. 2002).

② Feldman, England and Wales, in Criminal Procedure: A Worldwide Study, 91, 114-115 (C. Bradley ed. 1999).

③ 奥康纳大法官断言第八修正案具有"特殊的品质","从文明社会的成熟价值中引申出它的含义"。法律文本中没有反映出这样的独特品质——我们当然应用"成熟价值"的基本原理去勇敢面对宪法其他条款的新含义,比如正当程序条款和平等保护条款。[参见劳伦斯诉得克萨斯州案,539 U.S. 558, 571-573(2003);美国诉弗吉尼亚州案,518 U.S. 515, 532-534(1996);宾夕法尼亚州西南地区计划生育部门诉凯西案,505 U.S. 833, 847-850(1992)。]奥康纳大法官断言国家共识至少能"有助于确认一个协调一致和真正的美国共识的合理性"。当然不能,除非它同样能证明这样一个国家共识的不合理性。不论美国原则是它自己的,还是遵循世界的;两者不能兼得。最后,奥康纳大法官发现在当前的案例中没有必要借阅外国法,因为"没有……国内共识"需要被确认。但是,自从她相信法官能够不顾缺乏国家共识而宣称他们自己对"道德相称性"的需求,为什么不能引证外国法律的有关判决?如果外国法足够强大到取代美国人民的判断,的确,它是足够强大以致改变了一个人对道德相称性的评估。

以及自此以后美国是怎样的观念。法院淡化广泛讨论外国法的重要性的企图是不能令人信服的。在法院意见中"承认"外国法的支持是没有意义的,除非它是法院判决基础的组成部分——这一点确实是这样的。

四

法院申明更为糟糕的是密苏里州最高法院甚至没有对下级法院公然漠视我们在斯坦福案中确立的先例提出告诫。直到今天,我们一直认为"否决先前的判例正是法院独一无二的特权"。① 甚至,"司法学说的变革"极大地吞噬着我们先前的裁决,引自哈特诉美国案,并且我们先前的判决会"出现在某些裁定所列的否决理由中"②,这已然是一个事实。不过今天法院默许了一个州法院明目张胆地拒绝生效的先例判决。

我们必须认可密苏里州最高法院的行为,并且,在某种程度上,这个法院的"放纵"是可以理解的。在一个以民主方式通过的宪法和法律为基础的体制中,"法律"通常是一个有固定含义的特定词语。除非(承认我们先前的错误)我们推翻它,否则这样的法律不会改变,法院对法律的解释也会保持其有效性。然而,法院已声称对第八修正案的解释是美国社会对刑罚学感情变迁的一面镜子。低等法院能够看到这个镜子,我们也能;15 年以前我们所看到的与今天他们所看到的没有基本关联。既然在不同的场景看不同的情形,为什么我们早期的判决要左右他们的判断?

虽然听起来很有哲理,但是这样的话法律体制将无法运转,我们还必须忽视新的现实——因为他们的声称只不过是美国公众舆论在一个特定时间点上的快照罢了(现在时间框架被缩短为仅仅 15 年)。我们的第八修正案判决确立了更多的东西,而不只是法官当前个人刑罚学观点的显现。我们必须将这些裁定视为被美国人民民主采纳的真正法律,真正命令,视为这个法院的最终解释(而不是相继地解释)。允许低级法院重新解释第八修正案——无论何时裁决,都会成为过去,留下的只是一个没有任何影响力的法院裁定的新的快照——尤其自从我们第八修正案的"进化"不再被客观标准所决定。允许低等法院行使我们的权力,根据需要"更新"第八修正案,会破坏稳定并动摇由我们市民与市民代表共同设计的判例法基础。无疑这将导致恣意混乱的结果。

---

① 参见国家石油公司诉卡恩案(*State Oil Co. v. Khan*),522 U. S. 3, 20(1997)。
② 参见罗德里格斯·德·奎加斯诉歇尔森/美国邮政公司案(*Rodriguez de Quijas v. Shearson/American Express*),Inc., 490 U. S. 477, 484(1989)。

贝兹诉里斯案
Baze v. Rees

《美国判例汇编》第553期第35页(2008)
美国联邦最高法院发至肯塔基州最高法院的调卷复审令
庭审日期:2008年1月1日
结审日期:2008年4月16日

案 件 导 读

  在人类历史上,执行死刑的方式各种各样,在古代英国有时在判决之外还会额外附加上"恐怖、痛苦或者侮辱",如犯人被"活活地开膛破肚、砍头或者肢解",偶尔也有"当众活剐或者活活烧死"。随着人类社会的不断发展和进步,绝大多数国家开始着手死刑改革——其中绝大多数已经废除了死刑,部分国家虽然保留了死刑,但也对死刑行刑方式进行改革,以使之更为人道。仅有少数国家至今仍然保留着一些较为野蛮的死刑执行方式——如一些伊斯兰国家中的石刑。然而,绞刑、枪决、电刑和注射死刑各种执行方式哪种更合乎人道,即不仅仅是将被执行死者视为一应予消灭的客体,而是将之视为与一般人一样具有尊严的人,是否构成宪法第八修正案所禁止的残酷和异常的刑罚,则应详加检讨。除本案外,美国联邦最高法院此前曾审查过枪决、电刑等行刑方式的合宪性问题。

  本案申请人拉尔夫·贝兹和汤姆斯·C.鲍林因犯有双重谋杀罪而被肯塔基州审理此案的法院课以死刑。由于肯塔基州与其他35个州和合众国一样,也对某些犯罪科以死刑,且采用三剂注射法执行死刑。为此,申请人向联邦最高法院提出申请,请求审查注射死刑是否存在"过度和不必要的痛苦、折磨以及缓慢的死亡过程具实质性风险"从而构成对宪法第八修正案的违反。

  对于注射死刑是否违宪,联邦最高法院出现了较大分歧,从而形成了一份多数意见(首席大法官罗伯茨、肯尼迪大法官和阿利托大法官),五份协同意见(阿利托大法官协同意见、斯蒂文斯大法官协同意见、斯卡利亚大法官和托马斯大法官协同意见、托马斯大法官和斯卡利亚大法官协同意见、布雷耶大法官协同意见)和一份少数意见

（金斯伯格大法官和苏特大法官反对意见）。其中，联邦最高法院的多数意见主张：死刑执行方法是否"存在导致痛苦的不必要风险"，应当评估其可能导致的痛苦的程度、可能性及适用替代方法的范围，在此基础上，或者对既有方法进行调整，或者采用替代方法。经过合宪性推定——即为了避免联邦最高法院取代立法者而决定死刑政策，而使联邦最高法院陷入具体审查各种执行方法的技术性问题，申请人应承担主要的证明或者论证责任。结果是，联邦最高法院认为申请人一方面既未能证明注射死刑确实存在可能导致巨大痛苦的实质性风险，也未能证明他们建议的执行方法比现有的三剂法更为妥当。

对此，反对意见虽然赞成多数意见所采用的基准，但不同意将"实质性风险"作为首要条件。反对意见主张这三个要件之间是相互关联的，某一个的重要性突出会降低对其他两个要件进行考量的必要性。因此尽管在多数情形下，可以预期注射死刑作为行刑的一种模式会实现无痛苦的死亡，出错的几率非常小。但是，如果对受刑人是否丧失意识判断错误，后果将会非常可怕，特别是在注射第二剂之后已经很难有效地查知受刑人是否仍有意识。就此而言，是否存在一个可行的替代方法就变得十分重要。"确保在行刑过程中受刑人丧失意识的最为简单和明显的办法，是在注射泮库溴铵前对受刑人是否丧失意识进行检查。"而肯塔基州的方法并不要求"行刑队在注射第二、三剂之前确认被拘束的受刑人已经丧失意识"，故而这是不适当的且可以避免的。

| 判决摘要 |

本案申请人拉尔夫·贝兹和汤姆斯·C.鲍林因犯有双重谋杀罪而被肯塔基州法院课以死刑。由于肯塔基州与其他35个州和合众国一样，也对某些犯罪课以死刑；且采用三剂注射法执行死刑。其中：第一剂是硫噻吩*（又称硫喷妥钠），是一种反应快速的巴比妥酸盐麻醉剂，一旦按照注射死刑所要求的剂量进行注射之后，将会使受刑人处于一种如同昏迷的深度昏睡状态。第二剂是泮库溴铵**（又称巴夫龙）是一种麻痹剂，其抑制所有肌肉和骨骼的活动，通过瘫痪横膈膜以终止呼吸。第三剂是氯化钾***，其对刺激心脏收缩的电子信号进行干预，从而导致心搏停止。恰当地注射第一剂药物可以确保死刑犯人不致感觉到第二针的麻痹和第三针的心搏停止所造成的痛苦。申请人就该

---

* 硫噻吩，巴比妥类药物，常用于静脉麻醉。作用快，诱导期短、无兴奋现象。但麻醉时间短，痛觉消失和肌肉松弛不够完全。——译注

** 泮库溴铵，类固醇铵类中长时间肌肉松弛药，静脉注射后4—6分钟起效，维持临床肌松时间约120分钟。——译注

*** 氯化钾，调节水盐、电解质及酸碱平衡。——译注

三剂注射法的合宪性提出诉讼,认为如果注射死刑的执行过程合乎预期,则可以实现人道的死亡。不过,这些方法很可能不会得到妥当的执行——特别是,硫喷妥如果未能得到妥当注射,可能不能达到预期效果——在这种情形下,一旦注射其他药剂则可能导致严重的痛苦。故而要求本院就该三剂法是否构成"残酷和异常的刑罚"从而违反宪法第八修正案作出判断。联邦最高法院认为,上诉人未能恪尽其证明责任证明该公认的人道的注射死刑执行方式存在弊端,而不采用一个未经尝试和证明的替代性方法,将存在使受刑人遭受痛苦的可能性(风险),从而构成残酷和异常的刑罚。故维持了系争肯塔基州死刑执行方法。理由如下:

(1) 肯塔基州的注射死刑方案合乎宪法第八修正案的规定。因为:① 通过对死刑执行方式发展史的考察可以发现,注射死刑是36个州所采用的唯一或者主要的死刑执行方式,也是联邦政府所采用的方法。它是当下最普遍采用,也是最为人道的行刑方式。② 肯塔基州的行刑指南对注射死刑做了周详的规定,足以确保稳妥地实施注射死刑。且自肯塔基州采用注射死刑以来,仅用此方式处决过一人,并无任何有关该执行方式瑕疵的报告。③ 一项死刑执行方法仅在其存在"导致过度和不必要的痛苦、折磨以及缓慢的死亡过程的实质性风险"时,才构成对宪法第八修正案的违反。根据这一标准,该方案合宪。

(2) 行刑方法是否存在"导致痛苦的不必要风险"的可能性,应当对其"(a) 可能导致的痛苦的程度,(b) 导致痛苦的可能性及(c) 适用替代方法的范围,或者对既有的方法进行调整,或者采用替代方法"进行评估。由于:① 联邦最高法院从未因为州所选择的死刑执行方式构成"残酷和异常的刑罚",而使之无效。而且在设计更为人道的执行方式上,肯塔基州已经尽力了。② 肯塔基州采用的注射死刑和某些特定方案的妥当执行并不会导致残酷的或者额外的痛苦。仅以执行方法可能导致痛苦——无论这是偶然的或者是死亡的必然的结果——都不足以证明这种风险,即"导致损害的风险在客观上是不可容忍的"从而构成残酷和异常的刑罚。③ 倘若死刑犯人仅以存在安全性略佳的替代方式就可成功地推翻州的行刑方式,将迫使法院居于调查委员会的地位,成为实际的立法者,这与人民的愿望不符。况且并无任何证据表明,这种替代方法能够有效地消除"严重伤害的实质危险"。

(3) 人们不仅对死刑执行方式,也对肯塔基州的三剂执行方式达成了广泛的共识。① 申请人主张如下:存在不当使用戊硫代替巴比妥的可能性,因为很难将这些药剂变成溶液导入注射器,因为该方法并未能确定一定的注射速度,可能导致静脉注射的失败;因为静脉注射可能仅在皮下组织渗出从而使得静脉中缺乏足够的药剂；因为缺乏足够的设备和培训；因为肯塔基州并没有相应的监控方法以确定在注射硫喷妥之后犯人的麻醉程度。但，一方面正如专家所言，将硫喷妥粉末重新配制成溶液并不困难。另一方面，肯塔基州设置了许多重要的保障以确保受刑人被注射足够剂量的硫喷妥：如训练有素的人员，充分的准备时间以及必要的监督。②肯塔基州未能采用申请人所建议的替代方法并不能表明行刑方式是残酷和异常的。除非反对这一行刑方法的囚犯能够证明肯塔基州的行刑方式导致了可能造成巨大痛苦的危险，而这种危险是可以证明的。他必须证明跟其他已知的、可得的方法相比，三剂注射死刑执行方法可能导致的危险是实质性的。由于申请人未能做到这一点，故最高法院驳回申请人根据第八修正案要求肯塔基州采取的，申请人提出的尚未经检验的替代方法的主张。

除多数意见外，阿利托、斯蒂文斯、斯卡里亚、托马斯、布雷耶大法官分别发表了协同意见，斯卡利亚大法官和托马斯大法官分别加入对方的意见；金斯伯格大法官和苏特大法官则发表了反对意见。

| 判决全文 |

首席大法官罗伯茨宣读了最高法院意见，肯尼迪大法官和阿利托大法官加入该意见：

与其他35个州和合众国一样，肯塔基州政府也对某些犯罪科以死刑。同样的，与这些州和合众国一样，肯塔基州也在不断地改变死刑的执行手段，以使之更为人道。这种进步促使各采用死刑的辖区采用注射死刑作为执行方法。

本案的两名申请人均被判犯有双重谋杀罪，他们承认如果注射死刑的执行过程合乎预期，则可以实现人道的死亡。不过，他们主张注射死刑方案违反了宪法第八修正案之禁止"残酷和异常的刑罚"的规定，因为注射死刑仍然存在风险，一旦注射死刑规则中所规定的条件未能得到遵循，则将使受刑人遭受巨大的痛苦。为此，他们建议采取一个替代性方案——他们承认，没有任何哪个州采用或者尝试过这一方案。

就此，初审法院举行了大规模的聆讯，认定事实并作出法律结论。它承认"没有哪种法定行刑方法能够满足那些基于道德、宗教或者社会原因而反对死刑者们的要求"，但裁定说，肯塔基州死刑执行方案"合乎宪法之禁止残酷和异常的刑罚的规定"。肯塔基州最高法院维持了这一判决。我们也认为上诉人未能恪尽其证明责任证明该公认的人道的注射死刑方案存在弊端，而不采用一个未经尝试和证明的替代性方法，将存在使受刑人遭受痛苦的可能性（风险），从而构成残酷和异常的刑罚。本院判决如下：

一

（一）

截至19世纪中叶，"绞刑几乎是美国最普遍采用的死刑执行方法"。① 1888年，纽约州长以"寻找依照当代科学知识水平了解的，最人道和具有操作性的"死刑执行方式为宗旨，选任了死刑执行委员会，纽约州成为第一个采用电刑作为死刑执行方式的州。② 截至1915年，其他的11个州相继仿效，因为"有充分理由相信，相比绞刑，电刑导致的痛苦较轻且更为人道"。③ 故而当时电刑成了主要的死刑执行方式，虽然期间间或也采用绞刑、枪决和毒气等方式。④ 本院1976年所作的格雷格诉佐治亚州案判决结束了9年的死刑执行空白期，不过，各州立法机关开始回应公众呼吁，开始重新考虑电刑是否合乎人道。⑤ 1977年，经过咨询俄克拉荷马州大学医学院麻醉学系主任之后，俄克拉荷马州通过了第一个注射死刑的法案，将其作为该州的死刑执行方式。⑥ 现在有36个州采用注射作为

---

① *Campbell v. Wood*, 511 U. S. 1119 (1994)（布莱克门大法官对拒绝签发调卷令持异议）（援引 *State v. Frampton*, 95 Wash. 2d 469, 492, 627 P. 2d 922, 934 (1981); Denno, Getting to Death: Are Executions Constitutional 82 *Iowa L. Rev.* 319, 364 (1997)（依其统计，美国有48个州和领地采用绞刑）。

② *Glass v. Louisiana*, 471 U. S. 1080, 1082, and n. 4 (1985)（布伦南大法官拒绝签发调卷令）; Denno, *supra*, at 373.

③ *Malloy v. South Carolina*, 237 U. S. 180, 185 (1915).

④ Brief for Fordham University School of Law et al. as Amici Curiae 5-9 (hereinafter Fordham Brief).

⑤ See S. Banner, The Death Penalty: An American History 192-193, 296-297 (2002).

⑥ See Brief for Petitioners 4; Fordham Brief 21-22.

其唯一或者主要的死刑执行方式,从而使之成为美国最为普遍的死刑执行方式。① 这也是联邦政府所采用的方法。② 在这36个州之中,至少有30个州(包括肯塔基州在内)在执行死刑的过程中采用三种药剂的组合。③ 第一剂是硫噻吩(sodium thiopental)(又称硫喷妥钠,Pentathol),是一种反应快速的巴比妥酸盐麻醉剂(barbiturate sedative),一旦按照注射死刑所要求的剂量进行注射之后,将会使受刑人处于一种如同昏迷的深度昏睡状态。第二剂是泮库溴胺,又称巴夫龙(pavulon)是一种麻痹剂,其抑制所有肌肉和骨骼活动,通过瘫痪横膈膜终止呼吸。第三剂是氯化钾(potassium chloride),它通过干预刺激心脏收缩的电子信号,造成心搏停止。恰当地注射第一剂药物可以确保病人不致感觉到第二针的麻痹和第三针的心搏停止所造成的痛苦。

---

① 采用死刑的36个州中的27个以注射死刑作为死刑的唯一其他执行方法。[See Ariz. Rev. Stat. Ann. §13-704(West 2001); Ark. Code Ann. §5-4-617(2006); Colo. Rev. Stat. Ann. §18-1. 3-1202(2007); Conn. Gen. Stat. §54-100(2007); Del. Code Ann., Tit. 11, §4209(2006 Supp.); Ga. Code Ann. §17-10-38(2004); Ill. Comp. Stat., ch. 725, §5/119-5(West 2006); Ind. Code §35-38-6-1(West 2004); Kan. Stat. Ann. §22-4001(2006Cum. Supp.); Ky. Rev. Stat. Ann. §431.220(West 2006); La. Stat. Ann. §15:569(West 2005); Md. Crim. Law Code Ann. §2-303 (Lexis Supp. 2007); Miss. Code Ann. §99-19-51(2007); Mont. Code Ann. §46-19-103(2007); Nev. Rev. Stat. §176.355(2007); N. J. Stat. Ann. §2C:49-2(West2007)(repealed Dec. 17, 2007); N. M. Stat. Ann. §31-14-11(2000); N. C. Gen. Stat. Ann. §15-187(Lexis 2007); N. Y. Correc. Law Ann. §658(West 2003)[在People v. LaValle, 3 N. Y. 3d 88, 130-131, 817 N. E. 2d 341, 367(2004)中被宣告违宪]; Ohio Rev. Code Ann. §2949.22(Lexis 2006); Okla. Stat., Tit. 22, §1014(West 2001); Ore. Rev. Stat. §137.473(2003); Pa. Stat. Ann., Tit. 61, §3004(Purdon 1999); S. D. Codified Laws §23A-27A-32(Supp. 2007); Tenn. Code Ann. §40-23-114(2006); Tex. Code Crim. Proc. Ann., Art. 43.14(Vernon 2006Supp. Pamphlet); Utah Code Ann. §77-18-5.5(Lexis Supp. 2007); Wyo. Stat. Ann. §7-13-904(2007).] 有9个州规定除注射死刑外,可以采以下方法作为替代执行方法,如电刑[see Ala. Code §§15-18-82 to 82.1(Supp. 2007); Fla. Stat. §922.105 (2006); S. C. CodeAnn. §24-3-530(2007); Va. Code Ann. §53.1-234(Lexis Supp. 2007)]、绞刑 [see N. H. Rev. Stat. Ann. §630:5(2007); Wash. Rev. Code §10.95.180(2006)]、毒气[see Cal. Penal Code Ann. §3604(West2000); Mo. Rev. Stat. §546.720(2007 Cum. Supp.)]或者枪决[see Idaho Code §19-2716(Lexis 2004)]。内布拉斯加州是唯一其他规定采电刑作为死刑唯一其他执行方法的州[see Neb. Rev. Stat. §29-2532(1995)],但该州最高法院最近根据该州宪法宣布这一方法违宪。[see State v. Mata, No. S-05-1268, 2008 WL 351695, *40(2008).]

尽管,这些州在继受俄克拉荷马州最先发展起来的注射死刑方法时未详加考察,这一点并无争议——同样没有争议的是,它们所以改采注射死刑乃意在寻找一个可以替代既有的行刑方法的更为人道的行刑方法(See Fordham Brief 2-3)。就此而言,肯塔基州并无二致(Id. at 29-30),援引肯塔基州州议员的发言,该发言支持以注射死刑取代电刑,"如果我们要采用死刑,则应以最为人道的方式为之"。

② See 18 U. S. C. §3591 et seq. (2000ed. and Supp. V); App. to Brief for United States as Amicus Curiae 1a-6a (lethal injection protocol used by theFederal Bureau of Prisons).

③ 参见沃克曼诉布里德森案(*Workman v. Bredesen*), 486 F. 3d 896, 902 (CA6 2007)。

（二）

肯塔基州于 1998 年用注射死刑取代电刑。① 该州立法并未明确规定行刑时应当需要何种药物或者何类药物，而是规定"任何死刑判决都应以连续之静脉注射一种或者多种足以致死的药物执行之"。② 不过，1998 年之前被判处死刑的犯人，可以在电刑和注射死刑中选择，但注射死刑是默认的执行方式。但本案上诉人在既定行刑日之前的 20 多天里拒绝作出任何选择。③ 如果法院裁定肯塔基州的注射死刑之死刑执行方式无效，依照肯塔基州法的规定，将自动恢复电刑的适用。④ 采用注射死刑后不久，为迎合 §431.220(1)(a) 的规定，肯塔基州矫正部开始着手制定书面的注射死刑操作指南。肯塔基州方案要求注射 2 克硫喷妥、50 毫克泮库溴铵和 240 毫当量氯化钾。2004 年，由于上诉人之诉讼，该部将硫喷妥的剂量由原来的 2 克增至 3 克。在两次注射之间，行刑队队员在犯人静脉中同时注射 25 毫克盐以防止残余的硫喷妥和泮库溴铵发生反应产生沉淀而造成血栓。方案规定，静脉注射应由至少有一年以上经验的专业人士承担。当下肯塔基州用一名经过认证的静脉切开医师和一名紧急救护技术员实施静脉刺穿。他们有一个小时左右的时间找出受刑人手臂、手、腿和脚上的主、次静脉注射点。另一人负责配制含有前述三种药剂的溶液，并将之分别装入注射器内。

肯塔基州的执行设施包括一个行刑室和用单向玻璃一分为二为控制室和证人室。典狱长、副典狱长和被捆绑在轮床上的犯人一起留在行刑室。行刑队在控制室通过 5 英尺长的静脉注射导管远距离地实行药剂注射。如果根据典狱长和副典狱长的观察，犯人在硫喷妥注入主静脉 60 秒后未处于昏迷状态，则在注射泮库溴铵和氯化钾之前，从所选的次静脉注射点对犯人注入另外一剂 3 克的硫喷妥。另外，为了确保第一剂的硫喷妥能够成功注射，典狱长和副典狱长尚需留意注射的导管和针管可能发生的问题。

除此之外，还有一名医师在场，以在最后一分钟执行中止的情形下尽其所能救活犯人。除了确认死亡之外，根据法律的规定，该医师不得实施任何"行刑行为"（conduct of an execution）。⑤ 并有一台心电图仪用以证明犯人已经死亡。自肯塔基州采用注射死刑以来，仅用此方式处决过艾迪·李·哈珀，尚无任何有关该执行方式瑕疵的报告。

---

① 1998 Ky. Acts ch. 220, p. 777.
② Ky. Rev. Stat. Ann. §431.220(1)(a)(West 2006).
③ §431.220(1)(b).
④ §431.223.
⑤ Ky. Rev. Stat. Ann. §431.220(3).

（三）

上诉人拉尔夫·贝兹和汤姆斯·C.鲍林分别犯有两项应课以死刑的谋杀罪被判处死刑。在上诉审判决中，肯塔基州最高法院维持了对二人的定罪量刑。① 在穷尽州和联邦的救济手段之后，贝兹和鲍林在管辖肯塔基州的富兰克林巡回法院对肯塔基州 3 名官员提起了诉讼，试图让法院宣布肯塔基州的注射死刑方案违宪。经过 7 天的庭审，审判庭收到近 20 位证人证词，其中有许多专家，法院认定未能妥当遵循方案可能导致风险极小，为此，维持了系争方案的合宪性。在上诉中，肯塔基州最高法院指出，一项死刑执行方法仅在其存在"导致过度和不必要的痛苦、折磨以及缓慢的死亡过程的实质性风险"时②，才构成对宪法第八修正案的违反。根据这一标准，法院维持了该方案的合宪性。

我们批准了调卷令以确定肯塔基州的注射死刑方案是否违反宪法第八修正案。我们认为，它合乎宪法第八修正案的规定。

二

宪法第八修正案通过宪法第十四修正案的正当程序条款而适用于各州③，"不得要求过度的保释金、课以过度之罚金，或者课以残酷和异常的刑罚"。我们将沿着格雷格案判决所确定的原则（即死刑是合宪的）展开。④ 既然死刑合宪，那么就必须有方法执行它。如果仅考虑遵循规定的程序中可能出现的失误，那么，任何死刑执行方法都存在导致痛苦的风险——不管其如何人道。不过，宪法并未要求在执行死刑时应当避免任何可能导致痛苦的风险。上诉人也不认为宪法有如此要求。相反，他们承认宪法第八修正案禁止那些"存在导致痛苦的不必要风险"的执行方式。他们主张法院应当对"(a) 所可能导致的痛苦的程度,(b) 导致痛苦的可能性及(c) 适用替代方法的范围，或者对既有的方法进行调整，或者采用替代方法"进行评估。上诉人认为，以存在风险的几率大小主张第八修正案的适用的必要性因所可能导致的痛苦的程度和替代方法的可得性而异⑤，但这一几率应"大"到足以启动第八修正案进行审查。⑥

---

① *See Baze v. Commonwealth*, 965 S. W. 2d 817, 819-820, 826 (1997), cert. denied, 523 U.S. 1083 (1998); *Bowling v. Commonwealth*, 873 S. W. 2d 175, 176-177, 182 (1993), cert. denied, 513 U.S. 862 (1994).

② 217 S. W. 3d 207, 209 (2006).

③ 参见鲁宾逊诉加利福尼亚州案，370 U.S. 660, 666 (1962)。

④ See 428 U.S., at 177.（斯图尔特大法官、鲍威尔大法官与斯蒂文斯大法官联合意见。）

⑤ Reply Brief for Petitioners 23-24, n.9.

⑥ see Brief for Petitioners 39-40; Reply Brief for Petitioners 25-26.

肯塔基州回应说,"不必要的风险"标准无异于要求州应当采取"最小风险"的替代方法以执行死刑,而这一标准将使该州所有的死刑执行方法的合宪性反复受到怀疑。① 因此,肯塔基州希望本院能够批准下级法院所采用的"实质危险"基准。

(一)

联邦最高法院从未因州选择的死刑执行方式构成"残酷和异常"而使之无效。在威尔克森诉犹他州案判决中,联邦最高法院维持了一项地区法院作出的以枪决执行死刑的判决,驳回了认为该判决构成了残酷和异常的刑罚的主张。我们注意到,"对宪法之禁止残酷和异常的刑罚条款的范围进行精确的界定"仍然存在困难。联邦最高法院在威尔克森案判决中认为,与其做此种尝试,不如"肯定第八修正案禁止酷刑,以及减少根据这一标准所认定的任何不必要的残酷"。联邦最高法院援引了英国的案例作为佐证,在英国有时在判决之外还会额外附加上"恐怖、痛苦或者不名誉",如犯人被"活活地开膛破肚、砍头或者肢解",或者偶尔也有"当众活剐或者活活烧死"。相反,我们也注意到枪决通常用于处决军官。被禁止的刑罚之间有一个共同点,即痛苦——由于折磨或与之类似的行为给死刑犯人所带来的"额外的"痛苦。

我们(联邦最高法院)在凯姆勒单方诉讼案判决中进一步发展了这些原理。在该案判决中,我们拒绝将第八修正案适用于各州,从而维持了纽约州第一个采用电刑执行死刑的案件的合宪性。但是在忽略了那个问题*的同时,我们指出"一旦死刑执行方法中包含折磨或者会导致缓慢的死亡则构成残酷的刑罚;但死刑本身在宪法使用该词的涵义范围内,并不构成残酷的刑罚。这意味着死刑本身除了纯粹地消灭生命之外,也包含了某种不人道的或者残酷的东西"。我们同时指出,纽约州立法采用电刑作为死刑的执行方式,"在设计一个更为人道的执行方式以执行死刑上已经尽力了"。

(二)

申请人主张肯塔基州采用的注射死刑或者某些特定方案的使用会导致残酷的或者额外的痛苦。相反,他们承认"如果妥当运用",则按照肯塔基州的方法执行死刑是"人道且合宪的"。这是因为,申请人的一名辩护律师在口头辩论中承认,如果妥当使用第一剂药物硫喷妥,可以消除之后注射泮库溴铵和氯化钾给

---

① Brief for Respondents 29, 35.
* 即第八修正案能否适用于各州。——译注

犯人造成任何有意义的痛苦的可能性。①

不过,申请人主张这些方法很可能不会得到妥当的遵行,特别是硫喷盼如果未能得到妥当施用,可能达不到所需效果——在这种情形下,一旦施用其他药剂则可能导致严重的痛苦。最高法院的判例承认,使个人暴露于未知损害的风险之中,即便事实的痛苦尚未发生,仍构成残酷和异常的刑罚。要证明这种暴露违反宪法第八修正案,则其导致严重的痛苦或者不必要的痛苦的可能性必须是"必然的或者非常可能的"。② 我们(联邦最高法院)对此作出过解释,主张要赢得此类官司,必须存在"导致严重损害的实质性风险",或者说"导致损害的风险在客观上是不可容忍的",从而使得监狱官无法以"根据第八修正案进行判断,(自己)主观上并无任何过错"。③

仅以执行方法可能导致痛苦,无论这是偶然的或者是死亡的必然结果,都不足以证明这种风险,即"导致损害的风险在客观上是不可容忍的"从而构成残酷和异常的刑罚。在路易斯安那州根据弗朗西斯的告发诉雷斯韦伯案判决中,联邦最高法院以多数维持了这样一个行为,即在第一次电刑执行出现故障的情形下继续实施第二次电刑。其主导意见指出:"就此意外而言,并不存在人为的过失",并断定"在该意外事件中不存在有恶意的迹象"。为此,其不构成对宪法第八修正案的违反。

正如法兰克福特大法官基于正当程序而给出的独立意见中指出的,假设在某一情形下,存在数次的执行失败的死刑,则可能是另外一番情形。根据对第八修正案的分析,该情形构成了官员所不能忽视的"客观上不可容忍的可导致损害的风险"。④ 换而言之,孤立的某个不幸事件并不构成对第八修正案的违反,是因为该事件尽管令人感到遗憾,但它并不构成"残酷",或者说系争方法并不会存在"导致严重伤害的实质性危险"。

(三)

大多数申请人的诉求是基于这样一个主张,即他们查明这种"导致损害的巨大风险"能够通过采取其他替代的方法予以减轻,如采用一剂法而免除泮库溴铵和氯化钾的使用,并增加受过训练的人,以对此进行监督确保第一剂硫喷盼的注射是足量的。即便最高法院的诸多判例指出,死刑犯人就导致伤害的风险

---

① See Tr. of Oral Arg. 5; App. 493-494. (申请人方面的专家证言,其主张如果该方案所设定之硫喷妥钠如果得到正确使用,则事实上可以在所用的案件中实现人道的死亡)。
② 赫林诉麦金尼案(*Helling v. McKinney*),509 U.S. 25,33,34-35(1993)。
③ 法默诉布伦南案(*Farmer v. Brennan*),511 U.S. 825,842,846,and n.9(1994)。
④ 法默案,511 U.S.,at 846,and n.9。

的性质可以根据第八修正案提出诉讼,但是一个犯人仅以存在安全性略佳,几可忽略不计的替代方式去推翻州的行刑方式是不可能的。

仅凭这样的证据就宣告州的行刑方式构成对宪法第八修正案的违反,将迫使法院居于调查委员会的位置,去决定最佳的行刑方式,而一旦后来判决中提出一种新的、改良后的方法,则先前的每一个判决都将为后来的判决所推翻。这种做法在我们的判例中无法找到根据,将会使法院卷入无休止的、超出法院专业能力的科学争论中,并且使得法院实际上形成了对州立法机关立法权的篡夺。众所周知,人民之所以授予国家机关此种权限,是因为人民真切希望人的死亡会更加合乎人道。① 为此,我们既不采用申请人建议的"不必要的危险"标准,也不采用反对意见提出之"不适当"的危险的区分。②

除非,所建议之替代方法能够有效地消除"严重伤害的实质危险"。而要达到这一点,替代方法应当是可行、已经在使用的,且事实上能够在很大程度上降低导致巨大痛苦的实质性危险。果真如此,则若州政府没有刑罚学上之正当理由,拒绝采用具有申请人文件所指出的各种优点的替代方案,而固守当下的行刑方法,则系争行刑方式应构成第八修正案所谓的"残酷和异常"的刑罚。③

---

① 参见贝尔诉沃尔菲舍案(*Bell v. Wolfish*),441 U. S. 520,562 (1979)(合乎宪法和制定法要求的"主观判断"的范围是由司法以外的官员予以法典化的)。

② See post, at 2,11 (金斯伯格大法官的意见).于英国医学杂志《柳叶刀》(the Lancet)2005年4月对注射死刑的研究充分展示了这些方法存在的内在问题。"该项研究通过对49名已被执行人的血样检查而后做成的毒理学报告中的硫喷妥钠浓度进行考察,得出结论,认为大部分受刑人的硫喷妥钠浓度,不宜形成麻醉的手术平面,其中21人,或者43%的人中的硫喷妥钠浓度不足以使其丧失知觉。"(Koniaris, Zimmers, Lubarsky, & Sheldon, Inadequate Anaesthesia in Lethal Injection forExecution, 365 Lancet 1412, 1412-1413.)该项研究为国内主张终止死刑或者其他类似主张的人所广泛引用。See, e. g., Denno, The Lethal Injection Quandary: How MedicineHas Dismantled the Death Penalty, 76 Ford. L. Rev. 49, 105, n. 366(2007)(该研究搜集那些申请人援引《柳叶刀》研究的案件).《柳叶刀》此项研究面世不久之后,有7个医学专家率先对其论证方法提出了批评[See Groner, Inadequate Anaesthesia in Lethal Injection for Execution, 366 Lancet 1073-1074 (Sept. 2005)]。研究者指出,由于血样的抽取是受刑人死亡几小时乃至数天之后,死亡之后的硫喷妥钠的血液浓度,脂溶性的成分会被动地从血液渗入组织——这个浓度不同于受刑人活着的时候的浓度(同上,at 1073)。初始研究的作者为他们所采用的方法进行辩护[同上,at 1074-1076. See also post, at 2-4(布雷耶大法官,协同意见)]。我们并非想偏袒这项争议中的某一方。我们所以援引这项研究,旨在重申,"最好的操作"方法,如果要求法院对州之行刑方法的选择无需予以尊重而对相关风险进行衡量,这就必然要求法院对某些超出他们专业领域外的事情予以讨论。

③ 托马斯大法官赞同这一观点,即法院既无权也无专业知识以像调查委员会那样决定死刑的最佳行刑方法[see post, at 9(判决意见之协同意见)(援引该观点); post, at 13],但主张我们所采用的基准必然会导致这样的问题。我们认为,这些问题已经由我们的判决中提出的"严重伤害的实质性风险"和"客观上不能容忍的伤害的风险"(see *supra*, at 11)的标准的门槛要求予以有效解决。

三

在将这些标准适用于本案的事实的同时,我们一开始就指出,很难认定一个事实上普遍被容忍的方法在"客观上是不可容忍的"。有36个州采取注射死刑作为死刑的执行方法。联邦政府也适用这一方法。人们不仅对死刑执行方式,也对肯塔基州的三剂执行方式达成了广泛共识。30个州,联邦政府也是,采用一系列不同剂量的硫噻吩、泮库溴铵及氯化钾。没有哪个州采取之后申请人所主张的一剂方法替代这一执行方式。就申请人所建议的替代方案而言,上述共识具有一定的证明力但并非决定力。为了证明肯塔基州的方法是"非常不人道的""沉重负担"①,申请人指出他们认为的该方法中可能出现纰漏的许多方面。他们的主张主要基于第一剂硫噻吩的不当使用上。毫无疑问,未能妥当使用硫噻吩将使得囚犯丧失知觉,这就存在一个实质的、宪法上不可能接受的风险,即由于使用泮库溴铵导致的窒息和注射氯化钾而导致的痛苦。然而,我们赞同州法院和州最高法院的见解,即申请人并未证明第一剂之不足量的风险确实存在。为此,我们驳回申请人之第八修正案要求肯塔基州采取申请人所指出之未经检验的替代方法的主张。

(一)

申请人主张存在不当使用硫噻吩的可能性,因为很难将这些药剂变成溶液并导入注射器,由于该方法并未能确定一定的注射速度,这可能导致静脉注射的失败;因为静脉注射导管可能仅在皮下组织渗入从而使得静脉中缺乏足够的药剂;因为缺乏足够的设备和培训;因为肯塔基州并没有相应的监控方法以确定在注射硫噻吩之后犯人的麻醉程度。

就硫噻吩之未予适当准备的可能性而言,申请人主张肯塔基州雇佣一些未经训练的人,这些人不能计算并配出了一支能满足需要的针剂,特别是该方法缺乏一个关于剂量和浓度的规定。不过,州审判法院特别指出"如果遵守重新配制硫噻吩的生产说明……配制不当的可能性非常小,尽管反证主张外行人在进行此项操作时可能存在困难"。我们不能说,州初审法院的这项结论是明显错误的②,特别是这一结论得到了专家证言的支持,其指出将硫噻吩粉末重新配制

---

① 格雷格案,428 U.S.,at 175(斯图尔特大法官、鲍威尔大法官与斯蒂文斯大法官联合意见)。

② 参见赫尔南德斯诉纽约州案(*Hernandez v. New York*),500 U.S.352,366(1991)(多数意见)。

成溶液"并不困难……你取出液体将之注入装有硫喷妥粉末的瓶中,然后摇晃瓶子直至粉末溶解,这就可以了。说明在包装上"。

同样,关于注射管的问题也不能证明存在构成违反第八修正案的损害的实质风险。肯塔基州设置了许多重要的保障以确保受刑人被注射以足够剂量的硫喷妥。规定的方法中最为重要的一项就是静脉注射队的成员至少应有执业医师、静脉切开医师(phlebotomist)、紧急救护员、伞兵军医或者海陆军医一年以上从业经验。肯塔基州目前聘用的是一名静脉切开医师和一名紧急救护员,二者均有为肯塔基州的服刑人员进行静脉注射的日常经验。此外,静脉注射队的成员和其他的行刑队的成员,每年都至少要参加10次以上的业务会议。这些实务会议,按照规定方法所要求的,包括了行刑的整个过程,其中包括将导管插入志愿者体中。此外,该规定并要求静脉注射对在行刑之前必须准备主要的和备份的注射管,并准备两套注射针剂。这一额外的措施确保一旦硫喷妥的剂量不足时,则可以在注射其他两个针剂之前通过备份管补给硫喷妥的剂量。

静脉注射队有一个小时准备主要的和备份的注射管,这个时间"并非多余的而是必要的",与申请人的主张相反,申请人主张在第一次10分钟或者15分钟的尝试失败之后再使用静脉注射是危险的,因为在这种情况下静脉注射肯定是不可靠的。不过,无论如何,不能因为该方法给静脉注射队一小时以准备静脉注射,就认为其应无谓地准备上一小时整。静脉注射队的资历在很大程度上降低了静脉注射外渗的风险。

此外,典狱长和副典狱长和犯人一并出现在行刑室使他们可以注意静脉注射可能出现的问题,包括外渗。三个州医学专家作证说,静脉注射外渗的症状"十分明显",即便一般人都能够察觉,因为外渗将会导致肿胀。肯塔基州的方法特别要求典狱长可以调整备用的静脉注射管,如果受刑人在60秒内还未丧失知觉。考虑到这些保障,我们不能说申请人所指出的风险是实质存在或者很可能发生并足以构成对第八修正案的违反。

(二)

肯塔基州未能采用申请人所建议的替代方法也不表明州的行刑方式是残酷和异常的。

首先,申请人主张肯塔基州能够采用一剂硫喷妥或者其他巴比妥酸盐代替三剂注射法。其在州法院中并未提出这一建议。① 结果是尽管审判证词中零星的有关倾向于仅仅采用硫喷妥或者戊巴比妥钠作为行刑的药剂,但是并没有仅用巴比妥酸盐的方法的有效性的论断。②

无论如何,在没有任何其他州采用一剂法的情形下,并不能认为肯塔基州使用三剂法已经导致了一种"客观上无法容忍的风险",更何况申请人也未能证明一剂法至少是和三剂法一样有效的行刑方法。[See App. 760-761, n.8("申请人并未提供任何证明存在更好的注射死刑执行方法的科学研究上的证据").] 事实上,田纳西州在对行刑方法进行考察之后,拒绝仅使用硫喷妥的一剂法的建议。该州的结论是,一剂法比三剂法所花的时间更多,"当仅用一剂执行死刑时,所需之硫喷妥的剂量变得更加难以预见且更具变化性……"③无需对那些结论的准确性进行深入考察,就可以表明一剂执行方式的相对有效性并未得到很好的证明,更不能证明肯塔基州未能采用这一方法就构成了对宪法第八修正案的违反。

申请人主张肯塔基州应当省略第二剂泮库溴铵,因为该剂并非出于医疗之目的,其使用乃是在于掩盖可能显示第一剂之不当使用的肌肉运动。州初审法院特别指出,泮库溴铵有两个用途:一是防止在受刑人丧失知觉的情形下注射氯化钾时可能出现无意识的生理运动。州在确保这一程序的尊严性上具有一定的权益,特别是抽搐、抓扯可能被误认成一种有意识或者痛苦的表现的情形下更是如此。二是泮库溴铵阻止了呼吸,加速了死亡。故而,肯塔基州使用这一剂的决定不违反宪法第八修正案。④

申请人主张,他们所提出的仅使用巴比妥酸盐方法,并非未经检验;兽医一般使用这一方法使动物入睡。此外,有23个州,包括肯塔基州在内,禁止兽医使用泮库溴铵一类的神经肌肉麻痹药物,它们或明文禁止,或者像肯塔基州一样特别规定应使用戊巴比妥钠等药剂。⑤ 他们接着论证说,如果泮库溴铵对动物而

---

① 申请人并未在其审后意见中提出"替代的药剂或者替代的复合药剂"以取代肯塔基州的三剂法(See App.684),但基于其中提出的争论,不过显然,他们希望以一种较不会造成的痛苦的药剂取代氯化钾以阻止受刑人的心跳(见同上,at 701)。同样的,在他们向肯塔基州最高法院提交的用以替代三剂方案的方案中,指出用其他药剂取代氯化钾以实现心死亡,或者取消泮库溴铵,或者增加麻醉剂以减轻痛苦(See Brief for Appellants in No. 2005-SC-00543, pp.38, 39, 40)。
② See Reply Brief for Petitioners 18, n.6.
③ 沃克曼案, 486 F.3d, at 919 (附录 A)。
④ 斯蒂文斯大法官认为,泮库溴铵所导致的风险相比之于不使用其导致的痛苦的风险而言是微不足道的[See post, at 3(协同意见)]。这一观点,当然,取决于导致此种痛苦的风险的大小。正如其所指出的,就肯塔基州所采取的保障而言,这一风险可以忽略不计。
⑤ See Brief for Dr. Kevin Concannon et al. as Amici Curiae 18, n.5.

言都是非常残酷的,那么,对受刑人而言亦然。无论申请人的主张是多么雄辩①,都忽略了州提供一个快速、确定的死亡方面所享有的合法权益。例如,在荷兰,那里由医师协助进行安乐死是合法的,荷兰皇家药剂促进协会(Royal Dutch Society for the Advancement of Pharmacy)推荐除戊巴比妥钠之外,并使用肌肉松弛剂(如泮库溴铵)以避免冗长且无尊严的死亡。② 对于兽医而言,此项利益似乎并不是十分迫切,兽医还可以使用其他方法,打晕动物或者切断其脊髓③,这表明以兽医的实务来指导人道的死刑行刑实务并不妥当。

申请人指出肯塔基州的方法缺乏一个系统的制度以监控受刑人"麻醉的程度"。根据申请人的方案,应由专业的人员使用监控仪器,如脑电双频指数监视仪、手臂血压计或者心电记录器以甄别在注射最后两剂药物之前受刑人已经达到充分无知觉的状态。尽管典狱长和副典狱长亲临现场,但他们显然并不胜任如此复杂的程序。在一开始,有必要重新强调一剂量恰到好处的硫喷妥钠可以消除人们对受刑人是否会得到充分麻醉的担忧。所有参加初审的专家对此均持肯定的观点。跟申请人所争议之肯塔基州用于确保硫喷妥钠的传输的方法导致危险的可能性相比,未能采用额外的监控手段所可能导致的危险微不足道。④

除此之外,肯塔基州的专家证明,血压计对评估受刑人在注射旨在抑制血液循环的硫噻吩之后的昏迷程度没有任何功用。尽管,医疗协会赞同使用脑电双频指数监测仪以评估脑机能,如麻醉的程度。⑤ 主张需要专业的麻醉师以解读脑电双频指数监测仪上的指数只是肯塔基州行刑方法整体的一部分而已,由于肯塔基州的法律⑥和美国麻醉师学会本身的职业道德指南⑦,均禁止麻醉师参与死刑的执行。而且,正如反对意见所指出的,在需要进行麻醉的手术中以是否使用手臂血压计或者心电记录器作为判断护理的标准也是不妥当的。申请人并未证明,这些在不同的情形下使用的辅助方法,对于避免痛苦的实质风险而言是必要的。

反对意见认为可以用一些简单的办法检验受刑人的知觉,如呼唤受刑人的

---

① 参见沃克曼案,*supra*, at 909(更多地以辩论者的观点将其与动物安乐死进行比较)。

② See Kimsma, Euthanasia and Euthanizing Drugs in The Netherlands, reprinted in *Drug Use in Assisted Suicide and Euthanasia* 193, 200, 204 (M. Battin & A. Lipman eds. 1996).

③ See 6 Tr. 758-759 (Apr. 20,2005).

④ See *Hamilton v. Jones*, 472 F.3d 814, 817 (CA10 2007) (per curiam); *Taylor v. Crawford*, 487 F.3d 1072, 1084 (CA8 2007).

⑤ American Society of Anesthesiologists, Practice Advisory for Intraoperative Awareness and Brain Function Monitoring, 104 *Anesthesiology* 847, 855 (Apr. 2006); See *Brown v. Beck*, 445 F.3d 752, 754-755 (CA4 2006)(迈克尔法官异议)。

⑥ See Ky. Rev. Stat. Ann. §431.220(3).

⑦ See Brief for American Society of Anesthesiologists as Amicus Curiae 2-3.

名字、轻拂其睫毛或者用一种非常强烈的、有毒的气体去刺激他。这可以实际上减少在硫喷妥发挥功效之前而错误地给受刑人注射第二、三剂的风险。此外，肯塔基州采用执行的第一剂正确使用方法，实际上已经降低了这一系争风险。反对意见还指出，用肯塔基州的方法可能会造成一定程度的无意识状态，使得无法甄别麻醉是否妥当，对于防止受刑人之痛苦而言依然是不够的。不过，没有任何证据表明，反对意见所指出的那些简单的办法能够很好地发挥这一作用。如果这些方法仅是旨在确定硫喷妥是否已经注入受刑人之血管，则相关的记录已经表明，在采用肯塔基州的方法的情形下，（典狱长之）出席和见证已经能够实现这一目的。①

反对意见想中止这些死刑的执行，并将案件发回给下级法院以确定这些附加措施能否减少导致受刑人痛苦之"不适当"的风险。但一个犯人仅凭指出州应当采用附加的方法，作为另外一个本身就已经足够完美的方法发生故障时的保险，并主张未采取这一方法构成对宪法第八修正案的违反，这种主张不能获得支持。这一方法毫无意义而且会损害州及时执行死刑的正当权益。②

斯蒂文斯大法官认为我们的意见使得其他案件的处理处于一种不确定状态，但是我们这里所确定的标准已经解决了许多——比他所指出的要多——的问题。基于前述理由，我们不同意中止死刑的执行，除非反对这一行刑方法的囚犯能够证明肯塔基州的行刑方式导致了一种可能造成巨大痛苦的危险，而这种危险是可以证明的。他必须证明与其他已知的、可得的方法相比，系争方法可能导致的危险是实质性的。根据这一标准，其他州所采用的注射死刑执行方法，与我们所维持之系争方法一样，并未导致实质的危险。

* * *

善意的理性人质疑死刑的道德性和有效性，为此，对于诸多反对死刑的人而言，没有哪一种行刑方式是可以接受的。但是，正如法兰克福特大法官在雷斯韦伯案判决中所强调的，"在面临一个或多或少具普遍性的批评面前，个人应当警惕基于个人的反对而作出的判断"。本院判决指出，死刑并不为我们的宪法所禁止，为此，各州可以以法律规定这一处罚。"倘不能实施这些法律，各州之立

---

① 反驳这一观点，异议反驳专家证言，该证言认为如果硫喷妥的静脉注射出了问题，症状将会非常明显（See post, at 10），该证言是以药剂被注射到皮下组织而非血管为前提的（See App. 600-601），除此之外还必须有肿胀（同上，at 353；同上，at 385-386），并没有人对这一专家结论提出挑战。

② See *Baze v. Parker*, 371 F.3d 310, 317（CA6 2004）（申请人 Baze 于 1994 年被科处死刑）；*Bowling v. Parker*, 138 F. Supp. 2d 821, 840（ED Ky. 2001）（申请人 Bowling 于 1991 年被科处死刑）。

法权将变得毫无意义。"①州为执行死刑所作的努力当然必须合乎第八修正案，不过，该修正案所禁止的是那些可能恣意地使受刑人处于一种客观上不能接受的危险之中的行刑方式②，而非仅仅是造成痛苦的可能性。肯塔基州，和其他35个州一样，已经采取了一种相信是可得的最为人道的行刑方法。申请人亦赞同，如果像所设想的那样做，则该方法可以实现无痛苦的死亡。他们所主张的，出现操作错误的风险——如未经训练和缺乏经验的人员之配制药剂不当、静脉注射管安装不当等——尚不足以达到"客观上不能容忍"之程度。就此而言，即便反对者主张其存在危险，但是，不能认为肯塔基州之坚持其方法——该方法并采取各种保障以避免那些危险——的决定构成宪法第八修正案所禁止的可能恣意造成受刑人痛苦的方法。最后，申请人后来提出的替代方法本身也存在问题，没有哪个州曾经尝试过这一方法。在我们的历史上，所有认为行刑方式是残酷和异常并基于此而对行刑方式的合宪性提起的诉讼，均被本院驳回。不过，我们的社会持续地转向更为人道的死刑执行方式。枪决、绞刑、电椅和毒气室逐一为更人道的行刑方式让路，时至今日，人们就注射死刑达成共识。③ 第八修正案宽泛的框架容纳了这一趋向更为人道的行刑方式的过程，我们先前对某一行刑方式的赞同并未阻止立法者依新近的发展，采取他们认为妥当的方法，以保障更为人道的死刑。没有任何理由可以认为，现在应作出不同的决定。④

本院认为肯塔基州的死刑执行方法合乎宪法第八修正案的规定，故而，予以维持。

判决如上。

阿利托大法官的协同意见：

我加入多数意见，但对于本判决应当如何执行，我个人则撰写一份独立意见以表明我的观点。多数意见认为：如果州"没有刑罚学上之正当理由"而拒绝采用一个"可行的""容易获得的"且能够"在很大程度上消除导致巨大痛苦的风险"的替代行刑方法，则可以认为"州之拒绝改变行刑方式构成宪法第八修正案所谓之'残酷和异常的'"。如果我的理解正确，这一标准并不会，正如托马斯大法官所

---

① *McCleskey v. Zant*, 499 U.S. 467, 491 (1991).

② *Farmer*, 511 U.S., at 846, and n.9.

③ 参见戈麦斯诉加利福尼亚州西北地区法院案（*Gomez v. United States Dist. Court for Northern Dist. of Cal.*), 503 U.S. 653, 657 (1992)（斯蒂文斯大法官异议）; App. 755。

④ 我们不赞同斯蒂文斯大法官的见解，他认为我们的见解否认了死刑的合宪性，或者捎带地触及了死刑的合宪性。[See post, at 11]。社会已经得到发展，并采取一更为人道的行刑方法的事实并不表明，死刑本身不再合乎合法的目的；我们也不认为采取绞刑或者电刑的死刑案比采注射死刑的案件处罚更重。

指出的,促成"那些旨在废除死刑的诉讼……(不会)使合众国卷入无休止的关于行刑方式的适当性的诉讼中"。

一

正如多数意见所指出的,本件的争议无关死刑的合宪性,为此我们可以假定死刑是合宪的。基于这一假设,就必须有一合宪的行刑方式。

就本案之审理而言,我们也假设注射死刑是合宪的行刑方式。① 注射死刑为联邦政府和36个州所采用,因为它被认为是最人道的行刑方式,本案申请人并未主张应当禁止注射死刑,而重新恢复被它取而代之的行刑方式,如电椅、毒气室、绞刑或者枪决。既然我们认为基于当下的目的而言,注射死刑是合宪的,为此,并不能以实际上不可能实现的程序性要求而阻止联邦政府和州采用该行刑方法。

在考虑申请人建议的对注射死刑方法的调整的可行性和可操作性时,其中应予以优先考虑的是现实限制,即医疗行业的职业道德限制。当下注射死刑行刑方法的第一步是对犯人进行麻醉。各方均持相同观点,如果第一步操作得当,则在之后步骤中犯人不会经历痛苦。每一天,在我们国家都在对接受手术的病人实施普通麻醉,如果参与这些手术的医护人员也对被判处注射死刑的犯人实施麻醉,则犯人遭受痛苦的风险将降到最低。但是,医师职业道德的规定禁止他们参与死刑的执行,对其理由,我并无异议。

美国医师协会指南规定"个人对死刑的看法乃由个人之私人道德决定",但是,"医师,作为致力于救死扶伤职业的一员,在仍有希望挽救其生命的情形下,不应参与法律所许可之死刑的执行"。②

该指南解释道:

"医师之参与死刑的执行包括但不限于下列活动:开处方、配制和注射作为行刑过程之组成部分的镇静剂或者其他精神药物;近身或者远程的监视一些症状(包括监视心电图);作为医师参与或者观察死刑的执行;以及就行刑提供技术上的意见。"③

---

① 参见格雷格诉佐治亚州案, 428 U. S. 153, 175 (1976)(斯图尔特大法官、鲍威尔大法官与斯蒂文斯大法官的联名意见)("在审查一项经由民主选举产生的立法机关所选择的刑罚是否合乎宪法的标准时,我们推定它是有效的。")。

② AMA, Code of Medical Ethics, Policy E-2.06 Capital Punishment (2000), online at http://www.ama-assn.org/ama1/pub/upload/mm/369/e206capitalpunish.pdf (all Internet materials as visited Apr. 14, 2008, and available inClerk of Court's case file).

③ *Ibid.*

据相关报道,美国医师协会主席认为,"甚至帮助设计一更为人道的执行方法都构成对美国医师职业道德规范的不尊重"。①

美国护士协会则认为参与死刑的执行"构成了对护理的伦理传统和护士法的违反"。② 这就意味着,正如美国护士协会所作的解释,护士不应"作为护士而参与评估、管理和监督死刑的执行;传授方法、开处方或者准备药剂和溶液;插入静脉导管;注射致死的溶液;参与或者见证死刑的执行"。

美国急救医务人员协会则指出:"参与死刑的执行违反紧急医务职业的职业道德戒律和目的。"③该协会的立场是建议从事紧急医务的医师和护理人员不应从事那些美国护士协会已经指出的那些活动。

最近在加利福尼亚州的诉讼显示了这些职业道德规范的影响。迈克尔·莫拉莱斯,因1981年犯下一宗谋杀罪而被判处死刑,提起一件联邦公民权诉讼,主张加州的注射死刑方法违宪,和肯塔基州一样,加州也采三剂法:硫喷妥、泮库溴铵及氯化钾。地区法院命令州政府中止死刑的执行除非其(1)仅适用硫喷妥或者其他的巴比妥酸盐或者(2)确保有麻醉师出席以便确保莫拉莱斯在之后的过程中都是无知觉的。④ 第九巡回法院维持了地区法院的判决,为此,州政府安排两名麻醉师出席该死刑的执行。然而,他们随之拒绝说,"基于医师职业道德,他们不能参加"。⑤ 这使得自那之后,不仅莫拉莱斯乃至其他犯人的死刑都未能予以执行。⑥

对于注射死刑方法的特点的反对的考量,应在医师职业道德规范以及其他相关的执业限制的背景下展开。倘使,正如之前所讨论的,注射死刑并不违宪,那么,根据申请人建议对注射死刑执行方法进行调整,要求被职业道德规范或者传统禁止执行死刑或者培训死刑参与人员的人参与,就不能认为这种调整是可行的或者可得的。

二

为了证明调整注射死刑方法乃是第八修正案所要求的,犯人必须证明该调

---

① Harris, Will Medics' Qualms Kill the Death Penalty? 441 Nature 8-9 (May 4, 2006).
② ANA, Position Statement: Nurses' Participation in Capital Punishment (1994), online at http://nursingworld.org/MainMenu CategoriesHealthcare-andPolicyIssuesANAPositionStatements Ethicsand Human Rights. aspx.
③ EMT, Position Statement on EMT and Paramedic Participa? tion in Capital Punishment (June 9, 2006), online athttp://www. naemt. org/aboutNAEMT/capitalpunishment. htm.
④ 参见莫拉莱斯诉希克曼案(*Morales v. Hickman*), 415 F. Supp. 2d 1037, 1047 (ND Cal. 2006)。
⑤ 莫拉莱斯诉蒂尔顿案(*Morales v. Tilton*), 465 F. Supp. 2d 972, 976 (ND Cal. 2006)
⑥ See Denno, The Lethal Injection Quandary: How Medicine Has Dismantled the Death Penalty, 76 *Ford. L. Rev.* 49 (2007).

整能够"在很大程度上减低减少受刑人遭受巨大痛苦的实质性危险"。仅表明这种调整可以降低风险是不够的。此外,除提交一些专家的证词或者一些研究报告外,受刑人需要提交更多的证据。换言之,受刑人在挑战行刑方式时,应提供一个已经久经检验的科学共识。只有在这样的证据面前,州依然拒绝采取这种方法,则州的行为与之前本院所确定的违反第八修正案的情形相比照,构成了对第八修正案的违反。① 本案缺乏这种证据。尽管挑战当下的注射死刑方法的诉讼在不断增多,但是,有关这些方法存在缺陷和所建议的替代方法的优点的证据仍然十分勉强、不可靠。正如首席大法官和布雷耶大法官两人所指出的,引起广泛讨论的、发表在《柳叶刀》上对三剂法的死刑执行方法的批评文章②,目前已经受到质疑。③ 目前的科学文献对此缺乏明确的指引,这一点亦可以从申请人和斯蒂文斯大法官在阐述他们所认为比三剂法更好的方法的结论中得到明确的反映。

申请人的核心主张是,肯塔基州的方法之所以违反第八修正案,是因为其没有采取包括麻醉在内的一剂注射死刑执行法。申请人主张,如果肯塔基州采用致命的麻醉剂,则能够合乎道德消除导致痛苦的风险。申请人在初审法院中援引专家证词说,"三克硫噻吩剂就可以在 3 到 15 分钟内造成死亡"。

该专家证词的准确性并未得到普遍的接受。确实,在荷兰帮助自杀(即安乐死)是合法的。一些医疗权威机构推荐适用一剂致命的巴比妥酸盐。一个支持申请人的法庭之友,罗伯特·D. 特罗格博士,哈佛医学院的医师职业道德和麻醉学教授对一剂致命的巴比妥酸盐做如下评论:

"有些专家认为 2 克、3 克或者 5 克的硫喷妥钠绝对是致命的。事实是,至少在美国,没有人有这方面的经验……"

"如果去荷兰,在那里安乐死是合法的,我们可以看到一项 2000 年做的关于535 个安乐死案件的研究,在其中的 69% 的个案中他们使用一种麻痹剂。那么,他们是否知道一些我们所不知道的东西呢?我想,他们大概知道,用一大剂量的巴比妥酸盐很难杀死人。而且事实上,他们报道说,其中 6% 案件的完成存在问题。我猜,事实上大概有 5 个左右的人从昏迷中醒过来。"④

---

① 参见法默诉布伦南,511 U. S. 825,836 (1994)。

② Koniaris, Zimmers, Lubarsky, & Sheldon, Inadequate Anaesthesia in Lethal Injection for Execution, 365 *Lancet* 1412 (Apr. 2005).

③ See Groner, Inadequate Anaesthesia in Lethal Injection for Execution, 366 *Lancet* 1073 (Sept. 2005).

④ Perspective Roundtable: Physicians and Execution-Highlights from a Discussion of Lethal Injection, 358 New England J. Med. 448 (2008).

斯蒂文斯大法官尽管并不赞成一剂法,不过他指出"州之减少未来可能推迟死刑或者使其方法无效的诉讼的风险的希望,会很好地促使各州对其持续使用的泮库溴铵进行考量"。① 但这一剂乃是荷兰皇家药剂促进协会所推荐的在实施安乐死时采用两剂中的第二剂。② 我之所以援引荷兰的研究不是想表明多剂法比一剂法好或者指明使用泮库溴铵是合理的。我的观点毋宁是,死刑的公共政策,是一充满感情的问题,不能仅凭一个或者两个专家的证词或者基于这样的证词而作出的司法决定而予以决定。

三

根据相关记录,自格雷格案以来,死刑诉讼此起彼伏,永无休止。在1989年,由鲍威尔大法官所主持的法官会议之死刑案件中的联邦人身保护令特别委员会的报告指出,由于死刑案件的附带诉讼使得死刑执行被推延相当长的时间。③ 1996年制定《反恐怖主义和速效之死刑法案》就是要解决这一问题。④

无论是对多数意见所确定的标准的误解抑或是采用反对意见和布雷耶大法官所钟爱的标准都将导致行刑被推延的巨大危险。反对意见和布雷耶大法官或许会认为,死刑之执行方法如果导致不适当的、且业已可以避免的严重的且不必要的痛苦则构成对第八修正案的违反。他们告诉我们,在确定何种风险是不适当时需要考量三个因素:可能导致之痛苦的严重程度,导致这种痛苦的可能性以及替代的方法的可得性。[Post, at 4(金斯伯格大法官异议)]。此外,我们并被告知,"这三个因素是内在相关的,其中一个如果尤为突出,则不需要考虑其他两个"。

可以假定,一个不幸的(不适当)风险系指造成不幸或者导致麻烦或者不愉快的风险。⑤

---

① 在给出这一建议时,他指出"兽医界普遍认为如果导致痛苦的可能性很高,则在终止动物生命时应将该药物列入处方之中"[Post, at 1-2]。但是美国兽医医疗协会(American Veterinary Medical Association, AVMA)的指南努力指出,该指南不得被解读为是对人类之注射死刑的评论[AVMA, Guidelines on Euthanasia(June 2007), online at http://avma.org/issues/ animal_welfare/euthanasia.pdf.]。

② See Kimsma, Euthanasia and Euthanizing Drugs in The Netherlands, reprinted in Drug Use in Assisted Suicide and Euthanasia 193, 200, 204 (M. Battin & A. Lipman eds. 1996).

③ See Committee Report and Proposal 2-4.

④ See, e.g., *Woodford v. Garceau*, 538 U.S. 202, 206 (2003)("国会通过《反恐怖主义和速效之死刑法案》的目的在于减少州和联邦的刑事判决的迟延执行的现象,尤其是死刑判决……"援引威廉姆斯诉泰勒案, 529 U.S. 362, 386 (2000)(斯蒂文斯大法官意见); H.R. Rep. No.104-23, p.8 (1995)(指出《反恐怖主义和速效之死刑法案》"旨在遏止人身保护令程序的滥用,特别是处理死刑案件中的迟延和重复诉讼问题")。

⑤ *Webster's Third New International Dictionary* 2513 (1971); Random House *Dictionary of the English Language* 1567 (1967).

如果模糊和弹性的标准将打开诉讼洪流的大门,这些诉讼需要经历相当的时间才能最终促成死刑的废除。我个人当然并不认为这是那些钟爱这一标准的意图,不过其可能的结果是可以预见的。本案所争议的问题,死刑执行方式的合宪性,必须与死刑本身的合宪性争议区分开来。如果本院意在重新审查后一问题,应像斯蒂文斯大法官所建议的那样,直奔主题。本院不应作出可能导致讼累的行刑方法判决从而在事实上禁止死刑的执行。

斯蒂文斯大法官的协同意见:

当我们签署调卷令提审本案时,我认为我们的判决或许将终结关于注射死刑作为一种死刑执行方法的争论。现在看来,显然是不可能了。关于是否可以其他州使用与此类似的三种药物及方法来执行死刑的问题仍然未能得到解答,在以后的案件中,如果有更为完整的记录,这或许可以得到解决。我相信,本案不仅不能制止争议,相反,它还会进一步引起关于这个用三种药物执行死刑的方法,特别是使用麻醉剂、泮库溴铵的正当性的讨论,同时也会促进关于死刑本身的正当性的讨论。

一

由于泮库溴铵的使用,受刑人未表现出任何外在的痛苦迹象,而这隐含了一种可能性,即受刑人在死亡之前可能遭受了极度的痛苦。在兽医间有一个共识,他们认为一旦用以终止动物生命的药物给其带来痛苦的风险是十分严重的情况下,那么就应该禁止该药物的使用。① 由于存在上述共识,则许多州的有识之士

---

① 美国兽医医疗协会安乐死研讨会的 2000 年报告[2000 Report of the American Veterinary Medical Association(AVMA)Panel on Euthanasia]指出:"戊巴比妥和神经肌肉阻滞剂的复合剂并非一可接受的安乐死药剂。"[218 J. Am. Veterinary Med. Assn. 669, 680(2001).] 然而,该协会在 2006 年的补充报告中澄清说,该声明旨在对在同一皮下注射器中混合巴比妥酸盐和神经肌肉阻滞剂提出批评,因为这样操作使得麻痹可能产生于巴比妥酸盐产生作用之前,即在动物仍未丧失意识的状态下对之进行麻痹。其 2007 年的安乐死指南(2007 AVMA Guidelines on Euthanasia)则只指出,该报告对于分别用不同的注射器装巴比妥酸盐,麻醉剂和氯化钾及其操作步骤不予考虑。然而,在本案中许多兽医提出了法庭之友证词,该证词认为三种药剂的混合剂(three-drug cocktail)不能达到兽医的标准,泮库溴铵的使用应予禁止(See Brief for Dr. Kevin Concannon et al. as amici curiae 16-18)。人道协会(Humane Society)也宣称"使用硫喷妥和神经肌肉阻滞剂的复合剂"是不人道的。[R. Rhoades, The Humane Society of the United States, Euthanasia Training Manual 133(2002);See also Alper, Anesthetizing the Public Conscience:Lethal Injection and Animal Euthanasia, 35 Fordham Urb. L. J. __, __ (forthcoming 2008), online at http://papers.ssrn.com/sol3/papers.cfm?abstract_id = 1109258(all Internet materials as visited Apr. 10, 2008, and available in Clerk of Court'scase file)(其得出如下结论,根据对动物安乐死法律和规定的全面研究发现,在"动物安乐死方面学界已经达成共识……神经肌肉阻滞剂,如泮库溴铵,在执行过程中无任何合法的地位"。)]

（专业人士），包括肯塔基州在内，推动立法禁止使用该种药物对动物实施安乐死。① 尽管这样说并不妥当，但无论如何，肯塔基州将来也可能用这种药物杀死申请人，而他们甚至禁止将它用在宠物身上。

泮库溴铵的使用令人特别困扰之处在于，正如本案审判庭的结论所指出的——它并不能实现任何"医疗目的"。该剂主要用于预防可能出现的无意识的肌肉运动，其次用于阻止呼吸。我认为，无论哪个目的都不能证成使用该剂可能导致的危险。

多数意见认为，防止无意识的运动是使用泮库溴铵的正当理由，因为"就确保该行刑过程的尊严而言，肯塔基州享有权益，特别是在颤动或者抽搐可能被误认为是有意识或者痛苦的表象时更是如此"。不幸的是，这一理由并不具有足够说服力。无论在确保受刑人之有尊严地死之利益是多么微不足道，甚至目击者也不会因为他们的错觉（这是很容易纠正的）——以为受刑人遭受痛苦——而感到不舒服，这些都因受刑人事实上可能遭受痛苦而且任何人都无法察觉而变得无足轻重。② 在注射氯化钾以停止受刑人的心跳之前，也没有必要将泮库溴铵加入复合剂中以抑制呼吸。

此外，全国范围并未就使用泮库溴铵是否能达致前述效果达成一致意见。尽管各州立法机关批准注射死刑作为死刑的执行的方式，但多数议员并未批准

---

① See 2 Ky. Admin. Regs., tit. 201, ch. 16:090, §5(1)(2004); See also, e.g., Fla. Stat. §828.058(3)(2006)("无论为何种目的，都不得将神经肌肉阻滞剂一类药物……用于猫或者狗身上。"); N. J. Stat. Ann. §4:22-19.3(West 1998)("在杀死狗、猫或者其他家畜时，神经肌肉阻滞剂，如氯琥珀胆碱、箭毒或者箭毒素剂，之使用均予禁止。"); N. Y. Agric. & Mkts. Law Ann. §374(2-b)(West 2004)("任何人不得使用T-61、箭毒、任何箭毒素剂，任何神经肌肉阻滞剂或者任何其他麻痹剂对狗或者猫实施安乐死。"); Tenn. Code Ann. §44-17-303(c)(2007)("氯琥珀胆碱、箭毒、箭毒复合剂……或者任何神经肌肉阻滞剂类药物……不得用于对家畜以外的动物实施安乐死。") 最近的一项研究表明，没有哪个处罚用麻痹剂对动物实施安乐死的行为，9个州明文禁止使用此类药物，其他13个州暗示性地禁止使用此类药物——即，强制使用非麻痹剂，12个州则参照美国兽医医疗协会的指南，可以认为也禁止使用此类药物，还有8个州则倾向于使用非麻痹剂。(Anesthetizing the Public Conscience, supra, at ___, and App. 1.)

② 的确，监狱行政人员之基于美学的原因而将该药物用于人类的决定无法获得医疗职业的共识。相反，医疗行业对此已经予以考量，且拒绝这一美学上的理由——即在结束疾病晚期的患者的声明时使用神经肌肉麻痹剂以消除那些可能为其亲人误认为是痛苦或者不适症状的不自主运动。正如一些重要的护理人员和临床伦理师提交的法庭之友证言所指出的，医疗和医疗伦理界已经驳回该项理由，因为如果病人的确处于痛苦之中，(麻痹剂的使用)会掩盖相应的症状。(See Brief for Critical Care Providers et al. as amici curiae.)

某一项规定使用泮库溴铵或者其他复合药剂的法律。① 而科罗拉多州立法机关在一问题上，则规定仅采一剂硫噻吩。② 在多数采三剂法的州中，药剂的选定是由非经选举产生的矫正部官员所决定的，他们既无专业医学知识，也未得到相关专家的协助和指导。因此，他们的选择不能像立法机关的决定那样值得尊重。

另外，也不能因为其他各州立法机关或者国会之未能排除对受刑人使用这一药剂而认为，就这样一种不必要的危险的方法全国已经达成了共识。即便在那些在立法中明确规定使用麻醉剂的州中，对其决定进行审查，可以发现这一做法是基于"行政的便利"和对某一问题的"因循守旧的反应"，而非对之作出谨慎的研究而得出的结论。③ 确实，一审法院发现"各州仅是简单地沿袭"俄克拉荷马州的做法，而为对其方法进行批判的分析以确定其是否可得的最佳的方法。④

新泽西州之注射死刑方法的确定就是一个力证。新泽西州于1993年恢复死刑。其立法就是俄克拉荷马州的"跟屁虫"之一，该州制定了一项法律号召，"应当对所有的受刑人持续、不间断地注射一快速反应的、其量足以导致死亡的巴比妥酸盐及化学麻醉剂混合剂直至其死亡"。新泽西州矫正部官员、医生和

---

① 在35个规定使用注射死刑的州中，仅三分之一左右的州的法律明确规定可以使用麻痹剂。[See Ark. Code Ann. §5-4-617(2006); Idaho Code §19-2716(Lexis 2004); Ill. Comp. Stat. , ch. 725, §5/119-5(West 2006); Md. Crim. Law Code Ann. §2-303(Lexis Supp. 2007); Miss. Code Ann. §99-19-51(2007); Mont. Code Ann. §46-19-103(2007); N. H. Rev. Stat. Ann. §630:5(2007); N. M. Stat. Ann. §31-14-11(2000); N. C. Gen. Stat. Ann. §15-187(Lexis 2007); Okla. Stat. , Tit. 22, §1014(West 2001); Ore. Rev. Stat. §137.473(2003); Pa. Stat. Ann. , Tit. 61, §3004(Purdon 1999);Wyo. Stat. Ann. §7-13-904(2007). 有20个州没有明确规定使用何种药物。See Ariz. Rev. Stat. Ann. §13-704(West 2001); Cal. Penal Code Ann. §3604(West 2000); Conn. Gen. Stat. §54-100(2007); Del. Code Ann. , Tit. 11, §4209(2006 Supp.); Fla. Stat. §922.105(2006); Ga. Code Ann. §17-10-38(2004); Ind. Code §35-38-6-1(West 2004); Kan. Stat. Ann. §22-4001(2006 Cum. Supp.); Ky. Rev. Stat. Ann. §431.220(West 2006); La. Stat. Ann. §15:569(West 2005); Mo. Rev. Stat. §546.720(2007 Cum. Supp.); Nev. Rev. Stat. §176.355(2007); Ohio Rev. Code Ann. §2949.22(Lexis 2006); S. C. Code Ann. §24-3-530(2007); S. D. Codified Laws §23A-27A-32(Supp. 2007); Tenn. Code Ann. §40-23-114(2006); Tex. Code Crim. Proc. Ann. , Art. 43.14 (Vernon 2006 Supp. Pamphlet); Utah Code Ann. §77-18-5.5(Lexis Supp. 2007); Va. Code Ann. §53.1-234(Lexis Supp. 2007); Wash. Rev. Code §10.95.180(2006)].

② 科罗拉多州的法律规定，"(应)持续地注射分量足以致命的硫噻吩或者其他同样有效或者更为有效地致死的药剂入静脉"(§18-1.3-1202)。尽管法律只对硫噻吩做了规定，但其和其他州也使用三剂法。[See Denno, The Lethal Injection Quandary: How Medicine Has Dismantled the Death Penalty, 76 Ford. L. Rev. 49, 97, and n. 322(2007).]

③ 参见马修斯诉卢卡斯案(*Mathews v. Lucas*), 427 U.S. 495, 519, 520-521 (1976) (斯蒂文斯大法官，异议意见)。

④ App. 756; see also post, at 5 (金斯伯格大法官，异议意见)。尤其是，设计该方案的俄克拉荷马州验尸官拒绝使用泮库溴铵。在最近的一次采访中，当被问及何以将之纳入他的方案，他回答说："问得好。如果是现在，我可能会去掉它。"(E. Cohen, Lethal injection creator: Maybe it's time to change the formula, http://www.cnn.com/2007/HEALTH/04/30/lethal.injection/index.html.)

行政官员立即表示关切。比如,死刑量刑单元首席医师就警告矫正部各助理委员,他"关注……用以从中选择那些致命药剂的药品目录"。① 基于这些关注,前矫正部委员游说立法机关修改注射死刑立法,以赋予矫正部权力去选择更为人道的药剂的裁量权:"(我们希望)立法中规定一个概括条款,如药剂由矫正部委员会、检察总长或者卫生部决定并开列之。""没有人知道将来会是什么样的。"这些关注同样也促使矫正部作出决定,采用一没有泮库溴铵的药剂——尽管立法机关并未能依据建议进行修改。②

而实际上,新泽西州矫正部官员 2005 年对注射死刑方法的修改也引起了同样的关切。在关于修正案草案的听众会上,矫正部的法律和立法顾问告诉参加者,何种药物将被用于注射死刑并不确定:

"现在不决定使用何种药剂是因为,在一项死刑被列入日程时,矫正部也在做研究,以确定合乎当时科技水平的药剂……我们所以不决定采取某一特定的药剂是因为,在得知某个人将被执行死刑时,我们还有几个月时间可以进行研究,这使得我们有机会选择执行时最为人道的方法。"

"事物是发展变化的。我们认为科技水平是日新月异的,为此,我们今天所使用的某些我们认为是人道的方法,在未来某一天对我们而言可能是不合理的。"③

当前述州政府机关,具有一定医学知识并得到专家的协助和指导的机关关注这一问题,并对立法机关的"因循守旧的反应"表示不赞同,并采用一种没有泮库溴铵的两剂法时,让大家很是吃惊。④

---

① 矫正部官员有一份由纽约的医师所提交的建议书,该建议书建议适用硫喷妥且"无其他辅助药物"。在卫生局(Health Services Unit)监督员的备忘录中,一个同事指出,泮库溴铵"会麻痹声带并阻断呼吸,故会使人窒息致死"。(Ed wards, 170 N. J. L. J., at 673.)
② See Denno, When Legislatures Delegate Death: The Troubling Paradox Behind State Uses of Electrocution and Lethal Injection and WhatIt Says About Us, 63 Ohio St. L. J. 63, 117-118, 233 (2002)(分析新泽西 2002 年生效的二剂法,即由硫喷妥和氯化钾两种药物的复合剂方案).
③ Tr. of Public Hearing on Proposed Amendments to the New Jersey Lethal Injection Protocol 36 (Feb. 4, 2005). 此外,关于该问题的关注可能对新泽西州随后的决定,即,2006 年之决定设立死刑研究委员会并于 2007 最终废除死刑,产生相当的作用。
④ 基于同样的理由,亦应建议各州重新审视他们之检查受刑人是否丧失意识的方法的充分性。See, post, at 5-10(金斯伯格大法官,异议意见)。
阿利托大法官正确地指出,荷兰皇家药剂促进协会推荐以泮库溴铵作为"实施安乐死的两种药剂之一"[同上, at 7(协同意见)]。然而,在荷兰,实施安乐死的医师都受过麻醉学的训练。就阿利托所列的理由而言,医师在美国的死刑执行中并没有扮演类似的角色。如果受过训练的人员实施麻醉并监控受刑人的麻醉程度,则所说的风险可能不会发生。

二

首席大法官和金斯伯格大法官所给出的经过深思的意见使我相信,当下州立法机关、美国国会以及本院将死刑作为我们的一部分,而予以维持的决定乃是习惯和疏忽的产物,这一决定不是经过令人可以接受的、审慎的将执行死刑和与之相对的可探知的利益的成本和风险进行衡量的过程而作出的,而是部分建立在死刑的报应力的虚假的假设之上的。

在格雷格诉佐治亚州案判决中,本院指出,除非一项刑罚具有正当的刑罚功能,否则,其即构成"导致没必要的痛苦"而违反宪法第八修正案。随之我们指出了将死刑作为刑罚的三个社会目的:使无犯罪能力、威慑和报应。然而,在过去的30年里,所有的这些理由都受到了质疑。

在1976年时,使无犯罪能力可能是一个正当的理由,然而,近来终身监禁不得假释越来越多地得到使用表明,这既非死刑的必要也非充分的理由。① 并且,最近的一个问卷调查表明,在终身监禁不得假释作为一种替代刑罚被采用之后,死刑的支持率大幅下降。② 此外,可以获得的社会学证据表明,可以选择终身监禁不得假释。③ 时,陪审团通常不会科处死刑。

威慑力之正当性,作为死刑的理由的可接受性也受到了质疑。尽管在过去30年中在这一领域做了大量经验性研究,但没有任何可靠的统计学上的证据可以表明死刑确实吓阻了潜在的犯人。④ 缺乏这样的证据,威慑力就不能作为这一严酷、不可逆转的刑罚在刑罚学上的理由。

---

① 48个州都采取某种形式的终身监禁不得假释,其中的大部分法律是在过去的20年中制定的。[See Note, A Matter of Life and Death: The Effect of Life Without-Parole Statues on Capital Punishment, 119 *Harv. L. Rev.* 1838, 1839, 1841-1844(2006).]

② See R. Dieter, *Sentencing For Life: Americans Embrace Alternatives to the Death Penalty*(Apr. 1993), http://www.deathpenaltyinfo.org/article.php?scid=45&did=481.

③ 一项研究表明,弗吉尼亚州的可能的死刑案陪审员知道终身监禁不得假释的立法的存在会对他们的判决产生很大的影响。另外一项研究表明,绝大多数的佐治亚州的可能的死刑案陪审员会选择终身监禁判决而非死刑判决,如果被告人在未来的25年内不能获得假释。(See Note, 119 Harv. L. Rev., at 1845.)的确,这一观点促使我们做成西蒙斯诉南卡罗来纳州案判决[512 U.S. 154 (1994)],死刑案的被告人有正当程序权利要求陪审员了解他们不能被假释。

④ 不可否认最近有大量的文章支持死刑的威慑力[See, e.g., Mocan & Gittings, Getting Off Death Row: Commuted Sentences and the Deterrent Effect of Capital Punishment, 46 *J. Law & Econ.* 453 (2003); Adler & Summers, Capital Punishment Works, *Wall Street Journal*, Nov. 2, 2007, p. A13],但是,也有同样多,如果不是更多的研究批评这些研究的方法论以及对其结果进行质疑[See, e.g., Fagan, Death and Deterrence Redux: Science, Law and Causal Reasoning on Capital Punishment, 4 *Ohio St. J. Crim. L.* 255(2006); Donohue & Wolfers, Uses and Abuses of Empirical Evidence in the Death Penalty Debate, 58 *Stan. L. Rev.* 791(2005)]。

最后，我们要处理的是支撑死刑的最为重要的理由：报应。的确，报应是驱使人们保留死刑的一个非常重要的原因。① 正如丹宁勋爵在1950年所指出的，有些犯罪是如此的惨无人道以至于社会坚持要对之进行充分的惩罚，这是因为这些人该罚，而不是刑罚存在威慑力。第八修正案的法理已经限缩了可被处死刑的犯人的类型，使得死刑仅适用于那些具备某些特定加重情节的惨无人道的犯罪。正是受害者遭受到的残忍对待提供了最有说服力的理由，促使公诉人寻求对犯罪分子处以死刑。对如此穷凶极恶的犯罪，人的本能反应就是复仇的渴望。②

然而，与此同时，正如首席大法官和金斯伯格大法官所明白指出的，我们的社会已经从公开的和残酷的报应转向一种前所未有的更为人道的刑罚方式。国家所决定之杀人已经变得日益过时。为了使行刑合乎我们时代演化的基准，我们采取了一种日益不痛苦的行刑方式，并宣告先前的方法是野蛮和过时的。通过促使行刑相对的无痛苦，我必然保护受刑人免受那些痛苦程度高于他对受害人造成的痛苦的刑罚。③ 这一趋势是适当的，而且也是第八修正案之禁止残酷和异常的刑罚所要求的，事实上解构了公众赞成报应理性的理由。④

充分地承认保存死刑的主要理由的力量在日渐消失，应促使本院及立法机关重新审视萨林那斯教授（得克萨斯州前检察官、法官），最近提出的一些问题：

---

① 报应是支持死刑之最为常见的理由。最近一项研究表明47%的死刑支持者援引"以眼还眼/杀人偿命/罚当其罪"（an eye for an eye/they took a life/fits the crime）等作为支持死刑的证据，还有13%的人援引"罪有应得"。第二常见的理由是"（死刑）节约纳税人的钱/节约监狱相关的成本"和威慑力，11%的人会援引这一观点。[See Dept. of Justice, Bureau of Justice Statistics, Sourcebook of Criminal Justice Statistics 147(2003)(Table 2.55), online at http://www.albany.edu/sourcebook/pdf/t255.pdf.]

② 例如，俄克拉荷马市爆炸的受害人的家庭成员要求政府"将Timothy McVeigh装进炸弹中然后引爆"。(Walsh, One Arraigned, Two Undergo Questioning, *Washington Post*, Apr. 22, 1995, pp. A1, A13.) 当时的评论者指出，绝大多数的美国人觉得光杀死他是不够的。[Linder, A Political Verdict: McVeigh: When Death Is Not Enough, *L. A. Times*, June 8, 1997, p. M1.]

③ 例如，俄克拉荷马市爆炸案的调查员在一个简报中指出"对McVeigh而言，注射死刑简直太轻了"。[A. Sarat, When the State kills: Capital Punishment and the American Condition 64(2001)]。类似地，一个母亲，在被告知她杀害儿子的凶手将被实施注射死刑时，问道："他们有什么感觉？他们疼吗？有痛苦吗？相对于他们对我们的子女所做的而言是不是太人道了？他们使我们子女遭受的酷刑。我想，它们太轻了。应该使他们尝点什么。用火烧死他们或者用其他什么手段。他们应该感到一点痛苦或者什么的。"

④ Kaufman-Osborn, Regulating Death: Capital Punishment and the LateLiberal State, 111 *Yale L. J.* 681, 704 (2001)（该文论证说在我们的通过杀死杀人者实现报应主张的愿望和……死刑的执行方法之间存在一紧张的关系，因为除了杀死之外别无其他的伤害可以满足这种直观的对价观——这构成了正义观）; A. Sarat, When the State Kills: Capital Punishment and the American Condition 60-84 (2001).

"应当是废除死刑的时候了吧？"①是时候对加诸我们社会之上的死刑诉讼的巨大成本及它可能产生的利益进行冷静、客观的比较了。②

三

"一项刑罚如果是过度的且不合乎合法的立法目的，则可能是残酷和异常的。"③我们的这些判决认为，某些刑罚是过度的，为此被第八修正案所禁止，其完全依赖于诸如立法文件等客观的标准。④ 在最近的阿特金斯诉弗吉尼亚州案判决中，本院指出对于犯有智障的被告是过度的刑罚；在科克尔诉佐治亚州案判决中，我们在很大程度上依赖于怀特大法官的见解，他认为对强奸一名16周岁的女性就科以死刑是过度的刑罚；在恩芒德诉佛罗里达州案判决中，认定对于过失杀人适用死刑乃是过度的刑罚。在这些判决中，我们承认"客观的证据，尽管具有相当的意义，但并没有完全解决这些冲突"，因为根据宪法的规定，我们最终不得不对死刑是否合乎宪法第八修正案的规定作出判断。⑤

怀特大法官1972年的弗曼案判决中依其个人的判断投出了决定性的一票，

---

① See Salinas, 34 Am. J. Crim. L. 39 (2006).

② 关于死刑的财政成本及其他无形的成本的讨论[See Kozinski & Gallagher, Death: The Ultimate Run-On Sentence, 46 *Case W. Res. L. Rev.* 1(1995)（特别是法院的负担以及对受害人亲属而言缺乏最终性）]。尽管在死刑案中缺乏最终性似乎违反直觉，Kozinski和Gallagher解释说：

"相比之其他刑事案件，死刑案件提出了更多的、而且远较复杂的问题，他们更容易受到攻击，而且法院对其的审查更为严格。这意味着，一个定罪或者判决很可能会被重新考量——很严肃的考量——而且是在判决作出之后的5年、10年乃至20年之后——一个人会为此其可能对受害人家属的影响感到惊讶和担心，他们不得不接受在犯罪行为发生之后数十年后的再审、质证、死刑执行前的中止的可能性，或者毋宁说更准确地说，现实。"

故而，他们认为："我们被置于一种不定状态之中，这里有一种非常昂贵的机制，这窒息我们的法律制度，使得他们无法做所有的一个社会希望它的法院去做的其他事情，这一次又一次地往受害者亲属的伤口上撒盐……"[同上，at 27-28; see also Block, A Slow Death, *N. Y. Times*, Mar. 15, 2007, p. A27（讨论由于死刑案件所造成的"司法制度的巨大成本和负担"）。]

有些人认为这些成本乃是由于司法过于执著于不必要的精细以及冗长的申诉程序的结果。相反，它们是由于州"在最初的定罪或者判罪时，未能采用完全合乎宪法规定的程序所造成的"。[*Knight v. Florida*, 528 U. S. 990, 998(1999)（布雷耶大法官对拒绝签发调卷令之异议）。]它们也可能是由于州一般不愿意对大量的被告人适用死刑，即便已经作出了死刑判决。[Cf. Tempest, Death Row Often Means a Long Life; California condemns many murderers, but few are ever executed, *L. A. Times*, Mar. 6, 2006, p. B1（指出加利福尼亚州的死刑死囚牢房中的犯人的总数占全国死刑犯人数的20%，但其执行则只占全国的1%）。]无论如何，这肯定不是法官的过错，法官不过是确保在科处不能逆转的死刑时，宪法的各项保障都得到遵守。

③ 弗曼诉佐治亚州案，408 U. S. 238, 331 (1972)（马歇尔大法官，协同意见）；也见同上，at 332（第八修正案的要旨在于，简而言之，禁止"过度者"）。

④ 参见索勒姆诉赫尔姆案，463 U. S. 277, 292 (1983)；哈梅林诉密歇根州案，501 U. S. 957 (1991)；美国诉巴加卡建案（*United States v. Bajakajian*），524 U. S. 321 (1998)。

⑤ 参见阿特金斯案，536 U. S.，at 312，引自科克尔案，433 U. S.，at 597。

该案促使对死刑进行全国范围的重新审视。基于公认的法律和事实前提——他承认这是无法基于客观标准予以证明的——他认为死刑构成"宪法意义上"和"字典意义上"的残酷和异常的刑罚。就法律问题而言,他正确地指出,"并非必要地消灭某人,但其对可识别的社会或者公共目的却贡献甚微……这显然是过度的(不当的)"并构成对第八修正案的违反。就事实问题而言,他指出,"和我的(法官)兄弟们一样,我必须作出判决;而我所能做的就是,从过去的十多年里,于日常生活中所了解的成百上千的联邦和各州刑事案件,包括那些被判处死刑的案件的事实和情节出发而得出我的结论"。我同意怀特大法官的见解,在有些情形下,即便缺乏确凿的证据,本院成员也有义务作出判决。

本院 1976 年的判决维持了死刑的合宪性,其在很大程度上是基于这样一种确信:相配套的程序如果到位,则可避免道格拉斯大法官在弗曼案判决中所提出的歧视性执行,也可避免斯图尔特大法官所说的恣意适用以及布伦南大法官和马歇尔大法官所指出的过度。在之后的几年里,我们的一些判决基于死刑不同于其他任何形式的刑罚的前提而支持那些旨在最大限度地降低死刑错误风险的规则。① 然而,讽刺的是,最近,本院越来越多的判决支持一些对死刑犯的保护较其对一般犯人的保护要弱的程序。

我尤其关注那些剥夺被告人接受在一定程度上代表社会各界的陪审团的审判的规定。在诉讼中既有有因回避请求和无因回避请求,即绝对回避,使我相信,一个会组成"一个有资格作出死刑判决的陪审团"的程序,就其目的和效果而言乃是为了获得偏惠犯人的陪审团。公诉人之担心 12 名随机选出的陪审员组成的陪审团的裁决通常难以一致地作出对犯人科以死刑的判决在一定程度上视为支持死刑是过度的这一结论的客观证据。②

另外一个重要问题是,死刑案件中出错的几率比其他类型案件要高得多,因为在死刑案件中的事实要更为错综复杂,为此,确保犯人不致逍遥法外的利益可能超过人们对犯人身份存有的其他疑问。我们的前人之强调在死刑案件中应当充分地基于理性而非感性而作出判断的重要性,但当我们在公诉人那边倾斜时,这就被破坏了。为此,堪萨斯州诉马什案判决中,本院维持了一项州立法,其规定在陪审团发现加重情节且不存在减轻情节的情形下可以科处死刑。在佩恩诉

---

① 参见加德纳诉佛罗里达州案(*Gardner v. Florida*), 430 U. S. 349, 357-358 (1977) (多数意见)。

② 参见厄特奇诉布朗案(*Uttecht v. Brown*), 551 U. S. 1, __(2007)(slip op., at 1)(斯蒂文斯大法官,异议意见)(说明"有成百上千万的美国人反对死刑"且"美国社会各阶层都有许多公民坚定地认为死刑是不适当的,而且也可能成为死刑案的陪审员")。

田纳西州案判决①中,本院推翻了先前一些判决,并主张"被害人所受影响"的证据——包括犯罪对受害人的性格的影响以及对其家庭的感情打击——是可采的,尽管其无关被告人之有罪与否及道德上可责性,而仅仅是促使陪审团基于感性而非理性作出生杀判决。

第三个重要问题是,死刑的歧视性适用风险。风险已经大大降低了,本院容忍其在死刑案件中持续地发挥一个不可接受的角色。为此,在麦克克莱斯基诉坎普案判决中,本院维持了死刑判决,尽管"存在很大的可能性,被告人的陪审团……会因为被告人是黑人而受害人是白人而受影响"。②

最后,考虑到这类案件出错的实质风险,其结果本质上是不可改变的,这对我而言特别重要。是否有无辜的被告人被执行死刑,近些年随着大量证据日益堆积,有相当数量的被指控犯罪并被判处死刑的人被无罪开释,这一数量已经超过了可以接受的限度。③ 通过处以比终身监禁不得假释更为严酷的刑罚来代替死刑,从而死刑构成宪法上的过度处罚,则无辜被告人被执行死刑的风险就可以消除了。

总而言之,正如怀特大法官在弗曼案判决中将其结论建立在其大量地暴露于无数的死刑案件之基础上一样,我基于我个人的经验而得出下列结论,科以死刑乃是"没有理由的和并非必要地消灭生命,且其对可知的社会和公共目标的实现贡献甚微"。一项对国家无所贡献的刑罚是明显过度的,残酷和异常的刑罚,并违反宪法第八修正案。④

---

① *Payne v. Tennessee*,501 U. S. 808 (1991).

② 同上,at 366 (斯蒂文斯法官异议意见);也见埃文斯诉马里兰州案(*Evans v. State*),396 Md. 256,323,914 A. 2d 25,64 (2006),cert. denied,552 U. S. __ (2007)(其维持了一项死刑判决,尽管一项统计研究表明"在黑人谋杀白人的情形下,较之在被告人与受害人均为其他种族情形下的被告人被判处死刑的可能性要大得多")。

③ See Garrett, Judging Innocence, 108 *Colum. L. Rev.* 55 (2008); Risinger, Innocents Convicted:An Empirically Justified Factual Wrongful ConvictionRate, 97 *J. Crim. L. & C.* 761 (2007).

④ 在弗曼案判决中,没有哪个法官认为第五修正案和第十四修正案提及剥夺生命,便排除了对死刑提起合宪性争议的可能性。5位法官发表协同意见的法官当然反对这一主张,甚至4位发表异议的法官也是如此,他们明确指出在制宪之时,死刑并不被认为是无法容忍的残酷的刑罚,接着,他们对在经过181年之后是否时过境迁乃使得死刑变成违宪的进行了考察。[弗曼案,408 U. S.,at 380-384(伯格首席大法官、布莱克门大法官、鲍威尔大法官与伦奎斯特大法官异议);也见同上,at 420("无论是'残酷和异常的刑罚'抑或是'正当法律程序',其概念的内涵和范围都不停留在制定之时。")(伯格首席大法官、布莱克门大法官、鲍威尔大法官与伦奎斯特大法官异议)。]的确,包含于第五修正案和第十四修正案中程序上的公平保障并不能解决与第八修正案所设定的个别界限相关的重要问题。

四

我关于死刑的合宪性的结论本身使得我在本案中很难作出判决。然而这并不构成拒绝遵守先例(我们法律的组成部分之一)的理由。本院认定死刑合宪,并建立了一个框架以衡量死刑执行方法的合宪性。根据这些先例,无论首席大法官之意见抑或是金斯伯格大法官之意见均足以使我相信,申请人所给出的证据并不能证明肯塔基州的注射死刑执行方法违反第八修正案。因此,我加入多数判决。

斯卡利亚大法官的协同意见:

斯卡利亚大法官发表了此份协同意见,托马斯大法官也加入该意见。

我加入托马斯大法官的协同意见。但针对斯蒂文斯大法官所发表的独立意见*,我觉得应当有所回应,所以我撰写了一份独立意见。

一

斯蒂文斯大法官的结论认为:"通过科处死刑来剥夺人的生命是毫无意义且不必要的,死刑对于任何可知的社会或者公共目标的贡献都是微乎其微的。一个对国家回报如此微不足道的刑罚,当然构成残酷和异常的刑罚,构成对宪法第八修正案的违反。"这一结论是不能作为宪法解释而予以认同的,通常情况下,宪法让民主选举产生的立法机关来决定何者对社会和公共目标作出了巨大的贡献。除了更为普遍的见解之外,宪法本身也认同立法机关对于死刑的选择。宪法第五修正案明确规定:在对一个可能犯有"死罪或者其他臭名昭著的犯罪时",应当由大陪审团出席或者提出控诉,禁止非经正当程序而剥夺生命(宪法第五修正案)。提议第八修正案的同一国会还通过了 1970 年 4 月 30 日的法案(the Act of April 30, 1790),该法案对许多重罪课以死刑。① 雨果·贝铎(Hugo Bedau)教授——他本人也不赞同死刑,在他 1976 年的著作中指出:"15 年以前,没有人会预料到法院会通过宪法解释结束死刑的适用。"② 很简单,除了弗曼诉佐治亚州案判决,斯蒂文斯大法官参与了该判决作出四年后的格雷格案判决,并且也投票推翻该判决。在美国全国范围内禁止死刑,但没有哪个法律权威认为

---

* 此处译成"独立意见"虽略显拗口,不如"个人意见"好。但在中文中,个人意见多数指私人的而非职务上的见解。此处显然不是。——译注

① 1 Stat. 112 (1st Cong., 2d Sess. 1790);格雷格诉佐治亚州案,428 U.S. 153, 176-178 (1976)(斯图尔特大法官、鲍威尔大法官与斯蒂文斯大法官联合意见)。

② *The Courts, the Constitution, and Capital Punishment* 118 (1977).

死刑的科处违反了宪法。

二

是什么促使斯蒂文斯大法官又重申其先前的观点并作出这样一个令人震惊的决定,认为一个为宪法所明文规定的刑罚违宪?他的分析始于一个他相信"没有争议(即公认)的法律假设",即"剥夺生命对于任何可知的社会和公共目的的贡献微乎其微……因此构成了过度的刑罚和对第八修正案的违反"。① 即使其在抽象层面是没有争议的(对我而言,想到的当然不是"残酷和异常的刑罚"的含义),但将它用做分析刑罚的模型,特别是宪法所明文规定的刑罚,则肯定是有争议的。其是否对社会或者公共目的有足够的贡献,人民自有定论,而无需非民选的法官越俎代庖予以判断。但即使我们肯认斯蒂文斯大法官所主张的"没有争议的假设",但将该假设用于检验当下的死刑实践也并不能卸下"那些攻击人民所选代表作出的决定的人所应当承担的艰巨的举证责任"。② 也就是说,斯蒂文斯大法官对于死刑合宪性的政策分析本身是自相矛盾的。

根据斯蒂文斯大法官的观点,死刑并未能促进任何刑罚的目的,因为它既不能像其他替代性刑罚一样防止更多的犯罪,也不能起到刑罚的报应作用。他指出,"近来越来越多的州在其法律中规定终身监禁不得释放",这一趋势说明各州有现成的替代死刑的刑罚。并且,"尽管在这一领域经过30多年的经验研究,但尚没有令人信服的数据足以表明死刑对于潜在的犯罪行为人具有威慑作用"。综合其观点,斯蒂文斯大法官认为由于替代刑罚的存在,以及他所认为的"没有令人信服的数据"使得死刑违宪。他认为,死刑的收益与其他的形式的刑罚如终身监禁相比,超出了它的成本。

这些结论与当下的可以获得的数据并不相符。斯蒂文斯大法官的分析恰恰肯认了,"最近的证据其整体表明死刑也有威慑作用,而且可能相当大"。③

根据一项"国内领先的研究","每执行一起死刑平均能够预防18起谋杀案"。"即使目前证据只是大体上正确的……那么,拒绝科处死刑也就无异宣告了无数的无辜的人的死刑。"当然,也有可能这些证明死刑具有很强威慑效果的经验研究是不正确的,一些学者对于它的威慑价值也有争议。但这不是争议之所在。我们的任务既不是用选择某些负责任的经验研究,使之具有优越于其他

---

① 同上,at 14,quoting in part Furman, supra, at 312 (怀特大法官协同意见));同上,at 9,援引 Gregg, supra, at 183, and n.28。
② 格雷格案, supra, at 175 (斯图尔特大法官、鲍威尔大法官与斯蒂文斯大法官联合意见)。
③ Sunstein & Vermeule, Is Capital Punishment Morally Required? Acts, Omissions, and Life-Life Tradeoffs, 58 Stan. L. Rev. 703, 706 (2006);同上,at 706, n.9 (列举了半打的研究以支持该结论)。

经验研究的地位,并以此去解释宪法;也不是去要求州立法机关用蹩脚的经验研究,而非基于常识而对人的行为所作的预测而去支持他们的刑罚。"死刑对犯罪的威慑价值是一个复杂的事实问题,它应由立法机关来解决。他们可以根据对当地所作的统计研究的结果做出评估,并采取一种法院所无法采取的相对灵活的方法来解决这一问题。"① 如果以斯蒂文斯大法官所持观点作为宪法标准,那么,甚至是他所偏爱的终身监禁不得释放这一刑罚也无法经得起(这样严格的)宪法审查,因为当下仍然没有足够的经验证据比其他替代刑罚,如终身监禁但有机会被释放更为妥善。

何况,即使斯蒂文斯大法官关于死刑的威慑价值的见解是正确的,如果死刑能够实现适当的报应目的,它也还是合宪的。我相信,要证明刑罚能够实现报应的目的并不容易。一个(死刑)判决对我内心的触动相当之大,其不受司法审查的影响。然而,斯蒂文斯大法官认为,由于第八修正案"保护囚犯,使其不受任何与其犯罪行为的受害人所遭受的损害相当的刑罚",所以死刑根本不具有报应的效果。根据他的见解,加诸犯人以任何痛苦均构成了对第八修正案的违反,不过,同样的,加诸以无痛的死刑也构成了对宪法的违反,因为只有加诸犯人以与他的犯罪行为所造成的损害相当的痛苦,这时死刑才能实现其报应目的。换而言之,一个刑罚的报应效果如果不充分,就可以认为其根本不具有报应效果。

所以引用斯蒂文斯大法官的假设,旨在驳倒它。"判决之认为死刑在某些极端案件中是妥当的,乃是共同体意志认为某些犯罪本身乃是对人性的一种巨大冒犯,对此唯一妥当的反应就是死刑的表现。"②

斯蒂文斯大法官最后的救命稻草是成本—收益分析,这种见解相当普遍:无辜的人可能被定罪并被判处死刑,然而,斯蒂文斯大法官无法将这种风险予以量化,因为在美国现行的制度下,他并不能给出任何一个无辜的人被科处死刑的例子。斯蒂文斯大法官对于这种风险的分析,是一系列气势磅礴的批评,如果认为他是对的,那么,无论何种刑事司法制度下的何种刑罚都是不妥当的。根据他的见解,"在定罪阶段,检察官通常会担心,随机选出的12位陪审员对于课以死刑很少能达成一致意见,而这可以视为证明死刑是极端刑罚这一结论的客观证据"。但检察官毫无疑问也有着类似的担心,在定罪阶段,随机选出的12位陪审员也很少达成一致意见。这是为什么允许检察官和辩护律师一样提出有因回避和无因回避请求的原因,以组成一个具体案件中当事人双方都确信可以实现公

---

① Gregg, supra, at 186(斯图尔特大法官、鲍威尔大法官与斯蒂文斯大法官联名意见).
② 格雷格案, 428 U.S., at 184 (斯图尔特大法官、鲍威尔大法官与斯蒂文斯大法官联合意见)。

正的陪审团——而对有因回避和无因回避斯蒂文斯大法官则感到非常困扰。他所关心的问题——检察官可能会请求那些认为被指控者不构成犯罪的人回避,未能支持他的结论,但是支持了另外一个(也是同样错误的)结论,即有因回避和无因回避都是违宪的。斯蒂文斯大法官认为,"在死刑案件错误的风险可能要高于其他案件,因为以下令人不安的事实,即人们更在意于避免那些罪犯成为漏网之鱼,没有得到应有的惩罚,从而超过了对甄别其是否是真的罪犯的关注"。然而,这些理由并没有证明他的结论,即死刑是违宪的,而是证明了一个更为气势庞大的假设,即在那些废除死刑而改采终身监禁不得释放的州中,倘若事实(证据)存在疑问就予以定罪则将是有问题的。同样的问题也存在于斯蒂文斯大法官的另一见解中,他认为"死刑也存在歧视适用的风险"。(如果肯认他的观点)同样的风险也存在于其他刑罚之中,包括终身监禁不得释放;没有任何证据表明在这一方面,相比其他刑罚,死刑中的风险特别大。

不过,在斯蒂文斯大法官对死刑的诸多批评中,最令人难以接受的,是他的感慨,认为"死刑诉讼给社会带来巨大的成本",包括"给法院造成的负担,并使得被害人家庭不能看到结局"。这些成本、这些负担以及缺乏定局大部分都是斯蒂文斯大法官和其他反对死刑的法官想象出来的,他们试图"用一些毫无根据的限制……去阻碍死刑,这些限制既不见诸宪法文本的规定,也未见诸两个世纪以来的宪法下的司法实践"。就基于他们的政策观而形成的产物而言,他们与绝大多数的美国人民并无共识可言。①

三

不过,实际上上述诸点都不重要。正如斯蒂文斯大法官所解释的,"尽管客观证据很重要,但到底无法完全裁决这一争议,因为根据宪法的规定,最后我们要解决的问题是,死刑是否违反第八修正案"。"我根据我个人的经验并作出一个判决,死刑的科处"是违宪的。在法院判决的判决理由中再没有比这更为纯粹的陈述了。在斯蒂文斯大法官的经验面前,其他人的经验似乎毫无价值。将死刑作为一种刑罚方式予以保留的州立法机关和国会的经验——作为"一种习惯和疏忽而非可接受的协商过程的产物"被忽视了。社会学家的研究表明死刑对犯罪具有威胁作用,这些经验被贬低至脚注。至于其他支持死刑的公民的经验,他用了一种带着极其轻微的批评的口吻描述说,那是源于一种"复仇的渴望"。众人皆醉,唯斯蒂文斯大法官独醒。

---

① *Kansas v. Marsh*, 548 U.S. 163, 186 (2006) (斯卡利亚大法官,协同意见)。

* * *

死刑是否值得,对此我不作评论,不过,我说的是它的价值极具争议,是一些非常深刻、极富感情的观点的主题——对我而言,显然它并非本案要解决的问题。特别是,当它是宪法明文允许的情况下,更是如此。

托马斯大法官的协同意见:

托马斯大法官就本案发表了协同意见,斯卡利亚大法官加入该意见。

尽管我同意这一观点,即本案的呈请人未能证明肯塔基州的注射死刑执行方法违反了宪法第八修正案,不过,我本人并不同意多数意见中所提出的"支配标准"。根据我的理解,该见解将会认定某一执行方式违反宪法第八修正案,如果当下存在一种替代方式并能消除导致极度痛苦的巨大风险。这一标准,和呈请人所主张的"不必要的风险"标准及反对意见所主张的"不幸的风险"标准一样,均与对禁止残酷和异常的刑罚条款的最初理解不符,也与我们之前就死刑执行方法案件所作的判决不符;它质疑长期以来为人们所接受的死刑执行方法的合宪性;并使得法院染指一件法院无权(institutional capacity)*解决的事情。故而,我对本案持不同意见,我认为除非死刑的执行方式旨在使受刑人痛苦,其才构成违宪。

一

第八修正案禁止残酷和异常的刑罚之科处,应当根据那些促使制宪者将其列入"权利清单"的历史实践加以理解。尽管斯蒂文斯大法官对此进行了反思,但毫无疑问第八修正案并不禁止死刑。这一点很明显:首先,在制定宪法之时死刑被普遍采用。① 其次,宪法明确规定了死刑。②

宪法原则上允许死刑,当然,这并不意味着所有的执行方式都是合宪的。在英殖民统治时期,死刑并不只有一种统一的执行方式,而是一系列的执行方式,其中一些宪法的制定者或许也认为是残酷和异常的刑罚。1791年前后绞刑是最为常见的死刑执行方式,毫无疑问,即使在第八修正案通过之后,它仍然是被允许的刑罚。"在17或者18世纪,普通的绞刑对于一国而言并非最严酷的刑罚。"除了绞刑——旨在使受刑人快速、无痛地死去,在多数情况下,它的确也实

---

* 此处也有译成"制度能力",主要是指立法、行政、司法三权各自的权限。——译注

① See S. Banner, *The Death Penalty: An American History* 23 (2002)(指出在18世纪后期,死刑是"各类重罪的标准刑罚")。

② See, e.g., Amdt. 5 (要求在判处某人"犯有应处死刑的犯罪或者丑行罪"时应有大陪审团的指控和出席,并禁止未经正当程序而剥夺其生命)。

现了这一目的,"政府还适用其他的一系列方法,这些方法可能增加死刑的残酷程度",故而与其说其旨在杀死受刑人,毋宁也有着惩罚的目的。

其中之一就是火柱刑,它与绞刑不同,它通常导致巨大的痛苦,并损毁尸体,故而人们视它为一种"超死刑的刑罚方式,其比死刑本身要严酷得多"。不过,它仅适用于那些可能对社会秩序构成严重威胁的罪犯——如杀死主人的奴隶、杀死丈夫的妇女——但由于将人活活烧死是如此恐怖的刑罚,所以法警可能会出于仁慈,先将罪犯绞死。

其他的一些执行方式也会增加死刑的残酷程度,如绞架,或者将犯人吊在一个铁笼中,置于公共场合,让人们看到他的身体逐渐地腐烂掉。或者如布莱克斯通所指出的,对于某些谋杀罪可能也施以"剐刑"。① 但这并非死刑犯可能面临的最坏的命运。有一种刑罚仅适用于最危险和可谴责的罪犯——叛国罪犯人。布莱克斯通指出:"对于叛国犯,其刑罚十分严酷、恐怖",其中有"开膛剖肚、砍头以及肢解"。故而,以下可能是英国对7个被判犯有叛国罪的人所判处的刑罚:

"你们所有人,即你们每一个人,都将被送到你们的故乡,被赶着通过一个栅栏然后到达刑场,在那里,将用绳子套在你们的脖子上,但在你快死之前,他们会将你放下来,然后再吊上去,再放下来,重复为之,只要你还活着。接着他们会将你的肠子取出,并当着你的面烧掉——然后砍掉你的头,然后将你分成四块——根据国王的要求。但万能的上帝会怜悯你的灵魂。"②

刑罚的加重形式的主要目的在于震慑罪犯,以更为有效地威慑罪犯。其突出的特征是,人们在设置刑罚时是有意地在其中引入实现死刑的必要限度之外的痛苦的。正如布莱克斯通所指出的:"对于罪大恶极的犯罪,其他的一些恐怖、痛苦或者不体面的因素被附加到刑罚之中。""在那些人们认为极有必要的情形下,人们非常谨慎地实施"这些"附加"情节,以制造恐怖,通过设置这些情节,其试图使受刑人缓慢地、痛苦地死去,以使其感受到所有的痛苦。

尽管第八修正案并非人们在讨论权利法案时的重点,但有充分的理由相信,制宪者认为,这样一种死刑的加重属于残酷和异常的刑罚条款禁止的范围。至

---

① 4 W. Blackstone, *Commentaries* 376 (1769).

② G. Scott, *History of Capital Punishment* 179 (1950). 这些行刑方式是如此恐怖,制宪者是不会接受如此残忍的刑罚的。在对英国法上的死刑的各种"附加惩罚",以及较轻的刑罚入"刖或断肢、断手或者割耳朵"等,或者耻辱刑如"割鼻,或在手上或额头上烙印"进行分析之后,布莱克斯通恭喜他的同胞,因为和欧洲大陆的野蛮相比,他们已经更为文明:"尽管这个清单如此令人作呕,但它将带给英国读者以欣慰,增英法以光辉,尤其是将其与那些几乎是所有欧洲大陆各国刑法典所采用的这些骇人听闻的死刑或者酷刑制度进行比较时更是如此。"(4 Blackstone 377)。

18世纪后期,许多残酷的行刑方式已经逐渐消失了,基于这一意义上的"异常"而言,人们通常已经不再适用这些刑罚了。① 将死刑界定为旨在造成痛苦,而就痛苦而言,其完全能为"残酷"的一般涵义所涵盖。②

此外,我们从制宪时的讨论中所获得的证据使我们确信,第八修正案旨在使国会不能课以酷刑。正是由于1787年在费城起草的宪法缺乏对国会权力的如此限制,使得来自马萨诸塞州的一名代表在宪法批准大会上批评说:"没有哪个地方限制创设那些极端残酷、闻所未闻的刑法,并将之适用于犯罪;对之也不存在任何的宪法制约,在这种情形下,拉肢刑架和绞刑架或许是最轻的刑罚。"③ 同样的,在弗吉尼亚州宪法批准会议上,帕特里克·亨利对缺乏一个权力清单提出反对,其中之一是因为没有什么可以阻止国会施加"刑讯逼供,残酷的、残暴的刑罚"。

早期的宪法评论者在解释残酷和异常的刑罚条款时不约而同地指向残暴的刑罚。其中一名评论者认为第八修正案旨在禁止"可怕的刑讯方法":

"残酷和异常的刑罚之禁止,反映了当时的文明的发展,人们不再容忍使用那些人类为满足其残忍的激情而用其聪明才智设置的拉肢刑架或者火刑,或者其他任何可怕的刑讯方法。"④

同样的,另外一个评论家指出,有"充分的理由"说明第八修正案禁止那些稍欠开化的国家中所采用的"残暴和残酷的刑罚":

"在第八修正案之下,课以残酷和异常的刑罚,也是被禁止的。各种各样的残暴、残酷的刑罚为其他一些国家的法律所采用。这些国家宣称,在文明进步,在发展、提供充分的理由以明文禁止这些刑罚上,他们较之那些最开化的国家,绝不自甘落后。车裂、凌迟、(五马)分尸,其他种种用于侦查的、恐怖的刑讯手段,断手、刖及鞭笞至死,对于我们这部人道的统一的宪法的精神而言是全然不可想象的。"⑤

---

① 哈梅林诉密歇根州案,501 U.S.957,976 (1991)(斯卡利亚大法官意见);也见威姆斯诉美国案,217 U.S.349,395 (1910)(怀特大法官,异议意见)。(值得一提的是,在宪法制定之前,英国权利法案所保障之,一般而言,残酷的肉体上的刑罚都不再予以使用。)

② See 1 S. Johnson, *A Dictionary of the English Language* 459 (1773)(将"残酷"一词定义为:"以伤害他人为乐;不人道,铁石心肠;少怜悯;没有同情心;野蛮;凶残的;冷酷无情的。");1 n. Webster, *An American Dictionary of the English Language* 52 (1828)(将"残酷"界定为"以给他人带来肉体和精神上的痛苦为乐;愿意或者乐于进行酷刑、使人悲伤、折磨他人;不人道,缺乏怜悯、同情心以及善心")

③ 2 J. Elliot, *The Debates in the Several State Conventions on the Adoption of the Federal Constitution* 111 (2d ed. 1891).

④ J. Bayard, *A Brief Exposition of the Constitution of the United States* 154 (2d ed. 1840).

⑤ B. Oliver, *The Rights of An American Citizen* 186 (1832)(reprint 1970).

第八修正案所禁止的刑罚是如此残酷,所以约瑟夫·斯托利认为,这样的规定"在一个自由的政府中是完全没有必要的,因为这样的政府的某个部门基本上不可能授权这样残暴的行为,或者为之辩护"。①

二

根据对残酷和异常的刑罚条款的原初理解,本院的判例不断重申,制宪者意在禁止那些作为出台第八修正案历史背景的残酷刑罚。② 该观点渗透于我们所有的死刑执行方式的案件。本院曾三次对当代死刑执行方式的挑战进行审查,但都拒绝了这一争议,每次都强调第八修正案旨在禁止那些意在造成痛苦的死刑执行方式。

在第一个判决,威尔克森诉犹他州案判决中,本院驳回了枪决是残酷和异常的刑罚的主张。在这种情况下,其对布莱克斯通所列的死刑执行方式进行了审查,重申了他的观点,即"在对待那些残忍的罪犯时,在行刑时有些会额外增加其他的一些因素,恐怖、痛苦或者羞辱"。本院认为"重申酷刑——如布莱克斯通所提到的那些,以及其他一些不必要残酷,乃是第八修正案所禁止的,是妥当的"。本院毫无困难,一致认为枪决不属于这一范围。

同样的,本院在凯姆勒单方诉讼案判决中一致驳回了对电刑的争议。本院认为,第八修正案禁止那些"明显残酷和异常的刑罚,如火刑、钉死在十字架上、车裂或者类似的刑罚":

"一项刑罚一旦存在酷刑或者延长死亡则是残酷的;但是就宪法的文义而言死刑不是残酷。死刑如果是残酷和异常的,则不应只是消灭生命,而应包含了某些不人道的、残忍的因素。"

最后,在路易斯安那州诉雷斯韦伯案判决中,本院驳回了申请人的主张,即第八修正案禁止路易斯安那州对他第二次适用电刑——第一次电刑失败了,"尽管行刑人打开开关,但可能由于某些机械故障,并未能杀死受刑人"。多数意见认为,第一次尝试的失败只是"一个故障,而非由于恶意",并由此得出结论:"事实上已经遭受电击,并不会使得之后再次行刑跟其他行刑相比在宪法上显得更为残酷。"

"宪法保护受刑人免受之残酷系指,内在于行刑方式之中的,而非人道地杀

---

① J. Story, *Commentaries on the Constitution of the United States* 750 (1833).
② 参见埃斯特尔诉甘布尔案(*Estelle v. Gamble*), 429 U.S. 97, 102 (1976)(制宪者最初打算规定"刑讯逼供和其他'残忍的刑罚'");威姆斯案, 217 U.S., at 390 (怀特大法官反对意见)("无疑,的确也没有提出质疑,权利清单所禁止的残酷的刑罚是那些之前加诸犯人的,凶残、残暴且不人道的刑罚。")。

死某人的方法所必然导致的痛苦。一个无法预见的事故使得死刑判决无法立即得以完成的事实,对我们而言,并不会为之后的执行增添残酷的因素。随后的执行目的并非在加诸不必要的痛苦,而且该计划的执行本身也包含不必要的痛苦。"

三

就对"残酷和异常"条款之禁止有意之残酷和异常的刑罚的这一一以贯之的理解而言,在1977年,即便是一个热衷的废除死刑论者也不得不承认,"所有的解释者都一以贯之地认第八修正案所谓之'残酷和异常'仅指这样的行刑方式,其使得在简单导致死亡之外增加了残酷和侮辱,这是第八修正案的制定者的原意和意图"。[①] 不过,令人惊奇的是,多数人愿意忽视这一一以贯之的权威转而支持一个无法从第八修正案的原意或者我们关于死刑方式的先例获得支持的标准,而且不放弃,"乃至威胁说要将法院变成负责决定死刑之最佳执行方式的调查委员会,而每个判决都将为新一轮的、寻找新的和改良后的方法的诉讼所替代"。

我们从不这样认为,即,一项行刑方式只要导致痛苦风险——无论这种风险是否是巨大的、不必要的或者不适当的——且这种风险可以通过替代方式予以消减就构成第八修正案所谓之"残酷和异常"。这有充分的理由。尽管最高法院看起来似乎认为,"火刑、剖腹、车裂和肢解、砍头以及其他类似的方式包含了特定的特征,即存在某种导致痛苦的可能性,这种可能性可以为其他替代方式所消除。非常明显,决定这些刑罚的性质的是它们之设置乃至于增加某种酷刑以加重死刑,其旨在创造一种比死刑严酷的刑罚,即在单纯地杀死某人之外增加点什么"。第八修正案所指向之恶乃是有意地造成不当的痛苦,我们的死刑执行方式的判决或明确或暗示地使用这一基准。

故而,在威尔克森案判决中,本院认为没有必要将枪决与绞刑或者其他行刑方式进行比较分析。本院也未对枪决之具体执行程序进行细致分析以确定他们是否存在导致痛苦的风险,这种风险可以通过其他程序予以减轻。枪决可以通过军队的实践予以证立,这就足够了,为此,其显然不属于布莱克斯通所说的那些导致不必要的残酷的刑罚。

凯姆勒案判决也是如此。在该案中有人试图请求法院对电刑和其他行刑方式进行比较分析,但是没有成功。本院认为,纽约州立法机关采用电刑以取代绞刑,"以用对现代社会而言最为人道和可行的方法以执行死刑案件中的死刑判

---

① H. Bedau, *The Courts, the Constitution, and Capital Punishment* 35.

决"。不过,没有任何证据暗示,本院认为有必要仔细审查用以考量电刑作为死刑行刑方式的有效性的证据,以确定相比绞刑,电刑实际上包含了导致痛苦或者缓慢的死亡的巨大风险。下级法院驳回了这一请求,因为其认为"所以通过该法案,旨在致力于设置一个更为人道的方式以执行死刑",和"法院应当假定立法机关乃是基于一定的事实而采取行动"。就下院的决定而言,"其中包括一项判决即制定法并不违反联邦宪法"。本院认为该决定"显然是正确的",为此,本院毫不犹豫地拒绝发出纠错令的请求。

同样的,在雷斯韦伯案中,本院以一种非常戏剧性的方式面对着这样一个现实,即电椅的确可能出错或者失控,这可能导致极度痛苦。① 但由于缺乏"恶意"或者"加诸不必要的痛苦的目的",本院认定宪法并未禁止路易斯安那州为执行死刑判决而使申请人再次曝露于此种危险之中。② 没有人认为,路易斯安那州应当提供额外的保障或者采用可替代的程序以降低死刑执行失灵的风险。雷斯韦伯案中的异议者坚持认为是否缺乏造成痛苦的故意无关紧要。③

四

除了无法从历史或者先例获得支持之外,本案中所提出的各种基于风险的标准还存在其他缺点,它们绝不是除了注射处死之外对执行的每一种方式都质疑。毋宁是绞刑、枪决、电刑、毒气行刑方式等所包含的造成痛苦的风险可能经由改采注射死刑而予以消减。的确,所有的这些行刑方法都因此而被认为是违宪的,并受到攻击。④ 但是,如果认为第八修正案只允许一种行刑方式,或者其

---

① See 329 U. S. , at 480, n. 2(伯顿大法官,异议意见),援引申请人摘要中的证言,据证言描述,"在第一次电刑失败之后,申请人的双唇肿起、身体扭曲、僵硬,他颤动着以至于椅子抖动得厉害"。

② 同上, at 463, 464(多数意见);同上, at 471(法兰克福特大法官,协同意见);弗曼诉佐治亚州案, 408 U. S. 238, 326-327(1972)(大法官协同意见)(其认为雷斯韦伯案判决主张"立法机关所以采用电刑乃是基于人道的目的,立法机关的意志不应受窒碍,因为其意在减少在绝大多数案件中可能出现的痛苦以及折磨,尽管其可能在某些案件非故意地导致某些痛苦")。

③ 329 U. S. , at 477(伯顿法官异议)("执行者的意图既不能减轻酷刑或者成为这一结果的借口")。

④ See, e. g. , *Gomez v. United States Dist. Court for Northern Dist. of Cal.* , 503 U. S. 653, 654, 656-657(1992)(斯蒂文斯大法官,异议意见)(认为毒气违反第八修正案,因为"更为人道的、较为不残酷的行刑方式是可得的",如注射死刑);格拉斯诉路易斯安那州案(*Glass v. Louisiana*), 471 U. S. 1080, 1093(1985)(布伦南大法官对于拒绝签发调卷令持异议)(认为电刑违反第八修正案,因为其存在导致痛苦的风险,而这种风险可以为"采用其他当下可得的行刑方式",如注射死刑,而予以消减。);坎贝尔诉伍德案(*Campbell v. Wood*), 18 F. 3d 662, 715(CA9 1994)(莱因哈特大法官持协同意见和反对意见)(主张绞刑违反宪法第八修正案,因为它存在导致痛苦的风险,而采用注射则不会)。

要求以麻醉致死,是与第八修正案的历史不符的。

虽然,不过是在不久前,在其他行刑方式都被认为违宪的并成为历史的情形下,注射死刑作为一种人道的替代方式而被采用,但是,它之成为今天争议的主题,一点也不讽刺,且理所当然。宪法"演化"的速度似乎比我所怀疑的要快。显然,对那些基于政策的原因反对死刑的人而言,该项刑罚可以接受的最终归宿就是,由本院以一种在宪法的文本和历史上未有依据、从未有关的方式行使权力,或者依照当下的道德共识,将死刑作为一种残酷和异常的刑罚而予以完全禁止。同时,尽管对于那些寻求废除死刑者而言,次优的选择是无休止地就死刑的行刑方法的适当性提起诉讼。不过,今天的判决并非未能终结该领域的滥诉,进而为合众国"以一种应时的方式执行死刑的重要利益稍作辩护"①,毋宁说,其会引起更多的诉讼。在什么程度上风险是"实质的"?什么样的方法是"可行的"并"容易操作的"?风险的降低在什么情形是"巨大的"?何种刑罚学的理由是"正当的"?在本案判决之后,下级法院将不得不面临着这些问题。更不要说,我们没给合众国一条明确的规则。

这还使我想起另外一个关于比较风险基准的问题:他们要求法院解决在很大程度上超出司法范畴的医学和科学争议。这里我仅打算援引当下我同事们的各种观点。在多数意见和反对意见所提出的相互竞争的风险基准下,例如,合乎第八修正案规定的注射死刑方法和不符合其规定的方法的区别可能变成个人关于某些细节的判断,如通过观察眼睑是否抖动以确定受刑人是否无意识,或者是否存在其他可以确保受刑人的无意识的其他措施。② 我们既没有权力也没有专业知识以这种方式对合众国的死刑的执行进行微管理。很简单,没有任何理由相信非经选举产生的,也无科学、医学或者刑罚学的训练的法官会比其他被特别赋予管理死刑实务的行政人员能够更好地处理死刑执行相关的具体事务。③

简而言之,因既无先例也不可行故,我拒绝任何要求法院对不同的行刑方法或者某一行刑方法的不同方式的优缺点进行比较的基准。如果该项研究存在任何比较因素,则其应限于系争方法是否相对于传统的行刑方法,如绞刑和枪决,

---

① 尼尔森诉坎贝尔案(*Nelson v. Campbell*),541 U.S. 637,644 (2004)。
② Compare post, at 6 (金斯伯格大法官异议) (批评肯塔基州的方法,因为"没有人呼唤受刑人的名字、摇他、拨开他的眼睑以通过反射反应,或者有害刺激以观察他的反应");同上,at 22 (对反对意见进行反驳,"因为受刑人不能仅以举出州可以增加一个或者以上的安全保障以替代某独立且适当的措施,并成功地挑战其合乎第八修正案")。
③ 同上,at 5 (斯蒂文斯大法官协同意见) (批评合众国采取的三剂法,因为在"大多数州中都采用三剂法,三剂法是由非经选举产生、无专门的医学知识且未得到专家的协助和指引的矫正部官员选定的")。

必然导致巨大的痛苦。①

五

只要根据正确的基准进行裁判,这就是个简单的案件。毫无疑问,肯塔基州之所以采用注射死刑方法,旨在努力使死刑更为人道,不致使死刑加诸恐怖、痛苦或者耻辱的因素。毫无疑问,如果操作正确,肯塔基州的注射死刑可以迅速和无痛的死亡。正如第六巡回法院在对田纳西州的注射死刑的类似的诉讼中指出,我们"没发现任何州有造成不必要痛苦的意图(或者任何类似的意图);该项控告指向的避免痛苦的方法有可能会出错,因为执行者在执行之时可能犯错误"。② 但是"在执行死刑的程序时可能存在过失……无法证立一个可接受的第八修正案的主张"。因为肯塔基州的注射死刑法旨在消除痛苦而不是造成痛苦,为此,申请人主张应不予支持。为此,我协同本院的维持下级法院判决的意见。

布雷耶大法官的协同意见:

本件呈请人虽然肯认死刑的合法性,但仍然对肯塔基州的执行方式的合宪性提出质疑,认为其构成了宪法第八修正案所禁止的"残酷和异常的刑罚"。至于法院应当如何审查这样一个请求,我赞同金斯伯格大法官的观点。她强调一个重要的问题,这种方法是否导致了一种不幸或者很容易避免的风险,给受刑人造成剧烈、不必要的痛苦。我赞同以下这些重要因素,"风险的程度""疼痛程度"以及"替代方式的可得性",是相互关联的,都应当予以考量。同时,我相信基于所提出的主张的法律性质,相对于暂时性的审查标准的措辞而言,我们更应重视事实和证据。无论是在本案的卷宗里还是在同一主题的文献中,我均未能发现充分的证据足以表明肯塔基州的死刑执行方法存在了申请人所主张的"可能导致剧烈的痛苦的巨大的、不必要的风险"。

至于相关文献,我查阅了一些期刊上的文章,这些文章似乎是最早引起人们

---

① 参见格雷诉卢卡斯案(*Gray v. Lucas*), 463 U.S. 1237, 1239-1240 (1983) (伯格首席大法官协同意见,拒绝签发调卷令) (驳回一项认为毒气违反第八修正案的主张,因为申请人未能证明由氰化物毒气导致的死亡比其他任何传统的行刑方式导致的都要痛苦、恐怖,从而侵害了第八修正案的权利)。援引格雷诉卢卡斯案, 710 F.2d 1048, 1061 (CA5 1983);赫尔南德斯诉州案(*Hernandez v. State*), 43 Ariz. 424, 441, 32 P. 2d 18, 25 (1934) (仅毒气比绞刑导致的痛苦更轻、更为人道的事实,就足以驳倒那些认为其构成第八修正案所指残酷和异常的刑罚的观点)。

② 沃克曼诉布里德森案, 486 F.3d 896, 907 (2007)。

对于注射死刑可能导致不必要痛苦的见解的广泛关注。① 由利奥尼达斯·G.康尼亚雷斯博士、特蕾莎·A.齐默斯(迈阿密大学医学院)等人合写的一篇文章发表在《柳叶刀》杂志——一个杰出、领先的医学杂志—— 2005 年 4 月 16 日号上。② 他们"对亚利桑那州、佐治亚州、北卡罗来纳州和南卡罗来纳州执行注射死刑的 49 具尸体进行了剖验"。该项研究表明,注射死刑通常包括以下步骤,注射巴比妥酸盐,其产生持续性麻醉,接着注射一种麻痹剂和一种心跳引导剂。其中它主要关注第一剂药剂麻痹囚犯,使之感受不致遭受痛苦的功效。它指出这四个州适用 2 克的硫噻吩。③ 尽管所用硫噻吩的剂量(比如说 2 克)是平常实施外科手术的数倍,但是作者们发现在死亡数小时(或者更长的一段时间)之后,被执行注射死刑的死刑犯的尸体中的血液中存在巴比妥酸盐的溶度甚至要比在手术进行之时人们在被手术的人的血液中可能发现的巴比妥酸盐的溶度要低。

在做了相应分析之后,他们指出,"所检验的 49 例中的 21 例,约占 43%,其血液中的硫噻吩溶度尚不足以使人丧失知觉"。这一事实表明,尽管受刑人未能将这种痛苦表达出来,但对造成这种痛苦的可能性我们应当予以相当关注。作者并指出,除了其他因素之外,未能对行刑者进行足够的训练也可能是造成这一结果的原因之一。

然而,发表在《柳叶刀》上的此项研究很可能存在重大的瑕疵。在 2005 年 9 月 24 日号《柳叶刀》上发表了 3 篇商榷文章。第一篇的作者,是其最初的推荐人俄亥俄州儿童医院的乔纳森。他指出血液中存留较低溶度的硫噻吩并不能表明之前所注射的剂量不足;因为在类似注射死刑的情形下,血液中的硫噻吩很可能会向周围的器官扩散,从而不仅仅存留在血管中。④ 而在死亡之后很长时间才进行剖验,发生扩散的可能性也就更高。基于这一理由,他指出,那些起初"表示坚定地拥护该文章(即康尼亚雷斯等人合写的文章)"的人就有问题了,因为这篇文章的主要研究结果"可能是错误的,因为该项研究缺乏通盘的考虑"。

第二篇文章的作者马克·J.S.黑斯(在下级法院审理此案时,曾经作为呈请人方面的专家)、唐纳德·R.斯坦斯基以及德里克·J.邦德分别来自哥伦比亚大学、斯坦福大学医学院和英国邓迪大学麻醉学系。他们指出,"康尼亚雷斯和

---

① *Supra*, at 13, n.2(多数意见); Denno, The Lethal Injection Quandary: How Medicine Has Dismantled the Death Penalty, 76 *Ford. L. Rev.* 49, 105, n.366 (2007)(统计那些被指控之囚犯援引《柳叶刀》前项研究的案件).

② See Koniaris, Zimmers, Lubarsky, & Sheldon, Inadequate Anaesthesiain Lethal Injection for Execution, 365 *Lancet* 1412(以下简称《柳叶刀》研究)。

③ *Id.* at 1413(肯塔基州的注射死刑执行制度与此相似,但它目前使用 3 克的硫噻吩); *id.* at 5-6(多数意见)。

④ See Inadequate Anaesthesia in Lethal Injection for Execution, 366 *Lancet* 1073.

他的同事并未能给出令人信服的科学数据以证明他们的结论,即如此之大比例的囚徒在注射死刑执行过程中是有意识的"。同上研究人员指出,由于血样是在囚犯死亡"数小时甚至数天之后"采集的,而通过尸检而得到的硫喷妥的血溶度——由于药剂很可能从血管向其他器官扩散,不能作为说明囚犯活着的时候硫喷妥的血溶度的精确证据。

第三篇文章的作者,罗宾·S.威斯曼、杰弗里·N.伯恩斯坦以及理查德·S.威斯曼分别来自迈阿密大学、医学院和佛罗里达毒药信息中心。他们指出,"说明死后的药剂溶度非常困难,因为由于时间(的选择)、解剖学意义上的样本的取得以及药剂本身的物理和化学性能的不同可能导致分析结果存在相当大的差异"。① 他们认为,对于最初的研究结果应当做"更为深入的评估(检验)"。

康尼亚雷斯博士等人对此作了回应,并为他们研究结果的精确性做了辩护。② 不过,无论是呈请人的调卷申请还是本院的案件提要(包括其他7名支持呈请人的法庭之友的意见提要中)均未提及康尼亚雷斯博士等人的研究成果——它发表于呈请人的案件审理期间。基于这一事实和这些商榷文章,作为一名非此领域专家的法官,我不能对康尼亚雷斯博士等人的研究成果予以过多意义。

在这些文献中,还有一篇对此作了细致研究的文章,其发表在2002年的俄亥俄州法学杂志上。其作者德博拉·W.丹诺教授考察了36个在注射死刑中使用硫喷妥的州。③ 在该文的表9中,作者列出了自本院的格雷格诉佐治亚州案判决以来、截至2001年的31起"拙劣的注射死刑执行(Botched Lethal Injection Executions)案例"。④ 其中的19例是因为在找到适当的用以注射药剂血管时发生问题。其中11例,则是出现了强烈的、非常明显的物理反应。还有一起于1990年发生于伊利诺伊州,作者认为"尽管从外表上看,由于镇静剂的作用受刑人显得平静,但某些迹象表明,其实际上遭受极大的痛苦"作者指出,"有一些关于设备缺陷和执行人员经验不足的报道"。这篇文章,即丹诺教授在呈请人的案件审理中的作证,并为呈请人引为证据,也可提供理由促使我们关注注射死刑的执行问题。但它对呈请人并无多少实益(即无多大证明能力)。因为,根据有关文献和肯塔基州法院的调查,肯塔基州在执行注射死刑时雇用的是训练有素的刺络医师,同时又有观察员在场,如果执行存在丹诺教授文章的表9所列出的

---

① 366 *Lancet*, at 1074.
② *Id.* at 1074-1076.
③ See When Legislatures Delegate Death: The Troubling Paradox Behind State Uses of Electrocution and Lethal Injection and What It Says About Us, 63 *Ohio St. L. J.* 63.
④ Denno, 63 *Ohio St. L. J.*, at 139-141.

瑕疵时，他们会阻止其继续执行。

这篇文章同时也对当下存在的一些替代注射死刑的执行方法提出疑问。呈请人在庭审中主张，比如，肯塔基州应当减少——也能够减少某种麻醉剂，如泮库溴铵的使用，他们能够通过预防反对来掩饰犯人因为所注射麻醉剂的不足可能遭受的痛苦。① 他们并指出使用泮库溴铵对动物死刑尚且违反兽医的职业道德。② 然而，在荷兰，泮库溴铵被推荐用于合法的安乐死。③ 为此，人们不禁要问，如果使用泮库溴铵是不妥当的，那么，何以荷兰那些准备给人实施安乐死的人会推荐使用这种药物或者类似的药物？呈请人指出，在荷兰，在帮助他人自杀时，受过麻醉学训练的医师会参与其中，而在肯塔基州则不是这样。不过，问题在于这种区别并未解决这些明显冲突的观点，即用这种药物人道地剥夺犯人的生命其本身是妥当的抑或不妥当的。

同样的，犯人还主张应当有训练有素的行刑人。但是，非常清楚的是，无论是美国医师协会，还是美国护理协会的职业道德规定均强烈反对其成员参与死刑执行活动。④ 这些事实表明要找到一些训练有素的人来执行注射死刑比最初想象的要困难得多。

在这一记录中，除了当事人所指出的一些不幸的，也容易避免的可能导致剧烈痛苦的风险之外，我再也无法找到更能够支持呈请人主张的证据。的确，金斯伯格大法官支持了呈请人的一个主张——我认为这也是他们最有力的主张，即肯塔基州应当对受刑人是否真的无意识做更为彻底的检查。不过，就此而言，我赞同本院多数法官以及斯蒂文斯大法官的见解。这一记录在一旦肯塔基州政府采取这些措施后是否会带来很大变化上并没有多少说服力。

---

① See Brief for Petitioners 51-57; Reply Brief for Petitioners 18, and n.6.

② *Id.* at 20, 援引 Brief for Dr. Kevin Concannon et al. as Amici Curiae 17-18; See also the Concannon Brief 4, 18, n.5（指出肯塔基州和其他22个州一样，在对动物实施安乐死禁止使用神经肌肉剂）（更何况用之于人？）.

③ See 同上, at 19-20（多数意见）（讨论荷兰皇家医药促进协会推荐在硫喷妥钠之外使用如泮库溴铵一类的肌肉松弛剂）; See also Kimsma, Euthanasia and Euthanizing Drugs in The Netherlands, reprinted in Drug Use in *Assisted Suicide and Euthanasia* 193, 199-202（M. Battin & A. Lipman eds. 1996）（讨论肌肉松弛剂的使用）.

④ See Brief for American Society of Anesthesiologists as Amicus Curiae 2-3（citing AMA, Code of Medical Ethics, Policy E-2.06 Capital Punishment (2000), online at http://www.ama-assn.org/ama1/pub/upload/mm/369/e206 capitalpunish.pdf（所有网上文献访问于2008年4月10日，参见书记官法庭卷宗档案）; ANA, Position Statement: Nurses' Participation in Capital Punishment (1994), http://nursingworld.org/MainMenu-Categories/HealthcareandPolicyIssues/ANAPositionStatements/EthicsandHumanRights.aspx（指出护士之参与死刑的执行"被认为是与该职业的基本目标的伦理传统相违背的"）; Cf. Ky. Rev. Stat. Ann. §431.220(3)（West 2006）（除证明死因外，肯塔基州禁止医师参与"死刑的执行"）.

综上,我所能得出的结论是,无论是在记录中还是在我所看到的相关卷宗中,尚无充分的理由说明肯塔基州的注射死刑执行方法存在很大的可能给受刑人带来不必要的痛苦的风险。死刑,尽管其本身带有极大的风险,如执行对象错误①对死刑的科处可能产生影响、被判处死刑者在死刑执行前可能要等上几年甚至十几年的风险。② 这些风险在一定程度上说明了死刑何以存在这么多争议。但就本案而言,我们要处理的并非死刑的合法性问题。而呈请人的证明和证据,对肯塔基州注射死刑的执行方法的合法性提出了疑问,但是尚不能表明这一执行方法构成了宪法第八修正案所禁止的"残酷和异常的刑罚"。

基于上诉理由,我同意本院所作判决。

金斯伯格大法官的反对意见:

金斯伯格大法官发表了反对意见,苏特大法官加入这一意见。

肯塔基州所采用的三剂注射死刑的方法中的第二、第三剂药物,即泮库溴铵和氯化钾会给一个有意识的人造成极度的痛苦,这一点并无争议。泮库溴铵通过瘫痪肺部肌肉而导致呼吸迟缓。泮库溴铵在血液循环过程中会造成极度的疼痛感。为此,多数人认为对一个有意识的犯人使用泮库溴铵和氯化钾"在宪法上是不可接受的"。

为此,肯塔基州的注射死刑的方法的合宪性问题取决于第一剂硫喷妥能否使受刑人得到充分的麻醉。多数意见认为,肯塔基州的方法是合宪的,因为犯人并未能证明存在第一剂未能对受刑人予以充分麻醉的相当风险。不过,由于可能存在风险,为此我不能仓促定案。和其他州相比,肯塔基州的方法缺乏一些确保受刑人在注射第二、三针剂之前已经丧失知觉的基本保障。为此,我宁愿驳回案件,将之发回重审,并要求对缺乏这些保障是否会导致一种令人难堪的、但又很容易避免的风险,即导致严重的和不必要的痛苦的风险。

一

本院在此前只在三个案件中就行刑方式的合宪性进行过审查。当事人及法

---

① *Id.* at 16-17(斯蒂文斯大法官协同意见)、变化无常的憎恨(如基于受害人所属种族而可能有所变化*。

* 如早期的强奸案,在强奸案中如果受害人是白人妇女,而加害人是黑人,则犯人被课以死刑的可能性就很大;而反之,如受害人是黑人妇女,而加害人是白人,后者被课以死刑的可能性就要低很多。——译注

② 参见史密斯诉亚利桑那州案(*Smith v. Arizona*), 552 U. S. __ (2007)(布雷耶大法官对拒绝签发调卷令之异议)。

庭之友所援引的那些判决及其他判决中并不能提供任何标准以指引对申请人所挑战之肯塔基州的注射死刑执行方法的判断。

在威尔克森诉犹他州案判决中本院认为枪决不构成第八修正案所禁止之残酷和异常的刑罚。如此判决,本院并未试图努力地界定"宪法之禁止残酷和异常的刑罚的条款的准确范围"。但正如本院所指出的,"申明酷刑……及其他与之相似的并非必要的残酷是被禁止的,是稳妥的"。随之凯姆勒单方诉讼案判决中,电刑作为死刑的行刑方法受到了挑战。① 本院重申第八修正案禁止"酷刑"以及"冗长的死亡"。本院并进一步指出,"残酷"一词系指"不人道的……超过消灭生命所必要者"。不过,这些观点构成了一个整体。凯姆勒案判决的真实观点是,第八修正案不适用于各州②,对这一观点从鲁宾逊诉加利福尼亚州案判决等以来我们就不予以认同。

最后,在路易斯安那州诉雷斯韦伯案判决中,本院驳回了一项第八修正案和第十四修正案诉讼,其认为在第一次电刑失败之后,即未使受刑人死亡,再次执行电刑不构成对前述两个修正案的违反。在该判决中,多数意见首次指出:"盎格鲁-撒克逊法中的传统人性论禁止在执行死刑过程中造成并非必要的痛苦。"但在紧接着的句子中,最高法院立即改变了措词,其指出"禁止任意地导致痛苦"。

这些判决中没有提供任何判定死刑执行方法的合宪性的明确标准。此外,这些判决由于年代久远,所以无法为解决当下的问题提供任何有效的指引。我们认为,"第八修正案应当从反应成熟的社会之进步的演化中的合宜行为标准推导出其内容"。③ 其中,威尔克森案判决作成于129年前,凯姆勒案判决作成于118年前,而雷斯韦伯案判决作成于61年前。不管我们先前关于死刑行刑方法的案例提供了多么少的启示,它们都随着时间的推移而黯淡无光了。

不过,可以从晚近的判决中,如格雷格诉佐治亚州案判决,推导出判断的原理和标准。在概括地谈及死刑时,主流的意见认为第八修正案禁止"并非必要的、恣意地在造成痛苦"④;该意见并提醒,"在审判程序可能导致实质性的危险,即以一种恣意、非人性的方式加痛苦于受刑人的,则不得课以死刑"。

---

① 绞刑是合众国先前的死刑执行方法。在当下,人们认为电刑较"不残酷",实际上是执行死刑最为人道的方式,能够快速的,因而也是无痛苦的死亡。[凯姆勒单方诉讼案,136 U.S. 436, 443-444 (1890)。]

② 本院在凯姆勒判决中指出,政府之选择电刑替代绞刑作为死刑的执行方法不违反第十四修正案:美国公民的特权和特免并未因此受到侵害,同样的法院也未因此偏离正当程序。

③ 阿特金斯诉弗吉尼亚州案,536 U.S. 304, 311-312 (2002),引用特罗普诉杜勒斯案,356 U.S. 86, 101 (1958) (多数意见)。

④ 428 U.S. 153, at 173 (1976) (斯图尔特、鲍威尔及斯蒂文斯大法官联合意见)。

基于格雷格案判决以及本院更早之前的判决，肯塔基州最高法院指出，如果一项行刑方法"导致了造成任意的和并非必要的痛苦，酷刑以及冗长的死亡的实质性风险"则构成对宪法第八修正案的违反。① 申请人回应说，法院应当考量"（1）可能造成的痛苦的程度；（2）产生痛苦的可能性；（3）获得替代方法的可能性"。多数采取了一个折中的标准，要求"导致严重伤害的实质性风险"并考量一项"可行的，已经在用"的替代方法能否明显地降低风险。

我赞成申请人和多数的意见，即应当对风险的大小、痛苦的程度以及替代方法的可获得与否进行考量。不过，我部分不同意多数意见，其将"实质性风险"基准作为首要的要件。但这三个要件之间是相互关联的，某一个的重要性突出则将降低对其他两个要件进行考量的必要性。

在多数情形下，可以预期，注射死刑作为行刑的一种模式会实现无痛苦的死亡。尽管出错的几率可能非常小，但是如果对受刑人是否丧失意识判断错误，其结果确实是可怕的，特别是在注射第二剂之后已经很难有效地查知受刑人是否仍有意识。就降低风险的系数和痛苦的程度而言，依我个人的见解，重要的是是否存在一个可行的替代方法。正如多数意见指出，其证据仅表明存在一个有点或者略为更安全的替代方法是不够的。但如果已经可得的措施能够实质上提高下列可能性，一项执行方法能够导致无痛苦的死亡，在这种情况下，如果一个州拒绝采用该方法，则有违当代之体面标准。

二

肯塔基州立法机关于1998年采注射死刑作为死刑行刑方法。② 立法者将注射死刑的实施的发展留给矫正部官员处理。这些官员，一审法院认为，"在未得到科学协助或者政策监督的情形下被赋予这项权力"。"肯塔基州的方法"，该法院指出，"是从其他州拷贝过来的，对之未作批判就直接予以接受"。肯塔基州"未就药剂及其注射剂量进行任何独立科学或者医学研究，也未咨询任何医学专业人员"。相反——如一审法院指出的——肯塔基州仅是跟在其他州的后，依葫芦画瓢地采用了俄克拉荷马州于1977年首先发展起来的三剂法。肯塔基州方法始于一谨慎的第一步措施：仅有医疗专业人员可以进行静脉刺穿和进行静脉注射。静脉注射队的成员必须有、至少应有作为执业的医师、静脉切开医师、紧急救护员、伞兵军医或者海陆军医一年以上从业经验。肯塔基州的静脉注射队目前有两名成员：一个具有8年以上经验的静脉切开医师和一名具有20年

---

① 217 S. W. 3d 207, 209, 210 (2006).
② See 1998 Ky. Acts ch. 220, p. 777, Ky. Rev. Stat. Ann. §431.220(1)(a) (West 2006).

以上经验的紧急救护员。他们两个在每年举行的10次注射死刑培训课堂上都要练习注射。

然而，除了使用专业的和受过训练的人员以执行静脉注射外，肯塔基州没有采取任何措施以确保受刑人被注射足够剂量的硫喷妥。在完成注射之后，静脉注射队离开行刑室。在这之后，只有典狱长和副典狱长跟受刑人在一起。但无论是典狱长还是副典狱长都未受过医学训练。

典狱长仅依其肉眼的观察，以确定受刑人是否"看起来"已经丧失意识。在肯塔基州唯一的注射死刑案件中，典狱长所处的位置，看得最清楚的是受刑人的腰部以下，其目光仅是略微扫及受刑人的脸。在注射泮库溴铵时，则未采取任何其他手段以检查受刑人是否有意识。肯塔基的方法中并未包含这样一个方法，即在药剂流速过快的情形下自动中止，或者其他最为基本的检测以确定硫喷妥是否确实发挥作用。没有人呼唤受刑人的名字，晃动他，拨开他的眼睑以检测他的反射反应，或者通过其他有害的刺激以观测他的反应。

肯塔基州也未使用可得的设备以检测硫喷妥的功效，即便已将受刑人连接到心电图仪器上。注射硫喷妥之后的血压的降低或者心跳的减慢并不能证明受刑人已经丧失意识①肯塔基州自己的专家作证说，硫喷妥会使得受刑人的血压变得很低、很低，血压的突降可以"确认"药剂业已发挥预期的功效，相关文献表明，血压计和心电图仪器的使用，在需要麻醉的手术中是基本的。②

在注射第二剂之前，进行意识检测，对典狱长的肉眼观察具有补充作用，可以降低导致巨大痛苦的风险。泮库溴铵是一种药效很强的麻痹剂，它可以阻止任何自发的肌肉运动。一旦注射泮库溴铵之后，如果没有很先进的设备和专业的人员，就很难检查发现受刑人是否还有意识，因为已经不存在任何通过肉眼可以辨别的症状。③

认识到在注射第一剂和第二剂药物之间设置一扇窗户的重要性，其他各州

---

① App. 579-580; *supra* at 20-21（多数意见）（只不过表明药剂已经进入血液循环）; See App. 424, 498, 578, 580; 8 Tr. 1099 (May 2, 2005).

② 多数意见所以认为无关医疗标准，部分是二者的背景不同（*supra* at 21）。医疗专业人员监控血压和心律，不只是为了救死扶伤，也在于降低受刑人在另一痛苦的步骤中仍然未丧失意识的风险。肯塔基州方案是否合宪取决于其对此风险的防范措施[See *supra*, at 1; *id.* at 14-15（多数意见）]，就此而言，多数意见不对医疗实践进行考量让人颇为困惑。没有人认为应当完全将医疗标准引进第八修正案。不过，即便没有医师的参与，肯塔基州还是很容易就能监控受刑人的血压和心律。医疗人员认为这种监控很重要，所以才成为医疗实务的基本照顾（措施），为此，我仍然坚信这些措施是非常管用的。

③ 申请人方面的专家作证说，一个外行人无法通过受刑人的外在表现判断其是否已经丧失意识，甚至对一个专业人士而言要做到这一点都有点困难（App. 418）。肯塔基州的典狱长坦白地承认："我的确不知道，该怎么办。"（*id.* at 283.）

都采取了一些肯塔基州的方法所未包含的保障措施。① 佛罗里达州在注射第一剂之后、注射第二剂之前会暂停一会儿，以便典狱长"在协商之后，确定受刑人确实已经丧失意识"。② 典狱长首先要触摸受刑人的眼睑、呼唤他的名字并晃动他。③ 如果仍对受刑人是否丧失意识存有疑问，在佛罗里达州，则"医疗队会从化验室就评估受刑人是否丧失意识提供咨询"。在整个行刑过程中，插入静脉注射管的人都通过闭路电视监视静脉注射点和受刑人的脸。

在密苏里州，"医疗人员必须使用标准的医疗技术以对囚犯进行物理检查以确定其丧失意识，并重新检查注射位置"。④ "仅在确信囚犯已经丧失意识，并至早在注射第一剂硫喷妥钠的三分钟以后，才得注射第二、第三剂。"

在加利福尼亚州，静脉注射队的成员在注射硫噻吩的过程中会拨开受刑人的眼睑，跟他说话并晃动他，在注射完成之后会再次重复这些行为。⑤

在阿拉巴马州，行刑队的成员"会开始呼唤受刑人的姓名。如果没有反应，则其会轻轻地弹下受刑人的眼睑。如果仍没有反应，则其会掐下受刑人的手臂"。⑥

在印第安纳州，在注射硫噻吩之后，官员会检查注射位置，呼唤受刑人的名字、触摸他并用阿摩尼亚药片测试他对有害的刺激性气味的反应。

这些检测提供了某种程度的保障以确保第一剂的注射操作得当，而肯塔基州则缺乏这种方法。这些方法操作简单，几无成本，但是对于降低受刑人在意识清醒的情形下，因注射泮库溴铵出现窒息而导致巨大痛苦以及被注射氯化钾造成的巨大痛苦。卷宗中没有材料说明肯塔基州何以不采取这些简单的措施。

肯塔基州辩解说，硫噻吩的错误使用之不可察知的可能性微乎其微，因为如

---

① 因为许多保留死刑的州并未披露其方案，故无法获得有关各州的实务的全面的报告。(See Brief for American Civil Liberties Union et al. as Amici Curiae 6-12, 19-23.)

② 莱特伯恩诉麦克克拉姆案(*Light-bourne v. McCollum*)，969 So. 2d 326, 346 (Fla. 2007)。

③ 参见莱特伯恩诉麦克克拉姆案，969 So. 2d 326 (Fla. 2007) 中佛罗里达州专家，此次也作为肯塔基州的专家。他作证说，轻碰眼睑"可能是我们在手术室中最常用的方法……用于检查病人是否已经由清醒状态转入无意识状态"。[Tr. in *Florida v. Lightbourne*, No. 81-170-CF (Fla. Cir. Ct., Marion Cty.), p. 511, online at http://www.cjlf.org/files/ -LightbourneRecord.pdf (所有网上文献访问于2008年4月10日，存于法院书记员的个案卷宗以供查阅).] "一个有意识的人，如果你轻碰他的眼睑，他会眨眼；反之，则不会。"同上，他并作证说，摇晃受刑人身体并呼叫他的名字的做法和初级救生课程所教的方法一样(*id.* at 512)。

④ *Taylor v. Crawford*, 487 F.3d 1072, 1083 (CA8 2007)。

⑤ See State of California, San Quentin Operational Procedure No. 0-770, Execution by Lethal Injection, § V(S)(4)(e) (2007), at http://www.cdcr.ca.gov/News/docs/RevisedProtocol.pdf.

⑥ Respondents' Opposition to Callahan's Application for a Stay of Execution in *Callahan v. Allen*, O. T. 2007, No. 07A630, p. 3.

果该药剂被错误地注射到皮下组织而非静脉,则他将"醒着并呼号"。① 这一主张忽略了肯塔基州方法存在的一些问题,其消极地依赖于意识的明显标志,如哭喊,而这对于确定受刑人是否遭受痛苦是不够的。

首先,肯塔基州使用泮库溴铵以麻痹受刑人,注射第二剂之后,受刑人不可能呼喊,无论他遭受多大的痛苦。因此,肯塔基州的主张显然依赖这样的主张,即,如果将硫喷妥注入皮下组织而非静脉将造成痛苦。一审法庭对这一证词未予采信,因为肯塔基州未提供任何已知的、在行刑中硫喷妥被注入皮下软组织的的案例以支持这一证词。②

其次,受刑人如果被注射足量,但无需达到麻醉外科层面所需要的剂量,就能够掩盖意识的明显症状。③ 如果该药剂注射过快,在注入小量的硫喷妥之后,血压升高就可能导致受刑人静脉爆炸。④ 肯塔基州的方法并未规定硫喷妥的注射速度。行刑者,如未受过医疗训练,则仅能凭"感觉"而在长五英尺的导管注射该药物。⑤ 实践课和实质的行刑不同,没有人会反抗注射。为此行刑者所受的训练可能会使得他推进过快。

"最为简单和明显的办法以确保在行刑过程中受刑人丧失意识",申请人在肯塔基州最高法院指出,"是在注射泮库溴铵前对受刑人是否丧失意识进行检查"。⑥ 法院对申请人的主张未予处理。为此,我想将案件发回重审,并指示法院就在注射硫喷妥之后,未能采用已经可得的保障措施以确认受刑人是否丧失意识进行审查,并根据肯塔基州的死刑执行方法,是否可能会导致巨大、不必要的痛苦,而这是不适当且可以避免的。

---

① Tr. of Oral Arg. 30-31. See also Brief for Respondents 42; Brief for State of Texas et al. as Amici Curiae 26-27.
② See, e.g., Lightbourne, 969 So. 2d, at 344.
③ See 7 Tr. 976 (Apr. 21, 2005).
④ Cf. App. 217 (描述静脉爆炸的可能性).
⑤ 导管的长度会对受刑人是否被输入足够剂量的硫喷妥产生影响。典狱长和副典狱长在行刑室监视是否出现明显的渗漏,不过该导管亦通过墙上的一个小洞蜿蜒至隔壁的控制室(App. 280)。
⑥ Brief for Appellants in No. 2005-SC-00543, p. 41. See also App. 30 (起诉状)(主张肯塔基州的方法并不要求"行刑队在注射第二、三剂之前确认被拘束的受刑人已经丧失意识")。

肯尼迪诉路易斯安那州案
Kennedy v. Louisiana

《美国判例汇编》第554期第407页(2008)
美国联邦最高法院发至路易斯安那州最高法院的调卷令
庭审日期:2008年4月16日
结审日期:2008年6月25日

案 件 导 读

  2008年6月25日,美国联邦最高法院以5∶4就肯尼迪诉路易斯安那州案作出判决,推翻了系争路易斯安那州规定对强奸未满12周岁的幼童罪可适用死刑的法律。本案申请人帕特里克·肯尼迪因于1998年3月2日强奸8周岁的继女L.H.,并给其造成严重的心理和生理伤害,而为被申请人——路易斯安那州,指控犯有路易斯安那州刑事诉讼法典第905条第4款及相关条文规定的强奸未满12周岁的幼童之加重强奸罪并寻求对其科处死刑。陪审团支持了州的主张,裁决肯尼迪犯有加重强奸罪并课以死刑。法院于1998年5月7日作出判决。该判决在美国联邦最高法院死刑合宪性的法理中具有重要的地位。将其和宣告佐治亚州对强奸成年女性犯罪科处死刑法律违宪的科克尔诉佐治亚州案判决一并进行解读,则意味着联邦最高法院将强奸罪作为一个类型彻底地排除在死刑适用范围之外。然而,和其他多数死刑案件的判决一样,联邦最高法院多数意见的形成是以微弱多数作出的,也在一定程度上意味着多数意见基础并不稳固。

  正如大家所将看到的,和以往的死刑判决一样,联邦最高法院多数意见主要是建立在如下理由的基础之上:一是,第八修正案经由第十四修正案而适用于各州,其规定:"不得要求过多的保释金,不得课以过重的罚金,不得课以残酷和异常的刑罚。"该规定应从标志着一不断成熟的社会之进步、反映和表达对人性尊严的尊重的"演化中的合宜行为标准"获得其内涵。而就建立在当代标准的基础上的法律根据——包括本案之强奸幼童罪、其他非谋杀犯罪的死刑史,现行州法和新的立法——而言,1964年以来的死刑执行数量的考量表明:一,存在反对对强奸幼童罪科处死刑的国民共识；二，由于缺乏明确指导死刑案件中陪审团的审判裁量权的行使的标准，使得对强奸幼童罪适用死刑的妥当性存在疑问。另外，对强奸幼童罪适用死刑，并不能很好地实现死刑的威慑和报应两个目的，此外，由于儿童受害人证词本身的可靠性存在疑问以及经年累月的审理过程也给受害人造成了不必要负担，故对强奸幼童罪适用死刑违宪。

然而，恰如阿利托大法官所主笔的异议意见中所指出的，联邦最高法院上述说理并不合理，因为：一方面尽管科克尔案判决主要处理的是对强奸成年妇女的犯罪适用死刑的法律的合宪性问题，但由于该案判决所传递的消息，使得多数州认为如果制定对强奸幼童罪适用死刑的法律或者类似的法律可能被联邦最高法院推翻。在过去的30年里，这种疑虑打消了各州立法机关通过允许对强奸幼童罪科处死刑的新法律的考虑，给制定和实施新的州死刑法律——尤其是一种新法律，如针对强奸幼童罪的法律，增加了成本。而这在很大程度上抑制了立法机关制定新的死刑法律的愿望。就此而言，不能以当下仅有为数不多的州授权对强奸幼童罪科处死刑而认为，存在反对对此类犯罪适用死刑的国民共识的客观证据，因为其未能反映各州立法机关的真实意志；毋宁相反，虽然仅有为数不多的州授权对强奸幼童罪科处死刑，但却有越来越多的州立法或者试图立法扩大死刑的适用范围，使之及于强奸幼童罪，而这恰恰表明存在一种新的国民共识，即应对强奸幼童罪适用死刑。此外，就多数意见对儿童证言可靠性的质疑，反对意见指出，在其他情形下，并不排除儿童证言的可采信性。况且，最高法院多数意见认为"第八修正案绝对地排除强奸儿童犯的死刑适用，哪怕是穷凶极恶的强奸儿童犯，但是，(1) 第八修正案原旨并未支持这一判决；(2) 科克尔案或其他任何先例案件都不能推导出这一结果；(3) 缺乏足够可靠的'客观尺度'来支持法院所主张的'社会共识'；(4) 对我们面前这个州法律的合宪性的认可并不会'延伸'或者'扩大'死刑的适用；(5) 本院曾经否认第八修正案是禁止各州立法制定新的死刑法律以解决新的问题的单向闸轮；(6) 极度恶性的强奸儿童犯正是道德极度败坏的写照；(7) 以及强奸儿童犯罪对受害人以及整个社会都造成了严重的伤害"。而这种伤害是如此巨大故而"路易斯安那州的立法机关以及越来越多的其他州立法机关都认为这种伤害必须以死刑惩处之"。

| 判决摘要 |

本案申请人帕特里克·肯尼迪因强奸年方8周岁的继女 L. H.，并给其造成严重的心理和生理的伤害，而为被申请人——路易斯安那州，指控犯有路易斯安那州刑事诉讼法典第905条第4款及相关条文规定的强奸未满12周岁的幼童之加重强奸罪并寻求对其科处死刑。陪审团支持了州的主张，判其有罪并科处死刑。他提出上诉。本案提出的问题是，宪法是否禁止被申请人对未造成或者

非故意造成受害人死亡的强奸幼童罪的犯人科处死刑。联邦最高法院认为,第八修正案禁止对此类犯罪行为科处死刑,故系争路易斯安那州法律违宪。其主要理由如下:

(1) 对强奸幼童罪适用死刑违反"演化中的合宜行为标准",违反第十四修正案。

对强奸幼童但未造成受害人死亡的强奸犯科处死刑,违背了"演化中的合宜行为标准"。经由第十四修正案而适用于各州的第八修正案规定:"不得要求过多的保释金,不得课以过重的罚金,不得课以残酷和异常的刑罚。"这一规定应从标志着一不断成熟的社会之进步、反映和表达对人性尊严的尊重的"演化中的合宜行为标准"获得其内涵。而刑罚也必须合乎这一基准。基于社会共识和联邦最高法院的独立判断,联邦最高法院认为对强奸幼童并未杀害之,或者并非故意帮助他人杀害之的犯罪分子科处死刑违反第八修正案以及第十四修正案,故而违宪。

(2) 就建立在当代标准基础之上的法律根据——包括本案之强奸幼童罪、其他非谋杀犯罪的死刑史,现行州法和新的立法——而言,1964年以来的死刑执行数量的考量表明:存在一反对对强奸幼童罪科处死刑的国民共识。

① 存在反对对强奸幼童犯科处死刑的共识的客观证据。反对对青少年、智障被告人和替代重罚谋杀犯科处死刑已达成共识,客观证据是罗珀案判决、阿特金斯案判决以及恩芒德案判决。联邦最高法院遵循这些案例判决的路经。在对强奸犯科处死刑的历史考量中,最高法院发现:在1925年,有18个州、哥伦比亚特区以及联邦政府都有授权对强奸幼童或成人的犯罪科处死刑的制定法。在1930年与1964年间,共有455人因该类犯罪而被执行死刑。最近一个因强奸幼童罪而被执行死刑的发生于1964年。1972年,弗曼案判决使绝大部分授权对强奸罪科处死刑的州制定法无效;在弗曼案之后,仅有6个州重启对强奸罪科处死刑的条款。其中3个州——佐治亚州、北卡罗来纳州、路易斯安那州——对所有强奸罪犯均科处死刑;另外3个州——佛罗里达州、密西西比州、田纳西州——只对幼童强奸罪科处死刑。与此相反,有44个州未将强奸幼童罪列入可科处极刑的犯罪之列。就联邦法律而言,国会于1994年通过之联邦刑法扩大可科处死刑之联邦犯罪的范围,其中包括一些非杀人性犯罪,但并不包括强奸或性侵幼童罪。即国民共识是反对对强奸幼童犯科处死刑的。

② 没有证据表明科克尔案判决抑制了州制定对强奸幼童罪科处死刑的立法愿望。

路易斯安那州等主张:对科克尔案判决所确立的关于谋杀罪和强奸罪的

一般意见的解释过于宽泛,以至于一些州立法机关认为科克尔案判决也适用于强奸幼童罪,从而断绝了制定可适用的死刑法律的念头。对此,多数意见指出,从上下文(或者背景)来看,科克尔案的多数意见将争议点限于"对强奸成年女性的罪犯"科处死刑是否合乎比例;并且被申请人没有引用可靠的数据来证明州立法机关对科克尔判决存在误读。就此而言,只有少数州制定此类法律,在相当程度上表明的确存在反对对强奸幼童罪科处死刑的国民共识。

③ 缩减死刑的适用范围乃是大势所趋。被申请人坚持认为,有六个将强奸儿童罪列为可科处死刑的犯罪,加上有些州已经提出草案、尽管尚未予以批准,反映了一个一以贯之的、支持对强奸幼童罪科处死刑的改革方向。最高法院则认为这一数据并不比阿特金斯案判决中所援引的数据更具说服力,后者表明:死刑的适用范围在日渐缩减。

④ 关于死刑执行数量的统计表明对强奸幼童罪科处死刑是不可接受的。佛罗里达州、佐治亚州、路易斯安那州等9个州从1972年弗曼案判决以来至今都允许对强奸成年妇女或幼童犯罪科处死刑。但自1964年以来,没有人因为强奸成年妇女或者幼童而被执行死刑;且自1963年以来,也没有任何因实施其他非谋杀性犯罪而被执行死刑。即便在路易斯安那州也仅有2例而已。

(1) 缺乏明确的标准以指导死刑案件中陪审团的审判裁量权的实施,使得对强奸幼童罪适用死刑的妥当性存在疑问,另外,对强奸幼童罪适用死刑,并不能很好地实现死刑的威慑和报应两个目的,此外,由于儿童受害人证词本身的可靠性存在疑问以及经年累月的审理过程也给受害人造成了不必要的负担,故对强奸幼童罪适用死刑违宪。

① 限制死刑适用的基准的不确定性和模糊性不符合演化中的合宜行为基准的要求。对一未造成受害人死亡的犯人科处死刑的确存在道德上的疑问,相关的事实都表明了一点,即(强奸幼童罪的)受害人所遭受的惊吓、暴露感以及所受伤害的性质而造成长期的生理和精神上的伤害远比不可预见的突然谋杀更甚。但是,这也并不就意味着,死刑对该犯罪而言是适当的刑罚。宪法之禁止过度、残酷和异常的刑罚要求州政府刑罚权"应在文明的限度内行使之"。合宜,就其本质而言是对个人的尊重,相应的在适用死刑时的节制与克制,这乃是一项确定的原则。要界定和实施这一原则,首先必须坚持一项基本原则,即确保在决定谁该被判死刑问题上之一致性。其次,为了确保适用死刑时的克制和谦抑,法院坚持"对犯人的性格和记录以及犯罪行为的情节进行判断,并将之作为宪法所要求的、科处死刑程序的不可或缺的一环"。不过,个案情节衡量和一致对待存在紧张关系,为此结果并非总是让人满意。由于不能更严格地施行精密的规

则,以消除指导陪审团审判裁量权行使的基准的不精确性,故对强奸幼童罪科处死刑本身的合宪性也将成为问题,因为"演化中的合宜行为基准"不能容许存在一个试图扩大死刑的适用范围、但是,其对死刑适用的限制却是不确定且模糊的制度。

② 如果罪(死)刑不相当甚巨,或者死刑无法实现它所追求的报应和威慑两个特殊社会目的,则死刑是过度的。尽管死刑对强奸幼童犯罪或许具有惩罚或威慑功能,但由于强奸幼童罪与死刑的严厉性之难以调和可能会导致刑罚过度的风险,联邦最高法院反对扩大死刑的适用范围以及于该种犯罪。反映社会和受害人之见到犯人对自己的行为造成的伤害付出代价的利益的报应目的并不能证成在本案中应采取死刑此种严厉的刑罚。在考量死刑之于非杀人犯罪时,尚需考虑对死刑与受害人所受伤害的平衡问题:因为社会通过谋取儿童受害人的支持,通过经年累月的诉讼以寻求对犯人科处死刑,这强迫儿童受害人作出一种道德上的选择,而她显然未达到足以做这样的选择的(成熟)年龄。在这种情形下,儿童之卷入死刑执行的方式将会危及一正当的法律体系;而这是死刑可能给禁止强奸幼童法律的实施和执行造成的诸多根本难题之一。除此之外,在提出强奸幼童罪指控时,还存在一个重大制度上的担忧,其关涉对此类犯罪科处死刑的合宪性。儿童证言可能不可靠,或者出于受诱导,或者出于想象,这些问题意味着"尤有可能造成冤狱"。

尽管所有这些主张,单个看来,都不足以证明对儿童强奸犯罪适用死刑的违宪性,但经过综合考量,联邦最高法院独立作出如下判决,驳回路易斯安那州最高法院的死刑判决。将该案发回重审并要求其作出不违背本院意见的判决。

阿利托大法官发表了反对意见,罗伯茨首席大法官、斯卡利亚大法官以及托马斯大法官加入该意见。

| 判决全文 |

肯尼迪大法官发表了法院意见:

联邦政府,除此之外,还有各州都受宪法第八修正案明文规定的拘束,各该辖区内的人都可以主张第八修正案的保障。[①] 本案申请人帕特里克·肯尼迪试图援引第八条修正案以取消对他的死刑判决。他因强奸年方8周岁的继女而为

[①] 参见宪法第八修正案以及第十四修正案第一款;鲁宾逊诉加利福尼亚州案, 370 U. S. 660 (1962)。

被申请人——路易斯安那州,指控犯有加重强奸罪。经过陪审团审判,肯尼迪被判有罪;根据路易斯安那州一项授权对强奸未满12周岁的幼童者科处死刑的州法,并科处死刑。① 本案提出的问题是,宪法是否禁止被申请人对未造成或者非故意造成受害人死亡的强奸幼童罪的犯人科处死刑。本院认为,第八修正案禁止对此类犯罪行为科处死刑,故系争路易斯安那州法律违宪。

一

下文的描述既无法充分反映申请人的罪行给被害人造成的伤害和惊吓,也无法表达社会对其行为的憎恶——故而作为社会的代表的陪审团通过科处申请人死刑来表达他们的憎恶。1998年3月2日早上9点18分,申请人拨打911报警说,他的继女L.H.被强奸了。他告知接线员说,当时他正在为儿子上学做准备工作,而L.H.在车库里。在听到尖叫声后——申请人说——他冲出屋外,在侧院发现他的继女L.H.被强奸了。两个邻居男孩,申请人告诉接线员说,将L.H.从车库拖拽到侧院,将她放倒并强奸了她。申请人声称,他看到其中一名男孩骑着一辆蓝色十速自行车逃跑了。

警察于9点20分到9点30分期间赶到申请人家中,发现L.H.躺在床上,穿着T恤,被一床血迹斑斑的毯子包裹着。她的阴道仍然在大出血。申请人对警察说,他将L.H.从院子里抱到浴缸后再抱到床上。根据申请人的叙述,警察在从车库到房子的路上以及屋内的楼梯上都发现了稀薄的血迹。除此之外,由于申请人在卧室里用一盆水和毛巾擦拭受害人身上的血迹,故而在卧室里也发现了血迹。(申请人)最后的这一行为使得法医人员无法采集到可靠的DNA样本。

之后L.H.被转移到儿童医院。一位儿科方面的法医专家作证说,在他执业4年里所看到的性侵害案件中,L.H.受到的伤害最为严重:阴道左壁上的一道伤口将宫颈与其后的阴道撕裂开来,致使直肠侵入阴道组织。会阴处,从后阴唇系带至肛门处被撕裂。其伤势需要急救并立即实施手术。

在犯罪现场、在医院以及在之后几个星期内,L.H.与申请人都告诉侦查人员说L.H.是被两个邻居男孩强奸的。在法庭上,L.H.的一个医生也证实,L.H.和所有医护人员讲述的强奸案案情并无不同,尽管传闻说她曾和某个家人说她是被申请人强奸的。案发数天后,心理医生与L.H.进行会谈。该会谈分别于两天内进行,全部过程持续了三个小时,并予全程录像;在审理过程中,其被作为证

---

① See La. Stat. Ann. §14:42 (West 1997 and Supp. 1998).

据而予出示。从录影带上,可以发现在谈及强奸案时 L. H. 表现甚为艰难。她说话吞吞吐吐、停顿时间很长,而且动作频繁。在早期的面谈中,对被问及的问题 L. H. 表示保留:

"我将告诉你同样的案情。他们希望我作出改变……要我说我是被爸爸强奸的……我不想这么说……我告诉他们同样的,同样的案情。"

她告诉心理医生,那天她在车库里玩,然后一个男孩走过来打听她所卖的女童子军饼干;然后这个男孩"拖着(她的腿)将她拽到院子里",用手捂住她的嘴,"脱下(她的)短裤",强奸了她。

案发后第八天,尽管 L. H. 坚持申请人并非犯罪人,申请人依然因涉嫌强奸继女被捕。州的侦查对申请人及 L. H. 所陈述的案情的真实性都提出了质疑。尽管在审理过程中辩护方提出多种可能的解释,但是陪审团基于如下证据,支持了检方的主张:在案发后对侧院所作的及时勘查表明,其并非案发现场;在那里除了一小块凝固的血迹外,草坪大致保持原样。申请人说嫌犯之一骑蓝色十速自行车逃离犯罪现场,但是对自行车特征的描述前后不一,比如关于自行车把手的描述即是。侦查人员在附近公寓之后的深草丛中找到了一辆与申请人和 L. H. 的描述相符的自行车,而且申请人也指认其为嫌犯之一所骑的自行车。不过,该自行车轮胎是瘪的,无变速齿轮,且覆盖着蜘蛛网。此外,警察在 L. H. 床垫的背面找到了血迹。这使警察相信,强奸是在她的卧室内发生的,而不是在户外。

警察同时发现,在案发当时的早上,申请人打过两通电话。早上 6 点 15 分之前,申请人打电话给其雇主,留言说他当天无法去上班。在早上六点半到七点半之间,申请人又打电话到公司,问其同事如何能把白毛毯上的血迹洗掉,因为他女儿"刚成为了一个年轻的女人"。在 7 点 37 分,申请人就毛毯上血迹清理打电话给 B&B 毛毯清洁公司请求紧急援助。直到一个半小时之后,申请人才给 911 打电话。

申请人被捕一个月之后,临时终止了 L. H. 的母亲对她的监护,截至当时她始终坚持申请人与强奸无关。1998 年 6 月 22 日,L. H. 被送回家中,那时她首次告诉其母亲她是被申请人强奸的。1999 年 12 月 16 日,即案发 21 个月后,L. H. 在与儿童保护中心的会谈中她提出了这一指控;这次会谈作了录像。

州指控申请人犯有加重强奸幼童罪并寻求对他科处死刑。① 与该案相关的州法律为:

---

① La. Stat. Ann. §14:42 (West 1997 and Supp. 1998).

"A. 加重强奸罪系指下列情形下所实施之强奸罪……即因有一个或者多个下列情节而被认定为未获得受害人合法同意而实施的肛门或者阴道性交：

……

（4）受害人未满 12 周岁的。不知道受害者年龄不构成抗辩理由。

……

D. 犯有加重强奸罪者应科处在苦役场服终身监禁，且不得假释、缓刑、或者减刑。

（1）但是，如果受害者未满 12 周岁的，即本条第 A 款第 4 项所规定之情形：

（a）而且如果地区检察官寻求死刑判决，则应根据陪审团的裁决科处犯人以死刑或者在苦役场服终身监禁，不得假释、缓刑、或者减刑。"

（在申请人被定罪判刑后，路易斯安那州对该法律进行了修改，将口交也纳入加重强奸罪中，并将受害人年龄由原来的 12 周岁提高到 13 周岁。）①

路易斯安那州刑事诉讼法典第 905 条第 4 款②对加重情节作了列举。与申请人案件相关的条款如下：

"A. 下列情节应视为加重情节：

（1）犯罪行为人着手实施加重强奸、暴力强奸、加重绑架、二级绑架、加重入室盗窃、加重纵火、加重逃跑、从所驾车中开枪袭击、武装抢劫、一级抢劫或者单纯抢劫，无论其为既遂抑或是未遂的。

……

（10）受害人年龄未满 12 周岁或者满 65 周岁的。"

法庭审理始于 2003 年 8 月。此时 L. H. 已经 13 岁了。她作证说，某天早上醒来，发现帕特里克压在她身上。她回忆说，申请人在强奸她后，给了她一杯"加了一些捣碎的口服避孕药的橙汁"，并听到申请人在电话里与别人说到她已经成为"一个年轻的女人"。③ L. H. 承认曾经指控两个邻居男孩，但又作证说这是申请人让她这么说的且这并非事实。

陪审团认定申请人加重强奸罪名成立，紧接着进入量刑阶段。州方面提交了申请人前妻的表妹（或者堂妹）同时也是她的教女 S. L. 的证词。S. L. 作证说，申请人在她 8 岁时曾经对她进行过三次性侵，最后一次发生了性交。直到两年后她才告诉他人，不过，没有提起诉讼。

陪审团一致认定申请人应被判处死刑。路易斯安那州最高法院维持了初审

---

① La. Stat. Ann. §14:42 (West Supp. 2007).
② La. Code Crim. Proc. Ann., Art. 905.4 (West 1997 Supp.).
③ 2005-1981, pp. 12, 15, 16 (La. 5/22/07), 957 So. 2d 757, 767, 769, 770.

法院判决。① 法院驳回了申请人基于科克尔诉佐治亚州案判决的主张并指出，尽管科克尔案禁止对强奸成年妇女罪科处死刑，但是，它对下一问题并未予以置喙，即对其他非杀人犯罪科处死刑是否合乎宪法第八修正案。"儿童是需要予以特殊保护的群体"，州法院论证说，故而就其给受害人和我们的社会造成的伤害而言幼童强奸罪是非常特殊的。②

州法院指出，自路易斯安那州法典1995年修正以来，申请人是第一个因为强奸儿童而被科处死刑的；路易斯安那州是少数授权对幼童强奸罪科处死刑的辖区之一。沿着罗珀诉西蒙斯案判决以及阿特金斯诉弗吉尼亚州案判决的进路，该法院指出，"有多少州……支持或者反对某种死刑"并不重要，重要的是"变革的方向"。自1993年以来，该法院分析说，又有4个州——俄克拉荷马州、南卡罗来纳州、蒙大拿州、佐治亚州——对幼童强奸罪科处死刑，此外，至少有8个州授权对非杀人性犯罪科处死刑。如此推算，当时允许死刑的38个州中有14个州，外加联邦政府，允许对非杀人性犯罪科处死刑，其中有5个州允许对强奸幼童罪科处死刑。

州法院接着对"幼童强奸犯是否属于穷凶极恶的犯罪分子"进行了讨论。法院指出了该项犯罪的恶性；对幼童强奸犯科处死刑能够实现威慑和报应的目的；与阿特金斯案和罗珀案不同，申请人身上不存在任何倾向于减少其道德上可责性（moral culpability）的因素。法院总结认为，"除了一级谋杀外，在非杀人性案件中我们再也想不出有哪些犯罪比幼童犯罪更应判处死刑的了"。

基于这一理由，路易斯安那州最高法院驳回了申请人关于对强奸未满12周岁幼童者科处死刑是不合比例的主张并维持了系争法律的合宪性。卡洛杰罗首席大法官发表了不同意见。他认为，上述的科克尔案判决和埃伯哈特诉佐治亚州案判决都提供了一条"明确且简单易行的规则"，即第八修正案禁止对未造成受害人死亡的犯罪科处死刑。

我们签署了调卷令。

二

第八修正案，经由第十四修正案而适用于各州，规定："不得要求过多的保释金，不得课以过重的罚金，不得科处残酷和异常的刑罚"。该修正案禁止"所

---

① 参见957 So. 2d, at 779-789, 793；并参见路易斯安那州诉威尔逊案（State v. Wilson），96-1392, 96-2076（La. 12/13/96），685 So. 2d 106（该案中维持了对强奸幼童罪的犯人科处死刑的合宪性）。

② 957 So. 2d, at 781.

有过度的刑罚,以及不论过度与否的残酷和异常的刑罚"。本院在阿特金斯案判决和罗珀案判决中分析指出,第八修正案之免受过度的或者残酷和异常的刑罚的保护源于一条基本的"正义原则,即罪刑相当"。这一规定是否得到遵守不是取决于1791年第八修正案颁行时的主导标准,而是取决于"时下流行的"基准。修正案"从标志着一不断成熟的社会之进步的演化中的合宜行为标准获得其内涵"。① 这是因为"极端残酷标准不仅仅是一种描述,它必然包含了一种道德判断。标准不变,但是,它的适用随着社会基本道德的变化而变化"。②

演化中的合宜行为标准应反映和表达对人的尊严的尊重,而刑罚也必须合乎这一规则。正如我们将讨论的,刑罚的正当性是建立如下某个或者数个理由的基础上:改过迁善、威慑与报应。③ 而其中最后一项理由,报应,最常与法律自身的目的发生冲突。这一点对法院在极刑案件中解释第八修正案尤为重要。当法律通过死刑而为惩罚时,它本身就有可能突然沦为暴虐行为,违背对合宜和谦抑的宪法忠诚。

基于上述理由,我们指出,死刑应"仅限于适用于极为少数的几类'极严重犯罪'的犯罪分子,因为其'穷凶极恶',以至于'死有余辜'"。④ 尽管死刑并不一定违宪⑤,但是本院始终认为,应当对可适用死刑的情形予以限制。

基于这一原则,在罗珀案和阿特金斯案两案中,我们认定,由于罪犯不具有完全刑事责任能力,故对未成年人和智障人士科处死刑违反第八修正案。此外,本院也曾指出,就那些未造成受害人死亡或者并非故意造成受害人死亡的犯罪本身而言,科处死刑判决也是不恰当的。例如,在科克尔案判决中,本院认为,对强奸成年妇女的犯罪科处死刑是违宪的。⑥ 在恩芒德诉佛罗里达州案判决中,法院推翻了一项死刑判决,在该案中被告人帮助并教唆他人实施抢劫,其间发生了谋杀,不过被告人自己不仅没有亲自实施杀人行为或者试图杀人,甚至没有预料到会发生杀人。另一方面,在蒂森诉亚利桑那州案判决中,本院维持了一项死刑判决,被告人虽然并未亲自实施谋杀受害人的行为,但是,他们对谋杀事件的参与是主动的,并非毫不相关的,而且是实质性的。

在这些案件中,本院都遵循了"关于死刑的立法和各州实务中所反映出来

---

① 特罗普诉杜勒斯案,356 U.S.86,101 (1958) (多数意见)。
② 弗曼诉佐治亚州案,408 U.S.238, 382 (1972)(伯格首席大法官,反对意见)。
③ 参见哈梅林诉密歇根州案,501 U.S.957, 999 (1991)(肯尼迪大法官对于判决理由的部分协同意见和对判决的协同意见);也可参见下文四之(二)部分。
④ 罗珀案,前引注,第568页,援引阿特金斯案判决,前引注,第319页)。
⑤ 参见格雷格诉佐治亚州案,428 U.S.153 (1976)。
⑥ 也可参见埃伯哈特案,前引注(主张:根据科克尔案判决,对绑架并强奸一成年女性的犯罪科处死刑违宪)。

的社会基准这一客观尺度"。① 但是,这项探讨并不止于此。这种共识不是决定性的。死刑与所犯罪是否相当不仅取决于有拘束力的先例所具体化之基准,也取决于本院对第八修正案的文本、历史、内涵以及目的的理解与解释。②

基于共识和我们的独立判断,我们认为对强奸幼童并未杀害之,或者并非故意帮助他人杀害之的犯罪分子科处死刑违反第八修正案以及第十四修正案,故而违宪。

三

(一)

是否存在反对科处某一犯罪以死刑共识的客观证据是罗珀案、阿特金斯案、科克尔案以及恩芒德案判决考虑的重要问题之一,这里我们将遵循这些案例的方法。对强奸案科处死刑的历史进行考量作为出发点则颇具启发意义。

在1925年,有18个州、哥伦比亚特区以及联邦政府授权对强奸幼童或成人的犯罪科处死刑的制定法。在1930年至1964年间,共有455人因该类犯罪而被执行死刑。③ 就我们所知道的而言,最近一个因强奸幼童罪而被执行死刑的是罗纳德·沃尔夫,他于1964年被执行死刑。④

1972年,弗曼案判决使绝大部分授权对强奸罪科处死刑的州制定法无效;在弗曼案之后,仅有6个州重启对强奸罪科处死刑的条款。其中3个州——佐治亚州、北卡来罗纳州、路易斯安那州——对所有强奸罪犯均科处死刑;另外3个州——佛罗里达州、密西西比州、田纳西州——只对幼童强奸罪科处死刑。这六部制定法之后均为州或者联邦法律所废除。⑤

---

① 罗珀案,543 U.S.,at 563;并参见科克尔案,前引注,第593—597页(该案中多数意见认为,立法者与陪审团都坚持认为,不能对强奸成年女性的犯罪科处死刑);恩芒德案,前引注,第788页(检视系争刑罚、立法判断、国际观点和陪审团所作判决的历史发展)。
② 参见同上,第797—801页;格雷格案,前引注,第182—183页(斯图尔特、鲍威尔与斯蒂文斯大法官联合意见);科克尔案,*supra*,at 597-600(多数意见)。
③ 5 Historical Statistics of the United States: Earliest Times to the Present, pp. 5-262 to 5-263 (S. Carter et al. eds. 2006) (Table Ec343-357).
④ H. Frazier, Death Sentences in Missouri, 1803-2005: A History and Comprehensive Registry of Legal Executions, Pardons, and Commutations 143 (2006).
⑤ 参见 Coker,前引注(佐治亚州的死刑法律宣布无效);伍德森诉北卡罗来纳州案,428 U. S. 280, 287, n. 6, 301-305 (1976)(多数意见)(推翻北卡罗来纳州的强制死刑法律);罗伯茨诉路易斯安那州案,428 U.S. 325 (1976)(推翻路易斯安那州强制死刑法律);科林斯诉田纳西州案(*Collins v. State*),550 S. W. 2d 643, 646 (Tenn. 1977)(推翻田纳西州的强制死刑法律);比福德诉佛罗里达州案(*Buford v. State*),403 So. 2d 943, 951 (Fla. 1981)(主张对强奸幼童罪科处死刑违宪);莱瑟伍德诉密西西比州案(*Leatherwood v. State*),548 So. 2d 389, 402-403 (Miss. 1989)(基于州法推翻对强奸幼童罪科处死刑的法律)。

路易斯安那州于1995年重新对强奸幼童罪适用死刑。① 根据现行法律,与未满13周岁的儿童发生肛门、阴道或者口腔性行为均构成加重强奸犯罪,可科处死刑。② 对年龄不知情不构成抗辩理由,就此而言,该法律在这一点上采取严格责任原则。之后,又有5个州追随路易斯安那州制定此类法律:佐治亚州③、蒙大拿州④、俄克拉荷马州⑤、南卡罗来纳州⑥以及得克萨斯州⑦。其中4个州的死刑适用范围比路易斯安那州更窄,规定仅当犯罪行为人有强奸罪前科时,才得科处死刑。⑧ 佐治亚州法律规定仅存在加重情节时才得对强奸幼童罪适用死刑,加重情节包括但不限于前科。⑨

与之相反,有44个州未将强奸幼童罪列入可科处极刑的犯罪之列。就联邦法律而言,国会于1994年通过之联邦死刑法(Federal Death Penalty Act of 1994)扩大可科处死刑之联邦犯罪的范围,其中包括一些非杀人性犯罪,但并不包括强奸或性侵害幼童罪。⑩ 根据美国法典第18卷第2245条的规定(18 U.S.C. §2245),仅性侵害或者剥削在造成受害人死亡的情形下,才能对犯罪行为人科处死刑。

申请人援引佐治亚州最高法院1979年的一个判决,其称"制定法上的强奸罪并非可科处死刑的犯罪",进而主张在佐治亚州不得对强奸幼童罪科处死刑。⑪ 不过,普雷斯尼尔案判决显然是说,在佐治亚州不得对特定的制定法上强奸罪科处死刑。⑫ 与之相反,该州现行的应科处死刑的强奸罪的制定法明确规定对强奸"未满10周岁的女性"的犯罪可科处"死刑"。⑬ 就最近佐治亚州最高法院的意见而言,应当认为该法律依然有效:"无论是联邦最高法院,抑或是本

---

① La. Stat. Ann. §14:42 (West Supp. 1996).
② La. Stat. Ann. §14:42 (West Supp. 2007).
③ Ga. Code Ann. §16-6-1 (2007) (1999年施行).
④ Mont. Code Ann. §45-5-503 (2007) (1997年施行).
⑤ Okla. Stat., Tit. 10, §7115(K) (West 2007 Supp.) (2006年施行).
⑥ S. C. Code Ann. §16-3-655(C)(1) (Supp. 2007) (2006年施行).
⑦ Tex. Penal Code Ann. §12.42(c)(3) (West Supp. 2007) (2007年施行); Tex. Penal Code Ann. §22.021(a) (West Supp. 2007).
⑧ Mont. Code Ann. §45-5-503(3)(c); Okla. Stat., Tit. 10, §7115(K); S. C. Code Ann. §16-3-655(C)(1); Tex. Penal Code Ann. §12.42(c)(3).
⑨ Ga. Code Ann. §17-10-30 (Supp. 2007).
⑩ 108 Stat. 1972 (codified as amended in scattered sections of 18 U.S.C.).
⑪ 参见普雷斯尼尔诉佐治亚州案(Presnell v. State), 243 Ga. 131, 132-133, 252 S.E. 2d 625, 626。
⑫ Ga. Code Ann. §26-2018 (1969); cf. Ga. Code. Ann. §16-6-3 (2007).
⑬ Ga. Code Ann. §16-6-1(a)(2), (b) (2007).

院,都未对将强奸幼童罪的罪犯科处死刑在宪法上是否不合比例作出判断。"①

被申请人或许会将佛罗里达州列入允许对强奸幼童罪科处死刑的州的范围里。字面上,该州制定法的确授权对"性侵害……而以未满12岁的人(为对象的)"科处死刑。②然而,佛罗里达州最高法院1981年的一项判决宣告对性侵害儿童的犯罪科处死刑违宪。虽然该法院承认科克尔案判决仅仅解决了对强奸成年妇女犯罪科处死刑的合宪问题,但是主张,"科克尔案判决中大法官的推理……必然延伸出(这么一个结论),对性侵害犯罪而言死刑判决是非常不合比例的、过度的刑罚,因而作为残酷和异常的刑罚而为宪法第八修正案所禁止"。被申请人指出此后该州并未对该州制定法予以修改。不过,根据佛罗里达州法典第775条第82款第2项的规定,佛罗里达州法院认为比福德案判决对它们对强奸幼童罪的量刑裁量权是有拘束力的。③

对各州的法律问题各州法院有最后的发言权,故而对上述统计数字有些人可能并不认同。此外,有些州,包括那些最近几年才触及这一问题的,将强奸幼童罪纳入可科处死刑的犯罪范围中。然而,此处所陈述的概况,使得我们可以与阿特金斯案、罗珀案与恩芒德案判决所引用的数据进行一定的比较。

2002年作成阿特金斯案判决时,有30个州,包括12个无死刑辖区,禁止对智障犯人科处死刑;但有20个州允许之。2005年作成罗珀案判决时,从数据上来看,各州对实施犯罪行为时为未成年人*科以死刑的立场与此相似:有30个州禁止对未成年人科处死刑,但其中18个州允许对其他罪科处死刑;另外有20个州允许对未成年犯人科处死刑。无论是在阿特金斯案判决中,还是在罗珀案判决中,我们都指出,执行智障以及未成年人犯人死刑的例子相当罕见。1989年至2002年间,只有5个州执行过智商(IQ)低于70的犯人的死刑;1995年至2005间,则只有3个州执行过未成年人死刑。

恩芒德案引用的数据与本案更为相似。据其统计,有8个州授权可以对实施抢劫过程中有同伙实施谋杀、但其本人仅参与抢劫的共犯科处死刑,1954年至1982年间,有6个被告人以谋杀重罪而被科处死刑,虽然其本人并未亲手实

---

① *State v. Velazquez*, 283 Ga. 206, 208, 657 S. E. 2d 838, 840 (2008).
② Fla. Stat. §794.011(2) (2007); 也见§921.141(5) (2007)。
③ 比如,参见吉普森诉州案(*Gibson v. State*), 721 So. 2d 363, 367, and n. 2 (Fla. App. 1998)(该案认为"佛罗里达州立法从未对性犯罪法律予以修改"这一点并不重要);库珀诉州案(*Cooper v. State*), 53 So. 2d 67 (Fla. App. 1984)(该案认为,在比福德案之后,在佛罗里达州,死刑不再适用于性犯罪案件);并参见 Fla. Stat. §775.082(2) ("鉴于佛州最高法院已宣告对可判处死刑的重罪科处死刑违宪……对先前因可判处死刑的重罪而被其科处死刑者,有权法院,……应当改判终身监禁")。

* 此处系指犯罪时年满16周岁未满18周岁的未成年人。——译注

施杀人行为。本院当时作成结论认为,这些事实"都倾向于否定对这类犯罪适用死刑"。

关于能否对强奸幼童犯,未成年、智障犯人和谋杀重罪中的间接犯科处死刑国民共识的证据表明其意见存在分歧,但总体而言,是反对对其科处死刑的。有37个辖区——36个州加上联邦政府——都存在死刑。如上所述,只有6个辖区授权对强奸幼童罪科处死刑。尽管我们对国民共识的考量并不限于计算拥有可适用的死刑立法的州的数量,但重要的是,在45个辖区中,申请人都不会因强奸幼童而被科处死刑。其数量超过了阿特金斯案判决和罗珀案判决时的30个州以及恩芒德案判决时的42个州——各该数据指的是与各该案所考量的情形下禁止死刑的州的数量。

(二)

本案与其他死刑是否合乎第八修正案所规定的适当性的先例至少存在一个差异,需要予以处理。被申请人和他的顾问主张,有些州对"本院关于第八修正案的法理存在误解"。① 他们主张,对科克尔案判决所确立的关于谋杀罪和强奸罪的一般意见的解释过于宽泛,以至于一些州立法机关认为科克尔案判决也适用于强奸幼童罪,但是,事实上就该判决的说理而言,它不适用或者不应该适用于这类犯罪。

乍一看,这一主张似乎是合乎逻辑的,但终将发现它是错的。在科克尔案中,由四人组成的法院意见,还有布伦南大法官以及马歇尔大法官的协同意见,都认为对强奸16岁妇女——尽管根据佐治亚法律其为未成年人,但本院仍将之归为成年人——的罪犯科处死刑,根据第八修正案乃是不合比例且过度的。② 法院并未解释为何将16岁的受害者划为成年人,理由之一可能为受害人已经结婚,拥有自己的家庭,并在受害前三个星期生下一个儿子。③

多数意见认为只有一个州的现行法律允许对强奸成年人的罪犯判处死刑,而"在绝大多数案件中,10个案件中至少有9个,陪审团不会科处死刑"。④ "这个国家当下对强奸成年妇女的犯罪科处死刑的可接受性的判断的历史……和客

---

① Brief for Missouri Governor Matt Blunt et al. as Amici Curiae 10.
② 参见433 U.S.,第593—600页;并参见同上,第600页(布伦南大法官,协同意见);同上(马歇尔大法官,协同意见)。
③ Brief for Petitioner in *Coker v. Georgia*, O. T. 1976, No. 75-5444, pp. 14-15).
④ 科克尔案,433 U.S.,第597页;并参见同上,第594页("在允许以死刑处罚强奸的16个州中,只有3个在修订后的法律中依然规定可以对强奸成年妇女的罪犯科处死刑:佐治亚州、北卡罗来纳州和路易斯安那州。后面两个州中,对前述各罪死刑是强制的,而这些法律为伍德森案判决和罗伯茨案判决宣布无效。")。

观证据",都支持法院作出以下独立判决,即对强奸成年女性科处死刑是不合比例的:

"毫无疑问对强奸罪应课以重罚;但就其道德上的恶性、对个人和社会造成的伤害而言,它都不如谋杀,后者非法剥夺人的生命。尽管可能伴随其他犯罪,但是,强奸本身的定义并不包含他人的……死亡。谋杀杀人;强奸,如果只是单纯的强奸则并不剥夺他人生命……我们坚持认为,因其所'独有的严厉性与不可逆转性',故对未剥夺他人生命的强奸犯科处死刑是过度的刑罚。"

仅就这一段而言,科克尔案判决对第八修正案的分析很容易被解读为,第八修正案禁止将强奸幼童罪列为可科处死刑的犯罪。然而,从上下文(或者背景)来看,科克尔案的主张比被断章取义而摘出来的文字要更为狭隘。科克尔案的多数意见将本案的争议点限于"对强奸成年女性的罪犯"科处死刑是否合乎比例。而且该案在讨论强奸行为或者强奸受害者时,科克尔案判决书8次重复提到"成年妇女"或者"成年女性"。强奸成年人与强奸幼童的区别不仅仅是字面上的,它也是法院论证的核心。该意见并未涉及对强奸幼童罪科处死刑的合宪性,这也不是当时争议的问题。比如,在讨论立法背景时,法院提到:

"佛罗里达州、密西西比州和田纳西州都授权在某些强奸案中可以科处死刑,但仅限于受害人为儿童,强奸犯为成人的情形。田纳西州的制定法因绝对死刑而被宣告无效。结果佐治亚州成为了美国唯一一个允许对强奸成年妇女的罪犯科处死刑的辖区,另有两个辖区允许对受害人为幼童的强奸罪科处死刑……这些显然都倾向于推翻这样的主张,即科处强奸成年妇女罪以死刑是适当的刑罚。"

此外,申请人主张,州立法机关很可能(错误地——译注)认为,科克尔案判决所给出的宽泛规则也涵盖了未成年受害人的情形。我们没有看到任何这方面的证据。被申请人没有引用可靠的数据来证明州立法机关对科克尔案判决存在误读,以至于认为它禁止对强奸幼童罪科处死刑,从而断绝了制定可适用的死刑法律的念头。由于缺乏来自那些曾经提出死刑立法草案但最后未予通过的州的证据,我们拒绝对特定州立法机关的动机和目的推测。

此外,州立法机关在就这些事项进行立法时引为指南的州法院意见也表明,科克尔案判决并为妨碍立法共识的形成。州法院在面对与我们一样的具体问题时,也一致认为科克尔案并不涉及科幼童强奸罪犯以死刑的合宪性问题。①

当然,在不同的州法院的意见中也存在一些相反的判例。但这些或为附带意见②,或结论模棱两可③,或者来源于某些已经被更详细的州高级法院的意见而取代的州中级法院的判决④,比如:帕克诉佐治亚州案判决与佐治亚州诉维拉斯奎斯案判决⑤即是。

对佛罗里达州最高法院在比福德案中的意见可做支持被告人的主张的解释。但是即便在该案中,州法院也承认"最高法院尚需就其说理(科克尔案的意见)是否适用于儿童强奸犯罪做成决定",明确表示它虽然扩大了科克尔案判决的适用范围但并未据之以推翻强奸幼童罪的死刑。加利福尼亚州最高法院在赫尔南德斯案判决中的立场是如此。

基于这一考量,我们认为,没有明确证据表明州立法机构因误解科克尔案,以为它主张对强奸幼童罪科处死刑违宪。故而,从只有少数州制定可对该罪科处死刑的法律来看,它在相当程度上能决定是否存在反对对该罪适用死刑的共识。

（三）

被申请人坚持认为,有 6 个州将强奸儿童罪列为可科处死刑的犯罪,加上有些州已经提出草案,尽管尚未予以批准,反映了一以贯之的、支持对强奸幼童罪

---

① 参见如威尔逊案, 685 So. 2d, at 1066（肯定了对强奸幼童罪犯科处死刑的合宪性,并指出科克尔案通篇都仅致力于解决强奸成年女性的犯罪问题。）；厄普肖诉州案（*Upshaw v. State*）, 350 So. 2d 1358, 1360（Miss. 1977）（"在科克尔案中,法院致力于将其裁决限于对强奸成年女性罪犯科处死刑的适当性问题。我们可以看到法院作出裁决时,非常小心地避开了对强奸未满 12 周岁儿童的罪犯适用死刑是否适当这一问题"）；并参见辛普森诉欧文斯案（*Simpson v. Owens*）, 207 Ariz. 261, 268, n.8, 85 P. 3d 478,485, n.8（App. 2004）（在驳回性罪犯的保释时,指出"尽管最高法院多数意见否认了对强奸成年女性犯罪判处死刑的适当性……但是在一些州,强奸幼童罪仍然属于可科处死刑的犯罪"）；人民诉赫尔南德斯案（*People v. Hernandez*）, 30 Cal. 4th 835, 869, 69P. 3d 446, 466（2003）（在处理意图谋杀犯罪的死刑处罚时,指出"对未造成死亡后果的犯罪科处死刑的法律的合宪性尚存在争议"）。

② 参见佛罗里达州诉巴纳姆案判决（*State v. Barnum*）, 921 So. 2d 513, 526（Fla. 2005）（处理）；汤普森诉州案判决（*Thompson v. State*）, 695 So. 2d 691（Fla. 1997）（其溯及力问题）；蒙大拿州诉科尔曼案（*State v. Coleman*）, 185 Mont. 299, 327, 605 P. 2d 1000, 1017（1979）（维持对加重抢劫罪犯人的死刑判决）；犹他州诉加德纳案（*State v. Gardner*）, 947 P. 2d 630, 653（Utah 1997）（处理监狱袭击死刑判决的合宪性问题）。

③ 参见人民诉哈德勒斯顿案（*People v. Huddleston*）, 212 Ill. 2d 107, 141, 816 n. E. 2d 322, 341-342（2004）,引用法律评论上论证对非杀人犯罪科处死刑的合宪性"是争议的主题"。

④ *Parker v. State*, 216 Ga. App. 649, 650, n. 1, 455 S. E. 2d 360, 361, n. 1（1995）（将科克尔案的判决描述为死刑"不再适用于受害人未被谋杀的强奸犯罪"）。

⑤ Velazquez, 283 Ga., at 208, 657 S. E. 2d, at 840（"联邦最高法院尚未解决死刑惩处儿童强奸罪犯的合宪性问题"）。

科处死刑的改革方向。这一以贯之的变革可以抵消共识无力的反抗。① 但是，不管在那些援引一以贯之的变革作为证明存在支持扩大死刑适用范围的证据的案件中这一趋势有多明显，在本案中我们并没有看到任何这种一以贯之的变革的证据。

被申请人及其专家指出，有5个州，根据他们的观点，正在制定授权对强奸幼童罪科处死刑的法律。② 然而，根据州所提出但尚未予以批准的法律草案寻找当代的基准，这既不符合我们的惯例，也不合理。但是，在这里并没有任何重大的理由禁止我们如此为之。自双方递交申请书和答辩状以来，在这5个州中有两个立法草案未能获得通过。③ 在田纳西州，众议院法案早在一年前便已被否决，而参议院法案似乎也已胎死腹中。④ 在阿拉巴马州，最近的一个立法与2007年被否决的草案类似。⑤ 在密苏里州，由于2008年议会会期结束，其进行中的立法被搁置。⑥

除了未决的立法，过去13年间，确实出现了一个变革趋势，即倾向于对强奸幼童罪科处死刑。这一点可以6个新的死刑制定法——其中的3个是最近两年批准的——予以证明。但是这个证据并不比阿特金斯案的数据更让人信服，后者指出1986年至2001年间有18个州制定了禁止对智障犯人科处死刑的法律。被申请人认为，本案与罗珀案类似，因为在罗珀案中，1989年至2005年间只有5个州改变了立场，比本案少一个。不过，在罗珀案中，我们强调，尽管废除死刑法律的步伐不如阿特金斯案时快，但这一点已为承认科处未成年犯人以死刑乃是不适当的州的总数所弥补。我们就斯坦福诉肯塔基州案作成判决时，已有12个存在死刑的州禁止对未满18周岁的罪犯科处死刑，有15个州禁止对未满17周

---

① 参见阿特金斯案，536 U.S., at 315（"重要的不是州的数量，而是变革方向的一致性"）；罗珀案，543 U.S., at 565（阿特金斯案中"令人印象深刻的是，废止对智障犯人适用死刑的州所占的比例"）。

② Brief for Missouri Governor Matt Blunt et al. as Amici Curiae 2, 14.

③ 参见 e.g., S. 195, 66th Gen. Assembly, 2d Reg. Sess. (Colo. 2008)（于2008年4月11日为参议院拨款委员会所否决）；S. 2596, 2008 Leg., Reg. Sess. (Miss. 2008)（于2008年3月18日为众议院委员会所否决）。

④ 参见 H. R. 601, 105th Gen. Assembly, 1st Reg. Sess. (2007)（于2007年4月4日被从小组委员会议程上剔除）；H. R. 662, 同上（2007年3月21日因缺乏支持未获通过）；H. R. 1099, 同上（于2007年5月16日被从司法委员会议程上取消）；S. 22, 同上（于2007年6月11日被交给参议院金融、政策、方法委员会一般小组委员会）；S. 157, 同上（于2007年2月7日被提交给一般小组委员会，草案一直被搁置直至2008年1月）；S. 841, 同上（于2007年3月27日被提交给参议院司法委员会一般小组委员会）。

⑤ H. R. 456, 2008 Leg., Reg. Sess. (2008)和H. R. 335, 2007 Leg., Reg. Sess. (2007).

⑥ Mo. Const., Art. III, §20(a).

岁的罪犯科处死刑。① 现在，在弗曼案判决之后有 6 个州立法规定可以对强奸幼童罪科处死刑。这并不表明出现了一个不同于由罗珀案判决中的数据所体现的趋势，或者说相对于罗珀案判决而言，其方向发生了变革。此处的证据与恩芒德案中关于州行为的证据极为类似，在恩芒德案中，我们发现了反对对谋杀重罪间接犯科处死刑的国民共识，尽管有 8 个州授权得对之科处死刑。

（四）

除了立法以外还有其他衡量共识的办法。死刑执行数量的统计数据也可以为考量强奸幼童罪的死刑在我们社会是否可接受提供参考。② 这些统计数据更加肯定了我们对州制定法进行审查后而得出的结论，即社会共识反对对强奸幼童罪适用死刑。

佛罗里达州、佐治亚州、路易斯安那州、密西西比州、蒙大拿州、俄克拉荷马州、南卡罗来纳州、田纳西州以及得克萨斯州等 9 个州从本院 1972 年弗曼案至今都允许对强奸成年妇女或幼童犯罪科处死刑。③ 但是，自 1964 年以来，没有人因为强奸成年妇女或者幼童而执行死刑；且自 1963 年以来，也没有任何因实施其他非谋杀性犯罪而被执行死刑。④

自 1964 年以来，路易斯安那州是唯一一个对强奸幼童罪科处死刑的州；申请人和因强奸 5 岁女童于 2007 年 12 月被路易斯安那州陪审团科定为加重强奸罪并判处死刑的理查德·戴维斯⑤，是唯有的两个因非谋杀性犯罪而被列入等待死刑执行队伍的。

在对基于当代标准的法律根据，包括本案之强奸幼童罪、其他非谋杀犯罪的死刑史、现行州法和新的立法、1964 年以来的死刑执行数量进行考量之后，我们作成如下结论，存在着反对对强奸幼童罪科处死刑的国民共识。

---

① 参见罗珀案，前引注，第 566—567 页（"要说有什么区别的话，该案表明，对 16 岁到 18 岁之间的未成年犯人科处死刑是不适当的，这一点在更早之前就已经获得普遍的认可"）。

② 参见，同上，第 794—795 页；罗珀案，前引注，第 564—565 页；阿特金斯案，前引注，第 316 页；科克尔案，433 U.S.，at 596-597（多数意见）。

③ 参见前引注，第 12 页；科克尔案，前引注，第 595 页（多数意见）。

④ 参见 Historical Statistics of the United States, at 5-262 to 5-263（Table Ec343-357）；汤普森诉俄克拉荷马州案，487 U.S. 815, 852-853 (1988)（奥康纳大法官对判决意见的协同意见）（即"自最近一次对犯罪行为时未满 16 周岁的被告人执行死刑以来，四十年已经过去了……于此可以推导出一反对对 15 岁的未成年人适用死刑的国民共识"）。

⑤ 参见俄亥俄州诉戴维斯案（*State v. Davis*），Case No. 262,971 (1st Jud. Dist., Caddo Parish, La.) (cited in Brief for Respondent 42, and n.38)。

四

（一）

正如我们已在其他涉及第八修正案的案件中所指出的,关于强奸幼童罪的刑罚的当代价值的客观证据应该得到足够的重视,但是,我们的考察并不止于此。"宪法最后希望我们会就死刑是否合乎第八修正案做出自己的判断。"① 于是,根据本院的先例和我们自己对宪法以及它所保障权利的理解,我们接着解决摆在面前的问题。

必须承认,对一未造成受害人死亡的犯人科处死刑的确存在道德上的疑问。相关事实都表明了一点,即（强奸幼童罪的）受害人所遭受的惊吓、暴露感以及所受伤害的性质而造成长期的生理和精神伤害远比不可预见的突然谋杀更甚。这种侵害伤害的不仅是她自身,也是她的童年。基于这一原因,我们绝不打算援引科克尔案中多数意见的表达,其认为:对强奸案受害者而言,"生活也许不再如以往那么幸福",但并非是不可修复的。被强奸对儿童有着一种永久的心理、情感或者有些情形下也包括生理上的影响。② 我们不能无视强奸幼童罪的受害人所承受的长年的痛苦。

但是,这也并不就意味着,死刑对此类犯罪而言是适当的刑罚。宪法之禁止过度、残酷和异常的刑罚要求州政府刑罚权"应在文明的限度内行使之"。体现一个成熟社会的进步的演化中的合宜行为基准要求我们在解释第八修正案以肯认死刑的适用范围时应再三斟酌,在非杀人犯罪中该斟酌具有特别的效力。合宜,就其本质而言是对个人的尊重,相应的在适用死刑时的节制与克制,这乃是一项确定的原则。

法院迄今仍试图在绝大多数的可以科处死刑的谋杀案中界定和实施这一原则。其中之一就是坚持一项基本原则,即确保在决定谁该被判死刑问题上之一致性。③ 同时,为了确保适用死刑时的克制和谦抑,法院坚持"对犯人的性格和

---

① 科克尔案,前引注,第 597 页（多数意见）；并参见罗珀案,前引注,第 563 页；恩芒德案,前引注,第 797 页（"我们对第八修正案是否容许死刑的科处有最后的发言权"）。

② C. Bagley & K. King, Child Sexual Abuse: The Search for Healing 2-24, 111-112 (1990); Finkelhor & Browne, Assessing the Long-Term Impact of Child Sexual Abuse: A Review and Conceptualization in Handbook on Sexual Abuse of Children 55-60 (L. Walker ed. 1988).

③ 参见加利福尼亚州诉布朗案, 479 U. S. 538, 541 (1987)（"构建死刑法律时,应尽可能对以恣意或不可预见方式该刑罚设防",援引格雷格案, 428 U. S. 153；弗曼案, 408 U. S. 238）；戈弗雷诉佐治亚州案, 446 U. S. 420, 428 (1980)（多数意见）（该判决要求各州对可以科处死刑的加重情节应作精密和精确的界定）。

记录以及犯罪行为的情节进行判断,并将之作为宪法所要求的、科处死刑程序的不可或少的一环"。①

由于一般原则与个案特殊情节的紧张关系,为此结果并非总是让人满意。②这也导致本院有些成员认为不必再努力缓解这种矛盾,而是赋予立法者、检察官、法院以及陪审团更多的自由。[参见同上,第 667—673 页(主张法院应遵循弗曼案一系的判决,而非伍德森案和洛克特案一系列的判决)]。对其他人而言,如果不能更严格地实施精密的规则以消除其不精确性,那么,死刑本身的合宪性也将成为问题。③

我们对这一仍在寻求统一原则的判例法的回应就是,坚持严格限制可以科处死刑的情形。④

我们此处只关注针对个人的犯罪。我们不涉及叛国、间谍、恐怖主义、大毒枭等针对国家的犯罪活动。就针对个人的犯罪而言,死刑的适用范围不应扩展到未造成受害人死亡后果的犯罪。在科克尔案中我们就强奸成年妇女发表了如下见解:

"我们并不低估强奸作为一种犯罪的严重性。无论是就道德而言,抑或是就其给女性受害者的个人完整性和自治造成的巨大伤害而言,强奸都应受到强烈的谴责。除了杀人之外,强奸是'最无人性的'……但是谋杀者夺人生命,而强奸,如果不伴随其他犯罪,并不夺人生命……我们始终确信,死刑,'其严厉性与不可逆转性绝无仅有',就未剥夺他人生命的强奸犯而言,它是过度的刑罚。"

本院在恩芒德案判决中的分析也为相似的杀人和其他针对个人重罪的区分提供了参照,在该判决中,本院认为对科处谋杀重罪中的间接犯以死刑乃罪刑不相当。在该案中本院重申了"谋杀犯"与"强奸犯"之间存在根本的道德上的区别,指出"抢劫是一项应课以重刑的重罪",但其并不像杀人那样"严重,具有不可逆转性"。

---

① 伍德森案,428 U.S.,at 304(多数意见);洛克特诉俄亥俄州案,438 U.S. 586, 604-605(1978)(多数意见)。

② 参见图伊雷帕诉加利福尼亚州案(*Tuilaepa v. California*),512 U.S. 967, 973(1994)("这两种调查的目的之间会出现一些紧张,尤其是当两种调查同时发生的时候");沃顿诉亚利桑那州案(*Walton v. Arizona*),497 U.S. 639, 664-665(1990)(斯卡利亚大法官部分同意和赞同判决结果)("后一种要求明显会破坏前一种要求所追求的理性与预期性")。

③ 参见贝兹诉里斯案(*Baze v. Rees*),553 U.S. 35(2008)(slip op.,at 13-17)(斯蒂文斯大法官对法院判决的协同意见);弗曼案,*supra*,at 310-314(怀特大法官协同意见);卡林斯诉科林斯案(Callins v. Collins),510 U.S. 1141, 1144-1145(1994)(布莱克门大法官反对驳回调卷令)。

④ 参见格雷格案,前引注,第 187 页,第 184 页(斯图尔特大法官、鲍威尔大法官以及斯蒂文斯大法官的联合意见)(由于"死刑作为刑罚所具有的严厉性与不可逆转性绝无仅有",因此只有当犯罪是"惨无人道的情况下才可科处死刑"),部分援引弗曼案,408 U.S.,at 286-291(布伦南大法官协同意见);同上,第 306 页(斯图尔特大法官协同意见);并参见罗珀案,543 U.S.,at 569(第八修正案要求"只能对极少数犯罪适用死刑")。

根据演化中的合宜行为基准以及先例的指引,我们做出以下结论:在判断死刑适用是否过当时,需要区别故意的一级谋杀罪与其他针对个人的,包括强奸幼童罪的非杀人犯罪。后一类犯罪所造成的伤害也可能是非常巨大的,一如此案,但就其"道德上的恶性以及对个人和社会造成的伤害而言",其"严重性与不可逆转性"都不如谋杀。

我们发现依被告人的逻辑而可能科处死刑的案件数量对于得出我们的结论具有重要的意义。就报案数据而言,强奸幼童案的发案率远甚于一级谋杀。2005年,全国范围内所报告的对未满12周岁的儿童进行阴道、肛门或者口腔强奸的案件有5702起;差不多是同一时期所报告的所有的故意谋杀案件数量(3405起)的两倍。① 尽管我们没有关于强奸幼童罪之定罪案件的数据,但是我们不难推测,每年至少有上百起犯罪发生在允许适用死刑的辖区内。② 根据现有的规则,只有2.2%的被定罪为一级谋杀的犯罪分子被实际判处死刑。③ 但依被告人的主张,36个适用死刑的州都可以科处强奸未满12周岁的幼童的以死刑;这一结论不符合我们的演化中的合宜行为基准以及限制适用死刑的需要。

或许有人会说,正如我们对谋杀罪所作的处理一样,在这种情形下我们可以对加重情节予以细化以确保死刑的慎用。但是,我们认为很难确立用以引导判决者的基准,所以一方面对极端凶恶的强奸儿童案件保留死刑,另一方面排除恣意适用该刑罚的可能性。假设即便我们禁止对强奸幼童罪的初犯科处死刑,或者将存在多名受害者作为初犯的加重情节,陪审团仍然需要依其裁量权就加重和减轻情节进行衡量。在这种情形下,由于强奸案在绝大多数情形下会使得人们无法作出理性的判断,为此,我们无法保证死刑会被恣意滥用以至于"反复无常"。④ 受害人所受的伤害固然严重,但其不能与受害人的死亡相提并论,为此,我们不能允许出现这种结果。

简单地将可科处死刑的谋杀罪的加重情节用于本案并不能解决问题。本院业已指出,只要存在精确的要件且具有"常识性之核心涵义……其能够为刑事陪审员所理解",则各州可以采取一个依赖于陪审团之行使其广泛裁量权的审

---

① Inter-University Consortium for Political and Social Research, National Incident-Based Reporting System, 2005, Study No. 4720, http://www.icpsr.umich.edu(2008年6月12日访问,并存档于法院秘书处)。

② Cf. Brief for Louisiana Association of Criminal Defense Lawyers et al. as Amici Curiae 1-2, and n.2(需要注意现在在路易斯安那至少有70起强奸指控正等待裁决,因此预计实际总数超过100起)。

③ Blume, Eisenberg, & Wells, Explaining Death Row's Population and Racial Composition, 1 J. of Empirical Legal Studies 165, 171 (2004).

④ 参见弗曼案,408 U.S., at 310(斯图尔特大法官,协同意见)。

判程序从而履行其确保对可科处死刑的谋杀案进行个案审判的义务。① 因此,本案维持了对加重情节的评价分类,其将被告人区分成"一个冷血无情的杀人者"②,或者"罪犯是否在杀害受害人之前对其进行精神与肉体上的折磨",或者被告人"犯下的暴行会持续对社会构成威胁"③,所有的这些标准都有可能导致死刑适用的不一致性。

如上所述,在受害人死亡的情形下,人们容忍了结果的不一致性,个案情节衡量和一致对待的紧张关系。但是,在未造成死亡的情形下,我们不能允许我们的司法制度存在此种情形。

在各类绝少科处死刑的案件中,如本案即是,我们会更进一步表达我们的关切。就可科处死刑的谋杀案,我们已经发展出了一基本的法理以对各州和陪审团之科处死刑进行指导。自格雷格案判决以来,我们用了32年的时间细化各种要件,以之引导陪审团的裁量权的行使,进而避免在可科处死刑的谋杀案中死刑的恣意滥用。上述实践至今看来依然不赖,但是,就一四十多年无人因之而被科处死刑的犯罪而言,如果也开始做同样的尝试,则意味着一旦出错,可能使得一些罪不当死的人被处决。演化中的合宜行为基准不能容许存在一个试图扩大死刑的适用范围,但限制死刑适用的基准却是不确定且模糊的制度。

(二)

我们的判决与支撑死刑的理由相一致。格雷格案判决指出,如果(死)刑罪不相当甚巨,或者死刑无法实现它所追求的报应和威慑两个特殊社会目的,则死刑是过度的。④

和科克尔案一样,在此案中,我们不能肯定死刑对强奸幼童犯罪无惩罚或威慑功能。⑤ 不过,这一主张并不能推翻其他反对意见。强奸幼童罪与死刑的严

---

① 参见图伊雷帕案,512 U.S., at 975,援引尤雷克诉得克萨斯州案,428 U.S.262,279(1976)(怀特大法官对判决之协同意见)。

② 阿拉维诉克里奇案(Arave v. Creech),507 U.S.463,471-474(1993)。

③ 尤雷克案,supra,at 269-270,274-276(斯图尔特大法官、鲍威尔大法官与斯蒂文斯大法官的联合意见)。

④ 参见同上,at 173,183,187(斯图尔特大法官、鲍威尔大法官及斯蒂文斯大法官联合意见);并参见科克尔,433 U.S., at 592(多数意见)("一项刑罚可能因未能满足其中任一项基准而被判违宪")。

⑤ 参见同上,at 593,n.4(结论认为,对强奸罪科处死刑可以实现"刑罚的正当目的",但是,即便如此,就该犯罪而言也是罪刑不相当的);格雷格案,supra, at 185-186(斯图尔特大法官、鲍威尔大法官及斯蒂文斯大法官联合意见)("并没有信服的经验性证据可以支持或者反对这种观点,即死刑比其他较轻的刑罚具有更强的威慑力。但是,我们可以有把握地指出,谋杀犯……对他们而言……死刑毫无疑问起到了巨大的威慑作用");同上,at 186(死刑的价值以及它对可接受的刑罚学目的的实现的作用,显然是一"复杂的事实问题,毫无疑问,它的解决则有赖于立法机关")。

厉性之难以调和导致刑罚过度的风险,并使我们违背宪法规定,即可能扩大死刑的适用范围以至于包含该种犯罪。

反映社会和受害人之见到犯人对自己的行为造成的伤害付出代价的利益的报应目的①,并不能证成在本案中应采取死刑这种严厉的刑罚。在实现报应目的时,也包括刑法其他目的,对惨无人道、罪不容诛的谋杀犯的报应和对强奸幼童犯的报应理应有所不同。②

我们之所以认为对强奸幼童罪科处死刑不能进一步实现报应目的还有另外一个原因。在考量是否达致报应目的时,我们所考量的诸多因素中有一项是,一个死刑判决是否"存在这样的潜力……即使得社会作为一个整体,包括尚健在受害人的亲属和朋友,都坚信犯人的行为具有如是之可责性,以至于应寻求科之以极刑,并科之以极刑"。③ 而在考量死刑之于非杀人犯罪时,还需要考虑对死刑与受害人所受伤害的平衡问题。

哪怕法律允许处决罪犯,强奸幼童罪的受害人所受的伤害显然也不能得到减轻。死刑案件需要控方证人长期的参与,尤其是当定罪和量刑存在多个程序时。就像本案,关键的证词不仅来源于家人,还来源于受害者本人。在 L. H. 青少年的这段成长时期,她不得不与这段痛苦的经历相伴随,不得不与执法人员仔细地讨论案情。在公开审讯中,由于检方需求对其继父科处死刑,她不得不再一次对陪审团详细回顾受害过程。④ 最终州将 L. H. 作为一个核心人物以主张死刑判决,在结案陈词时,公诉人言道:"(L. H.)请求你们,请求你们定下处死他的时间和地点。"

社会通过谋取儿童受害人的支持,通过经年累月的诉讼以寻求对犯人科处死刑,这强迫儿童受害人作出一种道德上的选择,而他显然未达到足以做这样的选择的(成熟)年龄。在这种情形下,儿童之卷入死刑执行的方式将会危及正当的法律体系;而这是死刑可能给禁止强奸幼童法律的实施和执行造成的诸多根本难题之一。

此外,在提出强奸幼童罪指控时,还存在一个重大制度上的担忧,其关涉对此类犯罪科处死刑的合宪性。儿童证言可能不可靠,或者出于受诱导,或者出于

---

① 参见阿特金斯案, 536 U. S., at 319;弗曼案, supra, at 308(斯图尔特大法官协同意见)。
② 参见 Part IV-A, supra;科克尔案, supra, at 597-598(多数意见)。
③ 潘尼蒂诉夸特曼案(Panetti v. Quarterman), 551 U.S. __, __ (2007)(slip op., at 26)。
④ Cf. G. Goodman et al., Testifying in Criminal Court: Emotional Effects on Child Sexual Assault Victims 50, 62, 72 (1992); Brief for National Association of Social Workers et al. as Amici Curiae 17-21.

想象，这些问题意味着造成"尤有可能造成冤狱"。① 这一点，至少在一定程度上，损害了死刑在实现刑罚正当目的上的价值。研究表明，儿童非常容易受到诱导性询问技巧，比如重复、诱导性想象以及选择性强化等的影响。②

在其他存在儿童证人的案件中也有类似质疑；但是儿童强奸罪犯中，其造成的忧虑尤甚，因为对犯罪最关键的陈述通常来自受害儿童本人。在很多情况下，她与犯罪嫌疑人是犯罪唯一的陈述人。③ 而在死刑案件中，涉案问题不仅是案件事实，如区分强奸和性虐的证据，还应该包括犯罪行为时残酷性的细节。而这些问题都容易被伪造或者夸大，甚至两者都有。死刑必然意味着报应，立法者在设定死刑时也是出于这一目的，为此，就本项犯罪而言，在裁断其中宪法问题时，必须就这一立法目的与出现不可靠证据的可能性进行衡量。

至于威慑效力，如果适用死刑增加了今后此类案件隐瞒的风险，那么也就削弱了该刑罚适用的各种效力。隐瞒事实是儿童性犯罪的常见现象。④ 尽管我们并不清楚报案与不报案的人之间的区别，隐瞒不报的常见理由之一就是害怕犯罪人报复，尤其是当犯罪人是家庭成员时。⑤ 研究儿童受害人的专家经验表明，当惩罚上升到死刑时，受害人与受害人家属都更倾向于隐藏保护犯罪人，这样隐瞒率就上升了。⑥ 这样一来，死刑惩罚在提高威慑力或者更有效实施法律方面

---

① 阿特金斯案，*supra*，at 321；并参见 Brief for National Association of Criminal Defense Lawyers et al. as Amici Curiae 5-17。

② 参见 Ceci & Friedman, The Suggestibility of Children: Scientific Research and Legal Implications, 86 *Cornell L. Rev.* 33, 47 (2000) (有力证据表明，儿童尤其是年幼的儿童在很大程度上都具有想象性，哪怕是与虐待有关的问题)；Gross, Jacoby, Matheson, Montgomery, & Patil, Exonerations in the United States 1989 Through 2003, 95 *J. Crim. L. & C.* 523, 539 (2005)，讨论小孩日托中心 (Little Rascals Day Care Center) 的虐待指控问题；并参见 Quas, Davis, Goodman, & Myers, Repeated Questions, Deception, and Children's True and False Reports of Body Touch, 12 *Child Maltreatment* 60, 61-66 (2007) (发现 4 到 7 岁儿童"在模拟法庭询问中被反复直接提问时，都能非常有力的坚持关于身体接触的谎言")。

③ 参见宾夕法尼亚州诉里奇案 (*Pennsylvania v. Ritchie*), 480 U.S. 39, 60 (1987). Cf. Goodman, Testifying in Criminal Court, at 118。

④ Hanson, Resnick, Saunders, Kilpatrick, & Best, Factors Related to the Reporting of Childhood Rape, 23 *Child Abuse & Neglect* 559, 564 (1999) (证据表明88%的18岁以下女性被强奸的案件都未报案)；Smith et al., Delay in Disclosure of Childhood Rape: Results From A National Survey, 24 *Child Abuse & Neglect* 273, 278-279 (2000) (证据表明72%的女童强奸受害人将所受侵害告诉了其他人，但只有12%向有关机关报案)。

⑤ Goodman-Brown, Edel-stein, Goodman, Jones, & Gordon, Why Children Tell: A Model of Children's Disclosure of Sexual Abuse, 27 *Child Abuse & Neglect* 525, 527-528 (2003); Smith, *supra*, at 283-284 (证据表明，当犯罪人与受害人之间有关系时，受害人就更加可能将所受侵害隐瞒更长的时间，也许是因为"忠诚度更强或者情感纽带更紧")；Hanson, *supra*, at 565-566, and Table 3 (证据表明"相比隐瞒案件而言，大量举报的案件中都涉及的是陌生人")；see Ritchie, *supra*, at 60.

⑥ Brief for National Association of Social Workers et al. as Amici Curiae 11-13.

的效用就有限了。

此外,若将谋杀与强奸儿童的刑罚相等同,在那些对儿童强奸罪犯适用死刑的州,强奸犯保留受害人性命的意愿大大减低。如果犯罪人足够理性,从刑罚威慑力的效应来看,死刑对受害人也是唯一的证人所给予的保护更低。① 有论点可能指出,就算死刑大大增加了受害人被杀的几率,它同时也可能有力地阻止了犯罪的发生。但是,不管立法机构试图达到哪种平衡,这种不确定因素都导致这样的论点不如在谋杀犯罪中有说服力。

所有这些主张,单个看来,都不足以证明对儿童强奸犯罪适用死刑的违宪性。然后,整体衡量,这些都列出了将儿童强奸犯罪死刑化的严重负面后果。基于这些考虑,我们独立作出如下判决,即死刑不适用于儿童强奸犯罪。

五

由于我们认为现在的社会倾向于反对对儿童强奸犯罪适用死刑,于是这样就产生了一个问题,即本院在法院体系中的地位以及我们的裁决将会影响甚至阻碍今后社会共识向适用死刑的方向发展。会有争议认为,本院通过对死刑合宪性的裁决行为,干预到社会共识发展的进程。通过一个否定性的限制,本院的判决会使得社会共识的改变或形成都更加困难。根据这个批评,法院本身也陷入了社会共识形成的过程中,一方面是裁判,一方面又是对所裁决事物的参与人。

这些担心都忽略了一个既已确立的命题的含义和全部内容,即第八修正案(的内涵)是通过"标志着日渐成熟社会的进步的演化中的合宜行为基准"予以界定的。本院裁决长期以来反复确认的这条原则都要求严格限制死刑的适用。演化中的合宜行为基准在通往完备而成熟的裁判的路上留下一个个特定的记号,这就意味着死刑只能被适用于最恶性的犯罪,并限制在主张死刑适用情况下。在大多数案件中,比起囚禁犯罪人从而使得犯罪人以及这个制度都可能找到合适途径来帮助犯罪人认识到其罪行的恶劣性,剥夺犯罪人的生命并不能更好地实现正义。为了保证它不被滥用而管理死刑适用的各种困难,在这个不断演化的基准下以及个人犯罪的案件中,都要求遵守一条将其适用限制于剥夺受害人生命的犯罪的规则。

本院驳回路易斯安那州最高法院的死刑判决。该案被发回重审并作出不违背本院意见的判决。

---

① Rayburn, Better Dead Than R(ap)ed?: The Patriarchal Rhetoric Driving Capital Rape Statutes, 78 *St. John's L. Rev.* 1119, 1159-1160 (2004).

以上为本院裁决。

阿利托大法官的反对意见，罗伯茨首席大法官、斯卡利亚大法官以及托马斯大法官加入该意见：

本院今日认定，第八修正案明确禁止对强奸幼童罪适用死刑。也就是说，遵照本院判决，无论受害儿童年龄多小，无论受害儿童被强奸多少次，无论罪行如何令人发指，无论造成了多大生理或心理上的创伤，也不管犯罪人的犯罪记录如何罄竹难书。法院就这一如此彻底的结论给出了两点理由：第一，本院主张，他们发现了一种"国民共识"，其认为对强奸幼童罪科处死刑是不可接受的；第二，法院断定，根据其独立判断，对强奸幼童罪科处死刑不符合"标志着日渐成熟社会的进步的演化中的合宜行为基准"。由于上述两个理由均不合理，我因之提出异议。

一

（一）

首先，我将对本院的主张——即存在一种认为对强奸幼童罪科处死刑从来都是不可接受的"国民共识"——进行考察。本院写道，第八修正案的要求"不取决于第八修正案批准时的主流标准"而取决于"当下的主流'标准'"。在评估当下的主流基准，法院主要依赖于下述事实，即 50 个州中只有 6 个允许对此种犯罪科处死刑。但是用这个数据并不能可靠地反映各州议会及选民的立场。正如我所将解释的，本院在科克尔诉佐治亚州案的附带意见妨碍了立法机关对系争强奸幼童罪科处死刑是否合乎主流的合宜基准问题进行考量。科克尔案的附带意见使得各州立法者及他人有充分理由相信任何允许对强奸幼童罪科处死刑的法律都会同样遭受我们面前这个路易斯安那州法律所遭受的命运，这一风险极大地打击了州立法者支持通过此类法律的积极性——无论他们本身或者其选民的价值观为何。

正如本院所正确指出的，科克尔案判决的见解是第八修正案禁止对强奸"成年女性"的犯罪科处死刑，因此科克尔案判决不适用于本案。但是，该案多数意见中法官的说理具有更为宽泛的涵义。

科克尔案多数意见中的两位成员，布伦南大法和马歇尔大法官主张，死刑永远都是违宪的。① 加入生效的多数意见的其他四位大法官则认为，佐治亚州之对强奸科处死刑的法律所以违宪，是因为强奸的后果，不管多么恶劣，都未恶劣

---

① 433 U.S., at 600（布伦南大法官的协同意见以及马歇尔大法官的协同意见）。

到应当科处死刑。多数意见指出："谋杀的受害人生命结束了；但就强奸的受害人而言，尽管她的生活不再像以前那么幸福，但是她的生命并未结束，而且正常情况下并非不可修复。"多数意见将其观点总结如下："我们一直以来坚信，死刑……对于并未剥夺受害人生命的强奸罪犯而言是过当的刑罚。"

科克尔案中多数意见的涵义是明确的。鲍威尔大法官就推翻摆在我们面前的死刑判决的本院判决发表了协同意见——他所以未加入多数意见是因为，他认为科克尔案判决意在"明确区分谋杀和所有的强奸——而无关强奸的残酷程度及其对受害人的影响"。如果鲍威尔大法官都这么解读科克尔案判决，则各州立法机关作如是解读也就不足为奇了。

各州法院频繁地、完全按照这种方式（即与鲍威尔大法官类似的方式——译注）解读科克尔案判决也无可厚非。本院认为各州法院大都理解了科克尔案判决适用范围的有限性，这一判断是正确的，但是，而我认为，本院同样希望，下级法院和立法者同样会考量法院的附带意见。科克尔案之后的情形也正是如此。科克尔案判决4年后，佛罗里达州对强奸儿童罪科处死刑的法律遭遇诉讼，但是，佛罗里达州最高法院，一方面正确地认识到了本院尚未裁定第八修正案禁止对儿童强奸犯罪适用死刑，另一方面又做出结论即科克尔诉佐治亚州案中的法官的说理促使我们作出判决，即对性侵害犯罪科处死刑是十分不当的、过度的刑罚，故而是第八修正案所禁止的"残酷和异常的刑罚"。①

其他大量的州法院对科克尔案的附带意见都做相同解释。参见佛罗里达州诉巴纳姆案，引用科克尔案而判决"将死刑适用于强奸犯罪是十分不当的、过度的惩罚"，而并不仅限于强奸成年女性的犯罪；人民诉哈德勒斯顿案，认为继科克尔案之后，授权对非杀人性犯罪适用死刑的州法律都存在疑问；加利福尼亚州诉赫尔南德斯案，科克尔案"对联邦宪法是否允许对不剥夺受害人生命的犯罪适用死刑"提出了严肃的质疑，因为"尽管最高法院（在科克尔案判决中）并未明确指出第八修正案禁止对所有未造成死亡后果的犯罪适用死刑，但是多数意见强调了强奸与谋杀之间最关键的区别在于强奸犯'并不剥夺人的生命'"；犹他州诉加德纳案，"科克尔案判决不再容忍此类结论，其认为对未造成死亡的强奸犯罪适用死刑，哪怕出现虐待与殴打等'惨无人道'因素"，是合宪的；帕克诉佐治亚州案，引用科克尔案来主张死刑"不再适用于未造成受害人死亡的强奸犯罪"；莱瑟伍德诉密西西比州案，"最高法院同意对非杀人的强奸适用死刑的可能性就如同谚语所言的雪球进了地狱一样，即希望不大"；蒙大拿州诉科尔曼

---

① 比福德诉佛罗里达州案，403 So. 2d 943, 951 (1981)。

案,主张"法院科克尔诉佐治亚州案的判决关系到对未造成受害人死亡的犯罪适用死刑";伯耶尔诉佐治亚州案,主张"既然未造成受害人死亡……那么对强奸罪之死刑也应予以废除";并参见 2005-1981 (La. Sup. Ct. 5/22/07), 957 So. 2d 757, 794(卡罗格洛首席法官异议),引用科克尔案多数意见中的评论,并认为路易斯安那州强奸幼童罪的法律不能通过宪法的审查。①

在过去的 30 年,这些解释筑了高高的藩篱,打消了各州立法机关通过允许对强奸幼童罪科处死刑的新法律的考虑。这给制定和实施新的州死刑法律——尤其是一种新的法律,如针对强奸幼童罪的法律,增加了成本。这给州带来了负担,其在起草创新性法律草案时,必须考虑到本院这些极为复杂的第八修正案法理。而为确保此类极具争议的法律的通过,会以不同方式影响立法日程上其他法案的制定。一旦此类法律得以批准,州接下来的负担就是训练并协调其执行人员。死刑指控从性质上就比非死刑指控更为困难,而且对所有涉案人员都施加了一种特殊的情感负担。当依据新法而作出死刑判决时,就需要把犯罪人监禁在死囚区,并在冗长且成本高昂的上诉或其他并行程序中为该法律的合宪性进行辩护。一旦该法律被推翻,则需开启重审程序。再者,谨慎的各州立法者们,无论他们对强奸罪科处死刑的合道德性持何种立场,都可能会尊重本院的附带意见,或者是因为他们尊重我们在宪法解释上的权威与专业性,或者仅仅因为他们不愿意看到(自己所制定的法律)将来被认定违宪或者违反主流的"合宜行为为基准"。这样一来,科克尔案导致各州立法者不愿意去推动新的对强奸幼童罪科处死刑的法律,哪怕他们自己或者他们的选民都相信此类法律是合适的,是必要的。

---

① 评论员表达了类似的观点。参见 Fleming, Louisiana's Newest Capital Crime: The Death Penalty for Child Rape, 89 *J. Crim. L. & C.* 717, 727(1999)(科克尔案中法院区分了"造成死亡结果的犯罪与未造成死亡结果的犯罪");Baily, Death is Different, Even on the Bayou: The Disproportionality of Crime, 55 *Wash. & Lee L. Rev.* 1335, 1357(1998)(指出,"科克尔案之后的很多案例对该案判决范围的解释表明密西西比州最高法院在厄普肖案中对科克尔案的狭义理解处于少数派");Matura, When Will It Stop? The Use of the Death Penalty for Non-homicide Crimes, 24 *J. Legis.* 249, 255(1998)(主张在科克尔案中法院"并未区分强奸成年女性与强奸未成年女性");Garvey, "As the Gentle Rain from Heaven": Mercy in Capital Sentencing, 81 *Cornell L. Rev.* 989, 1009, n. 74(1996)(认为各级法院都普遍认为科克尔案禁止对谋杀之外的罪行适用死刑);Nanda, Recent Developments in the United States and Internationally Regarding Capital Punishment-An Appraisal, 67 *St. John's L. Rev.* 523, 532(1993)(认为科克尔案主张对未造成受害人死亡的犯罪适用死刑是过度刑罚);Ellis, Guilty but Mentally Ill and the Death Penalty: Punishment Full of Sound and Fury, Signifying Nothing, 43 *Duke L. J.* 87, 94(1994)(以科克尔案参考要求将死刑的适用限定于非法剥夺生命的犯罪);Dingerson, Reclaiming the Gavel: Making Sense out of the Death Penalty Debate in State Legislatures, 18 *N. Y. U. Rev. L. & Soc. Change* 873, 878(1991)(主张科克尔案"树立了这样一个规则,即对未造成死亡后果的犯罪适用死刑是违反第八修正案关于残酷和异常的刑罚规定的,而且这一先例尚未被之后的最高法院判例所推翻")。

（二）

本院对科克尔案的意见能够产生如此大的影响力这一点持怀疑态度,但是这种怀疑是没有根据的。如果各州立法者没有被上述这些考虑影响的话,那才是不正常的。虽然各州议会通常不像联邦国会那样会有立法背景材料,但是也有证据表明对强奸幼童罪科处死刑的立法建议之所以遭到否决,是因为此类法律的制定可能徒劳无功且成本高昂。

在俄克拉荷马州,反对州强奸幼童罪死刑法的人主张,科克尔案已经作成判决,对强奸罪科处死刑违宪。① 同样在南卡来罗纳州,反对者也认为此类法律将会浪费本州的资源,因为它毫无疑问将被判为违宪。② 美国南卡罗来纳州被害人援助网络(S. C. Victim Assistance Network)发言人劳拉·哈德森谈道,"我们不应该将本州纳税人的钱花在去联邦最高法院打一场明知会输的官司上"。南卡来罗纳州议会议员弗莱彻·史密斯预料该法案将无法通过宪法审查,因为"没有造成死亡"。③

在得克萨斯州,州强奸幼童罪死刑法的反对者们认为科克尔案的说理使得此类法律前景黯淡。④

（三）

由于科克尔案附带意见所造成的影响,将本案的情形与阿特金斯案或者罗珀诉西蒙斯案进行比较是完全错误的。阿特金斯案关注的是对智障被告人科处死刑的合宪性问题。而13年前,在彭里诉莱纳福案中,本院曾经判决这是符合第八修正案的,因此从彭里案到阿特金斯案这段时间,各州议会都有理由相信本院会遵循这一先例从而支持类似的死刑法律。

罗珀案的情况类似。该案讨论的问题是对犯罪时不满18岁的被告人科处

---

① Oklahoma Senate News Release, Senator Nichols Targets Child Predators with Death Penalty, Child Abuse Response Team, May 26, 2006, on line at http://www.oksenate.gov/news/press_releases/press_releases_ 2006/pr20060526d. htm(所有的网络资料均访问于2008年6月23日;并存档于法院助理的卷宗中)。

② The State, Death Penalty Plan in Spotlight: Attorney General to Advise Senate Panel on Proposal for Repeat Child Rapists, Mar. 28, 2006.

③ Davenport, Emotion Drives Child Rape Death Penalty Debate in South Carolina, Associated Press, Apr. 4, 2006.

④ House Research Organization Bill Analysis, Mar. 5, 2007(主张"此类法律会加诸过度的刑罚,将不会通过联邦最高法院创立的比例基准审查",并主张,"得克萨斯州不应该仅仅因为其在政治上受欢迎而制定此种合宪性存疑的法律,尤其是在联邦最高法院业已暗示应基本不用死刑或者一旦立法缺乏广泛的国民共识的将判决此案违宪的情况下更不应如此而为")。

死刑是否符合宪法。而16年前在斯坦福诉肯塔基州案中,本院曾驳回了类似的诉讼,因此各州立法者有理由相信对犯罪时未满18周岁的人科处死刑的法律会得到维持。

只有各州立法者相信他们的决定在是否对某类犯罪或者犯人科处死刑时会占主导地位时,他们所提出的解决办法才能被理解为是他们自己的判断,无论他们受到其选民的价值观的影响有多大。但是,如果他们认为通过新的死刑法律很可能是徒劳无功的,那么,认为他们的不作为反映了他们自己对主流社会价值的理解则是不合理的。如果那么理解,则立法的不作为更像是证据上的默认。

(四)

如果说可以从各州的法律发展中推导出什么,那么,其结论与本院所理解的迥异。在过去短短几年中,在科克尔案附带意见阴霾的笼罩下,仍然有5个州制定了允许对儿童强奸犯罪科处死刑的法律。① 如果像本院所以为的,我们社会正在向与时俱进的"合宜行为标准""演进",那么这些法律的制定才可能标志着一个新的演进方向。

这样一种发展并未与科克尔案判决以来我们社会的思考变化相脱节。这段时间,报案的虐待儿童案件数量急剧增加②;而很多迹象都表明,儿童性虐待日益令人担忧。1994年,联邦议会制定了《雅各·威特灵侵害儿童和性暴力犯人登记法令》③,该法令要求接受特定联邦基金的州建立性犯罪者登记制度,以向

---

① Ga. Code Ann. §16-6-1 (1999); Mont. Code Ann. §45-5-503 (1997); Okla. Stat., Tit. 10, §7115(K) (West Supp. 2008); S. C. Code Ann. §16-3-655 (C) (1)(Supp. 2007); Tex. Penal Code Ann. §§22.021(a), 12.42(c)(3) (West Supp. 2007).

② 从1976年到1986年,接到儿童性虐待报案的数目从6 000件增长到132 000件,增幅达2 100%。A. Lurigio, M. Jones, & B. Smith, Child Sexual Abuse: Its Causes, Consequences, and Implications for Probation Practice, 59 *Sep Fed. Probation* 69(1995). 到1991年,案件数目达到了432 000件,又增长了227%。同上 1995年,地方儿童保护服务机构发现126 000名儿童都有遭到实质的或者暗示性的性虐待。其中近30%的儿童受害人年龄在4到7岁之间。(Rape, Abuse & Incest National Network Statistics, online at http://www.rainn.org/get-information/statistics/sexual-assault-victims.) 2003年,约有9000起实质的儿童性虐待案件。(Crimes Against Children Research Center, Reports from the States to the National Child Abuse and Neglect Data System, available at www.unh.edu/ccrc/sexual-abuse/Child%20Sexual%20Abuse.pdf.)

③ Jacob Wetterling Crimes Against Children and Sexually Violent Offender Registration Program, 42 U. S. C. §14071 (2000 ed. and Supp. V).

公众通报那些儿童性虐待犯人。所有 50 个州均制定了此类法律①,此外,至少有 21 个州加上哥伦比亚特区都有法律允许对性犯罪者强制住院②,而至少有 12

---

① Ala. Code §§ 13A-11-200 to 13A-11-203, 1181(1994); Alaska Stat §§ 1.56.840, 12.63.010-100, 18.65.087, 28.05.048, 33.30.035(1994, 1995, and 1995 Cum. Supp.); Ariz. Rev. Stat. Ann. §§ 13-3821 to -3825(1989 and Supp. 1995); Ark. Code Ann. §§ 12-12-901 to -909(1995); Cal. Penal Code Ann. §§ 290 to 290.4(West Supp. 1996); Colo. Rev. Stat. Ann. § 18-3-412.5(Supp. 1996); Conn. Gen. Stat. Ann. §§ 54-102a to 54-102r(Supp. 1995); Del. Code Ann. Tit. 11, § 4120(1995); Fla. Stat. Ann. §§ 775.13, 775.22(1992 and Supp. 1994); Ga. Code Ann. § 42-9-44.1(1994); 1995 Haw. Sess. Laws No. 160(enacted June 14, 1995); Idaho Code §§ 9-340(11)(f), 18-8301 to 18-8311(Supp. 1995); Ill. Comp. Stat. Ann., ch. 730, §§ 150/1 to 150/10(2002); Ind. Code §§ 5-2-12-1 to 5-2-12-13(West Supp. 1995); 1995 Iowa Legis. Serv. 146(enacted May 3, 1995); Kan. Stat. Ann. §§ 22-4901 to 22-4910(1995); Ky. Rev. Stat. Ann. §§ 17.500 to 17.540(West Supp. 1994); La. Stat. Ann. §§ 15:540 to 15:549(West Supp. 1995); Me. Rev. Stat. Ann., Tit. 34-A, §§ 11001 to 11004(West Supp. 1995); 1995 Md. Laws p. 142(enacted May 9, 1995); Mass. Gen. Laws Ann., ch. 6, § 178D; 1994 Mich. Pub. Acts p. 295(enacted July 13, 1994); Minn. Stat. § 243.166(1992 and Supp. 1995); Miss. Code Ann. §§ 45-33-1 to 45-33-19(Supp. 1995); Mo. Rev. Stat. §§ 566.600 to 566.625(Supp. 1996); Mont. Code Ann. §§ 46-23-501 to 46-23-507(1994); Neb. Rev. Stat. §§ 4001 to 4014; Nev. Rev. Stat. §§ 207.080, 207.151 to 207.157(1992 and Supp. 1995); N. H. Rev. Stat. Ann. §§ 632-A:11 to 632-A:19(Supp. 1995); N. J. Stat. Ann. §§ 2c:7-1 to 2c:7-11(1995); N. M. Stat. Ann. §§ 29-11A-1 to 29-11A-8(Supp. 1995); N. Y. Correct. Law Ann. §§ 168 to 168-V(West Supp. 1996); N. C. Gen. Stat. Ann. §§ 14-208.5-10(Lexis Supp. 1995); N. D. Cent. Code § 12.1-32-15(Lexis Supp. 1995); Ohio Rev. Code Ann. §§ 2950.01-.08(Baldwin 1997); Okla. Stat., tit. 57, §§ 582-584(2003 Supp.); Ore. Rev. Stat. §§ 181.507 to 181.519(1993); 1995 Pa. Laws p. 24(enacted Oct. 24, 1995); R. I. Gen. Laws § 11-37-16(1994); S. C. Code Ann. § 23-3-430; S. D. Codified Laws §§ 22-22-30 to 22-22-41(Supp. 1995) Tenn. Code Ann. §§ 40-39-101 to 40-39-108(2003); Tex. Rev. Civ. Stat. Ann., Art. 6252-13c.1(Vernon Supp. 1996); Utah Code Ann. §§ 53-5-212.5, 77-27-21.5(Lexis Supp. 1995); Vt. Stat. Ann., Tit. 13, § 5402; Va. Code Ann. §§ 19.2-298.1 to 19.2-390.1(Lexis 1995); Wash. Rev. Code §§ 4.24.550, 9A.44.130, 9A.44.140, 10.01.200, 70.48.470, 72.09.330(1992 and Supp. 1996); W. Va. Code §§ 61-8F-1 to 61-8F-8(Lexis Supp. 1995); Wis. Stat. § 175.45(Supp. 1995); Wyo. Stat. Ann. §§ 7-19-301 to 7-19-306(1995).

② 这些州分别为:亚利桑那州、加利福尼亚州、康涅狄格州、哥伦比亚特区、佛罗里达州、伊利诺伊州、爱荷华州、堪萨斯州、肯塔基州、马萨诸塞州、明尼苏达州、密苏里州、内布拉斯加州、新泽西州、北达科他州、俄勒冈州、宾夕法尼亚州、南卡罗来纳州、得克萨斯州、弗吉尼亚州、华盛顿州以及威斯康星州。参见 Ariz. Rev. Stat. §§ 36-3701 to 36-3713(West 2003 and Supp. 2007); Cal. Welf. & Inst. Code Ann. §§ 6600 to 6609.3(West 1998 and Supp. 2008); Conn. Gen. Stat. § 17a-566(1998); D. C. Code §§ 22-3803 to 22-3811(2001); Fla. Stat. §§ 394.910 to 394.931(West 2002 and Supp. 2005); Ill. Comp. Stat., ch. 725, §§ 207/1 to 207/99(2002); Iowa Code §§ 229A.1-.16(Supp. 2005); Kan. Stat. Ann. § 59-29a02(2004 and Supp. 2005); Ky. Rev. Stat. Ann. § 202A.051(West ___); Mass. Gen. Laws, ch. 123A(1989); Minn. Stat. § 253B.02(1992); Mo. Ann. Stat. §§ 632.480 to 632.513(West 2000 and Supp. 2006); Neb. Rev. Stat. §§ 83-174 to 83-174.05(2007); N. J. Stat. Ann. §§ 30:4-27.24 to 30:4-27.38(West Supp. 2004); N. D. Cent. Code Ann. § 25-03.3(Lexis 2002); Ore. Rev. Stat. § 426.005(1998); Pa. Stat. Ann., Tit. 42, §§ 9791 to 9799.9(2007); S. C. Code Ann. §§ 44-48-10 to 44-48-170(2002 and Supp. 2007); Tex. Health & Safety Code Ann. §§ 841.001 to 841.147(West 2003); Va. Code Ann. §§ 37.2-900 to 37.2-920(2006 and Supp. 2007); Wash. Rev. Code § 71.09.010(West 1992 and Supp. 2002); Wis. Stat. § 980.01-13(2005).

个州制定了对性犯罪者限制居住的法律。①

为了反驳过去两年新制定的允许强奸儿童罪科处死刑的法律的意义，本院指出最近几个月在另外 5 个州试图制定类似法律的议案均被搁置。然而，这些都发生在我们下达本案的调卷移审令之后，从而使得这些州议会延迟了新法的制定以等待类似法律的合宪性问题的厘清。而我并未注意到任何证据证明这些立法提案未获通过是因为与社会合宜行为的标准不相符。

相反，却有证据支持不同的结论。例如，在科罗拉多州，四月份参议院拨款委员会以 6 票对 4 票否决了参议院 195 号法案，据报道是因为它会"导致每年花费 616 000 美元在初审、上诉、公设辩护律师以及监狱等问题上"。② 同样，在田纳西州，对强奸幼童罪科处死刑的法律"也因为衍生的高额成本"而在委员会被撤销。该法案的提案人，"因为本州的预算问题，我们撤销了这个法案……如果可以降低财政成本，我们明年将重新提出"。③ 因此，并不能视儿童强奸死刑法律的未获通过为反对此类刑罚的道德共识的证据。

（五）

除了对现行各州法律的误导性统计外，本院还指出了"国民共识"的其他两个"客观尺度"，但是，这些主张显然都是无关紧要的补充。本院指出，国会没有制定任何允许联邦地区法院对强奸幼童罪科处死刑的法律。但是，基于相关联

---

① 参见 Ala. Code §15-20-26(Supp. 2000)（性犯罪者不得在离学校或者儿童照顾机构 2 000 英尺之内居住或者工作）；Ark. Code Ann. §5-14-128(Supp. 2007)（三级或四级性犯罪者依法不得在学校或者儿童照顾机构 2 000 英尺之内居住）；Cal. Penal Code Ann. §3003(West Supp. 2008)（假释人员不得居住在距离受害人或者证人 35 英里之内，部分假释的性犯罪人员不能居住在离小学四分之一英里之内）；Fla. Stat. §947.1405(7)(a)(2)(2001)（被释放的侵害 18 岁以下未成年人的性犯罪者的居住地必须远离学校、日托中心、公园、操场或者其他儿童经常聚集的地方 1 000 英尺以上）；Ga. Code Ann. §42-1-13(Supp. 2007)（依法要求登记的性犯罪人员不得居住在离儿童照顾机构、学校或其他儿童聚集地 1 000 英尺以内）；Ill. Comp. Stat., ch. 720, §5/11-9.3(b-5)(Supp. 2008)（侵犯儿童的性犯罪人员禁止有意居住于学校 500 英尺范围内）；Ky. Rev. Stat. Ann. §17.495(West 2000)（监控释放的被登记的性犯罪人员不得居住于距离学校或者儿童照顾机构 1 000 英尺内）；La. Rev. Stat. Ann. §14：91.1(West Supp. 2004)（性暴力犯罪人员不得居住在距离学校 1 000 英尺范围内，除非获得学校主管的允许）；Ohio Rev. Code Ann. §2950.031(Lexis 2003)（性犯罪人员禁止在学校周围 1 000 英尺内居住）；Okla. Stat., Tit. 57, §590(West 2003)（禁止性犯罪人员居住在学校或者其他教育机构周围 2 000 英尺内）；Ore. Rev. Stat. §§144.642, 144.643(1999)（规定了被监管的性犯罪人员居住在儿童居住地附近的一般禁止性条款）；Tenn. Code Ann. §40-39-111(2006)(repealed by Acts 2004, ch. 921, §4, effective Aug. 1, 2004)（性犯罪人员禁止在离学校、儿童照顾机构以及受害人 1 000 英尺的范围内居住）。

② Associated Press, Lawmakers Reject Death Penalty for Child Sex Abusers, Denver Post, Apr. 11, 2008.

③ Green, Small Victory in Big Fight for Tougher Sex Abuse Laws, The Leaf-Chronicle, May 8, 2008, p. 1A.

邦法律适用的地域限制,很少有强奸犯罪,更不用说强奸幼童犯罪,会在联邦法院提起控诉。① 因此,国会没有针对此类数量微乎其微的案件制定死刑法,很难证明国会对我们社会价值观的判断。②

最后,法院认为强奸犯罪中实际被处决的罪犯数量也能支持其对"国民共识"的判断,而事实上,这些数据并不能支持法院的立场。本院指出最近的一次对儿童强奸犯罪人执行死刑是在 1964 年。但是,法院没有提到 60 年代末针对死刑的合宪性问题而提出的诉讼全面地中止了死刑的执行。1965 年和 1966 年,所有犯罪人中,有 8 位被执行死刑,而从 1968 年到 1977 年,也就是科克尔案判决的这一年,纵观所有犯罪,没有一起被执行死刑。③ 法院同样也没有提到,在路易斯安那州,自从 1995 年州法律被修改并将儿童强奸犯罪纳入死刑处罚,检控官请求陪审团恢复了 4 个案件中的死刑判决。④ 而对其中两件案子路易斯安那州陪审团课以死刑。⑤ 这个半数的记录不能表明陪审团赞同本院所言的,将死刑适用于儿童强奸犯罪,哪怕是极为恶性的情节下,都是不能接受的。⑥

(六)

综上,我认为可以恰当地对我们社会"演化中的合宜行为基准"的"客观尺度"做如下总结:议会或者陪审团的行为都不能用来支持本院所理解的"国民共识"。而各州立法机构 30 多年来长期受科克尔案意见的束缚,不能自由表达他们自己对于我们社会合宜行为基准的理解。而在本院下达本案调卷移审令之后,各州立法机关更有理由采取观望态度。然而,1977 年以来在这种压抑的立法环境下,近来仍有 6 个州针对强奸儿童犯罪制定了新的死刑法律。

我并不认为这 6 个新的州法律足以建立"社会共识"或者说他们确定无疑

---

① 18 U. S. C. §§ 2241, 2242 (2000 ed. and Supp. V); United States Sentencing Commission, Report to Congress: Analysis of Penalties for Federal Rape Cases, p. 10, Table 1.

② 此外,正如在申诉的复审中所列,军事审判统一法典(Uniform Code of Military Justice)是允许这类死刑判决的。参见 10 U. S. C. § 856; Manual for Courts-Martial, United States, Part II, Ch. X, Rule 1004(c)(9)(2008); 同上, Part IV, ¶ 45. f(1)。

③ Department of Justice, Bureau of Justice Statistics, online at http://www.ojp.usdoj.gov/bjs/glance/tables/exetab.htm; see also Death Penalty Information Center, Executions in the U. S. 1608-2002: The ESPY File Executions by Date(2007), online at http://www.death penaltyinfo.org/ESPYyear.pdf.

④ 参见路易斯安那州诉迪克森案(*State v. Dickerson*), 01-1287 (La. App. 6/26/02), 822 So. 2d 849 (2002); 路易斯安那州诉勒布朗案(*State v. LeBlanc*), 01-1322 (La. App. 5/13/01), 788 So. 2d 1255; 2005-1981 (La. Sup. Ct. 5/22/07), 957 So. 2d 757; 俄亥俄州诉戴维斯案, Case No. 262,971 (1st Jud. Dist., Caddo Parish, La.) (cited in Brief for Respondent 42, and n.38)。

⑤ 2005-1981 (La. Sup. Ct. 5/22/07), 957 So. 2d 757; Davis, *supra*.

⑥ 当然,其他 5 个允许对儿童强奸犯罪适用死刑的法律因为制定过晚而尚未被适用。

地象征着一个不可逃避的趋势。根据本院对道德进步的用语理解,这些法律可能最后都发展到一个死胡同。但是他们也可能是一个强有力的新发展的开始。由于本院在这个初期就扼杀了这种发展,我们也就永远不能知道到底会怎么样。

二

(一)

法院愿意阻止可能出现的倾向于允许对强奸幼童罪科处死刑的国民共识,因为,这样一来,说了算的就是本院自己对"死刑的可接受性"的判断。尽管本院对这一问题有许多话可说,但是,本院的大部分讨论都与当下涉及的第八修正案的问题无关。而一旦把法院所有相关的论证剔除,很显然本院并未能对今天的判决提供一以贯之的解释。

在下一节,我将剔除与第八修正案无关的论证,而在最后一节,我将解决最后剩下的问题。

(二)

本院意见主旨在于允许对儿童强奸犯罪科处死刑在很大程度上不符合受害人以及整个社会的最佳利益。在这样的基调下,法院认为当检控官提出死刑控诉时,强奸幼童罪的受害人作证时更为痛苦。法院同时也指出,"如果州法律允许对强奸幼童罪判处死刑,那么就削弱了犯罪人不杀害受害人的意愿",从而导致儿童强奸犯罪的报案率减低。

这些政策性主张,不管在理与否,都不限于死刑是否"残酷和异常的"刑罚这一问题。第八修正案保障被告人权利。它并没有赋予法院以对受害人或者整个社会不利的理由而废止联邦或者州刑法。本院所论证的问题涉及的是诸如立法机构应该——可能已经——在决定是否制定强奸幼童罪死刑法律时考虑的问题,而与本案应该解决的问题无关。我们判决的案件一直都自我警戒不能以"'残酷和异常的刑罚条款'的保护来中断正常的民主程序"①,但是本案中,法院忽略了这一警示。

法院同时主张允许对强奸幼童罪科处死刑的法律会导致严重的程序问题。特别是,首先强奸儿童罪死刑案件中审判裁量权的实施难以规制,另外,儿童受

---

① 阿特金斯诉弗吉尼亚州案,536 U.S. 304, 323 (2002) (伦奎斯特首席大法官,反对意见),依次援引格雷格诉佐治亚州案,428 U.S. 153, 176 (1976) (斯图尔特大法官、鲍威尔大法官与斯蒂文斯大法官联合意见)。

害人证词的不可靠性可能导致无辜被告人被科处死刑。这些主张都不构成推翻所有允许对强奸儿童罪科处死刑的法律——而无论它们的文字是何等谨慎和精确——的充分理由。

本院关于审判裁量权规制的主张实在令人费解。本院认为"很难确立标准以指导决策者只对最为恶劣的强奸儿童罪科处死刑而不是滥用它"。即便承认受害儿童的年龄并非限制审判裁量权的充要条件,但只要看下得克萨斯州、俄克拉荷马州、蒙大拿州以及南卡罗来纳州最近制定的强奸儿童罪法,本院就可以发现,这些法律都采用了非常细致的规定,而这极大地限制了死刑的适用范围。根据这些州法,仅在被告人有性犯罪重罪的前科时,才能被判处死刑。①

此外,也不难预见各州可能采用其他限制情节来限制强奸儿童罪案件中的审判裁量权。这些限制因素可能为:受害人是否被绑架,被告人是否对受害人造成了严重了身体伤害,被害人是否被多次强奸,强奸是否持续了一段相当的时期,是否存在多个受害人。

法院认为限制标准是"不确定、模糊的"。但是,上面列的这些加重情节没有一条是不确定的或者模糊的。事实上,他们比谋杀案中的加重情节更为清楚明确。② 基于这些原因,对于审判裁量权限制的担忧并不能支持法院对所有儿童强奸犯罪死刑法律的苍白的谴责。

对儿童受害人证言的可靠性的怀疑也不能支持本案判决。首先,第八修正案并不涉及证据的可靠性与可采性的问题,而儿童受害人证词的问题并非只存在于死刑案件;其次,并非每一个儿童强奸犯罪案件都会出现儿童受害人证言的可靠性问题。以本案为例,不容置疑的法医鉴定证明了受害人遭受了暴力强奸,也有独立而有力的证据证明犯罪人就是申请人;第三,如果法院有与第八修正案相关的证据上的担忧,那么他们应该主张,只有在有足够的独立证据证明死刑适用的所有条件时才能对儿童强奸犯罪适用死刑。有先例要求在一些刑事案件中

---

① Mont. Code Ann. §45-5-503(3)(c)(2007)("若犯罪人曾经有性犯罪重罪的前科……则可以被……判处死刑……");Okla. Stat., Tit. 10,§7115(K)(West Supp. 2008)("不论其他法律规定如何,倘若父母或其他人对14岁以下儿童犯有暴力肛门性交或者口交等鸡奸行为、强奸、使用工具强奸或者猥亵骚扰罪行,并有对14岁以下儿童有以上所述犯罪的前科,可以被判处死刑");S. C. Code Ann. §16-3-655(C)(1)(Supp. 2007)["若(被告人)以前对11岁以下未成年人有一级强奸行为,不论是认罪、既不认罪也不抗辩,还是裁判有罪,均应被判处死刑或终身监禁"];Tex. Penal Code Ann. §12.42(c)(3)(2007 Supp.);("若被指控犯有刑法 Section 22.021 所述犯罪的被告人在审判中有证据显示以前也犯有对14岁以下儿童严重性侵犯的罪行,则可以被判处死刑")。

② 参见阿拉维讼克里奇案,507 U.S. 463, 471 (1993)(被告人是否为"冷血、无情的杀手");沃顿诉亚利桑那州案,497 U.S. 639, 646 (1990)("'犯罪人'是否'在受害人死前对其进行精神伤害或肉体折磨'");尤雷克诉得克萨斯州案,428 U.S. 262, 269 (1976)(斯图尔特大法官、鲍威尔大法官以及斯蒂文斯大法官联合意见)(被告人是否"犯有对社会造成持续危害的暴力犯罪行为")。

采取特别确证。比如,有些州不允许基于未确证的共犯的证言而定罪。① 而意图将儿童强奸犯罪纳入死刑处罚的州也可以作类似规定。

三

除了以上所有这些论证,还剩下什么? 法院还提出了什么样的理由来支持它关于死刑在儿童强奸犯罪中不可被适用的独立判决? 我看到了两点。

(一)

第一点,本院主张我们在"解释第八修正案以扩大死刑适用范围时应该极为慎重"。但是,主张第八修正案并不绝对禁止对儿童强奸犯罪适用死刑并没有"延伸"或者"扩大"死刑。各州制定的法律都是推定合宪的②,而直到今天,本院都没有判决过对强奸幼童罪死刑的法律是违宪的。③ 因此,维持这样一个法律的合宪性并不会"延伸"或者"扩大"死刑,相反,它只是肯定了对此类法律合宪的推定而已。而无论如何,法院曾经明确说明"第八修正案并不是一个闸轮,暂时对宽容某一特定犯罪达成共识,并不是永久地厘定了宪法边界,从而剥夺各州改变观念或者应对社会环境的变化的权利"。④

(二)

法院作出如此判决的最后——似乎也是首要的——理由就是,自从本院1976年死刑判决以来唯一被处决的犯罪被告人就是谋杀犯⑤,因为谋杀犯其道德败坏以及对受害人和公众所造成的伤害的严重性都是其他犯罪无法比拟的。但本院做出多少努力以证明这一结论?

---

① Ala. Code 12-21-222 (1986); Alaska Stat. §12.45.020 (1984); Ark. Code Ann. §16-89-111(e)(1) (1977); Cal. Penal Code Ann. §1111 (West 1985); Ga. Code Ann. §24-4-8 (1995); Idaho Code §19-2117 (Lexis 1979); Minn. Stat. §634.04 (1983); Mont. Code Ann. §46-16-213 (1985); Nev. Rev. Stat. §175.291 (1985); n.D. Cent. Code Ann. §29-21-14 (1974); Okla. St., Tit. 22, §742 (West 1969); Ore. Rev. Stat. §136.440 (1984); S. D. Codified Laws §23A-22-8 (1979).

② 参见格雷格案,428 U.S., at 175(斯图尔特大法官、鲍威尔大法官以及斯蒂文斯大法官联合意见)("在衡量民主选举的立法机构所选择的刑罚的合宪性时,我们是推定其有效的")。

③ 参见同上,at 17(科克尔案"并未谈及儿童强奸犯罪适用死刑的合宪性问题,这个问题本院之前尚未遇到")。

④ 哈梅林诉密歇根州案,501 U.S.957, 990 (1991)(多数意见);并参见 Gregg, supra, at 176 (斯图尔特大法官、鲍威尔大法官以及斯蒂文斯大法官联合意见)。

⑤ 参见格雷格诉佐治亚州案,428 U.S. 153(1976);普罗菲特诉佛罗里达州案,428 U.S. 242 (1976);尤雷克诉得克萨斯州案,428 U.S. 262(1976);伍德森诉北卡罗来纳州案,428 U.S. 280 (1976);罗伯茨诉路易斯安那州案,428 U.S. 325(1976)。

关于道德败坏的问题，难道每一个被控谋杀并判处死刑的人比强奸儿童的罪犯在道德上都更加败坏吗？让我们来看下面两个案例。第一个是，被告人抢劫了一家便利商店并目睹其共犯枪杀了店主。被告人漠视这一行为，但是他并不是扣动扳机的人，也没有意图谋杀。① 第二个是，一个有前科的强奸儿童罪犯，绑架、多次强奸并折磨了多名儿童。难道第一名被告人比第二个更加道德败坏吗？

法院对本案的判决与阿特金斯案和罗珀案形成鲜明对比，在后两个案件中，法院认为被告人的特征——阿特金斯案的被告人为智障，而罗珀案被告人犯罪时为未成年人——减轻了他们的罪责程度。② 而本案也不能与恩芒德诉佛罗里达州案相比，在后案中，被告人参与抢劫，而抢劫过程中发生了死亡，但是被告人并没有意图采用致命的暴力，法院从而判决第八修正案禁止对被告人判处死刑。我同意，根据我们社会的主流标准，恩芒德案中申请人意图犯下的抢劫的道德败坏程度和残暴地强奸一名儿童不同。事实上，我也毫不怀疑，在一个普通的美国人眼中，这种穷凶极恶的强奸儿童罪犯——给毫无防备的儿童带来严重的身体和心理伤害的犯罪人——正是道德败坏的写照。

而若是比较强奸儿童造成的伤害与谋杀造成的伤害，自然生命的丧失是一种独特的伤害，但是这并不能解释为什么其他严重的伤害不足以允许死刑的适用。而法院并没有采纳死亡才是唯一要件的立场。法院煞费苦心地将其判决限制在"对个人的犯罪"而排除"对国家的犯罪"，而法院将"毒品犯罪"不加解释地纳入后一范畴。但法院并没有解释为什么这些犯罪造成的伤害比强奸儿童犯罪要更为严重。根据法院所承认的"强奸对儿童会造成永久的心理上、精神上甚至身体上的影响"，这更让人困惑。正如法院适当地指出，"我们不能解除儿童强奸受害人所必须忍受的长期的痛苦"。

强奸对任何受害人都会造成巨大的伤害，而"对某些受害人而言，其所遭受的心理和生理的创伤其一生也无法弥补"。③ "由于儿童心理与生理上的不成熟与脆弱，故而强奸对她们所造成的毁灭性伤害比对多数成年受害人所造成的伤害要严重得多。"④长期的研究表明，性虐待"会严重侵入儿童的生活，而危害她

---

① 参见蒂森诉亚利桑那州案，481 U.S. 137（1987）。
② 参见阿特金斯案，536 U.S., at 305；罗珀案，543 U.S., at 571。
③ 科克尔案，433 U.S., at 603（鲍威尔大法官见解）。
④ Meister, Murdering Innocence: The Constitutionality of Capital Child Rape Statutes, 45 *Ariz. L. Rev.* 197, 208-209 (2003)；并参见路易斯安那州诉威尔逊案，96-1392, p. 6（La. Sup. Ct. 12/13/96），685 So. 2d 1063, 1067; Broughton, "On Horror's Head Horrors Accumulate": A Reflective Comment on Capital Child Rape Legislation, 39 *Duquesne L. Rev.* 1, 38 (2000)。

们正常的心理、精神以及性发展,这不是一个公平、人道的社会可以容忍的"。①

有数据表明,约有 40% 的 7 到 14 岁的性骚扰受害人会有"严重的心理疾病"。② 心理疾病包括突然的学习不及格、无故哭泣、离群、沮丧、失眠、睡眠障碍、噩梦、负罪感与自卑感以及自我毁灭行为,甚至自杀。③

这些深刻困扰儿童受害人的问题也经常成为社会的问题。有评论员指出,童年所受的性虐待可能导致成年后的一些问题,比如滥用药品,危险的性行为或者性机能障碍,交流障碍,以及精神疾病。④ 强奸儿童犯罪的受害人因性犯罪而被捕的几率高于常人 5 倍,而因卖淫被捕的几率高于常人 30 倍。

绝大多数强奸儿童罪的犯人对受害人以及整个社会造成的伤害是非常巨大的。而路易斯安那州的立法机关以及越来越多的其他州立法机关都认为这种伤害必须以死刑惩处之。而法院并没有提出令人信服的理由来解释为什么废除这个州法律。泛泛地谈"合宜行为""适度""节制""全面进步"以及"道德判断"是远远不够的。

四

总的来说,本院认为第八修正案绝对地排除强奸儿童犯的死刑适用,哪怕是穷凶极恶的强奸儿童犯,但是:(1)第八修正案的原旨并未支持这一判决;(2)科克尔案或其他任何先例案件都不能推导出这一结果;(3)缺乏足够可靠的"客观尺度"来支持法院所主张的"社会共识";(4)对我们面前这个州法律的合宪性的认可并不会"延伸"或者"扩大"死刑的适用;(5)本院曾经否认第八修正案是禁止各州立法制定新的死刑法律以解决新的问题的单向闸轮;(6)极度恶性的强奸儿童犯正是道德极度败坏的写照;(7)以及强奸儿童犯罪对受害人以及整个社会都造成了严重的伤害。

质疑州法律合宪性的当事人负有证明该法违宪的"巨大责任"。⑤ 而这一责任在本案中并未得到履行,因此我维持路易斯安那州最高法院的判决。

---

① C. Bagley & K. King, Child Sexual Abuse: The Search for Healing 2 (1990).

② A. Lurigio, M. Jones, & B. Smith, Child Sexual Abuse: Its Causes, Consequences, and Implications for Probation Practice, 59 *Sep Fed. Probation* 69, 70 (1995).

③ Meister, *supra*, at 209; Broughton, *supra*, at 38; Glazer, Child Rapists Beware! The Death Penalty and Louisiana's Amended Aggravated Rape Statute, 25 *Am. J. Crim. L.* 79, 88 (1997).

④ Broughton, *supra*, at 38; Glazer, *supra*, at 89; Handbook on Sexual Abuse of Children 7 (L. Walker ed. 1988).

⑤ 参见格雷格案, 428 U.S., at 175(斯图尔特大法官、鲍威尔大法官以及斯蒂文斯大法官联合意见)。

案 例 索 引

A

Adams v. State (1977)
亚当斯诉州案　231

Adams v. United States ex rel. McCann (1942)
亚当斯诉美国案（美国根据麦凯恩的告发而诉）　268

Adams v. Texas (1980)
亚当斯诉得克萨斯州案　245,383

Addington v. Texas (1979)
阿丁顿诉得克萨斯州案　306

Aikens v. California (1972)
艾肯斯诉加利福尼亚州案　92,118

Ake v. Oklahoma (1985)
埃克诉俄克拉荷马州案　300,306

Algersinger v. Hamlin (1972)
阿尔格辛格诉哈姆林案　268

Allen v. Hardy (1986)
艾伦诉哈迪案　380

Allen v. State (1984)
艾伦诉州案　328

Anderson v. State (1946)
安德森诉州案　42

Andres v. United States (1948)
安德烈斯诉美国案　78

Arave v. Creech (1993)
阿拉维诉克里奇案　592,605

Armstrong v. State (1981)
阿姆斯特朗诉州案　243

Arnold v. State (1976)
阿诺德诉州案　187

Ashcraft v. Tennessee (1944)
阿什克拉夫特诉田纳西州案　161

Ashwander v. Tennessee Valley Authority (1936)
阿什万德诉田纳西河流域管理局案　89

Atkins v. State (1855)
阿特金斯诉州案　36

Atkins v. Virginia (2002)
阿特金斯诉弗吉尼亚州案　411

Autry v. Estelle (1983)
奥特里诉埃丝特尔案　278

Autry v. McKaskle (1984)
奥特里诉麦卡斯柯案　278

B

Baldwin v. Missouri (1930)
鲍德温诉密苏里州案　161

Ball v. State (1997)
鲍尔诉州案　462

Ballard v. United States (1946)
巴拉德诉美国案　41,44

Barclay v. Florida (1983)
巴克利诉佛罗里达州案　288,382

Barbier v. Connolly (1885)
巴比尔诉康诺利案　17

Barefoot v. Estelle (1983)
贝尔富特诉埃丝特尔案　280,300,306

Bartholomey v. State (1971)
巴托洛迈诉州案　148

Baze v. Commonwealth (1998)
贝兹诉州案　526

Baze v. Parker (2004)
贝兹诉帕克案　534

Baze v. Rees, (2008)
贝兹诉里斯案　519

Beasley v. United States (1974)
比斯利诉美国案　283

Beck v. Alabama (1980)
贝克诉阿拉巴马州案　245,280

Bell v. Cone(2002)
贝尔诉科恩案　453

Bell v. Ohio (1978)
贝尔诉俄亥俄州案　245

Bell v. Wolfish (1979)
贝尔诉沃尔菲舍案　529

Bellotti v. Baird (1979)
贝洛蒂诉贝尔德案　404

Bivens v. Six Unknown Fed. Narcotics Agents (1971)
比文斯诉六位身份不明的缉毒警察案　515

Blodgett v. Holden (1927)
布洛杰特诉霍尔登案　143,159

Board of Education v. Barnette (1943)
教育委员会诉巴尼特案　402

Bohnert v. State (1988)
博纳特诉州案　474

Bowling v. Commonwealth (1994)
鲍林诉州案　526

Bowling v. Parker (2001)
鲍林诉帕克案　534

Borchardt v. State (2001)
博哈特诉州案　463

Brady v. United States (1968)
布雷迪诉美国案　20

Branch v. Texas (1972)
布兰奇诉得克萨斯州案　92,152

Brantley v. State (1900)
布兰特利诉州案　42

Brennan v. State (Fla. 1999)
布伦纳诉州案　509

Brown v. Beck (CA4 2006)
布朗诉贝克案　533

Brown v. State (1960)
布朗诉州案　42

Brown v. State (1975)
布朗诉州案　170

Brooks v. Florida (1967)
布鲁克斯诉佛罗里达州案　57

Brooks v. Tennessee (1972)
布鲁克斯诉田纳西州案　269

Bruton v. United States (1968)
布鲁顿诉美国案　183

Buford v. State (1981)
比福德诉州案　581

Bullington v. Missouri (1981)
布林顿诉密苏里州案　245

Bumper v. North Carolina (1968)
邦普诉北卡罗来纳州案　47

Burger v. Kemp (1987)
伯格诉坎普案　455,462,465,466

Burger v. Zant (CA11 1983)
伯格诉赞特案　280

C

Cabana v. Bullock (1986)

卡巴那诉布洛克案 325,330,334,335,338
California v. Brown (1987)
加利福尼亚州诉布朗案 359,361,364,384,503
California v. Green (1970)
加利福尼亚州诉格林案 222
Callins v. Collins (1994)
卡林斯诉柯林斯案 590
Calton v. Utah (1899)
卡尔顿诉犹他州案 448
Campbell v. Wood (CA9 1994)
坎贝尔诉伍德案 558
Carlos v. Superior Court of Los Angeles Co. (1983)
卡洛斯诉洛杉矶高等法院案 340
Caritativo v. California (1958)
卡里卡迪夫诉加利福尼亚州案 327
Chapman v. California (1967)
钱普曼诉加利福尼亚州案 283
Champlin Rfg. Co. v. Commission (1932)
钱普林射频增益公司诉俄克拉荷马州公司委员会案 28
Chenault v. State (1975)
谢诺尔特诉州案 188
Chisley v. State (1953)
奇斯利诉州案 42
Chriswell v. State (1926)
克里斯威尔诉州案 372
Clark v. Louisiana State Penitentiary (1982)
克拉克诉路易斯安那州州监狱案 339
Cleburne v. Cleburne Living Center, Inc. (1985)
克利伯恩诉克利伯恩社区生活公司案 376
Cleveland Board of Education v. Loudermill (1985)
克利夫兰教育委员会诉劳德米尔克案 308
Clines v. State (1983).
克莱因斯诉州案 328
Coles v. Peyton (1968)
科尔斯诉佩顿案 282
Coley v. State (1974)
科利诉州案 185
Collins v. State (1977)
科林斯诉州案 581
Commonwealth v. Badger (1978)
州诉巴杰案 283
Commonwealth v. Di Stasio (1937)
州诉迪斯特西奥案 42
Commonwealth v. Elliott (1952)
州诉埃里奥特案 110
Commonwealth v. Henderson (1913)
州诉亨德森案 37
Commonwealth v. Kavalauskas (1945)
州诉卡瓦劳斯卡斯案 42
Commonwealth v. Ladetto (1965)
马萨诸塞州诉拉德托案 36
Commonwealth v. O'Neal (1975)
州诉奥尼尔案 179,202
Commonwealth v. Webster (1805)
州诉韦伯斯特案 36
Coker v. Georgia (1977)
科克尔诉佐治亚州案 205
Coker v. State (1975)
科克尔诉州案 195
Cooper v. Fitzharris (1979)
库珀诉菲茨哈里斯案 285
Cooper v. State (Fla. App. 1984)
库珀诉州案 583
Conroy v. Aniskoff (1993)

康罗伊诉阿尼斯科夫案 511
Crawford v. Bounds (1968)
克劳福德诉邦兹案 40
Cuyler v. Sullivan (1980)
凯勒诉沙利文案 267,269,270,280

D

Davis v. Georgia (1976)
戴维斯诉佐治亚州案 245
Darden v. Wainwright (1986)
达登诉温赖特案 455,462
Dennis v. United States (1951)
丹尼斯诉美国案 175
Deputy v. State (Del. 1985)
德普迪诉州案 339
Desist v. United States (1969)
德西斯特诉美国案 356
Dobbert v. Florida (1977)
多波特诉佛罗里达州案 245
Dorsey v. State (1976)
多西诉州案 189
Duncan v. State (Ala. Crim. App. 1999)
邓肯诉州案 512
Dusky v. United States (1960)
达斯基诉美国案 368

E

Eberheart v. Georgia (1977)
埃伯哈特诉佐治亚州案 579
Eberheart v. State (1974)
埃伯哈特诉州案 170
Eddings v. Oklahoma (1982)
埃丁斯诉俄克拉荷马州案 286
Electric Bond Co. v. Comm'n (1938)
电力公司诉证券交易所案 28
Engle v. Isaac (1982)
恩格尔诉艾萨克案 271,275
Enmund v. Florida (1982)
恩芒德诉佛罗里达州案 227
Estelle v. Gamble (1976)
埃丝特尔诉甘布尔案 556
Estelle v. Smith (1981)
埃丝特尔诉史密斯案 245
Evans v. State (2007)
埃文斯诉州案 548
Evitts v. Lucey (1985)
埃维茨诉卢西案 303

F

Farmer v. Brennan (1994)
法默诉布伦南案 528
Fay v. New York (1947)
费伊诉纽约州案 41,222
Fay v. Noia (1963)
费伊诉诺伊亚案 145
Fayerweather v. Ritch (1904)
费耶韦瑟诉里奇案 594
Feguer v. United States (1962)
弗古尔诉美国案 131
Field v. Clark (1892)
菲尔德诉克拉克案 28
Fisher v. United States (1946)
费舍尔诉美国案 238
Florida v. Lightbourne
佛罗里达州诉莱特伯恩案 568
Floyd v. State (1974)
弗洛伊德诉州案 187,189
Ford v. Wainwright (Fla.1984)
福特诉温赖特案 289
Ford v. Wainwright (1986)
福特诉温赖特案 289
Ford v. State (Fla.1981)

福特诉州案 303
Ford v. Strickland（CA11 1984）
福特诉斯特里克兰案 294,303
Frady v. United States（1965）
弗拉迪诉美国案 25
Franklin v. Lynaugh（1988）
富兰克林诉莱纳夫案 357
Ferguson v. Georgia（1961）
弗格森诉佐治亚州案 269
Furman v. Georgia（1972）
弗曼诉佐治亚州案 51

G

Gardner v. Florida（1977）
加德纳诉佛罗里达州案 42,245,280,547
Gasoline Products Co. v. Champlin Refining Co.（1931）
汽油产品公司诉钱普林精炼公司案 184
Geders v. United States（1976）
格德斯诉美国案 269
Gibson v. State（Fla. App. 1998）
吉普森诉州案 583
Gideon v. Wainwright（1963）
吉登诉温赖特案 268,279
Gilliam v. State（1994）
吉列姆诉州案 465
Glass v. Louisiana（1985）
格拉斯诉路易斯安那州案 558
Glasser v. United States（1942）
格拉瑟诉美国案 41
Godfrey v. Georgia（1980）
戈弗雷诉佐治亚州案 239,245,322,331,358,384,413,422,488,502,589
Goode v. Wainwright（Fla. 1984）
古德诉温赖特案 299,305,309

Gomez v. United States Dist. Court for Northern Dist. of Cal.（1992）
戈麦斯诉美国加利福尼亚州西北地方法院案 535
Gore v. United States（1968）
戈尔诉美国案 176,424
Godfrey v. Georgia（1980）
戈弗雷诉佐治亚州案 239,245,322,331,358,384,413,422,488,502,589
Grannis v. Ordean（1914）
格拉尼斯诉奥登案 299,305,309
Gray v. Lucas（1983）
格雷诉卢卡斯案 560
Green v. Georgia（1979）
格林诉佐治亚州案 245,254,280
Green v. United States（1958）
格林诉美国案 141
Greenholtz v. Nebraska Penal Inmates（1979）
格林霍兹诉内巴拉斯卡监狱的囚犯案 308,311
Green v. Zant（1984）
格林诉赞特案 341
Gregg v. Georgia（1976）
格雷格诉佐治亚州案 163
Griffin v. California（1965）
格里芬诉加利福尼亚州案 27
Griffin v. Illinois（1956）
格里芬诉伊利诺伊州案 78
Griffith v. Kentucky（1987）
格里菲斯诉肯塔基州案 27,349,357
Gunther v. State（1962）
冈瑟诉州案 42

H

Hamilton v. Jones（CA10 2007）

汉密尔顿诉琼斯案　533
Harmelin v. Michigan (1991)
哈梅林诉密歇根州案　413
Hatter v. United States (CA Fed. 1995)
哈特诉美国案　518
Hartung v. The People (1860)
哈通诉人民案　7
Hayes v. Missouri (1887)
海耶斯诉密苏里州案　46
Helling v. McKinney (1993)
赫林诉麦金尼案　528
Herman. v. Claudy (1956)
赫尔曼诉克劳迪案　26
Hernandez v. New York (1991)
赫尔南德斯诉纽约州案　530
Hernandez v. State (1934)
赫尔南德斯诉州案　560
Herring v. New York (1975)
赫林诉纽约州案　269
Hewitt v. Helms (1983)
休伊特诉赫尔姆斯案　307,308,311
Hitchcock v. Dugger (1987)
希区柯克诉达格案　358,383
Holloway v. Arkansas (1978)
霍洛韦诉阿肯色州案　283
Hoover v. State (1980)
胡佛诉州案　285
Howard v. Fleming (1903)
霍华德诉弗莱明案　97
Hutto v. Davis (1981)
赫托诉戴维斯案　247

I

In re Anderson (1968)
安德森单方诉讼案　92
In re Kemmler (1890)

凯姆勒单方诉讼案　9
Irvin v. Dowd (1961)
欧文诉多德案　38

J

Jackson v. Bishop (CA8 1968)
杰克逊诉毕晓普案　118,131,174
Jackson v. Denno (1964)
杰克逊诉德诺案　183
Jackson v. Dickson (1963)
杰克逊诉迪克森案　148
Jackson v. Georgia (1972)
杰克逊诉佐治亚州案　92
Jarrell v. State (1975)
贾雷尔诉州案　187—189,195
Javor v. United States (CA9 1984)
贾维尔诉美国案　279
Johnson v. Louisiana (1972)
约翰逊诉路易斯安那州案　222
Johnson v. New Jersey (1966)
约翰逊诉新泽西州案　40
Johnson v. Texas (1993)
约翰逊诉得克萨斯州案　488
Johnson v. Zerbst (1938)
约翰逊诉泽布斯特案　268
Jones v. United States (1983)
琼斯诉美国案　441
Jurek v. Texas (1976)
尤雷克诉得克萨斯州案　199

K

Kansas v. Marsh (2006)
堪萨斯州诉马什案　547
Kimmelman v. Morrison (1986)
吉梅尔曼诉莫里森案　303
Knight v. State (1981)

奈特诉州案 264,267
Kuhlmann v. Wilson（1986）
卡尔曼诉威尔逊案 304

L

Laboy v. New Jersey（1967）
拉伯伊诉新泽西州案 26,27
Lassiter v. Department of Social Services of Durham County（1981）
拉希特诉德汉姆地区社会服务部门案 305
Lawrence v. Texas（2003）
劳伦斯诉得克萨斯州案 517
Leatherwood v. State（Miss. 1989）
莱瑟伍德诉州案 581,597
Lightbourne v. McCollum（Fla. 2007）
莱特伯恩诉麦克克拉姆案 568
Linder v. State（1974）
林德诉州案 170
Line v. State（1979）
莱恩诉州案 285
Linkletter v. Walker（1965）
林克雷特诉沃克案 40
Lynch v. Overholser（1962）
林奇诉欧文霍尔瑟案 27
Lockett v. Ohio（1978）
洛克特诉俄亥俄州案 247,249,280,299,324
Lockyer v. Andrade（2003）
洛基尔诉安德拉迪案 453
Logan v. United States（1892）
洛根诉美国案 40,43
Loggins v. State（Ala. Crim. App. 1999）
洛金斯诉州案 512
Louisiana ex rel. Francis v. Resweber（1947）

路易斯安那州根据弗朗西斯的告发诉雷斯韦伯案 71,77,92,98,100,115,123,139
Low v. State（1998）
洛诉州案 474
Lowenfield v. Phelps（1988）
洛温费尔德诉菲尔普斯案 383

M

Mackey v. United States（1971）
麦克基诉美国案 356,379
Malloy v. Hogan（1964）
马洛伊诉霍根案 63
Malloy v. South Carolina（1915）
马洛伊诉南卡罗来纳州案 523
Mapp v. Ohio（1961）
马普诉俄亥俄州案 145
Marbury v. Madison（1803）
马布里诉麦迪逊案 159
Massiah v. United States（1964）
马西亚诉美国案 153
Mathews v. Eldridge（1976）
马修斯诉艾尔德里奇案 306
Mathews v. Lucas（1976）
马修斯诉卢卡斯案 542
Maxwell v. Bishop（1968）
马克斯韦尔诉毕晓普案 131,151
McCarver v. North Carolina（2001）
麦卡弗诉北卡罗来纳州案 414
McCleskey v. Zant（1991）
麦克克莱斯基诉赞特案 535
McCleskey v. Kemp（1987）
麦克克莱斯基诉坎普案 424,435,512
McDowell v. United States（1967）
麦克道威尔诉美国案 26,28
McElvaine v. Brush（1891）

麦克尔文尼诉布拉什案 77
McLaughlin v. Florida（1964）
麦克劳克林诉佛罗里达州案 91
McMann v. Richardson（1970）
麦克曼诉理查德森案 268,270,281
McGautha v. California（1971）
麦克高瑟诉加利福尼亚州案 57,84,92,
　　97,103,127,132,141
Meachum v. Fano（1976）
米沙姆诉法诺案 307,308,311
Mempa v. Rhay（1967）
孟帕诉雷案 40
Michel v. Louisiana（1955）
马歇尔诉路易斯安那州案 270,271
Miller-El v. Cockrell（2003）
米勒-艾尔诉科克雷尔案 471
Miranda v. Arizona（1966）
米兰达诉亚利桑那州案 168
Mitchell v. State（1975）
马歇尔诉州案 170
Moore v. Dempsey（1923）
穆尔诉邓普西案 343
Moore v. State（1975）
穆尔诉州案 185
Moore v. Texas（2002）
穆尔诉得克萨斯州案 442
Moore v. United States（CA3 1970）
穆尔诉美国案 282
Morales v. Hickman（ND Cal. 2006）
莫拉莱斯诉希克曼案 537
Morales v. Tilton（ND Cal. 2006）
莫拉莱斯诉蒂尔顿案 537
Morissette v. United States（1952）
莫里西蒂诉美国案 109,153
Morrissey v. Brewer（1972）
莫里西诉布鲁尔案 308

N

Nelson v. Campbell（2004）
尼尔森诉坎贝尔案 559
Nixon v. State（2001）
尼克森诉州案 474
Nobles v. Georgia（1897）
诺布尔斯诉佐治亚州案 294,308,310,
　　311
Northern Securities Co. v. United States
　　（1904）
北方证券公司诉美国案 130
Novak v. Beto（CA5 1971）
诺瓦克诉贝托案 57

O

Olim v. Wakinekona（1983）
奥利姆诉瓦基尼科纳案 311
O'Neil v. Vermont（1892）
奥尼尔诉佛蒙特州案 58,74,96,101,
　　115,155,232,324,403
Oregon v. Mitchell（1970）
奥尔根诉米切尔案 161
Oyler v. Boles（年份不详）
奥伊乐诉博尔斯案 218

P

Parham v. J. R.（1979）
帕汉姆诉J.R.案 307
Panetti v. Quarterman（2007）
潘尼蒂诉夸特曼案 593
Parker v. State（1995）
帕克诉佐治亚州案 586,597
Pate v. Robinson（1966）
佩特诉鲁宾逊案 301
Payne v. Tennessee（1991）

佩恩诉田纳西州案 547

Pennsylvania ex rel. Sullivan v. Ashe（1937）

宾夕法尼亚州根据沙列文的告发而诉阿什案 182

Pennsylvania v. Ritchie(1987)

宾夕法尼亚州诉里奇案 594

Penry v. Lynaugh（1989）

彭里诉莱纳福案 347

Penry v. Texas（1986）

彭里诉得克萨斯州案 355

People v. Bandhauer（1967）

人民诉班德霍尔案 37

People v. Anderson（1972）

人民诉安德森案 92,119,178,179

People v. Bernette（1964）

人民诉贝尼特案 44

People v. Carpenter（1958）

人民诉卡彭特案 35

People v. Davis（1983）

人民诉戴维斯案 328

People & c. v. Durston, Warden, & c., 55 Hun. 64（1889）

人民诉德斯顿、典狱长案 13

People v. Dukes（1957）

人民诉杜克斯案 44

People v. Friend（1957）

人民诉弗兰德 25

People v. Ganter（1977）

人民诉甘特案 340

People v. Garcia（1984）

人民诉加西亚案 339

People v. Hernandez（2003）

人民诉赫尔南德斯案 586

People v. Hobbs（1966）

人民诉霍布斯案 35

People v. Huddleston（2004）

人民诉哈德勒斯顿案 586

People v. LaValle（2004）

人民诉拉瓦雷案 524

People v. Marquis（1931）

人民诉马奎斯案 372

People v. Martellaro（1917）

人民诉马特拉洛案 44

People v. Nicolaus（1967）

人民诉尼克劳斯案 36

People v. Pope（1979）

人民诉波普案 282

People v. Washington（1965）

人民诉华盛顿案 337

People v. Weisberg（1947）

人民诉维斯伯格案 44

Pervear v. The Commonwealth（1866）

佩维尔诉州案 74

Phyle v. Duffy（1948）

菲尔诉达菲案 294,310

Piccott v. State（Fla. 1959）

皮科特诉州案 36

Pickett v. State

皮克特诉州案 372

Planned Parenthood of Central Mo. v. Danforth（1976）

密苏里州中部地区生育计划部门诉丹福斯案 513

Planned Parenthood of Southeastern Pa. v. Casey（1992）

宾夕法尼亚州西南地区生育计划部门诉凯西案 517

Pollock v. Farmers' Loan & Trust Co.（1895）

波洛克诉法默尔贷款与信托公司案 28

Pope v. State（1922）

波普诉州案 244
Pope v. United States (1967)
波普诉美国案 131
Powell v. Alabama (1932)
鲍威尔诉阿拉巴马州案 181,268,270,280
Powell v. Texas (1968)
鲍威尔诉得克萨斯州案 99,109,153,176,180,220,424
Presnell v. State(1978)(Ga.)
普雷斯尼尔诉佐治亚州案 582
Proffitt v. Florida (1976)
普罗菲特诉佛罗里达州案 187,199,209,224,245,254,358,606
Pulley v. Harris (1984)
普雷诉哈里斯案 278,383
Pullman-Standard v. Swint (1982)
普尔曼-斯坦达德诉斯温特案 276

R

Ralph v. Warden(1970)
拉尔夫诉典狱长案 156,215
Ralph v. Warden (1970)
拉尔夫诉沃登案 107
Reagan v. Farmers' Loan & Trust Co. (1894)
里根诉法默尔贷款与信托公司案 28
Reid v. Covert (1957)
里德诉科弗特案 78,181
Reynolds v. Sims (1964)
雷诺兹诉西姆斯案 49
Rhea v. State (1902)
雷亚诉内布拉斯加州案 36,37
Roberts v. Louisiana (1976)
罗伯茨诉路易斯安那州案 167,196,201,209,219,221,222,224,245

Roberts (Harry) v. Louisiana (1977)
罗伯茨(哈里)诉路易斯安那州案 245
Robinson v. California (1962)
鲁宾逊诉加利福尼亚州案 74,76,91,99,100,123,174—176,208,209,239,342,417,483,565,575
Robinson v. United States (1967)
鲁宾逊诉美国案 22,24,30
Robinson v. United States (1945)
鲁宾逊诉美国案 22,24,30
Rochin v. California (1952)
罗琴诉加利福尼亚州案 49
Rodriguez de Quijas v. Shearson/American Express, Inc. (1989)
罗德里格斯·德·奎加斯诉歇尔森/美国邮政公司案 498,518
Roper v. Simmons (2005)
罗珀诉西蒙斯案 475
Rose v. Lundy (1982)
罗斯诉兰迪案 265,268
Rosenberger v. Rector and Visitors of Univ. of Va. (1995)
罗森博格诉雷克托和其他大学参观者案 516
Rudolph v. Alabama (1963)
鲁道夫诉阿拉巴马州案 44,100,109,131,221
Ruffin v. State (Fla.1982)
拉芬诉州案 339
Rummel v. Estelle (CA 1979)
拉梅尔诉埃斯特尔案 247,418

S

Same v. Same, 26 id. 154,28 id. 400(年份不详)
山姆诉山姆案 7

Sandstrom v. Montana (1979)
桑德斯托姆诉蒙大拿州案　356

Seadlund v. United States (1938)
西德朗德诉美国案　24

Selvage v. State (Tex. Cr. App. 1984)
塞尔瓦吉诉州案　328

Shriner v. State (1981)
施里纳诉州案　255

Shelton v. Tucker (1960)
谢尔顿诉塔克案　26

Singer v. United States (1965)
辛格诉美国案　27

Simmons v. Bowersox (2001)
西蒙斯诉鲍尔索克斯案　483

Simmons v. South Carolina (1994)
西蒙斯诉南卡罗来纳州案　474,544

Simpson v. Owens (App. 2004)
辛普森诉欧文斯案　586

Sims v. State (1948)
西姆斯诉州案　170

Skipper v. South Carolina (1986)
斯基珀诉南卡罗来纳州案　299,361

Smith v. Arizona (2007)
史密斯诉亚利桑那州案　564

Smith v. State (1976)
史密斯诉州案　189

Smith v. Texas (1940)
史密斯诉得克萨斯州案　41

Snider v. Peyton (1966)
斯奈德诉佩顿案　215

Solem v. Helm (1983)
索勒姆诉赫尔姆案　294,302,335,342,436,546

Solesbee v. Balkcom (1960)
索尔斯比诉鲍克卡姆案　294,298,300,307,310

Songer v. State (Fla. 1978)
宋格诉州案　255

Spaziano v. Florida (1984)
斯帕兹亚诺诉佛罗里达州案　298

Spencer v. Texas (1967)
斯宾塞诉得克萨斯州案　183,218

Specht v. Patterson (1967)
施佩希特诉帕特森案　40

Spies v. Illinois (1887)
斯皮斯诉伊利诺伊州案　11

Strickland v. Washington (1984)
斯特里克兰诉华盛顿州案　257

Stanford v. Kentucky (1989)
斯坦福诉肯塔基州案　374,377,379,385

State v. Anderson (Mo. 1964)
州诉安德森案　41

State v. Barnum (Fla. 2005)
州诉巴纳姆案　586,597

State v. Bishop (1985)
州诉毕晓普案　341

State v. Byrd (1905)
州诉伯德案　42

State v. Coleman (1979)
州诉科尔曼案　586

State v. Correll (1986)
州诉科雷尔案　341

State v. Crook (1969)
州诉克鲁克案　148

State v. Davis (1969)
州诉戴维斯案　147,148

State v. Davis (2007)
州诉戴维斯案　588

State v. Davolt (2004)
州诉达沃尔特案　509

State v. Dickerson (2002)
州诉迪克森案　603

State v. Dixon (1973)
州诉迪克森案 187,287

State v. Dorothy Tison (1981)
州诉多萝西-蒂森案(1981) 318

State v. Emery (1984)
州诉埃默里案 321,328

State v. Frampton (1981)
州诉弗拉姆普顿案 523

State v. Fisher (1984)
州诉费舍尔案 341

State v. Furman (1993)
州诉弗曼案 508

State v. Gardner (Utah 1997)
犹他州诉加德纳案 586,597

State v. Gillies (1983)
州诉吉列斯案 341

State v. Harding (1984)
州诉哈丁案 341

States v. Hatter (2001)
美国诉哈特案 498

State v. Harper (1973)
州诉哈珀案 282

State v. Hall (1964)
州诉霍尔案 370

State v. Hooper (1985)
州诉胡珀案 341

State v. Jordan (1983)
州诉乔丹案 341

State v. LeBlanc (2001)
州诉勒布朗克案 603

State v. Le Duc (1931)
州诉勒达克案 42

State v. Leuch (1939)
州诉勒什案 36

State v. Libberton (1984)
州诉里伯顿案 341

State v. Lucas (1899)
州诉卢卡斯案 42

State v. Marsh (2004)
州诉马什案 547

State v. Martinez-Villareal (1985)
州诉马丁内斯-维拉利尔案 341

State v. McDaniel (1983)
州诉麦克丹尼尔案 341

State v. Mewhinney (1913)
州诉梅维尼案 42

State v. Miller (1932)
州诉米勒案 42

State v. Mount (1959)
州诉芒特案 25

State v. Muskus (1952)
州诉姆斯库斯案 42

State v. Pace (1969)
州诉佩斯案 148

State v. Pacheco (1978)
州诉帕切科案 285

State v. Pastet (1975)
州诉帕斯泰特案 304

State v. Poland (1985)
州诉波兰案 341

State v. Price(1919)
州诉普莱斯案 42

State v. Richmond(1983)
州诉里奇蒙德案 341

State v. (Ricky Wayne) Tison (1981)
州诉蒂森案 321

State ex rel. Simmons v. Roper (2003)
州根据西蒙斯的告发而诉罗珀案 483, 514

State v. Schilling (1920)
州诉席林案 372

State v. Smith (1921)

州诉史密斯案　42
State v. Smith (1983)

州诉史密斯案　341
State v. Simmons (1997)

州诉西蒙斯案　483
State v. Sullivan (1964)

州诉沙列文案　42
State v. Thomas (1954)

州诉托马斯案　36
State v. Tison (1981)

州诉蒂森案　331
State v. Velazquez (2008)

州诉维拉斯奎斯案　586
State v. Villafuerte (1984)

州诉维拉福尔特案　341
State v. Williams (1971)

州诉威廉姆斯案　36,37
State v. Wilson (1996)

州诉威尔逊案　579,607
State v. Wynn (1956)

州诉怀恩案　42
State Oil Co. v. Khan (1997)

石油公司诉卡亨案　498,518
Stein v. New York (1953)

斯坦诉纽约州案　78
Stephens v. Kemp (1984)

斯蒂芬斯诉坎普案　278
Stratton v. People (1880)

斯特拉顿诉人民案　37
Strickland v. Washington (1984)

斯特里克兰诉华盛顿州案　257
Strauder v. West Virginial (1879)

斯特劳斯诉西弗吉尼亚州　34
Stroud v. United States (1919)

斯特劳德诉美国案　40
Stovall v. Denno (1967)

斯托瓦尔诉德诺案　40
Swain v. Alabama (1965)

斯温诉阿拉巴马州案　46
Sullivan v. Wainwright (1983)

沙利文诉温赖特案　278
Sumner v. Shuman (1987)

萨姆纳尔诉舒曼案　441

T

Taylor v. Crawford (CA8 2007)

泰勒诉克劳福德案　533,568
Teague v. Lane (1989)

蒂格诉莱恩案　349,350,356,357,359,
　　365,373,378,380
Tehan v. Shott (1966)

特汉诉肖特案　40
Tennard v. Dretke (2004)

坦纳德诉德里特克案　503
Thiel v. Southern Pacific Co. (1946)

泰尔诉南太平洋公司案　41
Thompson v. Oklahoma (1988)

汤普森诉俄克拉荷马州案　366,368—
　　370,396—398,509,588
Thompson v. State (Fla. 1997)

汤普森诉州案　586
Tison v. Arizona (1987)

蒂森诉亚利桑那州案　313
Townsend v. Sain (1963)

汤森诉塞恩案　276,291,297,305
Trapnell v. United States (CA2 1983)

特拉普纳尔诉美国案　267,275
Trop v. Dulles (1958)

特罗普诉杜勒斯案　39,69,70,73—75,
　　99—102,112,142,174,302,343,395,
　　413,496,580
Tuilaepa v. California (1994)

图伊雷帕诉加利福尼亚州案 590
Turberville v. United States (1962)
特伯维尔诉美国案 47
Turner v. Louisiana (1965)
特纳诉路易斯安那州案 38
Turner v. Murray (1986)
特纳诉穆雷案 306

U

United States v. Agurs (1976)
美国诉阿格斯案 267,274,286
United States v. Bajakajian (1998)
美国诉巴加卡建案 546
United States v. Butler (1936)
美国诉巴特勒案 160
United States v. Cornell (1819)
美国诉康奈尔案 47
United States v. Cronic (1984)
美国诉克罗尼克案 267,272,278
United States v. Cruikshank (1875)
美国诉克鲁克香克案 16
United States v. Curry (1965)
美国诉科里案 26
United States v. Decoster (1979)
美国诉德科斯特案 267,270,272
United States v. Dressler (1940)
美国诉德雷斯勒案 24
United States v. Ellison (CA7 1977)
美国诉埃利森案 283
United States ex rel. Smith v. Baldi (1953)
美国根据史密斯的告发而诉博尔迪案 294
United States v. Frady (1982)
美国诉弗拉迪案 275
United States v. Generes (1972)
美国诉吉尼雷斯案 100

United States v. Hatter (2001)
美国诉哈特案 498
United States v. Lovett (1946)
美国诉洛维特案 124
United States v. Morrison (1981)
美国诉莫里森案 272
United States v. Jackson (1968)
美国诉杰克逊案 19
United States v. Johnson (1946)
美国诉约翰逊案 489
United States v. Robel (1967)
美国诉罗贝尔案 26
United States v. United States Gypsum Co. (1978)
美国诉美国石膏公司案 337
United States v. Valenzuela-Bernal (1982)
美国诉巴伦苏埃拉-博纳尔案 273,274
United States v. Virginia (1996)
美国诉弗吉尼亚州军校案 517
United States v. Willis (1948)
美国诉威利斯案 28
United States v. Yelardy (1978)
美国诉耶尔拉迪案 283
United States ex rel. Milwaukee Social Democratic Pub. Co. v. Burleson (1921)
美国根据密尔沃基社会民主酒吧公司的告发诉伯利森案 73
Upshaw v. State (Miss. 1977)
厄普肖诉州案 586
Uttecht v. Brown (2007)
厄特奇诉布朗案 547

V

Vitek v. Jones (1980)
维特克诉琼斯案 311

W

Wainwright v. Adams (1984)
温赖特诉亚当斯案 278
Wainwright v. Ford (1984)
温赖特诉福特案 294
Walton v. Arizona (1990)
沃顿诉亚利桑那州案 590,605
Ware v. United States (1965)
韦尔诉美国案 44
Washington v. State (1979)
华盛顿诉州案 263,264
Weems v. United States (1910)
威姆斯诉美国案 65—67,71,75,97,101,
　118,142,174,209,324,403,483,555
Whittlesey v. State (1995)
惠特尔西诉州案 462,472
Wiggins v. Corcoran (2002)
威金斯诉科科伦案 451,452
Wiggins v. State (1999)
威金斯诉州案 450,451,456—459,465
Winston v. United States (1899)
温斯顿诉美国案 106
Whalen v. Roe (1977)
惠伦诉罗伊案 222
Williams v. Florida (1970)
威廉姆斯诉佛罗里达州案 78
Williams v. Georgia (1955)
威廉姆斯诉佐治亚州案 78
Williams v. New York (1949)
威廉姆斯诉纽约州案 40,124,153,180,
　182,310
Williams v. Oklahoma (1959)
威廉姆斯诉俄克拉荷马州案 182
Williams v. Taylor (2000)
威廉姆斯诉泰勒案 258,445,447,451,
　453—455,466,539
Wilkerson v. Utah (1879)
威尔克森诉犹他州案 1
Wilson v. State (1965)
威尔逊诉州案 184
Witherspoon v. Illinois (1968)
威瑟斯庞诉伊利诺伊州案 33
Woodford v. Garceau (2003)
伍德福德诉加西鲁案 539
Woodson v. North Carolina (1976)
伍德森诉北卡罗来纳州案 179,182,
　209,216,245,280,324,364,441,581,
　606
Workman v. Bredesen (2007)
沃克曼诉布里德森案 524,560
Wright v. McMann (1967)
赖特诉麦克曼案 118

Y

Yates v. Aiken (1988)
耶茨诉艾肯案 356
Yick Wo v. Hopkins (1886)
益和诉霍普金斯案 121

Z

Zant v. Moore (1989)
赞特诉穆尔案 378
Zant v. Stephens (1983)
赞特诉斯蒂芬斯案 383,393

图书在版编目(CIP)数据

最高法院如何掌控死刑：美国联邦最高法院死刑判例经典选编/林维主编.
—北京：北京大学出版社，2014.7
ISBN 978-7-301-24411-1

Ⅰ.①最⋯ Ⅱ.①林⋯ Ⅲ.①死刑-判例-汇编-美国 Ⅳ.①D971.24

中国版本图书馆 CIP 数据核字(2014)第 137473 号

书　　　名：最高法院如何掌控死刑——美国联邦最高法院死刑判例经典选编
著作责任者：林　维　主编
策　划　编　辑：曾　健
责　任　编　辑：曾　健　陈晓洁　陆淑慧
标　准　书　号：ISBN 978-7-301-24411-1/D·3605
出　版　发　行：北京大学出版社
地　　　址：北京市海淀区成府路 205 号　100871
网　　　址：http://www.yandayuanzhao.com
新　浪　微　博：@北京大学出版社　@北大出版社燕大元照法律图书
电　子　信　箱：yandayuanzhao@163.com
电　　　话：邮购部 62752015　发行部 62750672　编辑部 62117788
　　　　　　出版部 62754962
印　刷　者：北京中科印刷有限公司
经　销　者：新华书店
　　　　　　730 毫米×1020 毫米　16 开本　40.25 印张　718 千字
　　　　　　2014 年 7 月第 1 版　2014 年 7 月第 1 次印刷
定　　　价：98.00 元

未经许可，不得以任何方式复制或抄袭本书之部分或全部内容。
版权所有，侵权必究
举报电话：010-62752024　电子信箱：fd@pup.pku.edu.cn